MÉMOIRES
DE LA
SOCIÉTÉ DES ANTIQUAIRES
DE PICARDIE.

DOCUMENTS INÉDITS CONCERNANT LA PROVINCE.
TOME SEIZIÈME

BIBLIOGRAPHIE
DU
DÉPARTEMENT DE LA SOMME

PAR M. HENRI MACQUERON

Membre titulaire non résidant de la Société des Antiquaires de Picardie, Directeur des Publications de la
Société d'Émulation d'Abbeville, Inspecteur de la Société Française d'Archéologie.

TOME DEUXIÈME

AMIENS
YVERT ET TELLIER, IMPRIMEURS DE LA SOCIÉTÉ DES ANTIQUAIRES DE PICARDIE
37, Rue des Jacobins et rue des Trois-Cailloux, 52

1907

MÉMOIRES
DE LA
SOCIÉTÉ DES ANTIQUAIRES
DE PICARDIE.

DOCUMENTS INÉDITS CONCERNANT LA PROVINCE.

TOME SEIZIEME

BIBLIOGRAPHIE

DU

DÉPARTEMENT DE LA SOMME

Par M. Henri MACQUERON

Membre titulaire non résidant de la Société des Antiquaires de Picardie, Directeur des Publications de la
Société d'Emulation d'Abbeville, Inspecteur de la Société Française d'Archéologie.

TOME DEUXIÈME

AMIENS
YVERT et TELLIER, Imprimeurs de la Société des Antiquaires de Picardie
37, Rue des Jacobins et rue des Trois-Cailloux, 52

1907

LIVRE TROISIÈME

ARRONDISSEMENT D'ABBEVILLE

CHAPITRE I

GÉNÉRALITÉS SUR LE PONTHIEU ET L'ARRONDISSEMENT D'ABBEVILLE

I. OUVRAGES GÉNÉRAUX.

5996. — Du Pays et Comté de **Ponthieu**.

Les Antiq. et Rech. des Villes, par Duchesne. — Paris, David, 1637, p. 442 à 446; in-16.

5997. — Mémoire Historique et Topographique sur le **Comté de Ponthieu**, par M. Godart de Beaulieu, ancien Maire de la ville d'Abbeville.

Mercure de France, nov. 1740, p 2370 à 2389; in-12.

5998. — Observations sur Abbeville et le **Ponthieu**.

Journal de Verdun, sept. 1759, p. 185 et s.

5999. — Histoire du Comté de **Ponthieu**, de Montreuil et de la Ville d'Abbeville, sa Capitale. Avec la Notice de leurs Hommes dignes de mémoire *par Devérité*. — 2 vol. in-8°; le 1er, Londres, chez Jean Nourse (*Abbeville, Devérité*), M.DCC.LXV; LXXV-306 p.; le 2°, A Londres et à Abbeville, Chez de Vérité fils, M.DCC.LXVII; 367 p. et 4 p. n. n.

6000. — Ponthieu.

Dict. géog des Gaules, par Expilly, t. V, p. 773 et 774; in-folio.

6001. — Aperçu historique et statistique sur l'agriculture, la navigation, les monumens et sites intéressans de l'ancien comté de **Ponthieu**, *par de Pongerville*.

Mémorial univ., t. III, p. 468 à 483 av. 1 pl.; in-8°.

1

6002. — **Pélérinages** des environs d'Abbeville (Extrait des Manuscrits de M. de l'Eperon, à la Bibliothèque Royale).

Bibl. hist. Pic. et Art., par Roger, p. 115 à 117; in-8°.

6003. — Recherches sur la **Topographie du Ponthieu** avant le xiv° siècle, par *F. C. Louandre*. — Abbeville, C. Paillart; 37 p. in-8°.

Extr. Mém. Soc. Emul. Abb.

6004. — La **Topographie du Ponthieu** d'après les anciennes cartes, par Lefils.

Mém. Soc. Em. Abb., 1852-1857, p. 575 à 593; in-8°.

6005. — Notices historiques, topographiques et archéologiques sur l'**Arrondissement d'Abbeville**, par Ernest Prarond. — Abbeville, Jeunet, 1854-1856; 2 vol. in-12 de LXLVII-350 p. et 406 p.

Voir n° 6010.

6006. — Liste des **Comtes de Ponthieu**

Ann. histor., 1856, p. 179 à 184; in-16.

6007. — Florentin Lefils. Mélanges, Récits, Anecdotes et Légendes concernant la Topographie, l'Archéologie et l'Histoire des **Côtes de la Picardie**. — Paris, Société française, 1859; 364 p. in-8°.

6008. — Les **Châteaux** de l'Arrondissement d'Abbeville par E. Prarond. — Paris, Dumoulin, 1860; 55 p. in-8°.

Extr. de la Picardie.

6009. — Liste complète et authentique des **Comtes de Ponthieu**, par J. Lefebvre. — Abbeville, Briez, 1860; 7 p. in-8°.

Extr. Mém. Soc. Em. Abb.

6010. — Histoire de cinq **Villes** et de **trois cents Villages**, Hameaux ou Fermes, par Ernest Prarond. — Paris, Dumoulin : Abbeville, Grare, Prévost, 1861-1868; 6 vol. in-12.

Chaque volume porte en outre le supplément de titre suivant :

Première Partie. Abbeville (Communes rurales des deux Cantons) et Hallencourt. — 1861; LXLVII-423 p. in-8°.
Seconde Partie. Le Canton de Rue. — 1862; 502 p.

Ces deux volumes avaient été publiés précédemment, sous le titre de Notices historiques, topographiques..... (Voir n° 6005).

Troisième Partie. Saint-Valery et les Cantons voisins. T. I. — 1863; IV-474 p.

Ce volume a aussi paru avec le titre : Histoire de Saint-Valery.... (Voir au liv. III. ch. XXIV, I.

Troisième Partie. Saint-Valery et les Cantons voisins. Tome II (*Cantons de Moyenneville, Ault et Gamaches*). — 1863; 492 p.

Quatrième Partie. Saint-Riquier et les Cantons voisins. Tome Ier (*Canton d'Ailly-le-Haut-Clocher*). — 1867; 746 p.

Ce volume a aussi paru avec le titre : Histoire de Saint-Riquier..... (Voir au liv III. ch. XVI, I.

Quatrième Partie. Saint Riquier et les Cantons voisins. Tome II (*Cantons de Crécy et de Nouvion*). — 1868; IV-660 p.

6011. — Les **Sénéchaux de Ponthieu**, par *René de Belleval*. — Angers, Lachèze, 1869; 35 p. in-8°.

Extr. de la Revue Nobiliaire.

6012. — Lettres sur le **Ponthieu** par René de Belleval. — Paris, Dumoulin, 1868; 357 p. in-12.

Recueil d'articles dont les principaux portent les titres suivants : Les Capitaines d'Abbeville, les Montmorency de Ponthieu, les Maréchaux héréditaires de Ponthieu, les péchés mignons de nos Pères, Pierre le Prestre, etc.

2e édition, considérablement augmentée. — Paris, Aubry, 1872; 474 p. in-12.

Cette édition comprend six nouveaux articles, notamment : Monsieur de Valines, le blason en Ponthieu, les sires de Rambures, etc.

6013. — De quelques lieux du **Ponthieu** ou voisins du Ponthieu qui ne font pas partie de l'Arrondissement d'Abbeville, par E. Prarond. — Paris, Dumoulin, 1868; 42 p. in-8°.

Cet ouvrage contient de courtes notices sur des localités des cantons de Bernaville, Picquigny, Oisemont, Hornoy et quelques autres du Pas-de-Calais.

6014. — Géographie historique et populaire des Communes de l'**Arrondissement d'Abbeville**, par Florentin Lefils.—Abbeville, Gamain, 1868; XIII-421 p. in-8°.

6015. — Les **Fiefs** et les **Seigneuries** du Ponthieu et du Vimeu. Essai sur leur transmission depuis l'an 1000 jusqu'en 1789, par René de Belleval. — Paris, Dumoulin, 1870; 352 p. in-4°.

6016. — Conférences sur l'histoire locale faites à l'école mutuelle d'Abbeville par M. Ch. Louandre, recueillies et publiées par M. Alcius Ledieu. — Amiens, Delattre-Lenoel, 1880; 61 p. in-8°.

6017. — Etat des Fiefs, Terres et Seigneuries du Comté et Sénéchaussée de Ponthieu au commencement du XVIII° siècle, publié par M. le C¹ᵉ A. de Louvencourt d'après un manuscrit de l'époque. — Amiens, Delattre-Lenoel, 1881; 157 p. in-8°.

6018. — Alcius Ledieu. Dictionnaire d'Histoire locale. L'Arrondissement d'Abbeville de nos jours et le Ponthieu en 1763. — Abbeville, Caudron, 1882; 137 p. in-12.

6019. — Alcius Ledieu. Notice sur un Manuscrit de la Bibliothèque communale d'Abbeville (*Terrier du Ponthieu*), avec une Lettre de M. Ch. Louandre. — Paris, Picard, 1882; 27 p. in-8°.

Extr. Bull. Soc. Ant. Pic., t. XIV.

6020. — *Terrier du Ponthieu*. Communication de M. Alcius Ledieu.

Rev. Soc. Sav. Dép., t. VI, 7° s¹ᵉ, p. 487 et 488; in-8°.

6021. — Archives d'Abbeville. Inventaire analytique des dénombrements de Seigneuries *du Comté de Ponthieu, de 1311 à 1618, par Alcius Ledieu.* — Paris, Alph. Picard, 1884; 36 p. in-8°.

Extr. de la Picardie.

6022. — Le Ponthieu en 1700 d'après le Mémoire sur la Généralité d'Amiens de l'Intendant Bignon, par Henri Macqueron. — Abbeville, Paillart, 1886; 48 p. in-8°.

Extr. Bull. Soc. Em. Abbev.

6023. — *Liste des* **Comtes de Ponthieu** et de Montreuil.

Trés. de Chronol. par de Mas Latrie.— Paris, 1889, col. 1663 et 1654 ; in-folio.

6024. — Le **Pagus Pontivus** et le Pagus Vimnaus par M. G. de Witasse.

Mém. Soc. Em. Abb., t. XVII, p. 133 à 162; in-8°.

6025. — Abbeville et ses Environs-Guide Archéologique pour les Excursions du Congrès de 1893, par Henri Macqueron. — Caen, Delesques, 1893; 21 p. in-8°.

Extr. du Bull. Monum.

6026. — Abbevillle et le **Ponthieu**, mélanges et fragments d'histoire, par Alcius Ledieu. — Paris, Picard, 1894 ; 416 p. in-8° av. 7 pl.

C'est un recueil d'articles parus pour la plupart dans les Mémoires de la Société d'Emulation d'Abbeville.

6027. — **Cartulaire du** Comté de **Ponthieu**, publié et annoté par M. Ernest Prarond.— Abbeville, Fourdrinier, 1897 ; 545 p. in-4°.

Extr. Mém. Soc. Em. Abb.

6028. — France Album, n° 41. Abbeville, Saint-Riquier, Rue, Le Crotoy, Cayeux, Saint-Valery-sur-Somme, Ault, Mers, etc. 65 Vues, Notice et Carte. — Paris, Karl, 1897; in-12 album.

6029. — **Seigneurs et Fieffés du** Comté de **Ponthieu** au XVI° et au XVII° siècle, par M. Alcius Ledieu.

Bull. Soc. Em. Abb., 1897-1899, p. 222 à 256 et s. ; in-8°.

6030. — Marquis de Belleval. **Chronologie** d'Abbeville et du Comté **de Ponthieu**. — Paris, Lechevalier, 1899 ; IX-544 p. in-8°.

II. OUVRAGES SUR LES DIFFÉRENTES ÉPOQUES DE L'HISTOIRE. HISTOIRE DES COMTES DE PONTHIEU.

6031. — Les Comtes de Ponthieu. **Gui** premier 1053-1100, par Ernest Prarond. — Paris, Picard, 1900 ; 102 p. in-4° avec 2 pl.

6032. — Testament de **Gui**, Comte de **Ponthieu**, Noyelles et Attin ; *vers 1067*.

Cart. de S*t* Corneille de Compiègne, par l'abbé Morel, p. 40 et 41 ; in-8°.

6033. — Chartes d'**Affranchissement des Communes** du Ponthieu, recueillies par MM. Labitte et Charles Louandre.—Abbeville, Boulanger, 1836 ; 53 p. in-8°.

Le titre de départ porte : Essai sur le mouvement communal dans le Comté de Ponthieu, titre sous lequel cet ouvrage parut d'abord dans les Mémoires de la Société d'Émulation d'Abbeville, années 1836-37.

6034. — 1178. Litteræ Theobaldi Ambianensis episcopi de pactionibus conjugalibus inter **Edelam** filiam comitis Pontivi, et **Renaldum**, filium Bernardi de S. Valerico, initis.

Layett. du Trés. des Chartes, t. I, p. 120 et 121 ; in-8°.

6035. — Saint-Riquier. 1196. Juin. Charta **Willelmi** comitis **Pontivi** de conditionibus matrimonii inter se et Aulidem de Francia initi.

Ibid., t. I, p. 189 ; in-8°.

6036 —1205. 31 août. Chirographum pactionis initæ inter **Thomam de S. Walarico** et Willelmum comitem Pontivi ejus fratrem.

Ibid., t. I, p. 295 ; in-8°.

6037. — Compiègne. 1208. Septembre. Litteræ Renaldi comitis Boloniæ de pactionibus conjugalibus initis inter **Simonem** fratrem suum et **Mariam** filiam comitis Pontivi.

Ibid., t. I, p. 325 ; in-8°.

6038. — Mautort. 1209. Septembre. **Thomas de S. Walarico** notas facit conditiones pacis inter se et Willelmum comitem Pontivi initæ.

Ibid., t. I, p. 335.

6039. —1209. Septembre. **Willelmus de Kaieio** se plegium pro Thoma de S. Valerico erga comitem Pontivi constituit.

Ibid., t. I, p. 335 et 336 ; in-8°.

6040. — 1209. Décembre. **Willelmus** comes **Pontivi** Simoni de Domno Martino, sponso Mariæ filiæ suæ, trecentas libratas terræ in matrimonium assignat.

Ibid., t. I, p. 342 ; in-8°.

6041. — Chinon. 1225. Juillet. Litteræ **Mariæ comitissæ** Pontivi de conventis inter se et dominum regem initis quoad hereditatem Willelmi comitis patris sui.

Ibid., t. II, p. 56 et 57 ; in-8°.

6042. — Compiègne. 1225. Décembre. **Maria comitissa** Pontivi recognoscit se a domino rege duo millia librarum recepisse.

Ibid., t. II ; in-8°.

6043. —1230-1231. Dimanche 2 mars. Securitas facta domino regi a **Guidone de Ponches** milite pro comite et comitissa Pontivi.

Ibid., t. II, p. 195 ; in-8°.

6044. — Saint-Germain en Laye. 1230-31. Mars. **Simon comes Pontivi** conventiones, inter Mariam uxorem suam et regem Franciæ initas, ratas habet, et domino regi homagium ligium præstat.

Ibid., t. II, p. 199 et 200 ; in-8°.

6045. — 1230-31. Mars. **Robertus de Pissiaco** miles de pro Simone comite Pontivi, erga dominum regem, usque ad ducentas marchas argenti, plegium constituit.

Ibid., t. II, p. 200 ; in-8°.

6046. — Paris. 1234-35. Février. Litteræ **Simonis comitis Pontivi** quibus, de præfatis pactionibus, usque ad duo millia marcharum se plegium constituit.

Ibid., t. II, p. 281 et 282; in-8°.

6047. — Valladolid. 1237-38. 23 mars. Ferrandus rex Castellæ et Legionis Ludovicum regem deprecatur ut conventiones inter se et socerum suum, **Simonem Pontivi** comitem, initas confirmare dignetur.

Ibid., t. II, p. 372 et 373; in-8°.

6048. — Paris 1238. 12 Novembre. Concordia inita inter **comitem Pontivensem** et Drocarum comitissam pro electione arbitrorum.

Ibid., t. II, p. 392 et 393; in-8°.

6049. — **Chartes** françaises **du Ponthieu**, 1254-1333, par Gaston Raynaud.

Bibl. Ec. des Chart., t. XXXVI, 1875, p. 193 à 243; in-8°.

6050. — Le Ponthieu aux **Croisades**. Lettre à un antiquaire, par M. René de Belleval. (Extrait de la Revue nobiliaire, 1867). — Paris, Dumoulin; 20 p. in-8°.

6051. — Lettres qui portent que dans le **Comté de Ponthieu**, on ne pourra obtenir qu'un seul délai dans une même affaire; *mai 1369.*

Ord. des Rois de Fr., t. V, p. 173; in-folio.

6052. — Lettres qui portent que tous les Procès meus dans le Comté de Ponthieu seront jugez par des baillis establis par le Roy dans ce Comté, qui ressortiront en première instance au Seneschal de Ponthieu, et ensuite au Parlement de Paris; *mai 1369.*

Ibid., t. V, p. 174; in-folio.

6053. — Lettres qui portent que le Comté de **Ponthieu** et la Ville d'Abbeville ne seront jamais separez du Domaine de la Couronne; *mai 1369.*

Ibid., t. V, p. 175; in-folio.

6054. — Lettres qui portent que l'on ne pourra établir de nouvelles impositions dans les Villes du Comté de Ponthieu, qu'à leur profit et à la requête et du consentement des Maire et Echevins de ces Villes; *mai 1369.*

Ibid., t. V, p. 176; in-folio.

6055. — Impôt sur le sel prélevé dans le Comté de **Ponthieu**, en 1383, pour y tenir lieu de la gabelle. Communication de M. l'Abbé Th. Lefèvre.

Bull. Soc. Ant. Pic., t. XIII, p. 142 à 145; in-8°.

6056. — Etude sur cinq dénombrements de Seigneuries (*Ligescourt, Ponches, Translay, Drucat et Nesle-l'Hôpital*), pour servir à l'histoire de la Féodalité dans le **Ponthieu** au xive siècle, par Alcius Ledieu.

Mém. Soc. Em. Abb., t. XVII, p. 191 à 260; in-8°.

6057. — Condamnations pour insultes aux Magistrats municipaux de quelques communes du **Ponthieu** pendant les xive et xve siècles, par Alcius Ledieu.

Bull. Soc. Em. Abb., 1894-96, p. 287 à 307; in-8°.

6058. — Lettres portant que le Comté de **Ponthieu** et la Ville d'Abbeville, seront unis inséparablement au Domaine de la Couronne et ne pourront être donnés en apanage à un Fils de France; *mars 1411.*

Ord. des Rois de Fr., t. IX, p. 690 et 691; in-folio.

6059. — Sénéchaussée de **Ponthieu**. Ban et arrière-Ban. Rôle des **Gentilshommes** en état de servir pour l'année 1695, document inédit communiqué à la Société des Antiquaires de Picardie, par le Cte Le Clerc de Bussy. — Amiens, Glorieux, 1875; 15 p. in-8°.

Extr. Bull. Soc. Ant. Pic.

6060. — Lettres patentes par lesquelles le Roy a distrait de l'**Appanage de M. le Duc de Berry**, le Comté de

Ponthieu et les Terres de Noyelles, Hiermont, Conteville et le Mesnil et luy a donné en remplacement les Vicomtez d'Andely, Vernon et Gisors. Données à Versailles au mois de Septembre 1710 — Paris, veuve Muguet, 1710; 4 p. in-4°.

Bibl. H. Macqueron.

6061. — Sentence de M. le Lieutenant-Général de la Sénéchaussée de Ponthieu concernant la Régie des Hypothèques. *Du 23 décembre 1771. À la suite* : Liste des **Lieux** dépendant de la Chancellerie établie près la Sénéchaussée **de Ponthieu**. — S. l. n. n. ; 21 p. in-4°.

Ibid.

6062. — Déclaration du Roi, pour l'évaluation des **Offices** dans le Duché de Berry et la Vicomté **de Ponthieu**, donnés en supplément et en remplacement d'apanage à M. le Comte d'Artois. Donnée à Versailles le 1er Décembre 1776. — Paris, Imprimerie Royale, 1776; 4 p. in-4°.

6063. — Arrêt du Conseil de Monseigneur, Comte d'Artois, et lettres-patentes sur icelui : du 16 Novembre 1777, concernant les Foi-Hommages, Déclarations, Aveux et Dénombremens qui lui sont dus dans la Province et Comté de **Ponthieu**, et portant attribution de Juridiction aux Officiers du Bureau des Finances d'Amiens, pour connoître des affaires domaniales et féodales de ladite Province et Comté. Lesdites Lettres enregistrees ès-registres de l'audience de Monseigneur, le 18 Novembre 1777, et au Bureau des Finances d'Amiens le 25 Novembre suivant. — *Paris*, Ballard, 1777; 18 p. in-4°.

Bibl. d'Amiens, Hist. n° 3597.

*** 6064.** — Mémoire à Mgr le Comte d'Artois sur l'administration de ses finances. — *Paris, 1781*; 111 p. in-4°.

Au sujet de ses **apanages** et propriétés en Berry, **Ponthieu**, Poitou, etc.

6065. — Ordonnance de Monsieur le Lieutenant-Général en la Sénéchaussée de Ponthieu, qui indique le jour de l'**Assemblée des Trois-Ordres** du Comté de **Ponthieu** au seize Mars 1789, huit heures du matin, dans l'Eglise paroissiale de Saint-Georges, à Abbeville, en conformité de la Lettre de Convocation et du Règlement concernant les Etats-Généraux. Du Treize Février mil-sept-cent quatre-vingt-neuf. — Abbeville, Devérité, 15 Février 1789; 11 p. in-4°.

Ancne Bibl. de M. l'Abbé Roze.

6066. — Discours de Monsieur de Clémenceau, Lieutenant Général de la Sénéchaussée de **Ponthieu** et du Présidial d'Abbeville, aux **trois Ordres** du Clergé, de la Noblesse et du Tiers-Etat, assemblés dans l'Eglise de Saint-Georges, le 16 Mars 1789, pour la rédaction des Cahiers, et la nomination aux Etats-Généraux. — Abbeville, L. A. Devérité, 1789; 19 p. in-8°.

Ibid.

6067. — Second discours prononcé dans l'Eglise de S. Georges d'Abbeville, avant la prestation de serment des trois Ordres. Du 19 Mars 1789. — Abbeville, Devérité, 1789; 11 p. in-8°.

Ibid.

6068. — Troisième et quatrième Discours prononcés dans l'Eglise S. Georges, avant l'élection, par scrutin, des quatre députés aux Etats-Généraux, le 27 Mars 1789; et pour la réception du serment de ces députés, le 28 du même Mois. — Abbeville, L. A. Devérité, 1789; 26 p. in-8°.

Ibid.

6069. — Instructions et pouvoirs donnés par la **Noblesse** de la Sénéchaussée **de Ponthieu** dans son assemblée générale, tenue le Lundi 23 Mars 1789. — Abbeville, Devérité; 40 p. in-8° et 2 p. n. n.

Bibl. d'Abbeville.

6070. — Cahier des **Doléances**, Remontrances, Avis et Moyens que le **Clergé** de la Sénéchaussée **de Ponthieu** a à proposer par son Député en l'Assemblée des Etats-Généraux convoqués à Versailles, pour le 27 Avril 1789. — Abbeville, L. A. Devérité, 1789; 20 p. in-8°.

Bibl. H. Macqueron.

6071. — Cahier de **Plaintes**, Remontrances et Demandes au Roi et à la Nation assemblée, que le **Tiers-Etat** de la Sénéchaussée de **Ponthieu** charge ses Députés de porter et présenter aux Etats-Généraux du Royaume, convoqués à Versailles le 27 Avril 1789. — Abbeville, L. A. Devérité, 1789; 53 p. in-8°.

Ibid.

6072. — **Etat** du nombre des Journaux de Terres labourables, Bois, Prés, Maisons et Moulins des Municipalités **du District d'Abbeville** et de l'Estimation qui a servi de base à la répartition de la Contribution Foncière pour 1791. — *Amiens*, Caron-Berquier; 15 p. in-4°.

Ibid.

6073. — La République ou la Mort. Les Administrateurs du **District d'Abbeville** aux Citoyens habitans les Communes de son Arrondissement. *Arrêté relatif à la suppression des dimanches et fêtes; du 4 prairial an II.* — S. l. n. n. ; plac. in-folio.

Bibl. A. de Caieu.

6074. — Lettre du C. Traullé, membre de la Société d'Emulation d'Abbeville au C. Delamétherie *sur des* **inondations** *arrivées dans l'arrondissement d'Abbeville en l'an II.*

Journ. de phys. et de chim., t. LV, mess. an X, p. 346 à 349; in-4°.

6075. — Rapport fait au **Conseil d'Arrondissement** d'Abbeville par M. Albert Dutens, Sous-Préfet. Session ordinaire de 1835. 1re partie (30 Juillet 1835) — Abbeville, Boulanger; IV-98 p. in-4°.

6076. — Rapport fait au **Conseil d'Arrondissement** d'Abbeville, par M. A. Dutens, Sous-Préfet. Session ordinaire de 1839. — Abbeville, Paillart, 1839; 49 p. in-4°.

6077. — Rapports présentés au **Conseil d'Arrondissement** d'Abbeville à l'ouverture de ses sessions ordinaires de 1843 et de 1844 par A. Dutens, Sous-Préfet de l'Arrondissement. — Abbeville, autog. Vitoux; 65 p. in-4°.

6078. — Rapport présenté au **Conseil d'Arrondissement** d'Abbeville à l'ouverture de sa session ordinaire de 1851, par M. H. Manessier, Sous-Préfet de l'Arrondissement. — Abbeville, Autog^{ie} Vitoux; 51 p. in-4°.

6079. — **Conseil d'Arrondissement** d'Abbeville (Somme). Rapport du Sous-Préfet. Session de 1852. — Abbeville, Jeunet; 36 p. in-8°.

6080. — **Conseil d'Arrondissement** d'Abbeville (Somme). Rapport du Sous-Préfet. Session de 1853. — Abbeville, Briez, 1853; 34 p. in-4°.

Ce rapport a paru régulièrement chaque année sous le format in-4° jusqu'en 1870.

6081. — A la Mémoire des **Soldats** nés dans l'arrondissement d'Abbeville et **morts** de leurs blessures pendant la guerre de **1870-71**. le Conseil Municipal d'Abbeville. — Abbeville, Caudron, 1884; 21 p in-4°.

Liste des noms

III. ARCHÉOLOGIE

6082. — Lettre adressée au Rédacteur du Journal d'Agriculture et de Commerce du Département de la Somme *par M. Reymond, sur les* **monuments** *de l'arrondissement d'Abbeville.*

Journal de la Somme, n° du 20 février 1819.

* **6083.** — Mémoire sur les **fouilles** et découvertes faites **en 1810** dans l'arrondissement d'Abbeville et le canton de Domart, par H. Dusevel. —1832; in-8°.

Cité dans la Bibliog. Ruelle, n° 9542.

6084. — Rapport de la Société royale d'Emulation d'Abbeville sur les **Eglises** monumentales de l'arrondissement, en réponse à la circulaire du 20 décembre 1834 de M. le Ministre de la Justice et des Cultes, *par L. C. de Belleval.*

Mém. Soc. Em. Abbev., 1834-35, p. 57 à 66; in-8°.

6085. — Rapport de la **Commission archéologique** pour l'arrondissement d'Abbeville, à Monsieur le Préfet du département de la Somme; en réponse à la circulaire de Monsieur le Ministre de l'Intérieur en date du 13 mars 1838, *par M. C. Picard.*

Ibid., 1838-1840, p. 271 à 283; in-8°.

6086. — Lettre à M. J. Boucher de Perthes, Président de la Société d'Emulation sur une **excursion archéologique** et artistique dans l'arrondissement d'Abbeville, *par H. Dusevel.*

Cette lettre concerne l'église Saint-Vulfran, Pont-Remy, Saint-Riquier, Gamaches, Rambures, Allery, Fontaine-sur-Somme, Longpré, Le Crotoy et Rue.
Ibid., 1849-52, p. 775 à 798; in 8°.

6087. — *Note sur le* **Sceau** *de la commune* **d'Abbeville**, *par M. Papillon.*

La Thiérache, bull. de la Soc. arch. de Vervins, t. VIII, p. 16 à 21; in-4°.

6088. — **Sceau pour** *les contrats dans* le **Ponthieu** sous la domination anglaise, par E. d. M. *(de Marsy).* — Vervins, Papillon, s. d.; 2 p. in-8° et 1 pl.

6089. — **Pirogue gauloise** trouvée *à Abbeville*, près Saint-Jean-des-Prés, *en 1860, par M. Pannier.*

Mém. Soc. Em. Abb., 1857-60, p. 625 à 627 av. 1 pl.; in-8°.

6090. — Documents **épigraphiques** concernant le Ponthieu, *par Le Clerc de Bussy.*

La Picardie, 1869, p. 550 à 556 ; in-8°.

6091. — Notes d'**Archéologie**, d'Histoire et de Numismatique (Picardie et ancien Ponthieu), par M. A. van Robais. — Amiens, Douillet, 1875 ; 24 p. in-8° et 2 pl.

Extr. Bull. Soc. Ant. Pic.

6092. — Notes d'**Archéologie**, d'Histoire et de Numismatique 2° série (Abbeville et ancien Comté de Ponthieu. *Vron, Cahon, Abbeville, Miannay, etc.*). par A. Van Robais. — Abbeville, Paillart, 1877 ; 49 p. in-8° et 2 pl.

Extr. Mém. Soc. Em. Abbev.

6093. — Notice sur des **Vases** ornés de Sujets, une **Parure** et des **Epées** en Bronze, découvertes dans le département de la Somme (arrond^t d'Abbeville) (*Abbeville, Estrebœuf, Villers-sur-Authie, l'Etoile*), par A. Van Robais. — Amiens, Douillet, 1879; 22 p. in-8° et 4 pl.

Extr. Mém. Soc. Ant. Pic.

6094. — Documents **épigraphiques** et Notes concernant particulièrement le Ponthieu, *par Le Clerc de Bussy.*

Noms cités : Abbeville, Airaines, Soues, Oissy, Fluy, Picquigny, Ault, Bougainville.
La Picardie, 1878 et 1879; in-8°.

6095. — Notes d'**Archéologie**, d'Histoire et de Numismatique (3° série). (Abbeville et environs, Monnaies de Ponthieu, de Quentowic et de Montreuil-sur-Mer, Potiers gallo-romains), par A. Van Robais. — Abbeville, Paillart, 1883; 76 p. in-8° et 5 pl.

Extr. Mém. Soc. Em. Abbev.

6096. — Notes d'**Archéologie**, d'Histoire et de Numismatique (4° série) (Abbeville et ancienne Picardie, *Nibas, St Riquier, Bellifontaine, Miannay, Noyelles-sur-Mer, etc.*), par A. Van Robais. — Abbeville, Paillart, 1890; 54 p. in-8° av. 8 pl. et 6 fig.

Ext. Mém. Soc. Em. Abbev.

CHAPITRE II

HISTOIRE D'ABBEVILLE

I. OUVRAGES GÉNÉRAUX

6097. — Britannia, ov Recherche de l'Antiqvité d'**Abbeville** par N Sanson d'Abbeuille, Ingenieur, et Geographe ordinaire du Roy. — A Paris, MDCXXXV; 4 p. n. n. et 111 p. in-12.

Une autre édition absolument analogue, sauf le privilège en deux pages après la dédicace, porte : A Paris, de l'Imprimerie de Robert Mansion. Pour l'Autheur, M.DC.XXXVI. Auec Priuilège du Roy.

6098. — Abregé des Singularitez de la Ville d'**Abbeville**. A Amsterdam. Imprimé chez Henry Hondius. 1641. Descriptio Vrbis Abbavillensis. Amstelodami. Sumptibus Henrici Hondii. 1641.

C'est le titre de la notice en latin et en français en 16 colonnes qui accompagne le plan de Mont-Devis qui se trouve à la Bibliothèque Nationale. M. Dufour (Bibliogr. n° 710) donne, d'après une copie manuscrite recueillie par M. A. Demarsy, un autre titre de cette même notice :

Descriptio urbis dictæ Abbatis villa. Description de la ville dite Abbeville. 1642. — Imprimé à Amsterdam par Nicolas Jansson Vischer, rue de Kalverstraet, au Pecheur.

Voir nos 6122 à 6124.

*__**6099.**__ — Les véritables antiquitez d'**Abbeville** opposées à la fausse Bretagne du Sr Sanson, par Philippe Labbe, jésuite.

Tabl. méthod. de la Géographie Royale. — Paris, 1646, p. 26 ; in-folio.
Voir Bibliog. Dufour, n° 709.

6100. — L'Histoire ecclesiastiqve de la Ville d'**Abbeville** et de l'Archidiaconé de Pontiev, av diocese d'Amiens. Par le R.P. Ignace-Ioseph de Iesvs Maria, Religieux Carme Déchaussé. — A Paris, chez François Pelican, M.DC.XLVI ; in-4° de 12 p. n. n., 529 p. et 21 p. n. n. av. 1 pl. h. t.

6101. — L'Histoire généalogiqve des Comtes de Pontiev et **Maievrs d'Abbeville**. Où sont rapportez les Priuilèges que les Roys leur ont donnez, leurs Actions Heroyques et leurs Armoiries. Et ce qui s'est passé de plus remarquable dans le pays de Pontieu et de Vimeu, au Diocese d'Amiens, tant en l'Estat Ecclésiastique, qu'en l'Estat Politique. Depuis l'an mil cens quatre-vingt trois, iusques à l'année mil six cens cinquante sept. Auec un Reçüeil des Hommes Illustres qui y ont pris naissance, ou y ont finy leur vie, *par le R. P. Ignace Ioseph de Jésus-Maria*. — A Paris, Chez François Clovzier, M.DC LVII ; in-folio de 2 p. n. n., 869 p. et 32 p. n. n. av. 3 pl. et nombr. fig. d'armoiries.

6102. — Abbeville.

Dict. hist. et crit. de Bayle, t. I, p. 30 et 31 ; in-folio.

6103. — Abbeville.

Dict. géogr. des Gaules, par Expilly, t. I, p. 4 à 9 ; in-folio.

*__**6104.**__ — Abbeville.

Dict. arch. de la Gaule, p. 4 à 11 ; pl.

6105. — Histoire ancienne et moderne d'**Abbeville** et de son arrondissement, par F. C. Louandre. — Abbeville, Boulanger, 1834 ; XI-606 p. pet. in-8°.

6106. — *Compte rendu de l'histoire d'**Abbeville**, par P. Chabaille*.

Bull. de la Soc. de l'Hist. de Fr., 1835, p. 451 à 451 ; in-8°.

6107. — *Compte-rendu de l'histoire d'Abbeville, par de Pongerville.*
Rev. anglo-franç., t. III, 1836, p. 191 à 198 ; in-8°.

6108. — **Abbeville**, par L. C. de Belleval.
Le Landscape français, 1834, p. 113 à 124 av. 1 gr. ; in-8°.

6109. — Histoire d'**Abbeville** et du Comté de Ponthieu jusqu'en 1789, par F. C. Louandre. — Paris, Joubert; Abbeville, Jeunet, 1844-1845 ; 2 vol. in-8° de V-477 p. et 553 p.

6110. — Notices sur les **Rues d'Abbeville**, par Ernest Prarond. — Abbeville, Jeunet, 1849 ; 242 p. in-12.
Une autre édition presque semblable à la première porte le titre : Notices sur les Rues d'Abbeville et sur les Faubourgs par Ernest Prarond. Deuxième édition. — Abbeville, Jeunet, 1850 ; II-322 p. in-12.

6111. — *Compte-rendu des Notices sur les* **Rues d'Abbeville**, *de E. Prarond.*
Rev. Soc. Sav. Dép., t. II, 1857, p. 657 à 662 ; in-8°.

6112. — Ephémérides locales **Abbevilloises**.
Alm. ann. d'Abbev., 1854, p. 35 à 44 ; in-16.

6113. — La Ville d'**Abbeville**, Ses Souvenirs historiques, ses Monuments et ses Hommes dignes de Mémoire par M. H. Dusevel. — Amiens, Caron et Lambert, 1858 ; 55 p. in-8° av. 2 pl.

6114. — Histoire du Pays. **Abbeville**. Comté de Ponthieu, par Fl. Lefils.
Alm. ann. d'Abb., 1862, p. 43 à 53 ; in-16.

6115. — Les Vicomtes d'**Abbeville** et du **Pont-de-Remy** Notice inédite de Charles du Fresne, sieur du Cange, *publiée par A. de Marsy.* — 5 p. in-8°.
Ext. de la Rev. nobil., t. II, n° 11 ; mai 1864.

6116 — Quelques documents inédits sur **Abbeville** et ses environs, par H. Dusevel. — Abbeville, Briez, 1865 ; 22 p. in-8°.
Ext. Mém. Soc. Em. Abb.

6117. — Quelques études historiques, administratives et financières sur les **biens communaux à Abbeville**, par A. Courbet-Poulard. — Abbeville, Briez, 1866 ; 185 p. gr. in-8°.

6118. — Quelques faits de l'histoire d'**Abbeville** tirés des registres de l'échevinage suivant des notes de la main de Traullé mises en ordre, complétées et publiées par E. Prarond. — Paris, Dumoulin, 1867 ; XII-199 p. in-12.

6119. — La **Topographie** historique et archéologique d'**Abbeville**, par Ernest Prarond. — Paris, Dumoulin ; Abbeville, Prévost, 1871-1884 ; 3 vol. in-8° de 613, 617 et 624 p.

6120. — Documents inédits sur **Abbeville** et le Ponthieu recueillis et publiés par le Bon Tillette de Clermont-Tonnerre, xviie et xviiie siècles. — Abbeville, Prévost, 1880 ; 313 p. in-8°.

6121. — Histoire d'**Abbeville** et du Comté de Ponthieu jusqu'en 1789, par F. C. Louandre. Troisième Edition. — Abbeville, Alexandre, 1883-1884 ; 2 vol. in-8° de 439 p. av. 11 pl. et 525 p. av. 10 pl.

6122. — Qualis anno MDCXLIII **Abbatisvilla** stabat. Hanc e perrara Claudii Riveti de Mont Devis regiæ majestatis geographi tabula excerpit civibusque suis offert descriptionem E. Prarond Majoris nuper munere functus. — Ambiani, Delattre-Lenoel, 1884 ; 25 p. pet. in-4°.

6123. — Claude Rivet de Mont-Devis, auteur du premier **plan** gravé d'**Abbeville**, par E. Prarond. Suite au mémoire : Qualis anno MDCXLIII Abbatisvilla stabat. — Paris, Champion, 1886 ; 21 p. pet. in-4°.

6124. — Deux anciens **plans d'Abbeville** par Henri Macqueron. Extrait du Bulletin de la Société d'Emulation d'Abbeville. Année 1885. — Abbeville, C. Paillart, 1886 ; 27 p. in-8°.

6125. — Les **Cimetières d'Abbeville**, par Fernand du Grosriez.—Abbeville, Paillart, 1887 ; 17 p. in-18.

6126. — Variétés picardes. Mélanges d'histoire et de bibliographie par Alcius Ledieu. — Paris, Alph. Picard, 1892 ; VIII-386 p. in-12.

Recueil d'articles dont les principaux sont : Invasion de la Picardie en 1636 ; l'année de Corbie ; Abbeville en liesse ; les badestamiers picards aux deux derniers siècles ; Millevoye, sa vie et ses œuvres ; les maires et adjoints d'Abbeville de 1790 à 1887 ; la charte de commune d'Abbeville ; l'exécution du chevalier de la Barre ; l'année abbevilloise ; emplacement des marchés à Abbeville aux siècles derniers, etc.

6127. — **Abbeville** Militaire. Misères, Bravoure et Patriotisme, par Louis Greux.—Saint-Valery-sur-Somme, Kober, 1896 ; 392 p. in-12.

6128. — Variétés historiques sur **Abbeville**, par Henri Macqueron. Le Commerce de la Boucherie à Abbeville (XVe-XVIIIe siècles). M. de la Rodde, gouverneur d'Abbeville et ses démêlés avec la Municipalité, 1693-1698. Obsèques du vicomte de Melun, 1739. Le Prieuré de Saint-Pierre, sa reconstruction, 1770-1777. Les Logements militaires à Abbeville aux XVIIe et XVIIIe siècles, etc., etc. — Abbeville, Paillart, 1898 ; 99 p. in-8° av. 5 pl.

Ext. Bull. Soc. Em. Abb.

6129. — Quelques souvenirs sur **Abbeville**, par le Cte de Brandt de Galametz.

Bull. Soc. Em. Abb., 1900, p. 101 à 104 ; in-8°

II. OUVRAGES SUR LES DIFFÉRENTES ÉPOQUES DE L'HISTOIRE D'ABBEVILLE

6130. — Histoire d'Abbeville. Abbeville **avant la Guerre de Cent Ans**, par E. Prarond. — Paris, Alph. Picard, 1891 ; XXXV-402 p. in-8°.

6131. — Abbeville. 1184. 9 juin. **Charta** consuetudinum Abbatisvillæ a Johanne comite Pontivi ordinatarum.

Layett. du Trés. des Ch., t. I, p. 139 à 141 ; in-8°.

6132. — Du nom de **Traité d'Abbeville** (28 mai 1258 — 4 déc. 1259), par M. Charles Bémont.

Bibl. de l'Ecole des Chartes, t. XXXVII, 1876, p. 253 à 256 ; in-8°.

6133. — Lettre de Philippe de Valois *adressée aux maïeur et échevins d'Abbeville*, tendant à porter **secours** à la ville **de Calais**, assiégée par Edouard III ; juillet 1347. Lettre du même roi Philippe VI, concernant 200 hommes envoyés par Abbeville, au secours de Calais, assiégée par Edouard III ; 18 juillet 1347.

Doc. hist. inéd... par Champollion-Figeac. — Paris, Didot, 1843, t. II, p. 181 à 183 ; in-8°.

6134. — Confirmation de la **Charte de Commune** de la Ville d'Abbeville ; *février 1350*.

Ord. des Rois de Fr., t. IV, p. 53 à 59 ; in-folio.

6135. — Confirmation des **Privilèges** de la Ville d'Abbeville ; *février 1350*.

Ibid., t. IV, p. 59 et 60 ; in-folio.

6136. — Contribution de la Ville d'Abbeville pour la **rançon du Roi Jean II** ; *1360*.

Cab. hist. Pic. et Art., t. VI, p. 104 ; in-8°.

6137. — Lettres de **Sauvegarde Royale** pour la Ville d'Abbeville ; *mars 1369*.

Ord. des Rois de Fr., t. V, p. 269 à 271 ; in-folio.

6138. — Confirmation des **Privilèges** de la Ville d'Abbeville ; *mai 1369*.

Ibid., t. V, p. 176 et 177 ; in-folio.

6139. — Lettres qui portent qu'il ne sera point basti de **Chasteau** ou Forteresse dans la Ville **d'Abbeville** ; et que l'on ne pourra faire d'ouverture aux murs, en sorte que l'on ne puisse y entrer ou en sortir que par les portes ; *mai 1369.*

Ibid., t. V, p. 178 ; in-folio.

6140. — Lettres par lesquelles sont annulez les procez meus pendant que le Roy d'Angleterre étoit Maître d'Abbeville, entre son Procureur et celui de la Ville, par rapport à la Juridiction Royale et celle de la Ville ; *mai 1369.*

Ibid, t. V., p. 689 ; in-folio.

6141. — Lettres qui accordent aux Habitants d'Abbeville la permission d'ajouter aux **Armes de Ponthieu** qu'ils portoient, un Chef aux Armes de France ; *mai 1369.*

Ibid., t. V, p. 196 ; in-folio.

6142. — Lettres qui portent que les Aydes accordées au Roy par les Villes du Crotoy, de Rue et d'Abbeville et par celles des Comtez d'Artois, de Boulonnois et de Saint-Pol, ne porteront point de préjudice à leurs **privilèges** ; *du 20 novembre 1376.*

Ibid., t. VI, p. 243 et 244 ; in-folio.

6143. — Lettres qui portent que les Aydes qui ont esté payées par les habitants d'Abbeville, depuis les derniers privilèges qui leur ont esté accordez par le Roy, ne donneront point atteinte à ces **privilèges** ; *du 16 décembre 1377.*

Ibid., t. VI, p. 313 et 314 ; in-folio.

6144. — Lettres qui portent que l'Ayde qui a esté payée par les habitants d'Abbeville ne portera point préjudice à leurs **privilèges**, par vertu desquels ils doivent estre exempts de tous Imposts ; *novembre 1379.*

Ibid., t. VI, p. 451 et 452 ; in-folio.

6145. — Confirmation des **privilèges** de la Ville d'Abbeville ; *novembre 1380.*

Ibid., t. VI, p. 536 à 538 ; in-folio.

6146. — Confirmation des Lettres de **Sauvegarde Royale** pour la Ville d'Abbeville ; *février 1392.*

Ibid., t. VII, p. 553 ; in-folio.

6147. — **Charles VI**, le Cardinal de Lina, Louis d'Orléans et Froissart à **Abbeville** en 1393, *par A. van Robais.*

Cab. hist. Pic. et Art., t. I, p. 204 à 206 ; in-8°.

6148. — Lettres de Henri VI, Roi d'Angleterre, soi-disant Roi de France, par lesquelles il confirme les **Privilèges** des habitans d'Abbeville ; *du 21 septembre 1424.*

Ordonn. des Rois de Fr., t. XIII, p. 59 ; in-folio.

6149. — Histoire d'Abbeville. — **Abbeville aux temps de Charles VII,** des Ducs de Bourgogne, maîtres du Ponthieu, de Louis XI (1426-1483), par E. Prarond. — Paris, Picard, 1899 ; XIII-408 p. in-8°.

6150. — Lettres et Bulletins des Armées de Louis XI adressées aux Officiers municipaux d'Abbeville avec des éclaircissements et des notes. — Abbeville, Boulanger, 1837 ; 36 p. in-8°.

Ext. Mém. Soc. Em. Abb.

6151. — **Actes de violence** commis sur la place du Marché à Abbeville le 21 mai 1463, par Alcius Ledieu.

Bull. Soc. Em. Abb., t. IV, p. 402 à 409 ; in-8°.

6152. — Nouvelle confirmation des Privilèges d'Abbeville ; *décembre 1463.*

Ord. des Rois de Fr., t. XVI, p. 154 à 156 ; in-folio.

6153. — 65. Lettre de la magistrature d'Abbeville au Comte d'Eu en faveur de **Philippe d'Ivrigny**, bailli de Mortagne, détenu prisonnier depuis la prise de cette ville par les Bourguignons ; *du 1er juin 1467.*

Doc. hist. tir. des coll.... par Champollion. — Paris, Didot, 1843, t. II, p. 285 et 286 ; in-8°.

6154. — 99. Lettre des officiers du Ponthieu et magistrats d'Abbeville au chancelier. **Remontrances** faites par les gens du pays à un capitaine qui demandait le passage de la Somme au nom du Roi. Envoi desdites remontrances au chancelier. Préjudice que le passage

❡ Lentree de la Royne de france faicte a Abeuille le neufiesme iour d'octobre.

Monseigneur pource que ie sçay que apres sçauoir des nouuelles, ie vous ay voulu escripre lordre de lentree de La royne en ceste ville, bien triumphãte t sumptu euse a merueilles.

❡ Premierement tous les archiers de la garde tãt escoçois q̃ frãcoys, tous biẽ mõtez. Les canõniers t archiers de ceste ville marchãs apres estoient tous a pied. et apres eulx estoit les arbalestriers de lad. ville a cheual. Et apres marchoit mõseigneur le preuour de lhostel t les archiers. Mõsei gneur le grant seneschal de norman die. Et aulcuns des cent gentilz hõ mes de sa compaignie.

Lentree de la Royne a Abeuille.

des troupes causerait au moment de la moisson ; *du 27 août 1465.*

Ibid., t. II, p. 378 ; in-8°.

6155. — La première **Entrée du Comte de Charolais à Abbeville** Le 2 Mai 1466, par M. Alcius Ledieu. Extrait du Bulletin historique et philologique, 1897. — Imprimerie Nationale ; 9 p. in-8°.

Voir aussi Bull. Soc. Em. Abb., t. IV, p. 459 à 471 ; in-8°.

6156. — Abbeville. Une **occupation militaire** au quinzième siècle (1470-1477). Note lue à la Société d'Emulation. Séance du 15 juin 1871, par E. Prarond. — Paris, Champion, 1885 ; 31 p. in-8°.

6157. — Première **entrée de Charles VIII** à Abbeville (17 juin 1493). Communication de M. Alcius Ledieu.

Bull. archéol., 1888, p. 55 à 65 ; in-8°.

6158. — Un infanticide à Abbeville en 1510, par M. Alcius Ledieu.

Bull. Soc. Em. Abb., t. IV, p. 444 à 457 ; in-8°.

6159. — Lentree de la Royne de france faicte a Abeuille le neufiesme iour Doctobre *1514*. — S. l. n. n. n. d. ; 8 p. in-16 goth.

Bibl. Nat^{le}, Lb²⁹, n° 49.

6160. — Lentree de la Royne a Abbeville. — S. l. n. n. n. d. ; 8 p. in-16 goth. avec 3 vign. sur bois.

Bibl. Nat^{le}, Lb²⁹, n° 50.

6161. — **Entrées de Marie d'Angleterre** femme de Louis XII à Abbeville et à Paris Publiées et annotées par Hipp. Cocheris. — Paris, Aubry, 1859 ; IX-34 p. in-8° av. grav. sur bois.

C'est une réimpression des plaquettes reprises sous les deux numéros précédents.

6162. — Notice et documents inédits sur le **mariage de Louis XII** à Abbeville, par Alcius Ledieu.

Mém. Soc. Em. Abb., t. XVII, p. 13 à 132 ; in-8°.

6163. — Etat des dépenses faites par la ville d'Abbeville à l'occasion du **mariage de Louis XII** en 1514. *Note de M. Servois.*

Bull. Com. hist. et phil., 1884, p. 151 et 152 ; in-8°.

6164. — Dépenses de la ville d'Abbeville à l'occasion du second **mariage de Louis XII**. Documents communiqués par M. Ledieu. *Rapport de M. de Montaiglon.*

Ibid., 1886, p. 243 à 245 ; in-8°.

6165. — Réception du **cardinal d'Yorck à Abbeville**.

Cab. hist. Pic. et Art., t. IV, p. 95 et 96 et 117 à 125 ; in-8°.

6166. — **Entrée de la Reine Eléonore d'Autriche** à Abbeville le 19 décembre 1531. Communication de M. Alcius Ledieu.

Bull. hist. et phil., 1899, p. 32 à 47 et Bull. Soc. Em. Abb., 1900, p. 15 à 40 et 51 à 74 ; in-8°.

6167. — Mistere faict à **l'entrée de** la très noble et très excellente dame et Reyne de France **Madame Alyenor**, à *Abbeville le 19 décembre 1531, par E. Prarond.*

La Picardie, t. XIII, 1867, p. 351 à 365 ; in-8°.

*****6168.** — **Ordonnances d'Abbeville**, sur le faict de la justice et abbreviation des procès des pays de Dauphiné..... *1539*. — A Grenoble, Guillaume Verdier, 1606 ; 230 p. in-8° et 1 ff. n. n.

Voir Cab. hist. Pic. et Art., t. V, p. 190.

*****6169.** — **Ordonnances d'Abbeville**, sur le faict de la justice et abbreviation des procès au pays de Dauphiné (1539). Reueues de nouveau et collationnees sur le vray original. — A Grenoble, chez Ant. Verdier, 1646 ; 112 p. in-8° et 1 ff. n. n.

Voir Cab. hist. Pic. et Art., t. V, p. 190.

6170. — Le Livre de Raison d'un Maïeur d'Abbeville (1545-1613), annoté et publié par Alcius Ledieu.

Mém. Soc. Em. Abb., t. XIX, p. 133 à 236 av. port.; in-8°.

Ce livre écrit par **Antoine Rohault**, contient de nombreux documents sur Abbeville.

6171. — Le capitaine **Breil de Bretagne**, Baron des Hommeaux, Gouverneur d'Abbeville, de Saint-Quentin et de Granville d'après les mémoires contemporains et des documents inédits, 1503-1583, par le Comte de Palys. — Rennes, Plihon et Hervé, 1887; 220 p. in-8°.

6172. — La **Ligue** à Abbeville, 1576-1594, par Ernest Prarond. — Paris, Dumoulin, 1873; 3 vol. in-8° de CXXIV-418 p., 448 p. et 328 p.

Ext. Mém. Soc. Em. Abb.

6173. — *Compte-rendu de l'ouvrage précedent.*

Le Cab. hist., t. XX, 1874, p. 174 à 176; in-8°.

6174. — *Compte-rendu de l'ouvrage précédent, par M. C. Jourdain.*

Rev. des Soc. Sav. des Dép., 1875, p. 59 à 62; in-8°.

6175. — Le **Tremblement de Terre** en 1580 à Abbeville, par M. de Galametz.

Cab. hist. Pic. et Art., t. II, p. 85 et 86; in-8°.

6176. — Les **Processions blanches** à Abbeville *en 1583*, par M. de Galametz. — Abbeville, Paillart, 1891; 6 p. in-8°.

Ext. Bull. Soc. Em. Abb.

6177. — Un épisode de l'Histoire d'Abbeville pendant la **Ligue**, par M. A. Gabriel-Rembault. — Abbeville, Briez, 1867; 9 p. in-8°.

Ext. Mém. Soc. Em. Abb.

6178. — Edict du Roy sur la **redvction** de la Ville **d'Abbeuille** en son obeyssance. *Avril 1594.* — S. l. n. n.; 24 p. in-8°.

Bibl. Nat¹⁰, Lb³⁹, n° 562.

6179. — Edict et Declaration du Roy, par laquelle Sa Majesté a confirmé, validé, aprouvé et continué tous les anciens **Privilèges**, Franchises, Exemptions, Authoritez comme Loy, Mairie, Eschevinage, College, Seigneurie, Justice et Coûtume d'Abbeville, même exempté perpetuellement et a toûjours de Gouverneur et de tout autre Capitaine et Commandant, ensemble de Garnisons et Logemens de Gens de Guerre de pied ou de Cheval. Comme aussi ladite Ville, Fauxbourgs et Banlieüe affranchis de toutes Tailles, Crües, Subsides, Impositions, entretenements des Prevosts des Marêchaux, Aydes, Emprunts, et de nouveau du Droit des Francs-Fiefs, etc. Donnés à S. Germain en Laye au mois d'Avril 1594. Registrés en Parlement, Chambre des Comptes, Cour des Aydes et Thresor à Paris. — Abbeville, A. Du Mesnil; 14 p. in-4°.

Une autre édition porte le titre suivant : Lettres patentes en forme d'Édit. Portant confirmation des Privilèges de la Ville et Baulieue d'Abbeville, etc... par Henry IV. Données à Saint Germain en Laye au mois d'Avril 1594. Registrées...... — Amiens, L. C. Caron; 14 p. in-4°.
Bibl. H. Macqueron.

6180. — 1597. 22 Janvier. 1597. 31 Janvier. *Lettres d'Henri IV adressées A nos chers et bien amez les Mayeur, Eschevins, manans, et habitans de nostre ville d'Abbeville.*

Lettr.-miss. d'Henri IV. — Paris, Imp. Nat¹ᵉ, 1848, t IV, p. 674 et 681.

6181. — 1597. 25 mars. A nos chers et bien amez les Mayeur, Eschevins, manans et habitans de la ville d'Abbeville. *Lettre d'Henri IV défendant d'envoyer aux* **Amiénois** *des* **secours en argent**.

Ibid., t. IV, p. 721 et 722.

6182. — 1598. 3 juillet. A nos chers et bons amys les Mayeur, Eschevins, manans et habitans de nostre ville d'Abbeville. *Lettre d'Henri IV relative au* **logement des troupes**.

Ibid., t. V., p. 2 et 3.

6183. — Fragment de **Chronique Abbevilloise** (1612-1625), *par M. A. de Crèvecœur.*

Bull. Soc. Em. Abb., 1884, p. 22 à 27; in-8°.

6184. — **Chronique abbevilloise** manuscrite (1619-1654), *par le Baron Tillette de Clermont-Tonnerre.*

La Picardie, 1879 et 1880; in-8°.

6185. — Rapport *par M. Alf. Maury* sur des documents *communiqués par M. Prarond et* concernant le **procès fait à deux** prétendus **sorciers** du Ponthieu en 1630; pièces manuscrites.

Bull. hist. et phil. du Comité, 1888, p. 7 à 9; in-8°.

6186. — Notes sur la **Défense d'Abbeville** pendant la Guerre de Trente Ans, par M. Henri Macqueron. — Abbeville, C. Paillart, 1891; 16 p. in-8°.

Ext. Bull. Soc. Em. Abb.

6187. — Louis XIII vouant son royaume à la Vierge dans l'église des Minimes d'Abbeville, *par H. Dusevel.*

Bibl. hist. Pic. et Art., par Roger, p. 215 à 217; in-8°.

6188. — Discours sur la **force de la situation** de la ville d'**Abbeville** en Picardie, par Montdevis, *publié par Henri Macqueron.*

Bull. Soc. Em. Abb., 1888-90, p. 276 à 280 et 287 à 294; in-8°.

6189. — Notes pour l'**Histoire d'Abbeville**, 1657-1764, tirées d'un manuscrit du XVIIIe siècle suivies de quelques autres et de fragments généalogiques, publiées par le Cte Le Clerc de Bussy. — Amiens, Delattre-Lenoel, 1876; 31 p. in-8°.

Ext. de la Picardie.

6190. — Abbatisvilla a **peste** servata. — Abbavillæ, Typis Ioannis Mvsnier, 1674; 14 p. pet. in-4°.

Bibl. d'Abbeville.

6191. — Abbatisvilla a **peste** servata. Nova editio e recensione et curis E. Prarond Majoris urbis. — Ambiani, Delattre-Lenoel, 1884; 14 p. pet. in-4°.

6192. — Prières ordonnées par monseigneur l'illustrissime et révérendissime évêque d'Amiens, pour gagner le **jubilé** universel octroyé par N. S. P. le Pape Clément XI, pour la ville d'**Abbeville**. — Amiens, Nicolas Caron-Hubault, 1701; 19 p. in-16.

6193. — Extrait des Registres du Conseil d'Etat. *Arrêt, du 9 novembre 1706, qui, moyennant un don gratuit de 18000 livres et les 2 sols par livre, confirme les bourgeois et habitants d'Abbeville dans tous leurs droits, franchises et privilèges.*—S. l. n. n.; plac. in-folio.

Arch. dép. de la Somme, C. 530.

6194. — D'**Abbeville**. *Lettre relative au pèlerinage fait au tombeau du* **diacre Paris** *par Mme Levesque, femme du prévôt de la maréchaussée d'Abbeville.*

Nouv. ecclés., 1732, p. 53 et 54; in-4°.

6195. — Mandement de Monseigneur l'Evêque d'Amiens à l'occasion du sieur Devesque et de son épouse, qui avoient des **convulsions à Abbeville**.... *Du 25 janvier 1732.* — S. l. n. n.; 3 p. in-4°.

Bibl. d'Amiens, Hist. des Rel., n° 2237, t. VI.

6196. — Mandement de Monseigneur l'Evêque d'Amiens pour défendre des Assemblées qui se font à Abbeville sous prétexte de rendre un culte à la mémoire du Sieur **Paris, Diacre**, et de luy attribuer des opérations miraculeuses. *Du 25 janvier 1732.* — S. l. n. n.; 3 p. in-4°.

Ibid; Théol., n° 1862.

6197. — Les **Convulsions d'Abbeville**. Lettre de M*** à M*** sur les Convulsions d'Abbeville. *Du 26 février 1732.* — S. l. n. n.; 24 p. in-24.

Au sujet de l'affaire des époux Levesque. Bibl. H. Macqueron.

6198. — Du Diocèse d'Amiens. *Récit d'une* **Mission** *faite à* **Abbeville** *en* *juin 1736 par le P. Duplessis et autres Jésuites.*

Nouv. ecclés., 1736, p. 182 à 187 et p. 192; in-4°.

6199. — Du Diocèse d'Amiens. *Correspondance relative à la* **mort de Mlle de Silly** *arrivée a Abbeville en septembre 1740 et aux poursuites faites au sujet de cette mort pour cause de Jansénisme.*

Ibid., 1741, p. 111 et 112; in-4°.

6200. — Lettre de Monseigneur l'Evêque d'Amiens au Roy, *au sujet du refus de sacrements fait à Barbe du Fossé.* — S. l. n. n., 1752; 4 p. in-4°.

Bibl. H. Macqueron.

6201. — *Correspondance relative au* **refus de sacrements** *fait à Abbeville à* **Barbe du Fossé.**

Nouv. ecclés., 1752, p. 134 à 136; in-4°.

6202. — D'Abbeville. *Correspondance relative à une* **Mission** *faite par les Jésuites à* **Abbeville** *en juillet 1758.*

Ibid., 1759, p. 108; in-4°.

6203. — *Correspondance relative au projet d'établissement d'un* **Séminaire à Abbeville.**

Ibid., 1759, p. 161 à 162; in-4°.

6204. — D'Amiens. *Correspondance sur le* **Jansénisme à Abbeville** *relative à l'établissement du petit Séminaire et à l'histoire d'une dame Morgan de Frucourt, qui aurait assisté à la messe en costume masculin.*

Ibid., 1760, p 174 à 176; in-4°.

6205. — D'Amiens. *Correspondance relative à l'établissement d'un* **Séminaire à Abbeville** *et à divers autres sujets relatifs au Jansénisme.*

Ibid., 27 févr 1761, p. 33 à 36; in-4°.

6206. — Amende honorable *relative à la profanation du* **Crucifix d'Abbeville** : *12 septembre 1765.* — S. l. n. n.; 1 p. in-folio.

Bibl. H. Macqueron.

6207. — Arrest de la Cour du Parlement qui confirme une Sentence rendue par la Sénéchaussée de Ponthieu à Abbeville le 28 Février 1766, par laquelle Jean-Francois **Lefebvre de La Barre** a été condamné à faire Amende honorable, avoir la langue coupée, la tête tranchée, et son corps ensuite jetté avec la tête dans un bûcher, pour y être brûlés ; préalablement appliqué à la question ordinaire et extraordinaire, pour Impiétés, Blasphèmes, Sacrilèges exécrables et abominables, etc., et par laquelle il a été sursis à l'égard de Charles-François-Marcel Moisnel jusques après l'exécution de ladite Sentence. Extrait des Registres du Parlement du 4 juin 1766. — Abbeville, D. Artous; 3 p. in-4°.

Autres éditions : Paris, Simon, 1766 ; 7 p. in-4° et en plac. in-folio.
Bibl. d'Abbeville.

6208. — Mémoire à consulter et Consultation pour les sieurs Moynel, Dumesniel de Saveuse, et Douville de Maillefeu, Injustement impliqués dans l'affaire de la **mutilation d'un Crucifix**, arrivée à Abbeville le 9 Août 1765. — Paris, Louis Cellot. M.DCC.LXVI ; 26 p. in-4°.

Ce mémoire se trouve aussi dans : Mém. et Plaid. de M. Linguet. — Amsterdam, Simon Joly, 1773, t. I, p. 1 à 32 ; in-12.

6209. — Arrest de la Cour de Parlement, qui supprime le Discours Préliminaire étant en tête du Livre intitulé : Théorie des Loix Civiles, ou Principes fondamentaux de la Société imprimé à Londres en M.DCC.LXVII, sans nom d'Auteur, etc. — Paris, P. G. Simon, 1767 ; 6 p. in-4°.

Il s'agit d'un ouvrage de Linguet blâmant l'arrêt rendu contre le **Chevalier de la Barre.**
Bibl. H. Macqueron.

* **6210.** — Le Catéchumène, ou le Secret de l'église trahi, suivi de la relation de la mort du **chevalier de la Barre**, du bannissement..... — S. l. n. n., 1768; 83 p. in-8°.

Violente diatribe composée par Voltaire qui la rejeta sur un académicien de Lyon et sur Mathurin Dulaurens.

6211. — Relation de la mort du **Chevalier de la Barre**, par Monsieur Cass... (*Voltaire*), Avocat au Conseil du Roi, à M' le Marquis de Beccaria, écrite en 1766. Nouvelle édition. — Amsterdam, 1769; 30 p. in-8°.

Bibl. H. Macqueron.

* **6212.** — Le cri du sang innocent au Roi très-chrétien en son conseil. — S. l. n. n., 1775.

Au sujet de l'affaire La Barre.
Voir Bibliogr. Dufour, n° 490.

6213. — Recueil intéressant sur l'affaire de la mutilation du Crucifix d'Abbeville, arrivée le 9 Août 1765, et sur la mort du **Chevalier de la Barre**. Pour servir de supplément aux Causes célèbres. — A Londres (*Abbeville, Devérité*), 1776; 16-197 p. in-12.

Cet ouvrage est généralement attribué a Devérité les noms de Linguet et de Jean-Nicolas Douville ont été mis aussi en avant.

6214. — Arrêt de la Cour du Parlement de Paris, qui juge et condamne Jean-François **Lefebvre** à faire amende honorable, avoir la langue coupée, la tête tranchée, et son corps ensuite jetté avec la tête dans un bûcher, pour y être brûlé, pour impiétés, blasphèmes, sacrilèges exécrables et abominables, et pour avoir attaqué la Majesté Divine. — Paris, Simon, 1782; 2 p. in-4°.

Anc. Bibl. de Marsy.

* **6215.** — Procès du **Chevalier de La Barre**, décapité à Abbeville, à l'occasion de la mutilation d'un crucifix. Seconde édition. — Hambourg, 1782, in-12.

Bibl. Nat¹ᵉ, Ln²⁷, n° 10620.

* **6216.** — Le **Chevalier de la Barre**. Drame en un acte, *par Marsollier*, représenté sur le théâtre des Italiens pour la première fois le 8 juillet 1791.

Fabre d'Eglantine a emprunté à cette affaire le sujet de sa tragédie d'Augusta, jouée en 1787. Une autre pièce sur le même sujet intitulée la Croix du Pont a été jouée à Paris vers 1850.
Bibliogr. Dufour, n° 492.

6217. — Décret de la Convention Nationale du 25ᵉ jour de Brumaire, an second de la République Françoise, une et indivisible, qui réhabilite la mémoire de **Labarre** et d'Etalon, dit de Morwal. — Arras, Leducq; 2 p. in-4°.

Bibl. Soc. Ant. Pic.

Autre édition : A Commune affranchie, de l'Imprimerie Nationale du Département du Rhône; 3 p. in-4°.
Bibl. de Bonnault.

6218. — Picardie historique et littéraire. Procès du **Chevalier de la Barre**. Mémoire de M. Gaillard d'Etallonde Présenté à S. M. Louis XVI et publié par F. Pouy. — Arras, Rousseau-Leroy, 1869; 53 p. in-18.

6219. — Note relative à Jean-François **Lefebvre de la Barre**. Communication de M. Prarond.

Rev. Soç. Sav. Dép., t. VIII, 1878, p. 275 à 277; in-8°.

6220. — Ligue Saint-Martin d'Arras. La Vérité sur le Chevalier de la Barre. Graves erreurs de M. le comte Douville de Maillefeu. — Arras, Laroche, 1883; 30 p. in-18.

6221. — L'Exploitation du Théâtre d'Abbeville (1770-1789), par M. P. de Caïeu.

Mém. Soc. Em. Abb., 4ᵉ série, t. IV, p. 69 à 92; in-8°.

6222. — Détail général du grand désastre d'Abbeville, causé par le feu qui a pris au **magasin à poudre** le 2 du présent mois de novembre sur les 4 heures et un quart après-midi. — S. l. n. n., 1773; 4 p. in-4°.

Bibl. Soc. Ant. Pic.

6223. — Relation du **terrible accident** arrivé **à Abbeville**, Ville de Picardie. — Paris, de l'Imprimerie de la

3

Gazette de France, aux Galeries du Louvre, 1773; 2 p. in-4°.

Bibl. Soc. Ant. Pic.

6224. — *Correspondance relative à la* **Mission de 1776** *à Abbeville et à un refus de sacrements fait par M. Rohault, curé de Ste Catherine.*

Nouv. eccl. du 23 janv. 1777; 4 p. in-4°.

6225. — Une **Mission à Abbeville** en 1776 (Extrait d'une chronique abbevilloise de M. Mellier, marchand mercier), par M^r le baron Tillette de Clermont-Tonnerre.

Bull. Soc. Em. Abb., 1894-96, p. 177 à 183; in-8°.

6226. — *Inauguration du* **Portrait** *de* Mgr **le Comte d'Artois** *a Abbeville, en 1787*, par M. Ch. Wignier de Warre.

Bull. Soc. Em. Abb., 1894-96, p. 157 à 164; in-8°.

6227. — Ode sur l'inauguration du **Portrait** de Monseigneur **Comte d'Artois**, Placé dans la Salle du Bourdois, à Abbeville, *par M. de Clémenceau*. — Abbeville, Devérité, Pintiau, 1787; 16 p. in-8°.

Bibl. d'Abbeville.

6228. — La Répétition, Divertissement analogue à l'inauguration du **Portrait** de Monseigneur **Comte d'Artois**, à Abbeville, le 15 juillet 1787. — Abbeville, Devérité, 1787; 26 p. in-12.

Bibl. H. Lottin.

6229. — Mémoire à consulter et Consultation pour un Citoyen: Contre Me Deroussen, Avocat. — Abbeville, L. A. Devérité; 42 p. in-4°.

Curieux mémoire au sujet d'une personne arrêtée pour avoir fait du **bruit au théâtre** le 13 janvier 1788 et qui doit être Devérité.

Bibl. H. Macqueron.

6230. — Arrêté des Officiers Municipaux, des Corps et des différentes Corporations de la ville d'Abbeville des 3 et 11 Décembre 1788, *relatif à l'élection aux* **Etats Généraux**. — Abbeville, Devérité, 1788; 14 p. in-4°.

Bibl. H. Macqueron.

6231. — Les Annales Modernes d'Abbeville, par E. Prarond. Première partie: la **Révolution**, la République et l'Empire. Tome Ier. — Abbeville, P. Briez, 1862; IV-322 p. in-8°.

Cet ouvrage n'ayant pas été continué, le tome ci-dessus indiqué a pris en 1878 le titre suivant: Quatre années de Révolution 1790-1793, Fragment des Annales modernes d'Abbeville par Ernest Prarond. — Paris, Sandoz et Firschbacher, 1878; IV-322 p. in-8°.

6232. — Adresse de l'Assemblée-électorale dv district d'Abbeville à l'Assemblée-nationale. — Abbeville, Devérité, 1790; 8 p. in-4°.

Demande de **suppression du droit d'aînesse.**

Bibl. H. Macqueron.

6233. — Discours prononcé le 14 Juillet 1790 avant la Cérémonie de la **Fédération Nationale**, à Abbeville, par M. Le Boucher-de-Richemont, Premier Officier-Municipal. — Abbeville, L. A. Devérité, 1790; 2 p. in-4°.

Bibl. H. Lottin

6234. — Discours prononcé par M. Leboucher d'Ailly, Maire d'Abbeville, lors de la **nomination** faite des nouveaux **Officiers-Municipaux**, le 19 Novembre 1790. — Abbeville, L. A. Devérité; 4 p. in-4°.

Bibl. H. Lottin.

6235. — Acte d'**Adhésion** de la Ville d'Abbeville **à tous les Décrets** de l'Assemblée Nationale — Abbeville, L. A. Devérité, 1790; 7 p. in-8°.

Bibl. d'Abbeville.

* **6236.** — Adresse des citoyens de la ville d'Abbeville à l'Assemblée Nationale. — Abbeville, *vers 1790*; 3 p. in-4°.

6237. — Adresse des Officiers-Municipaux de la Commune d'Abbeville, à leurs concitoyens au sujet de la **Constitution civile du Clergé** : *du 26 janvier 1791.* — Abbeville, L. A. Devérité ; 8 p. in-4°.

Bibl. H. Macqueron.

6238. — Les Administrateurs du District d'Abbeville aux Citoyens du District. — Abbeville, Devérité, 1791 ; 4 p. in-4°.

Appel pour venir travailler aux **fortifications** de la ville.

Bibl. d Abbeville.

6239. — Arrêté du Corps municipal d'*Abbeville*, qui ordonne d'**effacer** et supprimer toutes les **Armoiries**, Couronnes, Supports, etc., dans le délai de huit jours. Du onze février 1792. — Abbeville, Devérité ; plac. in-folio.

Bibl. A. de Caieu.

6240. — Lettre de la municipalité d'Abbeville au Roi. *Protestation contre la* **journée du 20 juin** : *du 22 juin 1792.* — S. l. n. n. ; 3 p. in-8°.

Bibl. van Robais.

6241. — Discours prononcé par M. le Maire d'Abbeville lors de la **Plantation de l'Arbre de la Liberté**, le 14 juillet 1792, jour de la Fédération. Discours prononcé par M. le Procureur de la Commune, le même jour. — Abbeville, L. A. Devérité ; 4 p. in-4°.

Bibl. H. Macqueron.

6242. — Procès-verbal de la **Fête civique**, célébrée à Abbeville *le 28 octobre 1792* pour le succès des armes Françaises en Savoie, en exécution de la Loi du 28 Septembre 1792. Extrait du Registre aux Délibérations du Conseil général de la Commune d'Abbeville. — Abbeville, L. A. Devérité ; 8 p. in-4°.

Bibl. H. Macqueron.

6243. — Extrait du Registre aux Délibérations du Conseil Général de la Commune d'Abbeville, séance publique, du vingt trois Novembre mil sept cent quatre vingt douze, l'an premier de la République Française. — Abbeville. Louis-Alexandre Vérité (*sic*) ; plac. in-folio.

Délibération relative à des **blés vendus à des amidonniers** par MM. Michault après l'envahissement de leur maison.

Bibl. A. de Caieu

6244. — Discours prononcé sur la place d'armes, à l'occasion du **recrutement**, par le citoyen Goudalier, maire de la commune d'Abbeville, le 17 mars 1793, l'an deuxième de la République Française. — Abbeville, Devérité ; 7 p. in-4°.

6245. — Discours prononcé, *en avril 1793*, par un des Membres de la Société des Amis de la Liberté et de l'Egalité, séante à Abbeville, en présence des Commissaires de la Convention Nationale, envoyés pour accélérer le **recrutement** de l'armée dans le Département de la Somme. — Abbeville, Devérité, 1793 ; 15 p. in-8°.

Bibl. d'Abbeville.

6246. — Discours prononcé par le Citoyen d'Urre, Général de Brigade, commandant la douzième Division de l'Armée du Nord, le 10 Août 1791, l'an deuxième de la République Française, une et indivisible, à la **Fédération d'Abbeville**, *et autres discours prononcés par les Citoyens Duval et Daullé*. — Abbeville, Devérité ; 12 p. in-4°.

Bibl. H. Macqueron.

6247. — Discours aux Citoyens-**Soldats** du bataillon d'Abbeville, **partants pour la frontière** : prononcé le 6 Septembre 1793, l'an deuxième de la République Française, une et indivisible, dans l'Eglise Saint-Georges : En présence des Citoyens Administrateurs du Directoire du District, des Officiers Municipaux, des Membres de la Société Populaire, et de la Garde Nationale d'Abbeville ; Par le Citoyen Adrien Fuzelier, Prêtre et professeur au Collège. Imprimé par ordre de la Municipalité.

—Abbeville, L. A. Devérité, 1793; 15 p. in-12.

Bibl. H. Macqueron.

6248. — Règlement de la **Société régénérée des Amis de l'Egalité** et de la Liberté : Séante à Abbeville. L'an deuxième de la République, une et indivisible. — Abbeville, Devérité, an II ; 16 p. in-8°.

Bibl. H. Lottin.

6249. — Discours prononcé le 10 Pluviôse, dans le Temple de la Vérité et de la Raison, par Jean Baptiste Sanson, Juge de Paix de l'arrondissement du Tribunal de Justice d'Abbeville, et ancien Président de la Société Populaire, à l'occasion de l'**Anniversaire de la mort du Tyran**. — Abbeville, Devérité, 1794 ; 8 p. in-4°.

Bibl. H. Macqueron.

6250. — Discours Prononcé le 30 Germinal *An II* dans le Temple de la Raison et de la Vérité, par le Citoyen Jacques-Antoine Delegorgue le jeune, Agent national de la Commune d'Abbeville, à l'occasion de la Fête pour la **Plantation de l'Arbre de la Liberté**, et pour l'inauguration des Bustes de Marat et de Lepelletier. Discours prononcé à Abbeville, par Jean-Baptiste Sanson, Juge de Paix et ancien Président de la Société Populaire, le 30 Ventôse, dans le Local de ladite Société, et le 30 Germinal dans le Temple de la Vérité et de la Raison, lors de l'inauguration des Bustes des deux Apôtres Martyrs de la Liberté. — Abbeville, Devérité, an II ; 7 p. in-8°.

Bibl. H. Macqueron.

6251. — Ordre de la **Fête** en l'Honneur **de l'Être Suprême** Célébrée le Décadi 20 Prairial et Discours prononcés à cette occasion sur la Montagne élevée au milieu de la Place d'Armes, et au Champ de Mars. — Abbeville, de l'Imprimerie de la Citoyenne Decaisne, l'an II ; 29 p. in-4°.

Bibl. d'Abbeville.

6252. — Discours prononcé par le Citoyen Cellier, réfugié de Valenciennes, au nom des réfugiés du Département du Nord à l'occasion de la **plantation de l'arbre de la liberté**, qui a eu lieu aux ci-devant Chartreux près d'Abbeville, le dix Messidor l'an deuxième de la République Française, une et indivisible. — Abbeville, de l'Impr. de la Citoyenne Decaisne ; 6 p. in-4°.

Bibl. H. Macqueron.

6253. — Extrait du Registre aux Arrêtés du Directoire révolutionnaire du District d'Abbeville. En sa séance publique du 15 Messidor, deuxième année Républicaine.—Abbeville, de l'Imp. de la Citoyenne Decaisne ; 6 p. in-8°.

Arrêt ordonnant le **séquestre** des biens des personnes d'Abbeville dont les enfants ont émigré avec la liste de ces personnes.

Ibid.

6254. — Extrait du Registre aux Délibérations du Directoire révolutionnaire du District d'Abbeville. En sa séance publique du 23 Fructidor, l'an deuxième de la République. — Abbeville, de l'Impr. de la Citoyenne A. Decaisne ; 3 p. in-4°.

Au sujet des **fournitures de paille** du District.

6255. — Extrait du Registre aux Délibérations du Directoire Révolutionnaire du District d'Abbeville, en sa séance publique du 23 Fructidor, l'an deuxième de la République. — Abbeville, Decaisne ; 2 p. in-8°.

Révocation d'un arrêté du 17 Messidor.

6256. — Extrait du Registre aux Délibérations du Directoire révolutionnaire du District d'Abbeville, en sa Séance publique du 24 Fructidor, l'an deuxième de la République. — Abbeville, Decaisne ; 3 p. in-4°.

Arrêté pour l'exécution des lois du **Maximum** sur les grains.

* 6257. — Extrait du journal de Marat, intitulé l'Ami du Peuple, relatif aux dissensions excitées à Abbeville par les ennemis de la Révolution.

Bibliogr. Dufour, n° 515.

6258. — Remerciemens aux électeurs du Canton d'Abbeville pour l'an III de la République Française. — S. l. n. n.; 4 p. in-8°.

Pamphlet de Devérité sur le **résultat** négatif **des élections.**

6259. — Avis au public. Copie littérale de la lettre de P. J. Picot, Chaussée Marcadé. Au Citoyen Gayvernon, Commissaire Central du Département de la Somme. *Du 12 Brumaire an VIII.* — S. l. n. n.; plac. in-folio.

Dénonciation contre certains administrateurs municipaux d'Abbeville.

Bibl. d'Abbeville.

6260. — Oraison à **Pie VI**, Le très humble serviteur des serviteurs de Dieu, ci-devant Prince. Le jour de son **service funèbre** et Catafalque, à Abbeville, dans l'Eglise ci-devant Royale et Collégiale de S¹ Vulfran.—Paris, Imprimerie Chrétienne, *1799;* 4 p. in-12.

Bibl. H. Lottin.

6261. — Le nouveau Mathan ou réponse à Gayvernon sur sa diatribe à l'administration municipale d'Abbeville. — Chez les Amis de la religion, 1789. *(1799);* 16 p. in-8°.

Au sujet de la pompe avec laquelle fut célébré à Abbeville le **service funèbre de Pie VI.**

Bibl. H. Macqueron.

6262. — Les Administrateurs municipaux du canton d'Abbeville et le Commissaire du Directoire Exécutif à leurs concitoyens. — Rouen, Vr. Guilbert et Herment; 4 p. in-4°.

Au sujet de leurs **démêlés** avec le citoyen **Gayvernon**; du 25 vendémiaire an VIII.

Ibid.

6263. — Observations sur la **journée du 18 brumaire** an IX et sur le coup de vent de ce jour *à Abbeville.* —

Alm. ann. d'Abbev., 1853, p. 42 à 46; in-12.

6264. — Discours pour l'anniversaire de la **Fête Nationale**, prononcé dans l'Eglise Saint-Wulfran d'Abbeville, le dimanche 9 novembre 1806, en présence des autorités civiles et militaires, par F. G. D'Eletoille, prêtre. — S. l., Hacquart; 12 p. in-4°.

Bibl. H. Lottin.

6265. — Le Maire d'Abbeville, aux Habitans de cette Commune. — *Abbeville*, Boulanger-Vion, s. d.; 8 p. in-4°.

Proclamation à l'occasion de la **paix de Tilsitt** et des fêtes qui ont eu lieu à Abbeville les 15 et 16 août 1807.

6266 — Le Départ des Abbevillois. Air : Partant pour la Syrie. — S. l. n. n., *vers 1815;* 1 p. in-8°.

Bibl. Alfr. Lottin.

6267. — Notice extraite d'une relation du passage de S. M. **Louis XVIII** et de son séjour à **Abbeville** les 20 et 21 mars 1815. — S. l. n. n.; 52 p. in-32 n. n.

Bibl. H. Macqueron.

6268. — Six-balafres, ou la soirée des Casernes. Discours qui a eu pour but de faire éclater la **désertion dans la garnison d'Abbeville** et qui, le jour même qu'il a paru 20 avril 1815, a été porté dans les Casernes par les Officiers royalistes de Tournemine et Délimange, du 89° (Le but a été rempli : une partie des soldats a passé du côté du Roi); par G... (*M. Guinand*), Officier des Volontaires Royaux sous les ordres du Général Prince de Croï-Solre. — S. l. n. n.; 15 p. in-8°.

Bibl. d'Abbeville.

6269. — Notice sur le chef d'accusation intervenu à la charge de huit citoyens d'Abbeville prévenus de **propos séditieux** contre le gouvernement; *du 29 mars 1817.* — Abbeville, Boulanger-Vion; 4 p. in-4°.

Bibl. d'Abbeville.

6270.—Mémoire présenté au conseil

— 22 —

du Roi en exécution de ses ordres et rédigé par M. Traullé, Conseiller municipal, sur les ordres du Roi. — Abbeville. Boulanger-Vion, 1824; 27 p. in-8°.

Demande tendant à ce qu'Abbeville fut mise au rang des **Bonnes Villes de France**.

6271.—Cantate chantée à **Abbeville** le 23 Août 1825, par les Elèves de l'Ecole de Musique, en présence de S. A. R. Madame, **Duchesse de Berri**. — Abbeville, Boulanger-Vion ; 2 p. in-4°.

6272. — Règlement pour le **Bal** offert à S. A. R. Madame la **Duchesse de Berry**, le mardi 23 Août 1825. — Abbeville, Boulanger-Vion ; 1 p. in-8°.

6273. — Extrait du journal d'Abbeville. **Passage du Roi** à Abbeville, le 24 Mai 1831. — Abbeville, Devérité; 2 p. in-folio.

6274. — **Fête florale** d'Abbeville. Exposition de 1840. — Abbeville, Devérité ; 3 p. n. n.

Pièce de vers par M. Séqueval.

6275. — Obsèques de M. **Hibon de Mervoy**, Maire d'Abbeville. Extrait du journal l'Abbevillois du 4 Mai 1842. — Abbeville, C. Paillart; 11 p. in-8°.

6276. — Le Maire d'Abbeville à ses Concitoyens. — Abbeville, Jeunet, s. d.; 11 p. in-4°.

Réponse de M. **Vayson** à des accusations diffamatoires portées contre lui.

6277. — Réception de **LL. MM. II. à Abbeville** le Mercredi 28 septembre 1853.

Alm. ann. d'Abb., 1854, p. 47 à 59; in-16.

6278. — Inauguration de la **Statue de Lesueur**.

Alm. ann. d'Abb., 1853, p. 104 à 108 ; in-16.

6279.—**Cavalcade** du 10 mars 1861. Extrait de l'Abbevillois du 12 Mars 1861. — Abbeville, P. Briez; 8 p. in-8°.

6280. — Le Guetteur de Saint-Vulfran, par l'Homme fossile du Moulin-Quignon. — Abbeville, P. Briez, 1865 ; 24 p. in-8°.

6281. — Menus propos Abbevillois par un Franc-Picard en l'an de grâce 1866. — Abbeville, Briez, 1867 ; 82 p. in-8°.

Ces deux brochures ont été attribuées à M. Albéric du Grosriez.

6282. — Le Progrès à Abbeville ! **revue locale** en sept tableaux par L. Guillain et G. Cointe. Représenté pour la première fois sur le Théâtre d'Abbeville, le 22 janvier 1869. — Abbeville, Gamain, 1869 ; 26 p. in-4°.

6283.—Abbeville pendant la **Guerre de 1870-71** par un officier de la garnison. — Abbeville, Briez, C. Paillart et Retaux, 1874 ; 70 p. in-8° av. 1 pl.

6284. — La Commission municipale d'Abbeville et l'**Occupation prussienne**. 5 février au 19 avril 1871. Rapports et Procès-verbaux. — Abbeville, Briez, Paillart et Retaux, 1871; 170 p. in-8°.

6285. — Journal d'un Provincial pendant la **Guerre**. Abbeville **1870-1871** par Ernest Prarond. — Paris, Thorin; Amiens, Prévost-Allo, 1874 ; 544 p. in-12.

6286. — *Compte rendu de l'ouvrage précédent, par M. G. Le Vavasseur.*

La Picardie, t. XIX, 1874, p. 327 à 335; in-8°.

6287.— Ernest Prarond. **Après les Prussiens**. Premier appendice au Journal d'un Provincial pendant la Guerre. Abbeville, 1871-75. — Paris, Thorin ; Amiens, Prévost-Allo, 1876 ; 84 p. in-12.

6288. — Ernest Prarond. La **Défense politique**. Second appendice au Journal d'un Provincial pendant la Guerre. Abbeville, 1871-1877. — Amiens, Prévost-Allo, 1877 ; 70 p. in-8°.

6289. — Discours de M. **Gambetta**, prononcé à **Abbeville** le 10 juin 1877.— Paris, Germer-Baillière, 1877; 31 p. in-16.

6290. — Souscription pour l'érection d'une **Statue** en l'honneur du Patriote **Ringois**.—Abbeville, C. Paillart, 1877; 30 p. in-18.

6291. — Une page d'histoire. — Abbeville, imprimerie du Ralliement, 1884; 42 p. in-8°.

Document sur l'**organisation du parti républicain** à Abbeville de 1870 à 1883.

6292. — Congrès archéologique de France. Séances tenues à **Abbeville** en 1893 par la Société française d'Archéologie. — Paris, Alph. Picard, 1895; LVIII-411 p. in-8° av. 23 pl. et 39 fig.

6293. — La sessantesima sessione della Societa francese d'**Archeologia ad Abbeville** (Nord della Francia) ed in Inghilterra, par *A. Garovaglio*.

La Perseveranza, de Milan, n°s des 27 et 29 septembre 1893.

6294. — Les **Congrès** archéologiques d'**Abbeville** et de Londres en 1893. Compte-rendu sommaire par le Comte de Marsy. — Caen, Delesques, 1893; 90 p. in-8° av. 11 fig.

6295. — Le **Congrès** archéologique d'**Abbeville**. 27 juin - 4 juillet 1893. Compte-rendu présenté à la Société d'Emulation d'Abbeville, par M. Henri Macqueron.— Abbeville, Paillart, 1893; 41 p. in-8°.

Ext. Bull. Soc. Emul. Abb.

6296. — Le Congrès d'Abbeville, par *H. Moulin*.

Ann. de la Soc. hist. de Château-Thierry, 1893, p. 181 à 201; in-8°.

6297. — Les **Archéologues** de France **en Ponthieu**. Impressions d'un congressiste (*Alfred Julia*).

L'Indépendant de Péronne, juillet-octobre 1893.

6298. — Bulletin du Syndicat pomologique de France. Tome troisième. Concours général et **Congrès pomologique d'Abbeville**. 19, 20 et 21 Octobre 1894. — Vannes, Lafolye, 1895; 108 p. in-8°.

6299. — Les Grandes Epoques historiques d'Abbeville. **Cavalcade** du 19 mai 1895. Illustrations par Ch. Jouvenot et B. Le Vaigneur. *Programme*. — Abbeville, Paillart; 16 p. in-8° av. fig.

III. MŒURS ET USAGES

6300. — Ernest Prarond. **Abbeville à table**. Etudes gourmandes et morales.— Amiens, Delattre-Lenoel, 1878; 90 p. in-8°.

6301. — **Abbeville nocturne**. La Chanson du Clocheteur, *par Ernest Prarond*.

La Picardie, 1879, p. 289 à 297; in-8°.

6302. — Les **Convivialités** de l'Echevinage ou l'Histoire à Table, par Ernest Prarond. — Paris, Champion; Amiens, Delattre-Lenoel. 1886 ; 99 p. in-8°.

Ext. de la Picardie.

6303. — Baptême de la fille d'un Maïeur d'Abbeville, *par J. Deru*.

Cab. hist. Pic. et Art., t. I, p. 118 à 120 ; in-8°.

6304. — Société des Antiquaires de Picardie. Séance publique du 29 juillet 1888. Frais et menues **dépenses d'un maître de maison** au XVIII° siècle **à Abbeville**. Lecture faite par M. Robert de Guyencourt. — Amiens, Douillet; 1889 ; 17 p. in-8°.

Ext. Mém. Soc. Ant. Pic.

6305. — Abbeville en liesse. **Réjouissances et Fêtes publiques** au XV° siècle, par Alcius Ledieu.

Mém. Soc. Em. Abb., 4° S¹°, t. IV, p. 175 à 212 ; in-8°.

6306. — E. Prarond. Les **Mœurs épulaires** de la Bourgeoisie provinciale, XV-XVIII° siècles. Abbeville à Table et les Convivialités de l'Echevinage. — Paris, Picard, 1900 ; in-8°.

Réunion sous un même titre des deux ouvrages portés aux n°s 6300 et 6302.

CHAPITRE III

I. GÉNÉRALITÉS
CONSTITUTION DE LA COMMUNE

6307.—Note sur l'ancienne **Loi Municipale** d'Abbeville, par M. Louandre.

Mém. Soc. Em. Abb., 1833, p. 81 à 97 ; in-8°.

6308.— Les **Mayeurs** et les **Maires** d'Abbeville, *par M. F. C. Louandre*, 1184-1847. — Abbeville, Jeunet, 1851; 78 p. in-8°.

6309. — **Armoiries des Mayeurs** d'Abbeville (1657-1789), par le Cte Ch. Le Clerc de Bussy. — Amiens, Lenoel-Herouart, 1867 ; 40 p. in-8°.

6310. — *Arrêté des Maire et Echevins d'Abbeville, relatif aux* **Maïeurs de Bannière**; *mai 1310*. — S. l. n. n. n. d. ; 3 p. in-4°.

Bibl. d'Abbeville.

6311. — Lettres qui maintiennent les Maire et Eschevins de la Ville d'Abbeville dans la connaissance des cas qui regardent la **jurisdiction du Vicomte** ; *du 9 mai 1376*.

Ord. des Rois de Fr., t. VI, p. 190 ; in-folio.

6312. — Mémoire de 1393 pour les Maire et Echevins d'Abbeville, *publié par E. Prarond*.

Contestation sur des **questions de juridiction** entre la Ville et les Religieuses de l'Hôpital St Jean de Jérusalem.

La Picardie, t. XI, 1865, p. 369 à 354 ; in-8°.

6313. — Trois **délibérations de l'Echevinage** d'Abbeville (1440-1441).

Cab. hist. Pic. et Art., t. I, p. 61 à 64 ; in-8°.

6314. — 1596. 17 août. A nos chers et bien amez les Maïeur, Eschevins, Maïeurs des bannières et habitans de nostre ville d'Abbeville.

Lettre d'Henri IV sur la **réduction** de 24 à 8 **du nombre des échevins**.

Rec. des Lett. miss. d'Henri IV, t. VIII, p. 614 à 616 ; in-8°.

6315. — Arrest de la Cour de Parlement portant règlement pour les **nominations** et séances **des Eschevins** de la ville d'Abbeville. *Du 9 août 1641.* — Paris, Guillemot, 1641 ; 8 p. in-12.

Bibl. de Rouen, Coll. Leber, n° 694.

6316. — Extrait des Registres du Conseil d'Etat. *Arrêt relatif aux* **Préséances** *des Maire et Echevins, au mode d'élection du Principal du Collège et à la police en cas de maladie contagieuse. Du 4 décembre 1671.* — S. l. n. n. ; 3 p. in-4°.

Arch. mun. d'Abbev., AA., n° 106.

6317.— Arrest du Conseil d'Estat du Roy, qui ordonne que le Sieur Godart de Beaulieu, **Maire** d'Abbeville, **Présidera seul**, à l'exclusion de tous autres, aux Assemblées generales et particulieres de ladite Ville, et fait defenses au Sieur le Bel, Lieutenant General en la Senechaussée de Ponthieu, de le troubler. Du 20 Janvier 1693. — S. l. n. n. ; 4 p. in-4°.

Bibl. Pinsard.

6318. — *Arrêt du Conseil, du 24 Août 1693, relatif aux* **Préséances** *entre le Lieutenant du Roi en Picardie, le Maïeur et le Président du Présidial d'Abbeville*. — S. l. n. n. ; 2 p. in-folio.

Arch. mun. d'Abbeville, AA, n° 106.

6319.— Mémoire pour les Officiers de la Sénéchaussée de Ponthieu, contre les Mayeur et Echevins d'Abbeville, les Administrateurs de l'Hôpital Général et du Bureau des Pauvres, et les Administrateurs du Collège, défendeurs. — Paris, Simon, s. d. ; 24 p. in-4°.

Au sujet du **droit de présider** les assemblées générales de l'Hôpital, du Bureau des Pauvres et du Collège.

Bibliog. Dufour, n° 461.

6320. — Extrait des Registres du Conseil d'Etat. *Arrêt, du 14 octobre 1697, relatif aux* **Préséances** *entre les Officiers du Présidial, le Corps de Ville, le Chapitre de St Vulfran et les Religieux de St Pierre.* — S. l. n. n. ; 3 p. in-4°.

Arch. mun. d'Abb., AA, 109.

6321. — Mémoire pour Jean-Baptiste du Saulchoy, sieur de Rivillon, conseiller du Roy, assesseur en l'hôtel-de-ville d'Abbeville, contre les Elus en Ponthieu, résidant à Abbeville. — S. l. n. n., *vers 1700* ; 4 p. in-folio.

Question de **préséance**.
Bibl. H. Macqueron.

* **6322.** — Mémoire pour le sieur Godart de Beaulieu, maire perpétuel de la ville d'Abbeville, contre le sieur Lebel, lieutenant général. — S. l. n. n. n. d., *vers 1700* ; in-folio.

Bibl. Nat^{le}, Thoisy, 172, f° 308.

6323. — Arrest du Conseil d'Estat du Roy qui déboute les Maire et Echevins de la Ville d'Abbeville, de leurs demandes, tendantes à être maintenus dans l'exemption d'affranchissement des **Droits de Petit Scel**, comme Juges d'une Justice Seigneuriale et Patrimoniale. Ordonne que toutes les Expéditions des Actes émanés de la Jurisdiction de l'Hôtel de Ville dudit lieu, seront scellés, et les Droits réglés par le Tarif du 20 Mars 1708, payés avant de pouvoir être délivrés, à peine de 100 livres d'amende, pour chaque contravention, à l'exception des seuls Jugemens qui interviendront sur la Requeste du Procureur du Roy pour fait de Police, lorsqu'il n'y aura point de Partie civile, etc. Du 30 Novembre 1723. — Paris, veuve Saugrain et Pierre Prault, 1734 ; 7 p. in-4°.

Autre édition : Paris, veuve Saugrain et Pierre Prault, 1738 ; 8 p. in-4°.

Bibl. H. Macqueron.

Autre édition : Arrest du Conseil d'Estat du Roy, du 30 novembre 1723, qui ordonne que toutes les expéditions des actes emanez..... — S. l. n. n. ; 4 p. in-4°.

Anc^{ne} Bibl. de Marsy.

6324. — *Requête des Maïeur, Echevins et Habitants d'Abbeville au Roi contre la nomination de M. Marchal de Sansey comme* **Gouverneur de la Ville.** — Paris, Paulus du Mesnil, 1742 : 4 p. in-folio.

Bibl d'Abbeville.

6325. — Extrait des Registres du Conseil d'Etat. *Arrêt, du 10 avril 1745, maintenant les officiers non électifs de l'Hôtel de Ville d'Abbeville dans le* **droit de se trouver** *aux cérémonies publiques* **dans les stalles** *avec les Chanoines de St Vulfran et les Religieux de St Pierre.* — Abbeville, D. Artous ; 1 p. in-4°.

Ibid.

6326 — Factvm pour Maistre Claude Danzel, Advocat en Parlement, et Procureur fiscal de l'Hôtel commun de la Ville d'Abbeville, Demandeur et Deffendeur. Et les Majeur et Echevins de ladite Ville, Intervenans. Contre Iean Moisnel soy disant pourveu de l'Etat et Office de Procureur du Roy dudit Hostel de Ville, Deffendeur et Demandeur. Et Athanazie Mannessier, légataire particulière de feu Maistre Charles Mannessier, aussi Intervenante. — S. l. n. n. d. ; 5 p. in-folio.

Bibl. H. Macqueron.

6327. — Mémoire pour les Mayeur, Echevins et Officiers municipaux d'Abbeville, Défendeurs et Demandeurs. Contre les Officiers de la Sénéchaussée de Ponthieu en ladite Ville Et Me Paul-Henry Crignon, Lieutenant Particulier au même Siège, Demandeurs et Défendeurs. — *Paris*, Vincent, 1769; 53 p. in-4°.

Au sujet du **droit du maïeur de présider**, en l'absence du lieutenant général, le bureau d'administration de l'Hôpital et les assemblées des notables tenues à l'Hôtel de Ville.

Bibl. d'Abbeville.

6328.—Compte public rendu par les Officiers Municipaux de la ville d'Abbeville de leur **administration pour** l'année **1790** et les premiers six mois de 1791. — Abbeville, Devérité, 1792; 103 p. in-4° av. 6 tabl.

6329. — Discours prononcé à l'**installation des Officiers Municipaux** de la Commune d'Abbeville, le 15 Décembre 1792. — Abbeville, Devérité, 1792, 12 p. in-4°.

Bibl. H. Macqueron.

6330. — Département de la Somme. Arrondissement d'Abbeville. Elections communales de l'an IX. — Abbeville, Boulanger-Vion; 32 p. in-folio.

Liste des **Electeurs absents** pour le service public.

6331. — Installation de **M. Randoing, Maire** d'Abbeville. Extrait du journal l'Abbevillois du 25 Novembre 1856. — Abbeville, Briez; 12 p. in-12.

II. FINANCES ET IMPOTS.

6332. — Lettres confirmatives d'une **Ayde** accordée par les Habitans de la Ville d'Abbeville; *mars 1353*.

Ord. des Rois de Fr., t. IV, p. 282 à 285; in-folio.

6333.— Variétés. Frais de justice.... Une **question budgétaire** entre Abbeville et Arras à la fin du xiv° siècle, par le Comte de Brandt de Galametz. — Abbeville, Paillart, 1886; 12 p. in-8°.

Ext. Mém. Soc. Em. Abb.

6334. — Extraict des Registres du Conseil d'Estat. *Arrêt établissant un droit d'un sol pour livre* **sur le poisson** *vendu à Abbeville; du 17 juillet 1655*.

Arr. du Cons. d'Etat... sur la levée du sol... du poisson... — Paris, Metvras, 1656, p. 46 à 57; in-4°.

6335. — Arrest du Conseil d'Etat du Roy, qui **décharge les Ecclésiastiques** de la Ville d'Abbeville de toute Contribution au payement des sommes que ladite Ville s'est soumise de payer pour la confirmation des Privilèges des Habitants de l'exemption du Ban et arrière-Ban, et le rachat des Charges de Colonels et Capitaines de Bourgeois et autres Charges, etc.— S. l. n. n., *1695*; 4 p. in-folio.

Bibl. H. Macqueron.

6336. — Extrait des Registres du Conseil d'Estat. *Arrêt ordonnant la perception des* **droits sur l'eau de vie** *vendue à Abbeville; du 22 juillet 1698*. — S. l. n. n.; 2 p. in-folio.

Bibl. d'Abbeville.

6337. — Arrest du Conseil d'Etat, du 17 Juillet 1703, portant règlement pour la **liquidation** et payement **des dettes** de la Ville d'Abbeville. — S. l. n. n.; 23 p. in-4°.

Bibl. H. Macqueron.

6338. — Extrait des Registres du Conseil d'Estat. Du 26 Septembre 1730. *Arrêt qui décharge les habitants d'Abbeville des* **droits de franc-fief**. — *Paris*, Knapen, 1730; 8 p. in-4°.

Ibid.

6339. — Ordonnance de Monsieur le Lieutenant Général en la Sénéchaussée de Ponthieu, pour la Levée et Perception des **Droits** dépendans des **Fermes des Chaussées** de la Ville d'Abbeville. Du 26 Novembre 1740. — S. l. n. n.; plac. in-folio.

Bibl. d'Abbeville.

6340. — Ordonnance de Police qui défend aux Adjudicataires des Fermes de ladite Ville (d'*Abbeville*), de percevoir plus grands Droits que ceux portés en leurs Tarifs, et qui leur enjoint d'avoir dans un lieu apparent leurs Tarifs afin que le Public en ait connaissance. Du quinze Septembre 1747. — S. l. n. n. ; plac. in-folio.

Suit le tarif des **Droits dus pour les** différentes **Fermes**.

Arch. dép. de la Somme, C., n° 530.

6341. — Lettres patentes du Roi concernant l'**Abonnement du Don gratuit** de la Ville d'Abbeville, pour les quatre années qui restent à expirer. Données à Versailles le vingt Février 1761. — Paris, P. G. Simon, 1761 ; 4 p. in-4°.

Arch. dép. de la Somme, C, n° 1115.

6342. — Arrêt du Conseil d'Etat du Roy, qui, en ordonnant l'envoi au Conseil, des Motifs de l'Arrêt de la Cour des Aides, du 5 Septembre 1764, toutes choses demeurant en état, ordonne par provision et sans préjudice des Droits des Parties au principal, que les Marchands de Grains, Voituriers et autres personnes de quelque qualité et condition qu'elles soient, seront tenus de faire leurs **déclarations de la quantité de** Bled, Avoine, Orge et autres **Grains** qu'ils feront passer à Abbeville par la Rivière, pour en être les Droits payés, s'il en est ainsi ordonné, et qu'à cet effet le présent Arrêt sera imprimé, publié et affiché à Abbeville, et exécuté nonobstant opposition. Du 15 Janvier 1765. — *Paris*, G. Lamesle, 1765 ; 7 p. in-4°.

Bibl. H. Macqueron.

6343. — Mémoire pour les Maïeur et Echevins de la Ville d'Abbeville, Défendeurs ; Contre le Receveur Général des Domaines et Bois de la Généralité de Picardie, Demandeur. — *Amiens*, Louis Charles Caron, 1770 ; 41 p. in-4°.

Réclamation au sujet des **droits d'aides** dus à cause de la chevalerie du Dauphin et du mariage de Madame première avec l'infant Dom Philippe.

Anc^{ne} Bibl. de Marsy.

6344. — Mémoire signifié pour le Receveur général des Domaines et Bois de la Généralité de Picardie, Demandeur. Contre les Maïeur et Echevins d'Abbeville, Défendeurs. — Amiens, veuve Godart, 1770 ; 17 p. in-4°.

Ibid.

6345. — Un **Budget** d'Abbeville à la fin du siècle dernier par M. L. de Bonnault. — Abbeville, C. Paillart, 1883 ; 37 p. in-8°.

Extr. Mém. Soc. Emul. Abb.

6346. — Proclamation du Conseil Général de la Commune d'Abbeville *relative à la* **contribution patriotique** *décrétée par l'Assemblée Nationale ; du 20 décembre 1790*.—Abbeville, Devérité ; plac. in-folio.

Bibl. de Clermont-Tonnerre, à Abbeville.

6347. — Tableau des Déclarations pour la contribution patriotique d'Abbeville. — Abbeville, Devérité, 3 Mai 1790 ; 22 p. in-folio.

Bibl. d'Abbeville.

6348. — Etat indiquant les **Recettes et les Dépenses** faites pendant l'année 1821, extrait du compte-rendu par le Receveur municipal de la ville d'Abbeville. — S. l. n. n. d. ; 6 p. in-4°.

Pareil état a été imprimé pour les Recettes et Dépenses de 1822, 1823, 1824, 1825 et 1826 ; chacun d'eux a 7 p. in-4°.

6349. — Ville d'Abbeville. Compte administratif de l'Exercice * et **Budget** de l'Exercice **. Publiés en exécution de l'article 44 de la loi du 15 Mai 1818.

*1827.	**1830.	Abbeville, Boulanger-Vion ;	24 p. in-4° n. n.
1828.	1831.	» Ve Boulanger-Vion ;	24 p. in-4° n. n.
1829.	1832.	» Devérité ;	24 p. in-4° n. n.
1830.	1833.	» A. Boulanger ;	24 p. in-4° n. n.
1831.	1834.	» Devérité ;	24 p. in-4° n. n.
1832.	1835.	» A. Boulanger ;	24 p. in-4° n. n.
1833.	»	» Devérité ;	24 p. in-4° n. n.

6350. — Ville d'Abbeville. **Compte administratif** de l'exercice *, **Budget supplémentaire** de **, et **Budget** de ***.

Publiés en exécution de la Loi du 15 mai 1818.

*1834. *1835.***1836. Abbeville, Devérité; 30 p. in-4°. u. n-
1835. 1836. 1837. » Foulanger; 32 p. in-4°. »
1836. 1837. 1838. »   »   32 p. in-4°. »
1837. 1838. 1839. » Paillart; 32 p. in-4°. »
1838. 1839. 1840. »   »   32 p. m 4°. »
1839. 1840. 1841. »   »   32 p. in-4°. »

6351. — Ville d'Abbeville. **Compte administratif** de l'Exercice 1840 et **Budget supplémentaire** de 1841, publiés en exécution de l'article 44 de la Loi du 15 mai 1818. — Abbeville, Paillart, 1842; 20 p. in-4°.

6352. — Ville d'Abbeville (Somme). **Budget** ou Etat des Recettes et Dépenses de la Ville d'Abbeville pour 1842. Publié en exécution... — Abbeville, Paillart; 12 p. in-4°.

6353. — Ville d'Abbeville. **Compte administratif** de l'exercice *, **Budget supplémentaire** de **, et **Budget** de ***, publiés en exécution de l'article 44 de la Loi du 15 mai 1818.

*1841.**1842.***1843. Abbeville, Paillart, 1843; 32 p in-4°.
1842. 1843. 1844. » Jeunet, 1844; 32 p. in-4°.
1843. 1844. 1845. » » 1845; 31 p. in-4°.
1844. 1845. 1846. » » 1846; 28 p. in-4°.
1845. 1846. 1847. » » 1847; 31 p. in-4°.
1846. 1847. 1848. » » 1848; 28 p. in-4°.
1847. 1848. 1849. » » 1849; 31 p. in 4°.
1848. 1849. 1850. » » 1850; 25 p. in-4°.
1849. 1850. 1851. » » 1851; 25 p. in-4°.
1850. 1851. 1852. » » 1852; 23 p. in-4°.
1851. 1852. 1853. » » 1853; 23 p. in-4°.
1852. 1853. 1854. » » 1854; 25 p. in-4°.
1853. 1854. 1855. » » 1855; 21 p in-4°.
1854. 1855. 1856. » » 1856; 21 p in-4°.
1855. 1856. 1857. » » 1857; 22 p. in-4°.
1856. 1857. 1858. » » 1858; 22 p. in-4°.
1857. 1858. 1859. » Housse, 1859; 36 p. in-4°.
1858. 1859. 1860. » » 1860; 52 p. in-4°.
1859. 1860. 1861. » » 1861; 54 p. in-4°.
1860. 1861. 1862. » » 1862; 56 p. in-4°.
1861. 1862. 1863. » Briez, 1863; 48 p. in-fol.
1862. 1863. 1864. » Gamain, 1864; 62 p. in 4°.
1863. 1864. 1865. » » 1865; 63 p. in-4°.
1864. 1865. 1866. » Briez, 1866; 66 p in 4°.
1865. 1866. 1867. » Gamain, 1867; 64 p. in-4°.
1866. 1867. 1868. » Briez, 1868; 47 p. in-4°.
1867. 1868. 1869. » Gamain, 1869; 52 p in-4°.
1868. 1869. 1870. » Briez, 1870; 40 p. in-4°.
1869. 1870. 1871 » Gamain, 1871; 52 p. in-4°.
1870. 1871. 1872. » » 1872; 56 p. in-4°.

6354. — Département de la Somme. Ville d'Abbeville. Origine et **Histoire des Recettes et Dépenses** de la Ville d'Abbeville présentées au Conseil municipal par M. E. Pannier, Maire, à l'occasion du budget primitif de 1854. — Abbeville, P. Briez; 208 p. gr. in-8°.

6355. — Mairie d'Abbeville. Conseil municipal. **Comptabilité**. Séances des 3 et 8 juin 1858. Rapports de M. le Maire. — Abbeville, P. Briez; 14 p. in-4°.

6356. — Ville d'Abbeville. Conseil municipal. Séance du 5 septembre 1860. Présentation du **Compte administratif et moral** afférent à l'exercice 1859. Rapport de M. J. Randoing, Maire. — Abbeville, Briez, 1861; 249 p. gr. in-8° av. 3 tabl.

6357. — Ville d'Abbeville. Conseil municipal. Séance du 20 juillet 1861. **Compte administratif** de 1860. Rapport au Conseil municipal, par M. J. Randoing, Maire. — Abbeville, Briez, 1861; 20 p. in-8°.

6358. — Ville d'Abbeville. Conseil municipal. Création d'une **Caisse de Retraites** en faveur des employés des Services municipaux. Séance du 16 avril 1863. Rapport de la commission municipale. Projet de règlement. — Abbeville, Briez, 1863; 20 p. in-12.

6359. — Ville d'Abbeville. Conseil municipal. Séance du 7 Septembre 1863. Rapports de M. le Maire : 1° sur la situation du **passif communal** au 31 août 1863 et les moyens de l'amortir; 2° sur l'octroi et la nécessité urgente d'en réviser le tarif. — Abbeville, Briez, 1863; 20 p. in-8°.

6360. — Ville d'Abbeville. Etat détaillé du **passif communal** au 17 avril 1866. — Abbeville, Briez; 8 p. in-4°.

6361. — *Ville d'Abbeville*. **Situation financière**. Extinction du passif. Bases principales du rapport que l'administration municipale présente au conseil après s'être concertée avec les commissions réunies des marais et des finances. — Abbeville, Briez, 1866 ; 5 p. in-8°.

6362. — Ville d'Abbeville (Somme). Projet de **Budget supplémentaire** pour 1868 et Projet de **Budget** pour l'exercice 1869. — Abbeville, Briez ; 15 p. in-4°.

6363. — Création de **Bons municipaux** à Abbeville. Octobre 1870. — Abbeville, Gamain ; 14 p. in-18.

III. GARDE NATIONALE

6364. — Arrest qui décharge les Officiers et Archers de la Maréchaussée et robe-courte d'Abbeville de la répartition sur eux faite de la somme de 20000 livres, payée par les Maire et Echevins au Roy, pour les charges de **Milices bourgeoises** et pour le ban et l'arrière-ban, avec deffences auxdits Maire et Eschevins de les comprendre à l'avenir dans les rolles. Du 28 juin 1695. — S. l. n. n. ; 3 p. in-16 n. n.

Anc^{ne} Bibl. de Marsy.

6365. — De par le Roy, Majeur et Eschevins de la Ville d'Abbeville ayant le Gouvernement de la Place et la Garde des Ports d'icelle. *Ordonnance règlementant le service des* **compagnies bourgeoises**; *du 18 décembre 1723.* — S. l. n. n. ; plac. in-folio.

Bibl. H. Macqueron.

6366. — Règlement pour la **Milice bourgeoise** d'Abbeville, approuvé et confirmé par Arrêt du Conseil d'Etat du Roi, du vingt-un Juin mil sept cens quatre-vingt-trois. — Abbeville, Devérité ; 32 p. in-4°.

Ibid.

6367. — Extrait du Registre aux Délibérations de l'Hôtel de Ville d'Abbeville. *Délibération relative à la reconstitution de la* **Milice bourgeoise**; *du 24 août 1789.* — S. l. n. n. ; 4 p. in-4°.

Bibl. A. de Caieu.

6368. — **Milice citoyenne** d'Abbeville formée par arrondissements. *Division de la ville en 15 compagnies. Du 24 août 1789.*—Abbeville, Devérité ; 4 p. in-4°.

Ibid.

6369. — Extrait du Registre aux Délibérations de l'Hôtel-de-Ville d'Abbeville. *Arrêté relatif au Règlement de la* **Milice citoyenne** *et à la garde des portes ; du 9 septembre 1789.* — Abbevillle, Devérité ; 4 p. in-4°.

Bibl. d'Abbeville.

6370. — Lettre de **Madame Feydeau**, *Abbesse de Villencourt*, à Monsieur Le Vaillant de Villers, Commandant de la Garde Nationale. Lettre de Madame de Mautort à Messieurs de **la Garde Nationale**. — S. l. n. n., *1789* ; 2 et 2 p. in-12.

Offre d'un drapeau.
Bibl. H. Macqueron.

6371. — Discours prononcé à la **Bénédiction des Drapeaux** de la Garde Nationale d'Abbeville, par M. Delattre, aumonier, le 14 juillet 1790. — Abbeville, Devérité ; 4 p. in-4°.

Ibid.

6372. — Procès-verbal du voyage des Députés de la **Garde-Nationale** abbevilloise à la Confédération de **Lille**. — Abbeville, Devérité, 1790 ; 9 p. in-8°.

Bibl. d'Abbeville.

6373. — **Le Retour** des Députés d'Abbeville **de la Fédération** générale. — S. l. n n., *1790 ;* 2 p. in-24.

Bibl. H. Macqueron.

6374. — **Couplets chantés** à table **chez M. Levaillant** de Villers, commandant de la Garde Nationale abbevilloise au retour des députés à la confédération de Paris. — *Abbeville*, Devérité; 6 p. in-12.

<small>Bibliogr. Dufour, n° 556.</small>

6375. — **Lettre** de la Garde Nationale d'Abbeville à la Garde Nationale de Paris, après la journée du 28 Février 1791. — Abbeville, aux frais de L. A. Devérité, 1791; 7 p. in-8°.

<small>Bibl. H. Macqueron.</small>

6376. — **Lettre** de la Garde Nationale d'Abbeville, **à M. de la Fayette** et sa réponse. — Abbeville, Devérité, 1791; 7 p. in-8°.

<small>Ibid.</small>

6377. — **Règlement** de la Garde Nationale abbevilloise. — Abbeville, 1791; 19 p. in-4°.

<small>Bibl. d'Abbeville.</small>

6378. — **Règlement** additionnel pour la Garde Nationale d'Abbeville. Rédigé par les Commissaires nommés en conséquence de la Délibération du Conseil-Général de la Commune et de celle d'Administration de ladite Garde. — Abbeville, Devérité, 1791; 15 p. in-4°.

<small>Ibid.</small>

6379. — Discours de M. le Maire à la prestation de **Serment** des Officiers et des Soldats **de la Garde Nationale**. Du cinq Février 1792. — Abbeville, L. A. Devérité; 3 p. in-4°.

<small>Bibl. H. Macqueron.</small>

6380. — Les administrateurs municipaux du canton d'Abbeville à leurs concitoyens. *Arrêté, du 15 fructidor an II, relatif à la* **réorganisation de la Garde Nationale**. — Abbeville, Devérité; 8 p. in-4°.

<small>Bibl. H. Lottin.</small>

6381. — Extrait du Registre aux Délibérations de la Commune d'Abbeville, séance publique du 3 Ventôse, l'an deux de la République Française, une et indivisible. *Arrêté relatif au service des* **corps de garde**. — *Abbeville*, Devérité; plac. in-folio.

<small>Bibl. de Clermont-Tonnerre.</small>

6382. — **Réorganisation** de la Garde-Nationale d'Abbeville. — Abbeville, Devérité, III° Année Républicaine; 7 p. in-12.

<small>Bibl. d'Abbeville.</small>

6383. — Le Serment Picard, Hommage à la Garde Nationale d'Abbeville, pour le 25 Août 1816, Jour de la Fête du Roi, et de la **Bénédiction des Drapeaux**, par M. Le Jay, Musique de M. Jadin. — *Abbeville*, Devérité; 2 p. in-12.

<small>Bibl. H. Macqueron.</small>

6384. — La Fête Nationale. Couplets offerts aux Abbevillois le jour de la **réception du Drapeau** et de la reconnaissance Solennelle de MM. les Officiers de la Garde Nationale, le 26 Octobre 1830. — S. l. n. n.; 1 p. in-12.

***6385**. — Garde Nationale d'Abbeville. Ordre du 9 au 10 Avril 1831. — Abbeville, veuve Boulanger-Vion; 3 p. pet. in-folio.

6386. — Garde Nationale d'Abbeville. Solennité de la **réception du Drapeau** : *mai 1831*. — Abbeville, Devérité; 2 p. pet. in-folio.

6387. — **Règlement** relatif au service ordinaire, aux revues et aux exercices de la Garde Nationale d'Abbeville. Dressé en exécution de l'article 73 de la loi du 22 mars 1831, et obligatoire pour les Gardes Nationaux sans exception, inscrits au contrôle dudit service. *Du 20 août 1831*. — Abbeville, Vve Boulanger-Vion; 12 p. in-24.

6388. — Règlements pour la **Musique** de la Garde Nationale d'Abbeville; *du 15 avril 1844*. — Abbeville, Jeunet, 1844; 8 p. in-8°.

6389. — Extrait du Registre aux Délibérations du Conseil municipal de la Ville d'Abbeville. Séance du 14 juillet

1848. *Liste des gardes nationaux qui se sont rendus à Paris aux* **journées des 24 et 25 juin 1848**. — Abbeville, Jeunet; gr. in-folio.

6390. — **Règlement** relatif au service, revues et exercices de la Garde Nationale d'Abbeville. — Abbeville, Jeunet, 1849; 15 p. in-24.

6391. — Garde Nationale d'Abbeville. Organisation du **Conseil de Famille**. Lois et Décrets sur la Garde Nationale. — Abbeville, Briez, *1853*; 40 p. in-24.

6392.—Garde Nationale d'Abbeville. Organisation et Règlement du corps de **Musique**. — Abbeville, Briez, 1854; 8 p. in-12.

6393.— Théorie du **Sapeur-Pompier** d'Abbeville.— Abbeville, Housse, 1862; 56 p. in-24.

6394. — Ville d'Abbeville. Garde Nationale. Compagnie de **Sapeurs-Pompiers**. Règlement spécial. — Abbeville, Briez, 1867; 16 p. in-12.

IV. INSTRUCTION PUBLIQUE

6395.— Les Grandes Ecoles et le **Collège** d'Abbeville 1384-1888. Contribution à l'histoire de l'enseignement, par E. Prarond. — Paris, Alphonse Picard, 1888; XV-574 p. in-12.

6396. — *Arrêt ordonnant que Marant de Bailleul, maître et* **Pédagogue des Ecoles** *d'Abbeville, restera en possession de la prébende et chanoinie de St Vulfran pour en jouir comme les autres chanoines; du 17 décembre 1566.*

Journ. des Aud. du Parl., par Jean Duchesne.— Paris, 1757, t. I, p. 529 et 530; in-folio.
Voir aussi Bibl. Nat^{le}, 287, f° 527.

6397. — Benjamin, drame héroïque tiré du livre de la Genèse, sera représenté par les Elèves du **Collège** d'Abbeville, le Samedy premier Août 1744 à deux heures après midy.— S. l. n. n.; 4 p. pet. in-4°.

Bibl. Ern. Prarond, à Abbeville.

6398.— Représentation de plusieurs notables Bourgeois d'Abbeville à Messieurs les Chanoines de l'Eglise Royale et Collégiale de S. Vulfran et à Messieurs les Lieutenant Général, Majeur et Echevins de la Ville d'Abbeville *pour la nomination de M. Leroux comme* **principal du Collège** *en remplacement de M. Tripier décédé; 1761.* — S. l. n. n. n. d.; 2 p. in-folio.

Bibl. d'Abbeville.

6399. — Compte rendu aux Chambres assemblées par M. Roussel de la Tour, de plusieurs Collèges de Provinces situés dans le Ressort du Parlement, qui n'étoient pas desservis par les ci-devant soi-disans Jésuites. **Collège d'Abbeville**.

Compte rendu aux Chambres... par M. le Prés. Rolland... — 1763, t. II, p. 217 à 222; in-4°.
Bibl. d Amiens, Hist. des Relig., n° 1349, t. II.

6400. — Mémoire pour les Administrateurs du **Collège** de la Ville d'Abbevile *tendant à la réunion au Collège de la manse conventuelle de l'abbaye de Forestmontiers.* — Paris, Didot, 1767; 7 p. in-4°.

Bibl. H. Macqueron.

6401.— Edit. et Arrêt du Parlement concernant les Collèges qui ne dépendent pas des Universités et délibération portant Règlement pour le **Collège** d'Abbeville. — Abbeville, Devérité, 1776; 54 p. in-8°.

Bibl. d'Abbeville.

6402. — Premier exercice sur la Chronologie, l'Histoire et la Géographie ancienne, qui se soutiendra par les Elèves du **Collège** d'Abbeville le Lundi 23 Août 1781, dans la Salle des Exercices Publics dudit Collège. — Amiens, J. B. Caron, 1781; 8 p. in-4°.

Bibl. H. Macqueron.

6403. — Exercice littéraire sur le poëme des Géorgiques qui se soutiendra par les Elèves de Rhétorique du **Collège** d'Abbeville, le Lundi 12 Août 1782, à trois heures après-midi, dans la Salle des Exercices publics. — Amiens, J. B. Caron, 1782 ; 4 p. in-4°.

Ibid.

6404. — Thèses de Mathématiques et de Physique, qui seront soutenues dans la Salle des Exercices publics, depuis trois heures d'après midi jusqu'à six, le Lundi 28 Juillet, et le Mardi suivant 29, en présence et sous les Auspices de Monseigneur et Messieurs Administrateurs du **Collège** d'Abbeville. — Amiens, J. B. Caron, 1783 ; 23 p. in-4°.

Ibid.

6405. — Exercice sur la Rhétorique qui sera soutenu par les Elèves du **Collège** d'Abbeville, dans la Salle des Exercices dudit Collège, le 12 Août 1783. — Amiens, J. B. Caron. l'aîné, 1783 ; 8 p. in-4°.

Ibid.

6406. — Exercice sur le sixième livre de l'Enéide qui sera soutenu par les Elèves du **Collège** d'Abbeville dans la Salle des Exercices dudit Collège, le Jeudi 12 Août 1784, à trois heures. — Amiens, J. B. Caron l'aîné, 1784 ; 4 p. in-4°.

Ibid.

6407. — Exercice de Physique expérimentale. Les Expériences seront exécutées et expliquées, le Jeudi 28 Juillet 1785 et Vendredi suivant 29, dans la Salle des Exercices publics du **Collège** d'Abbeville, depuis trois heures d'après midi jusqu'à six. — Amiens, J. B. Caron l'aîné, 1785 ; 12 p. in-4°.

Ibid

6408. — Exercice sur la Milonienne de Cicéron, qui sera soutenu par les Elèves de Rhétorique, dans la Salle des Exercices Publics du **Collège** d'Abbeville, le Vendredi 12 Août 1785, à trois heures. — Amiens, J. B. Caron l'aîné, 1785 ; 7 p. in-4°.

Ibid.

6409. — Exercice sur l'Ode, dans la Salle publique des Exercices du **Collège** d'Abbeville, le Lundi 13 Août 1787, à trois heures. — Amiens, J. B. Caron l'aîné ; 1787 ; 6 p. in-4°.

Ibid

6410. — Séance publique de la Distribution générale des Prix du **Collège** d'Abbeville le Mercredi 12 Août, quatre heures après midi. La Distribution sera précédée d'un Exercice sur le sixième Livre de l'Enéide, présidé par M. l'Abbé Cailly. Professeur de seconde. — Amiens, J. B. Caron l'aîné, 1789 ; 7 p. in-4°.

Ibid.

6411. — Séance publique de la Distribution générale des Prix du **Collège** d'Abbeville, le Jeudi onze Août, quatre heures après midi. La distribution sera précédée d'un Exercice sur les parties du Discours, présidé par M. Guy, Professeur de Rhétorique. — Abbeville. Devérité, 1791 ; 7 p. in-4°.

6412. — Séance publique de la Distribution générale des Prix du **Collège** d'Abbeville le Jeudi neuf Août mil sept cent quatre vingt douze. La distribution sera précédée d'un Exercice sur la Poésie Pastorale, présidé par M. Bardou, Professeur de Seconde. — Abbeville, Devérité ; 4 p. in-4°.

6413. — Séance publique. Distribution générale des Prix du **Collège** d'Abbeville, le Jeudi 8 Août mil sept cent quatre-vingt-treize, l'an second de la République Française. La distribution sera précédée d'un exercice sur le Poëme Epique présidé par le Citoyen Fuzellier, Professeur de Seconde. — Abbeville. Devérité, 1793 ; in-4°.

6414. — Distributio solemnis præmiorum quæ.... facta fuit die 9ª fruct. an 13, mensis verò august. die 23ª an. 1805.—Abbavillæ, Boulanger-Vion ; 4 p. in-4°.

6415. — Ecole secondaire communale au **Collège** d'Abbeville, sous la direction du Cit. Bellart. — Abbeville, Boulanger, *1813* ; 4 p. in-4°.

6416. — Pension établie au **Collège** par M. Bertin Principal de ce Collège. *Prospectus detaillé.* — Amiens, J. B. Caron, *1817* ; 12 p. in-4°.

6417. — Discours prononcé par M. Mauréal, Professeur de Philosophie à la Distribution des Prix du **Collège** d'Abbeville. — Abbeville, Boulanger, 1837 ; 12 p. in-8°.

6418. — Projet d'association entre les **anciens élèves du Collège** d'Abbeville (12 août 1869). — S. l. n. n. ; 4 p. in-4°.

6419. — Association amicale des **anciens élèves du Collège** d'Abbeville. *Compte-rendu de la séance générale et noms des adhérents.* — Abbeville, Gamain, 1871 ; 21 p. in-8°.

Ce compte rendu a continué à paraître régulièrement chaque année.

6420. — Association amicale des **anciens élèves du Collège** d'Abbeville. Statuts révisés par le Conseil d'Etat. — Abbeville, Caudron, 1879 ; 8 p. in-8°.

6421. — Règlemens pour l'etablissement de l'**Ecole des Pauvres** dans la Paroisse de S. Gilles, fondée par Maistre Octavien de Ray, Prestre, au nombre de 33 Ecoliers. Lesdits Reglemens faits par Messieurs les Administrateurs du Bureau des Pauvres de cette Ville, le premier Octobre de l'An mil sept cens onze. Règlement que Messieurs les Commissaires Administrateurs dudit Bureau pourront observer. — S. l. n. n. ; 2 p. in-folio.

Bibl. de Clermont-Tonnerre.

6422. — Mémoire signifié pour M° Nicolas Watteblé, Prêtre, ci-devant Curé de la Paroisse du S. Sépulcre d'Abbeville, et actuellement Theologal de l'Eglise Cathedrale de Boulogne sur-Mer, Intimé, Demandeur et Défendeur ; Contre les Supérieur Général, Majeur, Corps et Communauté des Frères des Ecoles de S. Yon, Appellans de Sentence de la Sénéchaussée d'Abbeville, du 27 Mai 1757, Défendeurs et Demandeurs ; Antoine Wattebled, Entrepreneur de Bâtiments, aussi Intimé et Demandeur ; et Pierre S. Etienne, premier Huissier en l'Election d'Abbeville ; Pierre Béthune, Tissier et autres Légataires universels de Louise Lesueur, Héritière de M° Charles Lesueur, décédé Curé de la Paroisse de S. Sépulcre d'Abbeville, aussi Intimés, Demandeurs et Défendeurs. — *Paris*, Didot, 1761 ; 32 p. in-4°.

Au sujet des travaux faits pour la première **école des Frères** établie à Abbeville.
Anc^{ne} Bibl. de Marsy.

6423. — Extrait du Registre aux Arrêtés du Directoire révolutionnaire du District d'Abbeville. Séance publique du 26 Frimaire, l'an troisième de la République Française, une et indivisible. — Abbeville, Devérité ; 5 p. in-8°.

Organisation de **l'instruction primaire**.
Bibl. A. de Caieu.

6424. — Extrait du Registre aux Arrêtés du District d'Abbeville. En sa Séance publique du 29 Nivôse, troisième année Républicaine. — Abbeville, L. A. Devérité ; 3 p in-4°.

Pour la composition d'un **jury d'examen** des instituteurs et institutrices de l'arrondissement.

6425. — Ville d'Abbeville. **Enseignement mutuel**. Prospectus. *Juin 1818.* — Abbeville, Boulanger-Vion ; 6 p. in-4°.

6426. — Ouverture de **deux Salles d'asile** créées à Abbeville. *Arrêté du 9 novembre 1841.* — Abbeville, Devérité ; 7 p. in-12.

5

6427. — Premier exercice sur la Chronologie, l'Histoire et la Géographie ancienne. Soutenu par les **Pensionnaires de M. Houbron**, dans leur Salle d'Exercice *à Abbeville*, le Lundi 26° jour d'Août 1776. — Amiens, L. C. Caron, 1776; 8 p. in-4°.

Bibl. H. Macqueron.

6428. — Prospectus concernant un établissement à Abbeville en faveur de l'**Education de la Jeunesse**. — Abbeville, Devérité, 1788; 8 p. in-4°.

Bibl. d'Abbeville.

6429. — Résumé de Leçons de Géométrie et de **Dessin linéaire**, appliqués aux Arts et Métiers. Cours établi par les soins de l'Administration Municipale de la Ville d'Abbeville le 1er octobre 1828 et dirigé par M. Donop. — Abbeville, Boulanger-Vion, 1828; in-8°.

6430. — Règlement de l'**Ecole de Musique** d'Abbeville. — S. l. n. n., 1830; 8 p. in-4°.

6431. — Mairie d'Abbeville. Règlement de l'**Ecole communale de Musique**. — Abbeville, Briez, 1858; 15 p. in-12.

6432. — Mairie d'Abbeville. Règlement pour l'Ecole communale de Géométrie et de **Dessin linéaire** d'Abbeville. — Abbeville, Briez, 1858; 8 p. in-12.

6433. — Mairie d'Abbeville. Règlement pour l'**Ecole communale de Dessin** d'Abbeville. — Abbeville, Jeunet, 1858; 8 p. in-12.

6434. — Nouvelle donation faite à la ville d'Abbeville par M. Boucher de Crèvecœur de Perthes. *Fondation d'*Ou**vroirs communaux**. Extrait de l'Abbevillois du 24 Novembre 1865. — Abbeville, P. Briez; 8 p. in-12.

V. MARCHÉS ET FOIRES

6435. — Création du franc **marché** d'Abbeville (1506-1510), par Alcius Ledieu.

Mém. Soc. Em. Abb., t. XIX, p. 559 à 607; in-8°.

6436. — Extrait des Registres du Conseil d'Estat. *Arrêt, du 30 septembre 1655, défendant aux vendeurs de poissons d'Abbeville de vendre ailleurs qu'en* la **Halle et Poissonnerie**.

Ext. des Arrests.... sur le Poisson de Mer. — Paris, Meturas, 1656, p. 57 à 61; in-8°.

6437. — Extrait des Registres du Conseil d'Etat. Du 30 Mars 1706. *Arrêt relatif aux* **droits** *que doivent prendre les Mesureurs de grains de la ville d'Abbeville* **sur le blé mesuré** *au marché*. — S. l. n. n.; 3 p. in-4°.

Bibl. d'Abbeville.

6438. — De par Messieurs les Maïeur et Eschevins de la Ville d'Abbeville. *Ordonnance, du 1er octobre 1723, défendant de mettre en vente les* **volailles et gibiers** *ailleurs qu'au marché*. — S. l. n. n.; plac. in-folio.

Bibl. de Clermont-Tonnerre.

6439. — *Ordonnance, du 26 août 1728, relative au commerce des* **lins dans le marché** *d'Abbeville*. — S. l. n. n.; plac. in-folio.

Bibl. d'Abbeville.

6440. — De par Messieurs les Majeur et Eschevins de la Ville d'Abbeville. *Ordonnance, du 5 mars 1734, relative aux salaires des* **mesureurs de grains**. — S. l. n. n.; plac. in-folio.

Bibl. H. Macqueron.

6441. — De par Messieurs les Maire et Echevins de la Ville d'Abbeville. *Ordonnance, du 17 mai 1737, relative au* **marché à poissons**. — S. l. n. n.; plac. in-folio.

Ibid.

6442. — De par Messieurs les Majeur et Eschevins de la Ville d'Abbeville. *Ordonnance. du 24 mars 1738, relative à la police du* **marché au lin.** — S. l. n. n.; plac. in-folio.

Ibid.

6443. — De par Messieurs les Majeur et Echevins de la Ville d'Abbeville. Du 5 Septembre 1738. *Ordonnance relative à la police des* **marchés des tartiers,** *paindépiciers et meuniers.* — Abbeville, Artous; plac. in-folio.

Ibid.

6444. — Ordonnance de Police contre ceux qui vendent des **Légumes et Denrées,** depuis la Croix aux herbes jusqu'à la Maison de la Tête noire. Du 19 octobre 1740. — Abbeville, Artous; plac. in-folio.

Bibl. Soc. Ant. Pic.

6445. — Ordonnance de Police pour le **Marché aux Volailles** et autres Denrées servans à la Vie. Du six Décembre 1741. — Abbeville, Artous; plac. in-folio.

Bibl. d'Abbeville.

6446. — Ordonnance de Police de Mrs les Maire et Echevins de la Ville d'Abbeville au sujet des Loges et Boutiques qui se construisent au milieu de la Placette de cette Ville pour la **Foire de la Madelaine.** Du deux de Juillet 1745. — Abbeville, Artous; plac. in-folio.

Bibl. Soc. Ant. Pic.

6447. — Sentence de Police de Messieurs les Majeur et Eschevins de la Ville d'Abbeville qui condamne le nommé Adrien Boinet, Receveur du Droit de Palette en cette dite Ville, à restituer à différens particuliers, tant de cette Ville que des Villages circonvoisins, la valeur du **Droit de Palette** qu'il a induement perçû sur eux Jeudy dernier quinze de ce présent Mois jour de S. Vulfran. Du 16 Octobre 1750. — Abbeville, Artous; plac. in-folio.

Bibl. H. Macqueron.

6448. — Sentence de Police de Messieurs les Majeur et Echevins de la Ville d'Abbeville, qui condamne la nommée Marguerite Berneville, Femme de Jâques Vilbrode Audiquet, Maître Manœuvre en cette Ville, et **Revendeuse de Volailles,** en 50 liv. d'amende pour être entrée dans le Marché, et y avoir acheté de la Volaille avant l'heure prescrite par les Règlements de Police. Du 19 May 1751. — S. l. n. n.; plac. in-folio.

Ibid.

6449. — Ordonnance de Police Renduë par Messieurs les Majeur et Echevins de cette Ville, contre les **Marchands Forains,** et les Aubergistes de cette Ville. *Du 21 Juillet 1752.* — Abbeville, Artous; plac. in-folio.

Bibl. d'Abbeville.

6450. — Règlement de par Messieurs les Majeur et Echevins de la Ville d'Abbeville pour les Boulangers, Tartiers, et Paindepiciers, Meuniers leurs Garçons et Domestiques, Blatiers, et Marchands de Grains, les Heures indiquées qu'ils doivent entrer dans les **Marchés aux Blés.** Le deuxième May 1757. — Abbeville, Artous; plac. in-folio.

Bibl. de Clermont-Tonnerre.

6451. — Ordonnance de Police de Messieurs les Majeur et Echevins de la Ville d'Abbeville, au sujet des Loges et Boutiques qui se construisent au milieu de la Placette de cette Ville pour la **Foire de la Madeleine.** Du 28 Juillet 1760. — Abbeville, Artous; plac. in-folio.

Bibl d'Abbeville.

6452. — Sentence de Messieurs les Lieutenant-Général de Police, Mayeur, Echevins, et Conseillers de Ville de la Ville d'Abbeville. qui ordonne que six Sacs de Bled, tant Vanné qu'en Paille, dont Théodore Marcotte, journalier au Hameau d'Ailliel, avait exposé en vente une partie au Marché de cette Ville, seront jettés dans la Rivière, attendu la mauvaise qualité nuisible à la santé publique ; fait défense audit Marcotte de plus à l'avenir exposer en vente du **Bled** aussi **défectueux**, à peine de punition exemplaire, et pour avoir exposé celui dont il est question, le condamne en trois livres d'amende et aux dépens, et à garder Prison, jusqu'au payement du tout. Du 31 Août 1767. — Abbeville, Artous ; plac. in-folio.

Ibid.

6453. — Ordonnance de Police, qui renouvelle et fixe le champ de la **Foire de la Magdelaine** dans l'enceinte et fermeture des Ponts de Talance, aux Brouettes, de l'Isle et de celui appelé le Pont-Neuf, avec défenses aux Marchands forains de colporter leurs marchandises, pendant la durée de ladite Foire, hors de l'enceinte desdits Ponts. Du 2 Juillet 1777. — Abbeville, Devérité ; plac. in-folio.

Ibid.

6454. — Arrest de la Cour de Parlement qui fait défenses à tous **Marchands Forains** et autres, de s'emparer d'aucunes Loges dans la Foire de la Ville d'Abbeville, sans la permission des Mayeur et Echevins, et qui leur défend de se pourvoir pour raison des contestations sur ce sujet, ailleurs qu'en l'Hôtel-de-Ville de ladite Ville. Du 7 Août 1781.—Abbeville, Devérité, 1781 ; plac. in-folio.

Ibid.

6455. — Arrêt de la Cour de Parlement qui homologue l'ordonnance de Police du 19 Décembre 1783 concernant la **Foire de la Madeleine** à Abbeville. — Abbeville, Devérité ; plac. in-folio.

Bibl. de Clermont-Tonnerre.

6456. — Ordonnance de Police qui fait défenses aux Boulangers des Villes. Bourgs et Lieux Circonvoisins, d'entrer dans le **Marché d'Abbeville**, avant l'heure du midi. Du sept Mai mil sept cent quatre vingt dix. — Abbeville, Devérité ; plac. in-folio.

Bibl. II. Macqueron.

6457. — Extrait du Registre aux Délibérations du Directoire révolutionnaire du District d'Abbeville. Séance publique du 16 Germinal l'an deuxième. *Arrêté relatif aux* **approvisionnements** *avec le tableau de répartition du blé à fournir par les différentes communes.* — S. l. n. n. ; 6 p. in-folio.

Bibl. d'Abbeville.

6458. — Extrait du Registre aux Délibérations du Directoire du District d'Abbeville, en sa séance publique du 9 Septembre 1793, l'an deuxième de la République. *Arrêté relatif à l'***approvisionnement des marchés** *d'Abbeville,* **St Valery et Crécy**. — S. l. n. n. ; 4 p. in-folio.

Ibid.

6459. — Extrait des Registres aux Délibérations du Conseil Général de la Commune d'Abbeville, séance publique du premier jour de la troisième décade du premier mois de l'an second de la République Française, une et indivisible. *Délibération relative à un* **recensement des blés**. — Abbeville, Devérité ; plac. in-folio.

6460. — Extrait du Registre aux Délibérations du District d'Abbeville en sa séance publique du 4 Ventôse, troisième année. *Arrêté relatif à l'***approvisionnement des marchés** *d'Abbeville, St Valery, Crécy, Ault, Gamaches et Rue.* — S. l. n. n. ; 4 p. in-folio.

Bibl. d'Abbeville.

6461. — Le Conseil Général de la Commune d'Abbeville aux Habitans des Communes rurales. *Appel pour l'***apport des blés au marché** *d'Abbeville ; du*

11 *fructidor an III.* — S. l. n. n. ; 1 p. in-4°.

6462. — Département de la Somme. District d'Abbeville. *Arrêté fixant le contingent des communes du District d'Abbeville pour* l'**approvisionnement des Marchés ;** *du 1er complémentaire an III.* — S. l. n. n. ; 4 p. in-4°.

6463. — Police du **Marché aux Grains.** *Arrêté du 21 décembre 1840.* — Abbeville, Devérité ; 8 p. in-12.

6464. — Règlement et tarif pour la **Halle aux Toiles.** — Abbeville, Briez, 1862 ; 4 p. in-12.

6465. — **Prix des Grains** sur le marché d'Abbeville depuis l'année 1590, par E. Pannier. — Abbeville, P. Briez, 1865 ; 19 p. in-8°.

Ext. Mém. Soc. Em. Abb.

VI. OCTROI

6466. — Extrait des Registres du Conseil d'Etat du 17 juillet 1703. *Arrêt relatif aux* **Octrois** *de la ville d'Abbeville.* — S. l. n. n. ; 23 p. in-4°.

Arch. dép. de la Somme, C. 530.

6467. — Extrait des Registres du Conseil d'Etat. *Arrêt, du 19 Avril 1707, qui, pour faciliter à la ville d'Abbeville le paiement du don gratuit de 180000 livres, lui permet de lever un Octroi de 40 livres par barrique d'*eau de vie. — S. l. n. n. ; 3 p. in-4°.

Arch. dép. de la Somme, C, 530.

6468. — Extrait des Registres du Conseil d'Etat. *Arrêt, du 25 avril 1719, concernant la* **continuation des Octrois** *d'Abbeville pour payer les dettes de la Commune.* — S. l. n. n. ; 12 p. in-4°.

Bibl. H. Macqueron.

6469. — Arrest du Conseil d'Estat du Roy, qui confirme la Dame Comtesse de Verrue dans un **droit de travers** ou péage, sur le Pont aux Poissons de la ville d'Abbeville, situé sur la rivière de Somme, Généralité d'Amiens, pour en joüir sa vie durant ; Et qui supprime celuy qu'elle percevoit sous ledit Pont. Du 3 janvier 1730. — Paris, Imprimerie Royale, 1731 ; 8 p. in-4°.

Ibid.

6470. — Arrest du Conseil d'Estat du Roy qui décharge les Habitans de la Ville d'Abbeville des Droits de Franc-Fiefs pour les Fiefs et Biens Nobles qu'ils possèdent dans la Généralité d'Amiens, en payant au Fermier des Domaines les sommes y portées ; Permet aux Maires et Echevins de ladite Ville, de continuer la perception de l'**Octroy sur le Vin et le Cidre** entrans dans la Ville d'Abbeville. Du 26 Septembre 1730. — Paris, Prault, 1735 ; 8 p. in-4°.

Autre édition : Extrait des Registres du Conseil d'Etat du Roy. Du 26 Septembre 1730. — Paris, Knapen, 1730 ; 8 p. in-4°.

6471. — *Ordonnance de l'Intendant Chauvelin pour l'***adjudication de l'Octroi** *d'Abbeville ; du 9 avril 1731.* — S. l. n. n. ; plac. in-folio.

Arch. dép. de la Somme, C, 530.

6472. — Arrest du Conseil d'Estat du Roy, qui maintient les Maire et Echevins de la Ville d'Abbeville, dans la Possession et Joüissance des **Droits de Péage** ou de Chaussées qu'ils perçoivent **aux Portes** de ladite Ville. Du vingt sept Septembre mil sept cens quarante sept. — Abbeville, Artous ; plac. in-folio.

Bibl. d'Abbeville.
Autre édition. Paris, Imprimerie Royale, 1752 ; 2 p. in-4°

6473. — Sentence de Monsieur le Majeur de la Ville d'Abbeville qui condamne le nommé Oudart Detalminy, Fermier de la Halle, au payement des **Droits de Travers** par lui refusé à Pierre Prevost, Fermier desdits Droits de la Chaussée Marcadé de laditte Ville et en l'amende de Dix livres, pour avoir excédé et maltraité ledit Prevost, lorsqu'il s'est présenté pour lui demander ses Droits. Du 14 janvier 1752. — Abbeville, Artous ; plac. in-folio.

Bibl. H. Macqueron.

6474. — Arrest du Conseil d'Etat du Roy, par lequel Sa Majesté permet aux Maieur et Echevins de la Ville d'Abbeville, de continuer la levée et perception pendant 20 Années, à commencer au premier Avril 1755, de quatre livres par Muid de **Vin et d'Eau-de-vie**, entrant dans ladite Ville, vingt sols par muid de **Cidre** vendu en détail dans lad. Ville et sa Banlieue, pour lesdits droits être payés par toutes sortes de personnes exemptes et non exemptes, privilégiées et non privilégiées, même par les Ecclésiastiques et les Nobles. Du 25 Décembre 1753. — S. l. n. n. ; 4 p. in-4°.

Ibid.

* **6475**. — Au Roy. Les Maieur, Echevins, Corps et Communauté de la Ville d'Abbeville. *Supplique contre la création d'un* **nouvel octroi** *pour l'acquit du don gratuit extraordinaire imposé par l'édit d'août 1763.* — S. l. n. n. n. d. ; 6 p. in-folio.

Bibliogr. Dufour, n° 584.

6476. — Arrest de la Cour des Aides en forme de règlement du 5 Septembre 1764, *faisant défenses à la ville d'Abbeville de percevoir des* **droits d'octroi** *sur les grains traversant Abbeville par la Somme.* — S. l. n. n. ; plac. in folio.

Bibl. H. Macqueron.

6477. — Tarif des **Droits** qui composent le patrimoine de la Ville d'Abbeville. — Abbeville, Devérité, 1776; plac in-folio.

Ibid.

6478. — Précis pour les Officiers municipaux de la Ville d'Abbeville. Contre le Régisseur des Droits d'Octrois. — Paris, Prault, 1778 ; 8 p. in-4°.

Refus de la ville de payer les **octrois royaux** aux foires franches et francs marchés.

Bibl. d'Abbeville.

6479. — *Arrêté rendu par* Le Préfet du Département de la Somme, *le 9 fructidor an VIII, et établissant l'***Octroi** *a Abbeville.* — Abbeville, Boulanger, plac. in-folio.

Bibl. A. de Caieu.

6480. — Tarif des **Droits** qui seront perçus sur les objets **de consommation** dans la Ville d'Abbeville, pour subvenir à ses dépenses Communales et Municipales. — Abbeville, Devérité, Vendémiaire an 9 ; 3 p. in-4° n. n. et 2 tabl. in-folio.

Bibl. H. Macqueron.

6481. — Projet d'un nouveau **Règlement** proposé par le Préfet du Département de la Somme pour la perception du droit d'**Octroi**, établi en la Commune d'Abbeville, et approuvé par le Ministre de l'Intérieur, suivant sa lettre du treize Frimaire an X ; lequel doit être mis en activité à compter du premier Nivôse prochain. — Abbeville, Devérité ; plac. in-folio.

Bibl. A. de Caieu.

6482. — **Règlement** pour la Perception des Droits d'**Octroi**, établis en la Ville d'Abbeville et sa Banlieue, arrêté par le Conseil Municipal, et approuvé par Son Excellence le Ministre des Finances Comte de l'Empire, le 4 juillet 1808. — S. l. n. n. ; 27 p. in-8°.

6483. — Départem^t de la Somme. **Règlement pour l'Octroi** de la Commune d'Abbeville, Délibéré en Conseil municipal, et approuvé par Son Excellence le Ministre des Finances, le cinq Janvier 1813. — Abbeville, Devérité ; 18 p. in-4°.

6484. — **Règlement** et Tarif de l'**Octroi** de la Commune d'Abbeville —

Abbeville, Boulanger-Vion, 1826; 20 p. in-12 et 1 tabl.

6485. — Nouveau **Tarif de l'Octroi** de la Commune d'Abbeville. Ordonnance du Roi du 25 Juillet 1827. — S. l. n. n.; 7 p. in-4°.

6486. — Département de la Somme. **Octroi** municipal d'Abbeville. **Ordre** général **de Service.** — Abbeville, Devérité, *1833*; 21 p. in-4°.

6487. — **Règlement** supplémentaire **pour l'Octroi** de la Commune d'Abbeville, Département de la Somme; *du 26 septembre 1835.* — Abbeville, Devérité; 7 p. in-12.

6488. — Contributions Indirectes. Département de la Somme. **Ordre** général de Service **pour l'Octroi** municipal d'Abbeville. — Abbeville, Devérité, 1838; 22 p. in-12.

6489. — Un mot sur les réclamations des habitans de Rouvroy. 14 Février 1839. — Abbeville, Devérité; 7 p. in-12.

6490. — Règlement et **Tarif** de l'Octroi de la Commune d'Abbeville, Département de la Somme approuvés par le Roi le 13 Juin 1840. — Abbeville, C. Paillart, juillet 1840; 42 p. in-12.

6491. — Ville d'Abbeville. Taxes additionnelles aux **droits d'octroi.** Ordonnance du Roi, *du 9 août 1841* et Arrêté du Maire d'Abbeville, *du 25 septembre 1841.* — Abbeville, Paillart; 4 p. in-12

6492. — **Octroi** municipal d'Abbeville. Ordre général de **Service.** — Abbeville, Jeunet, 1846; 31 p. in-12.

6493. — Mairie d'Abbeville. Taxe additionnelle à **l'Octroi** Ordonnance du Roi; *du 4 octobre 1847.* — Abbeville, Paillart; 4 p. in-12.

6494. — Mairie d'Abbeville. **Tarif** et Règlement concernant la perception **des droits d'Octroi** sur les animaux de boucherie et de charcuterie. — Abbeville, Jeunet, *1851*; 8 p. in-12.

6495. — Administration de l'**Octroi** d'Abbeville. Règlement sur les masses d'habillemens des employés; *du 17 mars 1855.* — Abbeville; 8 p. in-8°.

6496. — Règlement et **Tarif de l'Octroi** de la Commune d'Abbeville, Département de la Somme, approuvés par l'Empereur, les 26 Décembre 1860 et 28 Décembre 1861. — Abbeville, Briez, 1862; 43 p. in-12.

6497. — Copie de la pétition adressée à Monsieur le Sous-Préfet de l'Arrondissement, par tous les Cultivateurs des cinq **Faubourgs** d'Abbeville contre la Délibération du Conseil Municipal, en date du quinze Novembre 1866, qui étendait à toutes les récoltes faites, dans les limites du terroir communal, extra-muros, l'application du **tarif de** l'Octroi. — S. l. n. n. d.; 19 p. in-12 autog.

6498. — Ville d'Abbeville. Conseil municipal. Enquête sur la question des **Octrois municipaux.** Délibération du 5 mars 1870. — Abbeville, Briez; 57 p. in-8°.

VII. POLICE

6499. — Notice sur la **Police** à Abbeville avant 1789 par Em. Delignières. — Abbeville, Briez, 1875; 23 p. in-8°.

6500. — Recueil des Arrêtés de Police municipale de la ville d'Abbeville et Lois et Arrêtés préfectoraux sur divers points de la compétence du Tribunal de Police avec les Lois et Règlements relatifs à la Police municipale en général, précédé d'une Notice sur la Police à Abbeville avant 1789, *par Em. Delignières.* — Abbeville, Briez, 1875; 373 p. in-8°.

6501. — Règlement et Ordonnances de Messieurs les Maïeur et Escheuins pour le **nettoyement des rues** de ceste ville d'Abbeville.—Abbeville, Musnier, *1678*; 7 p. in-4°.

Bibl. H. Macqueron.

6502. — Extrait des Registres du Conseil d'Estat. *Arrêt maintenant les Maire et Echevins d'Abbeville dans leurs droits de police; du 29 décembre 1699.* — S. l. n. n.; 3 p. in-4°.

Ibid.

6503.—De par Messieurs les Majeur et Eschevins de la Ville d'Abbeville. *Ordonnance relative à la* **police des cabarets**; *février 1732.* — S. l. n. n.; plac. in-folio.

Bibl. de Clermont-Tonnerre.

6504.—De par Messieurs les Majeur et Eschevins de la Ville d'Abbeville. *Ordonnance relative au* **Balayage** *des rues et nommant quatre clocheteurs pour annoncer l'heure à laquelle le balayage doit être terminé; du 24 octobre 1732.* — S. l. n. n.; plac. in-folio.

Bibl. H. Macqueron.

6505. — Ordonnance de Messieurs les Majeur et Echevins de la Ville d'Abbeville *concernant la* **police des bains froids**; *du 11 août 1733.* — S. l. n. n.; plac. in-folio.

Ibid.

6506. — De par Messieurs les Maire et Echevins de la Ville d'Abbeville. *Ordonnance relative à la* **divagation des chiens**; *du 2 octobre 1737.* — S. l. n. n.; plac. in-folio.

Ibid.

6507.— De par Messieurs les Majeur et Echevins de la Ville d'Abbeville. *Ordonnance relative à la* **police des auberges**; *du 16 février 1739.*— S. l. n. n.; plac. in-folio.

Ibid.

6508.— De par Messieurs les Majeur et Echevins de la Ville d'Abbeville. *Ordonnance enjoignant de porter tous les* **décombres** *au Pâtis; du 30 mars 1740.*—Abbeville, Artous; plac. in-folio.

Ibid.

6509.—De par Messieurs les Majeur et Echevins de la Ville d'Abbeville. Ordonnance de Police, contre ceux qui font des **Charivaris** dans les Rues à *l'occasion des mariages des personnes âgées; du 12 septembre 1740.* — Abbeville, D. Artous; plac. in-folio.

Bibl. Soc. Ant Pic.

6510.— Ordonnance de Police pour la **promenade du Paty.** Du 21 Octobre 1740.—Abbeville, Artous; plac. in-folio.

Bibl. H. Macqueron.

6511.— Ordonnance de Police de Messieurs les Majeur et Echevins de la Ville d'Abbeville, qui fixe le Prix qui doit être payé aux **Camionneurs** pour chaque Voiture de Bois, et leur prescrit ce qui doit être par eux observé, pour le Service du Public. Du 23 Novembre 1740.—Abbeville, Artous; plac. in-folio.

Ibid.

6512. — Ordonnance de Police de Messieurs les Majeur et Echevins de la Ville d'Abbeville qui défend de **tuer des Agneaux.** Du 12 Avril 1741. — Abbeville, Artous; plac. in-folio.

Ibid.

6513. — Ordonnance de Police qui pour prévenir les accidens du feu, enjoint aux Habitants de la Ville, Fauxbourgs et Banlieue d'Abbeville, de faire **Ramoner les Cheminées** de leurs Maisons, et de veiller à l'entretien des Cheminées, Fours, Forges et Fourneaux en dépendans, et qui défend de faire Magasin de Tourbes dans des Chambres et Greniers, de tirer aucunes armes à feu dans les rues et enclos des Maisons des Fauxbourgs, et de jetter aucunes fusées volantes dans lesd. Ville, Fauxbourgs et Banlieue d'icelle. Du 30

Avril 1742. — S. l. n. n.; plac. in-folio.

Bibl. d'Abbeville.

6514. — Ordonnance de Messieurs les Majeur et Echevins de la Ville d'Abbeville, qui défend de **chasser avant la Moisson** sur l'étenduë de la Banlieuë de la Ville d'Abbeville, ni d'entrer dans les Grains sous prétexte d'y cüeillir des fleurs apelées Barbeaux ou autrement. Du 16 juillet 1742. — Abbeville, Artous ; plac. in-folio.

Bibl. H. Macqueron.

6515. — Ordonnance de Police de M^{rs} les Maire et Echevins de la ville d'Abbeville au sujet de la maladie des Bestiaux. Du XIV Avril MDCCXLV. — Abbeville, Artous ; plac. in-folio.

Ibid.

6516. — Sentence de Police, de Mrs les Maire et Echevins de la ville d'Abbeville contre les nommés Daniel Josse, Maître Boucher de ladite Ville, pour avoir tué et abbattu une **Vache malade**, et Pierre Dufossé, jardinier, demeurant à sur-Somme, pour l'avoir vendû audit Boucher. Le 12 de Novembre 1745. — S. l. n. n.; plac. in-folio.

Ibid.

6517. — Sentence qui condamne le nommé Loüis Sanson **Dartois** fils, Maître Houpier à Abbeville, à être admonesté et en 36 liv. d'amende, pour **dégradations de Ponts** et Ouvrages publics. *Du 31 mars 1746.* — Abbeville, D. Artous ; plac. in-folio.

Bibl. d'Abbeville.

6518. — Ordonnance de Police de Messieurs les Maire et Echevins de la Ville d'Abbeville qui défend aux **Adjudicataires des Fermes** de ladite Ville, de percevoir plus grands Droits que ceux portés en leurs Tarifs, et qui leur enjoint d'avoir dans un lieu apparent leurs Tarifs, afin que le Public en ait connoissance. Du quinze Septembre 1747. — S. l. n. n.; plac. in-folio.

Ibid.

6519. — Ordonnance de Police de Messieurs les Majeur et Echevins de la Ville d'Abbeville, portant Défenses de **laver** aucuns Linges ni autres choses **dans les Fontaines** publiques de la Ville, ni d'y jetter aucunes ordures ni immondices. Du 7 Octobre 1750. — Abbeville, Artous ; plac. in-folio.

Bibl. de Clermont-Tonnerre.

6520. — Ordonnance de Police, rendue par M^{rs} les Majeur et Echevins de la Ville d'Abbeville qui fait défenses à tous Libraires, Reliieurs de Livres, Revendeuses, et autres, d'acheter aucuns Livres des Enfants, Ecoliers, Domestiques, ou autres personnes inconnues, et de vendre et exposer dans leurs Boutiques, ou loüer aux jeunes gens des **Livres contraires** à la pureté des mœurs ou **à la Religion**. Du 29 Mars 1751.—Abbeville, Artous ; plac. in-folio.

Bibl. d'Abbeville.

6521. — Ordonnance de Police de Mrs les Majeur et Echevins de la Ville d'Abbeville, qui défend à **ceux qui gardent les Malades**, de s'approprier, ni exiger les Habits de Lit, Linges, Bagues, Joyaux, et autres choses que les Malades ont sur eux ou dans leurs Lits, lors de leurs morts. Du 14 Juin 1751.— Abbeville, Artous; plac. in-folio.

Ibid.

6522. — Ordonnance de M^{rs} les Majeur et Echevins Juges de Police de la Ville d'Abbeville, portant défenses de jouer au **Lansquenet, Pharaon**, Trente et Quarante, et autres Jeux de hasard. Du 21 février 1752.—Abbeville, Artous; plac. in-folio.

Ibid.

6523. — Sentence rendue par M^{rs} les Lieutenant General de Police, Majeur et Echevins de la Ville d'Abbeville qui condamne la nommée Françoise Henry dite Gneigne au Blâme et au Bannissement pour trois ans, à cause de débauche et **prostitution publique**. Du 9

Août 1753. — S. l. n. n.; plac. in-folio.

Bibl. H. Macqueron.

6524. — Sentence de Police qui condamne le nommé André Leschaudé, Lunetier en l'Amende de cinq cens livres, pour s'être immiscé dans l'exercice de la **Médecine et** des Arts de la **Pharmacie** et de la Chirurgie, avec injonction de se retirer hors de la Ville et Banlieue d'Abbeville, dans trois jours, à peine de punition exemplaire. Du 4 Février 1754. — S. l. n. n.; plac. in-folio.

Bibl. de Clermont-Tonnerre.

6525. — Ordonnance de Police de Messieurs les Majeur et Echevins d'Abbeville qui défend aux **Charetiers et Voituriers** qui amènent du Bois, des Fagots et autres choses en ladite Ville, de laisser leurs Voitures dans les Ruës et d'y donner à manger à leurs Chevaux, à peine d'amende et de confiscation de leurs Voitures et Chevaux, et leur indique les endroits où ils doivent s'arrêter et faire manger leurs Chevaux. Du 29 Mars 1754. — S. l. n. n.; plac. in-folio.

Bibl. H. Macqueron.

6526. — Instruction pour les inspecteurs du **nettoiement**. — S. l. n. n., *vers 1760*; 3 p. in-4°.

Arch. mun. d'Abbeville.

6527. — Ordonnance de Police de Messieurs les Majeur et Echevins de la Ville d'Abbeville qui défend de Chasser dans la Banlieüe et Dépendances avant que la Récolte soit faite, d'entrer dans les Grains sous prétexte d'y **cueillir des** Fleurs appelées **Barbeaux** ou autres, ni de laisser aller des Chiens dans les Chanvres. Du 12 Août 1763. — Abbeville, Artous; plac. in-folio.

Bibl. de Clermont-Tonnerre.

6528. — Ordonnance de Police, de par Messieurs les Majeur et Echevins de la Ville d'Abbeville qui défend aux **Cordiers** d'entrer la nuit avec de la lumière dans les endroits où leurs Chanvres sont déposés, ni d'y séranser avec de la lumière, et de maillotèr lesd. Chanvres après neuf heures du soir, et qui enjoint auxdits Cordiers, Marchands et autres faisant commerce de Chanvre d'acheter lesd. Chanvres ailleurs que dans le Marché. Du 2 Décembre 1763. — Abbeville, Artous; plac. in-folio.

Bibl. d'Abbeville.

6529. — Ordonnance de Police de Messieurs les Majeur et Echevins de la Ville d'Abbeville qui fait défenses aux **Maitres Chapelliers** de placer leurs Chaudières, Fourneaux et Ouvroirs dans des Chambres, parce qu'il y a à craindre pour le feu. Le 22 Mars 1765. — S. l. n. n.; plac. in-folio.

Bibl. H. Macqueron.

6530. — Ordonnance de par Messieurs les Lieutenant Général de Police, Majeur, Echevins et Conseillers de ville de la Ville d'Abbeville qui fait défenses à toutes personnes de **jouer** dans les Cabarets, Billards, Caffés et autres Maisons publiques, **au Lansquenet, Pharaon**, Trente et Quarante, aux Dés, Trictracs et autres Jeux d'Hazards et prohibés; auxdits Cabaretiers, Maitres de Billards, etc., de les souffrir, de prêter de l'or et de l'argent à cet effet, de fournir les Cartes, Dés, etc. et donner à boire, du Caffé, Liqueurs, et à retenir personne chez eux après les heures prescrites par ledit Règlement, sous les peines et amendes y portées. Du 14 Décembre (*sic*) 1767. — Abbeville, Artous; plac. in-folio.

Arch. mun. d'Abbeville, FF, 203.

6531. — De par Messieurs les Lieutenant Général de Police, Majeur, Lieutenant, Echevins et Assesseurs de la ville d'Abbeville. Ordonnance de Police qui enjoint de Tendre et de faire Tendre le Devant des Maisons dans les Rues, par lesquelles les **Processions du Saint-Sacrement** passent et qui défend de tirer des Armes à feu, Fusées et autres Artifices pendant les Processions, ainsi qu'aux autres Cérémonies Publiques, telles que Batemes, Mariages et Fetes de Paroisses, à peine d'Amende même de Prison en cas de récidive. Du Lundi 3 Mai 1773. — S. l. n. n.; plac. in-folio.

Bibl. H. Macqueron.

6532. — *Lettre de M. Hecquet de Beaufort, Procureur du Roi* A Messieurs les Maire, Lieutenant-de Maire, Echevins et Assesseurs, Juges de Police, en la Ville et Banlieue d'Abbeville, *contenant* **interdiction d'inhumer dans les Eglises** *et invitant les Fabriques à faire agrandir leurs Cimetières ; du 2 septembre 1776.* — Abbeville, Devérité ; 4 p. in-4°.

Bibl. H. Lottin.

6533. — De par le Roi, Majeur, Echevins de la Ville d'Abbeville ayant le gouvernement de la Place et la garde des portes d'icelle. Du trois mars 1777. *Ordonnance relative aux* **dégradations** *faites par les enfants* **aux fortifications.** — Abbeville, Devérité; plac. in-folio.

Bibl. de Clermont-Tonnerre.

6534. — Ordonnance de Police qui fait défenses d'entrer ni de **chasser dans les Grains** depuis qu'ils sont en Tuyaux, jusqu'à ce que la dépouille soit entièrement achevée; de passer pendant ledit temps sur les terres ensemencées; d'y laisser paître ou entrer les bestiaux, ni de faire aucuns dégâts dans les Grains, sous prétexte d'y cueillir des fleurs appelées Barbeaux ou autres; et lorsque la Chasse sera ouverte, de laisser entrer les chiens dans les Chanvres; le tout à peine de cent livres d'amende, même de prison. Du 30 Juin 1777. — Abbeville, Devérité; plac. in-folio

Bibl. d'Abbeville.

6535. — *Tarif pour l'***ouverture du Pont-Levis *dit* Pont-Rouge *en montant et descendant la rivière*. — Abbeville, Devérité, 1778 ; plac. in-folio.

Bibl. A. de Caïeu.

6536. — Règlement pour les **Sergens de l'Hôtel-de-Ville** d'Abbeville ; *du 16 décembre 1778*. — Abbeville, Devérité, 1778; 8 p. in-4°.

Bibl. H. Macqueron.

6537. — De par Messieurs les Majeur, Lieutenant, Echevins et Assesseurs de la Ville d'Abbeville. Ordonnance de Police concernant les **Cabaretiers**, **Aubergistes**, Hôteliers et autres donnant à loyer dans l'étendue de la Ville, Fauxbourgs et Banlieue d'Abbeville. Du 20 janvier 1779. — Abbeville, Devérité; plac. in-folio.

Bibl. d'Abbeville.

6538. — Ordonnance de Police concernant les **Incendies**. Du 27 Février 1782. — Abbeville, Devérité ; plac. in-folio.

Bibl. de Clermont-Tonnerre.

6539. — Ordonnance de Police qui renouvelle les dispositions des anciens Règlements, au sujet des **contraventions** les plus fréquentes en matière **de Police**. Du 20 Janvier 1783. — Abbeville, Devérité ; plac. gr. in-folio.

Ibid.

6540. — De par MM. les Maire, Lieutenant de Maire, Echevins et Assesseurs, Juges de Police et de Voyerie de la Ville d'Abbeville, Fauxbourgs et Banlieue d'icelle. Ordonnance de Police, portant que tous Aubergistes et Cabaretiers de cette Ville, Fauxbourgs et Banlieue, seront tenus dans le mois, de supprimer toutes **Enseignes**, avec potences de fer ou autrement, saillantes sur le frocq ; sinon condamne les contrevenants, chacun en cinquante livres d'amende envers le Roi. Du treize Octobre mil sept cent quatre-vingt-trois. — Abbeville, Devérité, 1783 ; plac. in-folio.

Bibl. d'Abbeville.

6541. — Ordonnance de Police pour les **Décombres** et les **Dégradations des** Ouvrages, **Promenades** et Plantations publiques. Du treize Novembre mil sept cent quatre-vingt-six. — Abbeville, Devérité; plac. in-folio.

Ibid.

6542. — Ordonnance de Police qui fixe aux Maîtres **Teinturiers et Apprêteurs** de cette Ville d'Abbeville, les Lignes où pourront descendre les Etoffes suspendues aux Perches qui dominent sur les Rues. Du vingt deux Avril mil sept cent quatre-vingt-six. — Abbeville, Devérité; plac. in-folio.

Bibl. A. de Caïeu.

6543. — Département de la Somme. Ville d'Abbeville. Règlement pour le service des **Porte-faix.** Du 18 Janvier 1817. — Abbeville, Boulanger-Vion; 8 p. in-4°.

6544. — Département de la Somme. Ville d'Abbeville. Règlement pour le service des **Porte-faix.** Du 25 Octobre 1819. — Abbeville, Boulanger-Vion; 8 p. in-4°.

6545. — Nouvelle instruction sur les secours à donner aux **noyés et asphyxiés**; 1835. — Abbeville, C. Paillart; 12 p. in-4°.

6546. — Règlemens pour le **Cimetière** de Nore-Dame de la Chapelle, 1838. — Abbeville, Devérité; 10 p. in-4°.

6547. — Mairie d'Abbeville. Règlement sur la **Circulation des Voitures** et des Chevaux et sur la police des Abreuvoirs. Du 20 octobre 1841. — Abbeville, Devérité; 8 p. in-12.

6548. — Mairie d'Abbeville. Moulins et Usines. Faucardement, **Curement**, etc., **des Rivières** de Novion, du Scardon et de l'Hermitage — Abbeville, Paillart, 1842; 8 p. in-12.

6549. — *Arrêté du Maire d'Abbeville sur la police des maisons de* **prostitution**; *du 3 mars 1843.* — Abbeville, Paillart; 4 p. in-8°.

6550. — Ville d'Abbeville. Service des **Commissionnaires**. Règlement. — Abbeville, C. Paillart, s. d.; 8 p. in-12.

6551. — Règlement de Police concernant l'**Abattoir**. — Abbeville, Jeunet, 1854; 16 p. in-8°.

6552. — Police des **Mœurs**. Règlement concernant la **Prostitution**. — Abbeville, Housse, 1858; 8 p. in-8°.

6553. — Mairie d'Abbeville. Règlement sur la **vidange** des fosses d'aisances. — Abbeville, Housse, 1859; 11 p. in-12.

VIII. VOIRIE

6554.—Ordonnance de M^{rs} les Majeur et Echevins de la Ville d'Abbeville, *relative à l'***alignement des constructions** *à faire dans la ville; du 18 septembre 1736.* — Abbeville, Artous; plac. in-folio.

Bibl. H. Macqueron.

6555. — *Ordonnance de l'Intendant Chauvelin relative à la* **réparation de la Chaussée** *des Planches; du 28 février 1735.* — S. l. n. n.; plac. in-folio.

Arch. dép. de la Somme, C, 532.

6556. — Au Roy. *Protestation des Maire et Echevins d'Abbeville contre l'arrêt du 4 octobre 1757, relatif aux corvées pour l'entretien des Routes.* — Abbeville, Artous, s. d.; 7 p. in-folio.

Bibl. H. Macqueron.

* **6557.** — Edit du Roy concernant les terrains abandonnés, **frocqs et flégards** d'Abbeville. Du 24 juin 1767. — S. l. n. n.; 3 p. in-4°.

Bibliogr. Dufour, n° 460.

6558. — Mairie d'Abbeville. Tarif des **droits de places** sur les rues, quais, places et marchés publics ; *des 15 juin 1839 et 15 mai 1840.*—Abbeville, Paillart ; 14 p. in-12.

6559. — Mairie d'Abbeville. Règlement concernant le **balayage** et la propreté **de la voie publique** ; *du 20 octobre 1841.* — Abbeville, Paillart ; 16 p. in-12.

6560. — Ville d'Abbeville. Travaux communaux. Cahier des Charges. — Abbeville, Briez, *vers 1860* ; 12 p. in-4°.

6561. — L'Etablissement des **Réverbères** à Abbeville *en 1783*, par M. Alcius Ledieu.

Bull. Soc. Em. Abb., 1897-99, p. 76 à 82 ; in-8°.

6562. — Copie du Traité d'**Eclairage** d'Abbeville. 1843. — S. l. n. n. ; 19 p. in-4° autog.

6563. — Ville d'Abbeville (Somme). Traité du 5 Février 1863 concernant l'**Eclairage public.**—Abbeville, Briez ; 19 p. in-8°.

6564. — Les essais d'**éclairage par l'électricité** à Abbeville en 1883, *par M. Moynier de Villepoix.*

Bull. Conf. Scient. Abbev., 1883, p. 221 à 228 ; in-8°.

CHAPITRE IV

ADMINISTRATION MILITAIRE

6565. — Notice sur la Petite-Trésorière, **navire de guerre** acheté par l'Echevinage d'Abbeville en 1479, par M. Alcius Ledieu. Extrait du Bulletin historique et philologique. 1897. — Imprimerie Nationale ; 14 p. in-8°.

Voir aussi Bull. Soc. Em. Abbev., 1897-99.

6566. — Arrest du Conseil d'Estat dv Roy qui assujettit au Payement de l'Vstancille et **Logement pour ses Troupes** les Officiers du Présidial, Eslections, Grenier à Sel, Officiers de l'Hostel de Ville d'Abbeville, des Eauës et Forests et tous autres de ladite Ville, et ordonne que les Roolles seront arrestez en présence des Iuge-Consuls et desquatre Maïeurs de Banniere d'icelle. *Du 7 août 1655.* — S. l. n. n. ; 8 p. in-4°.

Arch. mun. d'Abbeville, FF, 147.

6567. — Placet adressé au Roi par les Maire et Echevins d'Abbeville *pour être maintenus dans le* **gouvernement de la place** *et dans les droits y attachés.* — S. l. n. n., *vers 1680* ; 3 p. in-4°.

Bibl. d'Abbeville.

6568. — *Placet au Roi relatif au droit des Maïeur, Echevins et* **Habitants** *d'Abbeville de se garder eux-mêmes.* — S. l. n. n., *vers 1697* ; 4 p. in-4°.

Arch. mun. d'Abbeville, EE, 4.

6569. — Mémoire pour les Mayeur, Echevins et Habitans de la Ville d'Abbeville. — S. l. n. n., *vers 1722* ; 2 p. pet. in-folio.

Relatif au droit des officiers municipaux au **commandement** militaire **de la place.**
Arch. mun. d'Abbeville, EE, 4.

6570. — Arrest du Conseil d'Etat du Roy, portant qu'il sera imposé sur la Généralité d'Amiens, la somme de quatre-vingt-quatorze mille six cens quatre-vingt-cinq livres huit sols huit deniers, avec le sol pour livre pour les frais de Recouvrement au Marc la Livre de la Taille en trois années consécutives par égales portions, à commencer l'année présente 1726, pour servir au Remboursement dû aux Propriétaires des maisons, terres et héritages, qui ont été compris dans les **Fortifications** de la Ville d'Abbeville tant en l'année 1698 et suivantes qu'en l'année 1712. Du 20 juillet 1726. — S. l. n. n.; plac. in-folio.
Arch. dép. de la Somme, C, 1108.

6571. — De par Messieurs les Mayeur et Echevins de la Ville d'Abbeville. *Ordonnance relative aux dégradations faites aux* **fortifications** *de la ville; du 3 août 1728.* — S. l. n. n.; plac. in-folio.
Bibl. H. Macqueron.

6572. — Très humbles représentations à Sa Majesté par les Mayeur, Echevins et Habitans de la Ville d'Abbeville, *pour qu'il ne soit plus nommé de* **gouverneur militaire.** — *Paris*, Paulus du Mesnil, 1742; 4 p. in-folio.
Bibl. A. de Caïeu.

6573. — *Placet au Roy protestant contre les provisions obtenues par le S. Marchal de Sansay de l'office de* **gouverneur d'Abbeville.** — *Paris*, Paulus du Mesnil, 1742; 4 p. in-folio.

6574. — Au Roy. *Placet des Maïeur, Echevins et Habitants d'Abbeville protestant contre la nomination du Comte de Fontaines pour* **commander dans la ville.** — *Abbeville*, D. Artous, *vers 1750*; 8 p. in-folio.
Arch. mun. d'Abbeville, EE, 4.

6575. — Ordonnance de Messieurs les Majeur et Echevins de la Ville d'Abbeville *relative au* **tirage de la milice.** Du 27 Septembre 1758. — Abbeville, Artous; plac. in-folio.
D'autres ordonnances analogues ont été rendues dans la même forme pour le même sujet.

6576. — *Ordonnance de l'Intendant d'Ynvau, relative à la fourniture par la ville d'Abbeville de greniers pour emmagasiner les* **grains et farines destinés aux troupes;** *du 12 mai 1760.* — Amiens, veuve Godart; 7 p. in-4°.
Arch. dép. de la Somme, C, 1273.

6577. — Arrêt du Conseil d'Etat du Roi, qui ordonne la Translation au Préer S. Gilles du **corps d'Ecuries** qui devoit être construit au Bastion de Rambures, autorise les Maisons et Terrains de ladite place du Préer du Côté du Rempart, même emprunter les sommes nécessaires pour parvenir à ladite Acquisition. Du 29 Janvier 1782. — Abbeville, Devérité; plac. in-folio.
Bibl. d'Abbeville.

*6578. — Extrait du Registre aux délibérations du Directoire révolutionnaire du District d'Abbeville, en sa séance publique du 23 fructidor, l'an deuxième de la République française, une et indivisible, *concernant les* **magasins militaires.** — Abbeville, Decaisne; 3 p. in-4°.
Bibliogr. Dufour, n° 562.

6579. — Génie. Direction d'Abbeville. Place d'Abbeville et dépendances. Bordereau des Prix des Ouvrages qui doivent être exécutés aux **Fortifications** et aux **Bâtiments militaires** de la Place d'Abbeville, pendant les années 1829, 1830, 1831 et 1832, 1833, 1834. — Abbeville, Devérité, 1830; 21 p. in-8°.

CHAPITRE V

ÉGLISES ET COUVENTS D'ABBEVILLE

I. ÉGLISES

6580. — Loi concernant la nouvelle Circonscription des **Paroisses** de la Ville d'Abbeville. Donnée à Paris, le premier juin 1791. — Abbeville, Devérité; plac. in-folio.

Bibl. A. de Caıeu.

6581. — Notice historique et descriptive de l'église de **Saint-Vulfran** d'Abbeville.

Se trouve en suite (p. 181 à 246) de la Description de l'église de Saint-Riquier, par Gilbert. — Amiens, 1836 ; in-8°.

6582. — Notice historique sur l'église de **Saint Vulfran** d'Abbeville.

Almau. d'Abbeville. 1842, p. 161 à 169; in-16.

6583. — Collégiale de **Saint-Vulfran** d'Abbeville, *par H. Dusevel.*

Bibl. hist. Pic. et Art., par Roger, p. 20 à 31 ; in-8°.

6584. — **Saint-Vulfran** d'Abbeville, *par H. Dusevel.* — 24 p. gr. in-8° av. 2 pl.

Chât., Beffrois, etc., t. I.

6585. — **Saint-Vulfran** d'Abbeville, par E. Prarond. — Abbeville, P. Briez, 1860 ; 128 p. in-8° av. 2 pl.

6586. — Histoire et description de l'Eglise de **Saint-Vulfran** à Abbeville, par Em. Delignières. — Paris, Plon, 1890 ; 35 p. in-4°.

6587. — Eglise de **Saint-Vulfran**, à Abbeville. Conférence par M. Emile Delignières le 5 Mars 1898. — Abbeville, Paillart ; 45 p. in-18.

6588. — Noms des **fondateurs de** l'Eglise **Saint-Vulfan** d'Abbv. (*sic*) de 1033 à 1806. — S. l. n. n. n. d. ; plac. in-folio.

Arch. de la fabr. de S. Vulfran.

6589. — Note relative aux premières dépenses de 1487 à 1504 pour la **construction de** l'église de **Saint-Vulfran** à Abbeville, par M. Delignières.

Bull. Soc. Em. Abb., t. IV. p. 390 à 401 ; in-8°.

6590. — Letree de la roy|ne Et de monsieur le Daulphin de france a | la bonne ville de Dieppe, faicte ce Treiziesme iour de Javier, avec grant triumphe des| seigneurs et dames· du pays | Ite ung grāt **miracle** qui fut faict devāt | Nostre Dame de Lorette a Abbeville **a sainct | Vulfran** durāt que la court y estoit, sur ung | des Ausmoniers de la Royne. — S. l. n. n., *1533*; pet. in-4° goth. de 4 ff.

Pièce de la plus grande rareté.
Anc^{nes} bibl. Dufour et du baron Pichon

6591. — Note sur un **miracle** en décembre 1531, à Notre-Dame de Lorrette de **Saint-Vulfran** d'Abbeville, par M. E. de Marsy. — Abbeville, Jeunet, s. d. ; 6 p. in-8°.

6592. — **Dons** et offrandes **de Philippe le Bon**, Duc de Bourgogne à la Cathédrale d'Amiens, **à la Collégiale d'Abbeville** et à l'Eglise de Rue, *par de La Fons Mélicocq.*

La Picardie, 1857, p. 49 à 52; in-8°.

6593. — Notice sur Jean Levasseur et Enguerran de Monstrelet, par M. Dusevel.

Au sujet du **tombeau de Jean Levasseur** qui paraît confondu avec celui de Jean Lessopier, à Saint-Vulfran.

Bull. Soc. Hist. Fr., 1835, p. 226 à 228 ; in-8°.

6594. — *Notice sur la* **tapisserie** *qui ornait le chœur* de S**t Vulfran**.

Anc. tapiss. histor., par Jubinal.— Paris, 1838, t. II, p. 33 et 34 ; gr. in-folio.

6595. — Mairie d'Abbeville. Eglise S**t Wulfran**.—Abbeville, Jeunet ; plac. in-folio.

Arrêté du 17 décembre 1852 ordonnant la **fermeture de l'église** d'après un rapport de M. Viollet-le-Duc annonçant son prochain effondrement.

6596. — **Restauration de Saint-Vulfran** d'Abbeville. — Abbeville, Gamain, 1865 ; 5 p. in-8°.

6597. — **Légendes** sur l'Eglise **Saint-Vulfran** d'Abbeville, par Alcius Ledieu.

La Tradition, 1879, p. 149 à 151, in-8°.

6598. — Fabrique de **Saint-Vulfran** d'Abbeville. Résumé des questions relatives au terrain situé entre l'Eglise et l'Hôtel-Dieu. Projet de dire. à l'Enquête qui doit avoir lieu pour l'ouverture d'une Rue sur ce Terrain. Extrait du Registre aux Délibérations du Conseil de Fabrique. — Abbeville, Gamain, 1874 ; 23 p. in-8°.

6599. — **Statuette** en argent de Notre-Dame du Puy à **Saint-Vulfran** d'Abbeville, par Em. Delignières. — Paris, Plon, 1888 ; 16 p. in-8° avec 1 pl.

6600. — Notice sur l'**Évangéliaire de Saint-Vulfran** d'Abbeville, par A. de Florival. — Abbeville, 1887 ; 11 p. in-8° av. 2 pl.

Ext. Cab. hist. Pic. et Art.

6601. — **Restauration de l'Eglise** de **Saint-Vulfran**, *par Em. Delignières*. — Abbeville, Fourdrinier, 1896 ; 7 p. in-16.

6602. — Restauration de l'Eglise **Saint-Wulfran** d'Abbeville, *par Robert Henard*.

Le Magasin pittor., 1899, p. 188 à 192 av. 4 fig.; gr. in-8°.

6603.—Un Grand Fauconnier du XVI° siècle au **Portail de l'Eglise de Saint-Vulfran** à Abbeville, par Em. Delignières. — Paris, Plon-Nourrit, 1900 ; 15 p. in-8° av. 2 pl.

6604. — Charte contenant accord entre le **Chapitre de Saint-Vulfran** d'Abbeville et le Chapitre de Saint-Mathieu de Fouilloy, pour un cens sur une maison d'Abbeville. Décembre 1271.

Bull. Soc. Em. Abb., 1897-99, p. 179 à 181 ; in-8°

6605. — Sauvegarde pour le **Chapitre de S**t **Vulfran** d'Abbeville ; *24 novembre 1350.*

Ordonn. des Rois de Fr., t. IV, p. 7 ; in-folio.

6606. — Ad majorem Dei gloriam. **Ordinationes** antiquæ **Capituli** Reguli et Collegiatæ Ecclesiæ **Sancti Vulfrani** Abbatisvillæ, de modo quo unusquisque se habere debeat in Choro durante Servito Divino. — S l. n. n. n. d. ; 7 p. in 4°.

Anc^{ne} Bibl. de Marsy.

6607. — Les **Chanoines** de S**t Vulfran** d'Abbeville en 1553, par E. Prarond.

Cab. hist. Pic. et Art., t. III, p. 352 à 354 ; in-8°.

6608. — Arrest du Conseil d'Etat du Roy, qui confirme les **Chapelains** de l'Eglise Royale et Collégiale **de Saint Vulfran** dans l'usage et possession d'occuper un Banc à la gauche du Prédicateur aux Prédications et Oraisons funèbres qui se font dans la Nef de ladite Eglise. Du 15 Février 1717.— S. l. n. n. ; 4 p. in-4°.

Arch. mun. d'Abb., AA, 109.

6609. — *Correspondance relative à l'exil à l'abbaye de Dommartin* de **M.**

Silly de Louvigny, *chanoine de St Vulfran.*

Nouv. ecclés., 1735, p. 25 à 27; in-4°.

6610. — *Correspondance relative à l'exil de* **M. Prévot**, *chanoine de St Vulfran.*

Nouv. ecclés. du 8 avril 1727; 2 p. in-4°.

6611. — Arrest de la Cour de Parlement qui maintient et garde le **Chapitre de** l'Eglise Royale et Collégiale de **Saint-Vulfran** d'Abbeville, dans le **droit** et possession **d'administrer les Sacremens** à tous les Chanoines, Chapelains, Membres et Officiers du Chapitre en quelque Paroisse qu'ils demeurent : ensemble de lever leurs Corps, et de les inhumer dans son Eglise : Fait défenses au Curé de Saint-Gilles de la même Ville de les y troubler. Du 30 Janvier 1731. — Paris, Ph. Nic. Lottin, 1731 ; 7 p. in-4°.

Bibl. d'Amiens, Hist., n° 3814, t. II.

* 6612. — Mémoire pour messire **Michel Jean François Bernard, marquis de Montebise** ..... patron fondateur de la cure et de sept bourses du collège du Cardinal-le-Moine, établi dans l'Université de Paris ... contre Me Antoine de Bacq... pourvu de la même cure...; Me Jean de la Fosse ... pourvu de la même cure... et encore contre les... **Chanoines... de Saint-Vulfran** d'Abbeville. *Signé : Fuet.* — *Paris*, Paulus du Mesnil, 1734; in-folio.

Bibl. Nat^{le}, f° Fm, 1271.

6613. — D'Amiens. *Lettre relative aux différends de M. de* **Silly de Louvigny**, *Doyen du Chapitre de S. Vulfran avec Mgr de la Motte au sujet de la Bulle Unigenitus.*

Nouv. eccl., 1735, p. 25 à 27; in-4°.

6614. — Mémoire pour Messire Claude Mouchart, Prêtre pourvu de la Prébende Préceptoriale en la Ville d'Abbeville, Défendeur et Demandeur. Contre le **Chapitre** de l'Eglise Collégiale de **Saint-Wulfran** d'Abbeville, Demandeur et Défendeur. — *Paris*, Ph. N. Lottin, 1743 ; 8 p. in-folio.

Au sujet de certains droits réclamés par le S. Mouchart et que le Chapitre lui déniait.
Bibl. d'Abbeville.

6615. — *Faits relatifs à la mort de M. Jacques* **Leprévost**, *chanoine de St Vulfran, accusé de jansénisme.*

Nouv. ecclés. du 6 novembre 1745, p. 177 à 180 ; in-8°.

6616. — *Récit des poursuites faites pour cause de jansénisme contre M. de* **Silly de Louvigny**, *Doyen du Chapitre de St Vulfran.*

Ibid., 1753, p. 174 à 176 ; in-4°.

6617. — Mémoire pour les Maîtres de la Fabrique de l'Eglise Royale et Collégiale de **S. Vulfran** d'Abbeville, et le **Chapitre** de ladite Eglise. Contre le Sieur Jean-François Demiannay d'Offoy, Ecuyer, Controlleur de l'Extraordinaire des Guerres, légataire universel du sieur Antoine Demiannay, Chanoine, son oncle, icelui frère, héritier et légataire universel du sieur Jean Demiannay, Trésorier et Chanoine. — *Paris*, Vincent, 1761 ; 4 p. in-folio.

Bibl. d'Abbeville.

6618. — Observations dans le délibéré pour les Maîtres de l'Eglise Royale et Collégiale de **Saint Vulfran** d'Abbeville et le **Chapitre** de ladite Eglise, Demandeurs. Contre Jean-François Demiannay, Sieur d'Offoy, Ecuyer, Controleur de l'Extraordinaire des Guerres, Légataire universel d'Antoine Demiannay, Chanoine, son oncle : lequel étoit frère et Légataire universel de Jean Demiannay, Trésorier et Chanoine dudit Chapitre de Saint Vulfran, Défendeur. — *Paris*, Chesnault, 1761 ; 18 p. in-folio.

Ibid.

6619. — Déclaration du Chapitre de la Collégiale de **S. Vulfran** d'Abbeville, présentée le 31 Décembre 1790, à MM. les Administrateurs du District pour être insérée dans leur Procès-verbal. — Amiens, J. B. Caron l'aîné, 1790 ; 7 p. in-8°.

Au sujet de la **suppression du Chapitre.** Ibid.

6620.—Table du **Cartulaire** rouge de **Saint-Vulfran.** Communication de M. Roger Rodière.

Bull. Soc. Em. Abbev., 1894-96, p. 67 à 70 et 96 à 102 ; in-8°.

6621. — **Officium S. Vulfranni** Frisiorum sive Frisonum apostoli, Senonensium archiepiscopi, collegiatæ ac regalis ecclesiæ fidelissimæ urbis Abbavillæ patroni meritissimi.— Parisiis, ex typografiâ viduæ L. de la Fosse, 1663 ; 36 et 36 p. in-12.

Bibliogr. Dufour, n° 354.

6622. — **Officium S**^{ti} **Wulfranni.** *A la fin :* Abbeville, Permis d'imprimer, ce quatorze Octobre 1741. Douville de Belleval. — S. l. n. n. ; 66 p. in-12.

Bibl. d'Abbeville.

6623. — **Office** solemnel **de S. Vulfran** Archevêque de Sens, Apôtre de la Frise et Patron de l'Eglise Royale et Collégiale d'Abbeville et du Ponthieu. — Amiens, veuve Godart, 1749 ; XII-240 p. in-8°.

On trouve à la suite, dans quelques exemplaires les procès-verbaux de l'ouverture des chasses de S. Vulfran et de S. Vilbrod.

6624.— **Office** solemnel **de S. Vulfran,** Archevêque de Sens, Apôtre de la Frise et Patron de l'Eglise Royale et Collégiale d'Abbeville et du Ponthieu. — Abbeville, Grare, *vers 1840 ;* XI 216 p. in-12.

6625. — Mémoire instructif pour les Doyen, Chanoines et Chapitre et les Maistres et Administrateurs de la Fabrique de l'Eglise Royale de Saint Vulfran d'Abbeville, Demandeurs. Contre les Receveurs et Marguilliers de la Paroisse de **S. André** de ladite Ville, Deffendeurs. — S. l. n. n., *vers 1671 ;* 4 p. in-folio.

Au sujet de la garde du drap mortuaire de St André et des petits clercs ou bénéficiers.

Bibl. H. Macqueron.

6626.— In festo sancti Andreæ apostoli. *A la fin* : Ad usum ecclesiæ parochialis **sancti Andreæ** Abbavillensis. 1737. — S. l. n. n. ; 4 p. in-18.

Intercalé dans les Manuscrits Siffait.

6627. — Mémoire et consultation, pour Messieurs les Curé, et le plus grand nombre des Habitans et Propriétaires des fonds de la Paroisse de **Saint-Eloy** d'Abbeville, défendeurs et opposans. Contre plusieurs Propriétaires et principaux Habitans de ladite Paroisse de Saint-Eloy, demandeurs en réunion de ladite Paroisse, à celle du Saint-Sépulcre, de ladite Ville d'Abbeville. — Abbeville, L. A. Devérité, 1782 ; 40 p. in-4°.

Bibl. d'Abbeville.

6628. — Factum pour les Marguilliers de l'Eglise Paroissiale de **S. Georges** d'Abbeville, Défendeurs et Demandeurs. Contre Maistre François de Calonne, Prestre, Curé de la même Eglise, Demandeur et Défendeur. *Signé : Leprestre.* — *Paris,* veuve Guillery, *1708 ;* 10 p. in-folio.

Bibl. H. Macqueron.

6629. — Mémoire pour les Doyen, Chanoines et Chapitre de l'Eglise Royale et Collégiale de Saint Vulfran d'Abbeville, Demandeurs et Défendeurs. Contre Maistre François de Calonne, Prêtre, Vicaire perpétuel de **Saint-Georges** de la mesme Ville, Défendeur et Demandeur. *Signé : Febvrier.*—*Paris,* Vincent, *vers 1712 ;* 8 p. in-folio.

Au sujet des droits du Chapitre sur l'église Saint-Georges et notamment des cires offertes aux enterrements.

Bibl. H. Macqueron.

6630.— Mémoire pour Maistre François de Calonne, Prestre et Curé de la Paroisse de **Saint-Georges** d'Abbeville, Défendeur et Demandeur. Contre les Doyen, Chanoines et Chapitre de Saint-Vulfran de la mesme Ville, Demandeurs et Défendeurs. Et encore contre les Receveurs et Marguilliers de ladite Paroisse de Saint-Georges dont lesdits Sieurs du Chapitre ont pris le fait et cause. *Signé* : *Godquin*. — *Paris*, Huguier, *vers 1712*; 8 p. in-folio.

Ibid.

* **6631**. — Factum pour les marguilliers et paroissiens de l'église de **Saint-Georges** d'Abbeville contre les... chanoines de Saint-Vulfran.— S. l. n. n. n. d.; in-4°.

Bibl. Nat^{le}, Thoisy, 284, f° 606.

6632.— Mémoire signifié pour Maître Louis Antoine Duval, Prêtre, Maître ès Arts en l'Université et Bachelier en Théologie de la Faculté de Paris, Gradué nommé sur le Chapitre de Saint Vulfran d'Abbeville, et Curé de **Saint Georges** de la même Ville, Demandeur et Deffendeur. Contre Maître Jacques-François Bucquet, Prêtre, Chanoine de Saint-Vulfran, Deffendeur et Demandeur. Et encore contre Maître François Bauvarlet, Prêtre-Curé de Surcamp et de Vauchelles son secours, aussi Deffendeur et Demandeur. — *Paris*, Grou, *1723*; 11 p. in-folio.

Au sujet de la possession de la cure de Saint-Georges.
Bibl. d'Abbeville.

6633. — Mémoire signifié pour Me Louis-Antoine Duval, prêtre du Diocèse d'Amiens, Bachelier en Théologie de la Faculté de Paris, gradué, nommé, insinué et duement qualifié sur le Chapitre de l'Eglise Royale et Collégiale de Saint-Wulfran d'Abbeville, pourvu en cette qualité de la cure de **Saint-Georges** de la même ville, Intimé. Contre Me Jacques Bucquet, prêtre, Chanoine de l'église de Saint-Wulfran, prétendant droit à la même cure, appellant d'une sentence contradictoire rendue aux requêtes du Palais. — Paris, Paulus du Mesnil, *1731*; 14 p. in-folio.

Anc^{ne}. Bibl. de Marsy.

6634. — Mémoire signifié pour Me Jacques-François Buquet, Prêtre et gradué en l'Université de Paris, Chanoine de l'Eglise Royale et Collégiale de Saint-Vulfran d'Abbeville, et Curé de la Paroisse de **Saint-Georges** de la même Ville, Appellant. Contre Me Louis-Antoine Duval, Prêtre, prétendant droit à la même Cure, Intimé.— Paris, Knapen, *1731*; 36 p. in-folio.

Bibl. d'Abbeville.

6635. — **Officium sancti Georgii** Martyris. In Die Festi et per Octauam Iuxta formam noui Breuiarij Ambia. editum. — S. l. n. n. n. d.; 62 p. in-18 av. 4 p. n. n. in-fine.

Bibl. d'Abbeville.

6636.— **Officium S^{ti} Georgii** Martyris. Duplex solemne cum Octauá, Celebrandum die 23 Aprilis. Editio nova a mendis purgata. — Abbavillæ, Artous, MDCCV; 66 p. in-18.

Bibl. A. de Caieu.

6637.— **Office** propre **de S. George**, martyr. Solemnel avec Octave. XXIII Avril. Par Me Louis-Antoine Duval, Prêtre.... et Curé de la Paroisse de S. George à Abbeville. — Paris, Desaint et Saillant, MDCC.XLIX; VIII-152 p. et 8 p. n. n.; in-12.

6638.—**Office** propre **de S. George**, martyr, solennel, 23 avril, par Me Louis-Antoine Duval, prêtre, etc., et curé de la paroisse de S. Georges d'Abbeville. — Amiens, Caron-Isnart, 1826; 72 p. in-12.

6639. — Processions de la Paroisse **Saint-Gilles** en Mai et Juin 1584, par M. de Brandt de Galametz.

Bull. Soc. Em. Abb., p. 264 et 265, 1888-90; in-8°.

6640. — Les Officiers de l'Amirauté ne sont exempts d'être Marguilliers. *Arrêt rendu le 26 mars 1706 contre le S. Lefèvre, lieutenant de l'Amirauté élu* **marguillier de S⁺ Gilles** *et non acceptant à raison de ses fonctions.*

Journ. des Aud. du Parl., par Nupied. — Paris, Gosselin, 1736, t. V, p. 618 ; in-folio.

6641. — Mémoire pour les Doyen, Chanoines et Chapitre de l'Eglise Royale de saint Wlfran, de la ville d'Abbeville, Deffendeurs. Contre Maistre François Sagnier, Prestre, Vicaire perpetuel de la Paroisse de **Saint Gilles** de la même Ville, Demandeur. *Signé : Pigné.* — S. l. n. n., *vers 1730* ; 4 p. in-folio.

Sur la question de savoir si le Chapitre avait droit de percevoir les dimes de la paroisse Saint-Gilles.

Bibl. H. Macqueron.

6642. — Mémoire pour Mᵉ François Sangnier, Prêtre, Bachelier en Théologie de la Faculté de Paris, Curé de la Paroisse de **Saint Gilles** et Doyen de Chrétienté d'Abbeville, Appellant d'une Sentence des Requestes du Palais, et Demandeur. Contre Mᵉ. Jacques-François Bucquet, Prêtre, Chanoine du Chapitre de l'Eglise Collégiale de Saint Wulfran de la même Ville, et les Doyens, Chanoines et Chapitre dudit Saint Wulfran, comme ayant pris fait et cause dudit Sieur Bucquet, Intimez et Deffandeurs. *Signé : Lordelol.* — *Paris*, Lemercier père, 1730 ; 3 p. in-folio.

Bibl. H. Macqueron.

6643. — Mémoire pour les Doyen, Chanoines et Chapitre de l'Eglise Royale et Collégiale de saint Wulfran d'Abbeville, Intimez et Demandeurs. Contre le Sieur Sangnier, Curé de la Paroisse de **saint Gilles** à Abbeville, Appellant et Défendeur. *Signé : Le Roy.* — *Paris*, Ph. Nic. Lottin, 1731 ; 8 p. in-folio.

Au sujet du droit réclamé par les Chanoines d'exercer les fonctions curiales dans la ville et notamment d'administrer les Sacrements au Collège.

Bibl. H. Macqueron.

6644. — Factum pour les Doyen, Chanoines et Chapitre de l'Eglise Royale de Saint Wulfran de la Ville d'Abbeville, Patron de la Cure, et Curé primitif de la Paroisse de **Saint Gilles** de la même Ville, Défendeurs. Contre Maistre François Sagnier, Prestre, Bachelier en Théologie, Vicaire perpétuel de ladite Paroisse, Demandeur. *Signé : Pigné.* — S. l. n. n. n. d. ; 4 p. in-folio.

Arch. de la fabr. de Saint-Vulfran.

6645. — L'Eglise **Saint-Gilles** et les Peintures de l'Abbé Dergny, par Em. Delignières. Extraits des procès-verbaux de la Société d'Emulation d'Abbeville, 1872-1875.—Abbeville, Gamain, 1875 ; 16 p. in-18.

6646. — Eglise S⁺ **Gilles** d'Abbeville. Sa restauration, par le R. P. Eugène Monvoisin. — Abbeville, Paillart, 1878 ; 103 p. in-8°.

6647.—Pierre tombale de la famille Manessier dans l'église **Saint-Gilles** d'Abbeville, par M. Wignier.

Bull. Soc. Em. Abb., 1888-90, p. 125 à 130 av. 1 pl. ; in-8°.

6648. — Les Noces d'Or de M. l'Abbé Martin, **Curé de Saint-Gilles**, Chanoine honoraire de la Cathédrale d'Amiens, célébrées à Abbeville le Dimanche 28 Avril 1889. — Abbeville, C. Paillart, 1889 ; 32 p. in-8°.

6649. — **Officium** S. Ægidii Confessoris Abbatis cum Missa et Octaua.—Abbavillæ, ex Typographia L. Mavrry, MDCLIX ; in-12.

Bibl. d'Abbeville.

6650.—L'**Office de S. Gilles** Confesseur auec octaue, qui se celebre le premier de septembre dans l'Eglise Paroissiale de S. Gilles d'Abbeville Avec Approbation de Mesieurs les Grads Vicaires d'Amiens, le Siège vacant. — Abbeville, A. Du Mesnil, MDCLXXXIX ; 66 p. in-12.

Bibl. d'Abbeville.

Il existe une autre édition, faite à la même date chez le même imprimeur en 72 p. in-12.

OFFICIVM
S ÆGIDII
CONFESSORIS ABBATIS,

Cum Missa & Octaua.

ABBAVILLÆ,
Ex Typographia L. MAVRRY.

M. DC. LIX.

6651. — **Office** solennel de **St. Gilles**, Confesseur, Patron de l'Eglise Paroissiale de S¹ Gilles d'Abbeville. — Abbeville, Devérité, 1828 ; 84 p. in-12.

6652. — Allocution prononcée par M. l'abbé Hue, Curé de Saint-Paul le 30 Juillet 1888 en l'Eglise de **Saint-Jacques** d'Abbeville à l'Occasion d'une Verrière offerte par M. J. Vayson. — Abbeville, Retaux, 1888 ; 16 p. in-8°.

6653. — Mémoire pour les Doyen, Chanoines et Chapitre de l'Eglise Royale et Collégiale de Saint-Vulfran de la Ville d'Abbeville, Demandeurs et Défendeurs. Contre le Sieur Lavernier, Chanoine de Saint-Vulfran et Curé-Vicaire perpétuel de la Paroisse de **Saint-Nicolas**, erigée en l'église de Saint-Vulfran, Les Receveurs et Marguilliers anciens et en Charge de la même Paroisse. Et les Sieurs Delegorgue et Meurice, Défendeurs et Demandeurs. — S. l. n. n., *1751* ; in-folio.

Curieux procès au sujet du remplacement d'une statue de S¹ Jean Baptiste par une statue de S¹ Roch.

Bibl. d'Abbeville.

6654. — Mémoire pour les Curé et Marguilliers de la Paroisse de **Saint-Nicolas** de la ville d'Abbeville, défendeurs et demandeurs, contre le Chapitre de Saint-Vulfran de la même ville, demandeur et défendeur. — *Paris*, Clément, *1751* ; 8 p in-8°.

Demande de la paroisse de S¹ Nicolas tendant à être maintenue dans le droit de faire à l'autel de cette paroisse et à ses dépendances les changements qui seront jugés nécessaires.

Bibl. H. Macqueron.

6655. — *Ordonnance de M. Clémenceau de la Gautrais relative aux différends existants entre les marguilliers de* **Notre-Dame de la Chapelle** *et M. Daullé, curé; du 25 février 1777.* — S. l. n. n. ; 1 p. in-4°.

Bibl. Alf. Lottin.

6656. — Extrait des Registres du Parlement. Du trois Septembre mil sept cent soixante dix sept. — Paris, Simon, 1777 ; 4 p. in-4°.

Arrêt rendu en faveur du curé Daullé contre ses paroissiens qui l'avaient injurié. (**Eglise N. D. de la Chapelle**)

Bibl. H. Macqueron.

6657. — Mémoire sommaire pour les Marguilliers tant Anciens qu'en Charge de l'Œuvre et Fabrique de **Notre-Dame-de-la-Chapelle** d'Abbeville, Appellants : Contre Messire Pierre François Daullé, Prêtre, Curé de ladite Paroisse, Intimé. — *Paris*, Jorry, 1778 ; 29 p. in-4°.

Ibid.

6658. — Mémoire pour Messire Daullé, Prêtre, Bachelier en Théologie de la Faculté de Paris, Curé de la Paroisse de **Notre-Dame de la Chapelle** d'Abbeville, Intimé : Contre les Marguilliers de la Fabrique de la même Eglise, Appellans. — Paris, P. G. Simon, 1779 ; 15 p. in-4°.

Ibid.

6659. — Mémoire servant de réponse pour les Marguilliers tant anciens qu'en charge de l'œuvre et fabrique de **Notre-Dame-de-la-Chapelle** d'Abbeville, appelants et intimés : contre messire Pierre François Daullé, prêtre, curé de la paroisse de Notre Dame, intimé ; et encore contre M. le Procureur Général du Roi, appelant. — *Paris*, Jorry, 1779 ; 38 p. in-4°.

Ibid.

6660. — Notice sur l'Eglise de **N. D. de la Chapelle** à Thuison. — Abbeville, Retaux, 1889 ; 36 p. in-12 av. 2 fig.

6661. — Memoire pour les Doyen, Chanoines et Chapitre de l'Eglise Royale et Collégiale de Saint-Vulfran d'Abbeville, Deffendeurs. Contre Maître Aimé Sannier, Prêtre Curé de **Nôtre-Dame du Châtel** de la même Ville, Demandeur. *Signé : Leblanc.* — Paris, Alexis Mesnier, 1729 ; 2 p. in-folio.

Au sujet de la demande d'une portion congrue de 300 livres faite au Chapitre.
Bibl. H. Macqueron.

6662. — Les Retables de l'Eglise de **Saint-Paul** d'Abbeville et de l'Eglise du Crotoy, par Em. Delignières — Abbeville, Paillart, 1883 ; 16 p. in-8°.

Ext. Mém. Soc. Em. Abb.

6663. — *Jugement rendu au sujet de contestations entre les marguilliers de l'église du St Sépulcre relatives à l'administration de la paroisse.* — Paris, Chardon, 1768 ; 55 p. in-4°.

Bibl. H. Macqueron.

6664. — Mémoire servant de Défense à une Accusation de Diffamation et de Calomnie. Pour Mᵉ Joseph Petit, Prêtre, **Curé** de la Paroisse **du saint Sépulcre** à Abbeville, Intimé. Contre Mᵉ Philippe Accoulon, Prêtre, Sacristain de la même église, Appellant. — S. l. n. n., *1769* ; IV-39 p. in 4°.

Ibid.

6665. — Mémoire servant de réponse Pour Mᵉ Philippe Accoulon, Prêtre-Sacristain de la Paroisse du **Saint-Sépulcre** de la Ville d'Abbeville, Appelant et Demandeur. Contre Mᵉ Joseph Petit, Curé de la même Paroisse, Intimé et Défendeur. — *Paris,* veuve Regnard, 1769 ; 47 p. in-4°.

Ibid.

6666. — Réplique pour le Sieur Accoulon. Contre le Sieur Petit. — *Paris,* Vᵉ Regnard, 1769 ; 20 p. in-4°.

Ibid.

6667. — Eloge de François Garguille, dit Sᵗ François, prononcé en l'Eglise de **Sᵗ Sépulcre** le 29 Avril 1832, Dimanche de Quasimodo. — Abbeville, Nicolle, 1832 ; 18 p. in-18.

6668. — Restauration de la Chapelle du **Saint Sépulcre** à Abbeville. — Abbeville, Briez, 1855 ; in-8°.

6669. — Essai sur l'Eglise du **Saint-Sépulcre** d'Abbeville, par M. l'abbé Théodose Lefèvre. — Amiens, Lenoel-Herouart, 1872 ; 23 p. in-8°.

6670. — L'Eglise du **Saint-Sépulcre** d'Abbeville, par E. Prarond. — Paris, Dumoulin, 1872 ; 14 p. in-8°.

6671. — La Paroisse **Saint-Sépulcre** d'Abbeville, ses Dévotions, Associations, Œuvres, Communautés, Etablissements d'instruction, Coutumes religieuses, son Eglise, etc., avec appendices, notes et pièces nombreuses, par l'abbé A. Coyette. — Abbeville, Paillart, 1880 ; XXII-553 p. in-12.

6672. — Notre-Dame de Guadeloupe honorée dans l'Eglise **Saint Sépulcre** d'Abbeville. Histoire, Triduum, Office, Notes, etc., avec une gravure du Tableau dit Miraculeux, par l'Abbé Coyette. — Abbeville, Paillart, 1880 ; XVII-379 p. in-12.

6673. — Office du **Saint Sépulcre** de Notre-Seigneur Jésus-Christ à l'usage du Clergé et des Fidèles de la Paroisse qui, à Abbeville, en porte le nom. Rédigé et traduit en français, par les soins de M. Jean Baptiste-Emmanuel Crimet, Curé-Doyen de ladite Paroisse. — Abbeville, Boulanger, 1836 ; XIV-168 p. in-12.

6674. — Catalogue de la Bibliothèque paroissiale de **Saint-Sépulcre**. — Abbeville, Paillart, 1844 ; 28 p. in-12.

II. COUVENTS

6675. — Translation, Privilèges et Statvts de l'Abbaye de Nostre-Dame de **Berthaucourt** en la Ville d'Abbeuille, Diocèse d'Amiens. — S. l. n. n., *1642* ; 15 p. in-8°.

Bibl. Natˡᵉ, LK⁷, n° 8.

TRANSLATION,

PRIVILEGES ET STATVTS de l'Abbaye de Noſtre Dame de Berthaucourt en la Ville d'Abbeuille, Dioceſe d'Amiens.

A MONSEIGNEVR L'Illuſtriſſime & Reuerendiſſime Eueſque d'Amiens.

ONSEIGNEVR,

Sœur Margueritte de Bournel Abbeſſe de Noſtre Dame de Berthaucourt, Ordre de S. Benoiſt, dans voſtre Dioceſe & de voſtre Iuriſdiction : Vous Remonſtre tres-humblement que ſon Monaſtere eſtant ſcitué au dela de la riuiere de Somme, & que depuis la Declaration de la Guerre, elle & ſes Re-

A

6676. — Matronis Familiæ de Melun d'Epinois Domum Fratrum Abbavillæ annuatim duabus viribus ingrediendi facultatem largitur. *Du 11 septembre 1717.*

Bullarium **Capucinorum**. — Romæ, 1748, t. V, col. 61 et 62; in-folio.

6677. — Fondation du Couvent des **Carmes** d'Abbeville.

Ann. des Carm. déchaussez par le P. de Ste Thérèse. — Paris, Angot, 1665, p. 374 à 378; in-folio.

6678. — Les **Carmes** d'Abbev... se trouvent être de l'ancien Testament malgré eux.

Chronique burlesque..... — Londres, 1752, p. 228 à 241; in-12.

6679. — 1636. *Couvent des* **Carmélites** d'Abbeville. 52e fondation. Fondateur, M. de Marcillac.

Chron de l'Ord. des Carm. — Troyes, 1846, t. I, p. 232 à 236; in-8°.

6680. — *Lettre, du 7 avril 1786, annonçant la mort de la sœur Thérèse Bernardine de S. André, des* **Carmélites** *d'Abbeville.* — S. l. n. n.; 8 p. in-4°.

Bibl. H. Macqueron.

6681. — *Lettre, du 18 janvier 1858, annonçant la mort de la mère Mélanie-Nicole Marie de Saint-Joseph, des* **Carmélites** *d'Abbeville.*—Abbeville, Briez; 8 p. in-4°.

6682. — La **Chartreuse** de Saint-Honoré, à Thuison, près d'Abbeville, par l'abbé F. A. Lefebvre. — Paris, Bray et Retaux, 1885; XV-571 p. in-8°, av. 6 pl. et q.q. fig.

6683. — Notice sur la **Chartreuse** de Saint-Honoré, à Thuison. — Abbeville, Retaux, 1885; 36 p. in-12.

6684. — Arrests du Conseil d'Estat du Roy des 8 Aoust et 27 Octobre 1719 et 17 Juin 1721, qui ordonnent que les Religieux **Chartreux** d'Abbeville payeront les droits d'anciens cinq sols et ceux des Inspecteurs des Boissons, et qu'ils ne jouïront depuis l'Edit du mois d'Aoust 1717 que des exemptions attribuées au Clergé par l'Ordonnance des Aydes de 1680.— Paris, Jouvenel, s. d.; 16 p. in-4°.

Bibl. H. Macqueron.

Autre édition : Vve Saugrain et P. Prault, 1725; 25 p. in-4°.

6685. — Arrest du Conseil d'Estat du Roy, qui évoque une Instance pendante en la Cour des Aydes, entre le fermier et les **Chartreux** d'Abbeville et faisant droit au principal, ordonne l'exécution des Arrests et Sentences des 8 Aoust et 27 Octobre 1719, 17 Juin, 2 et 16 Octobre 1721, par lesquels ils ont été assujettis aux droits d'Aydes, Bierres, et autres Boissons. Du seize Juin 1722. — Paris, veuve Saugrain et P. Prault, MDCCXXV; 8 p. in-4°.

Bibl. H. Macqueron.

Autre édition : Paris, Jouvenel, 1722; 8 p. in-4°.

6686. — Memoire pour les Sieurs Curé et Marguilliers de la Paroisse de Saint-Remy de la Ville d'Amiens, Demandeurs en Requête du 23 Mars 1726. Contre les Prieur et Religieux de la **Chartreuse** de Saint Honoré-lès-Abbeville, Deffendeurs. — S. l. n. n., 1727; 4 p. in-folio.

Bibl. d'Amiens, Hist., n° 3815.

6687. — *Correspondance relative à un* **Chartreux** *d'Abbeville expulsé pour Jansénisme.*

Nouv eccl., 4 avril 1729; in-4°.

6688. — Mémoire pour Me François Daullé, curé de Notre-Dame de la Chapelle d'Abbeville, appelant; contre les Prieur et Religieux de la **Chartreuse** de Saint-Honoré de la même ville, intimés. *Signé : Popelin.* — Paris, veuve Hérissant, 1785; 29 p. in-4°.

Au sujet des privilèges de faire les inhumations et d'administrer les sacrements.

Anc^{ne} Bibl. de Marsy.

6689. — Réplique pour Messire François Daullé, curé de la Chapelle de Notre-Dame d'Abbeville ; contre les Prieur et Religieux de la **Chartreuse** de Saint-Honoré de la même ville. Signé : Popelin.—Paris, veuve Hérissant, 1785 ; 4 p. in-4°.

Ibid.

6690. — Mémoire signifié pour le sieur Daullé, curé de la paroisse de la Chapelle de Notre-Dame d'Abbeville contre les **Chartreux** de la même ville. Signé : Despaulx. — Paris, Nyon, 1787 ; 23 p. in-4°.

Ibid.

6691. — Archives de l'Empire Français. Section judiciaire. Extrait des Minutes du Dépôt du Greffe des Eaux et Forêts de France, au siège général de la table de marbre du palais à Paris, au Souverain, Le 13 avril mil sept cent trente-sept. Entre les Prieur et Religieux de la **Chartreuse** de Saint-Honoré-lès-Abbeville, appelans d'une sentence de la Maîtrise particulière des Eaux et Forêts d'Abbeville, du 4 Juillet 1735, d'une part ; Et François Wattebled, Meunier des moulins à eau de la Bouvaque, et D^{elle} Anne Billard, veuve du Sieur Adrien Ricouart, commune en biens, mère et tutrice de ses enfans, ayant pris le fait et cause de Jacques Bouly, Fermier de son moulin de la Bouvaque, intimés, d'autre part. — Abbeville, Devérité, 25 octobre 1807 ; 3 p. in-4°.

6692. — Notice sur plusieurs anciennes peintures inconnues de l'école flamande *provenant du couvent des* **Chartreux** *d'Abbeville*, par M. Emile Delignières. — Paris, Plon, 1898 ; 43 p. in-8° avec 7 pl.

6693. — **Commanderie** de Beauvoir-lez-Abbeville.

Les Command. au G^d Prieuré de Fr ; par Mannier. — Aubry, 1872, p. 624 à 636 ; in-8°.

6694. — *Mandement de Mgr Faure, du 10 octobre 1664, portant excommunication de vingt-deux* **Cordeliers** *d'Abbeville vagabonds, ayant quitté le couvent sans permission du Supérieur.* — S. l. n. n. ; 3 p. in-folio.

Bibl. d'Amiens, Théol., n° 1858.

6695.— *Lettre du même aux Evêques de France relative à la même affaire ; du 4 décembre 1664.* — S. l. n. n. ; 1 p. in-folio.

Ibid.

6696. — Acte d'adhésion des Religieuses **Cordelières** d'Abbeville à l'Appel de Monseigneur le Cardinal de Noailles ; *du 8 octobre 1718.*—S. l. n. n. ; 3 p. in-12.

Bibl. Nat^{le}, Ld^4, n° 1050.

6697. — Pièce de vers sur l'appel des **Sœurs Grises** d'Abbeville qui ont appelé de la Constitution comme contenant Doctrine contraire à leur Catéchisme. — S. l. n. n., MDCCXIX ; 7 p. in-8°.

Cat. Dorbon, juin 1898, n° 906.

6698. — Arrest du Conseil d'Estat du Roy qui Ordonne que les Ordonnances des mois de Juin 1680, Juillet 1681 et la Déclaration du seize Février 1715, seront exécutées, et en conséquence, que les RR. PP. **Jacobins** de la Ville d'Abbeville, ne pourront joüir d'autres Privilèges des Aydes, que de ceux accordez au Clergé par lesdites Ordonnances et Déclaration. Du premier May 1717. — Paris, veuve Saugrain et P. Prault, 1724 ; 8 p. in-4°.

Bibl. H. Macqueron.

6699. — Condamnation faite par M. l'Evêque d'Amiens d'une Proposition enseignée par le P. Benard, **Dominicain**, Professeur de Philosophie à Abbeville ; *du 20 août 1753.*—S. l. n. n. ; 7 p. in-4°.

Bibl. H. Macqueron.

6700. — Omnium sapientissimo conclusiones philosophicæ. Has theses.... tueri conabitur die Mercurii 4 mensis julii 1753, Johannes Maximilianus Bartholomeus Nicolson...... Vincentius Clemens Nicolaus Hecquet apud **Fratres Prædicatores** Abbavillæos. — S. l. n. n.; plac. in-folio.

<small>Anc^{ne} Bibl. de Marsy.</small>

6701. — Inauguration du Couvent des **Frères Prêcheurs** à Abbeville (Somme). Discours prononcé par le T. R. Père Souaillard. (Extrait de l'Année Dominicaine, n° de novembre 1868). — Paris, Goupy, 1868; in-8°.

6702. — Le monastère de **Saint-Dominique**, à Abbeville (1624).

<small>Intérieur d'un cloître dominicain, par le P. Rousset. — Lyon, 1876, p. 383 et 384; in-12.</small>

* **6703.** — Factum pour Me Joseph Manessier... seigneur Domattre, chevalier d'honneur au présidial d'Abbeville... contre les dames religieuses **Jacobines** de Saint Dominique d'Abbeville, appelantes des trois sentences des Requêtes du Palais, des 12 septembre 1669, 12 janvier et 4 mai 1702. *Signé : Chevrel.* — *Paris,* Gissey; in-folio.

<small>Bibl. N^{le}, Rec. Clérambault, 452, f° 315.</small>

6704. — Statuts des Sœurs de la **Magdeleine** d'Abbeville (filles publiques repentantes) xve siècle, par M. Louandre.

<small>Mém. Soc. Em. Abbev., 1834-35, p. 117 à 142; in-8°.</small>

6705. — Les Religieux **Minimes** demandent à la Cour main-forte, contre un establissement qui se faisoit à Abbeville des Religieuses dudit Ordre, contre le Consentement de leur General. Extraict des Registres de Parlement, du Vendredy 4 Mars 1622.

<small>Preuv. des Lib. de l'Egl. Gallic. — Paris, Cramoisy, 1751, p. 1200 et 1201; in-folio</small>

6706. — *Trois Pièces, en date des 9 août 1666, 21 juin 1667, et du II des Calendes de mai 1668, relatives à la demande de réforme faite par les* **religieux mineurs** *de S. François d'Abbeville et dont la première commence par ces mots :* Alexander P. VII ad futuram rei memoriam. Exponi nuper fecerunt dilecti filii Fratres conventus abbavillensis... — S. l. n. n. : 12 p. in-4°.

<small>Bibl. Nat^{le}, LK7, 10.</small>

6707. — Arrest contradictoire du Conseil d'Estat du Roy, du sixième Octobre 1699, qui ordonne que les religieux **Minimes** d'Abbeville en Picardie jouiront des exemptions de tous droits de sorties, comptablier, courtage, convoy et autres établis à Saint-Vallery, pour les marchandises qu'ils feront acheter pour la provision de leur maison. — Paris, Saugrain ; 4 p. in-4°.

<small>Bibl. de Beauvillé.</small>

6708. — Arrest du Conseil d'Estat du Roy, qui décharge les Religieux, Supérieur et Convent des **Minimes**, et la Supérieure des Religieuses du même Ordre de la Ville d'Abbeville des Droits d'Amortissemens de deux Rentes de vingt-cinq Livres chacune, à eux cédées et abandonnées, par Acte du 21 Juillet 1732, pour l'exécution du Testament du Sieur Doresmieux, du premier avril 1731, sur la Rente de cent six Livres, constituée sur les Aydes et Gabelles, par Contrat du 15 Janvier 1731. Du 26 Janvier 1734. — Paris, Prault, 1737 ; 4 p. in-4°.

<small>Bibl. H. Macqueron.</small>

6709. — Mémoire pour Sieur Jean-François Caron, Propriétaire de la Ferme de Noyele-sur-Mer en Picardie, Appellant et Demandeur. Contre les Correcteur et Religieux **Minimes** d'Abbeville, Intimés et Défendeurs. — *Paris*, d'Houry, 1761 ; 62 p. in-4°.

<small>Bibl. A. de Caïeu.</small>

6710. — Etablissement des Sœurs de **Saint-Joseph**, dit des Orphelines à Abbeville. — Abbeville, Paillart, s. d.; 3 p. in-4°.

Prospectus de l'Ecole tenue par les Sœurs.

6711. — Lettres qui portent que les procez du Couvent et des Religieux de **Saint-Pierre** d'Abbeville, seront portez en première instance, au Siège du Bailliage d'Amiens ; *juin 1369.*

Ord. des Rois de Fr., t. V, p. 201 et 202 ; in-folio.

6712. — Domini Claudij de Vert Epitaphium. — *Abbeville*, Du Mesnil, s. d. ; 1 p. in-4°.

Bibl. d'Amiens, B.-Lett., n° 1337, t. IV.

6713. — Mémoire pour Dom de Mauvoisin, Prêtre, Religieux Profès de l'Ordre de Cluny, ancienne Observance, pourvu du Prieuré Conventuel de **Saint-Pierre** d'Abbeville, du même Ordre, Défendeur, Intervenant, Opposant, Appellant comme d'abus, et Demandeur en complainte. Contre Frère Marc Tourne, Augustin Déchaussé, se prétendant transféré dans le Grand Ordre de S. Benoît, Intimé, Demandeur et Défendeur, et contre le Sieur Tascher de la Pagerie, prétendant droit au Prieuré d'Abbeville, en qualité de Résignataire dudit Frère Tourne, Demandeur et Défendeur. Et encore contre Dom Marcland, Religieux Bénédictin, ayant ci-devant possédé ledit Prieuré d'Abbeville, Appellant comme d'abus et Demandeur ; et contre le Sieur Janson, son Copermutant, Défendeur et Demandeur. — *Paris*, Chardon, 1769 ; 72 p. in-4°.

Bibl. d'Abbeville.

6714. — Mémoire pour Dom de Mauvoisin, Religieux de l'Ordre de Cluny, pourvu du Prieuré de **S. Pierre** d'Abbeville, dudit Ordre. Contre Dom Marcland, Religieux du grand Ordre de S. Benoît, ci-devant pourvu dudit Prieuré. Le Sieur Tourne, se prétendant Religieux de S. Benoît, et résignataire dudit Dom Marcland. Le Sieur de la Pagerie, résignataire dudit Sieur Tourne. Et le Sieur Janson, résignataire, à titre de permutation, dudit Dom Marcland. *Signé : Guiard.* — *Paris*, Hérissant, 1769 ; 5 p. in-4°.

Bibl. E. Prarond.

6715. — Précis pour Dom de Mauvoisin. Contre l'Abbé de la Pagerie et le Frère Tourne, Dom Marcland et l'Abbé Janson. *Signé : Courtin, Guiard.* — Paris, Hérissant, 1769 ; 22 p. in-4°.

Ibid.

6716. — Mémoire pour le Sieur Abbé Marcland, ancien Prieur de **Saint Pierre** et Saint Paul d'Abbeville Demandeur et Defendeur. Contre le Sieur Abbé de la Pagerie, Titulaire actuel, et les Prieur Claustral et Religieux dudit Prieuré Défendeurs et Demandeurs. En présence du Sieur Roussen, ci-devant Fermier dudit Prieuré et établi Sequestre des revenus en provenant, et M° Gasselin et autres Créanciers du Sieur Abbé Marcland, Opposans ou Saisissans, Défendeurs et Demandeurs. *Signé : Gillet.* — Paris, Knapen et Delaguette, 1770 ; 38 p. in-4°.

Ibid.

6717. — Mémoire à consulter pour Dom Marcland, Religieux, ancien Sacristain du Prieuré de la Ferté-sur-Aube, aujourd'hui sécularisé, et ancien Prieur de **saint Pierre** et de saint Paul d'Abbeville. *Signé : Gillet, Hennequin de Blissy.* — *Paris*, Cellot, 1770 ; 18 p. in-4°.

Ibid.

6718. — Prières pour passer saintement la journée avec des pratiques pour la confession et la communion : à l'usage des Demoiselles Pensionnaires des Religieuses **Ursulines** d'Abbeville. — Paris, Guérin et Delatour, 1755 ; 212 p. in-8°.

— 59 —

6719. — Justification de l'Abbaye de **Vuillencourt** d'*Abbeville*. — S. l. n. n., *1718* ; 17 p. in-folio.

Réponse à des accusations de dissipation : nombreux documents sur l'abbaye.

Anc^{ne} Bibl. de Marsy.

6720. — Mémoire Sommaire pour la justification de l'Abbaye de Vuillencourt. — S. l. n. n., *1720* ; 4 p. in-folio.

Réponse aux reproches faits sur la discipline intérieure de l'Abbaye et sur l'administration de son temporel.

Bibl. H. Macqueron.

6721. — Relation de la conversion de Melle Pitt au couvent de la **Visitation** *d'Abbeville*.—S. l. n. n., *1788* ; 39 p. in-8°.

Bibl. H. Macqueron.

6722. — *Lettres circulaires du couvent de la* **Visitation** *d'Abbeville*; in-4°.

Bibl. N^{le}, Ld¹⁷³, n° 2.

CHAPITRE VI

ÉDIFICES MUNICIPAUX, RUES, MAISONS

6723. — Note sur le groupe de la Mater Dolorosa dans l'ancienne trésorerie à l'**Hôtel-de-Ville** d'Abbeville, par Em. Delignières.

Cab. hist. Pic. et Art., 1898, p. 22 à 25 av. 2 pl.; in-8°.

6724. — Plaidoyer de Monsieur d'Hermand, Faisant les Fonctions d'Avocat General aux Requestes de l'Hostel, dans l'affaire portée en ce Tribunal au sujet du Legs fait à la **Bibliothèque** publique d'Abbeville par le sieur Bequin, et qu'on lui disputoit par le défaut de Lettres Patentes. — Paris, Ph. N. Lottin, 1739 ; 14 p. in-4°.

Bibl. A. de Caïeu.

6725. — Adresse des citoyens de la ville d'Abbeville, à l'Assemblée-nationale *demandant le transfert à Abbeville de la* **bibliothèque** *de St Riquier et son établissement à St André*. — Abbeville, Devérité, s. d. ; in-4°.

Bibl. H. Macqueron.

6726. — **Catalogue de la Bibliothèque** communale d'Abbeville, *rédigé par M. F. C. Loüandre*. — Abbeville, Boulanger, 1836-1837 ; 2 vol. in-8° de IX-283 p. et 322 p.

6727. — Description de quelques **manuscrits de la Bibliothèque** communale d'Abbeville, par L. C. de Belleval. — Abbeville, Boulanger, *1836* ; 30 p. in-8°.

Ext. Mém. Soc. Em. Abb.

6728. — Mémoire sur la **Bibliothèque et les Musées** d'Abbeville, par M. Porphyre Labitte. — Abbeville, Gamain, 1869 ; 52 p. in-8° et 2 pl.

6729. — Note sur la **Bibliothèque** communale d'Abbeville, *par M. Ch. Louandre*.— Abbeville, Caudron, *1880* ; 7 p. in-8°.

6730. — Deuxième note sur la **Bibliothèque** communale, *par M. Ch. Louandre*. — Amiens, Jeunet, *1880* ; 3 p. in-8°.

6731. — The **communal Library** of Abbeville on the Somme by Arthur Allchin.

Monthly Notes of the Library Association of the United Kingdom, 15 may 1883, p. 75 à 81; in-8°.

6732. — Ville d'Abbeville. **Bibliothèque et Musées.** Rapport de M. Alcius Ledieu, Conservateur à M. E Prarond, Maire. — Abbeville, Caudron, 1884; 15 p. in-12.

6733. — Conférence sur la **Bibliothèque** d'Abbeville, par M. Alcius Ledieu, d'après la Conférence faite par M. Allchin à l'Association des Biblithhécaires anglais.

La Picardie, t. VIII, 1884, p. 27 à 37; in-8°.

6734. — Notice historique sur la **Bibliothèque** d'Abbeville, depuis sa formation jusqu'à nos jours, par Alcius Ledieu. — Abbeville, Caudron, 1885; 80 p. in-8°.

6735. — **Bibliothèque** communale d'Abbeville. Notice sur l'**Evangéliaire** de Charlemagne, par Alcius Ledieu. — Abbeville, Caudron, 1885; 23 p. in-8°.

6736. — **Bibliothèque** d'Abbeville. Notice sur l'**Evangéliaire** de Charlemagne, par Alcius Ledieu.

Rev. Art Chrétien, 1886, p. 37 à 48 av. 3 pl.; in-4°.

6737. — **Catalogue** analytique des **Manuscrits** de la Bibliothèque d'Abbeville, précédé d'une notice historique. par Alcius Ledieu. — Abbeville, Caudron, 1886; in-8° de LXXXIII-113 p. av. 3 pl.

6738. — Bibliothèque d'Abbeville. Les **Bibliothécaires** d'Abbeville, par Alcius Ledieu. — Abbeville, Caudron, 1886; 21 p. in-8°.

6739. — Note sur le second volume de la **Cité de Dieu** imprimé à Abbeville en 1487, par M. E. Delignières.

Bull. Soc. Em. Abb., 1888-90, p. 86 à 88; in-8°.

6740. — Don de **Manuscrits** à la Bibliothèque communale d'Abbeville par M. E. Girard. Lecture, *avec inventaire sommaire*, faite par M. Alcius Ledieu à la séance du 3 mai 1888.

Bull. Soc. Em. Abb., t. II, p. 11 à 23 et 34 à 42; in-8°.

6741. — Notice sur deux **Livres d'Heures** du xv° siècle *de la* **Bibliothèque** *d'Abbeville*, par M. Alcius Ledieu. Extrait de la Revue de l'Art Chrétien. Tome II. 5ᵐᵉ livraison, 1891.— 7 p. in-4° av. 8 fig.

6742. — Alcius Ledieu. Les **Reliures** artistiques et armoriées **de la Bibliothèque** communale d'Abbeville, par Alcius Ledieu. — Paris, Gruel-Engelmann, 1892; 131 p. in-4° av. 18 pl. et 71 fig.

Extr. Mém. Soc. Em. Abb.

6743. — Les **Reliures** artistiques et armoriées **de la Bibliothèque** d'Abbeville. Compte-rendu par M. Alfred Julia. — Abbeville. Fourdrinier, 1892 ; 11 p. in-12 av. 2 fig.

6744. — Souvenir du **Musée** de M. **Boucher de Perthes** d'Abbeville, *par* H. Duseval.— *Amiens*, Lenoel-Herouart, s. d. ; in-8°.

Extr. de la Picardie.

6745. — Ris-Paquot. Une visite au **Musée Boucher de Perthes** rue Boucher de Perthes à Abbeville. — Paris, Raphaël Simon, 1881; 36 p. in-18.

6746. — Notice sur les **Musées** d'Abbeville, par M. Lefebvre de Villers.

Bull. Soc. Em. Abb., 1888-90, p. 235 à 256 ; in-8°.

6747. — Les **Musées** d'Abbeville, par M. Em. Delignières.

Bull. Soc. Em. Abb., t. IV, p. 426 à 440; in-8°.

6748. — Note sur la pierre tombale d'Antoine de Lestocq, Echevin d'Abbeville au xvɪ° siècle, *qui se trouve au*

Musée d'*Abbeville*, par M. Em. Delignières.

Bull. Soc. Em. Abb., 1900, p. 100 à 102; in-8°.

6749. — Conseil municipal d'Abbeville. Séance du 9 Mars 1878. Décoration intérieure des **Edifices communaux**. Proposition de M. Ernest Prarond. — Abbeville, C Paillart ; 12 p. in-8°.

6750. — Memoire pour Messire François de Buigny, Chevalier, Seigneur de Cornhotte (*sic*), Brailly et autres lieux, Intimé. Contre le sieur Claude Griffon, Seigneur d'Offroy (*sic*), Chevalier de l'Ordre Royal et Militaire de Saint Louis, et le sieur Charles Griffon, Seigneur de Vaux, tous deux Capitaines au Régiment de Flandres, Appellans de Sentence rendue en la Sénéchaussée de Ponthieu, le 22 Novembre 1766. — *Paris*, Louis Cellot, 1769; 68 p. in-4°.

Question de retrait lignager sur l'**Hôtel de Chepy**, à Abbeville.

Bibl. H. Macqueron.

6751. — Details of **antient timber houses** of the 15th and 16th centries, selected from those existing at Rouen... Abbeville.... etc., drawn on the spot and etched. By A Welby Pugin. — London, Ackermann, 1836; in-4°.

6752. — Une **Serre de Camellia** en province, *par E. Mennechet.* Extrait de l'Horticulteur français, n° d'avril 1854. — Paris, Gros ; 3 p. in-8°.

6753. — Rapport sur la **Collection de Camellias** de M. Fouques d'Emonville à Abbeville (Somme). M. Duchartre, rapporteur.

Journ. de la Soc. d'Hort., 1862, p. 296 à 302 ; in-8°.

6754. — *Note sur une charte de 1178, relative à un terrain situé près la* **porte Comtesse**.

Mém. Soc Em. Abb., 1869-72, p. 737 à 741 ; in-8°.

6755. — Ris-Paquot. L'**Escalier dit de François Ier** à Abbeville. — Paris, Raphaël Simon, s. d.; 22 p. in-12 av. 2 pl.

6756. — Visite d'**anciens Caveaux** à Abbeville, par MM. Em. Delignières et A. Van Robais. — Abbeville, Paillart, 1883 ; 12 p. in-8°.

Extr. Mém. Soc. Em. Abb.

6757. — Monographie d'un **Hôtel à Abbeville** (1409-1887), par M. Alcius Ledieu.

Bull. Soc. Em. Abb., 1888-1890, p. 10 à 16; in-8°.

CHAPITRE VII

ORGANISATION JUDICIAIRE

I. TRIBUNAUX

6758. — **Jugements** *rendus par l'Echevinage* d'Abbeville, 1252-1260.

Bull. Soc. Hist. Fr., 1856, p. 238 à 242 ; in-8°.

6759. — **Jugements** criminels rendus au treizième siècle. Abbeville et Rue, *par Ch. Louandre.*

Rev. Soc. Sav. Dép., 1857, p. 51 à 59 ; in-8°.

6760. — Lettres qui portent que tous les Procez meus dans les Villes d'Abbeville et de Rüe, seront jugez par des **Baillis** establis par le Roy dans ce Comté, qui ressortiront en première Instance au Seneschal de Ponthieu, et ensuite au Parlement de Paris; *mai 1369.*

Ordonn. des Rois de Fr., t. V, p. 174 et 175; in-folio.

6761. — Lettres qui portent que les **Procez** qui s'eleveront par rapport à des biens meubles, entre les Bourgeois d'Abbeville seront **jugez ou par le Maire** et les Eschevins, ou par le Vicomte, à la volonté des Parties, qui pourront les porter à celle de ces deux Jurisdictions, qu'ils choisiront; *11 mars 1383.*

Ibid., t. VII, p. 61 et 62; in-folio.

6762. — Arrest de la Cour de Parlement portant **Reglement** entre les Lieutenans Generaux, Particuliers, Criminels, Assesseurs, Conseillers, Commissaires Examinateurs, Avocats, Procureurs du Roy; Avocats, Procureurs et Greffiers des Sièges Présidiaux, et autres **Jurisdictions Royales** à *Abbeville; du 14 avril 1632.*

Arrests et Jugem. en conséquence des Edits... p. 613 à 617; in-folio.

6763. — Factum..... en l'instance d'entre les Majeur et Escheuins de la Ville d'Abbeuille, Demandeurs. Contre Iean l'Esperon, sieur de Belloy, President en l'Election d'Abbeuille, le Mercher, le Feure et consors, **officiers de** ladite **Election**, et magazin à sel dudit Abbeuille deffendeurs.—S. l. n. n. n. d.; 3 p. in-4°.

Sur le refus fait par ces derniers de payer une taxe pour le logement et subsistance du régiment de Navarre envoyé à Abbeville en 1644.
Bibl. A. de Caieu.

6764. — Extraict des Registres du Conseil d'Etat. *Arrêt déclarant que les* **Officiers de l'Election** *d'Abbeville seront exempts du logement des gens de guerre, sinon en cas de nécessité urgente; du 20 juillet 1645.* — S. l. n. n.; 8 p. in-4°.

Bibl. A. de Caieu.

6765. — **Nomination d'un Magistrat** à Abbeville en 1666, par M. L. de Bonnault. — Abbeville, Paillart, 1877; 19 p. in-8°.

Ext. Mém. Soc. Em. Abb.

6766. — Arrest qui décharge les **Officiers et Archers de la Maréchaussée** et Robe Courte d'Abbeville de la répartition sur eux faite de la somme de 200000 livres payée par les Maire et Eschevins au Roy pour les charges de milices bourgeoises, et pour le Ban et l'arrière-Ban, avec deffences ausdits Maire et Eschevins de les comprendre à l'avenir dans les Rolles. Du 28 juin 1695. — S. l. n. n.; 3 p. in-12.

Bibl. H. Macqueron.

6767. — Edit du Roy, portant création de **six Places d'Archers** par augmentation dans la Compagnie du Lieutenant-Criminel de Robe Courte de la Sénéchaussée de Ponthieu, à la résidence d'Abbeville. Donné à Versailles au mois de Mars 1715.— Paris, François Muguet, 1715; 4 p. in-4°.

Ibid.

6768. — Arrest du Conseil d'Etat privé du Roy du vingt-septième May 1715, servant de Règlement pour la **Préséance** en toutes occasions entre les Officiers de Robe-courte, et ceux de Maréchaussée *d'Abbeville.* — S. l. n. n.; 14 p. in-4°.

Ibid.

6769. — Arrest du Conseil d'Estat du Roy, qui condamne le **greffier** en chef **de l'élection** d'Abbeville à 300 livres d'amende, pour avoir expédié une sentence en papier timbré au lieu qu'elle devait l'être en parchemin. Du 1ᵉʳ Septembre 1722.— *Paris*, Jouvenet; 4 p. in-4°.

Bibl. de Beauvillé.

* **6770**. — Mémoire signifié pour messire Benoit Alexandre comte de Monchy...... senéchal gouverneur du Ponthieu, contre le sieur de Buissy, lieutenant général et président, et contre les autres **officiers** du siège de ladite **sénéchaussée** et présidial d'Abbeville, défendeurs. *Signé : Girodet. — Paris*, Osmont, 1746 ; in-4°.

Bibl. Nat^{le}, 4° Fm, 22111.

6771. — Mémoire signifié pour Joseph de Buissy, Premier Président au Présidial d'Abbeville, et Lieutenant Général en la Sénéchaussée de Ponthieu ; Louis Joseph Gaillard de Boncourt, Conseiller du Roi, et Président au même Présidial ; et autres Conseillers et Officiers en ladite Sénéchaussée de Ponthieu et audit Siège Présidial, Défendeurs. Contre Benoist-Alexandre Comte de Monchy, Sénéchal du Pays de Ponthieu, Demandeur. *Signé : Puy-de-Rospy. — Paris*, Claude Simon père, 1747 ; 17 p. in-folio.

Question de **préséance**.
Bibl. H. Macqueron.

6772. — Arrest du Conseil d'Estat du Roy, qui Casse plusieurs Décrets décernés par le Bailliage d'Amiens, contre des **Gardes de la Maîtrise** d'Abbeville, accusés d'avoir commis des violences, en exécutant les Sentences de ladite Maîtrise ; fait défenses aux Parties de procéder ailleurs qu'en ladite Maîtrise, pour raison des plaintes énoncées en l'Arrêt, et à tous autres Juges d'en connaître. Du 4 May 1751. — Paris, Prault, 1741 ; 12 p. in-4°.

Ibid.

6773. — Mémoire pour les **Officiers de l'Election** d'Abbeville, Défendeurs et Demandeurs. Contre le Sieur de Broustelles, Demandeur et Défendeur. — *Paris*, d'Houry, 1766 ; 24 p. in-4°.

Refus des premiers de recevoir de Broustelles comme président de l'Election.
Ibid.

6774. — Mémoire pour Me Louis Pierre Broutelles, avocat en la Cour, poursuivant sa réception en l'état et office de **président en l'élection** d'Abbeville, contre les officiers de la même élection. — *Paris*, Regnard, 1766 ; 22 p. in-4°.

Ibid.

6775. — Relevé des **Droits** et Vacations que Messieurs les Officiers de la Sénéchaussée de Ponthieu se sont taxés **sur les Actes** et Procès-verbaux faits en leur Hôtel et pardevant Eux ; Noms des Juges qui les ont reçus : date et nature desdits Actes pendant le tems et l'Exercice de Mrs Gosset, Baudelicque et Lavernier, greffiers ; *du 16 février 1776*. — S. l. n. n. ; plac. in-folio.

Ibid.

6776. — Mémoire pour les **Officiers de la Sénéchaussée** de Ponthieu et Siège Présidial d'Abbeville, Appellans, Défendeurs, Intervenans et Demandeurs. Contre Me Jean-François Lavernier, Notaire Royal en la même Ville, Commis à l'exercice des Greffes Civil et Criminel de ladite Sénéchaussée et Siège Présidial et se disant Greffier en chef des mêmes Sièges, Intimé, Demandeur et Défendeur. En présence de Messire François-Joseph Gaillard, Chevalier, Seigneur de Boencourt, Prouzelle, Viammeville et autres lieux, Président dudit Présidial, aussi Appelant et Défendeur. — *Paris*, Demonville, 1780 ; 116 p. in-4°.

Bibl. d'Abbeville.

6777. — Observations sommaires pour les **Officiers de la Sénéchaussée** de Ponthieu et Siège Présidial d'Abbeville contre Me Lavernier. — *Paris*, Demonville, 1780 ; 18 p. in-4°.

6778. — Mémoire pour Me Jean-François Lavernier, Notaire et **Greffier** en Chef de la Sénéchaussée de Ponthieu et **du Siège Présidial** d'Abbeville, Intimé, Défendeur et Demandeur. Contre M. Gaillard de Boencourt, **Président de**

ce **Présidial**, et contre Mrs Lefebvre du Grosriez, Levesque de Flixicourt et Blondin, Conseillers, et M⁰ˢ Hecquet de Roquemont, Bouteiller et Hecquet de Beaufort, Procureur et Avocats du Roi aux mêmes Sièges, Appelans, Demandeurs et Défendeurs. — *Paris* Delaguette, 1780 ; 32 p. in-4° et un tabl.

Bibl. d'Abbeville.

6779. — Composition du **Présidial** et de la Sénéchaussée de Ponthieu au XVIII⁰ siècle, par M. Alcius Ledieu.

Bull. Soc. Em. Abb., 1888-90, p. 18 à 24 ; in-8°.

6780. — Le **Présidial** d'Abbeville, par A. de Florival.

Cab. hist. Pic. et Art, t. IV, p. 196 à 201 et suiv.; in-8°.

6781. — Ernest Prarond. Le **Grenier à Sel** d'Abbeville. Quelques noms des Conseillers Grenetiers en Ponthieu depuis 1427. — Amiens, Delattre-Lenoel, 1879 ; 11 p. in-8°.

Extr. de la Picardie.

6782. — Procès-Verbal de l'Assemblée électorale du District d'Abbeville, pour la **Nomination des Juges**. — Abbeville, Devérité, 1790 ; 11 p. in-4°.

6783. — Discours prononcé par M. Jean-François Dufour, Président de l'Assemblée Electorale Convoquée le 25 Octobre 1790, pour la **nomination des Juges** du District d'Abbeville. — Abbeville, Devérité ; 3 p. in-4°.

6784. — Département de la Somme. Canton d'Abbeville. Les Administrateurs-Municipaux du Canton d'Abbeville, au Corps Législatif. *Du 6 Ventôse an 4.* — Abbeville, Devérité ; 4 p. in-4°.

Demande de **sectionnement du tribunal civil** d'Amiens et d'envoi de sections à Abbeville et Péronne.

6785. — Certificats donnés à Jacques-Paschal **Vignon, ancien Juge** au Tribunal de Première-Instance séant à Abbeville, par ses anciens collègues, lequel se trouve non réélu, avec deux Suppléans du même Tribunal, dans la nouvelle Organisation judiciaire de 1811, ainsi que beaucoup d'autres dans les différens Tribunaux de l'Empire. — Abbeville, Devérité, *1811* ; 4 p. in-4°.

6786. — Mémoire pour les **Greffiers** des Tribunaux **de Paix** de l'arrondissement d'Abbeville (Somme), en révision du chapitre 2 du Décret du 16 février 1807, sur la Taxe des Greffiers des Tribunaux de Paix. — Abbeville, Paillart, 1841 ; 12 p. in-12.

6787. — Arrondissement d'Abbeville. Règlement particulier pour la **Maison d'Arrêt** d'Abbeville. *Du 28 mars 1845*. — Abbeville, Paillart ; 8 p. in-8°.

II. OFFICIERS MINISTÉRIELS

6788. — Plaise à Nosseigneurs du Conseil du Roy, accorder leur Protection en justice. Aux **Avocats** de la Sénéchaussée de Ponthieu et Siège Présidial à Abbeville, Défendeurs. Contre M. François Duchesne, aussi Avocat aux mesmes Jurisdictions, et Président des Traites à Abbeville, Demandeur en Requeste insérée dans un Arrest du Conseil du 28 Janvier de l'année présente 1704. — S. l. n. n. n. d. ; 4 p. in-4°.

Question de **préséance**.
Bibl. d'Abbeville.

* **6789**. — Arrest notable en faveur des **Avocats** d'Abbeville. 1707. — In-4°.

6790. — Edit du Roi portant réduction des offices de **Procureurs** en la Sénéchaussée et Présidial d'Abbeville. Donné à Versailles au mois de Décembre 1771. Registré en Parlement le 31 Décembre audit an. — Paris, Imprimerie Royale, 1772 ; 3 p. in-4°.

Autre édition : Paris, P. G. Simon, 1772 ; 4 p. in-4°.

6791. — Mémoire pour la Communauté des **Procureurs** en la Sénéchaussée de Ponthieu et siège présidial d'Abbeville, adressé à l'Assemblée Nationale. — Abbeville, Devérité, 1790 ; 13 p. in-8°.

Demande de maintien de leurs offices.

6792. — Les Garde-Scel, Auditeurs et **Notaires** d'Abbeville, 1333-1867, d'après le Manuscrit de M. Traullé, annoté et complété par E. Prarond. — Amiens, Lenoel-Herouart, 1867 ; 48 p. in-8°.

Extr. de la Picardie.

6793. — Délibération des **Notaires** d'Abbeville portant établissement d'une Bourse commune à prendre sur le produit de leurs Honoraires. Du 18 Aout 1746. — Abbeville, Artous ; 5 p. in-folio.

Arch. dép. de la Somme, C, 1567.

6794. — Tableau général des **Notaires** de l'arrondissement d'Abbeville, Existant en 1809 ; avec l'Etat des anciennes Etudes dont les Minutes sont déposées chez chacun d'eux. — Abbeville, Boulanger-Vion, 1809 ; 14 p. in-8°.

Des tableaux analogues ont été édités, depuis celui-ci, à diverses reprises ; ils sont tous en format pet. in-4°.

6795. — Statuts et Règlements des **Notaires** de l'Arrondissement d'Abbeville, rédigés par Mᵉ Godefroy, notaire à Bouttencourt, rapporteur de la chambre ; révisés et approuvés par la Commission nommée à cet effet, le 4 août 1840. — Meulan, Hiard, 1841 ; 16 p. in-4°.

6796. — Chambre des **Huissiers** de l'arrondissement d'Abbeville. Délibération concernant les copies de pièces. Du 27 avril 1858. — Abbeville, Housse, 1858 ; in-8°.

6797. — Chambre de discipline des **Huissiers** de l'arrondissement d'Abbeville. Avis du syndic... à MM. les Huissiers....... *Signé : Adam.* — Abbeville, Housse, 1858 ; in-8°.

Au sujet de l'exécution de la délibération du 27 avril.

CHAPITRE VIII

HOSPICES ET BUREAU DE BIENFAISANCE

6798. — Notice historique sur l'**Hôtel-Dieu** d'Abbeville, 1155-1855, par F. C. Louandre. — Abbeville, Briez, 1856 ; 72 p. in-8°.

6799. — Office à l'usage des Religieuses de l'**Hôtel-Dieu** d'Abbeville. — Paris, veuve François Muguet, MDCCXIX ; 12 p. n. n. et 504 p. in-12.

Bibl. d'Amiens, Théol., n° 1476.

6800. — Lettres patentes, et Règlemens de l'**Hôpital général** d'Abbeville. — Paris, Ph. N. Lottin, 1728 ; 40 p. in-4°.

Bibl. H. Macqueron.

* **6801.** — Mémoire signifié pour les religieuses de l'**Hôtel-Dieu** d'Abbeville, appelantes d'une sentence de la sénéchaussée d'Abbeville et intimées, contre les doyen, chanoines et chapitre de l'église collégiale de Longpré, intimés et appelans. *Signé : Garnier de la*

9

Chevrie. — *Paris*, veuve d'Houry, 1731; in-folio.

Bibl. Nat^{le}, f° Fm, 7.

6802. — Au Roi. *Supplique des administrateurs de l'**Hôpital général** d'Abbeville* (Novembre 1770). — S. l. n. n.; 6 p. in-4°.

Bibl. H. Macqueron.

6803. — Précis pour les Directeurs et Administrateurs de l'**Hôpital général** d'Abbeville, intimés. Contre Dame Anne-Barbe-Catherine Vincent d'Hantecourt, veuve de Messire Jean-Baptiste de Fermanel, Chevalier, Seigneur de Brezy, heritière de Charles Vincent, Seigneur de Mérival, ancien Capitaine de Grenadiers au Régiment de Champagne, appelante; Et encore contre Messire Gabriel-Pierre-Christophe Vincent, Chevalier, Marquis d'Hantecourt, Défendeur. — *Paris*, veuve Hérissant, 1785; 74 p. in-4°.

Au sujet de la ferme de Grébaumesnil léguée aux hospices d'Abbeville.

Bibl. A. de Caïeu.

6804. — Rapport sur une **Cheminée gothique** située à l'Hôpital d'Abbeville, *par L. C. de Belleval*.

Mém. Soc. Em. Abbev., 1834-35, p. 67 à 70; in-8°.

6805. — **Hospices** d'Abbeville. Compte rendu de l'exercice 1854. — Abbeville, Briez, 1856; 20 p. in-4°.

6806. — Hospices d'Abbeville. Réponse de la Commission administrative des **Hospices** d'Abbeville au mémoire de la Commune du Crotoy touchant l'édit d'Union du 26 octobre 1734 (23 février 1858). — S. l. n. n.; 34 p. in-4° autogr.

6807. — **Hospices** d'Abbeville. Compte rendu de l'exercice 1861. — Abbeville, P. Briez, 1863; 48 p. in-4°.

6808. — Testaments et codicille de M. Georges-Alphonse Dumont, docteur en médecine, décédé à Abbeville le 29 août 1869, *instituant les* **Hospices** *d'Abbeville pour légataires universels*. — Abbeville, Briez, Paillart et Retaux, 1871; 12 p. in-4°.

6809. — Hospices d'Abbeville. Reconstruction de l'**Hospice des Vieillards** et des Enfants orphelins et abandonnés. Historique de la question. — Abbeville, Briez, Paillart et Retaux, 1871; 30 p. in-4°.

6810. — Hospices d'Abbeville. Reconstruction de l'**Hospice des Vieillards** et des Enfants orphelins et abandonnés. Exposé des Motifs. — Abbeville, Briez, Paillart et Retaux, 1874; 15 p. in-4°.

6811. — Rapport de la Commission municipale chargée de l'examen du projet de reconstruction de l'**Hôpital**. — Abbeville, Briez, Paillart et Retaux, 1874; 24 p. in-4°.

6812. — Hospices d'Abbeville. Reconstruction de l'**Hôpital des malades** d'Abbeville. Exposé des motifs. — Abbeville, Caudron, 1884; 14 p. in-4°.

6813. — Lettres patentes du Roy Henri III qui confirment et approuvent l'établissement du **Bureau des Pauvres** d'Abbeville; *du 3 mars 1581*. — S. l. n. n.; 4 p. in-4°.

Deux éditions différentes.

Bibl. d'Abbeville.

6814. — La **Taxe des Pauvres** à Abbeville en 1588, précédée d'une étude sur l'assistance publique avant cette époque, par le Comte de Brandt de Galametz. — Abbeville, Paillart, 1883; 120 p. in-8° av 1 pl.

Ext. Mém Soc. Em. Abb.

6815. — La **Taxe des Pauvres** à Abbeville en 1588, par le Cte de Brandt de Galametz. *Compte-rendu par M. Eugène Marbeau*.

Rev. Soc. Etud. histor., 1889, p. 98 à 104; in-8°.

6816. — Arrêté des Officiers-municipaux, et des Corps, de la ville d'Abbeville, portant établissement d'un **Bureau de Bienfaisance** pour le soulagement des Pauvres de ladite Ville. Des 5 et 11 Décembre 1788. — Abbeville, Devérité, 1788; 19 p in-4°.

6817. — Règlement adopté par le **Bureau de Bienfaisance** d'*Abbeville*; *1788.* — S. l. n. n.; 14 p. in-4°.

On trouve à la suite la liste des administrateurs et l'état des recettes et dépenses du bureau.

Bibl. H. Macqueron.

6818. — Règlement adopté par le **Bureau de Bienfaisance** d'Abbeville dans l'Assemblée générale du 10 Janvier 1789. — Abbeville, Devérité; 16 p. in-4°.

Bibl. d'Abbeville.

6819. — Résultat du Compte rendu en l'Assemblée générale de MM. les Administrateurs du **Bureau de Bienfaisance** le 21 Novembre 1789. — *Abbeville*, Devérité, 1787 (sic); 7 p. in-4°.

Bibl. H. Macqueron.

6820. — Lettres-Patentes du Roi portant qu'il sera établi dans la Ville d'Abbeville, sur tous les Citoyens payant Deux livres de Capitation et plus, une **Taxe** égale à celle de leur Capitation, pour le soulagement des **Ouvriers indigens** de cette Ville. Données à Paris, le 11 Mars 1790. — Paris, Nyon, 1790; 4 p. in-4°.

Bibl. H. Macqueron.

Autre édition : Paris, Imprimerie Royale, 1790; 3 p. in-4°.

6821. — Proclamation des Officiers Municipaux de la Commune d'Abbeville, *du 21 avril 1791, relative à une* **taxe d'aumône** *de 40,060 livres votée le 15 décembre 1790.* — Abbeville, Devérité; plac. in-folio.

Bibl. de Clermont-Tonnerre.

6822. — Le **Bureau des Pauvres** à Abbeville.

Cab. hist. Pic. et Art., t. II, p. 19 à 27 ; in-8°.

6823. — Règlement du **Bureau de Bienfaisance** de la Ville d'Abbeville ; *du 23 septembre 1843.* — S. l. n. n.; 8 p. in-folio autog.

6824. — **Donation** de M. **Boucher** de Crèvecœur **de Perthes** à la Ville d'Abbeville *pour fondation de prix de vertu.* — Abbeville, Briez; 8 p. in-12.

6825. — **Fondation** de M. **Boucher** de Crèvecœur **de Perthes**. *Compte-rendu de la distribution des récompenses, du 27 janvier 1861.* — Abbeville, Briez; 15 p. in-12.

Un compte-rendu semblable a été depuis publié chaque année.

CHAPITRE IX

SOCIÉTÉ D'ÉMULATION D'ABBEVILLE

6826. — Institution et **Règlements de la Société d'Emulation** d'Abbeville. — Abbeville, Devérité, *1797*; 16 p. in-8°.

Bibliogr. Dufour, n° 775.

6827. — Précis et **Règlement** de la Société d'Emulation d'Abbeville. — *Abbeville*, Devérité, *an VI ou an VII*; 4 p. in-8°.

Bibliogr. Dufour, n° 776.

6828. — Société d'Emulation fondée à Abbeville le 18 vendémiaire an 5. *Séance du 15 thermidor an VII.* — S. l. n. n. d.; 6 p. in-8°.

Notice sur l'**origine** et les **travaux** de la Société et les prix par elle distribués. Bibl. H. Macqueron.

6829. — **Programme des prix** proposés par la Société d'Emulation d'Abbeville, pour l'an VII, de la République Française. — S. l. n. n.; 4 p. in-4°.

Ibid.

6830. — **Programme des prix** proposés par la Société d'Emulation d'Abbeville dans sa séance publique du 16 Thermidor an 8 (pour l'an neuf de la République Française). — Abbeville, Devérité; 2 p. in-4°.

Ibid.

6831. — **Programme des prix** proposés par la Société d'Emulation pour l'an douze (1804). — S. l. n. n.; 1 p. in-4°.

Ibid.

6832. — **Tableau des associés** résidants, des correspondants internes, externes et des sociétés correspondantes de la Société d'Emulation d'Abbeville. — *Abbeville*, Devérité, *vers 1805*; 7 p. in-8°.

6833. — **Statuts** de la Société d'Emulation. Département de la Somme. Abbeville. 1806. — Abbeville, Devérité, 7 p. in-8°.

6834. — **Statuts** de la Société Royale d'Emulation d'Abbeville. — Abbeville, Devérité, mars 1830; 17 p. in-8°.

6835. — Société Royale d'Emulation d'Abbeville. Composition du **Bureau en 1831** et Admissions depuis le 5 mars 1830. — Abbeville, Devérité, s. d.; 7 p. in-12.

6836. — Rapport présenté au Conseil Général de l'Institut des Provinces siégeant à Orléans pour l'année 1846 sur l'**Origine**, les **Travaux** et l'Influence de la Société Royale d'Emulation d'Abbeville, par M. Mauge du Bois des Entes. — Abbeville, Paillart; 8 p. in-8°.

Il y a une autre édition imprimée chez Jeunet, à Abbeville.

6837. — **Statuts** de la Société d'Emulation d'Abbeville. Ordonnance du 16 Novembre 1831. Décret du 16 Mars 1872. — Abbeville, Briez, 1873; 8 p. in-8°.

6838. — **Notice** sur la Société d'Emulation d'Abbeville suivie d'une **table générale** de ses travaux depuis sa fondation, par Em. Delignières. — Abbeville, Briez, 1873; 84 p. in-8°.

Ext. Mém. Soc. Em. Abb.

6839. — La Société d'Emulation d'Abbeville. **Rapport** du Président **au Ministre** de l'Instruction publique, *par* E. Prarond.

Mém. Soc. Em. Abb., 1873-76, p. I à XXIV; in 8°.

6840. — **Statuts** de la Société d'Emulation d'Abbeville, *approuvés le 7 avril 1881.* — Abbeville, Paillart, 1881; 10 p. in-8°.

6841. — **Statuts** de la Société d'Emulation d'Abbeville, *approuvés le 11 juillet 1888.* — Abbeville, Paillart, 1889; 12 p. in-8°.

6842. — Société d'Emulation d'Abville. **Cinquantenaire de M.** Ernest **Prarond.** — Abbeville, Fourdrinier, 1894; 24 p. in-12.

6843. — Rapport sur les **Origines**, sur les **Actes** et sur les **Travaux** de la Société d'Emulation d'Abbeville depuis 1797, à l'occasion de son centenaire, par M. Em. Delignières.

Mém. Soc. Em. Abb., 4° S^{ie}, t. IV, p. 51 à 68; in-8°.

6844. — Société d'Emulation d'Abbeville. **Centenaire** de sa fondation. Catalogue des Objets d'Art et de Curiosité exposés à Abbeville à la Halle aux Toiles, du 11 au 25 Juillet 1897.— Abbeville, Paillart, 1897; XI-59 p. in-12.

6845. — Discours prononcé le 11 juillet 1897, à Abbeville dans la Grande Salle de la Halle aux Toiles, à l'occasion du **Centenaire** de la Société d'Emulation et de l'Ouverture de l'**Exposition**, par M. Emile Delignières. — Abbeville, Fourdrinier, 1897; 11 p. in-16.

6846.—**Exposition** d'Œuvres d'Art et de Curiosité à Abbeville (1897). Aperçu rétrospectif, par Emile Delignières. — Abbeville, Fourdrinier, 1898; 56 p. in-12 av. 4 pl.

6847. — Compte-rendu du **Centenaire** de la Société d'Emulation d'Abbeville, par M. Alcius Ledieu.

Mém. Soc. Em. Abbev., 4° S^{ie}, t. IV, p. 1 à 50; in-8°.

6848. — Les **Fêtes jubilaires**.... de la Société d'Emulation à Abbeville, *par A. de Marsy.*

Bull. monum., t. II, 7° série, p. 330 à 337; in-12.

6849. — **Bulletin** de la Société d'Emulation d'Abbeville contenant les Extraits et les Notices des Ouvrages qui y ont été lus. An VI de la République, Trimestre de Nivôse. — Calais, Lepoitevin, an 6; 32 p. in-16 form. les n°^s 1, 2 et 3.

M. Dufour (Bibliogr. n° 783), cite deux autres numéros parus en germinal an VI et comprenant 40 p., nous n'avons pu les retrouver (1).

6850. — Société d'Emulation d'Abbeville. Rapport des Travaux de la **Classe des Sciences**, par le Cit. Boucher. — Abbeville, Devérité, *an VII*; 30 p. in-8°.

6851. — Notice des Travaux de la Société d'Emulation d'Abbeville, pendant le Trimestre de Vendémiaire, an VII. — Abbeville, Devérité; 4 p. in-8°.

6852. — Société d'Emulation d'Abbeville. Classe des **Sciences et Arts**. Rapport des Travaux du Trimestre de Germinal an 7, par le C. Boucher. — Abbeville, L. A. Devérité; 33 p. in-8°.

6853. — Société d'Emulation d'Abbeville. Classe des **Sciences et Arts**. Rapport des Travaux du Trimestre de Messidor an 7, par J. A. G. Boucher.— Abbeville, Devérité; 21 p. in-8°.

6854. — Rapport de la Société d'Emulation d'Abbeville, Classe des **Belles-Lettres**, an VII; par le Citoyen Lecat, Secrétaire de cette Classe. — Amiens, Patin; 35 p. in-4°.

(1) Comme pour les Sociétés Savantes d'Amiens, nous n'avons pas mentionné les tirages à part d'ouvrages insérés aux Bulletins et Mémoires et ne traitant pas de sujets d'histoire locale.

6855. — Société d'Emulation d'Abbeville. Rapport des Travaux de la Classe des **Belles-Lettres** dans le cours du premier Trimestre de l'an 8, par le C. Morel-Campennelle. — Abbeville, Devérité; 16 p. in-8°.

6856. — Société d'Emulation d'Abbeville. Classe des **Sciences et Arts**. Rapport des Travaux du Trimestre de Vendémiaire an 8, par le citoyen Bellot. — Abbeville, Devérité; 17 p. in-8°.

6857. — Société d'Emulation d'Abbeville. Classe des **Belles-Lettres**. Rapport des Travaux du second Trimestre de l'an VIII, par le cit. Morel-Campennelle, Secrétaire de la Classe des Belles-Lettres. — Abbeville, Devérité; 20 p. in-8°.

6858. — Société d'Emulation d'Abbeville. Classe des **Sciences et Arts**. Rapport des Travaux du Trimestre de Nivôse de l'an VIII par le Citoyen Bellot. — Abbeville, Devérité; 17 p. in-8°.

6859. — Société d'Emulation d'Abbeville. Rapport des Travaux de la Classe des **Sciences et Arts**, pendant le dernier Semestre de l'an huit, par le Citoyen Bellot. — Abbeville, Devérité; 15 p. in-8°.

6860. — Société d'Emulation d'Abbeville. Séance du 7 Thermidor an VIII. Rapport sur une nouvelle Pompe du Citoyen Picot, par les Citoyens Ansquer Ingénieur des Ponts et Chaussées, et Delétoille, Professeur de Mathématiques, tous deux membres de la Société d'Emulation d'Abbeville. — Abbeville, Devérité; 4 p. in-4°.

6861. — Rapport général des Travaux de la Société d'Emulation d'Abbeville, Classe des **Sciences et Arts**, pendant l'an IX par le citoyen Bellot, secrétaire. — Abbeville, Devérité; 16 p. in-8°.

6862. — Société d'Emulation. Département de la Somme. Classe de Littérature. Rapport par M. de Pioger; an IX. — Abbeville, Devérité; 18 p. in-8°.

6863. — Société d'Emulation d'Abbeville. Classe des **Sciences et Arts**. Rapport des Travaux de l'an X, *par le Cit. Goret*. — Abbeville, Devérité; 33 p. in-8°.

Tous ces bulletins sont peu communs, quelques-uns même introuvables. Il n'en existe pas de collection complète; on les trouve à la Bibliothèque de la Société, à la Bibliothèque d'Abbeville et dans celle de M. H. Macqueron.

6864. — An 1806. Société d'Emulation. Département de la Somme. Abbeville. **Bulletin**. Premier Janvier. Premier Août. — *Abbeville, Devérité;* 11 p. in-8°.

6865. — Société d'Emulation d'Abbeville. **Mémorial**.

Ce mémorial se compose de 6 numéros de 4 p. chacun, numérotés de XIII à XVII, et datés de 1816 et qui, avec 12 articles parus dans le Journal d'Annonces d'Abbeville sous les n°s I à XII, du 3 janvier au 30 avril 1816, et qui n'ont pas été tirés à part, forment les seuls Mémoires de la Société pour cette année.

6866. — Société Royale d'Emulation. — Abbeville, Devérité, 26 novembre 1817; 16 p. in-8°.

Rapport de M. Traullé sur les travaux de la Compagnie en 1817.

6867. — Analyse des Travaux de la Société Royale d'Emulation d'Abbeville, pendant l'Année 1828 — Abbeville, Devérité, 1829; 46 p. in-8°.

6868. — Proposition faite à la Société d'Emulation d'Abbeville dans la séance du 18 avril 1850, *par M. Prarond*. — Abbeville, Jeunet; 14 p. in-12.

La proposition avait pour but la création à Abbeville d'une caisse de secours mutuels pour les ouvriers.

6869. — **Mémoires** de la Société Royale d'Emulation d'Abbeville.

1833.	Abbev., Boulanger, s d;	608 p in-8° et 1 pl.
1834 et 1835.	»	»	407 p in-8° et 3 pl.
1836 et 1837.	»	»	435 p. in-8° et 1 pl.

1838, 1839 et 1840. Abbev., C. Paillart, s. d.; 606 p in 8° et 3 pl.
1841, 1842 et 1843.   »   »   »   510 p. in-8°.
1844,1845,1846,1847,1848   »   Jeunet, 1849 : 740 p in-8° et 5 pl.
Mémoires de la Société d'Emulation d'Abbeville :
1849, 1850, 1851, et le 1er semestre de 1852. — Abbeville, Jeunet 1852 ; 1104 p. in-8° et 4 pl.
Mémoires de la Société Impériale d'Emulation d'Abbeville :
1852, 1853, 1854, 1855, 1856 et 1857 — Abbeville, Briez, 1857 ; 708 p. in 8°.
1857, 1858, 1859 et 1860.—Abbeville, Briez ; 768 p in-8° et 4 pl.
1861, 1862, 1863, 1864 et 1865, 1re partie. — Abbeville, Briez, 1865 ; 635 p. in-8° et 4 pl.
1861, 1862, 1863, 1864, 1865 et 1866. 2e partie. — Abbeville, Briez, 1867 ; 821 p. in-8° et 9 pl.
1867 et 1868.—Abbeville, Briez, 1869; 784 p. in-8° et 2 pl
Mémoires de la Société d'Emulation d'Abbeville :
3e série. 1er volume, 1869-1872. — Abbeville, Briez, 1873 ; 820 p. in-8°.
3e série. 2e volume, 1873-1876. — Abbeville, Paillart, 1878 ; 636 p. in-8° et 3 pl.
3e série. 3e volume, t. XV, 1877-1883. — Abbeville, Paillart, 1884 ; 464 p. in-8° et 6 pl.
3e série. 4e volume, t. XVI, 1884-1886. — Abbeville, Paillart, 1887 ; 631 p. in-8° et 12 pl.
4e série. Tome 1er. T. XVII. — Abbeville, Paillart, 1889 ; 597 p. in-8° et 18 pl. et fig.
4e série. T. II. T. XVIII. — Abbeville, Paillart, 1893 ; 645 p. in-8°.
4e série. T. III. T. XIX. — Abbeville, Paillart, 1897 ; 635 p. in-8° et 13 pl.

6870. — Mémoires de la Société Impériale d'Emulation d'Abbeville, 1857-1860. **Rapport,** par *M. C. Jourdain.*

Rev. Soc. Sav. Dép., 1862, p. 29 à 32 ; in-8°.

6871. — Mémoires de la Société Impériale d'Emulation d'Abbeville, 1857-1860. **Compte-rendu,** par *M. J. Quicherat.*

Rev. Soc. Sav. Dép., 1863, p. 322 à 324 ; in-8°.

6872. — Mémoires de la Société Impériale d'Emulation d'Abbeville, années 1861-1866, 2e partie. **Rapports,** par *MM. J. Quicherat et C. Jourdain.*

Rev. Soc. Sav. Dép., 1868, p. 49 à 51 et 367 à 372 ; in-8°.

6873. — Mémoires de la Société Impériale d'Emulation d'Abbeville, années 1867 et 1868. **Rapport,** par *M. C. Jourdain.*

Rev. Soc. Sav. Dép., 1870, p. 50 à 56 ; in-8°.

6874. — Le Congrès international d'Archéologie préhistorique en 1869. Compte rendu sommaire adressé à la Société Impériale d'Emulation par Arthur Demarsy.—Arras, Rousseau-Leroy, 1870 ; 31 p. in-8°.

6875. — Mémoires de la Société d'Emulation d'Abbeville. 3e série, t. II, 1878. **Rapport,** par *M. C. Jourdain.*

Rev. Soc. Sav. Dép., 1880, p. 67 à 70 ; in-8°.

6876. — **Rapport** sur la Société d'Emulation d'Abbeville, par M. Em. Delignières.

Bull. Soc. Em. Abb., 1888-90, p. 119 à 122 in-8°.

6877. — **Mémoires** de la Société d'Emulation d'Abbeville.

Cette nouvelle série de format in-4° comprend les ouvrages suivants :

Tome I. Les Reliures artistiques et armoriées de la Bibliothèque communale d'Abbeville. L'Œuvre de Jacques Aliamet.

Tome II. Cartulaire du Comté de Ponthieu, par M. Prarond.

Tome III. Chronicon Centulense, par M. Prarond.

Voir pour les titres complets, les chapitres concernant les sujets traités dans chacun de ces volumes.

— 72 —

6878. — **Bulletin** des Procès-Verbaux de la Société d'Emulation d'Abbeville avec une table analytique des séances. — Abbeville, Paillart.

Années :

1877, 1878, 1879 et 1880,	1881 ; 254 p. in-8°.
1881.	1882 ; 60 p. in-8° et 1 pl.
1882.	1883 ; 56 p. in-8° et 1 pl.
1883.	1884 ; 56 p. in-8° et 1 pl.
1884.	1885 ; 76 p. in-8° et 3 pl.
1885.	1886 ; 105 p. in-8° et 3 pl.
1886 et 1887.	1887 ; 90 p. in-8° et 3 fig.

6879. — **Bulletin** de la Société d'Emulation d'Abbeville. — Abbeville, Paillart.

Années :
1888-1889-1890. T. Ier, 1890 ; 356 p. in-8°, 2 pl. et 4 fig.
1891-1892-1893. T. II, 1893 ; 356 p. in-8°, 6 pl. et 4 fig.
1894-1895-1896. T. III, 1896 ; 344 p. in-8° et 1 pl.
1897-1898-1899. T. IV, 1900 ; 566 p. in-8°, 10 pl. et 1 fig.

6880. — Bulletin de la **Conférence scientifique d'Abbeville** et du Ponthieu. — Abbeville, Caudron ; in-8°.

Le premier volume se compose de trois fascicules de l'année 1882, ayant 37, 51 et 75 p., d'un fascicule pour 1883, 2e année, paginé de 164 à 276 et d'un fascicule pour 1884, 3e année, paginé de 277 à 391. — Le second volume, 1885 à 1888 a 224 p. av. qq. pl. et fig. — Abbeville, Imprimerie du Ralliement. — Le 3e volume n° 1, 1890-1891 a 348 p. av. 8 pl. et 5 fig. — Abbeville, Fourdrinier, 1892, et le 3e volume n° 2, 1892-1893 a 152 p. — Abbeville, Fourdrinier, 1894.

CHAPITRE X

SOCIÉTÉS DIVERSES

1. SOCIÉTÉS RELIGIEUSES

6881. — Instruction pour les associez à la Confrérie du **Calvaire**. Erigée dans l'Eglise Paroissiale de Saint Georges d'Abbeville, en l'honneur de la Croix bénite et plantée par Monseigneur Louis François Gabriel d'Orléans de la Motte, Evêque d'Amiens, pendant la Mission qu'il a fait dans cette Ville au mois d'Octobre 1747. — Abbeville, D. Artous ; 16 p. in-12.

Bibl. H. Macqueron.

6882. — Œuvre des **Cercles catholiques** d'Ouvriers. Inauguration solennelle à Abbeville d'un Cercle catholique d'Ouvriers, 23 janvier 1876. — Abbeville, Briez, 1876 ; 21 p. in-8°.

6883. — Institvtion de la Confrairie de la **Charité**, érigée en l'église de S. George à Abbeuille, sous l'Inuocation et Tiltre du tres-sainct et tres-auguste Sacremet de l'Autel, honeur et reuerece de la glorieuse V. Marie, de S. Roch, S. Sebastien, et S. Antoine. L'approbation de Monseigneur le Reuerendissime Euesque d'Amiens, des Statuts, promesses et ordonnaces à obseruer par les Confreres de ladicte Compagnie, auec les Annotations pour l'Intelligêce desdits Statuts, etc. Et Origines des prieres de quarante Heures. Ensemble les Bvlles obtenues, tant pour ladicte Confrairie, que pour l'Aggregation d'icelle à l'Archiconfrairie de la Tres-saincte Trinité de Rome. Plvs vn recveil des prieres pour seruir à ceux qui voudront gaigner tant lesdictes Indulgences, Iubilez, qu'autres en telle Eglise ou lieu qu'elles puissent estre. — A Abbeville, chez Pierre Baillon, Libraire, demeurant pres l'Eglise Collegiale de S. Wulfran, MDCXXII ; 161 p. in-24.

Cette édition sans nom d'auteur paraît être la première ; la même année, il en a paru une autre chez le même libraire, augmentée de 12 p. n. n. pour la dédicace et l'autorisation avec le titre légèrement modifié en ce qui suit :

Plvs un recveil de prieres povr servir aux Confreres et Consœurs et à ceux qui voudront.. par M. A. Pottier Chapelain de ladite Confrairie.

Et où ne se trouvepas la phrase : et Origine des prières de Quarante Heures.

Il y a une autre édition portant le même titre et la mention :

Seconde édition. — Paris, Edme Martin, MDCXL ; in-24 de 8 p. n. n. et 300 p.

La différence du nombre de pages provient de ce que les Prières chrétiennes, propres, etc., figurant sous le n° suivant sont dans cette édition comprises avec la première partie sous une seule pagination.

Bibl. d'Abbeville et H. Macqueron.

6884. — Prieres chrestiennes propres en tovt temps, et specialement appropriees pour gaigner les Iubilez, Pardons et Indulgences, qui ont accoustumez estre octoyez par les Souuerains Pontifes. Dressees par l'avthorité de Monseigneur l'Euesque d'Amiens, principalement pour servir aux Confreres de la Confrairie de la **Charité**, erigée en l'Eglise Paroissiale de S. George à Abbeville. — Abbeville, Pierre Baillon, MDCXXII ; 162 p. in-24.

Bibl. d'Abbeville.

6885. — Institution de la Confrairie de la **Charité** Erigée en l'Eglise de S. Georges à Abbeville. Avec toutes les Approbations, Bulles et Statuts qui se trouvent dans la précédente Edition. Troisième Edition. — Abbeville, Devérité, MDCCLXXVII ; II-211 p. in-16.

6886. — Institution de l'Association dite Confrérie de la **Charité**, établie à Abbeville. — Abbeville, Boulanger-Vion, *1824* ; 26 p. in-16.

6887. — La **Consolation** des Pauvres. Statuts et Reglements de la Congregation des Sœurs de Nôtre-Dame de Consolation, établie dans l'Eglise Paroissiale de saint Jacques de la ville d'Abbeville. Approuvée par Monseigneur l'Illustrissime et Reverendissime Evêque d'Amiens, pour l'assistance des Pauvres Malades de la Ville. — Abbeville, Guillaume Artous, MDCCVIII ; 57 p. in-24.

Bibl. d'Abbeville.

6888. — Statuts et Règlements de l'Association de l'Immaculée Conception *ou de la* **Consolation** Erigée dans l'Eglise paroissiale de S. Jacques d'Abbeville le 8 Novembre 1776, par l'autorité de Monseigneur de Machault, Evêque d'Amiens ; et confirmée par une Bulle de N. S. P. le Pape Pie VI. Avec un Recueil de Prières. — Abbeville, Devérité, 1788 ; 96 p. in-18.

Bibliogr. Dufour, n° 380.

6889. — Statuts et Règlements de la Société de la **Consolation** des Pauvres d'Abbeville. — Abbeville, L. A. Devérité, M.DCC.LXXXV ; 44 p. in-24.

6890. — Ode à la **Consolation** des Pauvres d'Abbeville et à toute Société de bienfaisance. On a joint les Statuts et Règlements de la Société, avec des Cantiques à l'usage de toute Congrégation de Charité. Par M. D. R. (*Deroussen, curé de St Jacques*), Directeur de la Société. — Abbeville, Devérité, 1785 ; 167 p. in-24.

Ce titre qui est le vrai, ne se trouve qu'à la sixième page. A la première est le suivant :

Essais de Poésies lyriques ou Odes, Cantates et Cantiques, sur les principales vérités dogmatiques et morales de la Religion, avec de courtes dissertations sur divers sujets en forme de notes, de réflexions, etc., à l'usage de toute Société de Bienfaisance et Maison d'éducation.

6891. — Office de la Visitation pour l'usage des Dames de la **Consolation** d'Abbeville. — Saint-Omer, Boulanger, an IV; 100 p. in-12.

6892. — Notice historique sur l'Association des Dames de la **Consolation** d'Abbeville. — Abbeville, C. Paillart, 1844; 71 p. in-24.

Réimpression à Abbeville, chez C. Paillart, en 1884.

6893. — Œuvre des jeunes économes, dite Société de **Marie**, à Abbeville (Somme). — Abbeville, P. Briez, 1867; 10 p. in-8°.

6894. — Institution de la Confrérie de la **Miséricorde**, en l'église Saint-André d'Abbeville. — Abbeville, Guillaume Artous, 1708; 23 p. in-12.

Bibl. d'Abbeville.

6895. — Lettres de Monseigneur l'Evesque d'Amiens, de l'Institution par luy faite de la Compagnie de la **Misericorde**, en l'Eglise de S. André à Abbeville, sous l'invocation de la glorieuse Vierge Marie, Mere de Misericorde, et du bien-heureux S. Charles Borromée, Pere et singulier Protecteur des pauvres, avec approbation des Statuts et Ordonnances à observer par les Confreres et Consœurs de ladite Compagnie, le tout amplement contenu et declaré esdites Lettres Confirmées par Monseigneur l'Evêque d'Amiens le 11 Août 1707. — Abbeville, Guillaume Artous, MDCCVIII; 24 p. in-24.

Bibl. d'Abbeville.

Autre édition avec la variante suivante :

Confirmées par Monseigneur l'Evêque d'Amiens le 21 Juillet 1743. — Abbeville, Denis Artous, MDCCXLIII; 20 p. in-18.

Bibl. d'Abbeville.

6896. — Aperçu sur la Confrérie de **Notre-Dame du Puy** de la Conception à Abbeville (1498-1789), par M. Emile Delignières. — Caen, Delesques. 1896; 13 p. in-8°.

Extr. Cong. arch. de Fr., t. LX.

6897. — Confrérie et Association de prières sous le titre de **Notre-Dame du Suffrage** de la Chapelle. — Abbeville, Briez, 1871; 8 p. in-16.

6898. — Livre du Très-S. Sacrement de l'Autel, contenant les Obligations et Instructions, que doivent observer les Confreres de la Confrerie du très **S. Sacrement de l'Autel**, établie dans l'Eglise Paroissiale de saint Gilles d'Abbeville, en consequence de la Bulle de nôtre S. Pere le Pape Paul III et approuvée par Nosseigneurs les Evêques d'Amiens. Avec les Hymnes et Repons... Avec Approbation et la Permission de Monseigneur l'Illustrissime et Reverendissime P. Sabatier, Evêque d'Amiens. — A Abbeville, chez A. Dumesnil, Imprimeur et Libraire ordinaire de la Ville et du College, rue de la Lingerie, à la Bible d'Or. Avec Permission. 1717; VII-108 et LXXXII p. in-18.

Bibl. H. Macqueron.

6899. — Union et Charité. Règlement de la Société de **Saint-Vincent-de-Paul**. — Abbeville, Paillart, 1848; 8 p. in-24.

6900. — Règlement de la Société de **St Vincent de Paul**. — Abbeville, Briez, 1859; 12 p. in-24.

6901. — Société de **Saint-Vincent-de-Paul**. Conférence de Saint-Vulfran d'Abbeville. Rapport de M. le Président sur l'Origine et les Progrès de cette Conférence lu dans l'Assemblée du 21 juillet 1861. Amiens, Caron et Lambert; 7 p. in-8° — 31 juillet 1863. — Amiens, Caron et Lambert; 9 p. in-8°.

Il n'a pas été fait d'autres impressions de rapports pour cette Société.

6902. — Société de **Secours mutuels** d'Abbeville, dite Œuvre de S¹ François-Xavier. Statuts autorisés par M. le Préfet de la Somme. — Abbeville, Briez, 1855; 20 p. in-16.

6903. — Société de **Secours mutuels** d'Abbeville, dite Œuvre de Saint-François-Xavier. Extrait de la séance du dimanche 27 juillet 1856. — Abbeville, Jeunet; 4 p. in-12.

6904. — A MM. les Membres honoraires de la Société de **Secours mutuels** d'Abbeville dite Œuvre de S¹ François-Xavier. Rapport de M. le Président sur l'Etat et les Progrès de la Société pendant l'année 1855. — Abbeville, Briez, 1856; 8 p. in-16.

Un rapport semblable comptant environ de 30 à 40 p. a été depuis publié chaque année dans le format in-12.

II. SOCIÉTÉS DIVERSES

6905. — *Projet d'établissement d'une* **Assurance Mutuelle** *contre l'Incendie pour l'Arrondissement d'Abbeville.* — Abbeville, Boulanger-Vion; 4 p. in-4°.

6906. — Observations sur un projet d'**Assurance Mutuelle** contre l'Incendie, particulière à l'Arrondissement d'Abbeville. Adressées à MM. les Principaux Propriétaires, MM. les Maires et MM. les Curés de l'Arrondissement d'Abbeville. 1ᵉʳ Octobre 1822. — Amiens, Ledien-Canda; 9 p. in-8°.

6907. — **Bibliothèque populaire** d'Abbeville. Règlement. — Abbeville, Gamain, *1868*; 8 p. pet. in-4°.

6908. — **Bibliothèque populaire** d'Abbeville (au pavillon du Champ de Foire), ouverte le 12 juillet 1868. Catalogue n° 1. Catalogue n° 2. — Abbeville, Gamain, *1868 et 1869*; 15 et 10 p. petit in-4°.

6909. — Statuts et Règlement de la **Caisse d'Epargne** de l'Arrondissement d'Abbeville. — Abbeville, Boulanger, *1835*; 15 p. in-8°.

6910. — Instructions sur le but et le régime de la **Caisse d'Epargne** et de Prévoyance de l'Arrondissement d'Abbeville. — Abbeville, Boulanger, *1835*; 8 p. in-8°.

6911. — **Caisse d'Epargne** de l'Arrondissement d'Abbeville.... Rapport sur les Opérations de l'année 1838. — Abbeville, Paillart, 1839; 14 p. in-4°. — Des années 1839 et 1840. — Abbeville, Paillart, 1841; 27 p. in-4°.

6912. — Statuts et Règlement de la **Caisse d'Epargne** de l'Arrondissement d'Abbeville. — Abbeville, C. Paillart, 1845; 23 p. in-8°.

6913. — **Caisse d'Epargne** et de Prévoyance de l'Arrondissement d'Abbeville. Tableaux statistiques des Opérations pendant l'année 1845. — Abbeville, C. Paillart; 6 p. in-folio.

Ces tableaux ont été publiés chaque année jusqu'en 1853 inclus : ils variaient de 6 à 12 p. in-folio.

6914. — **Caisse d'Epargne** et de Prévoyance d'Abbeville, fondée en juillet 1835. Rapport et Compte-rendu des Opérations de la Caisse d'Epargne d'Abbeville, pendant l'année 1854. — Abbeville, Briez, 1855; 20 p. in-4°

Ces rapports et comptes rendus ont paru dans la même forme jusqu'en 1866 inclus : il en a été publié un isolément en 1879, et depuis 1898 la publication en est redevenue régulière.

6915. — **Caisse d'Epargne** de l'Arrondissement d'Abbeville (Somme). Statuts et Règlement. — Abbeville, Briez, 1864; 54 p. in-8°.

6916. — Instruction pour le service des Succursales de la **Caisse d'Epargne** d'Abbeville. — Abbeville, Briez, 1864; 21 p. in-8°.

6917. — **Caisse d'Epargne** d'Abbeville. Règlement d'administration intérieure des Succursales. — Abbeville, P. Briez, 1864 ; 12 p. in-8°.

6918. — Règlement de la Société littéraire (**Cercle**) de la Place Sainte-Catherine. — Abbeville, Jeunet, *1845* ; 8 p. in-4°.

6919. — **Cercle** de la place Sainte-Catherine. Règlement. — Abbeville, V° C. Paillart, 1851 ; 20 p. in-8°.

6920. — **Grand Cercle** Abbevillois. Règlement et liste alphabétique de MM. les Membres du Cercle. — Abbeville, Gamain, 1864 ; 24 p. in-16.

6921. — **Grand Cercle** Abbevillois. Annuaire de 1865.— Abbeville, Gamain, 1865 ; 63 p. in-16.

Cet annuaire a paru dans la même forme jusqu'en 1871 inclus.

6921 bis. — Ce qu'il en coûte à Abbeville pour être républicain sous la République. M. Courbet-Poulard, M. Sueur et le **Grand Cercle Abbevillois**. *Signé : Sueur*.— Abbeville, Gamain, 1871 ; 32 p. in-8°.

6922. — Règlement du **Cercle du Commerce** d'Abbeville. — Abbeville, Vitoux, *1852* ; 15 p. in-8° aut.

6923. — Notice sur le Précis de la Séance générale annuelle du 15 mars 1817. Présidée par S. A. R. Monseigneur le Prince de Condé. *A la fin*. Liste de Messieurs les **Chevaliers de** l'Ordre Royal et Militaire de **Saint-Louis**, demeurant dans l'Arrondissement d'Abbeville, Membres de l'Association Paternelle de l'Ordre Royal et Militaire de S¹ Louis et du Mérite Militaire. Liste des Messieurs et des Dames dont les Pères ou Maris, Oncles, ont été Chevaliers de Saint-Louis, Membres.... demeurant dans l'arrondissement d'Abbevillle. — Abbeville, Boulanger-Vion ; 11 p. in-8°.

6924. — Association paternelle des **Chevaliers de** l'Ordre Royal et Militaire de **Saint Louis** et du Mérite Militaire. Département de la Somme. Arrondissement d'Abbeville. Comité central. — Abbeville, Boulanger-Vion, *1830* ; 4 p. in-folio.

Anc°° Bibl. de Marsy.

6925. — Département de la Somme. Règlement de la Société d'**Encouragement** fondée à Abbeville pour l'amélioration **de la race chevaline**. — Abbeville, Paillart, 1851 ; 17 p. in-8°.

6926. — Département de la Somme. Programme des **Courses** d'Abbeville. — Abbeville, Paillart, *1851* ; 8 p. in-8°.

A continué de paraître chaque année dans la même forme.

6927. — Statuts et Règlements de la Société d'**Horticulture** de l'arrondissement d'Abbeville. — Abbeville, Fourdrinier, 1894 ; 16 p. in-8°.

6928. — Société pour la propagation et le perfectionnement de l'**Instruction** élémentaire, **primaire** et supérieure dans l'arrondissement d'Abbeville. Acte constitutif et Statuts généraux de la Société. — S. l. n. n., *1835* ; 2 p. in-folio.

6929. — Bulletin du Comité supérieur d'**Instruction primaire** de l'arrondissement d'Abbeville.— Abbeville, Boulanger ; 66 p. in-8°.

Le 1er n° de ce bulletin qui paraissait irrégulièrement est de novembre 1835 ; il a cessé de paraître vers 1845.

6930. — Extrait du Registre des délibérations du Comité supérieur d'**Instruction Primaire** de l'arrondissement d'Abbeville. Distribution de prix et encouragements aux instituteurs primaires. 26 Octobre 1842. — Abbeville, Paillart, 12 p. in-12.

6931. — Statuts et Reglements de la **Loge** reguliere **de l'Etoile Polaire**, à l'Orient d'Abbeville Arrêtés dans son

Assemblée du 29 Avril 1785. E. V. — *Abbeville*, *Devérité*, MDCCLXXXV ; 78 p. in-12.

Bibl. H. Macqueron.

6932. — Tableau général des Membres de la **L. de la Parfaite Harmonie**, O∴ d'Abbeville — 5809. De l'Imprimerie de la L∴, (*Devérité, 1810*); 15 p. in-8°.

6933. — O∴ d'Abbeville. **L**∴ **Ch**∴ **la Parfaite Harmonie.** Décès du F∴ Vésignié, Vén∴ d'Honn∴ Compte rendu de la Cérémonie funèbre. Tenue du 5 Mars 1866. — Abbeville, Gamain, 1866 ; 15 p. in-8°.

6934. — O∴ d'Abbeville. **L**∴ **Ch**∴ **la Parfaite Harmonie.** Jean-Baptiste Vésignié. Discours prononcé le 5 Mars 1866 par Eugène Prévost. — Abbeville, Gamain, 1866 ; 11 p. in-8°.

6935. — O∴ d'Abbeville. **L**∴ **Ch**∴ **la Parfaite Harmonie.** * Distribution de Livrets de Caisse d'Epargne.

*26 août 1866. — Abbeville, Gamain, 1867 ; 16 p. in-8°.
21 juillet 1867.   »   »   , 1867 ; 20 p. in-8°.

Distribution de Médailles et de Livrets de Caisse d'Epargne.

19 juillet 1868. — Abbeville, Gamain, 1868 ; 27 p. in-8°.
8 août 1869.   »   »   1869 ; 28 p. in-8°.

Il a été fait des tirages à part des Palmarés.

6936. — O∴ d'Abbeville. **L**∴ **Ch**∴ **la Parfaite Harmonie.** Séance du 12 Janvier 1868. Compte rendu des travaux de l'année 1867 présenté par le F∴ Eugène Prévost, avocat Orateur de la Loge. Extrait du Monde maçonnique. Numéro de Février 1868. — Saint-Germain-en-Laye, L. Toinon ; 13 p. in-8°.

6937. — Statuts de la **Société nautique** d'Abbeville. — Abbeville, Gamain, 1865 ; 8 p. in-12.

6938. — Règlement du **Sport nautique** d'Abbeville. — Abbeville, J. Gamain, 1867 ; 20 p. in-12.

6939. — La **Musique** à Abbeville (1785 1856). Souvenirs d'un Musicien. (*M. Eloy de Vicq*). Lu à la Société d'Emulation d'Abbeville. Séance du 19 février 1874. — Abbeville, Briez, 1876 ; 87 p. in-8°.

6940. — Un **Concert de Bienfaisance** à Abbeville en 1812, par M. Wignier de Warre.

Bull. Soc. Em. Abb., 1894-96, p. 225 à 228 ; in-8°.

6941. — Statuts de la **Société des Orphéonistes** d'Abbeville. — Abbeville, Gamain, 1866 ; 11 p. in-12.

6942. — Statuts de la **Société philharmonique** *d'Abbeville.* — Abbeville, Devérité, Mars 1840 ; 8 p. in-12.

6943. — Règlement de l'Orchestre de la **Société philharmonique** de la ville d'Abbeville. — Abbeville, Devérité, Mars 1840 ; 7 p. in-12.

CHAPITRE XI

INDUSTRIE ET COMMERCE

I. INDUSTRIE

6944. — Règlement pour les **Draps** qui se fabriqueront et vendront dans Abbeville ; *juillet 1399.*

Ord. des Rois de Fr., t. VIII, p. 334 à 339; in-folio.

6945. — Arrest du Conseil qui évoque au Roy et à son Conseil les Instances et Procès pendants au Parlement de Paris, entre les **Teinturiers** du grand et du bon Teint de la Ville d'Abbeville, et les Teinturiers du petit Teint de ladite Ville. Du 24 Mars 1688.

Règl. conc. les manuf. et teint. des étoffes. — Paris, Saugrain, 1727, t. III, p. 179 et 180 ; in-12.

6946. — Notes sur l'état des Finances et de l'**Industrie** à Abbeville à la fin du XVIIe siècle, par M. de Brandt de Galametz.

Bull. Soc. Em. Abb., 1894-96, p. 229 à 230 ; in-8°.

6947. — Arrest du Conseil d'Etat portant défenses aux maîtres houppiers et à tous autres qui ne sont point maîtres du métier de sergers barracaniers, de fabriquer et faire fabriquer en ladite ville *d'Abbeville* des **serges, barracans** et autres étoffes de ladite fabrique, et aux pauvres maîtres sergers barracaniers de prêter leurs noms ou d'entreprendre de travailler à façon pour d'autres que pour des maîtres de leur communauté. Du 5 Juin 1703. *A la suite.* Arrest du Conseil d'Etat du Roi qui maintient les barracaniers d'Abbeville dans le droit de teindre en leurs maisons les laines et étoffes de leur fabrique. Du 5 juin 1703. — S. l. n. n. ; 8 p. in-4°.

Arch. dép. de la Somme.

6948. — Arrest portant Règlement pour la quantité et la fabrique des **fils de laines** qui sont portez d'Abbeville. Du 19 Mars 1722.

Rec. des Règl. conc. les Manuf. — Paris, 1730, t. II, p. 346 à 349 ; in-4°.

6949. — Arrest qui maintient les **Barracaniers** d'Abbeville dans le droit de teindre ou faire teindre dans leurs maisons les laines destinées pour leur fabrique, ensemble les Etoffes qu'ils auront fabriquées. Du 22 Mars 1723.

Ibid., t. II, p. 354 à 356 ; in-4°.
Edition en placard in-folio.
Bibl. H. Macqueron.

6950. — De par le Roy. *Ordonnance de l'Intendant Chauvelin, portant règlement pour la halle, la police et le commerce des* **serges** *et* **baracans** *d'Abbeville et pour les fonctions de gardes-jurez ; du 27 novembre 1723.* — S. l. n. n. ; plac. in-folio.

Arch. mun. d'Abb., H, 47.

6951. — *Ordonnance de l'Intendant Chauvelin, au sujet des* **baracans** *fabriqués à Abbeville ; du 26 janvier 1731.* — S. l. n. n. ; plac. in-folio.

Arch. dép. de la Somme, C, n° 169.

6952. — Arrest du Conseil d'Etat du Roy, qui, en dérogeant à l'Article XIII du Règlement du 20 Juin 1741, concernant les **Serges, Droguets,**

Baracans et autres Etoffes qui se fabriquent en Picardie, permet aux Fabricans de Baracans d'Abbeville de n'employer à la chaîne des Baracans superfins blancs, destinez à être teints, que cinquante-sept portées de vingt-deux fils chacune, au lieu de cinquante-cinq portées de vingt-quatre fils. Du 24 Juillet 1744. — S. l. n. n. ; 3 p. in-4°.

Arch. dép. de la Somme, C, n° 199.

6953. — Ordonnance de M. Chauvelin, Intendant de Picardie, concernant les Maîtres et **Ouvriers des Manufactures** de la Ville d'Abbeville. Du 20 de juin 1746.— Abbeville, D. Artous ; plac. in-folio.

Bibl. d'Abbeville.

6954. — Ordonnance de Mrs les Maire et Echevins Juges de Police, et des Manufactures de la Ville d'Abbeville, qui fixe le prix des façons des **Baracans** et du **Peignage des Laines** à ce destinées. Du sept Septembre 1746. — S. l. n. n. ; plac. in-folio.

Bibl. de Clermont-Tonnerre.

6955. — Lettres patentes, portant Règlement pour les **Baracans** qui se fabriquent à Abbeville. Données à Versailles le 25 Mars 1747. — Paris, P. G. Simon, 1747 ; 15 p. in 4°.

Bibl. H. Macqueron.

Autres éditions : Paris, Imprim. Royale, 1747 ; 11 p. in-4° et Amiens, veuve Godart, 12 p. in-4°.

6956. — De par le Roy. *Ordonnance de l'Intendant Chauvelin, relative aux* **teintures en Indigo** *des toiles d'Abbeville; du 21 avril 1748.* — S. l. n. n. ; plac. in-folio.

Bibl. de Clermont-Tonnerre.

6957. — De par le Roy. *Ordonnance de l'Intendant Chauvelin, défendant aux* **fabricants de barracans** *de vendre aucune pièce qui n'ait été vue ou contrôlée; du 23 septembre 1748.* — S. l. n. n. ; plac. in-folio.

Bibl. H. Macqueron.

6958. — Arrest du Conseil d'Estat du Roy qui supprime l'Office de **Visiteur** et Contrôleur **des Toiles** établi à Abbeville. Du 15 Décembre 1749. — Abbeville, Artous ; plac. in-folio.

Ibid.

6959. — De par le Roi. *Ordonnance de l'Intendant d'Aligre, du 5 septembre 1753, relative aux* **dimensions des peignes** *que doivent employer les houpiers et barracaniers de la ville d'Abbeville.* — S. l. n. n. ; plac. in-folio.

Arch. dép. de la Somme, C, n° 230.

6960. — Ordonnance de Police de Messieurs les Majeur et Echevins de la Ville d'Abbeville concernant la Communauté des **Maîtres Sergers et Baracaniers** de ladite Ville. *Du 23 novembre 1761.* — Abbeville, D. Artous ; plac. in-folio.

Bibl. H. Macqueron.

6961. — Mémoire pour les Sindic, Gardes en charge, Corps et Communauté des Maîtres **Sergers, Baracaniers** de la Ville d'Abbeville, contre *les fabricants d'Amiens.* — S. l. n. n., vers 1764 ; 23 p. in-4°.

Bibl. A. de Caïeu.

6962. — Sentence de la Sénéchaussée de Ponthieu Portant Règlement pour les **Fabriques de Campagne** du Ressort de cette Sénéchaussée et du Comté d'Eu. Du 8 Octobre 1766. — S. l. n. n. ; 13 p. in-4°.

Bibl. d'Abbeville.

6963. — Mémoire pour Jacques Homassel et Jacques Hecquet, son gendre, entrepreneurs de la **Manufacture des Moquettes**, établie à Abbeville, contre Pierre Broyard, hautelisseur à Amiens et les maîtres hautelisseurs de la même ville, intervenans. — Paris, Chardon, vers 1780 ; 8 p. in-folio.

Pour faire interdire à Broyard et consorts la fabrication des moquettes et velours de Flandre à Abbeville et dans un rayon de 20 lieues.

6964. — *Note de M. Levasseur sur un Mémoire de M. Aliamet de Martel, communiqué par M. Ledieu, concernant la concurrence faite en 1787 aux* **étoffes d'Abbeville** *par les étoffes anglaises.*
Bull. du Com., Sect. des Sc. économ., 1886, p. 13 et 14; in-8°

6965. — L'**Imprimerie** et la **Librairie** à Abbeville avant 1789, par M. Alcius Ledieu.
Mém. Soc. Ant. Pic., t. XXX, p. 293 à 320; in-8°.

6966. — Extrait des Registres aux Délibérations du Conseil Général de la Commune d'Abbeville, Séance publique du troisième jour de la première décade du deuxième mois de l'an second de la République Française, une et indivisible. — Abbeville, Devérité; plac. in-folio.
Fixation du **maximum des salaires**.
Bibl. A. de Caieu.

6967. — Expositon publique des **Produits de l'Industrie** de l'Arrondissement d'Abbeville en 1833. — Abbeville, Boulanger; 80 p. in-8°.

6968. — Exposition publique des **Produits de l'Industrie** *de l'Arrondissement d'Abbeville* en 1833. Le Président de la Société d'Emulation aux Ouvriers. — Paris, Jung-Treuttel, 1867; 45 p. in-8°.

6969. — Sous-Préfecture d'Abbeville. *Documents relatifs à l'***Exposition industrielle** *de 1833.* — Abbeville, Devérité; 8 p. in-12.

6970. — Statuts de la Société d'Abbeville pour la recherche et l'**exploitation de la Houille** dans le Département de la Somme. — Péronne, Deprez, 1838; 12 p. in-4°.

6971. — Commerce et Industrie. Statistique. **Tableaux statistiques** *sur le Commerce et l'Industrie à Abbeville en 1841.*
Mém. Soc. Emul. Abb., 1844-1848, p. 519 à 541; in-8°.

6972. — Recherches statistiques sur la Population et l'**Industrie** d'Abbeville, par L. Brion et C. Paillart. — Joigny, Zanote, 1846; 80 p. in-8°.

6973. — **Enquête industrielle** à Abbeville. Visite de M. Ozenne, Conseiller d'Etat en mission, Secrétaire Général du Ministère de l'Agriculture et du Commerce. I. Compte rendu de l'Assemblée générale du Commerce de l'Arrondissement; 24 octobre. II. Procès-verbal de la Conférence Officielle avec M. le délégué du Gouvernement. 27 octobre. — Abbeville, Briez, Paillart et Retaux, 1869; 48 p. in-8°.

6974. — Une **Sucrerie** à Abbeville. — Abbeville, J. Gamain, 1870; 10 p. in-12.

6975. — Notice sur la **Sucrerie** d'Abbeville. Société anonyme. — Paris, Chaix, 1872; 7 p. in-4° av. 2 pl.

6976. — **Sucrerie** d'Abbeville. Statuts définitifs. — Paris, Chaix, 1873; 23 p. in-4°.

6977. — La **Manufacture de Tapis** d'Abbeville de son origine jusqu'à ce jour, par Louis Greux. — Paris, Boin, 1893; 117 p. in-8° et 7 pl.

II. MANUFACTURE DES RAMES

6978. — Privilège accordé à M. Vanrobais père au mois d'Octobre 1665, pour vingt ans. *A la suite*. Lettres de Prorogation Accordées en faveur de Messieurs Vanrobais père, et Isaac son fils, pour quinze ans. Au mois de Février 1681. — Prorogation de la **Manufacture de Draps** fins à Abbeville, accordée en faveur d'Isaac et Josse Vanrobais frères, pour dix ans. Au mois de Novembre 1698. — Prorogation des privilèges en faveur de Josse Vanrobais, et la Veuve d'Isaac Vanrobais pour quinze années. Du premier Juillet 1711. — Lettres patentes sur arrêt en faveur de Josse Vanrobais et ses Neveux, pour l'établissement de là Manufacture des Draps à Abbeville. 10 Mars 1714. — Lettres patentes sur arrest en faveur des Sieurs Vanrobais et Neveux, qui leur accorde une Lisière particulière et exclusive, pour les Draps de leur Manufacture, qui doit être bleüe, avec quatre fils aurore, entre ladite Lisière et le Drap. Du 10 Octobre 1733, etc. — *Paris*, Paulus du Mesnil, 1744; 30 p. in-folio.

Bibl. van Robais.

6979. — De par le Roy. Règlemens fait pour la Manufacture des Sieurs Vanrobais concernans la **Boutique des Tondeurs** de l'avis de Messieurs Godeheu et Gilly, Deputez au Conseil de Commerce, en présence des Sieurs Chrétien et Plessart, Inspecteurs des Manufactures dans les Départements, de Roüen et d'Amiens, approuvez de Monsieur de Bernage, Intendant de Picardie et Artois. *Du 26 Juin 1716.* — S. l. n. n.; plac. in-folio.

Arch. mun. d'Abbeville, H, 34.

6980. — Extrait des Registres du Conseil d'Etat. *Arrêt qui déclare mal fondées les* **plaintes des ouvriers** *des sieurs Van Robais, leur enjoint la soumission envers leurs maîtres, leur fait défenses de s'assembler, cabaler ni s'attrouper, etc.; du 4 juillet 1716.* — S. l. n. n.; plac. in-folio.

Arch. dép. de la Somme, C, 149.

* **6981.** — Au Roi et à Nosseigneurs du Conseil de Régence. *Pour les maîtres et gardes de la draperie de Paris, demandeurs en exécution de marchés, contre les sieurs* **Vanrobais,** *manufacriers à Abbeville.* — S. l. n. n., 1720; in-folio.

Bibl. Nat^{le}, f° Fm, 12419.

* **6982.** — Au Roi et à Nosseigneurs de son Conseil. *Réponse de Josse Vanrobais et neveux, entrepreneurs de la* **manufacture de draps** *d'Abbeville, à la requête des drapiers de Paris.*

Signé : Castel. — Paris, veuve Mergé, 1720; in-folio.

Bibl. Nat^{le}, f° Fm, 16743.

* **6983.** — Au Roi et à Nosseigneurs de son Conseil. *Seconde requête des maîtres et gardes de la draperie de Paris, servant de réplique à celle des sieurs* **Van Robais.** — *Paris*, veuve Guillery, 1720; in-folio.

Bibl. Nat^{le}, f° Fm, 12420.

6984. — Au Roi et à Nosseigneurs de son Conseil. *Autre réponse des sieurs* **Vanrobais** *à une requête des drapiers du 9 novembre. Signé : Castel.* — Paris, veuve Mergé, 1720; in-folio.

Bibl. Nat^{le}, f° Fm, 16744.

6985. — Lettres patentes du Roy qui continuent pendant vingt années, à commencer du premier Octobre 1725, le Privilège accordé aux Sieurs Van Robais, de la **Manufacture des Draps** et autres Etoffes établie à Abbeville. Données à Fontainebleau le 12 Septembre 1724. — Paris, Saugrain et Pierre Prault, 1726; 11 p. in-4°.

Bibl. H. Macqueron.

Se trouve aussi dans le Rec. des Règl. conc. les manuf. et teintureries. — Paris, Saugrain, 1727, t. III, p. 207 à 220; in-12.

6986. — Mémoire pour David Bonnet, Légataire universel de feuë Léa Vanrobais, sa femme, Tuteur de Pierre David Bonnet, leur fils mineur, seul héritier de sa mère, qui l'étoit pour un huitième du feu sieur Isaac Vanrobais, son père, et pour un septième du feu sieur Josse Vanrobais, son frère, Demandeur. Contre le sieur Josse Vanrobais, tant au nom de Curateur des enfans mineurs dudit feu sieur Isaac Vanrobais, son frère, que comme associé dudit frère et de ses neveux en la **Manufacture de Draps** établie à Abbeville, Défendeur, d'une part. Et les sieurs Isaac, Samuel, Pierre, Abraham et Salomon Vanrobais frère de ladite défunte Léa Vanrobais, et comme elle

11

héritiers chacun pour un huitième de la succession dudit feu sieur Isaac Vanrobais, leur père et pour un septième de celle dudit feu sieur Josse Vanrobais, leur frère aussi Défendeurs d'autre part. *Signé : Lemoine.* — *Paris*, Knapen, 1730 ; 14 p. in-folio.

Bibl. H. Macqueron.

6987. — Lettres patentes, qui renouvellent pendant vingt-cinq années les Privilèges accordez aux Srs Vanrobais, Entrepreneurs de la **Manufacture de Draps** à Abbeville. Du 15 Septembre 1743. — *Paris*, Paulus du Mesnil, 1744 ; 8 p. in-4°.

Arch. dép. de la Somme, C, 205.

6988. — Réflexions sur les **Mémoires** et Observations publiés par les Sieurs **Vanrobais**, pour justifier leur demande tendante au renouvellement d'un Privilège exclusif. — Paris, Prault, 1766 ; 30 p. in-folio.

Bibl. H. Macqueron.

6989. — Très humbles représentations au Roy, pour les Officiers Municipaux d'Abbeville, au sujet du Privilège exclusif, dont les Sieurs Vanrobais jouissent pour la **Manufacture de Drap**. *Signé : Lethinois.* — *Paris*, Prault, 1766 ; 16 p. in-folio.

Ibid.

6990. — Observations sommaires pour les Maire, Echevins, Conseillers de Ville et Notables d'Abbeville, au sujet du Privilège exclusif de la **Manufacture des Draps**, dont la prorogation a été demandée par les Sieurs Vanrobais. — *Paris*, Knapen, 1767 ; 18 p. in-4°.

Ibid.

A la fin se trouve un Etat détaillé pour servir à l'évaluation du salaire de chaque ouvrier employé dans la manufacture et sur le bénéfice que font les sieurs Van Robais.

6991. — Arrêt du Conseil d'Etat du Roi, qui proroge pour quinze années, à commencer au premier Octobre 1770, les privilèges accordés aux Sieurs Vanrobais, Entrepreneurs de la **Manufacture Royale des Draps fins** à Abbeville. Du 2 Février 1768. — *Paris*, Desprez ; 4 p. in-folio.

Arch. dép. de la Somme, C, 282.

6992. — Une grève sous Louis XV (à la **manufacture des Vanrobais**), par Albéric de Calonne.

Cab. hist. Pic. et Art., t. I, p. 305 à 313 ; in-8°.

6993. — Grandin Frères, Neveux et Compagnie, Ci-devant Entrepreneurs de la **Manufacture des Draps fins** d'Abbeville. Sur le procès qui leur est intenté par MM. Devos et Michault-Aliamet, ci-devant associés de ladite Manufacture, sous la raison Vanrobais, Amelin et Cie. — Abbeville, Devérité, juillet 1809 ; 27 p. in-4°.

6994. — Réponse de M. Devos et de Mme Michault-Aliamet, au Mémoire de MM. Grandin frères, Neveux et Compagnie Relativement au procès pendant entre eux (22 Décembre 1809). — Abbeville, Devérité ; 47 p. in-4°.

6995. — Précis pour M. Lemaire, Associé Gérant de la **Manufacture de Draps** de MM. A. Grandin, Lemaire et Compagnie à Abbeville ; contre M. Damotte jeune. 1820. — *Paris*, Everat ; 42 p. in-4°.

6996. — Mémoire pour M. Damotte jeune en réponse à celui présenté par M. Jacques-Antoine Lemaire, associé gérant de la **Manufacture de Draps** de MM. Alexandre Grandin, Lemaire et Ce. à Abbeville ; sur l'arbitrage existant entre eux à Paris. — *Paris*, Baudouin, 1821 ; 35 p. in-4°.

6997. — Note pour MM. Grandin, Lemaire et Cie, propriétaires de la **Manufacture de Draps** d'Abbeville, 1827. — S. l. n. n. ; 8 p. in-folio autog.

6998. — Exploitation de l'ancienne **Manufacture de Draps fins** d'Abbeville. Société à responsabilité limitée. — Paris, Seringe, 1865 ; 12 p. in-4°.

III. COMMERCE

6999. — Lettres qui permettent aux **Marchands** du Royaume **de Castille**, de négocier dans les Villes de Harfleur, du Crotoy et d'Abbeville; *1357*.

Ord. des Rois de Fr., t. III, p. 166 et 167 ; in-folio.
Autres analogues données par Jean II en juin 1361.
Ibid., t. III, p. 504 et 505; in-folio.

7000. — Lettres qui portent que les **Marchandises** et les Denrées que les Habitans d'Abbeville feront venir dans leur Ville, pour leur usage, seront **exemptes de l'Impost** qui se paye au Crotoy ; *mai 1369*.

Ibid., t. V. p. 177 ; in-folio.

7001. — Lettres qui portent que les Habitans d'Abbeville, pourront **commercer dans tout le Royaume**, et y acheter des Marchandises, sans estre tenus de payer d'autres Imposts que ceux qui sont anciennement establis. *Mai 1369*.

Ibid., t. V, p. 177 et 178; in-folio.

7002. — Lettres qui portent que les **Estaux** de la Ville d'Abbeville ne seront loüez **aux Bouchers**, que le même prix qu'ils estoient louez, lorsque le Comté de Ponthieu fut cédé au Roy d'Angleterre; *du 22 juin 1369*.

Ibid. t. V, p. 201 ; in-folio.

7003. — Trois Délibérations de l'Echevinage d'Abbeville en 1440 et 1441. Communication de M. Alcius Ledieu.

Autorisations données aux habitants d'**Harfleur** et aux drapiers de **Montonvilliers** d'exercer leur commerce à Abbeville
Bull. Com. hist. et phil., 1885, p. 239 à 242; in-8°.

7004. — Arrêt du Conseil d'Etat du Roy qui juge que les **Marchands de Vin** de la Ville d'Abbeville seront tenus de payer les droits des Vins et Boissons qui se trouveront consommés dans leurs Caves, à la seule déduction des vingt-et-un pour vingt pour le coulage, déchets, etc. Du 31 Mars 1665. — Paris, Saugrain et Prault, 1723 ; 4 p. in-4°.

Bibl. de Beauvillé.
Autre édition : Paris, Prault, 1741 ; 4 p. in-4°.

7005. — Factum pour les Egard, Majeur de Banniers, Corps et Communauté des Maistres **Patissiers-Cuisiniers** de la ville d'Abbeville, demandeurs et appelans d'une Sentence des Echevins dudit lieu. Contre Jacques du Putel, Robert Cabochart, et Pierre Dumoutier, tous trois Hôtelliers et Cabaretiers de ladite Ville, défendeurs et intimez. — *Paris*, Mesnart, *après 1699* ; 4 p. in-4°.

Sur la question de savoir si les hôteliers peuvent être aussi pâtissiers-cuisiniers.
Bibl. d'Abbeville.

7006. — Sommaire du procez pour les **Maistres Vinaigriers** d'Abbeville, Appellans et Intimez. Contre la Communauté des Merciers Epiciers de ladite Ville, Intimez et Appellans.— S. l. n n., *1700* ; 4 p. in-4°.

Bibl. H. Macqueron.

7007. — Arrest de la Cour de Parlement du vingt Décembre 1700, rendu entre la Communauté des Mayeurs de Bannières, Maistres et Gardes en Charge des **Maistres Vinaigriers** de la Ville d'Abbeville, à la poursuite et diligence de Jacques Sevault l'aisné Garde et d'Eustache du Fossé, Mayeur de Bannière. Et la Communauté des Mayeurs de Bannières, Maistres et Garde en charge des Merciers, Espiciers de ladite Ville. Par lequel on déclare l'Arrest en forme de Reglement du 7 Aoust 1675, commun entre lesdites deux Communautez, et que la Sentence rendue entr'elles par les Maire et Echevins d'Abbeville le 17 Juin 1697, sera exécutée ; ce faisant deffenses faites ausdits Merciers d'acheter, vendre et débiter, ny d'avoir chez eux aucune Lie, Vin, non bon Rapé, ny autres matieres, Outils et Vaisseaux propres à faire Vinaigre, et d'avoir chez eux plus de trente Pintes de Vinaigre, mesure de Paris, revenantes à vingt Pots mesure d'Abbeville, qu'ils seroient tenus de prendre et acheter chez lesdits Maistres Vinaigriers d'Abbeville, sans pouvoir l'acheter des Marchands Forains ny ailleurs, à peine de Cent livres d'Amende et de confiscation, conformément audit Arrest de Règlement du 27 Aoust 1675. — S. l. n. n.; 8 p. in-4°.

Ibid.

7008. — Extrait des Registres du Conseil d'Etat. *Arrêt intervenu sur une plainte des* **Brasseurs** *d'Abbeville contre une ordonnance des Maïeur et Echevins du 22 octobre 1710; du 9 juin 1711.* — S. l. n. n.; 7 p. in-4°.

Ibid.

7009. — Arrest de la Cour de Parlement du 22 Février 1717 concernant les **Marchands Merciers** d'Abbeville, et plusieurs autres Communautez de la mesme Ville.— Paris, François Muguet, 1717; 28 p. in-4°.

Ibid.

7010 et **7011.** — Arrest du Conseil d'Estat du Roy, qui casse une Sentence des Majeur et Echevins de la Ville d'Abbeville, en ce qu'elle fait deffenses au nommé Desvaux, de prendre la qualité de **Marchand** de **Vin** et d'**Eau-de-vie**, sous prétexte que suivant les Statuts de la Communautés des Marchands Merciers de ladite Ville, il n'estoit permis qu'à eux de vendre des Eaux-de-vie ; Et ordonne que ledit Desvaux et tous autres qui voudront faire commerce de Vins et Eaux-de-vie, le pourront faire en faisant leur déclaration au Bureau des Aydes. Du 12 Mars 1718. — Paris, Veuve Saugrain et Pierre Prault, M.DCC.XXV; 7 p. in-4°.

Ibid.

7012. — Arrest du Conseil d'Etat privé du Roy, du trentième Avril 1718, qui fait deffenses à tous religieux mandians, aux principal et régens du collège d'Abbeville, à tous maistres et maistresses d'école. aux marchands merciers, porteurs de balles, colporteurs, orfèvres et tous autres, de **vendre** et débiter **aucuns livres** de quelque nature et qualité qu'ils puissent estre, à peine de saisie, confiscation et de quinze cens livres d'amende. — S. l. n. n. ; 4 p. in-4°.

Anc^{ne} Bibl. de Marsy.

7013. — *Ordonnance de l'Intendant Chauvelin, prescrivant la saisie des robes et tabliers en* **toiles peintes de la Chine** *prohibées et saisies sur les femmes Jonquet, Dumoulin et Langlet, et disant que ces étoffes seront brûlées sur le marché d'Abbeville par les mains du bourreau; du 4 août 1721.* — S. l. n. n.; plac. in-folio.

Arch. dép. de la Somme, C, 410.

7014. — Arrest du Parlement en forme de Règlement pour les **Poids de la Ville** d'Abbeville. *Du 5 Septembre 1730.* — S. l. n. n.; 8 p. in-4°.

Anc^{ne} Bibl. de Marsy.

7015. — Ordonnance de Police pour les **comptes des Communautez** d'Abbeville. *Du 12 Août 1740.* — S. l. n. n.; plac. in-folio.

Bibl. H. Macqueron.

7016. — Sentence de Police de Messieurs les Majeur et Echevins de la Ville d'Abbeville. Contre la Communauté des **Boulangers** de ladite Ville, pour avoir manqué de fournir le Marché de Pains. Du 31 Octobre 1740. — Abbeville, Artous ; plac. in-folio.

Ibid.

7017. — Ordonnance de Police de Messieurs les Majeur et Echevins de la Ville d'Abbeville, qui Défend de faire, vendre et débiter aucunes **Tartes, Gateaux, Cuignets,** Pain d'épice, et autres Denrées de cette espèce, *à cause du peu d'abondance de la récolte.* — Abbeville, Artous; plac. in-folio.

Bibl. d'Abbeville.

7018. — Jugement des Commissaires établis pour la vérification des Droits Maritimes, qui réduit le **droit de vicomté** prétendu par les Maire, Echevins et la Communauté d'Abbeville, sur toutes les Marchandises qui se déchargent sur le rivage de la Somme depuis le moulin de Sottines juqu'à celui de Riquebourg, à prendre seulement vingt sols par chaque meule et dix sols par chaque meulade que l'on décharge audit lieu. Fait défenses de percevoir le droit de vicomté sur les autres marchandises. Du 7 Mars 1742. — Paris, Imprimerie Royale; 6 p. in-4°.

Bibl. d'Amiens, Jurisp., n° 328.

7019. — Mémoire pour les **Maîtres Orphevres** d'Abbeville. Contre les Maîtres Orphevres d'Amiens. *Signé : Maillot.* — *Paris*, Paulus-du-Mesnil, 1742; 6 p. in-folio.

Au sujet des nouveaux statuts des premiers.
Bibl. H. Macqueron.

* **7020.** — Mémoire signifié pour Jean Hernas, Noël Luquet et Nicolas Flicot, maîtres cordonniers à Abbeville..... contre Pierre François Macret, fermier des droits sur les cuirs à Abbeville.... dame Marguerite Duval, veuve de messire Philippe Becquin.... et les autres propriétaires dudit droit..... et encore contre la communauté des **cordonniers** d'Abbeville..... *Signé : de Calonne.* — *Paris*, Montalant, 1742; in-folio.

Bibl. Nat^{le}, f° Fm, 7532.

* **7021.** — Addition servant de réponses pour la communauté des **cordonniers** d'Abbeville et pour Nicolas Flicot..... contre François Macret, fermier des droits sur les cuirs et les propriétaires dudit droit..... *Signé : de Calonne.* — *Paris*, Montalant, 1743; in-folio.

Bibl. Nat^{le}, f° Fm, 6.

7022. — Mémoire pour la Communauté des **Marchands Merciers**, Grossiers, Jouailliers, Quinquailliers, Epiciers, Apoticaires, Droguistes, Ciriers et Chandelliers de la Ville d'Abbeville. Contre la Communauté des Marchands de Vin, Hôteliers et Aubergistes de la même Ville. *Signé : de Belval.* — S. l. n. n., 1747; 28 p. in-folio.

Opposition a la demande des Marchands de vin de faire contribuer les Merciers..... à la taxe de l'Industrie et aux charges de leur communauté.
Arch. dép. de la Somme, C, 455.

7023. — Mémoire pour la Communauté des **Marchands de Vin** de la Ville d'Abbeville; Contre la Communauté des Marchands Merciers de la même Ville. *Signé: Wignier.* — Amiens, veuve Godart, 1747; 23 p. in-folio.

Arch. dép. de la Somme, C, 455.

* **7024.** — Mémoire pour Claude Meurice, marchand mercier à Abbeville et pour la communauté des **marchands merciers** de la même ville, appelants, contre Claude Ribeaucourt, orfèvre, et les jurés orfèvres de la même ville, intimés: *Signé : de Calonne.* — *Paris*, Vincent, 1749; in-folio.

Question de préséance.
Bibl. Nat^{le}, f° Fm, 8.

7025. — A Messieurs, Messieurs les Maire et Echevins de la Ville d'Abbeville, Juges des Manufactures, Arts et Métiers d'icelle. Supplique des **Sergents de la Vingtaine** *pour fixer un tarif général des droits à percevoir pour les services qu'ils rendent aux communautés des Arts et Métiers.* — S. l. n. n., 1749; 31 p. in-4°.

Bibl. H. Macqueron.

7026. — Arrest du Conseil d'Etat du Roy, qui ordonne que par le Sieur Intendant de la Généralité d'Amiens, il sera après trois publications, procédé à la revente et adjudication, à titre d'engagement, au plus offrant et dernier Enchérisseur, des **Offices de Jurés-Vendeurs** Prudhommes et Contrôleurs de Cuirs de la Ville d'Abbeville. Du 14 avril 1750. — S. l. n. n.; plac. in-folio.

Arch. dép. de la Somme, C, 513.

7027. — Arrest du Parlement qui maintient et garde les **Marchands Merciers** de la Ville d'Abbeville, dans le Droit et Possession de Rang et Séance avant les Maîtres Orphèvres de ladite Ville, dans toutes les Assemblées et Cérémonies publiques. Vingt-neuf Juillet mil sept cens cinquante. — S. l. n. n.; 2 p. in-4°.

Bibl. H. Macqueron.

7028. — Arrest du Conseil d'Etat du Roy qui ordonne que par le Sieur Intendant de la Généralité d'Amiens, il sera après une seule Publication, procédé à la revente, à titre d'Engagement, au plus offrant, et dernier Enchérisseur, des **Offices de Jurés-Vendeurs**, Prudhommes et Contrôleurs des Cuirs de la Ville d'Abbeville et du Bourg de Blangy, ensemble de tous les Droits attribués et dépendant desdits Offices. Du 29 Décembre 1750. — S. l. n. n.; plac. in-folio.

Arch. dép. de la Somme, C, 513.

7029. — Ordonnance de Police de l'Amirauté d'Abbeville, *relative au commerce de mer*. Du 31 Août 1750. — S. l. n. n.; plac. in-folio.

Bibl. H Macqueron.

7030. — De par MM. les Majeur et Echevins de la Ville d'Abbeville. *Ordonnance relative au commerce des tourbes; vers 1750.* — S. l. n. n.; plac. in-folio.

Bibl. d'Abbeville.

7031. — Sentence de M'' les Majeur et Echevins Juges de Police de la Ville d'Abbeville, qui condamne la veuve Sellier, Boulangère et les nommés Boistel et Jean Louchart **Maistres Boulangers** de ladite Ville, en l'amende pour avoir vendu le pain au dessus de la taxe, et avoir manqué d'en fournir leurs Boutiques et Etaux. Le sept Février 1752.—Abbeville, Artous; plac. in-folio.

Bibl. H. Macqueron.

7032. — Ordonnance de Messieurs les Majeur et Echevins Juges de Police de la Ville d'Abbeville qui fixe les **Jauges des Sacs** et Mesure à la chaux, ainsi que des Tombereaux destinés à la livraison du Sable, et qui défend aux Chaufouriers de se servir d'aucuns Sacs et Tombereaux qui n'auront pas la marque de la Ville. Du 5 avril 1752. — Abbeville, Artous; plac. in-folio.

Bibl. d'Abbeville.

7033. — Ordonnance de Messieurs les Lieutenant Général de Police, Majeur et Echevins de la Ville d'Abbeville, qui enjoint à tous les Marchands et autres qui se servent de **Poids**, de faire réformer les Leurs, attendu l'altération qui s'est trouvée dans les Poids Etalons de la Ville. Du 17 Juillet 1752. — Abbeville, Artous; plac. in-folio.

Bibl. de Clermont-Tonnerre.

7034. — Sentence de Messieurs les Lieutenant Général de Police, Majeur et Echevins de la Ville d'Abbeville, qui condamne Jean Louchart et Nicolas Ricquier, **Maîtres Boulangers** de cette Ville, et Gardes en Charge de leur Communauté, sçavoir ledit Louchart en vingt-cinq livres d'amende et ledit Ricquier à garder Prison pour avoir manqué à garnir de Pain leurs Boutiques et Estaux. Du 17 Juillet 1752.—Abbeville, Artous; plac. in-folio.

Ibid.

7035. — Sentence de Police rendue par les Majeur et Echevins de la Ville d'Abbeville, le cinq Septembre 1757, en forme de Règlement, qui condamne la nommée Quennehen, femme de Jean Courageux, compagnon Baracannier en lad. Ville, à garder et tenir prison pendant l'espace d'un mois, pour avoir acheté et revendu des **matières de Manufacture** de personnes inconnues et suspectes, avec deffenses à tous Ouvriers et Ouvrières de vendre ou exposer en vente aucunes desd. matières, à peine de confiscation, de cinq cens liv. d'amende, et d'être poursuivies extraordinairement, comme pour crimes de vols suivant l'exigence des cas. — S. l. n. n.; plac. in-folio.

Ibid.

7036. — Mémoire signifié pour les Maire et Echevins, Procureur du Roi et Fiscal d'Abbeville, Intervenans et Demandeurs. Contre les prétendus Syndics et Gardes de la Communauté des **Tailleurs d'Habits** de la même ville, Appellans et Demandeurs. En présence de Louis Joseph Picot, Maître Tailleur de ladite Communauté, Intimé.— *Paris*, Vincent, *1759;* 8 p. in-folio.

Au sujet du prétendu privilège du Maieur de faire nommer un de ses domestiques maître dans une corporation.

Arch. mun. d'Abbev., F, 268.

7037. — Sentence de Messieurs les Lieutenant General de Police, Majeur et Echevins de la Ville d'Abbeville, contre la **Communauté des Boulengers** de ladite Ville, pour avoir manqué de fournir le Marché de Pains, et contre la nommée Veuve Dreux, pour avoir fait dans le même temps des amas de Pains, pour faire subsister sa famille pendant plus de trois semaines. Du 10 Mars 1760. — S. l. n. n.; plac. in-folio.

Bibl. de Clermont-Tonnerre.

7038. — Ordonnance de Police de par Messieurs les Majeur et Echevins de la Ville d'Abbeville qui fait défenses à tous Apotiquaires, Marchands Merciers, Epiciers et Droguistes de cette ville, Fauxbourgs et Banlieue d'icelle, à qui les Règlements permettent de tenir et vendre de l'**Arsenic** et autres **Drogues dangereuses**, de les vendre à autres qu'à gens connus, et à des Chefs de Famille, etc. Du 13 Avril 1764. — Abbeville, Artous; plac. in-folio.

Ibid.

7039. — De par Messieurs les Lieutenant General de Police, Majeur-Commandant, Echevins et Conseillers de Ville de la Ville d'Abbeville. Ordonnance de Police pour la **Réforme des Aulnes** des Marchands, Artisants et autres, qui en font usage, à l'effet d'être mises conformes à l'Etalon, que la Ville vient de faire faire comparé et trouvé juste à celui de la Ville de Paris. Du 27 Octobre 1766. — Abbeville, Artous; plac. in-folio.

Bibl. H. Macqueron.

7040. — Mémoire pour les **Maitres Boulangers** et Tartiers d'Abbeville, Appellans; les Meuniers et plusieurs Propriétaires de Moulins situés dans la Ville et Banlieue d'Abbeville, Intervenans et incidemment Appellans. Contre Isaac et Adrien Quignon, Fermiers du Moulin du Roi à Abbeville, Intimés; Dame Marie Gertrude Vaillant, veuve de Messire Joseph-François Marquis de Licques, et Jean Jacques Prevost, adjudicataire des Fermes du Roi, Intervenans. — *Paris*, Knapen, 1767; 104 p. in-4°.

Au sujet de la banalité du Moulin du Roi.
Anc^{ne} Bibl. de Marsy.

7041. — Ordonnance de Police, concernant l'Etat et le Commerce des **Marchands Savonniers** en la Ville d'Abbeville. Du 12 Octobre 1769. — Amiens, veuve Godart; 3 p. in-4°.

Bibl. H. Lottin.

7042. — Ordonnance de Police qui taxe le **prix de la Viande**, savoir : le bon et meilleur Bœuf ainsi que le Mouton sur le pied de cinq sols six deniers la livre, et le Veau quatre sols six deniers la livre : fait défenses aux Bouchers et Bouchères de cette Ville de contrevenir à la taxe, à peine de cinquante livres d'amende pour la première fois, de prison et d'interdiction en cas de récidive. Du Lundi premier Avril 1776.— Abbeville, Devérité; plac. in-folio.

Bibl. d'Abbeville.

7043. — De par Messieurs les Lieutenant-Général de Police, Majeur, Lieutenant, Echevins et Assesseurs de la Ville d'Abbeville. Ordonnance de Police qui permet à tous **Bouchers**, domiciliés hors de la Ville et Banlieue, de venir en cette Ville, y tuer, étaler et vendre toute sorte de Viande, en se conformant par eux à la taxe, au poids, etc. Du 10 Avril 1776. — Abbeville, Devérité; plac. in-folio.

Bibl. H. Macqueron.

7044. — Ordonnance de Police qui fixe le **Prix de la Viande** à Sept Sous la Livre jusqu'au Carême prochain 1789. Du vingt neuf mil sept cent quatre-vingt-huit. — Abbeville, Devérité; plac. in-folio.

Bibl. d'Abbeville.

7045. — Mémoire des Commerçants de la Ville d'Abbeville sur le **Traité de Commerce** avec l'Angleterre, et sur les rapports qu'ont leurs Manufactures avec le Commerce des Colonies. — Abbeville, Devérité, 1789; 39 p. in-4°.

Bibl. H. Macqueron.

7046. — Extrait du Registre aux Délibérations du Directoire révolutionnaire du District d'Abbeville en sa séance publique du 11 Octobre 1793, le dix jour de la seconde décade du premier mois, l'an second de la République Française, une et indivisible. — Abbeville, Devérité; plac. in-folio.

Fixation du **prix des denrées** de première nécessité.

Bibl. H. Macqueron.

7047. — Tableau général du **Maximum** des Denrées et Marchandises qui se consomment ordinairement dans l'étendue du District d'Abbeville.— A Abbeville, de l'Imp. de la Citoyenne A. Decaisne, An III°; 25 p. in-folio.

A la suite se trouvent les tableaux suivants non paginés et numérotés à partir de 7 et ayant chacun le titre : Département de la Somme. District d'Abbeville.—Amiens, Caron-Berquier, an II°; in-folio.

Tableau des Chanvres et Corderies. N° 7. — 3 p.

Tableau des Fils et Rubans de Fil. N° 8. — 5 p.
Tableau des Toiles. N° 9. — 3 p.
Tableau des Cotons et Cotonnades. N° 10. — 15 p.
Tableau de la Bonneterie. N° 11. — 11 p.
Tableau des Cuirs, Souliers et Ceinturonnerie. N° 13. — 11 p.
Tableau des Peaux et Poils, et Chapellerie. N° 14. — 5 p.
Tableau des Papiers. N° 15. — 3 p.
Tableau des Fers. N° 16. — 3 p.
Quincaillerie. — 42 p.

Bibl. H. Macqueron.

7048. — Extrait du Registre aux Délibérations du Directoire révolutionnaire du District d'Abbeville, en sa séance publique du quinzième jour du second mois de l'an second de la République Française. — Abbeville, Devérité; 27 p. in-4°.

Rectifications au Tableau du **Maximum** pour Abbeville.

7049. — *Etude commerciale sur Abbeville.*

Dict. univ. de la Géogr. commerc., par Peuchet. — Paris, Blanchon, an VII, t. I, p. 3 à 17; in-4°.

7050. — Notice sur le **Commerce de Mer** d'Abbeville, sur ses Forces Navales au 14 siècle, sur le Combat Naval de l'Ecluse, et Comparaison des Forces Navales de France et d'Angleterre, à la même époque, par M. Traullé. — Abbeville, Boulanger-Vion, 1809; 29 p. in-8°.

7051. — A Messieurs les Membres de la Chambre des Députés. *Pétition de la Chambre consultative des Arts et Métiers d'Abbeville pour la conservation de l'entrepôt des sels d'Abbeville; du 19 mars 1818.* — Paris, Le Normant; 7 p. in-8°.

7052. — Extrait du Registre aux Délibérations du Conseil municipal de la Ville d'Abbeville. Séance du 27 mars 1819. — Paris, Le Normand; 8 p. in-12.

Délibération demandant le maintien de l'**entrepôt des sels** d'Abbeville.

XXIV

STATUTS
ET
REGLEMENS

Des Marchands Drapiers et Chaussetiers de la Ville d'Abbeville des 12 Février & 1 Juin 1714;

Lettres Patentes de confirmation, ratification, & approbation d'iceux données à Versailles au mois d'Août de ladite année 1714, & Arrêt d'enregistrement desdits Statuts & Lettres Patentes fait au Greffe de la Cour de Parlement à Paris le 25 Avril 1719;

Ensemble les Arrêts de la Cour de Parlement de Paris des 16 Janvier 1616 & 4 Septembre 1675;

De l'Imprimerie de Ph. N. Lottin, rue Saint Jacques, à la Vérité.

M. DCC. XLII.

N° 7080
GRANDEUR RÉELLE

7053. — Considérations sur le Commerce et la Navigation des villes maritimes du Département de la Somme. — *Paris*, Aug. Delalain, 1819; 16 p. in-4°.

<small>Demande de maintien à Abbeville de l'**entrepôt des sels**.</small>

7054. — Réponse sommaire à la demande de la Chambre de Commerce d'Amiens et des négocians de Saint-Valery-sur-Somme, de supprimer l'**entrepôt** réel **des sels** d'Abbeville; *du 26 avril 1819*. — *Paris*, Aug. Delalain; 8 p. in-4°.

7055. — A Messieurs les Abonnés du Journal d'Agriculture et de Commerce du Département de la Somme. — Abbeville, Boulanger-Vion, 1819; 8 p. in-4°.

<small>Réponse de M Delimal-Sury, négociant à Amiens, à la demande de la Chambre de Commerce d'Amiens et des habitants de Saint-Valery pour la suppression de l'**entrepôt des sels** d'Abbeville.</small>

7056. — Abrégé des Annales du **Commerce de Mer** d'Abbeville, par M. Traullé. — Abbeville, Boulanger-Vion, 1819; 39 p. in-4°.

7057. — Paris à Londres en 32 heures. Bâteaux d'Abbeville à Londres. — Amiens, Boudon-Caron, 1832; 7 p. in-4°.

<small>Prospectus d'une compagnie.</small>

7058. — Réclamations des **entrepositaires** d'Abbeville contre l'ordonnance du 21 août 1838. — Abbeville, Devérité; 4 p. in-4°.

7059. — Mémoire adressé à la Chambre des Députés par les Marchands en gros, Fabricans, **Liquoristes et Débitans** rédimés d'Abbeville. 20 Mars 1841. — Abbeville, Paillart; 10 p. in-8°.

7060. — Règlement sur la **Boulangerie** et le Débit du Pain à Abbeville; *du 12 novembre 1840*. — Abbeville, Paillart, s. d.; 12 p. in-8°.

7061. — Acte de Société en commandite, par Actions, pour l'**Entrepôt** d'Abbeville. — Abbeville, Paillart, *1841*; 8 p. in-4°.

7062. — Copie d'une Pétition adressée à Messieurs les Président et Membres de la Chambre des Députés, par les Négociants commerçants et **débitants de liquides** de la Ville d'Abbeville. — Abbeville, Paillart, *vers 1845*; 2 p. in-4°.

7063. — Projet d'un **Service de Navigation** entre Abbeville et les ports de Bordeaux et de La Rochelle. — Abbeville, Paillart, 1845; 31 p. in-8°.

7064. — Port d'Abbeville. Organisation d'un Service de **Navigation directe** entre Abbeville et les ports de Bordeaux et de la Rochelle. — Abbeville, Paillart, 1845; 38 p. in-8°.

7065. — **Comptoir** National **d'Escompte**. Note de M. J. Sorel, vice-président de la Chambre de Commerce d'Abbeville, pour indiquer le but du Comptoir d'Escompte à établir dans cette ville. — Abbeville, Jeunet, *1848*; 2 p. in-4°.

7066. — Ville d'Abbeville. **Comptoir** National **d'Escompte**. Statuts de la Société anonyme. — Abbeville, Jeunet, 1848; 8 p. in-12.

7067. — Aux Actionnaires du **Comptoir** National **d'Escompte** d'Abbeville. — Abbeville, Paillart, 1848; 2 p. in-4°.

7068. — **Comptoir** National **d'Escompte** d'Abbeville. Assemblée générale des Actionnaires du 27 novembre 1848. Compte-rendu présenté, au nom du Conseil d'Administration du Comptoir, par M. A. Monchaux, Directeur. — Abbeville, Jeunet, 1848; 14 p. in-4°.

7069. — **Comptoir** National **d'Escompte** d'Abbeville. Assemblée générale extraordinaire des Actionnaires du 14 août 1849. Compte-rendu présenté au nom du Conseil d'Administration du Comptoir, par M. A. Monchaux, Directeur. — Abbeville, Paillart; 14 p. in-8°.

7070. — Compte rendu des Opérations du **Comptoir** National **d'Escompte**, du 30 Juin 1849 au 15 Février 1850, présenté au nom du Conseil d'Administration du Comptoir par M. A. Monchaux, Directeur. — Abbeville, Jeunet; 4 p. in-4°.

7071. — **Magasins généraux** autorisés par l'Etat. Entrepôt réel et Magasin général d'Abbeville. Société en Commandite et par Actions sous la raison sociale A. Monchaux et C¹ᵉ. Magasin général de Marchandises françaises et étrangères. Livret renfermant les Lois, Décrets généraux, Décret spécial d'autorisation, Règlement particulier et Tarif. — Abbeville, Briez, 1864; 58 p. in-8°.

7072. — De quelques **Intérêts commerciaux** et maritimes relatifs à l'arrondissement d'Abbeville, *par M. Courbet-Poulard*. Audience de S. M. l'Empereur, le 27 Décembre 1868. — Abbeville, Briez, Paillart et Retaux, 1869; 13 p. in-8°.

IV. STATUTS DES CORPORATIONS

7073. — Statuts de la Corporation des **Vinaigriers et Moutardiers** de la Ville d'Abbeville (21 août 1578), par M. le baron Tillette de Clermont-Tonnerre.

Bull. Soc. Em. Abb., 1888-90, p. 318 à 320 et 326 à 330; in-8°.

7074. — Statuts et Reglemens des **Manufactures** de la Ville d'Abbeville : Homologué au Conseil d'Estat Sa Majesté y estant, le trentième Octobre 1670 — Amiens, Iean Mvsnier, MDCLXX; 21 p. in-4°.

Bibl. H. Macqueron.

7075. — Statuts et Règlemens des **Manufactures** de la Ville d'Abbeville, Homologuez au Conseil d'Estat, Sa Majesté y estant, le trentième Octobre 1670. — Amiens, Charles Caron - Hubault, MDCCVIII; 24 p. in-4°.

A la fin se trouve cette mention : Imprimez pour la seconde fois par les soins de M. Plessart, inspecteur des Manufactures et Commerce de la province de Picardie.

Ibid.

7076. — Statuts et Reglemens des **Manufactures** de la Ville d'Abbeville, Homologués au Conseil d'Estat, Sa Majesté y estant, le 30 Octobre 1670 : Avec quelques Arrêts de Reglemens du Conseil d'Estat rendus en faveur de ces Manufactures. — Paris, Ph. Nic. Lottin, MDCCXXXVI; 30 p. in-4°.

A la fin se trouve cette mention : Imprimé pour la troisième fois par les soins de MM. Jacques Aliamet de Condé, Nicolas Danzel, Louis Duval et Antoine Chivé, Gardes en charge des Manufactures de ladite Ville d'Abbeville.

Ibid.

7077. — *Note sur les Statuts de l'ancienne Corporation des **Joueurs d'instruments** d'Abbeville au XVIIᵉ siècle, par M. Wignier.*

Bull. Soc. Em. Abb., 1881, p. 46 à 49; in-8°.

7078. — Statuts et Règlements de la Communauté des Maîtres **Houppiers-Filatiers** de la Ville d'Abbeville ; confirmés par arrêts du Conseil d'Etat du Roy; Et du Parlement de Paris. — Abbeville, du Mesnil, 1713; 16 p. in-4°.

Bibl. d'Abbeville.

7079. — Statuts et Reglemens des Marchands **Merciers-Grossiers**, Joüailliers, Quincailliers, Epiciers, Apoticaires Droguistes, Ciriers et Chandeliers de la Ville d'Abbeville, du 4 janvier 1712. Lettres patentes du Roy Louis XIV d'approbation, confirmation et omologation d'iceux, données à Marly au mois d'Avril de la même année 1712. Et arrest d'enregistrement desdits Statuts et Lettres-Patentes, fait au Greffe de la Cour du Parlement à Paris, du 9 juin 1714. Le tout pareillement enregistré aux Greffes des Mairie de ladite Ville d'Abbeville, et Sénéchaussée de Ponthieu, les 2 et 5 juillet de ladite année 1714. — Paris, Quillau. 1717; 31 p. in-4°.

A la suite et par pagination séparée : Arrest de la Cour de Parlement. Du 22 Février 1717, concernant les Marchands Merciers d'Abbeville et plusieurs autres Communautez de la mesme Ville. — Paris, veuve François Muguet et Denis de la Tour, 1717; 28 p. in-4°.

Autre édition : Amiens, Veuve Caron, 1755; 56 p. in-4°.

Autre édition : Paris, Desprez, 1772; 174 p. in-12.

Bibl. d'Abbeville.

7080. — Statuts et Reglemens des **Marchands Drapiers** et Chaussetiers de la Ville d'Abbeville des 12 Février et 1 Juin 1714; Lettres Patentes de confirmation, ratification, et approbation d'iceux données à Versailles au mois d'Août de ladite année 1714, et Arrêt d'enregistrement desdits Statuts et Lettres-Patentes fait au Greffe de la Cour de Parlement à Paris le 25 Avril 1719. Ensemble les Arrêts de la Cour de Parlement de Paris des 16 Janvier 1616 et 4 Septembre 1675. — *Paris*, Ph. N. Lottin, 1741; 25 p. in-4°.

Bibl. d'Abbeville.

7081. — Statuts et Privilèges donnez au Corps et Communauté des Maîtres et Marchands **Orfèvres** de la Ville d'Abbeville, par Arrêt de la Cour des Monnoyes, du 30 Juillet 1742. Etant Jurés et Gardes en Charge, Louis Wulfran de Poilly, et Pierre Claude de Poilly, et Louis de Poilly, étant Doyen et Syndic. Et à la poursuite et diligence dudit Pierre-Claude de Poilly et de Pierre Philippe de Ribaucourt, ancien Juré-Garde, successivement députés à cet effet par leur communauté. — S. l., René Josse, s. d.; 14 p. in-4°.

Bibl. Soc. Ant. Pic.

7082. — Lettres patentes du Roy *approuvant les Statuts de la Communauté des* **Orfèvres** *d'Abbeville; juin 1752.* — S. l. n. n.; 3 p. in-4°.

Bibl. H. Macqueron.

7083. — Lettres patentes portant Statuts et Règlemens de la Communauté des Maîtres **Boulangers** de la Ville. Fauxbourgs et Banlieue d'Abbeville. Du 25 juin 1773 : Registrées en Parlement. — Abbeville, Pintiav, 1774; 21 p. in-12.

Bibl. A. de Caïeu.

V. CHAMBRE DE COMMERCE

7084. — Mémoire à consulter sur l'établissement d'une **Chambre de Commerce** à Abbeville adressé au Conseil Général du Département de la Somme par le Tribunal de Commerce d'Abbeville. — Abbeville, Devérité, 1841; 8 p. in-4°.

7085. — Opinion de la Chambre de Commerce d'Abbeville sur la **refonte de la monnaie de cuivre.** — Abbeville, Jeunet, 1847; 13 p. in-12.

7086. — Chambre de Commerce de l'Arrondissement d'Abbeville. Lettre adressée à Monsieur le Ministre du Commerce et de l'Agriculture sur le projet de loi concernant la **taxe des lettres.** — Abbeville, Jeunet, 1847; 8 p. in-8°.

7087. — Chambre de Commerce de l'Arrondissement d'Abbeville. Rapport présenté à la Chambre de Commerce de l'Arrondissement d'Abbeville par l'un de ses membres sur les Abus des **Comptes de Retour.** Extrait de la séance du 8 Décembre 1847. — Abbeville, Jeunet, 1847; 9 p. in-4°.

7088. — Chambre de Commerce d'Abbeville. Délibération sur la **réorganisation des Chambres de Commerce :** réponse à la circulaire ministérielle du 24 novembre 1848. — Abbeville, Paillart, avril 1849; 32 p. in-8°.

7089. — Chambre de Commerce d'Abbeville. Lettre adressée au Conseil d'Arrondissement sur quelques **intérêts maritimes**. — Abbeville, Paillart, 14 août 1849; 14 p. in-8°.

7090. — Chambre de Commerce d'Abbeville. Lettre adressée à M. le Ministre des Finances à propos des articles 10 et 11 du Budget projeté des Recettes pour 1851 qui soumettent les **manufactures à l'impôt des portes et fenêtres**. — Abbeville, Paillart, 21 juillet 1850; 9 p. in-8°.

7091. — Chambre de Commerce d'Abbeville. De la substitution du poids à la mesure pour la **vente des grains** sur les marchés publics. — Abbeville, Paillart, 10 septembre 1850; 15 p. in-8°.

7092. — Chambre de Commerce de l'Arrondissement d'Abbeville. Lettre sur la **situation industrielle** et commerciale de l'arrondissement, adressée à M. le Ministre de l'Agriculture et du Commerce en réponse à sa circulaire du 20 octobre. 17 Novembre 1850. — Abbeville, Paillart; 23 p. in-8°.

7093. — Erection d'une **Statue à Colbert**. Avis de la Chambre de Commerce d'Abbeville. 1862. — Abbeville, Briez; 2 p. in-8°.

Bibl. N¹ᵉ, Lk⁷, 23.

7094. — Chambre de Commerce d'Abbeville. Adresse présentée à S. M. Napoléon III, lors de son passage à Abbeville le 28 septembre 1853. — Abbeville, Briez, Janvier 1856; 7 p. in-8°.

7095. — Chambre de Commerce d'Abbeville. Exposé de la **situation des pêcheurs** par suite de l'exagération des tarifs de chemins de fer pour le transport de la marée fraîche. — Abbeville, Briez, 1854; 16 p. in-8°.

7096. — **Exposition** universelle de **1855**. Chambre de Commerce de l'Arrondissement d'Abbeville. Avis aux Industriels. — Abbeville, Briez; 3 p. in-12.

7097. — Chambre de Commerce d'Abbeville. Mémoire adressé à S. Exc. Monsieur le Ministre de l'Agriculture, du Commerce et des Travaux publics, sur l'exécution d'un **Chemin de Fer** direct **de Paris à Creil**, tel qu'il a été décrété le 13 avril 1853. — Abbeville, Briez, mai 1855; 8 p. et 1 carte.

7098. — Chambre de Commerce d'Abbeville. Délibération sur les modifications à introduire dans la loi du 5 juillet 1844 relative aux **brevets d'invention**. Réponse à la circulaire ministérielle du 26 décembre 1854. — Abbeville, Briez, janvier 1856; 55 p. in-8°.

7099. — Chambre de Commerce d'Abbeville. Lettre à Son Excellence Monsieur le Ministre de l'Agriculture, du Commerce et des Travaux publics, sur le mérite des **Tarifs** dits **d'abonnement** proposés au commerce par les compagnies de chemins de fer. — Abbeville, Briez, 1857; 15 p. in-4°.

7100. — Chambre de Commerce d'Abbeville. **Notice industrielle** et commerciale sur Abbeville et ses environs. — Abbeville, Briez, mars 1858; 19 p. in-8°.

7101. — Chambre de Commerce d'Abbeville. Considérations présentées à l'administration municipale contre le **régime** actuel **des portefaix** à Abbeville. — Abbeville, Briez, 1859; 43 p. in-4°.

7102. — Chambre de Commerce d'Abbeville. Délibération sur les conséquences de l'abaissement du **droit à l'importation** de la pêche anglaise et sur les moyens à la pêche française de soutenir la concurrence. — Abbeville, Briez, 1861; 63 p. in-8°.

7103. — Chambre de Commerce d'Abbeville. Enquête sur la **Marine marchande**. Réponses au questionnaire de S. Exc. M. le Ministre de l'Agriculture, du Commerce et des Travaux publics. — Abbeville, Briez, 1862; 33 p. in-4°.

7104. — Chambre de Commerce d'Abbeville. Procès-verbal de la séance du 27 octobre 1863. — Abbeville, Briez, 1864; 16 p. in-4°.

7105. — Chambre de Commerce de l'arrondissement d'Abbeville. Magasin général dans l'Entrepôt d'Abbeville. **Magasins généraux**. Récépissés. Warrants. Ventes publiques. — Abbeville, Gamain, 1864; 8 p. in-12.

7106. — Chambre de Commerce d'Abbeville. Exposé de la **situation des pêcheurs** par suite de l'exagération des tarifs de chemins de fer pour le transport de la marée fraîche. — Abbeville, Briez, 1864; 16 p. in-4°.

7107. — Délibérations de la Chambre de Commerce sur la création d'un **marché couvert** à Abbeville. — Abbeville, Briez, 1865; 29 p. in-8°.

7108. — Chambre de Commerce de l'arrondissement d'Abbeville. Enquête sur les principes et les faits généraux qui régissent la **circulation monétaire** et fiduciaire. Réponses au questionnaire ministériel. — Abbeville, Briez, 1866; 38 p. in-4°.

7109. — Chambre de Commerce d'Abbeville. Délibération sur le mode d'**élection des Chambres de Commerce**. Séance du 2 Mars 1870. Réponse à la circulaire ministérielle du 28 janvier 1870. — Abbeville, Gamain, Avril 1870; 14 p. in-8°.

7110. — Chambre de Commerce d'Abbeville. **Exposé des Travaux** de la Chambre de Commerce de l'arrondissement d'Abbeville pendant l'année 1872. — Abbeville, Briez, 1874; 60 p. in-8°.

7111. — Chambre de Commerce d'Abbeville. **Exposé des Travaux** de la Chambre de Commerce de l'arrondissement d'Abbeville pendant les années :

1873, 1874, 1875. Abbeville, Paillart, 1876 : 454 p. in-8°.
1876, 1877, 1878, 1879.   »   »   1880 ; 454 p. in-8°.
1880, 1881, 1882.   »   »   1883 ; 340 p. in-8°.
1883, 1884.   »   »   1885 ; 227 p. in 8°.
1885, 1886.   »   »   1887 ; 383 p. in-8° et 3 tabl.
1887, 1888.   »   »
1889, 1890.   »   »   1891 ; 209 p. in 8°.
1891, 1892.   »   »   1894 ; 129 p. in-8°.
1893, 1894.   »   »   1894 ; 139 p in-8°.
1895, 1896.   »   »   1897 ; 151 p. in-8°.
1897, 1898.   »   »   1899 ; 224 p. in-8°.
1899, 1900.   »   »   1901 ; 177 p. in-8°.

VI. TRIBUNAL DE COMMERCE

7112. — Arrest pour les Juge et **Consuls** d'Abbeville contre le **Greffier** de leur Jurisdiction ; *du 19 septembre 1669.*

Au sujet des exigences du greffier, Antoine Mauvoisin, vis à vis des justiciables.

Arrests du Conseil d'Etat... — Paris, chez les Associés, 1671, p. 3 à 10; in-4°.

7113. — Declaration du Roy, concernant les **Consuls d'Abbeville**. Donnée à Versailles le 13 Janvier 1741. — Paris, Pierre Simon, 1741 ; 4 p. in-4°.

Bibl. H. Macqueron.

7114. — Addition de mémoire pour les juges et consuls en exercice et les anciens **juges et consuls** des marchands établis par le Roy en la ville d'Abbeville, demandeurs, contre les **notaires** royaux de la même ville, défendeurs. — *Paris*, Knapen, 1743; 7 p. in-folio.

Question de préséance.
Bibl. d'Abbeville.

7115. — Extrait des Registres du Conseil d'Etat Privé du Roy. *Arrêt donnant la préséance aux* **Juges Consuls** *sur les* **Notaires** *d'Abbeville ; du 16 octobre 1743.* — S. l. n. n. ; 8 p. in-4°.

Ibid.

7116 — Au Roi et à Nosseigneurs de son Conseil. *Supplique des Juges*

— 94 —

Consuls d'Abbeville demandant que, dans les villes consulaires, un des députés du **Tiers-Etat** *soit nécessairement choisi parmi les* **Consuls en charge** *ou anciens ; du 22 octobre 1788.* — S. l. n. n.; 6 p. in-folio.

Arch. dép. de la Somme, C, 26.

7117. — Tribunal de Commerce d'Abbeville. Liste générale des **Commerçants patentés** de l'arrondissement d'Abbeville dressée en exécution de l'article 618 du Décret du 20 août 1848. — Amiens, Duval et Herment; 68 p. in-8°.

7118. — Tribunal de Commerce d'Abbeville. **Installation** du Tribunal de Commerce d'Abbeville, le 7 novembre 1856.— Abbeville, Briez, mars 1858; 16 p. in-8°.

7119. — Tribunal de Commerce d'Abbeville. **Installation** du Tribunal de Commerce d'Abbeville le 8 janvier 1858. — Abbeville, Briez, 1858; 15 p. in-8°.

7120. — Tribunal de Commerce d'Abbeville. **Installation** du Tribunal de Commerce d'Abbeville le 24 décembre 1858. — Abbeville, Briez, Janvier 1859; 15 p. in-8°.

7121. — Tribunal de Commerce d'Abbeville. **Installation** du Tribunal de Commerce d'Abbeville le 3 février 1860. — Abbeville, Briez, 1860; 24 p. in-8°.

7122. — Tribunal de Commerce d'Abbeville. **Installation** du Tribunal de Commerce d'Abbeville le 7 décembre 1860. — Abbeville, Briez; 36 p. in-8°.

7123. — Tribunal de Commerce d'Abbeville. **Installation** du Tribunal de Commerce d'Abbeville le 2 décembre 1864.— Abbeville, Briez, décembre 1864; 15 p. in-8°.

7124. — Tribunal de Commerce d'Abbeville. **Installation** du Tribunal de Commerce d'Abbeville le 20 novembre 1868. — Abbeville, Briez; 21 p. in-8°.

7125. — Règlement du Conseil des **Prudhommes** séant à Abbeville, Département de la Somme. — Abbeville, Vitoux, *1859*; 18 p. in-8° aut.

CHAPITRE XII

ÉPIDÉMIES, HIGYENE, MÉTÉOROLOGIE, MÉDECINS

7126. — L'**Influence** à Abbeville de 1467 à 1470 par M. Alcius Ledieu. Extrait du Bulletin historique et philologique. N°s 3 et 4. 1896. — Imprimerie Nationale; 11 p. in-8°.

7127. — Histoire des **Maladies** observées à Abbeville, département de la Somme, pendant les années 8, 9, 10 et 11 de la République française, suivies de quelques réflexions. Constitution muqueuse, angines gangréneuses, fièvres intermittentes et rémittentes ataxiques, maladies des prisons, etc. Thèse soutenue à l'Ecole de médecine le 6 vendémiaire an 12 par J. B. Boullon d'Abbeville. — Paris, Baudouin, vendémiaire an XII (1803) ; 56 p. in-4°.

7128. — **Choléra**-morbus. — Abbeville, Devérité, *1832* ; 8 p. in-8°.

Arrêté du Maire d'Abbeville, relatif à l'épidémie.

7129.—**Salubrité** publique. *Arrêtés du Maire d'Abbeville des 4 et 9 avril 1832.* — Abbeville, Boulanger-Vion ; 23 p. in-12.

7130. — **Salubrité** publique. *Arrêté du Maire d'Abbeville, du 14 avril 1832.* —Abbeville, Boulanger-Vion ; 3 p. in-12.

7131. — Documents sur le **Choléra-Morbus** asiatique, considéré comme maladie contagieuse ou communicable recueillis dans l'arrondissement d'Abbeville en 1832 et 1833, *par le D*^r *Vésignié*. — Abbeville, Jeunet ; 104 p. in-8°.

Extr. Mém. Soc. Em. Abb.

7132. — Salubrité publique. *Arrêté du 17 mars 1849, relatif au* **Choléra.**— Abbeville, C. Paillart ; 20 p. in-12.

7133. — Mémoire sur la **Rougeole épidémique** qui a régné à Abbeville pendant l'année 1855, par M. le docteur Hecquet. — Paris, Baillieu, 1857 ; 73 p. in-4°.

Extr. Mém. Acad. Méd., t. XXXI.

7134. — Rapport sur l'Epidémie de **Variole** qui a régné en 1870-71 dans l'arrondissement d'Abbeville par le Dr Legée. Présenté au Conseil d'Arrondissement. Session de juillet 1872. — Abbeville, Briez ; 12 p. in-12.

7135. — Analyse de l'**Eau minérale** ferrugineuse qui se trouve dans la Ville d'Abbeville en Picardie par le sieur Lemaire, Maître Apoticaire de Paris. Dédiée à MM. les Maire, Echevins, Corps et Communauté de la Ville d'Abbeville. MDCCXL. — S. l. n. n. ; 12 p. in-12.

Bibl. d'Abbeville.

7136. — *Notice sur les* **Eaux minérales** *d'*Abbeville.

Dict. minér. et hydrol. de la France. — Paris, Costard, 1772, t. I, p. 1 à 20 ; in-8°.

7137. — Analyse des **Eaux minérales** d'Abbeville par le citoyen de Noyelles.

Bull. Soc. Em. Abb., mess. an VII, p. 13 à 15 ; in-8°.

7138. — **Observations météorologiques** faites à Abbeville pendant l'année 1850, *par M. C. Decharme.* — Abbeville, Jeunet, 1852 ; 130 p. in-8°.

Extr. Mém. Soc. Em. Abb.

7139. — **Topographie** physique et **médicale** de la ville d'Abbeville, comprenant l'exposé des influences qui réagissent sur la santé des habitants, la statistique de la population et de la mortalité, plusieurs propositions d'hygiène et quelques notes sur l'histoire naturelle de l'arrondissement d'Abbeville, par le Docteur A. Hecquet. — Amiens, Lenoel-Herouart, 1857 ; 153 p. in-8°.

Extr. Mém. Soc. Médic. Amiens.

7140. — **Histoire météorologique** d'Abbeville ou Résumé des observations météorologiques faites en cette ville, de 1840 à 1860, suivi de quelques considérations sur les maladies observées dans ce pays, par A. Hecquet. — Abbeville, Briez, 1864 ; 134 p. in-8° et 3 pl.

Ext. Mém. Soc. Em. Abb.

7141. — **Analyses de l'eau** de quelques puits d'Abbeville, de la Rivière de Somme et de la petite rivière de Scardon, par le docteur Hecquet.

Trav. Cons. Hyg. Dép. Somme, t. IX, p. 117 à 180 ; in-8°.

7142. — **Analyse** chimique des **eaux potables** de la ville d'Abbeville. Rapport présenté au conseil d'hygiène de l'arrondissement d'Abbeville, par A. Hecquet.—Amiens, Alfred Caron, 1866 ; 68 p. in-8° av. 2 pl.

7143. — **Recherches hydrologiques** sur l'arrondissement d'Abbeville, suivies de trois cartes hydrographiques, par le Dr A. Hecquet.

Mém. Soc. Em. Abb., 1867-68, p. 661 à 683; in-8°.

7144. — Recherches sur les **Eaux de l'arrondissement d'Abbeville**, précédées de quelques considérations sur les maladies observées dans ce pays, par A. Hecquet. — Amiens, Alfred Caron, 1869; IX-184 p. in-8° et 2 pl.

7145. — La **Question des Eaux** à Abbeville, à propos de la future distribution d'eau. Conférence faite à l'Hôtel de Ville d'Abbeville le 16 juin 1890, par M. A. Pajot.

Bull. Conf. Scient. Ponth., t. III, p. 77 à 94 ; in-8°.

7146. — **Analyse** chimique de l'eau du puits de la Cauchiette. *Puits de la ville d'Abbeville à la Bouvaque*, par M. Pajot.

Bull. Conf. Scient. Ponth., t. III, p. 38 à 48 ; in-8°.

7147. — Mémoire pour Maîtres Jacques et Antoine le Sergeant, Nicolas Machart et François d'Argnies, Docteurs en Médecine, composans le corps ou collège des **Médecins** de la Ville d'Abbeville, Appellans d'une Sentence rendüe par le Sénéchal de Ponthieu le 13 May 1715. Contre Pierre Carpentier, soy disant Médecin, Intimé. — S. l. n. n., *1715*; 8 p. in-folio.

Bibl. A. de Caïeu.

7148. — Mémoire sur délibéré pour Jean Cauchy, Maître Serrurier, demeurant à Abbeville, Intimé. Contre la Communauté des **Chirurgiens** d'Abbeville, Appelante. — *Paris*, Brunet et Demonville, 1772; 15 p. in-4°.

Cauchy était poursuivi pour la vente d'un onguent guérissant les plaies.

Bibl. d'Abbeville.

7149 — Mémoire signifié pour le sieur Nicolas François Lefebvre, **Chirurgien Juré** à Abbeville, Intimé. Contre le Sieur Jacques Devaux, Chirurgien Juré à Abbeville, Appellant. — Abbeville, Devérité, Février 1774; 12 p. in-4°.

Bibl. d'Abbeville.

CHAPITRE XIII

JOURNAUX ET ALMANACHS

I. JOURNAUX

7150. — L'**Abbevillois**. 1840.

Edité par la maison C. Paillart et par ses successeurs, il a continué le Mémorial d'Abbeville. Son premier numéro est du 18 mars 1840 avec le titre : l'Abbevillois, journal des intérêts de l'arrondissement d'Abbeville. D'abord hebdomadaire, il est devenu bi-hebdomadaire le 19 mai 1848 avec le titre : l'Abbevillois, journal politique, agricole, commercial et littéraire de l'arrondissement d'Abbeville. Il a deux éditions l'une tri-hebdomadaire et l'autre bi-hebdomadaire depuis le 26 mai 1859, et il a été quotidien du 26 septembre 1870 au 31 mars 1871. Il continue à paraître sans avoir jamais eu aucune interruption dans sa publication.

7151. — **Avenir d'Abbeville**, organe démocratique.

Le premier numéro est du 6 mars 1896 : ce journal n'a eu que quelques numéros.

7152. — Le **Chant du Coq**. Ni blanc ni rouge, par Jean François. — Abbeville, Vitoux; in-16.

A paru en 1870-71 en sept fascicules formant ensemble 84 p.

7153. — L'**Etoile Picarde**, journal agricole, commercial et politique paraissant tous les Dimanches.

Ce journal publié à Abbeville a paru le 11 mai 1890 ; il n'a eu que quelques numéros.

7154. — L'**Eveil**, journal de l'arrondissement d'Abbeville, politique, commercial, agricole et littéraire.

Journal hebdomadaire imprimé à Amiens par Boudon-Caron, puis à Abbeville par Boulanger, ensuite par C. Paillart; a paru du 10 janvier 1839 au 11 mars 1840; 64 n°s in-folio.

7155. — L'**Evénement**, journal littéraire, agricole et commercial.

Publié à Abbeville chez Briez, Paillart et Retaux : a paru quotidiennement du 16 avril au 11 août 1871 en 125 numéros.

7156. — Le **Franc Picard Illustré**, paraissant tous les Dimanches. 1887.

Journal hebdomadaire; a paru à Abbeville du 3 juillet 1887 au 20 octobre 1889.

7157. — La **Gazette d'Abbeville**, Echo du Ponthieu et du Vimeu, Journal Républicain Progressiste paraissant le Lundi, le Mercredi et le Samedi.

Le premier numéro est du 22 avril 1893 : a cessé en juin 1898.

7158. — **Journal d'Abbeville** ou Feuille d'affiches, annonces et avis divers, du premier arrondissement d'Abbeville.

Fondé par Devérité, ce journal a paru le 4 janvier 1812 par cahiers in-8°. De 1815 à 1819, il s'appela : Feuille d'annonces d'Abbeville ; de 1820 à 1826 : Journal d'Abbeville, premier arrondissement de la Somme, etc. ; il a pris le format in-4° en janvier 1827, puis en 1835 le format in-folio. Le 16 février 1839, il parut sous le titre : Journal d'Abbeville et de l'arrondissement, Feuille politique, agricole, commerciale, littéraire et d'annonces, qu'il a conservé jusqu'au 6 octobre 1846 où, sous la direction de M. Jeunet, il devint le Pilote de la Somme. (Voir n° 7161.)

7159. — **Mémorial d'Abbeville** et de l'arrondissement ou feuille d'affiches, annonces, avis divers et mélanges de littérature.

Journal hebdomadaire, a paru pour la première fois le 26 juillet 1823, chez Boulanger-Vion en format in-8°; il prit le petit in-folio en 1833 et vécut jusqu'en mars 1840, époque à laquelle il fut remplacé par l'Abbevillois. (Voir n° 7150.)

7160. — **Picardie-Journal**. Religion, Ordre, Famille.

A paru d'abord à Amiens du 15 au 31 mai 1876 (n°s 1 à 7), puis à Abbeville du 1er juin au 13 septembre (n°s 8 à 62). Successivement tri-hebdomadaire et bi-hebdomadaire.

7161. — Le **Pilote de la Somme**, Journal d'Abbeville et de l'arrondissement.

C'est la suite du Journal d'Abbeville ; le 1er numéro est du 26 octobre 1846 ; le 10 mai 1859, il a modifié son titre pour être Le Pilote, Journal de la Somme et de l'arrondissement d'Abbeville ; le 21 avril 1863, il a repris le titre : Le Pilote de la Somme, Journal d'Abbeville qu'il porte encore aujourd'hui. Il paraît les mardis et vendredis et a été successivement imprimé par MM. Jeunet, Housse, Gamain, Caudron et Fourdrinier.

7162. — Du Progrès dans les Idées et dans la Presse à propos de l'agrandissement du **Pilote**, journal le plus ancien du département de la Somme. — Abbeville, René Housse, 1859 ; 15 p. in-12.

7163. — Le **Ralliement**, Journal républicain démocratique d'Abbeville et de la Région ; 1883.

Ce journal tri-hebdomadaire publié à Abbeville a paru le 3 juin 1883. Après avoir conservé son premier titre jusqu'au 14 janvier 1890, il s'est appelé successivement ; le 16 janvier 1890, le Progrès Picard et le Ralliement ; le 30 novembre 1890 ; le Progrès Picard, Ponthieu et Vimeu ; le 23 juillet 1892, le Progrès Picard et le Ralliement et le 8 octobre 1892, le Ralliement et le Progrès Picard, titre sous lequel il continue de paraître.

7164. — Le **Rénovateur**, Journal Républicain Libéral de l'Arrondissement d'Abbeville, paraissant les mercredi et dimanche ; 1er numéro, 27 avril 1898.

Ce journal n'a eu que deux numéros.

II. ALMANACHS

7165. — **Calendrier spirituel**, à l'usage des personnes pieuses. Où sont marquées les Fêtes, Confrairies, Indulgences plénières, Prédications, Assemblées et Conférences de Piété qu'il y a dans l'Année, dans la Collégiale, dans les Abbayes, Paroisses, Chapelles, Hôpitaux et Monastères d'Abbeville, et les Pèlerinages des Environs. — Abbeville, Artous, *vers 1720*; 52 p. in-12.

Bibl. H. Macqueron.

7166. — **Almanach du Ponthieu** qui a pour objet la recherche de l'Origine, de l'Histoire, des Mœurs, du Terroir, des Coutumes, de la Noblesse et du Commerce des premiers Habitans de ce Comté, avec l'État actuel Ecclésiastique, Civil et Militaire, et le poullier des Bénéfices. Année 1765. — Abbeville, Devérité; in-32 de XVI, 14 et 54 p.

Cet almanach a encore paru 6 autres années à différents intervalles et avec les titres souvent modifiés ci-après indiqués :

Almanach du Ponthieu, Villes et Bourgs Voisins. Année 1776. — Abbeville, Devérité; in-32 de XX p., 14 p. n. n. et 72 p.

Almanach du Ponthieu, Villes et Bourgs voisins. Présenté à Son Altesse Royale Monseigneur le Comte d'Artois fils de France, frère du Roi....

Année 1777. — Abbeville, Devérité; in-32 de 22 p. n. n. et 120 p.

Année 1778. — Abbeville, Devérité; in-32 de 23 p. n. n. et 87 p.

Année 1779. — Abbeville, Devérité; in-32 de 26 p. n. n. et 114 p.

Almanach du Ponthieu contenant son État Ecclésiastique, Militaire et Civil, son Commerce, ses Manufactures, de nouvelles Recherches sur son Histoire, etc. Présenté à S. A. R. Mgr. Comte d'Artois, Comte de Ponthieu.

Année 1783. — Abbeville, Devérité; in-32 de 120 p.

Année 1786. — Abbeville, Devérité; in-32 de VI-120 p.

Bibl. d'Abbeville.

7167. — **Almanach d'Abbeville**, annuaire de l'arrondissement pour l'année 1840. — Abbeville, C. Paillart; 162 p. in-18.

Cet almanach paraît encore aujourd'hui sous la même forme avec le seul titre : Almanach d'Abbeville.

7168. — Nouvel **Almanach** annuaire de l'arrondissement d'Abbeville pour 1849. — Abbeville, T. Jeunet; 207 p. in-4°.

Cet almanach a paru pendant treize ans jusqu'en 1863 avec interruption en 1850 et 1851 ; dès 1852 on a supprimé le mot « Nouvel » ; imprimé à Abbeville jusqu'en 1858 par T. Jeunet et de 1859 à 1863 par René Housse.

7169. — Les **Adresses** de la ville d'**Abbeville** — Abbeville, Briez, 1859; 181 p. in-16.

7170. — 1871. **Almanach de Rigobert.** 1re Année. — Abbeville, Gamain; 144 p. in-16.

A continué de paraître chez le même imprimeur jusqu'en 1875 ; la dernière année, 1876, porte comme éditeur : Paris, Vannier.

7171. — 1880. **Almanach du Pilote** de la Somme. Première année. — Abbeville, Caudron ; 314 p. in-16.

A continué de paraître chaque année dans la même forme.

7172. — **Annuaire** administratif, commercial, industriel et agricole d'**Abbeville** et de l'Arrondissement, par P. Horréard. 1re année 1894. — S. l. n. n. ; 250 p. in-8°.

Seule année parue.

7173. — **Almanach de l'arrondissement** d'Abbeville pour 1895. — Abbeville, C. Prudhomme; in-8° de 100, XXXII, 160 p. et 16 p. n. n.

A paru depuis chaque année.

CHAPITRE XIV

FAUBOURGS D'ABBEVILLE

7174. — Précis pour Sieur Nicolas Danzel, Négociant à Abbeville, prenant le fait et cause de Jean Roger, son Jardinier. Contre Messire Charles du Maisniel, Ecuyer, Sieur de Belleval, Lieutenant en l'Election de la même Ville et Nicolas Bonnard, Fermier. *Signé : Douet-d'Arcq.* — *Paris,* veuve Hérissant, 1781 ; 28 p. in-4°.

Au sujet du droit d'usage des chemins de la **Bouvaque** par les riverains du Scardon.

Bibl. H. Macqueron.

7175. — Mémoire pour M. Vayson, Manufacturier à Abbeville. Contre M. Macqueron. *Signé : Deberly.* — Amiens, Lenoël-Herouart, 1853 ; 20 p. in-4°.

Ce mémoire et les quatre suivants intéressent l'ancien moulin de **Sautine** et le régime des eaux de la vallée du **Scardon**.

7176. — Pour M. Oswal Macqueron, Propriétaire, demeurant à Abbeville ; Contre M. Jean-Antoine Vayson, Fabricant de tapis, demeurant aussi à Abbeville. *Signé : Delegorgue Aîné.* — Abbeville, Jeunet, décembre 1854 ; 22 p. in-4°.

7177. — Enquête sur l'abaissement du repère légal de la chute du **moulin de Patience**. Démonstration des erreurs consignées au rapport de Monsieur l'Ingénieur. — Abbeville, Briez, 1855 ; 7 p. in-4°.

7178. — Mémoire pour M. Vayson, Manufacturier à Abbeville, appelant ; Contre M. et Mme Delegorgue, intimés. *Signé : Deberly.* — Amiens, Lenoël-Herouart, 1855 ; 34 p. in-4°.

7179. — Résumé pour M. Macqueron, Intimé ; contre M. Vayson, Appelant. 12 Février 1856. *Signé : Girardin*. — Amiens, Duval et Herment ; 16 p. in-4° et 3 plans.

7180. — Lettres concernant la Justice du Seigneur de **Mautort** près d'Abbeville ; *octobre 1358*.

Ord. des Rois de Fr., t. III, p. 293 à 296 ; in-folio.

7181. — Précis pour les Maire, Echevins et Procureurs du Roi de l'Hôtel de Ville d'Abbeville. Intervenans, Intimés et Défendeurs ; Contre Messire Claude-Louis Vacquette du Cardonnoy, Doyen des Conseillers au Grand-Conseil, Appellant d'une Sentence de la Sénéchaussée de Ponthieu, du 8 Août 1753 ; Messire Charles-Antoine Denis de Caboche, Chevalier, Seigneur de Bachimont, et de l'Ordre militaire de S. Louis ; et Dame Marie-Françoise Duval, son épouse, héritière du Sieur Duval de Bomy, son père ; M. Josse Lefebvre, Seigneur de Warel, Président au Bureau des Traites d'Abbeville, Notaire Royal en la Sénéchaussée de Ponthieu ; et Demoiselle Marguerite-Françoise Alliamet, son Epouse, Demandeurs. — *Paris*, Jorry, 1780 ; 20 p. in-4°.

Sur une question de droit de pâturage au profit des habitants de **Menchecourt**.

Bibl. H. Macqueron.

7182. — Mémoire signifié pour le Sieur Nicolas-Charles Antoine Denys de Caboches, Chevalier, Seigneur de Bachimont, et autres Lieux ; Dame Marie-Anne-Françoise Duval, son Epouse, héritière du Sieur Blaise Duval de Bomy,

Intimés, Défendeurs ; Contre M° Claude-Louis Vacquette du Cardonnoy, Conseiller au Grand-Conseil, Appellant ; Et encore contre Jean Dubois et Consorts, au nombre de six Habitans de Manchecourt, aussi Appellans ; Et encore contre les Maire et Echevins d'Abbeville, Demandeurs. — Paris, veuve Hérissant, 1780 ; 13 p. in-8°.

Même affaire.
Bibl. d'Abbeville.

7183. — Mémoire signifié pour Messire Josse le Febure, Seigneur de Warel, Président aux Traites-Foraines d'Abbeville, et Notaire Royal en la Sénéchaussée de Ponthieu ; Demoiselle Marguerite-Françoise Alliamet, sa femme, Intimés, Défendeurs et Demandeurs ; Contre Jean Dubois et Consorts, au nombre de six Habitans de Menchecourt, ut singuli appelants ; Et encore contre les Maire et Echevins d'Abbeville, Demandeurs. — *Paris*, veuve Hérissant, 1780 ; 15 p. in-4°.

Même affaire.
Bibl. H. Macqueron.

7184. — Notice historique sur le fief Fleuron situé à **Manchecourt**, banlieue d'Abbeville, par M. Georges de Lhomel.

Bull. Soc. Ant. Pic., t. XVI, p. 465 à 470 ; in-8°.

7185. — *Bagatelle, Poëme par Sedaine. Cet ouvrage n'a pas de titre. A la première page se trouve.* A Monsieur Van R··· *puis.* Avant propos. M. Van R··· (*Robais*) dont la réputation est assez connue dans le commerce, vient de faire bâtir dans un des Fauxbourgs d'Abbeville, une Maison de Campagne à qui il a donné le nom de **Bagatelle**. *Le poëme commence à la page 3 avec le titre :* Bagatelle. — S. l. n. n. n. d. ; 16 p. in-8°.

Bibl. A. Van Robais.

7186. — Note sur l'emplacement du pont de Follemprise à **Rouvroy**, *par M. A. Van Robais.*

Bull. Soc. Em. Abb., 1877-1880, p. 48 ; in-8°.

CHAPITRE XV

COMMUNES RURALES DES DEUX CANTONS D'ABBEVILLE

7187. — Indulgence plénière de nostre S. Père le Pape Innocent XI. Donnée en faveur de ceux et celles qui visiteront l'Eglise de Nostre Dame de **Monflière**, scituée proche Abbeville. *Du 1er Septembre 1684.* — S. l. n. n.; plac. in-folio.

Bibl. A. de Caieu.

7188. — Notice sur la Chapelle de **Monflières**, *par E. Prarond*.

Alm. Ann. d'Abb., 1849, p. 124 à 129 ; in-8°.

7189. — Notre Dame de **Monflières** près Abbeville, *par Eugène Lefranc*. La Chapelle. L'Image miraculeuse. Pèlerinages et Confréries. — Amiens, Delattre-Lenoel, 1880 ; 48 p. in-24.

7190. — Notre Dame de **Monflières**, *par l'abbé Mille*. — Abbeville, Paillart, 1897 ; 32 p. in-24 av. vign.

7191. — Notice de M. Goze sur une ancienne croix en argent trouvée dans l'église de **Bray-les-Mareuil** département de la Somme (canton et arrondissement d'Abbeville).

Bull. Archéol., 1843, p. 111 à 114; in-8°.

7192. — Notice sur **Bray-lès-Mareuil**, par M. Ferdinand Mallet. — Abbeville, Paillart, 1895; 149 p. in-8° av. 1 pl.

Ext. Mém. Soc. Em. Abb.

7193. — Arrest du Conseil d'Etat du Roi, qui, sans s'arrêter à une Ordonnance de M^r l'Intendant d'Amiens, du 24 novembre 1756, déclare la paroisse de **Cambron** et autres lieux de ladite généralité compris dans les états arrêtés le 12 janvier 1689, sujets aux droits de Subvention, Inspecteurs aux boissons et autres, sans pouvoir en être déchargés sous prétexte de leur affoiblissement au dessous de cent feux. Du 17 Mai 1757.—Paris, Imprimerie Royale, 1757; 7 p. in-4°.

Bibl. H. Macqueron.

7194. — Arrest du Conseil d'Etat du Roi, qui déboute la Communauté des habitans du village de **Cambron**, de son opposition à celui du 17 mai 1757, par lequel, sans s'arrêter à une ordonnance de M. l'Intendant de la Généralité d'Amiens du 24 novembre 1756, lesdits habitants et ceux qui se trouvent compris et dénommés dans les états arrêtés le 12 janvier 1689, comme devant être sujets aux droits de Subvention, d'Inspecteurs aux Boissons et autres, seront et demeureront assujettis auxdits droits, sans pouvoir en être déchargés sous prétexte que le nombre desdits habitans est actuellement au dessous de la quantité de cent feux, et que dans ce temps là cette Communauté étoit composée de plus de cent Du 15 Août 1758.—Paris, Imprimerie Royale, MDCCLVIII; 8 p. in-4°.

Ibid.

7195. — Arrest du Parlement qui distingue l'ancien fond du Domaine des Cures d'avec le nouveau; et qui juge, qu'il n'y a que les fonds de l'ancien Domaine qui soient exempts du Droit de Dismes; et que les fonds donnez, leguez ou acquis depuis la dotation des Cures, et qui forment le nouveau Domaine, ne sont point exempts de ce droit. 22 aoust 1699.

Cet arrêt, rendu entre Jean Wattebled, curé de **Caux** et les religieux de St Riquier, maintient ces derniers dans leurs droits de décimateurs du terroir de Caux

Arrets notables...... par Augeard. — Paris, Guignard, 1710, t. I, p. 239 à 243; in-4° et Arrests rendus en faveur des Curez... — Paris, Saugrain, 1706, p. 174 à 176; in-8°.

7196. — Excursion d'Abbeville à Saint-Riquier en suivant la vallée du Scardon, Notre-Dame de Leure, **Cahours**, *par le baron de la Pilaye.*

Arch. de Pic., t. II, p. 25 à 32; in-8°.

7197. — Mémoire de M. Delgove, ancien Maire de **Caours**, adressé à M. le Préfet de la Somme en réponse aux attaques dirigées contre lui par la Municipalité actuelle. — Abbeville, 1884; 15 p. in-12.

7198. — Le Maire de **Drucat-Plessiel**... aux habitants... de Drucat *Signé : Dufossé; 21 juillet 1849.* — Abbeville, Paillart; in-4°.

Au sujet de la construction d'une maison d'école.

7199. — De quelques difficultés entre les Seigneurs et les Religieuses d'**Epagne**. 1614, *par M. F. Mallet.*

Bull. Soc. Em. Abb., 1897, p. 95 à 102; in-8°.

7200. — Si un Contrat d'acquisition fait par une Abbesse seule au profit du Couvent (d'**Epagne**), sans aucunes formalitez, peut estre résilié de la même manière sans aucune cause. 1704.

Arrets notables... par Augeard. — Paris, Robustel, 1718, t. III, p. 343 et 344; in-4°.

7201. — L'Abbaye d'**Epagne**, *par Fl. Lefils.*

La Picardie, t. XIV, 1868, p. 461 à 465; in-8°.

7202. — Cour de Cassation. Section des Requêtes. Mémoire pour la Commune de Mareuil, département de la Somme contre la Commune d'**Epagnette**, même département. — Paris, Pihan-Delaforest, 1830; 22 p. in-4°.

Contestations au sujet du marais d'Epagnette.

7203. — Lettres qui permettent aux Mayeur et Eschevins d'Abbeville, en qualité d'Aministrateurs de la **Maladrerie du Val** (*commune de* **Laviers**) près d'Abbeville, d'establir dans les terres qui luy appartiennent un Garde, qui pourra saisir les Charrois et Bestiaux, qui causeront du dommage à ces terres, et condamner à l'amende ceux qui les conduiront.

Ord. des Rois de Fr., t. V. p. 197 et 198; in-folio.

7204. — Admission d'un Lépreux au **Val** en 1494, par M. Alcius Ledieu.

Bull. Soc. Em. Abb., 1897-99, p. 88 à 92; in-8°. Voir aussi Bull. hist. et phil. du Comité, 1895, p. 296 et 297; in-8°.

7205. — Une Seigneurie (**Mareuil**) au xv° siècle, par M. Alcius Ledieu. — Abbeville, Caudron, 1883; 10 p. in-8°.

Extr. de la Picardie.

7206. — La reine Charlotte au château de **Mareuil** (1464).

Cab. hist. Pic. et Artois, t. I, p. 171 et 172; in-8°.

7207. — Document pour servir à l'histoire de l'instruction primaire en Picardie avant 1789, par M. l'abbé Le Sueur. Consentement et remise d'un surcens affecté sur la maison achetée pour l'école de charité de **Caubert**; 4 octobre 1738.

Cab. hist. Pic. et Art., t. V, p. 85 à 88; in-8°.

7208. — Mémoire pour Maître Alexis Tattegrain, Prêtre, Curé de la Paroisse d'Hennencourt, Diocèse d'Amiens, Titulaire de la Chapelle Perpetuelle de **Sainte Marguerite de Caubert**; Et Messire Pierre de Villepaux, Chevalier, Seigneur de Mareüil, Intervenant joint avec ledit Sieur Tattegrain, Demandeurs et Défendeurs. Contre François Verdun, Journalier demeurant au Fauxbourg des Planches de cette Ville, Défendeur. Et contre les Maître, Superieure et Religieuses de l'Hôpital de la ville de Ruë, Intervenans prenant le fait et cause de leur Fermier, Défendeurs et Demandeurs. — Amiens, Louis Godart, 1742; 8 p. in-folio.

Au sujet des biens de la Chapelle Ste Marguerite, de Caubert.
Bibl. d'Abbeville.

7209. — Mémoire pour M° Louis Levé, Curé de **Caubert**; Contre le sieur Lefebvre, seigneur de la même Paroisse. — *Paris*, Didot, 1762; 14 p. in-4°.

Question de devoirs des décimateurs.
Ancne Bibl. de Marsy.

7210. — Aux Habitans de la commune de **Mareuil**; juillet 1848. *Signé : Aliamet.* — Abbeville, Paillart; 3 p. in-4°.

7211. — Factvm pour les Doyen, Chanoines et Chapitre de l'Eglise Royale de Saint Vulfran d'Abbeville, deffendeurs et demandeurs. Contre Maistre Eustache Vulfran de Poilly, Prestre, Vicaire perpétuel d'Epagnette et **Vauchelle**, demandeur et deffendeur. — S. l. n. n., *vers 1687*; 7 p. in-folio.

Au sujet de la dime du lieu dit « Brulle » entre Epagnette et Vauchelles.
Bibl. H. Macqueron.

7212. — Mémoire signifié pour les Doyen, Chanoines et Chapitre de l'Eglise. Royale et Collégiale de S. Vulfran de la Ville d'Abbeville, Seigneur de Vauchelles en Ponthieu, Demandeurs et Défendeurs. Contre Louis-Nicolas Cacheleu, se disant Chevalier Seigneur Comte de **Vauchelles**, Défendeur et Demandeur. *Signé : Paignon.* — *Paris*, Vincent, 1751; 26 p. in-folio.

Bibl. H. Macqueron.

7213. — Addition au mémoire signifié pour le Chapitre d'Abbeville, Seigneur de **Vauchelles** en Ponthieu; Contre le Sieur de Cacheleu. *Signé : Paignon.* — *Paris*, Vincent, 1751 ; 15 p. in-folio.

Bibl. H. Macqueron.

7214. — Contredits de la Production nouvelle, faite par Requête du 9 Août 1751, qui serviront aussi de Salvations aux Contredits signifiés le 7 du même mois, que fournissent pardevant Vous Nosseigneurs des Requêtes du Palais en la Seconde Chambre. Les Doyen, Chanoines et Chapitre de l'Eglise Royale et Collégiale de Saint Vulfran d'Abbeville, Seigneurs de **Vauchelles** en Ponthieu, Demandeurs et Défendeurs. Contre le Sieur Louis Cacheleu, se disant Chevalier Seigneur de la Terre et Seigneurie de Vauchelles et autres Lieux, Défendeur et Demandeur. *Signé : Deflers.* — *Paris*, Paulus du Mesnil, 1751 ; 14 p. in-folio.

Ibid.

7215. — Mémoire signifié pour Messire Louis-Nicolas de Cacheleu, Chevalier, Seigneur de **Vauchelle**, Appelant ; Contre les Doyen, Chanoines et Chapitre de Saint Vulfran d'Abbeville, Intimés. — *Paris*, Chesnault, 1763 ; 50 p. in-4°

Bibl. H. Lottin.

7216. — Mémoire signifié pour les Doyen, Chanoines et Chapitre de l'Eglise Royale, et Collégiale de S. Vulfran d'Abbeville, Seigneurs Hauts-Justiciers et Patrons de **Vauchelles** en Ponthieu, Intimés. Contre le sieur Louis-Nicolas Cacheleu, Seigneur de Vauchelles en Baillage d'Amiens, et de deux Fiefs sans nom, sis à Vauchelles en Ponthieu, Appellant. — *Paris*, Vincent, 1763 ; 57 p. in-folio.

Bibl. d'Abbeville.

7217. — Addition signifiée au mémoire aussi signifié pour les Doyen, Chanoines et Chapitre de l'Eglise Royale et Collégiale de Saint Wulfran d'Abbeville, Intimés et Defendeurs ; Contre le Sieur Cacheleu, Appellant et Demandeur. *Signé : Paignon.* — S. l. n. n., 1763 ; 26 p. in-folio.

Bibl. H. Macqueron.

CHAPITRE XVI.

CANTON D'AILLY-LE-HAUT-CLOCHER

I. SAINT-RIQUIER

7218. — Histoire de **Saint-Riquier** et des dix-huit Communes formant avec cette ancienne Ville le Canton d'Ailly-le-Haut-Clocher, par Ernest Prarond. — Paris, Dumoulin ; Abbeville, Prévost, 1867 ; 746 p. in-8°.

7219. — Lettre sur quelques notes concernant **S. Riquier**, par *H. Dusevel*.

La Picardie, t. XVIII, 1871-72, p. 197 à 200 ; in-8°.

7220. — Histoire de l'Abbaye et de la Ville de **Saint-Riquier**, par l'abbé Hénocque. — Amiens, Douillet et Cie, 1880-1888 ; 3 vol. in-4°, le 1er de XL-568 p. av. 6 pl. ; le 2e de 562 p. av. 9 pl. et le 3e de 574 p. av. 4 pl.

Les t. I et II portent en sous-titre : Les Saints. Les Abbés. Le Monastère et l'Eglise. La Ville et la Commune.

Le t. III porte en sous-titre : La Ville de Saint-Riquier. Sa Commune. Sa Noblesse. Ses divers Etablissements. Seigneuries et Fiefs de l'Abbaye situés en divers lieux. Ses Prieurés. L'Hôtel-Dieu. Le Château de La Ferté.

Ext. Mém. Soc. Ant. Pic.

7221. — Etude sur **Saint-Riquier**, par L. de Bonnault. — Abbeville, C. Paillart, 1886 ; 69 p. in-8°.

Ext. Mém. Soc. Emul. Abbev.

7222. — Essai historique sur la commune de **Saint-Riquier**, *par J. Jouancoux.*

Arch. de Picardie, t. I, p. 128 à 140 ; in-8°.

7223. — Confirmation par Louis VI des règlemens faits pour la commune de **Saint-Riquier**. 1126.

Ord. des Rois de Fr., t. XI, p. 184 ; in-folio.

7224. — 1259-1260. 22 février. Ratio reddituum et expensarum communiæ **Sancti Richarii**.

Layett. du Trés. des Ch., t. III, p. 506 à 508 ; in-8°.

7225. — Nomination de Gardiens particuliers et spéciaux pour les Habitans de **St Riquier**. *Décembre 1350.*

Ord. des Rois de Fr., t. IV, p. 26 et 27 ; in-folio.

7226. — Confirmation de la Commune accordée à la Ville de **St Riquier** ; *avril 1365.*

Ibid., t. IV, p. 548 ; in-folio.

7227. — Anecdote du Moyen-Age. Becquestoille. *au siège de* **St Riquier**, *par M. Louandre.*

Mémor. univ. de l'indust. franç., 1821, t. IV, p. 318 à 320 ; in 8°.

7228. — Les **Prévôts** royaux de **Saint-Riquier** depuis 1500, avec des notes pour servir à l'histoire de leurs familles et de celles qui en descendent, par le Cte Le Clerc de Bussy. — Amiens, Lenoël-Herouart, 1873 ; 20 p. in-8°.

Ext. de la Picardie.

7229. — Arrest du Conseil d'Etat du Roi, qui supprime des droits de **péage** prétendus par le sieur du Châtelet, à Mésicourt, Maison-lès-Ponthieu, Yvranchen *(sic)*, Bellancourt et Pray, dans la seigneurie de la **Ferté-Saint-Riquier**, généralité d'Amiens. Du 8 Septembre 1752. — Paris, Imprimerie Royale, 1753 ; 2 p. in-4°.

Bibl. H. Macqueron.
Autre édition en placard in-folio.
Arch. dép. de la Somme, C, 1210.

7230. — Documents divers sur l'**Abbaye de St Riquier**.

Annal. Ord. S. Bened., t. I, p. 336, 391, etc.

7231. — Chronicon **Hariulfi** monachi S. **Richarii** Centulensis.

Spicilège de... d'Achery, 1723, t. II, p. 291 à 356 ; in-folio.

7232. — Ex chronico Centulensi, sive S. **Richarii**, Auctore **Hariulfo** Monacho, sæculo XI.

Rec. des Hist. des Gaul., t. III, p. 349 à 352 ; t. VI, p. 229 ; t. VII, p. 243 à 246 ; t. VIII, p. 273 à 275 ; t. X, p. 194 à 195 ; t. XI, p. 129 à 135 et t. XII, p. 272 à 274 ; in-folio.

7233. — **Hariulf**. Chronique de l'Abbaye de **Saint-Riquier** (ve siècle-1104), publiée par Ferdinand Lot. — Paris, Alph. Picard, 1894 ; LXXIII-362 p. in-8°.

7234. — Chronicon Centulense ou Chronique de l'Abbaye de **Saint-Riquier**. Traduction d'**Hariulfe** par le Marquis Le Ver, publiée et annotée par M. Ernest Parond. — Abbeville, Fourdrinier, 1899 ; LXXIII-381 p. in-4°.

Ext. Mém. Soc. Em. Abb.

7235. — Chronique de **Pierre Le Prestre**, publiée pour la première fois, d'après le manuscrit original et précédée d'une notice sur l'auteur, par le marquis de Belleval. — Abbeville, C. Paillart, 1877 ; 155 p. in-8°.

Ext. Mém. Soc. Em. Abb.

7236. — **Jean de la Chapelle** et la Chronique abrégée de **Saint-Riquier**, par *E. Prarond.*— Abbeville, P. Briez, 1856; 178 p. in-4°.

Ext. Mém. Soc. Em. Abb.

7237. — **Johannis de Capella** Chronica abbreviata dominorum et sanctorum abbatum **sancti Richarii**. Nova editio quam summariis annotationibusque illustravit E. Prarond. — Paris, Alph. Picard, 1893; XX-194 p. in-8°.

7238. — Notice historique sur l'**Abbaye de Saint-Riquier** présentée à Monseigneur de Chabons... le jour de la distribution des prix, *par l'abbé Padé*. — Amiens, Ledien-Canda, 1826; 35 p. in-8°.

7239. — Les Possessions de l'**Abbaye de Saint-Riquier** dans le Pagus de Thérouanne au IX° siècle, *par l'abbé Haigneré*.

Bull. Soc. Ant. Morinie, 1889, p. 445 à 452; in-8°.

7240. — Recognitio Chartarum monasterii **Centulensis** ab Anschero abbate facta. *1098.*

Ann. Ord. S. Ben. Mabillon. — Lutetiæ... 1713, t. V, p. 663 et 664 ; in-folio.

7241. — Gilles de Machemont, *abbé de St Riquier.*

Tabl. d'hist. loc , par Coet. — Compiègne, Mennecier, 1889, p. 208 à 211 ; in-8°.

7242. — Sentence du Prévôt de **Saint-Riquier** dans un différend entre l'**Abbaye** de cette Ville et l'Echevinage d'Abbeville. 1326.

Cab. hist. Pic. et Art., t. II, p. 140 à 142 ; in-8°.

7243. — Confirmation des Lettres de Sauvegarde Royale pour l'**Abbaye de Saint-Riquier**; *décembre 1382.*

Ord. des Rois de Fr., t. VI, p. 683 et 684 ; in-folio.

7244. — Contestation entre l'abbé et les **religieux de Saint-Riquier** et les habitants de Mélicoq, *XVI° siècle*, par M. de la Fons de Mélicoq.

La Picardie, t. IV, 1858, p. 209 à 215 ; in-8°.

7245. — Une Révolution dans l'**Abbaye de Saint-Riquier**. Le dernier Abbé régulier et les premiers Abbés commandataires, *par E. Prarond.*

Mém. Soc Em. Abbev., 1849-1852, p. 799 à 814; in-8°.

7246. — La Cour ordonne que vne Abbaye (**Saint-Riquier**) sera réformée. et le reuenu de l'Abbé employé au fait de ladite réformation. 1551. Extraict des Registres de Parlement.

Preuv. des Lib. de l'Egl. gallic. — Paris, Cramoisy, 1751, p. 1236; in-folio.

* **7247.** — Factum pour messire François Du Prat de Barbançon.... seigneur d'Herville.... contre les religieux..... de l'**Abbaye de Saint-Riquier**. — S. l. n. n., 1666; in-folio.

Bibl. Nat¹⁰, f° Fm, 5455.

* **7248.** — Factum pour l'**Abbaye de Saint-Riquier**. Contre les sieurs de Nantouillet et de Barbançon. — S. l. n. n., *après 1668;* in-folio.

Au sujet d'une redevance due à l'abbaye par le sieur de Barbançon à cause de sa seigneurie d'Arvillers.

Bibl. N¹⁰, Thoisy, 125, f° 72.

7249. — **Officia** propria regalis Monasterii Centvlensis sev **S. Richarii** in Pontivo Ordinis S. Benedicti Congregationis S. Mavri. — Abbavillæi, apud Nicolaum Musnier, 1685; 158 p. in-8°.

Bibl. d'Abbeville.

7250.— Mémoire instructif pour les Religieux de l'**Abbaye de saint-Riquier**, Ordre de S. Benoist, Appellans conjointement avec le Substitud de Monsieur le Procureur général au Chastelet de Paris, de la Sentence du 18 Février 1698. Contre Dom Estienne Natin, cy devant Procureur et Scellerier de ladite Abbaye, Intimé. *A la suite et par pagination séparée :* Accusations for-

14

mées par les Religieux de saint Riquier contre Nattin. — S. l. n. n. n. d. ; 12 et 4 p. in-folio.

Bibl. d'Amiens, Hist., n° 3596.

7251. — Factum pour les Religieux de l'**Abbaye de Saint Ricquier**, Accusateurs. Contre Dom Estienne Nattin, ci-devant Procureur et Cellerier de ladite Abbaye. Et Georges Dubois et Magdelaine Bergé, dite la Dupré, accusez *de vols, faussetés et soustractions de titres.* — S. l. n. n. n., *1698* ; 32 p. in-folio.

Bibl. d'Amiens, Hist., n° 3596.

***7252.** — Factum pour messire Jean Le Ver, seigneur de Caux, défendeur, contre Messire Charles d'Aligre, **abbé de Saint-Riquier**, demandeur en requête civile. — S. l. n. n. n. d. ; in-4°.

Bibl. N^{le}, Thoisy, 392 f° 204.

***7253.** — Réflexions nouvelles pour M. d'Aligre, Conseiller d'Etat ordinaire, abbé de l'**abbaye de Saint-Riquier**... contre le sieur de Caux et consorts. — S. l. n. n., *avant 1695* ; in-folio.

Bibl. N^{le}, Thoisy, 140 f° 365.

***7254.** — Mémoire pour les créanciers de feu M. l'abbé d'Aligre... contre les **religieux de Saint-Riquier**. *Signé : Le Vaillant.* — S. l. n. n. n. d. ; in-folio.

Bibl. Nat^{le}, Thoisy.

7255. — Factum pour les **Religieux**, Prieur et Convent de l'Abbaye Royalle **de Saint-Riquier**, Ordre de Saint-Benoist, Intimez, Appellans, Demandeurs et Défendeurs. Contre les Religieux de l'Abbaye de Nostre-Dame de Livry, Hugues Duval, Procureur à la Sénéchaussée de Ponthieu, le sieur de Senonville et autres, Appellans, Intimez, Demandeurs et Défendeurs. — S. l. n. n. n., *1700* ; 34 p. in-folio.

Réclamation d'un droit de quint denier sur treize seigneuries dépendant de l'abbaye.

Bibl. d'Amiens, Hist., n° 3596.

7256. — Mémoire pour les **Religieux de S. Riquier**, Servant de Réponses aux nouvelles Objections des Religieux de Livry. — S. l. n. n., *1700*; 3 p. in-folio.

Ibid., Hist., n° 3596.

7257. — Factum pour Hugues du Val, Nicolas Berger, Pierre le Boucher, Ecuyer, Sieur du Catelet, et consors, tenanciers de l'**Abbaye de S. Riquier**, Appellans, Intimez, Intervenans, Demandeurs et Deffendeurs. Contre les Religieux, Prieur et Convent de ladite Abbaye, Intimez, Appelans, Deffendeurs et Demandeurs. Et M^r l'Archevêque d'Aix, Abbé Commendataire de ladite Abbaye, Deffendeur. *Signé : de Poilly.* — *Paris*, Jollet, *vers 1705* ; 29 p. in-folio.

Au sujet de l'établissement, en cas de mutation, d'un quint denier de la valeur des héritages que les tenanciers de l'abbaye possédaient en roture.

Bibl. H. Macqueron.

7258. — Réponses particulières de quelques-uns des Tenanciers de l'**Abbaye de Saint-Riquier** parties au procès. — S. l. n. n., *vers 1710* ; 10 p. in-folio.

Même affaire.

Bibl. H. Macqueron.

7259. — Réponse pour les Religieux de Saint-Riquier à un Mémoire intitulé Réponses particulières de quelques-uns des Tenanciers de l'**Abbaye de Saint-Riquier**, Parties au Procès. — S. l. n. n., *vers 1710* ; 4 p. in-folio.

Bibl. d'Amiens, Hist., n° 3596.

7260. — Additions de Contredits Servans de Salvations de Production nouvelle, que met et baille pardevant Vous Nosseigneurs de Parlement en la Troisième Chambre des Enquêtes, M° François de Dompierre. Conseiller du Roy et son Procureur en l'Election de Ponthieu, Demandeur et Défendeur. Contre les **Religieux de S. Riquier**, Défendeurs et Demandeurs suivant les Arrêts et Ordonnance de la Cour des

30 Janvier et 13 Avril 1711. *Signé :
Dubus de Boislisle*. — S. l. n. n. n. d. ;
8 p. in-folio.

Ibid.

* **7261**. — Mémoire servant de réponse aux additions de grief pour les Prieur et **Religieux de S. Riquier**, intimés. Contre messire Gabriel de Cosnac, Abbé de St Riquier, Archevêque d'Aix, appelant d'une sentence rendue aux Requêtes du Palais *le 11 juin 1717. Signé : de Héricourt*. — *Paris*, Vincent, s. d. ; in-folio.

Relatif au prix du bail de l'abbaye de St Riquier réclamée par l'évêque de Die.
Bibl. Nat^{le}, f° Fm, 15261.

7262. — Relation *de l'incendie de l'abbaye de St Riquier en 1719*. — S. l. n. n. n. d. ; in-4°.

Bibl. Nat^{le}, LK⁷, n° 9037.

7263. — Mémoire sommaire pour Maistre Pierre Foissard Notaire Royal, et Procureur en la Prevosté de Saint-Riquier ; Antoine Garbadot, Marchand Brasseur et Laboureur ; Antoine Sueur Tailleur d'Habits, et Magdelaine Garbadot, sa femme ; Adrien le Febvre, Bourlier. Françoise-Carpentier, sa femme ; François Poulin, Laboureur et Augustin Hequet, tisserand et Catherine Tilloloy, sa femme, tous demeurans audit Saint-Riquier, Demandeurs : Contre les Prieur, **Religieux** et Convent **de Saint-Riquier**, Défendeurs. *Signé : Deflers*. — S. l. n. n. n. d. ; 3 p. in-4°.

Action en responsabilité de l'incendie arrivé chez eux par suite de l'incendie de l'Abbaye du 30 Mars 1719.
Bibl. H. Macqueron.

7264. — D'Abbeville. *Récit de la mort de Claude Treille*, **Religieux de Saint-Riquier**, *arrivée le 17 mars 1742*.

Nouv. ecclés., 1742, p. 139 à 140; in-4°.

7265. — Suite des Nouvelles Ecclésiastiques. Du 25 Mars 1742. Du Diocèse d'Amiens. *Lettre relative à l'histoire de la Bulle Unigenitus à l'***Abbaye de St Riquier**.

Nouv. ecclés., 1742, p. 45 à 47; in-4°.

7266. — Mémoire pour Claude Demons, Ecuyer, Seigneur d'Hedicourt. Contre Messieurs les Abbé, Prieur et **Religieux de Saint-Riquier**. *Signé : Ropiquet*. — S. l. n. n., *vers 1753* ; 4 p. in-folio.

Question de fiefs.
Bibl. H. Macqueron.

7267. — D'Amiens. *Récit de la vie et de la mort de Mathieu François Lartésien*, **religieux** *décédé à* **Saint-Riquier** *le 17 décembre 1764*.

Nouv. ecclés., 1766, p. 124 ; in-4°.

7268. — Lettres patentes du Roi qui ordonnent que nonobstant la Surséance portée par la Déclaration du 20 Février 1725, les Procès nés et à naitre pendant la vacance de l'**Abbaye de Saint-Riquier**, pour raison des biens et droits qui pourront lui appartenir, seront poursuivis par l'Econome géneral du Clergé Données à Fontainebleau le 12 Octobre 1773. Registrées en Vacations le 27 Octobre 1773 et en Parlement le 26 Novembre 1773. — *Paris*, P. G. Simon, 1773 ; 3 p. in-4°.

7269. — Mémoire sur la question importante de Relief à Mercy ou du Quint des Rotures réclamé en toutes mutations par l'**Abbaye de S. Ricquier**. *Le titre de départ porte* : Mémoire pour Nicolas et Charles Maillet, Laboureurs, et Marie Maillet, Fille majeure, tous trois frères et sœur, demeurant au Village d'Oneux : Bernard Lenglet, Marchand Brasseur, demeurant au Bourg de Domart ; Me Louis Farcy, Prêtre, Vicaire d'Oneux ; Charles-Joseph Farcy, Ménager ; Nicolas Farcy, aussi Ménager, demeurants tous deux au Village d'Oneux ; Jean-Martin Louchart, Laboureur ; Nicolas Verdun, aussi Laboureur, et Nicolas Hecquet, tous trois demeurants au Village de Noyelle-en-Chaussée, Appellans ; Contre le Sieur Pierre-

Charles Acloque, Marchand, demeurant à Amiens, Receveur de la Manse abbatiale de l'Abbaye de S. Riquier, actuellement en Economat, intimé ; En présence des habitans, propriétaires de Terres et Mazures des Villages d'Oneux, Noyelle en Chaussée et Domart en Ponthieu, Intervenans. — *Amiens*, J. B. Caron fils, 1779 ; 72 p. in-4°.

Bibl. d'Abbeville.

7270. — Mémoire pour le sieur Pierre-Charles Acloque, Bourgeois d'Amiens y demeurant, Receveur de la Manse abbatiale de l'**Abbaye** Royale **de Saint-Ricquier**, actuellement en Economat, intimé ; Contre Maître Louis Farcy, Prêtre, Vicaire de la Paroisse d'Onneux, Charles-Joseph et Nicolas Farcy, Ménagers, Nicolas Maillet, Laboureur, tous quatre demeurants audit Onneux ; Bernard Langlet, Brasseur, demeurant à Dommard ; Nicolas Hecquet, Tonnelier ; Nicolas Verdun, Laboureur et Jean-Martin Louchart, aussi Laboureur, tous trois demeurant à Noyelle en Chaussée, Appellans. — Paris, Stoupe, 1779 ; 45 p. in-4°.

Bibl. H. Macqueron.

7271. — Description historique de l'**Eglise** de l'ancienne Abbaye royale **de Saint-Riquier** en Ponthieu ; suivie d'une notice historique et descriptive de l'Eglise Saint-Vulfran d'Abbeville, par A. P. M. Gilbert. — Amiens, Caron-Vitet ; Abbeville, Grare, 1836 ; in-8° de X-246 p. av. 3 pl.

7272. — Eglise de **Saint-Riquier**, *par H. Dusevel.* — 39 p. gr. in-8° av. 1 pl.

Extr. de Châteaux, Beffrois, etc., t. II.

7273. — Etude archéologique et historique sur l'**Eglise de St Riquier**, par M. H. Dusevel. — Amiens, Lenoel-Herouart, 1863 ; 23 p. in-8°.

Extr. de la Picardie.

7274. — Rapport sur la visite à **Saint-Riquier** le 8 juin 1867, par M. l'abbé Hénocque. — Amiens, Caillaux, 1868 ; 14 p. in-8°.

Extr. du Congr. scient. d'Amiens.

7275. — Guide du Touriste dans l'**Eglise de Saint-Riquier**, par L. Petit. — Abbeville, Retaux, 1884 ; 72 p. in-16.

7276. — Peinture des trois morts et des trois vifs à l'Abbaye de **Saint-Riquier**.

Essai sur les danses des morts, par Langlois, t. II, p. 187 à 190 av. 1 pl. ; in-8°.

7277. — Règle et Constitutions des Religieuses de l'**Hostel-Dieu de S. Riquier**. — Amiens, G. Le Bel, MDCCI ; 114 p. in-12.

Bibl. H. Macqueron.

7278. — Petit **Séminaire de Saint-Riquier**. Vers lus dans la Séance académique du 14 avril 1858. Souvenirs et Regrets, *par N. Chambellant.* — Abbeville, Briez ; 7 p. in-8°.

7279. — Procès-verbal de la Cérémonie de la Bénédiction et de la Pose de la première Pierre d'une Chapelle au petit-**Séminaire de Saint-Riquier**. Traduction. — Abbeville, Briez, 1859 ; 9 p. in-4°.

7280. — Bibliothèque du **Château de la Ferté** en Ponthieu, au XIVe siècle, *par Ch. de Beaurepaire.*

Bibl. Ec. Chart., 1852, p. 559 à 562 ; in-8°.

II. AUTRES COMMUNES DU CANTON D'AILLY-LE-HAUT-CLOCHER

7281. — Notice sur l'Eglise d'**Ailly-le-haut-Clocher**, par M. le Dr Goze.

Mém. Soc. Em. Abb., 1844-1848, p. 259 à 265 ; in-8°.

7282. — Mémoire pour les Curé et Marguilliers de **Bussu**, Seigneurs et Directeurs de la Chapelle de Nostre-Dame d'Hemimont, Intervenans, De-

REGLE
ET
CONSTITUTIONS
DES RELIGIEUSES
DE L'HOSTEL-DIEU
DE S. RIQUIER.

A AMIENS
Chez G. LE BEL, Imprimeur du Roy,
proche le College.

M. DCCI.

mandeurs, Appellans d'une Sentence des Requestes du Palais du 26 Janvier 1692 et Deffendeurs. Contre les Abbé et Religieux de Saint-Riquier, Intimez, Deffendeurs et Demandeurs. Joseph Vaillant Ecuyer, Sieur de Romainville, Demandeur et Deffendeur, Dame Jeanne de Beaumy, veuve du Sieur de Cacheleu, et le Sieur de Cacheleu de Bussuel son fils, Deffendeurs et Demandeurs. Et encore contre François Carette, et autres Intervenants et Deffendeurs. *Signé : Camus.*—S. l. n. n. n. d.; 12 p. in-folio.

Bibl. H. Macqueron.

7283. — Mémoire sur la Chapelle d'Emimont, et le droit de Seigneur en partie de **Bussu**. Pour Dame Jeanne de Beaumy, veuve de Mre Loüis de Cacheleu, Chevalier Seigneur de Bussuel; Et Mre Charles-François de Cacheleu Chevalier Seigneur de Bussuel et autres lieux, Appellans et Deffendeurs. Contre les Religieux, Prieur et Convent de Saint-Riquier, Intimez. Et Joseph Vaillant Sieur de Romainville, Intervenant et Demandeur. *Signé : Esnault.* — S. l. n. n., *1712;* 6 p. in-folio.

Ibid.

7284. — Factum pour Mre Charles-François de Cacheleu, Chevalier Seigneur de Bussuel, Seigneur de **Bussu** en partie et autres lieux, Appellant. Contre Joseph Vaillant Ecuyer, Sieur de Romainville, Intimé. Et les Sieurs Prieur et Religieux de l'Abbaye de Saint Riquier, Intimez. *Signé : Esnault.* — S. l. n. n., *vers 1712;* 4 p. in-folio.

Ces trois pièces concernent la haute justice de l'église de Bussu.

Ibid.

7285. — Notice sur un groupe de Bronze composé de deux Lutteurs qui ont été trouvés, l'un à **Coquerel** (Somme) en 1802, l'autre à Long en 1803, par M. Morel de Campenelle. — Abbeville, A. Boulanger; 10 p. in-8° et 1 pl.

Extr. Mém. Soc. Em. Abb.

7286. — *Notice sur le groupe d'Hercule et d'Antée trouvé à* **Cocquerel**.

Rec. de Mon. ant., par Grimaud de la Vincelle. — Paris, 1817, t. II, p. 185 à 190 et pl. XX et XXI ; in-4°.

7287. — **Coquerel,** *par M. Goze.*

Arch. de Pic., t. II, p. 107 à 112 ; in-8°.

7288. — Mémoire pour Dame Marie-Marguerite Lefort, Veuve de Messire Jean-Baptiste le Caron, Chevalier, Seigneur de Varennes, et Consorts, poursuivant le Décret de la Terre de **Cocquerelle** et autres Immeubles des sieur et dame de Calonne de Coquerelle, Intimés. Contre Messire Jean-Baptiste-Claude-Nicolas-Balthasard de Calonne, Chevalier, Marquis de Lignières-Châtelain, Fils aîné et Héritier apparent des sieur et dame de Coquerelle, Parties saisies, appellant. En présence du sieur et dame de Coquerelle, et des Syndics et Directeurs de leurs Créanciers unis. — *Paris*, Le Breton, 1766 ; 43 p. in-4°.

Bibl. A. de Caïeu.

7289. — Second mémoire pour la Dame de Varennes et Consorts, poursuivans le décret des immeubles des Sieur et Dame de Calonne de **Coquerelle**, Intimés. Contre le Sieur de Calonne, Marquis de Lignières-Châtelain, fils aîné et héritier apparent des Parties saisies, appellant. — *Paris*, L. Cellot, 1766 ; 24 p. in-4°.

Ibid.

7290. — Observations pour la Dame de Varennes et Consorts, Intimés. Contre le Marquis de Lignières-Châtelain, Appellant. — *Paris*, L. Cellot, 1766 ; 6 p. in-4°.

Ibid.

7291. — Lettre de Messieurs les Gens du Roi en la Sénéchaussée de Ponthieu et au Présidial d'Abbeville Relatives à l'Arrêt de la Grand Chambre de Parlement, rendu au rapport de Monsieur de Beze de Lis, Conseiller, le 9

Août 1766, au profit du Sieur Marquis de Lignières-Châtelain. — Amiens, veuve Godart, 1767 ; 22 p. in-4°.

Au sujet de la terre de **Cocquerel**.
Bibl. d'Abbeville.

7292. — Les Stations de la Voie romaine d'Amiens à Boulogne, par A. Van Robais. — Abbeville, 1887 ; 5 p. in-8°.

Note sur l'emplacement de **Domqueur**.

7293. — Extrait d'un Aveu rendu et servy par Louis de Bournel, Chevalier, Seigneur de Thieubrone, de Bauchen, du Plouïc et autres lieux, le 27 Avril 1496, à Messire Pierre de Roncherolles, Chevalier, mary de Madame Marguerite de Châtillon, etc. Extrait de la Sentence arbitrale, rendue entre Messire Nicolas Rouhault, Chevalier, Seigneur, Marquis de Gamaches, Seigneur de Moreuil, Plouic et Gorenflos, et autres lieux, d'une part *et Louis de Sacquespée, d'autre part*. Extrait de la Sentence, rendue de Monsieur le Bailly d'Amiens, ou son lieutenant, entre Messire Charles de Montmorency, Chevalier, Marquis de Villeroye, **le Plouic le Domqueur** Gorenflos en partie. Et Charles de Saquespée, Escuyer, aussi Seigneur de Gorenflos en partie, d'autre part. — S. l. n. n. n. d. ; 3 p. in-folio.

Bibl. H. Macqueron.

7294. — Nouvelles Fouilles à Ergnies *faites en 1879, par M. Delignières*.

Bull. Soc. Em. Abb., 1877-80, p. 180 à 183 ; in-8°.

7295. — *Notes sur des découvertes faites en 1885 à* **Ergnies** *et à* **Domqueur,** *par M. Delignières*.

Bull. Soc. Em. Abb., 1885, p. 40 à 43 ; in-8°.

7296. — Charte Communale d'**Ergnies.** 26 Novembre 1210.

Musée des Arch. Départ.... — Paris, Imp. Nat¹ᵉ, 1878, p. 103 à 108.

7297. — **Ergnies**. Sceau d'Echevinage, *par E. Delignières*.

La Picardie, 1878, p. 251 à 254, fig. ; in-8°.

7298. — Notice sur **Long** et **Long-pré-les-Corps-Saints** et sur leur commune Seigneurie, par M. E. Delgove, curé de Long — Amiens, Vᵛᵉ Herment, 1860 ; 100 p. in-8°.

Extr. Mém. Soc. Ant. Pic.

7299. — Mémoire signifié pour François Lourdel, héritier d'Antoinette Lourdel, sa tante.... contre François, Antoine et Marie Meurice, Antoine Le Clerc, Jacques Merdieux, Jean Marguery... et les curé et marguilliers de l'église et village de **Long**, et consorts... Signé : *Target*. — *Paris*, J. B. Lamesle, 1729 ; in-folio.

Bibl. Natⁱᵉ, f° Fm, 10107.

7300. — Plaidoyer pour le sieur de Buissy, Président des Trésoriers de France, en la Généralité d'Amiens, Seigneur de Long, Demandeur. Contre les nommés Etienne Desjardins, Antoine Cormont et consorts, habitants du village de **Long**, Défendeurs. Et contre les sieur et dame Defresne prenant leur fait et cause. 1733.

Question de tourbage. L'arrêt a décidé que le tourbage détériorait totalement les terres et que le Seigneur censier en devait être récompensé.

Plaidoy. et Mém... par M. Mannory. — Paris. Hérissant, 1764, t. XIII, p. 183 à 216 ; in-12.

7301. — Mémoire pour Damoiselle Marie-Thérèse-Marguerite Michault, veuve de François-Paul Le Sergeant, Sieur de Frêne, Conseiller du Roi Elù en l'Election de Ponthieu, Défenderesse et Demanderesse. Les Maires et Echevins de la Ville d'Amiens. Et les Maïeurs, Echevins et Habitans de la Ville d'Abbeville, Intervenans. Contre Honoré-Charles de Buissy, Ecuyer, Seigneur de **Long** et autres lieux, Demandeur et Défendeur. Signé : *Lerondelle de Feranville*. — *Paris*, Ph. Nic. Lottin, 1736 ; 17 p. in-folio.

Question de tourbage.
Bibl H. Macqueron.

7302. — Addition au mémoire signifié pour La Demoiselle Veuve Le

Sergeant de Fresne. Et les Maires, Echevins et Habitans des villes d'Amiens et d'Abbeville. Contre le Sieur de Buissy, Seigneur de **Long**. — *Paris*, Ph. Nic. Lottin, 1736; 4 p. in-folio.

Bibl. d'Amiens, Hist., n° 3594.

7303. —Arrest du Conseil d'Etat du Roi, qui supprime les Droits de **Péages** prétendus par le Sieur de Buissi, tant sur la Rivière de Somme, sous le Pont de **Long**, que par terre sur ledit Pont, et dans les Prez dudit Lieu de Long. Du 31 Décembre 1754. — S. l. n. n.; plac. in-folio.

Arch. dép. de la Somme, C, 1211.

7304. — Précis justificatif pour les Citoyens Moreau et Joly, Agent et Adjoint Municipaux de la Commune de Long, *au sujet de tapage et de violences commises a* **Long**, *par les gendarmes, le 22 pluviôse an V.* — Amiens, J. B. Caron l'ainé ; 19 p. in-4°.

Bibl. d'Amiens, Hist., n° 3669.

7305. — Mémoire pour les Administrateurs de la Fabrique de l'Eglise de **Long** par l'ancien de ses Marguilliers. — Abbeville, de l'Impr. rue S¹ Gilles, 1810 ; 72 p. in-4°.

Relatif à des poursuites exercées contre M. Brailly, curé et M. de Boubers, marguillier à propos de l'emploi des fonds destinés aux réparations de l'église et du presbytère.

7306. — Mémoire contre les ânes *** onymes Auteurs de la Diatribe remise les 5 et 6 Juin dernier, à chacun des Membres du Juri spécial, devant lequel a été traduit le Marguillier de l'Eglise de **Long** sous l'invocation de S¹ J. Baptiste, et remise depuis trois mois au Ministère public. — Abbeville de l'Imprim. rue S¹ Gilles, *1810;* 39 p. in-4°.

7307. — Addition au Mémoire pour le Marguillier de l'Eglise de **Long**, attaqué en Réparation de réputation, par l'Architecte-Entrepreneur et Fournisseur de l'Adjudication des réparations de ladite Eglise. *Signé : Amédée de Bou-* *bers.* — Abbeville, de l'Impr. rue S¹ Gilles, *1810;* 27 p. in-4°.

7308. — Note pressante et essentielle pour les marguilliers de la Fabrique de **Long**. — Abbeville, de l'Impr. rue S¹ Gilles ; 12 p. in-4°.

7309. — Second mémoire pour la Fabrique de l'Eglise de **Long**. *Signé : de Boubers.* — Abbeville, de l'Impr. rue S¹ Gilles, 1810 ; 55 p. in-4°.

7310. — Observations en forme de réponse aux allégations faites par M. de Boubers, de la Commune de **Long**, Contre le Desservant de ladite Commune dans un écrit ayant pour titre : Addition au Mémoire... *Signé : Delétoile, desservant.* — *Paris*, Hacquart, vers *1810;* 22 p. in-4°.

7311. — Appel à Sa Majesté Louis XVIII, Surnommé par ses peuples Louis-le-Désiré ; d'une des cent mille et une iniquités de N'Apoléon (sic) dit l'Exterminateur des Peuples. — Abbeville, De-vérité ; in-4° de 4 p. n. n. et 17 p.

Cette pièce curieuse comme style anti-napoléonien, datée du 5 juillet 1814 et signée du Comte de Boubers est une réclamation, au nom des habitants de **Long** et de la vallée de la Somme, contre la loi du 10 mars 1813 relative aux tourbières et aux biens communaux.

Bibl. A. de Caïeu.

7312. — Conseil de Préfecture de la Somme. Note pour MM. Bruno et Lucien Lemée, Entrepreneurs des travaux de construction de l'Eglise de **Long**, défendeurs. Contre M. Vimeux, architecte à Abbeville. En présence de la Commune de Long, demanderesse. — S. l. n. n, *1851;* 16 p. gr. in-8° autog.

*7313. — Mémoire pour dame Madeleine d'Incourt, veuve de Pierre Langlois..., seigneur de Septenville..... contre la communauté des habitants du village de **Mouflers**, appelans de la sentence du bailliage d'Amiens, du 4

— 112 —

août 1734.... *Signé : Le Seneschal.* — *Paris*, Chardon ; in-folio.

<small>Question de servitude. - Bibl. Nat^{le}, l° Fm, 8597.</small>

7314. — Arrest du Conseil d'Etat du Roy, portant confirmation du Droit de Péage sur le **Pont-de-Remy**. Du 8 Mars 1746. — S. l. n. n.; plac. in-folio.

<small>Arch. dép. de la Somme, C, n° 1207.</small>

7315. — Arrest du Conseil d'Etat du Roy, portant supression des Droits de Péage et de Travers qui se perçoivent sur les **Ponts de Remy**, au profit du Seigneur dudit Lieu. Du 2 May 1747.— S. l. n. n.; plac. in-folio.

<small>Arch. dép. de la Somme, C, n° 1207.</small>

7316. — Mémoire à consulter pour Madame de Saint-Fargeau contre les Propriétaires des Moulins et Meuniers à **Pont de Remy**. — *Paris*, Cellot, an XII ; 26 p. in-8°.

<small>Question de droit de pêche. Bibl. d'Amiens, Jurisp., n° 953, t. III.</small>

7317. — Mémoire pour M. le Comte du Maisniel intervenant sur la demande en partage formée par la commune du **Pont-de-Remy** contre celle de Liercourt. *Signé: Ernest de Villers.* — Paris, Proux, 1843 ; 78 p. in-4°.

<small>Au sujet de la possession de 100 hectares de marais.</small>

7318. — Consultation de M. de Vatimesnil sur l'intervention de M. le Comte du Maisniel dans le Procès intenté par la Commune de **Pont-de-Remy** contre celle de Liercourt. — Paris, Proux; 23 p. in-4°.

7319. — Note sur délibéré pour M. le Comte du Maisniel contre la Commune de **Pont-Remy**. 1845. *Signé : Malot*. — Amiens, Alfred Caron ; 32 p. in-4°.

7320. — Château et Eglise du **Pont de Remy**, *par H. Dusevel.* — 20 p. gr. in-8° av. 1 pl.

<small>Chât., Beffrois, etc., t. II.</small>

7321. — Le vieux Pont de la Somme et la Maison du Péage à **Pont-Remy**, par Edouard Dieppe.

<small>Cab. hist. Pic. et Artois, t. IX, p. 75 à 79 av. 2 pl. ; in-8°.</small>

7322. — Filature de lin par mécanique, et Tissage de toiles, De S. A. R. Monsieur le Dauphin, Au **Pont-de-Remy**, Département de la Somme. *Documents.* — Abbeville, H. Devérité, 25 juin 1829 ; 7 p. in-4°.

<small>Bibl. H. Macqueron.</small>

7323. — Rapport sur une visite aux Usines de la Compagnie linière de **Pont-Remy**, *par M. G. Rousseau.*

<small>Bull. Soc. Ind. Amiens, 1872, p. 124 à 145 ; in-8°.</small>

7324. — **Villers-sous-Ailly** depuis le xve siècle, par le Président de Roquemont. — Amiens, Douillet, 1889 ; 242 p. in-8° av. 3 pl.

7325.— R. P. D. A. Mortier. L'Eglise de **Villers-sous-Ailly**. Souvenir de la Fête du 25 Septembre 1890. — Amiens, Piteux, 1891 ; 167 p. in-12.

CHAPITRE XVII

CANTON D'AULT

7326 — Bourg d'**Ault**. — S. l. n. n., *vers 1850*; 30 p. gr. in-8°.

7327. — Lettre sur **Ault** et copie d'une Charte royale de 1382 instituant un marché dans cette ancienne ville, par le Cte Le Clerc de Bussy. — Paris, Dumoulin, 1877; 12 p. in-8°.

Extr. Bull. Soc. Ant. Pic.

7328. — De par le Roi. Extrait des Registres du Parlement. *Arrêt, du 2 mars 1660, faisant défense aux sieurs Aubert, Guérin et autres, de percevoir un droit de treize sols pour le poisson amené du bourg d'*Ault *à Paris*. — S. l. n. n.; in-folio.

Bibl. N[le], f° Fm, 3256.

7329. — Ivgement sovverain rendv par Messire Pierre Lallement, *contre François Lebreton, commis au grenier à sel d'*Ault *et autres, pour faux saunage dans le ressort de ce grenier à sel; du 25 octobre 1660.* — S. l. n. n.; 11 p. in-folio.

Bibl. H. Macqueron.

7330. — Iugement sovverain rendv par Messire Pierre Lallement... *contre Jean Lemoine, Jean Pesnel et Noël Fricourt, Procureur, Commis et Greffier du Grenier à sel d'*Ault, *convaincus de faux saunage; du 27 octobre 1660.* — S. l. n. n.; 8 p. in-folio.

Bibl. H. Macqueron.

7331. — De par le Roy. De l'édit du Roy Donné à Marly au mois de Mars mil sept cent vingt cinq. Registré en la Cour des Aydes le vingt-six Avril 1725, portant règlement pour l'arrondissement des Greniers à Sel de la Direction d'Amiens, a esté extrait ce qui suit : Grenier du Bourg d'**Ault**. *Règlement*. — S. l. n. n.; plac. in-folio.

Bibl. A. de Caieu.

7332. — Arrest contradictoire de la Cour des Aydes de Paris, qui infirme trois Sentences de l'Election d'Eu, par l'une desquelles Jacques le Rond le fils, Antoine d'Ohin, Pierre Courtin, tous **Pêcheurs au Bourg d'Ault**, et leurs femmes ont été renvoyés de la demande du Fermier des Aydes... Lequel Arrest a confisqué au profit du Fermier des Aydes le Poisson de Mer qu'ils ont fait arriver au Bourg d'Ault, sans déclaration et payement desdits Droits... Du 12 Décembre 1741. — Paris, Prault, 1742; 7 p. in-4°.

Bibl. H. Macqueron.

7333. — Edit du Roy portant suppression des Offices de l'**Amirauté** du Bourg d'**Ault**. Donné à Versailles, au mois de Janvier 1761. — Paris, P. G. Simon, 1761; 4 p. in-4°.

Ibid.

7334. — Déclaration du Roi, portant fixation du ressort des **Amirautés** d'Eu et de Saint-Vallery, au Bourg d'**Ault**. Donnée à Versailles le 30 Juin 1767. — Paris, P. G. Simon, 1767; 4 p. in-4°.

Ibid.

7335. — The Vision of Bourg-è-d'**Ault**, a poem by the autor of Torini, Sketches of India, etc. — Abbeville, Devérité, 1831; 27 p. in-8°.

***7336.** — Délibération du conseil municipal du bourg d'**Ault**, sur la question de savoir si le chef-lieu de canton doit être changé; *11 mai 1845.* — Abbeville, Paillart; in-4°.

Bibl. Nat¹ᵉ, LK⁴⁸, n° 92.

7337. — Discours prononcé par le R P. Henriot des Frères Prêcheurs à l'occasion de l'inauguration d'une **école libre** dirigée par les Sœurs de Saint-Vincent-de-Paul à **Ault** (Somme) le 17 mars 1893. — Abbeville, Paillart, 1893; 16 p. in-8°.

7338.—Notice sur la **Serrurerie** de Picardie, par P. Briez. — Abbeville, Briez, 1857; 87 p. in-8°.

Cette industrie existe surtout dans le canton d'Ault.

7339. — Rapport sur une monographie des ouvriers **serruriers du Vimeu**, par M. Ed. Gournay.

Bull. Soc. Ind. Amiens, t. XX, 1882, p. 142 à 158; in-8°.

7340. — Clôture de la Mission prêchée à **Béthencourt-sur-Mer** par les RR. PP. Franciscains Bernard et Claramons, le 18 octobre 1857. *Signé :* Cantrel-Bouté. — Abbeville, Briez; in-18.

Extr. de l'Abbevillois.

7341. — D'Amiens. *Correspondance relative à Jean-Baptiste Testar, curé de* **Bourseville**, *opposant à la Bulle Unigenitus.*

Nouv. ecclés., 1748, p. 169 à 171; in-4°.

7342. — Mémoire signifié pour les Abbé, Prieur, Religieux et Convent de l'Abbaye Royale de Saint-Valery-sur-Somme, Ordre de Saint-Benoît, Congrégation de Saint-Maur, Demandeurs et Deffendeurs. Contre le Sieur Louis-François-Antoine Ponthieu, Ecuyer, Seigneur de Popincourt et autres Lieux, Trésorier de France au Bureau des Finances d'Amiens, Deffendeur et Demandeur. — *Paris*, Jean Lamesle, 1754; 22 p. in-folio.

Au sujet des fiefs de **Bourseville**, Tilloy et Nibas.

Bibl. d'Amiens, Hist., n° 3596.

7343. — Addition au mémoire signifié pour les Abbé, Prieur et Religieux de l'Abbaye Royale de Saint-Valery-sur-Somme, Ordre de Saint Benoit, Congrégation de Saint-Maur. Contre le Sieur Ponthieu de Popincourt, Trésorier de France au Bureau des Finances d'Amiens. — *Paris*, J. Lamesle, 1755; 8 p. in-folio.

Ibid., Hist., n° 3596.

7344. — La Compagnie de **Fressenneville**, Régiment de Monchy-Cavalerie 1719-1739, par M. F. Mallet.

Bull. Soc. Em. Abb., 1894-96, p. 118 à 137; in-8°.

7345. — Mémoire signifié pour Messire René-Jérosme de Coppequesne, Chevalier, Seigneur de **Fressenneville**. Contre la Dame de Belleval. Et Mᵉ Louis-Alexandre le Fort de Villière, Conseiller au Siège Présidial d'Abbeville. — *Paris*, veuve Knapen, 1749; 8 p. in-folio.

Au sujet des droits féodaux sur les terres de la seigneurie de Fressenneville.

Bibl A. de Caïeu.

7346. — Mémoire signifié pour les Habitans, Corps et Communauté du Village de Friville; Et Messire Jérôme René de Coppequesne, Chevalier, Seigneur de Fressenneville, Friville et autres lieux, Intimé. Contre Nicolas Fruitier, Laboureur demeurant à la Ferme de Noirville et consors, Appellant. — *Paris*, Ph. Nic. Lottin, 1737; 10 p. in-folio.

Au sujet des seigneuries de **Friville** et de Noirville.

Bibl. A. de Caïeu.

7347. — Délibération du Conseil municipal de la Commune de **Friville-Escarbotin**, sur la Question de savoir

— 115 —

si le Chef-lieu du Canton doit être changé ; du 17 juillet 1845.—S. 1 n. n.; 12 p. in-4° av. carte.

7348. — Délibération de la Commission Syndicale de **Friville** sur le projet d'ériger cette Section et celle d'Escarbotin en Communes séparées. — *Abbeville, C. Paillart, 1846* ; 12 p. in-4°.

7349. — Les Habitants de la section de **Friville** à MM. les membres du Conseil général de la Somme. — Abbeville, Paillart, 1850 ; in-4°.

Même affaire.

7350. — **Friville-Escarbotin**. Documents pour servir à l'examen du projet d'érection en deux communes distinctes. 1843-1881. — Abbeville, Caudron, 1881 ; 75 p. in-8° et 2 pl.

7351. — Dossier présenté par la Commission syndicale de **Friville** concernant la demande d'érection en Commune d'Escarbotin. — Abbeville, Paillart, 1881 ; 12 p. in-4° et 1 carte.

7352. — Commune de **Friville-Escarbotin**. Plan du Territoire et Renseignements Relatifs à une Pétition adressée à M. le Préfet de la Somme par les Electeurs d'Escarbotin et de Belloy. — Abbeville, Caudron, 1881 ; 16 p. in-4° et 1 pl.

7353. — Archéologie. Découverte d'une Station romaine à **Mers**, canton d'Ault (Somme), *par Michel Hardy*. — Dieppe, Delevoye, 1871 ; 7 p. in-8°.

7354. — Excursion du Tréport à **Mers**, *par Eugène Dusevel fils*.

La Picardie, 1870, p. 97 à 101 ; in-8°.

7355. — Lettre sur **Mers**, Froideville, Blingues et Rompval, par Oct. Thorel. Réponse par A. Janvier. — Amiens, Hecquet, 1891 ; 103 p. in-16.

7356. — Ce qu'il faut voir à **Mers**.

Ce qu'il faut voir à Tréport, Mers et Eu, par J. Périn. — Eu, Lemarié, 1900, p. 47 à 64 av. 4 vign.; in-8°.

7357. — Conseil d'Etat. 25 mai-18 juin 1860. Présidence de M. Boudet. Requêtes n°ˢ 29145 et 30011. La commune de **Mers** (Somme) et M. Cormon demandeurs contre l'Etat. — Paris, Thunot ; 28 p. in-8°.

Au sujet de la propriété de terrains côtiers sis entre Mers et Le Tréport.

7358. — Allocution prononcée le 18 août 1878 pour l'inauguration de la statue de Notre-Dame de la Falaise, à **Mers**. — Paris, 1878 ; 54 p. in-8°.

7359. — Saison de 1891. Annuaire de **Mers-lez-Tréport**. — Amiens, Imprim. nouvelle ; 53 p. in-16.

7360. — Le Ludwigslied ou Chant de Guerre de la Bataille de **Saucourt** (*commune de* **Nibas**), par M. d'Ault Dumesnil. — Amiens, Lemer aîné, 1861 ; 15 p. in-8°.

Ext. Mém. Soc. Ant. Pic.

7361. — Note sur la Bataille de **Saucourt**, par M. l'Abbé C. Dehaisnes. — Lille, Danel, 1872 ; 10 p. in-8°.

Ext. Mém. Soc. Sc., Agr. et Arts de Lille.

7362. — Bénédiction de la Cloche de **Saucourt**. 2 Juin 1879. — Paris, Bray et Retaux, 1879 ; 7 p. in-16.

7363. — Mémoire signifié pour Messire François Duminil, Chevalier, Seigneur de Fiennes, Ochencourt et autres Lieux, Demandeur et incidemment Défendeur. Contre Dame Agnès de Montmignon, Veuve du Sieur Antoine Rolland et Charles Antoine Roland, son fils, Défendeurs et incidemment Demandeurs. *Signé : Baron*.— Amiens, veuve Godart, 1749 ; 14 p. in-folio.

Au sujet des droits honorifiques dans l'église d'**Ochancourt**.

Bibl. Soc. Ant. Pic.

7364. — Mémoire signifié pour Dame Agnès de Montmignon, veuve du Sieur Antoine Rolland, Seigneur d'**Ochancourt**-Ponthieu, ancien Officier de Son

Altesse Royale Monseigneur le Duc d'Orléans Régent du Royaume, et Charles Antoine Rolland, son fils aîné, Officier de chez le Roy, Capitaine d'une Compagnie détachée des Gardes Cottes du Port de Cayeux, Seigneur dudit Ochancourt, Défendeur au principal, et Demandeur incidament en Complainte. Contre François Duminil, Ecuier, Seigneur de Fienne et d'Ochancourt, Bailliage d'Amiens, Demandeur au principal et Défendeur incidemment. *Signé :* d'Esmery. — S. l. n. n., *1749* ; 14 p. in-folio.

Ibid.

7365. — *Note sur un tableau dans l'église d'*Ochancourt*, par M. Dusevel.*

Bull. Arch. du Comité, t. III, 1844-1845, p. 46 à 48 ; in-8°.

7366. — Notice sur Ponts, **Marais** et **Aouste**, restes de l'ancienne **Augusta**, par M. l'abbé Cochet.

Bull. Soc. Ant. Pic , t. III, p. 334 à 342 ; in-8°.

7367. — Emplacement de la villa **Augusta**, *par G. Delattre.*

La Picardie, 1884, p. 269 à 272 ; in-8°.

7368. — La Question d'**Augusta**, *par l'abbé Sauvage*.

La Picardie, 1884, p. 49 à 67 et 316 à 329 ; in-8°.

7369. — Arrests du Conseil d'Estat du Roy. Le premier casse une Sentence des Elûs d'Amiens : Condamne les nommés de Flocq, et de Saint-Germain, chacun en 50 liv. d'amende pour leur refus de souffrir les Inventaires ; leur enjoint et aux autres Habitans de la Paroisse de **Lacroix-au-Bailli**, de les souffrir à l'avenir et de payer les droits de Subvention, et défend ausdits Elûs de rendre à l'avenir de pareilles Sentences, à peine d'interdiction et de 500 livres d'amende.

Le second déboute les dits de Flocq et Habitans de leur opposition au premier Arrest ; et pour le nouveau refus de la part dudit de Flocq et autres de souffrir les Inventaires, les condamne : Sçavoir, ledit de Flocq en 100 livres d'amende et les autres en 50 livres chacun, et au coust du présent Arrest.

Le troisième les déboute d'une seconde opposition, et ordonne l'exécution du precedent. Des premier Decembre 1722, 14 Juin et 20 Septembre 1723. — Paris, Veuve Saugrain et Pierre Prault, MDCCXXX ; 12 p. in-4°.

Bibl. H. Macqueron.

7370. — Office de Saint Quentin, martyr, patron de la Paroisse de **St Quentin-Motte-Croix-au-Bailly**. — Amiens, Lenoel-Herouart, s. d. ; 24 p. in 8°.

7371. — D'Amiens. *Correspondance relative à la mort de Mr Nicolas Cyvart, curé de* **Tully**, *accusé de Jansénisme, arrivée le 29 mai 1749.*

Nouv. ecclés , 1751, p. 123 à 124 ; in-4°.

*****7372.** — Mémoire pour Paul-Henri Crignon, lieutenant particulier en la sénéchaussée de Ponthieu, à Abbeville. Contre Jean-Baptiste Obry, curé des paroisses de **Woignarue** et d'Onival... ... — Paris, 1750 ; 13 p. in-folio.

Cat. de la Libr. Voisin, n° 15656.

7373. — Mémoire pour M. le Duc d'Orléans, comme représentant de la succession de Marie de Lorraine, Duchesse de Guise, Seigneur de la Vicomté et Châtellenie d'Ault. Contre Jerome-Eugène de Vaudricourt, Seigneur d'Allenay et de l'Alleu, Défendeur. — *Paris*, D'Houry, 1753 ; 8 p. in-folio.

Au sujet de la propriété des mollières du Hâble d'Ault, c^{ne} de **Woignarue**.

Bibl. d'Abbeville.

7374. — Mémoire pour Charles Joachim Rouault, Marquis de Gamaches, Comte et Gouverneur de Saint Vallery, Seigneur du Pays et Roc de Cayeux, Grand d'Espagne de la première classe, Maître de Camp du Régiment Royal,

Piedmont; et Hierosme-Eugène de Vaudricourt, Ecuyer, sieur de Laleu, Défendeurs et Demandeurs. Contre le sieur Crignon, procédant sous le nom de S. A. R. Monseigneur le Duc d'Orléans, Premier Prince du Sang, Seigneur d'Ault, Demandeur et Défendeur. — Paris, P. G. Simon, 1756; 56 p. in-folio.

Question du **Hâble d'Ault**.
Bibl. d'Abbeville.

7375. — Mémoire pour addition pour Charles-Joachim Rouault...... contre le sieur Crignon.... — Paris, P. G. Simon, 1757; 35 p. in-folio.

Bibl. d'Abbeville.

* **7376**. — Mémoire pour Louis-Philippe d'Orléans, duc d'Orléans..... représentant la succession de Marie de Lorraine, duchesse de Guise...., contre Jérôme Eugène de Vaudricourt, sieur de l'Alleu et M° Joachim Rouault, marquis de Gamaches..... *Signé : Tribard*. — *Paris*, veuve d'Houry et fils, 1757; in-folio avec un plan gravé.

Bibl. Nat¹ᵉ, f° Fm, 12155.

* **7377**. — Observations dans le délibéré pour M. le Duc d'Orléans...... représentant la succession de Marie de Lorraine, duchesse de Guise.... contre le marquis de Gamaches... seigneur de Cayeux et le sieur de Vaudricourt de Laleu. *Signé : Savin du Mony*. — *Paris*, veuve d'Houry et fils, 1758; in-folio.

Bibl. N¹ᵉ, f° Fm, 12156.

7378. — Mémoire pour M° Jean-Baptiste Obry, Prêtre, Curé des Paroisses d'Onnival et de **Woignarue**; et M° Simon Dufestel, Prêtre, Curé de la Paroisse de Cayeux, Intimés, Demandeurs et Défendeurs. Contre M° Nicolas Dubrun, Notaire et Procureur Fiscal des Chatellenies de Saint-Valery-sur-Somme et de Cayeux, Charles Holleville et Nicolas Fournier, Laboureurs, Appellans, Defendeurs et Demandeurs. Et encore contre Charles-Papin, Ecuyer, Seigneur de Caumesnil et Consorts, Intervenans, Demandeurs et Defendeurs. — *Paris*, L. Cellot, 1765; 47 p. in-4°.

Documents sur le **Hâble d'Ault**.
Bibl. d'Abbeville.

7379. — Mémoire pour les Sieurs Nicolas Dubrun, Charles Holleville; Antoine-François Varin, Procureur Fiscal du Comté d'Eu; Charles Papin de Comesnie et Consorts, Appellans et Intervenans, Propriétaires des Molières d'Aval; Contre les Sieurs Obry et Dufestel, Curés des Paroisses de **Woignarue**, Onnival et Cayeux, Intimés. — Paris, P. G. Simon, 1765; 40 p. in-4°.

Bibl. d'Abbeville.

7380. — Ern. de Croutelles Lignemare, Le **Hâble d'Ault**. — Blangy-sur-Bresle, Legrand, 1896; 28 p. in-8°.

7381. — Résumé sommaire pour Dame Charlotte-Bénigne-Aymard-de-Fontaines, épouse de Michel-Pierre Garnier, stipulante tant de son chef, comme co-héritière de Charles-Philippe-Aymard-de-Fontaines, son père, qu'au nom et comme unique héritière d'Aléaume-René-François de Fontaines, son frère, et d'envoyée en possession de tous ses biens, par les arrêtés des Consuls du vingt-quatre Germinal an dix, du Préfet de la Somme, du dix-neuf Messidor de la même année; revendiquant, à ce double titre, les ci-devant fiefs de **Woincourt**, d'Imbleval et de Boccaselin. Contre la Dame veuve et les héritiers d'Etienne Simon Beaudoin, se prétendants acquéreurs légitimes.— Abbeville, L. A. Devérité, an XII, 1804; 35 p. in-4°.

Bibl. H. Macqueron.

7382. — Réponse au Mémoire ayant pour titre : Moyens sommaires quant à la compétence. Pour Dame Geneviève Marie Selot, veuve du citoyen Etienne-Simon Baudouin, ancien Directeur des Aides à Rouen, adjudicataire des domaines de **Woincourt**, Imbleval et

Bocasselin et les héritiers bénéficiaires dudit cit. Baudouin, co-propriétaires desdits domaines. Contre Dame Charlotte-Benigne Defontaines, épouse du cit. Michel-Pierre Garnier, agissant tant de son chef, que comme se prétendant héritière d'Aléaume-René-François Defontaines, son frère. — Abbeville, L. A. Devérité, 1804; 32 p. in-4°.

Ibid.

7383. — Consultation sur un procès pendant au tribunal d'Abbeville, entre Dame Bénigne Charlotte Aymard de Fontaines, Femme Garnier, contre les Héritiers Beaudouin. — Paris, Hugelet, an XII ; 30 p. in-4°.

Bibl. d'Abbeville.

7384. — Jugement rendu par la Cour d'Assises du département de la Somme, séant à Amiens le 4 Novembre 1822, qui condamne à la peine de mort le nommé Brusselle, Magister, Chantre et Secrétaire de la Mairie, demeurant à **Woincourt**.... convaincu d'avoir empoisonné sa femme, allaitant deux enfans, sous le prétexte de les sevrer et de lui couper son lait avec du sel duobus, pour épouser ensuite une autre femme.... — Abbeville, H. Devérité; 2 p. in-4°.

Bibl. H. Macqueron.

7385. — Souvénirs de la Mission d'**Yzengremer** par les R. P. Bernard et Jean-Baptiste, Franciscains du Couvent d'Amiens.—Abbeville, Briez, 1857; 4 p. in-12.

CHAPITRE XVIII

CANTON DE CRÉCY-EN-PONTHIEU

7386.—Notice historique sur **Crécy**, par de Cayrol.

Mém. Soc. Em. Abb., 1836-37, p. 165 à 206; in-8°.

7387.—Notes historiques sur **Crécy-en-Ponthieu**, par F. I. Darsy.—Amiens, Delattre-Lenoel, 1877 ; 109 p. in-8°.

Extr. de la Picardie.

7388. — Département de la Somme. Ville de **Crécy-en-Ponthieu**. Inventaire sommaire des Archives communales antérieures à 1790, par M. Georges Durand. — Amiens, Jeunet, 1888 ; 39 p. in-4°.

7389. — **Crécy en Ponthieu**. Notice historique, par M. Georges Durand.

Ann. de la Somme, 1890, p. 398 à 406 ; in-12.

***7390**. — Charl. Aleyn. The battailes of **Crescey** and Poictiers. — London, 1631 ; in-8°.

Autre édition : London, 1633 ; 138 p. in-8°.

7391. — La mal-heureuse journée de **Crécy**, où les Français furent défaits par les Anglais.

Hist. gén. de France...., par Scip. Dupleix. — Paris, 1642, t. II, p. 477 à 482 ; in-folio.

7392. — Lettre à un Membre de l'Académie d'Amiens sur la Bataille de **Crécy**. *Signé D. D. (Dargnies)*.

Mercure de France, mai 1757, p. 155 à 182 ; in-16.

***7393**. — Mémoire sur la Bataille de **Créci**, où les Français furent repoussés par les Anglais, en 1346.

Magas. encyclop., t. XX, 1798, p. 483 à 504.

7394. — Ancien poëme sur la bataille de **Crécy**.
Buchon, coll. chron. nat. franç., t. XIV, p. 281 à 300.

7395. — Bataille de **Crécy** (1346), par F. C. Louandre.
Rev. anglo-franç., t. III, 1836, p. 245 à 270; in-8°.

7396. — An Inquiry into the existing Narrations of the Battle of **Cressy**, with some Account of its Localities. Traditiones and Remains. By George Frederick Beltz, Esq. K. H., F. S. A., Lancaster Herald, in Letter to sir Henry Ellis, K. H., F. R. S., Secretary.
Archæologia, published by the Soc. of Antiq. of London, t. XXVIII, 1839, p. 171 à 192 ; in-4°.

7397. — Mémoire sur le manuscrit de Froissart de la bibliothèque de la ville d'Amiens, et en particulier sur le récit de la bataille de **Crécy**, par M. Rigollot.
Mém. Soc. Ant. Pic., t. III, p. 131 à 184 ; in-8°.

7398. — Note additionnelle au mémoire sur le manuscrit de la chronique de Froissart et en particulier sur le récit de la bataille de **Crécy**, par M. Rigollot.
Ibid., p. 487 et 488 ; in-8°.

7399. — Bataille de **Cressy**, marche et position des armées françaises et anglaises rectifiées, avec une carte, par le Baron Seymour de Constant. — Abbeville, Grare, s. d. ; 46 p. in-24.
Publié aussi dans la Revue anglo-française, t. I, p. 317 et s.

7400. — Mémoire sur l'Expédition anglaise de 1346 et sur la Bataille de **Crécy** par Joachim Ambert. Extrait du Spectateur militaire. — Paris, Bourgogne, 1845 ; 144 p. in-8° et 1 pl.

7401. — Itinéraire au Champ de Bataille de **Crécy**, lu à la Société des Sciences morales, le 2 décembre 1836 ; par M. l'Abbé Caron, publié par le docteur Boucher.—Versailles, Klefer, 1849 ; 76 p. in-8°.

7402. — Bataille de **Crécy**. Marche et Position des Armées Française et Anglaise rectifiées, avec une carte, par le Baron Seymour de Constant. Troisième Edition augmentée de quelques observations sur un Mémoire récemment publié sur le même sujet, par M. Ambert. — Abbeville, T. Jeunet, 1851 ; 95 p. in-8° et 1 plan.

7403. — Hajji. The battle of **Cressy**. — Avranches, 1856 ; 24 p. in-8°.

7404. — Bataille de **Crécy**, par J. Lion.—Amiens, Lenoel-Herouart, 1867; 24 p. in-8°.
Extr. de la Picardie.

7405. — Bataille de **Crécy**. Copie d'un manuscrit de la Bibliothèque nationale, communiquée par M. J. Lion.
Bull. Soc. Ant. Pic., t. IX, p. 215 a 220 ; in-8°.

7406. — Moseley. Poem on the battle of **Cressy**.
Once a week, 1870, t. XXII, p. 337.

7407. — An artist's visit to the battle fields of **Crécy** and Azincourt. Drawn by John Absolon, R. I. Written by W. M. Colles.
The Graphic, sept. 24. 1887 ; 4 p. in-fol. av. 18 fig.

7408. — Le Canon dans l'armée d'Edouard III (**Crécy** 1346) et dans celle du prince de Galles... par M. le colonel Babinet.
Bull. Soc. Ant. de l'Ouest, 1896, p. 323 à 339 ; in-8°.

7409. — Lettres *du roi Charles V, de novembre 1370* qui portent que le Chastelain de **Crécy**, ne connoîtra point des troisièmes ventes des Bois de la Forêt de ce nom, faites à des Bourgeois d'Abbeville, que cette connoissance appartiendra aux Maire et Echevins d'Abbeville ; et que le Chastelain de Crecy connoîtra dans tous les

cas, des premières et secondes ventes de ces Bois.
<small>Ordoun. des Rois de Fr., t. V, p. 367 à 369 ; in-folio.</small>

7410. — Confirmation *par Charles VIII*, des Privilèges des Habitans de **Crécy** dans le comté de Ponthieu. 1484.
<small>Ibid., t. XIX p. 500 à 504 ; in-folio.</small>

7411. — Arrest du Conseil contradictoire avec les Maire et Echevins d'Abbeville qui confirme les Adjudications (*Adjudicataires*) des **Forêts de Cressy** et Dépendances, dans le droit de vendre de gré à gré les Bois à eux adjugez, conformément à un précédent Arrêt du 13 Février 1717. Du 4 Juillet 1730. — *Paris*, P. G. le Mercier ; 4 p. in-4°.
<small>Bibl. H. Macqueron.</small>

7412. — Lettres Patentes du Roi, portant que les Officiers du Bailliage de **Crecy** supprimés, continueront de jouir leur vie durant des Privilèges dont ils jouissoient ci-devant. Données à Versailles le premier du mois de Juin 1772. Registrées en Parlement le 15 Juin 1772. — Paris, P. G. Simon, 1773 ; 4 p. in-4°.
<small>Ibid.</small>

7413. — Mémoire pour M° Brocot, Maître-Particulier des Eaux et Forêts d'Abbeville. Contre M. de Wassigni, Grand-Maître au Département de Picardie. Et contre les Officiers de la Maîtrise-Particulière d'Abbeville. — Abbeville, L. A. Devérité, 18 Août 1786 ; 22 p. in-4°.
<small>Au sujet du droit de coupe sur certaines parties de la **forêt de Crécy**.
Bibl. d'Amiens, Hist , n° 3597.</small>

7414. — Mémoire pour le citoyen Pierre-François Souard, Garde Général à Cheval des Forêts Nationales, Arrondissement d'Abbeville, Département de la Somme, demeurant à Vron. Aux Administrateurs Genéraux des bois et forests de la République. — Paris, Guerbart, ventôse an II ; 15 p. in-4°.
<small>Documents sur l'administration de la **forêt de Crécy**.
Ibid., Hist., n° 3597.</small>

7415. — Notice sur la **Forêt de Crécy**, *par A. de la Rue*.
<small>Alm. ann. d'Abbev., 1849, p. 120 à 124 ; in-16.</small>

7416. — La Situation des **Eaux de Crécy**-en-Ponthieu. Rapport présenté le 13 juillet 1891 au Conseil d'Hygiène et de Salubrité, par M. A. Pajot.
<small>Bull. de la Conf. de Ponthieu, t. III, p. 320 à 329 ; in-8°.</small>

7417. — La sainte Confrérie, ou Confédération d'amour de Notre-Dame Auxiliatrice du Rosaire, érigée à **Crécy** par N. S. P. le Pape Pie VII, le 28 Décembre 1804, avec les règles et prières de la Confrérie de St Roch. Erigée en la même Eglise par la Bulle de même date. — Abbeville, L. A. Devérité, an XIII, 1805 ; 106 p. in-16.
<small>Bibl. d'Abbeville.</small>

7418. — Office de Saint Séverin, Archevèque de Cologne, Patron de l'église paroissiale de **Cressy**, Diocèse d'Amiens. Approuvé par Monseigneur l'Evêque, et imprimé par ordre de M. Jean-Baptiste-Nicolas Nicole, Curé-Doyen de ladite paroisse. — Amiens, Caron-Vitet, 1828 ; 72 p. in-24.

*****7419.** — La Maladrerie de Labroye. Examen des droits respectifs des Communes de Labroye et de Le **Boisle** sur sur les biens de cette Maladrerie, par H. Loriquet. — Arras, 1894 ; in-8°.

7420. — Précis signifié pour le Comte Houdan contre la dame veuve de Buissy. *Signé : Bouquet.* — Paris, Prault, 1765 ; 12 p. in-4°.
<small>Au sujet des terres de **Boufflers** et d'Anconnay, saisies par les créanciers de M. de Boufflers et adjugées aux sieur et dame de Buissy.
Bibl. H. Macqueron.</small>

*****7421.** — Mémoire concernant la possession de la terre de **Boufflers-en-Ponthieu**, pour Dame Louise-Antoinette-Charlotte de Boufflers, veuve du marquis de Boufflers-Remiencourt,

Lieutenant-Général des Armées du Roi. — Paris, 1771; 11 p. in-folio.

Cat. de la Libr. Schlesinger, fév. 1875.

7422. — D'Amiens. *Correspondances relatives à M. de Grilly, curé de* **Brailly-Cornehotte**, *exilé pour cause de Jansénisme.*

Nouv. ecclés., 1737, p. 56 et 1740, p. 77 à 80 et 157 à 158; in-4°.

7423. — Précis pour le Sieur Godard d'Argoules, Intimé ; Contre le Sieur Godard de Beaulieu, Appellant de Sentence arbitrale. — Paris, P. G. Simon et N. H. Nyon, 1784; 25 p. in-4°.

Au sujet de la terre de **Dominois**.
Bibl. d'Abbeville.

7424. — Parlement de Paris. Grand'-Chambre. Instance entre le sieur Godart de Beaulieu et le sieur Godard d'Argoules, son frère, Appelant.

Au sujet de la terre de **Dominois**.
Gaz. des Tribun., 1784, p. 81 à 84; in-8°.

7425. — Concession de Foires à la commune de **Dompierre**, de Foires et de Marché à celle de Pont-Remy. *Du 4 octobre 1463.*

Ordonn. des Rois de Fr., t. XVI, p. 91 à 93; in-folio.

7426. — Factum pour les Doyen, Chanoines et Chapitre de l'Eglise Royale et Collégiale de Saint Wulfran d'Abbeville, Demandeurs et Défendeurs. Contre Mᵉ Adrien Caron, Curé ou Vicaire Perpetuel de **Fontaine-sur-Maye**, Défendeur et Demandeur. *Signé : Pelletier.* — Paris, Vᵛᵉ le Febvre, *vers 1719*; 8 p. in-folio.

Au sujet du partage des dîmes de Fontaine-sur-Maye et de diverses terres sises à Estrées.
Bibl. H. Macqueron.

7427. — Assassinat de Caroline Caudron. Jugement des **Ringard**. Précis des débats qui ont eu lieu devant la Cour d'Assises du Département de la Somme, dans l'affaire de Jean-Charles-François Ringard, Marie-Thérèse Renaud sa femme, Adrien Ringard, leur fils, Jean-Baptiste Dacquet dit Doudou, et Félicité Renaud, femme Dupuis, tous domiciliés à **Fontaine-sur-Maye**, arrondissement d'Abbeville. Extrait du Journal de la Somme du Samedi 6 Novembre 1824. — 4 p. in-8°.

7428. — Acte d'accusation sur l'horrible assassinat de Caroline Caudron. — Abbeville, Devérité, 1825; 4 p. in-8°.

7429 — Copie de la lettre autographe d'Adrien Ringard, Ecrite dans la Prison Contenant ses derniers Adieux à ses Parens. *Du 9 février 1825.* — Abbeville, Devérité; 2 p. in-4°.

7430. — La Chasse de Saint-Fursy, à **Gueschart** (Somme). Communication de M. Georges Durand, à Amiens.

Bull. archéol. du Comité..., 1890, p. 42 à 45 av. 2 pl. in-8°.

7431. — L'Eglise Saint Jean Baptiste d'**Hiermont** et les Chanoines d'Amiens, d'après un manuscrit de 1739, par M. A. Van Robais.

Bull. Soc. Ant. Pic., t. XII, p. 18 à 21; in-8°.

***7432.** — Deux requêtes au sujet de la mouvance appartenante au Roi à cause de son Château d'Amiens, sur les droits de justice, de cens, et de champart, possédés par le sieur de Wargemont, dans le territoire de **Longvillers**, réclamée par Madame la Maréchale de Créquy, à cause de la seigneurie de Domart. (Extrait des Œuvres de d'Aguesseau). — 70 p. in-4°.

7433. — *Transaction, du 23 mars 1627, relative aux droits honorifiques dans l'église de* **Maison-Ponthieu**.

Bull. Soc. Em. Abbev., 1884, p. 63 à 65; in-8°.

7434. — Mémoire signifié pour les Habitants, Corps et Communauté du Village de St Lau, Appellans d'une Sentence rendue en l'Election d'Abbeville le 22 Octobre 1722. Contre les Habitans, Corps et Communauté du Village de Hiermont. *Signé : de Saint-Aubin.* — Paris, Montaland, 1729; 10 p. in-folio.

Au sujet de la dépendance du fief du Caurel, sis à St Lau, c^{ne} de **Maison-Ponthieu**.

Bibl. H. Macqueron.

7435. — Avertissement sur la demande formée par requeste du 17 May 1737...... Pierre Delattre, Marchand, Bourgeois de la Ville d'Abbeville, et Marie Le Roy, sa femme, Seigneurs du Fief du Caurel en partie, Intimés et Défendeurs. Contre Messire Louis le Roy, Chevalier, Seigneur de Saint Lau et du Caurel, Appellant de la Sentence de la Sénéchaussée d'Abbeville du 17 Décembre 1733, intervenant et Demandeur aux fins de la Requeste du 17 May 1737. Et contre Me Jean Dupuis, Elû en l'Election de Doulens, aussi Appellant de la même Sentence, et Demandeur aux fins des Requestes des 17 et 18 du même mois de May.... *Signé : Colin.* — Paris, Mesnier, 1737; 8 p. in-folio.

Même affaire.

Bibl. Soc. Ant. Pic.

7436. — Charte inédite donnée en faveur du Prieuré de Raye par les Seigneurs de **Ponches**. Février 1285.

Cab. hist. Pic. et Art., t. III, p. 8 à 14; in-8°.

7437. — Mémoire sommaire pour Charles Dufossé, Maître Vinaigrier à Abbeville, Cousin et Héritier des Propres maternels, situez en la Coutume de Ponthieu, de Charles Dargnies, Avocat, qui étoit Héritier de François Dargnies, Intimé et Défendeur. Contre Jean Marcotte et Consors au nombre de cinq, tous demeurans à Abbeville, prétendans à ladite Succession pour leurs portions, Appellans d'une Sentence rendüe en la Sénéchaussée de Ponthieu à Abbeville le 4 Août 1732, et Demandeurs.

Signé : Gaudin. — *Paris*, J. B. Lamesle, 1735; in-folio.

Sur la question de savoir si **Estruval** était régi par la coutume d'Amiens ou par celle de Ponthieu.

Bibl. H. Macqueron.

7438. — Précis signifié pour Maître Jacques-Honoré Prevost, Prêtre, Chanoine de l'Eglise Collégiale de Notre-Dame de Noyelle-sur-Mer, pourvu à la Cure de **Ponches**, sur la nomination et présentation de ce Chapitre, Patron de ce Bénéfice. Contre Me J. Marie-Louis Dupont, Prêtre, Curé de Fourdrinoi, Possesseur de la Cure de Ponches, s'y prétendant droit, tant en vertu d'une présentation passée avec feu Me Louis Dupont, dernier Possesseur paisible, qu'en vertu d'un Dévolu obtenu en Cour de Rome le 11 Février 1768. — S. l. n. n. n. d.; 54 p. in-4°.

Bibl. d'Abbeville.

7439. — Mémoire signifié pour Maître Louis-Marie Dupont, Prêtre, curé de **Ponches**, Défendeur et Demandeur en sommation. Contre Maître Jacques-Honoré Prévost, Prêtre, Chanoine de l'Eglise Collégiale de Noyelles-sur-Mer, se disant aussi pourvu de ladite Cure de Ponches, Demandeur. Et encore contre Maître Ottisier, se disant pourvu de la Cure de Fourdrinoy, Défendeur en sommation. — Amiens, veuve Godart, 1769; 58 p. in-4°.

Bibl. A. de Caieu.

7440. — Arrest du Conseil d'Estat du Roy, qui confisque sur Antoine Duval, Brasseur et Détailleur de Bierre de la Paroisse d'**Iurand** (*Yvrench*), trouvé avoir brassé et entonné des Bierres sans déclaration de mise de feu et d'entonnement, un muid et demi, quatorze Barils de Bierre double, et un baril de Bierre simple, trouvés dans différens endroits à luy appartenans, et entreposés chez la Veuve Lecas, ensemble les ustanciles de sa Brasserie; Condamne ledit Duval solidairement avec ladite Veuve Lecas en Cinq cens livres d'amende, interdit pour toûjours ledit Duval de sa qualité de Brasseur; Luy fait deffenses d'en faire ny continuer le Commerce à l'avenir, à peine de mille livres d'amende; Et sur l'extraordinaire, Ordonne..... Du 22 Janvier 1726. — Paris, Veuve Saugrain et Pierre Prault, 1726; 4 p. in-4°.

Bibl. H. Macqueron.

7441. — Mémoire signifié pour les Prieur et Convent de l'Abbaye de saint-Riquier et pour Messieurs du Chapitre de saint-Nicolas d'Amiens, et le sieur Curé d'Yvran, Défendeurs. Contre les Habitans d'Yvrencheux, Demandeurs. — S. l. n. n., *1730;* 3 p. in-folio.

Au sujet de la chapelle castrale d'**Yvrencheux**.

Bibl. d'Amiens.

CHAPITRE XIX

CANTON DE GAMACHES

7442. — Description archéologique et historique du **Canton de Gamaches**, par M. F. I. Darsy. — Amiens, veuve Herment, 1858; 260 p. in-4° av. 4 pl.

Ext. Mém. Soc. Ant. Pic.

7443. — Conseil d'Etat. Présidence de M. Boudet. 8 juin-19 juillet 1860. MM. Griffon d'Offoy, Benjamin Sueur et autres propriétaires de prairies irriguées par les eaux de la **Vimeuse** (Somme). — Paris, Thunot; 16 p. in-8°.

7444. — Décret du 16 février 1863, relatif à la Rivière de **Bresle** (Seine-Inférieure et Somme). — Abbeville, P. Briez; 16 p. in-8°.

7445. — *Note sur la Tombelle de Gamaches*, par *M. Darsy.*

Bull. Soc. Ant. Pic., t, II, p. 245 à 249; in-8°.

7446. — Deuxième note sur la Tombelle de **Gamaches**, par M. Darsy.

Bull. Soc. Ant. Pic., t. III, p. 203 à 210; in-8°.

7447. — Notice historique sur Gamaches. *Signé D.*

Alm. d'Abbev., 1846, p. 90 à 93; in-16.

7448.—Gamaches et ses Seigneurs, par M. F. I. Darsy. — Amiens, Duval et Herment, 1854; 237 p. in-8° av. 5 pl.

Ext. Mém. Soc. Ant. Pic.

7449. — **Gamaches**, Notes historiques, par M. Darsy.

Ann. de la Somme, 1889, p. 397 à 401; in-12.

7450. — Arrest du Conseil d'Etat du Roy, qui maintient les Maire et Echevins du bourg de **Gamaches**, généralité d'Amiens, dans le droit de péage où travers sur les ponts et chaussées dudit lieu, pour en percevoir les droits suivant le tarif inséré dans le présent Arrêt. Du 28 Janvier 1738. — Paris, Imprimerie Royale, MDCCXLI; 3 p. in-4°.

Bibl. d'Amiens, Jurisp., n° 328.

7451. — Mémoire pour les Doyen, Chanoines et Chapitre de l'Eglise Collégiale de **Gamaches**, appelants et demandeurs. Contre Messire Jean Joachim Rouault.... marquis de Gamaches.... intimé et défendeur. *Signé : Caurier.* — Paris, Brunet, 1748; in-folio.

Bibl. Nat^{le}, Mss. Joly de Fleury, 1806, f° 31.

* **7452.** — Second mémoire pour les Doyen, Chanoines et Chapitre de l'Eglise collégiale de **Gamaches**, appelants et demandeurs ; Contre Messire Jean-Joachim Rouault, marquis de Gamaches... intimé et defendeur. *Signé : Caurier.* — Paris, Brunet, 1748; in-folio.

Bibl. Nat^{le}, Mss. Joly de Fleury, 1806, f° 39.

* **7453.** — Mémoire pour messire Jean-Joachim Rouault..... marquis de Gamaches, intimé. Contre le Chapitre de **Gamaches**, appelant. *Signé : Brousse.* — Paris, Paulus du Mesnil, 1748; in-folio.

Bibl. Nat^{le}, Mss. Joly de Fleury, 1806, f° 21.

7454. — Arrêt de la Cour de Parlement de Paris du 20 Mars 1773, qui sur l'appel interjetté par François Noël, Régisseur des Droits Réservés, de Sentence de l'Election d'Amiens, du 5 avril 1770, par laquelle il avoit été ordonné qu'avant faire droit, il seroit procédé entre le Régisseur et les Habitans, Corps et Communauté du Bourg de **Gamaches,** en l'Etude du plus ancien Procureur, au compte- des sommes payées par lesdits Habitans, pour l'acquit de celles auxquelles ils avoient été imposés pour le Don gratuit jusqu'au premier Juillet 1768, pour après ledit compte être ordonné ce qu'il appartiendra en droit, dépens réservés ; Déboute lesdits Habitans de leurs oppositions et demandes ; ordonne que les Contraintes décernées contre plusieurs desdits Habitans seront exécutées, et les poursuites encommencées, continuées ; ordonne en outre que les Droits Réservés continueront d'être perçus dans le Bourg de Gamaches, conformément au Tarif de 1759 ; fait défenses auxdits Habitans de troubler ledit Régisseur, ses Commis et Préposés dans la perception desdits Droits : condamne lesdits Habitans en 50 livres de dommages et intérêts, et en tous les dépens des causes principales d'appel et demande. — *Paris,* G. Lamesle, 1774 ; 4 p. in-4°.

Bibl. Pinsard.

7455. — **Eglise St Pierre et St Paul à Gamaches** (Somme), par J. Girard. — S. l. n. n., 1867 ; 7 pl. in-4° lithog.

Bibl. d'Amiens.

7456. — Puits dans l'Eglise de **Gamaches,** *par M. Darsy.*

Bull. Soc. Ant. Pic., t. XIV, p. 140 à 142 ; in-8°.

7457. — Notice sur la grande Halle et les Marchés de **Gamaches,** par M. Darsy.—Amiens, Yvert et Tellier, 1890 ; 12 p. in-8° et 1 pl.

Extr. Bull. Soc. Ant. Pic.

* **7458.** — Bourg de **Gamaches.** Société de Secours mutuels et d'Emulation chrétienne. — Abbeville, 1859, in-12.

7459. — Visite à la **filature** de coton de la Bresle appartenant à MM. Humbert et Cie, à **Gamaches.** — Paris, Wiesener, 1865 ; 15 p. in-8°.

7460. — Notice sur l'ancienne Abbaye du Lieu-Dieu (*commune de* **Beauchamps**), par M. l'abbé Cochet.

Mém. Soc. Ant. Pic., t. IX, p. 303 à 309 ; in-8°.

7461. — **Bouillancourt-en-Sery.** Notes historiques, par M. Darsy.

Ann. de la Somme, 1891, p. 403 à 405 ; in-12.

7462.—Mémoire signifié pour Pierre et Jean Gomel, Laboureurs, Fermiers des Dixmes de **Bouillancourt,** Appellans de Sentence de Bailliage d'Amiens, et Demandeurs. Contre les Abbé, Prieur et Religieux de l'Abbaye de Sery, Intimés et Me Caïeu, Procureur au Bailliage d'Amiens, Défendeur... — *Paris*, Le Breton, 1766; 31 p. in-4°.

Nombreux renseignements.
Bibl. de Péronne, Rec. de Mém., t XXIV.

7463. — Office solemnel de S¹ᵉ Colette, réformatrice de l'ordre de S¹ᵉ Claire et patrone de l'Eglise de **Bouillancourt en Sery**. — Abbeville, Boulanger-Vion, 1808; 92 p. in-12.

Bibl. d'Abbeville.

* **7464.** — A Nosseigneurs du Parlement en la quatrième Chambre des Enquêtes. *Requête de Claude-Jean-Baptiste-Hyacinthe-Joachim Rouault, marquis de Gamaches, servant de réponse à la requête du sieur de Montières, du 12 mai 1708, relative à la mouvance de 2 journaux de terre enclavés dans le domaine de* **Montières,** *commune de* **Bouttencourt.** — S. l. n. n. n. d. ; in-folio.

Bibl. Natˡᵉ, Thoisy, 205, f° 32.

***7465.** — Sommaire pour messire Jean-Baptiste-Hyacinthe-Joachim Rouault... marquis de Gamaches, intimé. Contre messire Clément Duvault, seigneur de **Montières,** et Claude Creton, receveur du marquisat de Gamaches, aussi intimé. — S. l. n. n., mai 1708; in-folio.

Bibl. Natˡᵉ, Thoisy, 205, f° 31.

7466. — *Ordonnance de M. Chauvelin portant règlement sur les serges drapées qui se fabriquent à* **Ansennes,** *commune de* **Bouttencourt;** *du 31 mai 1728.* — S. l. n. n. ; plac. in-folio.

Arch. dép. de la Somme, C, n° 162.

* **7467.** — Mémoire signifié pour messire Pierre Charles Le Blond..... baron du haut et bas Sauchoy, seigneur de Cantiers... contre les prieur, religieux et convent de l'**abbaye de Sery,** *commune de* **Bouttencourt.** *Signé Foisy.* — *Paris*, Montalant, 1738; in-folio.

Relatif à la jouissance de bois de haute futaie.
Bibl. Natˡᵉ, f° Fm, 9133.

7468. — Mémoire signifié pour les Prieur et Religieux, Chanoines Reguliers de l'**Abbaye de Sery,** de l'étroite Observance de l'Ordre de Prémontré, ayant pris le fait et cause de Louis Fils leur Fermier du Domaine Franc, appellé de Saint Nicolas du Sauchoy, autrement des Rendus, Défendeurs et Demandeurs. Contre Messire Pierre-Charles le Blond, se disant Seigneur, Baron du haut et bas Sauchoy, Demandeur et Défendeur. *Signé : Taboué.* — *Paris*, veuve André Knapen, 1738 ; 11 p. in folio.

Question de banalité.
Bibl. H. Macqueron.

* **7469.** — Mémoire signifié pour messire Charles Marie Destournelles... abbé commendataire de **Notre Dame de Sery,** ordre de Prémontré, contre Jean, Pierre et Elisabeth Macret, se disant héritiers en partie de défunt François Macret, leur père, et Catherine et Elisabeth Gambier, leurs nièces... *Signé : Taboué.* — *Paris*, Valleyre, 1739; in-folio.

Bibl. Natˡᵉ, f° Fm, 4748.

* **7470.** — Addition de mémoire pour messire Charles-Marie Destournelles, ... abbé commendataire de... **Notre Dame de Sery,** ordre de Prémontré, contre Jean, Pierre et Elisabeth Macret, Catherine et Elisabeth Gambier, ... et encore contre ledit Jean Macret..... et Catherine Dupont... *Signé Taboué.* — *Paris*, Valleyre, 1739; in-folio.

Bibl. Natˡᵉ, f° Fm, 4749.

7471. — Mémoire sur délibéré pour le Baron de Sauchay contre les religieux de **Sery.** — *Paris*, Knapen, 1762; 42 p. in-4°.

Bibl. de Péronne, Rec. de Mém., t. XXII.

7472. — Mémoire pour Mᵉ Joseph-René Boistel, Ecuyer, Seigneur de Belloy-sur-Somme, Avocat en Parlement au Bailliage et Siège Présidial d'Amiens, Procureur du Roi des Ville, Police et Mairie d'Amiens, Intimé.

Contre Messire Louis Clément du Vault, Chevalier, ancien Capitaine de Carabiniers, Chevalier de l'Ordre Royal et Militaire de S. Louis, Appelant. — Paris, Grangé, 1779 ; 54 p. in-4°.

Au sujet des terres de **Montières** et d'**Ancennes**.
Bibl. d'Amiens, Jurisp., n° 841, t. I. 7

7473. — Notice historique sur l'**Abbaye de Sery** au diocèse d'Amiens, par M. F. I. Darsy. — Amiens, Lemer aîné, 1861 ; 144 p. in-8° av. 1 pl.
Ext. Mém. Soc. Ant. Pic.

7474. — Autel de l'Eglise de **Monthières**-lès-Gamaches, par M. l'abbé Berthe.
Bull. Soc. Ant. Pic., t. XV, p. 56 à 59 av. pl.; in-8°.

7475. — Mémoire sommaire pour Messire Antoine-Joseph Danzel, Chevalier, Seigneur de Grandval, **Framicourt-le-Petit** et autres lieux ; et Dame Marie-Jeanne Danzel, son épouse. Contre Jacques Beausseau, Fermier de ladite Terre et Seigneurie du Petit-Framicourt. — Abbeville, Devérité, 1777 ; 56 p. in-4°.
Bibl. A. de Caieu.

7476 —Arrest du Grand Conseil pour la terre et seigneurie de **Mesnières**. Du 20 Mars 1668. — S. l. n. n. n. d.; 4 p. in-folio.
Bibl. d'Amiens, Hist., n° 3828, 6.

7477. — Mémoire pour M° Jean-François Lottin, ci-devant Curé de la Paroisse de Saint-Médard du Hamel, et actuellement de Saint-Saturnin d'Harcelaines, *commune de* **Maisnières**, Défendeur. Contre M° Pierre-Joseph Delahaye, Curé de la Paroisse de Saint-Cyr et Sainte-Julitte d'Acheux, Demandeur. — Amiens, Louis Ch. Caron, 1774 ; 40 p. in-4°.
Au sujet de la possession de la cure d'**Harcelaine**.
Bibl. d'Amiens, Hist., n° 3814, t. II, 40.

7478. — Erveloy, *commune de* **Martainneville**. Une étymologie, *par E. Prarond.*
La Picardie, 1880, p. 348 à 351 ; in-8°.

7479.—*Arrêt, du 10 mars 1635, rendu entre Hippolyte de Saint-Blimont, veuve d'Antoine de Fontaines et Messire Nicolas de Fontaines, sieur de Ramburelles, relatif au fief de* **Ramburelles** *et aux droits honorifiques des seigneurs du lieu.*
Journ. des Aud. du Parl., par Dufresne. — Paris, 1757, t. I, p. 197 à 203 ; in-folio.

7480. — *Arrêt rendu, le 3 avril 1635, entre Charles Rohault et Pierre Gaillard, héritiers de Jacques Gaillard d'Abbeville, relatif à la possession d'un fief à* **Ramburelles**.
Ibid., t. I, p. 207 et 208 ; in-folio.

7481. — Seconde partie du mémoire sur les nullités des Commissions et saisies féodales du Marquis de Rambures, et sur la compétence de la Cour, de l'appel de la Commission du Lieutenant de Villerois, et de la saisie faite en conséquence. Pour le sieur Crignon. ès-noms. Contre le Marquis de Rambures.—*Paris*, Paulus Du Mesnil, 1747; 19 p. in-folio.
Au sujet de la justice dont relèvent les seigneuries de **Rambures**, Villeroy et Nesle-l'Hôpital.
Bibl. d'Abbeville.

7482. — Mémoire pour les Prévôt, Chanoines et Chapitre de l'Eglise Collégiale de Saint Firmin le Confesseur de la Ville d'Amiens, Défendeurs. Contre M° Pierre Grigault, Prêtre, Curé-Vicaire perpétuel de la Paroisse de **Rambures**. *Signé : Morgan*. — S. l. n. n., *vers 1755*; 12 p. in-folio.
Bibl. H. Macqueron.

7483. — Mémoire pour les Prévôt, Chanoines et Chapitre de l'Eglise Collégiale de Saint Firmin le Confesseur, de la Ville d'Amiens, Intimés ; Contre M° Pierre Grigault, Curé de la Paroisse de **Rambure**, Diocèse d'Amiens, Appellant. *Signé* : *Le Gouvé.* — *Paris,* d'Houry, 1763 ; 21 p. in-folio.

Question de partage de dimes.
Bibl. Soc. Ant. Pic.

7484. — Lettres-patentes du Roi. Du mois de Mai mil sept cent soixante-dix-sept enregistrées au Parlement de Paris Le seize Janvier mil sept cent soixante-dix-huit, qui ordonnent que les Justices de Nesle-l'Hôpital, Neslette, Witaine-glise, Vergies, le Fay, Cannessières, Monflieres, Beaucamp-le-Vieil et le Quesnes, appartenantes au Marquis et à la Marquise de Sablé, seront exercées et administrées par le Bailli et autres Officiers de la Justice de **Rambures**, et tenues au lieu ordinaire de ladite Justice de Rambures, auquel lieu l'exercice desdites Justices sera transféré, sans néanmoins mutation du ressort pour les appellations, qui continueront d'être portées au Bailliage d'Amiens et en la Sénéchaussée de Ponthieu à Abbeville, chacun en ce qui les concerne. — Paris, Knapen, 1778 ; 8 p. in-4°.

Bibl. H. Macqueron.

7485. — Portraits historiques du **Château de Rambures**, *par Goze.*

Arch. de Picardie, t. I, p. 87 à 92 ; in-8°.

7486. — **Rambures**, *par M. H. Dusevel* — S. l. n. n. n. d. ; 8 p. in-8° av. 6 fig.

7487. — **Rambures**. Episode des guerres du temps de Charles VII, par M. Albert du Casse. — Limoges, Ardillier fils, 1845 ; 281 et IX p. in-8°.

7488. — Notice sur **Rambures**, par E. Prarond. — Paris, Dumoulin, 1859 ; 48 p. in-8°.

7489. — **Rambures** (Somme) à M. le Marquis de Fontenilles.

Les Chât. hist. de France, par Eyriès et Perret. — Paris, Oudin, 1879, t. II, p. 189 à 196 av. 4 eaux-fortes ; gr. in-4°.

7490. — La Terre et Seigneurie de **Hélicourt-en-Vimeu**, *Commune de* **Tilloy-Floriville**, par M. Darsy.

Bull. Soc. Ant. Pic., 1896, p. 412 à 433 ; in-8°.

7491. — Mémoire signifié pour Francois Priez, garçon majeur, Laboureur, demeurant au Village de Translay, Demandeur, Complaignant. Contre le sieur Alexis Levoir, Curé de la Paroisse de **Translay**, Défendeur. *Signé* : Berrier. — *Pars,* Valleyre, 1759 ; 8 p. in-4°.

Refus de communion pascale.
Bibl. H. Macqueron.

7492. — Arrest de la Cour de Parlement, Qui sur le refus fait par le sieur Levoir, curé de la Paroisse de **Translay**, Diocèse d'Amiens, d'administrer la Communion Paschale au sieur Priez, son Paroissien, lui fait défenses de récidiver sous peines de punition exemplaire, le condamne en trois cens livres de dommages et intérêts, envers ledit sieur Priez. Permet audit sieur Priez de faire imprimer et afficher jusqu'à concurrence de cent cinquante Exemplaires du présent arrêt aux frais dudit sieur Levoir, et le condamne en tous les dépens : Et faisant droit sur les Conclusions du Procureur Général du Roi, condamne ledit sieur Levoir d'aumôner au Pain des Prisonniers de la Conciergerie du Palais à Paris, la somme de trois livres. Du 15 Décembre 1759. — Paris, Valleyre ; 4 p. in-4°.

Bibl. N^{le}, Ld⁴, 2884.

7493. — Antoine Le Vasseur, Ecuyer, Seigneur de Neuilly-le-Dien est commis pour la garde et conservation de la Tour du **Plouy**, *Commune de* **Vismes-au-Val**, 1595, *par le Cte Leclerc de Bussy.*

La Picardie, 1867, p. 114 à 116 ; in-8°.

7494. — Mémoire sommaire pour Maître Pierre Simon, Prêtre, Curé de la Paroisse de **Visme**, Demandeur et Défendeur. Contre Maître François Bigorne, Prêtre, Desservant de la Chapelle castrale du Plouy les Visme, Défendeur et Demandeur. *Signé : Dargnies le jeune.* — S. l. n. n., *vers 1747*; 6 p., in-folio.

<small>Au sujet de la possession de la cure.
Bibl. Soc. Ant. Pic.</small>

7495. — Mémoire signifié pour Marie de S. Blimond, veuve de Nicolas Gallot, Intimée et Défenderesse. Et M° François Aliamet, Conseiller du Roy, Subtitut de M. le Procureur Général au Siège des Traites Foraines de Ponthieu, Défendeur et Demandeur. Contre Pierre-Joseph le Moyne, Ecuyer, Seigneur de Blangermond, Appellant, Demandeur et Défendeur. Et François du Buisson, Curateur à la succession vacante de Dame Antoinette Picquet, veuve du sieur Le Moyne Desessart, Appellant. — *Paris*, Vincent, *vers 1751*; 25 p. in-folio.

<small>Au sujet des terres du Chaussoy et de **Morival**, commune de Vismes.
Bibl. d'Abbeville.</small>

CHAPITRE XX

CANTON D'HALLENCOURT

7496. — Memoire pour Nicolas Briet, Ecuyer, Seigneur d'Hallencourt, Conseiller au Présidial d'Abbeville, Défenfendeur et Demandeur. Contre Nicolas Hubert de la Fontaine, Ecuyer Sieur de Verton, Seigneur vicomtier et foncier de cinq Fiefs situez à **Hallencourt**, Demandeur et Défendeur. *Signé : Begon.* — S. l. n. n., *vers 1709*; 10 p. in-folio.

<small>Au sujet des droits de haute justice sur ces cinq fiefs.
Bibl. H. Macqueron.</small>

7497. — Mémoire sommaire pour le Procès d'entre le sieur Briet et le sieur de Verton, pendant et indécis à la Table de Marbre du Palais, au raport de Monsieur le Lieutenant-General dudit Siège. — S. l. n. n., *vers 1709*; 4 p. in-folio.

<small>Ibid.</small>

7498. — Factum pour M^ro Hubert-Nicolas-François de la Fontaine, Chevalier, Comte de Verton, Seigneur de Hallencourt, Demandeur et Défendeur. Contre M° Nicolas Briet, Ecuyer Conseiller au Présidial d'Abbeville, Engagiste de la haute Justice de **Hallencourt**, Défendeur et Demandeur. *Signé : de Bouchevret.* — S. l. n. n., *vers 1709*; 12 p. in-folio.

<small>Ibid.</small>

7499. — Factum pour Messire Hubert-Nicolas-François de la Fontaine-Solart, Chevalier, Comte de Verton, Seigneur de **Hallencourt**, Demandeur. Contre M° Nicolas Briet, Conseiller en la Sénéchaussée de Ponthieu au Siège d'Abbeville, Défendeur. *Signé : de Bouchevret.* — Paris, V. L. Rondet, *vers 1709*; 16 p. in-folio.

<small>Ibid.</small>

7500. — Mémoire signifié pour le sieur Guillaume Roux, Marchand, Bourgeois de la Ville d'Amiens, Intimé, Deffendeur et Demandeur. Contre Vulfranc Briet, Sieur de Rainvillers, Haut Justicier d'Hallencourt, Appellant, Demandeur et Deffendeur. *Signé : Deligny.* — *Paris*, Lamesle, 1743; 8 p. in-folio.

Au sujet de la terre d'**Hallencourt**.
Ibid.

* **7501.** — Distribution de Médailles de Sainte-Hélène. Discours de M. Deneux-Michaut à ses vieux compagnons d'armes. **Hallencourt**, 3 janvier 1858. — Amiens, Jeunet; in-8°.

7502. — *Lettre de M*gr *Faure, du 18 mai 1658, relative aux cérémonies de réparation à faire dans les églises d'***Allery** *et de Bougainville, où le Saint Ciboire a été violé et profané.* — S. l. n. n.; 1 p. in-4°.

Bibl. d'Amiens, Théol., n° 1858.

7503. — *Du Diocèse d'Amiens. Récit de la vie de M. Jacques Hecquet, curé d'***Allery***, décédé à la fin de 1742 et des contestations qu'il a eues au sujet de la Bulle Unigenitus.*

Nouv. ecclés., 1744, p. 113 à 116; in-4°.

7504. — *Correspondances relatives au refus de Sacrements fait au S*r *Allot, d'***Allery***, par M. de la Fosse, curé de cette paroisse.*

Nouv. ecclés., 1752, p. 137 à 140 et 147 à 152; in-4°.

7505. — Visite à l'Eglise d'**Allery**, par Jean de Gaillat (*l'abbé Lesueur*).

Cab. hist. Pic. et Art., t. I, p. 229 à 233; in-8°

* **7506.** — Mémoire pour M° Jean Danzel, Conseiller du Roy, Président des Traittes à Abbeville, cy-devant chargé de l'administration de la Terre de **Bailleul**, Appellant. Contre Mr le Duc de Béthune au nom et comme Tuteur honoraire des Demoiselles de Melun. Et Etienne Dat, Tuteur onéraire, Intimés. *Signé : Michel.* — *Paris*, G. Lamesle, 1748; 16 p. in-folio.

Bibl. H. Macqueron.

* **7507.** — Mémoire pour M° Pierre de Broutelles, contre le Sr Boulon, et encore d°lle Sabine de Broutelles. — Paris, 1762; in-4°.

Au sujet de la terre d'**Yonville**, commune de **Citerne**.

Cat. de la Lib. Chossonnery, janv. 1882.

* **7508.** — Mémoire pour M° Boulon, contre de Broutelles. — Paris, 1762; in-folio.

Ibid

7509. — Détermination d'un point isolé de craie à bélemnites à **Dreuil-Hamel** (Somme), par N. de Mercey.

Mém. Soc. Linn. Nord Fr., t. I, p. 414 à 418; in-8°.

7510. — **Fontaine-sur-Somme**. Notice historique, par l'Abbé A. Lesueur.

Mém. Soc. Ant. Pic., t. XXXI, p. 191 à 292 av. 7 pl.; in-8°.

7511. — *Ordonnance de l'Intendant Chauvelin, du 30 juillet 1727, qui annule l'aliénation faite le 28 mars 1726 de douze verges de communes de ***Fontaine sur Somme***, au profit de Jean de Machy et condamne le syndic et les quatre habitants les plus haut côtés à rapporter 72 livres, prix de l'aliénation.* — S. l. n. n.; plac. in folio.

Arch. dép. de la Somme, C, 916.

7512. — La Chapelle de la Sainte-Vierge dans l'Eglise de **Fontaine sur Somme**, par A. Le Sueur. — Abbeville, C. Paillart, 1888; 13 p. in-8°.

* **7513.** — Factum pour... François de Belloy, Appellant. Contre maître Antoine Dupuis, curé d'**Hocquincourt**,... et... monsieur l'évêque d'Orléans. *Signé: Godquin.* — S. l. n. n. d.; in-4°.

Bibl. Nle, Thoisy, 17, f° 352.

7514. — Inventaire au château de **Huppy**, en 1689, par M. Alcius Ledieu.

Bull. Soc. Em. Abb., 1894-96, p. 112 à 123; in-8°.

7515. — Notice sur quelques verrières anciennes de l'arrondissement d'Abbeville, (**Huppy**, *Fontaine, Liercourt, Allery, etc.*), par A. Le Sueur. — Abbeville, Paillart, 1888; 48 p. in-8°.

7516. — Ateliers préhistoriques de taille de silex de l'enceinte de **Liercourt** et d'Erondelle (Somme). Habitation néolithique d'Erondelle, par M. O. Vauvillé.

Bull. Soc. Anthrop., 1891, p. 173 à 183; in-8°.

7517. — Société des Antiquaires de Picardie. Séance du Mardi 9 Juin 1896. Discours de réception de M. Emile Gallet. Quelques mots concernant l'Histoire de **Longpré-les-Corps-Saints** et Réponse de M. Robert Guerlin. — Amiens, Yvert et Tellier, 1896; 27 p. in-8°.

Extr. Bull. Soc. Ant. Pic.

7518. — Recherches pour servir à l'histoire d'un grand village. Quelques notes et documents sur **Longpré-les-Corps-Saints** avec divers appendices pour les sources de l'histoire locale, par M. Emile Gallet. Premier fascicule. — Amiens, Redonnet, 1898; in-4° de XXXIV-77-7 et 21 p. av. 19 pl. et fig.

Seul paru.

7519. — Campagne de 1870-71. L'affaire de **Longpré** (Somme). 28 Décembre 1870. — Arras, Brissy, 1872; IV-174 p. in-12 av. une carte.

7520. — Commune de **Longpré-les-Corps-Saints**. Les Voies d'accès à la gare. Observations présentées par M. Alfred Gallet. — Amiens, Jeunet, 1876; 28 p. in-8°.

7521. — Commune de **Longpré-les-Corps-Saints**. Les Voies d'accès à la gare. Lettre à Monsieur le Président du Conseil Général. Pourvoi. — Amiens, Jeunet, 1877; 16 p. in-8°.

7522. — Commune de **Longpré-les-Corps-Saints**. Les Voies d'accès à la gare. Extrait du Journal d'Amiens du 28 juin 1878. *Signé : A. Gallet.* — 10 p. in-4°.

7523. — Commune de **Longpré-les-Corps-Saints**. Les Voies d'accès à la gare. Réponse à nos détracteurs. *Signé : A. Gallet; 10 août 1878.* — 8 p. in-4°.

7524. — Coutumes picardes. **Longpré-les-Corps-Saints**.

Alm. d'Abbev., 1846, p. 123 à 125; in-16.

7525. — 1205. Hugo de Fontanis, miles, in adventu **reliquiarum** Constantinopolitanarum, nonam in collegiata **Longiprati** præbendam fundat.

Exuv. Constantin... par le Cte Riant. — Genève, 1878, t. II, p. 69 et 70; in-8°.

7526. — *Sur les* **Reliques** *de Longpré*.

Les dépouilles relig..... de Constantinople, au XIIIe siècle, par le Cte Riant. — Paris, 1875, p. 149 à 159; in-8°.

7527. — Lectiones **Longipratenses**.

Exuv. Constantin..., par le Cte Riant. — Genève, 1878, t. II, p. 10 à 22; in-8°.

7528. — Récit de la fondation de l'**Eglise** de nostre Dame **de Long-Pré**, en la Comté de Pontieu sur Somme, Euesché d'Amiens; & reception des S^{tes} Reliques de ladite Eglise. — Amiens, Robert Hvbavlt, M.DC.LV; 16 p. in-8°.

Bibl. Nat^{le}, LK7, n° 4139.

7529. — Récit de la fondation de l'**Eglise** de Nôtre-Dame **de Long-pré** aux Corps Saints. En la Comté de Ponthieu, Evêché d'Amiens, et Réception des saintes Reliques de cette Eglise dont la feste se solemnise tous les ans le premier Dimanche après le vingt-neuvième d'Aoust. Extrait et traduit des Archives de la même Eglise. — Amiens, Charles-Caron-Hubault, M.DCC.XXXI; 16 p. in-12.

Bibl. Alfred Lottin.

RECIT DE LA
fondation de l'Eglise de noſtre Dame de Long-Pré, en la Comté de Pontieu ſur Somme, Eueſché d'Amiens ; & reception des S^{tes} Reliques de ladite Egliſe.

A AMIENS;
Chez ROBERT HVBAVLT, Imprimeur & Libraire, rue de S. Martin.

M. DC. LV.

N° 7528
GRANDEUR RÉELLE

7530. — Récit de la Fondation de l'**Eglise** de Notre Dame **de Long-Pré** aux Corps Saints, avec l'Office des S¹ᵉˢ Reliques et les sept Pseaumes. Dont la Fête se solennise tous les ans le premier Dimanche après le 29ᵐᵉ d'Août. Extrait et traduit des Archives de la même Eglise. — Abbeville, Devérité, 1818 ; 36 p. in-12.

7531. — Mémoire signifié pour Maître Antoine Manessier, Prêtre, Chanoine de l'**Eglise** Collégiale **de Long-Pré**-les-corps-Saints, pourvû du Décanat de la même Eglise, Appellant. Contre Maître Jean Maguet, Prêtre et Chanoine de la même Eglise, et Messire Honoré de Buissy, Ecuyer, Seigneur de Long et Long-Pré, Intimés. — *Paris*, Emery, 1741 ; 11 p. in-folio.

Pour la possession du décanat, documents intéressants.

Anᶜⁿᵉ Bibl. de Marsy.

* **7532.** — Lettre du Chevalier de Fontaine sur la fondation du **Chapitre de Longpré** aux Corps Saints, Diocèse d'Amiens.

Mercure de France, 1760, août, p. 172 et s.

7533. — Notes sur divers objets provenant de l'ancienne abbaye du Paraclet, près Amiens, et de l'**Eglise de Longpré**-les-Corps-Saints. Communication de M. Dusevel ; dessins de M. Duthoit.

Bull. Com. hist. arts et mon., 1853, p. 82 à 85 av. 2 pl. ; in-8°.

7534. — Notice sur les Saintes **Reliques** de l'Eglise **de Longpré**-lès-Corps-Saints, par l'Abbé L. Thierry.— Compiègne, Henry Lefebvre, 1885 ; 55 p. in-18.

7535. — L'ancien **Trésor de Longpré**-les-Corps-Saints, par Henri Macqueron. — Abbeville, Paillart, 1892 ; 16 p. in-8° av. 2 pl. et 1 fig.

Ext. Bull. Soc. Emul. Abbev.

7536. — Factum signifié pour Messire Alexandre Fontaine Chevalier Comte de Vuiry, premier Capitaine au Régiment d'Aunis, Chevalier de l'Ordre de S. Loüis, et Dame Marie de Tronville, son épouse, Appellans d'une Sentence rendue au Bailliage d'Amiens le 26 Juin 1715. Contre Messire Pierre Marguerie, Chevalier, Seigneur de la Motte, et Dame Charlotte de Tronville, son épouse, Intimez. *Signé : Visinier.* — *Paris*, veuve Antoine Lambin, 1716 : 12 p. in-folio.

Au sujet de la terre de **Mérélessart.**

Bibl. H. Macqueron.

7537. — Précis pour les Sieur et Dame Griffon d'Offoy, et le Sieur de Buissy de Bourgeauville, Seigneurs de **Merelessart**. Contre Jean-François-Philibert Maressal de la Houssoye, Fermier de Merelessart, et Jean-Baptiste-Nicolas le Souef, son neveu, se disant Sous-Fermier de ladite terre. — *Paris*, Cellot, 1784 ; 26 p. in-4°.

Bibl. d'Abbeville.

7538. — Addition pour le Sieur d'Offoy et Consorts ; contre J. F. Maressal de la Houssoy, et J. B. le Souef. — *Paris*, Cellot, 1784 ; 12 p. in-4°.

Bibl. d'Abbeville.

7539 — Un Village pendant la Révolution (**Mérélessart**), par le Vᵗᵉ de Bonnault. — Abbeville, Paillart, 1892 ; 43 p. in-8°.

Ext. Mém. Soc. Em. Abb.

7540. — Catalogue des Plantes cultivées au Château de **Mérélessart**. — Abbeville, P. Briez, 1860 ; 31 p. in-8°.

CHAPITRE XXI

CANTON DE MOYENNEVILLE

7541. — Statuts de la Société républicaine d'Instruction du **Canton de Moyenneville** (Somme). — Amiens, 1884 ; 9 p. pet. in-4°.

***7542.** — Factum pour messire Nicolas-Joachim Rouault, Marquis de Gamaches... défendeur. Contre dame Anne-Marie de Gonnelieu veuve de messire Richard Gédoin, demanderesse. — S. l. n. n. n. d. ; in-4°.

Revendication de la moitié de la terre de **Bouillancourt**, commune de **Moyenneville**, comme douaire stipulé dans le contrat de mariage de Jérôme de Gonnelieu, décédé au mois de décembre 1675.

Bibl. Nat^{le}, 4° Fm, 13075.

***7543.** — Factum pour Mre Nicolas Joachim Rouault, marquis de Gamaches... défendeur et demandeur. Contre dame Anne-Marie de Gonnelieu, veuve de messire Richard Gédoin... et contre messire Charles de Brouilly, seigneur de la Brosse, et Nicolas Mézières, au nom et comme tuteur des enfants mineurs et des héritiers de defunt messire Hiérosme de Gonnelieu, defendeurs. *Signé: Isabeau*.— S. l. n. n. n. d. ; in-4°.

Relatif à la propriété de la terre de **Bouillancourt-sous-Miannay**.

Bibl. Nat^{le}, 4° Fm, 13074.

***7544.** — Mémoire pour M. Roussel, Conseiller en la Cour, intimé et défendeur. Contre le Comte de Vauchelles, appelant et demandeur. *Signé : de la Monnoye*. — *Paris*, Lamesle, 1746 ; in-folio.

Relatif à la propriété de la terre de **Bouillancourt**.

Bibl. Nat^{le}, f° Fm, 14779.

***7545.** — Mémoire signifié pour messire Jean-Joachim Rouault,... marquis de Gamaches... défendeur ; Contre Messire Louis Nicolas de Cacheleux... comte de Vauchelles... et encore contre M. Roussel. *Signé : Brousse.* — *Paris*, Paulus du Mesnil, 1749 ; in-folio.

Relatif à une demande en nullité d'adjudication de la terre de **Bouillancourt**, faite à M. Roussel en 1726 et en restitution des droits seigneuriaux.

Bibl. Nat^{le}.

7546. — Lettre sur **Bouillancourt** près de Miannay, *par le Cte Leclerc de Bussy*. — Amiens, Glorieux, s. d. ; 4 p. in-8°.

Ext. Bull. Soc. Ant. Pic.

7547. — Si, après trente ans, la mort civile est prescrite et l'accusé qu'elle a proscrit est censé revivre civilement, et les effets qu'elle a éteint peuvent renaître. *Affaire de l'assassinat de Noël Baron, curé d'Acheux, par Tillette d'Acheux, le 29 mai 1668.*

Caus. célèbres, 1735, p. 487 à 584 ; in-12, et Abrégé des Causes célèbres par Berdel. — Toulouse, 1785, t. III, p. 74 à 78 ; in-4°.

7548. — Sommaire de la Cause pour Messire François Tillette, Chevalier Seigneur d'**Acheux**, Appellant. Contre Monsieur le Procureur General, Intimé. *Signé : de Saint-Aubin.* — *Paris*, Montalant, 1737 ; 4 p. in-folio.

Même affaire.
Bibl. Soc. Ant. Pic.

7549. — Si un condamné par contumace, qui ne s'est point représenté ni pendant les cinq ans, ni après, peut plus de trente ans après l'exécution du Jugement par contumace, demander à purger la contumace et proposer moyens de nullité.

Même affaire Tillette d'Acheux.
Arr. du Parlem. de Paris par du Rousseaud de la Combe. — Paris, 1743, p. 195 à 197 et 224 à 231 ; in-4°.

7550. — Mémoire pour Dame Marie-Geneviève Simonet, auparavant veuve de Messire Augustin Tillette, Chevalier, Seigneur d'Acheux, Acheri et autres lieux, à présent femme séparée, quant aux biens, de Mre Pierre-François de Ponthieu, Ecuyer, Seigneur de Bernapré, Capitaine de Cavalerie au Régiment de Clermont-Prince, autorisée à la poursuite de ses droits, Intimée et Défenderesse. Contre Charles-François-Antoine-Marie Le Blond, Chevalier, Seigneur du Plouy, et autres lieux, Brigadier des Armées du Roi, Lieutenant-Colonel au Régiment de Bretagne-Cavalerie, Chevalier de l'Ordre Militaire de Saint-Louis, Appellant d'une Sentence contre lui rendue en la Sénéchaussée de Ponthieu le 15 juillet 1752, et de tout ce qui a suivi, et demandeur. *Signé : Auvray.* — *Paris*, Paulus du Mesnil, 1755 ; 7 p. in-folio.

Au sujet de la terre d **Acheux.**
Bibl. Soc. Ant. Pic.

7551. — Mémoire pour Marie-Geneviève Simonet, Veuve en premières noces du Sieur de la Boissière et Femme du Sieur de Ponthieu, Capitaine au Régiment de Clermont-Prince. — *Paris*, Paulus-du-Mesnil, 1757 ; 12 p. in-4°.

Même affaire.
Bibl. d'Abbeville.

7552. — Mémoire signifié pour Dame Marie-Anne de Dourlens, veuve de Messire Jean-Charles de Bellengreville, Chevalier, Seigneur de Behen, tant en son nom que comme Mere et Tutrice de ses enfans mineurs. Et Demoiselle Gabrielle de Bellengreville, fille majeure, Appellantes. Contre le Sieur Robert Fuzelier, Sieur d'Aillet, Trésorier de France au Bureau des Finances d'Amiens, Intimé. *Signé : Lelurez.* — Paris, Paulus-du-Mesnil, 1756 ; 16 p. in-folio.

Au sujet de la terre de **Behen.**
Bibl. H. Macqueron.

7553. — La Croix de **Behen** (Somme), par Georges Durand.

Bull. arch. du Com., 1886, p. 351 à 353 av. 1 pl. ; in-8°.

7554. — Notice sur la Statuette d'un Dieu Gallo-Romain trouvée à Cahon, par M. Ch. Louandre. — Abbeville, Briez, 1873 ; 7 p. in-8°.

Ext. Mém. Soc. Em. Abb.

7555. — Rapport sur un Dieu gallo-romain trouvé aux environs d'Abbeville (**Cahon**), qui réunit aux attributs des Dieux indigènes les attributs des divers dieux du polythéisme romain, *par M. Chabouillet.*

Rev. Soc. Sav. Dép., 1873, p. 322 à 327 ; in-8°.

7556. — **Feuquières**, *par M. Dusevel.* — S. l. n. n. d. ; 4 p. in-8° av. 4 fig.

***7557**. — Factum pour Messire Claude de Saisseval, sieur de Méraucourt et dame Marie-Magdelaine Dardre, Défendeurs. Contre Robert Sanson, Conseiller-Secrétaire du Roi, Receveur des Consignations de la Cour et autres Juridictions, Demandeur. *Signé : Huguenin.* — S. l. n. n., 1686 ; in-folio.

Demande en exécution d'un arrêt du 6 septembre 1686, qui libère les terres de **Feuquières** des hypothèques du S. Lequien.
Bibl. Nat^le, Thoisy, 86, f° 353.

7558. — Mémoire à consulter et consultation pour M° Duval, Avocat, le sieur Duval du Quesnel, M° Duméril, Procureur, M° Leguai, Notaire, M°. Dequevauvillers, Procureur, les Dames leurs épouses, et les Demoiselles Duval, Enfans héritiers de Dame Marie-Catherine Routier à son décès Veuve de M° Augustin-Anne Duval, laquelle était Parente du cinq au cinq et héritière quant aux propres de la Ligne des Routier, du S' Pantaléon Jean Pingré de Fricamps. Contre les Administrateurs de l'Hopital Général d'Amiens ; Dame Marie-Catherine-Elisabeth Pingré de Sourdon, veuve du S' Pingré de Fricamp, commune en biens avec lui : le S' Charles-Gabriel, Comte de Gomer, et Dame Marie-Louise Pingré, son Epouse, Fille héritière de M. Louis-François Pingré du Viage, lequel était héritier de M. Pingré de Fricamp, quant aux Meubles, Acquets et propres de sa ligne. — Amiens, Caron père, 1789 ; 32 p. in-4°.

Au sujet du fief de **Grébault**.

Bibl. d'Amiens, Hist., n° 3794, n° 19.

7559. — Notice sur une petite Seille en bois recouverte de cuivre repoussé trouvée dans le cimetière dit mérovingien de Miannay (arrondissement d'Abbeville) (Opinion motivée de M. l'Abbé Haigneré sur l'âge et l'importance de ce monument), par M. A. Van Robais. — Amiens, Glorieux, 1872 ; 11 p. in-8°.

Ext. Bull. Soc. Ant. Pic.

7560. — La Seille funéraire de **Miannay** et ses Inscriptions d'après M. E. Le Blant, de l'Institut, par M. A. Van Robais.

Bull. Soc. Ant. Pic., t. XII, p. 279 à 288 ; in-8°.

7561. — Le Droit du Seigneur à **Lambercourt**. Communication de M. le Comte Le Clerc de Bussy. — Amiens, Glorieux, 1874 ; 3 p. in-8°.

Ext. Bull. Soc. Ant. Pic.

7562. — Arrest de la Cour du Parlement contenant Règlement pour la Fabrique de la Paroisse de **Saint-Maxent** près Abbeville : qui condamne le Curé de ladite Paroisse, et autres, en 10 livres de dommages intérêts, envers chacun des Officiers de la justice de M. le Marquis de Chepy, Vicomte et Pair de Saint-Maxent ; Ordonne que les termes injurieux à M. le Marquis de Chepy et à ses Officiers, demeureront supprimés. Du 7 Septembre 1776. — *Paris*, Vincent, 1776 ; 29 p. in-4°.

Anc^{ne} Bibl. de Marsy.

7563. — Découverte d'une sépulture franque à **Rogent**, *commune de* **Tœuffles**, en 1866, *par* M. Hecquet *d'Orval*.

Mém. Soc. Em. Abb., 1869-72, p. 603 à 615 ; in-8°.

7564. — Mémoire signifié pour les Prieur et Chanoines Réguliers de l'Abbaye de Saint-Acheul-lez-Amiens, Seigneurs et Décimateurs de la Paroisse de **Teuffle**, Demandeurs. Contre M° Jean Blondel, Curé de ladite Paroisse de Teuffle, Défendeur. — *Paris*, veuve Knapen, 1739 ; 6 p. in-folio.

Au sujet des dimes de lainage et de charnage de Tœuffles.

Bibl. d'Amiens. Hist., n° 3823, 14.

7565. — Mémoire signifié pour les Prieur et Chanoines Réguliers de l'Abbaye de Saint-Acheul-lès-Amiens, Appellans. Contre M° Jean Blondel, Curé de la Paroisse de **Teufle**, Intimé. — *Paris*, J. B. Lamesle, 1739 ; 6 p. in-folio.

Ibid., Hist., n° 3823, 15.

7566. — Second Mémoire signifié pour les Prieur et Chanoines Réguliers de l'Abbaye de Saint-Acheul-lès-Amiens, Seigneurs et Décimateurs de la Paroisse de **Teufle**, Demandeurs. Contre M° Jean Blondel, Curé de ladite Paroisse de Teufle. Défendeur. — *Paris*, J. B. Lamesle, 1739 ; 6 p. in-folio.

Ibid., Hist., n° 3823, 17.

7567. — Addition au Mémoire pour les Prieur et Chanoines Réguliers de l'Abbaye de Saint-Acheul, Appellans. Contre M° Jean Blondel, Curé de la Paroisse de **Teufle**, Intimé. — *Paris*, J. B. Lamesle, 1739 ; 4 p. in-folio.

Ibid.

7568. — Rapport présenté par M. Magdelaine, au nom de la Commission chargée de visiter et constater le résultat des fouilles opérées par les soins de M™° la comtesse de Frières, dans son parc, à **Tours-en-Vimeu**.

Bull. Soc. Ant. Pic., t. V, p. 14 à 23; in-8°.

7569. — Office très-solemnel pour la Fête de la Paroisse de **Tours**, en Vimeu ; avec les Litanies, Cantiques et autres Prières pour la Procession solemnelle du Sacré-Cœur à Notre-Dame de Blangy, par MM. D... et Lec.... — Abbeville, L. A. Devérité, 1790 ; 121 p. in-24.

Bibl. H. Macqueron.

7570. — Notice sur la Tombelle de **Cauroy-lès-Tours**, par M. Darsy. — Amiens, Duval et Herment, 1852 ; 8 p. in-8°.

Ext. Bull. Soc. Ant. Pic.

7571. — **Longuemort** et ses Seigneurs, par l'abbé Joseph Hoin.

Mém. Soc. Em. Abb., t. XVII, p. 467 à 573; in-8°.

CHAPITRE XXII

CANTON DE NOUVION-EN-PONTHIEU

7572. — Département de la Somme. Arrondissement d'Abbeville. Règlement du service de la garde nationale de **Nouvion-en-Ponthieu**. — Abbeville, C. Paillart, 1848 ; 11 p. in-8°.

7573. — Mémoire signifié pour Roland Elluin, Fermier de la Terre et Seigneurie de **Domvast**, Marguerite Thuillier, sa femme, et Roland Elluin, leur fils, Intimés. Contre Messire Gilbert Allire, Marquis de Langehac, et Dame Louise Elizabeth de Melun, son épouse, auparavant veuve du Prince d'Espinoy, Appellans. Et encore contre Jacques Carpentier et Consorts, Défendeurs. *Signé : de Calonne*. — *Paris*, Jacques Vincent ; 12 p. in-folio.

Question de responsabilité de l'incendie du moulin de Domvast arrivé le 1er décembre 1742.

Bibl. Soc. Ant. Pic.

7574. — Mémoire pour les Prieur et Religieux de l'Abbaye royale de Notre-Dame de **Forestmontier**, Ordre de Saint-Benoist... *Signé : Bellart*. — Paris, Knapen, 1759 ; in-4°.

Au sujet de la suppression de leur maison conventuelle.

Bibl. Nat^{le}, 4e Fm, 23210.

7575. — **Millencourt**, extrait des Notices... sur l'arrondissement d'Abbeville, par E. Prarond. — Abbeville, R. Housse, 1858; 32 p. in-12.

7576. — Décision du Conseil du 4 Mars 1744, *ordonnant que le S. d'Aplincourt paiera les droits de franc-fief des Fiefs d'Aplincourt, Jardinet et Triquerie, sis à* **Neuilly-l'Hôpital.**—Paris. Prault, 1766; 3 p. in-4°.

Bibl. H. Macqueron.

7577. — *Pièce sans titre contenant, après un préambule, la Charte, en latin avec traduction française, de la Commune de* **Noyelles-sur-Mer,** *octroyée le 8 mars 1194.* — S. l. n. n. n. d.; 7 p. in-folio.

Bibl. H. Macqueron.

7578. — Sentence arbitrale du 1er février 1354-1355 *contenant délimitation du Comté de* **Noyelles.** Communiquée par Mr du Bois de Jancigny.

Mém. Soc Ant. Pic., t. XXVIII, p. 167 à 180; in-8°.

7579. — Factum pour Iean de Bray, Clerc tonsuré du Dioceze d'Amiens pourveu d'une Chanoinie et prebende en l'Eglise Collegiale de **Noyelle sur mer.** Appellant et Iean Debray, Maistre serrurier en la ville d'Amiens, deffendeur. Contre Antoine et Louys Boistel pere et fils, intimez et demandeurs. — S. l n. n.. *vers 1678 ;* 3 p. in-4°.

Au sujet de la possession de la prébende.
Bibl. d'Amiens, Hist., n° 3822.

* 7580. — Observations importantes pour la demoiselle Béchameil de Nointel. Contre le sieur Ribault son mari. — Paris, 1775; 68 p. in-4°.

Au sujet de la terre de **Noyelles-sur-Mer.**
Catal. de la Libr. Voisin, n° 24967.

7581. — Mémoire pour Messire François Vaillant, Chevalier, Seigneur et Patron d'Eaucourt, Bussus, Sailly-Bray et autres lieux ; Dame Louise d'Arrest, son épouse, et les Habitans et Communauté dudit Sailly-Bray, Intimés. Contre les Maire, Syndics, Corps, Communauté et Habitans de **Noyelles,** Salins et Nollette, Appelans. — *Paris,* d'Houry, 1776 ; 31 p. in-4°.

Question de vaine pâture.
Bibl. A. de Caieu.

7582. — Mémoire sommaire, Pour les Habitants, Corps et Communauté du Village de **Noyelles-sur-Mer,** défendeurs ; Contre les Habitants, Corps et Communauté de Noyellette, actuellement Nollette, demandeurs. *Signé : De Boileau.* — Abbeville, L. A. Dévérité, *vers 1790* ; 31 p. in-4°.

Bibl. H. Macqueron.

7583. — Météorologie Aurore boréale observée dans la nuit du 28 au 29 août 1859, à **Noyelles-sur-Mer,** près de Saint-Valery-sur-Somme, par M. H. Lartigue.

Compte-rendu des séanc. de l'Ac. des Sc. t. XLIX, 1859, p. 367 et 368; in-4°.

7584.—Quelques Observations pour la Commune de **Noyelles-sur-Mer** contre la Commune de Ponthoile, *au sujet de la propriété de 220 hectares du marais, dit de Noyelles.*—Amiens, Jeunet, 1875 ; 27 p. in-4° et 1 plan.

* 7585. — Mémoire signifié pour les Maire, Echevins et Communautés des villages de **Ponthoile,** Morlay et leurs banlieues.... défendeurs et opposants à un arrêt rendu sur requête non communiqué rendu au Conseil, le 15 mai 1742, contre le sieur comte des Essarts, demandeur et défendeur en opposition. *Signé : Dufour.*—Paris, P. A. Le Prieur ; in-folio.

Relatif à la propriété des mollières concédées à leurs auteurs par les comtes de Ponthieu.
Bibl. Natle, f° Fm, 13709.

7586. — Extrait des Registres du Conseil d'Etat. *Arrêt rendu contre la commune de* **Ponthoile** *et portant concession au Comte des Essarts des Mollières* *et Terrains que la mer couvre et découvre depuis le Port du Crotoy jusqu'à la ferme du Four; du 15 mai 1742.* — Abbeville, D. Artous; 5 p. in-folio.

Bibl. d'Abbeville.

7587. — Extrait des Registres du Conseil d'Etat (31 juillet 1742). — Abbeville, D. Artous; 5 p. in-folio.

Opposition par les communautés de **Ponthoile**, Morlay et Noyelles à la cession faite au comte Louis des Essarts de 800 mesures de mollières sises entre l'écluse du Crotoy et la ferme du Four.

Bibl. H. Macqueron.

7588. — Deuxième Mémoire pour les Maire, Echevins et Communautés des Villages de **Ponthoile**, Morlaix, et leurs Banlieues, et les différens propriétaires d'héritages situés sur ces terroirs, Défendeurs et Opposans à un Arrêt rendu au Conseil sur Requête non communiquée, le 15 Mai 1742, et Intimés sur appel incident. Contre le Sieur Comte des Essarts, Demandeur et Défendeur en opposition et Appellant d'une Ordonnance contradictoire rendue par le Sieur Intendant de Picardie, le 17 août 1763. — *Paris*, Cellot, 1764; 51 p. in-4°.

Bibl. A. de Caïeu.

7589. — Mémoire pour les Habitans et Communautés de **Ponthoile** et de Morlay, en Ponthieu, Défendeurs; Contre M. le Comte d'Artois, Fils de France, Frère du Roi, Prince Apanagiste du Ponthieu, Demandeur. *Signé : Le Poitevin.* — Paris, P. M. Delaguette, 1781; 52 p. in-4°.

Bibl. H. Macqueron.

7590. — Mémoire pour les Habitans, Propriétaires, et Communauté de **Ponthoiles**, Morlay et banlieue en Ponthieu, Défendeurs. Contre Mgr le Comte d'Artois, Fils de France, Frère du Roi, Prince appanagiste du Ponthieu, Demandeur. *Signé : Traullé.* — Abbeville, L. A. Devérité, 1782; 50 p. in-4°.

Demande des habitants d'être maintenus en possession de tout ce qui leur appartenait en vertu de leur charte.

Bibl. d'Abbeville.

7591. — Réfutation de l'opinion de M. Traullé d'Abbeville, sur les Tombelles de Noyelles et de **Port**, par L. A. Devérité. — Abbeville, L. A. Devérité, s. d.; 21 p. pet. in-4°.

Bibl. d'Abbeville.

7592. — Mémoire sur les Fouilles de **Port-le-Grand** et sur la découverte de Vases celtiques, par M. Hecquet d'Orval.

Mém. Soc. Em. Abb., 1838-40, p. 285 à 295 avec 3 pl.; in-8°.

7593. — Notes lues à la Société d'Emulation d'Abbeville sur des fouilles faites à **Port-le-Grand** en 1869, 1871 et 1872, *par M. d'Orval.*

Ext. Mém. Soc. Em. Abb., 1869-1872, p. 618 à 623 : in-8°.

7594. — Etude archéologique sur **Port-le-Grand**. Lecture faite à la Société d'Emulation d'Abbeville le 4 Juin 1874, par E. Hecquet d'Orval avec plan explicatif. — Abbeville, Paillart, 1877; 29 p. in-8° et 1 plan.

Extr. Mém. Soc. Em. Abb.

7595. — Passage du gué de Blanque-taque, *par de Chateaubriand.*

Bibl. hist. Pic. et Art., par Roger, p. 150 à 155; gr. in-8°.

7596. — Le Monastère de **Grand-Port**. Saint-Honoré, légende.

Alm. ann. d'Abbev., 1859, p. 43 à 50; in-16.

7597. — Le Sceau du passeur de **Port**, par M. de Clermont-Tonnerre.

Bull. Soc. Em. Abb., 1888-90, p. 44 à 46 av. 1 fig.; in-8°.

7598. — Le passeur de **Port**, par M. Prarond.

Bull. Soc. Em. Abb., 1894-96, p. 307 et 308; in-8°.

7599. — Arrest du Conseil d'Etat du Roi, qui fait défenses au sieur de Cacheleu de percevoir aucun droit de péage, au lieu et dans l'étendue de la châtellenie du **Titre**. Généralité d'Amiens. Du 17 Mars 1750. — Paris, Imprimerie Royale, 1752; 2 p. in-4°.

Bibl. H. Macqueron.

18

CHAPITRE XXIII

CANTON DE RUE

7600. — Notice historique sur **Rue**, par Ad. F.

Alman. d'Abb., 1846, p. 93 à 96 ; in-16.

7601. — Histoire civile, politique et religieuse de la Ville de **Rue** et du Pays de **Marquenterre**, par Fl. Lefils, avec des annotations par M. H. Dusevel. — Abbeville, René Housse, 1860; VIII-422 p. in-12.

7602. — Le Procédé historique de M. Fl. Lefils à propos des Histoires de **Rue** et du Crotoy. Remarques par E. Prarond. — Abbeville, Briez, 1861; 57 p. in-8°.

7603. — De quelques Assertions de M. Fl. Lefils. Rectifications par E. Prarond. — Abbeville, Briez, 1861; 85 p. in-8°.

7604. — Les Procédés de M. E. Prarond. Réponse par Fl. Lefils. — Abbeville, Housse, 1861; 31 p. in-8°.

7605. — Documents inédits pour l'histoire de **Rue**, *extraits d'un cueilloir du XVIIe siècle*, par E. Prarond.

La Picardie, 1874, p. 481 à 487; in-8°.

7606. — Confirmation des Privilèges de la Ville de **Rue** en Ponthieu; *mai 1369*.

Ordonn. des Rois de Fr., t. V, p. 179 ; in-folio.

7607. — Lettres qui portent que les Habitans de **Rue** pourront commercer dans tout le Royaume, et y acheter des marchandises, sans estre tenus de payer d'autres imposts, que ceux qui sont anciennement establis; *mai 1369*.

Ibid., t. V, p. 178 et 179 ; in-folio.

7608. — Lettres qui portent que le Comté de Ponthieu et la Ville de **Rue** qui y est située, ne seront jamais séparées du Domaine de la Couronne; *mai 1369*.

Ibid., t. V, p. 180; in-folio.

7609. — Lettres qui, en dérogeant aux anciens usages de la ville de **Rue**, permettent aux habitants de choisir pour Eschevin et Lieutenant du Maire nouvellement créé, celuy qui sortira de charge; *janvier 1379*.

Ibid., t. VI, p. 456 et 457; in-folio.

7610. — Lettres qui autorisent la commune de **Rue** à des travaux et des dépenses utiles et lui accordent le terrain qu'elle reprendra sur la mer, moyennant une redevance annuelle de douze deniers par arpent; *26 novembre 1463*.

Ibid., t. XVI, p. 112 à 115; in-folio.

7611. — Confirmation de tous les Privilèges et Coutumes des Habitans de **Rue** en Ponthieu. Abolition de tous les Délits et Crimes qu'ils auroient pu commettre envers le Roi, et de toutes les Condamnations prononcées; *février 1476*.

Ibid., t. XVIII, p. 238 à 239; in-folio.

7612. — Lettres de Louis XI (Mai 1477), par lesquelles il exempte les habitants de la ville de **Rue** de tout impôt levé ou à lever pour les gens de guerre.

Ibid., t. XVIII, p. 267; in-folio.

7613. — Confirmation par Louis XI des prérogatives et privilèges octroyés à la ville de **Rue** ; *mai 1478.*

Ibid., t. XIX, p. 185; in-folio.

7614. — Confirmation des Prérogatives et Privilèges octroyés à la ville de **Rue** sous divers rapports, par Louis XI et ses prédécesseurs ; *novembre 1483.*

Ibid. t. XIX, p. 185 à 188; in-folio.

7615. — Factum pour messire Adrien de Fontaines, seigneur dudit lieu, défendeur et demandeur. Contre messires François de Saint-Blimond, baron d'Ordres et André de Saint-Blimond, seigneur de S. Sauveur, demandeurs et défendeurs. — S. l. n. n., *vers 1659*; in-4°.

Concernant la demande en remploi du quart de la terre de S*t* **Jean les Rue**, formée par les demandeurs en juillet 1659.

Bibl. Nat*le*, 4° Fm, 33642.

7616. — Factum pour messires François et André de S*t* Blimond..... demandeurs et défendeurs contre le sieur de Fontaine, défendeur et demandeur. — S. l. n. n., *vers 1659*; in-4°.

Bibl. Nat*le*, 4° Fm, 33643.

7617. — Arrest dv Conseil d'Estat dv Roy dv vingt-deuxième Octobre 1665, par lequel il est ordonné que les Hostelliers et les Tauerniers des Villes de **Ruë** et Crotoy, payeront les droits de Subvention et Parisis sur les Aydes, conformément aux Edicts, Déclarations et Arrests, etc. — S. l. n. n. ; 3 p. in-4°.

Bibl. Nat*le*, F 3444. F, 40.

7618. — Mémoire pour les Maire, Echevins, et Habitants de la Ville de **Ruë**, Défendeurs. Contre Nicolas Jérosme de Cacheleu, Ecuyer, Sieur de Boüillencourt; Dame Françoise le Vasseur, son épouse; Jean-Baptiste le Vasseur, Sieur de Favery; Damoiselle Marie-Jeanne et Antoinette le Vasseur, Demandeurs. — S. l. n. n., *vers 1705*; 5 p. in-4°.

Question de banalité du moulin de Rue.
Anc*ne* Bibl. de Marsy.

7619. — Lettre de M*gr* de la Motte, évêque d'Amiens, autorisant une quête en faveur de l'**Hôtel-Dieu de Rue** en partie détruit par un incendie le 7 septembre 1741. — Pièce in-4°.

Arch. dép. de la Somme, C, n° 1606.

7620. — Arrest du Conseil d'Etat du Roy qui supprime un droit de péage ou de chaussée, qui était prétendu en la ville de **Ruë** par les Maire, Echevins et Communauté de cette ville, généralité d'Amiens. Du 11 Janvier 1750. — Paris, Imprimerie Royale, 1752; 2 p. in-4°.

Bibl. H. Macqueron.

7621. — Arrêt de la Cour de Parlement, qui homologue une Ordonnance des Officiers de Police de la Ville de **Rue**, du 21 Juillet 1787, portant défenses de se servir de Paille pour la couverture des Bâtimens, lesquels ne pourront être, à l'avenir, couverts qu'en tuiles. Du onze Avril mil-sept-cent quatre-vingt-huit. — Paris, N. H. Nyon, 1788 ; 4 p. in-4°.

Ibid.

7622. — Sigillographie du Ponthieu. Recueil de Sceaux concernant Abbeville et les Environs, par E. D. M. (*Demarsy*). Sceau de **Rue**. — Abbeville, Grare, 1855 ; 8 p. in-8° et 2 pl.

7623. — Acta Monstroliensis interdicti ad Urbanvm VIII. Pontif. Max. — Lutetiæ, apud Antonivm Vitray, M. DC. XXXVI ; 51 p. in-4°.

Histoire de la Translation des **Reliques de S*t* Wulphy**, de Montreuil à **Rue**.
Bibl. d'Abbeville.

7624. — Histoire du **Crucifix miraculeux** Honoré dans la Chapelle du

Saint-Esprit de la Ville de **Rue**, en Picardie, Diocèse d'Amiens ; Extraite des Archives de ladite Ville avec les Litanies du Saint-Esprit et de la Croix, tirée de l'Ecriture Sainte. Par M. Louis-Adrien Blier, Curé de ladite Ville en 1778.—Abbeville Devérité fils, M.DCCC.IX ; 24 p. in-24.

Bibl. H. Macqueron.

7625. — Histoire du **Crucifix miraculeux** honoré dans la Chapelle du Saint-Esprit de la ville de **Rue**, en Picardie, Diocèse d'Amiens, extraite des Archives de ladite Ville ; avec les Litanies du Saint-Esprit et de la Sainte Vierge. Par M. Louis Adrien Blier, Curé de ladite Ville, en 1778. — Amiens, Lenoel-Herouart. 1855 ; 24 p. in-24.

7626. — Note sur les **Stalles** de l'ancienne église de **Rue** (Somme). Communication de M. Dusevel.

Bull. du Comité..., t. IV, 1853, p. 80 et 8 ; av. 1 fig. ; in-8°.

7627.—La **Chapelle** du Saint-Esprit de **Rue**, sa restauration, ses souvenirs, *par H. Dusevel*.

La Picardie, 1867, p. 385 à 402 ; in-8°.

7628. — La **Chapelle** du Saint-Esprit, à **Rue**.

Le Dimanche, 1872, t. I, p. 535 à 542 ; in-4°.

7629. — Le **Saint-Esprit de Rue**, *par E. V.*

Le Dimanche, n° 1095, p. 498 à 503 ; in-8°.

7630. — **Rue** et le Pèlerinage du **Saint Esprit**, par l'Abbé Gosselin. — Abbeville, C. Paillart, 1894 ; 118 p. in-16 et 3 pl.

7631. — **Office de S. Wlphli**, Curé et Patron de la Ville de Rue, rédigé selon la forme et l'esprit du Bréviaire d'Amiens, Dédié aux Paroissiens de ladite Ville et de sa Banlieue, par Adrien Blier. — Amiens, Louis Charles Caron, MDCCLXXI ; 60 p. in-16.

Bibl. H. Macqueron.

7632. — Mémoire Pour Charles-Honoré de Buissy, Ecuyer, Seigneur de Long, Longpré, le Castelet, et autres lieux, Intimé et Demandeur. Contre Jacques Godart, Ecuyer, Seigneur de Beaulieu, Appellant d'une Sentence rendüe aux Requêtes du Palais, le 20 Septembre 1723, et Défendeur. *Signé : de Saint-Aubin.—Paris*, Paulus-du-Mesnil ; 11 p. in-folio.

Au sujet des terres d'**Argoules** et Petit-Chemin.

Bibl. H. Macqueron.

7633. — Second Mémoire Pour Charles-Honoré de Buissy, Ecuyer, Seigneur de Long, Longpré, le Castelet, et autres lieux, Intimé et Demandeur. Contre Jacques Godart, Ecuyer, Seigneur de Beaulieu, Appellant et Défendeur. *Signé : de Saint-Aubin.* — *Paris*, Paulus-du-Mesnil, 1726 ; 6 p. in-folio.

Même affaire.
Ibid.

7634. — Mémoire signifié pour le Sieur de Beaulieu Défendeur. Contre le Sieur de Buissy Demandeur. *Signé : de Leyri.—Paris*, Knapen, 1726 ; 4 p. in-4°.

Même affaire.
Ibid.

7635. — Privilèges accordés à l'**Abbaye de Valloire**, *Décembre 1369*.

Ordonn. des Rois de Fr., t. V, p. 248 et 249 ; in-folio.

7636. — Confirmation des Privilèges de l'**Abbaye de Valloires**, Ordre de Citeaux.

Ibid., t. XVII, p. 17 et 18 ; in-folio.

7637. — Mémoire pour les Sieurs Abbé, Prieur et Religieux de l'**Abbaye de Valoire**, ayant pris le fait et cause de Jean-Baptiste Duriez, Meunier du Moulin d'Argoulle, Demandeurs en complainte, et incidemment Défendeurs. Contre le Sieur François Godart, Seigneur de Beaulieu et Argoulle.

— Amiens, veuve Godart, 1745; 4 p. in-folio.

<small>Sur la question de savoir si le seigneur d'Argoules avait droit de détourner partie des eaux de l'Authie.
Bibl. d'Amiens, Hist., n° 3596.</small>

7638. — Arrests du Conseil d'Etat du Roi, des 22 Juillet et 24 Septembre 1774, le premier Casse et annulle l'arrêt rendu au Conseil supérieur d'Arras, le 28 Juin dernier : Déclare nulles et de nul effet les demandes du Lieutenant-général de Montreuil-sur-Mer, lui fait défenses et aux Officiers dudit Bailliage, d'apposer les scellés sur les archives de l'**abbaye de Valloires**. Le second, fait défenses auxdits Officiers de suivre les procédures qu'ils avoient faites lors de l'apposition de leurs scellés à l'abbaye de Valloires; Ordonne qu'ils seront reconnus et levés par les Juges royaux les plus prochains; leur enjoignant de se retirer de suite pour laisser la liberté à l'Econome de faire ses fonctions. — Paris, Imprimerie Royale, 1774; 12 p. in-4°.

<small>Bibl. d'Amiens, Hist., n° 3597.</small>

7639. — Rapport descriptif et analytique sur le **Cartulaire de Valloires**, manuscrit des archives du département de la Somme, par M. Bouthors. — Amiens, Ledien fils, 1839; 48 p. in-8°.

<small>Extr. Mém. Soc. Ant. Pic.</small>

7640. — L'**Abbaye de Valloires**, par Fl. Lefils.

<small>Alm. ann. d'Abbev., 1859, p. 39 à 43; in-16.</small>

7641. — **Abbaye de Valloires**, par M. L. de Bonnault.

<small>Bull. Soc. Em. Abb., 1888-90, p. 91 à 104 et 110 à 117; in-8°.</small>

7642. — Emile Delignières. L'**Abbaye de Valloires** en Picardie et les Œuvres du sculpteur Pfaff. — Abbeville, Lafosse, 1900; 14 p. in-18.

<small>Voir aussi Journal des Arts, 8 septembre 1900.</small>

7643. — Consultation pour les Syndic, Habitans, Corps et Communauté du Village et Paroisse d'**Arry**, Défendeurs ; et le Comte d'Hodicq, Seigneur dudit Arry et du fief de Soutteauville, Intervenant et joint à la Communauté d'Arry, en cette qualité aussi Défendeur. Contre M. le Comte d'Artois, Prince apanagiste du Comté de Ponthieu, Demandeur. *Signé : Heuvrard.* — Paris, P. G. Simon, 1781; 13 p in-4°.

<small>Bibl. H. Macqueron.</small>

7644. — Le **Crotoy**. — S. l. n n., *vers 1850*; 2 p. gr. in-4°.

7645. — Histoire de la Ville du **Crotoy** et de son Château par Fl. Lefils, avec des annotations par M. H. Dusevel. — Abbeville, Housse, 1860; XIV-320 p. in-12.

7646. — Florentin Lefils. Le **Crotoy**. — Paris, Poulet-Malassis, 1861; 185 p. in-12 av. 7 pl.

7647. — Rapport à la Société royale d'Emulation d'Abbeville, sur des fouilles faites au **Crotoy**, par M. César Roussel.

<small>Revue d'Amiens, 1833, p. 169 à 172; in-8°.</small>

7648. — Recherches archéologiques sur Le **Crotoy**, par M. Labourt. — Abbeville, Paillart, *1840*; 60 p. in-8°.

<small>Extr. Mém. Soc. Em. Abb.</small>

7649. — Recherches archéologiques sur Le **Crotoy**, par A. Labourt. Deuxième partie. — Abbeville, Paillart, *1842*; 55 p. in-8°.

<small>Extr. Mém. Soc. Em. Abb.</small>

7650. — Recherches sur une colonie Massilienne établie dans le voisinage de l'embouchure de la Somme (Le **Crotoy**), pour le trafic de l'étain et des autres productions de la Grande-Bretagne avec une carte représentant l'emplacement de cette colonie, par André De Poilly.

<small>Mém. Soc. Em. Abb., 1844-48, p. 67 à 159; in-8°.</small>

7651. — Mémoire sur les Ruines du **Crotoy**, par Florentin Lefils. — Abbeville, P. Briez, 1860; 13 p. in-8° et 1 pl.

Extr. Mém. Soc. Em. Abb.

7652. — Le Gard près de Rue. 1257-58. 12 mars. Jeanne, reine de Castille et comtesse de Ponthieu, donne à Richard le Maréchal une rente sur la vicomté du **Crotoy**, en échange d'un fief à Airaines.

Layett. du Trés. des Chartes, t. III, p. 399; in-8°.

7653. — Confirmation de la Charte de Commune, accordée aux Villes de Mayoc et de Crotoy ; *mai 1369*.

Ordonn. des Rois de Fr., t. V, p. 180 à 182; in-folio.

7654. — Lettres qui portent que les Villes du **Crotoy** et de Mayoc en Pontheu seront unies inséparablement au Domaine de la Couronne ; *mai 1369*.

Ibid., t. V, p. 688; in-folio.

7655. — Lettres qui portent que l'on ne pourra lever de nouvelles Impositions sur les Habitans du **Crotoy** sans leur consentement. Lettres qui portent que les Habitans du Crotoy, ne payeront aucunes nouvelles Impositions pour les Marchandises qu'ils achèteront dans le Royaume ; *mai 1369*.

Ibid., t. V, p. 183 et 184; in-folio.

7656. — Un Capitaine du **Crotoy** au xiv° siècle. *Enguerrand d'Eudin*, 1372-1390, par M. de Brandt de Galametz.

Bull. Soc. Em. Abb., 1894-96, p. 213 à 218 ; in-8°.

7657. — Enguerrand d'Eudin, Gouverneur du Ponthieu et du Dauphiné, Fondateur des Célestins d'Amiens. Etude historique avec pièces justificatives par M. le Comte de Brandt de Galametz. Seconde édition, revue et augmentée. — Abbeville, Paillart, 1899 ; 53 p. in-8°.

7658. — Lettres qui portent qu'il sera établi une Etape de Guesde (*entrepôt d'indigo*) dans la Ville du **Crotoy** ; *mars 1397*.

Ordonn. des Rois de Fr., t. VIII; p. 186 à 188 ; in-folio.

7659. — Chroniques picardes. **Jeanne d'Arc au Crotoy**, par *Fl. Lefils*. — S. l. n. n. n. d.; 16 p. in-8°.

7660. — **Jeanne d'Arc au Crotoy**, par Fl. Lefils.

Alm. ann. d'Abbev., 1854, p. 60 à 79; in-16.

7661. — Documents inédits pouvant servir à l'histoire de plusieurs villes de Picardie *et notamment du* **Crotoy** durant les guerres du xv° siècle, par de la Fons-Mélicocq.

La Picardie, 1857, p. 409 à 425 ; in-8°.

7662. — Arrêt du Conseil d'Etat déclarant la ville du **Crotoy** exempte de tout impôt en tant que ville frontière ; *du 11 octobre 1597*.

Bull. Soc. Em. Abb., 1894-96, p. 171 et 172 ; in-8°.

7663. — Jugement rendu en dernier ressort, par Monsieur Chauvelin, Conseiller d'Etat, Intendant de Picardie et d'Artois : Et Messieurs les Officiers du Présidial d'Amiens, en vertu de l'Arrêt du Conseil du 31 May 1729. Contre les nommez Nicolas François, dit Matelot, Jean du Crocq et Françoise Poulain, sa femme, demeurans au Bourg du **Crotoy**. Jean Vacogne et Jean Charlet, Charetiers, demeurans au Bourg de Ruë, Pierre et François Martel demeurans au Village de Favière, Jean Héricotte dit Gallet, demeurant au Village de Nolette et Jean Macragh Irlandois, Cavalier au Régiment de Nugent, Jean-Baptiste Fourdrin, demeurant au Bourg du Crotoy, Nicolas Hibon dit Colin Cry demeurant au Village de Quent, le nommé Picart du Village de Noyelle, tous accusez d'avoir pillé au Crotoy le Vaisseau nommé le S Pierre, chargé par ordre du Roy de Bled pour

Bordeaux. Du neuf Novembre 1729. — S. l. n. n.; plac. in-folio.

Arch. dép. de la Somme, C, n° 74.

7664. — Sentence des Officiers de l'Amirauté d'Abbeville, portant Règlement sur le nombre des **Pilotes** Lamaneurs du Port **du Crottoy** et par rapport aux salaires qui doivent leur être payés. Du 16 Décembre 1737. — Paris, Pierre Prault, 1740; 4 p. in-4°.

Bibl. H. Macqueron.

7665. — Mémoire pour Jean Charlet, habitant du Village de Favier, et Jean Du Flos, fermier de l'étang de la ville de Rue... contre François Mannier, en son nom et comme syndic des habitans du **Crottoy**. — S. l. n. n. n. d.; in-folio.

Bibl Nat^{le}, Thoisy, 145 f° 205.

7666. — Le Duc de **la Rochefoucauld-Liancourt** au **Crotoy**.... par E. Prarond. — Abbeville, Jeunet, 1855; 12 p. in-16.

A paru dans la Picardie, t. I, p. 222 à 228 sous le titre : Evasion du Duc de la Rochefoucauld-Liancourt au Crotoy.

7667. — Souvenirs de 1821. En Mer, par G. E. *Promenade en baie de Saint-Valery au* **Crotoy**, *par G. E. Sauvage*.

Le Puits artésien, 1838, p. 596 à 604; in-8°.

7668. — 29 Janvier 1860. Discours pour la Reconstruction de l'**Eglise du Crotoy** prononcé par M. C. Legrand. — Abbeville, Housse; 14 p. in-8°.

7669. — Mœurs picardes. Les Verrotières *du* **Crotoy**, *par* Fl. Lefils.

Rev. d'Amiens, 1833, p. 208 à 212; in-8°.

7670. — Port du **Crotoy**. — Abbeville, Housse; *vers 1860*; 1 p. in-folio.

Pétition à l'Empereur demandant la dérivation des eaux de l'Authie dans le port du Crotoy.

7671. — Département de la Somme. Commune du **Crotoy**, **Bassin de Chasse**. Extrait du Registre aux Délibérations de la commune du Crotoy. — Abbeville, Gamain, 1866; 7 p. in-4°.

7672. — Conclusions pour M. Pelletier, ès-noms, Intimé. Contre M. Desgardins, Appelant, En présence de M. l'Adjoint au Maire de la commune du **Crotoy**. — Amiens, Lenoel-Herouart, 1869; 24 p. in-4°.

Question de biens communaux.

7673. — Francis François. Inauguration solennelle de la statue de **Jeanne Darc au Crotoy**. 28 Août 1881. — Amiens, 1881; 11 p. gr. in-4° av. fig.

7674. — La Vie à la Campagne. **Le Crotoy**, par G. de Chevillé.

Le Temps, n° du 26 août 1884.

7675. — L'Echo du **Crotoy**, paraissant le dimanche. Numéro 1. Dimanche 12 juin 1898. — In-folio.

7676. — Notice sur l'ancienne abbaye de **Mayoc**, près du **Crotoy**, par F. P. Ravin. — Abbeville, Boulanger, 1837; 11 p. in-8°.

Ext. Mém. Soc. Em. Abbev.

7677. — Arrest du Conseil d'Estat du Roy, qui Casse plusieurs Décrets décernés par le Bailliage d'Amiens, contre les Gardes de la Maîtrise d'Abbeville, accusés d'avoir commis des violences, en exécutant les Sentences de ladite Maîtrise : fait défenses aux Parties de procéder ailleurs qu'en ladite Maîtrise, pour raison des plaintes énoncées en l'Arrêt, et à tous autres Juges d'en connoître. Du 4 May 1751.— Paris, Prault, 1751; 12 p. in-4°.

Au sujet de rébellion des habitants de **Machiel** contre les gardes de la forêt de Crécy.

Bibl. H. Macqueron.

7678. — Arrest du Conseil d'Etat du Roy, qui maintient les Doyen, Chanoines et Chapitre de Notre Dame de Boulogne sur Mer dans le Droit de Péage par terre par eux prétendu au

Lieu de **Nempont**. Du 7 février 1750. — S. l. n. n.; plac. in-folio.

Arch. dép. de la Somme, C, n° 1209.

* **7679.** — Mémoire signifié pour Philippe Becquin, seigneur engagiste de **Nampont** et Montigny, contre les abbé, prieur et religieux de l'abbaye de Saint-Josse-au-Bois. — S. l. n. n., 1764; 11 p. in-folio.

7680. — Précis pour les Notaires royaux en la Sénéchaussée de Ponthieu, à la résidence de la Ville de Rue, Demandeurs. Contre M° Jean-Philippe François De Paris, Notaire Royal à la résidence de **Nempont-Saint-Martin**, Bailliage d'Amiens et Ponthieu, défendeur. — Abbeville, Devérité, 1788; 4 p. in-4°.

Anc⁰⁰ Bibl. de Marsy.

7681. — Paroisse de **Nampont-Saint-Martin**. Notre-Dame de Grâce, à **Montigny**, par l'abbé Fouart. — Amiens, Langlois, s. d.; 8 p. in-8°.

Ext. du Dimanche.

7682. — La Chapelle de **Montigny**, fragment de « Notes sur le culte de Notre Dame de Grâce »... par Roger Rodière.

Cab. hist. Pic. et Art., t. XI, p. 65 à 77; in-8°.

* **7683.** — Mémoire pour messire Henry, comte de Boulainviller et de Saint-Saire, donataire du Roi des créments de Molières et alluvions arrivés dans le Pays de **Marquenterre**..... contre les maire, échevins et commune des bourgeois du même pays de Marquenterre... la dame veuve et les hérirriurs du feu sieur Louis, comte de Mailly, seigneur de la Motte en Marquenterre.... et les religieux.... de Saint-Valery-sur-Somme. Signé : Lalouacé. — S. l. n. n., 1716; in-folio.

Bibl. N¹⁰, f° Fm, 1968.

7684. — Factum signifié pour le Paiis de **Markenterre** en Ponthieu. Contre Nicolas Duval et contre Monsieur le Procureur Général. — Paris, J. Quillau, 1717; 28 p. in-4°.

Relatif au droit de juridiction, haute, moyenne et basse dans le Marquenterre.

Arch. comm. de Quend.

7685. — Mémoire pour les Maïeurs, Echevins, et pays de **Markenterre** en Ponthieu. Contre le Fermier du Domaine. — Paris, v° Robustel, 1740; 4 p. in-folio.

Arch. comm. de Quend.

7686. — Au Roi et à Nosseigneurs de son Conseil. Requête des échevins et habitans du **Marquenterre**, au sujet de la propriété d'atterrissements formés entre l'ancien et le nouveau lit de la rivière d'Authie, contre les héritiers du comte de Boulainvilliers. Signé : Goyre de la Planche. — Paris, Prault, 1711; 10 p. in-folio.

Arch. comm. de Quend.

* **7687.** — Au Roi et Nosseigneurs de son Conseil. Pour Charles Cozette, curé de **Quend**, contre le sieur de Chateauneuf, adjudicataire des paturages compris entre l'ancienne et la nouvelle digue du Marquenterre. Signé : Goyre de la Planche. — Paris, Prault, 1741; in-folio.

Bibl. Nat¹⁰, f° Fm, 4209.

7688. — Arrest du Conseil d'Etat du Roy qui ordonne que par le sieur Intendant en la Généralité d'Amiens et d'Artois, il sera procédé à la vente, à titre d'arrentement, de seize journaux ou environ de Terres vaines et vagues sur le bord de la mer, qui s'étendent depuis l'écluse appellée des Masures jusqu'aux deux Nocques de **Quend**. Du 13 Mai 1749. — S. l. n. n.; plac. in-folio.

Arch. comm. de Quend.

7689. — Arrest du Conseil d'Etat du Roy, qui ordonne que le Curé de **Quend** percevra la dixme des Molières du Marquenterre sur les fruits décimables contenus dans les Molières encloses dans ladite Paroisse, sur le pied et en la manière accoutumée, à compter du jour de l'expiration des dix années d'exemption de dixmes accordée par l'Edit du mois de Janvier 1607 et par l'Arrêt du Conseil rendu en conséquence le 10 Juillet 1742. Du 25 Novembre 1749.

<small>Pièces... de l'agence du Clergé de 1750. — Paris, Desprez, 1750, p. 263 à 269 ; in-folio.</small>

7690 — Mémoire signifié pour les Maire, Echevins et Communauté des Habitans du **Marquenterre** en Picardie, Demandeurs et Défendeurs. Contre les Héritiers de M. le Comte de Boulainviller, Ceux de M. le Comte de Mailly, Les Abbé, Prieur et Religieux de l'Abbaïe de S. Vallery Défendeurs et Demandeurs Et le Sieur de la Miré de la Retz Intervenant et Demandeur. *Signé : Goyre de la Planche. — Paris*, Montaland, 1750 ; 38 p. in-folio.

<small>Bibl. H. Macqueron</small>

7691. — Mémoire signifié pour Messire Charles Cozette, Prêtre, Docteur en Théologie de la Faculté de Paris, Curé de la Paroisse de Quend en Marquenterre et Doyen de Chrétienté de Rue, Défendeur. Contre Messire Pierre-François Dincourt, Ecuyer, Seigneur d'Hangard, Caution ; et Claude le Doux, Fermier des Mollières du Marquenterre, Demandeurs en opposition à un Arrêt du Conseil d'Etat, du 25 Novembre 1749 ; Et les Héritiers de M. le Comte de Boulainviller, aussi Opposans au même Arrêt. En présence de M. de la Miré de la Retz, et des Habitans et Communauté de Marquenterre. —*Paris*, Montaland, 1750 ; 66 p. in-4°.

<small>Au sujet des dîmes dues au curé de **Quend** par les S^{rs} d'Hangard et le Doux.</small>

<small>Arch. comm. de Quend.</small>

7692. — Arrest du Conseil d'Etat du Roi qui permet au Sieur de Braisedouille de tenir un Bac sur la Rivière d'Authie au Lieu d'Authie (*le pas d'Authie, commune de* **Quend**). Du 22 Août 1752. — S. l. n. n. ; plac. in-folio.

<small>Arch. dép. de la Somme, C, n° 1210.</small>

7693. — Idée générale de l'instance pour les Propriétaires, Habitans et Communauté du Pays de **Marquenterre** en Ponthieu. Contre le sieur Guerrier de Lormoy, Capitaine des Haras de M. le Comte d'Artois, Prince Apanagiste du Comté de Ponthieu. — Paris, P. G. Simon, 1780 ; 35 p. in-4°.

<small>Contre la concession faite par le Cte d'Artois à M. de Lormoy des Mollières du Marquenterre : cette pièce contient l'analyse de plusieurs chartes, lettres et autres titres anciens concernant le Marquenterre.</small>

<small>Arch. comm. de Quend.</small>

7694. — Précis signifié sur le provisoire servant de Réponse à la Consultation imprimée. Pour les Propriétaires, et Communauté du Pays de **Marquenterre** ; Les Habitans et Communauté des Ville et Banlieue de Rue ; ladite banlieue comprenant les villages, paroisses et hameaux de Saint-Jean-des-Marais, Lannoy, Becquerel, Here, et Flandre ; Les Habitans du village de S. Firmin, banlieue du Crotoy ; Les Seigneur, Habitans et Communauté du village d'Arry, tous Défendeurs. Contre M. le Comte d'Artois, Prince Appanagiste du Comté de Ponthieu, Demandeur. — *Paris*, Grange, 1780 ; 17 p. in-4°.

<small>Anc^{ne} Bibl. de Marsy.</small>

7695. — Mémoire pour Monseigneur le Comte d'Artois : Contre les Communautés d'Habitans du Pays de **Marquenterre** en Ponthieu : Dans lequel on traite de l'Etablissement et des droits des anciennes Communes, ou Corps de Bourgeoisie des Villes et Bourgs : des Droits du Roi sur les Terres vaines et vagues, Marais et Palus ; de sa Propriété des Lais et Relais de la Mer, des Crémens et Atterrissemens produits par les Fleuves et Rivières navigables ; du Droit de Cantonnement des Usages ; de l'Utilité et des Privilèges des Desséchemens et Défrichemens ; etc. *Signé : Robin.* — Paris, P. M. Delaguette, MDCCLXXX ; 167 p. in-4°.

Le titre de départ porte : Mémoire

pour Monseigneur le Comte d'Artois, Fils de France, Frère du Roi, Prince Appanagiste du Ponthieu, Demandeur. Contre les Maires et Echevins, Syndics, Corps et Communautés des Habitans de la banlieue particulière du Marquenterre, de la banlieue de Rue, de Crescy, Villers-sur-Authie, Arry, Favières, Nempont-Saint-Martin, Morlay, Ponthoile, Roussent, Sailly-Bray, et autres Villes, Bourgs et Villages du Pays situé dans le Ponthieu, entre les Rivières de Somme et d'Authie, et connu sous la dénomination générale du Marquenterre, Défendeurs.

Au sujet de l'opposition des communes au droit que le Roi avait donné au Cte d'Artois d'accenser et d'inféoder à titre incommutable les marais, terres vaines et incultes sis dans son apanage.

Bibl. H. Macqueron.

7696. — Observations importantes sur l'Addition au Précis pour les Propriétaires, Habitans et Communauté du Pays de **Marquenterre** en Ponthieu. Contre le Sieur Guerrier de Lormoy, Capitaine des Haras de M. le Comte d'Artois. — *Paris*, Grange, 1780; 12 p. in-4°.

Anc^{nne} Bibl. de Marsy.

7697. — Examen particulier des prétendus alluvions. Pour les Propriétaires, Habitans et Communauté du Pays de **Marquenterre** en Ponthieu. Contre le Sieur Guerrier de Lormoy, Capitaine des Haras de M. le Comte d'Artois. — *Paris*, Grange, 1780; 6 p. in-4°.

Ibid.

7698. — Arrêt du Conseil d'Etat du Roi qui ordonne que les Lettres patentes en forme d'Edit du mois de Juin 1776, contenant cession par Sa Majesté à M. le Comte d'Artois à titre d'Apanage du Comté de Ponthieu, et de tous les Droits appartenans à Sa Majesté dans ledit Comté, ensemble les Lettres patentes du mois de Novembre 1777, seront exécutées selon leur forme et teneur. Du vingt-cinq Novembre mil sept-cent quatre-vingt. — Amiens, J. B. Caron fils, 1781; plac. in-folio.

Affaire de Lormoy.

7699. — Second Mémoire pour M. le Comte d'Artois, contre les Communautés d'Habitans du Pays de **Marquenterre** en Ponthieu : Uniquement destiné à traiter la question du Droit de la propriété générale des Terres Vaines et Vagues, Marais, Palus et autres Terres de cette espèce ; et à expliquer les Droits du Roi, des Seigneurs et des Communautés d'Habitans sur ces Terres. *Signé : Robin.* — Paris, Delaguette, 1781 ; 144 p. et 4 p. in-4°.

Le titre de départ porte : Second Mémoire pour M. le Comte d'Artois, Fils de France, Frère du Roi, Prince Apanagiste du Ponthieu, Demandeur. Contre les Maires et Echevins, Syndics, Corps et Communautés des Habitans de la banlieue particulière de Marquenterre, de la banlieue de Rue, de celle de Ponthoile et Morlay, de Saint-Firmin, se disant de la banlieue du Crotoy, d'Arry, de Villers sur Authie, de Roussent, de Sailly-Bray, de Crescy, Nempont-Saint-Martin et autres en Ponthieu, Défendeurs. Et contre le Seigneur Comte d'Hodicq, Intervenant.

Bibl. H. Macqueron.

7700. — Consultation pour les Propriétaires, Habitans et Communauté de la ville et banlieue de Rue ; la banlieue comprenant les villages, paroisses et hameaux de Saint-Jean-des-Marais, Lannoy, Becquerel, Here et Flandre ; les Propriétaires, Habitans et Communauté de Quend, Saint-Quentin et autres lieux connus sous la dénomination particulière du pays de **Marquenterre** ; les Propriétaires, Habitans et Communauté de la ville du Crotoy et du village de Saint-Firmin, faisant partie d'une seule et même banlieue : Tous Défendeurs. Contre M. le Comte d'Artois, Prince Apanagiste du Comté de Ponthieu. *Signé : Fleury d'Assigni, Caillau.* — Paris, P. G. Simon, 1781 ; 81 p. in-4°.

Ibid.

7701. — A Nosseigneurs de Parlement en la Grand'Chambre. Supplient humblement les Propriétaires, Habitans et Communauté des Ville et Banlieue de Rue, etc. ; Les Propriétaires, Habitans et Communauté de Quend, et autres lieux connus sous la dénomination particulière du pays de **Marquenterre**; Et les Propriétaires, Habitans et Communauté de la Ville du Crotoi et du Village de Saint-Firmin sa Banlieue; Contre M. le Comte d'Artois, Prince Apanagiste du Comté de Ponthieu. *Signé : Heuvrard.* — Paris, P. G. Simon, 1781 ; 5 p. in-4°.

Ibid.

7702. — Arrêt du Conseil d'Etat du Roi qui déboute les Habitants du **Marquenterre** de leurs demandes pour obtenir la jouissance du pâturage sur les six cens soixante-douze arpens de terrain concédés au sieur de Lormoy et ordonne que l'Arrêt de son Conseil du 25 Novembre 1780 sera exécuté selon sa forme et teneur Du vingt-quatre Septembre mil sept cent quatre-vingt un. — Amiens, J. B. Caron fils, 1781, plac. in-folio.

Arch. mun. d'Abbeville, FF, 297.

7703. — Arrêt du Conseil d'Etat du Roi, concernant la concession faite au sieur de Lormoy, par Monseigneur le Comte d'Artois, de six cens soixante-douze arpens de molières dans le **Marquenterre**. Du 24 Septembre 1781. — Paris, Imprimerie Royale, 1781 ; 3 p. in-4°.

Bibl. d'Amiens, Jurisp., n° 330.

7704. — Mémoire pour le sieur Jumel-Riquier, entrepreneur des Digues de la renclôture du sieur de Lormoy. — Abbeville, s. n., *vers 1781*; 10 p. in-4°.

* **7705.** — Exposé sommaire, relatif aux grandes opérations d'agronomie et de canaux de dessèchement et de navigation entreprises dans le Ponthieu au nom de M. le Comte d'Artois. Pour le sieur Gaspard Joseph Moreau de Gorenflos... grand bailli d'épée des ville et bailliage de Montreuil sur Mer, pour lui et ses commands, propriétaires en partie des marais, mollières et autres terrains vains et vagues du comté de Ponthieu *et surtout du* **Marquenterre**. *Signé : Moreau de Gorenflos.* — Paris, P. M. Delaguette, 1784 ; in-4°.

Bibl. Nat^{le}, 4° Fm, 35395

7706. — Précis pour le citoyen Lormoy, Propriétaire de la terre de **Château-Neuf** dans le **Marquenterre**, achetée pour lui, en vertu d'un Arrêt du Conseil du premier Juin 1786, et payée par le trésor public. — Paris, N. H. Nyon, 1793; 10 p. in-4°.

Bibl. d'Amiens, Jurisp., n° 953, t. I.

7707. — Pétitions pour les citoyens Charles-Joseph Lefèvre-Lahoupillière, co-propriétaire et fermier du **Chateauneuf** et Jean-Charles Jumel-Riquier, entrepreneur des fortifications d'Abbeville, département de la Somme, aussi co-propriétaire du Chateauneuf; *15 frimaire an III.* — S. l. n. n.; 27 p. in-8°.

Réponse à une dénonciation faite contre eux par le s^r Lormoy et les accusant de recel d'émigrés au Chateauneuf.

Bibl. d'Abbeville.

7708. — Extrait du Registre aux Délibérations des Consuls de la République. *Décret relatif aux travaux de Dessèchement du* **Marquenterre**; *du 5 prairial an VIII.* — Amiens, Patin ; 12 p. in-4°.

7709. — *Arrêté pris par le* Préfet du Département de la Somme *sur l'administration et la police des eaux et du dessèchement du* **Marquenterre**; *du 19 vendémiaire an IX.* — Amiens, J. B. Caron l'aîné; 16 p. in-4°.

* **7710.** — Réflexions pour le C. Ch. Lefèvre La Houplière sur le rapport fait par le réprésentant du peuple Garreau... — Paris, Gueffier, *1803*; in-8°.

Bibl. Nat^{le}. Ln²⁷, n° 12054.

7711. — Promenade dans le **Marquenterre**, par J. Mancel. — Abbeville, Housse, 1858 ; 36 p. in-12.

7712. — L'Echo de **Fort-Mahon** et des Plages du Nord. Journal hebdomadaire paraissant tous les Samedis.

Journal qui n'a eu que quelques numéros : le premier est du 26 novembre 1892.

7713. — L'Echo de **Fort-Mahon**, paraissant le dimanche. 1re Année, N° 1, 7 août 1898.

Journal de bains de mer.

7714 — Syndicat du **Marquenterre**. Avant-Projet de dessèchement dressé par le service des Ponts-et-Chaussées. — Abbeville, Caudron, 1881 ; 16 p. in-8°.

7715. — Memoire pour Damoiselle Marie-Anne Denise Lerond, veuve de Pierre Jannyot, Maître Maçon-Entrepreneur de Bâtiments à Paris... Contre le Sr de Forceville, Demandeur et Défendeur. — *Paris*, P. G. Simon, 1755 ; 36 p. in-4°.

Règlement de travaux faits à **St Quentin** contre les invasions de la mer.

Bibl. de Péronne, Rec. de Mém., t. XII.

7716. — Supplément signifié pour les Abbé et Religieux de Saint-Sauve de Montreuil, Défendeurs. Contre le Sieur Fouques de Bonval, Demandeur. — S. l. n. n. n. d. ; in-folio.

Au sujet de la possession du bois de **Vironchaux**.

Bibl. d'Abbeville.

7717. — Notice sur la Maladie et la Guérison d'Ambroisine Liège, de **Vironchaux**, par Amédée Ridoult, médecin à Crécy. — Montreuil, Duval, *vers 1850* ; 15 p. in-16.

7718. — Guérison miraculeuse d'Ambroisine Liège, dite la Sainte de **Vironchaux**. — Abbeville, Jeunet, *vers 1850* ; 15 p. in-16.

7719. — Mémoire pour Messire de Colliveaux, Seigneur du Mousseau, de Brailly, etc., Curé de Saint-André de **Vron** en Picardie. Contre Messire Louis-Charles de Machault, Evêque d'Amiens, comme prenant le fait et cause de son Official. Contre les sieurs Piles, Cuveliers, Ducauroi et Dupont, décrétés d'ajournement personnel. Et encore contre Macquot, décrété de prise de corps et contumax. *Signé : Montugny*. — *Paris*, Cailleau, 1779 ; 32 p. in-4°.

A propos des désordres survenus dans la commune et suscités par les ennemis du curé.

Bibl. H. Macqueron.

7720. — Monographie de la Manufacture de **Faïences de Vron**, arrondissement d'Abbeville, département de la Somme, par Ch. Wignier. Ornée de vingt-cinq sujets mis en couleur et retouchés à la main par Ris-Paquot. — Paris, Raphaël Simon, 1876 ; 31 p. in-8° et 8 pl.

7721. — Mémoire des Seigneurs et Propriétaires des Terreins qui bordent et avoisinent les deux rives de la **Rivière d'Authie**, depuis son embouchure à la Mer jusques et y compris les deux Nampont. — S. l. n. n. n. d. ; 5 p. in-4°.

Bibl. H. Macqueron.

7722. — Observations des principaux Propriétaires de la **Vallée d'Authie** sur les travaux commencés pour en opérer le dessèchement. — Abbeville, Boulanger-Vion, 1820 ; 16 p. in-4°.

7723. — Au Roi en son Conseil. Mémoire ampliatif pour les Propriétaires de la **Vallée d'Authie** représentés par le Syndicat formé en exécution de la loi du 16 septembre 1807 ; contre la Marquise de l'Aubépin, concessionnaire du dessèchement des Marais de ladite Vallée. *Signé : Duclos, Brulé*. — *Paris*, Everat, *1820* ; 25-7 p. in-4°.

A la suite : Tableau comparatif destiné à établir la vilité des Estimations des Experts, par leur rapprochement avec la valeur approximative de quelques-uns des Terreins soumis au dessèchement. — S. l. n. n. d.; 7 p. in-4°.

7724. — Au Roi en son Conseil d'Etat. Requête en défense pour Madame la Marquise de l'Aubépin, Concessionnaire du Dessèchement des Marais de la **Vallée d'Authie,** situés dans les Départemens du Pas-de-Calais et de la Somme. Contre les Sieurs Baron de France, Marquis de Lameth, Dumaisniel de Belleval, de Rougeat, Jourdain de Prouville, de Guibert, Jourdain de l'Etoile, Baron de Vilmaret, et Choquart se disant agir comme Membres composant le Syndicat, formé en exécution de la Loi du 16 Septembre 1807, pour représenter les Propriétaires de la Vallée d'Authie, Demandeurs en annullation de décisions rendues par la Commission spéciale de Dessèchement desdits Marais... *Signé : J. M. Raoul.* — *Paris, Porthmann, vers 1820;* 48 p. in-4°.

7725. — Au Roi en son Conseil d'Etat. Observations pour Madame la Marquise de l'Aubépin, Concessionnaire du Dessèchement de la **Vallée d'Authie,** Défenderesse sur la Réplique de MM. le Baron de France, le Marquis de Lameth et autres soi-disant Syndics ou Fondés de pouvoirs des Propriétaires de ladite Vallée, Demandeurs aux qualités par eux prises dans les précédentes Requêtes. *Signé : Raoul.* — *Paris, Porthmann, vers 1820;* 32 p. in-4°.

7726. — Mémoire en réplique pour les Propriétaires de la **Vallée d'Authie** contre la Marquise de l'Aubépin, Concessionnaire du dessèchement des Marais de ladite Vallée. *Signé : Duclos.* — *Paris, Everat, 1820;* 19 p. in-4°.

7727. — Au Roi en son Conseil d'Etat. Mémoire en recours pour les sieurs Dubuc et Bernault, Associés gérans de l'Entreprise du **Dessèchement des Marais de l'Authie** concédée à feue la Marquise de l'Aubépin, Appelans d'une Décision rendue par la Commission spéciale du Dessèchement les 19, 20 et 21 janvier 1824. Contre 1° le Maire de la commune de Boisle, 2° celui de la Commune de Dompierre, 3° le Maire de la Commune de Ponches, 4° le Maire de la Commune de Dominois.... *Signé : Buchot.* — S. l. n. n. d.; 17 p. in-4°.

7728. — Au Roi en son Conseil d'Etat. Requête en pourvoi pour les Sieurs Bernault, Dubuc, Marquis et Comte de l'Aubépin, ces deux derniers Héritiers bénéficiaires de Madame la Marquise de l'Aubépin, née Scoraille leur Mère, Concessionnaire du **Dessèchement de l'Authie,** laquelle Dame de l'Aubépin s'était associée lesdits sieurs Bernault et Dubuc... Contre les Communes et Particuliers propriétaires de Terrains compris dans le périmètre du Dessèchement desdits Marais. Savoir : Les Communes de Boisle, Dompierre, Dominois, Ponches, Estruval, Nampont-Saint-Martin, Nampont-Saint-Firmin, Villers, Vron-Pendé, Labroye, Raye, Tortefontaine, Dourier, Saulchoy, Maintenay, Roussent, Tigny-Noyelles et Collines, Argoules... Et encore contre les Particuliers... *Signé : Raoul.* — *Paris, Porthmann, 1827;* 18 p. in-4°.

7729. — Précis de la Plaidoirie de M. Prévost-Lebas, Avocat de MM. Jourdain, prononcée dans l'audience du Tribunal Civil de Première Instance de Montreuil-sur-Mer, le 10 Janvier 1827. — Abbeville, Devérité; 14 p. in-4°.

Affaire du dessèchement de la **Vallée d'Authie.**

7730. — Observations des héritiers Dubuc sur le procès verbal d'expertise de MM. Marest, Daniel aîné et Delzan. **Vallée d'Authie.** — Amiens, Machart, 1836; 49 p. in-8°.

7731 — Rapport de la commission instituée par arrêté de M. le Préfet de la Somme en date du 23 Mars 1837 pour la révision du règlement qui régit l'association du **Marquenterre**. — Abbeville, Boulanger; 23 p. in-8°.

7732. — Conseil de Préfecture de la Somme. Précis pour M. Pilastre, défendeur, contre la Commission syndicale du Dessèchement de la **Vallée d'Authie**, demanderesse.—Amiens, Lenoel-Herouart, 1855; 16 p. in-8°

7733. — Note pour les héritiers Dubuc, les héritiers de l'Aubespin et les héritiers Bernault contre le Syndicat du dessèchement de la **vallée d'Authie**. *Signé : E. Dubuc.* — Abbeville, Jeunet, 1855; 18 p. in-12.

7734. — Dessèchement de la Vallée d'Authie. Propriété des digues. Avis de A. L. Jousselin, Ingénieur en Chef des Ponts-et-Chaussées en Retraite sur la contestation pendante entre les Concessionnaires du Dessèchement de la **Vallée d'Authie** et la Commission syndicale des Propriétaires des Terrains desséchés. — Abbeville, Jeunet, 1855; 31 p. in-4°.

7735. — Dessèchement de la **Vallée de l'Authie**. Dire du liquidateur de la Compagnie concessionnaire en réponse à celui de la Dame Léon Duval, veuve Ledoux, et de M. Dubrulle, imprimé à Montreuil sous le titre d'Observations résumées. — Abbeville, Briez, 1860; 16 p. in-4°.

CHAPITRE XXIV

CANTON DE SAINT-VALERY-SUR-SOMME

I. VILLE DE SAINT-VALERY

7736. — Histoire civile, politique et religieuse de **Saint-Valery** et du Comté de Vimeu, par Fl. Lefils, avec des annotations par M. H. Dusevel. — Abbeville, Housse, 1858; VIII-254 p. in-8°.

7737. — *Compte rendu de l'ouvrage précédent, par M. Ernest Cadet.*
Rev. Soc. Sav. Dép., 1859, p. 663 à 667; in-8°.

7738. — Histoire de **Saint-Valery**, par Ernest. Prarond. — Paris, Dumoulin, 1862; 248 p. in-12.
Première édition de la notice qui a paru ensuite dans l'Histoire de cinq Villes...

7739. — **Saint-Valery-sur-Somme** et la Ferté. — S. l. n. n. n. d.; 2 p. in-4°.

7740. — Guide de l'Etranger dans **Saint-Valery-sur-Somme** et ses Environs accompagné d'une carte de la localité. — Abbeville, Paillart, *vers 1880*; 39 p. in-18.

7741. — Mémoire pour l'Histoire de **Saint-Valery-sur-Somme**, par Charles Blandin, cb bccx III, annoté et précédé d'une Notice sur l'auteur par Alcius Ledieu. — Amiens, Delattre-Lenoel, 1882; 39 p. in-8°.
Extr. de la Picardie.

7742. — Etudes d'Histoire locale. Sièges et Prises de **Saint-Valery**, par le Bibliophile Ratoux (*Alcius Ledieu*). — Abbeville, Caudron, 1883; 95 p. in-16.

7743. — Notices sur divers marins de **Saint-Valery-sur-Somme**. Géologie. Histoire locale, par le Docteur Prosper Ravin. — Amiens, Lambert-Caron, 1886; VII-259 p. in-8°.

7744. — Histoire de St-**Valery**, le Bienheureux, l'Abbaye, la Ville par l'Abbé Caron. — Abbeville, C. Paillart, 1893; VIII-331 p. av. 4 pl.

7745. — Essai sur l'étymologie de **Leuconaus**, nom primitif de Saint-Valery-sur-Somme, suivi d'une notice sur les archives municipales de cette ville, par M. Arthur de Jancigny. — Lille, Danel, 1887; 79 p. in-8°.

7746. — Mémoire sur les **Etablissements romains** de l'Embouchure de la Somme à Saint-Valery et au Crotoi, par F. P. Ravin.

Mém. Soc. Em. Abb., 1844-48, p. 161 à 258 av. 4 pl ; in-8°.

7747. — A propos d'un Saumon de plomb antique trouvé à **Saint-Valery-sur-Somme**. Notes épigraphiques et historiques, par V. J. Vaillant. — Boulogne-sur-Mer, Simonnaire, 1888; 32 p. in-8°.

7748. — Note sur l'**Origine de la Ferté**-lès-Saint-Valery, par M. Dubois.

Bull. Soc. Em. Abb., 1888-90, p. 270 à 275 ; in-8°.

7749. — Souvenirs historiques de Picardie. **Guillaume de Northmandie** à Saint-Wallery-sur-Somme, par *Henri Hardouin*.

Rev. d'Amiens, 1833, p. 11 à 18 ; in-8°.

7750. — Lettres de Philippe VI, par lesquelles il accorde à la ville de Saint-Valeri-sur-mer, la permission de lever durant trois ans, un **impôt sur les vins** qui seront vendus dans ladite ville; *23 octobre 1345*.

Ordonn. des Rois de Fr., t. XII, p. 82 et 83 ; in-folio.

7751. — Que les **Notaires** Royaux (*d'Amiens*) ne peuvent instrumenter à justices subalternes (*de St Valery*), si ce n'est la volonté des seigneurs; ny les sergens exploicter, sinon en cas de ressort ; *du 20 décembre 1575*.

Rec. et Règl. notabl... par Jean Chenu. — Paris, Buon, 1691, p. 462 et 463 ; in-4°.

7752. — La Capitulation de **Saint-Valery-sur-Somme** en 1592, par M. Charles Bréard.

Bull. Soc. Ant. Pic., t. XVIII, 1891-94, p. 363 à 373 av. 3 fig.; in-8°.

* **7753.** — Arrest dv Conseil d'Estat dv Roy Du douzième Nouembre 1665 Par lequel il est ordonné, que les **Brasseurs de** Bières des Villes et Bourgs de **Saint-Vallery**, Ault et Pequigny. seront contraints par prouision, au payement des Droits de Quatrième, Parisis, Douze et six deniers des Bières qu'ils brasseront et vendront. Conformément à l'Arrest dudit Conseil, du 22 Ianvier dernier. — S. l. n. n.; 3 p. in-4°.

Bibl. Nat^{le}, F 3444, F 40.

7754. — Arrest contradictoire du Conseil d'Estat du Roy, qui Ordonne que le sol pour livre sera payé à **saint Vallery**, de tout le **poisson de Mer**, frais, sec, et salé qui y sera vendu ; et qu'à l'égard de celui qui y arrivera pour la Ville de Reims, qu'il ne payera pas le Droit audit Saint Vallery. Du neuf Mars 1686. — Paris, Veuve Saugrain et Pierre Prault, 1726; 7 p. in-4°.

Bibl. H. Macqueron.

7755. — Arrest dv Conseil d'Estat dv Roy, Du huitième Novembre 1687, qui deffend au Fermier des Fermes Royales Unies, ses Procureurs et Commis, de faire aucune composition des Droits portez par les Tarifs, sur les

Draperies Estrangères. Entrans dans le Royaume : Ordonne que les Ratines Payeront sur le même pied que les Draps. Et que lesdites Draperies ne pourront Entrer, que par les **Ports** de Calais, et **Saint Valery**, à peine de confiscation, etc.

Rec... des Droits aux Entr... du Royaume. — Paris, Charpentier, 1693, p. 19 à 21; in-4°.

7756. — Arrest dv Conseil d'Estat dv Roy Du septième Décembre 1688, qui Ordonne que les Couvertures de **Laines** Estrangères, payeront à l'entrée du Royaume... Et qu'ils ne pourront Entrer que par les **Ports de** Calais et **S. Valery**.

Ibid, p. 74 à 76; in-4°.

7757. — Arrest dv Conseil d'Estat dv Roy, Sa Majesté y Estant, du troisième Iuillet 1692. Portant que... les **Droits** portez par l'Arrest du vingt Decembre 1687 seront Levez et perçûs sur les Draps et Estoffes de Laine de toutes sortes sans exception, **aux Bureaux de** Calais et de **S. Vallery**; Et que les Draps et Estoffes de Poil et de Fil, ou meslez de Laine, Soye ou d'autres Matières, ne pourront Entrer dans le Royaume que par les Ports desdites Villes, en payant Trente pour Cent de la Valeur, etc.

Ibid., p. 141 à 143; in-4°.

7758. — Instruction aux **Inspecteurs des Manufactures** estrangères, establis a Calais et à Saint-Vallery. Du 24 Septembre 1714.

Rec. des Regl. conc. les manuf.... Paris, 1730, t. I, p. 109 à 120; in-4°

7759. — Arrest du Conseil d'Estat du Roi portant qu'à commencer du premier Avril prochain, le **Sel d'Epsum** ne pourra entrer dans le Royaume que par les Bureaux de Rouen, **Saint-Vallery-sur-Somme** et d'Ingrande. Et payera à l'Entrée Trente livres du cent pesant. Du 30 Mars 1719. — Paris, Imprimerie Royale, 1719; 4 p. in-4°.

Bibl. d'Amiens, Jurisp., n° 328.

7760. — Mémoire signifié pour Mes Jean-Antoine Beaudrais et Charles-Antoine Delattre, **Notaires** Royaux résidans en la Ville de **Saint-Vallery**, Intimez et Défendeurs. Contre François Delattre, Organiste et Notaire en la Justice Seigneuriale de Saint-Vallery; François Colincamp, Notaire en la même Justice; et Nicolas Dubrun, Laboureur-Fermier de la Seigneurie de Cayeux, Notaire en la Justice du même lieu, Appelans. Et contre Messire Jean-Joachim Rouault, Comte de Cayeux, Marquis de Gamache, Seigneur de Saint-Vallery et de Cayeux, intervenant. Signé : *Labouret.* — *Paris*, Paulus du Mesnil, 1737; 16 p. in-folio.

Sur la question de savoir si les Notaires Royaux de St Valery peuvent empêcher les Notaires Seigneuriaux de St Valery et de Cayeux de passer des actes entre tous particuliers, en dehors des biens de la Seigneurie.

Bibl. H. Macqueron.

7761. — Mémoire sur la Cassation d'un Arrêt du Parlement de Paris. Pour les **Notaires** Royaux **de Saint-Vallery** sur Somme. Contre M. le Marquis de Gamaches, et les Notaires subalternes de sa haute Justice de Saint-Vallery. Signé : *Durand.* — S. l. n. n., *vers 1739*; 16 p. in-4°.

Au sujet des droits respectifs des notaires.

Bibl. H. Macqueron.

* **7762.** — Mémoire concernant les droits attachés aux Comtés, Terres et **Seigneuries de Saint-Vallery et Cayeux**. Signé : *Seriny.* — *Paris*, P. N. Lottin, 1739; in-folio.

Bibl. N^{le}, f° Fm, 14686.

7763. — Arrest du Conseil d'Estat du Roy, qui autorise les **Marchands** et Commissionnaires de la Ville de **Saint-Vallery** en Somme, à lever pendant une année qui doit commencer au premier Juillet 1740, six deniers pour livre sur le produit du frêt des Barques et Bâtimens qui apporteront des Marchandises et Denrées dans le Port de ladite Ville, et trois deniers seulement les années suivantes, pour le payement des Ouvrages qui y ont été faits, et pour l'entretien dudit Port. Du 21 May 1740. — S. l. n. n.; plac. in-folio.

Bibl. d'Abbeville.

7764. — Délibération pour la **Régie des Deposts** *de Sel* de Rouen et Dieppedalle, Honfleur, Caen, et S. Vallery-sur-Somme. Du 7 May 1743. — *Paris*, Lamesle, 1743; 15 p. in-4°.

Bibl. H. Macqueron.

*7765. — Mémoire pour Jean-Joachim Rouault, marquis de Gamaches..... Contre maître Flour-Nicolas Blondin, lieutenant de l'amirauté de **Saint-Valery**, et Robert René Blondin, substitut de M. le procureur général au même siège. *Signé : Brousse.* — *Paris*, Paulus du Mesnil, 1743; in-folio.

Question de **préséance** entre les officiers de l'amirauté de S¹ Valery et les juges seigneuriaux du même lieu.

Bibl. Nat¹ᵉ, f° Fm, 14684.

7766. — Lettres patentes du Roi concernant l'Abonnement du **Don-gratuit** de la Ville de Saint-Vallery-sur-Somme. Données à Versailles le 11 Novembre 1759. — Paris, P. G. Simon, 1760; 4 p. in-4°.

Bibl. H. Macqueron.

7767. — Mémoire concernant le **Commerce** à faire au Port **de Saint-Vallery**-sur-Somme. — *Paris*, Lamesle, 1761; 4 p. in-4°.

Bibl. d'Abbeville.

7768. — Arrest du Conseil d'Etat du Roi, qui ordonne qu'à l'avenir les Sucres de toute espèce, pourront entrer par le **Port de Saint-Valeri** sur Somme, etc. Du 8 Février 1762. — S. l. n. n.; plac. in-folio.

Arch. dép. de la Somme, C, n° 418.

7769. — Mémoire sur délibéré pour la Dame veuve Masset, et le sieur François Masset son fils, Marchands commissionnaires à Saint-Valery-sur-Somme, Intimés. Contre les Maire, Echevins et Habitans de la même Ville, Appellans. — *Paris*, Cellot, 1767; 20 p. in-4°.

Au sujet d'un **droit** mis **sur les blés** entrant, sortant et passant par la rivière de Somme.

Bibl. A. de Caieu.

Ce mémoire se trouve aussi dans les Mémoires de Linguet. — Amsterdam, Joly, 1773, t. I, p. 91 à 121; in-12.

7770. — Arrest du Conseil d'Etat du Roi, qui ordonne qu'en exécution de l'Edit du mois de novembre 1771, et conformément à l'arrêt du Conseil du 29 novembre 1772, les habitans et communautez privilégiées de ... **Saint-Valery-sur-Somme** et du bourg d'Ault en la généralité d'Amiens, seront tenus d'acquitter pour le **Sel** qui leur est délivré à titre de privilège, les Huit sous pour livre sur le pied du prix auquel celui de vente volontaire est délivré dans lesdits Greniers. Du 2 Mai 1773. — Paris, P. G. Simon; 4 p. in-4°.

Bibl. H. Macqueron.

Autre édition : Imprimerie Royale, 1773; 4 p. in-4°.

7771. — Lettres-Patentes du Roi, Portant homologation de nouveaux **Statuts** pour les Maîtres composant ci-devant les deux Communautés **dés** Marchands **Merciers-Drapiers** et des Epiciers-Ciriers-Chandeliers de la Ville et des Fauxbourgs de Saint-Valery, lesquels ne formeront à l'avenir qu'un seul et même article. Données à Versailles le 7 Juillet 1787. Registrées en Parlement le huit Février mil sept cent quatre-vingt-huit. — Paris, Beaudoin; 27 p. in-8°.

Bibl. H. Macqueron.

7772. — Lettres-Patentes du Roi en forme d'Edit, par lesquelles Sa Majesté fait don à M. le **Comte d'Artois**, à titre et par supplément d'**apanage**, de la mouvance sur les Terres de **Saint-Valery** et Roc-de-Cayeux; distrait cette mouvance du Comté d'Amiens, et l'unit au Comté de Ponthieu. Données à Ver-

20

sailles au mois d'Août 1785. — Paris, Imprimerie Royale, 1787; 4 p. in-4°.

Ibid.

7773. — Département de la Somme. Relation de la Fête donnée à S¹ Valery le 23 Septembre 1817 à l'occasion de la pose de la première pierre du **Barrage-Éclusé**. — Amiens, Caron-Vitet; 7 p. in-12.

Autre édition en 8 p. in-folio.

7774. — Mémoire de la ville de Saint-Valery, sur les avantages, dans l'intérêt public, d'un seul **Entrepôt** réel **des Sels** dans le département de la Somme et de sa fixation à Saint-Valery. — *Paris*, Gueffier, *1819*; 30 p. in-4°.

7775. — Extrait du Mémoire présenté à la Chambre des Députés, par la Ville de Saint Valery, dans l'intérêt public d'un seul **Entrepôt** réel **des Sels** dans le département de la Somme, et de la continuité de sa fixation au Port de Saint Valery. — *Paris*, Gueffier, *1819*; 7 p. in-4°.

7776. — **Saint-Valery** (Sur-Somme). *Poesie*.

Poésies d'un fantasque, par Désiré Tricot. — Rouen, Haulard, 1845, p. 139 à 145; in-8°.

7777. — Ville de Saint-Valery-sur-Somme. Règlement concernant la **Police du Port**; *du 25 octobre 1847*. — Abbeville, Paillart; 16 p. in-8°.

7778. — Ville de Saint-Valery-sur-Somme. Séance municipale du 21 Novembre 1847. **Installation** des Maire et Adjoints. — Abbeville, Paillart; 8 p. in-8°.

7779. — Port de Saint-Valery-sur-Somme. **Régates** de la Baie de Somme. Statuts. — Abbeville, Paillart, *1847*; 3 p. in-8°.

7780. — Charles Durand. Entreprise de **bâteaux à vapeur** du Hâvre à Saint-Vallery. Projet de Société pour l'établissement d'un ou plusieurs bâteaux à vapeur entre le Hâvre et Saint-Vallery-sur-Somme, desservant Abbeville, Amiens et Saint-Quentin. — S. l., Pollet, *vers 1850*; 8 p. in-4°.

7781. — Chemins de fer du Nord. Saint-Valery. **Régates** de la Baie de Somme. — Amiens, Jeunet, 1858; 36 p. in-12.

7782. — Port de Saint-Valery-S.-Somme. Statuts de la Société des **Régates** de la Baie de Somme. — Abbeville, Housse, 1859; 14 p. in-12.

* 7783 — Ville de Saint-Valery-sur-Somme. Installation du **Conseil municipal**. Séance du 7 septembre 1860. — Abbeville, Briez; gr. in-8°.

7784. — Ville de Saint-Valery-sur-Somme. Compagnie de **Sapeurs-Pompiers**. Règlement de la Compagnie des Sapeurs-Pompiers volontaires. — Abbeville, Briez, 1862; 16 p. in-12.

7785. — Société des Propriétaires et **Chasseurs** de Saint-Valery-sur-Somme. *Statuts*. — Abbeville, Gamain, 1863; 8 p. in-12.

7786. — Ville de Saint-Valery-sur-Somme. Conseil municipal. Session du 3 février 1865. Rapport de M. le Maire sur les actes de l'**administration municipale** de Saint-Valery depuis le 15 août 1860. — Abbeville, 1865; 15 p. in-8°.

7787. — Assistance maritime et Secours mutuels. **Société Humaine** de la Baie de Somme fondée en 1864. Quartier de Saint-Valery. *Statuts*. — Abbeville, Gamain, 1865; 43 p. in-12.

7788. — Assistance maritime et Secours mutuels. **Société Humaine** de la Baie de Somme. Compte-Rendu de l'Exercice 1865. — Abbeville, Gamain, 1866; 21 p. in-8°.

Ce compte-rendu a paru depuis chaque année.

7789. — Ville de St Valery-sur-Somme. Rapport sur le projet de **distribution d'eau** proposé pour remédier à la pénurie dont souffre la Ville de St Valery à la suite de toutes les sécheresses. — S. l. n. n., 1868; 12 p. gr. in-8° autog.

7790. — Ville de Saint-Valery-sur-Somme. Inauguration du nouveau **Tribunal de Commerce**. 8 janvier 1870. Discours de M. J. Brûlé. — Paris, Pichon-Lamy, 1870; 13 p. in-8°.

7791.—Conseil de Préfecture. **Election** d'un Conseiller Général pour le canton de Saint-Valery-sur-Somme des 5 et 6 mars 1870. Note pour M. Brulé, notaire Contre M. du Liège d'Aunis en réponse à son Mémoire du 21 mars déposé le 23 du même mois. — Amiens, Alfred Caron; 8 p. in-4°.

7792. — Compte rendu à la **Commission municipale** provisoire de St Valery-sur-Somme, par M. Hérichard, Maire provisoire pour son administration depuis le 12 Novembre 1870.., . . jusqu'au 10 Avril 1871.—Amiens, Jeunet, s. d.; 31 p. in-8°.

7793.— **Invasion allemande** 1870-1871. Compte rendu administratif et historique présenté à la **Commission municipale** provisoire de Saint-Valery-sur-Somme, par M. Hérichard, Maire provisoire. Edition complète.—Amiens, Jeunet, s. d.; 32 p. in-8°.

C'est, à peu de chose près, la réimpression du numéro qui précède.

7794. — Statuts de la **Société** anonyme pour l'armement et l'exploitation **de** quatre **bateaux de pêche** attachés au port de Saint-Valery-sur-Somme. — Amiens, Jeunet, 1876; 13 p. in-8°.

7795. — Aux Habitants de Saint-Valery-sur-Somme. *Réponse de* **M. d'Arras**, *ancien maire, aux attaques dirigées contre lui à raison de son administration.* — Abbeville, Paillart, *1880;* 15 p. in-4°.

7796. — Conseil municipal de Saint-Valery-sur-Somme. **Rues et Places** de Saint-Valery. Rapport de M. Barbier, du 31 juillet 1885. — St Valery, Ricard-Leclerc; 17 p. in-8°.

Documents historiques.

7797. — *Nombreux documents sur l'***Abbaye de St Valery**.

Annal. Ordin. S. Benedict, passim.

7798. — Bulla Paschalis II pro **monasterio S. Vvalerici**. *1106*.

Ann. Ord S. Ben.... Mabillon. — Lutetiæ... 1713, t. V, p. 679 et 680; in-folio.

7799. — Lettre de Geoffroy, Evèque de Beauvais pour réparations d'injures faites à l'**abbaye de Saint-Valery**. *1235*.

Act. de la prov. eccl. de Reims... par Mgr Gousset, t. II, p. 374 et 375; in-4°.

7800. — Les **Biens de l'Abbaye** de Saint-Valeri-sur-mer **en Angleterre**, *en 1391*, par M. de Brandt de Galametz.

Bull. Soc. Em. Abb., 1897-99, p. 83 à 87; in-8°.

7801. — *Charte, de février 1432, par laquelle Baudoin,* **abbé de Saint-Valery,** *vend à l'abbé de Saint-Bertin trois statues d'argent.*

Chart. de l'Abb. de St Bertin, par l'abbé Haigneré, p. 297 et 298; in-4°.

7802. — 1432. Document sur l'**Abbaye de Saint-Valery**-sur-Somme, *par M. de Galametz.*

Bull. Soc. Em. Abb., 1897-99, p. 177 à 179; in-8°.

7803. — Extrait de l'inventaire des ornements, linges et autres meubles appartenant à l'**église de Saint-Valery** en 1616. Communication de M. H. Dusevel.

Rev. Soc. Sav. Dép., 1872, p. 323 à 325; in-8°.

7804. — Concilii Remensis quod in causa Godefridi Ambianensis Episcopi celebratvm fertvr, falsitas demonstrata Auctore D. Roberto Quatremario. —

Parisiis, apud Ludovicum Billaine, M.DC.LXIII; 101 p. in-8°.

Au sujet du conflit soulevé entre Geoffroy de la Marthonie et l'**abbaye de St Valery** au sujet des privilèges de cette dernière.

Bibl. Nat^{le}, LK7, n° 9073.

7805. — Extrait des Registres de Parlement.—Paris, Antoine Vitré, *1664*; 40 p. in-4°.

Bibl. d'Amiens, Hist., n° 3814, t. II, 44.

L'arrêt contenu dans cette pièce se trouve aussi au Recueil des Tit. et Mém. conc. le Clergé. — Paris, Ve Muguet, 1716, t. III, col. 737 à 774, sous le titre suivant :

"Arrêt du Parlement de Paris, du 5 Février 1664, rendu entre Monsieur l'Evêque d'Amiens, et les Abbé et **Religieux de Saint-Vallery**, sur les contestations formées entr'eux, au sujet de la visite faite par ledit sieur Evêque dans l'église paroissiale de saint Valery, à laquelle lesdits Abbé et Religieux s'étoient opposez, et en avoient appellé comme d'abus, se prétendans ordinaires dudit lieu, et qu'il étoit de nul diocèse : ledit arrêt portant entreautres choses, que par provision ledit sieur Evêque jouïra de tous les droits épiscopaux sur les habitans et le Clergé de ladite Ville, sans préjudice aux Religieux de leur exemtion dans l'enclos de leur monastère.

Voir aussi Journ. des Aud du Parl. par Jamet de la Guessière. — Paris, 1757, t. II, p. 214 à 227; in-folio.

* **7806.** — Factum pour messire Henry-Joseph Rouhault, comte de Saint-Vallery, héritier bénéficiaire de défunt messire Joachim Rouhault, seigneur de Gamaches, appelant, intimé, défendeur et demandeur. Contre damoiselle Marie Lallemant, veuve du sieur de la Gorgue ... et le sieur **Abbé** et les Religieux dudit **Saint-Vallery**.— S. l. n. n. n. d.; in-folio.

Appel d'une condamnation prononcée le 18 avril 1673 contre le marquis de Gamaches pour dégâts causés dans la terre de St Valery par les lapins de sa garenne.

Bibl. Nat^{le}, f° Fm, 14682.

7807. — Factum pour messire Joseph-Emmanuel-Joachim Rouault, marquis de Saint-Vallery.... appellant ... Contre damoiselle Marie Lallemant, veuve de maître Jean Delegorgue, intimée..., les **Abbé**, Prieur, Religieux et Couvent dudit **Saint-Vallery**, intervenans. — S. l. n. n., *vers 1673*; in-4°.

Appel de la sentence du 18 avril 1673, rendue contre Nicolas Joachim Rouault.

Bibl. Nat^{le}, 4° Fm, 29313.

* **7808.**—Factum pour messire Louis de Clermont, evêque, duc de Laon, abbé de l'**Abbaye de Saint-Vallery** et les religieux de ladite abbaye, demandeurs aux fins des requêtes des 4 mai 1674 et 8 juin 1683. ... Contre Marguerite-Angelique de Bullion, veuve de messire Joseph-Emmanuel-Joachim Rouault, marquis de Saint-Vallery. *Signé : Cherier.* — S. l. n. n., *vers 1683*; in-folio.

Relatif au **droit de garenne** prétendu par cette dernière du chef de Nicolas Joachim Rouault, son beau-père.

Bibl. Nat^{le}, f° Fm, 15330.

* **7809.** — Mémoire pour servir au jugement de la contestation qui est pendante en la troisième chambre des enquêtes sur le rapport de monsieur Portail, pour messire Jean de Bentivoglio, abbé de l'**Abbaye de Saint-Vallery**, ordre de Saint-Benoît, et les Religieux, Prieur et Convent de la même Abbaye, intervenans, demandeurs en requêtes des 4 mai 1674, 8 juin 1683, et appelans d'une sentence rendue aux Requêtes de l'Hôtel le 18 août 1673 : Contre messire Emmanuel de Rouault, marquis de Saint-Valery, ayant repris l'instance au lieu et place du sieur marquis de Gamaches son père... et damoiselle Marie Lallemand, veuve... de maître Jean de la Gorgue. — S. l. n. n. n. d.; in-folio.

Bibl. Nat^{le}, f° Fm, 15329.

7810. — Factvm pour les Abbé, Religieux, Prieur et Convent de l'**Abaye de Saint-Valery**, Apellans. Contre Me Honoré Dubos, Escuyer Sieur de Drancourt, Intimé. — S. l. n. n , *vers 1690;* 4 p. in-4°.

Question de censives.

Bibl. d'Abbeville.

7811. — Mémoire instructif touchant le procez au sujet de la **Cure de saint Nicolas**, située et fondée dans l'Abbaye de saint-Valery *et du droit de nomination du curé.* — S. l. n. n.. *vers 1700;* 3 p. in-folio.

Bibl. H. Macqueron.

***7812.** — Factum pour les Religieux de l'**Abbaye de Saint-Valery**, Ordre de Saint-Benoit, demandeurs. Contre Monsieur le Duc du Maine, donataire de feue Mademoiselle, et, en cette qualité, comte d'Eu, défendeur. *Signé : Gaultier.* — S. l. n. n. n. d. ; in-folio.

Demande en paiement d'une rente de 3 livres 11 sols ; du 27 mai 1709.

Bibl. Nat^{le}, f° Fm, 15331.

***7813** — Factum pour les Religieux de l'**Abbaye de Saint-Vallery**, défendeurs. Contre Maître Pierre Froissart, curé de la paroisse de Mons et Boubert, demandeur. *Signé : Gaultier.* — *Paris,* veuve Guillery ; in-folio.

Réponse à une requête de Froissart, du 11 décembre 1708, relative à un droit de dime de 30 livres prétendu par lui sur le Champ aux Féves.

Bibl. Nat^{le}, f° Fm, 15332.

***7814.** — Mémoire pour les Religieux de l'**Abbaye de Saint-Vallery**, défendeurs. Contre Maître Pierre Froissart, curé de la paroisse de Mons et Boubert, demandeur. *Signé : Gaultier.* — *Paris,* v^e Guillery ; in-folio.

Ibid., 15333.

7815. — **Proprium** Sanctorum regalis Monasterii **Sancti Valarici** ad mare. — Parisiis, Vincent, M.DCC.XXXI ; in-8° de 6 p. n. n. et 143 p.

Bibl. d'Amiens, Théol., n° 1706.

***7816.** — Mémoire pour les Religieux, Prieur et Couvent de l'**Abbaye de S. Vallery**, demandeurs. Contre messire Claude-Jean-Baptiste-Hyacinthe-Joachim Rouault, marquis de Gamaches, seigneur de S. Vallery... et messire Jean-Joachim Rouault, comte de Cayeux,....défendeurs. *Signé : Maunory.* — *Paris,* v^{ve} d'Houry, 1735 ; in-folio.

Relatif à l'exécution d'un arrêt du 13 août 1700, maintenant les auteurs des défendeurs en possession du droit de garenne dans la terre de St Valery.

Bibl. Nat^{le}, Mss. Joly de Fleury, 1406, f° 84.

***7817.** — Addition de mémoire, servant de réponses à une production nouvelle pour les Religieux, Prieur et Couvent de l'**Abbaye de S. Valery**, demandeurs. Contre messire Claude-Jean-Baptiste-Joachim Rouault, marquis de Gamaches, seigneur de S. Vallery... et messire Jean-Joachim Rouault, comte de Cayeux... défendeurs. *Signé : Maunory.* — *Paris,* v^{ve} d'Houry, 1735 ; in-folio.

Bibl. Nat^{le}, Mss. Joly de Fleury, 1406, f° 87.

***7818.** — Addition de mémoire pour messire Claude Jean Baptiste Hyacinthe Joseph Rouault, marquis de Gamaches ,.... et messire Jean-Joachim Rouault, comte de Cayeux... défendeurs et demandeurs. Contre les Religieux, Prieur et **Couvent de S. Vallery**, demandeurs et défendeurs. *Signé : Cadet.* — *Paris,* Moreau, 1736 ; in-folio.

Bibl. Nat^{le}, Mss. Joly de Fleury, 2017, f° 160.

***7819.** — Mémoire pour Messire Jean-Joachim Rouault, marquis de Gamaches, seigneur de S. Valery sur Somme, païs et roc de Cayeux, appelant. Contre les Religieux, Prieur et Couvent de l'**Abbaye de S. Valery**, intimés. *Signé : Brousse.* — *Paris,* Paulus du Mesnil, 1742 ; in-folio.

Appel d'une sentence du 10 juin 1739, qui le dépouille de ses droits sur trois chemins limitrophes à l'abbaye de S. Valery.

Bibl. Nat^{le}, f° Fm, 14683.

***7820.** — Sommaire pour le marquis de Gamaches contre les **religieux de**

S. Valery. *Signé : Brousse.* — Paris, Paulus du Mesnil, 1742 ; in-4°.
Bibl. Nat¹ᵉ, 4° Fm, 13076.

7821. — Mémoire pour les Religieux de l'**Abbaye de Saint-Vallery**, Congrégation de Saint-Maur, Intimez. Contre Messire Joachim Rouault, Marquis de Gamaches, Appellant. *Signé : Gaultier.* — *Paris*, veuve Knapen, 1742 ; 20 p. in-folio.

Au sujet de plantations prétendues induement faites par les Religieux.

Bibl. H. Macqueron.

7822. — Addition de mémoire pour Messire Claude-Jean-Baptiste-Hiacinthe-Joachim Rouault, Marquis de Gamaches, Lieutenant Général des Armées du Roi ; et Messire Jean-Joachim Rouault, Comte de Cayeux, Maréchal des Camps et Armées du Roi, Défendeurs et Demandeurs ; Contre les Religieux, Prieur et **Couvent de S. Vallery**, Demandeurs et Défendeurs. — *Paris*, Moreau, *vers 1742* ; 7 p. in-folio.

Bibl. d'Abbeville.

7823. — Arrest du Conseil d'Estat du Roy par lequel Sa Majesté a ordonné l'exécution d'autre Arrest du 30 Décembre 1704, en conséquence, a cassé, révoqué et annullé le Bail emphitéotique fait par les Prieur et Religieux de l'**Abbaye de S. Vallery**, Ordre de Prémontrés, d'une partie des bois dépendante de ladite Abbaye ; et fait très-expresses inhibitions et défenses à tous Prélats, Abbés, Prieurs, Religieux, Communautés ecclésiastiques, séculières et régulières, Administrateurs, Recteurs et Principaux de Collèges, Hôpitaux et Maladreries, de comprendre dans les baux emphithéotiques aucuns bois, à peine de 500 livres d'amende. Du 6 Juillet 1756. — Paris, Prault, 1756 ; 6 p. in-4°.

Bibl. H. Macqueron.

7824. — Règlement pour le service intérieur de l'Hôpital-**Hospice de Saint-Valery**-sur-Somme. — Abbeville, Briez, *1860* ; 15 p. in-8°.

7825. — Note sur une Statuette en bois de la Sainte Vierge à l'**Hospice de Saint-Valery**-sur-Somme et sur le Reliquaire en forme de Retable où elle est placée (dix-septième siècle), par E. Delignières. — Paris, Plon, 1895 ; 11 p. in-8° av. 1 pl.

7826. — Le petit Sépulcre ou Mise au Tombeau de l'**Hospice de Saint-Valery**-sur-Somme, bas-relief pierre (XVIᵉ siècle), par Emile Delignières. — Paris, Plon, 1900 ; 11 p. in-8° et 1 pl.

7827. — Le Ciboire de l'**Hospice de Saint-Valery**-sur-Somme (1613), par Em. Delignières. — Paris, Plon-Nourrit, 1900 ; 12 p. in-8° et 2 pl.

7828. — Le **Phare de la Somme**, Ports de la Baie, Centres agricoles et industriels, Stations balnéaires paraissant tous les dimanches.

Publié à Sᵗ Valery, le 1ᵉʳ n° est du 31 janvier 1883 : a duré peu de temps.

7829. — **La Plage**, Journal-Programme des Stations Balnéaires de la Somme, paraissant une fois par semaine.

A eu 7 ou 8 numéros en 1895.

7830. — Le **Patriote de la Somme**. — 1885.

Journal hebdomadaire publié à Sᵗ Valery ; a paru du 7 mars 1885 au 30 mars 1895.

7831. — **Le Littoral de la Somme**, Echo libéral du Vimeu. — 1884.

Journal hebdomadaire publié à Sᵗ Valery ; le premier numéro est du 15 août 1884 : continue à paraître.

II. AUTRES COMMUNES DU CANTON DE SAINT-VALERY

7832. — Etat de la Terre et Comté d'**Arrest** et Catigny sise en Ponthieu à une lieue et demie de la mer et du Port de Saint-Vallery-sur-Somme, entre Abbeville et Saint-Vallery. — S. l. n. n., *vers 1770* ; 8 p. in-4°.

Bibl. H. Macqueron.

7833. — Mémoire pour le Marquis de Lameth, Intimé. Contre Philippe Briet de Saint-Elier, Ecuyer, Seigneur de Voincourt, Bretel et autres lieux, Appellant. En présence des Maire et Echevins d'Abbeville, Intervenans. Et du Marquis de Gamaches, grand d'Espagne de la première Classe, aussi Intervenant. *Signé : Babille.* — *Paris*, Chardon, 1761 ; 40 p. in-4°.

Au sujet des droits de mutation de la terre de **Bretel**, commune de **Boismont**.

Bibl. Nat^{le}, 4° Fm, 17268.

7834. — Mémoire pour le Sieur Philippe Briet de Saint-Elier, Ecuyer, Seigneur de Woincourt, **Boimont**, Bretel et autres lieux. Contre Messire Louis-Henri, Marquis de Lameth, Chevalier, Seigneur de Mareüil, Henaucourt (sic), Warlay (sic) et autres lieux. *Signé : Elie de Beaumont.* — *Paris*, Cellot, 1761 ; 26 p. in-4°.

Bibl. de Péronne, Rec. de Mém., t. XX.

*****7835.** — Mémoire pour établir qu'il n'est point dû de droits seigneuriaux pour les donations en ligne directe dans la coutume de Ponthieu.

Le titre de départ porte : Mémoire pour les Maire et Echevins d'Abbeville, Les Habitans, Corps et Communautés de ladite Ville, Intervenans ; Contre le Marquis de Lameth, Intimé. Le Marquis de Gamaches, Grand d'Espagne de la première classe, Intervenant. En présence de Philippes Briet de Saint-Elier, Ecuyer, Seigneur de Woincourt, **Boismont**, Bretel et autres lieux, Appellant. *Signé : de Calonne.* — *Paris*, Vincent, 1761 ; 35 p. in-4°.

Bibliog. Dufour, n° 450.

7836. — Consultations pour le marquis de Lameth, intimé, contre le sieur de Saint-Ellier, appelant, sur la question de savoir si la donation faite par l'ayeul au petit fils, qui n'est son héritier apparent, doit ou non, dans la coutume de Ponthieu, le droit de quint au seigneur féodal. — *Paris*, Chardon, 1761 ; 22 p. in-4°.

Bibl. H. Macqueron.

7837. — Second Mémoire pour Philippe Briet de Saint-Elier, Ecuyer, Seigneur de Woincourt, **Boimont**, Bretel et autres Lieux. Contre Messire Louis-Henri, Marquis de Lameth, Chevalier, Seigneur de Mareüil, Henaucourt, Warlay et autres Lieux. Et contre le Marquis de Gamaches. Grand d'Espagne de la première Classe, Intervenant. En présence des Maire et Echevins d'Abbeville, aussi Intervenants. *Signé : Elie de Beaumont.* — *Paris*, L. Cellot, 1762 ; 58 p. in-4°.

7838. — Mémoire pour le marquis de Gamaches, grand d'Espagne de la première classe, brigadier des armées du Roi, colonel du Régiment Royal-Piedmont, intervenant et demandeur. Contre les maire, échevins et habitans, corps et communauté d'Abbeville, aussi intervenants et défendeurs, et encore contre Philippe Briet de Saint-Elier, écuyer, seigneur de Voincourt et **Bretel**, appelant et défendeur, en présence du comte de Lameth, intimé. — Paris, Simon, 1762 ; 24 p. in 4°.

*****7839.** — Addition de mémoire pour le marquis de Lameth, intimé, contre le sieur Briet de Saint-Elier, appelant, et les mayeur, échevins et habitans d'Abbeville, intervenants. *Signé : Babille.* — *Paris*, Chardon, 1765 ; in-4°.

Bibl. N^{le}, 4° Fm, 17266.

7840. — **Cayeux-sur-Mer**. Etude statistique et administrative, par A. Blaize. — Paris, Plon, 1867 ; 65 p. in-8°.

7841. — Notice sur **Cayeux sur Mer**. par M. Sauvage.

Bull. Soc. Em. Abbev., t. II, p. 247 à 256 et 303 à 309 ; in-8°.

*****7842.** — Factum pour Honoré Le Roy, prieur du **prieuré** de Saint-Pierre **de Cayeux**.... demandeur en lettres de subrogation au lieu de défunt messire Jerôme de Cothereau.... vivant prieur dud. prieuré ... contre messire Jean de Loyac, abbé de Condom..., messire Charles de Bourlon, évêque de Soissons... et frère François Boulard, religieux de Sainte-Geneviève.... *Signée : Chastillon.* — S. l. n. n., *1656*; in-4°.

Au sujet de la possession du prieuré de St Pierre de Cayeux.

Bibl. Nat^{le}, 4° Fm, 19136.

* **7843**. — Preuves de tous les faits avancés par Honoré Le Roy, **prieur** de Saint-Pierre **de Cayeux**, demandeur, contre le sieur de Loyac, le sieur de Bourlon et frère François Boulard, regieux de Sainte Geneviève. *Signé : Chastillon.* — S. l. n. n., *1656*; in-4°.

Bibl. Nat^{le}, 4° Fm, 29210.

* **7844**. — Factum pour messire Jean de Loyac, aumônier et prédicateur ordinaire du Roi, abbé de Condom, **prieur** commendataire du prieuré de Saint-Pierre-du-Rocq **de Cayeux**... diocèse d'Amiens... et messire Charles de Bourlon, évêque de Soissons, intervenant, contre M° Honoré Le Roy, soi-disant subrogé aux droits de messire Jérôme Cottereau... demandeur en lettres de rescision du 11 décembre 1649. — S. l. n. n., *1656* ; in-4°.

Bibl. Nat^{le}, 4° Fm, 19891.

* **7845**. — Addition de factum pour Messire Charles de Bourlon, évêque de Soissons, intervenant, contre M° Honoré Le Roy, soi-disant subrogé aux droits de M° Jerôme Cottereau... — S. l. n. n., *1656* ; in-4°.

Bibl. Nat^{le}, 4° Fm, 19891.

7846. — Mémoire signifié pour Maitre Jean-Charles-Antoine Chesnel, Vicaire perpétuel à Portion Congrue de la **Paroisse de Cayeux**, Intimé. Contre Messire Louis Lemaistre, Prieur Commendataire de S. Pierre de Cayeux, Appelant d'une Sentence renduë au Bailliage d'Amiens le 6 Août 1733. — *Paris*, Paulus-du-Mesnil, 1735 ; 17 p. in-folio.

Au sujet d'une dime réclamée par les deux parties.

Bibl. d'Abbeville.

* **7847**. — Mémoire pour l'abbé de la Gallissonnière, prieur de Caïeux. Contre le sieur Chesnel, **curé de Caïeux**. — Paris, 1735; 14 p. in-folio.

Question de dîmes.

Cat. de la Libr. Voisin, n° 14706.

7848. — *Arrêté pris par* Le Préfet du Département de la Somme *le 3 pluviôse an X, et relatif au dessèchement des* **Bas Champs de Cayeux**. — Amiens, Maisnel fils; 15 p. in-4°.

7849. — Ouragan du 9 au 10 mars 1842. **Naufrage** de 46 marins de **Cayeux-sur-Mer**.

Alman. d'Abbeville, 1843, p. 69 à 74 ; in-16.

7849bis. — Département de la Somme. Canton de Saint-Valery-sur-Somme. Commission de secours pour les familles des **naufragés de Cayeux**. — Abbeville, Paillart, *1842;* 11 p. in-12.

7850. — **Cayeux sur Mer**. Conférences sur l'Instruction et la Prévoyance. Revue de l'année 1867, par A. Blaize. — Paris, Simon Raçon, 1868; 95 p. in-8°.

7851. — Règlement d'administration pour la défense contre la mer, ensemble le dessèchement des Bas Champs de la Somme *à* **Cayeux**, *Lanchères et Pendé. Du 23 mai 1871.* — Abbeville, Briez ; 15 p. in-4°.

7852. — La Plage de **Cayeux-sur-Mer**, par M. J. Girard.

Bull. Soc. Linn. Nord Fr., t. I, 1873, p. 135 à 139 ; in-8°.

7853. — P. le Héron. **Cayeux-sur-Mer** en 1882 avec le Plan des terrains à vendre sur la nouvelle avenue Dumont d'Urville. — Amiens, Carton-d'Hangest, 1882 ; 32 p. in-8°.

Autre édition avec le titre : Cayeux-sur-Mer en 1882 et le Nouveau Brighton.

7854. — Exploitation des **Galets** céramiques sur le littoral de la Somme (**à Cayeux**), par M. Paul Ducroquet.

Bull. Soc. Ind. Amiens, t. XX, 1882, p. 255 à 268 ; in-8°.

7855. — La **Chapelle des Marins** à Cayeux-sur-Mer et son Porche sculpté, *par Em. Delignières.* — S. l. n. n., *1890;* 8 p. in-16.

7856.—Le **Valcayeux**, *fief à Cayeux sur Mer*, et ses Seigneurs, *par l'abbé Hoin.*

Cab. hist. Pic. et Art., t. XII, p. 33 et s.

7857. — Le **Phare de la Somme**, Journal Républicain du Canton de Saint-Valery-sur-Somme. 1893.

Journal hebdomaire publié à Cayeux-sur-Mer ; a paru du 17 décembre 1893 au 2 septembre 1894.

7858. — Journal de **Cayeux-Plage**.

Le 1er numéro a paru le 27 juin 1897.

7859.—Notice sur une Pirogue Gauloise, trouvée à **Estrebœuf**, près de Saint-Valery-sur-Somme, en mai 1834, par M. F. P. Ravin. — Abbeville, Boulanger ; 8 p. in-8° et 1 pl.

Ext. Mém. Soc. Em. Abb.

7860. — Lettre sur la nature et le traitement de la suette militaire *à* **Estrebœuf,** *en 1822*, par le docteur Ravin, de St Valery-sur-Somme.

Bull. Acad. Médec., t. XIV, p. 894 à 896 ; in-8°.

7861. — Extrait du Registre aux délibérations du Directoire Révolutionaire du District d'Abbeville, en sa séance publique du 19 Pluviôse, deuxième année Républicaine. — Abbeville, L. A. Devérité ; plac. in-folio.

Arrêté relatif à l'emploi et à la vente des objets religieux de l'église de **Franleu**.

Bibl. d'Abbeville.

7862. — Mémoire pour Frere Barthelemy Hurtrel, Prêtre, Chanoine Regulier de la Congregation de France, Prieur-Curé de la Paroisse de **Lancheres**, Demandeur et Defendeur. Contre Messire Louis le Maître, Prieur Commandataire du Prieuré de Cayeux, Defendeur et Demandeur. — *Paris*, veuve Knapen, 1742 ; 8 p. in-folio.

Au sujet de la propriété des dimes des terres nouvellement défrichées à Wathiéhurt.

Bibl. Pinsard.

7863. — Mémoire pour Maître Nicolas Delattre de Coliville, Conseiller du Roi, Président aux Traites, et Procureur du Roi au Grenier à sel de Saint-Valery-sur-Somme, Intimé. Contre Alexis Bequet, Jean-Baptiste Fruitier, et Marie-Madeleine Fournier, sa femme, Appellans de la Sentence rendue par le Juge de Saint-Valery le 29 Avril 1760. *Signé :* d'Esmery *le jeune.* — S. l. n. n. n. d. ; 10 p. in-folio.

Au sujet de terres sises à **Hurt**, commune de **Lanchères**.

Bibl. Soc. Ant. Pic.

7864. — La Journée de **Mons-en-Vimeu** et le Ponthieu après le Traité de Troyes, par René de Belleval. — Paris, Durand, 1861 ; 110 p. in-12.

7865. — Bataille de **Mons-en-Vimeu** (Extrait du Ms. n° 2621 de la Bibliothèque impériale) par M. J. Lion.

Bull. Soc. Ant. Pic., t. IX, p. 370 et 371 ; in-8°.

7866. — Mémoire signifié pour Jean-Denis Saulmont, Meunier des Moulins à vent de Saint-Vallery sur Somme, Intimé. Contre Philippe Dumont, Meunier des Moulins à vent de **Sallenelle**, *commune de* **Pendé**, Appellant. Et encore contre Augustin Ouin et consors, Meuniers. Et le Sieur du Cardonnoy, Seigneur de Lanchères, Parties intervenantes. — *Paris*, Lottin, 1743 ; 15 p. in-folio.

Bibl. d'Abbeville.

7867. — Extrait des Registres du Conseil d'Etat privé du Roy. Du 24 Décembre 1747. *Arrêt sur une contestation relative aux moulins à vent de* **Sallenelle**. — S. l. n. n. ; 10 p. in-4°.

<small>Bibl. d'Amiens, Hist., n° 3597.</small>

***7868**. — Factum du procès de M. Louis Dourlens, chapelain de la chapelle de Sainte-Barbe, fondée en l'église de Saint-Firmin à **Sayneville**... contre M° François Roussel, curé d'Acheu. — S. l. n. n., 1624 ; in-4°.

<small>Bibl. Nat^{le}, 4° Fm, 10200.</small>

7868 *bis*. — Lettres patentes sur Arrest qui ordonnent la réünion du Grenier à Sel de **Seigneville** à celuy de saint Vallery, pour ne faire qu'un seul et même Grenier, et une seule Jurisdiction. Données à Versailles le 18 Février 1723. — Paris, Delatour et Simon, 1723 ; 4 p. in-4°.

<small>Bibl. H. Macqueron.</small>

7869. — Sur un sondage exécuté à **Saint-Blimont** (Somme), par M. N. de Mercey. Extrait du Bulletin de la Société Linnéenne du Nord de la France. — Amiens, Delattre-Lenoel, 1879 ; 15 p. in-8°.

LIVRE QUATRIÈME

ARRONDISSEMENT DE DOULLENS

CHAPITRE I

CANTON DE DOULLENS

I. VILLE DE DOULLENS

§ 1. Histoire civile

7870. — Histoire civile, ecclésiastique et littéraire de la Ville et du Doyenné de **Doullens**, par l'abbé Daire. — Amiens, J. B. Caron, MDCCLXXXIV; VIII-208 et VIII p. in-12.

7871. — Lettres portant que plusieurs choses qui avoient esté démembrées de la **Prevosté de Dourlens**, y seront réunies; *juin 1365.*

Ordonn. des Rois de Fr., t. IV, p. 577 à 579; in-folio.

7872. — Mémoire sur les anciens **Monumens** de l'arrondissement de **Doullens**, couronné par l'Académie... du Département de la Somme, dans sa séance publique du 28 août 1831, par — Eugène Dusevel. — Amiens, Machart, 1831; 56 p. in-8° av. 4 pl.

7873. — Notice sur quelques **Médailles** trouvées dans l'arrondissement de **Doullens**, depuis 1831, par Eugène Dusevel. — S. l. n. n. n. d.; 7 p. in-8°.

Extr. Mém. Soc. Arch. Dép. Somme.

7874. — Lettre à M. le Comte de B... sur les Antiquités de l'arrondissement de **Doullens**, par *H. Dusevel.*

La Picardie, 1867, p. 97 à 103; in-8°.

7875. — Dourlens.

Dict. géogr. des Gaules, par Expilly, t. II, p. 686 à 688; in-folio.

7876. — Notice historique sur **Doullens**.

Alman. d'Abbev., 1846, p. 97 à 100; in-16.

7877.—Petite **Chronicque de Doullens** telle qu'elle se trouve au Cartulaire rouge de ladicte ville. *A la fin* : La présente chronicque a esté achevée d'imprimer l'an mil viij^c cinquante et ung au mois de novembre par François Auguste Mogino demourant à Vervins. — In-8° goth. de VII ff.

Publiée par les soins de M. E. Demarsy.

7878. — La Ville de **Doullens** Ses Souvenirs historiques Ses Monuments et Ses Hommes dignes de Mémoire, par M. H. Dusevel. — Amiens, Caron et Lambert, 1855; 30 p. in-8° av. 1 pl.

7879. — Souvenirs des Villes de Picardie. **Doullens**, *par H. Dusevel.*

La Picardie, 1855, p. 65 à 71; in-8°.

7880.— Histoire de la Ville de **Doullens** et des localités voisines, par A. J. Warmé. — Doullens, Grousilliat, 1863; 559 p. in-8° et 1 pl.

7881. — Les **Rues de Doullens** et leurs anciens habitants, *par G. D.*

La Picardie, t. X, 1864, p. 285 et s.; in-8°.

7882. — Histoire de la Ville de **Doullens**, par M. E. Delgove, curé de Long. — Amiens, Lemer aîné, 1865; II-531 p. in-4° av. 2 pl.

Ext. Mém. Soc. Ant. Pic.

7883. — Rapport au nom de la commission du prix offert par M. Thélu à l'auteur de la meilleure histoire de **Doullens**, par M. J. Garnier.— Amiens. Lemer aîné, 1863: 16 p. in-8°.

Ext. Mém. Soc. Ant. Pic.

7884. — Rapport de la commission du prix Thélu pour la meilleure histoire de **Doullens**, par M. Michel Vion.

Mém. Soc. Ant. Pic., t. XVIII, p. 411 à 427; in-8°.

7885. — *Rapport sur l'histoire de* **Doullens**, *par M. H. Cocheris.*

Rev. Soc. Sav. Dép., 1866, p. 127 à 133; in-8°

7886. — Un voyage à **Doullens**, *par H. Dusevel.*

La Picardie, 1865, t. XI, p. 96 et s.; in-8°.

7887.—Lettres de Philippe-Auguste, par lesquelles il confirme les **privilèges** que Guillaume, Comte de Ponthieu, avoit accordés aux habitans **de Dourlens**. 1221.

Ordonn. des Rois de Fr., t. XI, p. 311 à 314; in-folio.

7888. — Lettres qui portent que la Ville de **Dourlens** ne sera plus séparée du Domaine et de la Couronne de France; *septembre 1366.*

Ibid., t. IV, p. 687 à 689; in-folio.

7889. — Fragments du **Compte** de la Ville de **Doullens** pour l'année 1408-1409. Lecture faite par M. Georges Durand. — Amiens, Yvert et Tellier, 1900; 19 p. in-8°.

Ext. Bull. Soc. Ant. Pic.

7890. — Faculté de retrait accordée aux Habitans de **Doullens**; *18 janvier 1463.*

Ordonn. des Rois de Fr., t. XVI, p. 157 et 158; in-8°.

7891. — Comptes de dépenses faites pour les **Fortifications de Doullens** (1585-1589). Communication de M. Dusevel.

Rev. Soc. Sav. Dép., 1870, p. 430 et 431; in-8°.

* **7892.** — Discovrs de la Bataille Siege et **Prise** des Ville et Chasteav de **Dovrlens** emportez par assault le dernier iour de Iullet 1595 Auec autres particularitez des choses aduenues auparauant sur la frontière de Picardie. — A Dovay chez Iean Bogart à la Bible d'Or M.D.XCV; 14 p. pet. in-8°.

Une autre édition a été imprimée à Arras.

Une réimpression en fac-simile a été faite dans les Archives histor. et litt. du Nord de la France. — Valenciennes, 1851, 3e série, t. II, p. 375 à 384; in-8°.

7893. — **Dorlans** en Picardey den 24 julii. — 40 p.

Cette relation du combat livré sous les murs de la ville, avec la liste des principaux guerriers français tués dans cette affaire, se trouve dans un livret imprimé à Cologne chez Wilhem Zutzenkirchen en 1595.

7894. — Coppie de la lettre escrite par Monseigneur le duc de Bouillon, à Monseigneur le prince de Conty contenant le discours du combat faict devant la ville de **Dourlens**.—Paris, Guillaume Lenoir, 1595; 13 p. in-12.

Anc^{ne} Bibl. de Marsy.
Autre édition : Lyon, par C. Morillon.
Bibl. Nat^{le}, Lb[35], n° 636.

7895. — La **Prise de Doullens** par les Espagnols en 1595, pièces contemporaines publiées et annotées par Arthur Demarsy. — Paris, Dumoulin, 1867; 37 p. in-8°.

7896. — Mémorial d'un Bourgeois de **Doullens** (1613-1672), par G. D. D.

La Picardie, 1866, p. 385 et s. ; in-8°.

7897. — Arrêt de la Cour des Aides, par lequel, défenses sont faites aux Présidents, Lieutenants, Elus des élections du ressort de ladite Cour, d'entrer en habits indécens au siège de leur juridiction pour y rendre la justice. — Paris, 1623 ; 7 p. pet. in-8°.

Cet arrêt s'applique aux **magistrats de Doullens**.
Catal. de la Libr. Voisin, 1888, n° 12679.

7898. — Récit véritable de la grande defaicte, de trente-trois Cornettes de Croates taillées en pièces par l'armée du Roy, *près de* **Doullens**, commandée par Monsieur de Rambures, et la honteuse fuite du Colonel Forcasse dans la Conté d'Artois. Le Ieudy quinzième Nouembre 1635.—Paris, Claude Ribot, MDCXXXV.

Bibl. Nat^{le}, Lb[36], n° 3070.

7899. — Les Lettres de **Mazarin** svrprises en les envoyant à Paris. Escrites de **Dourlans**. — Paris, MDCLI ; 8 p. in-4°.

Bibl. H. Macqueron.

7900. — Mémoires et obseruations sur les Lettres Patentes de sa Majesté, du 24 février 1670 pour la continuation et confirmation des Octrois, Droits et **Privilèges** de la Ville, Fauxbourgs et Banlieue **de Doullens**, à iouir ainsi que par le passé. — In-4°.

7901. — Arrest dv Conseil d'Estat, du vingt-vnième Avril 1671 Portant que les Huit livres ordonnez estre payez sur chacun muid d'Eauë de vie, aux Entrées des Villes de Picardie, seront perceus en celle de **Doulens**, etc. — S. l. n. n.; 4 p. in-4°.

Bibl. H. Macqueron.

7902. — Suite du Mémorial d'un Bourgeois de **Doullens** par son fils (1678-1750).

La Picardie, 1867, p. 145 et s. ; in-8°.

7903. — Quelques Episodes de l'Histoire de **Doullens** aux XVIIe et XVIIIe Siècles, par H. Dusevel.

La Picardie, t. XVI, 1870, p. 1 à 9 et 47 à 58 ; in-8°.

7904. — Traité de contribution *de guerre* conclu et arresté entre les Deputez Generaux des Provinces-Unies, et ceux de l'Election de **Doullens**; *du 23 juillet 1711*. — S. l. n. n. ; 4 p. in-4°.

Bibl. d'Amiens, Hist., n° 3597.

7905. — Arrest de la Cour de Parlement qui déboute les Maire et Echevins de la Ville de **Doullens** de leurs demandes : garde et maintient le **Prevost Royal** comme Juge ordinaire, dans le droit d'exercer privativement ausdits Maire et Echevins la Justice Civile, Criminelle et de Police dans l'étendue de ladite Ville et Prevosté de Doullens : fait défenses ausdits Maire et Echevins de l'y troubler et les condamne aux dépens. Du septième Aoust 1711. — S. l. n. n.; 8 p. in-4°.

Bibl. H. Macqueron.

7906. — Memoire sur les droits de commune et de juridiction des villes.

Pour les maïeur, échevins, manans et habitants de la ville de Doulens, demandeurs en requête civile contre un arrêt du 7 août 1711, contre M° François Prevost de Mironcourt... ci-devant **prevôt royal** de la ville de **Doulens**... *Signé: Prevost.* — Paris, Paulus-du-Mesnil ; in-folio.

Bibl. Nat^{le}, f° Fm, 5073.

* **7907.** — Mémoire pour les maïeur, échevins, manans et habitants de la ville de **Doulens**, demandeurs en requête civile, contre un arrêt du 7 août 1711, contre M° François Prevost de Mironcourt.... ci-devant **prevôt royal** de la ville de Doulens. — S. l. n. n. ; in-folio.

Bibl. Nat^{le}, f° Fm, 5072.

7908. — Traité de contribution *de guerre* conclu et arresté entre les Depvtez Generaux des Provinces-Unies, et ceux de l'Election de **Doulens** ; *du 1er août 1712.* — S. l. n. n. ; 4 p. in-4°.

Bibl. d'Amiens, Hist., n° 3597.

7909. — Arrest du Conseil d'Etat du Roy, qui déclare commun, tant pour les **Procureurs** des Jurisdictions de la **Ville de Doulens**, que pour ceux de toutes les Jurisdictions du Royaume ou autres Officiers qui pourroient avoir acquis ou réünis les Offices de Tiers-Référendaires et Controlleurs des dépens, l'Arrest du huit Juillet 1710 rendu contre les Procureurs du Présidial d'Alençon, et en conséquence fait deffenses à tous lesdits Procureurs ou autres, de prétendre contre le Fermier General ou ses sous-Fermiers aucuns Droits pour les dépens qui seront prononcez dans les Affaires de Sa Majesté, à peine de restitution, trois cens livres d'amende et de tous dépens, dommages et intérêts. Du quatrième Décembre 1714. — Paris, veuve Saugrain, 1714 ; 7 p. in-4°.

Bibl. H. Macqueron.

* **7910.** — Mémoire pour le **prevôt royal** de la ville de **Doulens**......

contre les maire et échevins de ladite ville... *Signé: Gillet.* — Paris, Sevestre, 1717 ; in-folio.

Bibl. Nat^{le}, f° Fm, 5076.

7911. — Arrest de la Cour de Parlement du dix septième Mars 1717 qui renvoye Maitre François Prevost de Mironcourt, Ancien Président, **Prévost Royal**, Juge ordinaire et Lieutenant General de Police de la Ville et Prevoté **de Doulens**; Et M° Charles-Nicolas Prevost de Ricarville, Substitut de Monsieur le Procureur General en ladite Prevoté et Maire de ladite Ville, de plusieurs Accusations calomnieuses à eux imposez, sauf ausdits Prevost à se pourvoir contre les Dénonciateurs pour leurs dommages et interests, ainsi qu'ils aviseront, et que l'Arrest sera lu et publié. — S. l. n. n. ; 4 p. in-4°.

Bibl. H. Macqueron.

* **7912.** — Arrest qui déboute les maire et échevins de la ville de Doullens de leurs demandes, garde et maintient le **prévôt royal** comme juge ordinaire dans le droit d'exercer, ausdits maire et echevins, la justice civile et criminelle et de police dans l'intérieur de ladite ville et prevosté **de Doullens**. — 1717.

Voir La Picardie, 1878, p. 195.

7913. — Requeste pour les Maïeur et Echevins, Manans et Habitans, Corps et Communauté de la Ville de Doullens, Demandeurs en Requeste Civile. Contre le Sieur Prevost de Mironcourt, **Prevost Royal de Doullens**, Deffendeur. Pour montrer que l'administration de la Justice par les Maïeur et Echevins, Chefs des Communes des Villes... est une suite essentielle de la Constitution du Royaume..... bien qu'elle y soit contraire comme le prétend le Prevost Royal. *Signé : Auvray.* — S. l. n. n., *1719* ; 8 p. in-folio.

Il existe deux éditions différentes.
Bibl. H. Macqueron.

7914. — Arrêt de la Cour de Parlement *relatif à l'affaire des habitants de Doullens contre Prévost de Mironcourt; du 29 mars 1726.* — S. l. n. n.; 4 p. in-4°.

Ibid.

7915. — Arrest du Conseil d'Etat du Roy, qui supprime un Droit de **péage** qui étoit prétendu en la ville de **Doullens** par les Maire et Echevins de cette ville, généralité d'Amiens. Du 11 Janvier 1750. — Paris, Imprimerie Royale, 1752 ; 2 p. in-4°.

Ibid.

7916. — Mémoire pour les Maire, Echevins et Commune de la Ville et Banlieue de Doullens, Vicomtes et Seigneurs Hauts-Justiciers de ladite Ville et Banlieue, et Seigneurs Fonciers des Fiefs et Seigneuries de Ham, d'Hauricourt, de Hardinval, de la Tour de Beauval, du Prieuré de S. Pierre la Hors et de la Porte de Cercamps, situés en ladite Ville et Banlieue. Contre Monsieur le Procureur Général du Roi. Contre les Sieurs Présidens-Trésoriers de France de la Généralité d'Amiens. Et contre le Sieur Nicolas de Saisseval, Chevalier et Dame Marie-Catherine-Colette Dragon son Epouse, Seigneurs Fonciers de Ricquemesnil, du Franc-Fief de la Prevôté de Ham et du Fief de Rigauville situé au hameau d'Hardinval. — Amiens, veuve Godart, 1751 ; 64 p. in-folio.

Au sujet des droits de voirie et de **justice civile à Doullens**. Nombreux documents.

Bibl. d'Amiens, Hist , n° 3594.

7917. — De par le Roi. *Ordonnance de M. d'Invau, du 25 mars 1758, qui fait défense à toutes personnes d'enlever les* **bornes** *plantées dans le circuit des* **ville et citadelle de Doullens.** — S. l. n. n.; plac. in-folio.

Arch. dép. de la Somme, C, n° 893.

7918. — Mémoire pour les Officiers Municipaux de la Ville de **Doullens**. Contre les nommés Magnein et autres *employés des fermes qui, à propos d'une discussion particulière, ont été appelés brigands, ennemis domestiques. horde séditieuse, etc.* — Paris, P. G. Simon, 1776 ; 14 p. in-4°.

Bibl. d'Amiens, Hist., n° 3597.

7919. — Précis pour les Officiers Municipaux de la Ville de **Doullens**, Intimés. Contre le Sieur François Noël, Régisseur des Droits réservés, Appellant. — Paris, Prault, 1777 ; 23 p. in-4°.

Au sujet des **droits de mesurage** et d'aulnage sur les marchés de la ville.

Bibl. d'Amiens, Hist., n° 3597.

7920. — Arrest de la Cour des Aides, concernant l'**Exemption de Taille** des Employés, Commis et Préposés des Fermes et Régies du Roi, **à Doullens**. Du 5 Septembre 1781. — Paris, Prault, 1783 ; 4 p. in-4°.

Bibl. H. Macqueron.

7921. — Lettres Patentes du Roi en forme d'édit, portant don à M. le **Comte d'Artois**, à titre et par supplément d'**apanage**, des Domaines et Seigneuries de **Doullens** et de Montreuil-sur-Mer. Données à Versailles au mois de Février 1786. — Paris, N. H. Nyon, 1787 ; 4 p. in-4°.

Ibid.

7922. — Requête au Roi pour les Maire et Echevins de la Ville de **Doullens**. Contre le Sieur de Saisseval, Seigneur Foncier de Ricquemesnil. — Paris, Quillau, 1787 ; 95 p. in-4°.

Au sujet des droits de **justice** dans la banlieue de Doullens.

Ibid.

7923. — Délibération de la ville de **Doullens** pour supplier Sa Majesté de daigner accorder les **Etats Provinciaux** à la Province de Picardie. — Amiens, J. B. Caron, 1789 ; 8 p. in-4°.

Ibid.

7924. — Histoire de **Doullens**. La Mairie pendant la **Révolution** 1789-1795 d'après des documents authentiques et la plupart inédits par J. Faux. Premier fascicule, *seul paru.* — Doullens, Grousilliat, 1872 ; 87 p. in-8°.

7925. — Extrait du Registre aux Délibérations de la Commune de Doullens. *Séance du 1 août 1790 et nomination comme maire de M.* **Gorjon de Verville.** — Amiens, J. B. Caron, 1790 ; 8 p. in-4°.

Bibl. d'Amiens, Hist., n° 3597.

7926. — Mémoire de plusieurs électeurs du **District de Doullens**, portant Vœu pour la suppression de ce District, réunion du Bourg d'Oisemont et ses environs au District d'Abbeville, remis et lû à l'Assemblée Electorale du Département de la Somme, dans la deuxième Séance, le 18 Juillet 1790. — Abbeville, Devérité, 1790 ; 12 p. in-4°.

Bibl. A. de Caieu.

7927. — Réponse au Mémoire imprimé par le Sieur de Vérité, d'Abbeville, sous l'Anonyme de plusieurs électeurs du **District de Doullens**. — Lille, Danel, 1790 ; 8 p. in-4°.

Bibl. H. Macqueron.

7928. — Un mot de réplique pour plusieurs Electeurs du **District de Doullens**, à la Réponse imprimée au nom du Conseil-général de la Commune de cette Ville. — Abbeville, L. A. Devérité, *août 1790* ; 6 p. in-4°.

7929. — Observations des Députés extraordinaires de la Commune de **Doullens** sur la Division des Districts du Département. — Paris, Imprimerie Nationale, *1790* ; 7 p. in-8°.

Demande de création d'un District à Doullens.
Bibl. H. Macqueron.

7930. — Loi qui annulle les Délibérations prises par le **Conseil général** de la Commune **de Doulens** et par le Directoire du Département de la Somme ; et qui ordonne que le Comité de Constitution indiquera l'espèce de punition qu'il conviendra d'infliger aux Officiers municipaux pour prévarications dans leurs fonctions. Donnée à Paris, le 10 décembre 1791. — Paris, N. H. Nyon, 1791 ; 2 p. in-4°.

Ibid.

7931. — Mémoires de M. Guéroult de Boisrobert, où l'on voit tout ce qui s'est passé dans la **Citadelle de Doullens** sous le régime de la **Terreur**, *par Aug. Braquehay.*

La Picardie, années 1873 et 1874 ; in-8°.

7932. — Les **Prisons de Doullens** sous la Terreur, par Henri Potez.

Revue bleue, 4ᵉ Sⁱᵉ, t. VI, 1886, p. 235 à 241 ; in-4°.

7933. — Noms des **Détenus** dans la Citadelle de **Doullens** pendant la Terreur, *par M. de Galametz.*

Bull. Soc. Ant. Morinie, t. IX, p. 733 à 736 ; in-8°.

7934. — La **Citadelle** de Doullens sous la **Terreur**. Récit d'un Détenu, édité par Aug. Braquehay avec une introduction par M. Henri Potez. — Douai, 1895 ; 66 p. in-12.

7935. — Discours prononcé par le Citoyen Midou Lieutenant de la 244ᵉ Compⁱᵉ de Vétérans Natᵃᵘˣ stationnée à **Doullens** à l'occasion de la Plantation de l'**Arbre de la Liberté**, qui a eu lieu Décadi de la première décade du mois de Pluviôse, an six de la République Française, une et indivisible. — Doullens, Quinquempoix ; 4 p. in-4°.

7936. — Extrait du procès-verbal tenu le 21 nivôse an VI de la République Française par l'administration municipale de Doullens pour la prestation de serment de **haine à la royauté**. Discours prononcé par le citoyen Thierry, commissaire du Directoire exécutif près l'administration municipale du canton de **Doullens**. — *Doullens*, Quinquempoix, an VI ; in-4°.

7937. — Procès-verbal de la **fête funéraire**, célébrée dans le Canton de

Doullens, Département de la Somme, le 20 Prairial, an sept, en mémoire des Citoyens Bonnier et Roberjeot, conformément à la loi du 22 Floréal précédent. — Doullens, Quinquempoix; 10 p. in-4°.

7938. — Ordonnance du Roi qui fixe l'**alignement des rues**, places et autres voies publiques de la ville de Doullens. — *Doullens*. Quinquempoix, *vers 1822;* placard in-folio.

7939. — Communauté des **Huissiers** de l'arrondissement de **Doullens**, 8 février 1846. Copie de pièces. Dressés et copies d'exploits. Répression d'abus. — Doullens, Vion, 1846; in-8°.

7940. — L'**Authie**, Journal de Doullens et de l'Arrondissement.

A remplacé le 7 septembre 1844 la Feuille de Doullens (voir 7942) : continue de paraître.

* **7941.** — Réponse à l'article de M. Démolin, publié dans le journal « l'**Authie** », du 6 octobre 1850. *Signé : Froideval.* — Doullens, Grousilliat; in-4°.

7942. — La **Feuille de Doullens**, 2° arrondissement du département de la Somme. Journal d'annonces judiciaires et commerciales, agriculture, sciences, arts et littérature.

Imprimé à Doullens chez Quinquempoix, ce journal hebdomadaire a paru dans le format in-8° du 4 janvier 1825 au 7 septembre 1844, époque à laquelle il a été remplacé par l'Authie.

7943. — L'**Indépendant Picard**, journal politique, littéraire et agricole.

Hebdomadaire; a paru à Doullens en 1889, continue sa publication.

7944. — Le **Moniteur des Phosphates**, Agricole et Industriel.

Imprimé à Doullens chez Andrieu-Duseval : le 1er numéro est du 4 mai 1891.

7945. — Le **Petit Doullennais**, Journal de l'Arrondissement et des Cantons de Pas et Auxi-le-Château.

Hebdomadaire; son premier numéro est du 2 décembre 1888 : paraît encore sous le titre, modifié ainsi qu'il suit : Courrier de Picardie, Journal de la Région de Doullens, des cantons de Picquigny, Villers-Bocage, Pas et Auxi.

7946. — **Almanach** de l'Authie. 1846. — Doullens, M. Vion; 144 p. in 24.

A paru encore en 1847.

* **7947.** — La Lunette de Doullens, **Almanach** démocratique et progressif de « l'Ami du Peuple », pour 1850, par Raspail. — In-18.

Paraît n'avoir de Doullennais que le nom.

§ 2. Histoire ecclésiastique

7948. — **Notre-Dame** de Doullens, par H. Dusevel.

La Picardie, 1865, p. 433 à 442; in-8°.

* **7949.** — Demande par les habitants de Doullens aux autorités de la ville, pour la réouverture de l'église St Martin. — Doullens, Quinquempoix, 1795.

Pouy, Rech. sur l'Impr., n° 235.

7950. — Description de l'Eglise St Martin de Doullens, par D. b. e. l. 1823. — Amiens, Caron-Duquenne; 12 p. in-12.

7951. — Eglise St Martin de Doullens, *par Eug. Dusevel.* — 16 p. gr. in-8° av. 2 pl.

Extr. de Chât., Beffrois, etc.

7952. — L'Eglise **Saint-Martin** de Doullens depuis la fin du xv° siècle jusqu'à nos jours, par M. H. Dusevel. — Amiens, Lenoel-Herouart, 1866; 28 p. in-8°.

Extr. de la Picardie.

7953. — Notice sur l'Eglise **Saint-Martin** de Doullens, d'après les Registres de sa Fabrique, par M. Dusevel. — Paris, Imprimerie Impériale, 1866; 17 p. in-8°.

7954. — Notes recueillies dans les comptes de la Paroisse de **Saint-Martin** de Doullens (Somme). Communication de

M. de Marsy. (Séance du 3 juillet 1875.)
Rev. Soc. Sav. Dép., 1875, p. 246 à 251; in-8°.

*7955. — Factum pour Madame l'Abbesse de Saint-Michel de Dourlens (Gabrielle de Forceville), contre M. l'Evèque d'Amiens et M. le maréchal de Chulember. — S. l. n. n., 1661; in-4°.

Au sujet des mauvais traitements infligés par Jean de Childeberc, comte de Mondejux, à la dame de Mondejux, sœur de l'Abbesse.
Bibl. Nat^{le}, Thoisy, 380, f° 131.

*7956. — Factum pour les Religieuses de l'Abbaye de Saint Michel, appelantes des sentences par défaut données aux Requêtes du Palais, les 26 janvier et 4 juin 1658... 11 janvier, 13 juin et 18 février 1662, et de tout ce qui s'en est ensuivi... contre Messire Etienne Moreau, Evêque d'Arras. — S. l. n. n. n. d.; in-4°.

Au sujet de la propriété des dîmes d'Amplier.
Bibl. Nat^{le}, Thoisy, 17, f° 194.

7957. — Arrêt, du 4 octobre 1662, relatif à sœur Gabrielle de Forceville, Abbesse de l'Abbaye de St Michel de Doullens et l'autorisant à rentrer et à demeurer dans son abbaye. — S. l. n. n.; 3 p. in-4°.

Anc^{ne} Bibl. de Marsy.

7958. — Factum pour sœur Gabrielle de Fosseville (Forceville), Abbesse de l'Abbaye Royale de S. Michel de Dourlans, appellante comme d'abus, opposante, demanderesse en Lettres de rescision et en Requeste iudiciaire, et deffenderesse. Contre le sieur Mareschal de Sculamberg, Gouuerneur d'Arras, intimé et deffendeur. Et Monsieur l'Euesque d'Amiens, ayant pris le fait et cause de son Official et de son Promoteur, intimé et intervenant.— S. l. n. n., vers 1663; 11 p. in-4°.

Au sujet de son enlèvement par le Maréchal de Schullemberg, son beau-père.
Bibl. Soc. Ant. Pic.

7959. — Extraict des Registres de Parlement. Arrêt, du 4 septembre 1663, ordonnant le rétablissement de la clôture dans l'abbaye St Michel de Doullens, et donnant gain de cause a Mme de Forceville contre le Maréchal de Schullemberg. — S. l. n. n.; 7 p. in-4°.

Bibl. Soc. Ant. Pic.

7960. — L'Eglise Saint-Pierre de Doullens, par H. Dusevel.

La Picardie, 1865, p. 529 à 536; in-8°.

7961. — Eglise Saint-Pierre de Doullens (Somme) par M. Georges Durand. Dessins par M. Joseph Antoine. — Amiens, Douillet, 1887; 19 p. in-8° avec 3 pl.

Extr. Bull. Soc. Ant. Pic.

7962. — Prieuré de Saint-Pierre-lès-Doullens, par M. l'Abbé Th. Lefèvre.

Bull. Soc. Em. Abbev., 1888-90, p. 332 à 341; in-8°.

7963. — Memoire pour Messire Toussaint de Forbin Cardinal de Janson, Evêque et Comte de Beauvais, Pair et Grand-Aumônier de France, Commandeur des Ordres du Roy et de Saint Jean de Jerusalem, Abbé et Comte de Corbie, et les Religieux, Prieur et Convent de ladite Abbaye de Saint-Pierre de Corbie, Demandeurs. Contre Monsieur le Procureur General. Et Messire Cæzar Cardinal d'Estrées, Abbé et les Religieux Prieur et Convent de l'Abbaye de Saint-Sauveur d'Anchin, Deffendeurs. — S. l. n. n., vers 1707; 4 p. in-folio.

Au sujet de la possession du Prieuré du St Sulpice de Doullens.
Bibl. d'Amiens, Hist., n° 3828, 25.

7964. — Factum pour Messire Toussaint de Forbin, Cardinal de Janson.... Abbé et Comte de Corbie; et les Religieux, Prieur et Convent de ladite Abbaye de Saint Pierre de Corbie, Ordre de Saint Benoît, Congrégation de S^t

Maur, Défendeurs, Appellans comme d'abus, Intimez.
Contre Messire César Cardinal d'Estrées, Commandeur des Ordres du Roy, Abbé, et les Religieux, Prieur et Convent de l'Abbaye de Saint Sauveur d'Anchin, Demandeurs, Intimez, et Appellans comme d'abus. Et Dom Bernard Carpentier Religieux de l'Abbaye d'Anchin, Demandeur, Intimé, et Appellant comme d'abus. *Signé : Maréchal.* — S. l. n. n., *vers 1707;* 19 p. in-folio.

Ibid., Hist., n° 3828, 26.

7965.—Factum pour Monsieur le Cardinal d'Estrées, ancien Evêque Duc de Laon, Pair de France, Commandeur des Ordres du Roi, Abbé Commandataire de l'Abbaye d'Anchin, Ordre de saint Benoist; les Religieux, Prieur et Convent de la mesme Abbaye, Demandeurs et Appellans comme d'abus. Et pour Dom Bernard Carpentier, aussi Religieux d'Anchin, et Prieur de saint Sulpice, Intervenant, Demandeur, aussi Appellant comme d'abus et Intimé. Contre Monsieur le Cardinal de Forbin-Janson, Grand Aumônier de France, Abbé Commandataire de l'Abbaye de Corbie, les Religieux, Prieur et Convent de la même Abbaye, Défendeurs, Intimez et Appellans comme d'abus. Et contre Jean de Guiselin, Ecuyer, Seigneur de Chipilly, Tuteur de ses enfans mineurs, et de feuë dame Gabrielle Robert Dully, son épouse, pareillement Défendeur. — S. l. n. n., *1707;* 34 p. in-folio.

Ibid., Hist., n° 3828, 27.

7966. — Mémoire pour Monsieur le Cardinal de Janson, Abbé et les Religieux de Corbie, Défendeurs. Contre Monsieur le Cardinal d'Estrées, Abbé, et les Religieux d'Anchin, Demandeurs en Requête civile. — S. l. n. n., *1707;* 16 p. in-folio.

Ibid., Hist., n° 3828, 29.

7967.—Mémoire pour Messire Toussaint Cardinal de Janson de Forbin, Evêque et Comte de Beauvais... Abbé et Comte de Corbie; Et les Religieux, Grand-Prieur et Convent de ladite Abbaye de Saint Pierre de Corbie, Ordre de saint Benoist, Congrégation de S. Maur, Deffendeurs. Contre Messire Cesar Cardinal d'Estrées, Commandeur des Ordres du Roy, Abbé; Et les Religieux, Prieur et Convent de l'Abbaye de Saint-Sauveur d'Anchin, Ordre de saint Benoist, Demandeurs en Requeste civile contre l'Arrest du Grand-Conseil du 19 Septembre 1707. — *Paris*, P. A. Le Mercier, *1707;* 14 p. in-folio.

Ibid., Hist., n° 3828, 30.

7968. — Mémoire pour Monsieur le Cardinal d'Estrées, ancien Evesque, Duc de Laon, Pair de France, Commandeur des Ordres du Roy, Abbé Commandataire de l'Abbaye d'Anchin, Ordre de S. Benoist, et les Religieux, Prieur et Convent de la mesme Abbaye, Demandeurs en Requeste Civile et d'ampliations. Contre Monsieur le Cardinal de Forbin de Janson, Grand Aumonier de France, Abbé Commandataire de l'Abbaye de Corbie et les Religieux, Prieur et Convent de la mesme Abbaye, Deffendeurs. Et contre Jean de Guiselin, Ecuyer, Seigneur de Chipilly, Tuteur de ses enfans mineurs, et de feue dame Gabrielle Robert d'Ully, son Epouse, pareillement Deffendeur. — S. l. n. n., *1707;* 20 p. in-folio.

Ibid., Hist., n° 3828, 31.

7969.—Arrest du Grand Conseil du Roi à Paris Au profit de Monsieur le Cardinal de Janson, Abbé; Et des Religieux, Grand-Prieur et Convent de l'Abbaïe de saint Pierre de Corbie, Ordre de saint Benoist, Congregation de saint Maur. Et de Mre Jean de Guiselin, Chevalier, Sieur de Chipilly, Novion le Vineux, etc., comme tuteur de ses enfans et de Dame Gabrielle Robert d'Ully, son épouse. Contre Monsieur le Cardinal d'Estrées, Abbé; Et les Religieux, Grand Prieur et Convent de l'Abbaïe de saint Sauveur d'Anchin, Ordre de saint Benoist; Et Dom Bernard Carpentier, se prétendant pourvû du Prieuré Manuel et Obediencier de saint Suplice de Dourlens, rendu sur les productions respectives des Parties, du 19 Septembre 1707. — *Paris*, P. A. Le Mercier; 4 p. in-folio.

Ibid., Hist., n° 3828, 32.

7970. — *Arrêt du Grand Conseil, du 19 septembre 1707, rendu entre les religieux de Corbie et ceux d'Anchin, et maintenant les premiers dans la possession et jouissance du* **Prieuré** *manuel et obédiencier* **de St Sulpice** *lès-Doullens*. — S l. n. n. ; 23 p. in-folio.

Ibid., Hist., n° 3828, 34.

7971. — **St Thomas** de Cantorbéry à Doullens. Souvenirs d'histoire locale recueillis par l'abbé Théodose Lefèvre. — Abbeville, 1887; 7 p. in-8°.

Extr. Cab. hist. Pic. et Art.

7972. — Du Diocèse d'Amiens. *Correspondance relative à deux Religieuses de Farmoutiers, exilées à* **Doullens** *pour cause de* **Jansénisme** *et aux débats qui ont eu lieu lors du décès de l'une d'elles le 10 décembre 1749.*

Nouv. eccl., 1751, p. 29 et 30; in-4°.

7973. — Bulle d'Alexandre III en faveur de la **Maladrerie** de Doullens 1177, communiquée par M. l'abbé Th. Lefèvre.

Bull. Soc. Ant. Pic., t. XIII, p. 29 à 34; in-8°.

7974. — Notice sur l'ancienne **Confrérie de Saint-Nicolas** de la Varenne-lès-Doullens, par M. E. Demarsy. — Amiens, Duval et Herment, 1846 ; 16 p. in-8°.

Extr. Mém. Soc. Ant. Pic.

7975. — Les cens de **N. D. du Puy** à Doullens, *par M. Darsy.* — Amiens, v° Herment, 1858 ; 3 p. in-8°.

Extr. Bull. Soc. Ant. Pic.

II. COMMUNES RURALES DU CANTON DE DOULLENS

7976. — Histoire des Communes rurales du **Canton de Doullens**, par l'abbé Théodose Lefèvre. — Amiens, Douillet, 1886 ; 195 p. in-8°.

Extr. Mém. Soc. Ant. Pic.

7977. — Rapport sur le concours d'histoire de 1879 (Prix Le Prince) lu dans la séance publique du 30 novembre 1879, par M. Edmond Soyez.

Sur l'ouvrage précédent

Mém. Soc. Ant. Pic., t. XXVII, p. 69 à 92 ; in-8°.

* **7978**. — Département de la Somme ... Commune de **Barly**... Observations collectives des habitants de Barly... au sujet de la demande formée par le conseil municipal et les forts contribuables ... de Neuvillette... dans leur délibération du 16 mars 1856, prise aux fins d'obtenir l'adjonction au territoire de Neuvillette d'une partie de celui de Barly (5 et 6 juillet 1856). — Doullens, Grousilliat; in-4°.

* **7979**. — Département de la Somme ... Extrait du registre aux délibérations de la commune de **Barly** (5 et 6 juillet 1856). — Doullens, Grousilliat; in-4°.

* **7980**. — Tableau indiquant la proportion des classes des terres dépendant du territoire de **Barly**.— Doullens, Grousilliat, 1857; in-4°.

7981.— **Beauquesne**. Sa Commune, son Château-fort, sa Prévôté royale. Etude historique, par J. Duchaussoy. — Abbeville, Paillart, 1898 ; 312 p. in-8°.

7982. — 1260. Vendredi 5 novembre. Etat des revenus et des dépenses de la ville de **Beauquesne**.

Layett. du Trés. des Chart., t. III, p. 553.

7983. — Notes sur les principales

Communes de l'Arrondissement de Doullens. **Beauval,** *par H. Dusevel.*

La Picardie, t. X, 1864, p 97 à 110; in-8°.

7984. — Mémoire signifié pour Messire Jean-Baptiste Bouquel, Chevalier, Seigneur de Sarton, **Beauval** en partie et autres lieux, Intimé. Contre Ignace François, Tonnelier à Beauval, Appellant de deux Sentences rendues au Bailliage d'Amiens, les 29 Avril et 30 May 1748. En présence du sieur Marquis de Villeroy. — *Paris*, Knapen, 1751; 13 p. in-folio.

Qestion de droits seigneuriaux.
Bibl. de Péronne.

7985. — Addition de mémoire signifiée pour le Sieur Boucquel de Sarton, Intimé. Contre Ignace François, Appellant. — *Paris*, Knapen, 1751; 5 p. in-folio.

Bibl. de Péronne.

7986. — Mémoire signifié pour Ignace François, habitant du Village de **Beauval**, Appellant. Contre Jean-Baptiste Bouquel, Ecuyer, Seigneur de Sarton et Beauval en partie, intimé. Et Louis de Neuville, Marquis de Villeroy, intervenant. — *Paris*, Vincent, 1751; 22 p. in-folio.

Bibl. de Péronne.

* **7987.** — Adresse à l'Assemblée Nationale pour les habitants de **Beauval**, contre M. Boucquel leur ci-devant seigneur, au sujet des arbres plantés sur leurs flégards, et des remises sur leur terroir. — Lille, Danel, s. d.; in-4°.

Bibl. Nat^{le}, LK7, n° 880.

7988. — Mémoire pour la Commune de Beauval contre l'Hospice de Domart (Somme). — S. l. n. n., *1840*; in-4°.

Au sujet des propriétés de l'ancienne **Maladrerie de Beauval.**

7989. — Les **Phosphates** de Beauval, par M. Albert Bor.

Bull. Soc. Ind. Amiens, t. XXV, 1887, p. 103 à 146; in-8°.

7990. — Petite Bibliothèque picarde. Les **Phosphates** de Beauval, par M. Albert Bor. — Amiens, Jeunet, 1887; 110 p. in-24 et 2 pl.

7991. — Conditions géologiques du **gisement phosphaté** de Beauval (Somme), par M. Stanislas Meunier.

Compt. rend. Acad. Scienc., 1888, p. 214 et s.; in-4°.

7992. — Sur les **Terrains phosphatés** des environs de Doullens. Etage Sénonien et Terrains superposés, par M. Henri Lasne.

Bull. Soc. Géol Fr., 1889-90, p. 441 à 491 av. 2 pl. et 6 fig.; in-8°.

7993. — Sur les **Terrains phosphatés** des environs de Doullens. Etage sénonien et Terrains superposés, par M. H. Lasne; 2° article.

Ibid., 3° série, t. XX, p. 211 et s.; in-8°.

7994. — Notes sur l'**Eglise de Beauval,** *par H. Dusevel.*

La Picardie, t. XV, p. 1 à 11; in-8°.

7995. — L'**Eglise de Beauval,** par M. Georges Durand, Dessins par M. Amédée Milvoy. — Amiens, Yvert et Tellier, 1890; 26 p. in-8° av. 3 pl.

Ext. Mém. Soc. Ant. Pic.

7996. — La nouvelle Eglise de **Beauval.** Sa Construction, sa Consécration, sa Description. — Amiens, Piteux frères, 1888; 106 p. in-18 av. 1 pl.

7997. — Factum pour les Sieurs Prieur et Religieux de l'Abbaye de Nôtre-Dame de Cercamps, Seigneurs de **Boucmaison,** Demandeurs. Contre François Legault, Marchand de Bestiaux, demeurant au Village de Neuvillette, Défendeur. *Signé : de Villiers, Varlet.* — Amiens, Caron-Hubault, *vers 1722*; 6 p. in-folio.

Au sujet du paiement du droit de champart.
Bibl. H. Macqueron.

7998. — Mémoire tendant à faire extraire le **charbon** minéral à **Bouquemaison**, près Doullens, Département de la Somme, par Bienaimé, homme de lettres. — Doullens, Quinquempoix, 1809 ; 22 p. in-8°.

Bibl. H. Macqueron.

7999. — Arrest de la Cour des Aides de Paris, qui infirme une Sentence de l'Election de Doullens ; déclare bonne et valable la saisie faite sur plusieurs Habitans du Village de **Hem**, Banlieue de ladite Ville de Doullens, de différentes parties de bois trouvées chez eux, sans avoir été déclarées à l'arrivée et sans avoir acquitté les droits ; condamne lesdits Particuliers en l'amende de deux cents livres, que la Cour, par grâce, a modérée pour chacun, à la somme de dix livres, et les condamne en outre à tous les dépens. Du 20 Janvier 1780. — Paris, Prault, 1780 ; 4 p. in-4°.

Bibl. H. Macqueron.

8000. — Notes sur les principales communes de l'arrondissement de Doullens. **Humbercourt**, *par H. Dusevel.*

La Picardie, t. X, 1864, p. 1 à 6 ; in-8°.

8001. — Documents historiques inédits sur **Lucheux**, *par Jules Périn.*

La Picardie, t. II, 1856, p. 467 à 470 ; in-8°.

8002. — 16 juin 1894. La Société d'Emulation d'Abbeville à Doullens et à **Lucheux**. Compte-rendu par Henri Macqueron. — Abbeville, Paillart, 1895 ; 11 p. in-8°.

Extr. Bull. Soc. Em. Abb.

8003. — Eclaircissement sur le lieu du Martyre de **St Léger**.

Journal de Verdun, 1728, mai, p. 327-329.

8004. — **Saint Léger** Evêque d'Autun. Son Martyre. Sa première Sépulture à **Lucheux**. Traditions locales et Souvenirs historiques qui s'y rattachent, recueillis et publiés par l'abbé Théodose Lefèvre. — Arras, Rohard-Courtin, 1884 ; 13 p. in-8°.

* **8005.** — Factum pour madame la duchesse de Nemours, héritière de feu M. le duc de Longueville, son frère, contre M le Président Paris, en qualité de créancier et directeur des créanciers des sieur et dame de Longueval-Crécy, prétendus engagistes du domaine de Péronne, et contre le sieur Le Mire, grand audiencier et ses associés au bail de Claude Vialet, fermier du domaine. — S. l. n. n., *1677 ;* in-folio.

Au sujet des prétentions élevées par le président Paris sur la terre de **Lucheux**, mouvante du domaine de Péronne.

Bibl. Nat¹⁰, f° Fm, n° 11902.

* **8006.** — Pour Monsieur le Duc de Luynes et Madame son épouse, contre le sieur Comte de Matignon. Réponse aux objections faites sur la question de savoir si François de Bourbon, II° du nom, a rempli le degré de l'institution dans la substitution de la baronnie de **Lucheu**. *Signé : Tartarin.* — S. l. n. n., *vers 1710 ;* in-folio.

Bibl. Nat¹⁰, f° Fm, 10214.

* **8007.** — Mémoire pour prouver que la substitution du duché d'Estouteville et de la baronnie de **Lucheu**, faite par le contrat de mariage de François de Bourbon..... est perpétuelle pour les descendants du mariage. *Signé : Le Roy.* — Paris, Vᵛᵉ Lambin, 1710 ; in-folio.

Bibl. Nat¹⁰, Réserve Z, 381.

* **8008.** — Titres qui établissent la substitution du duché d'Estouteville et de la baronie de **Lucheu**. *Pour Jacques de Matignon, comte de Thorigny, héritier de la duchesse de Nemours. Signé : Le Roy.*—Paris, vᵛᵉ Lambin, 1710 ; in-folio.

Bibl. Nat¹⁰, Thoisy, 215, f° 569.

* **8009.** — Extrait des Registres des Requêtes du Palais, du 15 avril 1710. Extrait des Registres du Parlement du 14ᵉ jour d'août 1710. *Arrêts relatifs à la* *substitution du duché d'Estouteville et de la baronnie de* **Lucheu,** *faite par le contrat de mariage de François de Bourbon, comte de Saint Pol, et d'Adrienne d'Estouteville, soi disant ouverte au profit de Jacques de Matignon, comte de Thorigny, par le décès de Marie d'Orléans, duchesse de Nemours, rendus au profit des héritiers bénéficiaires de la duchesse de Nemours contre M. le comte de Thorigny.* — S. l. n. n.; in-folio.

Bibl. Nat^{le}, f° Fm, 10889.

8010. — Arrest du Conseil d'Estat du Roy, du 22 Novembre 1723, qui Déclare nulles Soixante-quatre Adjudications des Biens de la Baronnie de **Lucheux,** et les deux Exploits y énoncés ; Condamne le nommé Candelier et Charles Butin, en Deux cens livres d'amende chacun, pour n'avoir représenté leurs Minutes et Liasses ; Et encore ledit Butin en Douze mille huit cens livres d'amende, pour n'avoir pas fait controller lesdites Soixante-quatre Adjudications, etc. — Paris, veuve Jouvenel, 1724; 8 p. in-4°.

Bibl. H. Macqueron.

8011. — **Château de Lucheux,** par *H. Dusevel.* — 36 p. gr. in-8° av. 3 pl.

Chât., Beffrois, etc, t. I.

8012. — Lettres archéologiques sur le **Château de Lucheux,** adressées à M. le Duc de Luynes, par A. Labourt. — Amiens, Duval et Herment, 1854; 106 p. in-8°.

Extr. Mém. Soc. Ant. Pic.

8013. — Etude sur les Archives du **Château de Lucheux,** *par H. Dusevel.* — Amiens, Lenoel-Herouart, 1857; 30 p. in-8°.

Extr. de la Picardie.

8014. — Noms et Ouvrages de quelques Artistes des quinzième et seizième siècles, cités dans les Registres aux Comptes de la Terre et Seigneurie de **Lucheux** (Somme). Communication de M. H. Dusevel.

Rev. Soc. Sav. Dép., 1863 p. 257 et s.; in-8°.

8015. — *Charte d'avril 1267, relative à une* **Chapellenie à Lucheux,** *dont l'Abbaye de Licques est chargée de servir la rente au Chapelain.*

Mém. Soc. Acad. Boul.-sur-Mer, t. XV, 1889-90, p. 127 à 130 ; in-8°.

* **8016.** — Factum pour frère Antoine de Chaulnes, religieux profès en l'abbaye Saint-Eloi de Noyon, **prieur de Lucheu...** contre frère Laurent de la Rivière, subrogé au lieu de Jacques de Saint Deliz, soi-disant prieur dud. Lucheu. — S. l. n. n. n. d.; in-4°.

Bibl. Nat^{le}, Thoisy, 287, f° 536.

8017. — Arrest du Conseil d'Estat du Roy, qui oblige les Religieux **Carmes** du Bourg **de Lucheux,** à payer les Droits sur les Bières et ceux d'Entrées des Boissons et autres Denrées qu'ils feront venir pour leur Provision. Du 10 Avril 1717. — Paris, Pierre Prault, 1743; 4 p. in-4°.

Deux éditions différentes.
Bibl. H. Macqueron.

* **8018.** —Réponse à un **sermon** prononcé par M. le curé d'Outrebois, **à Lucheux,** le 2 octobre 1831, jour du patron de cette commune, *par M. Froideval,* officier de santé à *Lucheux.* — Doullens, Quinquempoix, 1831; in-8°.

Rech. sur l'Imp. et la Libr., par Pouy.

8019. — Délibération et Mémoire adressés à Monsieur le Préfet du Département de la Somme par le Conseil municipal et le Bureau de Bienfaisance de **Lucheux** contre l'Hospice de Doullens, pour la désunion des Biens de l'ancienne **Maladrerie de Lucheux.** 10 Mai 1850. — Amiens, Alfred Caron, 1850; 54 p. in-4°.

* **8020.** — Factum pour dame Françoise Destourmel, veuve de messire François de Saveuze.... seigneur de Coisy... héritière en partie de messire Louis Destourmel... seigneur de Fouloy, et de dame Louise de Valpergue, ses père et mère... contre maître Louis Le Brun et consorts, héritiers de défunt maître Jean Godefroy. *Signé : Dumoulin.* — S. l. n. n., *1658 ;* in-folio.

Au sujet du paiement d'une rente foncière à Le Brun et consorts sur la terre de **Neuvillette**.
Bibl. Nat^{le}, f° Fm, 15521.

8021. — Mémoire signifié pour les Héritiers de Jacques Leroy, Appellans et Demandeurs. Contre Pierre-Nicolas Leroy, Intimé, et Défendeur. Et le Sieur Larchier de Courcelles, Défendeur. *Signé : Leroy, de Fontenelle.* — *Paris*, d'Houry, 1750 ; 30 p. in-folio.

Au sujet du fief de **Neuvillette**.
Bibl. H. Macqueron.

8022. — Mémoire signifié pour les Abbé, Prieur et Religieux, Chanoines Réguliers de l'Abbaye de Saint Jean d'Amiens, Ordre de Prémontré, Intervenans et Demandeurs. Contre les Abbé et Religieux de l'Abbaye Royale de Saint-Pierre de Corbie, Défendeurs et Demandeurs. Frère Zacharie Juge, Prieur titulaire du Prieuré de Notre-Dame de Bagneux, de la Congrégation de Saint-Maur, aussi Défendeur et Demandeur. Et encore contre les Dames, Supérieure et Religieuses de Moreaucourt de ladite Ville d'Amiens, Ordre de Fontevrault, Défenderesses et Demanderesses. — *Paris*, Knapen, 1755 ; 10 p. in-folio.

Au sujet du partage des dîmes d'**Outrebois**.
Bibl. d'Amiens, Hist., n° 3596.

8023. — Addition de mémoire signifié servant de Contredits de production nouvelle faite par Requête du 7 Mai 1755. Pour les Abbé, Prieur et Religieux Chanoines-Réguliers de l'Abbaye de Saint-Jean d'Amiens, Ordre de Prémontré, Intervenans et Demandeurs. Contre les Abbé et Religieux de l'Abbaye Royale de Saint-Pierre de Corbie, Défendeurs et Demandeurs. Frère Zacharie Juge, Prieur titulaire du Prieuré de Notre-Dame de Bagneux de la Congrégation de Saint Maur, aussi Défendeur et Demandeur. Et encore contre les Dames Supérieure et Religieuses de Moreaucourt de ladite Ville d'Amiens, Ordre de Fontevrault, Défenderesses et Demanderesses. — *Paris*, Knapen, 1755 ; 7 p. in-folio.

Bibl. d'Amiens, Hist., n° 3596.

8024. — Mémoire pour Dom Zacharie Juge, Prêtre, Religieux Bénédictin de la Congrégation de Saint-Maur, Prieur Titulaire du Prieuré-Cure de Notre-Dame de Bagneux, Diocèse d'Amiens. Contre le Sieur Charles de Pontrevé, Chanoine-Régulier de l'Ordre de Prémontré. Curé de la Paroisse d'Outrebois. Et les Abbé, Prieur et Religieux Chanoines Réguliers de l'Abbaye de Saint Jean d'Amiens, Ordre de Prémontré. En présence de Messire Jean-François Boyer, ancien Evêque de Mirepoix, Précepteur de Monseigneur le Dauphin, Abbé Commendataire de l'Abbaye Royale de Saint-Pierre de Corbie, Ordre de Saint-Benoit, Congrégation de Saint-Maur ; Et les Prieur, Religieux et Couvent de la même Abbaye. Des Dames Religieuses, Prieure et Couvent du Prieuré de Notre-Dame de Mauraucourt. Et de Jean Féron, Laboureur et Fermier de la Dixme appartenante au Prieuré de Bagneux dans la Paroisse d'**Outrebois**.—*Paris*,Lamesle, 1755 ; 28 p. in-folio.

Ibid., Hist., n° 3596.

8025. — Eglise Saint-Pierre de **Terramesnil**, Canton de Doullens (Somme). — Amiens, Alfred Caron, s. d. ; 4 p. in-8° av. 1 fig.

Pièce de vers de l'abbé Morin sur la reconstruction de l'Eglise.

CHAPITRE II

CANTON D'ACHEUX

8026. — Une Visite aux Eglises de Picardie. Canton d'**Acheux**, *par A. de Cardevacque*.

La Picardie, 1878, p. 215 et s.; in-8°.

8027. — Le Canton d'**Acheux** (département de la Somme), par A. de Cardevacque. — Amiens, Delattre-Lenoel, 1883; 391 p. in-8° et 1 carte.

Ext. de la Picardie.

8028. — Histoire d'**Authie**, de son Prieuré conventuel et de son Château féodal suivie d'une Notice sur Saint-Léger-lès-Authie, *par l'abbé Danicourt*. — Ham, Léon Carpentier, 1885; in-8° de 6 et 507 p. av. 5 pl.

8029. — Arrest du Conseil d'Estat du Roi, qui confirme l'Ordonnance de M. Chauvelin, Intendant de la Généralité d'Amiens, du 10 Novembre 1735, par laquelle il avoit condamné la veuve le Nain à payer le droit de Franc-Fief de quarante journaux de terre faisant partie des Fiefs appellez la Mairie, la Maison-Brûlée et Maurepas mouvans de la Seigneurie d'**Authy**, possédée par M. le Marquis de Fontenilles, auquel elle avoit vendu la Féodalité desdits trois Fiefs, moyennant six cens Livres, à condition de posséder roturièrement lesdits quarante journaux de Terre sous la redevance d'un sol de Cens annuel par journal. Du 23 Janvier 1742. — Paris, Prault, 1766; 4 p. in-4°.

Bibl. H. Macqueron.

8030. — *Ordonnance de M. d'Invau, prescrivant un nouveau dénombrement des forces de la Communauté d'**Authie** tant en hommes qu'en chevaux sujets à la corvée; du 12 mars 1766.*— S. l. n. n.; plac. in-folio.

Arch. dép. de la Somme, C, n° 810.

8031. — Factum pour Laurent Jaume, tuteur onéraire des enfants mineurs de feu messire François Duprat de Barbançon, comte de Cany,..... contre messire César François de Roucy, comte de Sissonne, et messire Claude, comte Lameth..... — S. l. n. n., 1696; in-folio.

Relatif aux droits de mutation de la terre de **Bayencourt**, dépendant de la succession de Claude de Lameth.

Bibl. Nat^{le}, f° Fm, 7798.

8032. — Mémoire pour Jean Baptiste Tellier Maître Boulanger à Amiens, Intimé. Contre Jean Tierce, Meunier, Jacques Docoche, Marie-Jeanne François, sa femme, François François veuf de Marie Plé, Tuteur de ses enfans, Philippes François, veuf de Marie-Jeanne Lametz, Tuteur de ses enfans, Jacques Plé et Jacques Petit, tous demeurans au Village de **Bus-les-Artois**, Appellans de Sentence du Présidial d'Amiens, du 7 May 1745. Et contre Guilain-Grégoire Mailly, Lieutenant de la Seigneurie d'Hybuternes, Intervenant. *Signé : Deligny*. — Paris, Pierre Prault, 1752; 7 p. in-folio.

Au sujet de terres sises à Bus.

Bibl. H. Macqueron.

8033. — Mémoire signifié pour Maître Jean-François Desselles, Prêtre du Diocèse d'Amiens, et Titulaire de la Chapelle de Saint-Jean-Baptiste, érigée en l'Eglise Cathédrale d'Amiens, y demeurant et en cette qualité Gros Décimateur en partie de la Paroisse de **Collincamps**, Demandeur. Contre Maître Martin-François de la Salle, Clerc Tonsuré, et Titulaire de la Chapelle de S. Thomas de Collincamps, demeurant ordinairement à Mailly, Défendeur. — *Signé : Frion de Méry.* — S. l. n. n., *1748;* 12 p. in-folio.

Bibl. Soc. Ant. Pic.

8034. — Mémoire pour M. le Cardinal de Luynes, Archevêque de Sens, Premier Aumônier de Madame la Dauphine, Commandeur de l'Ordre du Saint-Esprit, Abbé et Comte de Corbie, Intervenant. Contre Madelaine Scribe, fille majeure; Antoine Goubet, Notaire-Tabellion et Laboureur; Nicolas Ruin ; Augustin Thibault; Jean Vignon et François Ancelin, Défendeurs. En présence du sieur de la Chenet, Seigneur d'Hédouville (**Hédeauville**), Demandeur. — *Paris*, Lemercier, 1761 ; in-folio.

Question de droit de champart.
Bibl. d'Amiens, Hist., n° 3828, 58.

*8035. — Factum pour dame Elisabeth Du Chastenet, veuve en premières noces de défunt messire Cyprien de Montebenne, ... seigneur d'**Hérissart** et femme en secondes noces de messire Charles de Monchy, seigneur de Cavron ..... contre sœur Marie-Henriette de Montebenne, troisième fille du premier lit de ladite dame de Cavron, religieuse professe en l'abbaye au Bois, diocèse de Noyon. *Signé : de Montholon.* — S. l. n. n., *1658;* in-4°.

Au sujet de la terre d'**Hérissart**.
Bibl. Nat^{le}, 4° Fm, 33908.

*8036. — Factum pour dame Elisabeth Du Chastenet, femme autorisée par justice au refus de messire Charles de Monchy, seigneur de Cavron, auparavant veuve de messire Cyprien de Montebenne,.... seigneur d'**Hérissart**, et dame Charlotte de Montebenne, veuve de feu messire René de Mailly..., opposantes à l'exécution du rescrit apostolique surpris en cour de Rome le 4 mai 1655 .... contre sœur Marie-Henriette de Montebenne, religieuse professe de l'abbaye franche Notre Dame aux Bois. — S. l. n. n., *1665;* in-folio.

Bibl. Nat^{le}, Thoisy, 24, f° 1.

*8037 — Factum pour dame Elisabeth Du Chastenet, veuve en premières noces de messire Cyprien de Montebenne... seigneur d'**Hérissart**, à présent autorisée par justice au refus de messire Charles de Monchy... seigneur de Cavron, et dame Charlotte de Montebenne, veuve de Messire René de Mailly ... appelantes de la sentence rendue par Maître Nicolas Chéron, official établi en cette partie par ... messire François de Clermont, évêque et comte de Noyon, ... le .... 30° jour d'avril... 1666 contre sœur Marie Henriette de Montebenne, fille dudit sieur Cyprien de Montebenne et de ladite dame Du Chastenet. — S. l. n. n., *1666,* in-4°.

Bibl. Nat^{le}, Thoisy, 303, f° 178.

*8038. — Factum pour dame Charlotte de Montebenne, veuve de messire René, comte de Mailly, demanderesse, contre Marie Henriette de Montebenne, défenderesse. — S. l. n. n., 1668 ; in-4°.

Bibl. Nat^{le}, Thoisy, 24, f° 20.

*8039. — Factum pour Charlotte Le Caron, dame de Louvancourt, veuve de messire Charles de Lestocq, seigneur de Saleux, et la communauté des habitans de **Louvancourt**... contre messire François de la Roche, marquis de Fontenilles..... *Signé : du Bessey.* — S. l. n. n. n. d. ; in-folio.

Bibl. Nat^{le}, Thoisy, 132, f° 212.

8040. — **Mailly**, par *H. Dusevel.* — S. l. n. n. n. d.; 16 p. in-8° av. 15 fig.

8041. — **Mailly** et ses Seigneurs, Sires et Haut-Bers de Mailly le Franc, par M. l'abbé J. Gosselin. — Péronne, Trépant, 1876; 358 p. in-8° av. 7 pl.

* 8042. — Mémoire signifié pour le sieur Boyer de Gardiole, contre le sieur Arnauld de la Porte. *Signé : de Serionne.* — Paris, d'Houry, s. d. ; in-folio.

Au sujet du bail de la **terre de Mailly**.
Bibl. Nat¹ᵉ, f° Fm, 2170.

* 8043. — Réponses sommaires au mémoire signifié par le sieur Arnault de la Porte contre le sieur Boyer de Gardiole. *Signé : Clément.* — Paris, Simon père, 1741; in-4°.

Ibid., 4° Fm, 17573.

* 8044. — Mémoire signifié pour le sieur Arnault de la Porte, chevalier de l'ordre de Saint-Michel, défendeur et demandeur, contre le sieur Jean Boyer de Gardiole, demandeur et défendeur. *Signé : Clément.* — Paris, Simon père, 1741 ; in-folio.

Ibid., f° Fm, 8704.

— * 8045. — Réflexions sommaires pour le sieur de Gardiole sur le mémoire du sieur de Laporte. *Signé : de Serionne.* — Paris, d'Houry, 1741 ; in-folio.

Ibid., f° Fm, 6489.

* 8046. — Réponse aux Réflexions sommaires du sieur de Gardiole, imprimées et non signifiées. *Signé : Clément.* — Paris, Simon père, 1741; in-4°.

Ibid, 4° Fm, 13155.

* 8047. — *Consultation, du 10 juillet 1741, relative au prix du bail de la* **terre de Mailly**, *réclamé au sieur de la Porte par les créanciers de Louis de Mailly, marquis de Néelle. Signé : Duhamel.* — Paris, Simon père, 1744; in-folio.

Ibid ; f° Fm, 8706.

* 8048. — Mémoire signifié pour le sieur Arnault de La Porte, demandeur et défendeur, contre le sieur Boyer de Gardiolles, défendeur et demandeur et contre les syndics des créanciers de M. le marquis de Néelle, aussi défendeurs et demandeurs. *Signé : Clément.* — Paris, Simon père, 1742 ; in-folio.

Ibid., f° Fm, 8705.

* 8049. — Mémoire pour le marquis de Mailly, contre les habitans de **Mailly** et **Colincamps**. — S. l. n. n., 1773 ; 58 p. in-4°.

8050. — Eglise de **Mailly**, par *l'abbé P. Decagny.* — 16 p. gr. in-8° av. 1 pl.

Chât., Beffrois, etc., t. I.

8051. — Chapelle sépulcrale de la maison de **Mailly** (Branche ainée), *poésie par M. l'abbé Gosselin.* — Amiens, Caron-Lambert, s. d. ; 8 p. in-8°.

8052. — Excursion archéologique à **Marieux** (Somme), par *M. Dutilleux.* — Amiens, Lenoel-Herouart, 1864 ; 8 p. in-8°.

Extr. de la Picardie.

8053. — L'Exécution d'un Arrêt de Parlement au xvᵉ Siècle. Adjudication du Château de **Raincheval** et Mise en Possession du nouveau Seigneur (1469), par le Comte de Marsy. — Amiens, Douillet, 1879 ; 18 p. in-8°.

Extr. Mém. Soc. Ant. Pic.

* 8054. — Précis pour messire Jacques-Barthelemy de **Rincheval**..... seigneur d'Harponville, et dame Marie Charlotte Maquerel, contre Jean Baptiste Henry de Raincheval, seigneur de Vis et Ponchel. *Signé : Bonnier.* — *Paris*, Valleyre, 1755 ; in-folio.

Bibl. Nat¹ᵉ, Mss. P. O. 2488. Rincheval, f° 3.

8055. — Mémoire sommaire pour Claude-Alexis de Caix, Sieur de Rambures et Damoiselle Marie-Barbe-Jeanne

Arnault son Epouse, Fille et unique Héritière du Sieur Antoine Arnault, ancien Capitaine-Major au Régiment Dauphin Etranger, Cavalerie, demeurans à Corbie, Demandeurs en entérinement de Lettres de rescision et Appellans d'une Sentence du Marquisat d'Albert. Contre le Sieur Jean-Baptiste Descalogne, Conseiller du Roy, Grenetier au Grenier à Sel d'Albert, Défendeur et Intimé. *Signé : Cabour l'aîné.* — S. l. n. n., *vers 1745 ;* 14 p. in-folio.

Au sujet de la terre de **St-Léger-lès-Authie.**
Bibl. Quentin, à Péronne.

8056. — Mémoire justificatif pour Messire Victor Conrade de Cacheleu, Chevalier, Seigneur d'Houdan, Comte et Pair de Villers-sur-Authie. Contre Messire Philippe Albert Joseph de Landas, Chevalier, Comte de Louvigny et Dame Isabelle Joseph Rosalie d'Héricourt de Canlert, son Epouse. — *Abbeville,* Artous, *1759 ;* 4 p. in-folio.

Au sujet de la vente de la terre de **St-Léger-lès-Authie.**
Anc^{ne} Bibl. de Marsy.

8057. — Mémoire signifié pour Messire Philippes-Albert-Joseph de Landas, Chevalier, Comte de Louvignies, et Dame Isabelle-Josephe-Rosalie d'Héricourt de Canlers son épouse, Intimés, Demandeurs et Défendeurs. Contre Messire Victor-Conrade de Cacheleu, Chevalier, Seigneur d'Houdan, Comte de Villers sur-Authie, Appellant. Et Dame Jeanne-Michelle-Henriette de Langault, veuve de Messire Jean-Baptiste de Cacheleu, comte d'Houdan, Intimée, Défenderesse et Demanderesse. — Paris, Knapen, 1759 ; 24 p. in-folio.

Ibid.

8058. — Mémoire signifié pour le Comte d'Houdan, Appellant d'une Sentence du Conseil Provincial d'Artois du 19 Mars 1757 Contre M. le Comte de Louvignies et la Dame son Epouse, Intimés. — S. l., Breton, 1759 ; 38 p. in-folio.

Ibid.

8059. — Observations pour les Sieur et Dame de Louvignies Contre le Comte d'Houdan. — Paris, Knapen, 1759 ; 10 p. in-folio.

Ibid.

8060. — Supplément de mémoire signifié à l'occasion d'une Production nouvelle, pour le Comte d'Houdan contre le Comte de Louvignies. — S. l., Breton, 1759 ; 8 p. in-folio.

Ibid.

8061. — Mémoire pour la comtesse de Ligny, Dame de la Chatellenie d'Authie. Contre la Communauté des Habitans du Village de **Saint-Léger-lès-Authie.** — Paris, P. G. Simon, 1777 ; 33 p. in-4°.

Banalité du moulin.
Bibl. A. de Caieu.

* **8062.** — Mémoire sur la Cure de St Martin de **Senlis-lès-Ancre.** — Paris, 1731 ; 7 p. in-folio.

8063. — Vente de la Seigneurie de **Toutencourt** (18 Mai 1510). Communication de M. A. de Rosny.

Bull. Soc. Em. Abb., 1897-99, p. 216 à 221 ; in-8°.

8064. — Mémoire en réplique pour Mre Philippes L'Escourcheut, Abbé Régulier de l'Abbaye d'Arroaize en Artois, Ordre des Chanoines Réguliers de St Augustin, ancien Chef d'Ordre de l'Abbaye de **Clerfay** (*commune de* **Varennes**) de même Ordre, située dans le Diocèse d'Amiens. Contre Messire Pierre Sabbatier, Evêque d'Amiens, Défendeur. Sur la question de sçavoir : Laquelle des deux nominations de Prieuré claustral de ladite Abbaye de Clerfay doit prévaloir? Si ce sera celle de M^r l'Evêque d'Amiens ou celle de l'Abbé d'Arroaize.—Douay, Jacques Fr. Willerval, 1731; 30 p. in-folio.

Bibl. d'Amiens, Hist., n° 3815, 5.

*8065. — Mémoire pour Auguste Fauvel, abbé de l'Abbaye de **Clerfaye**, chanoine de l'église de S¹ Quentin. Contre Pierre François, bourgeois de Paris. — S. l. n. n. n. d. (*XVIII*ᵉ *siècle*); 7 p. in-folio.

CHAPITRE III

CANTON DE BERNAVILLE

8066. — Notice historique sur le **Canton de Bernaville** (Somme), par l'Abbé Théodose Lefèvre. Ouvrage posthume. — Amiens, Yvert et Tellier, 1897; 239 p. in-8°.

8067. — Arrest du Conseil d'Estat du Roy, qui ..... condamne le nommé Antoine Dorge (*de* **Bernaville**), en la confiscation de deux Barils d'Eau-de-vie, et d'un Cheval sur lui saisis, en l'amende de cent livres, et en tous les dépens..... Ordonne que le présent Arrest sera enregistré au Greffe de l'Election de Doullens, sans frais. Du premier Mars 1735. — Paris, Pierre Prault, 1734; 4 p. in-4°.

Bibl. H. Macqueron.

8068. — Mémoire pour Vincent Pingré, Ecuyer, Seigneur de Fieffes, Bonneville, Montrelet et du Fief de Minaucourt-la-Poterie, demeurant à Amiens, Demandeur, Intervenant, et Défendeur en intervention. Contre Dame Marie-Elisabeth-Gervaise Descameaux, Propriétaire du Fief des Auchelles, Veuve de Maître François Locquet, Avocat au Parlement et au Bailliage Présidial d'Amiens, Intervenante et Défenderesse, comme ayant pris le fait et cause de François Acloque, Laboureur à Bernaville. Et contre Messire Jean - François - Antoine - Léonore de Gaude, Chevalier. Seigneur de Martainneville, grand et petit Bus, la Pierre, Franqueville, Haudencourt, la Bucaille, et de la Forêt de Goyaval en partie, Baron de Sartigny, Vicomte de Domart, Chevalier de l'Ordre Royal et Militaire de S. Louis, Mestre de Camp de Cavalerie, demeurant en son château de Martainneville, Intervenant, Demandeur, et Défendeur en intervention. *Signé : Morgan.* — Amiens, veuve Godart, 1755; 9 p. in-folio.

Mouvance d'immeubles sis à **Bernaville**, canton de la Poterie.

Bibl. H. Macqueron.

8069. — Le Dolmen de **Béalcourt**.

La Picardie, 1857, t. III, p. 286 à 289 av, 1 pl.; in-8°.

*8070. — Factum pour Mᵉ Charles Dinger... contrôleur du domaine de Ponthieu, poursuivant les criées des terres de Wavans, **Beauvoir**, **Rivière** et Castelet et autres immeubles saisis réellement sur dame Esther de Baubos, veuve du sieur Du Vidal, et Jean Artus Gravel, son héritier.'.... contre dame Esther de Boubert, veuve en premières noces de Nicolas de Baubos, sieur de Villerville et en secondes noces du... baron de Neuville. *Signé : Mesnard.* — S. l. n. n., 1689 ; in-folio.

Bibl. Nat^{le}, Thoisy, 196, f° 336.

8071. — Factum des Habitans de la Paroisse et Village de **Candas**. — S l. n. n., *vers 1706;* 3 p. in-4°.

Accusation de rébellion.
Anc^{ne} Bibl. de Marsy.

8072. — A Monsieur le Lieutenant Général du Bailliage d'Amiens. *Trois suppliques des Religieux de S. Martin aux Jumeaux d'Amiens, relatives à leurs droits sur les bois d'*Epecamps. — S. l. n n., *1675;* 11, 8 et 18 p. in-4°.

Bibl. d'Amiens, Hist., n° 3822, 11.

8073. — Factum pour les Chanoines Reguliers de l'Abbaye de S. Martin de la ville d'Amiens, Appellans d'une Sentence du Bailly d'Amiens. rendue le 22 Novembre 1679. Contre Maistre François Castelet, Prestre, soy-disant Prieur Curé d'**Epecamps,** intimé. Et Messire François Favre, Conseiller du Roy en ses Conseils, Evesque d'Amiens, Abbé de S. Martin, deffendeur en sommation. — S. l. n. n. n. d. ; 8 p. in-4°.

Ibid., Hist., n° 3822, 13.
Il existe un autre factum en 6 p. in-4° portant exactement le même titre.

8074. — Factum pour les Religieux de l'Abbaye de S. Martin aux Iumeaux de la ville d'Amiens, demandeurs. Contre Maistre François Cattelet, Prestre Curé d'**Epecamps,** defendeur. — S. l. n. n., *1680;* 8 p. in-4°.

Ibid , Hist., n° 3822, 13.

8075. — Memoire pour servir d'éclaircissement au procez qui est entre les Chanoines Reguliers de l'Abbaye de S. Martin aux Jumeaux de la ville d'Amiens, demandeurs en execution d'Arrest. Contre Maistre François Castelet Prestre soydisant Curé d'**Especamps**, defendeur. — S. l. n. n., *1680 ;* 9 p. in-4°.

Ibid., Hist., n° 3822, 13.

8076. — Mémoire povr servir d'éclaircissement av procez qui est entre les Chanoines reguliers de l'Abbaye de saint Martin d'Amiens, et le sieur Castelet Prestre, soit disant Prieur ou Curé d'**Epecamps**. — S. l. n. n., *1680*, 1 p. in-folio en larg.

Bibl. Soc. Ant. Pic.

8077. — Arrest du Conseil d'Estat du Roy contre les Entreposts et le Barillage, qui casse une Sentence des Elus d'Amiens ; Déclare la nommée Duboisle, demeurant au Village de **Mézicourt**, non recevable dans une inscription de faux; Renvoye les Employez dans leurs fonctions ; Confisque les Eaux de Vie et le Cheval sur elle saisis, et la condamne aux Dépens. Du sept Novembre 1721. — Paris, veuve Saugrain ; 12 p. in-4°.

Bibl. H. Macqueron.
Autre édition : Paris, Jouvenel ; 12 p. in-4°.

8078. — Traits plaisans de Maître François Curé de **Mezicour.**

Chronique burlesque. — Londres, 1742, p. 214 à 221 ; in-12.

8079. — Mémoire sommaire pour Messire Nicolas François de la Houssaie, Chevalier, Seigneur de Neuvillette, Mezicourt Bailliage en partie, et autres lieux. Contre les Censitaires de la Seigneurie de **Mezicourt** Bailliage. *Signé : Deboileau.* — Abbeville, L. A. Devérité, *vers 1787;* 29 p. in-4°.

Bibl. H. Macqueron.

* **8080.**— Mémoire signifié pour Mre Jacques Le Blanc, ... élu en l'élection de Doullens, seigneur des Grand et Petit-**Meillarts** ou Merlets, intimé et

les Habitans, Corps et Communauté des Grand et Petit-Meillarts aussi intimés. Contre les Habitans, Corps et Communauté d'Heussecourt, prenant le fait et cause d'Adrien Roussel, leur berger, appelants. Et encore contre Jean Jacques de Vielmaison. *Signé : Raffelin*. — *Paris*, Paulus du Mesnil, 1736 ; in-folio.

Bibl. Nat^{le}, Mss. Joly de Fleury, 2018, f° 316.

8081. — Mémoire pour Messire Joseph de Cacheleu, Chevalier, Seigneur de **Mézerolles**, Appellant. Contre Marie, Procope, Augustin Pignatelly, Duc de Gueldres et de Juliers, Comte d'Egmont, Zutphen, Hornes et Prince de Gaure et du Saint Empire Romain, Grand d'Espagne de la première création et de la première classe, Intimé, sur la substitution de la maison d'Egmont, portée par un testament du 21 juin 1558. *Signé : Mannory*. — Paris, Montaland, 1738 ; in-4°.

Au sujet de la possession de la terre de Mézerolles.

Bibl. Nat^{le}, f° Fm, 4890.

Voir aussi Plaid. et Mém...., par M. Mannory. — Paris, Hérissant, 1763, t. IX, p. 235 à 348 ; in-12.

8082. — Mémoire signifié pour les Curé et Marguilliers de la Paroisse de **Montigny-les-Jongleux**, Appellans et Demandeurs. Contre Charles-François Dournel, Laboureur, Intimé et Défendeur. Et Louis Villemand, aussi Laboureur au même lieu de Montigny, Défendeur. *Signé : Lorry*. — Paris, Simon, 1756 ; 13 p. in-folio.

Bibl. H. Macqueron.

8083. — Factum pour les Religieux, Abbé, Prieur et Convent de S. Josse au Bois, dit Dompmartin, défendeurs et demandeurs. Contre Messire Loüis de Brossart, Chevalier, Seigneur de Monthüe, Prouville et autres lieux, demandeur et défendeur. — S. l. n. n., *1696 ;* 10 p. in-folio.

Au sujet du fief du Nouveau-Lieu, à **Prouville**.

Bibl. d'Amiens, Hist., n° 3596.

CHAPITRE IV

CANTON DE DOMART-EN-PONTHIEU

8084. — Recherches archéologiques sur le Château, la Maison d'Echevinage et l'Eglise de **Domart** par M. H. Dusevel. — Paris, 1869 ; 12 p. in-8°.

8085. — Etude sur **Domart-lès-Ponthieu**, par MM. A. Janvier et Ch. Bréard. — Amiens, Piteux, 1898 ; 144-LXXXVIII p. in-8° av. 10 pl.

8086. — Notice sur un **Cimetière** franc découvert à **Domart-en-Ponthieu** en 1870, par A. Van Robais.

Bull. Soc. Ant. Pic., t. XII, p. 150 à 159 ; in-8°.

8087. — Confirmation des **Privilèges** accordez aux Bourgeois de **Domart** par Jean Comte de Dreux, leur Seigneur. *1394*.

Ord. des Rois de Fr , p. 687 à 694 ; in-folio.

8088. — Précis pour Jean Varcolier,

dit Baulieu, Garde de Bois de M. le Comte de Martainneville. *Signé : Buron.* — S. l. n. n. n. d. ; in-folio.

Au sujet de **troubles** qui eurent lieu à **Domart** à propos de l'arrestation de Varcolier, par les cavaliers de la Maréchaussée.

Bibl. Soc. Ant. Pic.

8089. — Office de S. Médard, Evêque de Noyon et de Tournay, Patron de la Paroisse du Bourg de **Dommard**. — Amiens, Caron-Berquier, 1789; 92 p. in-16.

Anc^{ne} Bibl. abbé Roze.

8090. — Précis pour les Sieurs et Demoiselles Deroussen et autres Héritiers de Marie-Madeleine Bernault, Intimés, Demandeurs et Défendeurs. Contre Alexis Routier et autres, Appellans, Défendeurs et Demandeurs. *Signé : Quentin. — Paris*, Lebreton, 1773 ; 7 p. in-4°.

Renseignements sur les curés de **Berneuil**.

8091. — Synode d'Amiens. *Constitution de Gervin, évêque, pour l'***Abbaye de Bertaucourt**. 1055.

Act. de la Prov. Eccl. de Reims.... par Mgr Gousset, t. II, p. 127 à 129, in-4°.

8092. — Mémoire pour les Dames Abbesse et **Religieuses** de la Maison Royale de **Bertheaucourt**. Intimées, Défenderesses et Demanderesses. Contre le sieur de Raucourt, cessionnaire de la Demoiselle Pollard, Appellant, Demandeur et Défendeur. Et contre la Damoiselle Fleury, veuve Taleman, Appellante, Demanderesse et Défenderesse. — *Paris*, J. Quilliau, 1707 ; 11 p. in-folio.

Bibl. d'Amiens, Hist., n° 3596.

* **8093**. — Factum pour les dames abbesse et **religieuses** de .... **Berteaucourt**.... contre les religieuses Annonciades de Boulogne. *Signé : Fenel de Dargny.* — S. l. n. n. n. d. ; in-4°.

Bibl. Nat^{le}, Thoisy, 395, f° 343.

8094. — L'Abbaye de **Bertaucourt**, par *H. Dusevel.*

Arch. de Pic., t. I, p. 93 à 98 ; in-8°.

8095. — Eglise de **Bertaucourt**, par *H. Dusevel.* — 16 p. gr. in-8° av. 1 pl.

Chât., Beffrois, etc., t. I.

8096. — Courte Notice sur l'Eglise de **Berteaucourt**, *par H. Dusevel.*

La Picardie, t. XIV, 1868, p. 337 à 349 ; in-8°.

8097. — Rapport, *par M. Albert Lenoir*, sur une notice archéologique relative à l'**église** romane de l'ancienne abbaye royale de **Berteaucourt**. Communication de M. Dusevel.

Rev. Soc. Sav. Dép., 1870, p. 120 et s. ; in-8°.

8098. — Commanderie de **Fieffes**.

Les Command au Gr. Prieuré de Fr., par Manier. - Paris, Aubry, 1872, p. 637 à 656 ; in-8°.

* **8099**. — Factum pour les habitants de la paroisse de **Naours**, défendeurs et demandeurs ; contre maitre Antoine Joly, curé dudit Naours, demandeur, et contre messire Philippe, prince de Savoie, abbé de Corbie. — S. l. n. n., 1644 ; in-4°.

Demande en exemption des menues, vertes et mixtes dîmes.

Bibl. Nat^{le}, Thoisy, 17, f° 318.

8100. — Mémoire pour les Habitans de **Naours**, Défendeurs. Contre Maitre Pierre-François Thelu, Prêtre, Curé dudit Naours, Demandeur. *Signé : Morgan.* — S. l. n. n., 1753 ; 5 p. in-folio.

Opposition à réclamation de dîme sur les enclos de Naours.

Bibl. H. Macqueron.

8101. — Rapport sur l'excursion *de la Société d'Emulation d'Abbeville*, du 18 mai 1889, à **Naours**.

Bull. Soc. Em. Abb., 1888-90, p. 134 à 141 ; in-8°.

8102. — Les Souterrains-Refuges de **Naours**. Rapport sur les Fouilles pratiquées dans les carrières de Naours du 10 novembre 1888 au 10 février 1889, par M. l'abbé Danicourt. — Abbeville, C. Paillart, juin 1889 : 20 p. in-8° av. 1 pl.

Ext. Bull. Soc. Em. Abb.

8103. — Les Souterrains-Refuges de **Naours**, par M. l'Abbé Danicourt. — Abbeville, 1888 ; 46 p. in-8° et 1 pl.

8104. — Les Souterrains-Refuges de **Naours**. Guide du Visiteur, par l'Abbé Danicourt, Curé de Naours. (Travaux exécutés dans les Carrières de Naours du 2 décembre 1887 au 1er mars 1888.) 2e édition.—Abbeville, Septembre 1889 ; 42 p. in-8°.

8105. — Compte-rendu des Fouilles et Travaux exécutés dans les Souterrains-Refuges de Naours depuis .. le 3 juillet 1893..., par M. l'Abbé Danicourt.

Bull. Soc. Em. Abb., 1897-99, p. 8 à 33 av. 2 pl.; in-8°.

8106. — **Naours**. Coup d'œil historique, son Eglise, ses Souterrains-Refuges. Visite de la Société française d'Archéologie, par Alfred Julia. — Péronne, Crety, 1893 ; 45 p. in-12.

8107. — Les Souterrains refuges de **Naours** (Somme), par E. A. Martel.

La Nature, 21 7bre 1895, p. 257 à 259 av. 3 fig.; gr. in-4°.

8108. — *Note sur les Souterrains de* **Ribeaucourt**, *par M. Pinsard*.

Bull. Soc. Ant. Pic., 1889-91, p. 387 à 389 ; in-8°.

8109. — Mémoire sur délibéré pour les Habitans de la Commune de **S. Ouin**, contre les Habitans de la Commune de Béthencourt. — Amiens, Patin et Cie, an VIII ; 34 p. in-4°.

Question de marais communaux.

8110. — Memoire signifié Pour Messire Nicolas-Joseph de Paris, Evêque d'Orléans, Abbé Commandataire de l'Abbaye de Saint Jean d'Amiens, Ordre de Prémontré. Et encore pour les Prieur et Religieux, Chanoines Reguliers de ladite Abbaye. Contre Messire Louis-Joseph de Clermont-Tonnerre, Chevalier, Marquis de Clermont, Comte de Thoury. *Signé : Soyer, Dejean, Cochin.* — *Paris*, Paulus-du-Mesnil, 1737 ; 11 p. in-folio.

Au sujet des droits seigneuriaux sur le territoire du Val des Maisons, à **Talmas**.

Bibl. H. Macqueron.

8111. — Second mémoire signifié Pour Messire Nicolas Joseph de Paris, ... Abbé... de Saint Jean d'Amiens... Contre Messire Louis-Joseph de Clermont-Tonnerre... *Signé : Soyer, Dejean, Cochin.* — *Paris*, Paulus-du-Mesnil, 1737 ; 23 p. in-folio.

Ibid.

8112. — Précis en réponse pour le sieur Lamy, le sieur Abbé Copin et le sieur Marquis de Wamin Seigneurs du Fief du Fay, scitué dans la Paroisse de **Talmas**, Intimés et Défendeurs. Contre le sieur Balesden, Appellant et quelques autres Tenanciers du Fief du Fay, Intervenants. — *Paris*, Veuve Ballard, 1774 ; 40 p. in-4°.

Bibl. d'Amiens, Jurisp., n° 841, t. II.

* **8113.** — Affaire du Diable. Jugement rendu par le Tribunal correctionnel de Doullens, contre trois individus prévenus d'escroquerie (en invoquant l'esprit malin dans les bois de **Talmas**), suivi de la relation des débats qui ont eu lieu devant la Cour royale d'Amiens sur l'appel interjeté de ce jugement. — Doullens, Quinquempoix, 1825 ; in-8°.

Rech. sur l'Impr. et la Libr., par Pouy.

LIVRE CINQUIÈME

ARRONDISSEMENT DE MONTDIDIER

CHAPITRE I

GÉNÉRALITÉS SUR L'ARRONDISSEMENT DE MONTDIDIER

8114. — Géographie historique et statistique de l'**Arrondissement de Montdidier,** par Jules Mollet. — Montdidier, 1889 ; 239 p. in-8°.

8115. — Notice sur quelques **Antiquités** romaines et du Moyen-Age de l'Arrondissement de Montdidier, par M. Buteux.

Mém. Soc. Arch. Dép. Somme, t. I, p. 475 à 486; in-8°.

8116. — Notice sur l'**Arrondissement de Montdidier,** par H. Dusevel. — Amiens, Ledien fils, 1836 ; 88 p. in-8° et 4 pl.

8117. — **Tombeaux** historiques de l'arrondissement de Montdidier, *par H. Dusevel.*

Arch. de Pic., t. I, p. 261 à 269; in-8°.

8118. — **Excursion monumentale** dans l'arrondissement de Montdidier, *par H. Dusevel.*

La Picardie, t. II et IV, 1856 et 1858; in-8°.

8119. — Notice historique et archéologique sur les **Villages disséminés** sur le parcours du Chemin de Fer de Roye à Montdidier, par Alcius Ledieu. — Montdidier, Mérot, 1875 ; 40 p. in-18.

8120. — En Chemin de Fer de **Roye à Montdidier,** *par Firmin de Costel.*

Courtes notices sur : Roye, St Mard, Laucourt, Dancourt, Popincourt, Beuvraignes, Armancourt, Marquivillers, Grivillers, Tilloloy, Fescamps, Laboissière, Lignières-lès-Roye, Etelfay et Faverolles.

Cab. hist. Pic. et Art., t. V, p. 63 et s.; in-8°.

8121. — Alcius Ledieu. Excursions historico-archéologiques dans le **Bas-**

Santerre. — Paris, 1893 ; 318 p. in-8°
av. 22 pl.
<small>Réunion d'articles parus pour la plupart dans le Cab. hist. de la Pic. et de l'Art.</small>

8122.—Alcius Ledieu. Petites **Chroniques du Santerre.** Histoire, Récits patriotiques, Nouvelles : 1re partie. — Paris, A. Picard, 1897 ; 186 p. in-12.
<small>Recueil d'articles détachés : communes citées Aubercourt, Bouillancourt, Faverolles, Roye.</small>

8123. — Réflexions de MM. les Députés de Picardie sur la manière dont ils ont cru devoir déterminer la division de leur Département en Districts. — Paris, Baudouin, 1790 ; 8 p. in-12.
<small>Au sujet du partage entre Roye et Montdidier.
Bibl. de Bonnault.</small>

8124. — Observations des Députés de la Ville de **Roye** en Picardie sur la démarcation de leur Province, et sur la formation des **Districts.** — S. l., Moutard, 1790 ; 8 p. in-8°.
<small>Ibid.</small>

* **8125.** — Observations présentées à MM. les Electeurs du Département de la Somme, au nom de la Ville de **Roye,** relativement au partage des Etablissements du **District** entre cette Ville et celle de **Montdidier.** — Noyon, Devin, 1790 ; 14 p. in-8°.

8126. — Réponse de la Ville de Mondidier, aux Observations présentées à MM. les Electeurs du Département de la Somme, au nom de celle de **Roye,** relativement au partage des Etablissemens du **District** entre cette Ville et celle de **Mondidier.** — Amiens, Caron l'aîné, 1790 ; 16 p. in-8°.
<small>Bibl. de Bonnault.</small>

8127.— Exposé concernant les villes de **Montdidier** et de **Roye,** *par Liénart, député.*— S. l. n. n., *vers 1790 ;* 7 p. in-8°.
<small>Bibl. Natle, Lk7, n° 5013.</small>

8128. — Réflexions d'un curé sur la démarcation et la division du Département d'Amiens. — S. l. n. n., *1790* ; 7 p. in-8°.
<small>Relatif aux plaintes de Roye de ne pas être chef-lieu de district.
Bibl. de Bonnault.</small>

* **8129.** — Observations des députés extraordinaires de la ville de **Roye.** sur le partage des établissements du **District** entre cette ville et celle de **Montdidier.** — Paris, Moutard, *1790* ; 15 p. in-8°.

* **8130.** — Nécessité indispensable de l'établissement de la juridiction au chef lieu du **district de Montdidier.** — Amiens, J. B. Caron l'aîné, 1790 ; 7 p. in-4°.

8131 — Au nom de la République Française. *Arrêté du Représentant Loiseau sur les* **grains** *à fournir par le district de Montdidier ; du 26 Nivose an III.* — Montdidier, Bigot ; 3 p. in-4°.
<small>Bibl. d'Amiens, Hist., n° 3639.</small>

CHAPITRE II

CANTON DE MONTDIDIER

I. MONTDIDIER

§ 1. Histoire civile

8132. — Histoire civile, ecclésiastique et littéraire de la Ville et du Doyenné de **Mondidier** avec les Pièces justificatives, par le P. Daire. — Amiens, MDCCLXV; in-8°. de 14 p. n. n., 354 p. et 14 p. n. n. av. 2 pl.

8133. — **Montdidier.**
Dict. géogr des Gaules, par Expilly, t. IV, p. 821-823 ; in-folio.

8134. — **Histoire** de la Ville de **Montdidier** par V°ʳ de Beauvillé. — Paris, Firmin-Didot, 1857; 3 vol. in-4°, le 1ᵉʳ de 586 p. av. 4 pl., le 2ᵉ de 504 p. av. 19 pl. et le 3ᵉ de 438 p. av. 5 pl.

8135. — Trois Lettres publiées la première et la troisième dans le Propagateur Picard, journal local et la seconde dans l'Ami de l'Ordre, journal du département de la Somme, sur la nouvelle **Histoire de Montdidier**, par M. V. de Beauvillé. — Montdidier, Radenez, 1858; 15 p. in-4°.

8136. — **Histoire** de la Ville de **Montdidier**, par V°ʳ de Beauvillé. Compte rendu par Ch. Louandre. — Amiens, Jeunet, 1858 ; 8 p. in-4°.

8137. — Compte rendu de l'**Histoire** de la Ville de **Montdidier**, par M. H. Dusevel. — Amiens, Yvert, 1858; 27 p. in-4°.

8138. — **Histoire** de la Ville de **Montdidier**, par V°ʳ de Beauvillé. Compte-rendu par A. Bouthors. — Amiens, Jeunet, 1859; 12 p. in-4°.

8139. — **Histoire** de la Ville de **Montdidier** par V°ʳ de Beauvillé. Compte rendu par L. Douet-d'Arcq. — Paris, Didot, 1859; 16 p. in-4°.
Extr. Bibl. Ecole des Chartes.

8140 — **Histoire** de la Ville de **Montdidier**, par Victor de Beauvillé. Compte-rendu par Louis de Baecker. — Paris, Adrien Le Clerc, 1859; 8 p. in-4°.

8141. — Essai sur la **Topographie médicale** de la Ville de Montdidier, par le docteur Ernest Mangot. — Amiens, Lenoel-Herouart, 1858 ; 51 p. in-8°.

8142. — **Histoire** de la Ville de **Montdidier**, par Victor de Beauvillé. Deuxième édition. — Paris, Claye, 1875; 3 vol. in-4°, le premier de 588 p. av. 2 pl. et 4 fig., le 2ᵉ de 522 p. av. 17 pl. et 29 fig. et le 3ᵉ de 571 p. av. 5 pl et 10 fig.

8143. — Montdidier. Ses **Rues** et ses **Monuments**. Souvenirs d'un Touriste au XIXᵉ siècle par Hourdequin de Beaupré. — Montdidier, Hourdequin, 1880 ; 476 p. in-8°.

8144. — Le **Guide** de l'Etranger dans la Ville **de Montdidier,** par Hourdequin de Beaupré, Antiquaire. Extrait du Journal de Montdidier (Février 1884). — 14 p. in-8°.

8145. — Lettres de Philippe-Auguste, par lesquelles il accorde des **droits**

de Commune aux Habitants de Montdidier. *1195.*

Ordonn. des Rois de Fr., t. XII, p. 288 à 291; in-folio.

8146.—Lettres de Philippe-Auguste, par lesquelles il autorise la Commune de Montdidier à changer tous les ans ses **Echevins**; *mars 1220.*

Ibid., t. XII, p. 297; in-folio.

8147. — 1260. 5 avril. Etat des **revenus et** des **dépenses** de la ville de Mondidier.

Layett. du Trés. des Chart., t. III, p. 515; in-8°.

8148. — Lettres qui permettent aux Maire et Eschevins de la Ville de Montdidier de vendre le droit de **Four bannal** sur certaines maisons de cette Ville; *juin 1365.*

Ordonn. des Rois de Fr., t. IV, p. 580 et 581; in-folio.

8149. — **Siège de Montdidier** au xvme Siècle (Extrait du Journal de Montdidier, du 25 Mai 1879). — S. l. n. n.; 8 p. in-12.

8150. — *Marie* **Madurel**, L'héroïne de Maresmontiers. Souvenir de la **peste** à Montdidier au xvie siècle, *par Hourdequin de Beaupré.* — Imp. du journal de Montdidier, s. d.; 16 p. in-8°.

8151. — Requeste présentée par les habitans de **Mondidier.** 4 Avril 1552.

Délib. de la Ville de Paris, par P. Guérin, 1886, t. III, p. 295 et 296; gr. in-4°.

8152. — Quelques **Ephémérides** picardes, Beauvais, Gerberoy, **Montdidier**, 1587-1803, par M. le Comte de Marsy.

Bull. Soc. Ant. Pic., t. XVII, 1889-91, p. 356 à 369; in-8°.

8153. — Les **Alarmes de** la Ville de **Montdidier,** contre le gros de l'Armée de Messieurs les Princes. Ensemble les sorties par eux faictes sur le gros des dits Princes. — Paris, Iean Brunet, M.DC.XV; 16 p. in-12.

Bibl. Pinsard.

8154. — Relation d'un habitant de Montdidier sur l'**investissement** de cette ville par les Espagnols **en 1636.**

Arch. de Pic., t. I, p. 102 à 109; in-8°.

8155. — Arrest de la Cour des Aydes, portant reglement de l'**exercice des charges** de Receveurs des Tailles, Sergents, Asséeurs et Collecteurs, interuenu sur le procez fait au nommé Mallet, Receueur des Tailles en l'Eslection de Montdidier, pour maluersations commises en sa charge. — Paris, Pierre Rocolet, P. Mettayer, et A. Estienne, M.DC.XXXVII; 16 p. in-4°.

Bibl. H. Macqueron.

8156. — Relation de ce qui s'est passé à Montdidier à l'**arrivée des ennemies** (*sic*) **en 1653.**

Arch. de Pic., t. II, p. 165 à 170; in-8°.

*8157.** — Factum pour M. **Florent de Lestocq**, conseiller ès sièges du Bailliage et Prévosté de Mondidier, et Majeur de la Ville; contre M. François de la Morlière, conseiller audit Bailliage, soydisant Majeur. — S. l. n. n., *1679*; 6 p. in-folio.

Bibl. de Beauvillé.

*8158.** — Réponse au libel diffamatoire intitulé Factum pour M. **Florent de Lestocq**, conseiller au bailliage et prevosté de Montdidier et majeur de la ville, contre M. François de la Morlière, conseiller audit bailliage, soidisant majeur. — S. l. n. n., *1679*; 8 p. in-4°.

Ibid.

8159. — Un **Mobilier Montdidérien** (*à Daniel Bosquillon de Bouchoir*) au xviie siècle, par M. le baron X. de Bonnault d'Houet. — 13 p. in-12.

Ext. Mém. Soc. hist. Compiègne, 1892.

8160. — **Caractère** des Mondidériens.

Chronique burlesque. — Londres, 1742, p. 156 à 160; in-12.

8161. — Trait d'un **savetier de**

Montdidier au Lit de mort. Procès d'un charpentier de la même ville avec sa femme.

Ibid., p. 160 à 166; in-12.

8162. — Arrest du Conseil d'Etat du Roy, qui maintient les Maire et Echevins de Mondidier dans un droit de **péage** en ladite ville de Mondidier, généralité d'Amiens. Du 16 Mars 1751. — Paris, Imprimerie Royale, 1752; 3 p. in-4°.

Arch. dép. de la Somme, C, n° 1209.

8163. — Arrest de la Cour de Parlement qui condamne Louis de Saint-Jean et Pierre Bouaille, **Incendiaires**, à être brûlés vifs dans la Place publique de Montdidier. Du 17 Septembre 1754. — Paris, P. G. Simon, 1754; 4 p. in-4°.

Bibl. de Roye.

Autre édition en plac. in-folio.

8164. — Histoire de deux **Incendiaires** brulés vifs en 1754 sur la place du Marché au Blé de Montdidier, *par Hourdequin de Beaupré*. — S. l. n. n. n. d.; 4 p. in-8°.

* **8165**. — Arrest du Conseil d'Etat du Roi portant règlement pour l'**élection des Officiers Municipaux** de la Ville de Montdidier. Du 4 Août 1759. — Amiens, veuve Godart; 11 p. in-4°.

Bibl. de Beauvillé.

8166. — Règlement général de **Police** pour la ville, fauxbourgs et banlieue de Mondidier du quatre Novembre mil sept cent soixante-trois. — Paris, Simon, 1765; 26 p. in-4°.

Bibl. Pinsard.

* **8167**. — Arrêt, du 22 décembre 1780, qui condamne **Hélène Blanquet**, à être attachée au carcan, dans la place publique de la ville de Montdidier et y demeurer pendant deux heures. — Paris, 1781; 4 p. in-4°.

8168. — Les **Arquebusiers** de Montdidier au Prix général de Compiègne (1789).

Tabl. d'Hist. loc. par Coët, 3° p¹°, 1889, p. 251 à 253; in-8°.

8169. — Délibération de la Ville de Mondidier pour supplier Sa Majesté qu'Elle veuille bien accorder à la Province de Picardie les **Etats Provinciaux**. *Du 8 Février 1789*. — Amiens, Jⁿ Bⁱᵉ Caron, 1789; 30 p. in-4°.

Bibl. de Bonnault.

8170. — Procès-verbal de l'**Assemblée électorale** du District de Montdidier Département de la Somme; *du 23 juillet 1790*. — Amiens, J. B. Caron, 1790; 14 p. in-4°.

Ibid.

8171. — Copie d'une lettre écrite à M. le duc de Mailly par la femme du commandant de la **Garde Nationale** de Montdidier.

Demande de trois canons.

Les Actes des Apôtres, n° 82, p. 14 et 15; in-12.

8172. — La **Fête du 14 juillet** 1790 à Montdidier, *par Hourdequin de Beaupré*. — S. l. n. n. d.; 8 p. in-8°.

8173. — La femme d'un colonel (**Madame d'Armanville**, souvenirs de Louis Philippe en 1791 à Montdidier).

Tabl. d'hist. locale, par Coet, 5° partie, 1892, p. 39 à 41; in-8°.

8174. — Règlement de la **Société populaire** de Mondidier, Département de la Somme. — *Amiens*, Caron-Berquier, *an II*; 8 p. in-8°.

Bibl. de Bonnault.

8175. — Le dragon d'André Dumont ou la terreur panique, *par Hanocq, président du district de Montdidier*. — Amiens, Imprimerie des Associés, s. d.; 4 p. in-8°.

Au sujet du séjour d'André **Dumont à Montdidier**.

Ibid.

* **8176**. — Observations par E. J. F.

Coffin, le procureur le plus âpre que l'on ait connu à J. F. **Hanocq**, le plus juste, le plus intègre et le moins orgueilleux de tous les hommes. — Montdidier, Bigot. 1794; 8 p. in-8°.

Bibl. de Beauvillé.

* **8177**. — Réfutation d'une calomnie qui a servi de texte à la proscription du citoyen **Hanocq**. — *Montdidier*, Bigot, 1794; 16 p. in-8°.

Ibid.

8178. — *Lettre du 7 février an II adressée par* Les Administrateurs Révolutionnaires du District de **Mondidier** à la Commission du mouvement des armées.

Le Vermandois, 1873, t. I, p. 83 à 85; in-8°.

8179. — Les **Cosaques** à Montdidier, épisode de l'invasion de 1814, par M. Ch. Dumas. — Paris, Blot, 1862; 15 p. in-8°.

* **8180**. — Programme de la cérémonie pour la plantation de la **croix de Mission** qui aura lieu le dimanche de la Quasimodo de l'année 1823, accompagné des cantiques qui se chantent pendant la cérémonie. — Mont-didier, Radenez; 12 p. in-12.

8181. — Arrêté réglementaire sur les Concessions de terrain dans le **Cimetière** de Mont-Didier.—Mont-Didier, Radenez, 1823; 10 p. in-8°.

* **8182**. — Recueil de **chansons** nouvelles et choisies, chantées sur la **place de Montdidier**, le dimanche gras de l'année 1824.—A Kiwrqvhe (*Montdidier*), de l'imprimerie de Wyrbkn (*Radenez*); 8 p. in-18.

8183.— Ville de Montdidier. **Octroi** municipal. Règlement. 1847. — Montdidier, Radenez; 12 p. in-4°.

* **8184**. — Grand **prix d'arc** donné à Montdidier le jeudi 17 mai 1849. — Montdidier, Radenez; plac. in-folio.

8185. — Règlement pour l'**Abattoir** de la Ville de Montdidier. 1856. — Montdidier, Radenez; 16 p. in-8°.

8186. — Le Char de l'Imprimerie. Souvenir de la **Cavalcade** de l'Exposition de Montdidier, par M. Galoppe d'Onquaire. 15 Mai 1865. — Montdidier, Mérot; 7 p. in-8°.

Poésie.

8187. — Almanach des Agriculteurs de la Somme pour 1870 contenant un Calendrier très complet, les programmes du **Concours** départemental, du Concours de boucherie subventionné par le gouvernement, des fêtes qui auront lieu à **Montdidier** du 7 au 15 mai 1870. — Montdidier, Mérot; 126 p. in-16.

8188. — Comice agricole de l'arrondissement de Montdidier. Fêtes et concours du **centenaire de Parmentier**. Compte-rendu officiel. — Montdidier, Allart, 1887; 156 p. in-8°.

8189. — **Jean Duquenne** (*le Jacquemart de l'Hôtel de Ville*). Chronique montdidérienne, *par Galoppe d'Onquaire*.

La Picardie, t. IV, 1858, p. 49 à 57; in-8°.

8190. — Les Picantins *du beffroi de Compiègne* et **Jean Duquenne** *de Montdidier*.

Tabl. d'Hist. loc., par Coët, 5ᵉ pⁱᵉ, 1892, p. 65 à 68; in-8°.

8191. — **Musée** de Montdidier (Somme), *par M. Galoppe d'Onquaire*. — Montdidier, Mérot, 1861; 12 p. in-12.

8192. — Souvenir du **Musée Hourdequin**. L'âge de pierre, par M. Coët (Extrait du Propagateur picard du 2 Avril 1875). — Montdidier, Mérot; 8 p. in-8°.

8193.— Une visite au **Musée Hourdequin**.

Tabl. d'Hist. loc., par Coët, 6ᵉ pⁱᵉ, 1893, p. 15 à 18; in-8°.

*8194. — Arrest de la Cour du Parlement pour la séparation de la **Jurisdiction** criminelle d'avec la Juridiction civile en la Prevosté **de Mondidier**, suivant l'édict de création des Offices de Lieutenant criminel.— Paris, Mettayer, Etienne et Prevost, 1628; 12 p. in-12.

Bibl. de Beauvillé.

*8195 — Factum pour **Pierre de Bertin**, escuyer, sieur d'Imeville, président au Bailliage de Mondidier, naguères lieutenant criminel de longue et courte robe, et à présent pourveu de l'office de lieutenant général au gouvernement de Péronne, Mondidier et Roye, par la résignation de maistre Antoine de Bertin, son père ; contre maistre Jean de la Villette, prevost royal dudit Mondidier; Romain Binet, son curateur aux corps morts; Pierre Galland et autres, ses consorts. — S. l. n. n., *1654*; 12 p. in-4°.

Ibid.

8196. — *Arrêt, du 2 mars 1655, rendu entre Mme de Caumartin, propriétaire des* **Greffes** *civil et criminel de la* **Prévôté de Montdidier** *et le Sr Coquerel, fermier desd. Greffes et décidant* Qu'un Bail à ferme d'un Greffe, pour et si longuement que la guerre durera, et jusqu'à ce que la paix soit faite entre les deux Couronnes, est bon et valable et n'est réductible à neuf ans.

Journ. des Aud. du Parl., par Duchesne. — Paris, 1757, t. I, p. 614 et 615; in-folio.

8197. — Arrest notable de la Covr de Parlement Portant **Reglement** general entre les Officiers du Bailliage et **de la Prevosté** de Mondidier; *du 5 juin 1659.* — Paris, Lesselin, 1659; 21 p. in-4°.

Bibl. d'Amiens, Hist., n° 5561.

Voir aussi cet arrêt au Journ. des Aud. du Parl^t, par Jamet de la Guessière.—Paris,1757,t. II, p. 31 à 37 ; in-folio.

*8198.—Sommaire pour les Officiers de l'**Eslection de Mondidier**, défendeurs ; contre Monsieur Godefroy, maistre des comptes, demandeur ès-noms qu'il procède et les héritiers de maistre Achille du Four. — S. l. n. n., *vers 1660;* 3 p. in-4°.

Bibl. de Beauvillé.

8199. — Arrest pour les Conseillers du Roy Commissaires au Châtelet; Contre les Officiers du Bailliage de Mondidier. Qui maintient les Sieurs Commissaires dans le droit d'apposer scellé par suite dans les Terres, où les personnes domiciliées à Paris sont decedées. *Du 9 février 1704.* — S. l. n. n.; 4 p. in-4°.

Bibl. H. Macqueron.

*8200. — Arrêt de la Cour de Parlement en faveur des **juges** de la prévosté royale **de Montdidier**, contre les officiers du bailliage de Beauvais. — S. l. n. n., 1713 ; 8 p. in-4°.

Catal. Lib. Pineau, à Beauvais, 1864.

*8201. — Mémoire important pour les officiers du Bailliage d'Amiens contre Jean **Lempereur** ci-devant subdélégué à Montdidier *accusé de concussion*. Signé : Moreau le jeune. — Paris, veuve Moreau, *vers 1715*; in-4°.

Bibl. Nat^{le}, 4° Fm, n° 418.

8202. — Arrêt de la Chambre de Justice rendu contre Jean **Lempereur**, Subdélégué en titre d'office de la Ville et Election de Montdidier, par lequel il est condamné faire amende honorable et aux Galères pour neuf ans, en Soixante mille livres d'amende, sur laquelle sera prélevé Huit mille livres pour estre distribuées aux pauvres Habitans de l'Election de Montdidier ; Et le nommé Adrien Buquet, son préposé, à assister à la dite amende honorable, et banni du Ressort du Parlement ; Et Jean Pontois, dit Petit-Jean, valet dudit Lempereur blâmé. Du 8 Octobre 1716. — Paris, Imprimerie Royale, 1716 ; 3 p. in-4°.

Bibl. d'Amiens, Jurisp., n° 328.

8203. — Un concussionnaire (**Lempereur**, *subdélégué de l'Intendant à Montdidier. 1716*).

Tabl. Hist. loc., par Coét, 6° partie, 1893, p. 127 à 130; in-8°.

8204. — Arrest du Conseil d'Estat du Roy, qui interdit pendant trois mois le Sieur Carlier, **Procureur** en l'Election de Mondidier, et lui deffend de faire aucunes fonctions de sa Charge pendant ledit temps, à peine de cinq cens livres d'amende. Du 27 Septembre 1720. — Paris, veuve Saugrain et Pierre Prault; 3 p. in-8°.

Bibl. H. Macquéron.

*8205. — Arrêt qui défend aux **Officiers de l'Election** de Montdidier d'obliger le fermier de prendre la voie extraordinaire pour les peines pécuniaires. Du 13 mai 1735. — 4 p. in-4°.

8206. — Arrest de la Cour de Parlement qui taxe les **Officiers des Bailliages** (*de Montdidier*) et autres Juridictions. Du vingt-quatre Janvier mil sept cent soixante-quatre. — Paris, P. G. Simon, 1764; 2 p. in-4°.

Bibl. H. Macqueron.

*8207. — Mémoire pour les **Officiers du Bailliage** de Mondidier, défendeurs; contre M. le Duc et Madame la Duchesse d'Estissac, demandeurs. *Signé : Caillard. — Paris*, Valleyre, 1770; 24 p. in-4°.

Bibl. de Beauvillé.

*8208. — Réponse pour les **Officiers du Bailliage** de Montdidier, défendeurs; contre M. le Duc et Madame la Duchesse d'Estissac, Demandeurs. *Signé : Caillard. — Paris*, Valleyre, 1770; 12 p. in-4°.

Ibid.

8209. — Arrest de la Cour de Parlement qui ordonne qu'à l'avenir les **Vacances du Bailliage** de Montdidier et des Justices qui y ressortissent, commenceront au premier Septembre de chaque année et finiront le premier Vendredi d'après les fêtes de la Toussaint. Du vingt-neuf Avril mil sept cent quatre-vingt-trois. — Paris, Simon et Nyon, 1783; 4 p. in-4°.

Bibl. H. Macqueron.

8210. — Règlement du **Tribunal** de première instance de l'arrondissement de Montdidier, pour le service de ses audiences; *du 17 brumaire an XI*. — Montdidier, Radenez, an XI; 11 p. in-4°.

*8211. — Règlement du **Tribunal** de première instance de l'arrondissement **de Montdidier**, qui fixe la quotité des droits dus aux avoués et huissiers exerçant près ledit tribunal, et règle le service de ses huissiers. *Du 24 messidor an XI*. — Montdidier, Radenez; 11 p. in-folio.

Bibl. de Beauvillé.

8212. — Pétition adressée à MM. les représentants du peuple, par les habitants de la ville de **Montdidier** (Somme) sur le projet de loi d'**organisation judiciaire**. Présenté à M. le Ministre par la commission instituée par décision du gouvernement provisoire du 2 mars 1848. 15 juillet 1848. — Montdidier, Radenez; 9 p. in-4°.

*8213. — Sancti Luglius et Luglianus fratres martyres, tragœdia. Data apud Montem - desiderium in **aula Mondiderina** mensis junii 1656, *par D. Bonaventure Fricourt.* — Parisiis, Lud. de la Fosse, 1656; petit in-8°.

Cat. n° 247 de la Lib. Alex. Bailleu.

*8214. — Clarissimo viro domino D. Jacobo Fusciano **Cauvel**, meritissimo in curia parlamenti, advocato in regia sede, balliatûs Montdiderini regis procuratori, designato majori ejusdem urbis, recens nominatio ingredienti **collegium** ut lustraret, *par Louis Debailly. — S. l. n. n., 1690*; 8 p. in-4°.

Bibl. de Beauvillé.

Autre édition : Parisiis, Didot, 1857; 8 p. in-4°.

8215. — Eclaircissement de ce qui est dit dans le Factum de Monseigneur l'Evêque d'Amiens, touchant vne Sentence et vne Ordonnance de l'Official de Beauvais, contre M° Antoine Caudriller, Prêtre, cy-deuant Principal du Collège de Clermont, du Diocèse de Beauvais, à présent **Principal de Mondidier**, du Diocèse d'Amiens. — S. l. n. n., *vers 1670*; 8 p. in-4°.

Bibl. Soc. Ant. Pic.

* **8216.** — Exercices publics des élèves du **collège de Mondidier** qui auront lieu en la salle de l'auditoire, le mardi 11 vendémiaire an XII. — Montdidier, Radenez; 4 p. in-4°.

Bibl. de Beauvillé.

8217. — L'Oiseleur, poëme allégorique sur l'Education, par M. Lamar, Principal du **Collège de Mondidier**, lu à la Distribution des Prix du onze Vendémiaire an XIII (4 octobre 1803), et imprimé au vœu de l'Assemblée. — Montdidier, Radenez; 8 p. in-8°.

Bibl. d'Amiens, B.-Lett., 1611.

* **8218.** — Maison d'**éducation** établie ci-devant à Amiens, faubourg de Noyon, et transférée à **Montdidier**. Distribution solennelle des prix précédée de différents exercices sur les divers cours d'études. — Amiens, J. B. Caron l'aîné, 1806; 20 p. in-4°.

8219. — Distribution solennelle des prix aux élèves adultes de l'**Ecole des Frères** de la Doctrine Chrétienne de Montdidier le 20 février 1846. Discours de M. le Sous-Préfet en ouvrant la séance. — Montdidier, Radenez; 14 p. in-8°.

* **8220.** — Factum pour les marchants **tanneurs** de la ville et faubourgs **de Montdidier**, défendeurs, contre M° François Legendre, fermier général des fermes royales unies, demandeur en cassation de trois arrêts rendus en la cour des aides de Paris, les 31 juillet 1660, 7 décembre 1672 et 24 mars 1673. *Signé : de Rupin.* — S. l. n. n. n. d.; in-4°.

Bibl. Nat^{le}, Thoisy, 369, f° 44.

8221. — Arrest du Conseil d'Estat du Roy qui ordonne la suppression du Bureau de fabrique establi dans la ville de Roye, et l'establissement d'un **Bureau de fabrique** dans la ville **de Montdidier**. Fixe l'estendue des Bureaux de Tricot et de Montdidier pour la visite et la marque des serges qui s'y fabriquent. Et porte règlement pour la fabrication des serges qui se font dans l'estendue du Bureau de Montdidier. Du 26 May 1736. — Paris, Imprimerie Royale, 1736; 15 p. in-4°.

Bibl. d'Amiens, Hist., n° 3597.

Autre édition : Amiens, Caron-Hubault, 1736.

* **8222.** — Arrest du Conseil d'Estat du Roy, du 20 août 1748, qui ordonne que la Communauté des Maîtres **Cordonniers** en vieux et celle des Maîtres Cordonniers en neuf de la ville **de Montdidier**, seront et demeureront réunies, et ne formeront à l'avenir qu'une seule et même communauté. — *Paris*, Lamesle, 1748; 4 p. in-4°.

Bibl. de Beauvillé.

* **8223.** — Avis au public. Etablissement d'une école de **filature de coton** en la ville **de Montdidier**, par Martinot de St Sauveur. 1761. — S. l. n. n.; 3 p. in-4°.

8224. — Procès-verbal de Comparaison de la Mouture ancienne et de la Mouture, dite à l'Economie, dressé en présence des Officiers Municipaux de **Montdidier**. *Du 17 août 1768.* — Amiens, veuve Godart, 1768; 18 p. in-4°.

Bibl. H. Macqueron.

* **8225.** — Tableau de la fixation du **Maximum**, ou plus haut prix des denrées et marchandises de première nécessité, arrêté par le Conseil général d'administration du District **de Mondidier**, le 26 du premier mois de l'an II

de la République française, une, indivisible et impérissable, en exécution du décret de la Convention Nationale du 29 septembre 1793 (ancien style), l'an deuxième de la République Françoise. — Amiens, Caron-Berquier; 8 p. in-4°.

Bibl. de Beauvillé.

* **8226.** — Tableau du **Maximum** des denrées et marchandises qui se consomment ordinairement dans l'étendue du District **de Mondidier**. — Mondidier, Bigot, an II ; 85 p. n. n. in-4°

Bibl. de Beauvillé.

8227. — **Feuille d'Affiches**, Annonces judiciaires et Avis administratifs et particuliers de l'arrondissement de Montdidier, département de la Somme. — Montdidier, Radenez ; in-8°.

Ce journal fondé en 1823 par Radenez, paraissait les 10, 20 et 30 de chaque mois. A partir du 20 Décembre 1827, il a pris le titre suivant :

Feuille d'Affiches de l'arrondissement de Montdidier, département de la Somme. Avis administratifs, annonces judiciaires et particulières, nouvelles et littérature.

En 1848, il a subi une nouvelle transformation et est devenu politique sous le titre : Le Propagateur Picard.

8228. — Le **Franc-Parleur** de Montdidier, Echo de la Picardie Républicaine, Journal progressiste paraissant le jeudi et le dimanche.

Fondé en 1893.

8229. — Le **Journal de Montdidier** et de l'Arrondissement.

Tri-hebdomadaire, fondé en 1876.

8230. — Le **Propagateur Picard**.

Fondé en 1823 par M. Radenez, sous le titre de Feuille d'Affiches de l'arrondissement de Montdidier, est devenu politique en 1848 sous le titre de Propagateur Picard qu'il porte encore. Publié à Montdidier, paraît 3 fois par semaine.

8231. — La **Vélocie Montdidérienne**, organe indépendant mensuel de la Vélocipédie, Aérostation, Escrime, Gymnastique, Tir à la cible, Course à pied, Modes et Théâtre ; gr. in-8°.

Le 1er numéro est du 5 janvier 1892 ; il y a eu neuf numéros.

8232. — **Almananach de Montdidier** ou Annuaire de l'Arrondissement pour 1841. — Montdidier, Radenez, 1840 ; 108 p. in-16.

8233. — **Almanach de Montdidier**.

A paru de 1879 à 1884 et en 1892 en format in-16.

8234. — **Annuaire de** l'arrondissement de **Montdidier**. 1883. Première année. — Compiègne, Henry Lefebvre ; 192 p. in-16.

N'a paru que deux années, 1883 et 1884.

§ 2. HISTOIRE ECCLÉSIASTIQUE

8235. — **Eglises** de Montdidier, par A. Goze. — 28 p. gr. in-8° avec 2 pl.

Extr. Chât., Beffrois, etc , t. I.

8236. — Observations sur l'avantage et sur les moyens de conserver **deux Paroisses** dans la Ville de Montdidier. — Amiens, J. B. Caron, 1790 ; 8 p. in-8°.

Bibl. de Bonnault.

8237. — Réponse aux observations sur l'avantage et les moyens de conserver **deux Paroisses** dans la Ville de Montdidier, par Jamard, vicaire de St Pierre. — Amiens, Caron-Berquier, 1790 ; 6 p. in-12.

Ibid.

* **8238.** — Mémoire pour Maître Claude Thory, curé de la paroisse de **Saint-Pierre** de Montdidier ; contre les Maire et Echevins, procédant sous le nom des Habitans, Corps et Communauté de la même Ville. Signé : Trépagne. — S. l. n. n., 1750 ; 4 p. in-folio.

Au sujet des droits du curé sur le luminaire des enterrements.

Bibl. de Beauvillé.

8239. — Au Roi. *Supplique des Curé, Marguilliers et Habitants de St Pierre de Montdidier tendant a obtenir un secours pour reconstruction et réparation de leur église.* — S. l. n. n., *après 1759*; 8 p. in-4°.

Bibl. Nat^{le}, Lk⁷, 5012.

* **8240.** — Ecclesiæ **Divi Petri** Montis desideriani campanarum motor. *Signé : Honoré Lefebvre.*

Les amusements du cœur et de l'esprit. — Paris, 1761, t. X ; in-12.

8241. — Office complet des Bienheureux Frères et Martyrs **Lugle**, Archevêque, **et Luglien**, Roi d'Irlande, Patrons de la Ville de Mondidier, Diocèse d'Amiens. — Mondidier, Le Roux, *1784*; 36 p. in-12.

8242. — Office complet des Bienheureux frères et martyrs **Lugle**, Archevêque **et Luglien**, roi d'Irlande, Patrons de la Ville de Mondidier, Diocèse d'Amiens. — Mondidier, Moussette, s. d. ; 36 p. in-12.

* **8243.** — Précis en l'instance d'appointé à mettre pour M. Charles Edouard Guédé, ancien vicaire de la paroisse du **Saint-Sépulcre** de Mondidier, et pourvu, par résignation, de la cure de cette paroisse, défendeur ; contre le sieur abbé Beauvais, titulaire de la chapelle de Champeaux, prétendant droit à la même cure, demandeur en récréances. *Signé : Turquet.* — Paris, Ballard, 1777; 16 p. in-4°.

Bibl. de Beauvillé.

* **8244.** — Mémoire pour le sieur abbé de Beauvais contre le sieur abbé Guédé. *Signé : Martineau.* — Paris, Simon, 1777 ; 8 p. in-4°.

Ibid.

8245. — Office du **Saint-Sépulcre**. — Mondidier, Moussette, s. d. ; 39 p. in-12.

8246. — Office propre de la fête patronale de l'église paroissiale du St Sépulcre de Mondidier Diocèse d'Amiens. — Montdidier, Moussette, 1811; 71 p. in-12.

Autre édition : Montdidier, Sueur-Moussette, 1846 ; 59 p. in-12.

8247. — Règlement pour la **Confrérie** des Dames **de la Charité** de Montdidier. *Du 28 Novembre 1678.* — S. l. n. n. ; 4 p. in-4°.

Bibl. d'Amiens, Théol., n° 1858.

8248. — D'Amiens. *Correspondance relative à l'interdiction par Mgr de la Motte, pour cause de Jansénisme, de M. Vaillant,* **Chapelain de l'Hôpital** *de Montdidier.*

Nouv. ecclés., 1741, p. 121 à 123 ; in-4°.

* **8249.** — Factum pour les mayeur et échevins de la ville de Montdidier... contre frère Eustache Bernard d'Avernes, chevalier de l'ordre de Saint-Jean de Jérusalem, commandeur de Fontaines-sous-Montdidier, et messire Emmanuel Théodose de la Tour d'Auvergne, duc d'Albret, prieur commandataire du **prieuré de Notre-Dame** de Montdidier... et encore contre les prieur et religieux dudit prieuré. *Signé : Surgis.* — S. l. n. n., *1686*; in-folio.

Relativement au déguerpissement d'un moulin.
Bibl. Nat^{le}, f° Fm, 11497.

* **8250.** — Mémoire pour les religieux de **Notre-Dame** de Montdidier, de l'étroite observance de l'ordre de Cluny... contre Me Jean-Edouard de la Villette, curé vicaire perpétuel de la paroisse de Notre-Dame... et Me Denis Le Blond, prieur commandataire... *Signé : Gaultier.* — Paris, Simon, 1740 ; in-folio.

Usurpations commises par le curé au préjudice des religieux.
Bibl. Nat^{le}, f° Fm, 11498.

* **8251.** — Mémoire sur appointement à mettre, signifié pour DD. Edouard et Pinon, religieux de **la maison** de Montdidier et profès de l'étroite observance **de Cluny**, demandeurs et DD. Lyonnois, Accessat et Couette, religieux

profès des mêmes maison et ordre, intervenants et aussi demandeurs, contre D. Lemoyne, supérieur, vicaire général de la même observance. *Signé : Guyot de Sainte-Hélène.*—Paris, Knapen, 1783; in-4°.

Au sujet de la mauvaise administration de la maison de Montdidier.

Bibl. Nat^{le}, 4° Fm, 26042.

8252. — Réponse signifiée pour DD. Edouard, Pinon et consorts, intervenants, demandeurs, à la requête de D. Le Moyne, du 9 mai 1783. *Signé : Guyot de Sainte-Hélène.*—Paris, Knapen, 1783; in-4°.

Bibl. Nat^{le}, 4° Fm, 26048.

II. COMMUNES RURALES DU CANTON DE MONTDIDIER

8253. — Monographie d'**Andechy**, par *Alcius Ledieu*.

Cab. hist. Pic. et Art., t. VI, p. 22 à 28 et 38 à 48 ; in-8°.

8254. — Un Village du Bas-Santerre. **Andechy**, par Alcius Ledieu. — Montdidier, Mérot ; 34 p. in-24.

8255. — *Arret, du 29 mai 1682, rendu entre les Seigneurs et Habitants d'***Andechy** *et de Damery, sur la question suivante :* Droit de Commune et de vaine pâture, s'il est renfermé dans le droit de chaque Paroisse, nonobstant la possession alléguée au contraire.

Journ. des Aud du Parl., par Jamet de la Guessière. — Paris, 1757, t. III, p. 579 et 580 ; in-folio.

8256. — Arrest du Conseil d'Estat du Roy, concernant les Droits d'Inspecteurs aux Boucheries qui, sans avoir égard à la demande des Curés et Seigneurs des Paroisses de Villers, Parvillers et **Andechy**, et conformément à l'Arrêt du Conseil du 30 Avril 1726, fait défenses aux Bouchers de Campagne, qui ne sont pas reçûs Maîtres, de vendre leurs Viandes ailleurs que dans leur maison d'habitation. Du 8 Septembre 1739. — Paris. P. Prault, 1739 ; 3 p. in-4°.

Bibl. H. Macqueron.

8257. — Arrest du Conseil d'Etat du Roi qui confirme une Ordonnance de M. l'Intendant d'Amiens du 30 janvier 1774 (1773), et en conséquence, condamne le sieur Scellier au paiement du droit de franc-fief de quarante-cinq journaux de terre à **Audichy** (*sic*), coutume de Montdidier, à lui cédés par contrat du 27 avril 1752, moyennant un Cens de quinze livres portant lods et ventes, et onze mille quatre cents cinquante livres de deniers d'entrée. Du 1er.Février 1774. — Paris, Imprimerie Royale, 1774 ; 12 p. in-4°.

Arch. dép. de la Somme, C, 1221.

*8258. — Mémoire signifié pour frère François de Brennes, chevalier de l'ordre de Saint Jean de Jérusalem, commandeur de la commanderie d'Auxerre.... demandeur.... au bailliage de Montdidier, par exploit du 19 juin 1737... contre dame Anne-Renée de Monchy, veuve de messire François de Sacquepée... seigneur de **Cantigny-les-Routy**... *Signé : Ramonnot.*—*Paris*, veuve d'Houry, 1740 ; in-folio.

Bibl. Nat^{le}, f° Fm, 10487.

*8259. — Second mémoire signifié pour frère François de Brenne, chevalier de l'Ordre de Saint-Jean de Jérusalem, commandeur de la commanderie d'Auxerre... contre dame Anne-Renée de Monchy, veuve de messire François de Sacquespée..... seigneur de **Cantigny-les-Routy**. *Signé : Ramonnot,* — *Paris*, veuve d'Houry, s. d. ; in-folio.

Bibl. Nat^{le}, f° Fm, 10488.

8260. — **Davenescourt**, par l'abbé Ed. Jumel.—Amiens, Lenoel-Herouart, 1870 ; 131 p. in-8° et 1 pl.

Extr. de la Picardie.

8261. — *Chartes de 1140 et 1141 por-*

tant Restitution *aux Chanoines de Compiègne* de l'autel de Boiteau, *commune de La Boissière*. Restitution de l'autel de **Doulaincourt**, *commune de Davenescourt*. Restitution de la dime de **Davenescourt**.

Cart. de S¹ Corneille, de Compiègne, par l'abbé Morel, p. 106 à 109; in-4°.

8262. — *Charte relative à* La Dîme des Novales de **Davenescourt**.

Ibid.

8263. — Foires accordées au Seigneur de **Davenescourt**; *mai 1471*.

Ord. des Rois de Fr., t. XVII, p. 419 et 420; in-8°.

8264. — Etat des sommes dues ou prétendues sur la succession de messire Louis de Barbançon..... seigneur de Cany, Varennes, Dangest, **Davenescourt**,... pour être présenté et affirmé véritable par messire François Du Prat de Barbançon, seigneur substitué desdites terres, suivant l'arrêt du conseil du 16 juin 1682. — S. l. n. n. n. d. ; in-folio.

Bibl. Nat¹ᵉ, f° Fm, 5458.

8265. — Mémoire servant de factum pour Mʳᵉ André Menjot, cy-devant Conseiller au Parlement de Paris, Prieur Commandataire du Prieuré de **Davenecourt**, et Curé primitif de la Paroisse dudit lieu, Demandeur. Contre Messire Antoine Pingré, Seigneur du Chaussoy près dudit lieu de Davenecourt, Défendeur et Demandeur. Et contre Maistre Jean Lempereur, Vicaire perpétuel de ladite Paroisse de Davenecourt, appellé en garentie (*sic*) par ledit Seigneur du Chaussoy, Défendeur. — S. l. n. n., *1705*.

Au sujet des dîmes de la paroisse.

Bibl. d'Amiens, Hist., n° 3596.

8266. — Mémoire pour Monsieur Menjot, cy-devant Conseiller au Parlement de Paris, Prieur-Curé primitif de **d'Avenecourt** et du Chaussoy, demandeurs. Contre le Seigneur du Chaussoy, deffendeur et demandeur en sommation. Et contre le Vicaire perpétuel de d'Avenecourt, deffendeur à la sommation. — *Paris*, veuve Guillery, *1703;* 7 p. in-folio.

Ibid., Hist, n° 3596.

8267. — Arrest du Conseil d'Etat du Roy, qui supprime le droit de péage par terre, prétendu par le sieur de la Mire, dans le lieu de **Davenescourt**, génélité d'Amiens. Du 12 Août 1738. — Paris, Imprimerie Royale, 1741 ; 2 p. in-4°.

Ibid., Jurisp., n° 328.

8268. — Affaire de la Commune de **Davenecourt**, District de Mondidier, Département de la Somme. Contre Philippine Cardevac, Veuve de Gabriel Lamire, et ci-devant Dame de Davenecourt. Cause à ranger encore parmi celles qu'on nomme célèbres. Dans l'exposé de laquelle on démontre combien sont encore formidables les restes de la puissance féodale. Et où l'on indique aux Législateurs, ce qui leur reste à faire pour renverser ce vieux colosse. — Noyon, Devin, 1791 ; 76 p. in-4°.

On y trouve un récit détaillé et partial de l'envahissement du château de Davenescourt le 25 février 1791.

Bibl. de Bonnault.

8269. — Dénonciation à Monsieur l'Accusateur public du Tribunal de Mondidier, et réfutation d'un Libelle infâme, intitulé : Affaire de la Commune de Davenescourt, contre Philippine Cardevac, veuve de Gabriel La Myre, et ci-devant Dame de **Davenescourt**, Souscrit par soixante-neuf individus de de cette Commune, en faveur des assassins de ladite Dame, dont quatre sont détenus dans les prisons de Montdidier. — Amiens, J. B. Caron l'aîné, 1791; 67 p. in-4°.

Bibl. d'Amiens, Hist., n° 3669.

8270.—L'Eglise de **Davenescourt**, *par H. Dusevel*.

La Picardie, t. V, 1859, p. 529 à 537; in-8°.

8271. — Restitution *aux Chanoines de Compiègne* des autels de **Faverolles**, Pronastre et Mesvillers. *Charte de vers 1140.*

Cart. de St Corneille, de Compiègne, p. 104 à 106 ; in-4°.

* **8272.** — Plaise à Nosseigneurs de la cour des aides avoir pour recommandé le bon droit au procès pour Claude Héry, greffier des tailles de la paroisse de **Faverolles**, et Louis Héry, laboureur, demeurant en la même paroisse, appelants d'une sentence des élus de Montdidier, du 19 janvier 1693, contre Charles Baschelé, Pierre et François Auvray, particuliers habitans de ladite paroisse, intimés et encore contre les habitans qui sont intervenants. — S. l. n. n. n. d. ; in-4°.

Bibl. Nat^{le}, Thoisy, 443, f° 279.

8273. — Note sur un retable qui se trouve dans l'église de **Faverolles**, arrondissement de Montdidier, Département de la Somme, par M. L. C. Charles de l'Escalopier. — Paris, Duverger, *1841* ; 5 p. in-8°.

Extr. Mém. Soc. Ant. France.

8274. — Arrest du Parlement pour l'Abbaye de Corbie contre les Habitans de **Fescamp**, Bus et Boulogne la Grasse. — S. l n. n. n. d. ; 12 p. in-folio.

Cet arrêt, du 16 mars 1690, maintient l'abbé de Corbie dans la seigneurie directe de Fescamps, et dans le droit de champart de 9 gerbes pour 100 sur Bus et Boulogne la Grasse.

Bibl. d'Amiens, Hist., n° 3828.

8275. — Commanderie de **Fontaine sous Montdidier**.

Command. du Gr.-Prieuré de Fr., par Mannier. — Paris, Aubry, 1872, p. 592 à 603 ; in-8°.

8276. — Une église rurale de Picardie (**Grivillers**), par l'abbé Gosselin.

Cab. hist. Pic. et Art., t. IV, p. 85 à 91 ; in-8°.

8277. — Arrest du Conseil d'Etat du Roy, qui supprime le droit de travers ou péage par terre, prétendu par la dame de Belleforière de Soyecourt, dans le village de **Guerbigny** en Picardie. Du 24 Février 1733. — Paris, Imprimerie Royale, 1742 ; 2 p. in-4°.

Bibl. d'Amiens, Jurisp., n° 328.
Autre édition en plac. in-folio.

8278. — Arrest du Conseil d'Estat du Roy, par lequel il est ordonné que l'Arrêt du Conseil du 24 Février 1733, portant suppression des Droits de Travers ou Péage par terre, prétendus par la Dame de Belleforière de Soyecourt, dans le lieu de **Guerbigny** en Picardie, sera exécuté selon sa forme et teneur, sans avoir égard aux représentations de ladite Dame de Belleforière dont elle est déboutée. Du 8 May 1736. — S. l. n. n. ; plac. in-folio.

Arch. dép. de la Somme, C, n° 1203.

8279. — La Persécution à **Hargicourt** et à Templeux. 1771. Lettre de Goui au pasteur Briatte, communiquée par le pasteur Drouen.

Bull. Soc. Protestant. franc., 15 mars 1869, p. 245 à 248 ; in-8°.

8280. — Nouvelles constructions ogivales. Eglise d'**Hargicourt** (Somme), *par M. A. Goze.*

Rev. de l'Art Chrétien, t. I, p. 320 et 321 ; in-8°.

8281. — Simples notes historiques et administratives sur la commune de **Malpart** (de 1776 à 1889), par M. Léopold de Bracquemont. — Montdidier, Allart, 1889 ; 24 in-8°.

8282. — Marie Madurel ou l'Héroïne de **Marestmontiers**. Origine et Ephémérides de cette commune, par Hourdequin de Beaupré. — S. l. n. n., 1890 ; 35 p. in-8°.

8283. — Notice historique sur les trois villages de **Marquivillers**, Grivillers et **Armancourt** de l'ancien bailliage de Roye, par l'abbé J. Gosselin. — Abbeville, Paillart, 1898; 310 p. in-8° avec 3 pl.

<small>Extr. Mém. Soc. Ém. Abb.</small>

8284. — Histoire et Usages d'une Compagnie d'Archers dans le Bas-Santerre, pages empruntées au Registre de la Confrérie de Saint-Sébastien de **Marquivillers**, par M. l'Abbé J. Gosselin. — Amiens, Lenoel-Herouart, 1867; 46 p. in-8°.

<small>Extr. de la Picardie.</small>

8285. — Notes pour servir à la monographie d'**Onvillers**.

<small>Cab. hist. Pic. et Art., t. VI. p. 157 à 162; in-8°.</small>

8286. — **Onvillers**.

<small>Tabl. d'Hist. loc., par Coet, 6ᵉ part., 1893, p. 282 à 285; in-8°.</small>

8287. — Arrest du Conseil concernant les Serges qui se fabriquent à Tricot et à **Piennes** en Picardie. Du 7 Août 1718.

<small>Règl. conc. les manuf. — Paris, Saugrain, 1727, t. III, p. 27 à 30; in-12.</small>

8288. — Mémoire sur les Terres sulfuriques de **Rollot**, département de la Somme, et sur une Manufacture de sulfate de fer et de sulfate d'antimoine (vitriol vert et alun), par le Cᵉⁿ Dupuget.

<small>Journal des Mines, An IV, p. 49 à 59; in-8°.</small>

8289. — Un Chanoine de **Rollot** au XVIIᵉ siècle, par l'abbé O. Godard. — Abbeville, 1890; 11 p. in-8°.

8290. — **La Villette-lès-Rollot**.

<small>Tabl. d'Hist. loc., par Coët, 3ᵉ part., p. 191 à 195; in-8°.</small>

CHAPITRE III

CANTON D'AILLY-SUR-NOYE

8291. — Bourg d'**Ailly-sur-Noye**, *par Guilmeth*. — Paris, Dumoulin, 1851; 24 p. gr. in-8°.

8292. — Arrest du Conseil d'Etat du Roy qui supprime le droit de travers ou pontonnage prétendu par le sieur d'Hervilly de Canisy, sur le pont d'**Ailly**, Généralité d'Amiens. Du 2 juillet 1737.—Paris, Imprimerie Royale, 1742; 2 p. in-4°.

<small>Cet arrêt a été porté à tort à Ailly-sur-Somme, n° 5834.</small>

8293. — Arrest du Conseil d'Estat du Roy, qui accorde à Jean-Baptiste Lemoine, Buraliste des Aydes et du Controlle des Actes au Village d'**Ailly sur Noize**, Généralité d'Amiens, une indemnité de la somme de 1300 liv. treize sols quatre deniers qu'il a perdu dans l'incendie qui a brûlé sa maison. Ordonne... Du 15 Mars 1740. — S. l. n. n.; 4 p. in-4°.

<small>Bibl. H. Macqueron.</small>

8294. — Mémoire signifié pour Mᵉ Jean-Florimond Rohart, Prêtre, Curé de la Paroisse d'**Ailly-sur-Noye**, Demandeur. Contre Messire Charles-François d'Hervilly-Canisy, Chevalier de l'Ordre Royal et Militaire de Saint-Louis, Seigneur d'Ailly-sur-Noye, Défendeur. — S. l. n. n., 1764 ; 44 p. in-4°.

Différends de toutes sortes entre le curé et le seigneur.
Bibl. d'Amiens, Jurisp., n° 841, t. V.

8295. — Mémoire pour M° Jean-Florimond Rohart, curé d'**Ailly-sur-Noye**, Appellant. Contre Monsieur le Procureur Général, Intimé. — *Paris*, Knapen, 1764 ; 32 p. in-4°.

M. Rohart s'y défend d'avoir volé la cire de la fabrique et d'avoir voulu mettre le feu au clocher de l'église.
Ibid., Jurisp., n° 841, t. V.

8296. — *Description de la Tombe de Jean Hubodin, à* **Ailly-sur-Noye**.
Bull. archéol., t. II, 1842-43, p. 201 et 202 ; in-8°.

8297. — **Castel** (Somme), par M. le baron X. de Bonnault d'Houet.
Congr. arch. de France, 1893, p. 389 à 396 av. 6 pl. ; in-8°.

8298. — Une inscription chrétienne en Picardie (*à* **Castel**), par X. de Bonnault d'Houet. — Caen, Delesques ; 3 p. in-8° av. fig.

8299. — Factum pour les Religieux, Prieur et Convent de l'Abbaye de Corbie, Demandeurs. Contre Marie du Royon, Catherine de Flers, Maistre Pierre Cauvel, René Ponthieu son Fermier, Habitans du Village de **Coullemelle**, Deffendeurs. — S. l. n. n. n. d. ; 7 p. in-folio.

Question de dîmes et de droit de champart.
Bibl. d'Amiens, n° 3828, 23.

8300. — Sommaire pour les Prieur et Religieux de l'Abbaye de Saint Pierre de Corbie, Ordre de Saint-Benoit, Congrégation de Saint-Maur, Appellans, Demandeurs et Défendeurs. Contre la veuve Loquet et Consors, Habitans du Village de **Coulemelle**, Défendeurs. Et les Prieur et Religieux Célestins de la Ville d'Amiens, Intervenans et Demandeurs. — *Paris*, Grange, 1760 ; in-4°.
Ibid., n° 3828, 57.

8301. — Arrest du Grand Conseil du Roi qui maintient les Prieur et Religieux de l'Abbaye de Corbie dans le droit et possession de percevoir le Champart seigneurial, sur toutes les terres de la Ferme du Bas-Ozerain (à **Coullemelle**), à raison de neuf gerbes du cent. Du 10 Septembre 1760. — S. l. n. n. ; in-folio.
Ibid., n° 3828, 56.

8302. — *Arrêt rendu entre Florent Fromentel, curé d'***Esclainvillers** *et l'Evêque d'Amiens ; du 19 Avril 1704.* — S. l. n. n. ; 3 p. in-4°.
Bibl. H. Macqueron.

8303. — Mémoire pour les Prieur et Chanoines Réguliers de l'Abbaye de S. Acheul-lès-Amiens, Demandeurs. Contre les Curé, Syndic, Marguilliers et Habitans de la Paroisse d'**Esclainvillers**, Défendeurs. — *Paris*, veuve Knapen, 1737 ; 6 p. in-folio.

Question de dîmes.
Bibl. d'Amiens, Hist., n° 3823, 8.

8304. — Mémoire signifié pour les Prieur et Chanoines Réguliers de l'Abbaye de Saint-Acheul, Appellans d'une Sentence du Bailliage de Mondidier. Contre Messire Charles Timoléon de Sericourt, Seigneur d'**Ecclainvilliers**, et du Fief de saint Martin, Intimé. — Signé : Grenier. — *Paris*, de Gissey, 1737 ; 11 p. in-folio.
Bibl. H. Macqueron.

8305. — Mémoire signifié pour départager pour les Prieur et Chanoines Réguliers de l'Abbaye de Saint-Acheul-lez-Amiens, Demandeurs. Contre les Curé, Sindic, Marguilliers et Habitans d'**Ecclainvilliers**, Défendeurs. *Signé :* Grenier. — *Paris*, veuve Knapen, 1737 ; 11 p. in-folio.
Ibid.

— 203 —

8306. — Second Mémoire pour départager pour les Prieur et Chanoines Réguliers de l'Abbaye de S. Acheul-lès-Amiens, Demandeurs. Contre les Curé, Syndics, Marguilliers et Habitans de la Paroisse d'**Ecclainvilliers**, Défendeurs. — *Paris*, veuve Knapen, 1737; 7 p. in-folio.

Bibl. d'Amiens, Hist., n° 3823, 11.

8307. — Observations pour les Prieur et Chanoines Réguliers de l'Abbaye de Saint-Acheul-lez-Amiens, Demandeurs. Contre les Curé, Syndic, Marguilliers et Habitans de la Paroisse d'**Ecclainvilliers**, Défendeurs. — *Paris*, veuve Knapen, 1737; 8 p. in-folio.

Ibid., n° 3823, 13.

8308. — Mémoire signifié pour les Prieur et Chanoines Reguliers de l'Abbaye de Saint-Acheul-lez-Amiens, Décimateurs pour moitié dans toute l'étendue de la Paroisse d'**Esclainvilliers**, Demandeurs et Défendeurs. Contre Messire Charles Timoléon de Séricourt, Seigneur d'Esclainvilliers, Défendeur. Et encore contre Maître Jean-François Daulé, Prêtre, Curé d'Esclainvilliers, Intervenant et Demandeur. — *Paris*, veuve Knapen, 1738; 6 p. in-folio.

Ibid., n° 3823, 9.

8309. — Addition de Mémoire signifié pour les Prieur et Chanoines Réguliers de l'Abbaye de S. Acheul-lez-Amiens, Demandeurs. Contre M° Jean-François Daulé, Prêtre, Curé d'**Ecclainvilliers**, Défendeur et Demandeur en Dénonciation et garantie. Et encore contre les Syndic, Marguilliers et Habitans de ladite Paroisse, aussi Défendeurs. — *Paris*, Gissey, 1738; 18 p. in-folio.

Ibid., Hist., n° 3823, 12.

8310. — Excursions aux environs de Montdidier. Château de **Folleville**, canton d'Ailly sur Noye, *par Goze*. — Montdidier, Mérot; 16 p. in-12.

8311. — *Note sur l'Eglise de* **Folleville**, *par M. Ch. Bazin*.

Bull. arch. du Com., t. II, 1842-43, p. 134 à 138; in-8°.

8312. — Description historique de l'Eglise et des Ruines du Château de **Folleville** (Somme), par M. Charles Bazin. — Amiens, Duval et Herment, 1849; 92 p. in-8° av. 5 pl.

Extr. Mém. Soc. Ant. Pic.

8313. — Notice sur le Village, le Château, les Seigneurs, l'Eglise et les Tombeaux de **Folleville**, par A. Goze. — Montdidier, Mérot, 1865; 49 p. in-8° et 6 pl.

8314. — Description historique de l'Eglise et des Ruines du Château de **Folleville** (Somme), par M. Ch. Bazin de Gribeauval. — Sens, Duchemin, 1883; 64 p. in-8° av. 6 pl.

8315. — **Folleville**.

Tabl. d'Hist. loc., par Coët, 3° p¹°, 1889, p. 159 à 163; in-8°.

8316. — **Folleville**. Notice historique par Georges Durand.

Ann. de la Somme, 1892, p. 407 à 423; in-12.

8317. — Le Drap mortuaire de **Folleville**, par M. Bazin.

Ann. archéolog., t. II, p. 217 à 224; in-4°.

*****8318.** — Lettre de François Faure (27 juillet 1670), par laquelle est autorisée la fondation d'une chapelle dans l'église de **Grivesne**, par acte passé à Montdidier en l'étude du notaire Normand.

Hist. de Mgr Faure, par Pouy, ch. VI, n° 30 *bis*.

8319. — La Folie-Guérard *commune de* **Grivesnes**, par Léopold de Bracquemont. — Amiens, Douillet, 1880; 10 p. in-8°.

Extr. Bull. Soc. Ant. Pic.

*****8320.** — Factum pour messire Charles Dugard... seigneur du Rosoy

... contre M⁰ Remy Guérard,... curé de **la Faloise** et du Rosoy... M⁰. Nicolas Picard..... greffier de l'Officialité d'Amiens... et M. l'Evêque d'Amiens. — S. l. n. n., 1686; in-folio.

Bibl. Nat¹ᵉ, Thoisy, 96, f⁰ 387.

* **8321**. — Factum pour messire Charles Dugard... seigneur du Rosoy... contre M⁰ Remy Guérard... M⁰ Nicolas Picard... et Pierre Pisson. *Signé : Mesnart*. — S. l. n. n., *1686*; in-folio.

Bibl. Nat¹ᵉ, Thoisy, 383, f⁰ 252.

8322. — *Chartes relatives à* **Lawarde-Mauger**.

Les Biens de l'Abb. de S¹ Vaast, par Ricouart, p. 100 et 219; in-8⁰.

8323. — Office de Saint Michel, Archange, Patron de **Lawarde-Mauger**. — Amiens, Caron et Lambert, s. d.; 12 p. in-8⁰.

8324. — Mémoire signifié pour les Seigneur, Syndic, Habitans, Corps et Communauté du Village de **l'Hortoy**. Contre M⁰ Antoine Marminia, Prêtre, Vicaire perpetuel à portion congrue de la Warde-Mauger, et Curé seul gros Décimateur de la Paroisse de l'Hortoy; Et contre les soi-disant Fabriciens de l'Eglise et Fabrique de la Warde; En présence de M. le Procureur du Roi. — Amiens, J. B. Caron l'aîné, 1787; 27 p. in-4⁰.

Au sujet du refus par le curé de Lawarde de s'occuper de la cure de Lhortoy et de participer aux dépenses de réparation de l'église.
Bibl. d'Amiens, Hist., n⁰ 3814, t. I.

* **8325**. — Mémoire pour messire Timoléon de Séricourt, marquis d'Esclainvilliers, tuteur de ses enfans. Contre les manans, habitans et communauté de **Louverchy**. — Paris, 1733; 14 p. in-folio.

Procès au sujet d'héritages situés dans la directe du marquis d'Esclainvillers.

8326. — Mémoire pour le Comte de **Mailly**, Marquis d'Haucourt, Capitaine de Gendarmerie, et la Dame Comtesse de Mailly, son épouse. Contre la Dame veuve du Sieur Ferrand, Capitaine aux Gardes, et Consorts, Demandeurs en Requêtes civiles. — *Paris*, Paulus du Mesnil, 1740; 28 p. in-folio.

Au sujet de la terre de **Reyneval**.
Bibl. Pinsard.

8327. — Mémoire sur le partage pour les héritiers du Marquis de Ruvigny. Contre Messire Joseph-Augustin Comte de **Mailly**, Marquis d'Heaucourt, et Dame Marie-Michelle de Sericourt d'Esclainvilliers, son épouze, petite-fille du Sieur de Cours de Bonvillers. *Signé : Gillet*. — *Paris*, veuve Knapen, 1741; 28 p. in-folio.

Au sujet de la terre de **Renneval**.
Bibl. H. Macqueron.

* **8328**. — Réponse signifiée au second mémoire des sieur et dame de **Mailly**. Pour les héritiers du marquis de Ruvigny. — Paris, s. n., *1741*; 18 p. in-folio.

Sur les droits attribués à la seigneurie de **Renneval**.
Cat. de la Lib. Voisin, 1886, n⁰ 7418.

8329. — Arrêt de la Cour de Parlement, portant Règlement pour l'administration des biens et revenus des Fabriques des Paroisses de **Mailly**, Thory, Louvrechy, Sauvillers-Mongival, Esclainvilliers, Folleville, Chirmont, Quiry-lè-Sec et Sourdon, *situées dans l'étendue de la justice de Mailly*. Du six juillet mil-sept-cent quatre-vingt-sept. — Paris, N. H. Nyon, 1787; 19 p. in-4⁰.

Bibl. H. Macqueron.

8330. — Note sur le Château de **Mailly-Raineval**, par M. R. de Guyencourt. — Amiens, Yvert et Tellier, 1891; 7 p. in-8⁰ et 1 pl.

8331. — Trouvaille à **Merville-au-**

Bois de Monnaies de tous Pays, par M. Bazot.

Bull. Soc. Ant. Pic., t. XII, p. 38 à 44; in-8°.

8332. — *Ordonnance de l'Intendant Chauvelin relative aux fabricants de Quiry et Ravenelles; du 9 mars 1728.* — S. l. n. n.; plac. in-folio.

Arch. dép. de la Somme, C, 162.

8333 et **8334.** — Mémoire pour la Commune de **Sourdon**, intimée; Contre le Citoyen Tassart, Notaire public à Breteuil, appellant. — Amiens, J. B. Caron l'aîné, an 9; 42 p. in-4°.

Question de biens nationaux.
Bibl. H. Macqueron.

8335. — Mémoire pour le Citoyen Tassart, Notaire Public à Breteuil, Appellant; contre les Habitans de la commune de **Sourdon**, poursuite et diligence de l'Agent municipal dudit lieu, Intimés. — Amiens, Fr. Caron-Berquier; 23 p. in-4°.

Bibl. d'Amiens, Hist., n° 3669.

8336. — Mémoire pour François de Bernard Davernes, Chevalier de l'Ordre de Saint Jean de Jérusalem, commandeur de la Commanderie de Fontaine sous Montdidier. Appellant, Demandeur et Défendeur. Contre Marius Dubois, Prêtre, Curé de la Paroisse de **Villers-Tournel**, Intimé. — *Paris*, Le Breton, 1753; 19 p. in-folio.

Question de portion congrue : nombreux documents.
Bibl. de Péronne.

8337. — Arrest de la Cour de Parlement, du 30 avril 1775, qui maintient et garde Frère François de Bernard d'Avernes, Chevalier de l'Ordre de S. Jean de Jérusalem, Commandeur de la Commanderie de Fontaine sous Montdidier, dans la possession et jouissance des Dixmes Novales dans l'étendue de la Paroisse de **Villiers-Tournel**; fait défenses au Sieur Dubois, curé de ladite Paroisse, de l'y troubler, le condamne à restituer celles qu'il en a ci-devant perçues, et en tous les dépens. — *Paris*, Le Breton, 1755; 4 p. in-folio.

Bibl. H. Macqueron.

CHAPITRE IV

CANTON DE MOREUIL

8338. — Le **Canton de Moreuil**. Notes d'Epigraphie, d'Histoire et d'Archéologie religieuse, par Alcius Ledieu.

Cab. hist. Pic. et Art., t. VI, VII et VIII; in-8°.

8339. — La Somme cantonale. **Moreuil et son Canton**, par Alcius Ledieu. — Paris, Alph. Picard, 1889; XVI-97 p. in-12 av. 1 carte et 10 pl.

8340. — **Moreuil**. Monographie historique, par Alcius Ledieu.

Ann. de la Somme, 1890, p. 411 à 415; in-12.

8341. — Extraict des Registres du Parlement. *Arrêt du 30 juin 1668 et Ordonnance du 2 juillet suivant, relatifs aux mesures à prendre contre la* **peste** *qui sévit à Moreuil*. — S. l. n. n.; plac. in-folio.

Arch. dép. de la Somme, B. 324.

8342. — Arrest dv Grand Conseil, en faveur des Prieur, Religieux et Convent de l'**Abbaye** de S. Vaast **de Moreüil**, Diocèse d'Amiens, *condamnant l'abbé Jean de Meaux à payer les réparations du chœur de l'église; du 19 décembre 1676.* — S. l. n. n.; 11 p. in-folio.

Bibl. d'Amiens, Hist., n° 3596.

8343. — Réponse au factum et libelle diffamatoire fait par Jean de Meaux, nommé à l'**abbaye de Moreüil**, par les Sieurs Curé, Marguilliers et Paroissiens dudit lieu. — S. l. n. n., *1678;* 9 et 4 p. in-4°.

Ibid., Hist., n° 3814, t. II.

8344. — Mandement rendu par Monseigneur l'Evesque d'Amiens sur les différens d'entre le Sieur Abbé de l'**Abbaye de Moreuil** et les Religieux de ladite Abbaye. *Du 3 janvier 1679.* — S. l. n. n.; 16 p. in-4°.

Au sujet de l'administration des terres de l'abbaye.

Ibid., Hist. n° 3814, t. II.

8345. — Règlement de Monseigneur l'Illustrissime et Reverendissime Evesque d'Amiens pour l'office de l'**Abbaye** et Paroisse **de Moreuil**; *du 2 décembre 1682.* — S. l. n. n.; 1 p. in-folio.

Ibid., Théol., n° 1858.

8346. — Arrest du Conseil d'Estat du Roy des 24 Février et 2 May 1693 Portant défenses à tous Seigneurs et Propriétaires de bois *et spécialement à la Maréchale de Créquy pour ses* **bois de Moreuil**, d'y faire couper aucuns Baliveaux ni Arbres de Futaye sans la permission de sa Majesté.

Ord. des Eaux et Forêts. — Paris, Langlois, 1689, p. 426 à 434; in-18.

8347. — Mémoire instructif pour les Abbez et Religieux de l'**Abbaye** de Saint-Vast **de Moreüil**, Ordre de Saint Benoist, Diocèse d'Amiens, comme aussi pour les Supérieurs Majeurs de la Congrégation de Saint-Maur, du même Ordre, demandeurs en exécution de Lettres Patentes *unissant l'Abbaye à lad. Congrégation;* Contre Madame la Maréchalle de Créquy, opposante. — S. l. n. n., *1707;* 4 p. in-folio.

Bibl. d'Amiens.

8348. — Factum pour Dom Hyerosme d'Ogerdias, Prêtre Docteur en Theologie de la Faculté de Paris; **Abbé** regulier de Saint-Waast **de Moreuil**, Ordre de S. Benoist. Et Dom Jean Gallez, Prestre Religieux de la mesme Abbaye, Accusés, Appelans et Intimés. Contre Madame la Maréchale de Créquy, et Monsieur le Duc de l'Ediguière, Accusateurs, Intimés et Appelans. — *Paris,* veuve C. Guillery, *1710;* 30 p. in-folio.

Curieux procès au sujet de l'exhumation des seigneurs de Créquy. La maréchale accusait les religieux d'avoir **enlevé les cercueils** pour en avoir le plomb qui aurait été vendu à Amiens par le religieux Noel Crochet qui faisait retomber la faute sur l'abbé, son supérieur.

Bibl. d'Amiens, Hist., n° 3596.

8349. — Factum pour Hyerôme d'Ogerdias, **Abbé** Régulier de S. Vast de **Moreuil**, Ordre de saint Benoît, Diocèse d'Amiens, défendeur, accusé et demandeur en réparation. Et Jean Gallez, Religieux de la même Abbaye, aussi défendeur accusé et demandeur en réparation. Contre la Dame Maréchale de Créquy, et Monsieur le Duc de Lesdiguière, complaignans. — S. l. n. n., *1710;* 5 p. in-folio.

Ibid., Hist., n° 3596.

8350. — Supplément de factum pour Hyerosme d'Ogerdias, **Abbé** Régulier de St Vast **de Moreüil**, Ordre de saint Benoît, défendeur, accusé, et demandeur en réparation. Contre Madame la Maréchale de Créquy, et M. le Duc de Lesdiguière, complaignans. — S. l. n. n., *1710;* 9 p. in-folio.

Ibid., Hist., n° 3596.

8351. — A Nosseigneurs de Parlement en la Chambre de la Tournelle. *Requête de Jerôme d'Ogerdias et Jean Gallet contre un libelle diffamatoire répandu par Secretier, au nom de Mme de*

Créquy. — *Paris*, Valleyre, 1710; 30 p. in-folio.

Ibid., Hist., n° 3596.

8352. — Arrest portant Condamnation contre l'Attentat Sacrilège commis dans l'Eglise de l'**Abbaye de Moreüil**, par la Prophanation des Sepulchres et Tombeaux des Anciens Seigneurs de la Maison de Crequy. Du 10 Février 1711. — *Paris*, Jacques Le Febvre, 1711; 16 p. in-4°.

Bibl. Pinsard.

* **8353.** — A Nosseigneurs de Parlement en la Chambre de la Tournelle. *Appel d'une sentence rendue contre Noël Crochet, religieux de St Vaast de Moreuil, dans l'affaire de la violation des sépultures des seigneurs de Créquy. Signé: Tribolet.* — S. l. n. n. n. d.; in-folio.

Bibl. Nat^{le}, Thoisy, 331, f° 244.

* **8354.** — Mémoire pour les abbé, prieur et convent de l'**Abbaye de Moreuil**, diocèse d'Amiens... contre M. Sabbatier, évêque d'Amiens... en présence du sieur de la Longueville, curé de Moreuil. *Signé : Manet.* — *Paris*, Paulus-du-Mesnil, 1728; in-folio.

Au sujet du service curial à Moreuil.

Bibl. Nat^{le}, f° Fm, 11692.

8355. — Arrest du Conseil d'Estat du Roy par lequel Sa Majesté sans avoir égard à une Ordonnance du Sieur Intendant d'Amiens, renduë en matière d'Eaux et Forests, a remis les Parties au même état qu'elles étaient avant ladite ordonnance, sauf à elles à se pourvoir pardevant Juges compétens, et a supprimé la Requeste présentée par les Maire et Echevins d'Amiens sur laquelle avait été rendue ladite ordonnance. Du 4 Avril 1746. — *Paris*, P. Prault, 1746; 11 p. in-4°.

Au sujet de **pêcheurs** qui avaient barré la rivière de **Moreuil**.

Bibl. d'Amiens, Hist., n° 3795.

8356. — Mémoire signifié pour les Habitans et Communauté du Bourg de **Moreuil**, Appelans de la Sentence du Bailliage de Montdidier du 31 Juillet 1749; Contre les Habitans et Communauté du Village de **Morisel**, Intimés. *Signé : Gervaise de la Touche.* — *Paris*. Paulus du Mesnil, 1755; 23 p. in-folio.

Pour la propriété de 100 journaux de marais.

Arch. dép. de la Somme, E, 594.

8357. — Précis servant de réponse au Mémoire des Habitans de **Moreuil** et à leurs deux Requêtes de productions nouvelles, du même jour, 30 Avril 1755. Pour la Communauté, et les Syndic et Habitans de **Morisel**, Intimés. Contre la Communauté et les Syndic et Habitans de Moreuil, Appellans d'une Sentence du Bailliage de Montdidier, du 31 Juillet 1749, confirmative d'une autre Sentence de la Prévôté de la même Ville, du premier Mars 1731. *Signé : Trannoy.* — *Paris*, Chardon, 1755; 20 p. in-folio.

Ibid., E, 594.

* **8358.** — Mémoire pour le comte de Riancourt, seigneur de Baucourt, intimé. Contre Me Loüis Sylvestre d'Inglebert, **abbé** commendataire de Saint Vaast **de Moreuil**, appelant. *Signé : Gin.* — *Paris*, Cellot, 1763; in-folio.

Bibl. Nat^{le}, Mss. Joly de Fleury, 1845, f° 55.

8359. — Arrêt du Conseil d'Etat du Roi qui maintient la Dame Duchesse d'Elbeuf, dans la possession et jouissance des Droits de Cayage ou Quéage et de Déchargeage, par elle prétendus sur les Denrées et Marchandises allant et venant sur le Canal ou Rivière de **Moreuil**. Du 26 Mars 1774. — Amiens, veuve Godart; plac. in-folio.

Arch. dép. de la Somme, C, 1214.

8360. — Mémoire pour les Habitans, Corps et Communauté du village de **Morisel**, demandeurs; Contre la Communauté du bourg de **Moreuil**, défenderesse. *Signé : Vautrin.* — *Paris*, Demonville, 1786; 30 p. in-4°.

Affaire de possession de marais.

Ibid., E, 594.

8361. — Mémoire pour les Habitans et Communauté du Bourg de **Moreuil**, défendeurs. Contre les Habitans et Communauté du village de **Morisel**, demandeurs. Signé : *Godart de Sergy*. — *Paris*, Delaguette, 1786 ; 43 p. in-4°.

Ibid., E, 594.

8362. — Château et Eglise de **Moreuil**, *par A. Goze*. — 39 p. gr. in-8° av. 2 pl.

Chât., Beffrois, etc., t. II.

8363. — Les Fêtes religieuses du **Château de Moreuil** (7 et 9 Juin 1868), par l'Abbé J. Corblet. — Amiens, Lambert-Caron ; 15 p. in-8°.

8364 — Sanctuaire et **Pèlerinage** de Notre-Dame de Lorette à **Moreuil**, ancienne province de Picardie.— Rome, 1878 ; 127 p. in-12.

8365. — Château de **Moreuil**. Collection. Première partie. Catalogue de la Galerie des **Tableaux**. — Abbeville, Retaux, 1884 ; 272 p. in-12.

8366. — Panégyrique de Saint Vaast prêché dans l'ancienne Abbatiale Paroisse de **Moreuil** (Somme) le 15 Juillet 1886 par Mgr Hugues de Ragnau. — Abbeville, Retaux, 1886 ; 35 p. in-8°.

8367. — Notice sur des **Tableaux** de Louis David et d'Ingres au Château de **Moreuil** en Picardie, par Emile Delignières. — Paris, Plon, 1890 ; 12 p. in-8° et 1 pl.

8368.—Cour de Cassation. Chambre des Requêtes. Affaire du Plessis-Bellière. Plaidoirie de Mᵉ Sabatier pour S.S. le Pape Léon XIII et S. E. le Cardinal Rampolla, *au sujet du legs du château de* **Moreuil**.— Paris, Alcan-Lévy, 1894 ; 73 p. in-8°.

8369. — Le Petit **Echo de l'Avre** et de la Noye, journal hebdomadaire, commercial, politique et agricole des Cantons de Moreuil et d'Ailly-sur-Noye.

Le premier n° est du 21 octobre 1897 ; gr. in-8°.

8370.— Mémoire pour Jean-Jacques-Martin et François Boisart, Jean-Suplie et Marie Boisart sa femme, tous Laboureurs et Marchands à **Arvillers**, Enfans et Héritiers de défunt Joseph Boisart, ayant repris en son lieu et place par acte reçu au Greffe de la Cour le 16 Mars 1758, Appelans d'une Sentence rendue aux Requêtes du Palais le 13 Mars 1753, et Demandeurs. Contre Dame Innocente-Catherine de Rongé (*sic*)-Duplessis-Bellière, ci-devant Veuve de Messire Sébastien, chef du nom et armes de la Maison de Kenoen-Kerkournadec, Marquis de Coetanfao, aujourd'hui femme séparée, quant aux biens, de Messire Emmanuel-Maurice de Lorraine Duc d'Elbeuf, Intimée et Défenderesse. Signé : *Auvray*. —*Paris*, Chesnault, 1761 ; 44 p. in-folio.

Au sujet de droits seigneuriaux sur Arvillers.
Bibl. H. Macqueron.

8371. — **Démuin**, *par Alcius Ledieu*.

La Picardie, t. X, 1875-77, p. 241 à 248 ; in-8°.

8372. — Un Village du Santerre. **Démuin** et ses Seigneurs, par M. Alcius Ledieu. — Amiens, Lenoel-Herouart, 1888 ; 68 p. in-8°.

Extr. de la Picardie.

8373. — Rapport sur le concours d'Histoire (*Histoire de* **Démuin**), par M. Guerlin. Séance publique du 29 Juillet 1888.

Bull. Soc. Ant. Pic., t. XVI, p. 494 à 511 ; in-8°.

8374. — **Démuin**. Notice historique par Alcius Ledieu.

Ann. de la Somme, 1890, p. 406 à 410 ; in-12.

8375. — Monographie d'un Bourg picard. 1ʳᵉ Partie. Introduction à l'Histoire de **Démuin**, par Alcius Ledieu. — Paris, A. Picard, 1890 ; VII-166 p. in-12 av. 31 fig.

Cet ouvrage a été publié sans aucun changement avec le titre : Petite Histoire des Paysans Picards, par Alcius Ledieu. — Paris, Picard, 1890.

8376. — Monographie d'un Bourg picard. 2ᵉ Partie. L'Histoire de **Démuin** depuis les temps les plus reculés jusqu'à nos jours, par Alcius Ledieu. — Paris, A. Picard, 1889; 11-171 p. in-12 av. 8 pl.

8377. — Monographie d'un Bourg picard. Troisième partie. Traditions populaires de **Démuin**, par Alcius Ledieu. — Paris, A. Picard, 1892; 238 p. in-12 av. 16 fig.

8378. — Monographie d'un Bourg Picard. 4ᵉ Partie. Petit Glossaire du Patois de **Démuin**, par Alcius Ledieu. — Paris, A. Picard, 1893; XVI-232 p. in-12.

8379. — Création de deux foires annuelles et d'un marché hebdomadaire à **Démuin** *en 1526*.

Cab. hist. Pic. et Art., t. I, p. 108 à 110; in-8°.

8380. — Le 24 août. Office de Saint-Ouen, patron de la paroisse de **Démuin**. — Amiens, Caron et Lambert ; 15 p. in-12.

8381. — Mémoire signifié pour Maître Louis Joseph Guerard, Prêtre, Curé de la Paroisse de Notre Dame de Doullens, Chapelain de la Chapelle de Saint-Augustin, érigée en l'Eglise Cathédrale d'Amiens, Défendeur et incidemment Demandeur. Contre les Sieurs Prieur et Chanoines Reguliers de l'Abbaye de Saint-Acheul-lès-Amiens ; Et contre Messire Philbert-Bernard de Bauldry, Abbé Commendataire de l'Abbaye de Saint-Fuscien-aux-Bois, Demandeurs au principal, et incidemment Défendeurs. Et encore contre Louis Dumont, Laboureur à Domart, Défendeur. *Signé : Morgan*. — Amiens, veuve Godart, 1749 ; 25 p. in-folio.

Au sujet des dîmes de **Domart-sur-la-Luce**.
Bibl. d'Amiens, Hist., n° 3823, 26.

8382. — Contredits pour Messire Philbert Bernard de Bauldry, Abbé Commendaire (*sic*) de l'Abbaye de Saint-Fuscien ; et les Prieur et Chanoines Reguliers de l'Abbaye de Saint-Acheul-lès Amiens, Demandeurs et incidemment Défendeurs. Contre le Sieur Pierre Francois Dincourt, Seigneur d'Hangard et du Fief de Metz ; et encore contre Maître Louis-Joseph Guerard, Curé de la Paroisse de Notre Dame de Doullens et Chapelain de la Chapelle de Saint-Augustin, Défendeurs et incidemment Demandeurs. *Signé : Caron*. — Amiens, veuve Godart, 1749 ; 24 p. in-folio.

Ibid., n° 3823, 24.

8383. — Mémoire signifié pour messire Philbert Bernard de Baudry, Abbé Commendataire de l'Abbaye de Saint-Fuscien, et les Prieur et Chanoines Reguliers de l'Abbaye de Saint-Acheul-lès-Amiens, gros Décimateurs de la Paroisse de **Domart sur la Luce**, Demandeurs au principal et incidemment Defendeurs. Contre Maître Louis-Joseph Guerard, Prêtre, Curé de la Paroisse de Notre Dame de Doullens, et encore contre le Sieur Pierre François Dincour, Seigneur d'Hangard, le premier en sa qualité de Chapelain de la Chapelle de Saint-Augustin érigée en l'Eglise Cathédrale d'Amiens, et le second en sa qualité de Seigneur du Fief de Metz, se disant gros Décimateurs aussi de la Paroisse de Domart, à cause d'un Fief appellé le Fief de Mons, qu'ils prétendent être en ladite Paroisse, Défendeurs et incidemment Demandeurs *Signé : Caron*. — S. l. n. n., *1750* ; 24 p. in-folio.

Ibid., Hist., n° 3823, 27.

8384. — Observations pour Messire Philbert-Bernard de Bauldry, Abbé Commendataire de l'Abbaye de Saint-Fuscien ; et les Prieur et Chanoines Réguliers de l'Abbaye de Saint Acheul-lès-Amiens, Demandeurs. Contre Maître Louis-Joseph Guerard, Curé de la Paroisse de Notre-Dame de Doullens, et Chapelain de la Chapelle de S. Augustin ; et encore contre le Sieur Pierre-François Dincourt, Seigneur d'Hangard et du Fief de Metz, Defendeur. *Signé : Caron*. — S. l. n. n. n. d. ; 27 p. in-folio.

Ibid., n° 3823, 23.

8385. — Nouvelles Observations pour Messire Philbert Bernard de Bauldry, Abbé Commendataire de l'Abbaye de Saint-Fuscien, et les Prieur et Chanoines Reguliers de l'Abbaye de Saint Acheul-lès-Amiens, Demandeurs et incidemment Défendeurs. Contre Maitre Louis-Joseph Guerard, Curé de la Paroisse de Notre-Dame de Doullens, et Chapelain de la Chapelle de Saint-Augustin ; et encore contre le Sieur Pierre François Dincourt, Seigneur de Hangard et du Fief de Metz, Défendeurs et incidemment Demandeurs. *Signé : Caron* — Amiens, veuve Godart, 1750 ; 12 p. in-folio.

Ibid., n° 3823, 29.

8386. — Contredits servant de Salvations que met pardevant Vous Monsieur le Lieutenant Général au Bailliage d'Amiens. Pierre François Dincourt, Ecuyer, Seigneur d'Hangard et autres lieux, Défendeur. Contre Messire Philbert-Bernard de Bauldry, Abbé Commendataire de l'Abbaye de Saint Fuscien-aux-Bois ; et les Sieurs Prieur et Chanoines Réguliers de l'Abbaye de Saint-Acheul-lès-Amiens, Demandeurs. *Signé : Morgan*. — Amiens, veuve Godart, 1750 ; 18 p. in-folio.

Ibid., n° 3823, 25.

8387. — Mémoire signifié pour les Prieur et Chanoines Reguliers de l'Abbaye de Saint-Acheul-lès-Amiens, Ordre de S. Augustin, Congregation de France, Defendeurs. Contre Louis-Joseph Guerard, Prêtre, Curé de N. Dame de Doullens, et Chapellain de la Chapelle de S. Augustin, erigée en l'Eglise Cathedrale d'Amiens, se disant, en cette dernière qualité, gros Décimateur de la Paroisse de **Domart sur la Luce**, Demandeur ; Jean-Joseph Levasseur, Prêtre, Curé de la paroisse de Hangard ; Pierre François Dincourt, Ecuyer, Seigneur du même lieu ; Philbert Bernard de Baudry, Abbé de l'Abbaye de S. Fuscien-aux-Bois : tous trois assignés en assistance de cause. En présence de Pierre Lozé, Prêtre Curé de la Paroisse de Domart, aussi assigné en assistance de cause. — *Paris*, Le Breton, 1752 ; 9 p. in-folio.

Ibid., n° 3823, 28.

8388. — Mémoire pour Maître Joseph Pourchel, Prêtre Curé de **Domard sur la Luce**. Contre les sieurs Prieur et Chanoines Reguliers de l'Abbaye de St Acheul-lès-Amiens. *Signé : Benoist*. — S. l. n. n., 1762 ; 27 p. in-4°.

Question de dimes.
Bibl. de M. l'abbé Gosselin.

8389. — Mémoire signifié pour les Prieur et Religieux de Saint Acheul et autres, Décimateurs de la Paroisse de **Domart**, Appellans ; Contre le Sieur Pourchel, Curé de Domart, Intimé. — Paris, Knapen, 1762 ; 13 p. in-folio.

Bibl. d'Amiens, Hist., n° 3823, 20.

8390. — Les Etrangers en Picardie. Les Princes de Savoie-Carignan, derniers Seigneurs de **Domart sur la Luce**, par Alcius Ledieu. — Abbeville, Fourdrinier, 1892 ; 46 p. in-12 av. 1 pl., 2 fig. et 1 tabl. généal.

8391. — Mémoire pour le sieur François Dupont, Négociant à Camps en Amiénois, Intimé. Contre les Sieurs Pierre le Scellier, Chanoine ; Adrien le Scellier, Clerc tonsuré ; et Claude-Charles le Scellier, Bourgeois d'Amiens, héritiers de la Demoiselle Piquet, fille majeure, Appellante. — Paris, Knapen, 1783 ; 28 p. in-4°.

Au sujet de la possession du fief de St Marc-en-Chaussée, commune de **Fresnoy-en-Chaussée**.
Bibl. A. de Caieu.

*** 8392.** — Mémoire pour messire Denis Leblond, prieur commendataire du prieuré de Notre-Dame de Montdidier, Ordre de Cluny, et en cette qualité curé primitif de la paroisse d'**Hangest**... Contre M° Firmin de l'Espine prêtre curé vicaire perpétuel d'Hangest ... *Signé : Brunet.* — Paris, Simon, 1735 ; in-folio.

Bibl. Nat¹⁰, f° Fm, 9131.

8393. — Mémoire signifié pour messire Antoine de la Myre, seigneur de la Mothe, baron et châtelain d'Hangest et d'Avennescourt..... contre les doyen, chanoines et chapitre de l'église de Saint-Quentin, seigneurs d'un fief situé à **Hangest**... *Signé : Lequeux.* — Paris, Simon, 1737 ; in-folio.

Ibid., f° Fm, 8558.

8394.— Mémoire signifié pour Dame Louise Luce-Philippine-Josèphe Cardevaque de Gouy, veuve de Messire Gabriel-Melchior Comte de Lamyre, Seigneur Baron Chatelain des Terres d'Angest, d'Avesnecourt, et autres lieux. Lieutenant de Roi de la Province de Picardie, tutrice des enfans mineurs d'elle et dudit Comte de Lamyre, et Messire Jean-François de Lamyre, Comte de Mory, Chevalier de l'Ordre de Malte, et Capitaine des Gardes de M. le Prince de Conti, oncle paternel et-subrogé-tuteur des enfans mineurs dudit défunt Comte de Lamyre, Appellans, Demandeurs et Défendeurs. Contre les Doyen, Chanoines et Chapitre de l'Eglise Royale de la Ville de Saint-Quentin, Intimés, Défendeurs et Demandeurs. — *Paris*, Demonville, 1781 ; 60 p. in-4°.

Au sujet des droits seigneuriaux d'**Hangest-en-Santerre**.
Bibl. de Roye.

8395. — Deux Villages du Santerre. **Ignaucourt** et **Aubercourt**, par Alcius Ledieu. — Amiens, Delattre-Lenoel, 1881 ; 89 p. in-8°.

Ext. de la Picardie.

8396. — Mémoire pour Florent de Sachy, Ecuyer, Seigneur du Marcellet, Ignaucourt, du Quesnoi et autres Lieux, Défendeur ; et Dame Marie-Elisabeth Linard d'Aveluy, son Epouse, Intervenante. Contre Messire Jean-François Daguesseau, Chevalier, Conseiller Honoraire en la Cour des Aides, Seigneur d'Happeglène, Aubercourt et autres Lieux, Demandeur. — Amiens, veuve Godart, 1760 ; 66 p. in-4°.

Au sujet de la terre et seigneurie d'**Ignaucourt**.
Bibl. d'Amiens, Jurisp., n° 841, t. IV.

8397. — Mémoire signifié pour Messire Jean-François d'Aguesseau, Chevalier, Conseiller du Roi, Honoraire en sa Cour des Aydes de Paris, Seigneur d'**Ignaucourt**, d'Happeglenne, d'Aubercourt et autres lieux. Contre le Sieur Florent de Sachy, Ecuyer, Seigneur de Marcelet et du Quesnoy, et Dame Marie-Elizabeth Linard Davelui, son épouse. — S. l. n. n., *vers 1760 ;* 102 p. in-4°.

Ibid., Jurisp., n° 841, t. IV.

8398. — Mémoire pour M. d'Aguesseau, Conseiller honoraire en la Cour des Aydes, Seigneur d'**Ignaucourt**. Happeglenne, Aubercourt et autres lieux, Demandeur et Défendeur. Contre le Sieur Sachy de Marcelet, Seigneur d'Ignaucourt, du Quesnoy, Défendeur et Demandeur. — *Paris*, Ch. Est. Chesnault, 1762 ; 35 p. in-4°.

Au sujet de la seigneurie d'Ignaucourt.
Bibl. de Roye.

8399.— Mémoire servant de réponse au Mémoire de M. d'Aguesseau pour Florent de Sachy, Ecuyer Seigneur de Marcellet, **Ignaucourt**, Duquesnoy et autres lieux, Conseiller du Roi et son Procureur au Bailliage et Siège Présidial d'Amiens ; et Dame Marie-Elisabeth Limard d'Aveluy son épouse, Défendeurs et Demandeurs. Contre Monsieur d'Aguesseau, Conseiller Honoraire en la Cour des Aides, Demandeur et Défendeur. — *Paris*, Knapen, 1763 ; 28 p. in-folio.

Anc^{ne} Bibl. de Marsy.

8400. — Précis pour Florent de Sachy, Ecuyer, Seigneur de Marcellet, **Ignaucourt**, du Quesnoy, et autres lieux, Conseiller du Roi, et son Procureur au Bailliage Présidial d'Amiens, et Dame Marie-Elisabeth Linard d'Aveluy, son épouse, Intimés. Contre M. d'Aguesseau, Chevalier, Conseiller du Roi honoraire en sa Cour des Aydes de Paris, Seigneur d'Happleglène-sous-Ignaucourt, d'Aubercourt et autres Lieux, Appellant. — *Paris*, Knapen, 1765 ; 32 p. in-4°.

- Bibl. d'Amiens, Jurisp., n° 841, t. IV.

8401. — Mémoire pour le sieur de Mézières, Lieutenant Général des Armées du Roy et Gouverneur des Villes et Citadelles d'Amiens et de Corbie. Contre le Sieur d'Eclainvilliers, comme Tuteur de ses enfans et de la dame de Bonvilé, sa femme, qui est encore en vie. *Signé : Blondin.* — *Paris*, Knapen, *après 1714;* in-folio.

Au sujet du fief de Bézieux ou Badevilliers, relevant de la terre de **Mézières**.

Arch. dép. de la Somme, E, 32.

8402. — *Arrêt, du 12 août 1719, relatif aux droits du seigneur de* **Mézières** *et rendu sur cette question :* Si dans la Coutume de Péronne, Montdidier et Roye, où suivant les articles 72 et 73, le Vassal peut bailler à cens, surcens et revenus, à long tems ou à toujours ce qui compose son Fief, sans que pour ce bail à cens il soit dû profit au Seigneur Féodal : Un bail à cens peut être fait avec des deniers d'entrée considérables, sans qu'il en soit du profit au Seigneur.

Journ. des Aud du Parl., par Duchesne. — Paris, 1754, t. VII, p. 284 et 285 ; in-folio.

8403. — Découverte archéologique faite à la **Neuville-sire-Bernard**.

Bull. Soc. Ant. Pic , t. IV, p. 263 à 265; in-8°.

8404. — **Pierrepont**-sur-Avre.

Cab. hist. Pic. et Art., t VI, p. 177 et s. ; in-8°.

8405. — Les Sépultures Gallo-Romaines de **Pierrepont**-sur-Avre (Somme). Communication faite à la Société des Antiquaires de Picardie, par C. Boullenger. — Paris, Lechevalier, 1900 ; 48 p. in-8° et 4 pl.

*8406. — Mémoire pour Dom Adrien de La Cour,... prieur titulaire et curé primitif du prieuré et église de Notre Dame de **Pierrepont**, appelant d'une sentence rendue au bailliage de Montdidier, le 7 juin 1710.... contre M° Jacques Henry, vicaire perpétuel, et les marguilliers et habitants de ladite paroissé de Notre-Dame de Pierrepont. *Signé : Gaultier.* — *Paris*, V° C. Guillery; in-folio.

Bibl. Nat^{le}, f° Fm, 8160.

8407. — Arrest du Conseil d'Etat du Roi, qui maintient le sieur marquis d'Hautefort dans un droit de péage ou travers au lieu de **Pierrepont**, généralité d'Amiens. Du 27 Février 1750. — Paris, Imprimerie Royale, 1753; 3 p. in-4°.

Autre édition en plac. in-folio.

Arch. dép. de la Somme, C, 1209.

8408. — Réclamation de Monsieur le Comte de Clermont-Tonnerre de Thoury; Contre les Sieurs Lepage, détenteurs de ses moulins de **Pierre-Pont**. — Abbeville, Devérité, *1816;* 40 p. in-4°.

Bibl. d'Amiens, Jurisp. n° 1695.

8409. — Notice sur le **Plessier-Rozainvillers**, par l'abbé Marchand. — Abbeville, 1889 ; 93 p. in-8° av. 2 pl.

8410. — Relation de ce qui s'est passé dans la mission faite au village du **Plessis-Rozainvilliers** près Mondidier, diocèse et à six lieues d'Amiens, par les Prestres de la Congrégation de la Mission, appelés vulgairement Lazaristes au Mois d'avril 1739. — S. l. n. n., MDCCXXXIX ; 24 p. in-12.

Bibl. Pinsard.

8411. — Extrait des Registres de

Parlement. Du 6 Février 1753. — Paris, P. G. Simon, 1753 ; in-4°.

<small>Arrêt rendu contre Boutord, curé de **Plessier-Rozainvilliers**, pour prônes scandaleux.
Bibl. H. Macqueron.</small>

8412. — Conjecture sur l'usage des Souterrains qui se trouvent en grand nombre en Picardie *et particulièrement sur ceux du* **Quesnel-en-Santerre**, *par l'abbé Lebeuf.*

<small>Hist. Acad. Ins. et B.-Lett., t. XIII, p. 314 à 323 av. pl.; in-4°.</small>

8413. — Rapport sur les Fouilles exécutées au hameau de St Marc (*commune du* **Quesnel-en-Santerre**), par M. Buteux. Notes de M. Blin de Bourdon sur les Fouilles exécutées à St Marc.

<small>Mém. Soc. Ant. Pic., t. III, 1840, p. 237 à 260 ; in-8°.</small>

8414. — Alcius Ledieu. Sur les Souterrains du **Quesnel-en-Santerre**. — Montdidier, 1887 ; 11 p. in-8° et 1 pl.

8415. — Accord conclu entre Jean, maire de **Thennes** et les Maître, Frères et Sœurs de la Maladrerie de Moreuil (Novembre 1256).

<small>Cab. hist. Pic. et Art., t. I, p. 322 à 325 ; in-8°.</small>

8416. — Arrest du Conseil d'Etat du Roy, qui maintient le sieur de Gouffier dans un droit de péage sur le pont de **Thennes**, généralité d'Amiens, à la charge d'entretenir ledit pont et la chaussée. Du 5 juillet 1740. — Paris, Imprimerie Royale, 1752 ; 3 p. in-4°.

<small>Bibl. H. Macqueron.</small>

8417. — E. d'Acy. Observations sur le gisement quaternaire de **Thennes** (Somme). Extrait de la Revue : Matériaux pour l'histoire primitive de l'Homme. — Toulouse, Gibiac, 1879 ; 7 p. in-8°.

8418. — Arrest du Conseil d'Etat du Roy, qui supprime les Droits de Péage, Travers ou de Chaussée, prétendus au Village de **Warsies** par la Dame de Belleforière ou ses Représentants. Du 11 Janvier 1749. — S. l. n. n. ; plac. in-folio.

<small>Arch. dép. de la Somme, C, 1208.</small>

8419. — Lettre à M. le Président de la Société des Antiquaires de Picardie sur une trouvaille de monnaies anciennes faite à **Warsy** (Somme), en mai 1866, par M. l'abbé Gosselin. — Amiens, Lemer aîné, 1867 ; 8 p. in-8°.

<small>Extr. Bull. Soc. Ant. Pic.</small>

8420. — Mémoire signifié pour Claude Boullanger, Ecuyer, Seigneur de Rivery, Conseiller en la Cour des Monnoyes de Paris, Héritier par bénéfice d'Inventaire, et Créancier hipotéquaire du sieur de Course, Appellant d'une Sentence rendüe au Bailliage d'Amiens le 31 Janvier 1746. Contre Jean-Baptiste Thierry, Seigneur de Viencourt, Lieutenant-Général au Bailliage d'Amiens, Intimé. — S. l., Delespine, 1748 ; 10 p. in-folio.

<small>Au sujet du fief de Course, voisin de celui de **Wiencourt**.
Bibl. de Péronne.</small>

8421. — Office de Saint Nicolas, évêque de Myre, patron de la paroisse de **Wiencourt**, transféré au 9 mai, jour de la translation de ses reliques. — Amiens, Lenoel-Herouart, 1841 ; in-12.

CHAPITRE V

CANTON DE ROSIÈRES

8422. — Rosières - en - Santerre, par M. Pouy. — Amiens, Alfred Caron, 1864 ; 23 p. in-8°.

8423. — Qve l'on a liberté d'aller mouldre où l'on veut quand le seigneur n'a droict de Moulin. *Arrêt, du 25 mai 1561, relatif au moulin banal de la Seigneurie de* **Rosières-en-Santerre**.
Arr. célèb. et mémor... par Le Vert. — Paris, Fouet, 1612, p. 326 à 330 ; in-4°.

8424. — Mémoire sur l'appointement pour Messire Frédéric Rodolphe, Comte de Rottenbourg, Lieutenant Général des Armées du Roy de Prusse, Chevalier de l'Aigle Noir, et Dame Anne-Gabrielle de Beaudan de Parabère, son Epouse, Seigneurs Voyers, Hauts, Moyens et Bas Justiciers de la Terre, Seigneurie et Paroisse de **Rozière**. Contre le Sieur Jean Ozenne, Prêtre et Prieur Commendataire du Prieuré de Lihons en Santerre. — *Paris*, P. Prault, 1745 ; 11 p. in-folio.
Au sujet des moulins banaux et de la construction d'un moulin par Ozenne.
Bibl. H. Macqueron.

8425. — Précis de la Cause entre les Comte et Comtesse de Rottembourg et l'Abbé Ozenne, et réfutation du Mémoire de l'Abbé Ozenne contenant dix-huit feuilles. — Paris, Prault, 1745 ; 9 p. in-folio.
Bibl. Pinsard.

8426. — Second mémoire pour Messire Frédéric-Rodolphe Comte de Rottembourg, Major-Général des Troupes du Roy de Prusse, Chevalier de l'Aigle Noir, et Dame Anne-Gabrielle de Beaudean de Parabère, son épouse, Seigneurs Voyers Hauts, Moyens et Bas Justiciers de la Terre, Seigneurie et Paroisse de **Rozière**. Contre le sieur Jean Ozenne, Prêtre et Prieur Commendataire du Prieuré de Lihons en Santerre.— *Paris*, Prault, 1745 ; 10 p. in-folio.
Ibid.

8427. — Extrait exact de toutes les Pièces communiquées par l'Abbé Ozenne. — S. l. n. n. n. d.; 16 p. in-folio.
Ibid.

8428. — Précis pour Adélaïde-Victoire Cannet, veuve de Jean-Baptiste-Augustin Bosquillon de Blangy, Président Trésorier de France au bureau des finances d'Amiens, tutrice de leurs enfans mineurs, Dame et seule Voyere de **Rosière**, Appelante ; Contre Dom Corial, Religieux Bénédictin, Prieur du prieuré de Saint-Arnoult, de Crépy-en-Valois, seigneur du fief d'Avesnes, situé à Rosière, Intimé. — *Paris*, d'Houry, 1777 ; 11 p. in-4°.
Bibl. de Roye.

8429. — Cérémonie de la Translation d'une Relique de St Omer, Patron du Bourg de **Rosières**, chef-lieu du Canton, le Dimanche 7 Septembre 1817. — Amiens, Caron-Vitet ; 7 p. in-12.

8430. — *Office de* La Fête de Saint-Omer, évêque de Terouanne, patron de **Rozières**. — Chaulnes, N. F. Dauphigny, s. d. ; 48 p. in-16.

8431. — **Beaufort** et ses Seigneurs, par l'abbé Joseph Hoin. — Amiens, Plaisant, 1878 ; 607 p. in-8° et 8 pl.

8432. — Objets de l'instance pour Messire Marie-Antoine Dumaisniel, Chevalier, Seigneur de Beaufort, Bouchoir et autres lieux, Appellant, Intimé et Défendeur. Et la Dame le Fort, Dame de Quesnel, aussi Intimée et Défenderesse. Contre le Chapitre d'Amiens, Intimé, Appellant et Demandeur. Et contre Messire Menelé-Hyacinthe de Bonnaire, Chevalier Seigneur de Namps-Aumont, Chevalier de l'Ordre Royal et Militaire de Saint Louis, aussi Appellant et Demandeur. — *Paris*, d'Houry, 1767 ; 11 p. in-4°.

Au sujet des droits de seigneurie de **Beaufort**.
Bibl. de Roye.

8433. — Extrait des Registres de Parlement. *Arrêt relatif à la Terre et Seigneurie de* **Bouchoir***; du 1 Avril 1645.* — S. l. n. n. ; 29 p. in-4°.

Bibl. H. Macqueron.

8434. — Mémoire pour Dame Marie-Renée de Belleforière de Soyecourt, Veuve de Monsieur de Boisfrant, Maître des Requêtes, opposante à l'ordre du prix de la Terre de **Bouchoir** et des autres biens de la Maison de Cavoie. Contre Dame Françoise Aubery, Veuve de Monsieur Gilbert Oger de Cavoie, poursuivant l'ordre. *Signé : Michel* — *Paris*, C. L. Thiboust, *vers 1715 ;* 4 p. in-folio.

Bibl. H. Macqueron.

8435. — Notice sur l'ancienne Seigneurie et Eglise de **Caix en Santerre**. — 39 p. gr. in-8° av. 1 pl.

Chât. Beffrois, t. II.

8436. — Notice sur une découverte d'objets celtiques faite à **Caix**, canton de Rosières (Somme), en 1865, par M. J. Garnier.

Mém. Soc. Ant. Pic., t XXII, p. 375 à 384 av. 4 pl. ; in-8°.
Voir aussi Rev. archéol., 1867, p. 314 à 318 ; in-8°.

8437. — Mémoire signifié pour le Marquis de Soyecourt et Consorts, Seigneurs de Roye, Défendeurs et Demandeurs. Contre le Comte et la Comtesse de Mailly, Demandeurs et Défendeurs. Et encore contre M. le Duc de Chaulnes, et la Marquise Duplessis-Bellière, Défendeurs et Demandeurs. — *Paris*, Brunet, 1750 ; 22 p. in-folio.

Au sujet de la seigneurie de **Chilly** ; nombreux documents.
Bibl. de Péronne.

8438. — Mémoire pour le Chapitre de l'Eglise d'Amiens, Seigneur Haut-Justicier de **Folie**, et pour les Officiers de ladite Justice de Folie, Défendeurs. Contre la Communauté des Notaires Royaux de Montdidier, Demandeur. — Paris, P. G. Simon, 1777 ; 31 p. in-4°.

Au sujet du monopole des notaires de passer tous actes de juridiction volontaire.
Bibl. d'Amiens, Hist., n° 3814, t. I.

8439. — Mémoire pour les Notaires Royaux du Bailliage de Montdidier, demandeurs et défendeurs ; contre Etienne le Roi, lieutenant de la Haute-Justice de **Folie**, Augustin Riquebourg, Procureur Fiscal, et Charles Douvillé, Greffier, défendeurs ; et encore contre les Doyen, Chanoines et Chapitre de l'Eglise d'Amiens, Seigneurs Hauts Justiciers de Folie, défendeurs intervenans et demandeurs. *Signé : Delafortelle*. — Paris, Delaguette, 1777 ; 29 p. in-4°.

Bibl. de Beauvillé.

8440. — Mémoire pour les Notaires Royaux au Bailliage de Montdidier. Contre le Chapitre de l'Eglise Cathédrale d'Amiens, Seigneur Haut-Justicier de **Folie** ; Et contre les Bailli, Lieutenants, Procureur-Fiscal et Greffier de ladite Justice. — *Paris*, d'Houry, 1782 ; 50 p. in-4°.

Bibl. H. Macqueron.

8441. — Réflexions décisives pour les Notaires Royaux du Bailliage de Montdidier. Contre le Chapitre d'Amiens. — *Paris*, Quillau ; 12 p. in-4°.

Ibid.

8442. — Observations pour les Notaires Royaux du Bailliage de Montdidier. Contre les Doyen et Chapitre d'Amiens. — *Paris*, d'Houry; 31 p. in-8°.

Ibid.

8443. — Réponses signifiées pour les Doyen, Chanoines, Syndic et Chapitre de l'Eglise d'Amiens : aux Observations imprimées des Notaires Royaux du Bailliage de Montdidier. — Paris, d'Houry, 1785; 27 p. in-4°.

Bibl. d'Amiens, Hist., n° 3814, t. I.

* 8444. — Réplique signifiée pour les Notaires Royaux du Bailliage de Montdidier aux réponses signifiées du Chapitre d'Amiens. *Signé : Viel.* — *Paris*, d'Houry, 1786 ; 14 p. in-4°.

Bibl. de Beauvillé.

8445. — Résumé signifié pour les Doyen, Chanoines et Chapitre de l'Eglise d'Amiens ; en réponse au dernier écrit intitulé : Réplique signifiée pour les Notaires Royaux au Bailliage de Montdidier. — *Paris*, d'Houry, 1786 ; 24 p. in-4°.

Bibl. d'Amiens, Hist., n° 3814, t. I.

8446. — Abrégé des citations de loix et d'autorités qui prouvent le droit exclusif qu'ont les Notaires et Tabellions de passer tous actes de juridiction purement volontaire. Pour les Notaires Royaux du ressort du Bailliage de Montdidier. Contre le Chapitre d'Amiens, Seigneur Haut-Justicier de la Justice purement contentieuse de **Folie.** — *Paris*, Quillau, 1786; 15 p. in-4°.

Bibl. H. Macqueron.

8447. — Alcius Ledieu. **Fransart** et ses Seigneurs. Notice historique et archéologique. — Paris, Picard, 1895; VII-350 p. in-8° av. 4 pl., 1 tabl. généal. et 37 fig. de blason.

8448. — Alcius Ledieu. Logements de Troupes aux Environs de Roye, *principalement à* **Fransart** en 1591-1592 et 1653-1654, d'après les archives du château de Fransart. — Abbeville, 1886; 7 p. in-8°.

Exlr. Cab. hist. Pic. et Art.

* 8449. — Mémoire pour les légataires de la Marquise de Lauray, contre divers, pour la terre de **Fransart**, bailliage de Roye. — Paris, 1742 ; in-folio.

8450. — Mémoire signifié pour Philbert-César des Fossés, Chevalier, Lieutenant de Messieurs les Maréchaux de France, en qualité de tuteur de Philbert-César-Joseph des Fossés, son fils mineur, Défendeur et Demandeur. Contre Charles-Alexandre du Plessier de Fransart, Chevalier de l'Ordre Royal et Militaire de Saint-Louis, ancien Capitaine des Canoniers, Demandeur et Défendeur. Et encore contre Louis-Joseph du Plessier de Funchette, Roch Eugène du Plessier, Sieur d'Hattencourt, et Jacques-Anne du Plessier, Sieur de Certemont, Chevalier de l'Ordre Royal et Militaire de Saint-Louis, Demandeurs et Défendeurs. — *Paris*, Paulus-du-Mesnil, 1752; 37 p. in-folio.

Pour la possession de la terre de **Fransart**.
Bibl. de Péronne.

* 8451. — Mémoire signifié pour Charles-Alexandre du Plessier de **Fransart**... et Jacques Anne du Plessier, Sieur de Certemont... — Paris, 1753; 25 p. in-folio.

8452. — Extrait des Registres du Conseil d'Etat privé du Roi. Du 21 Décembre 1778. *Arrêt rendu en faveur de Charlotte Galhaut, veuve de Charles Alexandre Duplessier et intéressant les seigneuries de* **Fransart**, *Fouquescourt, Hattencourt et Villers-Carbonel.* — Paris, Quillau, 1778 ; 29 p. in-4°.

Bibl. de Roye.

* 8453. — Corps législatif. Projet de résolution présenté au Conseil des Cinq-Cents, par Delecloy, au nom de la com mission spéciale établie pour faire le rapport sur le message du Directoire exécutif du 29 pluviôse (An IV), relatif à la réunion de la commune d'Anguillaucourt à celle de **Guillaucourt**. Première lecture. Séance du 16 ventôse an IV. — Paris, Imprimerie Nationale, ventôse an IV; in-8°.

8454. — Notice sur l'Eglise, la Commune et les Seigneurs d'**Harbonnières**, par A. Goze. — Amiens, Alf. Caron, s. d. ; 34 p. in-12.

8455. — Arrest du Conseil d'Etat du Roy, qui supprime les Droits de Péage ou Travers prétendus par le Sieur Marquis de Soyecourt tant dans le Bourg d'**Harbonnières**, que dans les lieux de Caix, Cayeux et Saint-Mard. Du premier Avril 1749. — S. l. n. n.; plac. in-folio.

Arch. dép. de la Somme, C, 1208.

Autre édition : Paris, Imprimerie Royale, 1752; 2 p. in-4°.

8456. — Sentence du Bailliage de Péronne, qui condamne la nommée Jeanne Testard et autres femmes d'**Harbonnières** au Bannissement, pour s'être tumultueusement opposées à l'enlèvement et au transport de plusieurs Sacs de Bled qui étoient en magasin audit Lieu. Du 3 juillet 1766. — Amiens, veuve Godart, 1766; plac. in-folio.

Arch. dép. de la Somme, C, n° 80.

8457. — Sentence du Bailliage de Péronne qui condamne au Bannissement plusieurs Femmes du Village d'**Harbonnières**, pour vols de Grains dans les Champs. Du neuf Novembre mil sept cent quatre vingt-quatre. — Amiens, J. B. Caron l'aîné ; 4 p. in-4°.

Arch. dép. de la Somme, C, 1564

8458. — Coup d'œil sur l'**Eglise** d'Harbonnières (Somme).

Rev. picarde, n° du 17 sept. 1861, p. 1 et 2.

8459. — Arrest de la Cour de Parlement, qui condamne Jacques Bardoux, Mendiant de Profession, à faire amende honorable devant la principale porte de l'Eglise Royale et Collégiale de Saint-Florent de la Ville de Roye, et à être pendu et étranglé par l'Exécuteur de la haute Justice, pour avoir volé nuitamment avec effraction dans l'Eglise Paroissiale du Village de la **Savatte** (*Chavatte*). Du vingt-huit Août mil sept cent soixante-onze. — Paris, P. G. Simon, 1771 ; 4 p. in-4°.

Bibl. de Roye.

8460. — Précis pour le Sieur Jean-François Veret, Curé de la **Chavatte**, Intimé. Contre le Sieur Puginien, Prieur de Goyencourt, Appellant. — *Paris*, P. M. Delaguette, 1779; 15 p. in-4°.

Question de dîmes ecclésiastiques.
Bibl. de Roye.

8461. — Mémoire signifié pour M° Jean-Baptiste Mercher, Curé de la Paroisse de la Chaussée, diocèse d'Amiens, titulaire de la chapelle de S. Eloy en l'Eglise paroissiale de **Maucourt**, appellant et intimé. Contre M° Simon-Louis-Furcy Lefebvre, Curé de la Paroisse de Maucourt en Sangterre, intimé et appellant. — *Paris*, Vincent, 1756; 11 p. in-folio.

Au sujet de certains droits de la cure de **Maucourt**.
Bibl. d'Abbeville.

8462. — Arrest de la Cour de Parlement qui homologue une ordonnance rendue par les Officiers du Bailliage de Roye, portant Règlement pour l'administration des biens et revenus de la Paroisse de **Maucourt**. Du vingt trois Juin mil sept cent quatre vingt cinq. — Paris, P. G. Simon et N. H. Nyon, 1785; 8 p. in-4°.

Bibl. H. Macqueron.

8463. — Arrest concernant les Ouvriers en Bas au Mestier, de **Meharicourt**, et autres lieux du Pays de Santerre en Picardie. Du 3 Octobre 1719.

Rec. des Règl. conc. les manuf. — Paris, 1730, t. IV, p. 104 à 106 ; in-4°.

8464. — Mémoire signifié pour Monsieur l'Evêque d'Amiens, Demandeur. Contre Messire Alexandre Du Fay, Chevalier, Seigneur, Comte de Vis, de Guillaucourt et autres Lieux, Défendeur. — S. l. n. n., *1723*; 8 p. in-folio.

Contestation sur des immeubles dépendant de la Seigneurie de **Rouvroy**.
Bibl. d'Amiens, Hist., n° 3815, 2.

8465. — Note sur un cimetière ancien, à **Vrély**, canton de Rosières (Somme), par M. Pinsard.

Bull. Soc. Ant. Pic., t. XV, p. 337 à 340 av. 1 fig.; in-8°.

8466. — Cour d'Assises de l'Aisne. Présidence de M. Hecquet de Roquemont. Audiences du Mercredi 4 Novembre au Lundi 16 Novembre 1857. Affaire **Lemaire**, Villet et Consorts.—Amiens, T. Jeunet, 1857; 88 p. gr. in-8° av. 1 pl.

Procès d'une bande d'assassins dont les principaux crimes furent commis à **Vrély** et aux environs.

8467. — La bande **Lemaire** (1857).

Causes célèbres, 48° Livr.; 17 p. gr. in-8° av. 3 fig.

CHAPITRE VI

CANTON DE ROYE

I. VILLE DE ROYE

§ 1. Histoire civile

8467 *bis*. — Promenades dans les environs de **Roye**, par un Bibliomane Royen (*M. Mérisse*).—Montdidier, Mérot, s. d.; 15 p. in-8°.

8468. — **Hydrologie** du Canton de Roye, par Emile Coët. — Arras, Rousseau-Leroy, 1861; 88 p. in-8°.

8469. — **Chronique** royenne, *par Em. Coët.* — S. l. n. n. n. d.; 104 p. in-12.

Recueil de petits articles publiés dans la Gazette de Péronne. Les principaux sont : Un crime à Péronne, Fête du Bouquet à Péronne, Recherches historiques sur Marché-Allouarde, Anciens usages dans la Ville de Péronne, le Parnasse Royen, Bibliothèque de la Ville de Roye, Saint-Florent, patron de la Ville de Roye, le Temple du Silence, Collégiale Saint-Florent, Séjours de Louis XVIII, à Roye, Eglise Saint-Mard, de Roye, etc.

8470. — Remarques historiques sur la Ville de **Roye** en Picardie.

Nouv. rech. sur la France... — Paris, 1766, t. II, p. 113 à 122; in-12.

8471. — **Roye**.

Dict. géogr. des Gaul., par Expilly, t. VI, p. 544 à 547; in-folio.

8472. — **Topographie médicale** de Roye et Description des Maladies épidémiques dans les communes environnant cette ville par le citoyen Mydi, D^r en Médecine à Roye. — S. l. n. n., *1802*; 32 p. in-16.

Bibl. Jules Mollet à Roye.

8473. — Histoire de la Ville de **Roye**, département de la Somme, avec des notes historiques et statistiques sur les communes environnantes, par M. Grégoire d'Essigny, fils. — Noyon, Devin, 1818; 406 p. in-8°.

8474. — Notice historique sur **Roye** et Nesle.

Alman. d'Abbev., 1846, p. 101 à 104; in-16.

8475. — Souvenirs des Villes de Picardie. **Roye**, *par H. Dusevel*.

La Picardie, t. I, 1855, p. 268 à 276; in-8°.

8476. — **Topographie médicale** et statistique de la ville de Roye, par Emile Coët. — Arras, Rousseau-Leroy, 1861; 188 p. in-8°.

8477. — Histoire de la Ville de **Roye**, par Emile Coët. — Paris, Champion, 1880; 2 vol. in-8°, le 1er de V-587 p. av. 12 pl. et le 2e de 625 p. av. 17 pl.

8478. — Prix Le Prince. Rapport sur le Concours de 1868 (Histoire de la Ville de **Roye** par M. E. Coët). Lu dans la Séance publique du 18 Juillet 1869, par M. Ch. Salmon.

Mém. Soc. Ant. Pic., t. XXXIII, p. 53 à 70; in-8°.

8479. — Histoire de la Ville de **Roye**, par Emile Coët. Compte rendu par M. Alcius Ledieu. — Amiens, Delattre Lenoel, 1882; 20 p. in-8°.

Extr. de la Picardie.

8480. — Histoire de la Ville de **Roye**. Comptes-rendus. — Compiègne, Mennecier, 1882; 16 p. in-8°.

8481. — Note sur le camp dit **Vieux-Catil**, près Roye, par M. C. Pinsard.

Bull. Soc. Ant. Pic., t. XIV, p. 451 à 458; in-8°.

8482. — Lettres de Philippe-Auguste, par lesquelles il accorde des **Coutumes** aux habitants de **Roye**; *vers 1183*.

Ord. des Rois de Fr., t. XI, p. 228 à 231; in-folio.

8483. — 1260. Radio reddituum et expensarum Montis Desiderii, Cernici, Novæ Villæ Regis et **Royæ**.

Layett. du Trés. des Ch., t. III, p. 568 et s.; in-8°.

8484. — 1260. Dimanche 20 juin. Etat des revenus et des dépenses de la ville de **Roye**.

Ibid., t. III, p. 528 à 532; in-8°.

8485. — Sauvegarde pour la Ville de **Roye** en Picardie; *mai 1351*.

Ord. des Rois de Fr., t. IV, p. 85 et 86; in-folio

8486. — Lettres, *du 8 septembre 1367*, qui portent, que jusqu'au Jugement du procès pendant au Parlement, entre les Marchands et voituriers de Marée, et les Fermiers des **péages de Roye**, ces Marchands pourront passer avec leurs marchandises, par les chemins qu'ils jugeront à propos, sans payer d'autres peages, que ceux qui sont establis dans les chemins par où ils passeront.

Idid,, t. V, p. 71 et 72; in-folio.

8487. — Lettres portant suppression de la **Commune** de la Ville de **Roye**, en Vermandois; *janvier 1373*.

Ibid., t. V, p. 662 et 663; in folio.

8488. — Lettres de Charles VI, par lesquelles il établit dans la Ville de Roye une **Chambre à sel**, répondant au Grenier à sel de Montdidier; *4 novembre 1401*.

Ibid., t. XII, p. 203 et 204; in-folio.

8489. — L'Epitaphe d'un Gouverneur de **Roye**, *Jacques de Belloy*, par M. G. de Witasse.

Cab. hist. Pic. et Art, t. VI., p. 321; in-8°.

8490. — **Sièges** et Prises de la Ville de **Roye** en 1636 et 1653, par E. Coët. — Amiens, Lemer, 1863; 26 p. in-8°.

Extr. Bull. Soc. Ant. Pic.

8491. — *Lettre de Mgr Faure, du 20 novembre 1666, relative à un* **prétendu miracle** *arrivé au Sr Badilier, dit Tranchemontagne, du régiment d'Auvergne,* *exécuté à Roye en juin précédent.* — S. l. n. n.; 3 p. in-8°.

Bibl. Soc. Ant. Pic.

8492. — La Peste à **Roye** en 1668, *par Fremyn de Sainct Gille.*

Cab. hist. Pic. et Art., t. XI, p. 120 à 133; in-8°.

8493. — Extrait des Registres du Conseil d'Etat. *Arrêt relatif aux* **bonnetiers** *de Roye; du 24 janvier 1719.* — S. l. n. n.; plac. in-folio.

Arch. dép. de la Somme, C, 153.

8494. — Arrest du Conseil d'Estat du Roy qui conserve les Maire et Echevins de la Ville de Roye dans le **droit de Pontonage** par eux perçu dans ladite Ville. Du 8 Avril 1727. — Paris, Imprimerie Royale, 1730; 4 p. in-4°.

Bibl. H. Macqueron.

8495. — Arrest du Conseil d'Estat du Roy, portant suppression des **droits de Pontonage** ou Péage, prétendus par la Dame Belleforiere de Soyecourt, tant sur le petit Pont du Faubourg de Saint-Gilles de la Ville de Roye en Picardie, que sur la Rivière d'Aure, près ledit Pont. Du 24 Février 1733. — S. l. n. n.; plac. in-folio.

Arch. dép. de la Somme, C, 1203.

Autre édition : Paris, Imprimerie Royale, 1742; 2 p. in-4°.

8496. — Arrest du Conseil d'Estat du Roy, par lequel il est ordonné que l'Arrêt du Conseil du 24 Février 1733 portant suppression des **Droits de Pontonage** ou Péage, prétendus par la Dame de Belleforière de Soyecourt, tant sur le petit pont du Faubourg de S. Gilles de la Ville de Roye en Picardie que sur la Rivière d'Aure près ledit Pont sera exécuté selon sa forme et teneur, sans avoir égard aux représentations de ladite Dame de Belleforière dont elle est déboutée. Du 8 Mai 1736. — S. l. n. n.; plac. in-folio.

Arch. dép. de la Somme, C, 1203.

Autre édition : Paris, Imprimerie Royale, 1742; 2 p. in-4°.

8497. — Arrest du Conseil d'Etat du Roy, qui maintient les Maire et Echevins de Roye dans la jouissance d'un **Droit de Péage** en la Ville de Roye, et aux Lieux de Guerbigny, de Saint-Marc et de Réglise, ou Branche de Noijon. Du 22 Février 1752. — S. l. n. n.; plac. in-folio.

Arch. dép. de la Somme, C, 1210.

Autre édition avec quelques variantes dans le titre. Paris, Imprimerie Royale, 1753; 3 p. in-4°.

8498. — Mémoire signifié pour les **Notaires** Royaux de la Ville de Roye, Demandeurs. Contre le sieur Gaullière, Lieutenant General du Bailliage de la même Ville et le Greffier du même Siège, Défendeurs. — *Paris,* Knapen, 1752; 12 p. in-folio.

Au sujet du droit de faire les inventaires.

Bibl. de Roye.

8499. — Arrest du Parlement qui ordonne que les **Notaires** Royaux de la Ville de Roye feront seuls les Inventaires, Partages et autres Actes volontaires. Du 19 Mars 1753. — S. l. n. n.; 6 p. in-4°.

Bibl. de Roye.

*****8500.** — Mémoire pour le sieur Jobart, notaire au bailliage de Roye, contre la prétendue communauté des **notaires** de la même ville. *Signé : Roussel.* — *Paris,* Prault, 1760; in-4°.

Bibl. Nat^{le}, f° Fm, 16153.

8501. — Arrest de la Cour de Parlement, concernant l'exercice de la **Pharmacie** dans la Ville de Roye. Du trente avril 1760. — Paris, P. G. Simon, 1760; 7 p. in-4°.

Bibl. H. Macqueron.

8502. — Chronique royenne. Les Maîtres **Apothicaires,** *par E. Coët.* — Péronne, Récoupé, *1863;* 4 p. in-12.

8503. — Ecole de **filature** établie à Roye. Avis aux Syndics. — S. l. n. n., *septembre 1760;* 3 p. in-4°.

Arch. dép. de la Somme, C, 254.

8504. — Mémoire pour le Sieur Jobart de Beauvais, Substitut du Procureur du Roi, Notaire au Bailliage, et ci-devant Maire de la Ville de Roye, Demandeur. Contre le Chapitre de la même Ville, Défendeur.—*Paris*, Grange, 1765; 12 p. in-4°.

Au sujet du droit de nomination d'un **maître d'école**.

Bibl. de Roye.

8505. — Précis pour les Maire et Echevins de la Ville de Roye; Contre le Chapitre de la même ville. — *Paris*, Regnard, 1765; 27 p. in-4°.

Même affaire.

Bibl. de Roye.

8506. — Arrest de la Cour de Parlement, qui condamne **Toussaint Verrier** à faire amende honorable au-devant de la principale porte de l'Eglise Collégiale et Royale de Saint-Florent de la Ville de Roye, ayant écriteau devant et derrière, portant ces mots : (Auteur de Billet portant demande d'argent, avec menaces de réchauffer), ensuite brûlé vif, et ses cendres jettées au vent. Du deux Janvier mil sept cent soixante douze. — Paris, P. G. Simon, 1772; 4 p. in-4°.

Ibid.

8507. — Arrest du Conseil d'Etat du Roi portant Règlement pour la forme des **Elections des Officiers Municipaux** de la Ville de Roye, et l'Administration des Revenus Patrimomiaux et d'Octroi de ladite Ville. Du 11 Septembre 1772. — Amiens, veuve Godart, 1773; 10 p. in-4°.

Ibid.

8508. — Sentence du Bailliage de Roye, au sujet des précautions à prendre contre les **incendies**. *Du 16 septembre 1772*. — Amiens, veuve Godart, 1772; 6 p. in-4°.

Ibid.

8509. — Sentence du Bailliage de Roye portant Addition au Règlement concernant les précautions à prendre contre les **Incendies**. Du 8 Novembre 1773. — Amiens, veuve Godart, 1773; 5 p. in-4°.

Ibid.

8510. — Le docteur Midy de Roye et l'**Epidémie** *de 1782, par E. Coët*.

Le Vermandois, t. I, 1873, p. 54 à 59; in-8°.

8511. — Arrest de la Cour de Parlement qui condamne **Jean-François Lavalle**, *de Tilloloy*, à être rompu vif sur la grande Place de la ville de Roie, pour assassinat par lui commis de dessein prémédité, en la personne du nommé Florent Patte, *de Damery, sur le chemin de Beuvraignes à Tilloloy*. Du dix Décembre mil sept cent quatre-vingt-deux. — Paris, Simon et Nyon, 1782; 4 p. in-4°

Bibl. de Roye.

8512. — Précis pour la Communauté des **Notaires**, au Bailliage de Roye, résidens en ladite ville, Demandeurs : Contre les sieurs Lallouette et Lannoise, tous deux Notaires Royaux, reçus au Bailliage de Roye, à la résidence du Bourg de Ressons, Défendeurs. — S. l., J. Ch. Desaint, 1783; 21 p. in-4°.

Ibid.

8513. — Parlement de Paris. Grand' Chambre. Cause entre les **Notaires** du Bailliage de Roye. Et ceux du même Bailliage, à la résidence de Ressons.

Gaz. des Tribunaux, t XVII, 1784, p. 257 à 259; in-8°.

8514. — Ordonnance de Monsieur le Lieutenant-Général au Bailliage de Roye au sujet de la Convocation des **Etats-Généraux**. Du treize Mars mil sept cent quatre vingt-neuf. — Noyon, Devin, 1789; 7 p. in-4°.

Bibl. de Roye.

8515. — Proclamation de la ville de Roye, Imprimée par ordre de la commune de ladite ville. Octobre 1790. — 32 p. in-8°.

8516. — **Couplets civiques** pour l'inauguration des bustes de Francklin, Voltaire, Buffon, Jean-Jacques Rousseau, Marat et Le Pelletier, dans la salle de la Société populaire et Républicaine d'Avre-Libre (ci-devant Roye), Département de la Somme, par le Citoyen Dourneau, Démophile. — Paris, Moutard, 8 Nivôse an deuxième; 16 p. in-8°.

Anc^{ne} Bibl. de Marsy.

8517. — **Babeuf** à Roye (1785 à 1793), par E. Coët.— Péronne, Récoupé, s. d.; 24 p. in-8°.

8518. — Cantiques chantés dans la R∴ L∴ du **Temple du Silence** à l'O∴ de Roye, par le F∴ Delalande. — Paris, Quillau, 1796; 4 p. in-4°.

Bibl. de Roye.

8519. — Programme des exercices publics littéraires du **pensionnat** de M. Lemoine, à Roye, qui auront lieu les 28 et 29 août 1811, dans la maison de M. Berthout.—Noyon, Devin; 8 p. in-4°.

8520.—Gardes Nationales de France. Arrondissement de Montdidier. Ville de Roye. Roye le 29 mai 1816. — S. l. n. n.; 3 p. in-4.

Au sujet de la réorganisation de la **garde nationale** de Roye.

8521. — **Couplets** chantés au Banquet qui a suivi l'Inauguration du **Buste de** S. M. **Louis XVIII**, par les Autorités et la Garde-Nationale de la Ville de Roye, le 30 Juin 1816, anniversaire du séjour de S. M. dans lad. Ville en 1815. — Noyon, Devin, 1816; 4 p. in-16.

Bibl. H. Macqueron.

8522.— Règlement pour les **Ecoles primaires** de l'Arrondissement de Roye. *Signé : Fouquier, maire.* — Montdidier, Radenez, s. d.; 13 p. in-12.

8523. — Règlement de l'Hospice civil de la Ville de Roye (Somme); *du 21 novembre 1860.* — S. l. n. n.; 16 p. pet. in-4° autog.

8524. — Les **Prussiens** à Roye. Episode de la guerre de 1870-71, par E. Coët.—Ham, Quentin, 1872; 32 p. in-12.

8525. — Catalogue analytique des **Manuscrits de la Bibliothèque** de Roye, par M. *Alcius Ledieu.*

Cab. hist. Pic. et Art., t. XI et XII; in-8°.

8526.—Fastes de Roye. **Compagnie de l'Arquebuse,** *par M. Mérice père.*— Montdidier, Mérot, s. d,; 20 p. in-16.

8527. — Notice sur les Compagnies d'**Archers** et d'**Arbalétriers** de la ville de Roye, par M. Emile Coët.

Mém. Soc. Ant. Pic., t. XX, p. 139 à 237; in-8°.

8528. — L'**Eclaireur de la Somme**, Journal Politique, Economique, Littéraire, Philanthropique, d'Utilité Publique et Sociale.

Publié à Roye; a eu trois numéros du 31 mai au 14 juin 1896.

8529. — **Journal de Roye** et du Santerre. Revue Littéraire, Agricole, Industrielle et Commerciale. Directeur: Jeanson, à Roye.

Journal hebdomadaire dont le 1er n° est du 28 Février 1874.

* **8530.** — Emulation, Amélioration. **Journal du Santerre** et du Noyonnais, feuille hebdomadaire de Roye, Noyon, Ham, Neslès, Chauny, Blérancourt, Péronne, Chaulnes, Rosières, Moreuil, Montdidier, Lassigny, Ribécourt, Guiscard, etc., et Environs; paraissant tous les mercredis. Nouvelles, littérature, agriculture, commerce, annonces. Rédacteur-gérant : Hamet.

Publiée à Roye; le 1er n° est du 7 janvier 1846; in-folio.

Bibl. Nat^{le}.

8531. — **Annuaire** du Canton de Roye (Somme) pour l'année 1884, par J. Péchon. — Roye, Legrand, 1884; 180 p. in-12.

Seule année parue.

§ 2. HISTOIRE ECCLÉSIASTIQUE

8532. — Notions archéologiques sur les **Monuments religieux** de la ville de Roye, par l'abbé Corblet.
<small>Bibl. hist. Pic. et Art., par Roger, p. 136 à 147; in-8°.</small>

8533. — Description des **Eglises** de Roye, par l'abbé J. Corblet.— Amiens, Duval et Herment, 1844; 14 p. in-8°.

8534. — Notice sur le prétendu Temple romain de **Saint-Georges-lez-Roye**, par l'abbé J. Corblet.— Amiens, Duval et Herment, 1842; 11 p. in-8°.
<small>Extr. Mém. Soc. Ant. Pic.</small>

8535. — *Arrêt du 7 janvier 1653 jugeant* Que l'élection faite d'un Doyen *(Jacques Roulé, curé de St Barthélemy à Paris)* en une Eglise Collégiale (**St Florent** *de Roye*) à condition de résider par lui acceptée et promise par l'acte de sa prise de possession. *le 12 août 1651*, est obligatoire : de sorte qu'en cas de résignation en faveur, le Chapitre peut procéder à nouvelle élection.
<small>Journ. des Aud. du Parl., par Duchesne.— Paris, 1757, t. I, p. 545; in-folio.</small>

8536. — Factvm pour les Doyen, Chanoines et Chapitre de l'Eglise Royale de Roye, intimez. Contre Messire François Faure Euesque d'Amiens, appellant comme d'abus des iugements des Officiaux de Rheims. Et Maistre Pierre Papelart, François Bucquet, Antoine Hennique et Martin Paillet, particuliers Chanoines de ladite Eglise, intervenans avec ledit sieur Euesque. — S. l. n. n., *1667;* 3 p. in-4°.
<small>Au sujet des droits du **Chapitre de Roye**.
Toutes les pièces relatives à St Florent de Roye se trouvent, sauf indication contraire, à la Bibl. d'Amiens, Hist., n° 3817.</small>

8537. — Réflections sur les Articles proposez à Monsieur l'Evesque d'Amiens Par les Sieurs Papelart, Bucquet et Consors, Chanoines de Roye. Contre Messieurs les Doyen, Chanoines et Chapitre de ladite ville de **Roye**. — S. l. n. n., *vers 1667;* 7 p. in-folio.

8538. — Procès verbal fait à Roye par Monseigneur l'Illustrissime et Reverendissime Evesque d'Amiens, le 27 Ianvier 1669. Sentence d'excommunication contre M. **Faron le Clerc**, Doien et Theologal de l'Eglise Collegiale de saint Florent de Roye; *du 15 mars 1669.* — S. l. n. n.; 10 p. in-4°.

8539. — Règlement entre l'Evêque d'Amiens et le **Doyen de Roye**, l'Excommunication qui avait été prononcée déclarée nulle, et le Doyen de Roye maintenu dans le droit de garder son Etolle en présence de l'Evêque, et les Curez en présence du Doyen. Et le Chapitre au droit de donner des dispenses de Bans pour les Mariages, et de décerner des Monitoires. *Du 30 Décembre 1669.*
<small>Journ. des Aud. du Parl., par Jamet de la Guessière.— Paris, 1757, t. II, p. 733 à 740; in-folio.</small>

8540. — Procez verbal d'vne excommunication majeure fulminée par Reuerend Pere en Dieu, Messire François Faure Euesque d'Amiens : Contre Monsieur **le Clerc**, Prestre, Docteur en Theologie de la Société de Sorbonne, Doyen et Chanoine de l'Eglise Royale de Roye, Pour n'auoir voulu quitter l'Estole en sa présence. Ordonnance de Monsieur l'Euesque d'Amiens, qu'il a fait publier et afficher aux Eglises d'Amiens, de Roye et de son Diocese, au sujet de ladite Excommunication. Arrest notable du Parlement par lequel cette Excommunication a esté déclarée nulle et abusive, le Doyen de Roye maintenu dans le droit de garder son Estolle et Monsieur l'Euesque d'Amiens condamné aux dépens. Et en outre ledit Doyen et le Chapitre de Roye maintenus dans les droits de leur Iurisdiction. — Paris, Bouillerot, MDCLXX; 29 p. in-4°.
<small>Autre édition en tous points semblable datée de 1671.</small>

8541. — Lettre à vn amy touchant un sermon fait par M. **le Clerc**, Docteur en Theologie de la Société de Sorbonne, et Doyen de l'Eglise Royale de Roye, *le 28 février 1671*. — S. l. n. n.; 12 p. in-4°.

8542. — Censure d'un discours imprimé qui porte pour titre : Lettre à un amy, touchant un Sermon fait par M. **le Clerc**, Docteur en Théologie de la Société de Sorbonne, et Doïen de l'Eglise Roiale de Roie, Faite par M. l'Evesque d'Amiens dans son Synode le 15 jour d'Avril 1671 avec la déduction des motifs qui l'ont obligé à la faire. — Paris, F. Muguet; 16 p. in-4°.

8543. — *Mandement de Mgr Faure, du 15 avril 1671, condamnant la Lettre à un Amy...* — S. l. n. n.; 4 p. in-4°.

8544. — Reqveste presentee av Roy par Messire François Favre Euesque d'Amiens. Contre M^e **Le Clerc**, Docteur en Theologie de la Société de Sorbonne et Doyen de l'Eglise Royale de Roye. — S. l. n. n., *1671*; 4 p. in-4°.

8545. — Reqveste présentée à la Covr de Parlement par M. **Le Clerc**, Docteur en Theologie de la Société de Sorbonne, et Doyen de l'Eglise Royale de Roye, appellant comme d'abus d'une prétenduë Censure publiée par Messire François Favre, Euesque d'Amiens. Contre Vn sermon presché par ledit sieur le Clerc, le Dimanche de la Septvagésime de cette année 1671 dans ladite Eglise de Roye. Ensemble l'arrêt de la Cour receuant appellant comme d'abus ledit sieur le Clerc, et faisant défense à l'Official d'Amiens, et tous autres, de connoistre dudit Sermon, et d'exécuter l'Ordonnance de ladite Censure; *du 27 avril 1671*. — S l. n. n.; 14 p. in-4°.

8546. — Requeste présentee au Roy par M^r **Le Clerc**, Prestre, Docteur en Theologie de la Société de Sorbonne, et Doyen de l'Eglise Royale de Roye pour répondre à celle de Monsieur l'Euesque d'Amiens. — S. l. n. n., *1671*; 8 p. in-4°.

8547. — Reqveste presentee au Roy, par le Doyen de l'Eglise Royale de Roye pour repondre à celle de Messire François Faure Euesque d'Amiens. — S. l. n. n., *1672*; 4 p. in-4°.

8548. — Réflexions sur un Imprimé qui contient la déduction des Motifs qui ont obligé Messire François Faure Euesque d'Amiens, à censurer un Sermon de Monsieur **le Clerc**, Prestre, Docteur en Theologie de la Société de Sorbonne, et Doyen de l'Eglise Royale de Roye le 15 Avril 1671. Du 30 Decembre 1671. — S. l. n. n.; 37 p. in-4°.

8549. — L'Estat de l'Eglise collégiale de Saint-Florent de Roie. — S. l. n. n., *1772*; 33 p. in-4°.

Pièce rédigée en faveur de Mgr Faure dans son procès avec le Doyen **Le Clerc.**

8550. — Réflexions pour les Doyen, Chanoines et **Chapitre** de l'Eglise Royale **de Roye**, sur un Imprimé qui a pour titre : L'Estat de l'Eglise Collegiale de S. Florent de Roye. *Du 25 janvier 1672*. — S. l. n. n.; 34 p. in-4°.

8551. — Preuves convaincantes de la fausseté des deux propositions sur lesquelles est fondée toute la cause du **Doïen de Roie**, et refvtation des quatre pernicieuses maximes, dont il tire tous ces raisonnemens captieux et sophistiques contre l'Euesque d'Amiens. — S. l. n. n. n. d.; 17 p. in-4°.

Bibl. de Roye.

8552. — Memoire de Maistre Faron **Le Clerc**, Prestre, Docteur en Théologie de la Société de Sorbonne, et Doyen de l'Eglise Royale de Roye. Povr Messeigneurs l'Archeuesque de Paris, l'Archeuesque de Rheims, de Morangis et Poncet, Conseillers ordinaires du Roy en ses Conseils, et nommez par sa Majesté par Arrest du Conseil d'Estat du vingt-huitième Iuillet 1671 pour prendre connoissance de toutes les contestations survenues entre Monsieur l'Euesque d'Amiens et ledit Doyen de Roye.— S. l. n. n., *1672*; 17 p. in-4°.

8553. — Requeste présentée au Roi par l'Evesque d'Amiens pour répondre à celles que M. Faron **le Clerc**, Doien de l'Eglise Collégiale de Roie, a présentées contre lui au Parlement et au Roi. — A Paris, MDCLXXII; 50 p. in-4°.

8554. — Requeste présentée au Roi par l'Evesque d'Amiens povr répondre aux discours du **Doïen de Roie**, imprimez sous les differens titres de Lettre, de Mémoires, de Reflexions, de Requestes, etc. — A Paris, MDCLXXII ; 151 p. in-4°.

8555. — Mémoire à Messeigneurs l'Archevesque de Paris, Poncet, de Contes et de Fieubet, Conseillers ordinaires du Roy en ses Conseils, nommez par Sa Majesté, pour prendre connoissance et luy faire le rapport des différends qui sont entre Messire François Faure Euesque d'Amiens, et M. Faron **le Clerc**, Prestre, Docteur en Théologie de la Société de Sorbonne, et Doyen de l'Eglise Royale de Roye. Le 11 Décembre 1672. — S. l. n. n. ; 8 p. in-4°.

8556. — Du Ieudy 9 Mars 1673. 1. Si le **Doyen** du Chapitre de l'Eglise Collegiale de saint Florent **de Roye**, peut porter l'Estole en présence de l'Evesque Diocesain, dans sa visite. 2. Si les Curez dependans de ce Chapitre ont le mesme droit lors de la visite du Doyen. 3. Si ce Chapitre est obligé de dire un nouveau Breviaire publié par l'Evesque. 4. Si ce Chapitre a pouvoir de donner Dispense de Bans, de décerner des Monitoires, et de nommer des Confesseurs et Prédicateurs. 5. Si ce Chapitre est tenu de faire publier tous les Mandemens de l'Evesque.

Journal du Palais, 1673, p. 225 à 243 ; in-4°.

8557. — Requeste présentée av Roy, par le **Doyen de Roye** pour répondre à la Troisième de Monsieur l'Evesque d'Amiens, du neuvième Ianvier 1673. Du vingt mars 1673.— S. l. n. n. ; 104 p. in-4°.

8558. — A Messeignevrs les Archevesques de Paris et de Roüen, Poncet, de Contes et de Fieubet, Conseillers du Roy en tous ses Conseils, et Commissaires nommez par Sa Majesté. *Requête du* **Doyen de Roye**, *du 12 septembre 1673*. — S. l. n. n. ; 28 p. in-4°.

8559. — Arrest notable de la Cour de Parlement touchant la Residence pour les **Doyen**, Chanoines et Chapitre de l'Eglise Royale **de Roye** contre les Chapelains de la même Eglise. *Du 8 août 1575*. — Paris, Jean-Baptiste Coignard ; 8 p. in-4°.

Bibl. d'Amiens, Hist., n° 3814, t. II.

****8560.**—Factum pour messire Pierre Oger de Cavoye, abbé de Notre-Dame de Cothemaloen... contre le **Chapitre** de Saint-Florent **de Roye**. *Signé : Vaubert*. — S. l. n. n., 1697 ; in-folio.

Bibl. Nat^{le}, Thoisy, 15, f° 329.

8561.—Mémoire pour les Religieux, Prieur et Convent de la Charité de la Ville de Roye, Appellans. Contre les Doyen, Chanoines et **Chapitre** de l'Eglise Collégiale de **Saint-Florent** de la même Ville, Intimez. — *Paris*, veuve Lamesle, 1709; 7 p. in-folio.

Contre la prétention du doyen d'empêcher les religieux de choisir leur prédicateur sans autorisation préalable.

Bibl. d'Amiens, Hist., n° 3596.

8562. — Addition de mémoire pour les Religieux de la Charité de Roye, Appellans. Contre les Sieurs du **Chapitre** de l'Eglise Collégiale de S. **Florent** de la même Ville, Intimez. Servant de réponse au factum desdits Sieurs du Chapitre. — *Paris*, veuve Lambin, *1709;* 8 p. in-4°.

Bibl. d'Amiens, Hist., n° 3814, 11.

8563. — Chapitre de Saint-Florent

de Roye. Ses Privilèges à l'égard de l'Evêque d'Amiens. Le Vicaire perpétuel et les Marguilliers de l'Eglise Paroissiale de **Saint Pierre de Roye** astreints à ne pouvoir entreprendre aucun ouvrage considérable dans cette Eglise, sans le consentement du Chapitre de Saint Florent. Lettres Patentes nécessaires pour établir une Confrairie du Saint Sacrement. *Arrêt du 5 janvier 1722.*

Journ. des Aud. du Parl., par Duchemin. — Paris, 1754, t. VII, p. 593 à 601 ; in-folio.

* **8564.** — Factum du procès d'entre Maître Louis Roussel, clerc du Diocèse d'Amiens, pourvu d'une prébende en l'**église de Monsieur Saint Florent** de Roye par la résignation de maître Christophe Poullet, aussi clerc dudit diocèse..... Contre Maître Claude de Broye, prêtre, chanoine en l'église de Monsieur Saint Quentin, à Saint Quentin en Vermandois, demandeur en complainte. — S. l. n. n. n. d. ; in-4°.

Bibl. Nat^{le}, 4° Fm, 28520.

* **8565.** — Précis en la cause pour le **Chapitre de Roye**, Intimé. Contre Me Hudelin des Tournelles, chanoine de ladite église, appelant de sentence des Requêtes du 18 Février 1763. *Signé : Coquereau.* — *Paris*, Knapen, 1764 ; in-folio.

Bibl. Nat^{le}, Mss. Joly de Fleury, 1852, f° 147.

* **8566.** — Mémoire pour le sieur Hudelin d'Estournelles, chanoine à Roye, appelant. Contre le **Chapitre de Roye**, intimé. *Signé : Breton.* — *Paris*, Regnard, 1764 ; in-4°.

Bibl. Nat^{le}, Mss. Joly de Fleury, 1852, f° 141.

* **8567.** — Office de **Saint Gilles**, confesseur, patron du faubourg de Roye. — Noyon, 1816.

Voir Hist. de Roye, par Coët, t. II, p. 16.

8568. — Monnaies du Nord de la France et de la Belgique qui avaient cours en Picardie à la fin du XVe siècle, d'après un état des quêtes faites à **Roye** en 1492 pour la fonte de quatre cloches de l'église St **Pierre**, par M. de la Fons-Mélicocq. — 7 p. in-4°.

Extr. Rev. Numism. belge, t. I, 4° S^{ie}.

8569. — Factvm povr Maistre Charles le Blanc, Prestre, **Curé** de la ville de **Roye**, défendeur, qui s'est consacré aux malades pestiferez ; Contre Maistre François Gerard, et Christophe Morlet, graduez, demandeurs *prétendant à la même cure*. — S. l. n. n., *vers 1669 ; 9 p. in-4°.*

Bibl. Soc. Ant. Pic., S. II, 5.

8570. — *Arrêt du 7 janvier 1670*, rendu sur cette question : Si une cure dépendante du Chapitre de l'Eglise Collégiale de Saint Florent de Roye, peut avoir vaqué par la déposition du Titulaire d'icelle ordonnée par le Chapitre, pour n'avoir pas voulu administrer les Sacremens aux malades de la Contagion de sa Paroisse.

Arrêt rendu contre Leblanc, **curé de Roye.**

Nouv. recueil de quest. not. par Soefve. — Paris, 1682, t. II, p. 402 et 403 ; in-folio et Journ. des Aud. du Parl., par Jamet de la Guessière. — Paris, 1757, t. II, p. 741 à 744 ; in-folio.

* **8571.** — Mémoire précis pour les Doyen, Chanoines et Chapitre de l'Eglise Royale et Collégiale de St Florent de Roye en Picardie, demandeurs en cassation d'un arrêt du Parlement de Paris, du 5 septembre 1741, rendu entr'eux et les Curé et Marguilliers de l'**Eglise de S. Pierre** de Roye en Picardie. *Signé : Sonnois.* — *Paris*, du Mesnil, 1743 ; in-folio.

Relatif à l'entretien de l'église St Pierre.

Bibl. Nat^{le}, f° Fm, 14892.

8572. — Mémoire pour les Curé et Marguilliers de **Saint Pierre de Roye**, Demandeurs et Défendeurs ; Contre le Chapitre de Saint-Florent de la même Ville, Défendeur et Demandeur. — *Paris*, Paulus du Mesnil, 1746 ; 10 p. in-folio.

Le chapitre qui, comme gros décimateur, doit

entretenir le chœur de St Pierre, est-il tenu aussi à l'entretien du pourtour.

Bibl. de Royé.

8573. — Relation circonstanciée de la mort et de la **privation de Sépulture** de M. Roger de Choqueuse, de Roye, suivie de pièces y relatives. — Montdidier, Radenez, 1850 ; 23 p. in-12.

Violente polémique entre le Doyen, l'abbé Petit et le Dr Lescardé.

***8574.** — **Offices** propres à l'usage de la Ville de **Roye**. — Compiègne, 1774.

Voir Hist. de Roye, par E. Coët, t. II., p. 308.

8575. — **Eglise de Roye**, *par MM. Dusevel et de la Fons-Mélicocq.* — 16 p. gr. in-8° av. 1 pl.

Chât., Beffrois, etc., t. I.

8576. — Paroisse **Saint-Pierre** de Roye. Petit Paroissien de Saint-Florent. — Roye, Varlet, *1892* ; 239 p. in-16.

8577. — Arrest du Conseil d'Estat du Roy Du premier May 1717 qui ordonne que les **Religieux de la Charité** de la Ville de Roye, payeront les Droits d'anciens et nouveaux Cinq sols, de Subvention, Neuf livres dix-huit sols par Tonneau et les Droits d'Inspecteurs des Boissons, pour tous les Vins qu'ils feront entrer pour leur Provision. — Paris, veuve Saugrain, 1717 ; 8 p. in-4°.

Bibl. H. Macqueron.

8578. — L'Enlèvement de la Chasse de S. Florent, patron de la ville de Roye, fait par ordre de Louis XI, Roy de France Après avoir repris Roye de force sur le Duc de Bourgogne, en l'année mil quatre cent soixante et quinze Par *** (*Lesquevin*), Chanoine de Roye. Tragédie.—S. l. n. n., MDCCVIII ; 41 p. in-12. *A la fin* : Représentée au **Collège de Roye** le   jour d'août mil sept cent huit.

Bibl. H. Macqueron.

8579. — **Collège** diocésain de Roye Distribution des Prix du 3 Août 1854. Discours prononcé par M. l'Abbé Dufourmantelle, Supérieur. — Abbeville, Briez ; 20 p. in-8°.

8580. — Les **Cordeliers** de Béthune et de Roye sous Louis XIII, *par de la Fons-Mélicocq.*

La Picardie, t. VIII, 1861, p. 523 à 528 ; in-8°.

8581. — Origines royennes de l'Institut des **Filles-de-la-Croix** d'après des documents inédits, par l'abbé J. Corblet. — Paris, J. Dumoulin, 1869 ; 45 p. in-8°.

8582. — Guérin et les **Illuminés** de Picardie, par M. l'abbé J. Corblet.

Congr. scient. d'Amiens, 1867, p. 512 à 524 ; in-8°.

II. COMMUNES RURALES
DU CANTON DE ROYE

8583. — Notice historique sur **Beuvraignes** et **Verpillières**, communes du canton de Roye, par Emile Coët. — Compiègne, 1880 ; 52 p. in-8°.

8584. — Arrest du Conseil d'Etat du Roy, qui supprime un droit de péage qui étoit prétendu par la dame de Belleforière ou ses représentants, au lieu de **Beuvraines**, généralité d'Amiens. Du 11 Janvier 1750. — Paris, Imprimerie Royale, 1752 ; 2 p. in-4°.

8585. — Rapport sur les fouilles de **Beuvraignes**, par M. J. Corblet. — Amiens, Lemer aîné. 1865 ; 8 p. in-8°.

Extr. Bull. Soc. Ant. Pic.

***8586.**—Mémoire et addition contre le Chapitre de l'Eglise de Noyon, pour le Curé de **Biarre**. — Paris, 1733 ; in-folio.

8587. — Précis pour la Dame Marquise de Goimpy, Intimée ; Contre

Charles Rouzé, Appellant.— Paris, Delaguette, 1775 ; 12 p. in-4°.

Au sujet de corvées dues au seigneur de **Billancourt**.
Bibl. de Roye.

8588. — Observations pour Charles Rousé, Appellant. Contre la Dame de Goimpy, Intimée. — Paris, P. Delaguette, 1775 ; 12 p. in-4°.
Ibid.

8589. — Mémoire pour Messire François-Louis-Edme-Gabriel Comte du Maitz de Goimpy, Capitaine des Vaisseaux du Roi, etc., Appellant de Sentence du Juge de Nesle. Contre Messire Louis-Joseph de Mailly, Marquis de Nesle, Intimé. — *Paris*, Cailleau, 1776 ; 68 p. in-4°.
Au sujet de la terre de **Billancourt**.
Ibid.

8590. — Allocution prononcée aux Funérailles de Monsieur Louis de Becquincourt dans l'Eglise de **Billancourt**, sa paroisse le mardi 2 août 1864, par M. l'Abbé Dufourmantelle. — Abbeville, Briez, 1864 ; 11 p. in-8°.

8591. — Jugement rendu par la chambre criminelle du Bailliage de Noyon au profit de Messire Joseph-Adrien Binet, Ecuyer, Seigneur de Moyencourt, Breuil, Ramecourt et autres lieux ; plaignant, demandeur et accusateur ; Contre Louis-Fr. le Turcq, Jean-Batiste Adrien du Roizel, Augustin Jos. de Mont, Michel Bohain, Laurent Brancourt, et Médard Commun, accusés défendeurs. Du vingt-neuf Mai mil sept cens soixante et seize.—Noyon, Devin, 1776 ; plac. in-folio.
Question de propriété d'arbres croissant sur les terres de la seigneurie de **Breuil**.
Bibl. H. Macqueron.

8592. — La Fonderie de Cloches de Xavier **Cavillier** à **Carrepuits** (Somme), *par M. Jos. Berthelé*.
Ann. Soc. hist Chat.-Thierry, 1890, p. 161 à 171 ; in 8°.

8593. — Les **Cavillier**, *par M. Emile Coët-*
Tabl. d'Hist. loc., 6ᵉ pⁱᵉ, p. 294 à 298 ; in-8°.

* **8594**. — Sommaire concernant **Champien**, Vaucourt et **Carrepuis**. — Paris, 1761 ; 8 p. in-folio.
Discussion de limite entre le marquis d'Hautefort et le comte de Soyecourt.

8595. — Précis pour Mᵉ Pannequin, Prêtre, Curé de la Paroisse de **Cremery**, Intimé. Contre M. de Lescalopier, Conseiller d'Etat, Seigneur de Liancourt, Cremery et autres lieux, Appellant de la Sentence du Bailliage de Roye du 13 juillet 1776. — *Paris*, P. M. Delaguette, s. d. ; 4 p. in-4°.
Question de dîmes.
Bibl. de Roye.

8596. — Noyon. 1146. Donation au Chapitre de Noyon par l'evêque Simon Iᵉʳ de Vermandois des églises de Quiquery (Somme)..... de l'église de **Cressy-Omancourt**....... de l'église de Champien (Somme) pour l'aumône du Carême et de Roiglise (Somme), Ognolles et Roye (Somme) pour la célébration de son anniversaire.
Bull. Soc. hist. Compiègne, t. VIII, p. 91 et 92 ; in-8°.

* **8597**. — Mémoire pour les habitans de **Curchi** et de **Fonchette**, contre Jacques-Nicolas le Carlier, seigneur d'Herlie. — *Paris*, 1755 ; 17 p. in-folio.
Cat. Lib. Voisin, 1898, n° 30639.

8598. — Bas relief d'une église de Picardie (**Curchy**), représentant une des légendes de Saint-Médard, *par L. Guenebault*. — S. l. n. n. n. d. ; 6 p. in-8° av. 1 fig.
Extr. de la Rev. archéol., XIIIᵉ année.

8599. — Le Bas-Relief de l'Eglise de **Curchy**, par M. Lefèvre-Marchand.
Bull. Soc. Ant. Pic., t. XVIII, p. 707 à 710 av 1 pl. ; in-8°.

8600. — **Ercheu** à travers les Ages, par A. François-Lespine. — Nesle, Terlez, 1896 ; 384 p. in-12.

8601. — Notice historique sur **Etalon**, par Emile Coët. — *Péronne*, Quentin, 1879 ; 22 p. in-8°.

8602. — Mémoire pour le Sieur Rouillé, Chevalier, Seigneur de Vassigny, Framicourt, et autres lieux, Maréchal-Général des Logis de la Cavalerie, Intimé. Contre Pierre Patte, Laboureur et Fermier du Moulin de Fresnoy ; Pierre François Dercheu et Geneviève Patte, sa femme et autres, Appellans de Sentence du Bailliage de Roye, du 22 Juin 1776. — *Paris*, Cailleau, 1778 ; in-4°.

Au sujet du Fief de **Framicourt** à **Fresnoy-lès-Roye**.
Bibl. de Roye.

8603. — Eglise et Croix de **Fresnoy les Roye**, *par D. Letellier*. — Amiens, Caron-Vitet, s. d. ; 2 p. in-8° et 1 pl.

Extr. Arch. de Pic.

8604. — **Goyencourt**.

Cab. hist. Pic. et Art., t. VI, p. 152 à 157 ; in-8°.

8605. — Mémoire sur délibéré pour Charles Dollé, Laboureur, demeurant au Village de **Gruny**, Appellant d'une Sentence renduë en l'Election de Péronne, le 30 Juin 1716, Demandeur en Requeste du 31 Janvier 1719, et Défendeur. Et pour François Duflos, Loüis Lenormand, Nicolas Dufresne et Jacques Bajllet, tous Habitans de la même Paroisse, Intimez et Défendeurs. Contre Antoine Caron, Collecteur des Tailles de la même Paroisse, en l'année 1716, Intimé. Et encore contre les Habitans de Gruny, Intervenans, Demandeurs et Défendeurs. *Signé : Masson*. — Paris, Laurent Rondet ; 8 p. in-folio.

Bibl. H. Macqueron.

8606. — Mémoire pour Pierre Faroux, Meunier des Moulins d'**Herly**, à lui joint Messire Jacques-Nicolas le Carlier, Chevalier, Seigneur Voyer et Haut-Justicier des Terres, Fiefs et Seigneuries d'Herly, Curchy, Etalon, Punchy et Fonchette, Demandeurs. Contre Chrysostôme Soyer, Laboureur à Punchy ; Louis Vignon, Berger, demeurant au même lieu ; François Basset, Tailleur ; Charles Fromont, Charron ; Jean-Baptiste Asselin, Tisserand ; Marguerite Faroux, veuve de Jean Proulle, Ménager, tous demeurans à Curchy ; Jean Prouillet, faiseur de Bas ; Jean Drouviller, Chaircutier ; Thérèse Venant, veuve de Jean Rigaud, tisserand, tous demeurans à Fonchette, Défendeurs. — *Paris*, Cailleau, 1778 ; 14 p. in-4°.

Au sujet des moulins banaux d'Herly.
Bibl. de Roye.

8607. — Précis pour Alexandre Gerault, Laboureur à Curchy-en-Picardie, Appellant ; Contre le Sieur Jacques-Nicolas le Carlier, Ecuyer, Seigneur d'**Herli** et de Curchy, Intimé. — *Paris*, Jorry, 1780 ; 13 p. in-4°.

Même affaire.
Ibid.

8608. — Factvm pour les Prieur et Religieux de l'Abbaye de S. Fuscien au Bois. Contre Messire Louis Sublet d'Heudicourt, Abbé Commendataire de ladite Abbaye. — S. l. n. n., *vers 1671* ; 8 p. in-8°.

Relatif au paiement des décimes de la cure de **Laucourt**.
Bibl. Soc. Ant. Pic.

8609. — Factum pour les Doyen, Chanoines et Chapitre de l'Eglise Cathédrale de Nostre-Dame d'Amiens et les Religieux, Prieur et Convent de l'Abbaye de Saint-Fussien-aux-Bois, Intimez. Contre Messire Pierre Ogier de Cavoye, Abbé Commandataire de Saint-Marc, Diocèse d'Amiens, Appelant. — S. l. n. n., *1700* ; in-4°.

Au sujet de la cure de **Laucourt**.
Bibl. d'Amiens, Hist., n° 3815.

8610. — Une Visite à l'Eglise de **Laucourt**, près Roye (Somme), *par Zacharie Rendu.*

La Picardie. t. V, 1859, p. 86 à 90; in-8°.

8611. — **Léchelle-Saint-Aurin.**

Cab. hist. Pic. et Art., t. VI, p. 73 à 78 et 89 à 94 ; in-8°.

* 8612. — Sommaire des moyens de frère Anne de Goussencourt... pourvu du prieuré de **Saint-Taurin**....... contre frère Antoine Beloy, Louis du Fay et Pierre Jablier, prétendans droit audit prieuré. — S. l. n. n., *1627;* in-4°.

Bibl. Nat¹ᵉ, f° Fm, 14175.

8613. — Deux mois en Picardie *ou plutôt Notes sur* l'**Echelle-Saint-Aurin**, *par M. Trélat.*

Revue du Progrès, 1839, p. 321 à 337 et 1840, p. 1 à 20 ; in-8°.

8614. — Hermès et Dyonisos, *groupe en bronze trouvé en 1863, à* **Marché-Allouarde.** Notice par M. Alfred Danicourt. — Amiens, Douillet, 1884 ; 7 p. in-8° et 1 pl.

Extr. Mém. Soc. Ant. Pic.

8615. — Histoire tragiqve de la constance d'vne dame enuers son seruiteur, lesquels se sont tuez de chacun vn pistolet pour ne suruiure l'vn après l'avtre. — A Paris, Par François Hvby, s. d.; 13 p. in-8°. *Le titre de départ porte :* Histoire tragiqve de Valeran de Mvsard et de Ieanne Presto, sa maîtresse, advenuë en Picardie l'an 1608.

Célèbre affaire du château de **Moyencourt.**
Bibl. Nat¹ᵉ, Lk⁷, n° 5289.

8616. — Premier Plaidoyer contre le Lieutenant du Grand Preuost, qui avoit forcé et bruslé un Chasteau où estoit retiré un criminel. Pour les parens du tué, auquel on vouloit faire le procès disant qu'il s'estoit tué luy mesme.

Affaire du château de **Moyencourt**, Valerand Mussard et Jeanne Presto.
Rec. de div. plaid..... de Auguste Galland. — Paris, 1656, 3ᵉ pⁱᵉ, p. 1 à 25 ; in-4°.

8617. — Iconographie Picarde. Mort de Valerand Mussard et de Jeanne Presto. Année 1608, *par Léon Paulet.*

La Picardie, t. VI, 1860, p. 139 à 141 ; in-8°.

8618. — Précis pour le sieur du Roizel, Chirurgien, et Laboureur à Breuil, Appellant et Défendeur... Contre le sieur Binet, Ecuyer, Seigneur de Moyencourt, Intimé. Et contre le sieur Quenescourt et le sieur Lenoir, Bailly et Procureur-Fiscal de la Justice de Moyencourt, Intervenants, Demandeurs. — *Paris*, P. M. Delaguette, *vers 1770 ;* 11 p. in-4°.

Au sujet d'une avenue faite au nouveau château de **Moyencourt.**
Bibl. de Roye.

8619. — Mémoire signifié pour le Sieur Jean-Baptiste du Roizel, Appellant. Contre le sieur Binet, Seigneur de **Moyencourt**, Intimé.—*Paris*, veuve Ballard, *vers 1770* ; 45 p. in-4°.

Bibl. de Péronne, Rec. de Mém., t. LXV.

* 8620. — Précis pour le marquis d'Hautefort, seigneur féodal et haut justicier de la seigneurie de **Rethonviliers**. Contre le marquis de Néelle. — S. l. n. n., 1774 ; 36 p. in-4°.

Cat. Lib. Pineau, à Beauvais, 1864.

* 8621. — Mémoires entre frère Léon Puginier, pourvu du Prieuré-cure de **Sᵗ Mard** ou **Sᵗ Médard les Roye** Et frère Jean Dieuxivoye, prétendant droit au même bénéfice. — Paris, 1752 ; 7 et 8 p. in-folio.

8622. — Un Village du Bas-Santerre. **Saint-Mard**, son Prieuré, ses Eaux minérales, ses Légendes avec des Notices historiques sur Saint-Aurin, Léchelle, Villers, Goyencourt, par Alcius Ledieu. — Montdidier, Mérot, 1877 ; 63 p. in-18.

8623. — Notice sur **Saint-Mard**, par L. de Caruelle.

Cab. hist. Pic. et Art., t. V, p. 193 et s.; in-8°.

8624. — *Notice sur les Eaux minérales de St Mard.*

Diction. minér. et hydrol. de la Fr. — Paris, Costard, 1772, t. I, p. 583 à 591 ; in-8°.

8625. — Chronique royenne. Vertu mystérieuse de la Fontaine de **Saint-Mard-lès-Roye**, *par E. Coët.* — S. l. n. n. n. d. ; 2 p. in-12.

8626. — **Tilloloy**, ses Seigneurs, son Château, son Eglise par E. Coët. — St Quentin, 1873 ; 59 p. in-4° avec 3 pl.

8627. — Commission pour la démolition de **Tilloloy** appartenant à M. de Saucourt (*Soyecourt*) pour crime par lui commis (1636).

Cab. hist. Pic. et Art., t. III, p. 324 et 325 ; in-8°.

8628. — Précis pour les Habitans de la Paroisse de **Tilloloy**, Intimés. Contre le Sieur Ambroise Cuvillier, Curé de ladite Paroisse, Appelant. — *Paris*, Delaguette, *vers 1770* ; 12 p. in-4°.

Question de dîmes.
Bibl. de Roye.

8629. — Edit du Roi portant suppression de l'office de Notaire établi à **Tilloloy** et fixation du nombre des Notaires et Procureurs du bailliage de Roye. Donné à Compiègne au mois de Juillet 1772. Registré au Parlement le 12 août audit an. — Paris, Imprimerie Royale, 1772 ; 4 p. in-4°.

Autre édition : Paris, P. G. Simon, 1773 ; 4 p. in-4°.
Bibl. d'Amiens, Jurisp., n° 330.

8630. — Eglise et Château de **Tilloloy**, *par H. Dusevel.* — 16 p. gr. in-8° av. 1 pl.

Chât. Beffrois, etc., t. II.

8631. — Eglise de **Tilloloy**.

La Renaiss. en Fr., par Berty.— Paris, Morel ; 2 p. in-4° et 2 pl.

8632. — La Verrière de Saint-Jean-Baptiste dans l'église de **Tilloloy**, par l'abbé Odon.

Le Dimanche, n° 1068, p. 461 à 465 ; in-8°.

8633. — Simple aperçu sur le rôle de la peinture sur verre au moyen-âge suivi de la description d'une verrière du XVIe siècle dans l'église de **Tilloloy**, représentant une page de la Légende dorée, par M. l'abbé A. Odon, curé de Tilloloy.

Bull. Soc. Ant. Pic., t. XIII, p. 82 à 89 ; in-8°.

8634. — Inauguration de la Sainte Face de N. S. et érection de deux calvaires à **Tilloloy**, dimanche 13 octobre 1889, *par l'abbé Odon.* — Montdidier, Allart, 1889 ; 30 p. in-8°.

8635. — Les Mausolées de l'Eglise de **Tilloloy** lès Roye, par M. Alcius Ledieu.

Bull. Soc. Em. Abb., t. II, p. 172 à 178 av. 4 pl. ; in-8°.

8636. — **Villers les Roye.**

Cab. hist. Pic. et Art., t. VI, p. 114 à 117 ; in-8°.

HISTOIRE TRAGIQVE
DE LA CONSTANCE
D'VNE DAME ENVERS SON
seruiteur, lesquels se sont tuez de
chacun vn pistolet pour ne suruiure l'vn apres l'autre.

A PARIS,
Par François Hvby rué Sainct Iacques
au Soufflet verd deuant le College de
Marmoutier.

Auec permission.

LIVRE SIXIÈME

ARRONDISSEMENT DE PÉRONNE

CHAPITRE I

GÉNÉRALITÉS SUR L'ARRONDISSEMENT DE PÉRONNE

8637. — **Statistique** de l'Arrondissement de Péronne (Agriculture), par M. Hyver père.

Mém. Acad. Amiens, t. I, p. 117 à 185; in-8°.

8638. — **Statistique** de l'Arrondissement de Péronne, par MM. Hyver père et fils, de Péronne (Géographie et Histoire).

Mém. Acad. Amiens, t. I, p. 457 à 484; in-8°.

8639. — L'**Arrondissement de Péronne**, ou Recherches sur les Villes, Bourgs, Villages et Hameaux qui le composent, par M. Paul Decagny. — Péronne, J. Quentin, 1844; 607 p. in-8°.

8640. — Histoire de l'**Arrondissement de Péronne** et de plusieurs Localités circonvoisines, par l'abbé Paul Decagny. — Péronne, J. Quentin, 1865-1869; 2 vol. in-8°, le 1er de XL-805 p. av. 27 pl. et le second de 826 p. av. 14 pl.

8641. — Première lettre sur l'Histoire de l'**Arrondissement de Péronne** et de plusieurs Localités voisines, *par H. Dusevel*. Seconde lettre... Réponse de M. Decagny.

La Picardie, t. XV, 1869, p. 49 et s.; in-8°.

8642. — L'**Invasion** en Picardie. Récits et Documents concernant les Communes **de l'Arrondissement de Péronne** pendant la Guerre allemande, 1870-1871, par Gustave Ramon (Vindex). — Péronne, Quentin, 1872-1873; 2 vol. in-8°, le 1er de VII et 432 p., le 2e paginé de 433 à 736, av. 9 pl.

8643. — La France Monumentale. Pouillé de l'**ancien Diocèse de Noyon**, Province ecclésiastique de Reims, Accompagné de gravures représentant les principaux Monuments de cet ancien

Diocèse, par Peigné-Delacourt. — Paris, Georges Chamerot, 1876; 52 p. in-4°.

Les Doyennés de Péronne, Athies, Curchy, Nesle et Ham dépendaient de l'Evêché de Noyon.

8643 bis. — Les **Ephémérides** de l'Arrondissement de Péronne, par Em. Coët. — Péronne, Quentin, 1886; 267 p. in-16.

8644. — Lettres portant que les lieux nommez Brice (**Brie**), de Sancto Christo (**St Christ**), Liacourt (**Licourt**), Breya (**Briost**) et de Flancourt (**Flaucourt**), ressortiront à la Prevosté de Saint-Quentin; *janvier 1353.*

Ord. des Rois de Fr., t. IV, p. 147 et 148; in-folio.

8645. — Sentence du Bailliage de Péronne portant abrogation de la **Fête** abusive et baladine dite **de l'Arrière**. Du 22 Juillet 1775. — Noyon, Rocher, 1775; 6 p. in-4°.

Bibl. de Péronne.

8646. — Extrait des Registres du Parlement. Du dix-sept Avril mil sept cent soixante seize. *Arrêt défendant dans le bailliage de Péronne, la* **coutume de l'arrière** *qui consistait à arrêter les passants, le lendemain de certaines fêtes, pour leur faire payer une forte rétribution.* — Paris, P. G. Simon, 1776; 3 p. in-4°.

Bibl. H. Macqueron.

8647. — Arrêt de la Cour de Parlement qui ordonne qu'une Ordonnance rendue le 21 Avril 1787, par les Officiers du Bailliage de Péronne, concernant la **réparation** et l'élargissement **des chemins** ordinaires, de traverse et ruraux situés dans l'étendue dudit Bailliage, et les alignemens à donner pour la construction des maisons, sera exécutée selon sa forme et teneur. Extrait des Registres du Parlement. Du vingt-un Mai mil sept cent quatre-vingt-sept. — Paris, N. H. Nyon, 1787; 11 p. in-4°.

Ibid.

8648. — Arrêt de la Cour de Parlement qui ordonne que l'Ordonnance rendue par les Officiers du Bailliage de Péronne, concernant les **réparations** et l'élargissement **des chemins** et l'Arrêt de la Cour, du 21 Mai 1787, qui a homologué ladite Ordonnance, seront exécutés selon leur forme et teneur. Du quinze Décembre mil sept cent quatre-vingt huit. — Paris, N. H. Nyon, 1788; 4 p. in-4°.

Ibid.

8649. — Procès-verbal de l'**Assemblée** de l'Ordre de la **Noblesse** du Gouvernement de Péronne, Montdidier et Roye, tenue le 31 Mars 1789 et jours suivans. — S. l. n. n.; 42 p. in-8°.

Bibl. Nat^{le}, Le²³, 154.

8650. — Cahier des **Doléances du Clergé** de Péronne, Montdidier et Roye. 1789. — S. l. n. n.; 40 p. in-8°.

Anc^{ne} Bibl. de Marsy.

Une autre édition porte le titre : Très humbles et très respectueuses Représentations et doléances du clergé, séculier et régulier, des trois bailliages de Péronne, Mondidier et Roye, assemblés à Péronne... le lundi 30 mars 1789... pour procéder à la rédaction de ses cahiers et à l'élection des députés. — S. l. n. n.; in-8°.

Bibl. Nat^{le}.

8651. — **Cahier** des Ordres réunis **de la Noblesse et du Tiers-Etat** du gouvernement de Péronne, Montdidier et Roye, rassemblés à Péronne, Remis à MM. le Chevalier Alexandre de La Moth et le Duc de Mailly, Députés de l'Ordre de la Noblesse. A MM. de Buire, de Bussy, Prévost et Du Metz, Députés de l'Ordre du Tiers Etat. — Paris, de Senne, 1789; 42 p. in-8°.

Anc. Bibl. de Marsy.

Autre édition : Péronne, Laisney, 1789; 52 p. in-8°.

8652. — Conclusions pour l'**Assemblée** Générale des **Trois Ordres** du

Gouvernement de Péronne, Mondidier et Roye, Tenue en l'Eglise de Saint Fursi, à Péronne, le 30 Mars 1789. — S. l. n. n.; 1 p. in-4°.

Arch. dép. de la Somme, C, 23.

8653. — Discours pour l'**Assemblée générale des trois Etats** des trois Bailliages du Gouvernement de Péronne. — S. l. n. n., *1789;* 4 p. in-4°·

Arch. dép. de la Somme, C, 23.

8654. — Tableau des **Distances** de la Ville de Péronne aux Villes, Bourgs, Villages, Hameaux et Fermes situés dans le Ressort du District, pour régler les Frais de transport des Huissiers et la Taxe des Témoins. — Amiens, Caron-Berquier, 1791; 9 p. in-4°.

Bibl. de Péronne.

8655. — Taxe des **Arpenteurs** Exerçans dans l'étendue du Ressort du District de Péronne. Du 14 Juillet 1791. — *Amiens*, Caron-Berquier; 3 p. in-4°.

Ibid.

8656. — Département de la Somme. Comité d'**Instruction primaire** de l'Arrondissement de Péronne. Séance solennelle du 3 octobre 1831.—Péronne, Deprez; 12 p. in-8°.

D'autres comptes rendus de séances analogues ont été publiés dans la même forme au moins jusqu'en 1844.

8657. — Règlement des **Ecoles primaires** de l'arrondissement de Péronne. — Péronne, Quentin, *1846;* 20 p. in-8°.

8658. — Règlement des Elèves des **Ecoles primaires** de l'Arrondissement de Péronne. — Péronne, Quentin, *1846;* 7 p. in-8°.

8659. — Note sur l'extinction de la **mendicité** et sur la **bienfaisance publique**. L'arrondissement de Péronne en 1847. Extrait du Rapport adressé au Conseil d'arrondissement de Péronne, *par M. Mauret de Pourville, sous-préfet*. — Amiens, Duval et Herment, 1848; in-8°.

8660. — La **Campagne électorale** de 1876, *dans l'arrondissement de Péronne*, par Antoine Cattiaux, médecin à Heudicourt (Somme). — Paris, Donnaud, 1876; 36 p. in-18.

8661. — Règlement préfectoral concernant la partie non navigable de la **rivière de Somme**. Du 15 Mai 1854.— Péronne, Quentin; 19 p. in-8°.

8662. — Rapport. Commission syndicale de la **Rivière de Somme** (Partie comprise entre les limites du Département de l'Aisne et l'aval du moulin de Bray). 15 Avril 1857.— Péronne, Quentin ; 15 p. in-4° et 1 pl.

8663. — Mémoire judiciaire sur les **eaux** communes de la Rivière de Biaches, par M. Alexandre Fresson. — Péronne, Quentin, *1859;* 26 p. in-8°.

8664. — Projet de dessèchement de la **Vallée de la Somme**, actuellement soumis à l'enquête. Extrait ou Résumé des pièces déposées à cet effet à la sous-préfecture de Péronne. Août 1863. — Péronne, Quentin ; 32 p. in-4°.

8665. — Syndicat de la **Rivière de Somme**. Extrait du Registre aux Délibérations. Séance du 23 Mai 1868. Avis sur l'application du décret impérial du 25 janvier 1868. — Péronne, Quentin, 1868; 13 p. in-8°.

Au sujet de la pêche entre Frise et Cappy.

8666. — Mémoire contenant l'exposé du régime légal des **étangs de la Somme**, compris entre Béthencourt et Bray, devant l'autorité judiciaire, rédigé par M. Félix Décamps, propriétaire, demeurant à Sainte-Radegonde, pour arriver à l'établissement d'une association syndicale libre ou autorisée, à l'effet de donner la protection effective aux propriétés en nature d'étang et comprises entre Béthencourt et Bray. — S. l. n. n., *1887;* 8 p. in-8°.

8667. — Association syndicale libre

des propriétaires des **étangs** et des usines compris entre Béthencourt et Bray, constituée suivant acte reçu par M**es** Colombier et Caron, Notaires à Péronne le 19 Octobre 1893. Statuts de l'Association. — Péronne, Créty, 1893; 71 p. in-8°.

CHAPITRE II

CANTON DE PÉRONNE

I. PÉRONNE

§ 1. HISTOIRE CIVILE

8668. — **Péronne**.
Dict. géogr. des Gaules, par Expilly, t. V, p. 630 à 633 ; in-folio.

8669. — Essai historique et chronologique sur la Ville de **Péronne**, par le Docteur F. J. Martel. — Péronne, Quentin, *1861;* 116 p. in-8°.

8670. — Liste chronologique des **Mayeurs de Péronne**, depuis l'année 1230, *par A. Villemant.* — Péronne, Quentin, 1861 ; 22 p. in-12.

8671. — Notice historique sur **Sobotécluse** et le faubourg de Paris, par Caraby. — Péronne, Quentin, 1865; 52 p. in-8° av. fig.

8672. — Essai sur l'**Histoire de Péronne** par Eustache de Sachy, ancien curé de Notre-Dame au faubourg de Bretagne, Chanoine de Saint-Léger en l'église..... de Saint Fursi (publiée sur les manuscrits de l'auteur par Ch. Ed. C.). — Péronne, Trépant, 1866; XIX-486 p. in-8°.

8673. — Documents inédits pour servir à l'**Histoire de Péronne**, *par l'abbé Gosselin.*
La Picardie, t. XVII et XVIII ; in-8°.

8674. — **Histoire** générale de **Péronne**, par Jules Dournel. — Péronne, Quentin, 1879; VI-524 p. in-8° av. 3 pl.

8675. — Rapport sur l'**Histoire** générale de **Péronne** de M. Jules Dournel, par l'abbé Paul De Cagny.
Bull. Soc. Ant. Pic., t. XIV, p. 71 à 77; in-8°.

8676. — **Péronne**, son Origine et ses Développements par M. G. Vallois, ancien sous-préfet de Péronne. — Péronne, Quentin, 1880 ; 289 p. in-8° av. 9 pl. et 19 fig.

8677. — Rapport pour le concours au prix d'archéologie (fondation Ledieu), lu dans la Séance publique, du 30 Novembre 1879, par M. l'abbé de Cagny.
Il s'agit de l'ouvrage mentionné au numéro précédent.
Mém. Soc. Ant. Pic., t. XXVII, p 93 à 111; in-8°.

8678. — Gustave Ramon. **Chroniques péronnaises**. — Péronne, Quentin, 1879 ; 315 p. in-16 av. 2 pl. et 5 fig.

8679. — Gustave Ramon. Coutumes, Ordonnances et **Usages locaux** de la Ville de Péronne avant 1789. — Péronne, Quentin, 1879-1880 ; VIII-282 p. in-16.

8680. — Registres, Lettres et Notes d'une **Famille péronnaise**, *de 1807 à*

1847, par François, Fursy et Henri Dabot. — Péronne, Quentin, *1891;* 85 p. in-12 av. 1 pl.

8681. — Les **Mayeurs de Péronne**, leurs Familles et leurs Descendants, par Jules Dournel. — Péronne, Quentin, 1894; 363 p. in-8°.

8682. — Etude sur les **Sous-Sols péronnais**, par M. Tournière-Blondeau. — Péronne, Quentin, 1898; 53 p. in-12 av. 1 pl.

8683.—Paris.1209. Octobre. **Charta communiæ** Peronensibus a Philippo Rege concessa.

Layett. du Trés des Ch., t. I, p. 337 à 339; in-8°.

8684. — Copie et traduction de la **Charte** donnée à la ville **de Péronne** (Somme), par le roi Philippe Auguste l'an douze cent neuf. — Péronne, Quentin, 1862; 6 p. in-folio.

8685. — 1260. 24 juin. Etat des **revenus** et des dépenses de la ville **de Péronne**.

Layett. du Trés. des Ch., t. III, p. 532 et 533; in-8°.

8686 — Lettres, *du 28 janvier 1368*, qui confirment celles par lesquelles Philippe Auguste avoit établi une **Commune** dans la Ville **de Péronne**, et qui y rétablissent cette Commune qui avoit esté supprimée.

Ordonn. des Rois de Fr., t. V, p. 156 à 164; in-folio.

8687. — Documents inédits. Péronne durant les guerres de l'**Invasion anglaise**. xiv° siècle, *par de la Fons Mélicocq.*

La Picardie, 1857, t. III, p. 302 à 308 et 337 à 347; in-8°.

8688 — Pièces inédites pour servir à l'histoire de l'artillerie et de la poudre, *et concernant particulièrement* **Péronne**. Quatorzième, quinzième et seizième siècles, *par de la Fons-Mélicocq.*

Bull. du Comité..., 1846, p. 160 à 171; in-8°.

8689. — Péronne sous les **Ducs de Bourgogne**, *par l'abbé Gosselin*.

La Picardie, 1868, p. 48 à 60 et 114 à 120; in-8°.

8690. — **Frère Didier** à Péronne (1454).

Le Vermandois, t. II, 1874, p. 261 et 262; in-8°.

8691. — Deux Lettres de Louis XI sur l'**entrevue de Péronne**, par Th. Sickel.

Bull. Soc. Hist. Fr., 1854, p 150 à 153; in-8°.

8692. — **Louis XI** au Château de Péronne (1468), *par Ch. Gomart.* — S. l. n. n. n. d.; 56 p. in-8° et 1 pl.

8693. — **Jugement criminel** rendu en 1482, à Péronne.

Bull. Com. hist. des Mon., 1842, p. 153 à 156; in-8°.

* **8694.** — Les **assaulx merveilleux** faictz par les Bourguignons et Allemans, tant en la ville **de Péronne** que autres lieux de Picardie. Avec les louanges de Monsieur le maréchal de la Marche (*Robert de la Marck*) sur la deffense de Peronne 1536. Avec Privilège. — On les vend à Paris en la rue neufve nostre Dame, à l'enseigne de la Corne de cerf; petit in-folio goth. de 12 ff.

Voir Cab. hist. Pic. et Art., t. I, p. 65.

8695.— **Perona obsessa**, *poëme en vers latins.*

Huberti Sussanei... Ludorum libri. — Parisiis, apud Simonem Colinæum, 1538, ff¹ˢ 78 à 84; in-12.
Bibl. H. Macqueron.

8696. — *Récit du* **Siège de Péronne**.

Hist. gén. de France, par Scipion Dupleix. — Paris, Sommiér, 1634, t. III, p. 403 à 405; in-folio.

8697. — Relation du **Siege mémorable** de la Ville de Peronne Composee par le P. Pierre Fenier, Religieux Mi-

— 238 —

nime. — Paris, chez François Muguet, MDCLXXXII; in-12 de 8 p. n. n. et 170 p.

A la suite est l'Office qui se chante à la procession générale du siège de Péronne.

Bibl. de l'abbé Gosselin.

8698. — L'**Office** qui se chante à la procession générale, qui se fait tous les ans à Péronne le onzième Septembre, en action de grâces de la levée **du Siège** qui s'est fait par l'Armée de Charles-Quint, commandée par le Comte de Nassau l'an 1536 Avec l'Ordre de la Marche de ladite Procession. — Péronne, Honoré le Beau, MDCCXV; XII-42 p. in-12.

Ibid.

8699. — **Péronne sauvée**, Opéra en trois actes. — 64 p. in-18 av. front. et 5 p. de mus.

Cette indication est sur le faux titre de l'Opuscule. Le titre porte :

Les après-soupés de la Société. Petit théâtre lyrique et moral sur les aventures du jour. XV° et XVI° cahiers. Tome quatrième. — Paris, chez l'auteur; 1782.

8700. — **Péronne sauvée**, opéra en trois actes, représenté pour la première fois, par l'Académie-Royale de Musique le Mardi 27 Mai 1783. — Paris, P. de Lormel, 1783; 63 p. in-4°.

Bibl. H. Macqueron.

8701. — **Péronne sauvée**, opéra en quatre actes représenté pour la première fois par l'Académie Royale de Musique le Mardi 27 Mai 1783. — Paris, de Lormel, 1783; 65 p. petit in-4°.

Cette édition diffère très peu de la précédente.

8702. — **Chanson** de Péronne (Campagne de Picardie) 1536. Guerre de Picardie et **Siège de Péronne** par les Impériaux : 1536. *Autre chanson*.

Bull. Soc. Hist. Fr., t. I, 1834, p. 271 à 273; in-8°.

8703. — Notice sur la **Bannière de Péronne**, par M. H. Dusevel.—Amiens, Ledien fils, 1838; 16 p. in-8° et 1 pl.

Extr. Mém. Soc. Arch. Dép. Somme.

8704. — Observations de M. Hiver sur la notice de M. Dusevel relative à la **bannière de Péronne** et réponses de M. Dusevel.

Mém. Soc. Ant. Pic., t. II, p. 375 à 384; in-8°.

8705. — Lettre de M. de Haussy de Robécourt relative au **siège de Péronne**.

Bibl. hist. Pic. et Art., par Roger, p. 114 à 115; in-8°.

8706. — Relation du **Siège** mémorable de la Ville **de Péronne** composée par le S¹ Pierre Fenier, Religieux Minime. — Péronne, Croiset, 1843; 58 p. in-12.

8707. — Relation du **Siège** mémorable de la Ville **de Péronne**, composée par le P. Pierre Fenier, Religieux Minime. — Péronne, Quentin, 1843; 127 p. in-16 et 1 fig.

8708. — Notice historique sur la **Bannière du siège** de Péronne, par E. Quentin. — Péronne, Quentin, 1862; 53 p. in-8° av. 1 pl.

8709. — Relation du **Siège** mémorable de la ville **de Péronne** en 1536, composée par le P. Pierre Fénier, Religieux Minime. — Suivant l'édition imprimée à Paris, chez François Muguet, MDCLXXXVII; II-80 p. in-16.

Réimpression faite par Techener en 1862 sous les auspices du vicomte d'Auteuil.

8710. — Précis et Documents relatifs au **Siège de** la Ville **de Péronne** en 1536. — Paris, Techener, 1863; IV-96 p. in-16.]

8711. — Office qui se chante à la **Procession** Générale **du Siège** de Péronne qui a eu lieu en 1536. Imprimé en 1864. — S. l. n. n.; 24 p. in-16 autogr.

8712. — Siège de Péronne en 1536, par *l'abbé Gosselin*.

La Picardie, 1868, p. 433 à 441 et 1869, p. 60 à 70 ; in-8°.

8713. — La **Procession du Siège** de Péronne, *par l'abbé Gosselin*.

La Picardie, 1868, p. 289 et s. ; in-8°.

8714. — Relation du **Siège de Péronne** de 1536, extraite des mémoires de Martin du Bellay, *publiée par Alfred Danicourt*. — Péronne, Trépant, 1880 ; 28 p. in-16.

8715. — **Péronne sauvée**, avec une préface historique de Billardon de Sauvigny, héroïde picarde, rééditée par Alfred Danicourt. — Péronne, Trépant, 1879 ; XXX-66 p. in-18 et 5 p: de musique.

8716. — **Journal du Siège** de Péronne en 1536. Extrait du Manuscrit de Me Jean Dehaussy, Licencié ès loix, Avocat au Parlement, Greffier en chef de l'Hôtel de Ville, avec Notes par E. Quentin. — Péronne, Quentin, 1897 ; 102 p. in-12 av. 4 pl.

* **8717.** — Les **Priuilèges**, franchises, et libertez données par le Roy aux Bourgeois, manans et habitans de la ville **de Peronne**. — Paris, rue de la Iuifverie, à limage de sainct pierre, 1536 ; in-8°.

Bibl. hérald. de la France, par Guigard, 2876.
Le P. Lelong (n° 34174) indique 1636 comme date de cet ouvrage.

8718. — Notice historique sur **Quentin de Goussencourt**, *gouverneur et maïeur de Péronne en 1537*, par M. Henri Tausin. — Abbeville, Fourdrinier, 1898 ; in-8°.

8719. — Fragments de la correspondance militaire et administrative de Gaspard de **Coligny** dans l'exercice de ses fonctions de gouverneur de Picardie avec **de Humières**, gouverneur de Péronne. 1555-1560.

Bull. Soc. Hist. Protestant., 1865, p. 209 à 230 et 302 à 318 ; in-8°.

8720. — Association de la **Ligue** concertée à Péronne le 13 février 1577.

Ann. topog. de la Somme, par T. D., 1848, p. 128 à 135 ; in-16.

8721. — La **Ligue** à Péronne, *par l'abbé Gosselin*.

La Picardie, 1870, p. 159 et s. ; in-8°.

8722. — Tailles et **Impositions** diverses acquittées par la ville **de Péronne** aux xve et xvie siècles, *par de la Fons. Mélicocq*.

La Picardie, t. XII, 1866, p. 468 à 480 ; in-8°.

8723. — Péronne en temps de **peste** (xvie siècle), *par de la Fons Mélicocq*.

La Picardie, t. II, 1856, p. 506 à 512 ; in-8°.

8724. — Un **Charivari** à Péronne au xvie siècle, *par de la Fons Mélicocq*.

La Picardie, t. VI, 1860, p. 515 à 521 ; in-8°.

8725. — **Discours véritable** de ce qui s'est passé en la ville de Péronne au mois d'Aoust an présent mil six cent seize. — S. l. n. n. n. d. ; 32 p. in-8°.

Bibl. Nat^{le}, Lb^{36}, n° 870.

8726. — Declaration du Roy, svr ce qui s'est passé en sa ville de **Peronne**. Publiée en Parlement le vingt-cinquiesme Octobre mil six cens seize. — Paris, chez Fred. Morel et P. Mettayer ; MDCXVI ; 7 p. in-8°.

Bibl. d'Amiens, Hist., n° 2705, t. III.

8727. — **Manifeste** des Péronnois Aux Fidelles François. MDCXVI. — S. l. n. n. ; 40 p. in-8°.

Bibl. Nat^{le}, Lb^{36}, n° 871.

8728. — Une Révolte à Péronne sous le gouvernement du **Maréchal d'Ancre** l'an 1616 avec des documents inédits publiés par Alfred Danicourt. — Péronne, Quentin, 1885 ; XIV-166 p. in-12 av. 3 pl.

8729. — Gustave Ramon. La Forteresse de **Péronne** et la Ligne de la Somme pendant les périodes suédoise et française de la **Guerre de Trente**

ans. — Péronne, Quentin, 1888; VII-445 p. in-16.

8730. — **Lettres** historiques *relatives à Péronne*, communiquées par M. de la Fons-Mélicocq.

Bull. du Com., t. I, 1849, p. 29 à 32 et 44 à 50; in-8°.

8731. — Discovrs svr l'entreveve dv Cardinal Mazarin et de Monsieur d'**Hocquincour Gouverneur de Peronne**. M.DCXLIX. — S. l. n. n.; 15 p. in-4°.

Bibl. Nat^{le}, Lb 57, n° 1296.

8732. — Lettre à Messievrs le Vvidame et Gouuerneur d'Amiens et d'**Avqvincourt Govverneur de Peronne** pour la conservation de leurs Gouuernements. — Paris, s. n., M.DC XLIX; 15 p. in-4°.

Bibl. Nat^{le}, Lb 37, n° 1284.

8733. — Relation de ce qvi s'est passé en la ville de **Peronne** sur le refus que les Habitants ont fait de receuoir et d'ouurir leurs portes au **Mareschal d'Hoquincourt** leur Gouuerneur.—Paris, Iean Brvnet, MDCLII : 6 p. pet. in-4°.

Bibl. de Péronne.

* **8734.** — Arrêt du Parlement de Paris, du 19 juillet 1656, homologuant à la requête de Pierre Boucher, ménager, le **tarif du coche** de Péronne à Paris. — S. l. n n.; in-folio.

Bibl. Nat^{le}, 1° Fm, 1913.

8735. — Mémoire pour les Mayeur et Echevins de la Ville de Péronne contre le Major de la Place. — S. l. n. n., 1660 ; 4 p. in-folio.

Au sujet du droit de donner des ordres à la **garde bourgeoise**.

Bibl. d'Amiens, Hist., n° 3595.

8736. — Ordonnance du Roy Louis XIII du 17 mars 1619 et Ordonnance du Roy Louis XIV, *du 20 janvier 1661, réglant le différend entre le Mayeur de Péronne et le* **Major de la Place**. — S. l. n. n.; 4 p. in-folio.

Ibid., Hist., n° 3595.

8737. — Jugement Rendu Souverainement par M. Barillon Intendant de Iustice en la Generalité d'Amiens, le vingt septieme Novembre 1668. Par le quel René Neveu de Longavesne **Major de Peronne** est declaré indigne de ladite charge de Major, interdit pour toûjours de la fonction d'icelle : Les nommez Guichard, Loiseau, Souscany, Faré, Milon et Clement, banis et condamnez aux Amendes et Restitutions y contenües, pour avoir fait entrer en fraude des Marchandises, et favorisé le transport d'Or et Argent hors le Royaume. — S. l. n n.; 15 p. in-4°.

Bibl H. Macqueron.

8738. — Les **Privilèges**, Franchises et Libertez donnez à tousiours par le Roy nostre Sire, aux Bourgeois, Manans et Habitans de sa fidelle et loyalle ville **de Peronne** Levs et pvbliez en la Covr de Parlement le cinquieme, et en la Chambre des Comptes le dixième jour de Mars Avec le Plaidoyé svr ce fait en ladite Cour. Ensemble les Arrests dv Conseil portant confirmation. — Paris, Chez la Vefve Iean Henavlt et François Henavlt, MDCLXXV; 12 p. in-4°.

Bibl. de Péronne.

8739. — Arrest du Conseil d'Estat du Roy, qvi ordonne l'exécution des Edit et Arrests portant révocation des Privilèges accordez aux **Arquebusiers** de Péronne et autres. Casse deux Sentences des Elus de ladite Ville, Déboute lesdits Arquebusiers de leur demande; Déclare la saisie et vente des meubles du Directeur des Aydes de ladite Election injurieuses, tortionnaires et deraisonnables. Ordonne qu'ils lui seront rendus ou la juste valeur. Condamne lesdits Arquebusiers en 200 livres de dommages et intérêts envers ledit sieur Directeur; Lève l'interdiction prononcée contre le nommé Prévost, Huissier,

Condamne les Arquebusiers en 30 livres de dommages intérêts envers ledit Prévôt; Deffend ausdits Elûs de rendre à l'avenir de pareilles Sentences, à peine d'interdiction et de tous dépens, dommages et intérêts Et enjoint au Sieur de Moré, Président en ladite Election, de se rendre à la suite du Conseil, pour rendre compte de sa conduite. Du 21 Février 1721. — Paris, veuve Saugrain et Pierre Prault; 12 p. in-4°.

Bibl. Pinsard.

8740. — Déclaration du Roy concernant les Droits de **Peage de Péronne**. Donnée à Versailles le 5 Décembre 1724. — Paris, Delatour, 1725; 4 p. in-4°.

Bibl. Pinsard.

8741. — Mémoire pour les Mayeur et Echevins de la Ville de Péronne Contre le Major de la Place. — S. l. n. n., 1727; 6 p. in-folio.

Au sujet du commandement de la **garde bourgeoise**.

Bibl. de Péronne.

8742. — Au Roy. *Réclamation des maïeur et habitans de Péronne, demandant le maintien de leurs privilèges et notamment que la* **garde bourgeoise** *reste sous le commandement du maïeur.* 1727. — S. l. n. n.; 12 p. in-folio.

Bibl. d'Amiens, Hist., n° 3594.

8743. — Règlement et Ordonnances de Sa Majesté au sujet de la **garde bourgeoise** de Péronne. *Du 25 janvier 1728.* — Saint-Quentin, veuve Pierre Boscher; 6 p. in-4°.

Bibl. d'Amiens, Hist., n° 3876.

Autre édition en plac. in-folio.

Autre édition : Péronne, Moet, 1728; 6 p. in-4°.

8744. — *Sonnet* Sur le mariage de Monsieur Charles-**Louis Tattegrain**, échevin de la Ville de Péronne, et de Mademoiselle **Hélène Le Grand**, fille de Monsieur le Procureur du Roy de ladite Ville. Présenté par le voisinage le 26 d'Avril 1729. — S. l. n. n.; in-folio.

Bibl. d'Amiens, Hist., n° 3595.

8745. — Arrest du Conseil d'Estat du Roy, qui maintient les Maire et Eschevins de la Ville de Perone en Picardie, dans le droit de chaussée ou **peage** par eux pretendu dans ladite Ville. Du 10 Juillet 1731. — Paris, Imprimerie Royale, 1732; 7 p. in-4°.

Arch. dép. de la Somme, C, 1203.

8746. — Arrest du Conseil d'Estat du Roy, portant que les Officiers du Grenier à sel de Péronne seront tenus, à la première réquisition du Fermier, ses Commis et Preposez, de procéder au mesurage et submersement des **faux-sels**, et d'en dresser leurs procez-verbaux, sans que, pour raison de ce, ils puissent exiger aucuns droits; Annulle la procédure faite par lesdits Officiers, et un Arrest de la Cour des Aydes, rendu sur icelle, à l'occasion du refus fait par eux de procéder au mesurage et submersement des faux sels; Les rend garans envers le Fermier, tant des Frais de ladite procédure, que des déchets qui pourront se trouver sur le sel dudit Grenier, encore que les clefs en ayent esté remises entre les mains de deux Notaires pendant le cours de la procédure. Du 19 Mars 1737. — Paris, Imprimerie Royale, 1737; 7 p. in-4°.

Bibl. d'Amiens, Jurisp., n° 328.

8747. — Relation manuscrite du **séjour** à Péronne, *en 1744,* **du roi Louis XV** par MM. Saugrain, Procureur du Roi de l'Hôtel de Ville et d'Assonvillers-le-Jeune, *publiée* par M. Lefèvre Marchand.

Bull. Soc Ant. Pic, t. XII, p. 44 à 47; in-8°.

8748. — Un **Incendie** à Péronne en 1751.

Le Vermandois, t. VI, p. 400 à 404; in-8°.

8749. — Mandement de Monseigneur l'Evêque Comte de Noyon, Pair de France, pour permettre dans son diocèse la **quête pour les Incendiés** du Fauxbourg de Péronne. Du 3 Septembre 1751. — S. l. n. n.; 3 p. in-4°.

Bibl. de Péronne.

8750.—Mémoire pour maître Pierre-Louis-Antoine **Bourdon**, greffier en chef de l'hôtel de ville de Péronne contre Messieurs les maïeur et échevins de la même Ville. — Amiens, 1755; 31 p. in-4°.

Arch. dép. de la Somme, C, 1002

8751. — Mémoire pour les Mayeur et Echevins de la Ville de Péronne, Appellans et Défendeurs. Contre le sieur Zilgens, dit Eclair, premier Chirurgien de l'Etat-Major des Gardes Suisses, prenant le fait et cause du Sieur Boullanger, Intimé et Demandeur. En présence de Louis Antoine Bourdon, Greffier de l'Election de Péronne. — *Paris*, Ch. Est. Chesnault, 1766; 31 p. in-4°.

Au sujet de la location des **moulins banaux** de Péronne.

Bibl. de Péronne, Rec. de Mém., t. XXIV.

8752. — Mémoire pour le sieur Zilgens, dit Eclair, premier Chirurgien de l'Etat-Major des Gardes Suisses, prenant le fait et cause du sieur Boullanger, Intimé et Demandeur. Contre les Mayeur et Echevins de la Ville de Péronne, Appelans. En présence de Louis-Antoine Bourdon, Greffier de la ville et de l'Election de Péronne. — *Paris*, Cellot, 1766; 17 p. in-4°.

Ibid.

8753. — De par le Roi. *Ordonnance de l'Intendant Dupleix, du 13 août 1767, relative aux* **chevaux** *et voitures que la ville de Péronne doit fournir aux* **Troupes**. — Amiens, veuve Godart, 1767; 4 p. in-4°.

Arch. dép. de la Somme, C, 1277.

8754. — Arrest du Conseil d'Estat du Roy, qui ordonne que par le Sieur Intendant et Commissaire départi en la Généralité d'Amiens, il sera, après trois Publications de huitaine en huitaine, procédé à la Revente et **Adjudication** à titre d'Engagement, au plus Offrant et dernier Enchérisseur **du Domaine de Péronne**. Du 29 Mai 1767. — S. l. n. n.; plac. in-folio.

Bibl. H. Macqueron.

8755. — Sentence du Bailliage de Péronne, portant règlement concernant la Police de la **Moisson**, le payement des **Dîmes** et Champarts, et le danger des **Incendies**. Du 6 Juillet 1771. — Noyon, P. Rochez, 1771; 4 p. in-4°.

Bibl. de Roye.

8756. — Extrait des **Résolutions** de l'**Hôtel de Ville** de Péronne. *Inventaire de pièces des XVIIe et XVIIIe siècles.* — S. l. n. n. n. d.; 51 p. in-12.

Bibl. de Roye.

***8757.** — Jugement rendu contre une bande d'environ trente fraudeurs; du 28 août 1775. — Lille, 1775; 4 p. in-4°.

Il s'agit de la rébellion du **Plat de Péronne**, contre la brigade de Cysoing.

Cat. de la Lib. Chossonnery, janv. 1882, n° 975.

8758. — La **Révolution** à Péronne, par Gustave Ramon.—Péronne, J. Quentin, s. d.; 6 vol. in-8°.

Chacun de ces volumes porte en outre les indications suivantes :

1re Série. Fêtes, cérémonies et réjouissances (1789-1804); 172 p.—2e Série. Etats-Généraux de 1789; doléances du Tiers-Etat, de la Noblesse et du Clergé du Bailliage; 189 p.—3e Série (1789-1791); 191 p. — 4e Série (1792-1793); 247 p. — 5e et 6e Séries (1793-1795); 400 p. — 7e Série. Les réserves de l'armée du Nord et le camp de Péronne (1793-an III); 302 p.

8759. — **Cahier de Remontrances** des Officiers Municipaux de la Ville de... *Péronne.* — S. l. n. n., MDCCLXXXIX; 16 p. in-8°.

Bibl. de Péronne.

8760. — Adresse de la Ville de Péronne à toutes les Municipalités de son District. Du 18 juin 1790. — S. l. n. n.; 3 p. in-4°.

Invitation à la **fête de la Fédération**.

Ibid.

8761. — Procès verbal de la **Fé-**

dération formée le 29 juin 1790, à Péronne, entre les Gardes-Nationales et les Troupes de ligne de tous les Cantons de ce District. — Saint-Quentin, Hautoy, 1790; 8 p. in-4°.

Ibid.

8762. — Tableau de la **Contribution patriotique** de la Ville de Péronne. 1790. — St Quentin, Hautoy, 1790; 29 p. in-4°.

Ibid.

8763. — Adresse des Administrateurs composant le Conseil du District de Péronne aux Citoyens de ce District. — S. l. n. n., 1791; 6 p. in-4°.

Au sujet du **paiement des impôts** de 1791.
Bibl. H. Macqueron.

8764. — Précis pour le citoyen Collache chargé dans le District de Péronne d'assurer l'**approvisionnement** des Marchés et des Armées. — Amiens, Caron-Berquier, an II; 19 p. in-4°.

Bibl. Soc. Ant. Pic.

8765. — Lettre instructive de la Société des Amis de la Constitution de Péronne, aux Habitans des Campagnes de ce District, relativement au remplacement des **Curés réfractaires.** Du 6 juin 1791. — Cambrai, Samuel Berthoud, 1791; 8 p. in-4°.

Bibl. de Péronne.

8766. — Procès-verbal de la **Fête de la Vérité** et **de la Raison** célébrée le dix Frimaire, l'an deuxième de la République Française, dans la Commune de Péronne. — Amiens, Caron-Berquier; 12 p. in-4°.

Bibl. Pinsard.

8767. — Le Citoyen **Garnerin**, commissaire du Comité de Salut Public de la Convention Nationale près l'Armée du Nord, aux Habitans de la Ville de Péronne. — Amiens, Caron-Berquier, an II; 3 p. in-12.

Proclamation du 18 vendém. an II.
Bibl. d'Amiens, Hist., n° 3639.

8768. — Discours pour la **Fête à l'Être Suprême** et à la nature, célébrée à Péronne, le 20 Prairial, l'an II de la République, une et indivisible, par Pierre Renault, Officier Municipal, Membre de la Société populaire. — Péronne, Laisney; 7 p. in-4°.

Bibl. de Roye

8769. — Règlement de la **Société populaire** de Péronne. — De l'imprimerie du Cercle social, s. d.; 15 p. in-4°.

Bibl. de Péronne.

8770. — Péronne sous la **Terreur.** Une lettre inédite de Calandihi.

Le Vermandois, t. I, 1873, p. 254 à 256; in-8°.

8771. — Procès verbal de l'inauguration du **Buste du Roi** par la Garde Nationale de Péronne, le 13 juin 1816. — S. l. n. n.; 7 p. in-4°.

8772. — Procès-Verbal de la **Fête** donnée, le vendredi 30 janvier 1824, par la ville de Péronne, à l'armée française, en la personne des Officiers et Soldats du Régiment **des Chasseurs à Cheval de la Garde** Royale. — S. l. n. n.; 7 p. in-4°.

8773. — Règlement supplémentaire de l'**Octroi** de la Ville de Péronne. — Péronne, 1851; 8 p. in-4°.

8774. — Ville de Péronne. Extrait du Registre aux Délibérations du Conseil Municipal. Séance du 21 Février 1856. **Eaux Communales** de la Ville. — Péronne, Quentin; 12 p. gr. in-8°.

8775. — Règlement de l'**Octroi** de Péronne. — Péronne, Quentin, 1860; 29 p. in-8°.

8776. — Le Rapport sur la **Gare** de Flamicourt. — Péronne, Recoupé, 1870; 3 p. in-4°.

8777. — **Gare** de Péronne. Résumé de la question de son emplacement, par G. Gonnet. — Péronne, Recoupé, 1870; 15 p. in-8°.

8778. — Péronne. **Fortifications** et Servitudes militaires, par A. Caraby. — Péronne, Recoupé, 1871; 38 p. in-8°.

8779. — La vérité sur le **Siège de Péronne**, réponse au général Faidherbe, par Louis Cadot. — Paris, Delagrave, 1872; 24 p. in-8°.

8780. — Histoire du **Bombardement de Péronne** (1870-1871), par Achille Caraby. — Péronne, Recoupé, 1873; 256 p. in-8° av. 2 pl.

8781. — Gustave Ramon (Vindex). L'Invasion en Picardie. **Siège de Péronne** par la première armée allemande, 1870-1871. — Péronne, Quentin, 1873; 288 p. in-8° av. pl.

8782. — G. von Marées. **Siège de Péronne** d'après les publications faites dans l'annuaire militaire allemand, traduit par M. Schoch. — Péronne, Trépant, 1876; 108 p. in-16.

8783. — Guerre de 1870-71. Armée du Nord. Réponse à la relation du Général Von Goeben pour faire suite à la campagne de l'armée du Nord par le Général Faidherbe, *par L. F.* — Paris, Dentu, s. d. ; 30 p. in-8°.

Au sujet du **siège de Péronne**.

8784. — Réponse à Chateaudun, par Em. Ducros. **Péronne**, *poésie*. — Paris, s. n., 1877 ; 4 p. in-8°.

8785. — Die Ereignisse an der Somme von 5ten bis 9ten Januar und die **Ginnahme von Péronne**.

Der Deutsche Franzosisch Krieg. — Berlin, 1878, t. IV, p. 963 à 974; in-8°.

8786. — **Beffroi** de Péronne, *par de la Fons Mélicocq*. — 23 p. gr. in-8° av. 2 pl.

Chât., Beffrois, etc., t. I.

8787. — Catalogue des Manuscrits de la **Bibliothèque** de Péronne, par Alcius Ledieu. — Paris, Alph. Picard, 1897 ; 13 p. in-8°.

Extr. Cab. hist. Pic. et Art., t. XI.

8788. — Le **Musée** de Péronne, *par L. G.*

Cab. hist. Pic. et Art., t. VI, p. 164 à 168 ; in-8°.

8789. — Reliquaire représentant la tête de S¹ Firmin *au* **Musée** *de Péronne*, par Alfred Danicourt. — Abbeville, 1886; 3 p. in-8° av. pl.

Extr. Cab. hist. Pic. et Art.

8790. — Ville de Péronne. Description des peintures et antiquités égyptiennes du **Musée** de Péronne (Mvsée Danicovrt), par Georges Legrain. — Péronne, Recoupé, 1890 ; 89 p. in-8°.

* **8791.** — Prétentions de maître Jean Gonnet, conseiller du roi, son lieutenant général criminel au gouvernement et prévôté de Péronne, demandeur en règlement, contre maître F. D., lieutenant de robe courte audit lieu, défendeur. — S. l. n. n., *1617* ; in-4°.

Conflit de **juridiction**.
Bibl. Nat¹ᵉ, Thoisy, 163, f° 21.

* **8792.** — Mémoire important pour les officiers du **grenier à sel** de Péronne, opposants *à un arrêt du conseil du 14 juillet 1711* contre Clément Pezé, vérificateur particulier des francs salés dudit grenier à sel... et Etienne Balagny, chargé du recouvrement de la finance des offices de vérificateurs... intervenant. *Signé : Durand*. — Paris, Jollet, s. d. ; in-folio.

Bibl. Nat¹ᵉ, f° Fm, 13307.

8793. — Edit du Roi qui réduit le nombre des **Notaires et Procureurs** du Bailliage de Péronne, et défend l'exercice des fonctions de ces deux Offices par la même personne. Donné à Versailles le 20 juin 1768. Registré en Parlement le vingt-six juillet 1768. — Paris, P. G. Simon, 1768 ; 4 p. in-8°.

Bibl. d'Amiens, Jurisp., n° 328.

8794. — Précis pour le marquis d'Estourmel contre les **Officiers du Bailliage** de Péronne. *Signé : Breton.* — Paris, Delaguette, 1779; in-4°.

Bibl. Nat^{le}, Mss Joly de Fleury, 559, f° 157.

8795. — Règlement de la Compagnie des **Notaires** de l'arrondissement de Péronne (Somme). Discuté et arrêté dans les Assemblées générales des 28 Septembre et 18 Novembre 1857.—Péronne, Quentin ; 27 p. in-8°.

8796. — Règlement particulier du Conseil des **Prudhommes** des Cantons de Péronne, Combles et Roisel Adopté en Assemblée générale le 29 Avril 1858 — Péronne, Quentin ; 16 p. in-8°.

8797. — Université de France Académie d'Amiens. Règlement pour le **Collège** de Péronne; *du 6 mars 1822.* — Péronne, Laisney; 16 p. in-12.

8798. — Notice historique sur le **Collège** de Péronne, par G. Vallois. — Péronne, J. Quentin, 1864; 66 p. in-8°.

8799. — Déclaration touchant la **pesche du Poisson**, dans la rivière de Somme, *et dans les étangs de Péronne; septembre 1344.*

Ord. des Rois de Fr., t. II, p. 207 à 210; in-folio.

8800. — Arrest dv Conseil d'Estat dv Roy. Du vingt-vnième Décembre 1675. Portant que les **Droits de Iauge** et Courtage, seront payez à M° Martin du Fresnoy, pour les **Bières** que les Brasseurs de la Ville de Peronne façonneront, sur le pied du Muid de Paris, autant de fois que leurs Vaisseaux seront remplis, etc. — Paris, Thomas Charpentier; 3 p. in-4°.

Bibl. H. Macqueron.

8801. — Arrest du Conseil d'Estat du Roy. Du vingt trois Juillet 1686, portant règlement pour les **Dentelles** de Fil de Flandres et Païs Bas, qui entreront en France par le seul Bureau de Péronne. — S. l. n. n.; 8 p. in-4°.

Bibl. d'Amiens, Jurisp., n° 403.

8802. — **Statuts** et Ordonnances pour les Maistres Egards, Corps et Communauté des Marchands **Merciers**, Epiciers, Graissiers, Chandeliers, Ciriers, Droguistes, Quincailliers et Feroniers de la Ville de Peronne. — Paris, Jacques Vincent, M.DCC.VIII; 49 p. in-4°.

Bibl. d'Amiens, Hist., n° 3877.

8803.—Nouveaux **Statuts** de la Communauté des Maistres **Chaircuitiers** de la Ville de Péronne. — S. l., v° Colin, *vers 1714 ;* 14 p. in-4°.

Arch. dép. de la Somme, C, 482.

8804. — **Statuts** et Ordonnances pour les Maîtres, Egards, Corps et Communauté des Maîtres **Menuisiers** de la Ville de Peronne.— Péronne, Honoré Le Beau, MDCCXVII; 24 p. in-4°.

Ibid., C, 482.

* **8805.** — Factum pour les syndics et communauté des maîtres **charcutiers** de Peronne, demandeurs contre les **cabaretiers**-aubergistes de Péronne, défendeurs. *Signé : Regnault.* — S. l. n. n. n. d.; in folio.

Demande en cassation d'un arrêt du 14 août 1717, qui permettait aux cabaretiers le commerce de la viande de porc.

Bibl. Nat^{le}, f° Fm, 13306.

* **8806.** — Mémoire pour la communauté des **hôteliers**, cabaretiers, aubergistes, marchands de vin de la ville de Péronne, défendeurs, contre les **charcutiers** de la même ville, demandeurs en cassation d'un arrêt du parlement de Paris. *Signé : de Sacy.*— Paris, veuve Moreau, 1719; in-folio.

Bibl. Nat^{le} f° Fm, 13308.

8807. — Arrest du Conseil d'Estat privé du Roy, du dix-neuvième May 1719 obtenu par la Communauté des Maistres **Hoteliers**, Cabaretiers, Aubergistes et

Marchands de Vin de la Ville, Faux-bourgs et Banlieuë de Peronne, à la diligence d'Adrien Loüis Cordier, député à ce sujet, et de Loüis Coquin, cy-devant Sindic et autres de la même Ville, Défendeurs. Contre les Maistres **Chaircuitiers** de la même Ville, De mandeurs en cassation de l'Arrest du Parlement de Paris du quatorze Aoust 1717. — S. l. n. n. ; 8 p. in-4°.

Bibl. Pinsard.

* **8808.** — Factum et Mémoire en la cause entre la Communauté des Marchands **Merciers** de la ville de Péronne ; et le Sieur Prevost, se disant l'un des maitres de la Communauté, les Echevins de la Ville et autres. — S. l. n. n., *vers 1721* ; 12 et 7 p. in-folio.

8809. — Statuts des **Marchands** de Péronne. — Saint-Quentin, Pierre Boscher, 1742 ; 152 p. in-12.

Arch. dép. de la Somme, C, 482.

8810. — *Ordonnance de M. Chauvelin portant règlement pour la fabrique des toiles à Péronne et aux environs ; du 24 août 1749.* — S. l. n. n. ; plac. in-folio.

Arch. dép. de la Somme, C, 217.

8811. — Tarifs des droits de chaussée, conformément à l'arrêt du Conseil d'Etat du Roi, du 10 juillet 1731. Tarif pour les **droits** de tonnelieux, sterlage ou étalage de la ville de Péronne, qui se perçoivent aux deux **portes** d'entrée de ladite ville. Du 5 février 1750. — S. l. n. n. ; plac. in-folio.

Arch. dép. de la Somme, C, 1012.

8812. — Ville de Péronne. **Société philharmonique.** Statuts. — Péronne, Recoupé, 1862 ; 12 p. in-16.

8813. — **Société** péronnaise **de Tir.** Statuts. — S. l. n. n., *1893* ; 15 p. in-24.

8814. — **Véloce-Club** Péronnais. Assemblée générale du 26 janvier 1896. Historique de la Société depuis sa fondation. Rapport sur l'année 1895. Liste des membres de la Société. — Péronne, Créty, 1896 ; 21 p. in-8°.

8815. — L'**Echo du Santerre**.

Journal publié à Péronne par M. Alliaume ; a remplacé en 1844 le Nouvelliste et est devenu en 1853 la Gazette de Péronne.

8816. — **Gazette de Péronne**, Echo du Santerre.

Journal publié à Péronne par M. Recoupé ; a remplacé en 1854 l'Echo du Santerre et continue sa publication.

8817. — L'**Indépendant**, Journal de l'Arrondissement de Péronne.

Publié par M. Trépant, à Péronne : le 1er numéro est du 26 mars 1876 ; il a duré jusqu'au 21 mai 1893 époque à laquelle il est devenu un journal départemental sous le titre : l'Indépendant de la Somme.

8818. — **Journal** de la Ville de **Péronne** et de son arrondissement ou Feuille d'affiches, annonces judiciaires et légales et avis divers.

Ce journal édité par M. Quentin et dont la création remonte en 1808 était d'abord hebdomadaire et de format in-8° ; il s'est agrandi successivement et continue à paraître deux fois par semaine et dans le format ordinaire sous le titre de : Journal de Péronne et du département de la Somme, qu'il porte depuis le 22 janvier 1865

8819. — Le **Nouvelliste**, journal de Péronne et de l'arrondissement, littéraire, scientifique, agricole, commercial, de modes et d'annonces, paraissant une fois par semaine, le dimanche matin.

Fondé en 1843, a été remplacé en 1844 par l'Echo du Santerre.

8820. — Le **Patin**, journal pour rire du club des patineurs et du sport Péronnais, comprenant le patin, la paume, la natation, l'équitation, l'escrime, la chasse, etc. ; rédacteur en chef : Jérôme Patinot.

Ce journal grand in-8° a paru en 31 numéros de février 1865 à mars 1867 ; il y a eu aussi quatre numéros d'un autre journal : le Patin illustré, imprimé à Péronne chez J. Quentin.

8821. — Année 1866. **Almanach du**

Patin, par Mathieu de la Somme — Péronne, Quentin ; 52 p. in-24.

Seule année parue.

8822. — **Annuaire** agricole, commercial, industriel et administratif de l'arrondissement **de Péronne.** 1877. — Péronne, Trépant ; 130 p. in-12.

Seule année parue.

8823. — **Annuaire Péronnais** pour 1891. — Péronne, Quentin ; 80-176 p. in-8°.

A continué de paraître chaque année.

8824. — Péronne. Indicateur Général de la Ville et de son Arrondissement. — Péronne, Quentin, 1880 ; 215 p. in-8°.

Seule année parue ; a été continué par l'Annuaire péronnais.

§ 2. HISTOIRE ECCLÉSIASTIQUE

8825. — **Etat ecclésiastique** de la ville de Péronne dressé par M. Bignon, Intendant de Picardie (1698).

Le Vermandois, t. I, 1873, p. 15 et 16 ; in-8°.

8826. — Histoire du Chapitre royal de S⁺ **Fursy** de Péronne et des Eglises, Communautés et Etablissements Hospitaliers de cette ville soumis à sa juridiction, par M. l'Abbé Gosselin. Première partie (*seule parue*). — Péronne, Trépant, 1874 ; 559 p. in-8° av. 2 pl.

Cet ouvrage a d'abord paru dans la Picardie sous le titre de :
Notice historique sur l'Eglise et le Chapitre royal de S⁺ Fursy de Péronne.

8827. — *Nombreux documents sur le Chapitre de S.* **Fursy.**

Annal ord. S. Bened., t. I, p. 409 et s. ; in-folio.

8828. — Tonsure des **Chanoines** de Péronne, par M. l'Abbé J. Corblet.

Bull. Soc. Ant. Pic., t. VIII, p. 361 et 362 ; in-8°.

8829. — Coutumes et Usages du **Chapitre** de Péronne pendant le moyen âge, *par l'abbé Gosselin.*

La Picardie, t. XVII, 1871-72, p. 370 et s. ; in-8°.

8830. — Notes sur les **Monnaies de Saint-Fursy,** *par l'abbé Gosselin.*

La Picardie, t. XVIII, p. 571 à 573 ; in-8°.

8831. — Lettres de **Sauve-garde** Royale pour le Chapitre de S⁺ **Fursy** de Péronne ; *septembre 1364.*

Ord. des Rois de Fr., t. IV, p. 493 et 494 ; in-folio.

8832. — *Arrêt du 21 août 1577 portant* Que les **Chanoines** et autres Bénéficiers *de S⁺ Fursy de Péronne,* **doivent contribuer aux tailles,** à raison des biens patrimoniaux qu'ils ont, et possèdent en la ville où sont leurs bénéfices, et non à raison du revenu de leurs bénéfices et maisons canoniales.

Cent notabl… questions de droit, par Iean Chenv. — Paris, Bvon, 1691, p 77 à 80 ; in-4°.

8833 — **Festa** singvlorvm mensivm, qvorvm fit officivm in ecclesia S. **Fvrsei** Peronensis. — Parisiis, MDC XIIII ; in-8° de 16 p. n. n. et 79 p. av. front. gravé.

Bibl. d'Amiens, Théol., n° 1517.

8834. — *Arrêt du 14 janvier 1631, relatif au* **Doyenné** *de S⁺* **Fursy** *et jugeant qu'un* Doyenné électif de fondation Royale, peut-être résigné pour cause de permutation entre les mains du Roy ; Agens du Clergé de France ne peuvent intervenir, ny être ouïs dans une cause particulière.

Rec. d'arrêts du Parl. de Paris, par Bardet. — Paris, Bobin, 1690, t. I, p. 502 à 505, in-fol. et Journ. des Aud. du Parl., par Dufresne. — Paris, 1757, t. I, p. 118 : in-folio.

8835. — Arrêt notable du Parlement, par lequel le **Chapitre** de l'Eglise royale **de S. Fursy** de Péronne, **appelant comme d'abus** de l'installation faite de sept doyens, sur provisions du roi, est déclaré non recevable en son appel...; *du 15 janvier 1631.* — S. l. n. n.; in-4°.

Bibl Nat^{le}, 4° Fm, 25536.

8836. — Arrêts notables du Grand Conseil, concernant la **Chantrerie** de l'Eglise collégiale **de S. Fursy**, par lesquels il a été jugé que la Chantrerie de l'Eglise de Péronne n'est point une dignité, mais un personnat... (26 août 1639 et 17 juin 1671). — S. l. n. n.; in-4°.

Bibl Nat^{le}, 4° Fm, 25534.

8837. — Arrêt rendu au Parlement de Paris le 20 Décembre 1666 contenant un **règlement pour la jurisdiction** de M. l'Evêque de Noyon, sur les Doïen, Chanoines et Chapitre de l'Eglise collégiale de Péronne.

Rec des Act., Tit... conc. le Clergé de France. — Paris, Ve Muguet, t. VI. col. 418 à 447 ; in-folio.

Voir aussi J^{al} des Aud. du Parl, par Jamet. — Paris, 1757, p. 479 à 500, in-folio et Nouv. recueil de quest... par Soefve. — Paris, 1682, t. II. p. 331 et 332 ; in-folio.

8838. — Arrêt célèbre de la Cour de Parlement, du sept juillet 1673, rendu au profit du **Chapitre** de Saint Furcy de la ville de Péronne contre les **Vicaires perpétuels** des Paroisses de ladite Ville. — Paris, Bouillerot, 1673 ; in-4°.

Bibl. Nat^{le}, Thoisy, 283, f° 318.

Voir aussi Journ. des Aud. du Parl... — Paris, 1757, t. II. p. 910 à 913 ; in-folio.

* **8839.** — Factum pour les **Curés** de la Ville de Péronne, appelants d'une sentence rendue aux Requêtes du Palais *le 7 juillet 1673*..., messire François de Clermont, Evêque et Comte de Noyon... et les Marguilliers, Paroissiens des Paroisses de la Ville **de Péronne**, intervenants, contre les Doyen, Chanoines et **Chapitre de Saint Fursy** de Péronne. — S. l. n. n.; in-4°.

Au sujet d'une prestation annuelle de trois livres, réclamée par chacun des chanoines de S. Fursy.

Bibl. Nat^{le}, 4° Fm, 25535.

* **8840.** — Factum pour les Chanoines et **Chapitre** de l'église collégiale de **S. Furcy** de Péronne, et messire Antoine Bouzier, sieur d'Estouilly, abbé de la Capelle..... demandeurs aux fins de la requête par eux présentée au Conseil, le 16 mars 1674.... contre maitre François Vestier, prétendant droit audit doyenné... *Signé : Surgis*. — S. l. n. n.; in-folio.

Bibl. Nat^{le}, f° Fm, 13318.

8841. — **Vicaireries** de *St-Jean, St-Sauveur, St-Quentin Capelle et N.-D. de Bretagne, a Péronne*, déclarées n'être sujetes à la visite de l'Archidiacre *de Noyon*, le chapitre *de St-Fursy* étant curé primitif. *Arrêt du 14 Août 1674.*

Journ. des Aud. du Parl. — Paris, 1757, t. III, p. 41 et 42 ; in-folio.

***8842.** — Remarques sur l'inventaire de production des sieurs Chanoines du Chapitre de l'Eglise royale et collégiale de S. Fursy de Péronne, pour servir de factum à maitre François Vestier.... doyen et chanoine de ladite église... — S. l. n. n., *après 1677*; in-4°.

Au sujet du droit de **juridiction du doyen** sur le Chapitre.

Bibl. Nat^{le}, f° Fm, 25539.

8843. — Règlement pour les Monitoires, Fiançailles et **Publications de Bans**, entre l'Evêque de Noyon et le Chapitre de l'Eglise Collégiale de S. Furcy de Péronne. *Du 10 décembre 1680.*

Journ. des Aud. du Parl. — Paris, 1757, t. III, p. 424 et s. ; in-folio.

* **8844.** — Requête d'emploi pour salvations à Réponses aux causes d'appel, servant de factum pour les doyen, chanoines et **chapitre** de l'église royale **de S. Fursy** de Péronne, demandeurs et appellans comme d'abus, contre les **Trinitaires** réformés de Templeux, intrus au **collège** de Péronne, défendeurs et intimés. Répliques des doyen, chanoines et chapitre de l'église royale de Saint Fursy de Péronne aux salvations que les Trinitaires ont prétendu fournir le 26 mars dernier; à la requête ci-jointe. *Signé: Vestier, doyen.* — S. l. n. n., *1683;* in-4°.

Bibl. Nat¹ᵉ, 4° Fm, 25538.

* **8845**. — Actes de protestations faites au chapitre de l'église royale de S. Fursy de Péronne, par le doyen de ladite église (11 nov. 1686 — 26 mars 1688). — S. l. n. n. ; in-folio.

Au sujet de la permission donnée aux **chanoines malades** d'user de bouillon de viande.
Bibl. Nat¹ᵉ, f° Fm, 13314 et 13315.

* **8846**. — Factum pour les chanoines et le chapitre de l'église collégiale de Saint Furcy de Péronne, prenant le fait et cause de Mᵉ **Jean Eudel**, chanoine, ci-devant leur promoteur, contre maître **François Vestier**.... doyen de ladite église, appelant comme d'abus d'une sentence de l'official du chapitre rendue contre lui par défaut le vingt-cinq juin 1677... *Signé: Surgis.* — S. l. n, n., *1687;* in-folio.

Bibl. Nat¹ᵉ, f° Fm, 13311.

* **8847**. — Manifeste pour messire **François Vestier**... doyen de l'église royale de S. Fursy de Péronne, ou mémoire de la conduite que le Chapitre de Péronne tient à l'endroit de son **doyen** depuis quinze ans. — S. l. n. n., *après 1688;* in-folio.

Bibl. Nat¹ᵉ, f° Fm, 13310.

* **8848**. — Défense des droits et de la juridiction du **doyen** de l'église royale et collégiale **de S. Fursy** de Péronne contre les sieurs du chapitre de ladite église. *Signé: Chuppe.* — S. l. n. n., *1690;* in-folio.

Bibl. Nat¹ᵉ, f° Fm, 13309.

* **8849**. — Mémoire pour les chanoines et chapitre de l'église collégiale de Saint Fursy de Péronne contre maître **François Vestier, doyen** de la même église. — S. l. n. n., *1693;* in-4°.

Sur la prétention de Vestier d'être payé de ses partitions en blé au taux du 16 mai 1693.
Bibl. Nat¹ᵉ, 4° Fm, 25540.

8850. — Si un chapitre (*de Sᵗ Fursy*) peut faire des règlemens sur l'Ordre du service divin sans la participation de son supérieur; *1703.*

Arr. not. des diff. trib... du Roy., p. 733 et 734; in-folio.

8851. — *Arrêt, du 11 décembre 1703, rendu sur cette question:* Si le Chapitre de S. Furcy de Péronne, peut **supprimer**, par une délibération Capitulaire, les **Vigiles des Morts**, qu'il étoit en possession de dire. S'il étoit bien fondé à faire des Règlements sur l'ordre du Service Divin.

Journ. des Aud. du Parl... par Nupied. — Paris, Gosselin, 1736, t. v. p. 419 à 421 ; in-folio.

8852. — Factum pour les cinq **Chanoines** de l'ancienne Eglise Royale et Collégiale **de saint-Léger** dans l'ancien Château de la Ville de Péronne, tous Prêtres incorporés, unis et **associés** dans l'Eglise Royale et Collégiale **de S. Furcy** dudit Péronne avec les Chanoines de ladite Eglise de S. Furcy. Apellans comme d'abus de l'Acte Capitulaire desdits Chanoines de S. Furcy du 22 Mars 1706, d'une part. Contre Mᵉ Joseph Choquel, Soudiacre, demeurant audit Péronne, Paroisse de Saint-Quentin-Capelle dudit lieu, et lesdits Chanoines et Chapitre dudit saint Furcy, d'autre part. — S. l. n. n., *1707;* 69 p. in-folio.

Bibl. d'Amiens, Hist., n° 3595.

8853. — Copie de la Requête présentée le 10 Septembre 1737 à Monseigneur le Comte de Saint-Florentin. Mémoire pour le sieur **Loüis Laffillé**, Prêtre-Chanoine de l'Eglise Royale de Péronne, depuis dix mois aux bons fils de Saint-Venant en Artois, par Lettre de Cachet. Contre les principaux Chefs d'accusation de la part du Promoteur de son Chapitre. — S. l. n. n.; 4 p. in-folio.

Ibid., Hist., n° 3595.

* **8854**. — Mémoire signifié pour messire Charles Gabriel, marquis de Folleville.... contre les... chanoines...

32

de l'église royale et collégiale de Saint-Fursy de Péronne... et contre M⁰ Fursy Du Castel, notaire royal et procureur au bailliage de Péronne... *Signé : Paporel.* — S. l. n. n., 1746 ; in-folio.

Bibl. Natˡᵉ, f⁰ Fm, 6095.

* **8855**. — Mémoire pour le chapitre de l'église cathédrale de Noyon, le chapitre de l'église royale de Saint-Quentin, le chapitre de l'église royale de **Saint Furcy** de Péronne, le chapitre de la collégiale de Néelle.... contre les députés de la **chambre ecclésiastique** du diocèse **de Noyon**... *Signé : Domyné du Verzet.* — S. l. n. n.; 1747 ; in-4°.

Au sujet du rétablissement des greffiers et contrôleurs des gens de main-morte.
Bibl. Natˡᵉ, 4° Fm, 23269.

* **8856**. — Mémoire signifié pour les syndic et députés de la **chambre ecclésiastique** du diocèse **de Noyon**... contre Martin Mabisme, appelant, et encore contre le chapitre de l'église de Noyon, et autres chapitres et communautés de ce diocèse, intervenants... *Signé : Carsillier.* — Paris, Paulus du Mesnil, 1747 ; in-folio.

Bibl. Natˡᵉ, f⁰ Fm, 12046.

* **8857**. — Mémoire pour le chapitre de l'église cathédrale de Noyon, le chapitre de l'église royale de Saint-Quentin, le chapitre de l'église royale de **Saint Furcy** de Péronne... et autres, contre le prétendu syndic et les députés de la **chambre ecclésiastique** du diocèse **de Noyon**. *Signé: Domyné du Verzet.* — Paris, Paulus du Mesnil, 1748 ; in-folio.

Bibl. Natˡᵉ, f⁰ Fm, 17866.

* **8858**. — Second mémoire servant de réponse pour les syndic et députés de la **chambre ecclésiastique** du diocèse **de Noyon**, défendeurs, contre le chapitre de l'église de Noyon et autres chapitres et communautés de ce diocèse, intervenants et tiers opposants à l'arrêt du 6 septembre 1738...*Signé: Carsillier.* — Paris, Paulus du Mesnil, 1748 ; in-folio.

Bibl. Natˡᵉ, f⁰ Fm, 12047.

* **8859**. — Précis signifié de l'affaire des enregistrements. Pour le **chapitre de l'église cathédrale de Noyon**, le **chapitre** de l'église royale de **Saint Furcy** de Péronne... et autres, contre les députés de la **chambre ecclésiastique** du diocèse **de Noyon**. *Signé: More.* — Paris, Quillau, 1750 ; in-4°.

Bibl. Natˡᵉ, 4° Fm, 23270.

8860. — Réponse signifiée pour les Vénérables Doyen, Chanoines et Chapitre de **Saint Fursy** de Péronne. Demandeurs au Mémoire signifié de Maître Jean **Lebrethon**, Avocat en Parlement et Consors, Défendeurs. — S. l. n. n., 1754 ; 11 p. in-folio.

Pour la propriété de 7 verges de terre.
Bibl. d'Amiens, Hist., n° 3595.

8861. — Addition de réponse signifiée pour les Vénérables Doyen, Chanoines et Chapitre de **Saint Fursy** de Péronne, Demandeurs. Contre M⁰ Jean **LeBrethon**, Avocat et Consors, Deffendeurs. — Noyon, P. Rocher, 1754 ; 8 p. in-folio.

Bibl. d'Amiens, Hist., n° 3595.

8862. — Mémoire pour Thomas Navier, Marchand à Péronne ; M⁰ Michel Hutelier, Avocat en Parlement et au Bailliage de Péronne, et consorts, héritiers de défunt M⁰ Philippe Hutelier, Lieutenant-Criminel de la même ville ; Françoise Anselle, veuve et commune en biens de Denis Dufrayer ; Jean Durieux et consorts, héritiers dudit défunt sieur Dufrayer, appellans de la sentence du Bailliage de Péronne du 3 décembre 1751, Demandeurs et Défendeurs. Contre M⁰ Fursy Rabache, vicaire perpétuel de la Paroisse de Notre-Dame de Péronne, Intimé, Défendeur et Demandeur. Et contre les Doyen, Chanoines et Chapitre de l'Eglise Royale et Collegiale de S. Fursy de Péronne, aussi Intimés, Défendeurs et Demandeurs. — *Paris*, Knapen, 1756; in-folio.

Question de **dîmes.**

Bibl. d'Amiens, Hist., n° 3595.

8863. — Addition de mémoire signifié pour Thomas Navier, M⁰ Michel Hutelier, Avocat, Jean Durieux, et Consorts, Appellans, Demandeurs et Défendeurs. Contre M⁰ Fursy Rabache, Vicaire perpétuel de la Paroisse de Notre-Dame de Péronne; et contre le Chapitre de la même Ville ; Intimés, Défendeurs et Demandeurs. — *Paris*, Knapen, 1756 ; 6 p. in-folio.

Bibl. d'Amiens, Hist., n° 3595.

8864. — **Officia** propria regalis et insignis ecclesiæ **Sancti Fursæi** a Perona Noviomensis Diœcesis juxta ritum sanctæ Romanæ Ecclesiæ in dicta Ecclesia receptum et observatum." — Parisiis, Ph. D. Pierres, MDCCLXVIII ; in-8° de 16 p. n. n. et 125 p.

Bibl. du grand Séminaire d'Amiens.

8865. — Mémoire pour le Chapitre de l'Eglise Royale et Collégiale de **St Fursy** de Péronne, Appellant de Sentence du Juge de Péronne, du 20 Juillet 1771, et Demandeur en évocation du principal. Contre les sieurs **Dominique Frasier**, Chanoine de la même Eglise, opposant à la Délibération Capitulaire du 17 juin 1771 : Trumeau de la Forest, Chanoine, Receveur; Dumée, Chanoine et Procureur Syndic ; d'Henaut, Chanoine et Secrétaire ; de Castelas et Breval, aussi Chanoines, tous adhérents à l'opposition du sieur Frasier, Intimés et Défendeurs. S. l., Michel Lambert, 1772 ; 58 p. in-4°.

Bibl. de Péronne, Rec. de Mém, t. LXV.

8866. — Mémoire et Consultation pour le sieur de Castellas, Chantre et Chanoine de l'Eglise Collégiale de **S. Fursy** de Péronne, et les sieurs **Frazier**, de la Forest, de Hennault, Breval, Dumée, Sabinet, Astoin, Plunket, Delisle, de la Courret, Mauroy, Blanchemain et Noblescourt, Chanoines de la même Eglise. Contre le sieur de Salve d'Aguilleri, Doyen, le sieur Dequan, Chancelier, et les sieurs Levasseur, Desfossés, Aubrelicque, Brosse, Solignac, de Montault, Serpette et de Guillebon, aussi Chanoines en la même Eglise. En présence des sieurs Levasseur de la Tour, et Osmont, assignés en déclaration d'Arrêt commun. — *Paris*, Regnard et Demonville, 1772 ; 55 p. in-4°.

Sur une question d'administration intérieure du Chapitre.

Ibid.

8867. — Observations pour le Sieur de Castellas, Chantre et Consorts, **Chanoines** de l'Eglise Royale et Collégiale de **S. Fursy** de Péronne, servant de réponse à quelques Objections du Mémoire des Sieurs d'Aguilleri et Consorts, aussi Chanoines de la même Eglise. — S. l., Brunel, 1772 ; 23 p. in-4°.

Ibid.

8868. — Mémoire à consulter, consultation et analyse des mémoires dans la cause pour les Doyen, **Chanoines** et Chapitre **de Péronne.** — S. l., M. Lambert, 1772 ; 34 p. in-4°.

Ibid.

8869. — Mémoire pour les Sieurs de Castellas, Chantre et Chanoine de l'Eglise Royale et Collégiale de **S. Fursy** de Péronne; et les Sieurs Sabinet, de la Forêt, Astouin, Frasier, Plunket, Professeur Royal de Théologie au Collège de Navarre : de Lile, de la Courrette, Dumée, Official ; Mauroy, Blanchemain, Breval, de Hennault et Nobescour, Théologal, **Chanoines** de la même Eglise. Contre le sieur de Salve Daguillerie, Doyen et les Sieurs Dequen, Chancelier ; Levasseur, Deffossés, Aubrelique, Brosse, Salignac, de Montaut, Serpete, de la Tour, Guillebon et Fatras, Chanoines de la même Eglise. — *Paris*, Cellot, 1773 ; 46 p. in-4°.

Ibid.

8870. — Mémoire sur délibéré pour les Doyen, Chanoines et Chapitre de l'Eglise Royale et Collégiale de **S. Furcy** de Péronne, Demandeurs; Contre les Sieurs de Castellas, Sabinet, de la Forest, Astouin, Frasier, de la Coaret, Dumée, de Henault, Mauroy, Breval et Nobescourt, **Chanoines** de la même Eglise, Défendeurs. Et encore contre les Sieurs Plunket, Rafenau de l'Isle et Blanchemain, aussi Chanoines de la même Eglise, Intervenans. — S. l., Michel Lambert, 1773; 40 p. in-4°.

Ibid.

8871. — Grand'Chambre. Cause entre les **Chanoines de S. Fursy** de Péronne, et la Communauté des Chapelains de la même Eglise.

Au sujet de la nomination d'un chapelain.
Gaz. des Tribun., 1780, t. X, p. 373; in-12.

8872. — **Office** propre de **Saint-Fursy**, Evêque et Confesseur, Patron de la ville de Péronne, extrait du propre romain de Péronne.... suivi de l'antique ordre de salut en usage dans cette ville le Jeudi-Saint. — Péronne, Quentin, 1855; 108 p. in-16.

8873. — **Eglise Saint-Jean** Baptiste de Péronne, *par l'Abbé Gosselin.*
La Picardie, t. XIV, 1868, p. 398 à 408; in-8°.

8874. — Notice sur l'**Eglise de Saint-Jean** Baptiste de Péronne, par Alfred Danicourt. — Péronne, Quentin, 1873; 14 p. in-8° et 4 grav.

* **8875.** — Factum pour maître Nicolas Billet, aumônier de S. A. S. madame la Princesse de Carignan, pourvu en cour de Rome de la **cure de Saint-Jean** de Péronne..., contre maître Vincent Mignon, prétendant droit à la même cure.... — S. l. n. n. n. d.; in-folio.

Bibl. Nat^{le}, Thoisy, 7, f° 34.

* **8876.** — Mémoire pour M° Joseph Perdereau, **curé** de la paroisse de S. Jean de la ville de Péronne... et pour M° Charles Perdereau... chanoine de l'église royale et collégiale de la même ville... contre M° Martin Thomas L'Agneau, prêtre et théologal de l'église cathédrale de Noyon, prétendant droit à la même cure de S. Jean de Péronne... *Signé : Theault.* — S. l. n. n., 1718; in-folio.

Bibl. Nat^{le}, f° Fm, 13271.

* **8877.** — Mémoire soussigné pour les doyen, chanoines et chapitre de l'église royale et collégiale de Saint-Furcy de Péronne, intimés; contre le sieur Morlière, curé, **vicaire perpétuel** de la paroisse **de S. Jean** de Péronne, appelant. *Signé: Mey.* — Paris, Butard, juillet 1768; in-4°.

Au sujet d'une redevance annuelle de 25 livres 8 sols due par le Curé de S. Jean au Chapitre de S. Fursy.
Bibl. Nat^{le}, 4° Fm, 25537.

* **8878.** — Précis pour le sieur Paubon, **curé de St Jean** de Péronne contre le sieur Besse, chapelain de l'Hôtel-Dieu de Péronne. — Paris, 1784; 20 p. in-4°.

Catal. de la Lib. Chossonnery, janv. 1887. n° 926.

8879. — Les **Cloches** de Péronne, par G. Vallois. — Péronne, Quentin, 1865; 28 p. in-12 av. 2 pl.

8880. — Bénédiction des **Cloches** de Péronne, 25 juillet 1865. — Péronne, Quentin, 1865; 35 p. in-12.

8881. — Conseil Municipal de Péronne. Séance du 3 Février 1873. *Rapport sur la question du classement de l'église St Jean Baptiste comme monument historique.* — Péronne, Quentin; 10 p. in-8°.

8882. — Le Chrétien mourant. Etude iconographique sur une peinture murale de l'**Eglise Saint-Jean** de Péronne, par l'abbé J. Gosselin.

Le Dimanche, n°s 437 et 440, 9 et 30 Septembre 1879; in-8°.

* **8883.** — Mémoire sur délibéré, qui sera jugé mardi 18 mai 1734, pour les curé et marguilliers de l'**église de S. Sauveur** de Péronne, appelants d'une sentence du bailliage de la même ville, du 12 juillet 1732 et demandeurs en deux requêtes, des 13 mars 1733 et 6 avril 1734. Contre Charles Blanchard, laboureur... intimé. *Signé : Masson.* — Paris, J. Lamesle, 1734 ; in-folio.

Bibl. Nat^{le}, f° Fm, 13316.

8884. — Loi additionnelle à celle relative à la Circonscription des Paroisses du Département de la Somme. Donnée à Paris le 17 juin 1791. — Paris, Imprimerie Royale, 1791 ; 2 p. in-4°.

Relative à la conservation de l'**église Saint-Sauveur** de Péronne.

8885. — Les **Communautés** et les Etablissements hospitaliers de Péronne, pendant les XIVe, XVe et XVIe siècles, *par l'abbé Gosselin.*

La Picardie, t. XVI et XVII ; in-8°.

8886. — Commission au Procureur général du Roi au Parlement de Paris, pour faire appeler certains habitans qui faisoient bâtir un convent de **Capucins** à Peronne, sans l'autorité de la Cour. Du Samedi 28 août 1604.

Rec. des Act., Titr. et Mém.... du Clergé de France. — Paris, Muguet, 1716, t. IV, col. 485 : in-folio et Preuv. des Libert. de l'Egl gallic. 1651, p. 1153 et 1154 ; in-folio.

* **8887.** — Réponse pour messire François de Clermont, evêque comte de Noyon... au libelle intitulé : Factum pour servir d'instruction dans l'instance qui est pendante en la cour spirituelle et métropolitaine de Reims, entre ledit seigneur evêque et les sœurs Anne de Vitasse, Renée de Boistel, Magdeleine de Parthenay, Anne Chatelain, Claude de Roussé et Louise de Boistel, religieuses de l'**Hôtel-Dieu** de Péronne. — S. l. n. n., *vers 1681* ; in-4°.

Au sujet de la nomination de la sœur Nouette à la tête de l'**Hôtel-Dieu** de Péronne.
Bibl. Nat^{le}, 4° Fm, 23261.

* **8888.** — Au Roi. Requête de Martine Nouette, nommée par le Roi à l'**Hôtel-Dieu** de Péronne, en cassation d'une sentence de l'Official de Reims, du 26 mai 1681, rendue en faveur de six religieuses mutines. — S. l. n. n. ; in-folio.

Bibl. Nat^{le}, Mss Fr. 6902, f° 10.

8889. — Département de la Somme. **Hôpital-Hospice** de Péronne. Règlement pour le service intérieur. Séances des 20 Mai et 26 Novembre 1859, 2 et 5 Mai 1860. — Péronne, Quentin ; 37 p. in-8°.

8890. — Extrait des Registres du Conseil d'Estat. *Arrêt confirmant les* **Minimes** *de Péronne dans l'exemption des droits sur les vins ; du 19 août 1656.* — S. l. n. n. ; 6 p. in-4°.

Bibl. d'Amiens, Hist., n° 5561.

8891. — Un **Refuge** des Moines du Mont-Saint-Quentin, **à Péronne**, par Gustave Ramon. — Péronne, Quentin, 1878 ; 14 p. in-16.

8892. — Mémoire pour Me Charles-François Cabour, Notaire Royal et Procureur au Bailliage de Péronne, curateur à la démence de Demoiselle Charlotte-Françoise de Carbonnel de Vergy, fille majeure, Intimé, Défendeur et Demandeur. Contre les **Sœurs** Hospitalières **de Sainte-Agnès** de Péronne, Appelantes, Demanderesses et Défenderesses — Paris, Guillaume Simon, 1742 ; 25 p. in-folio.

Réclamation en paiement.
Bibl. de Péronne.

8893. — Recueil de prières à l'usage des religieuses de **Ste-Claire de Péronne**. — A Saint-Quentin, chez la Veuve de Claude Le Queux, M. DCC. XXIV ; 73 p. pet. in-8°. *A la fin :* Peronæ, Typis Joannis-Baptistæ Moët, M. DCC. XXIV.

Catal. Gougy, Décembre 1901.

8894. — Le Couvent de **Ste-Claire** de Péronne, *par l'Abbé Gosselin.*

La Picardie, t. XIV, 1868, p. 209 et s. ; in-8°.

II. COMMUNES RURALES DU CANTON DE PÉRONNE

8895. — Arrest du Conseil d'Etat du Roi, qui décide que les Adjudicataires des quarts de réserve et haut bois des Gens de main-morte, ne sont pas susceptibles d'être imposés à la Taille, pour raison de leurs exploitations, et condamne les Habitans d'**Aizecourt** à restituer au sieur François Magny, Marchand à Chauny en Picardie, les sommes qu'il justifiéra avoir été contraint de payer : Enjoint aux Collecteurs des Tailles de ladite Paroisse d'en faire la répartition, à peine d'en répondre en leurs propres et privés noms. Du 24 avril 1759. — Paris, Prault, 1775 ; 8 p. in-4°.

Bibl. H. Macqueron.

8896. — Arrêt du Conseil du Roi, qui décharge le sieur de Magny, Marchand de Bois, demeurant à Chauny, Adjudicataire de trente huit arpens environ, de Bois appartenant à la Mense Conventuelle de l'Abbaye du Mont-Saint-Quentin, situés dans l'étendue de la Paroisse d'**Aizecourt-le-Haut**, Election de Péronne, de la taille à laquelle les Habitans de ladite Paroisse l'avoient imposé pour les années mil sept cent cinquante-sept et mil sept cent cinquante-huit, de son exploitation, avec défense de l'imposer à l'avenir, pour raison de ladite exploitation, à peine de tous dépens, dommages et intérêts. Du 24 avril 1759.

Pièc. justif. du rapp. de l'Ass. du Clergé de 1760. — Paris, Desprez, 1767, p. 233 à 238 ; in-folio.

8897. — Dissertation sur la position géographique du **Vicus Helena**, (*Allaines*), par A. J. H. Vincent. — Lille, Danel, 1840 ; 16 p. in-8°.

Ext. Mém. Soc. Sc. Lille.

8898. — Lettre à l'auteur du Mémoire précédent, *sur la question du Vicus Helena*, par M. Le Glay. — Lille, Danel, s. d. ; 8 p. in-8°.

Ext. Mém. Soc. Sc. Lille.

8899. — L'Abbé Fromentin. Où est placé le "**Vicus Helena**". — Tours, Boursez, s. d. ; 32 p. in-8°.

8900. — Quelques mots sur le Vicus Helena... **Allaines**, *par l'Abbé Fromentin*.

Congr. Arch. de Fr., 47° session. — Paris, Champion, 1891, p. 198 à 206 ; in-8°.

Dans ces deux travaux, l'auteur tend à prouver qu'Hesdin est l'ancien Vicus Helena.

8901. — Arrest du Conseil d'Estat du Roy, qui déboute le Sieur Abbé Commendataire de l'Abbaye Royale du Mont Saint-Quentin, les Prieur et Religieux de ladite Abbaye et les autres Parties intervenantes, tant de l'appel par eux interjetté de l'Ordonnance du Sieur Chauvelin, Intendant et Commissaire departy en la Generalité d'Amiens, du 9 Octobre 1721, pour l'exécution de l'Arrêt du Conseil du 10 Janvier précédent, que de l'opposition par eux formée audit Arrêt concernant les réparations nécessaires au Presbytère de la Paroisse d'**Allaines**, Election de Péronne. Du 9 Octobre 1725. — Paris, veuve Saugrain et P. Prault, 1731 ; 7 p. in-4°.

Bibl. H. Macqueron.
Autre édition : S. l. n. n. n. d. : 4 p. in-folio.

8902. — Note sur une découverte de médailles et bijoux antiques faite à **Barleux**, par M. Ch. Dufour. — Amiens, Duval et Herment, 1847 ; 11 p. in-8°.

Extr. Bull. Soc. Ant. Pic.

8903. — *Notice sur une bague mérovingienne trouvée à* **Barleux**, *par M. Deloche*.

Rev. Archéol., t. XVIII, 1891, p. 1 et 2 av. fig.; in-8°.

8904. — **Biache**, Curlu, 1280. Carta Abbatissæ de Biarchio juxta Peronam de decim peciis terræ *et autres chartes relatives à ces deux localités*.

Les Biens de l'Abb. St Vaast d'Arras, par Ricouart, p. 216 à 219 ; in-4°.

* **8905.** — Déclaration capitulaire des

religieuses, prieure et convent de l'Abbaye de Notre-Dame de la Brelle de **Biaches lez Peronne**,... diocèse de Noyon..., contenant l'histoire abrégée des troubles de leur maison... avec la défense du droit et privilège d'élection qui leur appartient, même en cas de destitution de leur abbesse.... (6 décembre 1668). — S. l. n. n. ; in-4°.

Bibl. Nat^{le}, 4° Fm, 23212.

* **8906**. — Mémoire de la forme, dans une instance au conseil en règlement de juges. Pour Messire François de Clermont, evêque.... de Noyon.... demandeur en lettres de règlement de juges, du 18 septembre 1693, contre les abbesse et religieuses de **Biaches**. — S. l. n. n. ; in-4°.

Bibl. Nat^{le}, 4° Fm, 7083.

* **8907**. — Mémoire du fonds dans une instance au conseil en règlement de juges. Pour messire François de Clermont, evêque et comte de Noyon.... contre les abbesse et religieuses de **Biaches**, de son diocèse. — S. l. n. n. n. d. ; in-4°.

Bibl. Nat^{le}, 4° Fm, 7083.

8908. — **Buire Courcelles**. Les révélations anciennes de la tourbe dans cette commune.

La Picardie, t. XIII, 1867, p. 63 à 67 ; in-8°.

8909. — Si l'accroissement ordonné entre les puinez pour le quint héréditaire, aura lieu au quint datif, en telle autre portion dont le père a disposé à leur profit par donation entre-vifs. Interprétation de l'article 179 de la Coutume de Péronne. *Arrêt, du 4 janvier 1633, rendu entre les héritiers de François de Mouchy, règlant la propriété de la terre de* **Buire-Courcelles**.

Journ. des Aud. du Parl. — Paris, 1758, t. I. p. 152 à 157; in-fol. et Recueil d'Arrets du Parl. de Paris, par Bardet. — Paris, Bobin, 1690, t. II, p. 128 à 131 ; in-folio.

* **8910**. — Mémoire pour Jean Le Clerc, seigneur du fief de la Prairie, appelant d'une sentence du bailliage de Péronne. Contre Robert Pincepré, seigneur de **Buire**. — Paris, 1741 ; 16 p. in-folio.

8911. — Archéologie préhistorique. La Grotte Néolithique de Sormont, à **Cléry-sur-Somme**, par C. Boulanger. —Paris, Leroux, 1900 ; 23 p. in-12 et 1 fig.

8912. — Plaidoyer pour la Dame de Montgomery. Demanderesse. Contre la Marquise de Mailloc, Défenderesse *au sujet de la propriété de la terre de* **Cléry** ; *1728*.

Plaid. et Mém par M. Mannory. — Paris, Hérissant, 1763. t. IX, p. 13 à 66.

* **8913**. — Sommaire pour François Desessart, marquis de Lignières, contre Claudine Lydie d'Harcourt, veuve du marquis de Mailloc, comte de **Cléry**. — Paris, 1740 ; 12 p. in-4°.

Cat. Lib. Pineau, à Beauvais, 1864.

8914. — Description par Octave Gaudechon, numismatiste à Péronne (Somme), d'une trouvaille de monnaies romaines faite le 2 février 1874 à **Cléry**. — Péronne, Quentin, 1885 ; 11 p. in-12.

8915. — Notice sur le Menhir de **Doingt**, près Péronne, par M. Vallois. — Amiens, Lemer aîné, 1865 ; 12 p. in-8°.

Ext. Mém. Soc. Ant. Pic.

8916. — Le Menhir de **Doingt**, par C. Boulanger. — Paris, Leroux, 1898 ; 40 p. in-12 av. 3 pl.

* **8917**. — Factum pour messire Auguste de Beon de Luxembourg, chevalier grand-croix de Malte, commandeur de la commanderie d'**Esterpigny**, intimé, contre messire Louis Le Fèvre de Caumartin, marquis de Cailly, et dame Geneviève Le Fèvre, veuve du sieur marquis de Garennes, appelants d'une sentence des Requêtes du Palais du 3 avril 1694. *Signé : Poullard.* — S. l. n. n. n. d. ; in-folio.

Au sujet d'une redevance due au commandeur d'Eterpigny par les appelants, comme héritiers de Henry de Caumartin, leur père, abbé de St-Quentin-en-l'Isle.

Bibl. Nat^{la}, Thoisy, 37, f° 352.

* **8918.** — Commanderie d'**Eterpigny**.

Command. du grand Prieuré de Fr., par Mannier. — Paris, Aubry, 1872, p. 558 à 571 ; in-8°.

8919. — Séance du 1 mai 1854. Le conseil municipal de **Feuillères** a décidé.... de soumettre à l'appréciation.... de M. le Préfet de la Somme l'exposé des faits et la demande qui suivent. — Péronne, Quentin ; in-4°.

Demande d'une nouvelle voie publique.

8920. — La Pierre de Sainte Radegonde à **Mesnil Bruntel**, par M. G. Vallois. — Amiens, Lemer aîné ; 7 p. in-8°.

Ext. Bull. Soc. Ant. Pic.

8921. — La Pierre de Sainte Radegonde (à **Mesnil Bruntel**), et le Grès de Saint-Martin, par C. Boulanger. — Paris, Leroux, 1899 ; 43 p. in-12 av. 4 pl.

8922. — *Rapport sur une communication de M. Eck relative au Cimetière Mérovingien de* **Moislains**.

Bull. archéol., 1891, p. 424 à 427 ; in-8°.

8923. — Le Cimetière Mérovingien de **Moislains** (Somme), et ses plaques aux aigles repercées à jour. par M. Théophile Eck. — Angers, Burdin, 1892 ; 8 p. in-8° av. 3 pl. ; in-8°.

Ext. du Bull. archéol.

8924. — **Moislains** 1177. Litteræ Episcopi Noviomensis de decimatione in Parrochia de Moylains. 1205. Carta Gerardi domini d'Éschaencort pro quibusdam terragiis de Moylains quæ tenet de sancto Vedasto. 1220. Carta Stephani Noviomensis Episcopi de decimâ sarti nemoris Philippi de Hardencort in districto de Moylains. 1224. Carta W. Abbatis et conventus de Monte sancti Quintini, de usu aquæ in pratis de Moylain.

Les Biens de l'Abb. de St-Vaast, par Ricouart, p. 79, 106, 118 ; in-4°.

8925. — 1182. Philippe, comte de Flandre, et la comtesse Elizabeth donnent à l'Abbaye de Saint-Vaast, pour la fondation de leur anniversaire, une rente de quatre marcs affectée sur leur ferme de **Moislains** au service du comte de Vermandois.

Com. Trav. hist., Bull. hist. et phil., 1896, p. 292 et 293 ; in-8°.

8926. — Un mot sur l'aliénation de la forêt de **Moislains**, *par A. de la Rue.* Extrait du Pilote de la Somme du 1er octobre 1850. — Abbeville, Jeunet ; 8 p. in 8°.

8927. — *Nombreux documents sur l'abbaye du* **Mont-Saint-Quentin**.

Ann. Ord. S. Bened., t. I et s. ; in-folio.

8928. — Notice sur l'Abbaye du **Mont-St-Quentin** près Péronne (Somme) et Description d'un manuscrit exécuté par un des moines, Pierre. en l'an 1229. — Péronne, Quentin, 1885 ; 18 p. in-12 et 1 pl.

8929. — Restauratio monasterii S. Quintini de Monte ab Alberto comite. Anno 977.

Veter script..... D. Martène et D. Durand. — Paris, Montalant, 1724, t. I, col. 327 et 328 ; in-folio.

8930. — Charta pro monasterio S. **Quintini de Monte** de Albanis ; *1090*.

Ann. Ord. S. Ben... Mabillon.... — Lutetiæ.... 1713, t. V, p. 649 ; in-folio.

8931. — Charte de Balderic, Evêque de Noyon en faveur de l'Abbaye de **Mont-St-Quentin**. 1102.

Act. de la prov. eccl. de Reims....., par Mgr Gousset, t. II, p. 158-159 ; in-4°.

8932. — Cononis Cardinalis synodica epistola pro monasterio **S. Quintini de Monte** prope Perronam.

Ann. Ord. S. Ben..... Mabillon.... — Lutetiæ... 1713, t. V, p. 694 ; in-folio.

8933. — Charte d'Engelran, Evêque d'Amiens, en faveur de l'abbaye du **Mont-Saint-Quentin**. 1116.

Act. de la prov. eccl. de Reims..... par M⁶ʳ Gousset, t. II, p. 186 à 187 ; in-4°.

8934. — 1291. Février. Robert, sire de Beaumetz, châtelain de Bapaume, rend à l'abbaye du **Mont-Saint-Quentin**, près de Péronne, la moitié de trois aires de cygnes que ladite abbaye lui avait auparavant données sur la rivière de Somme, entre les villages de Bazancourt et de Clary.

Cab. hist. Pic. et Art., t. XI, p. 92 et 93 ; in-8°.

8935. — Extrait du registre des Actes capitulaires de l'Abbaye du **Mont Saint Quentin** les Péronne, du Diocèse de Noyon. *Du 17 octobre 1718.* — S. I. n. n. ; 8 p. in-folio.

Adhésion à l'appel du cardinal de Noailles sur la Constitution Unigenitus.

Bibl. d'Amiens, Théol , n° 7331, t. VIII.

* **8936.** — Sommaire pour M. l'Evêque de Noyon, pair de France, abbé commendataire de l'abbaye royale du **Mont Saint Quentin**; contre le sieur marquis de Folleville, seigneur de Manancourt. *Signé : Boucher d'Argis.* — Paris, Le Breton, 1758; in-4°.

Sur la question de savoir quels sont les titres suffisants pour établir la possession en franche aumône.

Bibl. Natˡᵉ, 4° Fm, 29262.

8937. — **Mons S. Quintini.** In reliquario capitis S. Bonifacii.

Exuv. Constant., par le Cᵗᵉ Riant, t. II, p. 177 ; in-8°.

CHAPITRE III

CANTON D'ALBERT

8938. — Situation géographique de la ville d'Encre (aujourd'hui **Albert**). Conférence faite à la Société de Géographie d'Amiens, par M. Daussy.

Union géogr. du Nord de la Fr., 1881, p. 527 à 536 ; in-8°.

8939. — Histoire civile, ecclésiastique et littéraire de la Ville et du Doyenné d'Encre, aujourd'hui **Albert**, par M. l'abbé Daire. — Amiens, J. B. Caron l'aîné, 1784; II-48 et II p. in-12.

Bibl. d'Amiens, Hist., n° 3879.

Réimprimée à Amiens chez Rousseau-Leroy, 1890 ; IV-48 p. in-12.

8940. — **Albert.**

Ann. de la Somme, 1889, p. 386 à 390 ; in-12.

8941. — H. Daussy. Histoire de la Ville d'**Albert** (autrefois Encre) jusqu'à la Révolution de 1789. — Albert, Oger-Pascal, 1895 ; 323 p. in-8° avec 13 pl. et 9 fig.

8942. — M. Daussy et son Histoire d'**Albert**, *par M. Moullard.*

Mém. Acad. Amiens, t. XLIII, 1896, p. 160 à 199 ; in-8°.

8943. — La **Charte de Commune** de la Ville d'Encre (Albert). 1178. Texte et traduction par M. Daussy, avec la collaboration de M. Devauchelle. — Albert, Oger, s. d.; 22 p. in-8°.

8944. — Académie des Sciences, des Lettres et des Arts d'Amiens. **Charte** d'Encre. 1178. Le Droit Pénal *dans cette Charte*. Lecture faite à l'Académie d'Amiens, par M. H. Daussy. — Amiens, Yvert et Tellier, 1890; 42 p. in-8°.

Extr. Mém. Acad. Amiens.

8945. — Une page de l'histoire militaire d'**Albert** (Encre) dans les temps modernes (1512-1653), par M. Georges Boudon.

Bull. Soc. Ant. Pic., 1896, p. 567 à 594; in-8°.

8946. — Plaidoyé qvatorzième. Pour Monsieur le Duc de Montmorency, Pair et Connestable de France. En la cause d'Offemont et Merlou. Action première. *Au sujet de la possession des terres d'**Encre** et de Bray-sur-Somme.*

Plaidoyez de Mess. Simon Marion. — Paris, Le Mor, 1629, p. 414 à 479 ; in-8°.

8947. — Chevauchées de Mᵉ Jean Gonnet *à* **Albert** *en 1633*, par M. Daussy.

Mém. Acad. Amiens, t. XVII, 1895, p. 1 à 8; in-8°.

8948. — La Guerre d'Espagne *aux environs d'***Albert** *en 1635*, par M. Daussy.

Mém. Acad. Amiens, t. XVII, 1895, p. 9 à 24; in-8°.

8949. — Académie des Sciences, Belles-Lettres et des Arts d'Amiens. Séance du 27 mai 1881. (1691-1697). **Jean Décalogne**, fermier du moulin banal d'Albert, par M. H. Daussy. — Amiens, Yvert, 1881; 34 p. in-8°.

3950. — Petite bibliothèque picarde. Récits du temps passé. **Jean Décalogne**, fermier du moulin banal d'Albert, par H. Daussy. — Amiens, Jeunet, 1882; 80 p. in-24.

8951 — Arrest du Parlement qui maintient les **Officiers du Marquisat d'Albert** dans le droit d'apposer les scellez chez les Ecclésiastiques, les Nobles et autres domiciliez dans l'étendue dudit Marquisat, avec défenses au Commissaire aux Inventaires du Bailliage de Péronne de les y troubler, et pour l'avoir fait, le condamne aux dommages et interests des Officiers d'Albert et aux dépens. Du 17 Janvier 1708. — S. l, n. n. ; 3 p. in-4°.

Bibl. d'Amiens, Hist., n° 3597.

Voir aussi Journ. des Aud. du Parl., par Nupied. — Paris, 1736, t. V, p. 105 à 107; in-folio.

8952. — Lettre de M. l'abbé J... (*Jacquin*) à M. le chevalier de... sur les **Pétrifications d'Albert** en Picardie. Amiens, ce 8 avril 1755.

Mél. d'hist. natur., par Alléon Dulac, 1765, t. I, p. 159 à 167; in-12.

* **8953.** — Lettre au sujet de la précédente sur les **Pétrifications d'Albert**.

Ibid., t. II, p. 187 à 189 ; in-12.

8954. — *Note sur une découverte faite en 1759 dans la* **carrière d'Albert**.

La feuille nécessaire. — Paris, Lambert, 1759, p. 410; in-8°.

8955. — Mémoire pour les Maire, Echevins, Syndic, Habitans, Corps et Communauté de la ville d'Albert, anciennement Encre Contre M. le Duc et Madame la Duchesse de Chartres, Seigneurs du Marquisat d'Albert. — *Paris*, P. G. Simon, 1777 ; 14 p. in-4°.

Au sujet de l'**exercice de** haute et basse **justice**.

Bibl. de Péronne. Rec. de Mém., t. XLV.

8956. — Petite bibliothèque picarde. Récits du temps passé. Les **Ecoles d'Albert** au XVIIIᵉ siècle, par H. Daussy. — Amiens, Jeunet, 1889; 80 p. in-16.

8957. — Règlement de la **milice citoyenne** d'Albert; *du 7 novembre 1789.* — Amiens, Fr. Caron-Berquier; 7 p. in-8°.

Bibl. Henri Lottin.

8958. — Ville d'Albert. Rapport du maire. 18 septembre 1860. Rapport de la commission de l'abattoir. 4 octobre 1860. Rapport du maire sur le projet d'abattoir. 27 octobre 1860. — Amiens, Jeunet, 1860; in-4°.

8959. — M° Gille Cressent prêtre curé de la paroisse d'Albert (1717-1727), par M. H. Daussy. — Amiens, Yvert, 1879; 89 p. in-8°.

Extr. Mém. Acad. Amiens.
Autre édition : Amiens, Jeunet, 1882; 162 p. in 24.

8960. — Institutions, Statuts et Règlements de la **Confrérie de** Notre-Dame **de Brebières** en l'Eglise paroissiale de la ville d'Albert. *Du 1er novembre 1732.* — S. l. n. n. ; plac. in-folio.

Bibl. d'Amiens, Théol., n° 1862.

8961. — Translation de la **Sainte Image** de Notre-Dame **de Brebières** en l'Eglise Paroissiale des Saints Gervais et Protais de la Ville d'Albert. — S. l. n. n., *1735;* plac. in-folio.

Bibl. d'Amiens, Théol., n° 1862.

*** 8962.** — Trois Mémoires entre Noël Cauchie, prêtre, pourvu de la **cure** de Saint-Gervais, de la ville **d'Albert;** et Louis Bouteville pourvu de la chapelle de S¹ Louis, en l'église de S¹ Furcy de Péronne, prétendant droit à la même cure. — 1773; in-4°.

8963. — Mandement de Monseigneur l'Evesque d'Amiens au sujet de plusieurs **guérisons** miraculeuses opérées par l'intervention de la Sainte Vierge, en la Chapelle qui lui est dédiée dans l'Eglise Paroissiale d'Albert, sous le titre de **Notre-Dame de Brebière.** Quatrième édition augmentée de Prières et Acte de consécration à la Sainte Vierge. — Amiens, L. C. Caron Père, 1787 ; 24 p. in-8°.

Bibl. Pinsard.

*** 8964.** — Pièces justificatives du **miracle** arrivé le 20 février 1786 à Albert, diocèse d'Amiens. — S. l. n. n., 1787 ; 41 p. in-12.

8965. — Précis sur l'**Image miraculeuse** de la Sainte Vierge, honorée en l'église d'Albert, sous le titre de Notre-Dame **de Brebières**. — Amiens, J. B. Caron, 1809; 36 p. in-24 av. 1 pl.

8966. — Précis sur l'**Image miraculeuse** de la Sainte Vierge honorée en l'église d'Albert, sous le titre de Notre-Dame **de Brebières**. — Amiens, Caron l'aîné, 1818 ; 48 p. in-24 av. 1 pl.

D'autres éditions ont été publiées à Amiens, en 1828, chez Boudon-Caron et en 1838, chez Caron-Vitet.

8967. — Notice historique sur l'**Image miraculeuse** de la Sainte-Vierge, honorée en l'église d'Albert sous le titre de Notre-Dame **de Brebières**. — Amiens, E. Yvert, 1845 ; 48 p. in-12.

8968. — Notice sur la bénédiction d'une **statue** de Notre-Dame-**de-Brebières** à Albert et sur la procession solennelle présidée par Mgr l'Evêque d'Amiens (27 avril 1862), *par l'abbé J. V. Thuillier.* — Amiens, Yvert, 1862; 8 p. in-8°.

8969. — Souvenir de **Notre-Dame-de-Brebières.** Petit manuel à l'usage des âmes chrétiennes, par M. l'abbé Tilloy. — Amiens, Lambert-Caron, s. d.; 32 p. in-16.

8970. — **Notre-Dame-de-Brebières** à Albert (Diocèse d'Amiens), par le R. P. Letierce. — Albert, 1872; XVI-341 p. in-12.

Autre édition : Albert, 1874 ; XXII-412 p. in-12

8971. — La Statue de **Notre Dame de Brebières** à Albert, par le P. Letierce.

Le Dimanche, 1872, t. II, p. 225 à 230; in-8°.

8972. — Note sur l'ancienne **chapelle** Sainte Marie **de Brebières**, par H. Daussy. — Amiens, Yvert, 1877; 32 p. in-8°.

Ext. Mém. Acad. Amiens.

8973. — Deux bancs dans le chœur de l'**église d'Albert**, par M. H. Daussy.
Mém. Acad. Am., t. XXV, p. 295 à 334 ; in-8°.

8974. — L'**Eglise** de Notre-Dame de Brebières, par Élie Fleury.— Albert, 1887 ; 16 p. in-16.

8975. — Petite bibliothèque picarde. Notre Dame de Brebières. La **nouvelle Eglise** d'Albert, par Chanteloup. — Amiens, Jeunet, 1887 ; 25 p. in-24.

8976. — **Mois de Marie** de Notre-Dame de Brebières. — Abbeville, C. Paillart, 1891 ; 132 p. in-16 av. 40 vign.

8977. — Pèlerinage à **Notre-Dame de Brebières**. — Poissy, G. Olivier, s. d. ; 127 p. in-16 et 1 pl.

8978.—**Notre-Dame de Brebières**. Albert. Somme. — *Paris, Karl., 1897 ;* 20 p. alb. av. 25 fig.

8979. — Le **Journal d'Albert**.
Hebdomadaire ; le 1er n° est du 21 avril 1878. Le 3 juillet 1887, il a agrandi son format et modifié son titre : Journal d'Albert et du département de la Somme.

8980. — Le **Messager de Notre-Dame** de Brebières, paraissant le premier samedi de chaque mois sous la direction de Mr le Doyen d'Albert. 1re année, 1re livraison, 5 janvier 1884 ; in-8°.

Continue de paraître.

8981. — La **Quinzaine paroissiale**. Organe d'Informations Religieuses.

Le n° 1 est du 11 janvier 1899 ; 4 p. pet. in-folio.

8982. — L'**Union Républicaine** des cantons d'Albert, Bray, Combles et Roisel.

Journal hebdomadaire dont le 1er numéro a paru le décembre 1894 ; est devenu en 1898 **la Gazette d'Albert** et des cantons environnants. Imprimé à Albert chez Quéret.

8983. — Les gros décimateurs (*Chapitre de l'église St Firmin le Confesseur d'Amiens et les Jésuites du Collège d'Amiens*) condamnez au rétablissement entier du chœur des Eglises Parochiales. *Arrêt du 9 Mai 1665.*

Cet arrêt s'applique à l'église d'**Auchonvillers**.

Journ. des Aud. du Parl., par Jamet de la Guessière. — Paris, 1757, t. II, p. 376 et 377 ; in-folio.

8984. — Les Jarretières, Coutume picarde. **Auchonvillers** (Somme), *par Edouard Desombre.*

La Tradition, t. I, p. 243 à 245 ; in-8°.

8985.—Tourbières d'**Aveluy**. Squelette humain, *par M. Debray.*

Ann. Soc. Géol. Nord, t. IV, p. 15 à 17 ; in-8°.

8986. — Communications diverses au sujet des tourbières d'**Aveluy**, par M. Henri Debray.

Ibid., t. V, 1878, p. 125 à 135 ; in-8°.

8987. — Jugement du Tribunal criminel du Département de la Somme qui, sur la déclaration du Juré de Jugement, portant que Philippe et Théodore Brulé et Pierre Antoine Morel, sont convaincus d'avoir enlevé et pillé des branchages et bourées appartenant au sieur Souillart, Propriétaire et ci-devant Seigneur de **Beaucourt**, District de Péronne, sous prétexte que les arbres étoient plantés sur une Commune. Condamne lesdits Brûlé et Morel, à trois mois de détention et en une amende double du dédommagement dû au sieur Souillart, Propriétaire. Du samedi 15 Juin 1792, l'an quatrième de la Liberté. — Amiens, J. B. Caron l'aîné, 1792 ; 7 p. in-4°.

Ancne Bibl. de Marsy.

8988. — 1152-1155. Guerri, abbé de Saint-Vaast *d'Arras* a autorisé Hugue de Fouilloy, prieur de Saint Laurent *de Ribemont*, à exploiter, à charge de dîme, les gras pâturages de **Bousincourt**, alors désert.

Com. des Travaux hist., Bull. hist. et phil., 1896, p. 275 ; in-8°.

* **8989.** — Mémoire pour Jean-Baptiste Wable, Pierre Caudron et Nicolas Ducoin, contre le sieur de Hangre, seigneur de **Contalmaison**, en présence de la dame veuve Letierce, fermière des moulins banaux d'Albert. — S. l. n. n. n. d. ; 16 p. in-4°.

Cat. Lib. Pineau, à Beauvais, 1864.

8990. — Factum pour la Communauté des Curez de la Ville d'Amiens, Appellans. Contre Messire Phillippes de Bery, Seigneur d'Esserteaux, Inthimé. — S. l. n. n., *1679*; 4 p. in-4°.

Au sujet du fief de **Dernancourt**.
Bibl. d'Amiens, Hist., n° 3815.

8991. — Arrest de la Cour de Parlement de Paris pour la Congrégation des Curez de la Ville d'Amiens, Seigneurs du Cauroy, Demandeurs. Contre Messire Philippes de Bery, Seigneur d'Esserteaux, de **Dernencourt** et autres Lieux, Défendeur. Pour raison du Revenu d'année due par le Vassal au Seigneur Dominant, en cas de Succession en Ligne collaterale dans la Coutume de Péronne. Du 29 Juin 1679. — S. l. n. n. ; 2 p. in-folio.

— Ibid., Hist., n° 3815.

8992. — Livre tournant en 1400. *Lettre de rémission en faveur d'un paysan de Fricourt qui avait fait tourner un livre pour découvrir un incendiaire ; septembre 1400.*

Bull. Soc. Hist. Fr., 1856, p. 242 à 244 ; in-8°.

* **8993.** — Mémoire pour M. Augustin Le Roux, Curé de **Fricourt** contre M. Philippe Dignouart, titulaire d'une chapelle au chateau d'Albert. — Paris, 1765 ; 12 p. in-4°.

Cat. Lib. Pineau, à Beauvais, 1864.

8994. — Histoire locale. **Grandcourt**, par M. l'abbé Leroy. — Albert, 1897 ; III-VI p. in-16.

8995. — Cimetière de l'époque franque d'**Irles**, par M. Cottel.

Congr. arch. de France, LX° session, p. 192 à 199 ; in-8°.

8996. — Histoire de la Commune de **Méaulte**, par M. G. de Witasse. — Albert, de Bréda, 1897 ; 16 p. in-4°.

8997. — Mémoire signifié pour le Sieur Boistel, Ecuyer, Seigneur de **Martinsart**, Appellant ; Contre le sieur Latify, curé d'Anglebelmer, et Dame Marguerite Latify, Veuve du Sieur Boistel, Ecuyer, Intimés. — *Paris*, veuve Lamesle, 1753 ; 6 p. in-folio.

Au sujet des droits seigneuriaux de la terre de Martinsart.
Bibl. de Péronne.

8998. — Récits du temps passé. 1692. Le Mariage de Jean Rouvillain (*à* **Millencourt**). Lecture faite par M. le Président Daussy.

Mém. Acad. Amiens, t. XL, 1894, p. 135 à 160 ; in-8°.

8999. — Lettres de Philippe-Auguste, par lesquelles il confirme les privilèges de **Miraumont**, à certaines conditions. 1217.

Ord. des Rois de Fr., t. XII, p. 295 ; in-folio.

9000. — Mémoire servant de griefs et de Moyens d'Appel. Pour M° Léonard-Félix-Athanase Pillain, Prêtre Licencié ès Loix de la Faculté de Paris, Curé de la Paroisse de **Miraumont** en Picardie, Appellant de la Sentence rendue par l'Official d'Arras le 9 Avril 1766. Contre le Promoteur dudit Diocèse, Intimé. — Cambray, Berthoud, 1767 ; 79 p. in-4°.

Défense à une accusation de concubinage.
Bibl. Quentin, à Péronne.

* **9001.** — Lettres adressées à Louis-Philippe Ier suivies de six autres faisant suites à celles contenues dans le « Recueil des pièces et documents concernant la réclamation de la commune de **Miraumont**, au sujet des biens provenant de son ancienne maladrerie », par Dominique Joseph Damien. — Arras, Gorilliot-Legrand, 1834; in-4°.

Bibl. Nat¹ᵉ, Lk⁷, n° 4917.

* **9002.** — Discours adressé aux habitants de **Miraumont** à l'occasion de la restitution par la ville d'Albert de tous les biens de leur ancienne maladrerie... par Domin. Jos. Damiens. — Arras, Degeorge, 1835; in-8°.

Ibid., n° 4918.

9003. — Appel à l'opinion publique, par Domin. Jos. Damien. — Arras, Degeorge, 1835; in-8°.

Quête à faire dans l'église de **Miraumont** pour les écoliers pauvres de la paroisse.

Ibid., n° 4919.

9004. — Catalogue des monnaies trouvées à **Pozières**, *vers 1836, par M. Fernand Mallet.*

Rev. numism., 1836, p. 378 à 380; in-8°.

9005. — Arrest du Conseil d'Estat du Roy, qui déclare la Veuve du Sieur Pingré de Fricamps, non recevable en son Opposition à l'Arrest de Règlement du 3 Décembre 1737, et dans son Appel de deux Ordonnances de M. l'Intendant d'Amiens, qui l'ont condamnées (*sic*) au payement du centième denier d'une Cession de Retrait Féodal exercée par le Sieur Pingré de Fricamps, son mary. Du 4 Février 1744.—Paris, Prault, 1744; 8 p. in-4°.

Relatif à la terre de **Thiepval**.

Bibl. H. Macqueron.

9006. — Mémoire pour Dame Marie-Honorée du Fresne, Veuve de Charles-Victor Pingré, Chevalier, Seigneur de Fricamps, Thiepval et autres lieux et Charles-Victor Pingré, Chevalier, Seigneur de Fricamps, Thiepval et autres lieux, son Fils, l'un des Mousquetaires de la Garde du Roy, Intimés. Contre Jean-Jacques Jumel et Nicolas le Fort, Marchands de Bois à Amiens, Appellans d'une Sentence de la Table de Marbre des Eaux et Forêts à Paris du 29 Avril 1750, confirmative d'une autre Sentence de la Maîtrise particulière de Noyon du 30 Janvier 1749. *Signé : de Ligny.* — *Paris*, Pierre Prault, 1750; 8 p. in-folio.

Au sujet des haute et basse futaies du domaine de **Thiepval**.

Bibl. Soc. Ant. Pic.

9007. — *Note sur la chapelle de Sᵗ Pierre Divion, commune de Thiepval, par M. de Bréda.*

Bull. Soc. Ant. Pic., t. XIII, p. 101 à 103; in-8°.

CHAPITRE IV

CANTON DE BRAY-SUR-SOMME

9008. — Histoire de la Ville de Bray-sur-Somme, par Hector Josse.—Amiens, Douillet, 1882; VIII-403 p. in-8° av. 3 pl.

Extr. Mém. Soc. Ant. Pic.

9009. — Rapport sur le concours d'Histoire (*Histoire de* **Bray sur-Somme**), lu à la Séance publique du 19 novembre 1876, par M. l'Abbé P. de Cagny.

Mém. Soc. Ant. Pic., t. XXVI, p. 33 à 51; in-8°.

9010.—Histoire de la Ville de **Bray**, par H. Josse. *Compte rendu, par le Cte de Luçay.*

Répert. des Trav. hist., t. II, 1881; in-8°.

9011. — **Bray sur Somme**. Monographie statistique et historique, par Hector Josse.

Ann. de la Somme, 1889, p. 391 à 396; in-12.

9012. — Peronne. 1210. Mai. Charta Galteri, Castellani Peronæ, qua **Braium super Summam** et Praaz se domino Regi vendidisse declarat.

Layett. du Trés des Ch., t. I, p. 350 à 351

9013.— Lettres de Commune accordées par Philippe-Auguste aux Bourgeois de **Bray**. *1220.*

Ord. des Rois de Fr., t. XI, p. 295 à 297; in-folio.

9014. — Charte de Commune de la Ville de **Bray-sur-Somme**, *publiée par l'abbé Gosselin.*

La Picardie, t. XIII, 1867, p. 492 à 502; in-8°.

9015.— 1260. 11 Avril. Etat des revenus et des dépenses de la ville de **Bray-sur-Somme**.

Layett. du Trés. des Ch., t. III, p. 516 à 518.

9016. — Factvm pour les Religieux, Prieur et Convent de l'Abbaye de Corbie, les Majeur, Eschevins et Communauté de **Bray**, les Communautez de Proyart et autres, Intimez et Deffendeurs. Contre Monsieur le Duc de Luynes, comme Seigneur de Bray, Appellant d'une Sentence rendüe à Péronne le 10 Iuin 1679, Demandeur en exécution de l'Arrest interlocutoire du 18 Iuin 1682 et Intimé à l'égard desdits Religieux de Corbie, Appellans d'un chef de ladite Sentence. — S. l. n. n. n. d.; 7 p. in-folio.

Au sujet de la seigneurie des marais de Bray et Proyart.

Bibl. d'Amiens, Hist., n° 3828, 10.

9017. — A qui appartiennent les droits de justice seigneurie et propriété des prés et marais situés aux environs de **Bray sur Somme** en Picardie; *1703*.

Arr. not. des diff. Trib. du Roy., p. 625 à 634; in-folio.

9018. — Mémoire contenant le détail : 1° Des nullitez des prétendus Registres du Bureau des Aides de **Bray**; 2° D'un grand nombre d'articles qui sont sur les Registres des Traittes de Bray, et qui ne se trouvent pas sur les prétendus Registres des Aides ; 3° De l'infidélité du Registre tenu en l'année 1713 par les Gardes de la Barrière de Bray ; 4° De la fausseté des états de prétendues diminutions et obmissions, signez et certifiez véritables par le sieur Larquerat. Pour Me Charles Paris, Conseiller du Roi, Receveur des Traittes au Bureau de Bray. — *Paris*, Jacques Quillau, 1715 ; 14 p. in-folio.

Bibl. d'Amiens, Jurisp., n° 963, t. IV.

9019. — Reponse pour Mᵉ Charles Paris, Conseiller du Roi, Receveur des Traittes au Bureau de **Bray**. — S. l. n. n., *1715*; 20 p. in-folio.

Ibid., Jurisp., n° 953, t. IV.

* **9020.** — Mémoire signifié pour le sieur Sébastien Gobillard, propriétaire des moulins de **Bray** contre le Maire, les Officiers municipaux et les habitants de la ville de Bray et les censitaires des fiefs d'Offemont et de Ronquerolles. — Paris, 1778; 68 p. in-4°.

Cat. Lib. Pineau à Beauvais, 1864.

9021. — Précis pour la Citoyenne Marguerite Gobillart Contre les Veuve et Héritiers Joseph Duroizel.— Amiens, de l'Impr. des Associés, *vers 1794*; 12 p. in-4°.

Au sujet de la propriété d'un chemin conduisant de Bray à la Neuville.

Bibl. d'Amiens, Jurisp., n° 953, t. I.

9022. — Notice descriptive et historique sur l'**Eglise** Saint-Nicolas **de Bray-sur-Somme**, par M. l'Abbé J. Gosselin. — Amiens, Lenoel-Herouart. 1862; 58 p. in-8° av. 1 pl.

Extr. de la Picardie.

9023. — Note sur deux estampages d'inscription de l'église de **Becquincourt** en Santerre.

Bull. du Comité de la Langue... 1846, p. 73 et 74; in-8°.

9024.—Restitution de **Cappy** (*Charte de 1091*).

Cart. de l'Abb. de Sᵗ Corn. de Compiègne, par l'abbé Morel, p. 44 à 46; in-4°.

9025. — **Cappy**. Don au Prieuré de Saint-Médard. Remerciements du prieur de Sᵗ Martin des Champs. (*Chartes vers 1127*).

Ibid., p. 90 à 94; in-4°.

9026. — 1260. Septembre. Avant le 14. Etat des revenus et des dépenses de la ville de **Cappy**.

Layett. du Trés. des Chart., t. III, p. 542.

9027. — Arrest du Conseil d'Estat du Roy qui confirme le Sieur Marquis d'Estourmel dans un Droit de Travers ou Peage sur les Ponts et Chaussées situés sur la rivière de Somme dans le Village de **Cappy** proche la Ville de Perone. Du 4 Janvier 1729. — Paris, Imprimerie Royale, 1731; 7 p. in-4°.

Arch. dép. de la Somme, C, 1360.
Autre édition en placard.

9028. — Arrest du Conseil d'Etat du Roy, qui ordonne que le tarif inséré dans l'arrêt du Conseil du 4 Janvier 1729, sera réformé ; et, en conséquence, que le droits (*sic*) de péage ou travers du village de **Cappy**, généralité d'Amiens, sera perçû à l'avenir audit lieu, et non ailleurs, aux charges et conditions et suivant le tarif inséré dans le présent arrêt. Du 5 février 1737. — Paris, Imprimerie Royale, 1742; 3 p. in-4°.

Bibl. d'Amiens, Jurisp., n° 328.

9029. — Mémoire pour MM. les Officiers Royaux du Bailliage de Péronne, Opposans. Contre Louis-Marie, Marquis d'Estourmel, Baron de **Cappy**, Seigneur de Suzanne et autres lieux, Défendeur et Demandeur. — *Paris*, d'Houry, 1778; 22 p. in-4°.

Au sujet de la réunion des justices du marquis d'Estourmel à celle de la baronnie de **Cappy**.

Bibl. de Roye.

9030. — Précis pour MM. les Officiers Royaux du Bailliage de Péronne Opposans Contre Louis Marie Marquis d'Estourmel, Défendeur et Demandeur. — *Paris*, d'Houry, 1778; 4 p. in-4°.

Bibl. de Péronne, Rec. de Mém., t. LXIII.

9031. — Observations pour le marquis d'Estourmel contre les Officiers du Bailliage de Péronne. — Paris, P. M. Delaguette, 1778; 8 p. in-4°.

Bibl. de Roye.

9032. — Précis pour le Marquis d'Estourmel contre les Officiers du Bailliage de Péronne. — *Paris*, P. M. Delaguette, 1779; 65 p. in-4°.

Ibid.

9033. — Précis pour les Officiers du Bailliage de Péronne Opposans; Contre le Marquis d'Estourmel, Seigneur de la Baronnie de **Capy**.— Paris, P. G. Simon, 1779; 24 p. in-4°.

Ibid.

9034. — Sur les poissons de la craie phosphatée des environs de Péronne, (à **Eclusier-Vaux**), par F. Priem.

Bull. Soc. Géol. Fr., 1896-97, p. 9 à 23 av. 2 pl.; in-8°.

9035. — Mosasauriens de la craie grise de **Vaux-Eclusier** près Péronne (Somme), par M. Armand Thévenin.

Bull. Soc. Géol. Fr., 1896-97, p. 900 à 916 av. 2 pl.; in-8°.

9036.—Vaux-sur Somme. *Chartes relatives à* **Eclusier**, **Vaux-sur-Somme**, *Frise et Dépendances.*

Les Biens de l'Abb. St Vaast d'Arras, par Ricouart, p. 85 à 89 et 178 à 188; in-4°.

9037. — Ordonnance de M. l'Intendant de Picardie qui condamne le sieur Gasselin à cent livres d'amende envers le Roi, pour avoir mis des Hausses aux Vannes des deux premières Rayères ou Vantelleries construites sur la Chaussée de **Vaulx**. Du douze septembre mil sept cent quatre vingt-cinq. — Amiens, J B. Caron l'aîné, 1785; plac. in-folio.

Arch. dép. de la Somme, C, 1475.

9038.— Promenades archéologiques et pittoresques dans la partie Est du canton de Bray. Montagne de Vaux. **Vaux-Eclusier**, *par l'abbé Gosselin.* — Péronne, Quentin, s. d.; 8 p. in-12.

9039. — De par le Roi. *Ordonnance de M. Dupleix, qui condamne les syndics d'*Herbecourt *et de Barleux chacun à 20 livres d'amende pour avoir refusé de fournir des transports militaires. Du 23 mai 1769.* — Amiens, veuve Godart, 1769; plac. in-folio.

Arch. dép. de la Somme, C, 929.

9040. — Description du tombeau de Jean et Renaud du Gard, Seigneurs de **Méricourt-sur-Somme**, par Hector Josse. — Amiens, Douillet, 1880; 11 p. in-8°.

Extr. Bull. Soc. Ant. Pic., t. XIV.

9041. — Notice historique sur la paroisse de **Morcourt** (Diocèse d'Amiens), par l'abbé Haclin, curé de Morcourt. — Amiens, v^e Lambert-Caron, 1882; 74 p. in-18.

9042. — Feu de Villers et **Morlancourt** *en 1674.*

Bibl. hist. Pic. et Art., par Roger, p. 191 à 194; in-8°.

9043. — Conseil de Préfecture. Mémoire pour Lambert Dubois, Propriétaire des Moulins de **Sailli-Laurette**, demeurant à Bray, demandeur et défendeur. Contre Démarquet, dit Galbi, Meunier à Sailli-Laurette, Défendeur. Et contre le Conseil Municipal de ladite Commune de Sailli-Laurette, tiers-opposant et demandeur. — Amiens, J. B. Caron l'aîné, *1810;* 42 p. in-4°.

Questions de digues.
Bibl. d'Amiens, Hist., n° 3669.

9044. — L'office de Saint-Quentin, patron de la Paroisse de **Sailly-Lorette**. — Amiens, Caron-Isnard, 1827; 46 p. in-12.

9045. — Mémoire signifié pour M^{res} Jean-Baptiste-Antoine Dragon-Gomicourt, Ecuyer, Seigneur de Pourizel, ancien Lieutenant de Cavalerie; Pierre Dragon-Gomicourt, Chevalier de l'Ordre Royal et Militaire de Saint Louis, et Capitaine des Grenadiers au Régiment d'Artois; Et Demoiselle Marie-Jeanne Dragon-Gomicourt, Religieuse en la Communauté des Filles de Ste Geneviève d'Amiens, Appelans; Contre Messire Cardon, Curé de **Sailly-le-Sec**, dit Sailly-la-belle-Eglise, et contre les Curé

34

et Marguilliers de cette Paroisse. Intimés. — S. l. n. n., *1775*; 75 p. in-4°.

Bibl. A. de Caieu.

9046. — Consultation *du 25 mai 1775, relative à la même affaire.*— *Paris*, V°° Hérissant; 7 p. in-4°.

Ibid.

9047. — *Arrêt rendu en faveur de la famille Dragon-Gomicourt contre les curé et marguilliers de* **Sailly-le-Sec**; *du 30 août 1776.* — S. l. n. n.; 8 p. in-4°.

Bibl. d'Amiens, Hist., n° 5561.

9048.— Notice historique sur le château de **Suzanne** en Santerre (Somme) et sur la maison et marquisat d'Estourmel de l'ancienne province de Picardie, par l'abbé Paul de Cagny. — Péronne, Quentin, 1857; 107 p. in-8° av. un tabl. généal.

9049. — Galerie de M. le Comte d'Estourmel, ancien préfet et conseiller d'état, à **Suzanne** (Somme), *par M. Goze.*

Arch. de Pic., t. I, p. 33 à 38 ; in-8°.

9050. — Syndicat de la Rivière de Somme. Extrait du registre aux délibérations. Séance du 23 Mai 1868, — Péronne, Quentin, 1868; 13 p. in-8°.

Au sujet de la pêche dans la Somme à **Suzanne**, Cappy, Eclusier et Frise.

CHAPITRE V

CANTON DE CHAULNES

9051. — Mémoire pour messire Charles Honoré d'Albert, duc de Luynes .... contre Brice de Hault,.... sieur d'Elincourt, François Matissart... receveur des épices du conseil d'Artois et consorts, cautions d'Auguste Bonhomme, ancien fermier du duché de Chaulnes et baronnie de Picquigny... et François de Paule Florimond Eudel et consorts, nouveaux fermiers desdits duché de Chaulnes et baronnie de Picquigny... *Signé : Huart.* — S. l. n. n., *après 1708*; in-folio.

Contestation au sujet des muages du duché de **Chaulnes**.

Bibl. Nat¹°, f° Fm, 10207.

9052. — Mémoire pour les Officiers du Bailliage de Péronne, Défendeurs contre M. le Duc de Chaulnes, Demandeur. — *Paris*, d'Houry, *vers 1756*; 16 p. in-4°.

Au sujet de la justice du Duché Pairie de **Chaulnes**.

Bibl. Pinsard.

9053. — Discours prononcé dans l'Eglise de **Chaulnes**, le jour de la distribution des S¹°° Huiles le 22 Juin 1814. — S. l. n. n. ; 16 p. in-16.

9054. — Consultation pour M. Boullanger de Berneuil, Propriétaire de la terre de **Chaulnes**, relative à la propriété de la Grande Avenue du Château. — S. l., Guyot, 1826; 18 p. in-4°.

Bibl. Pinsard.

9055. — Consultation pour M. Boulanger de Berneuil, représentant de la demoiselle de Beaumont. — S. l., A. Guyot, 1831 ; 27 p. in-4°.

Même affaire.

9056. — Les **Armoiries** du Domaine de **Chaulnes** et celles de ses anciens Seigneurs, par M. Lefèvre-Marchand.

Bull. Soc. Ant. Pic., t. IX, p. 323 à 328 ; in-8°.

9057. — Quelques notes et lettres ayant rapport à l'ancien château de **Chaulnes,** par *H. Dusevel.*

La Picardie, t. XIX, p. 97 à 102 ; in-8°.

9058. — Tumulus d'**Ablaincourt,** par M. Pinsard.

Bull. Soc. Ant. Pic., t. XIII, p. 265 à 268 ; in-8°.

9059. — Extrait d'une lettre adressée à la Commission *des fouilles* d'**Ablaincourt,** par M. l'abbé Fricot.

Bull. Soc. Ant. Pic., t. XV, p. 294 à 298 ; in-8°.

9060. — Le Grès de Saint Martin à **Assevillers,** par M. Lefèvre-Marchand.

Bull. Soc. Ant. Pic., t. IX, p. 360 à 363 ; in-8°.

9061. — **Berny en Santerre.** 1124. Carta Simonis Noviomensis et Tornacensis episcopi pro Altare de Berny *et autres chartes relatives au même lieu.*

Les biens de l'Abbaye de St Vaast, d'Arras, par Ricouart, p. 80 et 81 et 160 à 165 ; in-4°.

9062. — Mémoire pour Frère Ambroise Robart, Prêtre, Chanoine Régulier de l'Ordre de Prémontré, Prieur Seigneur de Saint Martin de Pas lez Montdidier. Contre le sieur le Clerc de Berthoval, Seigneur de Dompierre. Et le sieur Agnan de Goussaincourt, Chevalier, Seigneur de Grivesne. — Paris, P. Prault, 1753 ; 24 p. in-folio.

Au sujet du droit de justice sur des fiefs sis à **Dompierre** et appartenant au prieur de Pas.

Bibl. d'Amiens, Hist., n° 3596.

9063. — Tournelle criminelle. Requête d'atténuation de M. Prévost de Saint-Lucien, pour le sieur Michel Géry Hennebert, l'un des Fermiers de l'Abbaye de S. Barthélemy de Noyon, et Chirurgien du village de Dompierre, Appellant, Défendeur et Accusé *de l'assassinat du curé de* **Dompierre,** *le 1 juillet 1783.* Contre M. le Procureur général, aussi Appelant à minima. — 2 p. in-8°.

Gaz. des Tribunaux.

9064. — *Notice sur des objets antiques trouvés a* **Estrées-Deniécourt,** *en 1864, par M. Henri Lempereur.*

Bull. Soc. Ant. Pic., t. VIII, p. 348 à 350 ; in-8°.

9065. — Mémoire pour les Curé et Marguilliers de l'Eglise et la Fabrique de **Fay en Sang-terre,** Demandeurs. Contre Me Jacques-Philippe de Levacque, Prêtre, Curé de Manancourt, Sieurs Louis et Constant de Levacque, Marchands de Vin à Péronne, tous trois frères et seuls héritiers de Jacques de Levacque, Marchand de Vin à Péronne et d'Anne Decressin, sa femme, Défendeurs. — S. l. n. n., *vers 1730* ; 24 p. in-4°.

Au sujet de rentes dues à l'église de Fay.

Bibl. de Roye.

9066. — **Fay,** par M. Dusevel. — S. l. n. n. n. d. ; 4 p. in-8° av. 3 fig.

9067. — L'Eglise de **Fay** *et celle d'Assevillers,* canton de Chaulnes, par M. Lefèvre-Marchand.

Bull. Soc. Ant. Pic., t. XIII, p. 224 à 237 ; in-8°.

9068. — Note de M. Vallois sur une trouvaille faite à **Fay.**

Bull. Soc. Ant. Pic., t. IX, p. 201 à 204 ; in-8°.

9069. — Mémoire pour Dame Eléonore Witasse, veuve de défunt Claude Witasse, Ecuyer, Seigneur de Fontaines lez Cappy ; et François Witasse, Ecuyer, Seigneur du même Lieu, Défendeurs et Demandeurs. Contre Messire Jean-André Bouret, Prieur Commandataire du Prieuré de Saint Médard de Cappy, Demandeur et Défendeur. *Signé : Lepaige.—Paris*, C. L. Thiboust, *vers 1700;*. 6 p. in-folio.

Au sujet des droits honorifiques dans l'église de **Fontaine-les-Cappy**.
Bibl. H. Macqueron.

9070. — A Nosseigneurs du Grand Conseil. *Supplique des consorts Witasse au sujet de la même affaire*.— S. l. n. n. n. d.; 7 p. in-folio.

Ibid.

9071. — Extrait de titres pour le Vicomte d'Hervily Canisi et M. Breton son Curateur, Appellans. Contre le Sieur Morel de Foucaucourt, Intimé — Paris, P. M. Delaguette, 1783; 10 p. in-4°.

Titres et analyses de documents de 1428 à 1643, concernant la seigneurie de **Foucaucourt-en-Santerre**.
Bibl. Soc. Em. Abb.

9072. — Les Prussiens à **Foucaucourt**, par Alcius Ledieu. Episode de la guerre franco-allemande. — Abbeville, Fourdrinier, 1897; 16 p. in-16.

9073. — Rapport de M. Bazot sur le cimetière Mérovingien ou Frank de **Framerville**.
Bull. Soc. Ant. Pic., t. X, p. 53 à 61 ; in-8°.

9074. — Rapport fait à la Société des Antiquaires de Picardie, par M. l'abbé P. Decagny, *sur des antiquites trouvées à Genermont, commune de* **Fresne-Mazancourt**.
Bull. Soc. Ant. Pic., t. IX, p. 198 à 201; in-8°.

9075. — Note sur quelques Trouvailles faites à **Genermont**, par M. Lefèvre-Marchand.
Ibid.; t. IX, p. 319 à 321; in-8°.

9076. — Mémoire sur les Refuges d'**Herleville**, canton de Chaulnes (Somme), par M. A. Ponchon.
Bull. Soc. Anthrop. Paris, 1894, p. 254 à 258 av. 2 pl.; in-8°.

9077. — Li-hvns en Sang-ters, ov Discovrs de l'antiqvité, privilèges et prerogatives, dv Monastere de Li-hvns en Sang-ters : situé près Roye, en Picardie. Originairement de l'Ordre de S. Benoist. Depuis incorporé soubs tiltre de Doyenné-Prieuré, en l'Ordre de Clvny. Par M° Sebastian Rovlliard, de Melvn, Aduocat en Parlement. — Paris, Iean Barbote, M.DC.XXVII; 152 p. p^t in-4°.
Bibl. d'Amiens, Hist., n° 3883.

9078. — Godefridi Episcopi Ambianensis. Anno MCIV. Confirmat quæ **Lehunensi** Monasterio donata sunt a Comite Flandriæ Roberto Juniore et a Roberto Paironensi.
Spicilegium.... d'Achery. — Paris, Montalant, 1723, t. III, p. 438 à 439; in-folio.

9079. — Baldrici Noviomensis Episcopi. Ann. MCXIII. Boso Miles a suis prædecessoribus ablata **Lehun**. Monasterio moribundus reddit. — Godefridi Ambianensis Episcopi Anno MCXIV. Otbertus Præpositus Ambianens. Ecclesiæ Monachum induens Lehunensibus cofert Ecclesias de Harbonières et de Hangesto.
Ibid , t. III, p. 463 et 464 ; in-folio.

9080. — Examen du Privilège d'Innocent III pour le Prieuré de **Lihons**, par L. Delisle. — Paris, 1896; 14 p. gr. in-8° av. 1 pl.

*** 9081**. — Factum pour M° Charles Faye, conseiller au Parlement de Paris, prieur du prieuré de **Lihons-en-Sangterre**, demandeur et complaignant pour raison du possessoire dudit prieuré et encores demandeur et défendeur en faux. Contre M° Bertrand Le Prévost, défendeur et demandeur en complainte et appellant comme d'abus de deux sen-

LI-HVNS,
EN SANG-TERS,
OV
DISCOVRS DE L'ANTIQVITE,
PRIVILEGES, ET PREROGATIVES, DV
Monaftere de LI-HVNS; vulgairement LI-HONS, EN
SANG-TERS: fitué prés ROYE, en PICARDIE.

Originairement de l'Ordre de S. BENOIST.

Depuis incorporé foubs tiltre de Doyenné-Prieuré,
en l'Ordre de CLVNY.

Par Me. SEBASTIAN ROVLLIARD, DE MELVN,
Aduocat en Parlement.

A PARIS,
De l'Imprimerie de IEAN BARBOTE, en l'Ifle du
Palais, à l'Alofe.

M. DC. XXVII.

N° 9077

GRANDEUR RÉELLE

tences de l'abbé chef d'ordre de Cluny. — S. l. n. n., *1605 ;* 64 p. in-4°.

Bibl. Nat¹⁰, 4° Fm, 12052.

9082. — Factum pour Frère Jean-Baptiste de Mesmes, Bailli et Grand'-Croix de l'Ordre de Saint Jean de Jerusalem, Ambassadeur dudit Ordre en France, Prieur Commendataire du Prieuré de **Lihons**, Demandeur. Contre Vincent Gadiffet, Meunier des Moulins dudit Prieuré, Défendeur. — *Paris*, Charles Huguier, *vers 1721 ;* 6 p. in-folio.

Sur qui doit retomber le dommage causé au Prieuré de Lihons par l'incendie d'un des Moulins.
Bibl. Pinsard.

*9083. — Factum pour messire Jean-Jacques de Mesme, chevalier de l'ordre de Saint-Jean de Jérusalem, grand-croix du même ordre... contre Marguerite Frion, femme séparée de biens d'Alexandre Brossart.... fermière du prieuré de **Lihons en Santerre**..... *Signé : du Fresne.* — S. l. n. n., *1730 ;* in-folio.

Au sujet des réparations du presbytère.
Bibl. Nat¹⁰, f° Fm, 11127.

*9084. — Mémoire pour dom Claude Bay, prieur claustral, et autres religieux du prieuré de **Lihons-en-Santerre**, diocèse d'Amiens,... contre Marguerite Frion, veuve du sieur Honoré François et épouse en secondes noces du sieur Brossard,..... ancienne fermière du prieuré de Lihons... et contre M. le bailli de Mesme et le sieur abbé Ozenne, prieur commendataire du prieuré de Lihons. *Signé : Durand.* — S. l. n. n., *1730 ;* in-folio.

Bibl. Nat¹⁰, f° Fm, 9879.

9085. — Mémoire pour Messire Jean Ozenne, Prêtre, Licentié de Sorbonne, Abbé de l'Abbaye de Maymac, Prieur Commendataire de **Lihons en Sangterre** Ordre de Cluny, Demandeur en nullité de Bail *des revenus du Prieuré* fait par anticipation *en 1725.* Contre Marguerite Frion, femme séparée de biens du Sieur Alexandre Brossard, Défenderesse. *Signé : Fuet.* — Paris, Pierre Simon, 1731 ; 10 p. in-folio.

Bibl. d'Amiens, Hist., n° 3596.

*9086 — Mémoire pour Messire Jean Ozenne, abbé de l'abbaye de Memac, prieur commendataire du prieuré de **Lihons en Santerre**. Contre Marguerite Frion, épouse séparée de biens d'Alexandre Brossart... *Signé : Roussel.* — *Paris*, veuve Mergé, 1731 ; in-folio.

Bibl. Nat¹⁰, f° Fm, 12219.

*9087. — Mémoire pour Marguerite Frion..... épouse de M. Alexandre de Brossard.... fermière du prieuré de **Lihons-en-Santerre**, ordre de Cluny. Contre Messire Jean Ozenne, abbé de Meymac, à présent prieur commendataire du prieuré de Lihons..... messire Jean Jacques de Mesme..... ci-devant prieur de Lihons..... et dom Gaspard-François Audoul. *Signé : Boucher.* — Paris, A. Knapen, 1731 ; in-folio.

Bibl. Nat¹⁰, f° Fm, 2443.

9088. — Sommaire pour le Sieur Abbé Ozenne, Prieur de **Lihons-en-Sangterre**, Demandeur et Défendeur. Contre Damoiselle Marguerite Frion, femme séparée de biens du sieur Alexandre Brossard, Défenderesse et Demanderesse. *Signé : Brunet.* — Paris, Pierre Simon, 1732 ; 8 p. in-folio.

Bibl. d'Amiens, Hist., n° 3596.

9089. — Sommaire de la cause pour l'abbé Ozenne, Prieur de **Lihons,** Demandeur Servant de Réponse au Mémoire imprimé de la Demoiselle Brossart, Défenderesse. — *Paris*, Paulus du Mesnil, 1732 ; 4 p. in-folio.

Bibl. d'Amiens, Hist., n° 3596.

*9090. — Mémoire pour Marguerite Frion, épouse du sieur Brossart..... contre l'abbé Ozenne, prieur de **Lihons**. *Signé : de la Verdy.* — Paris, Lamesle, 1732 ; in-folio.

Bibl. Nat¹⁰, f° Fm, 2445.

9091. — Arrest du Grand Conseil du Roy, qui, sur la demande d'un Résignataire, déclare nul un Bail des revenus d'un Bénéfice fait par son Résignant par anticipation de cinq ans et demi, avant l'expiration du dernier Bail. Du 21 Janvier 1732. — Paris, Pierre Simon, 1732; 4 p. in-4°.

Arrêt dans l'affaire du prieuré de **Lihons** entre l'abbé Ozenne et Madame Brossard rendu au profit du premier.

Bibl. d'Amiens, Hist., n° 3596.

9092. — Arrest du Grand Conseil du Roy, qui juge que les Religieux du Prieuré de **Lihons**, quoiqu'ils ne soient actuellement qu'à pensions, ont le droit de faire chasser sur toutes les Terres appartenant audit Prieuré. Du 22 Août 1735. — Paris, Prault, 1735; 3 p. in-4°.

Bibl. H. Macqueron.

* **9093.** — Mémoire signifié pour messire Jean Ozenne... abbé de Memac, prieur et seul seigneur de **Lihons en Santerre**... contre dom Charles Cottin, prieur claustral dudit prieuré de Lihons..... *Signé : Taboué*. — *Paris*, veuve Knapen, 1735 ; in-folio.

Bibl. Nat^{le}, f° Fm, 12221.

* **9094.** — Mémoire signifié pour dom Charles Cottin... prieur claustral du prieuré de **Lihons-en-Santerre**..... contre le sieur abbé Ozenne, prieur commandataire du même prieuré. *Signé: Blanchard*. — Paris, veuve Knapen, 1735 ; in-folio.

Bibl. Nat^{le}, f° Fm, 4110.

* **9095.** — Mémoire pour les religieux, prieur claustral et convent du prieuré de **Lihons-en-Santerre**, ordre de Cluny, contre le sieur abbé Ozenne, prieur commendataire dudit prieuré. *Signé : Blanchard*. — Paris, veuve Knapen, 1738; in-folio.

Bibl. Nat^{le}, f° Fm, 9880.

9096. — Arrest du Grand Conseil du Roy, rendu en faveur de la Communauté des Religieux du Prieuré de **Lihons en Sangterre**, Ordre de Cluny, contre le Prieur Commandataire dudit Prieuré, au sujet du partage des Revenus dudit Prieuré, et qui règle les Charges claustrales, les droits de Patronage, de Justice, et autres droits, etc. Du premier Avril 1739. — S. l. n. n.; 19 p. in-4°.

Bibl. H Macqueron.

* **9097.** — Mémoire signifié pour messire Jean Ozenne... abbé de l'abbaye de Maymac, prieur commendataire de **Lihons en Santerre**... contre les vénérables prieur claustral, couvent et religieux dudit Lihons... *Signé : Christophle*. — *Paris*, J. Lamesle, 1743; in-folio.

Au sujet de la nomination des sergents de justice de Lihons.

Bibl. Nat^{le}, f° Fm, 12222.

9098. — Une Loi somptuaire (**Lihons en Santerre**. 1745).

Tabl. d'Hist. loc., par Coët, 5e partie. — Compiègne, 1892, p. 127 à 129; in-8°.

9099. — Mémoire pour les Religieux, Prieur et Couvent de **Lihons en Sangterre** Ordre de Cluny, Défendeurs. Contre M. le Duc de Chaulnes, Demandeur. *Signé : Laget, Bardelin*. — *Paris*, Cl. Hérissant, 1751 ; 10 p. in-folio.

Refus de censives réclamées par le Duc de Chaulnes.

Bibl. d'Amiens, Hist., n° 3596.

9100. — Arrêt du Parlement de Paris qui affranchit des censives et droits Seigneuriaux et répute en franche-aumône les terres du Prieuré de **Lyhons**, situées en la Seigneurie du Duché de Chaulnes, faute, par le Seigneur, de prouver par titres que lesdites Terres sont chargées de censives envers ladite Seigneurie. Du 31 Août 1751.

Pièc. justif. du rapp. de l'Agence du Clergé de 1755. — Paris, Déprez, 1765, p. 363 à 371 ; in-folio.

9101. — Arthur Demarsy. Mélanges historiques sur la Picardie. I. Le Prieuré de **Lihons en Santerre** (Notice inédite de Du Cange). II: Sœur de Ste Cécile Bertrand, Religieuse de Port-Royal au Monastère de la Visitation d'Amiens.— Amiens, Caillaux, 1870 : 16 p. in-8°.

Extr. Bull. Soc. Ant. Pic.

9102. — Chapellenies de **Lihons**, par M. Emile Poiré.

Bull. Soc. Ant. Pic., t, XIV, p. 119 à 128 ; in-8°.

9103.—Mémoire pour Maître Etienne Coquillart, Prêtre, Curé de **Proyart**, Appellant comme d'abus. Contre Monsieur l'Evêque d'Amiens, comme prenant le fait et cause de son Promoteur, Intimé. *Signé : Tribard. — Paris*, G. F. Quillau, *1723* ; 16 p. in-folio.

Défense à des attaques personnelles.
Bibl. H. Macqueron.

* **9104.** — Sommaire signifié pour les Religieux de l'Abbaye de St Riquier, défendeurs ; Contre le sieur Postel, soi disant seigneur de **Proyart**, demandeur. *Signé : de Flers.— Paris*, Vincent, *après 1720* ; in-folio.

Relatif à la mouvance de deux maisons sises à Proyart.
Bibl. Nat^{le}, f° Fm, 15262.

* **9105.** — Mémoire signifié pour les sieurs doyen, chanoines et chapitre de l'église royale et collégiale de Saint-Furcy de Péronne, demandeurs et défendeurs. Contre le sieur Furcy Postel, seigneur de la baronnie de **Proyart**, défendeur et demandeur, et contre Me Louis Morel, chapelain de la chapelle de Saint-Nicolas, fondée dans l'église paroissiale de Saint-Vaast de Proyart, demandeur. *Signé : Mauduyt. — Paris*, Mesnier, 1728 ; in-folio.

Relatif à la saisie faite par le S. Postel de terres et de bois appartenant à la chapelle de Proyart.
Bibl. Nat^{le}, Mss. Joly de Fleury, 2002, f° 72.

* **9106.** — Mémoire signifié pour le sieur Fursy Postel, seigneur de **Proyart**, intimé..... contre Me Louis Morel, titulaire de la chapelle de Saint Nicolas fondée en l'église paroissiale de Saint Vaast de Proyart, appelant et défendeur, et les sieur doyen, chanoines et chapitre de Saint Fursy de Péronne, demandeurs et défendeurs. *Signé : Lebreton, Duplessis.— Paris*, Gissey, *1728* ; in-folio.

Bibl. Nat^{le}, Mss Joly de Fleury, 2003, f° 23.

9107. — **Puzeaux.** 1202. Carta P. de Hyencort et Ada de Manencort de lege villæ de Puteis Aquis *et autres chartes relatives à ce village.*

Les biens de l'Abbaye de St Vaast d'Arras, par Ricouart, p. 81 à 85 et 165 à 177 ; in-8°.

9108. — Notes sur diverses localités des cantons de Chaulnes, de Nesle et de Rosières (**Puzeaux**, *Marché le Pot, Hallu et Misery*), par M. Lefèvre-Marchand.

Bull. Soc. Ant. Pic., t. XI, p. 15 à 23 ; in-8°.

9109. — Mémoire pour Jean François Levert, Fermier du Moulin de **Soyecourt**, Appellant. Contre M. le Procureur-Général, prenant fait et cause du Procureur Fiscal en la Justice d'Estrées en Sangterre. — *Paris*, L. Cellot, 1774 ; 43 p. in-4°.

Accusation d'incendie.
Bibl. A. de Caïeu.

9110. — Cour des Aides. Entre les Curé et Marguilliers de l'Eglise de **Soyecourt** en Sangterre, demandeurs et appellans. Et Jacques-Augustin Maillard, Marie-Marguerite Duplaquet, sa femme, etc., défendeurs et intimés. Une Eglise dont les terres ont été comprises dans une saisie réelle et qui les a laissé adjuger par un Arrêt rendu il y a cent ans, contre lequel elle n'a pas réclamé, est-elle recevable dans les demandes en désistement qu'elle a depuis intentées ? 1780.

Extr. de la Gaz. des Tribunaux.

9111. — Mémoire pour les Vénérables Doyen, Chanoines et Chapitre de l'Eglise Cathédrale de Notre-Dame d'Amiens, Seigneurs Voyers et Hauts-Justiciers à titre universel des Terre et Seigneurie de **Vauvillers**, intervenans et prenant le fait et cause du Sieur François Dhangest, Marchand et Laboureur à Vauvillers, Défendeur originaire. Contre Messire François-Firmin Desfriches Doria, Chevalier, Comte Doria, Marquis de Payen, Capitaine au Régiment de Dampierre, Chevalier de l'Ordre de S¹ Louis, et Dame Marie-Geneviève Dufossé de Vatteville, son Epouse, Dame de Framerville, Demandeurs originaires et Défendeurs sur l'intervention. — Amiens, veuve Godart, 1751 ; 23 p. in-folio.

Au sujet des droits seigneuriaux de Vauvillers. Bibl. d'Amiens, Hist., n° 3815, 25.

CHAPITRE VI

CANTON DE COMBLES

9112. — Arrest du Conseil d'Etat du Roy qui ordonne que par le Sieur Intendant en Picardie et Artois, il sera procédé après trois publications de huitaine en huitaine à la revente, à titre d'engagement, de la Prevôté de **Combles** en Artois. Du 22 juillet 1749.— S. l. n. n ; plac. in-folio.

9113. — Arrest du Conseil d'Etat du Roy, qui ordonne la revente, à titre d'engagement, du Domaine de **Combles**, pour la partie située en Picardie. Du 18 Août 1750. — S. l. n. n. ; plac. in-folio.

9114. — Les plaques ajourées carolingiennes au type du dragon-tourmentant le damné *trouvées à* **Combles** *et aux environs*, par M. Pilloy.

Bull. archéol., 1892, p. 368 à 377 av. fig.; in-8°.

9115. — Extrait du Registre aux Arrêtés du Département de la Somme, séance du 13 Frimaire an 4 de la République Française.—Amiens, J. B. Caron l'aîné ; 3 p. in-4°.

Délibération relative à la coupe des bois de **Le Forest**.
Bibl. d'Amiens, Hist., n° 3639.

9116. — Arrest Svr les Conclusions de Monsieur l'Avocat General de Lamoignon et dans lequel son Plaidoyé est inséré..... Povr Dame Catherine de Rougé, veuve de Messire François Sire de Crequy, Marechal de France, Gouverneur de Loraine. Contre les Fermiers et Receveur du Domaine d'Amiens. *Du 27 janvier 1693.* — S. l. n. n. ; 6 p. in-folio.

Relatif aux Terres de Beauval et **Hardecourt-aux-Bois**.
Bibl. H. Macqueron.

9117. — Mémoire signifié pour Messire Jean-Baptiste Boucquel, Chevalier, Seigneur de Sarton, Hardecour aux Bois, et autres lieux, Intimé. Contre Messire Charles-Gabriel de Folleville, Chevalier, Seigneur de Manancourt,

Appellant d'une Sentence rendue au Bureau des Finances d'Amiens le 2 Juin 1750. En présence de M. le Procureur General et du Sieur Marquis de Crussol, Engagiste du Domaine de Péronne. *Signé : Gillet.* — *Paris*, Knapen, 1752; 17 p. in-folio.

Au sujet de la mouvance de la seigneurie d'**Hardecourt**.
Bibl. Soc. Ant. Pic.

9118. — Précis signifié pour le Sieur de Sarton, Intimé. Contre le Sieur de Folleville, Appellant. *Signé : Gillet.* — *Paris*, Knapen, 1758; 10 p. in-folio.
Ibid.

9119. — Sur le gisement des mammifères quaternaires de **Hem-Monacu** (Somme), par M. Marcellin Boulle.
Bull. Soc. Géol. Fr., 1896-97, p. 879 à 881 av. 1 fig.; in-8°.

9120. — Mémoire pour André Bouteille, Mulquinier; Philippe Henon, Valet de Charrue; Hubert Ponchart, Garçon majeur, demeurans à Estricourt, détenus dans les Prisons de la Conciergerie; et autres Accusés demeurans au même Village d'**Estricourt**, *commune de* **Manancourt**. Contre Monsieur le Procureur du Roy. *Signé : Debocq.* — Amiens, veuve Godart, 1756; 12 p. in-folio.

Affaire de droit de marché à Etricourt.
Bibl. H. Macqueron.

9121. — Dénombrement de cens à **Maurepas** et à Combles, servi au Chapitre de Saint-Fursy de Péronne (1273).
Cab. hist. Pic. et Art., t. VI, p. 207 et 208; in-8°.

9122. — Le **Mesnil en Arrouaise**. Prévots du Mesnil. 1156. Carta Theod. Comitis Flandriæ. 1437. Lettres de Monsr l'abbé et convent de cest Eglise (*St Vaast d'Arras*) Faict mention de plusieurs status, ordonnances, reformations contenant l'Estat des prevosts qui dorénavant seront pourvus au gouvernement et administration de la prevosté du Maisnil.
Les Biens de l'Abbaye de St Vaast d'Arras, par Ricouart, p. 70 à 78 et s ; in-8°.

9123. — Mémoire signifié pour Messire Jean-François André de Sales Hurault de l'Hopital..... chanoine de l'église cathédrale de Noyon et syndic du clergé de ce diocèse..... contre les abbé, prieur et religieux de l'abbaye royale de Saint-Vaast d'Arras..... *Signé : Gillet.* — Paris, veuve Knapen, 1740; in-folio.

Au sujet de la levée de la dime dans la prévôté du **Mesnil en-Arrouaise**.
Bibl. Natle, f° Fm, 15380.

9124. — Essais historiques et philosophiques sur le Pays d'**Arrouaise**, canton de Combles, *par Jules Théry*. — Péronne, Quentin, 1861; 40 p. in-8°.

9125. — A Messieurs les Comtes de Louvencourt et de Chassepot, lieutenants de louveterie. Une chasse aux loups en Picardie à **Sailly-Saillisel**. *Poésie, par Anatole Beaucousin.*
Journ. des Chasseurs, 1853, t. I, p. 162 à 166; in-8°.

9126. — Deux arrêts contradictoires de la Cour des Aides de Paris, qui confisquent différentes étoffes saisies sur les nommés Nicaise Bauchard et Jean Lesage, Marchands à **Istre**, qui les avoient fait passer en fraude des Droits d'Entrée de la Flandre, réputée étrangère, à Gueudecourt et Istre, en Picardie, situés dans les limites de la Ferme, et, sans s'arrêter à un certificat des Curé et Syndic de la Paroisse d'**Istre**, lequel est déclaré nul par l'un desdits Arrêts, comme n'étant point donné pour des marchandises du crû du dedans de la Ferme... Des 11 Avril et 24 Mai 1764. — *Paris*, G. Lamesle, 1764; 11 p. in-4°.
Bibl. H. Macqueron.

CHAPITRE VII

CANTON DE HAM

9127. — Voyage d'un moine de l'abbaye de Vézelay dans le **Pays Hamois** vers la fin du XV° siècle, *par M. Léon Paulet.*

<small>La Picardie, t. II, 1856, p. 385 à 396 et 461 à 466 ; in-8°.</small>

9128. — Notice historique sur **Ham** par Dom Labbé continuée depuis 1715 jusqu'à nos jours, par G. Lecocq.

<small>Le Vermandois, t. I, 1873, p. 17 à 27 ; in-8°.</small>

9129. — Notice sur la Ville et le Château de **Ham** (Somme), par M. de la Fons, baron de Mélicocq.

<small>Mém. Soc. Ant. Pic., t. II, p. 273 à 294 ; in-8°.</small>

9130. — **Ham**, *par M. Dusevel.* — S. l. n. n. d. ; 32 p. in-8° av. 27 fig.

9131. — Analectes picards. **Ham**, *par Léon Paulet.*

<small>La Picardie, t. IV, 1858, p. 308 à 319, 414 et s.; in-8°.</small>

9132. — Les Seigneurs et Gouverneurs de **Ham**, par M. Ch. Gomart.

<small>Mém. Soc. Ant. Pic., t. XVIII, 1861, p. 325 à 357 av. 8 fig.; in-8°.</small>

9133. — **Ham**, son Château et ses Prisonniers, par Ch. Gomart. — Ham, Paris, Amiens, 1864 ; VIII-372 p. in-8° av. 3 pl. et 96 fig.

9134. — Quelques pages de l'Histoire de **Ham**, par Léon Paulet. — Ham, E. Quentin, 1875 ; 2 vol. in-12 de 136 et 188 p.

<small>Le titre de départ du tome I porte : Archives de Ham et de son canton : celui du tome II, Une page de l'histoire de Ham.</small>

9135. — Histoire populaire de la Ville et du Château de **Ham**, par Elie Fleury et Ernest Danicourt. — Ham, Léon Carpentier, 1881 ; 207 p. in-16 av. 3 pl. et 25 fig.

9136. — Vues et anciens Monuments de **Ham**. Gravures tirées de la Collection Peigné-Delacourt avec Annotations par Elie Fleury et Ernest Danicourt. — Ham, Quentin, 1881 ; 24 feuillets gr. in-8°.

9137. — Abrégé de l'histoire de la ville de **Ham**, par Jedé. — Ham, Juniet-Rasse, s. d. ; 74 p. in-12 av. 17 gr. sur bois.

9138. — 1223. Juin. Obligatio Odonis, domini Hamensis, de castro **Hamensi** domino Regi, ad ejus arbitrium, tradendo. 1223. Juin. Securitas facta domino Regi a communia Hamensi de castro Hamensi ei tradendo.

<small>Layett du Tr. des Ch., t. I, p. 563 et s.; in-8°.</small>

9139. — Relation du **siège de Ham** de 1411 par un Chroniqueur (anonyme) Bourguignon (XV° siècle). (Ms. n° 26 de la Bibl. de Lille), *publiée par M. de la Fons Mélicocq.*

<small>La Picardie, t. III, 1857, p. 240 à 248; in-8°.</small>

*9140. — La Grosse Grielle au **siège de Ham** (1411).

<small>Mess. scien. hist. Belgique, 1863, p. 393 à 395.</small>

*9141. — Le Siège et la Prise de Saint-Quentin, de **Ham** et du Catelet en 1557, d'après un manuscrit de la bibliothèque de l'Escurial. — Saint-Quentin, 1873 ; in-8°, pl.

9142. — **Siège de Ham** d'après un manuscrit de la Bibliothèque de l'Escurial.....

Etudes Saint-Quentinoises, par Ch. Gomart, t. IV, p. 421 à 426 av. 1 pl.; in-8°.

9143. — Discours véritable de la **prise** de la ville **de Ham**, défaicte des Espagnols et réduction du Chasteau en l'obéissance du Roy Auec le nombre des Morts. — Paris, Guillaume le Noir, 1595; 29 p. pet. in-8°.

Bibl. Nat^{le}, Lb^{33}, n° 630.

*****9144.** — Véritable discours d'un logement de gens d'armes en la ville de **Ham**, avec une chanson en vers picards par M. Legras, bourgeois dudit Ham.

Nous ne connaissons cet opuscule que par l'extrait qu'en a donné M. Gustave Brunet dans le Bulletin du Bibliophile n°^{s} 13-15, 8e série, d'après un exemplaire du Musée britannique (Note de M. Dufour, Biblog. pic., n° 102).

M. l'abbé Corblet en a aussi reproduit un fragment dans son Gloss. picard, p. 93.

9145. — Discovrs pitoyable de la ruine aduenuë depuis peu de iours en l'vn des Fauxbourgs de la ville de **Han** en Picardie, par le feu du Ciel, qui brusla enuiron six vingts et sept maisons, et vne belle Eglise avec vn grand nombre d'Habitans, ou furent veuz des signes merueilleux et estrages, apparoistre au Ciel. —A Paris, Iouxte la Coppie imprimee à Cambray, par Guillaume de la Riuiere, M.DC.XV; 12 p. in-12.

Bibil. Nat^{le}, Lk^7, n° 3087.

9146. — Un Sergent de la Ville de **Ham** contre le Seigneur de Gollencourt (1664), par Alfred Ponthieux.

Cab. hist. Pic. et Art., t. VIII, p. 186 à 189; in-8°.

*****9147.** — Factum pour maitre Antoine Auguste Benoist, seigneur de Neuflieu..... bailli de **Ham**..... contre maître Artus de Croix, substitut de monsieur le procureur général audit bailliage. *Signé : Doulcet de la Marlière.* — S. l. n. n., 1685; in-4°.

Bibl. Nat^{le}, 4° Fm, 2511.

*****9148.** — Plaise à M.....-conseiller du Roi en sa cour de Parlement avoir pour recommandé le bon droit au procès pour Me Antoine Auguste Benoist ..... bailli de **Ham**.. contre Me Charles de Croix et consorts..... *Signé : de Lamarlière.* — S. l. n. n. n. d.; in-folio.

Bibl. Nat^{le}, Thoisy, 118, f° 35.

*****9149.** — Factum pour Me Antoine-Auguste Benoist, seigneur de Neuflieu ..... bailli de robe longue, civil, criminel et de police au bailliage royal de **Ham**..... contre M. le duc de Mazarin engagiste du domaine de Ham. — S. l. n. n., *1693*; in-4°.

Bibl. Nat^{le}, Thoisy, 176, f° 54.

*****9150.** — Factum pour les habitants de la ville et communauté de **Ham** appelants et demandeurs contre René-Bernard Cauvry, maire ancien, subdélégué et notaire royal, Mathieu de Hem, maire alternatif et notaire, et François Buttin, procureur du roi de l'Hôtel de ville..... *Signé : Guyenet.* — *Paris*, Knapen, 1716; in-folio.

Bibl. Nat^{le}, f° Fm, 7383.

9151.—Second Mémoire pour René-Bernard Cauvry, Subdelegué à **Ham** de M. l'Intendant de Soissons, et ci-devant Maire Ancien; Matthieu de Hem, Procureur du Roy au Bailliage de Ham, et ci-devant Maire Alternatif; et François Buttin, ci-devant Procureur du Roy en l'Hôtel de Ville de Ham, Intimez, Défendeurs et Demandeurs. Contre Nicolas Fresson, François Rogeré, Charles Crepot, et Consorts, Appellans de l'Ordonnance de feu Monsieur d'Ormesson, Intendant en la Généralité de Soissons, du 30 Janvier 1708, Demandeurs et Défendeurs. *Signé : Boullanger.* — *Paris*, veuve Lambin, *1716*; 8 p. in-folio.

Au sujet de graves reproches faits à Cauvry sur son administration municipale.

Bibl. H. Macqueron.

9152. — L'hiver de 1740 (à **Ham**), par Alfred Ponthieux.

Cab. hist. Pic. et Art., t. VIII, p. 209 à 214, in-8°.

— 276 —

9153. — Mémoire signifié pour le sieur Jean Barthélemy d'Estourneau, Ecuyer, et Demoiselle Angélique-Magdelaine d'Estourneau, Défendeurs et Demandeurs. Contre les Maire et Echevins de la Ville de **Ham** en Picardie, Appellans des Sentences rendues au Châtelet de Paris, les 18 Décembre 1731, 22 Avril 1732 et 14 Novembre 1733, Demandeurs en garantie et Défendeurs. — *Paris*, Montalant, 1749; 11 p. in-folio.

Au sujet d'une fondation d'**école latine** faite à Ham par Jean Cordelle, aïeul des Estourneau.
Bibl. de Péronne.

9154. — Arrest du Conseil d'Etat du Roy, qui maintient la dame Duchesse d'Harcourt, en qualité d'engagiste, dans les droits de **péage** en la ville de **Ham**, généralité de Soissons. Du premier Mars 1749. — Paris, Imprimerie Royale, MDCCLI; 3 p. in-4°.

Bibl. Pinsard.

9155. — Description d'une **fièvre putride** vermineuse épidémique, observée à **Ham** en Picardie dans les mois de Juillet, Août et Septembre 1756 : par M. de Berge, Docteur en Médecine, et Médecin de l'Hôpital de Ham.

Rev. de Médec., 1757, t. VII, p. 372 à 378; in-18.

9156. — Réunion à l'apanage du Duché de Valois des Domaines de Marle, La Fère, **Ham**, Saint-Gobain, et autres Domaines qui en ont été détachés par engagemens ou autrement. Lettres-patentes du 7 septembre 1766. — S. l., Testu; 7 p. in-4°.

Bibl. Pinsard.

9157. — Parlement de Paris. Grand-Chambre. Cause entre les **Notaires de Ham**, Appellans. Et les Huissiers de la même Ville, Intimés. Huissiers qui veulent avoir la concurrence de la postulation avec les Notaires.

Gaz. des Trib., t. VII, 1779, p. 241 à 244; in-8°.

9158. — Cahier des plaintes, doléances, remontrances et demandes du **Tiers-Etat** de la Ville et du Bailliage **de Ham**, *publié par A. Benot*. — Amiens, 1883; 26 p. in-8°.

9159. — La **Garde Nationale** de Ham à Saint-Quentin en 1790, par Georges Lecocq. — Paris, Charavay, 1884; 13 p. in-8°.

9160. — Règlement pour l'**abattoir** de la ville de Ham. — Péronne, Quentin, 1852; 18 p. in-8°.

* **9161.** — A mes compatriotes les habitants de Ham à propos de l'érection d'une fontaine où devait s'élever la **statue du général Foy**, par Léon Paulet. — Ham, Laurens, 1853.

9162. — **Cercle** de la Ville de Ham (Somme). *Règlement*. — Ham, Quentin, 1867; 15 p. in-8°.

9163. — Statuts de la **Société du Gaz** de Ham. — Ham, Quentin, 1867; 19 p. in-8°.

9164. — Syndicat de la Rivière de Somme. Extrait du Registre aux délibérations. Séance du 5 août 1876. Avis sur le Projet de Révision des règlements d'eau des **usines de Ham** et d'Estouilly entraînant la suppression de l'anguillerie de Ham. — Péronne, Quentin, 1876; 34 p. in-4°.

9165. — Ville de Ham. Description d'une **arme à feu** ancienne découverte dans la rivière de Somme. Etude d'histoire locale par le Docteur Timoléon Dodeuil. — Ham, Léon Carpentier, 1882; 9 p. in-16.

9166. — Catalogue analytique des **Manuscrits de la Bibliothèque** de Ham, par Alcius Ledieu. — Paris, Picard, 1897; 6 p. in-8°.

Extr. Cab. hist. Pic. et Art.

9167 — **Journal de Ham**, Echo de l'Industrie, du Commerce et de l'Agriculture paraissant le dimanche.

Fondé en 1866, continue sa publication.

DISCOVRS

PITOYABLE DE LA ruine aduenuë depuis peu de iours en l'vn des Fauxbourgs de la Ville de Han en Picardie, par le feu du Ciel, qui brusla enuiron six vingts & sept maisons, & vne belle Eglise, auec vn grand nombre d'Habitans, où furent veuz des signes merueilleux & estrãges, apparoistre au Ciel.

A PARIS,

Iouxte la Coppie imprimee à Cambray, par Guillaume de la Riuiere.

M. DC. XV

9168. — Le **Républicain de Ham**, journal de la ville et du canton de Ham.

Le n° 1 est du 12 avril 1896.

§ 2. Chateau

9169. — Le **Château** de Ham, Notice historique, par C. de Lioux. — Noyon, Soulas-Amoudry, 1840; 30 p. in-8°.

9170. — Le **Château** de Ham, son Histoire, ses Seigneurs et ses Prisonniers, par J. G. C. de Feuillide. — Paris, Dumont, 1842; XXI-343-8 p. in-8°.

9171. — **Château** de Ham, *par de la Fons Mélicocq.* — 30 p. gr. in-8° av. 1 pl.

Chât., Beffrois, etc., t. I.

9172. — Le **Château** de Ham et ses Prisonniers. Notice par Ch Gomart. — Saint-Quentin, Doloy et Teauzein, 1852; 4 p. gr. in-4° à 2 col. av. fig.

9173. — Le **Château** de Ham et ses Prisonniers, par Ch. Gomart. — Paris, Dumoulin, 1853; 32 p. in-8° av. 4 grav. sur bois.

9174. — Notice sur l'Origine du **Château** de Ham (Somme), par M. Ch. Gomart. Extrait du Bulletin monumental. — Paris, Derache, 1853; 23 p. in-8° av. fig.

9175. — Discours de la **reprise du Chasteau** de Ham, par les Capitaines prisonniers dans ledit Chasteau le 6 iuillet 1595. — S. l. n. n., 1595; in-8°.

Bibl. Nat¹ᵉ, Lb³³, n° 631.

9176. — Le **Capucin** de la tour de Ham, *par Ch. Gomart.*

La Picardie, t. III, 1857, p. 450 à 452 ; in-8°.

9177. — Les **Légendes** du Château de Ham, *par Léon Paulet.*

La Picardie, t. V et VI, 1859 et 1860; in-8°.

9178. — La **Tour du Connétable** au Château de Ham (Somme).

Etudes St Quentinoises, par Ch. Gomart, t. II, p. 141 à 164 av. grav. sur bois ; in-8°.

9179. — Ham. Août 1829-Novembre 1832, par un ancien attaché à la présidence du Conseil des derniers **Ministres de la Restauration** (*Alexandre Mazas*). — Paris, 1833 ; 475 p. in-8°.

9180. — Un **Prisonnier d'Etat** au Château de Ham, par M. de Peyronnet. — Péronne, Quentin, 1878 ; 25 p. in-16.

*__9181.__ — Récit des négociations qui ont précédé l'évasion de Ham de **Napoléon Bonaparte**. — 1846. in-8°.

§ 3. — Histoire ecclésiastique

9182. — Charte de Balderic, Evêque de Noyon, pour l'établissement des **chanoines** réguliers dans l'église de Notre Dame **de Ham**.

Act. de la prov. eccl. de Reims .. par Mᵍʳ Gousset, t. II, p. 169 à 170; in-4°.

9183. — Les Colons de Saint-Corneille sur le territoire du Seigneur de Ham. *Charte du 5 juillet 1101.* Don de colons *par l'abbaye de Ham aux chanoines de Saint-Corneille. Charte du 28 juillet 1112.*

Cart. de St Corneille de Compiègne, par l'abbé Morel, p. 57 et 68 à 69; in-4°.

9184. — L'Eglise **Notre Dame de Ham** jadis tenue par les Chastellains de la Ville, en fin remise entre les mains de l'Euesque Baldric. L'Institution des Chanoines Reguliers en icelle. *1108.*

Ann. de l'égl. de Noyon, par J. Levasseur. p. 800 à 802; in-4°.

9185. — Factvm povr les Abbé et Chanoines Reguliers de l'**Abbaye** de Nostre Dame **de Ham**, intimez. Et Messire Claude Duc de Saint-Simon, pair de France intervenant et aussi intimé. Contre Antoine Bouzier, Chanoine de l'Eglise de saint Quentin et consors appellans. — S. l. n. n., *vers 1667*; in-4°.

Au sujet du droit de pêche de l'abbaye dans la Somme et du libre cours de la rivière.

Bibl. d'Amiens, Hist., 3814, t. II.

9186. — Factum pour messire Antoine Bouzier, seigneur d'Estouilly, abbé de la Capelle..... contre les abbé et **religieux** de Notre Dame **de Ham**... et Monsieur le Duc de Saint-Simon. — S. l. n. n., 1667; in-4°.

Bibl. Nat^{le}, 4° Fm, 4210.

9187. — Arrest du Conseil d'Etat du Roy, qui supprime le droit de **péage** prétendu par les **Chanoines** et Chapitre **de Ham**, sur les ponts et chaussées de Pithon, généralité de Soissons. Du 26 Mars 1737. — Paris, Imprimerie Royale, 1737; 2 p. in-4°.

Bibl. Pinsard.

*9188. — Mémoire pour les abbé, prieur et **chanoines** réguliers de l'abbaye de Notre Dame **de Ham**. Contre Théophile de Ponceau, seigneur d'Estouilly. — S. l. n. n., *XVIIIe siècle*; 4 p. in-folio.

Cat. de la Lib. Voisin, n° 18053.

*9189. — Le Loup dans la Bergerie. Réfutation du discours du **curé constitutionnel** de Ham. 1792. — S. l. n. n.; 32 p.

9190. — Etude sur l'**Eglise** et la Crypte de Notre-Dame **de Ham** (Somme), par Ch. Gomart.

Rev. de l'Art Chrét., t. VIII, p. 277 à 300, pl. et fig.; in-8°.

9191. — L'**Abbaye** Notre-Dame **de Ham**, par *J. Malézieux*.

Le Vermandois, t. I, 1873, p. 33 à 41 av. 3 pl.; in-8°.

9192. — Etude sur la **Restauration** de la façade de **N. D. de Ham**, par l'abbé Danicourt.

La Picardie, 1884, t. VII, p. 474 et 478; in-8°.

9193. — Projet de **classement de** l'**église** Notre Dame **de Ham** comme monument historique. Rapport par le Docteur T. Dodeuil. — Ham, Carpentier, 1884; 21 p. in-16.

9194. — Nouvel establissement de Religieux. Plaidoyé X. Av Grand Conseil. Pour tous les Curez de la ville et fauxbourgs de Ham; Et pour les Religieux de Nostre-Dame de Ham, Seigneurs hauts Iusticiers et Curez primitifs de toutes les Parroisses, intimez et demandeurs. Contre Pierre Cheualier, Religieux Cordelier, appellant et defendeur au principal et au renvoy. — S. l. n. n., *1642*; 19 p. in-4°.

Opposition à la construction d'un couvent de **Cordeliers à Ham**.

Extr. de Plaidoyez... de Daudiquier, sieur du Mazet. — Paris, 1757; in-4°.

*9195. — Vie de Catherine Fontaine et de Jeanne Malin par Pierre Nicole. 1680.

*9196. — Abrégé de l'histoire de la vie de Catherine Fontaine, pour réponse à un libelle intitulé : Histoire de Catherine Fontaine, autrement la prieure, et de Jeanne Malin, par Jacques Villery. — S. l. n. n., 1688; 168 p. pet. in-8°.

Voir pour ces deux n^{os}, Hist. de Ham, par Gomart, p. 141.

*9197. — Idée d'un dessein pour la gloire de Dieu et l'Avantage de ses véritables servantes, par Me Jacques Villery Prestre et la sœur Jeanne Malin. — S. l., 1690; in-12.

Ces trois pièces concernent l'histoire du couvent de la **Providence**, à Ham.

II. COMMUNES RURALES DU CANTON DE HAM

9198. — Sainte Radegonde à **Athies** et à Péronne, *par l'abbé Corblet*.

Le Vermandois, t. II, p. 1874, p. 93 à 102; in-8°.

9199. — Lettres de Philippe-Auguste, par lesquelles il accorde une Commune aux Bourgeois d'**Athyes**. *1212.*

Ord. des Rois de Fr., t. XI, p. 298 à 302 ; in-folio.

9200. — 1260. 24 juin. Etat des revenus et des dépenses de la ville d'**Athies**.

Layett. du Trés. des Ch., t. III, p. 532 ; in-8°.

9201. — Arrest solennel du Parlement de Paris concernant les fiefs d'**Athies**, *Moyencourt et Ercheu rendu entre Catherine de Rougé, veuve de François, sre de Créquy et François-Joseph, marquis de Créquy. Du 29 aout 1692.*

Arrests notables... par Augeard — Paris, Guignard, 1713, t. II, p. 241 à 256 ; in-4°.

9202. — Extrait des principaux Titres produits par les Abbé, et Religieux de Saint-Thierry *de Reims,* pour justifier que les Terres qu'ils possèdent dans **Athies** et Paroisses voisines, ne relèvent pas de la Baronnie d'Athies. — S. l. n. n. d. ; 8 p. in-4°.

Bibl. d'Abbeville.

9203. — Addition à l'extrait des Titres produits par les Abbé et Religieux de saint Thierry pour montrer, que leurs domaines ne relèvent point de la baronnie d'**Athies** et ne doivent pas la prétendre Censive vniforme. — S. l. n. n. n. d. ; 4 p. in-4°.

Ibid.

9204. — Arrêt du Parlement de Paris qui déclare le sieur Lœuillet non recevable dans son appel comme d'abus à lui fait par M. l'Evèque de Noyon, du Visa nécessaire pour prendre possession de la deuxième portion de l'Eglise Paroissiale de Notre-Dame d'**Athies**, audit Diocèse, dont il s'est fait pourvoir en Cour de Rome. Du 30 Janvier 1759.

Pièces justif. du rapp. de l'Ag. du Clergé en 1760. — Paris, Desprez, 1767, p. 45 à 47 ; in-folio.

9205. — Arrest du Conseil d'Etat du Roi, qui supprime le Droit de **Péage** au Lieu d'**Athies**, Election de Péronne, faute par les Représentans de M. le Marquis de Nesle d'avoir produit au Greffe de la Commission des Titres pour raison dudit Péage par eux prétendu audit lieu d'Athies. Du 3 juin 1767. — S. l. n. n. ; plac. in-folio.

Arch. dép. de la Somme, C, 1211.

9206. — Note sur le portail de l'église d'**Athies**, par M. Gomart.

Bull. monum., t. XXXII, p. 869 à 876 av. 1 fig.; in-8°.

*** 9207.** — Mémoire pour les abbé, prieur et chanoines réguliers de l'abbaye, chef d'ordre de Prémontré, appelants, contre les curé et marguilliers de l'église de **Brouchy**, intimés. *Signé : Mannory.* — Paris, Montalant, 1737 ; in-4°.

Relatif à la fourniture des vases et ornements de l'église de Brouchy.

Bibl. Nat^{le}, 4° Fm, 26717.

9208. — *Note sur une pierre tombale de l'église de* **Brouchy**, *par Robert Guerlin.*

Bull. Soc. Ant. France, p. 171 à 175 av. 1 pl. ; in-8°.

9209. — Notice historique sur le village de **Douilly** et ses Dépendances, Margères ancien prieuré obédiencier d'Arrouaise, puis de Corbie, Forest et Montizelle, par Hector Josse. Ouvrage illustré de nombreux dessins, par Edouard Levêque. — Amiens, Laforest, 1888 ; XI-203 p. in-8° av. 24 pl.

9210. — **Douilly** et ses Dépendances, par M. Hector Josse.

Ann. de la Somme, 1891, p. 407 à 410 ; in-12.

9211. — Arrest du Conseil d'Etat du Roy, qui maintient les Srs Lallier et Desons dans un droit de vinage ou **péage** sur les Pont et Chaussée du Village de **Douilly** en Picardie. Du 28

Février 1730. — Paris, Imprimerie Royale, 1731; 4 p. in-4°.

Bibl. H. Macquerón.
Autre édition en placard in-folio.

9212. — Arrest du Conseil d'Etat du Roy, qui ordonne que le tarif inséré dans l'arrêt du Conseil d'état du 28 février 1730 sera réformé, et que les droits de vinage ou **péage** sur les pont et chaussée de **Douilly**, généralité d'Amiens, seront perçûs audit lieu et par un seul et même fermier, suivant le tarif inséré dans le présent arrêt. Du 12 Mars 1737. — Paris, Imprimerie Royale, 1742; 4 p. in-4°.

Arch. dép. de la Somme, C, 1203.

9213. — Arrest du Conseil d'Estat du Roy qui fixe les Droits de Vinage et **Péage** qui doivent être perçus sur les Pont et Chaussée du Village de **Douilly**, et en exempte les Habitants du Haut Douilly, Montizet, Herouel et Sancourt. Du 12 Mars 1737. — S. l. n. n ; plac. in-folio.

Arch. dép. de la Somme, C, 1203.

9214. — Notice historique sur la Chapelle-Pèlerinage de Notre-Dame des Joies à **Ennemain**, près Péronne (Somme), par l'abbé Paul Decagny. — Amiens, Delattre-Lenoel, 1883; 16 p. in-18.

9215. — Notice sur l'ancienne baronnie d'**Esmery-Hallon**, par *Leroy-Morel*.

La Picardie, t. III, 1857, p. 6 à 20; in-8°.

9216. — 1232. Avril après Pâques, du 11 au 30. Odo de Monchi miles forteritiam de **Monchi** domino regi a se venditam fuisse declarat.

Layett. du Trés. des Ch., t. II, p. 233 et 234 ; in-8°.

*9217. — Mémoire pour les habitants de la paroisse de **Monchy-la-Gache** et des hameaux de Douvieux, Flez, Montecourt et Mérancourt en dépendant contre le curé de Monchy-la-Gache et l'evêque de Noyon. Signé : *Tribard*. — Paris, 1740 ; 10 p. in-folio.

9218. — Jules Lecocq. Notice sur l'église Saint Pierre de **Monchy-La-gache** (Somme). Jean de Monchy. — Saint-Quentin, Poette, 1875; 11 p. in-8° et 1 pl.

9219. — 18 Septembre 1892. Bénédiction de Cloches à **Monchy-Laga-che**. — Péronne, Quentin; 8 p. in-8°.

9220. — Factum pour Maistre Guillaume Polinier, Prêtre, Chanoine Regulier et Curé d'**Offoy**, Appellant d'une Sentence du Baillif de Saint-Quentin; Contre François Heurteur, Prêtre, et Curé de Voyenne, Intimé. — S. l. n. d., *vers 1692*; 4 p. in-folio.

Question de dîmes novales sur une partie du marais d'Offoy.
Bibl. H. Macqueron.

9221. — Mémoire pour Dame Marie-Charlotte d'Estrades, veuve de Monsieur de Romanet, Président au Grand Conseil. Contre Messire Louis Godefroy Marquis d'Estrades, Gouverneur de Bordeaux, Appelant. Et encore contre la veuve Lallier, Demanderesse et Appelante. — *Paris*, Paulus-du-Mesnil, 1752; 53 p. in-4°.

Au sujet de la possession de la terre d'**Offoy**.
Bibl. de Péronne, Rec. de Mém., t. VII.

9222. — Addition de Mémoire servant de Réplique pour Dame Marie-Charlotte d'Estrades, veuve de Monsieur de Romanet, Président au Grand Conseil, Intimée. Contre Messire Louis Godefroy, Marquis d'Estrades, Gouverneur de Bordeaux, Appellant. Et contre la veuve Lallier, Demanderesse et Appellante. — *Paris*, Paulus-du-Mesnil, 1752; 24 p. in 4°.

Ibid.

9223. — Réflexions pour le Marquis d'Estrades contre Madame de Romanet.

— *Paris*, Paulus-du-Mesnil, 1752; 4 p. in-4°.
Ibid.

9224. — Arrest du Conseil du Roy, qui fait défenses au sieur d'Estrades de percevoir des droits de **péage** au lieu et dans la seigneurie d'**Offoy**, généralité d'Amiens. Du 22 Août 1752 — Paris, Imprimerie Royale, 1753; 2 p. in-4°.
Bibl. H. Macqueron.

9225. — Mémoire pour Diane-Henriette-Godefride Baschy, veuve de François-Charles Monestay Chazeron, demeurante à Paris, Défenderesse, incidemment Demanderesse. Contre la Commune d'**Offoy**, poursuite et diligence des Agent et Adjoint de ladite Commune, demanderesse au principal et incidemment défenderesse. — Amiens, J. B. Caron l'aîné, an VIII; 99 p. in-4°.
Question de biens communaux.
Bibl. d'Amiens, Hist., n° 3669.

9226. — Conseil municipal de la Ville de Ham. Délibération et rapport du 2 novembre 1861, *relatifs à l'annexion de la commune de St Sulpice à celle de Ham*. — Paris, Appert; 14 p. in-4°.

9227. — Annexion de **Saint-Sulpice** et de partie des communes voisines. Supplément de rapport. Conseil municipal de Ham. Extrait de la délibération du 3 mai 1862. — Paris, Appert; in-4°.

*9228. — Mémoire pour messire Jean-François de Montaigle..... seul seigneur de **Sancourt**, contre les prieur et chanoines réguliers de l'abbaye de Ham....: *Signé : Domyné.* — Paris, Paulus-du-Mesnil, 1743; in-folio.
Bibl. Nat^{le}, f° Fm, 11378.

*9229. — Mémoire pour les prieur et chanoines de l'abbaye de Notre-Dame-de-Ham, seigneurs hauts justiciers de **Sancourt** en partie. Contre le sieur de Montaigle, se prétendant seul seigneur dudit Sancourt. — Paris, 1744; 21 p. in-folio.
Cat. de la Lib. Voisin, juin 1886, n° 7715.

*9230. — Second mémoire servant de réponse pour le sieur de Montaigle ..... contre les chanoines réguliers de l'abbaye de Ham..... *Signé* : *Domyné.* — Paris, Paulus-du-Mesnil, 1744; in-folio.
Bibl. N^{le}, f° Fm, 11379.

9231. — Mémoire pour Dame Henriette-Godefride de Baschy, veuve de François Charles de Monestay de Chazeron, demeurante à Paris, Appellante. Contre l'Adjoint de la Commune de **Sancourt** et Viéville, stipulant pour ladite Commune, Intimé; Et encore contre le Sieur de Lignières, Propriétaire à Viéville et Maire dudit lieu, et la veuve Gossart, demeurant audit Viéville, aussi intimés. — Amiens, Maisnel, 1811; 43 p. in-4°.
Question de propriété de marais.

9232. — Mémoire en réponse pour l'adjoint de la Commune de Viéville et **Sancourt**, stipulant pour elle, Contre Dame Henriette-Godefride de Baschy, Veuve de François-Charles de Monestay de Chazeron, demeurante à Paris, Appellante; En présence du sieur Lignières, Propriétaire et Maire à Viéville, et de la veuve Gossart, demeurante audit Viéville, aussi Intimés. — Amiens, Fr. Caron-Berquier, 1811; 30 p. in-4°.

9233. — Arrest du Conseil d'Etat du Roi qui maintient le sieur de Caulaincourt dans les droits de **péage** à Beauvois, Tombes et Trefcon; Et lui fait des défenses d'en exiger à Verchi, Caulaincourt, Biencourt et **Tertry**, généralité d'Amiens. Du 7 Septembre 1734. — Paris, Imprimerie Royale, 1753; 3 p. in-4°.
Bib. H. Macqueron.

9234. — Die weiteren Ereignisse an der Somme bis zum Borabende der Schlacht bei St Quentin. Gesecht bei **Tertry-Pœuilly**.
Die Deutsche Franzosischen Krieg. — Berlin. 1878, t. IV, p. 974 à 993 av. 2 pl.; in-8°.

CHAPITRE VIII

CANTON DE NESLE

9235. — Description archéologique du **Canton de Nesle**, accompagnée de 45 planches contenant 112 dessins et vues de monuments, par Duhamel-Decéjean. — Péronne, Quentin, 1884; XVIII-310 p. in-8°.

9236. — Concours de l'année 1880. Rapport de la Commission d'Archéologie *sur la description du* **Canton de Nesle**.

Mém. Soc. Ant. Pic., t. XXVII, p. 155 à 168; in-8°.

9237. — Lettre à M. l'Abbé Paul de Cagny sur l'origine du **mot Nesle**, par Albert de Maulvis *et réponse de M. de Cagny.* — Amiens, Lenoel-Herouart, 1870; 31 p. in-8°.

9238. — Les **Forts** détachés au Moyen-Age. Leur Existence à **Nesle** du IXe au XVe siècle. Etude d'Archéologie militaire accompagnée d'un Plan de la Ville et des Fortifications de Nesle, par par Ch. Duhamel-Decéjean. — Amiens, Delattre-Lenoel, 1876; 24 p. in-8° av. 1 pl.

Extr. de la Picardie.

9239. — Réhabilitation du **Concile** national **de Nesle** en Vermandois, par P. de Cagny.

Bull. Soc. Ant. Pic., t. XVI, p. 308 à 310; in-8°.

9240. — Dénombrement d'un **seigneur de Nesle** dans le XIIIe siècle, avec des notes historiques suivi de la généalogie de ce seigneur (*Jean de Nesle*), par Leroy-Morel. — Amiens, Lenoel-Herouart, 1887; 17 p. in-8°.

9241. — Procès-verbal du **Massacre de Nesle**. Communication de M. Gomart.

Bull. du Com. de la Lang...., t. II, 1853-55, p. 231 à 235; in-8°.

9242. — Arrest de la Cour de Parlement du 4 septembre 1716 qui condamne le **bailli** de la ville **de Néelle** à faire réparation d'honneur au maire de la même ville, et luy fait défenses de rescidiver à peine de punition corporelle. — *Paris*, Charles Huguier; 8 p. in-4°.

Bibl. H. Macqueron.

9243. — Arrest de la Cour de Parlement qui condamne Jean-Pierre **Burel**, ci-devant Serviteur-Domestique, à être pendu en la Place de **Néelle**, pour avoir volé du Bled. Du six Septembre mil sept cent soixante-onze. — Paris, Simon, 1771; 3 p. in-4°.

9244. — Représentation des députés de... **Néelle**... sur la formation des districts du département de la Somme. *Signé : Doulet, Duhamel, Magnier.* — S. l. n. n., *1789*; in-8°.

Bibl. Nat^{le}, Lk^7, n° 5570.

9245. — Règlement pour l'**Hôpital**-Hospice de la Ville **de Nesle**, approuvé par M. le Préfet de la Somme le 24 Avril 1845. — Péronne, Quentin, 1845; 50 p. in-8°.

9246. — Ville de **Nesle**. Abattoir public. Règlement de Police. — Péronne, Quentin, 1867; 18 p. in-12.

9247. — Albert de Maulvis. Quatre-centième **anniversaire du Siège de Nesle**. 1472-1872.— Péronne, Quentin; 17 p. in-12.

9248. — Procès-verbaux et enquêtes faits en 1521 et 1522, à la requête des doyen, chanoines et **chapitre** de l'église Notre-Dame **de Nesle**, pour constater la perte et destruction de titres de ladite église, lors du pillage de la ville de Nesle, en 1472, par Charles le Téméraire, duc de Bourgogne.

Bull. Soc. Hist. Fr., t. I, 1834, p. 11 à 17 ; in-8°.

*9249. — Mémoire pour M° Pierre Droville, prêtre, chanoine de l'église de Néelle, ci-devant curé de Cressy... contre les sieurs doyen, chanoines et **chapitre** de l'église **de Néelle**, prenant le fait et cause pour leur promoteur. — S. l. n. n., 1701 ; in-folio.

Affaire de complicité d'adultère.
Bibl. Nat¹ᵉ, f° Fm, 5110.

*9250. — Mémoire pour Mᵉ Antoine Lucas, prêtre chanoine de l'église de Noyon, syndic du clergé de Noyon, intimé ; contre les sieurs doyen, chanoines et **chapitre** de l'église collégiale de Notre-Dame **de Nelle**, les chapelains et clercs de la communauté de la chapelle de Saint-Nicolas du château de Nelle, et les deux chapelains des chapelles de l'église paroissiale de saint Pierre de Nelle, appelants.— S. l. n. n., 1714 ; 12 p. in-folio.

Concernant l'opposition formée par les appelants aux rôles des décimes arrêtés par les députés du clergé de Noyon.
Bibl. Nat¹ᵉ, f° Fm, 10136.

9251.— Documents concernant l'ancienne province de Picardie, publiés par M. P. Limichin. I. Mémoire signifié par le **Chapitre** de l'Eglise Collégiale de Notre-Dame **de Nesle** contre Louis de Mailly, Marquis de Nesle au sujet de ses entreprises contre la juridiction dudit Chapitre (12 Mai 1732). — Reims, Monce, 1900 ; 10 p. in-8°.

*9252. — Mémoire pour Louis de Mailly, marquis de Néelle, défendeur, contre les prétendus administrateurs de l'**Hôtel-Dieu de** la ville dudit **Néelle**, demandeurs. *Signé : Duponty.* — Paris, Mesnier, 1733 ; in-folio.

Demande en désistement de 328 journaux ayant appartenu à la maladrerie de Nesle unie à l'Hôtel-Dieu.
Bibl. Nat¹ᵉ, f° Fm, 10422.

*9253. — Mémoire pour Mᵉ Guillaume-Furcy Prevost, chanoine théologal de l'Eglise de Notre-Dame de **Néelle**, appelant comme d'abus..... contre les chanoines et **chapitre** de la même église, intimés. *Signé : Tribard.* — Paris, Robustel, 1743 ; in-folio.

Relatif à la jouissance des honneurs attachés à la charge de théologal.
Bibl. Nat¹ᵉ, f° Fm, 13831.

*9254. — Consultation pour Joseph d'Hangest, **chanoine** et doyen de la Collégiale **de Nesle**. Contre neuf chanoines de cette collégiale.—Paris, 1782 ; 19 p. in-4°.

9255. — L'**Eglise de Nesle** est-elle romane ? *par A. de Maulvis.*

La Picardie, t. XVIII, 1871-72, p. 201 à 206 ; in-8°.

9256. — Note sur l'**Eglise** collégiale de Notre-Dame **de Nesle** par Duhamel Decéjean. A propos de l'excursion à Nesle du Congrès historique et archéologique d'Amiens, le 10 juin 1886. — Amiens, Laforest ; 10 p. in-8°.

9257. — La **Collégiale** Notre-Dame **de Nesle**, par Duhamel-Decéjean.

Le Dimanche, 1891. nᵒˢ 1064 et 1065 ; in-8°.

9258. — Note sur les Tombeaux de la **Crypte** de l'Eglise **de Nesle**, par M. Leroy-Morel.

Bull. Soc. Ant. Pic., t. VIII, p. 461 à 464 ; in-8°.

9259. — Note sur un **Chapiteau** récemment découvert dans la Collégiale **de Nesle**, *par A. de Maulvis.*

La Picardie, t. XVII, 1871-72, p. 295 à 301 ; in-8°.

9260. — Notice historique de la **confrérie du Rosaire** établie à Nesle, suivie de quelques notions brèves sur le très-saint Rosaire et ses indulgences. — Amiens, Delattre-Lenoel, 1877; 184 p. in-18.

9261. — Arrest de la Cour des Aydes qui prononce la peine de mort contre Alexis Pochonnet et Charles Chauvin, Gardes des Fermes au poste de **Falvy**, sur la rivière de Somme, Direction de Saint-Quentin, pour avoir esté d'intelligence, et favorisé le passage de la Somme à plusieurs contrebandiers : les condamne en cinq cens livres de dommages et intérêts envers le fermier. Condamne pareillement les nommez Louis Dieu, Jacques Toffin et Jacques Prosnier contrebandiers arrêtez à Falvy le 17 février 1738 avec cinq mille deux cens quarante six livres de tabac de contrebande en cinq années de galères, et solidairement en l'amende de mille livres et aux despens. Du 31 Juillet 1739. — Paris, Imprimerie Royale, 1739; 4 p. in-4°.

Bibl. d'Amiens, Jurisp., n° 328.

9262. — Mémoire pour les Enfans puisnés de M° Jean-Baptiste Tattegrain, Conseiller du Roi, Substitut de M. le Procureur Général au Bailliage et Prévôté de Péronne. Contre le sieur Jean-Baptiste Tattegrain, leur frère aîné. — Paris, L. Cellot, 1770; 26 p. in-4°.

Au sujet de la propriété des terres de **Falvy** et de Longavesnes.
Bibl. de Péronne, Rec. de Mém., t. LII.

9263. — Réflexions pour les Sieurs et Demoiselles Tattegrain, Enfans puinés, servans de réponse au mémoire de leur frère aîné sur la question de savoir si la donation faite en 1717 par le chanoine Cornet au feu sieur Tattegrain, avec substitution en faveur de l'aîné de ses enfans à naître, n'a pas pu être révoquée dans la même année 1717, les choses étant encore entières, par le donateur, du consentement du Donataire. — Paris, L. Cellot, 1770; 14 p. in-4°.

Ibid.

9264. — Mémoire pour Jean-Baptiste Tattegrain, intimé contre les sieur et d^elles Tattegrain, appelans. — Paris, Valleyre, 1770; 33 p. in-4°.

Ibid.

9265. — Supplément pour les Enfans puinés du feu sieur Tattegrain contre leur Frère aîné. — Paris, L. Cellot, 1770; 4 p. in-4°.

Ibid.

9266. — Description d'une trouvaille de monnaies romaines faite à **Falvy**, par Alfred Danicourt. — Péronne, Quentin, 1872; 6 p. in-8° avec 3 pl.

Extr. Bull. Soc. Ant. Pic.

9267. — Précis signifié pour M° Claude-Nicolas le Tellier, Seigneur de **Grécourt**, Président au Grenier à sel de Péronne, Appellant. Contre Lambert le Febure, Laboureur au lieu de Grécourt, Intimé. — Paris, Hérissant, vers 1769; 11 p. in-4°.

Bill. de Péronne, Rec. de Mém., t. LXV.

9268. — Extrait du Rapport présenté par M. Duhamel, dans la séance du 10 Juin 1884, sur les fouilles du Champ à Luziers de **Marché-le-Pot**.

Bull. Soc. Ant. Pic., t. XVI, p. 288 à 294; in-8°.

9269. — Petit Office de Saint-Marcel, Pape et Confesseur, Patron de la Paroisse de **Marché-le-Pot**. — Péronne, Quentin, s. d.; 7 p. in-8°.

*9270. — Factum pour Messire Charles d'Ailly, duc de Chaulnes,..... gouverneur de la province de Bretagne... contre M. Antoine Berthe, curé de **Mizery**, et dame Marie Charneière, veuve de Pierre Chaufourneau, sieur de Villedieu. Signé : Godemel. — S. l. n. n., 1684; in-folio.

Bibl. Nat^le, Thoisy, 186, f° 231.

9271. — Précis pour M. le Comte de Butler, appelant. Contre la Commune de **Pargny**, intimée. Décembre 1836.— Amiens, R. Machart, 1836; 10 p. in-4°.

Propriété de marais.

9272. — Le B˟ Benoît-Joseph Labre à **Pertain**, Traditions recueillies par M. l'Abbé J. Gosselin, Curé de Pertain. — Amiens, Lenoel-Herouart, 1872; 24 p. in-8°.

Extr. de la Picardie.

9273.— Communication d'une Charte, *d'octobre 1293*, relative à la commune de **Saint-Christ** (arrond. de Péronne), par M. A. Gabriel-Rembault. — Bull. Soc. Ant. Pic., t. X, p. 48 à 53; in-8°.

* **9274**. — Lettre de M. Le Breton, curé (*de* **Saint-Christ**), auprès de Péronne, sur des **eaux minérales** découvertes au bout de son jardin.

Mercure de France, 1724; in-12.

9275. — Arrest du Conseil d'Etat du Roy, qui supprime un droit de **péage** qui étoit prétendu par le sieur duc de Chaulnes au lieu de **Saint-Christ**, généralité d'Amiens. Du 11 Janvier 1750. — Paris, Imprimerie Royale, 1752; 2 p. in-4°.

9276. — Mémoire pour les Doyen, Chanoines, et Chapitre de l'Eglise Royale et Collégiale de S. Fursy de Péronne, Seigneurs des eaux et moulins de Feuillères. Les Abbé, Grand-Prieur et Religieux de l'Abbaye de S. Vast d'Arras, Seigneurs d'Esclusiers et de Vaux. Les Maire et Echevins de la Ville de Peronne, Seigneurs des eaux et moulins de ladite Ville. François-Louis, Marquis d'Estourmel, Seigneur de Frise. Raoul-Joseph-François le Prevost, Comte de Saint-Julien, Seigneur de Bazincourt. Et Simon-Charles Bernard, Ecuyer, Seigneur de Cléry, Demandeurs au pétitoire. Contre M. le Duc de Chaulnes, Pair de France, Chevalier de l'Ordre du Saint-Esprit, Gouverneur de la Province de Picardie, Défendeur. — *Paris*, Cellot, 1765; 81 p. in-4°.

Au sujet d'un curieux droit dit de **Montée aux Roches** que le Duc de Chaulnes pretendait avoir sur les eaux de **St Christ-Briost**.

Bibl. H. Macqueron.

9277. — Addition de Mémoire servant de réponse pour les Doyen, Chanoines et Chapitre de l'Eglise Royale et Collégiale de Saint Furcy de Péronne, Seigneurs des Eaux et Moulins de Feuillères. Les Abbé, Grand-Prieur et Religieux de l'Abbaye de Saint-Vaast d'Arras, Seigneurs d'Esclusiers et de Vaux. Les Maire et Echevins de la ville de Péronne, Seigneurs des Eaux et Moulins de ladite Ville. François-Louis, Marquis d'Estourmel, Seigneur de Frise. Le Baron de Montault, héritier de Raoul-Joseph François le Prevot, Comte de Saint-Julien, Seigneur de Bazincourt. Et Simon-Charles Bernard, Ecuyer, Seigneur de Cléry, tous demandeurs au pétitoire. Contre M. le Duc de Chaulnes, Pair de France, Chevalier de l'Ordre du S Esprit, Gouverneur de la Province de Picardie, Défendeur. — *Paris*, Michel Lambert, 1766; 44 p. in-4°.

Bibl. de Péronne, Rec. de Mém., t. XXIII.

9278. — Précis pour les Chanoines du Chapitre de Péronne, Seigneurs de Feuillières, les Mayeur et Echevins de ladite Ville, le Sieur Marquis d'Estourmel, Seigneur de Frise; les Abbé et Religieux de Saint Vaast d'Arras, Seigneurs d'Esclusiers et de Vaux; le sieur Marquis de Montault, Seigneur de Bazimourt (*sic*) et le Sr Bernard de Balainviliers, Seigneur de Clery, Demandeurs. Contre M. le Duc de Chaulnes, Pair de France, Défendeur. — *Paris*, Knapen, 1765; 14 p. in-4°.

Bibl. de Péronne, Rec. de Mém., t. XXIII.

9279. — *Notice sur les* **eaux minérales** *de* **St Christ**, *près Péronne*.

Dict. minér. et hydrol de la France. — Paris, Costard, 1772; t. I, p. 485 et 486; in-8°.

9280. — Réclamation contre le Projet de Construction du Canal de l'Omignon, *de Bellenglise à St Christ* : pour M. Vinchon (Jean-Baptiste), Propriétaire, demeurant à Ennemain (Somme). — Péronne, Laisney, *vers 1812;* 15 p. in-4°

* **9281.** — Mémoires entre le chapitre de Noyon et l'Abbaye chef d'ordre de Prémontré sur les grosses dixmes du territoire de **Voyennes**. — Paris, 1741 ; 33 p. in-folio.

Nombreux documents.

9282. — Arrêt du Parlement de Paris du 19 juillet 1741... qui maintient le Chapitre de l'Eglise Cathédrale de Noyon dans la possession où il étoit depuis quarante ans et plus, de percevoir la dixme dans toute l'étendue du territoire de **Voyenne**, même sur les terres appartenantes à l'Abbaye de Prémontré, et infirme la Sentence du Bailli de Vermandois, qui avoit maintenu ladite Abbaye dans l'exemption du droit de dixme.

Pièces justif. du rapp. de l'Assembl. du Clergé de 1745 — Paris, Simon, 1745, p. cccxxiii à cccxxxiii ; in-folio.

CHAPITRE IX

CANTON DE ROISEL

9283. — Le Journal de **Roisel**.

Hebdomadaire, a paru de 1890 à 1893.

9284. — Notice sur la Voie Romaine qui passe à **Epehy** (Somme) et les découvertes auxquelles les fouilles exécutées dans cette localité et dans les localités environnantes ont donné lieu, par M. Henri Lempereur. — Amiens, Lemer aîné, 1863 ; 11 p. in-8°.

Extr. Bull. Soc. Ant. Pic.

9285. — Arrest du Conseil d'Etat du Roy, qui supprime les Droits de Péage prétendus au Lieu d'**Espehy** par le Sieur Baron d'Honnecourt. Du 11 janvier 1749. — S. l. n. n.; plac. in-folio.

Arch. dép. de la Somme, C, 1208.

9286. — Rapport présenté au nom de la commission *sur la collection Lempereur* d'**Epehy**, par M. Dutilleux. — Amiens, Lemer, 1864 ; 7 p. in-8°.

Extr. Bull. Soc. Ant. Pic.

* **9287.** — Mémoire signifié pour le sieur Quentin Gallois... seigneur voyer de **Fins**, appelant d'une ordonnance de M. l'Intendant d'Amiens, du 24 mai 1728, contre les abbé, prieur et religieux de Saint-Remi de Reims... *Signé : Perrin.* — *Paris*, Knapen, 1737 ; in-folio.

Bibl. Natle, 1° Fm, 6435.

9288. — Mémoire à consulter pour le sieur Gallois de l'Epée. — *Paris*, Demonville, 1780 ; 59 p. in-4°.

Au sujet de la terre et seigneurie de **Fins**.

Bibl. Pinsard.

9289. — Arrest du Conseil d'Estat

du Roy, qui condamne Antoine Rouillard et sa femme, au payement du Droit de franc-fief, d'un Moulin banal par eux possédé à titre d'Emphitéose, sur le pied du revenu annuel et sans distraction de la redevance Emphitéotique. Du 17 Mars 1750. — Paris, Prault, 1749 (sic); 4 p. in-4°.

Il s'agit du moulin d'**Heudicourt**.

Arch. dép. de la Somme, C, 1221.

9290. — Arrest du Conseil d'état du Roy, qui supprime des droits de péage qui étoient prétendus par le sieur de Saint-Vaast au village d'**Heudicourt**, généralité d'Amiens. Du 11 Janvier 1750. — Paris, Imprimerie Royale, 1752; 2 p. in-4°.

Bibl. H. Macqueron.

9291. — Description d'une trouvaille de monnaies romaines (à **Heudicourt**), par Octave Gaudechon. — Péronne, Trépant, 1879; 12 p. in-8°.

9292. — Exploration d'un Souterrain-Refuge découvert à **Heudicourt** en mars 1892, par M. Hector Josse.

Bull. Soc. Ant. Pic., 1894, p. 529 à 535 av. plan; in-8°.

9293. — Les Muches d'**Heudicourt** par C. Boulanger avec cinq plans et gravures. — Paris, Leroux, 1900; 42 p. in-12.

9294. — Arrest du Conseil d'Etat du Roi, qui, sans s'arrêter à une ordonnance de M. l'Intendant d'Amiens, ordonne que M. le Baron d'Hanmer-Clairbroke demeurera déchargé du droit de centième denier qui lui a été demandé, pour raison des portions appartenantes à ses deux belle-sœurs dans la Terre de **Liéramont**, dont la cession a été faite à la dame Hanmer en conformité de la Coutume de Péronne, qui autorise le fils aîné ou la fille ainée noble à retirer, moyennant récompense, le quint appartenant aux puinés dans les Fiefs. Du 25 Avril 1780. — Paris, P. G. Simon, 1780; 7 p. in-4°.

Bibl. H. Macqueron.

9295. — Conseil du Roi. Entre le Baron d'Hanmer-Clairbroke Et l'Adjudicataire Général des Fermes. Retrait, exempt du droit du centième denier dans la Coutume de Péronne, en quel cas ?

Gaz. des Trib., t. X, 1780, p. 401 à 405; in-12.

9296. — Diva Virgo **Mediopontana** miracvlis hominvm concvrsv, votis ac votivis iamdudum increbescens apud Markam siue **Markæsiam** agri Peronensis Adumbrata primùm rudi penicillo, viuis coloribvs mox imbuenda : Pio labore studio ac voto Iacobi Le Vassevr Doctoris Theologi, nuper Archidiaconi..... — Parisiis, Apud Iulianum Iacqvin, MDCXXII; in-8° de 34 p. n. n., 336 et 31 p.

Bibl. H. Macqueron.

9297. — Le Pelerinage de Notre-Dame de **Moyenpont** pres la ville de Peronne en Picardie avquel est declare le commencement et propres de la Chappelle, auec les cures signalees que les malades y ont receus Par le R. P. F. Iean le Bovcher Peronnais Religieux Minime. — Paris, Sebastien Cramoisy, M.DC.XXII; in-12 de 30 p. n. n. et 246 p.

Bibl. Nat¹ᵉ, Lk⁷, n° 5772.

9298. — Le Pélerinage de Notre-Dame-de-**Moyenpont**, dans la paroisse de Tincourt-Boucly, canton de Roisel. Nouvelle édition augmentée. — Amiens, Lenoel-Herouart, 1850; 36 p. in-18.

9299. — Notre Dame de **Moyenpont** canton de Roisel (Somme). Histoire de ce Pèlerinage. Em. N. Chas (curé de Marquaix). — Péronne, Créty, 1888; 112 p. in-16.

9300. — Histoire de Notre Dame de **Moyenpont**, canton de Roisel, par Hector Josse. — Amiens, Piteux, 1893; 155 p. in-8° et 1 pl.

9301. — Société industrielle d'Amiens. Rapport du Comité de physique et de chimie (section d'agriculture) sur la visite à la ferme de M. E. Vion (à **Pœuilly**), par H. Du Roselle. — Amiens, Jeunet, 1869; 16 p. in-8°.

9302. — Arrest de la Cour du Parlement qui ordonne la réformation d'Actes de Baptême sur les Registres de Baptêmes, Mariages et Sépultures des Paroisses d'Hargicourt, Jeancourt, Nauroy et **Ronsoy**, Diocèse de Noyon, pardevant les Lieutenans Généraux des Bailliages de Saint-Quentin et de Péronne, attendu les irrégularités et vices qui se trouvent dans les dits Actes de Baptêmes. Du 7 Mars 1778. — Paris, P. G. Simon, 1778; 4 p. in-4°.

Bibl. Nat^{le}, Hist, n° 3598.

9303. — Mémoire pour les Mineurs Magnier, Appelans. Contre le Baron d'Hanmer, Intimé. — *Paris*, Regnard, 1766; 34 p. in-4°.

Au sujet de la possession de la terre de **Sorel-le-Grand**.

Bibl. de M. l'abbé Gosselin.

9304. — *Arrêt du Parlement, relatif aux dîmes de* **Sorel-le-Grand**; *du 18 mai 1779.* — Paris, P. G. Simon; 30 p. in-folio.

Arch. dép. de la Somme, E, n° 319.

9305. — Le Cimetière mérovingien de **Templeux-la-Fosse** (Somme), par M. Théophile Eck. — Angers, Burdin, 1891; 12 p. in-8° et 1 pl.

Extr. Bull. archéol.

9306. — Notice historique sur la commune de **Tincourt-Boucly** (canton de Roisel), par Hector Josse.—Péronne, Quentin, 1895; 50 p. in-16.

9307. — Dénombrement de la terre de **Boucli** au Roi à cause de son château de Péronne. *1376 et 1379.*

Les Fondateurs du Collège de Dainville à Arras, par de Galametz. — Arras, 1899, p. 54 à 60; in-4°.

9308. — Précis pour le Marquis d'Estourmel, Intimé. Contre le Marquis de Néelle, Appelant. — *Paris*, P. G. Simon, 1772; 24 p. in-4°.

Au sujet du fief du Hamel dépendant de la terre de **Tincourt**.

Bibl. de Péronne.

9309. — Souvenirs de **Vraignes**, Juin 1892. *Poésie, par Georges Tattegrain.* — S. l. n. n.; 4 p. in-4° av. port.

LIVRE SEPTIÈME

MÉMOIRES JUDICIAIRES [1]

A

9310. — Memoire pour Maître Charles d'**Aboval**, Appellant. Contre Blanche le **Roy**, Légataire universelle de feu Maître Jacques d'Aboval, Curé de Chepy, Intimé ; Et contre François **Routier** et Consors, héritiers quant aux propres du feu sieur Curé de Chepy, Intimés. Signé : Deleyri. — Paris, C. L. Thiboust, vers 1702 ; 4 p. in-folio.

Bibl. H. Macqueron.

*** 9311.** — Factum pour damoiselle Marguerite Gargan, veuve de Jean d'**Aboval**... contre messire Charles de **Fonteine**... et dame Marie de Berne... — S. l. n. n. n. d. ; in-folio.

Bibl. Nat^{le}, f° Fm, 17618.

*** 9312** — Factum pour damoiselle Françoise de Dampierre, veuve de feu Claude d'**Amerval**, sieur de Fresnes... contre François de **Fretin**... sieur de Pendé et d'Avesnes, fils et héritier de défunt Flour de Fretin appelant d'une sentence donnée par le sénéchal de Ponthieu... le 15 juillet 1639. Signé : A. Le Feb^{re}. — S. l. n. n. n. d. ; in-4°.

Bibl. Nat^{le}, 4° Fm, 33674.

9313. — Mémoire sur délibéré Pour le Sieur Louis-Charlemagne **Amplement**, ancien Capitaine de Navire, à Saint-Valery-sur-Somme, Appellant ; Contre la veuve et les enfans du Sieur Jacques **Bruslé**, Intimés. — Paris, N. H. Nyon, 1788 ; 19 p. in-4°.

Bibl. H. Macqueron.

***9314.** — Factum pour Nicolas **Assegond**, marchand bourgeois de la ville d'Abbeville... contre François **Viot**... appelant d'une sentence rendue au bailliage et comté d'Eu, le 6 mars 1679. Signé : Leprestre. — S. l. n. n. ; in-4°.

Bibl. Nat^{le}, Thoisy, 408, f° 133.

9315. — Appel au Gouvernement et à mes Concitoyens. Pierre-Louis-Florent **Aubert**, ci-devant greffier du Tribunal d'appel, séant à Amiens. — S. l. n. n., an X ; 91 p. in-4°.

Bibl. Cosserat, à Amiens.

B

*** 9316.** — Factum pour Antoine de **Bacouel**, écuyer, sieur d'Inval... appelant d'une sentence rendue par le bailli d'Amiens..... le 28 novembre

[1] La presque totalité des pièces classées sous ce chapitre se compose de Mémoires sur des faits n'intéressant que des procès faits entre particuliers pour leurs affaires personnelles.
Tous les Mémoires judiciaires ayant quelque intérêt public, c'est-à-dire intéressant une paroisse, un couvent, un fief, une commune, le commerce et l'industrie, etc., sont classés aux chapitres spéciaux.

1620... contre Anne de **Soulas**, sieur du Mesnil-Allart.—S. l. n. n. n. d.; in-4°.

Bibl. Nat¹ᵉ, Thoisy, 440, f° 92.

9317. — Deux mots pour la Dame Veuve **Barbier**, *d'Ouville*, Et le Sieur Ch. Ant. Isid. Barbier, Intimés. Contre le Sieur J. B. **Barbier**, Appellant. — Amiens, Maisnel fils, *1808*; 7 p. in-4°.

Bibl. d'Abbeville.

9318. — Arrest du Conseil d'Estat du Roy, qui déclare nulle une Consignation d'Amende faite entre les mains du Greffier de l'Election d'Amiens, pour Inscription de faux et toute la procédure qui s'en est ensuivie, Renvoye deux Commis aux Aydes dans les fonctions de leurs Employs comme avant les décrets, si aucuns il y a de prononcez contre eux, Evoque au Conseil le principal, et adjuge au Fermier la confiscation d'un demi Coquet de Biere saisie sur le nommé **Baron**, et le condamne en 100 livres d'amende. Du 14 Février 1721. — Paris, veuve Saugrain et Pierre Prault; 8 p. in-4°.

Bibl. H. Macqueron.

9319. — Arrest contradictoire de la Cour des Aydes de Paris, qui condamne Charles **Baron**, Brasseur de Bierre à Amiens, èn la confiscation d'un Cheval, d'un Camion, d'un demi Coquet et trois quarts de petite Bierre, et en 25 livres d'amende pour avoir voituré ladite Bierre après les heures prescrites par l'Arrest du Conseil du 20 Novembre 1725, et les Lettres Patentes du 4 Décembre suivant. Du 16 Février 1740. — Paris, P. Prault, 1740; *3* p. in-4°.

Ibid.

9320. — Mémoire signifié pour Maitre Noel **Baron**, Sieur de la Maronde, de la Courbe, Vadencourt et autres lieux, Conseiller du Roy, Maître Particulier des Eaux et Forêts de Picardie au Bailliage d'Amiens, Donataire universel par son Contrat de mariage de défunte Dame Marguerite Morel, son épouse, Intimé, Demandeur et Défendeur. Contre François **Morel**, Sieur de Quennezy, Guillaume-François-Adrien Artus, et Claude Nicolas Menager héritiers de Marguerite Morel leur mere se disans héritiers paternels de la Dame de la Maronde, Jean-Baptiste de Sachy, Sieur de Saint-Aurin, et Pierre de Sachy, se disans ses héritiers maternels, tous Appellans, Défendeurs et Demandeurs. Et encore contre Adrien Morel, Sieur de Foucaucourt assigné pour voir déclarer commun avec lui l'Arrêt qui interviendra, Défendeur et Demandeur. *Signé : Perrinel*. — *Paris*, veuve André Knapen, 1738; 36 p. in-folio.

Bibl. d'Amiens, Jurispr., 1738, n° 953, t. IV.

9321. — Précis pour le Citoyen **Baudoux**, demeurant à Chaulnes, Intimé. Contre les Citoyens **Gasselin** et Quenescourt, Appellans. — Amiens, Patin, *1793*; 22 p. in-4°.

Bibl. d'Amiens, Jurisp., n° 953, t. I.

9322. — Mémoire pour Nicolas **Baugrand**, Marchand Marbrier à Solze-Saint-Gery en Haynault; et Estienne Fossé, Voiturier par terre, Appelans. Contre Mᵉ Jean-Baptiste **Bosquillon**, Adjudicataire Général des Fermes, Intimé. *Signé : Le Lurez*. — *Paris*, Paulus-du-Mesnil, 1755; 12 p. in-folio.

Au sujet d'une saisie de marchandises opérée par les employés du bureau des traites d'Albert.

Bibl. H. Macqueron.

9323. — Memoire pour Dame Anne-Catherine-Louise de Bauldry, Veuve de Messire Louis de **Beauvarlet** Chevalier, Seigneur **de Bomicourt**, Tutrice de leurs enfans mineurs, Appelante. Contre les Sieur et Dame de **la Combe**, Intimés. — *Paris*, Vᵛᵉ Regnard, 1768; 44 p. in-4° et 1 tableau.

Bibl. d'Abbeville.

9324. — Memoire pour Nicolas **Beauvarlet**, Ecuyer Sieur **de Moismont**, fils ainé et Legataire universel de Charles-Antoine Beauvarlet, Appellant. Contre Charles-Antoine **Beauvarlet**, Ecuyer, Sieur **de Bomicourt**, son frère puisné, Intimé. *Signé : Bellanger.* — S. l. n. n., *après 1705* ; 11 p. in-folio.

Bibl. Soc. Ant. Pic.

9325. — Mémoire pour le Sieur Pierre-François **Beauvarlet**, Marchand Cirier, demeurant à Abbeville, Demandeur ; Contre les Demoiselles **Beauvarlet**, ses Sœurs, Défenderesses. — Abbeville, L. A. Devérité, 1782 ; 25 p. in-4°.

Bibl. d'Abbeville.

9326. — Précis pour le Citoyen **Beauvarlet**, ex-Receveur du Droit des Pauvres, à la Salle de Spectacle d'Abbeville.—De l'Imprimerie rue St Gilles, *an IX* ; 10 p. in-4°.

Protestation de Beauvarlet contre sa destitution.

Bibl. d'Abbeville.

9327.—Mémoire pour Jean **Bégard**, Appellant, contre Michel **Payen**, Chirurgien à Péronne, Intimé. — *Paris*, Delaguette, 1778 ; 6 p. in-4°.

Bibl. de Péronne, Rec. de Mém., t. LXI.

9328. — Mémoire signifié pour Demoiselle Victoire de **Bellengreville**, et Jean-Baptiste-Paschal Leboucher, Ecuyer, son Oncle et Curateur, Défendeurs. Contre M. le Duc de Béthune, Tuteur honoraire, et le sieur Dat, Tuteur onéraire des Demoiselles Gabrielle-Charlotte, et Louise-Elizabeth de **Melun**, Filles et Héritières de M. Jean-Alexandre-Théodore de Melun, Prince d'Epinoy, Demandeurs. *Signé : d'Esmery.* — *Amiens*, Godart, 1749 ; 13 p. in-folio.

Bibl. Soc. Ant. Pic.

*9329. — Factum pour Vincent **Bellot**... demandeur et appelant d'une sentence rendue au bailliage de Péronne, le 2 juillet 1700, contre Pierre **Lemercier**, Barbe Bellot, sa femme, Marc-Antoine Lalaue, Madeleine Bellot, sa femme, Jean Durieux et Eléonore Bellot, sa femme... — S. l. n. n. n. d. ; in-folio.

Bibl. Natle, Thoisy, 240, f° 365.

*9330. — Mémoire pour dame Elisabeth Lefebvre, veuve de messire Antoine de **Beloy**... marquis **de Francières**..... contre les sieurs **Hébert**, agents de change. — S. l. n. n., *XVIIe Se* ; in-folio.

Bibl. Natle, Thoisy, 216, f° 298.

*9331. — Mémoire pour dame Elisabeth Le Fèvre de Caumartin de Morman, veuve du sieur *Antoine de* **Belloy**, marquis **de Francières**... contre Antoine **Hébert**. — S. l. n. n., *XVIIe Se* ; in-folio.

Bibl. Natle, f° Fm, 1178.

*9332. — Mémoire pour dame Elisabeth Le Fèvre de Caumartin, veuve de Messire Antoine de **Belloy**, marquis **de Francières**..., messire Vincent de Belloy..., messire Louis Vincent de Belloy.... appelants de deux sentences rendues au Châtelet de Paris, les 11 juillet 1704 et 12 décembre 1710, contre Me Jacques **Euvemond**, Thibert et consorts. *Signé : Robert Coarville.* — S. l. n. n. n. d. ; in-folio.

Bibl. Natle, f° Fm, 1179.

*9333. — Factum pour messire Claude de **Belloy**.... seigneur **d'Amy** .... contre damoiselle Diane de **Belloy**, et dame Anne Marie de Belloy, femme de messire Alexandre de Carvoisin... ladite Diane de Belloy demanderesse en requête du 2 septembre 1656... — S. l. n. n. n. d. ; in-4°.

Bibl. Natle, 4° Fm, 33336.

*9334. — Factum pour demoiselle Diane de **Belloy**, dame **d'Amy**..... contre messire Claude de **Belloy**..... S. l. n. n. n. d. ; in-4°.

Bibl. Natle, 4° Fm, 33337.

*9335. — Factum pour François de **Belloy**, appelant contre maître Antoine **Dupuis**, curé d'Hocquincourt et..... monsieur l'évêque d'Orléans. *Signé : Godquin.* — S. l. n. n. n. d. ; in-4°.

Bibl. Natle, Thoisy, 17, f° 352.

9336. — Affaire de Mme la Princesse de **Berghes** contre M. **Dancourt**. Jugement rendu par le tribunal d'Abbeville, le 12 janvier 1820 et Arrêt Prononcé par la Cour Royale d'Amiens, le 30 juin 1820. — *Paris*, Dentu; 11 p. in-4°.

Bibl. H. Macqueron.

9337. — Analyse du paidoyer de M. Couture pour Mme la Princesse de **Berghes**. — *Paris*, Dentu, 1820; 46 p. in-4°.

9338. — Factum pour Me François **Bernard**, promoteur en l'évêché d'Amiens... Charles Vrayet... et Marie Bernard, sa femme... contre Me Etienne **Joly**... et François Bernard, greffier des présentations du Bailliage d'Amiens.... *Signé: Creully*. — S. l. n. n., 1659; in-folio.

Bibl. Nat^le, f° Fm, 17497.

9339. — Mémoire pour Firmin **Bernaut**, Laboureur à Bézieux; et Madeleine Carette, veuve de Domice Coquerel, tant en son nom, que comme tutrice de ses enfans, Intimez, Défendeurs et Demandeurs. Contre Messire Pierre **Pingré**, Ecuyer, sieur **de Fricourt**, Avocat du Roy au Bailliage d'Amiens, Appellant, Demandeur et Défendeur. — *Paris*, Claude Simon, 1730; 9 p. in-folio.

Bibl. d'Amiens, Jurisp., n° 953, t. IV.

9340. — Mémoire pour Pierre **Berthe**, Jean-Baptiste Berthe, Propriétaires; Hyacinthe-Victor Martin; Marie-Ulphe Berthe, son Epouse; Firmin Leconte, Tanneur; Marie-Madeleine-Jacque Berthe, son Epouse; Jean-Marie Cateigne, Graveur et Marie-Louise-Sophie Berthe, son Epouse; demeurants tous à Amiens; lesdits Berthe, enfans et héritiers de Pierre Berthe, à son décès Marchand Teinturier, Intimés. Contre Pierre-François-Martin **Goddebert**, Marchand de Tourbes, demeurant à Amiens, Appellant. — Amiens, Maisnel fils, an X; 44 p. in-4°.

Ibid., Jurisp., n° 953, t. III.

9341. — Factum pour Dame Anne Perdrier, veuve de défunt Mre Charles de **Béthisy**,... seigneur de Maizières... contre Me Louis de **La Vergne**, Abbé de Tersant, et François Guitard. — S. l. n. n. n. d.; in-4°.

Bibl. Nat^le, Thoisy, 86, f° 336.

9342. — Consultation pour les Citoyens **Bezançon** Père, Rentier et ses deux Fils, Négocians à Amiens. — Amiens, Caron-Berquier, an IX; 19 p. in-4°.

Bibl. d'Amiens, Jurisp., n° 953, t. II.

*9343.** — Mémoire pour dame Edmée de Tremelet, veuve de messire Charles de **Biencourt**... seigneur de Poutraincourt, Guines et autres lieux ..... contre Damoiselle Anne Le Regrattier, femme de Jacob **Pazzy**. — S. l. n. n., 1667; in-4°.

Bibl. Nat^le, Thoisy, 114, f° 187.

*9344.** — Mémoire pour messire Charles de **Biencourt**... fils aîné et héritier de feu messire Charles de Biencourt..., messire Louis Charles de Biencourt..., et messire Jean Séraphin de Biencourt..... contre dame Marie-Geneviève de Benneville, veuve et commune en biens de messire François de **Gaudechard**... *Signé : de Laurière*. — Paris, veuve Grou, s. d.; in-folio.

Bibl. Nat^le, f° Fm, 1472.

9345. — Mémoire signifié pour Jean **Blondel**, Laboureur et Marchand demeurant à Framicourt-le-Grand, et Marie Guerrier sa femme, sœur de défunt François Guerrier, et sa seule et unique Héritière par bénéfice d'inventaire, Intimés, Défendeurs et Demandeurs. Contre Jacqueline **Guynet**, appellante d'une Sentence rendue au Bailliage d'Amiens le 17 Mai 1747, et Demanderesse. Et encore contre le Sieur Berville, Tuteur nommé d'office aux Bâtards adultérins de défunt Guerrier et Jacqueline Guynet, Défendeurs et Défaillans. *Signé : Caurier.* — *Paris*, Brunet, 1751 ; 27 p. in-folio.

Bibl. H. Macqueron.

* **9346**. — Mémoire pour François **Boidin**, corroyeur à Amiens... Contre Jean **Bonnin**... appelant des sentences rendues au conseil de Paris, des 27 juin et 1er juillet 1701. *Signé : Chrestien.* — Paris, J. Le Febvre, s. d. ; in-folio.

Bibl. Nat^{le}, Thoisy, 87, f° 331.

* **9347**. — Jugement qui acquitte Armand **Boileau**, né à Wattblérie (Somme), scieur de pierres, prévenu d'avoir fait du tapage, insulté le monde, mordu les uns, frappé les autres... — Paris, 9 vendémiaire an III ; 4 p. in-4°.

9348. — Addition de Réponses à Griefs que met et baille pardevant Vous, Nosseigneurs de Parlement, Anselme **Boiseler**, Bourgeois d'Abbeville, Intimé. Contre Marie de Brie, veuve de Jean **le Normand**, Appellante d'une Sentence du Senechal de Ponthieu du 15 Juillet 1699. *Signé : Duflos.* — *Paris*, veuve Guillery ; 2 p. in-folio.

— Bibl. H. Macqueron.

* **9349**. — Mémoire pour la dame de **Boisfranc**. Contre la dame de **Soyecourt**. *Signé : Michel le Jeune.* — S. l. n. n., *1690* ; in folio.

Bibl. Nat^{le}, Ms. Doss. bleus, 81, Belleforière. f° 88.

* **9350**. — Mémoire pour la dame de **Boisfrant**. Contre la dame de **Soyecourt**. — S. l. n. n., *après 1691* ; in-folio.

Ibid., Belleforière, f° 90.

* **9351**. — Factum pour dame Marie-Renée de Belleforière de Soyecourt, veuve du sieur de **Boisfrant** ; Contre la dame marquise de **Soyecourt**, sur les deux cent trente mille livres provenues du brevet de récompense de la charge de grand veneur de France, servant de réponse au mémoire de la dame de Soyecourt et de toutes écritures. *Signé : Girard.* — S. l. n. n. n. d. ; in-folio.

Au sujet de la lésion soufferte par la dame de Boisfranc dans l'acte de partage du 11 août 1690.

Bibl. Nat^{le}. Ms. P. O. 274 Belleforière, f° 217.

* **9352**. — Observations pour madame de **Boisfrant** sur l'état des demandes qu'elle fait à madame de **Soyecourt** sa mère. Réponse de madame de Soyecourt. — S. l. n. n., *1691* ; in-folio.

Demande en exécution de la transaction du 11 août 1690.

Bibl. Nat^{le}, f° Fm, 1682.

* **9353**. — Mémoire pour Dame Marie-Renée de Belleforière de Soyecourt, veuve de monsieur **Boisfrant**, maître des requêtes. Contre les dames de **Soyecourt** et de la Chenelaye. — S. l. n. n. n. d. ; in-folio.

Demande en exécution d'un arrêt du 7 septembre 1699 qui maintient la dame de Boisfranc en possession des biens de la maison de Soyecourt, après la mort de ses deux frères, tués à Fleurus.

Bibl. Nat^{le}, Ms. P. O. 274. Belleforière, f° 197.

* **9354**. — Premier.... *et cinquième* mémoire pour, mesdames de **Boisfranc** et de Soyecourt... contre messire Louis de **Mailly**, marquis de Nesle..... *Signé : Waubert.* — S. l. n. n., *1692* ; in-folio.

Bibl. Nat^{le}, f° Fm, 1683 à 1687.

* **9355**. — Factum pour dame Marie-Renée de Belleforière de Soyecourt, veuve de monsieur de **Boisfrant**, maître des requêtes, défenderesse. Contre dame Marie d'Hesselin, épouse du sieur de **Thimecourt**, demanderesse. *Signé : Guyot de Chesne.* — S. l. n. n n. d. ; in-folio.

Au sujet d'une demande en garantie formée par la dame de Thimecourt en 1701.

Bibl. Nat^{le}, Ms. P. O. 274 Belleforière, f° 195.

* **9356**. — Mémoire sommaire pour dame Marie Renée de Belleforière de Soyecourt, veuve de monsieur de **Boisfrant**, maître des requêtes, intimée. Contre dame Marie Renée de Longueil, veuve du marquis de **Soyecourt**..... et contre dame Elisabeth-Gabrielle de Belleforière de Soyecourt, veuve du marquis de la Chenelaye, appelantes... *Signé : Guyot de Chesne.* — S. l. n. n. n. d.; in-folio.

<small>Relatif à la requête de la dame de la Chenelaye renvoyée par arrêt du 14 août 1704.
Ibid., Belleforière, f° 211.</small>

*9357. — Mémoire pour madame de **Boisfrant**, contre madame de **Soyecourt**. *Signé : Sauvan d'Araman.* — S. l. n. n. n. d. ; in-folio.

<small>Demande en exécution d'une sentence du 22 mars 1701 confirmée le 28 mars 1705, relative à la succession des marquis et chevalier de Soyecourt.
Ibid., Belleforière, f° 199.</small>

*9358. — Mémoire pour dame Marie-Renée de Belleforière de Soyecourt, veuve de monsieur de **Boisfrant**, maître des requêtes, demanderesse et défenderesse. Contre dame Elizabeth-Gabrielle de Belleforière de Soyecourt, veuve du sieur marquis de la **Chesnelaie**, et mariée en secondes noces au sieur comte du Brossay, demanderesse et défenderesse. *Signé : Denyau.* — S. l n. n. ; in-folio.

<small>Concernant la renonciation de la dame de Boisfranc à la succession de sa mère, décédée en 1712.
Bibl. Nat^{le}, f° Fm, 1676 *bis*.</small>

*9359. — Suite de Sentences des *Requêtes du Palais, du 13 au 28 août 1714, rendues en faveur de dame Marie-Renée de Belleforière de Soyecourt, veuve de Timoléon Gilbert de Seiglière de **Boisfranc**, maître des requêtes, contre dame Elizabeth Gabrielle de Belleforière de Soyecourt, comtesse du **Brossay**, sa sœur, au sujet de la succession de dame Marie Renée de Longueil, leur mère commune.* — S. l. n. n. ; in folio.

<small>Bibl. Nat^{le}, f° Fm, 1681.</small>

9360. — Mémoire pour Dame Marie-Renée de Belleforière de Soyecourt, veuve de Monsieur de **Boisfrant**, Maître des Requêtes, fille aînée, et principale Héritière par Benefice d'Inventaire de Dame Marie-Renée de Longueil, veuve de Messire Maximilien-Antoine de Belleforiere, Marquis de Soyecourt, Chevalier des Ordres du Roy, Grand Veneur de France, Defenderesse et Demanderesse. Contre Dame Elizabeth-Gabrielle de Belleforiere de Soyecourt, veuve du Sr Marquis de la **Chesnelaye** et mariée en secondes nôces au Sr Comte du Brossay, héritière en partie de la defunte Dame de Soyecourt, Demanderesse en délivrance du legs universel fait par le Testament de la dame de Soyecourt, suivant sa Requête, du 13 Mars 1715, et Defenderesse. *Signé : Denyau.* — *Paris,* C. L. Thiboust, vers 1715; 14 p. in-folio.

<small>Bibl. H. Macqueron.</small>

*9361. — Factum pour Denis **Boistel**, sieur du Cardonnois.... Contre le sieur **Lamoral de Lannoys**. *Signé : Helo de Soucanye.*— S. l. n. n., 1694 ; in-folio.

<small>Bibl. Nat^{le}, Thoisy, 140, f° 357.</small>

9362. — Supplément signifié au Précis sur Délibéré pour Adrien **Boitel**, *de Rosières*, et pour Geneviève Blanquet, veuve Boitel, sa mère, Accusateurs Plaignans. Contre le Sieur **Muraine** Notaire, *a Rosières*, Accusé et Décrété. — Paris, Clousier, 1787; 15 p. in-4°.

<small>Bibl. H. Macqueron.</small>

*9363. — Factum pour Louis **Boitel**, élu en l'élection de Péronne, damoiselle Marie Le Flamant, sa femme, Brice Le Hault, fermier général des Domaines en Artois, et demoiselle Anne Boitel, sa femme... contre François **Caballe**, contrôleur au grenier à sel de Roye. *Signé : Joyne.* — S. l. n. n. n. d. ; in-4°.

<small>Bibl. Nat^{le}, Thoisy, 109, f° 273.</small>

9364. — Exposé fidèle de la conduite de Paul Honoré **Boizard**, *d'Abbeville*, tracé par lui-même, dans les relations qu'il a eues avec M° de Saint-Martin et sa famille et des Faits relatifs à l'affaire suscitée à la famille Boizard par le sieur Saint-Martin.—*Paris*, Hacquart, an XII ; 49 p. in-4°.

Bibl. d'Abbeville.

9365. — Réponse au Mémoire de Mr Paul **Boizard**. — Abbeville, Devérité, *an XII* ; 20 p. in-4°.

Bibl. H. Macqueron.

9366 — Précis pour Gabriel **Bos** et Consors, intimés. Contre Me Jean **Martin**, Prêtre, Curé d'Allenay, appellant. Et contre Firmin Machet, Ménager à Bourseville, aussi appellant. — *Amiens*, L. C. Caron père, 1771 ; 16 p. in-4°.

Bibl. d'Amiens, Jurisp., n° 841, t. I.

9367. — Article du Drapeau Blanc du 20 octobre 1819. Plaidoyer prononcé pour M. le Comte Amédée de **Boubers-Abbeville**-Tunc, à la cour d'assises de Paris, dans la séance du 20 janvier 1820, par Me Couture, avocat.—*Paris*, Dentu ; 42 p. in-8°.

9368.— Question d'incendie. Tribunal d'Abbeville. Mémoire pour Anne-Françoise Beaurain, veuve de François **Boucher**, Badestamier, demeurante au Village d'Ochancourt, tant en son nom que comme tutrice de ses enfans mineurs, héritiers dudit Boucher, Demanderesse ; Contre Pierre-Charles **Fournier**, Cabaretier, et Véronique Davergne, sa femme, demeurants audit lieu d'Ochancourt, Défendeurs. — Abbeville, L. A. Devérité, 1792 ; 34 p. in-4°.

Bibl. d'Abbeville.

9369.— Précis pour le Sieur Pierre-Charles **Boucher**, Cultivateur, demeurant à Oisemont, Demandeur ; Contre Dlle Marie-Marguerite-Rosalie **Magnier**, demeurant aussi à Oisemont, Défenderesse. *Signé : Anselin.*—*Amiens*, Caron-Berquier, *1812* ; 22 p. in-4°.

9370. — Précis pour le sieur François **Bouchon**, Négociant à Amiens, Appellant ; Contre Me François **de la Porte** et Consorts, Intimés. *Signé : Poriquet.* — Paris, P. G. Simon, 1784 ; 16 p. in-4°.

* **9371.** — Factum pour Charles de **Boulainviller**... sieur **de Fronville**, appelant de trois sentences du bailif d'Amiens, et demandeur en complainte en cas de saisine et nouvelleté, contre damoiselle Gabrielle de la Rivière, veuve du feu sieur d'**Aplincourt**.—S. l. n. n., 1621 ; in-4°.

Bibl. Natle, Thoisy,132, f° 450.

9372. — Mémoire signifié pour Cécile le Cointe, veuve de Pierre **Boulanger**, Notaire Royal à Amiens, tant en son nom que comme tutrice de leurs enfans mineurs, héritiers de leur père, et consorts, Intimez et Deffendeurs. Contre Messire Oudart **le Correur**, Ecuyer Sieur de la Ferriere et Dame Anne-Antoinette le Correur, son épouse, Appellans et Demandeurs. *Signé : Paignon.* — *Paris*, Claude Simon, 1738 ; 16 p. in-folio.

Au sujet du fief de Bellivéux.

Bibl. H. Macqueron.

9373. — Mémoire pour Messire Claude-François-Félix **Boullanger de Rivery**, Chevalier, Seigneur dudit Lieu, Premier Pair du Vidamé d'Amiens, et Lieutenant-Particulier du Bailliage et Siège Présidial de la même Ville ; et Dame Marie-Françoise Morel de Belloy de Quennezy, sa Femme, Demandeurs et Défendeurs. Contre Messire Jean-Claude **Morel de Foucaucourt**, Ecuyer, Défendeur et Demandeur ; Messire Guillaume-François Mesnager, Chevalier, Seigneur de Courbuisson ; et Messire Claude-Nicolas Mesnager, Chevalier de l'Ordre Royal et Militaire de Saint-Louis, Défendeurs. — *Paris*, d'Houry, 1758 ; 36 p. in-4°.

Bibl. de Péronne, Rec. de Mém., t. XV.

9374. — Tableau généalogique. Pièces justificatives et Réflexions, pour le Sieur Nicolas-Vilbrode **Boullenger**, Maître Tailleur d'Habits et Agent de Change, demeurant en la Ville d'Abbeville, et autres demandeurs et intervenans. Contre le sieur Pierre-Jean-Baptiste-François **Devismes**, Mégissier, demeurant audit Abbeville; et contre Mʳ Jean-Baptiste Desmarets, Prêtre, Curé d'Embreville, y demeurant.—Abbeville, L. A. Devérité, *vers 1772*; 12 p. in-4°.

Bibl. H. Macqueron.

9375. — Mémoire pour le Sʳ **Boullet de la Mothe**, Défendeur. Contre le Sieur **Boullet de Villemont**, Prêtre, demeurant à Doullens, Demandeur en interdiction. — *Amiens*, L. C. Caron, *1787*; 14 p. in-4°.

9376. — Mémoire sommaire pour Pierre-François **Bouquet**, Serrurier à Abbeville, Défendeur; Contre Marc-Antoine-François **Duponchel**, ancien Marchand Chaudronnier à Abbeville, se prétendant premier créancier hypothécaire, et en outre Syndic des autres créanciers unis du sieur Pierre-Alexandre-Maximilien Deribeaucourt, ci-devant Marchand Orfèvre à Abbeville, et de la Demoiselle Duponchel, son Epouse, Demandeur; en présence du sieur Charles Caron, Débitant de Tabac à Abbeville, et de Madeleine Cardon, sa Femme, acquéreurs de la maison desdits Sieurs et Demoiselles Deribeaucourt, par contrat du 21 Décembre 1786. — S. l. n. n. n. d.; in-4°.

Bibl. d'Abbeville.

9377. — Précis pour les Sieurs **Bouteillier**, de Richemont et Consorts, acquéreurs des biens de la demoiselle Hérault. *décédée carmélite à Amiens*. Contre l'Abbé de la **Rochette**.—Paris, P. G. Simon, 1782; 11 p. in-4°.

Bibl. d'Abbeville.

9378. — Mémoire pour les Sieurs **Bouteiller**, de Richemont, de Buissy, la dame de Boffles, la demoiselle de Bellengreville; Contre l'Abbé de la **Rochette**; Et encore contre les héritiers de la dame Defaux et du sieur Hérault de Bassecourt, héritiers paternels de la dame Hérault. — Paris, P. G. Simon, 1782; 63 p. in-4°.

Ibid.

*****9379**. — Factum pour Alexandre **Bouteiller**, bourgeois d'Abbeville.... contre Mᵉ Philippe **Le Febvre** et damoiselle Anne Bouteiller, sa femme. — S. l. n. n. n. d.; in-4°.

Bibl. Natˡᵉ, 4° Fm, 4161.

*****9380**. — Mémoire pour Pierre Vulfran **Briet**..... seigneur haut-justicier d'Hallencourt, Rainvillers.... et dame Anne Barbe Du Gardin de Bernapré, son épouse... contre dame Barbe Godart, veuve de Philippe **Du Gardin**,.... seigneur **de Bernapré**. *Signé* : De Laverdy. — Paris, Paulus du Mesnil, 1741; in-folio.

Succession de M. de Bernapré.

Bibl. Natˡᵉ, f° Fm, 2341.

9381. — Mémoire pour Philippe **Briet de Saint-Ellier**, Ecuyer, Seigneur Haut-Justicier d'Hallencourt, Boismont, Bretel et autres lieux. Contre Messire Jacques-Nicolas **le Boucher d'Ailli**, Chevalier, Seigneur de Richemont. — Paris, Knapen, 1773; 48 p. in-4°.

Bibl. d'Abbeville.

9382. — Mémoire pour Mᵉ **Brocot**, Avocat, Maître-Particulier des Eaux et Forêts d'Abbeville; contre M. **de Wassigni**, Grand-Maître au Département de Picardie. Et contre les Officiers de la Maîtrise - Particulière d'Abbeville. — Abbeville, L. A. Devérité, 18 août 1786; 22 p. in-4°.

Ibid.

9383. — Mémoire signifiée pour Dame Marguerite Frion, Epouse séparée quant aux biens par son Contrat de Mariage, du Sieur Alexandre **Brossart**, Défenderesse. Contre ledit Sieur Alexandre **Brossart**, ancien Garde du Roy, *demeurant à Montdidier*, Demandeur.— S. l. n. n., *vers 1740*; 23 p. in-folio.

Bibl. d'Amiens, Jurisp., n° 953, t. IV.

* 9384. — Factum pour maître Eustache de **Broutelles**, sieur **de Coquerel**...... contre Marie de Broutelles, veuve de **Claude Vesche** et Antoine Vesche. *Signé : Bosquillon.* — S. l. n. n., 1655 ; in-4°.

Bibl. Nat¹ᵉ, 4° Fm, 33448.

* 9385. — Factum pour Charles **Brulé**, marchand à Saint-Valery... contre Jean **de la Borde**, marchand à Dunkerque. *Signé : Tullon.* — S. l. n. n. n. d. ; in-4°.

Bibl. Nat¹ᵉ, Thoisy, 90, f° 600.

9386. — Factum pour M° Antoine **Bruslé**, commissionnaire et échevin de la ville de Saint-Valery..... contre M° Pierre **Domergue**...... *Signé : de Tessé.* — S. l. n. n., 1688 ; in-folio.

Bibl. Nat¹ᵉ, Thoisy, 147, f° 237.

9387. — Précis sommaire pour Martin **Bué**, Huissier et Nicolas Desmeri, l'un de ses recors. Contre **Dingeon**, Fermier à Eaucourt-sur-Somme. — A Abbeville, s. n., *an XI*; 24 p. in-4°.

Bibl. H. Macqueron.

9388. — Tribunal Correctionnel d'Abbeville. Affaire de Paul-Joseph **Buissart**, de Bernay; Contre M° le Comte **d'Hodicq**, d'Arry. — Abbeville, Boulanger-Vion, 1817; 18 p. in-4°.

Le titre de départ porte : Mémoire et Réflexions de Buissart, sur le Rapport du S° Carpentier, Géomètre, Expert nommé dans cette affaire.

Ibid.

9389. — Mémoire sur délibéré pour Honoré-Charles de **Buissy**, Ecuyer, Seigneur de Long, Défendeur. Contre Charles **Lesperon**, Ecuyer, Seigneur **de Ville**, Demandeur. — *Paris*, Vincent, *vers 1741* ; 8 p. in-folio.

Bibl. d'Abbeville.

* 9390. — Factum pour Jacques de **Buissy**, ancien maïeur de la ville d'Abbeville et damoiselle Catherine Gallet, sa femme,.... contre M° Charles de **Buissy**, avocat. — S. l. n. n., 1621 ; in-4°.

Bibl. Nat¹ᵉ, 4° Fm, 33453.

9391. — Mémoire pour la Demoiselle **Buteux**, fille majeure, demeurante à Abbeville, et M° Dargnies de Fresne, Avocat en la Sénéchaussée de Ponthieu son Conseil judiciaire, intimés ; Contre le Sieur **Morel**, Négociant à Paris, appellant ; En présence de M° Buteux, Avocat en la même Sénéchaussée, aussi intimé. — *Paris*, Cl. Simon, 1790 ; 30 p. in-4°.

Bibl. A. de Caïeu.

C

* 9392. — Précis de la cause pour les dˡˡᵉˢ **Caboche de Montvillier** et autres. Contre L. Charles **Billecocq**, lieutenant-général au bailliage de Roye et dame Jeanne Le Paige de Rouvroy, son épouse. — *Paris*, 1772 ; 19 p. in-4°.

9393. — Mémoire signifié pour Messire Charles de **Cacheleux**, Chevalier, Seigneur de Bouillancourt, Intimé. Contre Messire Jacques de **Louvancourt**, Chevalier, Seigneur du Saulchoix, Clery et autres lieux, Appellant. — *Paris*, Butard, juillet 1759 ; 52 p. in-folio.

Bibl. d'Abbeville.

* 9394. — Ordonnance qui acquitte Ch. Joseph **Callé**, né à Dourlan (Somme), accusé de propos tendants à la dissolution de la représentation nationale. — Paris, 14 pluviôse an II ; 4 p. in-4°.

9395. — Factum pour Dame Catherine Le Ver, femme de Messire François de **Campulley**, intimée et demanderesse; contre Messire André **Le Ver**, Charles-André Truffier, dame Jeanne Le Ver, sa femme, messire Henri Le

Ver, sieur de la Vassorie. — S. l. n. n. d.; in-4°.

Bibl. Nat¹ᵉ, 4° Fm, 34265.

* **9396.** — Factum pour François de **Campuley**.... sieur du lieu, demandeur, contre André **Le Ver**.... sieur de Caours...! défendeur. — S. l. n. n. d.; in-4°.

Bibl. Nat¹ᵉ, 4° Fm, 34265.

9397. — Mémoire pour Jean-Baptiste **Canaples**, ci-devant Marchand à Oisemont, et ses Créanciers unis joints. Contre Jacques-Armand **Villeret**, Cultivateur, demeurant à Avelesge. — *Amiens*, Caron-Berquier, an X; 36 p. in-4°.

Bibl. d'Amiens, Jurisp., n° 953, t. III.

9398. — Mémoire pour Madame du **Cardonnoy**, Demanderesse et Défenderesse. Contre Monsieur du **Cardonnoy**, son Mari, Conseiller au Grand Conseil, Défendeur et Demandeur. — *Paris*, Vincent, *vers 1746 ;* 9 p. in-folio.

Au sujet de la succession d'Arrest de Catigny.
Bibl. H. Macqueron.

9399. — Précis pour Charles-Antoine **Carette**, cultivateur de sa propre ferme, à Donqueurelle, détenu et accusé au Tribunal spécial de la Somme. Contre le Citoyen Commissaire du Gouvernement, près ledit Tribunal. — Abbeville, Devérité, *vers 1803 ;* 30 p. in-4°.

Bibl. H. Macqueron.

9400. — Arrest du Conseil d'Estat du Roy, qui interdit pendant trois mois le Sieur **Carlier**, Procureur en l'Election de Montdidier, et lui deffend de faire aucunes fonctions de sa Charge pendant ledit tems à peine de cinq cens livres d'amende. Du 27 Septembre 1720. — Paris, veuve Saugrain et Pierre Prault; 3 p. in-4°.

Bibl. Pinsard.

9401. — Précis pour le Sieur **Caron**, Marchand de fer, demeurant à Saint-Valery, intimé; contre le Sieur **Maquen**nehen, Fabricant de Cylindres, demeurant à Escarbotin, appelant. — Amiens, R. Machart, 1828; 32 p. in-4°.

Bibl. H. Macqueron.

9402. — Mémoire pour d¹¹ᵉ Adeline-Françoise **Caron**, mineure émancipée, demeurante à Abbeville, intimée et incidemment appelante. Contre le Sieur Rieul-**Godart**, Propriétaire, Dᵉ Charlotte-Henriette de **Bellengreville**, son Epouse, demeurans à Behen; Dame Marie-Madeleine de Bellengreville, Epouse divorcée du Sʳ Geoffroy Dault-Dumesnil, Propriétaire, demeurant à Villers sur Mareuil, appelans et incidemment intimés. — Amiens, Caron-Duquenne, *1820 ;* 51 p. in-4°.

9403. — Conclusions motivées pour d¹¹ᵉ Adeline Françoise **Caron**, Propriétaire, demeurante à Abbeville, mineure émancipée, procédant à l'assistance de son Curateur, demanderesse au principal, et défenderesse sur incident; Contre les héritiers **Bellengreville**, défendeurs au principal, et incidemment demandeurs. — Amiens, Caron-Duquenne, 1820; 16 p. in-4°.

9404. — Mémoire pour la Veuve **Caron**, Imprimeur-Libraire à Amiens, Demanderesse et Défend resse (*sic*). Contre la Veuve **Godart**, aussi Imprimeur en la même Ville, Défendresse et Demandresse. *Signe : Gosselin*. — S. l. n. n. n. d.; 8 p. in-folio.

Au sujet de livres saisis chez la veuve Godart à la requête de la veuve Caron.
Bibl. H. Macqueron.

9405. — Mémoire pour le Sieur **Caron-Berquier**, Imprimeur; Contre le Sieur **Caron l'aîné**, aussi Imprimeur. — Amiens, Caron-Berquier, 1788; 8 p. in-4°.

Au sujet du privilège d'imprimeur de l'Evêché.

9406. — Observations pour le Sieur **Caron-Berquier**, Imprimeur à Amiens. Contre le Sieur **Caron l'Aîné**, Imprimeur de la même ville. — Amiens, Caron-Berquier, 1788; 7 p. in-4°.

9407. — Réponse des Créanciers unis du Sr Louis-Charles **Caron père**, décédé Imprimeur de Mgr l'Evêque d'Amiens, et de la Dlle Barbe Delaroche, sa Veuve au Mémoire distribué par le Sr **Caron-Berquier**, contre le Sr Caron l'Aîné. —, Amiens, J. B. Caron l'aîné, 1789 ; 38 p. in-4°.

Bibl. Pinsard.

9408. — Réponse pour Mr **Carpentier**, Notaire à Saint-Riquier (Somme), au mémoire de la demoiselle Marie-Sophie **Pigny**, appelante d'un jugement rendu le 14 Août 1822, par le tribunal de police correctionnelle de Rouen, pour lacération par la dame Carpentier, d'un chiffon de papier gris qui devait soi-disant contenir la révocation du testament du sieur César-Adrien Pigny, leur oncle. — Rouen, Baudry, 1822 ; 36 p. in-4°.

Bibl. d'Abbeville.

9409. — Précis pour le Citoyen **Carré**, demeurant à Amiens, Défendeur et Appelant d'un Jugement rendu par le Tribunal Civil de 1ère Instance séant audit Amiens, Section Correctionnelle, le huit Floréal an 11. Contre le Citoyen Commissaire du Gouvernement près le même Tribunal, Demandeur et Intimé. — Amiens, Maisnel fils, an XI ; 48 p. in-4°.

Bibl. d'Amiens, Jurisp., n° 953, t. III.

9410. — Mémoire signifié pour Demoiselle Pélagie Monchaux, veuve du sieur Charles-Antoine **Carrette**, Laboureur au Village de Bussu, tant en son nom que comme Tutrice de ses enfans mineurs, intimée. Contre Nicolas-Joseph **Carrette**, Laboureur, demeurant au Village de Noyelles-en-Chaussée, Appellant. Droit d'aînesse entre deux jumeaux. — Amiens, Caron, 1782 ; 43 p. in-4°.

Bibl. d'Amiens, Jurisp., n° 841, t. III.

9411. — Mémoire pour Marie-Rosalie **Carton**, fille majeure, demeurante à Montdidier, Demanderesse. Contre le Citoyen **Pucelle**, Juge de Paix du Canton de Montdidier, Deffendeur. — Montdidier, Bigot, an 4 ; 8 p. in-4°.

Bibl. de Roye.

9412. — A Monsieur le Lieutenant particulier, Assesseur Criminel en la Sénéchaussée de Ponthieu à Abbeville, pour le déport de Monsieur le Lieutenant-Général Criminel audit Siège. Pour Jean-Baptiste **Caudel**, Ecuyer, Seigneur **Dezalleux**, ancien Gentilhomme servant le Roy, demeurant en son Château Dezalleux, Accusé et Deffendeur. Contre M. Pierre-Jean-Baptiste **Desgabets de Suame**, Ecuyer, Prêtre, Curé du Village d'Halloy, Dezalleux et Dépendances. Et contre Marguerite-Henriette Caudel Dezalleux, Epouse de Louis Pierre Desgabets de Suame, Ecuyer, Plaignants, Accusateurs et Demandeurs. Monsieur le Procureur du Roy joint. — *Abbeville*, Artous, 1649 ; 24 p. in-folio.

Bibl. d'Abbeville.

9413. — Mémoire signifié pour Maître André **Caulier**, Notaire au Bailliage d'Amiens, et Demoiselle Marie Dumaisniel, son Epouse. Contre Monsieur Maître Pierre **Foucqués**, Ecuyer, Seigneur de **Bonval**, Vironchaux et autres Lieux, Conseiller du Roy, en la Sénéchaussée de Ponthieu, ancien Mayeur de la Ville d'Abbeville, Héritier de Pierre Foucques, Ecuyer, ayant repris l'instance. Contre Maître Louis de **Calonne**, Avocat au Parlement, et Damoiselle Marie-Louise de Calonne sa sœur, majeure, coûtumière, procédant à l'assistance de Maître Jacques-Antoine Bouteillier, Avocat en ce Siège, son curateur ayant repris l'instance. Contre Marie Hénocque, Veuve de Jean Barbette ès-qualitez qu'il agit. Contre Maître Pierre-François de Queux, Sieur du Bauval, ancien Conseiller du Roy, Assesseur en l'Election de Ponthieu, Héritier Bénéficiaire de Damoiselle Heleine Dumaisniel, sa Mère, Défendeur. — S. l. n. n., *vers 1738* ; 22 p. in-folio.

Bibl. d'Abbeville.

9414. — Mémoire pour Damoiselle Antoinette de Fay, Veuve d'Antoine **Caumartin**, Marchande en gros à Amiens, Appellante et Demanderesse. Contre le sieur Jean **Ricot**, Marchand et Commissionnaire à Saint-Valery sur Somme, Intimé et Défendeur. — *Paris*, Montalant, 1741 ; 4 p. in-folio.

Bibl. A. de Caïeu.

9415. — Mémoire à consulter et Consultation pour le Marquis de **Caux** — *Paris*, Chardon, 1768 ; 27 p. in-4°.

Discussion et interprétation d'un article de la Coutume de Ponthieu.

Bibl. d'Abbeville.

9416. — Second mémoire signifié pour le sieur **Champion**, ci-devant Commis à la Recette Générale des Finances à Amiens, pour le Sieur Masson de Maisonrouge. Contre les Syndics des Créanciers unis dudit Sieur de **Maisonrouge**, ci-devant Receveur Général des Finances d'Amiens. — *Paris*, d'Houry, 1760 ; 42 p. in-4°.

Bibl. H. Macqueron.

*** 9417.** — Factum pour dame Charlotte d'Ailly, duchesse de **Chaulnes**... contre Messire Jean du **Passage**, seigneur de Sincheny et Jean **Cottel** et consorts, héritiers de la demoiselle Navarre. — S. l. n. n.. *1658*; in-4°.

Bibl. Nat^le, Thoisy, 430, f° 324.

*** 9418.** — Mémoire pour le duc de **Chaulnes**, pair de France, appelant et demandeur en ouverture de substitution faite en sa faveur par le Maréchal duc de Chaulnes, son aïeul, et de celle faite par la Marquise du Plessis-Bellière, sa tante. Contre Madame la duchesse douairière de **Chaulnes**. Et contre les différents créanciers de la maison de Chaulnes. — Paris, 1772 ; 110 p. in-4°.

Cat. Lib. Voisin, 1886, n° 6742.

*** 9419.** — Précis pour M. le Duc de **Chaulnes**... contre madame la duchesse de **Chaulnes**... et contre les créanciers. *Signé : Savin de Mony*. — Paris, Lambert, 1772 ; in-4°.

Bibl. Nat^le, 4° Fm, 6251.

*** 9420.** — Mémoire pour M. le duc de **Chaulnes** (*Marie-Joseph-Louis d'Ailly*), sur la substitution perpétuelle des biens de la maison d'Albert. *Signé : le duc de Chaulnes*.—Paris, Lambert, 1772; in-4°.

Bibl. Nat^le, 4° Fm, 6252.

*** 9421.** — De par le Roi et Nosseigneurs de la Cour de Parlement. *Avis de l'adjudication des biens de Michel Ferdinand d'Albert d'Ailly, Duc de Chaulnes*. — Paris, L. Cellot, 1773 ; in-4°.

Bibl. Nat^le, 4° Fm, 6253.

*** 9422.** — Mémoire pour M. le Duc de **Chaulnes**, *contre la Duchesse de Chaulnes, sa mère*. — Paris, Lambert, 1772 ; in-4°.

Bibl. Nat^le, 4° Fm, 6254.

9423. — Mémoire signifié pour Dame Jeanne Charlotte le Brethon, Veuve du Sieur Fursy-Benoît **Choquel**, ancien Officier d'Infanterie, Demanderesse. Contre le Sieur Jean-Antoine **Choquel**, Seigneur **de Courcelette**, Défendeur. *Signé : Lebrethon*.— St Quentin, Gabriel Osmont, 1756 ; 8 p. in-folio.

Interprétation de testament.

Bibl. H. Macqueron.

9424. — Addition de mémoire signifié pour Dame Jeanne-Charlotte le Brethon, Veuve du Sieur Fursy-Benoît **Choquel**, ancien Officier d'Infanterie, Demanderesse. Contre le Sieur Jean-Antoine **Choquel**, Seigneur **de Courcelette**, Défendeur. *Signé : Lebrethon*. — St Quentin, Gabriel Osmont, 1756 ; 14 p. in-folio.

Ibid.

9425. — Mémoire signifié pour Jeanne-Charlotte le Brethon, Veuve de Furcy-Benoît **Choquel**, ancien Officier au Régiment de la Vallière, Appellante. Contre Jean-Antoine **Choquel**, Seigneur de **Courcelette,** Intimé. *Signé : Lebrethon.* — *Paris,* Grangé, 1760 ; 7 p. in-folio.

Ibid.

9426. — Addition de mémoire pour Jeanne-Charlotte le Brethon, veuve du feu sieur Benoist **Choquel,** ancien Officier du Régiment de la Vallière, Appellante. Contre Jean-Antoine **Choquel.** Seigneur de Courcelette, Intimé, *Signé : Lebreton.* — *Paris,* Grangé, 1760 ; 4 p. in-folio.

Ibid.

9427. — Mémoire pour Jean-Antoine **Choquel,** Seigneur de Courcelette, Intimé. Contre Jeanne-Charlotte Le Breton, veuve de Furcy Benoît **Choquel,** ancien Officier au Régiment de la Vallière, Appellante d'une Sentence du Bailliage de Péronne du 6 Juillet 1736. *Signé : Lherminier.* — *Paris,* Le Breton, 1760 ; 28 p. in-folio.

Ibid.

9428. — Conclusions motivées pour le sieur **Choquet,** ancien Notaire, actuellement Propriétaire, demeurant à Fontaine-sur-Somme, intimé sur les Appels principaux, et incidemment Appelant. Contre le sieur **Leullier,** principal Clerc ; M° Vaquez, Notaire ; M° Dassonville, Avoué ; Et le sieur Duval-Boidin, Agent-de-Change : Tous quatre appelans et intimés sur les appels incidens. En présence du sieur Douzenel, Propriétaire à Buigny-Labbé, intimé sur les appels principaux, et incidemment appelant. — Amiens, Caron-Vitet, *1823 ;* 24 p. in-4°.

Ibid.

9429. — Précis pour le Sieur **Choquet,** ex-Notaire, demeurant à Amiens, Appelant ; Contre le Ministère public, et M° **Despréaux,** Avocat à Amiens. Intimés. — Amiens, Ledien-Canda, *1825 ;* 7 p. in-4°.

Ibid.

9430. — Mémoire signifié pour.... Jean-Baptiste **Cirbeau,** bourgeois de la ville de Lions-en-Santerre, près Péronne, contre le sieur Jean-Edme **Galimard,** bourgeois de Paris, et contre messire Dominique - Jacques - Henry d'Estampes, comte de Valençay... *Signé : Desnoyers.* — Paris, C. L. Thiboust, 1735 ; in-folio.

Bibl. Nat^{le}, f° Fm, 3616.

9431. — Précis pour la Dame de **Cizancourt** contre son mari. — *Paris,* veuve Hérissant, 1779 ; 11 p. in-4°.

Demande de séparation de corps basée sur maladie honteuse du mari.

Bibl. de Péronne.

9432. — Mémoire pour le Sieur de **Cyzancourt** contre la Dame de **Cyzancourt.** — *Paris,* Demonville, 1779 ; 39 p. in-4°.

Ibid.

9433. — Réplique au Mémoire pour la Dame de **Cizancourt** contre le sieur de **Cizancourt.** — *Paris,* veuve Hérissant, 1779 ; 39 p. in-4°.

Ibid.

* **9434.** — Mémoire pour.... Louis Robert **Cocu,** ci-devant négociant à Amiens..... contre le sieur Jean **Lecomte,** greffier au grenier à sel de la même ville, et sa prétendue compagnie. *Signé : Blondel.* — Paris, P. G. Simon, 1779 ; in-4°.

Bibl. Nat^{le}, 4° Fm, 7192.

* **9435.** — Observations pour le sieur **Cocu**... contre le sieur **Lecomte**... *Signe : Blondel.* — Paris, P. G. Simon, 1779 ; in-4°.

Bibl. Nat^{le}, 4° Fm, 7193.

* **9436.** — Mémoire signifié pour Adrien **Cornet,** négociant d'Amiens... contre... Claude **Barbaut**... et... Alexandre Larrard. *Signé : Amand.* — Paris, Paulus-du-Mesnil, 1729 ; in-folio.

Bibl. Nat^{le}, 4° Fm, 4071.

9437. — Sommaire du grand mémoire pour Adrien **Cornet**, marchand à Amiens... contre **Chapdeleine**, marchand à Saint-Malo. *Signé* : *Chrestien*. — S. l. n. n., 1708; in-4°.

Bibl. Nat¹ᵉ, 4° Fm, 7856.

9438. — Mémoire signifié pour le sieur Jacques-Henry **Cornet de Lisleroy**, Chevalier de l'Ordre de Latran, Appellant d'une Sentence contre lui rendue par défaut, au Bailliage d'Amiens le 19 Février 1748, et Demandeur; Contre Alexandre **Debray**, Ancien Marchand Drapier à Amiens, Seigneur de Flesselles, Intimé et Défendeur. Et contre Jean-Baptiste Gorin, Marchand à Amiens, et Demoiselle Marie-Magdelaine le Seine, son épouse, Défendeurs. *Signé* : *Chastelain*. — *Paris*, Delaguette, 1749; 12 p. in-folio.

Bibl. Soc. Ant. Pic.

9439. — Arrest du Conseil d'Estat du Roy, qui casse une Sentence des Elûs d'Amiens, en ce qui concerne la restitution d'une Amende d'Inscription de Faux..... Condamne solidairement le Greffier et le nommé du Canda Procureur qui a occupé dans l'instance, en cinq cens livres d'amende, et le nommé **Costel**, *cabaretier à Hornoy*, Partie à raporter ladite amende... Du 26 Septembre 1721. — S. l. n. n.; 4 p. in-4°.

Bibl. H. Macqueron.

9440. — Sommaire pour Louis **Cotte**, Marchand Perruquier-Barbier en la Ville d'Amiens, Défendeur et incidemment Demandeur. Contre Riquier **Gavois**, Maître Maçon, Entrepreneur de Bâtimens en la Ville d'Abbeville, Demandeur et Défendeur. *Signé* : *Lecouvreur*. — Amiens, veuve Godart, 1750; 15 p. in-folio.

Bibl. Soc. Ant. Pic.

* **9441.** — Factum pour damoiselle Marie Dubourguier, veuve de François **Coulon**, sieur **de Hanchy**... et consorts,.... contre Mᵉ Vulfran **Papin**, *notaire à Abbeville*, et consorts. *Signé* : *Perraux*. — S. l. n. n., 1674; in-folio.

Bibl. Nat¹ᵉ, f° Fm, 4143.

9442. — Sentence des Elus d'Amiens Du 23 Décembre 1740, Qui condamne Claude-Louis **Couvreur**, Procureur au Bailliage d'Amiens en 300 livres d'Amende, pour avoir mis en Papier non timbré, une Requête présentée à M. l'Intendant, dans une Instance pendante devant lui; et fait défenses audit Couvreur et à tous autres Procureurs de signer et présenter aucunes Requêtes en Justice, si elles ne sont en Papier timbré, sous les mêmes peines. — Paris, P. Prault, 1741; 3 p. in-4°.

Bibl. H. Macqueron.

9443. — Mémoire sommaire pour Jacques **Crépin**, Maître Fabricant en la Ville d'Abbeville, l'un des Créanciers de la Dame Meurice de Cormont, lors de sa Faillite, ouverte et déclarée le 28 Octobre 1778, Demandeur. Contre Dame Marie-Françoise Duflos, veuve du sieur Claude-Nicolas **Meurice de Cormont**, Négociant en la Ville d'Abbeville, Défenderesse. — Abbeville, Devérité, 1787; 27 p. in-4°.

Bibl. d'Abbeville.

9444. — Second et dernier mémoire pour Jacques **Crépin**; contre la Dame **Meurice de Cormont**. — Abbeville, Devérité, 1787; 29 p. in-4°.

Ibid.

* **9445.** — Arrêt sur les conclusions de M. l'avocat général de Lamoignon... qui juge qu'il n'est point du de droits seigneuriaux par une veuve, pour les biens à elle délaissés après le décès de son mari à titre de partage et de communauté. Pour dame Catherine - de Rougé, veuve de messire François, sire de **Créqui**, maréchal de France contre les fermiers et receveur du domaine d'Amiens (27 janvier 1693). — S. l. n. n.; in-folio.

Bibl. Nat¹ᵉ, f° Fm, 4228.

9446. — Arrest du Conseil d'Estat du Roy Du neuvième May 1724 qui condamne Jeanne Caille, Veuve **Cressin** et autres, au triple Droit de Centième Denier, sans avoir égard aux Ordonnances de M. Chauvelin, du 9 Décembre 1723, et fait itératives défenses aux Sieurs Intendans et Commissaires départis, de modérer les peines et amendes portées par les Réglemens. — Paris, veuve Saugrain, 1724 ; 4 p. in-4°.

9447. — Mémoire signifié, pour Antoine-Alexis **Crignon**, sieur de **Beauvaire**, ancien Officier de Cavalerie, légataire universel de la Dame Sauvageon sa tante, Intimé. Contre Dame Marie-Jeanne Liault, veuve de Messire Charles-Antoine de **Créquy**, Chevalier, Seigneur des Alleux ; Nicolas Lerminier, Sieur de Belleval, et Jean-Louis Barrengue, Marchand à Paris, Appellans d'une Sentence de la Sénéchaussée de Ponthieu à Abbeville, le 22 Avril 1755. — *Paris*, Vincent, vers 1760 ; 18 p. in-folio.

Bibl. d'Abbeville.

9448. — Observations en réponse pour le sieur de **Beauvaire**, Secrétaire du Roi, Légataire universel de la dame Sauvageon, sa tante, Intimé. Contre la dame de **Créqui**, le sieur Lherminier et autres Appellans. — *Paris*, Vincent, vers 1760 ; 11 p. in-folio.

Ibid.

9449. — Mémoire signifié pour Antoine-Alexis **Crignon**, Seigneur de **Beauvaire**, Secrétaire du Roi, Légataire universel de Marie-Anne Crignon, à son décès veuve de M° Barthelemi Sauvageon, Président au Grenier à sel et ancien Maire d'Abbeville, héritière mobiliaire de dame Marie-Marguerite Warré, veuve du sieur Adrien Danzel, Chevalier de l'Ordre Militaire de S. Louis, Lieutenant-Colonel au Régiment de Lorraine ; Appellant et Demandeur. Contre Nicolas **Lebel**, Marchand à Abbeville, et Elisabeth Robart, sa femme, héritiére dudit sieur Danzel, Intimés et Défendeurs. — *Paris*, Vincent, 1761 ; 14 p. in-folio.

Ibid.

* **9450.** — Mémoire pour M° Antoine de **Crocquoison**, prêtre, chanoine de l'église cathédrale et conseiller clerc au bailliage d'Amiens... contre les héritiers de Firmin **Dubois**.... *Signé : Boullenger de Rivery.* — Paris, Knapen, 1750 ; in-folio.

Bibl. Nat¹ᵉ, f° Fm, 4265.

D

9451. — Mémoire sommaire pour les Légataires universels et deux des Héritiers paternels de Marguerite **Daigneville**, *décédée à Abbeville le 26 germinal an III.* — Amiens, J. B. Caron l'aîné ; 48 p. in-4°.

Bibl. H. Macqueron.

9452. — Précis pour les Citoyens Jacques **Daire** et Compagnie, Négocians, demeurans à Amiens, Appellans ; Contre Jean-Baptiste **Lefebvre**, Marchand de Papier, demeurant à Abbeville, Jean-Baptiste-Joseph Lefebvre ancien Fabricant demeurant à Saveuse et Consors, Héritiers par Bénéfice d'Inventaire de feu François Corbinière, Intimés.— *Amiens*, Fr. Caron-Berquier, an XII ; 24 p. in-4°.

Bibl. d'Amiens, Jurisp., n° 953, t. III.

* **9453.** — Mémoire pour Louis **Daire**, marchand à Amiens..... contre Pierre Gendron... *Signé : Chrestien.*— Paris, G. Le Febvre, 1673 ; in-folio.

Bibl Nat¹ᵉ, Thoisy, 123, f° 224.

9454. — Arrest contradictoire de la Cour des Aydes de Paris, du 27 Juillet 1763, Qui, en réformant une Sentence des Elus de Montdidier, confisque au profit du Fermier, une demi-Pièce de Vin, et autres choses saisies sur Robert **Damade**, Marchand d'Eau-de-vie, et ci-devant Cabaretier à Rozières, pour vente à faux-bouchon, le condamne même par corps à l'Amende modérée à 25 liv. en 560 liv. d'autre Amende pour sa rébellion et tous les dépens.— *Paris*, G. Lamesle, 1763; 7 p. in-4°.

Bibl. H. Macqueron.

9455. — Arrest contradictoire de la Cour des Aides, Qui infirme une sentence de l'Election d'Amiens, du 15 juillet 1745, pour n'avoir pas prononcé d'amende contre le nommé **Damagnés**, garçon Brasseur et Cabaretier en ladite ville d'Amiens, chez lequel il a été saisi une livre huit onces de Tabac de fraude; Confisque le Tabac et condamne ledit Damagnés en l'amende de mille livres et aux dépens conformément aux règlements. Du 9 Décembre 1746.— Paris, Imprimerie Royale, 1747; 2 p. in-4°.

Ibid.

9456. — Observations pour le sieur Firmin Constant **Damay**, Meunier à Ham; Contre le Sieur **Deseau**, aussi Meunier à Ham. *Signé: Dupont.*— Paris, Porthmann, *vers 1817*; 12 p. in-4°.

*9457. — Mémoire signifié pour Jean-Baptiste **Damiens**..... seigneur d'Acheux et Léalvillers,.... contre le sieur **Morel** et autres enfants ou représentants tant de feu Barthelemi Damiens .... seigneurs de Comtai et Agnicourt, que de feue dame Honorée Damiens, épouse du Sieur Le Fort... *Signé : Le Fèvre de Dampierre.* — Paris, Knapen, 1750; in-4°.

Bibl. Nat^{le}, 4° Fm, 8589.

9458. — Memoire pour le Sieur de **Dancourt**, ancien Chef d'Escadron de Cuirassiers, Officier de la Légion d'honneur, Intervenant; Contre la Princesse de **Berghes**, Demanderesse. — *Paris*, veuve Agasse, 1819; 8 p. in-4°.

9459. — Mémoire pour les S^{rs} de **Dancourt**, ancien chef d'Escadron de Cuirassiers, Officier de la Légion d'Honneur, Bontron, propriétaire, Louis et Pierre Joly, Gardes, Appelants et incidemment intimés; Contre M. le Procureur général de la Cour Royale d'Amiens, intimé; Et encore contre Mad° la Princesse de **Berghes**, aussi intimée et incidemment appelante. — Amiens, Caron-Duquenne, *1819*; 83 p. in-4°.

9460. — Réponse au Mémoire ci-après énoncé En ce qui concerne la déposition de Jean-François Caudron, Maire d'Estrebœuf. Pour les sieurs de **Dancour**, ancien Chef d'Escadron de Cuirassiers et Officier de la Légion d'Honneur; Bontron, Propriétaire; Louis et Pierre Jolly, Gardes, Appelans et incidemment intimés; Contre Monsieur le Procureur-Général de la Cour Royale d'Amiens, intimé; et encore contre Madame la Princesse de **Berghes** intimée et incidemment appelés. — Abbeville, Boulanger-Vion, *1819*; 8 p. in-4°.

9461. — Quelques observations sur le Mémoire des Sieurs **Dancourt**, Bontron, etc. — Amiens, Caron-Vitet, *1820*; 20 p. in-4°.

9462 — Mémoire pour les Sieurs Bontron, Propriétaire, Louis et Pierre Joly, Gardes Forestiers. En présence du S^r de **Dancourt**, ancien Chef d'Escadron des Cuirassiers, Officier de la Légion d'Honneur; Intervenant sur la demande en renvoi pour cause de suspicion légitime introduite contre la Cour d'Amiens, par Madame de Saint-Blimont, veuve de Messire Guislain, Prince de **Berghes** Saint-Vinox.— S. l. n. n., *1820*; 11 p. in-4°.

9463. — Cour Royale de Rouen. Mémoire pour le sieur de **Dancourt**, ancien chef d'escadron de cuirassiers, officier de la légion d'honneur, appelant. Contre la dame de Saint-Blimont, veuve du prince de **Berghes** Saint-Vinox, intimée. — Rouen, Baudry, Novembre 1820; 76 p. in-4°.

*9464. — Précis pour Me Claude **Danicourt**, procureur au bailliage de Péronne..... contre M. le marquis de

Néelle... *Signé : Dumetz* — Paris, P. G. Simon, 1786; in-4°.

Bibl. N¹⁰, 4° Fm, 8623.

9465. — Mémoire signifié pour Adrien **Danzel**, Chevalier... et Dame Marie-Marguerite Waré, sa femme, Nièce et Héritière présomptive et apparente de Damoiselle Anne Foyelle, femme à son décès de M⁰ François Coulon de Hanchy, Appellans de la Sentence rendue en la Sénéchaussée de Ponthieu à Abbeville le premier Juillet 1726. Contre Etienne **Coulon**... tenant de M⁰ François Coulon, Charles Coulon et Damoiselle Nicolle Coulon, frères et sœur, Héritiers de deffunt M. François Coulon, Sieur de Hanchy, Intimez. *Signé : Lordelot le jeune.* — *Paris*, Joseph Bullot, 1727 ; 10 p. in-folio.

Bibl. H. Macqueron.

9466. — Factum signifié, pour Adrien **Danzel**, Chevalier de l'Ordre Militaire de S. Loüis, Lieutenant pour le Roy au Gouvernement des Ville et Château de Marles, et Lieutenant Colonel du Régiment de Lorraine-Infanterie, et Dame Marie-Marguerite Waré, son épouse, Intimés et Appellans. Contre Charles **Coulon** et Demoiselle Nicolle Coulon, Apellans et Intimés. *Signé : Garnier de la Chevrie.* — Paris, Bullot, 1732 ; 12 p. in-folio.

Ibid.

9467. — Sommaire signifié pour Adrien **Danzel**, Chevalier de l'Ordre Militaire de Saint-Loüis, Lieutenant pour le Roy au Gouvernement des Ville et Chasteau de Marles, et Lieutenant Colonel du Régiment de Lorraine, Infanterie ; et Dame Marie-Marguerite Waré, son Epouse, icelle Nièce et Héritière apparente et présomptive de deffunte Damoiselle Anne Foyelle, à son décès Femme de deffunt François Coulon, Sieur de Hanchy, Appellans d'une Sentence de la Sénéchaussée de Ponthieu à Abbeville du 7 Mars 1731 et Demandeurs en Requête du 9 Juillet suivant. Contre Charles et Nicole **Coulon**, tant en leurs noms que comme Héritiers d'Estienne Coulon, leur Frere, lequel étoit conjointement avec eux Legataire universel dudit deffunt François Coulon, leur autre Frere, vivant Avocat à Abbeville, Intimez et Deffendeurs. *Signé : Masson.* — *Paris*, J. Lamesle, 1733 ; 12 p. in-folio.

Ibid

9468. — Mémoire pour Maistre François **Danzel**, Commissaire aux Reveuës dans la Ville d'Abbeville, et Damoiselle Ieanne Grenu, sa femme, Appellans d'une Sentence renduë en la Sénéchaussée de Ponthieu le 21 Iuin 1700. Contre Jacques, Catherine **le Gris**, François Galland et Marie Legris, sa femme, Intimez. Et contre Nicolas, Jean, François, Charles et Pierre Michaut, Charles Bellai, Antoine Carron, André Guillet et Consorts, Intimez. *Signé : Aubrelicque.* — S. l. n. n. n. d. ; 7 p. in-folio.

Ibid.

9469 — Abrégé du Procès pour M⁰ François **Danzel**, Commissaire aux reveuës des Troupes dans la Ville d'Abbeville, et Damoiselle Jeanne Grenu, sa femme, Appellans d'une Sentence rendue en la Sénéchaussée de Ponthieu, le 21 juin 1700. Contre Jacques et Catherine **Legris**, Intimez. *Signé : Aubrelicque.* — *Paris*, P. Gissey, *vers 1702* ; 4 p. in folio.

Ibid.

9470. — Mémoire pour Jacques Nicolas François **Danzel**, Marchand demeurant en la Ville d'Abbeville, Intimé et Demandeur. Contre Jean **Fouet**, Marchand, demeurant en ladite Ville d'Abbeville, Appellant de la Sentence renduë au Présidial d'Abbeville, le 14 Juin 1725 et Deffendeur. Et contre Antoine Huré et Consors, assignez en garantie, et Deffendeurs. *Signé : Le Clercq.* — *Paris*, P. Delormel, 1728 ; 7 p. in-folio.

Ibid.

9471. — Mémoire pour Anne-Charlotte Rumet, veuve Jean **Danzel-Boimon**; Contre Louis-Nicolas-Joseph **Danzel**, son Donataire. — Amiens, J. B. Caron, an VII; 82 p. in-4°.

Ibid.

9472 — Mémoire sur appel pour Anne-Charlotte Rumet, veuve **Danzel-Boimon**, en sa qualité d'héritière maternelle pour un quart d'Hélène Demai, veuve Tillette-Bichecourt; Contre les Citoyens Becquet et Demachi, en leur qualité de Séquestres; Contre les Citoyens Doresmieulx, principaux Héritiers paternels; Contre les Citoyens Pinguet, et autres Saisissans. — Amiens, J. B. Caron l'aîné, an 8; 135 p. in-4°.

Bibl. d Amiens, Jurisp., n° 953, t. II.

9473. — Réplique pour la veuve **Danzel-Boimon**. — Amiens, Caron l'aîné: 16 p. in-4°.

Ibid.

9474. — Précis sommaire pour Anne-Charlotte Rumet, veuve **Danzel-Boimon**, en sa qualité d'héritière pour un quart du côté Maternel d'Hélène de Mai, v° Tillette-Bichecourt, décédée à Vieulaines, le 19 pluviose an trois; Contre les Séquestres de ladite succession; Et encore contre Eléonor-Hiacinthe **Dubois**, se disant fondé de pouvoirs des citoyens d'Acheux-de-Saint-Maxent, Jean-Louis-Martin, Charles Pinguet, et autres héritiers du côté paternel, saisissans et opposans. — Amiens, J. B. Caron l'aîné, an VIII; 115 p. in-4°.

Bibl. H. Macqueron.

9475. — Factum pour Messire Antoine **Danzel**, Chevalier, Seigneur de **Boffle** et autres lieux, Acquéreur de partie des Biens ayant apartenu à deffunt Mre Antoine Danzel, Chevalier, Seigneur de Beaulieu, et ayant les Droits cedez d'Antoine de Mailly, Ecuyer Sieur de Brioté, Héritier par Bénéfice d'Inventaire dudit feu sieur de Beaulieu, Ajourné..... Contre le Sieur François **Roger** Aîné, Intimé en Apel, et de son Chef incidemment Apellant de la même Sentence. Pierre-Joseph Griffon, Ecuyer, Sieur de Longueruë, Gendarme de la Garde du Roy, Demandeur en Requeste du 13 Mai 1726 recû Partie Intervenante par Arrest de la Cour du 15 May 1730 et encore Demandeur en Adjournement par lui fait faire audit sieur de Mailly. François Griffon Ecuyer Sieur de Banne, Ajourné requête dudit Sieur de Boffle en vertu dudit Arrest de la Cour du 7 Mai 1731. Et le sieur François Roger Puîné pareillement Ajourné requête dudit sieur de Boffle vertu du même Arrest de la Cour. *Signé:* Regnault. — *Paris,* Lallemant, 1731; 22 p. in-folio.

Ibid.

9476. — Précis pour les Sieur et Dame **Danzel-Deboffe** et Consors, intimés; Contre le Sieur **Leblond-Duplouy**, appellant. — Amiens, Caron-Duquenne, 1822; 12 p. in-4°.

Bibl. d'Abbeville.

9477. — Mémoire pour Me **Dassonville**, Avoué à Abbeville, contre les Héritiers **Choquet**, et le Sieur Douzenel, cultivateur à Buigny-l'Abbé. En présence de MM. Vaquez, Notaire, Leuillier, Duval-Boidin, et Dargnies, ancien Conservateur des Hypothèques, demeurant à Abbeville. — Amiens, R. Machart, 1827; 31 p. in-4°.

Bibl. d'Abbeville.

9478. — Précis pour Me Pierre-François **Daullé**, prêtre-curé de la paroisse de Notre-Dame de la Chapelle d'Abbeville, demandeur. Contre le sieur Jacques **Delattre**, marchand épicier à Abbeville, défendeur. — S. l. n. n. n. d.; 8 p. in-4°.

9479. — Précis pour Me **Daullé**, Prêtre, Bachelier en Théologie de la Faculté de Paris, Curé de la Paroisse de Notre-Dame de la Chapelle d'Abbeville, Appellant de Sentence par défaut rendue en la Sénéchaussée de Ponthieu; Contre le Sieur **Delattre**, Marchand Epicier à Abbeville, Intimé. — *Paris*, Chardon, 1779; 22 p. in-4°.

Bibl. H. Macqueron.

9480. — Au Roi en son Conseil d'Etat. Observations pour le Sieur **Daverton**, Manufacturier à Abbeville. Sur un conflit élevé, le 19 septembre 1826, par M. le Préfet du Département de la Somme. — *Paris*, Paul Renouard; 7 p. in-4°.

9481. — Lettres patentes concernant l'instruction du Procez Criminel à faire au sujet de l'Assassinat des nommez **David** et sa femme, marchands d'Amiens assassinés près de Rouen, le 26 août 1728. Données à Fontainebleau le 28 Septembre 1728. — Paris, Pierre Simon, 1728; 4 p. in-4°.

Bibl. Pinsard.

9482. — Mémoire en prise à partie pour M. M. L. J. **Deboileau**, Jurisconsulte, Contre M. **Dubellai**, l'un des Juges d'Abbeville, Directeur du Jury en Prairial an 11. — Paris, Caillot, an 11; 56 p. in-4°.

Bibl H. Macqueron.

9483. — Mémoire sur appel au Tribunal criminel de la Somme. Mémoire pour Marie-Louis-Joseph **Deboileau**, ancien Lieutenant-de-Maire de la Ville d'Abbeville, ancien Accusateur public en l'arrondissement d'Abbeville, ancien Jurisconsulte, exerçant depuis plus de quarante ans, prévenu, et inculpé dans l'affaire correctionnelle d'entre le citoyen Chabaille et le citoyen Foulon. Contre le citoyen Substitut d'Abbeville, son unique accusateur. — Abbeville, de l'Imprimerie rue Saint-Gilles, Messidor an XI (1803); 49 p. in-4°.

Ibid.

9484. — Réponse de Marie-Louis-Joseph **Deboileau**, ancien Jurisconsulte, au mémoire des trois Magistrats. — Abbeville, de l'Imprimerie rue St Gilles, *vers 1804*; 38 p. in-4°.

Ibid.

9485. — Requête en Prise-à-Partie. Pour Marie-Louis-Joseph **Deboileau**, Avocat, ancien Lieutenant-de-Maire d'Abbeville, et ancien Accusateur public près le Tribunal du District d'Abbeville. Contre M. **Dequeux**, Substitut à Abbeville, de M. le Procureur général-Impérial près la Cour de Justice criminelle du Département de la Somme ; Et contre M. Marie-Antoine-François-Nicolas **Dubellay**, Juge au Tribunal de première instance d'Abbeville, Directeur du Jury en Prairial an XI. — S. l. n. n., *an XIII*; 34 p. in-4°.

Ibid.

9486. — Nouveaux Moyens d'Appel Pour Marie-Louis-Joseph **Deboileau**, ancien Jurisconsulte et ancien Magistrat. — Abbeville, L. A. Deverité, an XIII (1804); 77 p. in-4°.

Ibid.

* 9487. — Plaidoyer pour Marie-Louis-Joseph **Deboileau**, ancien Avocat, ancien Lieutenant de Maire d'Abbeville et ancien Accusateur public près le Tribunal du District d'Abbeville, Demandeur en prise à partie. Contre M. **Dequeux**, Substitut à Abbeville de M. le Procureur Général près la Cour de Justice Criminelle du Département de la Somme ; et contre M. Marie-François-Antoine-Nicolas **Dubellay**, Juge au Tribunal de première instance d'Abbeville, Directeur du Jury en prairial an XI. Prononcé devant la Cour de Cassation, à l'audience de la Chambre des Requêtes le 22 fructidor an 13 (19 septembre 1805), par M. Parent-Réal, Avocat à la Cour de Cassation. — Paris, Cellot, an XIII ; 80 p. in-4°.

Bibliog. Dufour, n° 483.

9488. — Mes Adieux à la Ville d'Abbeville, par *M.* **Deboileau**; *20 Ventôse an XIII*. — Abbeville, de l'Imp. rue St Gilles ; 6 p. in-12.

Bibl. H. Macqueron.

9489. — Plaidoyer pour Marie-Louis-Joseph **Deboileau**, Avocat, ancien Lieutenant de Maire d'Abbeville, et ancien Accusateur public près le Tribunal du District d'Abbeville, Demandeur en prise à partie : Contre M. Marie-François-Antoine-Nicolas **Dubellay**, Président du Tribunal d'Abbeville, et Directeur du Jury en prairial an XI. Prononcé devant la Cour de Cassation civile, le mercredi 23 juillet 1806, par M. Parent-Réal. — *Paris*, Cellot, 1806 ; 43 p. in-8°.

*9490. — Contrainte par corps. Abus à réformer. Appel à S. M. Louis XVIII et au Corps-Législatif, par Marie-Louis-Joseph **de Boileau**, ancien jurisconsulte. — Paris, chez l'auteur, s. d. ; 20 p. in-8°.

9491. — Mémoire signifié pour le Sieur Martin **Debonnaire**, et Demoiselle Marie-Marthe Haudicquer, son Epouse, Bourgeois d'Amiens, Demandeurs au principal et Défendeurs sur la Requête incidente. Contre le sieur Paul-Claude **Haudicquer**, Bourgeois d'Amiens et le Sieur Nicolas Haudicquer Domonville, Conseiller du Roi, Contrôleur en la Monnoy de ladite Ville, héritiers du feu Sieur Jean-François Haudicquer, leur Frère, Défendeurs au principal et Demandeurs sur Requête incidente. — Amiens, veuve Caron, *1761;* 155 p. in-4°.

Bibl. d'Amiens, Jurisp., n° 841, t. I.

9492. — Réflections sur l'Instance ..... pour Me François **de Bray**, Huissier au Bureau des Finances et Domaines du Roy en la Généralité d'Amiens, et aux Recouvremens des Tailles en l'Election de Doullens, resident à Doullens, appellant et demandeur. Contre Me Antoine **Maisnel**, Procureur, demeurant à Doullens, intimé et défendeur. — S. l. n. n., *1726;* 4 p. in-folio.

Bibl. H. Macqueron.

9493. — Mémoire signifié pour François **Debray**, Bourgeois d'Amiens, Appellant. Contre Nicolas Barthelemy **de Louvencourt**, Ecuyer, Seigneur de Bettancourt, Rivière, et autres lieux et Consorts, petits-enfans et héritiers de Dame Elisabeth Gorguette, leur ayeule maternelle, à son décès veuve du Sieur François D'hollande, Trésorier de France à Amiens, Intimés. Et contre Michel Debray, Marchand à Amiens, aussi Intimé. *Signé : Chastelain*.— *Paris*, Delaguette, 1749 ; 17 p. in-folio.

Bibl. Soc. Ant. Pic.

9494. — Mémoire présenté au Corps Législatif Par Jean-François **Debray**, *de Falvy*, père de huit enfants vivans, à l'appui d'une pétition dans laquelle il se plaint de la suspension d'un contrat de vente de domaines nationaux, à lui délivré le 12 thermidor, par les administrateurs du département de la Somme. — *Paris*, Du Pont, s. d. ; 7 p. in-4°.

Bibl. H. Macqueron.

9495. — Mémoire sur délibéré Pour Me Jean-François **Debray**, Procureur en la Sénéchaussée de Ponthieu et au Siège Présidial d'Abbeville, Défendeur ; Contre Jean-Baptiste **Boinat**, Tisserand au Village de Chepy, Demandeur. — Abbeville, L. A. Devérité, 1783 ; 40 p. in-4°.

9496. — Observations pour Me **Debray**, Procureur à Abbeville. Contre Jean-Baptiste **Boinat**. — Abbeville, Devérité, 1783 ; 19 p. in-4°.

9497. — Mémoire pour le Sieur Jean-Baptiste **de Caisne**, Marchand Epicier à Amiens, Demandeur. Contre les Sieurs Pierre Bernard et Claude Antoine **Odoyer** Freres, Négocians Associés à Calais, Défendeurs. *Signé : Ropiquet*. — S. l. n. n., *1756;* 4 p. in-folio.

Garnison indûment mise chez un négociant.
Bibl. H. Macqueron.

9498. — Mémoire pour Nicolas-Auguste **Decarbonel**, Maire de Cottenchy, Intimé ; Contre Vast-Vitte-Hypolite **Dufour**, et Marie-Anne-Agnès De Ternisien, son Epouse, demeurant à Chaulnes, Appelans. — *Amiens*, Fr. Caron-Berquier, an XIII ; 68 p. in-4°.

Bibl. d'Amiens, Jurisp., n° 953, t. III.

9499. — Au Roi en son Conseil d'Etat. Mémoire pour M. le Baron **Dejean** fils, Lieutenant Général de Cavalerie, appelant d'un arrêté rendu par le Préfet du Département de la Somme, en conseil de Préfecture, le 20 Septembre 1820. — *Paris*. J. L. Chanson; 16 p. in-4°.

Au sujet de sa radiation des listes électorales.

9500. — Mémoire pour le Citoyen **Delahaye**, Propriétaire, demeurant à Vaux-sous-Corbie, Département de la Somme, intimé; Contre le Citoyen **Delacotte-du-Motel**, demeurant à Paris, au nom et comme tuteur des Mineurs d'Hautefort, appellant d'un jugement du Tribunal civil de la Somme, du 4 thermidor an 8. En présence du Préfet du Département de la Somme, stipulant les droits de la République, aussi intimé. — Amiens, J. B. Caron l'aîné, an X; 39 p. in-4°.

Bibl d'Amiens, Jurisp., n° 953, t. III.

9501. — Mémoire au Conseil pour Charles-Nicolas **Delahaye**, Ecuyer, Titulaire de l'office de Directeur de la Monnoie d'Amiens. Contre Jacques-François-Joseph **Sevault**, Propriétaire dudit office de Directeur de la Monnoie. — S. l. n. n., *1768*; 34 p. in-4°.

Au sujet de la cession de l'office.
Bibl. Pinsard.

9502. — Précis du Procès et Observations pour Charles-Nicolas **de la Haye**, Ecuyer. Contre le Sieur Jacques-François-Joseph **Sevault**. — Amiens, veuve Godart, 1773; 84 p. in-4°.

Ibid.

9503. — Addition aux Observations pour le Sieur Charles-Nicolas **de la Haye**, Ecuyer. Contre le Sieur Jacques-François-Joseph **Sevault**. — S. l. n. n. n. d.; 16 p. in-4°.

Ibid.

9504. — Nouvelle addition aux observations pour le Sieur Charles-Nicolas **de la Haye**, Ecuyer. Contre le Sieur Jacques-François-Joseph **Sevault**. — Amiens, veuve Godart, s. d.; 16 p. in-4°.

Ibid.

9505. — Mémoire sommaire pour les héritiers et légataires universels de Nicolas-François **Delahoussoye**-de-Neuvillette, en sa qualité de co-héritier et de créancier du feu sieur Claude Langlois-de-Beaufresne, décédé en 1748. Contre Dame Hyacinthe de Monchy, douairière de M. Louis **des Essarts**, comme représentant André-Nicolas de Monchy, lequel étoit l'un des héritiers bénéficiaires dudit feu Sieur Claude Langlois de Beaufresne. — Abbeville, L. A. Devérité, *1790*; 31 p. in-4°.

Bibl. H. Macqueron.

9506. — Extrait des Registres de Parlement. *Arrêt, du 18 février 1673, rendu entre Antoine* **Delattre**, *Sieur de Harcelaines et Antoine* **Lestocq**, *Substitut au Bailliage d'Amiens*. — S. l. n. n.; 2 p. in-4°.

Arch. dép. de la Somme, B, n° 324.

9507. — Mémoire sommaire pour honorable Homme Jacques **Delattre**, ancien Consul des Marchands de cette Ville (*d'Abbeville*), et ancien Marguillier de la Paroisse de la Chapelle. Contre M° Pierre-François **Daullé**, Prêtre, Bachelier en Théologie de la Faculté de Paris, Curé de cette Paroisse. — Abbeville, L. A. Devérité, 1778; 23 p. in-4°.

Bibl. H. Macqueron.

9508. — Mémoire sommaire pour le Sieur Jacques **Delattre**, ancien Consul des Marchands de la Ville d'Abbeville, et ancien Marguillier de la Paroisse de la Chapelle, Intimé; Contre M° Pierre-François **Daullé**, Prêtre, Bachelier en Théologie de la Faculté de Paris, Curé de ladite Paroisse, Appellant. — *Paris*, Jorry, 1779; 29 p. in-4°.

Ibid.

9509. — Réplique sommaire pour le

Sieur **Delattre**, ancien Marguillier de la Paroisse de la Chapelle. Contre M° **Daullé**, Curé de cette Paroisse.— *Paris*, L. Jorry, 1780; 35 p. in-4°.

Ibid.

9510. — Mémoire pour le Sieur **Delattre Dumontville**, demeurant à Abbeville, Appelant; Contre le Sieur **Deribeaucourt**, Orfèvre, et son Epouse, demeurans en la même ville, Intimés. — Amiens, R. Machart, 1827; 48 p. in-4°.

Affaire relative à des diamants volés au garde-meuble en 1792.

Bibl. A. de Caïeu.

9511. — Précis pour M° **Delegorgue**, Avocat, et M° **Grené**, Avoué, tous deux demeurants à Abbeville, Appelans; contre M. le Procureur Général à la Cour Royale d'Amiens, Intimé. 1828. — Amiens, R. Machart; 12 p. in-4°.

Bibl. d'Abbeville.

* **9512**. — Mémoire pour André **de Lignières**, sieur **de Bommy** et la demoiselle Macret contre M. François **Lefebvre**. — Paris, 1767; 18 p. in-folio.

Cat. Lib. Pineau, à Beauvais, 1864.

* **9513**. — Mémoire pour Dame Marie Marguerite Vaignard de Vironchaux, épouse de Claude François **de Mons**..... seigneur **d'Hedicourt** demanderesse, contre ledit sieur d'Hedicourt, défendeur..... *Signé : Lhéritier, Douceur*. — S. l. n. n., 1706; in-folio.

Demande en séparation.

Bibl. Nat¹ᵉ, f° Fm, 11368

* **9514**. — Factum pour Claude François **Demons**, seigneur d'**Hedicourt** contre dame Marie-Marguerite Vuaignart de Vuironchaux, son épouse, demanderesse en séparation de biens et d'habitation..... *Signé : Le Cœur*. — S. l. n. n. n. d.; in-4°.

Bibl. Nat¹ᵉ, Thoisy, 417, f° 428.

9515.— Mémoire pour Claude-François **Demons**, seigneur d'**Hédicourt**, ... Appelant d'une sentence rendue au Châtelet de Paris, le 5 août 1707. Contre dame Marie-Marguerite Waignart, son épouse, intimée, pour sat s-faire à l'arrêt de conclusion du 2 mars 1708. *Signé : Marais*.— S. l. n. n. n. d.; in-folio.

Bibl. Nat¹ᵉ, f° Fm, 4583.

9516. — Mémoire pour Claude **Demons**, Ecuyer, Sieur d'**Hedicourt**; et la Dame son épouse, Intimez et Appellants; Contre Jacques **Godart**, Ecuyer-Sieur **de Beaulieu**, Appellant et Intimé. — S. l. n. n., *vers 1733*; 12 p. in-folio.

Bibl. H. Macqueron.

9517. — Mémoire signifié pour Claude **Demons**, Ecuyer, Sieur d'**Hedicourt**; Et Dame Marie-Françoise Demons, son épouse, intimez. Contre Jacques **Godard**, Ecuyer Sieur **de Beaulieu**, d'Argoulle, Dominois et Petit Chemin, appellant ; Et contre Dame Adrienne Demons, épouse dudit Sieur de Beaulieu, Partie intervenante en l'Instance. *Signé : Colin*. — Paris, Sevestre, *vers 1733*; 4 p. in-folio.

Ibid.

* **9518**.— Précis pour le sieur **Denisart**, Bourgeois de Montdidier, Chevalier de l'Arquebuse de ladite ville, plaignant et intimé; contre le sieur **Cousin de Beaumesnil**, Procureur du Roi en la Mairie de Montdidier, accusé, appelant. — *Paris*, Ballard, 1748; 15 p. in-4°.

Bibl. de Beauvillé.

9519. — Précis pour M° **Dequeux**, Lieutenant-Particulier en la Sénéchaussée de Ponthieu, et Siège Présidial d'Abbeville, Intimé. Contre le Sieur **Dutertre**, Chevalier de l'Ordre Royal et Militaire de Saint-Louis, Major de la Ville et Citadelle de Montreuil-sur-Mer, Appelant. — *Paris*, Delaguette, 1785; 14 p. in-4°.

Affaire tragi-comique ayant pour cause un chien dont la patte avait été écrasée par la voiture de M. Dequeux.

Bibl. d'Abbeville.

9520. — Précis pour le sieur François-Théodore **De Roussen**, vivant de son bien, demeurant à Ailly-le-haut-clocher, ayant repris l'instance au lieu et place de la Dame sa Mère, Demandeur. Contre Pierre-François **Petit**, et D^{lle} Marie-Jeanne Ridoux, demeurant à Regnières-Ecluse, ladite Ridoux auparavant Veuve du Sieur Honoré-François de Roussen, ancien Receveur de la Terre et Seigneurie dudit Regnières-Ecluse, et sa Légataire universelle, Défendeur. — Abbeville, L. A. Devérité, *vers 1776;* 33 p. in-4°.

Bibl. A. de Caïeu.

9521. — Réflexions pour le sieur François-Théodor **de Roussen**. Contre Pierre-François **Petit** et la D^{lle} Ridoux, sa Femme sur l'arrêté de compte du 4 Décembre 1776. — Abbeville, L. A. Devérité; 17 p. in-4°.

Bibl. H. Macqueron.

9522. — Exposé relatif aux calomnies que M. **Deroussen**, dit l'Avocat, s'est permises contre M. **Caron**, Curé-Doyen d'Ailly-le-haut-Clocher.— Abbeville, Boulanger-Vion; 20 Novembre 1822; 20 p. in-4°.

9523. — Mémoire pour Me Charles-Nicolas-François **Derouveroy**, Notaire Royal au Bailliage d'Amiens, Intervenant. Contre Jean-François **Derouveroy**, ci-devant Cavalier au Régiment de Dampierre. demeurant à Amiens, Demandeur. Et contre Adrien Capron, Fermier, demeurant à Pierregot, Défendeur. — S. l. n. n., *1780;* 12 p. in-folio.

Anc^{ne} Bibl. de Marsy.

9524. — Cause en la Grand'-Chambre (Première du role d'Amiens) pour Marie-Magdeleine Mercier, Veuve de Jean-Baptiste-André **Deschamps**; Marie-Françoise-Radegonde-Florence Flutte, Fille majeure; et Antoine Mercier, Garçon Cordonnier, tous demeurant à Amiens, Appelans et Intimés. Contre Marie Adrien **Morgan**, Ecuyer, Seigneur **de Maricourt**, et Dame Marie-Angélique du Rieux, son Epouse, Intimés, et incidemment Appelans. — *Paris*, Ch. Est. Chesnault, 1772; 28 p. in-4°.

Bibl. de Péronne, Rec de Mém. t. 67.

9525. — Réplique pour la veuve **Deschamps**, et Consors. Contre les Sieur et Dame **Morgan**. — *Paris*, Ch. Est. Chesnault; 7 p. in-4°.

Ibid.

9526. — Sommaire pour Guillaume **Des Vignes**, maître maçon, François Allou, maître menuisier, Joseph Quignon, maître charpentier... tous demeurant en la ville d'Amiens... contre Jean-Léger **Dauchez**, maître couvreur, ... et contre Demoiselle Anne Dubreuil, veuve du sieur Antoine Paillyart. *Signé: de Ligny*. — Paris, P. Prault, 1748; in-4°.

Bibl. Nat^{le}. Inv. F, 13075.

9527. — Grand'Chambre. Cause entre le sieur **Devaux**, Bourgeois de Péronne, le nommé Estève et sa femme, Laboureurs Vente d'héritages à faculté de réméré, et location par le même acte desdits héritages au Vendeur par l'Acquéreur, moyennant redevances en grains, attaquées d'office par le Procureur du Roi comme usuraires.

Gaz. des Trib., 1782, p 386 à 391; in-12.

9528. — Mémoire pour Charles-Alexandre **Devérité**, fils majeur, demandeur en paiement d'une obligation de deux-mille écus; contre la D^{lle} Sophie Barbier d'Ouville, épouse maintenant du S. Marcel **Elluin**, propriétaire cultivateur à Noyelles-sur-mer, arrondissement d'Abbeville. Et aussi contre ledit sieur Elluin, son mari. — Abbeville, de l'Imprimerie, rue St Gilles, an 1811; 51 p. in-4°.

Bibl. H. Macqueron.

9529. — Précis pour Louis-Alexandre **Devérité**, Licencié ès Loix, seul Libraire-Imprimeur du Roi, et de Mgr

le Comte de Périgord, à Abbeville, Demandeur. Contre le sieur Liévin **Pintiau**, faisant le Commerce de Librairie audit Abbeville, Défendeur. — Abbeville, L. A. Devérité, 1775; 8 p. in-4°.

Ibid.

9530. — Réplique pour Louis-Alexandre **Devérité**, Imprimeur du Roi, Demandeur. Contre le S' Liévin **Pintiau**, Défendeur. — Abbeville, Devérité, 1775; 10 p. in-4°.

Ibid.

9531. — Post-Scriptum. Lettre des Officiers de la Chambre Royale et Syndicale des Imprimeurs Libraires de Paris au S' **Devérité**, Imprimeur du Roi.— Abbeville, L. A. Devérité, 1775; 3 p. in-4°.

Ibid.

9532. — Précis pour Louis-Alexandre **Devérité**, Licencié ès Loix, Libraire-Imprimeur bréveté de S. A. R. Monseigneur le Comte d'Artois, à Abbeville, Accusé. Contre M. le Procureur du Roi, Accusateur. — Paris, Cailleau, Octobre 1783; 7 p. in-4°.

Au sujet de livres prohibés vendus par Devérité.

Ibid.

9533. — Précis pour Louis-Alexandre **Devérité**, Citoyen Français, résidant à Abbeville, Demandeur. Contre les Citoyens **Delahaye et Godde**, Fournisseurs et Inspecteurs des Fourages pour la République. — Abbeville, L. A. Devérité, 1797; 22 p. in-4°.

Bibl. d'Abbeville.

9534. — Mémoire pour Louis-Alexandre **Devérité**, ex-législateur, premier juge suppléant au tribunal d'Abbeville, demandeur en autorisation de prise à-partie. Contre le Cit. **Traullé**, ex-Substitut criminel près le même tribunal. — Abbeville, de l'Imprimerie rue S' Gilles, an XIII; 76 p. in-4°.

Ibid.

9535. — Mémoire à consulter pour L. A. **Devérité**, ex-législateur, premier suppléant du tribunal de première instance, à Abbeville. Contre le Citoyen **Traullé**, Substitut du commissaire du gouvernement audit Abbeville. — Abbeville, *vers l'an XIII*; 46 p. in-4°.

9536. — Arrêté du Préfet de la Somme du 13 Février 1806, *invoqué dans le procès* **Devérité**. — Abbeville, L. A. Devérité; 2 p. in-4°.

Bibl. H. Macqueron.

9537. — Résumé pour le sieur **Devérité** Contre la veuve **Hoin** et le sieur **Trancart**. — Abbeville, Devérité fils, Décembre 1808; 36 p. in-4°.

Ibid.

9538. — Addition aux moyens d'appel *pour L. A.* **Devérité**. Contre les Sieurs **Hoin et Trancart**. — Abbeville, Devérité fils, 20 Octobre 1808; 9 p. in-4°.

Ibid.

9539. — Observations (*pour* **Devérité**) sur le rapport des trois Experts les sieurs Jumel-Ricquier, Mathurel, et Colard de Long-Pré. Du 3 janvier 1812. — Abbeville, Devérité fils; 24 p. in-4°.

Ibid.

9540. — Précis pour le Sieur **Devérité** père, propriétaire des moulins des ci-devant Chartreux à Abbeville, défendeur. Contre le sieur **Visse**, meunier, son ancien locataire et contre les sieurs Trancart, Briet et Courty, propriétaires des quatre moulins de la Bouvaque, intervenans. — Abbeville, Devérité fils, 25 avril 1813; 22 p. in-4°.

Ibid.

9541. — Extrait du rapport des experts relatif aux moulins de la Bouvaque (*invoqué dans l'affaire* **Devérité**), du 22 Août 1736, Entériné par l'Arrêt de la Table de marbre de Paris, du 13

— 313 —

Avril 1737. — Abbeville, Devérité fils; 12 p. in-4°.
Ibid.

9542. — Déclaration faite (*pour* Devérité) au contraire des faits imposteurs avancés par les sieurs **Courty**, **Trancart** et consorts, devant S. E. le Ministre de l'Intérieur et les Tribunaux. — S. l. n. n., *1813*; 2 p. in-4°.
Ibid.

9543. — Extrait des Registres aux Arrêtés du Préfet du Département de la Somme. *Arrêté, du 16 novembre 1813, relatif à l'affaire* **Devérité**. — S. l., Devérité fils; 7 p. in-4°.
Ibid.

9544. — Décision souveraine applicable à la cause des moulins du Sr Devérité sur les Rivières de Drucat et de l'Heure, à la Bouvaque. — S. l. n. n. n. d.; 2 p. in-4°.
Ibid.

9545. — Deux mots (*pour* L. A. Devérité) sur la réplique des Propriétaires des Moulins de la Bouvaque. — Abbeville, Devérité fils, 1813; 16 p. in-4°.
Ibid.

9546. — Ma réponse à des calomnies judiciaires. *Signé* : *L. A. Devérité.* — Abbeville, Devérité fils, 1813; 12 p. in-4°.
Ibid.

9547. — Observations présentées à Son Excellence le Ministre de l'Intérieur pour le sieur L. A. **Devérité**, ancien Député, propriétaire des moulins des anciens Chartreux; En réponse à la Pétition des sieurs Ch. Anne **Courty**, Ch. Trancart et Briet, Meuniers et Boulangers, propriétaires des moulins de la Bouvaque, banlieue d'Abbeville. — Abbeville, Devérité fils, 1816; 30 p. in-4°.
Ibid.

9548. — Précis pour le Sieur H. **Devérité**, Imprimeur à Abbeville, *poursuivi comme imprimeur d'un article diffamatoire publié dans le journal le Franc-Parleur, de Boulogne.* — Abbeville, Devérité, avril 1828; 6 p. in-4°.
Ibid.

9549. — Arrest contradictoire de la Cour des Aides, du 12 Janvier 1759, qui infirme une Sentence des Elûs d'Amiens du 30 Juin 1758; Ordonne que le procès extraordinaire commencé en ladite Election, à la requête de l'Adjudicataire général des Fermes, sera continué et poursuivi par récollement et confrontation pardevant les Elûs d'Abbeville, commis à cet effet, et joint l'inscription de faux formée par les parties accusées audit procès (*Honoré* **Devienne**, *curé* d'Hornoy et Madeleine Devienne, sa sœur, débitante d'eau de vie), pour, lors de la visite d'icelui, y avoir tel égard que de raison. — Paris, Imprimerie Royale, 1759; 3 p. in-4°.

Bibl. H. Macqueron.

9550. — Précis pour Maitre Louis-Wlfran **de Vismes**, Doyen des Notaires du Roy de la Sénéchaussée de Ponthieu et Siège Présidial d'Abbeville, Demandeur en décret; Contre Maître Charles **Lucas**, Prêtre, Curé de Laviers, Héritier de Monsieur Joseph-Marie Lucas, sieur de Cormont, Conseiller en la Sénéchaussée de Ponthieu et Siège Présidial d'Abbeville, Défendeur. — S. l. n. n., *vers 1741*; 5 p. in-folio.

Bibl. d'Abbeville.

9551. — Mémoire servant de réponse pour la dame Aclocque, veuve de François **Dewailly**, tant en son nom personnel que comme tutrice de ses Enfans Mineurs, François Dewailly Garçon Majeur et Consors, demeurants à Amiens, Intimés. Contre le Citoyen **Pecry**, demeurant audit Amiens, Appellant. — Amiens, Fr. Caron-Berquier, an IX; 49 p. in-4°.

Bibl. d'Amiens, Jurisp., n° 953, t. II.

40

9552. — Précis analytique pour les Syndics et Directeurs des créanciers unis de Louis François **Dhangest**, défendeurs à la demande en sommation et intervenans ; Contre ledit Dhangest, failli, ci-devant marchand et cultivateur à Vauvillé, appelant, défendeur à l'intervention et demandeur au principal ; Et contre la citoyenne Dincourt, veuve **Aubé**, propriétaire foncière à Damery, intimée, demanderesse en sommation et défendresse (sic) à intervention. — Amiens, Caron-Berquier, s. d. ; 28 p. in-4°.

Ibid., Jurisp., n° 953, t. I.

9553. — Mémoire pour Quentin **Dieux**, ancien Fermier des Moulins et Etangs d'Etouilly, Donataire d'une part d'enfant de feue Marie Molinet, sa femme, veuve en premières noces d'Antoine Mafille, Défendeur ; Contre Jean **Lobjeois**, garde-Moulin à Arcy en Champagne, Et Marie-Catherine-Adrienne-Josèphe Mafille, sa femme, et Consors, héritiers de ladite Marie Molinet, Demandeurs. — Noyon, J. Fred. Devin, 1779, 19 p. in-4°.

Procès plaidé devant la justice d'Estouilly.
Bibl. H. Macqueron.

* **9554.** — Mémoire explicatif des faits dans l'affaire de T. **Dinocourt**, homme de lettres, contre E. **Duverger**, imprimeur, au sujet de la brochure intitulée : Me ferai-je jésuite ? — Paris, Gaultier Laguionie, 1826 ; 10 p. in-4°.

Journ. de l'Impr. et de la Libr., 1826, n° 991.

9555. — Mémoire signifié pour Dame Marie-Ursule Manessier, veuve de M' Nicolas de **Dompierre**, Procureur du Roi en l'Election de Ponthieu, Légataire universelle de Dame Marie-Ursule Delehode, sa mère, qui étoit légataire universelle de M° Charles Manessier, Conseiller Elu en l'Election de Ponthieu, son mary, Défendresse. Contre le sieur Josse **Manessier de Colombeauville**, fils aîné, héritier et légataire particulier desdits Sieur et Dame Manessier, Demandeur en entérinement de Lettres de recision, et suplément de légitime. Signé : Dargnies. — S. l. n. n., vers 1742 ; 8 p. in-folio.

Bibl. H. Macqueron.

9556. — Mémoire signifié pour Dame Marie-Ursule Manessier, Veuve du Sieur Nicolas de **Dompierre**, Conseiller du Roi, et son Procureur en l'Election de Ponthieu, Intimée et Défenderesse. Contre M° Adrien **Gallet**, Avocat en la Sénéchaussée de Ponthieu, et Consorts, Appellans d'une Sentence de la même Sénéchaussée du 25 juillet 1724, et Demandeurs. Signé : Target. — Paris, Saugrain, 1746 ; 22 p. in-folio.

Ibid.

9557. — Défense pour le Citoyen **Doresmieulx**, traduit au Tribunal criminel du Département de la Somme. — Amiens, J. B. Caron l'aîné, vers 1793 ; 40 p. in-4°.

Bibl. d'Amiens, Jurisp., n° 953, t. I.

9558. — Mémoire pour Pierre **Dorion**, Meûnier au Village de Soues, Défendeur. Contre Adrien **le Moitié**, Seigneur de Bichecourt, Demandeur. — S. l. n. n. n. d. ; 3 p. in-folio.

Bibl. d'Amiens. Hist., n° 3594.

9559. — Précis pour le citoyen **Douay**, accusé d'assassinat à une fête donnée à Amiens, à la Hautoye, le 10 prairial an V. — Amiens, Caron-Berquier ; 12 p. in-4°.

Ibid., Jurisp., n° 953, t. I.

* **9560.** — Factum pour demoiselle Antoinette Martine, veuve de M. Fursy **Dournel**, conseiller au bailliage de Péronne... contre M° Fursy **Dournel**, avocat, fils du premier lit dudit M° Fursy Dournel... Signé : Dartois. — S. l. n. n., 1692 ; in-4°.

Bibl. Nat'°, Thoisy, 435, f° 228.

— 315 —

9561. — Mémoire pour les sieurs et demoiselle **Douzenel**, demeurants à Auxi-Château, demandeurs en nullité de testament. Contre le sieur **Deroussen**, Juge de Paix du Canton d'Aillyhaut-Clocher, légataire universel de la dame Veuve Boujonnier. — Abbeville, Devérité, 1791 ; 43 p. in-4°.

Bibl. d'Abbeville.

9562. — Précis pour le sieur **Douzenel**, Cultivateur à Buigny-Labbé, demandeur; Contre MM. **Vaquez**, Notaire; Duval-Boidin, Agent de change; Leullier, M° Clerc ; Dargnies, Conservateur des Hypothèques, et Dassonville, Avoué, tous demeurant à Abbeville, défendeurs; et pour le Sieur Choquet, ex-Notaire à Fontaine-sur-Somme, intervenant contre les mêmes. — Amiens, Caron, *1820*; 27 p. in-4°.

Bibl. H. Macqueron.

9563. — Calendrier des mandataires **Douzenel**, ou Précis succinct des fautes lourdes, fraudes et infidélités pratiquées par MM. Vaquez, notaire ; Leullier, son clerc ; Dassonville, avoué ; Duval-Boidin, agent de change ; Dargnies, conservateur des hypothèques, demeurant tous à Abbeville, pour enlever le gage des créanciers des Sieur et Dame Douzenel, de Buigny-Labbé ; ce qui, en amenant leur ruine, a causé un préjudice considérable au Sieur Choquet, ex-notaire à Fontaine-sur-Somme, qui, à ce titre, est intervenu au jugement rendu par le tribunal civil d'Abbeville le 15 Mars 1822, dont lesdits mandataires, hormis M. Dargnies, ont interjetté appel. Amiens, le 8 avril 1823. — Amiens, Caron; 45 p. in-4°.

Ibid.

9564. — Observations présentées à S. E. le grand Juge Ministre de la Justice, et au Tribunal de Cassation, par les C.C. **Dubellay** et Cordier, Juges au Tribunal de première Instance d'Abbeville, et Traullé, aujourd'hui Commissaire du Gouvernement, et ci-devant Magistrat de sûreté, près le même Tribunal, En réponse aux Mémoires de **Sombret-Guillebert** et de ses Défenseurs. — Abbeville. Boulanger-Vion, *25 frimaire an XII* ; 63 p. in-4°.

9565. — Mémoire, pour le Sieur Marie-François-Antoine-Nicolas **Dubellay**, Président du tribunal d'Abbeville, Défendeur; Contre le S' Marie Louis Joseph **Deboileau**, Avocat, Demandeur. — *Paris*, Leblanc, *1803* ; 44 p. in-4°.

* 9566. — Instruction pour procéder aux enquêtes par turbes ordonnées par arrêt du parlement du 7 septembre 1655, aux bailliage d'Amiens et siège présidial d'Abbeville, entre Honoré **Dubos**... sieur de Drancourt, appelant..: contre Jacques **Dubos**, sieur de Tasserville, intimé. — S. l. n. n. ; in-4°.

Bibl. Nat¹°, Thoisy, 389, f° 221.

* 9567. — Factum pour Jacques **Dubos**,.... sieur de **Tasserville**.... contre Honoré **Dubos**..... sieur de **Drancourt**. — S. l. n. n. n. d. ; in-4°.

Bibl. Nat¹°, Thoisy, 389, f° 217.

* 9568. — *Mémoire pour Jacques* **Dubos**, *sieur de Tasserville contre Honoré* **Dubos**, *sieur de Drancourt*, *commençant par ces mots* : Pour répondre, par Jacques Dubos... — S. l. n. n. n. d. ; in-4°.

Bibl. Nat¹°, Thoisy, 389, f° 227.

9569. — Mémoire pour Claude **Ducanda**, *d'Amiens*, Défendeur et Demandeur. Contre Dame Marie-Angélique Cadeau, veuve de Messire Guillaume **Femin**, Comte de Moras, Demanderesse et Défenderesse. *Signé* : *Le Vasseur*. — *Paris*, V. Le Febvre, *vers 1720* ; 7 p. in-folio.

Bibl. H. Macqueron.

* 9570. — Factum pour Jacques **Du Candas**, bourgeois d'Amiens, fils ainé

et principal héritier de défunt Claude Du Candas,... notaire royal à Pernois; M° Aymard Du Candas, chapelain de la chapelle de Saint-Hubert de Canaples, et Jacques Pruvost, aussi bourgeois de ladite ville d'Amiens, tuteur des enfans mineurs de lui et de défunte damoiselle Marguerite Du Candas, tous lesdits Du Candas enfans du premier lit dudit Claude Du Candas et d'Elisabeth Caron... contre Antoine et Jean François **Du Candas** et M. Antoine Cardot, procureur à Amiens, et Françoise Du Candas sa femme, enfans du second lit dudit Claude Du Candas et de Florence Hémart. *Signé : Caron.* — S. l. n. n., 1681 ; in-folio.

Bibl. Nat^{le}, Thoisy, 239, f° 136.

* 9571. — Factum pour M° Michel **du Castel**, sieur **de Bavelincourt**... contre François **Chapellier**, sieur **d'Orbendas**... *Signé : Castelet.* — S. l. n. n. n. d. ; in-4°.

Bibl. Nat^{le}, Thoisy, 392, f° 419.

* 9572. — Plaise à Monsieur..... avoir pour recommandé en justice le bon droit en l'instance du conseil, pour Pierre Chirol **Ducastel**, avocat au parlement... lieutenant criminel de robe courte en la ville et bailliage de Montdidier..... contre Pierre **Hennique**, lieutenant criminel de robe courte en la ville et bailliage de Péronne. *Signé : Minet.* — S. l. n. n., 1696 ; in-folio.

Bibl. Nat^{le}, Thoisy, 173, f° 109.

9573. — Mémoire pour Maître François **Duchesne**, Avocat au Siège Présidial d'Abbeville, Demandeur. Contre Maître Claude **Danzel**, Avocat en Parlement, Défendeur. — *Paris*, Bullot, 1730 ; 8 p. in-folio.

Bibl. Soc. Ant. Pic.

* 9574. — Mémoire pour Adrien et Antoine **Du Croquet**, Jeanne Candillon, veuve de Louis Hirondart, et Jean-Baptiste Calais; fermiers du village de Flesselles, en Picardie, appelants de deux ordonnances de M. Chauvelin, intendant de Picardie, des 21 mars et 22 avril 1719, contre les sieur et damoiselles **Coulet de Bussy**, intimés. *Signé : Moreau.* — *Paris*, veuve Guillery; in-folio.

Bibl. Nat^{le}, f° Fm, 5238.

* 9575. — Mémoire instructif pour François **du Fresne**.... sieur **d'Epagny**... président trésorier de France en la généralité d'Amiens..... contre Charles **Morel**... sieur d'Hébécourt, et Adrien Morel.... sieur de Foucaucourt. — S. l. n. n. n. d.; in-folio.

Bibl. Nat^{le}, Thoisy, 237, f° 57.

* 9576. — Mémoire pour M. Martin **Dufresnoy**, receveur des tailles en l'élection de Péronne, tant en son nom que comme donataire de défunt Pierre Nicolas Dufresnoy, son frère... contre M. Nicolas **Compoint**, procureur au Châtelet. *Signé : Cresne.* — S. l. n. n., 1664 ; in-folio.

Bibl. Nat^{le}, Thoisy, 164, f° 462.

9577. — Mémoire pour Philippes **Dugardin**, Ecuyer Seigneur **de Bernapré**, Demandeur. Contre les Sieurs et Dames de **Vuoincourt**, de Bernâtre, de Bouillencourt, et Fontaine, Deffendeurs. *Signé : Moreau.* — S. l. n. n., vers 1721 ; 6 p. in-folio.

Bibl. Soc. Ant. Pic.

9578. — Factum pour Philippe **du Gardin**, Ecuyer, Sieur **de Bernapré**, mary et bail de Dame Barbe Godart, Défendeur. Contre M° Jacques **Godart**, Sieur **d'Houdancourt**, ancien Elu en l'Election d'Abbeville, Demandeur en entérinement des Lettres de Rescision par luy obtenues en Chancellerie le 22 Avril 1722. *Signé : Pelletier.* — *Paris*, J. Bouilleret, 1722 ; 8 p. in-folio.

Ibid.

* 9579. — Mémoire signifié pour Philippe **Dugardin**... seigneur **de**

Bernapré.. poursuivant... la saisie réelle des immeubles saisis sur Charles de Cacheleux, seigneur de Bouillancourt...; contre Charles François de **Cacheleux**, seigneur **de Bouillancourt**:..... et encore contre Nicolas Laisné, prétendu curateur à la succession vacante du défunt Choppin de Nolleval. *Signé : Varlet. — Paris*, veuve Knapen, 1734 ; in-folio.

Bibl. Nat^{le}, f^o Fm, 5278.

* 9580. — Mémoire pour dame Marie Barbe Godard, veuve de Philippe **Du Gardin**..... sieur **de Bernapré**..... contre Pierre-Vulfran **Briet**, sieur de **Rainvillers**, et dame Anne-Barbe Du Gardin, sa femme. *Signé : Masson.* — Paris, Montalant, 1741 ; in-folio.

Bibl. Nat^{le}, f^o Fm, 5279.

9581. — Précis pour la Dame Marie-Thérèse-Félicité Melun, veuve de Louis-Joseph **Duhamel** et ses enfans, de Maresquel ; Contre les Sieurs **Duval-Boidin**, agent de change, et Pierre-Louis Toullet, marchand, demeurans à Abbeville. — S. l. n. n. d.. *1825 ;* 12 p. in-4°.

9582. — Observations présentées par Jean-Baptiste-Nicolas **Du Mollin**, *prévenu d'émigration*, aux Administrateurs du Département de la Somme. — Amiens, Imp. des Associés, 1793 ; 17 p. in-4°.

Bibl. d'Amiens, Jurisp., n° 953, t. I.

* 9583 — Mémoire, précis et observations pour Ch. **Dumont** et les sieurs **Rivery**. — Paris, 1783 ; 4 part. in-4°.

Au sujet de la banqueroute des sieurs Rivery, négociants à Amiens.

Cat. Libr. Chossonnery, janv. 1882, n° 858.

9584. — Mémoire sur délibéré pour le sieur Marc-Antoine-François **Duponchel**, ancien Marchand Chaudronnier à Abbeville, premier créancier hypothécaire et Syndic des autres Créanciers unis du sieur Pierre-Maximilien de Ribeaucourt, ci-devant Marchand Orfèvre audit Abbeville ; et la Demoiselle Duponchel, son Epouse, demandeurs. Contre Pierre-François **Bouquet**, serrurier à Abbeville, défendeur ; en présence du sieur Charles Caron, Débitant de Tabac, et Madeleine Cardon, sa femme, aussi demeurans à Abbeville, Chaussée Marcadé, défendeurs. — Abbeville, L. A. Devérité, 1788 ; 73 p. in-4°.

9585. — Mémoire en Cassation pour Marie-Françoise Dupont, du village de Port, près Abbeville ; Contre Paschal **Pecquerel**, Propriétaire riverain. — *Paris*, Hugelet (Février 1808); 27 p. in 4°.

Bibl. H. Macqueron.

* 9586. — Factum pour Jean DuSenel (**Dusevel**), laboureur, demeurant à Doullens,..... contre Jacques **Lucet**, intimé... *Signé : Chastillon. — Paris*, Jollet, 1701 ; in-folio.

Question de bornage.

Bibl. Nat^{le}, Thoisy, 74, f° 306.

* 9587. — Factum depuis l'arrêt interlocutoire du 29 avril 1705, pour Jean **Dusevel**, laboureur, demeurant à Doullens... contre Jacques **Lucet**... *Signé : Chastillon.* — Paris, L. A. Sevestre, s. d.; in-folio.

Bibl. Nat^{le}, Thoisy, 74, f° 310.

9588. — Jugement qui condamne à la peine de mort J. L. **Dutremblay**, né à Montdidier (Somme) et F. **Bonnefoy**, né à Versailles, accusés de Malversations. — Paris, 12 nivôse an II ; 10 p. in-4°.

Bibl. H. Macqueron.

9589. — Observations pour la Dame **Duval**, *d'Abbeville*, intimée. Contre la Dame **Sauvageon**, Appellante dans le Procès à juger à la Grand'Chambre le 28 Août 1751. *Signé : Maignan de Savigny.* — Paris, Quillau, 1751 ; 4 p. in-folio.

Bibl. H. Macqueron.

9590. — Mémoire signifié pour la Dame **Duval**, héritière de la Dame Danzel, quant aux propres de la ligne des Warré, Intimée. Contre la Dame **Sauvageon**, héritière des meubles et acquêts, appelante. Question de propre de succession, dans le cas d'un Legs fait à un enfant puîné en Ponthieu.— *Paris*, Paulus-du-Mesnil, 1751; 13 p. in-folio.

Bibl. de Péronne.

9591. — Mémoire à consulter pour M⁺ Jacques Liévin **Duval**, Banquier à Abbeville. — Amiens, Maisnel, *1823;* 12 p. in-4°.

9592. — Memoire pour Jean-Baptiste **Duval**, Sieur **des Aleux**, et Consorts, Heritiers d'Alexandre Duval, Sieur de Rigauville; Et encore ledit sieur Duval des Aleux, en son nom, Appellans d'une Sentence rendue au Baillage d'Amiens le 15 Juillet 1726. Contre Dame Marie-Madeleine Postel, veuve de Jacques **Piquet**, Ecuyer, Sieur **de Belloy**..... Intimés. *Signé : Bergiron.* — Paris, Mesnier, 1728; 8 p. in-folio.

Bibl. H. Macqueron.

9593. — Mémoire servant de réponse, pour le Sieur Jean-François-Eustache **Duval**, Négociant, et ancien Consul de cette Ville *(d'Abbeville)*; contre Dame Marie-Catherine-Françoise Dennel, Epouse séparée d'habitation et de biens de M. François Guillaume **Prier**, Seigneur d'**Hattenville**, Président-Trésorier de France au Bureau des Finances de la Généralité de Rouen. — Abbeville, L. A. Devérité, 1776; 74 p. in-4°.

Bibl. d'Abbeville.

* **9594.** — Factum pour les eaux et forêts, pour M⁰ Nicolas **Duval**, bailli de Senarpont, et demoiselle Marie Angrand, sa femme... appelants de deux sentences rendues par le maître des eaux et forêts de Ponthieu à Abbeville ... les 31 mars et 2 juin 1678... contre Pierre et Marie-Louis et Thomas **Boulenger**, et Marie Huitmil, veuve de Jean Blocquel. — S. l. n. n. d.; in-4°.

Bibl. Nat¹ᵉ, 4° Fm, 11413.

* **9595.** — Jugement qui acquitte H. **Duwalk**, né à Ham et L. Bureau, né à Châlons sur Marne, accusés de conspiration contre la République. Paris, 28 brumaire an III. — S. l. n. n.; 4 p. in-4°.

9596. — Mémoire pour Mᵉ Nicolas-Jacques **du Wanel de la Bouillarderie**, Conseiller du Roi, son Procureur au Grenier à sel d'Abbeville, et Lieutenant Particulier des Eaux-et-Forêts de la même ville, Appellant; Contre le sieur François **du Wanel du Tarteron**, Bourgeois d'Abbeville, tant en son nom que comme Légataire universel du Sieur Michel du Wanel de Verneuil, son frère, intimé. — *Paris*, veuve Ballard, 1783; 24 p. in-4°.

Bibl. d'Abbeville.

9597. — Précis pour le Sieur François **Duwanel**, Sieur **de Tarteron**, tant en son nom, qu'en qualité de Légataire universel de feu Sieur Michel Duwanel, Sieur de Verneuil, intimé. Contre M. Nicolas-Jacques **Duwanel**, Sieur **de la Bouillarderie**, Conseiller et Procureur du Roi au Grenier à Sel d'Abbeville, Appellant. — Paris, Delaguette, *1783;* 16 p. in-4°.

Ibid.

9598. — Précis signifié pour François **Duwanel**, Sʳ **Dutarteron**, Appellant; Contre Charles-Firmin **François**, Libraire-Relieur, Intimé.— *Paris*, veuve Hérissant, 1780; 12 p. in-4°.

Au sujet de la Maison du Mortier d'Or, rue S¹ Gilles, à Abbeville.

Ibid.

E

9599. — Pétition à la Convention Nationale par Auguste **Elluin**, Cultivateur à Lavier, District d'Abbeville,

— 319 —

Département de la Somme, *adjudicataire de la ferme de La Retz, à Quend.* — S. l., Hautbout, s. d. ; 16 p. in-4°.

Bibl. A. de Caieu.

9600. — Factum pour Messire Charles Thimoléon de Sericourt, Chevalier, Marquis d'**Esclainvilliers**, au nom et comme Tuteur des enfans mineurs de Dame Marie Michelle Decourt de Bonvilliers, son épouse, donataires entre-vifs de ladite Dame leur mère, et ayant repris en son lieu et place, Intimé. Contre Messire Eugène de **Bethisy**, Chevalier Seigneur, Marquis **de Mezières**, Lieutenant Général des Armées du Roy, Gouverneur des Villes et Citadeles d'Amiens et de Corbie, Appellant d'une Sentence rendue au Bailliage de Montdidier le 11 juillet 1713. — *Paris,* vᵉ Guillery ; 18 p. in-folio.

Bibl. d'Amiens, Hist., n° 3594.

9601. — Addition aux Factum, Mémoire abrégé et Reflexions pour sieur Marquis d'**Esclainvillers**. Intimé. Contre le sieur Marquis de **Mézières**, Appellant. — S. l., Veuve Lefebvre, *vers 1717* ; 4 p. in-folio.

Bibl. d'Amiens, Hist., n° 3594.

9602. — Factum sur la Question des Baux à cens avec deniers d'entrée, dans la Coûtume de Péronne, Mondidier et Roye. Pour Mʳᵉ Charles Thimoléon de Sericourt, Chevalier, Marquis d'**Eclainvilliers** au nom et comme tuteur..... Contre Nicolas **Pingré**, Ecuyer, Seigneur **de Sourdon**, Conseiller au Présidial d'Amiens, Appellant d'une Sentence rendüe au Baillage de Mondidier, le 15 Janvier 1712, et Demandeur aux fins des Commission et Exploit des 27 Novembre et 15 Décembre 1715, et des Requestes par lui presentées en la Cour les 17 May 1715, et 11 Fev. 1716. — *Paris,* Vᵉ C. Guillery ; 20 p. in-folio.

Ibid., Hist., n° 3594.

9603. — Mémoire abrégé sur la question de sçavoir, si dans la Coûtume de Péronne, Montdidier et Roye, il peut estre prétendu des Droits Seigneuriaux pour les Baux à cens, avec des Deniers d'entrée. Pour le sieur Marquis d'**Esclainvillier**, Intimé. Contre Louis **Pingré**, Sieur **de Sourdon**, Appelant. — *Paris,* veuve Guillery, s. d ; 4 p. in-folio.

Ibid., Hist., n° 3594.

* **9604.** — Tribunal de la Somme. Mémoire pour le citoyen Jean-Baptiste **Espollier Duplan**, propriétaire, demeurant à Ham et dame Louise Tupigny, son épouse, intimés. Contre le citoyen **Vaillant**, demeurant à Péronne, et dame Caroline Viefville, son épouse ; 23 pluviose an VIII. — S. l. n. n. ; 64 p. in-4°.

* **9605.** — Factum pour Charles Des **Essarts**, marchand de la ville d'Amiens, et Françoise Le Fort, sa femme, appelants d'une sentence de la prévôté de l'Hôtel du 26 juillet 1702. Contre François **Duval**, marchand privilégié suivant la cour, et Abraham Cardel, marchand bourgeois de Paris. *Signé : Germain.* — S. l. n. n., 1702 ; in-folio.

Bibl. Natˡᵉ, Thoisy, 108, fᵒˢ 69 et 362.

9606. — Mémoire sommaire pour Estienne Gibert, Banquier à Paris, demandeur, ayant pris le fait et cause de François des **Essarts**, Marchand à Amiens ; et adhérant à l'Appel interjetté par le sieur des Essarts d'une Sentence des Consuls d'Abbeville du 19 Juin 1725, et aux Conclusions prises par le Sieur des Essarts. Contre Michel **Quevauvilliers**, Marchand à S. Valery, intimé et défendeur. Et contre le nommé Lannel, intimé. — *Paris,* Meusnier, *vers 1727* ; 4 p. in-folio.

Bibl. H. Macqueron.

9607. — Mémoire pour le Sieur Etienne-Robert **Ethéart**, Propriétaire à Gamaches, contre le sieur Alexandre

Gandon dudit Gamaches. — Abbeville, Boulanger-Vion, 1807; 15 p. in-4°.

F

* **9608**. — Mémoire signifié pour Pierre **Fargues**, marchand à Amiens, intimé; contre François **Gorguette**... sieur **du Bus**, appelant. *Signé : de Leyri.* — S. l. n. n., 1720; in-folio.

Bibl. Nat^{le}, f° Fm, 5837.

9609. — Contredits de production nouvelle pour Dame Marie-Charlotte de Fontaine, Veuve de Messire Louis-François de **Fay**, Chevalier, Seigneur d'Henneveux, Foucaucourt et autres Lieux, Intimée, Défenderesse et Demanderesse. Contre Messire Philippe-Jacques du **Monnet**, Chevalier, Seigneur du grand et petit Bazentin et autres lieux, et Dame Marie-Françoise de Fontaine sa femme, Appelans, Demandeurs et Défendeurs. — S. l. n. n., 1747; 4 p. in-folio.

Bibl. de Péronne.

9610. — Réponse signifiée pour la Dame de **Fay**, Intimée, Demanderesse et Défenderesse. Contre les Sieur et Dame de **Bazentin**, Appellans, Demandeurs et Défendeurs. — Paris, P. Prault, 1747; 11 p. in-folio.

Ibid.

* **9611**. — Arrêt rendu en la quatrième chambre des enquêtes au rapport de M. Ferrand... au profit de la dame marquise de **Feuquières** contre le sieur Abbé d'**Hoquincourt** (11 juin 1701). — S. l. n. n. d.; in-folio.

Bibl. Nat^{le}, f° Fm, 5983.

9612. — Mémoire sommaire signifié pour Demoiselles Anne et Catherine **Fillœuil**, Sœurs et Héritières du Sieur François Fillœuil, Maître Chirurgien de la Ville d'Abbeville, Défenderesses et Demanderesses. Contre Demoiselle Catherine Michault, veuve d'h.h. Antoine **Meauvoisin**; et le Sieur Michel Meauvoisin, ayant repris l'instance. Demandeurs. Sieur Antoine Aliamet et Demoiselle Marie Dumont sa Femme, Demandeurs et Défendeurs. La Communauté des Chirurgiens d'Abbeville, Défenderesse. — Amiens, veuve Godart, 1747; 9 p. in-folio.

Bibl. d'Abbeville.

9613. — Mémoire pour Me **Flaman**, Notaire à Abbeville, et Syndic de sa Communauté, Appellant et Intimé. Contre la veuve **Levasseur** et la veuve Obry, Intimées et Appellantes. — Paris, veuve Hérissant, 1787; 40 p. in-4°.

Bibl. A de. Caieu.

9614. — Réplique et Analyse du Procès pour Me **Flaman**, Notaire à Abbeville, Appellant et Intimé. Contre la Veuve **Levasseur** et la veuve Obry, Intimées et Appellantes. — *Paris*, Clousier, 1787; 16 p. in-4°.

Bibl. H. Macqueron.

9615. — Mémoire sur délibéré pour Demoiselle Marie-Cornélie **Flipart**, Légataire universelle du Sieur Jean-Jacques Flipart, Graveur du Roi, son frère, Demanderesse; Contre le Sieur Jean-Baptiste **Greuze**, Peintre du Roi et Dame Anne-Gabrielle Babuty, son Epouse, Défendeurs. — *Paris*, Clousier, 1783; 20 p. in-4°.

Ibid.

9616. — Pour M. Alexandre Joseph **Flippes**, Géomètre et Agent d'affaires à Abbeville, appelant; contre M. le Procureur Général près la Cour Royale d'Amiens, Intimé. — Paris, Dondey-Dupré, 1821; 11 p. in-4°.

Bibl. d'Abbeville.

9617. — Arrest du Conseil d'Estat du Roy, qui casse deux Sentences des Elûs de Perronne, et condamne les nommez **Follet**, Vasseur et Compagnie, à payer les Droits de vingt-trois Busses d'Eau-de-Vie qu'ils ont fait entrer dans ladite Ville, moitié en Espèces et moitié en Billets de Banque; à l'effet de quoy les Contraintes décernées contr'eux seront exécutées. Du dixième Décembre 1720. — Paris, V° Saugrain et Pierre Prault; 4 p. in-4°.

Bibl. H. Macqueron.

9618. — Mémoire pour Madame Catherine - Charlotte-Sophie de Bussy de **Folleville**, *épouse Musnier*, demeurante à Manancourt, Département de la Somme, Défenderesse en cassation; Contre M. Louis-François-Félix **Musnier**, Général de division, commandant de la Légion d'Honneur, Demandeur. En présence de M. Antoine-Charles Gabriel de Folleville, Défendeur. — *Paris*, Le Normand, *vers 1807*; 44 p. in-4°.

Au sujet du nom de Folleville que, d'après le contrat de mariage, devaient porter les enfants issus du mariage de M. et Mme Musnier.

Bibl. Pinsard.

* **9619.** — Factum pour Dame Gabrielle de Radde, veuve de feu messire Jacques de **Fontaines**, seigneur de Ramburelles et Messire Nicolas de Fontaines, sieur dudit Ramburelles son fils héritier dud. sieur de Ramburelles... contre Marie Floury, veuve de défunt Pierre du **Maisniel**, Mathieu Tillette, Adrien Gallet et Blaise Du Val, eux disant créanciers de François de Fontaine, sieur de Pellevert. — S. l. n. n. n. d.; in-4°.

Bibl. Nat^{le}, 4° Fm, 37506.

9620 — Memoire signifié pour Marie-Anne, Elizabeth Renée et Michelle de **Fontaines**, Damoiselles filles majeures Appellantes d'une Sentence rendue au Bailliage de Mondidier le 28 Juin 1724, et de ce qui a suivi. Contre Mre Roger de **Ronty**, Chevalier, Seigneur de Fillaines, Mre Charles François de Ronty Ecuyer Prêtre, et Catherine de Ronty Damoiselle fille majeure, Intimés. *Signé : Target*. — *Paris*, veuve Prignard, 1725; 8 p. in-folio.

Bibl. H. Macqueron.

9621. — Mémoire sur appel, pour les **Forcebras**, héritiers plus prochains et légataires universels de Marie-Françoise Forcebras, leur sœur consanguine, et en outre cessionnaires de Jeanne Dupont, héritière aux propres maternels. Contre les **Oger**, héritiers aux propres du chef et de la ligne de Macquet. — *Amiens*, J. B. Caron l'aîné, an VIII; 80 p. in-4°.

Bibl. d'Abbeville.

9622. — Résumé sommaire pour Françoise Detuncq, veuve **Forcebras**, et Célestine Detuncq, femme Clément Lefebure, demanderesses. Contre les enfans René **Detuncq**, défendeurs. — *Abbeville*, L. A. Devérité, 1805; 24 p. in-4°.

Bibl. d'Abbeville.

9623. — Précis pour Eustache **Forceville**, Négociant et Commissaire expéditeur, *à Amiens*. — *Amiens*, Caron-Berquier, 1794; 20 p. in-4°.

Bibl. d'Amiens, Jurisp., n° 953, t. I.

* **9624.** — Factum pour maître Nicolas **Fossé**, ci-devant receveur comptable de la commanderie d'Oisemont, défendeur et demandeur... contre René de **Béthoulat**, sieur **de la Grange**, Noël Patrocle, sieur de Thoisy, Nicolas François Parisot... et Pierre Barbier... — S. l. n. n. 1656; in-4°.

Bibl. Nat^{le}, Thoisy, 123, f° 194.

* **9625.** — Factum pour Mre Gabriel **Foucart**, Prêtre, Diacre d'Office, en l'Eglise Paroissiale de Saint Georges de la Ville d'Abbeville, Appellant. Contre Jean-Baptiste **Quesnier**, Bourgeois de la même Ville, Tuteur de Jeanne-Thérèse Quesnier, sa fille et unique héritière de défunte Jeanne Huchon, sa mère, Intimé. *Signé : Pigné*. — S. l. n. n., 1689; 4 p. in-folio.

Bibl. H. Macqueron.

9626. — Veuve (*Gabrielle* **Foucart**, *fondatrice des Minimesses*) qui fait Profession en Religion ne perd pas son douaire, et en jouit par forme de pension.

Procès contre Jean du Val, fils en premières noces du mari de Gabrielle Foucart.

Rec. d'Arr. du Parl. par Bardel.— Paris, Bobin, 1690, t. I, p. 340 à 342; in-folio.

9627. — Mémoire pour M⁵ Pierre **Foucque**, Conseiller du Roy, Assesseur à l'Hostel de Ville d'Abbeville, Intimé. Contre Antoine **Soyer**, Cabaretier, demeurant à Amiens et Gabrielle Bachelier, sa femme, Appellans d'une Sentence renduë au Bailliage d'Amiens le premier Aoust 1709, et incidemment d'une autre du Bailly Prevotal d'Abbeville du 28 Juin 1677. — S. l. n. n. n. d.; 4 p. in-4°.

Bibl. A. de Caieu.

9628. — Mémoire signifié pour Pierre **Foucques**, Ecuyer, Seigneur **de Bonval**, et autres Lieux, Conseiller au Présidial d'Abbeville et en la Sénéchaussée de Ponthieu, ayant repris l'Instance pour et au lieu du feu Sieur Foucques, son père, Défendeur et Demandeur. Contre Maître André **Caullier**, Notaire au Bourg d'Oisemont, et Damoiselle Marie Dumaisniel, sa femme, Demandeurs et Défendeurs. Et contre Marie Hénocque, veuve de Jean Barbette; Maître Loüis-François de Calonne, Avocat au Parlement, et Damoiselle Marie-Louise de Calonne, sa sœur, majeure coûtumière, procédante à l'assistance de Maître Jacques-Antoine Bouteillier, Avocat, son curateur; Pierre François de Queux, Sieur de Bonval; Jacques de la Folie, Ecuyer, Seigneur de Vormes, demeurant à Doullens; Messire André de Monchy, Chevalier, Baron de Vismes, Vicomte de la Queute, Seigneur de Francières et Fiefs en dépendans, Sénéchal de Ponthieu; Et le Sieur Loüis de Brucamp, en son nom et comme ayant repris l'Instance après le décès de sa sœur; Tous les susnommés Défendeurs en sommation. *Signé : Dargnies, Darras.* — S. l. n. n., 1742; 9 p. in-folio.

9629. — Mémoire signifié pour Jean **Fouet**, Bourgeois Marchand à Abbeville, Appelant; Contre Jacques-Nicolas-François **Danzel**, aussi Bourgeois Marchand en la même Ville, Intimé. *Signé : de St Aubin.*— Paris, Paulus-du-Mesnil, 1728; 8 p. in-folio.

Bibl. H. Macqueron.

9630. — Réponse au précis rendu public. Pour François Augustin **Fresnoy**, Garde Général, Collecteur des Amendes de la Maîtrise Particulière des Eaux et Forêts d'Amiens. Contre Messire Pierre de **Buissy**, Seigneur de Long et de Longpré, Officier au Régiment des Gardes Françoises. — Amiens, veuve Caron, 1765; 35 p. in-4°.

Bibl. A. de Caieu.

9631. — Arrest de la Cour de Parlement rendu en faveur du Sieur **Fresnoy**, Garde Général et Collecteur des Amendes de la Maîtrise d'Amiens, lequel fait défenses au Sieur de **Buissy**, de Long, à son Garde et à son Domestique, d'attenter à la sûreté des Officiers, Porteurs et Exécuteurs des Mandemens de Justice; et pour l'avoir fait, les condamne solidairement en mille livres de dommages et intérêts et tous les dépens. *Du 30 Mars 1765.* — Paris, C. F. Simon, 1765; 8 p. in-4°.

Bibl. d'Amiens, Jurisp., n° 328.

9632. — Factum pour Flour de **Fretin**,... sieur de Pendé et d'Avesnes ayant repris le procès au lieu de défunt François de Fretin.... son frère.... contre damoiselle Françoise de Dampierre, veuve de feu Claude d'**Amerval** .... sieur de Fresnes. — S. l. n. n., 1642; in-4°.

Bibl. Natˡᵉ, 4° Fm. 33673.

9633. — Mémoire sur délibéré pour les Créanciers unis du sieur Pierre-Jacques **Froissart**, *d'Abbeville*. Contre

— 323 —

les Sieurs Nicolas, Claude et Philippe-François **Michault** Frères, et Compagnie, Négocians et anciens Consuls de cette Ville. — Amiens, L. Ch. Caron, 1775; 81 p. in-4°.

Bibl. H. Macqueron.

9634. — A Nosseigneurs de Parlement. En la cinquième Chambre des Enquêtes. Supplie humblement Gabriel **Fuzelier**, Conseiller Honoraire en la Sénéchaussée de Ponthieu et au Siège Présidial d'Abbeville. Disant, qu'en l'Instance qu'il a, pendante en la Cour contre Messire Charles-Augustin de **Créquy**, Chevalier, Seigneur de Vaugicourt... — *Paris*, le Mercier le fils, 1725; 6 p. in-folio.

Ibid.

G

* **9635.** — Mémoire pour Michel **Gaffé**, sieur de la Prévôté... contre Antoine **Levesque de Flexicourt**, lieutenant du prevôt général de la maréchaussée de Picardie à la résidence d'Abbeville..... *Signé : Puy de Rony*. — Paris, J. Vincent, 1714; in-folio.

Bibl. Nat^{le}, f° Fm, 6393.

9636. — Plaidoyer pour le Sieur Jean-Pierre-Antoine-Julien **Gaide**, Négociant, demeurant à Abbeville, Appellant ; Contre le Sieur **Nacart**, Propriétaire, demeurant à Abbeville, Intimé. — Amiens, Maisnel Fils, vers 1803; 55 p. in-8°.

9637. — Factum employé pour salvations pour M° Louis **Gaillard**, seigneur de **Bouencourt**... président au siège présidial d'Abbeville..... contre Louis **Tillette**, sieur **d'Acheri**, appelant d'une sentence renduë en la sénéchaussée de Ponthieu, le 8 mars 1686. *Signé : Sauvan d'Aramon*. — S. l. n. n.; in-folio.

Bibl. Nat^{le}, Thoisy, 215, f° 325.

* **9638.** — Factum pour M° Pierre **Gaillart**, Conseiller du Roi en la Sénéchaussée et Siège présidial de Ponthieu, intimé. Contre Charles **Rohaut**, sieur de Brimeu, appelant d'une sentence du bailli d'Amiens, du 9 février 1632. — S. l. n. n.; in-4°.

Bibl. Nat^{le}, 4° Fm, 12989.

* **9639.** — Mémoire signifié pour Robert **Gaillard**, Marchand à Abbeville, Tuteur de Jacques Adrien Gaillard son fils, Appellant, Intimé, Demandeur et Défendeur. Contre Pierre **Perache**, Marchand audit Abbeville, Pere et Tuteur de Pascal Pierre Louis Perache, Intimé, Appellant, Défendeur et Demandeur. *Signé : Bunot*. — Paris, Vincent, 1723; 4 p. in-folio.

Bibl. H. Macqueron.

9640. — Mémoire pour Adrien **Gallet**, jeune Ecolier, étudiant en Droit, Appellant d'une Sentence renduë au Chastelet sur procédure extraordinaire le huitième May 1717. Et encore pour Maistre Adrien Gallet son père, Avocat au Parlement, exerçant au Siège d'Abbeville, et Lieutenant aux Eaux et Forests de la même Ville, aussi Appellant de la même Instance. Contre André **Bilain**, Procureur au Chastelet, et Cécile Bilain sa fille, Intimez. Et contre Monsieur le Procureur General appellant a minima de la même Sentence. *Signé : De Brie*. — S. l. n. n. n. d.; 4 p. in-folio.

Au sujet d'un rapt commis par Adrien Gallet sur Cécile Bilain.

Bibl. H. Macqueron.

* **9641.** — Mémoire signifié pour M° Adrien **Gallet**, avocat en la cour et en la sénéchaussée de Ponthieu, petit-fils, héritier en Ponthieu... de feu M° Adrien Gallet, aussi avocat en ladite sénéchaussée, Guillaume Castel, receveur des tailles à Abbeville, et demoiselle Françoise Gallet, sa femme..... demoiselle Marie Louise Gallet, fille majeure... contre dame Marie Ursule Manessier, veuve de M° Nicolas de **Dom**-

pierre. *Signé : de Calonne.* — Paris, Vincent, 1746; in-folio.

Bibl. N¹ᵉ, f° Fm, 6424.

9642. — Réponse signifiée pour Mᵉ Adrien **Gallet**, Avocat en la Cour, les Sieur et Dame Castel, et la Demoiselle Gallet, fille majeure. Contre la Dame de **Dompierre.** *Signé : de Calonne.* — Paris, Vincent, 1746; 14 p. in-folio.

Bibl. H. Macqueron.

9643. — Observations signifiées servant de réplique pour les Sieur et Demoiselles **Gallet.** Contre la Dame de **Dompierre.** *Signé : de Calonne.* — Paris, Vincent, 1746; 6 p. in-folio.

Ibid.

* **9644.** — Factum pour Pierre **Gallet**, sieur **de Sombrin**, conseiller du roi et maître ordinaire de sa maison... contre Nicolas **Lebel**... sieur **de Huchenneville.** — S. l. n. n., 1670 ; in-folio.

Bibl. Natᵗᵉ, Thoisy, 113, f° 54.

9645. — Arrest de la Chambre de Justice rendu contre René **Gallois**, dit d'Amiens, Sous-entrepreneur des Fourrages dans la Province de Picardie, qui le condamne au Bannissement pour trois ans du Ressort du Parlement de Paris et en soixante mille livres d'amende ; Et contre Jeanne Lombart, veuve Dumont condamnée au blâme et en Dix livres d'amende *pour malversation dans la fourniture des fourrages.* Du 13 octobre 1716. — Paris, Imprimerie Royale, 1716 ; 3 p. in-4°.

Bibl. d'Amiens, Jurisp., n° 528.

Autre édition en plac. in-folio.

9646. — Mémoire pour les citoyens Nicolas **Gasselin**, Cultivateur, demeurant à Puseaux ; Et Charles-Alexandre Quénescourt, aussi cultivateur, demeurant à Punchy, appellans d'un Jugement contr'eux rendu par le Tribunal civil du Département de la Somme, le 3 Prairial dernier, au profit du Citoyen François-Alexis Beaudoux, Marchand, demeurant à Chaulnes. Contre ledit François-Alexis **Beaudoux**, intimé ; Et contre la veuve Blondel, Tuteur de ses enfans mineurs demeurant à Paris ; lesdits enfans héritiers de leur père, légataire universel du Citoyen Dailly de Chaulnes ; Et encore contre les Créanciers unis dudit Dailly de Chaulnes.— Amiens, J. B. Caron l'aîné, 1793 ; 50 p. in-4°.

Bibl. d'Amiens, Jurisp., t. I, n° 953.

* **9647.** — Mémoire pour Dame Marie-Geneviève de Beneville de Perron, veuve et commune en biens de Messire Pierre François de **Gaudechard**..... marquis **de Querrieux**......, contre messire Charles de **Biancourt**, seigneur de Poutraincourt,... dame Charlotte de Biancourt, veuve de messire François d'Orléans... comte de Rothelin et encore contre Dame Henriette Renée de Baudry, épouse de messire Charles de Marle..... seigneur de Gisors... *Signé : Tartarin.*— Paris, veuve C. Guillery, 1714 ; in-folio.

Bibl. Natᵗᵉ, f° Fm, 6542.

9648. — Pour Mᵉ **Gavelle**, Notaire Royal à Abbeville, Défendeur ; Contre Marie-Louise Desjardins, épouse divorcée du sieur Daboval, et séparée du sieur **Debullemont**, demanderesse. — Abbeville, Devérité, 1821 ; 16 p. in-4°.

9649. — Conclusions motivées pour Mᵉ Pierre **Gavelle**, Notaire Royal, demeurant à Abbeville, défendeur ; Contre M. le Procureur du Roi près le Tribunal de Première Instance d'Abbeville, demandeur. — Amiens, Caron-Duquesne, 1824 ; 7 p. in-4°.

9650. — Mémoire pour le Sieur **Gobinet-Devillecholles**, Propriétaire à Combles, Intimé. Contre dame Marie-Colette-Euphrosine Poiré, veuve et donataire du sieur **Gallois**, de l'Epée, demeurant à Amiens, Appellante. — Amiens, Caron-Berquier, an XIV ; 46 p. in-4°.

Bibl. d'Amiens, Jurisp., t. III, n° 953.

9651. — Factum pour Louis, Charles et Pierre **Godart** frères, demandeurs en requête du 21 avril 1668 et défendeurs. Contre Antoine de **Briet**, sieur de la Chaussée, ci-devant prévôt de la marechaussée de Picardie ; Nicolas de **Briet**, sieur de **Fortmanoir** à présent prévôt de ladite maréchaussée, et Robert de Sacy, sieur de Marsilly, lieutenant dudit prévôt. — S. l. n. n. n. d.; in-4°.

Bibl. Nat¹ᵉ, Thoisy, 163, f° 175.

9652. — Mémoire signifié pour le sieur **Godart de Beaulieu**, Défendeur. Contre le Sieur de **Buissy**, demandeur. — *Paris*, André Knapen, *1726*; 4 p. in-folio.

Bibl. H. Macqueron.

9653. — Factum pour demoiselle Marie Rousseau, veuve de défunt Joseph **Godde**, marchand teinturier de la ville d'Amiens. Contre Jean **Dacquet**, maître Saitaieur de la même ville, appelant de deux ordonnances des juges-consuls d'Amiens, des 14 et 16 mars 1705. *Signé : Pecquet.* — S. l. n. n. n. d. ; in-folio.

Bibl. Nat¹ᵉ, f° Fm, 6822.

9654. — Factum pour Laurent **Goguet**, du village de Mazencourt et Marie François, sa femme..... contre Pierre **Vermont**, chirurgien du village de Belloy. — S. l. n. n., *1695*; in-folio.

Bibl. Nat¹ᵉ, Thoisy, 99, f° 331.

9655. — Mémoire pour Antoine-Barthélemy **Gondar**, Bourgeois de Paris, Demandeur. Contre Adrien **Cornet** fils, Marchand de la Ville d'Amiens, Deffendeur. *Signé : Proa.* — *Paris*, Thiboust, vers *1727*; 16 p in-folio.

Bibl. H. Macqueron.

9656. — Mémoire pour Demoiselle Marie-Anne le Caron, Veuve de Mᵉ Jean-Jacques **Gonnet**, Avocat en la Cour, Appellante. Contre Laurent **Laffilé**, Marchand Mercier, demeurant à Péronne, Intimé. — *Paris*, veuve Moreau, vers *1716*; 5 p. in-folio.

Bibl. d'Amiens, Hist, n° 3595.

9657. — Précis pour le sieur **Gonnet de Fiéville**, ancien maire de la ville de Péronne, procureur du roi en l'élection, et subdélégué du commissaire départi, en la généralité de Picardie, contre le sieur **Lemaire Muller**, négociant à Saint-Quentin. *Signé : Breton.* — Paris, P. M. Delaguette, *1779* ; in-4°.

Bibl. Nat¹ᵉ, 4° Fm, 14042.

9658. — Observations servant de réponse au précis du sieur **Gonnet de Fiéville**, pour le sieur **Lemaire Muller**, négociant à Saint-Quentin.... *Signé : Blondat.* — Paris, P. G. Simon, *1779* ; in-4°.

Bibl Nat¹ᵉ, 4° Fm, 14041.

9659. — Factum pour Jean **Gorguette** et consorts, héritiers de défunt Louis Heuzet, premier échevin de la ville d'Amiens... contre Florence Parent, autorisée par justice au refus de Jean **Baurain**, son mari .. et contre les dames abbesse et religieuses de l'abbaye royale de Notre Dame de Fervaques. *Signé : Fréteau.* — S. l. n. n. n. d.; in-folio.

Bibl. Nat¹ᵉ, Thoisy, 214, f° 220.

9660. — Factum pour le Sieur Jean-Baptiste **Gorin**, Marchand à Amiens, et Damoiselle Marie-Magdeleine le Seigne, son épouse, Appellans d'une Sentence par défaut du Bailliage d'Amiens, du 19 Février 1747. Contre le Sieur Alexandre **Debray**, cy-devant Marchand Drapier à Amiens, et à présent Seigneur de Flesselles, Intimé. Et contre le Sieur Henry Cornet de Lisleroi, intervenant et appelant. *Signé : de Ligny.* — *Paris*, Pierre Prault, s. d. ; 8 p. in-folio.

Bibl. H. Macqueron.

9661. — Réponse à la lettre écrite par M... *Desbois* à M. D... au sujet des affaires du Sieur **Gorin**, Négociant à Amiens; *du 16 novembre 1760.* — S. l. n. n.; 8 p. in-4°.

Bibl. d'Amiens, Jurisp.; n° 841, t. V.

9662. — Seconde lettre de Monsieur De...(*Desbois*) à Monsieur De...créancier de M. J. B. **Gorin**, Négociant à Amiens, portant réponse aux diverses objections faites tant à sa dernière Lettre, qu'en l'Assemblée tenue en la Salle du Bailliage de ladite Ville, le 24 Décembre dernier, pour y traiter d'accommodement entre les Créanciers dudit Sieur Gorin, et ledit Sieur de ··· son fondé de Procuration. — S. l. n. n., *1761;* 12 p. in-4°.

Ibid.

9663. — *Lettre, du 12 janvier 1761, sur l'affaire* **Gorin**, *par M. Morgan en réponse à la lettre de M. Desbois.* — Amiens, veuve Godart, 1761; 7 p. in-4°

Ibid.

9664. — Lettre à Messieurs les créanciers du S⁺ **Gorin**, écrite par Mʳ D... (*Desbois*) uniquement pour servir de Réponse à ce qui les concerne dans celle qui leur a été adressée par Mʳ M..... (*Morgan*) en date du 12 janvier 1761; *du 16 janvier 1761.* — S. l. n. n.; 8 p. in-4°.

Ibid.

9665. — Lettre à Messieurs les Créanciers du Sieur **Gorin**, portant les justes raisons qui retardent la conclusion du traité d'accommodement commencé le 14 Avril dernier, et les motifs pressants et solides pour déterminer ceux de ces Messieurs qui ont été jusqu'ici refusants d'y acquiescer, *par Desbois; du 25 octobre 1761.* — S. l. n. n.; in-4°.

Ibid.

* **9666.** — Mémoire de messire Jules de **Goth de Rouillac d'Epernon**..... créanciers et directeurs des droits des autres créanciers de messire Antoine **Gouffier**, marquis de Thois et de dame Louise d'Etampes, son épouse... contre le mémoire imprimé, à eux signifié le 7 novembre 1692, de la part de messire Jean Timoléon Gouffier, marquis de Thois... — S. l. n. n.; in-folio.

Bibl. Natˡᵉ, Thoisy, 216, f° 73.

* **9667.** — Au Roi et à Nosseigneurs de son Conseil. *Requête des directeurs des créanciers d'Antoine* **Gouffier**, *marquis de Thois et de Louise d'Estampes, sa femme, servant de réponse à une requête du marquis de Thois fils, du 20 juillet 1692, au sujet de la succession de son père.* — S. l. n. n.; in-folio.

Bibl. Natˡᵉ, Thoisy, 216, f° 85.

9668. — Mémoire pour Jean **Gouyer**, ci-devant employé dans les Fermes du Roy; Damoiselle Marguerite de Sacquepée son épouse, Intimez. Contre Mᵉ Jean de **Poilly**, Curé de Liercourt; et Antoinette Siffait, veuve de Gabriel Poilly, ès-noms et qualitez qu'ils procèdent, Apelans. — S. l., veuve Grou, s. d.; 4 p. in-folio.

Bibl. H. Macqueron.

* **9669.** — Mémoire sur la demande des intérêts d'intérêts faite par MM. de **Grancé**. *Pour les héritiers du maréchal* d'**Hocquincourt**.—S. l., 1674; in-folio.

Bibl. Nˡᵉ, Thoisy, 109, f° 281.

9670. — Reqveste presentée par les sieurs de **Grancé** à la Cour signifiée à Messieurs d'Hocquincourt le 22 May 1675. — S. l. n. n.; 4 p. in-folio.

Bibl. H. Macqueron.

* **9671.** — Factum pour Messires Pierre de Rouxel de Médavy, comte de **Grancé**, maréchal des camps et armées du Roi et Bénédict-François de Rouxel de Médavy, marquis dudit Grancé, enfants de défunte dame Marguerite de Monchy leur mère et icelle fille de défunt Messire Georges de Monchy..... seigneur d'Hocquincourt,..... contre dame Eléonore d'Estempes de Valençay, veuve de défunt messire Charles de **Monchy**, vivant maréchal de France ... et encore contre messire Georges de Monchy..... marquis d'**Hocquincourt**. *Signé : Gillet, de la Place, Le Droict, Barangue.* — S. l. n. n., 1653; in-4°.

Bibl. Nat¹ᵉ, Thoisy, 229, f° 195.

* **9672.** — A Nosseigneurs de Parlement en la quatrième Chambre des Enquêtes. *Requête servant de salvations pour les Cte et Mis de **Grancey**, au factum du marquis d'**Hocquincourt** concernant les successions de la maréchale de Grancey et du maréchal d'Hocquincourt.* — S. l: n. n. n. d.; in-folio.

Bibl. Nat¹ᵉ, Thoisy, 229, f° 201.

* **9673.** — A Nosseigneurs de Parlement. *Réponse des comte et marquis de **Grancey** à une requête de la maréchale d'**Hocquincourt**, concernant la succession de Catherine de Monchy, leur mère, mariée au maréchal de Grancey. Signé : de Joncoux.* — S. l. n. n. n. d.; in-folio.

Bibl. Nat¹ᵉ, f° Fm, 14813.

9674. — Arrest contradictoire de la Cour des Aides, qui, en confirmant une Sentence rendue par les Elûs de Péronne le 21 avril 1758, condamne le nommé **Grenier**, Cabaretier à Roiglisse, comme caution de différens Voituriers, à payer au Fermier, avec tous les dépens, la somme de deux cens soixante-treize livres, pour défaut de rapport de certificats d'arrivée de plusieurs parties de vin, au sujet desquels il avoit été fait des soûmissions d'en rapporter, conformément aux Lettres patentes du 7 octobre 1740. Du 27 Mars 1759. — Paris, Imprimerie Royale, 1759; 6 p. in-4°.

Bibl. H. Macqueron.

9675. — Mémoire sommaire pour Me Nicolas **Griffon**, Conseiller du Roi en la Sénéchaussée de Ponthieu et Siège Présidial d'Abbeville, et ancien Majeur de la même Ville, Intimé et Appellant d'une Sentence rendue au Bailliage de Beauvais le 4 avril 1732. Contre Demoiselles Marie-Anne-Gertrude et Ursulle-Judith **Vaillant de Caumondel**, Appellantes de la même Sentence, et Intimées. *Signé : Target.*— Paris, Mesnier, 1735; 7 p. in-folio.

Ibid.

9676. — *Acte de contribution du mobilier et ordre du prix des immeubles de la succession de Jacques Etienne de **Grouches**, comte de **Chepy**, dressé le 13 août 1755, par Me Laideguive, notaire au Châtelet de Paris.* — Paris, Brunel, 1755; 45 p. in-folio.

Ibid.

9677. — *Mémoire adressé par Antoine-Jean-Etienne de **Grouches**, propriétaire à Huppy. A Monsieur Monsieur le Baron Chevalier de l'Empire et Premier Président de la Cour Impériale, séante à Amiens.* — Amiens, Caron-Berquier, s. d.; 11 p. in-4°.

Bibl. d'Abbeville.

* **9678.** — Factum pour messire Augustin de **Grouches**,... marquis de **Chepy**, contre M. Abraham **Hossard**, poursuivant les criées..... des terres saisies réellement sur dame Gabrielle de Grouches... *Signé : Prioux.* — S. l. n. n., 1686; in-4°.

Bibl. Nat¹ᵉ, Thoisy, 220, f° 95.

9679. — Mémoire pour Jean et Antoine **Guerle**, et Consors, Laboureurs demeurans au Village de Louvencourt, Défendeurs et Intervenans. Contre Messire Nicolas-Claude de **Rambure**, Prêtre, Curé d'Avesne; Messire Claude-Honoré de Rambure, Chevalier, Seigneur de Vaudricourt; Joseph de Rambure, Chevalier, Garde du Roy; César de Carpentin, Chevalier, aussi Garde du Roy; Dame Françoise de Rambure, sa Femme; Thérèse et Madeleine de Rambure, Demoiselles, Demandeurs et Défendeurs. *Signé : Morel.* — S. l. n. n., 1757; 16 p. in-folio.

Au sujet de la succession de Claude de Rambures et Françoise-Charlotte de Calonne, sa femme.

Bibl H. Macqueron.

9680. — Mémoire pour Monsieur Amédée **Guéroult** (*de Monflières*), appelant d'un Jugement du Tribunal de Police correctionnelle d'Abbeville, en date du 13 Novembre 1839.— Abbeville, C. Paillart; 18 p. in-4°.

9681. — Mémoire pour Jacqueline Guinet, veuve de F. **Guerrier de Hautenots**, bourgeois d'Amiens. Contre Jean **Blondel**, marchand au village de Framicourt. — Paris, *vers 1760*; 75 p. in-4°.

9682. — Complot de voies judiciaires injustes et imaginaires, Dont je dois donner publicité pour d'odieuses expropriations, avec effraction et violation chez moi (*la veuve* **Guerville**, *d'Abbeville*), sur de fausses bases d'invention qui m'ont été faites en la ville d'Eu, en février 1845, et dont je vais donner un abrégé, en attendant que je donne l'étendue de toutes ces fausses voies judiciaires, injustes, qui sont l'origine des violations.— S. l., Pollet, *vers 1845*; 3 p. in-12.

Bibl. H. Macqueron.

9683 — Mémoire de Madame Vve **Guerville** pour présenter au Conseil d'Etat. — S. l.. d'Aubusson, 1845; 7 p. in-8°.

Ibid.

9684. — Plainte adressée au Roi, à MM. les Membres de la Chambre des Pairs et de celle des Députés de la France, *par la veuve* **Guerville**. — Versailles, Michel Fossone, 1845; 24 p. in-4°.

Curieux factum d'une vieille plaideuse folle, qui se termine par une nomenclature injurieuse des magistrats et officiers ministériels d'Amiens et d'Abbeville.

Ibid.

9685. — De par le Roy. Sentence du Bailliage de Peronne qui condamne un Glaneur en contravention et renouvelle les défenses portées par les Ordonnances, Arrêts, et Règlemens contre les Contrevenans sur le fait du Glanage. Entre l'Avocat du Roi, au Baillage de Péronne, Demandeur et Accusateur. Contre Jean Baptiste **Guilbert**, dit Mehon, Garçon Mulquinier à Hamelet, Paroisse de Marquaix, Défendeur et Accusé. Du 18 Août 1769. — Noyon, Rocher, 1769; 4 p. in-4°.

Bibl. de Péronne.

H

9686. — Mémoire à consulter pour le sieur Jean-Joseph Gille de **Han**, ancien Docteur-Régent de la Faculté de médecine de Paris, appelant du jugement du Tribunal civil de première instance de la Seine, du 9 avril 1816 ; contre le sieur Henri-Jean **Rigel**, et dame Albine Duval de Soicourt son épouse, *demeurant à Abbeville*.— Paris, Egron, 1817; 49 p. in-4°.

9687. — Consultation pour M. Gilles de **Han**. — Paris, Vve Jeunehomme, 1817; 52 p. in-4°.

9688. — Résumé des Plaidoiries pour M. Gille de **Han**, ancien Docteur-Régent de la Faculté de médecine de Paris; contre les sieur et dame **Righel**. — Paris, Egron, 1817; 21 p. in-4°.

9689. — Mémoire pour sieur **Hannique**, Ecuyer, Garde de la Porte du Roi, Intimé. Contre Jean-François **Leclerc**, Laboureur à Roye, Appellant. En présence des Maire et Echevins de la Ville de Roye. — Paris, P. M. Delaguette, *vers 1775*; 7 p. in-4°.

Question de vaine pâture.

Bibl. de Roye.

9690. — Observations servant de réponse pour le Sieur **Hannicque**, Intimé. Contre le Sieur **Leclerc**, Appellant, et les Intervenants. — Paris, P. M. Delaguette, *vers 1775*; 5 p. in-4°.

Ibid.

9691. — Arrest contradictoire de la Cour des Aides, du 6 Septembre 1658.

Qui, en infirmant une Sentence des Elùs d'Amiens, prononce la confiscation d'une bouteille de verre, mesure de Paris, aux deux tiers pleine d'eau de vie, trouvée dans la maison de la veuve de François **Hardy**, Cabaretière et Potoyeuse d'eau de vie, *a Gamaches*, avec l'amende de cent livres et la condamne en outre aux dépens. — Paris, Imprimerie Royale, 1759 ; 3 p. in-4°.

Bibl. H. Macqueron.

9692. — Précis pour M° **Haudicquer-Duquesnoy**, Licencié en Droit, Avocat et Chanoine de la Cathédrale de cette Ville, Défendeur ; Contre Dame Marie Catherine Cécile Roger, Veuve de M° Pierre **Fleur**, à son décès, Procureur en cette Ville, et Administrateur de l'Hôpital, Demanderesse. — Amiens, J. B. Caron, 1782 ; 10 p. in-4°.

Bibl. d'Amiens, Jurisp., n° 841, t. II.

9693. — Factum pour Messire Marie-François, Marquis d'**Hautefort** et de Pompadour, Seigneur du Menil Saint-Firmin, Pierre pont, Obvillé, et autres lieux, Lieutenant-Général des Armées du Roy ; et Messire Eugène de Betisy, Marquis de Maizières, ancien Lieutenant-Général des Armées du Roy, Gouverneur de la Ville et Citadelle d'Amiens, Apellans, Demandeurs et Défendeurs. — Contre Antoine **Petré**, Meûnier du Moulin de Saint-Aurin, Intimé, Demandeur et Défendeur ; Et contre Dame Marie-René Duplessier, veuve de Messire Guillaume du Hasmel, écuyer, Seigneur de Chanchy, tant en son nom que comme tutrice de leurs enfans mineurs, intervenante et demanderesse. — *Paris*, J. F. Knapen, *1710* ; 22 p. in-folio.

Bibl. d'Amiens, Hist., n° 3594.

9694. — Sommaire du procéz qui est entre Messieurs les Marquis d'**Hautefort** et de Mézières, d'une part. Et Antoine **Petrée**, acquéreur du moulin de Diancourt, *à L'Echelle-Saint-Aurin*, d'autre, et aussi contre la Dame de Canchy Duhamel du Plessier, qui a pris le fait et cause dudit Antoine Petrée, meunier. — S. l. n. n., *1710* ; 4 p. in-folio.

Ibid.

9695. — Mémoire sur délibéré, pour M° Clément **Hecquet**, Docteur en Médecine, Doyen du Collège des Médecins d'Abbeville, Défendeur et Demandeur en garantie. Contre Messire Pierre-Louis **Bureau de Charmois**, Ecuyer, Président, Trésorier de France, au Bureau des Finances de Châlons, Demandeur. Contre Messire Victor-Conrade de **Cacheleu**, Comte et Pair de Villers sur Authie en Ponthieu, Défendeur à la garantie. *Signé* : Hecquet de Beaufort, Danjan. — *Paris*, Guillaume Desprez, 1768 ; 32 p. in-4°.

Bibl. H Macqueron.

9696. — Précis pour Jacques **Hecquet**, Cultivateur à Yaucourt-Bussus, demandeur plaignant en la Police correctionnelle à Abbeville ; Contre le sieur Pierre **Mazure**, M^d Linger et Courtier de change. — Abbeville, Devérité, Avril 1815 ; 9 p. in-4°.

9697. — Arrest de la Cour de Parlement, qui condamne Nicolas **Hecquet** (déjà repris de Justice) à être pendu et étranglé jusqu'à ce que mort s'en suive, par l'Exécuteur de la Haute Justice en la Place publique de la ville d'Abbeville ; et à être préalablement appliqué à la question ordinaire et extraordinaire pour vols avec effraction. Du vingt-trois août mil sept cent quatre-vingt-cinq. — Paris, P. G. Simon, 1785 ; 4 p. in-4°.

Bibl. d'Abbeville.

9698. — *Placet adressé au Roi par les demoiselles* **Hecquet** *d'Abbeville le 24 novembre 1824.* — S. l. n. n. ; 4 p. in-4°.

9699. — Exposé pour M. Denis **Hennecart**, propriétaire, ancien négociant, demeurant à Roye, contre M. Nozo (Jean-Baptiste), prêtre, supérieur

général des Lazaristes. — Paris, Moquet, *vers 1840;* 104 et 4 p. in-4°.
<small>A la fin est le plan du Marais du Pré-Clabault, à Roye.</small>
<small>Bibl. H. Macqueron.</small>

9700. — Mémoire pour le Sieur Pierre-Nicolas-François **Hénocque**, Lieutenant du Marquisat de Gamaches, Demandeur et Accusateur ; Contre Pierre-André **Bourgeois**, Notaire Royal audit Lieu de Gamaches, et Contrôleur des Actes; Julie Ethéart, sa femme ; Et contre Jean Machet, Huissier audit Gamaches, Défendeurs et Accusés. En présence de Monsieur le Procureur du Roi. — Amiens, veuve Godart, 1770; 32 p. in-4°.
<small>Bibl. d'Abbeville.</small>

9701. — Mémoire pour Etienne **Herbet**, ouvrier saiteur à Moutiers (*Montières-lès Amiens*) et Marie Saveuse, sa femme, appelants d'une sentence du bailli d'Amiens, du 6 février 1721, et de tout ce qui s'en est ensuivi contre Pierre **Saveuse**,... et encore contre messire Jean-Louis **Trudaine**... seigneur de Dreuil.... *Signé : Doulcet.* — S. l. n. n. d.; in-folio.
<small>Retrait lignager.</small>
<small>Bibl. Nat^{le}, f° Fm, 7528.</small>

9702. — Factum pour M° Octavien **Hermant**, conseiller au siège présidial d'Abbeville, et damoiselle Antoinette de Huppy, sa femme... Contre M° Hector **Rohault**, élu en l'élection de Ponthieu, tuteur de Françoise de Huppy, fille unique et héritière de défunt Nicolas de Huppy, intimé. — S. l. n. n., *1623;* in-4°.
<small>Bibl. Nat^{le}, 4° Fm, 15339.</small>

9703. — Mémoire pour les sieurs Pierre et Antoine **Hertou**, Intimés. Contre les sieur et dame **Lemaire**, et la dame Corbillon de la Zizonnière, Appellans. *Signé : Richer.* — Paris, Knapen, 1767; 21 p. in-4°.
<small>Au sujet du testament de Martin d'Hérissart, curé de Pissy.</small>
<small>Bibl. H. Macqueron.</small>

9704. — Mémoire signifié pour Damoiselle Catherine Josse, veuve de défunt Louis **Hocquet**, Marchand à Abbeville, commune en biens avec lui, et sa Légataire universelle; Et Louis Hocquet, leur fils, aussi Marchand à Abbeville, héritier du feu sieur son père, Intimez, Appellans, Demandeurs et Défendeurs. Contre Jacques **Sevault**, Marchand en la même ville d'Abbeville, Appellant, Intimé, Défendeur et Demandeur. Et encore contre le Sieur Papillon de la Grange, Secrétaire du Roy, Défendeur. — *Paris,* Montalant, 1739; 8 p. in-folio.
<small>Bibl. d'Abbeville.</small>

9705. — A Nosseigneurs de Parlement. *Requête d'Eléonore d'Estampes de Valençay, veuve de Charles de Monchy, seigneur d'*Hocquincourt*, maréchal de France, au sujet d'une somme qui lui est due par les maisons de Nesle et de Moncavrel; 15 février 1667.* — S. l. n. n.; in-4°.
<small>Bibl. Nat^{le}, Thoisy, 80, f° 31.</small>

9706. — Extrait des Registres du Parlement. *Arrêt, du 26 Mars 1667, rendu en faveur d'Eléonore d'Estampes de Valençay, veuve de Charles de Monchy, seigneur d'*Hocquincourt*, maréchal de France, contre les maisons de Nesle et de Montcavrel.* — S. l. n. n.; in-4°.
<small>Bibl. Nat^{le}, Thoisy, 80, f° 33.</small>

9707. — Addition de factum sur production nouvelle, pour Messire Georges de Monchy... marquis d'**Hocquincourt**... fils et principal héritier de feu messire Charles de Monchy d'Hocquincourt, maréchal de France, appelant de la sentence rendue au Châtelet de Paris, le 23 juin 1663; contre messires Pierre et Bénédict-François de Rouxel, comte et marquis de Grancey, enfans et héritiers de dame Catherine de Monchy, leur mère, au jour de son décès, femme de M. le maréchal de

Grancey.:. *Signé : Jorel.* — S. l. n. n. n. d.; in-folio.
Bibl. Nat¹ᵉ, Thoisy, 226, f° 54.

* **9708**. — Clauses des contrats de la défunte dame de Grancé et de celui du feu sieur maréchal d'**Hocquincourt**, son frère, ensemble les textes des articles de la coutume de Paris servant pour la décision du procès qui est à juger entre les héritiers de ladite dame et ceux dudit sieur maréchal d'Hocquincourt. — S. l. n. n. n. d.; in-folio.
Bibl. Nat¹ᵉ, Thoisy, 229, f° 199.

* **9709**. — Factum, pour messire Georges de Monchy... marquis d'**Hocquincourt**... intervenant, opposant à l'exécution de l'arrêt du 26 mars 1667, et demandeur en requête du 13 février 1681, contre messire Louis, Marquis de Mailly, de Nesle et de Montcavrel et dame Jeanne de Monchy, son épouse, et Henry Carle, curateur créé par justice a la succession vacante de feue dame Eléonore d'Estampes de Valencay, au jour de son décès veuve de messire Charles de Monchy... seigneur d'Hocquincourt, maréchal de France... *Signé : Husson*. — S. l. n. n. n. d. ; in-4°.
Bibl. Nat¹ᵉ, Thoisy, 80, f° 15.

* **9710**. — Moyens de fait, que met pardevant Vous, Nosseigneurs du Parlement en la première chambre des enquêtes, dame Marie Molé, épouse séparée de biens de Messire Georges de Monchy... marquis d'**Hocquincourt**... demanderesse en requête civile par elle obtenue en chancellerie, le 22 février, 1687,... contre dame Eléonore d'Estampes de Valencay, veuve de Messire Charles de Monchy d'**Hocquincourt**, maréchal de France, contre messire Louis de Mailly, marquis dudit lieu et de Nesle, et dame Jeanne de Monchy, son épouse, défendeurs.... *Signé : Dodart*. — S. l. n. n. n. d. ; in-4°.
Bibl. Nat¹ᵉ, Thoisy, 80, f° 23.

* **9711**. — Moyens de faux que met et baille pardevant Vous Nosseigneurs de Parlement en la quatrième Chambre des Enquêtes, Messire Louis-Eléonor de Monchy de **Hocquincourt**, demandeur en faux contre dame Madeleine-Therèse de Monchy de Hocquincourt, épouse séparée quant aux biens de messire Antoine de **Pas**, marquis de **Feuquières** et Consorts. *Signé : Fenel de Dargny*. — Paris, Sevestre, 1700 ; in-folio.
Au sujet de la propriété des terres de la maison d'Hocquincourt.
Bibl. Nat¹ᵉ, f° Fm, 11327.

* **9712**. — Factum pour messire Louis Eléonor de Monchy d'**Hocquincourt**, appelant..... contre dame Marie-Madeleine-Thérèse-Geneviève de Monchy d'Hocquincourt, épouse séparée de biens du sieur marquis de Feuquières... *Signé : Fenel de Dargny*. — S. l. n. n., 1701 ; in-folio.
Bibl. Nat¹ᵉ, f° Fm 11325.

* **9713**. — Factum pour messire Louis Eléonor de Monchy de **Hoquincourt**, intimé... contre dame Marie-Madeleine-Thérèse Geneviève de Monchy de Hocquincourt, épouse séparée quant aux biens du sieur marquis de **Feuquières**, appelante... *Signé : Fenel de Dargny*. — Paris, L. Sevestre, s. d. ; in-folio.
Bibl. Nat¹ᵉ, f° Fm, 11326.

9714. — Mémoire pour les Sieurs Louis-Antoine et Pierre-François **Hubert**, Cultivateurs et leurs Épouses, demeurants à Corbie, Défendeurs. En réponse à celui publié par la Dame **Quarré Devillers**, femme divorcée du sieur Leroux, demeurante à Corbie, Demanderesse. — Abbeville, Devérité, *1808*; 55 p. in-4°.
Bibl. A. de Cateu.

* **9715**. — Mémoire sommaire pour le sieur **Hurache**, aumônier du roi, chanoine de la cathédrale d'Amiens, et prieur du prieuré de Sarton,.. contre Jean **Gosselin**, receveur de la terre d'Authie..... Signé : Pigné. — Paris, d'Houry, 1720 ; in-folio.

Bibl. Nat., f° Fm, 7673.

9716. — Précis pour les Héritiers de feu Nicolas **Huré**, *décédé à l'Abbaye d'Aimont le 24 prairial an II*, contre les Sieur et Dame **Volant**. — Abbeville, Devérité fils, *vers 1809* ; 7 p. in-4°.

J

9717. — Mémoire pour Augustin **Jérome**, marchand de bois au village de Saint, près Amiens, demandeur ; contre les officiers municipaux de la ville d'Amiens, défendeurs ; et encore contre Joseph Hyacinthe, Comte de **Montagnac**, chevalier de l'ordre royal et militaire de saint-Louis, aussi défendeur ; en présence du sieur Lorry, inspecteur général du domaine de la couronne. — Paris, Demonville, 1788 ; 53 p. in-4°.

Bibl. d'Amiens, Hist., n° 3794, 12.

*__9718.__ — Plaise à M. *de Blaisy*, conseiller en la cour, avoir en justice le bon droit recommandé au procès pour damoiselle Barbe Daussy, veuve de M° Philippe **Joly**, contre Claude de **Friaucourt**... sieur de Tully, dame Antoinette de Fleurton, son épouse ; dame Marguerite de Fleurton, femme séparée de biens de Louis Tillette..... sieur d'Achery, et dame Catherine de Fleurton, veuve de François de Conty... sieur d'Argicourt, tous enfans de feu Henry de Fleurton, sieur de Beaumé, demandeurs aux fins de la commission du 6 mars, signifiée le 9 avril 1688.... Signé : *Isabeau*. — S. l. n. n. n. d. ; in-folio.

Bibl. Nat¹°, f° Fm, 17941.

9719. — Mémoire en la Tournelle Pour Jean-Baptiste **Jorron**, Marchand Fabriquant à Amiens, et M° Jean-Baptiste Jorron, son Fils, Clerc Tonsuré du même Diocèse, étudiant en la Communauté de Lisieux, Accusez, Intervenans, Appellans et Demandeurs. Contre Monsieur le Procureur General du Roy, prenant le Fait et Cause de son Substitut au Baillage d'Amiens, Intimé et Deffendeur. En présence de Monsieur l'Evêque d'Amiens, prenant le Fait et Cause tant de son Promoteur, que des Officiers de la Justice Temporelle de l'Evêché, aussi Appellant et Demandeur. Signé : *Coquereau* — Paris, Lamesle, 1741 ; 12 p. in-folio.

Accusation d'assassinat.

Bibl. Soc. Ant. Pic.

*__9720.__ — Mémoire pour Louis **Jouan**, écuyer, sieur de Brossy, demandeur ; contre Charles **Cardon**, ses frères et sœurs, les maire, échevins et habitans d'Abbeville, défendeurs. Signé : *Garanger*. — S. l. n. n., 1697 ; in-4°.

Bibl. Nat¹°, Thoisy, 121, f° 683 et 375, f° 39.

L

9721. — Mémoire pour les Sieur et Dame de **La Combe**, Héritiers de la Demoiselle de La Combe, leur fille, veuve du sieur Germain de la Mothe, Intimés ; Contre la Dame de **Beauvarlet**, Tutrice de ses enfans, Héritiers du sieur leur père, qui étoit Héritier par bénéfice d'inventaire, du sieur Germain de la Mothe, Appellante. — Paris, Knapen, 1768 ; 22 p. in-4°.

Bibl. d'Abbeville.

*__9722.__ — Mémoire en la cause pour Melchior **Lagrené**, sieur **de Valancourt**, demandeur et défendeur ; contre François **Pingré**, sieur **de Foucaucourt**, défendeur et demandeur. Signé : *Cadet*. — Paris, J. B. Lamesle, 1729 ; in-folio.

Bibl. Nat¹°, f° Fm, 8343.

*__9723.__ — Mémoire et projet de liquidation par de **Lagrené**, contre la veuve **Le Vasseur**, la veuve Torchon de Lihu, comme tutrice de ses enfants mineurs. — Péronne, 1831 ; 109 p. in-4°.

***9724.**— Instruction sommaire pour Jacques de **La Guèze**, marchand, demeurant ci-devant à Saint-Wallery-en-Somme, et à présent en cette ville de Paris... contre Jean **Breton**, fermier-général de la vente et distribution du tabac. *Signé : Dupuy.* — S. l. n. n. d.; in-4°.

Bibl Nat^{le}, Thoisy, 396, f° 239.

* **9725.** — Factum pour damoiselles Françoise, Marie, Catherine et Charlotte **Laignel**, icelle Charlotte héritière par bénéfice d'inventaire de défunt Me François Laignel, leur père... appelantes d'une sentence rendue par les présidiaux d'Amiens, le 21 avril 1661..... contre damoiselle Catherine Perdu, femme de Me François **Vuatbled**... et damoiselle Louise Perdu, femme de Me Michel Du Castel. — S. l. n. n. n. d.; in-4°.

Bibl. Nat^{le}, Thoisy, 446, f° 61.

* **9726.** — Factum pour damoiselles Françoise, Marie et Charlotte **Laignel**, intimées... contre Me Pierre **Dufresne**, commissaire aux saisies réelles d'Amiens, et damoiselle Catherine Fournier, sa femme....., et encore contre Marie Fournier, Michel et Augustin Du Castel. *Signé : Meureq.* — S. l. n. n., *1680;* in-folio.

Bibl. Nat^{le}, f° Fm, 8376.

* **9727.** — Mémoire pour messire Claude-François, comte de **Lameth**... contre Charles d'**Haudoin**, sieur de Passy.... et contre les directeurs du sieur comte de Lameth. *Signé : de Rouvroy.* — S. l. n. n., 1707; in-folio.

Bibl. Nat^{le}, Thoisy, 182, l° 592.

9728. — Si, en ligne directe, le bien d'un père condamné et remis au fils est propre ou acquest.

Affaire relative à la succession de Germain de **Lameth**, seigneur de Montonvillers; arrêt du 26 janvier 1683.

J^{al} des Aud. du Parl., Liv. II, Ch. VI, p. 455 à 460; in-folio.

* **9729.** — Mémoire signifié pour messire Henry Louis, marquis de **Lameth**, appelant d'une sentence rendue au bailliage d'Amiens, le 23 mai 1715, contre Me Guy **Mouret**..... intimé. *Signe : Lagrené Duménil.* — S. l. n. n. n. d.; in-folio.

Bibl Nat^{le}, l° Fm, 8508.

* **9730.** — Factum pour messire Louis de **Lameth**... sieur de Henancourt en son nom et de tuteur de ses enfants et de défunte dame Marie de Caulaincourt ... contre messire Louis de **Caulaincourt**... *Signé : Chenuet.* — S. l. n. n , . 1656; in-folio.

Bibl. Nat^{le}, l° Fm, 17659.

* **9731.** — Mémoire de la subrogation pour Jacques **Lando** et Catherine de La Radde, sa femme, appelants d'une sentence rendue en la Sénéchaussée de Ponthieu, le 4 décembre 1684, contre Jeanne de Bonnay, veuve de Louis de **Cacheleu**...... sieur de Bussuel et Charles de Cacheleu,... sieur du Mesnil, son fils. *Signé : Hossard.* — S. l. n. n., 1686; in-folio.

Bibl. Nat^{le}, Thoisy, 164, f° 388.

* **9732.** — Mémoire signifié pour Louis **Landru**... et dame Marie Le Vasseur, son épouse, fille du premier lit de défunt Louis Le Vasseur... seigneur de Neuilly-le-Dien, appelants... contre dame Marie-Yolande de Bertin, seconde femme du même Louis **Le Vasseur**. *Signé : Rousselet.* — Paris, G. F. Quillau Fils, 1725; in-folio.

Bibl. Nat^{le}, l° Fm, 8563.

9733. — Mémoire pour le sieur **Langlet**, Receveur des Décimes, Régisseur Séquestre des biens et revenus du Couvent des Célestins, et Administrateur de l'Hôpital général d'Amiens, Accusé et Défendeur. Contre les sieurs **Lecomte** et Compagnie, Accusateurs — Beauvais, Desjardins, 1782; 19 p in-4°.

Bibl d'Amiens, Jurisp., n° 841, t. II.

9734. — Mémoire pour Messire Charles-Claude **Langlo's**, Chevalier, Seigneur de Mezicourt, Beaufrenne, Miannay et autres Lieux, Demandeur. Contre Messire Claude de **Saint-Blimont**, Chevalier, Marquis dudit lieu, Défendeur.— S. l. n. n., *vers 1730;* 8 p. in-folio.

Bibl. H. Macqueron.

9735. — Précis pour M⁰⁸ Francois-Marie de **Laporte**, Conseiller du Roi, Lieutenant Particulier en la Maîtrise des Eaux et Forêts d'Amiens ; Jean-Charles **Laurendeau**, Avocat au Parlement et au Bailliage d'Amiens, et Demoiselle Marie Aimée de Laporte, son Epouse, et Pierre Siméon de Laporte, Bourgeois d'Amiens, Intimés ; Contre le Sieur François **Bouchon**, Négociant à Amiens, Appellant. *Signé : Bernard de Beauvoir.* — Paris, Chardon, 1784 ; 24 p. in-4°.

9736. — Arrest de la Cour des Aydes, qui convertit en la peine des galères l'amende de mille livres prononcée par les Elûs de Doulens contre le nommé Pierre **La Rivière**, dit Malboust, fauxtabatier, faute par luy d'avoir payé ladite amende dans le temps prescrit par la déclaration du 6 décembre 1707. Du 30 Janvier 1739. — Paris, Imprimerie Royale, 1739 ; 4 p. in-4°.

Bibl. H. Macqueron.

9737. — Mémoire pour le sieur Martin de **La Rochette**, Bachelier de Sorbonne, Curé de Puicasquier, Diocèse d'Auch, héritier du Sieur de la Rochette son Père, Intimé. Contre les Sieur et Dame **Picot**, héritiers du Sieur de Poilly, Appellants. — Paris, Knapen et Fils, 1778 ; 36 p. in-4°.

Au sujet de la succession de la d¹¹ᵉ Hérault, décédée carmélite à Amiens.

Bibl. d'Abbeville.

*9738.** — Mémoire pour l'abbé de **La Rochette**, contre les acquéreurs des biens situés en Ponthieu, vendus par la sœur **Hérault**, religieuse aux Carmélites d'Amiens. — Paris, 1782 ; 6 part. in-4°.

Cat. de la Libr. Chossonnery, 1882, n° 957.

9739. — Résumé pour Mᵉ **Lavernier**, Notaire Royal et Greffier en la Sénéchaussée de Ponthieu, Demandeur ; contre les demoiselles **Naccard**, Défenderesses. — Paris, P. G. Simon et N. H. Nyon, 1784 ; 16 p. in-4°.

Bibl. d'Abbeville.

9740. — Mémoire sommaire, pour M. Jean-Francois **Lavernier**, Notaire-Royal en la Sénéchaussée de Ponthieu, Greffier Civil et Criminel en ladite Sénéchaussée et au Présidial d'Abbeville. Contre Messire Jean-François **de Rai**, ancien Capitaine d'Infanterie, et Chevalier de S. Louis. Et encore contre Demoiselles Marie-Anne et Marie-Elisabeth Nacart.—Abbeville, L. A. Devérité, 1787 ; 32 p. in-4°.

Ibid.

9741. — Greffier et notaire calomnié. *Affaire* **Lavernier** *contre* **de Rai**.

Causes célèbres, Paris, 1787, t. CXLIX, p. 1 à 61 ; in-12.

9742. — Factum *pour Guislain* le **Bel** servant de réponse aux Plaidoyers de l'Avocat de la veuve **Hubaut**, et de M. l'Avocat du Roy. — S. l. n. n., *1689 ;* 6 p. in-4°.

Question de privilège d'imprimeur.

Bibl. d'Amiens Hist., n° 5561.

*9743.** — Factum pour Mᵉ Nicolas **Le Bel**, sieur d'Huchenneville, conseiller du Roi en la Sénéchaussée de Ponthieu et Siège présidial d'Abbeville, appelant d'une sentence rendue aux Requêtes du Palais, le 26 septembre 1657... contre Mᵉ Pierre **Gallet**, sieur **de Sombrin**, maître des eaux et forêts du comté de Ponthieu... Pierre et Philippe Gallet... enfans dudit sieur de Sombrin. — S. l. n. n. n. d. ; in-4°.

Bibl. Natᵗᵉ, Thoisy, 113, f° 60.

9744. — Résumé pour le sieur François **le Blanc**, Seigneur des Meillards, fief le Blanc et autres lieux, Doyen des Conseillers du Bailliage d'Amiens, Demandeur et Défendeur. Contre Dame Marguerite Blondel, veuve du Comte de **Fercourt**, Seigneur des Grand et Petit Frohen, ayant la garde noble de ses enfans mineurs, Défenderesse et Demanderesse. Paris, P. G. Simon, 1780; 11 p. in-4°.

Bibl. Soc Ant. Pic.

9745. — Précis signifié pour Marie-Magdeleine **Leblanc**, de Caix, fille majeure, Intimée. Contre Jean-Théodore **Bil'ot**, garçon majeur, appellant. Signé : Dreue. — Paris, Cellot. 1774; 16 p. in-4°.

Affaire d'abandon d'enfant.

9746. — Mémoire en délibéré pour Marie-Louis-Joseph Boileau et Jean-Baptiste-Adrien Tillette Mautort, Tuteur et Curateur ad hoc, nommés à Armand et Antoinette **Leblond**. Mineurs intimés; Contre Pierre-Firmin **Joly** Fils, Négociant, demeurant en la Commune de Valery-sur-Somme. Appellant. — Amiens, J. B. Caron l'aîné, an III; 31 p. in-4°.

Bibl. H. Macqueron.

9747. — Mémoire signifié pour Messire Charles-François **le Blond**, Chevalier Seigneur **du Plouy**, Brigadier des Armées du Roi, Lieutenant-Colonel au Régiment de Bretagne Cavalerie, Appellant et Intimé. Contre Dame Marie-Geneviève Simonet, veuve en premières noces du Sr Tillette de la Boissière et en secondes, femme séparée, quant aux biens, du sieur Pierre-François de **Ponthieu**, Ecuyer, sieur de Bernapré, Intimée et Appellante. — Paris, C. F. Simon, 1755; 6 p. in-folio.

Bibl. d'Abbeville.

9748. — Mémoire pour Messire Charles-François-Antoine Marie **Le Blond**, Chevalier, Seigneur **du Plouy** et autres lieux, Maréchal des Camps et Armées du Roi. Messire Jean-Baptiste **Tillette**, Chevalier, Seigneur **de Buigny**, et Dame Marie-Charlotte le Blond du Plouy, son épouse, Appellans et Intimés. Contre Messire Jean-Louis **Sanson**, Chevalier, Seigneur de Zoteux, et Demoiselle Marie-Louise Sanson, Intimés et Appellans. — Paris, Cellot, 1778; 47 p. in-4°.

Ibid.

9749. — Précis pour Messire Charles-François-Antoine-Marie **le Blond**, Chevalier, Seigneur **du Plouy** et autres lieux, Maréchal des Camps et Armées du Roi; Messire Jean-Baptiste **Tillette**, Chevalier, Seigneur **de Buigny**, et Dame Marie-Charlotte le Blond du Plouy, son épouse, Appellans et Intimés. Contre Messire Jean-Louis **Sanson**, Chevalier, Seigneur de Zoteux; et Demoiselle Marie-Louise Sanson, Intimés et Appellans. — Paris, L. Cellot, 1779; 30 p. in-4°.

Ibid.

9750. — Second mémoire signifié pour Messire François **le Boucher**, Prêtre, Chanoine de l'Eglise Cathédrale d'Amiens : Héritier Bénéficiaire de Jacques Vaquette, vivant Sieur de la Carnoy, Défendeur. Contre Jean **Vaquette**, Sieur **Ducardonnoy**, Conseiller-Vétéran au Bailliage d'Amiens, demandeur. Servant de réponse au Factum imprimé dudit sieur Ducardonnoy, du dix-huit juillet 1729. — Amiens, Louis Godart, 1730; 48 p. in-folio.

Ancne Bibl. de Marsy.

*****9751.** — Mémoire pour Gabriel **Le Boucher**... seigneur **de Famechon**, donataire entre-vifs de Nicolas Joseph Le Boucher, son frère... contre Joseph Gilles **Le Boucher**... seigneur d'**Huval**, donataire entre-vifs de Jacques Le Boucher, seigneur du Castelet..... Signé : Perrinelle. — Paris, Quillau, 1725; in-folio.

Bibl. Natle, f° Fm, 9148.

9752. — Mémoire pour Jean-François-Paul **Leboucher Dumesnil**, Capitaine pensionné, Colonel à la suite de l'armée de la République Batave, de présent à Amiens, Intimé. Contre Marie-Madeleine-Françoise **Leboucher Dumesnil**, Jacques-Gabriel-François-de-Paul Roussel et Françoise-Gabriel-Joseph-Pauline Leboucher Dumesnil, demeurans à Amiens, appellans du Jugement du Tribunal du District d'Amiens, du 16 Vendémiaire an 4. — Amiens, J. B. Caron l'aîné, an V; 46 p. in-4°.

Bibl. d'Amiens, Jurisp., n° 953, t. I.

9753. — Factum pour Joseph-Gilles le **Boucher**, Escuyer, substitué au legs de Nicolas le Boucher, Escuyer Sieur d'**Huval**, son frère, Intimé. Contre Loüis le **Boucher**, Escuyer Sieur d'**Ailly**, Conseiller du Roy, Assesseur au Présidial d'Amiens; et Adrien Morel, sieur de Becordel, et Demoiselle Jeanne Collette le Boucher sa femme, Appellans d'une sentence renduë aux Requestes du Palais le vingt-neufième juillet 1687. — S. l. n. n. n. d.; 22 p. in-folio.

Anc^{ne} Bibl. de Marsy.

*__9754.__ — Factum pour Louis **Le Boucher**, sieur d'**Ailly**... assesseur au baillage et siège présidial d'Amiens, appelant d'une sentence rendue aux Requêtes du Palais le 29 juillet 1687... contre Joseph Gilles **Le Boucher**... intimé et demandeur aux fins de la requête qu'il a baillée en la cour le 20 mars dernier. *Signé : Juif.* — S. l. n. n. n. d.; in-folio.

Succession de Nicolas Le Boucher, sieur d'Huval.
Bibl. Nat^{le}, f° Fm, 9150.

*__9755.__ — Factum pour Pierre le **Boucher**... seigneur du **Castelet** et de Biencourt, intimé, contre Charles **Macrel** et Jacques **de la Cour**, mari et bail de Catherine Macrel, appelants. *Signé : Gervais.* — S. l. n. n., 1681; in-folio.

Bibl. Nat^{le}, Thoisy, 139, f° 163.

9756. — Mémoire pour le sieur le **Boucher**, seigneur d'**Accarville**, intimé. Contre le sieur le **Boucher Dumesnil**, appellant.

Mém. et Plaid. de Linguet. — Amsterdam, 1773, t. I, p 331 à 431; in 12.

9757. — Mémoire pour, le sieur (le **Boucher** de **Richemont**, Appellant; Contre le Sieur **Briet de Saint-Elier**, Intimé. — Paris, P. G. Simon, 1774; 83 p. in-4°.

Bibl. d'Abbeville.

9758. — Second précis pour le Sieur (le) **Boucher de Richemont**. Contre le Sieur **Briet de Saint-Elier**. — *Paris*, Brunet et Demonville, 1774; 9 p. in-4°.

Ibid.

*__9759.__ — Factum pour Me Jean Fursy **Le Brethon**, avocat au bailliage de Péronne, appelant, tant comme de juge incompétent et récusé qu'autrement, de la plainte contre lui rendue... contre Anne Leclerc, Intimée... *Signé : Rousselet.* — S. l. n. n.; 1693; in-4°.

Affaire de séduction.
Bibl. Nat^{le}, Thoisy, 378, f° 32.

*__9760.__ — Faits dont Me Jean Fursy **Le Brethon**, avocat, demeurant à Péronne, appelant, offre et demande de faire preuve par ses écritures produites au procès. — S. l. n. n. n. d.; in-4°.

Bibl. Nat^{le}, Thoisy, 387, f° 32.

9761. — Factum pour Me Antoine **Le Caron**,... tant en son nom que comme tuteur de Charlotte Le Caron, héritière de Me Charles Le Caron, avocat, son père et consorts... contre damoiselle Marie Decourt, veuve, et Me Jean **Le Caron**, son fils... — S. l. n. n., vers 1647; in-4°.

Bibl. Nat^{le}, 4° Fm, 33461.

*__9762.__ — Factum pour Me Jean (**Le**) **Caron**, conseiller du roi et lieutenant en l'élection d'Amiens, fils et héritier de défunt Me Jean (Le) Caron son père .... appellant d'une sentence rendue au bailliage d'Amiens, le 5 juin 1647...

contre M° Antoine (**Le**) **Caron**, comme tuteur de Charlotte (*Le*) Caron, fille de défunt M° Charles (*Le*) Caron. — S. l. n. n. n. d. ; in-4°.

Bibl. Nat^{le}, 4° Fm, 33460.

9763. — Mémoire pour Dame Marguerite Morgan, veuve de François le **Caron**, sieur de **Hauteville**, héritier des meubles et acquests d'Antoine le Caron, Ecuyer, Sieur de Fontaine son fils ainé, et Légataire universelle de Jean-Baptiste le Caron, Ecuyer, Sieur de la Motte, son fils puîné, Intimée et Appellante. Contre Maître Loüis **du Fresne**, Sieur de **Froideval**, Conseiller du Roy, Lieutenant General de Police et Maire de la Ville d'Amiens ; Dame Antoinette le Caron son épouse et Damoiselle Jeanne - Collette du Fresne, Fille majeure ; Et contre François du Fresne Écuyer, Sieur de Fontaine. Trésorier de France à Amiens, Appellans et Intimez. — S. l. n. n., *vers 1721* ; 6 p. in-folio.

Bibl. H. Macqueron.

9764. — Mémoire pour Jean-Baptiste-Daniel-Thimothée **Lecat**, Marchand et Huissier en la Chancellerie Présidiale d'Abbeville, demeurant à Rue, Accusé. Contre Antoine **Douai**, Voiturier à Villers - sur - Authie, et Marie - Nicole Lecat, sa femme, plaignants. — Abbeville, Devérité, *1786* ; 20 p. in-4°.

Bibl. A. de Caieu.

* **9765**. — Factum pour M° Nicolas **Le Clerc**, greffier des comptes de la ville d'Amiens, appelant d'une sentence rendue par le bailli d'Amiens, contre M. François **Caron**, aussi intimé et appelant. — S. l. n. n., 1638 ; in-4°.

Bibl. Nat^{le}, 4° Fm, 33525.

* **9766**. — Mémoire à Messieurs les grands juges et consuls de Paris, pour Nicolas **Le Clerc**, sieur de **Bertoval**, seigneur de Dompierre en Picardie, ci-devant entrepreneur des fourrages... contre le sieur René **Gallois**, aussi ci-devant entrepreneur des fourrages. Jean Bertheault... et Marguerite Louise Tribouillard, veuve Lagarde... *Signé : Borderie*. — Paris, d'Houry, 1735 ; in-folio.

Bibl. Nat^{le}, f° Fm, 9255.

* **9767**. — Mémoire pour Nicolas **Le Clerc de Bertoval**, seigneur de Dompierre en Picardie, et Dame Françoise Guyon, son épouse, demandeurs en saisie et arrêt, et défendeurs en mainlevée, contre Jean Baptiste **de Lily**... secrétaire du Roi... conservateur des hypothèques... *Signé : d'Estrevaux de Grandmont*. — Paris, Valleyre, 1736 ; in-folio.

Bibl. Nat^{le}, f° Fm, 9256.

9768. — Mémoire pour le sieur le **Comte** et Compagnie, Accusateurs et Intimés. Contre le sieur L. R. **Cocu**, Accusé et Appelant. — Paris, Knapen, 1779 ; 26 p. in-4°.

Bibl. d'Amiens, Jurisp., n° 841, t. II

9769 — Mémoire pour les sieurs **Le Comte**, Greffier en chef du Grenier à Sel d'Amiens, et Compagnie, demeurans audit Amiens, Accusateurs. Contre Jacques **Rivery**, ci-devant Négociant, demeurant à Amiens et actuellement absent ; Louis Robert Cocu, ci-devant négociant, et le Sieur Joseph Alexandre Langlet, Receveur des Décimes ; le Sieur Jean - Baptiste - Jacques - Honoré Bouchon, Courtier de Change ; Charles-François Dumont aussi Courtier de Change, et Louise Félicité Dumont, sa Femme, tous demeurans à Amiens, et Accusés. — Amiens, J. B. Caron fils, 1781 ; 82 p. in-4°.

Ibid.

9770. — Observations pour les sieurs **Lecomte**, Greffier en Chef du Grenier-à-Sel d'Amiens, et Compagnie, demeurans audit Amiens, Intimés et Appellans : Contre Jacques **de Rivery**, ci-devant Négociant, demeurant à Amiens, et actuellement absent, contumax, Intimé :

Louis-Robert **Cocu**, ci-devant Négociant ; le Sieur Joseph Alexandre Langlet, Receveur des Décimes ; le Sieur Jean-Baptiste-Jacques-Honoré Bouchon, Courtier de Change ; Charles-François Dumont, aussi Courtier de Change, et Louise Félicité Dumont, sa femme, Tous demeurans à Amiens, Appellans et Intimés. — *Paris*, Knapen et fils, *1782* ; 126 p. in-4°.

Ibid.

9771. — . Réplique pour Dame Adrienne Picquet, veuve du Sieur Adrien **le Couvreur**, Ecuyer, Seigneur de Vraignes, Président-Trésorier de France à Amiens, Demandresse. Contre les héritiers collatéraux du Sieur **de Vraignes**, Défendeurs. *Signé : Debouchevret*. — *Paris*, Jacques Vincent, s. d. ; 6 p. in-folio.

Bibl. H. Macqueron.

9772. — Réponse au Libelle ayant pour titre : Mémoire pour le Sieur Nacart ; Pour le Sieur François-Joseph **Lecus**, Courtier de Change, demeurant à Abbeville ; Contre le Sieur **Nacart**, vivant de son bien, demeurant à Abbeville. — Amiens, Maisnel fils. *vers 1803* ; 59 p. in-4°.

9773. — Au Roi en son Conseil. Mémoire en Réplique pour M. **Ledien** fils Imprimeur-Libraire, appelant comme d'abus : Contre M. l'Évêque d'Amiens et M. **Caron-Vitet**, le premier défenseur et l'autre, intervenant. — Amiens, Ledien fils, *1832* ; 12 p. in-4°.

* **9774**. — Analyse des faits de l'instance pour Louis-François-Salomon **Lefebvre**, contre le sieur Jacques-André **de Lignière**, seigneur de Bommy et la demoiselle Macret. — *Paris*, 1767 ; 20 p. in-4°.

Cat. Libr. Pineau, à Beauvais, 1864.

* **9775**. — Mémoire pour Pierre **Lefebvre**, notaire royal, et receveur de la terre et seigneurie du Belloy.....
Appelant d'une sentence rendue au bailliage d'Amiens, le 15 mai 1715, contre Henri de **Carbonnel**..., sieur d'**Hierville**. *Signé : Février*. — Paris, C. Huguier ; in-folio.

Bibl. Nat¹ᵉ, f° Fm, 9342.

9776. — Mémoire à consulter et consultation pour M. Alexandre-Louis **Lefournier-Wargemont**, et Madame Bonne-Charlotte-Félicité Lefournier-Wargemont, Demandeurs. Contre Paul Antoine **Roussel**, Défendeur. — Abbeville, Boulanger-Vion, an XIII ; 34 p. in-4°.

Bibl. d'Abbeville.

9777. — A Nosseigneurs de Parlement. *Supplique de Pierre le* **Gillon**, *Sieur du Grostison, Conseiller au Présidial d'Amiens, protestant contre l'insuffisance de la peine infligée au S. Antoine* **Le Mercier** *qui avait assassiné le fils du suppliant. Signé : Caffiot, de la Barre ; du 5 juin 1682*. — S. l. n. n. ; 12 p. in-4°.

Bibl. d'Amiens, Hist., n° 5561.

9778. — A Messieurs les Président et Juges du Tribunal de Commerce de Saint-Valery-sur-Somme. Pour le sieur Nicolas-Médard **Legrand**, cultivateur et ancien percepteur des contributions directes, demeurant à Ysengremer ; contre la dlle **Cordier** et le sieur Laboulais, ses créanciers chyrographaires, demeurans à Eu. — Abbeville, H. Devérité, 1825 ; 9 p. in-4°.

9779. — Mémoire signifié pour François **Lejeune**, marchand de vins en gros à Abbeville, Intimé Défendeur et Demandeur. Contre Messire Jacques **Léperon de Ville**, Appellant, Demandeur et Défendeur. — *Paris*, veuve Knapen, 1748 ; 8 p. in-folio.

Ancⁿᵉ Bibl. de Marsy.

9780. — Observations sur le Mémoire du Sieur **Léperon de Ville** pour François **Lejeune**, Marchand de vins en gros à Abbeville. — *Paris, Veuve Knapen*, 1749; 4 p. in-folio.

Ibid.

9781. — Mémoire pour le sieur Jean-Baptiste-Alexandre **Leleu** Fils, Négociant et Consul en exercice de la Ville d'Amiens. — Amiens, J.-B. Caron l'aîné, 1789; 11 p. in-4°.

Bibl. Pinsard.

9782. — Conclusion médico-légale sur les rapports judiciaires faits dans l'affaire **Leleu**. — Paris, Locquin, *1838;* 60 p. in-4°.

Au sujet d'accusation d'empoisonnement d'une dame Leleu, née Gauduin, à Longpré-les-Corps-Saints, en 1838.

* **9783** — Mémoire pour le sieur François **Lemaire Muller**, marchand en la ville de Saint-Quentin, plaignant, contre les sieurs Jacques et Philippe Benoît **Carpentier**, père et fils, marchands associés à Péronne, accusés, le sieur Fursy Frion Démery, ancien négociant, demeurant au même lieu et Mᵉ Claude-François Gonnet de Fiéville, procureur du roi de l'élection de Péronne. *Signé : Blondat*. — Paris, P. G. Simon, 1779; in-4°.

Affaire de banqueroute frauduleuse.

Bibl. Natle, 4° Fm, 22825.

* **9784.** — Précis pour le sieur **Lemercier**, bourgeois de Péronne contre le sieur **France**. curé de Groffliers. — S. l. n. n., 1773; 8 p. in-4°.

* **9785.** — Mémoire instructif pour André **Le Picart**, seigneur d'Aubercourt, héritier en partie de François Le Picart; Contre Noël Bernard **du Verger**. — Paris, 1700; 64 p. in-4°.

9786. — Réponse du Cit. **Leroy**, Négociant à Amiens, intimé; au Cit. **Picart** l'aîné, aussi Négociant, demeurant à Amiens, appellant. — Amiens, J B. Caron l'aîné, an XI; 13 p. in-4°.

Bibl. d'Amiens, Jurisp., n° 953, t. III.

* **9787.** — Mémoire pour Messire Claude **Le Roy**,... Seigneur de **Vallanglart** et de Moyenneville, contre Messire Charles de **Sacquespée**,..... Seigneur de Gorenflos..... *Signé : Berroyer*. — S. l. n. n., *1695;* in-folio.

Bibl. Nat., f° Fm, 9634.

9788. — Arrêt de la Cour de Parlement qui condamne Charles-François-Joseph **Le Roy de Valines** à faire amende honorable et à être rompu vif et jetté au feu, pour crime de vol et de poison. Du 22 Août 1764. — Paris, P. G. Simon, 1764; 4 p. in-4°.

Bibl. d'Amiens, Jurisp., n° 328.

Autre édition en plac. in-folio.

9789. — Mémoire à consulter et Consultation *sur l'indignité de M.* **Le Roy** de Valines *à recueillir la succession de son père*. — *Paris*, Ch. Est. Chesnault, 1767; 51 p. in-4°.

Bibl. A. de Coieu.

9790. — Quels sont, en matière criminelle, les caractères et les effets d'un soupçon juridique ?

Question de droit soulevée par le crime de M. **Le Roy de Valines**.

Causes célèbres, t. XI, p. 115 à 200; in-12.

9791. — Mémoire pour Jean-Baptiste **Lescureur**, cy-devant Commis par le Sʳ Guion à la Recette du Bureau des Traittes de Péronne. Contre Monsieur le Procureur du Roy. — S. l. n. n., *1715;* 22 p. in-folio.

Bibl. d'Amiens, Jurisp., n° 953, t. IV.

9792. — Réponse pour le sieur **Lescureur** au libelle intitulé : Mémoire contre les Commis et autres Emploiez des Bureaux des Traittes de Péronne et Bray accusez de malversations et suppressions des droits du Roi, et autres particuliers poursuivis criminellement. — S. l. n. n., *vers 1715;* 24 p. in-folio.

Ibid.

* **9793.** — Mémoire signifié pour Mᵉ Firmin **Le Seigne**, conseiller du Roi, son procureur au grenier à sel d'Amiens ..... contre damoiselle Madeleine Hémart, veuve de défunt M° Louis **Le Seigne**, ancien officier au même grenier à sel. *Signé : de Saint-Aubin*. — Paris, Montalant, 1739 ; in-folio.

Bibl. Nat^{le}, f° Fm, 9680.

9794. — Mémoire signifié servant de Réponse à celui signifié le 22 Mars 1730 Pour le Sieur Jacques **Le Sénéchal**, Bourgeois de la Ville d'Amiens, Défendeur et Demandeur. Contre Loüis **Marié**, Secrétaire du Roy, et Marchand demeurant à Amiens, Demandeur et Défendeur. — S. l. n. n. n. d.; 21 p. in-folio.

Bibl. d'Amiens, Hist., n° 3828, 42.

9795. — Mémoire pour Jacques **le Sergent** Sieur **du Montant** et Dame Elisabeth Godart sa femme, elle légataire universelle pour moitié de Damoiselle Marie-Françoise Godart, sa sœur, Appellans d'une Sentence rendue en la Senechaussée de Ponthieu le 5 Mars 1723. Contre les Sieur et Dame **du Blaizel** ès noms, Intimez. *Signé : Babel*. — *Paris*, veuve Garnier, 1724; 4 p. in-folio.

Bibl. H. Macqueron.

* **9796.** — Mémoire signifié pour Jacques **Le Sergeant**... seigneur **du Montant**.... et dame Marie Elisabeth Godart, son épouse... contre Philippe **Du Gardin**, sieur **de Bernapré**, et dame Marie Barbe Godart, sa femme... *Signé : de Saint-Aubin*. — Paris, Montalant, 1736 ; in-folio.

Bibl. Nat^{le}, f° Fm, 9686.

* **9797.** — Observations sur le mémoire des sieur et dame **Du Gardin**, par les sieur et dame **Le Sergeant**. *Signé : de Saint-Aubin*. — Paris, Montalant, 1737 ; in-folio.

Bibl. Nat^{le}, f° Fm, 9687.

9798. — Observations pour Louis-Nicolas **Lesergeant**, Receveur de l'Enregistrement et Domaines au Bureau de Picquigny, Demandeur ; Contre Jean-Baptiste-Louis **Deroussen**, Maître de la Poste aux Chevaux, demeurant à Ailly-haut-Clocher; Honoré - François Deroussen, Cultivateur à Eplessiel, près Poix ; Charles-François Deroussen, ancien Maître de Poste, demeurant à Bernay ; Nicolas-Benjamin Deroussen, demeurant ci-devant à Noyelles-sur-mer; Marie - Augustine Sabine Deroussen, veuve Louis-Pierre Lebrun, Cultivateur à Bussu : Et le Sieur Magnier, Cultivateur, et Julie Deroussen sa femme, demeurant à Bétembos, tous Défendeurs. — Abbeville, Boulanger-Vion, 1807 ; 26 p. in-4°.

Bibl. d'Abbeville

* **9799.** — Mémoire pour M° Nicolas **Le Sot**, procureur au bailliage et siège présidial d'Amiens, défendeur ; contre Adrien **Morel**, sieur **de Fouquaucourt**, ... demandeur en cassation d'arrêt du 23 juin 1724. *Signé : Regnard*. — S. l. n. n. n. d. ; in-folio.

Bibl. Nat^{le}, f° Fm, 9702.

9800. — Jugement du Tribunal civil du Département de la Somme, rendu sur délibéré le 14 floréal an six (*entre la veuve et les héritiers de Nicolas-Auguste* **Lesouef**, *de Picquigny*).—Amiens, J. B. Caron l'aîné, an VII ; 52 p. in-4°.

Bibl. d'Amiens, Hist , n° 3659.

* **9801.** — Factum pour damoiselle Marguerite Manessier, veuve d'Alexandre **Lesperon**... sieur **d'Ochancourt** ..... contre damoiselle Marie Bruslet, veuve de feu M° François **Gaillard**, élu en l'élection de Ponthieu... appelante d'une sentence rendue par les présidiaux d'Abbeville le 22° jour de janvier 1639, et M° Jean Gaillard, fils dudit défunt et de ladite Bruslet... — S. l. n. n. n. d.; in-4°.

Bibl. Nat^{le}, 4° Fm, 33686.

9801 *bis*. — Mémoire signifié pour Jacques **Lesperon**, Seigneur **de Ville**.

Wivry, Aumont, la Neuville aux Bois, et autres Lieux, Appellant de la Sentence rendue en la Sénéchaussée de Ponthieu à Abbeville le 14 Juillet 1745, et de la Procédure extraordinaire et Décret d'assigné pour être oüi, et de ce qui a suivi, Demandeur en Requête du 29 Janvier 1746, et Défendeur. Contre François **Lejeune**, Marchand de Vins en Gros à Abbeville, Intimé, Défendeur et Demandeur en Requête du 8 Août 1746. Et contre Monsieur le Procureur du Roi, Intimé. *Signé : Duchemin.* — *Paris*, veuve Lamesle, 1749; 22 p. in-folio.

Bibl. H. Macqueron.

* **9802.** — Parlement. Troisième Chambre des Enquêtes. Entre Jean-Charles-André de **l'Espine**, Employé dans les Fermes du Roi..... et Jean-Nicolas **Griffon**..... Fils aîné en Ponthieu, qui a fait un inventaire défectueux des biens de sa mère, déclaré son héritier, nonobstant sa renonciation à sa succession.

Gaz. des Trib., 1779, p. 356 à 359 ; in-8°.

9803. — Mémoire pour le sieur **Lesieur-Yot**, Négociant à Amiens, défendeur ; Contre les Syndics de la faillite du sieur Hyacinthe **Fournier**, demandeurs — Amiens, Ledien-Canda, 1823; 18 p. in-4°.

Bibl. Piosard.

9804. — Mémoire pour Mᵉ Pierre-Philippes **Letellier**, Curé de Conflans-Sainte-Honorine, et Antoinette Letellier, veuve de Sebastien Lourier, Appellans. Contre Marie-Anne Lefebvre, veuve de Jean-Baptiste **Letellier**, Laboureur à Ailly-sur-Noye, Roch et Jean-Baptiste Letellier, leurs Enfans, Intimés. — *Paris*, Vincent, 1764; 7 p. in-folio.

Bibl. d'Abbeville.

* **9805.** — Factum pour Louis **Le Vasseur**... sieur de Neuilly-le-Dien, appelant d'une Sentence du bailli d'Amiens du 9 décembre 1661 ; Contre Nicolas **Le Boucher**, sieur **d'Ailly**, trésorier général de France d'Amiens, intimé. — S. l. n. n. n. d. ; in-4°.

Bibl. Natᵗᵉ, Thoisy, 407, f° 471.

9806. — Mémoire pour les veuves (**Levasseur**) de **Morlancourt** et Obry, Appelantes et Intimées ; Contre Mᵉ **Flaman**, Notaire Royal en la Sénéchaussée de Ponthieu à Abbeville, Intimé et Appelant. — *Paris*, Cellot, 1787 ; 111 p. in-4°.

Bibl. A. de Caieu.

* **9807.** — Factum pour messire André **Le Ver**... sieur de Caours, défendeur et demandeur en sommation contre François **de Campuley**... et dame Catherine Le Ver, sa femme et messire Henri Le Ver, sieur de la Vassolerie. — S. l. n. n., 1650 ; in-4°.

Succession de leur mère, Charlotte de Gaillardbois.

Bibl. Natᵗᵉ, 4° Fm, 34263.

* **9808.** — Factum pour Messire André **Le Vert**... sieur de Caux... demandeur en sommation suivant la requête de ... 1656, contre François **de Campulay** et damoiselle Catherine Le Vert, sa femme, intimés... et encore contre André-Charles Le Toussier, sieur du Festel.... — S. l. n. n. n. d. ; in-4°.

Bibl. Natᵗᵉ, 4° Fm, 34264.

9809. — Arrest contradictoire de la Cour des Aides, du 6 septembre 1758, qui valide une transaction passée entre les Employés aux Aides, et un Particulier (*Nicolas* **Levert**, *de Marcelcave*), saisi en fraude, que les Elûs d'Amiens avoient annulée, faute de dépôt du procès verbal au Greffe. — Paris, Imprimerie Royale, 1759; 3 p. in-4°.

* **9810.** — Mémoire pour Mᵉ Jean Antoine **Levesque**... sieur de **Flixicourt**, ... lieutenant général de la maréchaussée de Picardie... résidant à Abbeville...

contre Michel **Gaffé**, sieur de la Prévôté, lieutenant criminel de robe courte de la sénéchaussée de Ponthieu..... *Signé : Moreau*. — Paris, C. Guillery. 1714; in-folio.

Bibl. Nat^{le}, f° Fm, 9801.

*****9811.** — Addition de mémoire pour le sieur **Levesque**, lieutenant général de la maréchaussée de Picardie.... contre le sieur **Gaffé**, lieutenant de robe courte de la sénéchaussée de Ponthieu..... *Signé : Moreau*. — Paris, v° C. Guillery, 1714; in-folio.

Bibl. Nat^{le}, f° Fm, 9802.

9812. — Lettres de Messieurs les gens du Roi en la Sénéchaussée de Ponthieu et au Présidial d'Abbeville, relative à l'arrêt de la Grand'Chambre du Parlement, rendu au rapport de M. de Bèze de Lis, Conseiller, le 9 août 1766, au profit du sieur Marquis de **Lignières-Châtelain**.—Amiens, veuve Godart, 1767 ; 22 p. in-4°.

Discussion sur l'art. 19 de la Coutume de Ponthieu.

Anc^{ne} Bibl. de Marsy.

9813. — Précis pour Abraham **Locquet**, Receveur du District d'Amiens; Contre Jean-Baptiste-Honoré **Scellier**, Notaire public à Hornoy, et Marie-Madeleine-Rosalie Locquet, sa Femme. — Amiens, J.-B. Caron l'aîné, an II ; 25 p. in-4°.

Bibl. d'Amiens, Jurisp., n° 953, t. I.

9814. — Mémoire à consulter pour M. Adrien-Auguste **Locquet de Granville**, demeurant à Abbeville, Département de la Somme; Contre la demoiselle Marie-Thérèse et le Sr Christophe-Marie de **Robiou**, Espagnols.— S. l., Porthmann, 1819; 27 p. in-4°.

Bibl. d'Abbeville.

9815. — Précis pour Pierre-Maxime **Louchart**, Demandeur contre Constance Duval, femme de Jean-Joseph Wlfran **Marcourt**, dit Blondin, et ledit Marcourt, dit Blondin, Défendeurs, Rosalie Leclerc, femme de Pierre-Jacques-Amable Lescuyer, et ledit Lescuyer, *tous d'Abbeville*, aussi Défendeurs. — Abbeville, Boulanger-Vion, 1817 ; 26 p. in-8°.

Bibl. d'Abbeville.

*****9816.** — Factum pour Me Florent de **Louvencourt**, lieutenant aux traites de la ville d'Amiens, intimé; Contre Antoine et Madeleine de **Louvencourt**, appellans. *Signé: Godquin*.—S. l. n. n., vers 1697; in-folio.

Bibl. Nat^{le}, Thoisy, 227, f° 302.

9817. — Factum pour Antoine et Damoiselle Magdeleine de **Louvencourt**, Appellans de la Sentence rendüe au Bailiage d'Amiens, le 31 Janvier 1697, et de tout ce qui a suivy. Contre Florent de **Louvencourt**, Intimé. *Signé : Chrestien*.— S. l. n. n. n. d.; 3 p. in-folio.

Bibl. H Macqueron.

*****9818.** — Factum pour Jean de **Louvigny**, tailleur d'habits de la ville de Ham, appellant de la sentence de condamnation de mort rendue par le bailli de Ham, le 29 juin 1669... contre le substitut de M. le procureur général au bailliage dudit lieu.—S. l. n. n. ; in-4°.

Bibl. Nat^{le}, Thoisy, 379, f° 142.

9819. — Factum pour Jacques **Lucas**, receveur des consignations d'Abbeville.... contre Philippe **Gatte**... *Signé : Radix*. — S. l. n. n., 1651 ; in-4°.

Bibl. Nat^{le}, Thoisy, 86, f° 177.

*****9820.** — Factum pour Me Louis **Lucas**, receveur des traites foraines en titre d'office au bureau établi à Abbeville... contre Noël de **Pars**, adjudicataire desdites traites... *Signé : Matharel*. — S. l. n. n., 1636 ; in-folio.

Bibl. Nat^{le}, f° Fm, 19908.

*****9821** et **9822.** — Mémoire pour Jacques **Lucet**, intimé. Contre Jean

Dusevel, laboureur à Doullens, appelant. *Signé : de Pontreué.* — S. l. n. n. n. d.; in-folio.
Bibl. Nat^{le}, Thoisy, 74, f° 308.

M

9823. — Mémoire signifié pour M° Daniel **Machard**, Lieutenant-Général de la Châtellenie de Saint-Vallery. Et pour les Héritiers de M° Olivier Machard, Bailly de la même Chatellenie, Intimés. Contre Jean l'**Hottoy**, Appelant. *Signé : de Calonne.* — *Paris*, Jacques Vincent, *1710*; 28 p. in-folio.
Bibl. H. Macqueron.

9824. — Réponse pour M° **Machart**, Notaire à *Amiens* à un libelle intitulé Précis, signé Wallet. — Amiens, Maisnel fils, 1812; 27 p. in-4°.

9825. — Plaidoyé XIV. Pour Dame Anne de Merelessart femme du sieur de **Mailly**, Sénéchal de Vermandois, appellante et demanderesse en question. Contre le sieur de **Mailly** Ecuyer son mary, intimé et défendeur. Plaidoyé XV. Pour la même Dame de Mailly, femme autorisée par justice, et demanderesse en Requeste de séparation d'habitation et de biens. Contre les défenses et les objections produites par le sieur de Mailly son mary.
Plaid. et Har. de M^r Le Maistre. — Paris, Horthemels, 1688, p. 251 à 289; in-4°.

* **9826.** — Factum pour messire Antoine **de Mailly**,... marquis d'**Haucourt**, mari de dame Françoise de Cannesson... contre les sieurs François et Jean **Cornu**. — S. l. n. n., *1679*; in-folio.
Succession d'Isabeau de la Chaussée, dame de St Blimont.
Bibl. Nat^{le}, f° Fm, 10381.

9827. — Mémoire sur la requeste présentée au Roy en son Conseil par Joseph-Augustin de **Mailly**, Comte de Mailly, Lieutenant-Général des Armées du Roy et du Roussillon avec les pièces qui y ont rapport. — S. l. n. n. n. d. ; 28, 4 et 30 p. in-4°.
Bibl. d'Amiens, Hist., n° 4361.

* **9828.** — Pour messire Louis, marquis de **Mailly** et de Néelle, dame Jeanne de Monchy, son épouse, défendeurs. Contre la dame marquise d'**Hocquincourt**. Réponse à l'imprimé intitulé : Moyens de fait... — S. l n. n., *vers 1687*; in-folio.
Bibl. Nat^{le}, Thoisy, 80, f° 35.

9829 — Jugement rendu le *26 août 1699* Entre Damoiselle Barbe Cacheleu, veuve de deffunt François du **Maisniel**, Escuyer, Sieur de Brezencourt et François du **Maisniel**, Escuyer Sieur de Boyartcourt, fils et héritier de deffunt Claude du Maisniel. — S. l. n. n. ; 12 p. in-folio.
Bibl. H. Macqueron.

9830 — Mémoire signifié servant de réponse à celui signifié le 22 Mars 1730. Pour Jacques **Malfroid**, Bourgeois de la Ville d'Amiens, défendeur. Contre Louis **Marie**, Secrétaire du Roy et Marchand demeurant audit Amiens, demandeur. — S. l. n. n. n. d. ; 4 p. in-folio.
Bibl. d'Amiens, Hist , n° 3928

9831. — Mémoire pour le Sieur Charles **Manessier**, propriétaire, demeurant à Wacourt, commune de Machiel ; la dame Charlotte-Mélanie Manessier, vivant de son bien, veuve du sieur Etienne Cochet, demeurant à Abbeville ; le sieur Pierre-François Boudoult d'Hautefeuille, propriétaire, demeurant à Croquoison étant aux droits de la demoiselle Louise Manessier de Wacourt ; et le Sieur Adrien Joseph Delhomel - Duplouy - Desours, propriétaire, demeurant à Abbeville, tuteur spécial des enfans mineurs dud. sieur Manessier, Intimés ; Contre la demoiselle Adélaïde Manessier, femme divorcée de Florentin-Simon **Saùvage**, marchand de bois, demeurant à Abbeville, Appelante. — Abbeville, Boulanger-Vion, *1812;* 45 p. in-4°.

Bibl. H. Macqueron.

9832. — Mémoire signifié pour Jean **Mannessier**, Appellant, Défendeur et Demandeur. Contre Louis **le Fèvre**, Greffier au Bailliage d'Abbeville, Intimé, Demandeur et Défendeur. *Signé : de Leyri.— Paris,* Charles Huguier, *vers 1707;* 10 p. in-folio.

Bibl. Soc. Ant. Pic.

9833. — Factum signifié pour Jean-Baptiste **Mannessier**, Donataire entrevifs de deffunt Nicolas Mannessier, Appelant d'une Sentence rendue par le Lieutenant Général d'Abbeville, le 5 May 1694 et incidamment d'une adjudication faite aux Requestes du Palais le 5 Juillet 1684 et de toute la Procedure sur laquelle elle a esté faite, Intimé, Défendeur et Demandeur en offre. Contre Isaac **Vanrobais**, fils de Josse, Intimé, Appelant de la Sentence Consulaire rendue à Abbeville le 7 Octobre 1687, Demandeur en faux et Deffendeur aux Offres. — *Paris,* Jollet, *vers 1694;* 4 p. in-folio.

Bibl. H. Macqueron.

9834. — Factum pour Jean-Baptiste **Manessier**, Bourgeois de la ville d'Abbeville, donataire entrevifs de deffunt Nicolas Manessier son Père, Apelant et Intimé. Contre Isaac **Vvanrobais**, Marchand Entrepreneur de Manufacture de Draps establie en la Ville d'Abbeville, Intimé et Apelant. *Signé :* Carré. — S. l. n. n., *vers 1707;* 7 p. in-folio.

Au sujet de la propriété de l'Hôtel d'Estrades. Ibid.

9835. — Mémoire pour Jean-Baptiste **Manessier**, Marchand à Abbeville, Appellant d'une Senténce rendue aux Requestes de l'Hôtel le quatorze Aoust 1708; Contre Antoine **Prevôt**, Valet de Chambre de Monsieur de la Rochefoucault, Intimé. *Signé :* Bégon. — S. l. n. n. n. d. ; 4 p. in-folio. Ibid.

9836. — Mémoire instructif et signifié pour Jean-Baptiste **Manessier**, Bourgeois de Paris, Opposant, Défendeur et Demandeur. Contre Adrien **Loëüilliart**, Bourgeois d'Abbeville, et Damoiselle Madeleine Manessier, sa femme, et autres créanciers de Nicolas Manessier, Demandeurs et Défendeurs. *Signé :* Le Paige. — *Paris,* Quillau, 1717; 10 p. in-folio.

Bibl. Soc. Ant. Pic.

* **9837.** — Mémoire signifié pour Jean-Baptiste **Manessier**, laboureur, Jean-Baptiste Guidon, menuisier et leurs femmes, Charles Renard et François Gricourt.... Contre messire Augustin, comte de **Mailly**, marquis d'**Haucourt**... et dame Marie-Michelle de Séricourt d'Esclainvilliers, son épouse. *Signé :* Chastelain. — Paris, Delaguette, 1751; in-folio.

Au sujet d'une hypothèque prétendue par le comte de Mailly sur des immeubles acquis par Manessier et consorts dans le bailliage d'Amiens.

Bibl. Nat^{le}, f° Fm, 10559.

* **9838.** — Factum pour M° Nicolas **Manessier**, prêtre, docteur en théologie de la maison de Sorbonne... contre Nicolas de **Beauvarlet**, sieur de Vaconsin... et Charles Antoine de Beauvarlet, sieur de Bomicourt. — S. l. n. n., 1651; in-4°.

Bibl. Nat^{le}, 4° Fm, 20456 et 33844.

* **9839.** — Factum pour messire Nicolas **Manessier**, docteur en théologie de la maison et société de Sorbonne, défendeur; contre Pierre Paul **Driancourt**... sieur d'Arlen, Philippe Darret... sieur de Saillybray, et Philippe Picquet... sieur d'Esgumont, demandeurs. *Signé : Tardif, Tauxier, Laye.* — S. l. n. n., *1651;* in-folio.

Bibl. Nat^{le}, Thoisy, 223, f° 155.

* **9840.** — Factum signifié pour

Pierre Philippe **Manessier**... contre Messire Charles Timoléon de **Sericourt**, marquis **d'Esclainvilliers**... *Signé : Prévost*. — Paris, Knapen, 1723; in-folio.

Bibl. Nat¹⁰, f° Fm; 10560.

9841. — Précis signifié pour le Sieur **Manessier de Colombeauville**, Fils aîné et Héritier en Ponthieu, Co-héritier au Bailliage d'Amiens, de M° Charles Manessier, Conseiller, Elû en l'Election de Ponthieu, et de Dame Marie-Ursule de l'Hode, ses Père et Mère, Demandeur en enthérinement de Lettres de Rescision et suplément de légitime. Contre Dame Marie-Ursule Manessier, Veuve de M° Nicolas de **Dompierre**, Procureur du Roy en l'Election de Ponthieu, Légataire universelle de ladite Dame de l'Hode, qui etoit Légataire universelle du feu sieur Manessier, son Mari, Défenderesse. *Signé : Formentin*. — Amiens, veuve Godart, 1745; 10 p. in-folio.

Bibl. d'Abbeville.

9842. — Observations sur le Mémoire signifié et distribué sous le nom du sieur **Manessier de Columbeauville**. *Signé : Dargnies*. — S. l. n. n.; 1745; 4 p. in-folio.

Bibl. H. Macqueron.

9843. — Réponse pour les Sieurs et Dames **Manessier** et Consors, Intimés; Contre la Demoiselle Adélaïde Manessier, Divorcée du sieur **Sauvage**, Appellante. — Amiens, Fr. Caron-Berquier, 1812; 4 p. in-4°.

Bibl. d'Abbeville.

9844. — Mémoire pour Messire Alexandre-Joseph-Gabriel de **Mannay**, Chevalier, Comte de Camps. Contre Messire Maximilien-Joseph-Albert de **Bainat**, Chevalier, Seigneur de Villers, l'un des Légataires universels de Cristine Bainat, à son décès Dame de Dommart sur la Luce. *Signé : Varlet*. — S. l. n. n., *1759*; 8 p. in-folio.

Bibl. H. Macqueron.

9845. — Arrest de la Cour du Parlement de Paris, rendu en faveur de Marie-Alexandre-Joseph-Gabriel de **Mannay**, Chevalier, Seigneur de Camps, et Consorts. Contre Maximilien-Joseph-Albert de **Baynast**, Chevalier, Seigneur de Villiers et autres Lieux et Consorts. Du 15 Juillet 1760. — Paris, Prault, 1760; 53 p in-4°.

Bibl. Pinsard.

* **9846**. — Factum pour messire Charles de **Mannay**, seigneur de Camps *en Amiénois*... contre Nicolas de **Heghes**. — S. l. n. n., *1656*; in-4°.

Bibl. Nat¹⁰, 4° Fm, 20476.

* **9847**. — Mémoire pour Louis **Manteau**, laboureur, demeurant à Poix et Marie-Madeleine Ponchelle, sa femme, intimés, défendeurs et demandeurs en requête du 11 juillet 1721, contre M° Pierre **Perdu**, lieutenant en l'élection d'Amiens... *Signé : Doulcet*. — S. l. n. n. d.; in-folio.

Bibl. Nat¹⁰, f° Fm, 10579.

9848. — Mariage déclaré nul, sur le fondement qu'il manquait quatre jours au temps du domicile requis de l'un des conjoints, sur la paroisse où le mariage a été contracté.

Cette affaire concerne le mariage de Louis-François-Guillaume de **Marcillac**, Seigneur de Bray-lès-Mareuil, 1751.

Causes célèbres, t. LIII, p. 123 à 190; in-12.

9849. — Cause en délibéré. Précis très important pour le Sieur Charles-Louis **Maressal**, ancien Juge de Flixecourt, en Picardie, Demandeur; Contre les Sieurs **Maressal de Miraumont**, de Roussen de Besancourt et Consors, Défendeurs; En présence de la Dame Maressal. — *Paris*; M. Lambert, 1774; 11 p. in-4°.

Bibl. d'Amiens, Jurisp., n° 840, t. I.

9850. — Mémoire signifié pour Louis **Marie**, Ecuyer, Conseiller Secrétaire du Roy, Maison Couronne de France et de ses Finances, Demandeur et Défendeur. Contre Jacques **Sénéchal**, Bourgeois de la Ville d'Amiens, et Jacques Malfroid, Bourgeois de la même Ville, Demandeurs et Défendeurs. — *Paris*, L. C. Thiboust, *vers* 1730; 31 p. in-folio.

Bibl. d'Amiens, Hist., n° 3828.

9851. — Arrest du Conseil d'Estat du Roy qui ordonne... que deux Sentences des Elûs d'Amiens des 3 et 10 May précédent, portant qu'il sera procédé à la vente des Effets de Gabriel **Martin**, Marchand de Vin à Amiens, opposant à une contrainte contre lui décernée par le Fermier, pour Droits de Gros d'arrivée et d'entrées journalières seront exécutées selon leur forme et teneur,... condamne Gabriel Martin aux frais faits en la Cour, au coust du présent arrest, liquidé à soixante-quinze livres, et ordonne que toutes Lettres nécessaires seront expédiées sur icelui. Du 10 Décembre 1743. — Paris, Pierre Prault, 1744; 7 p. in-4°.

Bibl. H. Macqueron.

9852. — Précis pour M° Jean **Martin**, Prêtre, Curé d'Allenay, appellant. Contre Gabriel **Bos** et consors, intimés. Et contre Firmin Machet, appellant. *Signé : Laurendeau*. — *Amiens*, L. C. Caron père, *vers* 1770; 15 p. in-4°.

Bibl. Cosserat.

9853. — Mémoire pour Nicolas **Masset**, contre **Le Boucher-Dumesnil**, seigneur de Fresmontiers. *Signé : Lepelletier de St Fargeau et Acher de Mortonval*. — Paris, 1763; 17 p. in-4°.

Affaire scandaleuse.

9854. — Mémoire signifié pour M. le Duc de Béthune, Tuteur honoraire, et le sieur Dat tuteur onéraire des Demoiselles Gabrielle-Charlotte et Louise-Elisabeth de **Melun**, filles et héritières de M. Jean-Alexandre Théodore de Melun, Prince d'Epinoy, et Demoiselles en cette qualité de la Châtellenie de Bailleul, Demandeurs. Contre Demoiselle Victoire de Bellengreville, fille mineure de défunt Messire Nicolas Marquis de **Bellengreville**, et Messire Le Boucher Duval son Curateur, Défendeurs. Question de Droits Seigneuriaux. Coutume d'Amiens. *Signé : Lecouvreur*. — Amiens, Godart, 1749; 18 p. in-folio.

Bibl. Soc. Ant. Pic.

9855. — Arrest de la Cour du Parlement qui condamne Henri **Meunier** à être attaché au Carcan pendant trois jours consécutifs à un poteau qui sera planté sur le Préau des Prisons de la Conciergerie d'Amiens, et en trois livres d'amende envers le Roi, pour avoir participé à l'effraction faite aux Prisons de ladite Ville d'Amiens, dont il s'est évadé avec huit autres prisonniers. Du vingt-six Juillet mil sept cent soixante-quatorze. — Paris, Simon; 4 p. in-4°.

9856. — Mémoire pour les Sieurs Nicolas-Claude et Philippe François **Michault** Frères, et Compagnie, Négocians et anciens Consuls de cette Ville (*d'Abbeville*). Contre les Créanciers de Pierre-Jacques **Froissart**, Signataires des Actes dont s'agit au Procès. — Amiens, Louis-Charles Caron, 1774; 94 p. in-4°.

Bibl. H. Macqueron.

9857. — Réplique pour les Sieurs Nicolas-Claude et Philippe-François **Michault** frères et Compagnie, Négociants et anciens Consuls de cette Ville. Contre les Créanciers de Pierre-Jacques **Froissard**, Signataires des Actes dont s'agit au Procès. — Amiens, veuve Godart, 1774; 45 p. in-4°.

Ibid.

9858. — Mémoire pour Messire Marie-François-Isidore de **Milleville**, Ecuyer, Seigneur d'Avelège, Capitaine d'Artillerie, demeurant ordinairement à Abbeville; François Villeret, Laboureur; Alexandre Dupont, Valet de Charrue; Antoine Sempy, Tonnelier et Syndic d'Avelège, et Françoise Marcadé, sa

femme, Accusés; Contre M° Jean-François **Kalandrin**, Régisseur général pour le Roi, des Aides et autres Droits y joints, poursuite et diligence de M° Henri-Camille Lemaistre, son Procureur général et spécial, et Directeur desdits Droits, demeurant à Abbeville, Plaignant, Demandeur et Défendeur. — *Abbeville*, L. A. Devérité, 1789; 47 p. in-4°.
Bibl. d'Abbeville.

9859. — Mémoire sommaire signifié pour Damoiselles Françoise-Marguerite et Marie-Elizabeth **Moisnel**, et Dame Geneviève Morel, veuve de Jean-François de Matiffas, Ecuyer, Seigneur de la Salle, Intimées. Contre Adrien **Thomas**, Bourgeois d'Abbeville et Consorts, Appelans. *Signé : Target. — Paris*, Mesnier, 1737; 6 p. in-folio.
Bibl. H Macqueron.

9860. — Arrêt de la Cour de Cassation, du 11 Avril 1821, Confirmatif du Jugement du Tribunal civil d'Abbeville, Rendu le 9 Novembre 1819; qui décharge le sieur **Monchaux**, épicier et débitant d'Eau-de-vie, de la contrainte décernée contre lui par la Régie des Droits Indirects, pour le paiement du droit de 15 pour 0/0, sur le Cidre destiné à sa consommation. — Abbeville, Devérité; 12 p. in-4°.

9861. — Mémoire signifié pour Madelaine-Françoise-Amicie de **Monchy**, Damoiselle Chanoinesse de Maubeuge, Majeure Coutumière, procédante à l'assistance de Messire Nicolas de Monchy, Chevalier, Marquis de Senarpont son père et Curateur aux causes, et Demanderesse. Contre Pierre Vulfran **Briet**, Seigneur de **Rainvillers**, et de Bernapré, Capitaine des Côtes et Dame Anne Dugardin son épouse, Deffendeurs. Contre Dame Barbe Godart, veuve de Philippes Dugardin, Ecuyer, Seigneur de Bernapré, ès-qualités qu'elle est poursuivie, Deffenderesse. *Signé : Formentin le jeune.* — Abbeville, Artous, 1728; 7 p. in-folio.
Au sujet de la terre de Senarpont.

9862. — Second factum pour dame Marie Molé, épouse séparée de messire Georges de **Monchy**,... contre Maîtres Jean et Michel **Desaleux**, docteurs de Sorbonne et damoiselles Marie et Jeanne Desaleux, filles majeures..... *Signé : Dodart. — S. l. n. n., après 1687;* in-4°.
Succession de M°ˡˡᵉ d'Hocquincourt.
Bibl Natˡᵉ 4° Fm, 26298.

9863. — Mémoire sommaire pour Michel-Henry-Alexandre **Morand**, demeurant à Paris, demandeur en nullité et insuffisance d'offres, d'une part. Contre Thérèse-Monicque Morel, veuve du sieur Pierre-Louis-François **Morand**, décédé Négociant, demeurant à Abbeville, tant en son nom personnel, comme obligée solidaire, que comme tutrice de ses enfans mineurs, défenderesse; Et contre Jean-Vincent-Isidore et Anne-Margueritte-Françoise Morand, majeurs à marier, aussi coobligés solidaires, demeurans à Abbeville, intervenans. — Abbeville, Devérité, *1809;* 38 p. in-4°.
Bibl. H. Macqueron.

9864. — Précis pour M. Jean-Matthieu **Morel**, Négociant à Paris, et dame Marie-Louise Aliamet de Métigny, son épouse, intimés en appel. Contre M. Adrien-Jules-Hippolyte **Aliamet de Condé**, Majeur Coutumier, procédant sous l'autorité de Mᵉ Jean-Baptiste-Athanase Delastre, Docteur en Médecine, son Curateur; M. Louis-Pierre-Jean Pingré, demeurant à Amiens, et Dame Marie-Louise-Sophie-Charlotte Aliamet de Condé, son épouse; M. Dufour, Bourgeois d'Abbeville, et Dame Marie-Adrienne-Claudine Alexandrine Aliamet, son épouse; Dˡˡᵉ Marie-Louise-Pauline Aliamet de Condé, fille majeure usant de ses droits; et Dˡˡᵉ Charlotte-Justine Aliamet de Condé, fille Majeure Coutumière procédant à l'assistance et sous l'autorité du Sieur Louis-François-Antoine Aliamet de Marcis, son Curateur, Appellans par acte du 17 octobre dernier, de Jugemens rendus au Tribunal du District d'Abbeville, les 26 Août et 27 Septembre précédens; en présence de M° Pierre Danzel, Homme de Loi, demeurant à Abbeville, aussi Appellant desdits Jugemens, et ayant interjetté Appel du Jugement rendu au même Tribunal, le 12 Novembre dernier. — Dieppe, s. n., 1792; 25 p. in-4°.

Bibl. A, de Caieu.

9865. — Précis sommaire pour Mathieu **Morel**, aïeul maternel et à ce titre héritier mobilier, de son chef, du mineur Buteux. Contre Sophie Buteux, Dame **Œuilliot**, tante paternelle, héritière aux propres. — *Abbeville*, L. A. Devérité, 1792; 21 p. in-4°.

Ibid.

9866. — *Consultation pour le sieur* **Morel** *contre les époux* **Œuilliot**, *de S¹ Valery*. — Paris, Migneret, 1792; 48 p. in-4°.

Bibl. H. Macqueron.

* **9867.** — Mémoire pour les sieurs **Morel**, Dufay et Hachin... négociants d'Amiens... et interessés dans le chargement du vaisseau suédois l'Espérance, de Stade... contre le capitaine **Duplessis**, commandant le dogre l'Agneau de Revange, de Calais. *Signé : Godefroy*. — Paris, Rondet, 1711; in-folio.

Bibl Nat¹ᵉ, f° Fm, 11686.

* **9868.** — Factum pour Adrien **Morel**... sieur **de Foucaucourt**, conseiller au présidial d'Amiens... contre Nicolas **Le Sot**, procureur au présidial d'Amiens, et Nicolas Pingré... *Signé : Romieu*. — Paris, veuve Adam, 1718; in-folio.

Bibl. Nlᵉ, f° Fm, 11676.

9869. — Mémoire signifié pour Messire Claude **Morel** du **Tronquoy**, Chevalier, Seigneur de Foucaucourt, fils unique et seul héritier bénéficiaire d'Adrien Morel, second du nom, Chevalier, Seigneur de Foucaucourt, Demandeur et Défendeur. Contre Guillaume-François et Claude-Nicolas **Messager**, Ecuyers, enfans et héritiers de Dame Marguerite Morel, leur mère, Défendeurs et Demandeurs. Et encore contre M° Claude-François-Félix **Boulanger**, Sieur **de Rivery**, à cause de Marie-Françoise Morel de Quennezy, sa femme, aussi Défendeur et Demandeur. *Signé : Rousseau*. — Paris, P. G. Simon, 1758; 16 p. in-folio.

Bibl. Soc. Ant. Pic.

9870. — Addition au Mémoire signifié pour Messire Claude **Morel du Tronquoy**, Chevalier, Seigneur de Foucaucourt, Défendeur et Demandeur. Contre M° Claude-François-Félix **Boulanger**, sieur **de Rivery**, et Dame Marie Françoise Morel de Quennezy, sa femme, Demandeurs et Défendeurs. Et encore contre Guillaume-François et Claude-Nicolas **Messager**, Ecuyers, héritiers de Dame Marguerite Morel, leur mère, Défendeurs. *Signé : Rousseau*. — Paris, P. G. Simon, 1758 ; 7 p. in-4°.

Ibid.

9871. — Précis pour le Sieur **Morgan** Fils, contre la Dame **Morgan**, sa Mère. — Amiens, veuve Hermant, 1785 ; 6 p. in-4°.

Bibl. d'Amiens, Jurisp., n° 841, t. III.

9872. — Plaidoyer pour Marie-Adrien **Morgan de Maricourt**, et la Dame Marie-Angélique Durieux, son Epouse. Contre Marie-Madeleine Mercier, veuve d'André **Deschamps**; Marie-Françoise-Radegonde Flutte, fille majeure, sa nièce, et Antoine Mercier, Garçon. — *Paris*, Cellot, 1772; 53 p. in-4°.

Bibl. de Péronne, Rec. de Mém., t. 67.

* **9873.** — Factum pour monsieur le Procureur du Roi au Châtelet de Paris, demandeur et accusateur pour le roi par ordre de sa Majesté du ... mars 1622..... contre Simon **Morin**, natif d'Aumale, François **Randin**, prêtre,

curé de la Magdeleine-lès-Amiens.....
et autres, leurs complices. — S. l. n. n.;
in-4°.
Au sujet des doctrines hérétiques de Morin,
Randin, etc., sur le mystère de la Rédemption.
Bibl. Nat¹ᵉ, Thoisy, 92, f° 140.

* **9874**. — Factum pour messire Nicolas de **Moy**, marquis de Boves et dame Anne Courtin, son épouse, appelants des sentences, rendues par le bailli d'Amiens ou son lieutenant, les 8 janvier et 29 novembre 1631, contre maître Jean **Lucas**, intimé. — S. l. n. n. n. d.; in-4°.

Bibl. Nat¹ᵉ, 4° Fm, 4213.

9875. — Mémoire pour le sieur **Muraine**, Notaire Royal au Bailliage de Montdidier, à la résidence de Rosières - en Picardie. Contre Adrien **Boitel** père et Geneviève Blanquet sa femme. — *Paris*, Prault, 1786; 45 p. in-4°.

Bibl. de Roye.

* **9876**. — Mémoire pour Pétronille-Thérèse Taverne, veuve en premières noces du sieur Jacques Robelin, et en secondes noces de François Mathieu de **Mus**, écuyer. Contre Philippé **Serrant**, ci-devant fermier du centième denier de la généralité d'Amiens. — Paris, s. n., 1746; 21 p. in-folio.

* **9877**. — Addition au Mémoire pour Pétronille Thérèse Taverne, veuve de **Mus**,... contre Philippe **Serrant**....— Paris, s. n., 1746; 11 p. in-folio.

9878. — Arrest de la Cour de Parlement qui ordonne que, dans la huitaine, les demoiselles Marie-Elisabeth et Marie-Anne **Nacard**, filles majeures, demeurantes à Abbeville, seront tenues de reconnaître Mᵉ **Lavernier**, Notaire Royal et pourvu de l'Office de Greffier en Chef en la Sénéchaussée de Ponthieu et au Siège Présidial d'Abbeville,

y demeurant, pour homme d'honneur et de probité et incapable des faits à lui imputés, d'en passer acte au Greffe de ladite Sénéchaussée de Ponthieu sinon que le présent arrêt vaudra ledit acte; les condamne solidairement avec l'Héritier Bénéficiaire de M. de Ray, Chevalier de Saint-Louis, en 3000 livres de dommages et intérêts, avec impression et affiches de l'arrêt jusqu'à concurrence de cent exemplaires. Du 23 juin 1784. — Paris, P. G. Simon et Nyon, 1784; 4 p. in-4°.

Bibl. A. de Caïeu.

9879. — Conclusions pour le Sieur **Nacart**, assisté de ses Conseils judiciaires, Intimé; Contre Pierre **Borgne**, cultivateur à Bienfay; Marcotte, Notaire à Abbeville; François-Joseph Lecus, Courtier à Abbeville, Et le Sieur Jean-Pierre-Julien Gaide, Marchand à Abbeville; Tous Appelans de Jugement du Tribunal de Police Correctionnelle d'Abbeville. — Amiens, Maisnel fils, *vers 1803*; 21 p. in-4°.

9880. — Réponses très sommaires pour le Sieur **Nacart**, Intimé. Contre le Sieur **Lecus**, Appelant. — Amiens, Maisnel fils, *vers 1803*; 21 p. in-4°.

9881. — Mémoire pour le Sieur **Nacart**, demeurant à Abbeville, Intimé; Contre Pierre **Borgne**, cultivateur, demeurant à Bienfay; Jean-Baptiste Simon Marcotte, Notaire public, demeurant près Abbeville; François-Joseph Lecus, Courtier à Abbeville; Jean-Pierre-Antoine-Julien Gaide, Marchand-Linger, à Abbeville, Appellans. — Amiens, Maisnel, an 13; 59 p. in-4°.

9882. — Mémoire pour Loüis-François de **Nerville**, Chargé de la Régie des Fermes Générales du Roy, Intimé et Deffendeur. Contre Jean **Bécot** et René Mauduit, Marchands, demeurans à Amiens, Appellans et Demandeurs. *Signé : Fréteau*. — S. l. n. n., *1714*; 11 p. in-folio.

Bibl. H. Macqueron.

O

9883. — Affaire de Chirurgie concernant le nommé **Objois**, rebouteur à Mons en Chaussée, accusé de n'avoir pas gardé les statuts de chirurgie ; 1771.

Causes célèbres, XVIᵉ cause.

9884. — Mémoire pour Marie-Rose **Oger**, fille majeure coutumière procédante sous l'autorité de Pierre-Noël Aubert, son Tuteur ad hoc, Intimée et Appellante. Ledit Aubert et Marie Madelaine Oger, sa femme et Thérèse Oger, fille majeure, Intimés. Lesdits Marie-Rose Oger, Marie-Madelaine et Thérèse Oger, Enfans de Jacques Oger, et sœurs d'Elie Oger, décédé dans les Prisons de la Conciergerie du Palais, pendant le cours d'une fausse accusation *de vol domestique dans une succession*. Contre Mᵉ Antoine **Dacquet**, Prêtre, Chapelain de l'Eglise Royale et Collégiale de Saint-Vulfran d'Abbeville, leur Dénonciateur, Appellant et Intimé. — Paris, Simon, 1772 ; 54 p. in-4°.

Bibl d'Amiens, Jurisp., n° 841, t. III.

9885. — Précis pour le Citoyen François Alexandre **Œullio**, Négociant à Saint-Valery-sur-Somme, et la Citoyenne Thérèse-Sophie Buteux, son épouse ; contre le Citoyen **Morel**, Négociant à Paris. — Amiens, J.-B. Caron l'aîné, 1792 ; 38 p. in 4°.

Bibl A. de Caieu.

P

*__9886.__ — Mémoire pour Joseph **Patu des Hautschamps**, et autres. Contre Paul-Henri **Crignon**, lieutenant particulier en la sénéchaussée de Ponthieu, Mᵉ Jean Crignon, chanoine de Varsy et autres. — Paris, 1760 ; 19 p. in-4°.

*__9887.__ — Mémoire pour Jean **Paty**, maître chirurgien de la ville de Ham, poursuivant le sceau et expédition des provisions de l'un des deux offices de jurés chirurgiens de la ville de Laon... contre Alexandre **Barbier** et Antoine Huet, se disant syndics des chirurgiens de la ville de Laon... Signé : Du Portault. — Paris, J. Le Febvre, après 1693 ; in-folio.

Bibl. Natle, Thoisy, 79, f° 304.

9888. — Mémoire pour Antoine Michel **Payen**, Chirurgien de l'Hôtel-Dieu de Péronne; contre Jean **Bégard**, Mendiant à Péronne *qui réclame une pension au médecin qui lui a mal raccommodé sa jambe*. — Paris, Cellot, 1779 ; 24 p. in-4°.

Bibl. de Péronne. Rec. de Mém., t. LXI.

9889. — *Arrêt rendu, le 19 novembre 1625, entre Claude* **Pécoul***, avocat au Bailliage d'Amiens et Martin* **Aux Cousteaux***, Chanoine de la Cathédrale.*

Journ des Aud. du Parl, par Dufresne. — Paris, 1757, t. I, p. 40 à 42 ; in-folio.

*__9890.__ — Factum pour M. Firmin **Pécoul**, chanoine de l'église Nostre-Dame d'Amiens contre M. L. **Pécoul**. — S. l. n. u., *vers 1620* ; 8 p. in-4°.

9891. — Mémoire pour le Citoyen **Pécry**, demeurant à Amiens, persistant dans l'appel, par lui interjetté, du Jugement du Tribunal Civil de la Somme, du 23 Prairial an 6, déjà infirmé par Jugement du Tribunal de la Seine Inférieure, du 5 Fructidor an 7. Contre la veuve Dewailli et consors, Intimés. — Amiens, Patin et Cⁱᵉ, an IX ; 35 p. in-4°.

Bibl. d'Amiens, Jurisp., n° 953, t. II.

9892. — Mémoire signifié pour Aubin **Petit**, Marchand Bélinger, demeurant à Saint-Aubin-en-Rivière, et Thérèse Segard, sa femme, Intimés. Contre Pierre **Boulnois**, Marchand Bélinger et Mercier au même lieu, Appellant. — Abbeville, Devérité, 1787 ; 12 p. in-4°.

Bibl. A. de Caieu.

9893. — Mémoire pour les Sieurs Jacques **Petit**, Marchand de bois, demeurant à Nampont-Saint-Martin ; Louis Jacques Caron, Marchand de bois, demeurant en la Ferme de Saint-Nicolas près Abbeville, et Antoine-Josse Dufour, aussi Marchand de bois à Abbeville ; Appellans d'une Adjudication faite en la Maîtrise d'Abbeville, irrégulièrement, par Procès-verbal du 18 Mars 1782, et de tout ce qui a précédé et suivi, Demandeurs. Contre le Sieur François-Marie **Masset** et Compagnie, Négociant, demeurant en la ville de Saint-Vallery, Intimé et Défendeur. — *Paris*, Ch. Simon, 1782 ; 23 p. in-4°.

Bibl. H. Macqueron.

9894. — Mémoire pour le sieur Jacques **Petit**, Propriétaire, demeurant au village de Regnières-Ecluse, stipulant au nom et comme héritier et légataire du sieur Pierre-François Petit, son frère, décédé au même lieu, lequel était aux droits, comme donataire, suivant son contrat de mariage du 31 juillet 1777, de dame Marie-Jeanne Ridoux, son épouse, d'une part. Contre les enfans et héritiers bénéficiaires de feus Jean-Baptiste-Louis **Deroussen** en son vivant Maître de la Poste aux Chevaux d'Ailly-le-haut-clocher, et Charles-François Deroussen, en son vivant ancien Maître de la Poste-aux-Chevaux de Bernay : iceux enfans de Marie-Charlotte Dennel, veuve de Louis-Ignace Deroussen, d'autre part. — Abbeville, H. Devérité, 1823 ; 45 p. in-4°.

Ibid.

* **9895.** — Plaise à Monseigneur.... avoir pour recommandé le bon droit en une cause, pour damoiselle Marie **Pezé**, fille majeure de défunt M. Louis Pezé... contre Louis **Pinguet**, substitut de Monsieur le Procureur général en l'hôtel de ville d'Amiens et les maire et échevins de ladite ville..... *Signé :* Pipault. — S. l. n. n. n. d. ; in-folio.

Affaire de diffamation.

Bibl. Nat^{le}, Thoisy, 177, f° 564.

9896. — Réponse pour Louis-Emmanuel **Picavet**, Md Sellier à Abbeville, Partie plaignante. Contre la Dame Marie-Madeleine-Modeste Guillebert, épouse de Louis-Adrien **Sombret**, cidevant Négociant audit Abbeville, entrepreneur des travaux de la Corderie pour la Marine Impériale, Entrepreneur de Roulage, etc., accusée. — Abbeville, Devérité, Décembre 1808 ; 55 p. in-4°.

9897. — Précis pour la dame veuve **Picot**, *d'Abbeville;* Contre le sieur Abbé de **la Rochette**, les Sieur et dame de Monchaton et les sieurs Bouteillier et Consorts. — Paris, N. H. Nyon, 1787 ; 14 p. in-4°.

Bibl. d'Abbeville.

* **9898.** — Mémoire pour François-de-Paule Florimond **Pieffort**, conseiller du Roi à Péronne, contre A. N. **de Bray de Flesselles**, seigneur de Fonches et dame..... de Court, son épouse. — *Paris*, Lambert, 1766 ; 40 p. in-4°.

Cat. Lib. Pineau, à Beauvais, 1864.

9899. — Précis pour la demoiselle Marie-Sophie **Pigny**, Appellante, contre les sieur et dame **Carpentier**, et Marie-Françoise Bénard, prévenus et intimés en appel. — Rouen, Baudry, Nov. 1822 ; 18 p. in-4°.

Bibl. d'Abbeville.

* **9900.** — Factum pour Pierre **Pingré**... sieur **d'Ambreville**... demandeur en requête du 18 juillet 1761... contre Pantaléon, Vincent, Henry et Joseph **Pingré**... défendeurs. — S. l. n. n. n. d. ; in-4°.

Succession de Marguerite Le Roy, veuve de Pierre Pingré de Fricamps

Bibl. Nat^{le}, 4° Fm, 34018.

* **9901.** — Articles servant au procès pour Pierre **Pingré**, écuyer, intimé, contre Pantaléon **Pingré** et consorts, écuyers, appelants. — S. l. n. n. n. d., in-4°.

Bibl. Nat^{le}, 4° Fm, 34020 *bis*.

* **9902.** — Mémoire pour Pierre **Pingré**... sieur **d'Ambreville** et de

Fricamps, intimé, contre les sieurs et damoiselles ses frères et sœurs puinés, appelants de la sentence rendue au bailliage d'Amiens le 12 aout 1689, au sujet du chef interloqué par l'arrêt du 3 mars 1693, concernant les 30 journaux 27 verges de bois en contestation, sur leur nature de fief ou roture. *Signé : Ticquet.* — S. l. n. n. n. d.; in-folio.

Bibl. Nat^{le}, Thoisy, 202, f° 346.

* **9903**. — Mémoire sur les procès criminels qui ont été civilisés et mis en compromis, depuis appointés en droit et joints au procès sur les appellations d'entre le sieur Pierre **Pingré**, ... sieur **d'Ambreville** et de Fricamps, et la demoiselle Aimée Agathe Pingré et autres, ses frères et sœurs puinés, respectivement demandeurs afin de dommages et intérêts. *Signé : Ticquet.* — S. l. n. n., *après 1693*; in-folio.

Demande de dommages et intérêts pour coups et blessures.

Bibl. Nat^{le}, Thoisy, 101, f° 58.

* **9904**. — Mémoire au sujet des masures Baclet et Vernet, pour Pierre **Pingré**... sieur **d'Ambreville** et Fricamps, intimé, contre les sieurs et demoiselles **Pingré**, ses frères et sœurs puinés, appelants. *Signé : Ticquet.* — S. l. n. n. n. d.; in-4°.

Bibl. Nat^{le}, Thoisy, 202, f° 345.

* **9905**. — Factum pour damoiselles Louise-Charlotte, Angélique, Aimée-Agathe et Jeanne Pingré, héritières en partie de Pierre **Pingré**..... **de Fricams d'Ambreville**....., leur père, appelantes de la sentence rendue au bailliage d'Amiens, le 12 août 1689, contre Louis Pierre **Pingré**,... sieur **d'Ambreville**. *Signé : Mesnard.* — S. l. n. n. n. d.; in-folio.

Bibl. Nat^{le}, Thoisy, 232, f° 453.

9906. — Arrest du Conseil d'Etat du Roy qui déclare la Veuve du sieur **Pingré de Fricamps**, non recevable en son Opposition à l'Arrest de Réglement du 3 Décembre 1737, et dans son Appel de deux Ordonnances de M. l'Intendant d'Amiens, qui l'ont condamnées au payement du Centième denier d'une Cession de Retrait Féodal exercée par le Sieur Pingré de Fricamps, son mary. Du 4 Février 1744. — Paris, Pierre Prault, 1744; 8 p. in-4°.

Bibl. H. Macqueron.

9907. — Mémoire signifié pour Maître Pierre **Pingré**, Ecuyer, Seigneur **de Fricourt**, Conseiller, Avocat du Roy au Bailliage et Siège Présidial d'Amiens, Appellant tant comme de Juge incompétent, déni de renvoi qu'autrement de deux Sentences rendues par les Juges Consuls de la même Ville, les 28 Décembre 1725 et 13 Mars 1726, et Demandeur. Contre Dame Antoinette Leporc, veuve de François **Lecaron**, Ecuyer, Sieur de Varennes, Défenderesse; Et les nommez Magdelaine Cornette, veuve de Domice Coquerel, et Firmin Bernaut, Laboureurs, Fermiers de ladite Dame et ses prête-noms. Intimez et Défendeurs. — *Paris*, Paulus du Mesnil, 1730; 10 p. in-folio.

Bibl. d'Amiens, Jurisp., n° 953, t. IV.

* **9908**. — Mémoire pour Pierre **Pingré**...... seigneur **de Fricourt**, appelant et demandeur en requête du 15 avril 1733, contre Joseph **Pingré**, seigneur **de Guymicourt**, intimé..... *Signé : Pilion.* — Paris, Paulus du Mesnil, 1734; in-folio.

Bibl. Nat^{le}, Mss. P. O, 2884, Pingré, f° 90.

* **9909**. — Mémoire pour Joseph **Pingré**,... seigneur **de Guimicourt** ... contre Pierre **Pingré**... seigneur **de Fricourt**.... — S. l. n. n., *1734*; in-folio.

Ibid.

9910.— Mémoire signifié pour Loui, **Pingré**, Ecuyer Seigneur **de Sourdons** Conseiller du Roy au Bailliage et Siège Présidial d'Amiens, Appellant. Contre les Dames Religieuses de l'Hostel-Dieu de la ville d'Amiens, et Mre Charles Thimoléon De **Séricourt**, Marquis d'**Esclainvilliers** tuteur de ses enfans mineurs, et de Dame Marie-Michelle Decourt de Raineval son épouse ; et Jacques Conty Ecuyer Seigneur d'Argicourt, et Dame Thérèse Decourt de Bonvillers, son Epouse, Intimés. — *Paris*, C. L. Thiboust, *vers 1708 ;* 10 p. in-folio.

Bibl. d'Amiens, Hist., n° 3594.

9911. — Mémoire important pour le sieur (**Pingré**) **de Sourdon.** Contre le sieur Marquis **Desclainvilliers.** — S. l. n. n., *vers 1708 ;* 3 p. in-folio.

Bibl. d'Amiens, Hist., n° 3594.

9912. — Mémoire signifié pour le sieur (**Pingré**) **de Sourdon** contre le sieur Marquis **des Clainvilliers.** — S. l. n. n., *vers 1708 ;* 4 p. in-8°.

Bibl. d'Amiens, Hist., n° 3594.

9913. — Addition de mémoire signifié pour Louis **Pingré**, Ecuyer, Seigneur **de Sourdon**, Conseiller au Bailliage d'Amiens, servant de réponse au Factum du sieur Marquis d'**Esclainvilliers.** — S. l. n. n. d. ; in-folio.

Bibl. d'Amiens, Hist., n° 3594.

9914. — A Messieurs les Maire, Lieutenant, Echevins, Conseillers de ville et autres Officiers municipaux de la ville d'Abbeville. — Amiens, Caron, 1775 ; 26 p. in-4°.

Requête de **Pintiau**, imprimeur à Abbeville, tendant à la suppression d'un « Précis de Dévérité contre Liévin **Pintiau** » publié par Devérité.

Anc^{ne} Bibl. de Marsy.

9915. — Factum signifié pour Dame Marie-Magdelaine Postel, Veuve de Jacques **Piquet**, Sieur **de Belloy**, tant en son nom comme commune, que comme Tutrice de leurs Enfans mineurs, Intimée. Contre Jean-Baptiste **Duval**, et Consors, Appellans d'une Sentence du Bailliage d'Amiens, du 15 Juillet 1726. *Signé : Garnier de la Chevrie.* — *Paris*, Ve Jollet et Lamesle, *1728 ;* 8 p. in-folio.

Bibl. H. Macqueron.

9916. — Mémoire pour le Sieur Octavien **Plantard**, ancien Juge des Marchands de cette Ville *d'Abbeville*, et Damoiselle Anne Vauquet, son Epouse, Défendeurs et Demandeurs. Contre les Sieurs Charles et François **le Febvre**, et Consorts, Demandeurs et Défendeurs. — S. l. n. n., *vers 1737 ;* 10 p. in-4°.

Bibl. d'Abbeville.

9917. — Mémoire pour le sieur Jean-Charles **Plantard-Flibeaucourt**, Officier d'Infanterie, demeurant à Abbeville, majeur Coutumier, procédant à l'assistance et sous l'autorité du Sieur Charles-Antoine Duvauchel, citoyen d'Abbeville, son Curateur ; ledit sieur Plantard fils et héritier en Ponthieu du sieur Paul Plantard-Flibeaucourt qui étoit légataire universel et héritier en Ponthieu du sieur Jean-Charles Plantard son père, intimé ; Contre le sieur Nicolas-Charles **Plantard-Laucourt**, Homme de loi, demeurant à Abbeville, légataire particulier du sieur Jean-Charles Plantard, son aïeul, Appelant. — Abbeville, L. A. Devérité, *vers 1787 ;* 50 p. in-4°.

Bibl. H. Macqueron.

***9918.** — Factum pour Gabriel **Poilly**, mari et bail de Marie Despréaux, et Etienne Mauconduit, mari et bail de Catherine Despréaux, intimés ; contre François **Despréaux**, appelant d'une sentence rendue par le sénéchal de Ponthieu ou son lieutenant le 3 août 1663. *Signé : Darrost.* — S. l. n. n. d. ; in-4°.

Bibl. Nat^{le}, Thoisy, 132, f° 460.

9919. — Factum pour Jacques **Poncheneux**, Maître Menuisier, demeurant à Amiens, en son nom, et comme Tuteur légitime des ses Enfans, légataires de Me Charles Moucquet, vivant sieur de Topature, et Esleu en l'Eslection d'Amiens. Contre M. Michel **Martin**, Notaire et Procureur au Bailliage d'Amiens. — S. l. n. n., *1678 ;* 7 p. in-4°.

Bibl. d'Amiens, Hist., n° 5561.

9920 — Parlement. Première Chambre des Enquêtes. Procès au rapport de M. Marquette de Mareuil. Entre Dame Marie-Elisabeth Fuselier, veuve de Louis-François-Antoine de **Ponthieu**, Ecuyer, Seigneur de Popincourt, Appellante ; Et Messire Charles-Francois, Vicomte de **Boubers**, tuteur honoraire des enfans mineurs de Messire Claude-Charles, Comte de Boubers, et Charles Vulfrand Papin, leur tuteur onéraire, Intimés.

Gaz. des Trib., 1779, p. 344 et 345 et 391 à 396

* **9921**. — Mémoire pour M⁰ Charles de **Pontreué**, prêtre du diocèse d'Amiens, appelant, intimé et demandeur: contre Adrien **Pingré**, administrateur temporel des filles pénitentes de l'Hôpital général d'Amiens, intimé, appelant et défendeur. *Signé : Roser le Jeune.* — S. l. n. n., 1704 ; in-folio.

Au sujet d'injures proférées par Pingré contre de Pontreué.

Bibl. Nat¹ᵉ, Thoisy, 102, f⁰ 480.

9922. — Parlement. Grand'Chambre. Affaire jugée au délibéré au rapport de M. Titon. Entre le sieur Charles-Louis de **Portelance**, Ecuyer. Et Jean-Paul **Tranel**, Marchand Fabricant à Amiens. Testament suggéré.

Gaz. des Trib., t. X, 1780, p. 97 à 100 ; in 12.

* **9923**. — Pièces justificatives dans l'instance, entre le sieur de **Portelance**, écuyer contre Tranel, marchand fabricant à Amiens. Suite du mémoire pour Portelance contre **Tranel**. — Paris, 1780-81 ; 87 p in-4⁰.

9924. — Si les Avocats peuvent se servir, en plaidant, de termes durs et injurieux aux Parties, lorsqu'ils sont nécessaires à leurs causes. *Arrêt rendu, le 21 janvier 1707, en faveur de François* **Poultier**, *d'Abbeville, poursuivant pour injures François* **Michault**, *avocat à Abbeville*.

Arrêts notables... par Augeard — Paris, 1718. t. III, p. 404 à 410 ; in-folio.

9925. — Factvm pour Marie Obry, veuve de Pierre **Poultier**, légataissese universelle en partie de deffunte Marie du Muret, femme de Jacques Obry, Appellante tant de son chef que pour Daniel Machart, et à ses risques, périls et fortunes, de la Sentence rendue au Bailliage d'Amiens le 20 Juillet 1693, et encore de celle du 27 Février 1692, Deffenderesse et Demanderesse. Contre Jean **Blondin** et Marie Obry sa femme, et Jacques Obry, enfans et héritiers de Pierre Obry, et petits-enfans de ladite du Muret, Intimez et Demandeurs en Lettres de rescision. Et Daniel Machart, tant en son nom que comme tuteur de ses enfans mineurs et de deffunte Iacqueline Anguier, sa femme, auparavant veuve dudit Pierre Obry, aussi Intimé et Deffendeur à la dénonciation qui luy a esté faite dudit appel par luy interjetté par ladite veuve Poultier. *Signé : Ticquet.* — S. l. n. n., *vers 1693* ; 8 p. in-folio.

Bibl. H. Macqueron.

9926. — Précis sommaire pour la dame Wildrode **Poultier**, en sa qualité de Nièce, et seule héritière du cit. Vaillant d'Yaucourt, défenderesse au principal, incidemment demanderesse et opposant par voie d'exception la nullité du Mariage de Félicité Leblond ; Contre ladite Félicité **Leblond**, demanderesse à fin d'exécution du Testament du cit. Vaillant ; En présence de la dame veuve Godart d'Argoule, appelée en déclaré commun du Jugement à intervenir sur l'Acte de Divorce du 22 Avril 1793. — Abbeville, Boulanger-Vion, *vers 1803* ; 27p. in-4⁰.

Bibl. H. Macqueron.

9927. — Résumé et nouvelle preuve pour le Sieur **Pourfour**, Percepteur des Contributions à Abbeville Contre la Dame **Louchet**. — Abbeville, Boulanger-Vion, 1818 ; 9 p. in-4⁰.

9928. — Arrest de la Cour de Parlement Rendu en la Chambre de la

Tournelle Criminelle Pour M⁰ Charles **Prevost**, sieur **de Montaubert**, Conseiller du Roy, Maire perpetuel et hereditaire de la Ville de Doullens, Intimé. Contre Jacques **Lambert**, Controlleur au Grenier à Sel de ladite Ville, Appellant de la procedure extraordinaire contre luy faite par M. le Lieutenant Criminel d'Amiens. — S. l. n. n., *1706;* 4 p. in-4°.

Demande en réparation d'honneur.
Bibl. H. Macqueron.

9929. — Mémoire sommaire pour Dame Marie-Catherine-Françoise Dennel, Epouse civilement séparée de M. François-Guillaume **Prier**, Ecuyer, Seigneur **d'Hattenville**, Conseiller du Roi, Président-Trésorier de France en la Généralité de Rouen. Contre le Sieur Jean-François-Eustache **Duval**, Négociant en cette Ville *d'Abbeville*, et ancien Consul. — Amiens, veuve Godart, 1776; 50 p. in-4°.

Bibl. A. de Caïeu.

9930. — Addition de mémoire pour la Dame **d'Hattenville**. — Amiens, veuve Godart, 1776; 37 p. in-4°.

Ibid.

Q

* 9931. — Factum pour damoiselle Madeleine de Bournoville, Dame Du **Quesnoy**... contre messire Artus de **Moreuil**... sieur **de Caumesnil**, et messire Geofroy de Belleforière, sieur dudit lieu et dame Aléonor de Bournoville, son épouse, appelants d'une sentence rendue par le sénéchal de Ponthieu... le 6 avril 1620. — S. l. n. n.; in-4°.

Bibl. Nat¹ᵉ, 4° Fm, 4121.

R

* 9932. — Contrat de mariage entre messire Charles de **Rambures**, et dame Marie de Monluc, fille de monsieur le maréchal de Ballagny, pour montrer que la rente de quatre mille livres... constituée par led. feu sieur de Rambures, futur époux, à ladite future épouse... est... échue à Jean de Rambures, fils et héritier de sa dite mère, et que, n'en ayant pas disposé pendant sa vie, elle est échue par son décès à feue dame Jeanne de Monluc, présidente de Mesmes, sa tante paternelle... (24 octobre 1592). — S. l. n. n.; in-4°.

Bibl. Nat¹ᵉ, 4° Fm, 27142.

* 9933. — Factum pour damoiselle Françoise Parmentier, veuve de maître François de **Ray**, avocat au présidial d'Abbeville, François Gaspard et François de Ray, ses enfans. Contre maître Octavien de **Ray**, prêtre, fils ainé dudit de Ray pere. *Signé : Nancey.* — S. l. n. n. n. d.; in-4°.

Demande en exécution d'une transaction de 1680.
Bibl. Nat¹ᵉ, Thoisy, 233, f° 187.

9934. — A Nosseigneurs du Parlement en la Tournelle. *Requête par Gaspard de **Ray** de Soupat et Gillette Bauche, son épouse, contre le lieutenant général de Montdidier et l'intendant Chauvelin qui les ont laissés six semaines emprisonnés à Montdidier.* — Paris, Gonichon, *1738;* 16 p. in-4°.

Bibl. H. Macqueron.

9935. — Arrest de la Cour de Parlement qui condamne Félix **Ricard** à faire Amende honorable, à être rompu vif et jetté au feu pour avoir inventé et dénoncé des complots détestables. Décharge Claude Lefort, François Dangest, Michel Darras, Thomas Coquelle, dit Grand-Thomas, et un Quidam de l'accusation contre eux intentée par ledit Ricard. Condamne Jean-Baptiste Demorsy fils, à être rompu vif, pour complicité de l'Assassinat avec ledit Ricard, commis en la personne du nommé Grindart. Et surseoit faire droit contre les autres accusés. Du 2 Août

1757. — Paris, P. G. Simon, 1757 ; 15 p. in-4°.

Il est surtout question de la prétendue complicité de Ricard et de nombreux habitants du Santerre dans l'attentat de Damiens.

9936. — Précis pour Jacques **Richard-Daubigny**, demeurant à Amiens, Intimé. Contre Etienne - Hyacinthe **Tondu** et Consors, Intervenans. Et encore contre François **Habart** et Consors, Appellants. En présence du Préfet du Département de la Somme, stipulant les intérêts de la République, aussi Intimé. *Signé : Laurendeau.* — Amiens, Maisnel, *an XII* ; 16 p. in-4°.

9937. — Mémoire sommaire pour Laurent **Richard**, Traiteur et Aubergiste, Locataire de l'Auberge de la Tête de Bœuf *a Abbeville*. Contre Charles-Honoré **Goret**, et Marie Catherine De Rai, sa femme, Acquéreurs de la dite Auberge. — Abbeville, Devérité, 1783 ; 31 p. in-4°.

Bibl. A. de Caieu.

9938. — Au Citoyen Premier Consul. Théodore-Guilbert **Ricquebourg**, âgé de vingt et un ans ; et Jean-Baptiste Magnier, âgé de vingt six ans, demeurans à Bayonvillers, Département de la Somme, *condamnés à mort pour incendie d'un moulin*, recourent pour obtenir des Lettres de Grâce. — Amiens, Caron l'aîné, an X ; 15 p. in-4°.

Bibl. d'Amiens, Jurisp., n° 3853, t. III.

9939. — Mémoire pour Messire Jean-Roger-Alexandre de **Riencourt**, Chevalier, ci-devant Page de la Reine, Intervenant et Demandeur. Contre Damoiselle Magdeleine Thérèse **Le Roy de Chartrouville**, Appellante et Défenderesse. Et contre les Demoiselles Demay de Bonnelles et de Lucet, Intervenantes et Demanderesses. En présence du sieur le Sénéchal, Receveur général des Domaines de la Généralité d'Amiens, Intimé ; du sieur Darras, Curé de Vieulaine, et de Catherine Routier, Intervenans. — *Paris*, Cellot, *1767*; 50 p. in-4°.

Demande en dommages et intérêts des victimes de M. de Valines faite à Mlle *de Chartrouville, héritière des père et mère de M. de Valines empoisonnés par leur fils.*

Bibl. H. Macqueron.

9940. — Mémoire pour M° Philippe de **Buigni**, Prêtre, Docteur de Sorbonne, Curé de la Paroisse de Saint Michel de la Ville d'Amiens, Exécuteur Testamentaire de Demoiselle Jeanne Ringard, Fille majeure, Intimé. Contre François Hippolyte **Dassonval**, Maître Pompier à Amiens et Marie Marguerite Bagnole, sa femme, Héritiers en partie de la Demoiselle Ringard, Appelans. — *Paris*, Chesneau, 1760; in-folio.

Bibl. d'Amiens, Hist., n° 3815.

9941. — Mémoire pour le citoyen Pierre-François **Ringard**, Cultivateur et ci-d. Marchand de Bois, demeurant en la Commune de Canchy, canton de Cressy, arrondissement d'Abbeville, appellant, tant comme de Juges incompétens, et de nullité, qu'autrement, des Jugemens rendus contre lui au Tribunal de la Police Correctionnelle d'Abbeville le 19 floréal dernier. Contre le Citoyen Commissaire du Gouvernement près le Tribunal Criminel du Département de la Somme, intimé. — S. l. n. n., *an XIII*; 24 p. in-4°.

Bibl. d'Amiens, Jurisp., n° 953, t. III.

* **9942.** — Factum signifié pour Jacques **Ringot**, cornette d'une compagnie de dragons des troupes boulonnaises et damoiselle Marie-Catherine Delattre, sa femme, défendeurs ; Contre M° Daniel **Bosquillon**, Conseiller du Roi et ancien Elu en l'Election de Mondidier, demandeur. *Signé : Robethon.* — S. l. n. n., *vers 1704* ; in-folio.

Relatif à la possession des biens des s^r *et d*° *Chalant revendiqués par le S. Bosquillon.*

Bibl. Nat^{le}, Thoisy, 33, f° 327.

9943. — Précis pour le sieur Jacques **Rivet**, Maître Constructeur de Navires à S. Vallery, Intimé et Demandeur. Contre Jacques **Petit**, Marchand de Bois, Appelant; Jacques Carpentier, Huissier, Wulphi Joly, Geolier et Recors, et Antoine Boulogne, autre Recors, Défendeurs. — *Paris*, d'Houry, 1778; 14 p. in-4°.

9944. — Arrest contradictoire de la Cour des Aydes de Paris, qui infirme une Sentence des Elûs d'Amiens du 19 Février 1752, par laquelle ils ont annullé le Procès-verbal rendu par le sieur Gaulthier de Rumilly, Contrôleur des Aydes audit Amiens... le 21 Janvier 1751, contre Joseph **Robillard**, Laboureur, demeurant à Saveuse, pour l'avoir surpris voiturant pendant la nuit une Barique de cidre sans déclaration préalable..., condamne ledit Robillard en la confiscation du Cidre saisi, en l'amende de cent livres que la Cour a modérée par grâce à 25 livres, et en tous les dépens. Du 11 Avril 1753. — Paris, P. Prault; 3 p. in-4°.

9945. — Mémoire pour le Sieur Louis **Roche**, Ecuyer, Seigneur de Franssu, demeurant à Sisteron en Provence, Demandeur. Contre Dame Marie Boulanger, Veuve du Sieur Claude **Le Caron**, en qualité de Tutrice de ses Enfans, Défenderesse. Et les Demoiselles Le Caron ses filles majeures, Défenderesses et Demanderseses. *Signé : Bernault.* — S. l. n. n., *1754*; 7 p. in-folio.

Bibl. H. Macqueron.

9946. — Addition servant de Réponse aux nouveaux Moyens des Défenderesses. Pour le Sieur **Roche**, Ecuyer, Seigneur de Franssu, demeurant à Sisteron en Provence, principal Demandeur et Défendeur. Contre Dame Marie Fare Boulanger, Veuve du Sieur Claude **le Caron**, tant en son nom que comme Tutrice de ses Enfans mineurs, Défenderesse et Demanderesse en Lettres de récision. Et Demoiselles Marie Françoise Catherine Fare, et Marie Fare Charlotte Le Caron, ses deux Filles majeures, Défenderesses et Demanderesses. *Signé : Bernault.* — S. l. n. n. n. d. ; 12 p. in-folio.

Ibid.

9947. — Observations pour le sieur (**Roche**, *seigneur*) de Franssu contre la Dame Boulanger, et les Demoiselles **le Caron**, ses Filles. *Signé : Bernault.* — S. l. n. n. n. d.; 4 p. in-folio.

Ibid.

*9948.** — Pour Charles **Rohault**, Appelant de la Sentence du Bailli d'Amiens, du 9 février 1632. Contre Maître Pierre **Gaillard**, Conseiller en la Sénéchaussée de Ponthieu, Intimé. — S. l. n. n. n. d.; in-4°.

Bibl. Nat¹ᵉ, 4° Fm, 28118.

*9949.** — Plaise à Nosseigneurs de considérer en la cause de Charles **Rohault**, appelant. Contre Mᵉ Pierre **Gaillard**, intimé. — S. l. n. n. n. d.; in-4°.

Succession de Jacques Gaillard.
Bibl. Natᵗᵉ, 4° Fm, 28117.

*9950.** — Mémoire pour Mᵉ Jacques **Rohault**, doyen et examinateur de la Nation de Picardie, défendeur et demandeur. Contre Mᶜ Firmin **Du Croquet**, maire de la Ville d'Amiens. — S. l. n. n., *vers 1703;* in-4°.

Bibl. Natˡᵉ, Thoisy, 109, f° 320.

*9951.** — Factum pour Mᵉ Jacques **Rohault**, doyen de la Nation de Picardie, appelant et demandeur. Contre Mᵉ Firmin **Du Croquet**, Conseiller au Présidial d'Amiens, intimé et défendeur. *Signé : Prévost.* — Paris, Quillau, 1703; in-folio.

Bibl. Natˡᵉ, Thoisy, 109, f° 322.

9952. — Les Intérêts d'une obligation passée le 29 Octobre 1647, en forme de Sentence, du consentement des Parties, sans Exploit précédent, déclarez usuraires. *Arrêt rendu le 7* *juillet 1707 entre Jacques* **Rohault**, *d'Amiens, professeur en l'Université et Firmin* **Du Croquet**, *conseiller au Présidial d'Amiens.*

Journ. des Aud. du Parl., par Nupied. — *Paris*, 1736, t. V, 2° p¹⁰, p. 71 et 72 ; in-folio.

9953.— Mémoire pour Messire Jean-Joachim **Rouault**, Chevalier, Marquis **de Gamache**, Maréchal des Camps et Armées du Roy, Seigneur et Gouverneur de Saint-Valery, Pays et Roc de Cayeu. Et Dame Catherine-Constance-Emilie Arnauld de, Pomponne, son épouse, Appellans. Contre Jean-Baptiste-Antoine le Vacher, Tuteur de Demoiselle Constance-Simonette-Flore-Gabrielle **Rouault**, Intimé. — *Paris*, Ph. Nic. Lottin, 1739 ; 21 p. in-folio.

Anc^{ne} Bibl. de Marsy.

9954. — Mémoire pour Pierre **Rougemas**, Laboureur et Chirurgien à Villers-Campsart, Intimé et Demandeur. Contre Marguerite de la Salle, veuve de François **Retel**, Laboureur à Selincourt, Appellante. Et Jean **Henoque**, Huissier au Consulat d'Abbeville, Défendeur. *Signé : de Calonne, Guiard.* — *Paris*, Vincent, 1765 ; 13 p. in-4°.

Bibl. H. Macqueron.

9955. — Factum pour Messire Ambroise de **Roussel**,..... seigneur de Germont et dame Jacqueline Françoise de Lastre, son épouse, appelants de la sentence rendue par le Sénéchal de Ponthieu à Abbeville le 23° d'aout 1695 et demandeurs en lettres de rescision obtenues en chancellerie le 12° de décembre 1656... Contre messire Anne-Marie-Louis **Leroy**,..... seigneur du Quesnel et dame Marie-Suzanne de Guizelin, son épouse, intimés et défendeurs. *Signé : Le Cœur*. — S. l. n. n. n. d. ; in-folio.

Bibl. Nat¹⁰, Thoisy, 228, f° 101.

9956.—Mémoire signifié pour Dame Marie-Jeanne Morgan, Veuve de Gabriel-François-de-Paul **Roussel**, Ecuyer, Seigneur **de Belloy**, Intimée. Contre M° Charles-Florimond **Le Roux**, Conseiller du Roi, Garde de Scel de la Monnoye d'Amiens, et Damoiselle Marie-Anne-Agnès Lalau, sa femme, Appellans. — *Paris*, Vincent, *vers 1755* ; 17 p. in-folio.

Bibl. d'Abbeville.

9957. — Mémoire pour Jean, Claude et Louis **Roussel** frères, habitans de la paroisse de Morchain, près Péronne, appelans de l'Ordonnance de M. l'Intendant d'Amiens du 12 novembre 1737. Contre Charles **d'Estrées de Goussancourt**, demeurant aussi en ladite paroisse de Morchain. *Signé : Le Vasseur.* — Paris, Lamesle, 1740 ; in-folio.

Procès en diffamation.

Bibl. Nat¹⁰, f° Fm, 14778.

9958. — Mémoire pour le Sieur Paul-Antoine **Roussel**, Appellant ; Contre Dame Bonne-Charlotte-Félicité **Le Fournier**, divorcée d'Anne-Nicolas Doublet Persant, intimée. — *Amiens*, J. B. Caron l'aîné, *après l'an XII* ; 59 p. in-4°.

Bibl. H. Macqueron.

9959. — Mémoire pour la Dame Marie-Louise Desjardin, Rentière à Rogent, épouse séparée de M. **Routier-Debullemont**, demanderesse en reddition de compte ; Contre M° Pierre **Gavelle**, Notaire royal à Abbeville. — Amiens, Caron-Vitet, *1821* ; 8 p. in-4°.

9960. — *Mémoire.* Pour la dame Marie-Louise Desjardin, Rentière à Rogent, épouse séparée de M. **Routier-Debullemont**, demanderesse en reddition de compte ; Contre M° Pierre **Gavelle**, Notaire Royal à Abbeville, son mandataire et liquidateur.—Amiens, Maisnel fils, *vers 1821* ; 7 p. in-4°.

9961. — Mémoire à consulter et Consultation pour Noel-Jean-François **Rumault**, Bourgeois d'Amiens, Appellant. Contre M° Louis-Joseph d'Herival, Conseiller et Assesseur Criminel au Bailliage d'Amiens, et Consors, Intimés. *Signé : Mitautier. Elie de Beaumont, Target.* — Paris, P. G. Simon, 1781 ; 25 p. in-4°.

Bibl. H. Macqueron.

9962. — Plaidoyer pour le sieur Noël-Jean-François **Rumault**, Bourgeois de la Ville d'Amiens, Demandeur ; Contre Messire Louis-Augustin **Morel d'Hérival**, Ecuyer, Conseiller du Roi en son Bailliage d'Amiens, Assesseur Criminel en cette Ville ; Messire Augustin **Pingré**, Prêtre du Diocèse d'Amiens ; Dame Marie-Victoire **Morel**, veuve de Messire Jean-Baptiste **Fouache**, Ecuyer, Seigneur de Boullan et autres lieux, et Demoiselle Marie-Marguerite d'Hérival, Défendeurs. — Paris, Simon, 1780 ; 25 p. in-4°.

Bibl. d'Amiens, Jurisp, n° 841, t. IV.

S.

9963. — Mémoire pour Jean-Baptiste de **Sachy**, Ecuyer, Seigneur de Saint-Aurin, Exécuteur testamentaire et Légataire universel de Dame Marie Joseph Morel, à son décès, veuve d'Antoine Berthe, Sieur de Coursebonne. Et les Curé et Marguilliers de l'Eglise Paroissiale de Saint-Remy de la Ville d'Amiens, Appelans d'une Sentence de la Sénéchaussée de Ponthieu, du 6 Février 1737. Contre Noël **Baron**. Sieur de la Maronde, Maitre Particulier des Eaux et Forests d'Amiens, Donataire Universel par Contrat de mariage de défunte Dame Marguerite Morel, son épouse, héritière de ladite Dame de Courselaine, Intimé. — *Paris*, Paulus-du-Mesnil, 1741 ; 7 p. in-folio.

Bibl. d'Amiens, Hist., n° 3815.

9964. — Précis pour le Citoyen Pierre-François-Marie **Sachy** fils, demeurant à Amiens, Demandeur ; Contre le Citoyen **Roussel-Belloy** et son Epouse, demeurans à Amiens, Défendeurs. — Amiens, J. B. Caron, an VI ; 6 p. in-4°.

Bibl. d'Amiens, Jurisp., n° 953, t. I.

9965. — Mémoire pour le Marquis de **Saint-Blimont**, Intimé. Contre François **des Gardins**, Appellant. Et encore contre Augustin **Osenne**, et Consorts. — *Paris*, J. Lamesle, 1755 ; 11 p. in-folio.

Affaire d'éviction de fermiers.

Bibl. de Péronne.

9966. — Placet raisonné pour M° Charles de **Saint-Julien**, Tabellion, Garde-Note, Notaire Royal en la Sénéchaussée de Ponthieu, et Apostolique au Diocèse d'Amiens, exerçant à son tour la Justice Royale du Bailliage de Ruë, Procureur du Roy en icelui par intérim, ancien Majeur et Echevin dudit Ruë, Demandeur en réparation. Contre Daniel-Vulfran **d'Hupy**, Huissier Audiencier aux Eaux et Forêts d'Abbeville, résident à Ruë, accusé et Défendeur. — Abbeville, D. Artous, s. d. ; 4 p. in-4°.

Bibl. d'Abbeville

9967. — Factum pour Messire Claude de **Saisseval**,... seigneur de Méraucourt, et dame Marie-Magdelaine Dardre, son épouse, appelants. Contre Jeanne de Piennes, veuve de Maitre Louis **Carron**, procureur au bailliage d'Amiens, ayant repris l'instance de défunt Martin Masselin. — S. l. n. n. n. d. ; in-folio.

Bibl. Nat^{le}.

9968. — Mémoire pour le Sr Louis-François-Maximilien de **Saisseval**, capitaine en pied du régiment Royal-Artillerie, chevalier de l'ordre royal et militaire de Saint-Louis, etc. Contre le sieur François de **la Rue**, comte de **Lannoi**, ancien capitaine aux gardes-Françoises, et gouverneur de la ville de Doulens, comme prenant fait et cause

en l'instance pour le nommé Jean Gris, aubergiste à Doulens, son fermier.
Mém. et Plaid. de M. Linguet. — Amsterdam, 1773, t. I, p. 122 à 183; in-12.

9969. — Ordonnance qui acquitte H. **Sallé**, né à Amiens. — Paris, 9 floréal an II; 4 p. in-4°.

9970. — Factum pour les maîtres et garde de la marchandise de draperie de cette ville de Paris, intimés...... Contre maître François **Sanson**, prêtre, chanoine en l'église d'Amiens, et soidisant pourvu de la chapelle de Sainte Marie Egyptienne, appelant. — S. l. n. n., *après 1634*; in-4°.
Bibl. Nat^{le}, Thoisy, 369, f° 68.

9971. — Plaise à Monsieur..... Conseiller du Roi en sa Cour de Parlement avoir pour recommandé le bon droit pour M° Nicolas **Sanson**, Conseiller au Siège Présidial d'Abbeville, appelant, demandeur et intimé. Contre Nicolas **Assegond** et consorts, intimés, défendeurs et appelants. *Signé Digeon*. — S. l. n. n. n. d.; in-4°.
Bibl. Nat^{le}, Thoisy, 76, f° 424.

9972. — Mémoire signifié pour Marie-Anne Grignon, veuve de M° Barthelemy **Sauvageon**, Président au Grenier à Sel de Ponthieu à Abbeville, Appellante. Contre Françoise Ducandas, veuve du Sieur Jean **Duval**, Marchand en la même Ville, Intimée. Quelle est la nature d'un Immeuble donné ou légué par des Pères et Mères aux Enfans puisnés, dans la Coutûme de Ponthieu. — Paris, Cl. Simon père, 1751; 13 p. in-folio.
Bibl. de Péronne.

9973. — Mémoire pour M° Leonor **Scribe**, Notaire au Bailliage d'Amiens, Défendeur. Contre la veuve **Brisset**. En présence de la veuve Darras. *Signé: Maillart*. — Amiens, L. C. Caron père, *vers 1786*; 27 p. in-4°.
Bibl. Cosserat.

9974. — Y ayant un Procès verbal de Commis, portant qu'ils avoient trouvé du Tabac en fraude dans l'écurie d'un Cabaretier, et le voulant faire condamner en l'amende comme coupable ou complice, celui-ci est recevable à prouver par témoins que ce Tabac a été caché chez lui à son inscu par une personne qui y avoit logé, et en cela il n'y a point de contravention aux Ordonnances. *Arrêt rendu, le 7 mai 1691, en faveur de Robert Sené, marchand et cabaretier à Lyhons*.
Journ. des Aud. du Parl., par Nupied. — Paris, 1757, t. III, p. 342; in-folio.

9975. — Conclusions motivées pour le sieur **Seret**, Négociant à Péronne, Intimé; Contre les Syndics des Créanciers du sieur **Mazure**, appelans, Et la Dame Hubert, intervenante. — S. l., Gratiot, 1820; 4 p. in-4°.

9976. — Salvations à contredits, et à réponses à fins de non-recevoir, et Avertissement, signifiés le 18 du présent mois, que présente P. V. N. D. P. en la G. C. Jacques **Sevault**, Marchand à Abbeville; Contre Catherine Josse, Veuve Louis **Hocquet**, et Louis Hocquet, son fils. — Paris, Mesnier, 1739; 7 p. in-folio.
Bibl. d'Abbeville.

9977. — Mémoire pour Jacques **Sevault**, Marchand à Abbeville, Appellant, Intimé, Demandeur et Défendeur. Contre Catherine Josse, veuve de Loüis **Hocquet**, vivant aussi Marchand à Abbeville, commune en biens avec lui, et sa légataire universelle; et Louis Hocquet, leur fils, Intimez, Appellans, Défendeurs et Demandeurs. — Paris, Mesnier, 1739; 8 et 4 p. in-folio.
Ibid.

9978. — Mémoire pour le sieur Jacques-François **Sevault**, Lieutenant-particulier de la Maîtrise des Eaux et Forêts de Saint-Omer, Appellant et Intimé; Contre le Sieur Nicolas de

Lahaye, Ecuyer, Intimé et Appellant. — *Paris*, veuve Ballard, 1774; 39 p. in-4°.
Au sujet de la cession de l'office de Directeur de la Monnoie d'Amiens.
Bibl. d'Amiens, Jurisp., n° 841, t. II.

9979. — Mémoire pour le Sieur **Sevault**. Contre le Sieur de la **Haye**. — Amiens, veuve Godart, *vers 1774;* 46 p. in-4°.
Bibl. Pinsard.

9980. — Mémoire sur incident pour le Sieur **Sevault**, contre le Sieur **de la Haye**. — Amiens, Louis Ch. Caron, *1781;* 27 p. in-4°.
Ibid.

9981. — Consultation pour le Citoyen **Sombret-Guillebert**, Négociant à Abbeville *Du 18 frimaire an X*. — Abbeville, L. A. Devérité; 23 p. in-4°.

9982. — Mémoire à consulter pour le citoyen **Sombret-Guillebert**, négociant-manufacturier à Abbeville; *du 25 frimaire an X.* — Abbeville, L. A. Devérité; 36 p. in-4°.

9983 — Réclamation des créanciers **Sombret-Guillebert**; *16 pluviôse an X*. — Abbeville, Devérité; 39 p. in-4°.

9984. — Mémoire en la police correctionnelle pour le C. **Sombret-Guillebert**; *du 6 floréal an X*. — Abbeville, Devérité; 73 p. in-4°.

9985. — Aux Citoyens composant le Tribunal de la République Française. Louis Adrien **Sombret - Guillebert**, Négociant à Abbeville. — S. l. n. n., *an X;* 7 p. in-4°.
Prise à partie contre les magistrats d'Abbeville qui l'auraient arrêté illégalement.

9986. — Mémoire à consulter pour Louis-Adrien **Sombret-Guillebert**, négociant à Abbeville, département de la Somme; *du 15 brumaire an XI*. — *Paris*, Antoine Bailleul; 100 p. in-4°.

9987. — Au Tribunal de Cassation. *Requête par* **Sombret-Guillebert**; *du 2 thermidor an XI*. — *Paris*, Ant. Bailleul; 88 p. in-4°.

9988. — L. A. Devérité, Premier Suppléant du Tribunal d'Abbeville, créancier et Sindic des autres créanciers de **Sombret-Guillebert**. Sur le mandat d'arrêt contre lui décerné et sa traduction au juri d'accusation. — Abbeville, Devérité, *vers l'an XII;* 8 p. in-4°.

9989. — Réponse de **Sombret-Guillebert**, au mémoire des trois magistrats. — S. l. n. n., *an XII;* 87 p. in-4°.

9990. — Mémoire pour le sieur Adrien-Louis **Sombret**, cultivateur, demeurant à Thiouville, Département de la Seine-Inférieure dans l'affaire qui s'instruit par M. le Directeur du Jury sur la plainte du sieur Picavet d'Abbeville. — Abbeville, Boulanger-Vion, 1808; 2-63 p. in-4°.

9991. — Mémoire pour Dame Marie-Magdeleine-Modeste **Guillebert**, Epouse du Sieur **Sombret**, Accusée. Contre le Sieur Jean Baptiste **Picavet**, Marchand Sellier, Partie plaignante. — Abbeville, Boulanger-Vion, *vers 1808;* 32 p. in-4°.

9992. — Extrait de correspondance *relative à l'affaire* **Sombret-Guillebert**. — Abbeville, Boulanger-Vion, 1808; 50 p. in-4°.

9993. — Analyse de la Procédure tendant à l'expropriation forcée des Biens-immeubles de Marie-Madeleine-Modeste Guillebert, épouse civilement séparée d'Adrien Louis **Sombret**, ayant été Commerçant à Abbeville, ensuite Agent d'affaires et maintenant Rentier, demeurant à Paris; Suivie à la requête des Héritiers de Louis **Leullier**, en son vivant Agent de change et Courtier audit lieu d'Abbeville. — Yvetot, N. Besche, 1817; 26 p. in-4°.

* **9994.** — Mémoire signifié pour le Marquis de **Soyecourt** (*Louis Armand de Belleforière*); Contre le Comte et la Comtesse du **Hautoy.** *Signé : Jardin.* — Paris, Knapen, 1773; in-4°.

Bibl. Nat^{le}, 4° Fm, 30472.

* **9995.** — Consultation pour le marquis de **Soyecourt.** *Signé : Linguet.* — Paris, Pierron, 1774; in-4°.

Bibl. Nat^{le}, 4° Fm, 30471.

* **9996.** — Mémoire pour le marquis de **Soyecourt**; Contre le comte et la comtesse du **Hautoy.** *Signé : Martineau.* — Paris, Simon, 1780; in-4°.

Bibl Nat^{le}, Ms. Joly de Fleury, 1934, f° 223.

* **9997.** — Premier mémoire sur délibéré pour le marquis de **Soyecourt**, en réponse aux imputations des sieur et dame du **Hautoy.** *Signé : Martineau.* — Paris, Simon, 1781 ; in-4°.

Bibl. Nat^{le}, Ms. Joly de Fleury, 1934, f° 241.

* **9998.** — Second mémoire sur délibéré pour le marquis de **Soyecourt**, contre les sieur et dame du **Hautoy.** *Signé : Martineau.* — Paris, Simon, 1781 ; in-4°.

Bibl. Nat^{le}, Ms. Joly de Fleury, 1934, f° 261.

* **9999.** — Plaidoyer pour le marquis de **Soyecourt**, appelant. Contre la princesse de **Nassau-Saarbruck**, son épouse, intimée et demanderesse en séparation de corps. *Signé : Tronson du Coudray.* — Paris, v^{ve} Valade, 1788; in-4°.

Bibl. Nat^{le}, 4° Fm, 30480.

* **10000.** — Mémoire pour la dame marquise de **Soyecourt** (*Marie Renée de Longueil*); Contre la dame de **Boisfrant.** *Signé : Waubert.* — S. l. n. n. n. d.; in-folio.

Au sujet d'un brevet de retenue de 95.000 livres sur le prix d'une charge de capitaine des gendarmes de Mgr le Dauphin acquise, en mai 1690, par le chevalier de Soyecourt.

Bibl. Nat^{le}, Ms. Doss. bleus, 81, Belleforière, f° 84.

* **10001.** — *Sentence des Requêtes du Palais, du 22 mars 1701, qui ordonne le partage des successions du chevalier de* **Soyecourt**, *de Jean Maximilien et Adolphe de Belleforière, rendue en faveur de la marquise de Soyecourt contre les dames de la Chenelaye et de Belleforière.* — S. l. n. n. n. d.; in-folio.

Bibl. Nat^{le}, Ms. P. O. 274, Belleforière, f° 180.

* **10002.** — *Lettres royaux, du 25 novembre 1712, autorisant la dame de* **Belleforière**, *à se porter héritière, sous bénéfice d'inventaire de Marie-Renée de Longueil, sa mère, veuve du marquis de* **Soyecourt.** — S. l. n. n. ; in-folio.

Bibl. Nat^{le}, Ms. P. O. 274, Belleforière, f° 183.

* **10003.** — Factum pour dame Marie-Renée de Belleforière de **Soyecourt**, veuve de messire Thimoléon Gilbert de **Seiglière de Boisfrant**, maître des requêtes, défenderesse. Contre la dame Comtesse de **Brossay**, demanderesse. *Signé : Denyau.* — Paris, Thiboust, 1714; in-folio.

Relatif à une augmentation de provision demandée par la c^{tesse} de Brossay, sur la succession de son père.

Bibl. Nat^{le}, Ms. P. O. 274, Belleforière, f° 191.

* **10004.** — *Arrêt de la seconde Chambre des Requêtes, du 22 mars 1721, ordonnant le partage des successions des marquis et chevalier de* **Soyecourt** *entre leurs héritiers.* — S. l. n. n ; in-folio.

Bibl. Nat., Ms. P. O. 274, Belleforière, f° 180.

* **10005.** — Transaction passée, le 9 février 1727, entre madame la Marquise de Belleforière et monsieur le Marquis de la Chesnelaye, qui termine tous les procès de leur famille et achève de régler le partage des biens de la maison de **Soyecourt.** *Signé : Melin et Delaleu.* — Paris, Montalant ; in-4°.

Bibl. Nat^{le}, 4° Fm, 2365.

10006. — Précis pour Firmin **Specht**, Aubergiste à Amiens; Michel **Specht**, de présent à Pétersbourg; Pierre-

Joseph Menoud, Suisse de M. le Maréchal de Biron, et Marie-Jeanne Specht, sa femme, Intimés; Contre le sieur **Hareux**, Marchand à Amiens, Appellant. — Paris, P. G. Simon, 1774 ; 19 p. in-4°.

Bibl. A. de Caïeu.

10007. — Arrest contradictoire de la Cour des Aides, du 18 Janvier 1759, qui, en confirmant une Sentence des Élûs d'Amiens, du 12 mai 1757, prononce la confiscation des choses saisies par les Commis aux Aides chez le nommé Charles **Sueur** et sa femme, Cabaretiers à Lignières et les condamne solidairement en l'amende... — Paris, Imprimerie Royale, 1759; 3 p. in-4°.

Bibl. H. Macqueron.

10008. — Jugement qui acquitte Alex. **Tabart**, né à Beaucourt (Somme), prévenu de propos contre-révolutionnaires. — Paris, 9 vendémiaire an III ; 4 p. in-4°.

Cat. Vte Nadaillac, n° 782.

10009. — Parlement de Paris. Grand'-Chambre. Cause entre le sieur **Tagaux** et le sieur **Ternisien d'Ouville**, Seigeur de Boisville. Interprétation de l'article 47 de la Coutume d'Amiens, qui accorde l'exemption des droits seigneuriaux à l'héritier apparent, donataire par avancement d'hoirie.

Gaz. des Tribun , t. XIV, 1782, p. 27 à 29; in-12.

10010. — Précis pour Mre Jean-François **Tayot**, Chanoine et Pénitencier de l'Eglise Cathédrale d'Amiens, Appelant. Contre la Veuve **Tayot**, Intimée. — Paris, Ch. Est. Chesnault, 1769 ; 27 p. in-4°.

Bibl. H. Macqueron.

10011. — Mémoire pour la Dame Veuve **Tayot**, Intimée. Contre le Sieur **Tayot**, Prêtre, Grand-Pénitencier de l'Eglise Cathédrale d'Amiens, Appelant.

Signé : Linguet. — Paris, Prault, 1769 ; 58 p. in-4°.

Extr. des Mém. de Linguet.

10012. — Mémoire sur délibéré pour la Veuve et les Enfans de Jacques **Tellier**, demeurans à Abbeville, Appellans. Contre Marguerite **Watré**, fille majeure, Jean de S. Etienne, premier Huissier en l'Election de Ponthieu et Pierre Béthune, Intervenant. — *Paris*, Vincent. 1762; 8 p. in-folio.

Bibl. d'Orléans.

10013. — Mémoire signifié pour Me Pierre-Nicolas **Thibaut**, Prêtre Chapelain de l'Eglise Cathédrale d'Amiens, Demandeur et Défendeur, *accusé d'avoir fait des billets faux.* Contre Sieur Joseph-Alexis **Dumoulin**, Officier-Invalide, Défendeur et Demandeur. Demoiselle Marguerite Wattebled d'Hérissart, fille majeure, héritière bénéficiaire de Dame Marguerite Mouret d'Amancourt, à son décès femme du sieur Dumoulin. — *Paris*, Ch. Est. Chesnault, 1768 ; 48 p. in-4°.

Bibl. H. Macqueron.

10014. — Mémoire justificatif pour Maître Pierre-Nicolas **Thibaut**, Prêtre, Bachelier en Droit de la Faculté de Paris, Chapelain de l'Eglise Cathédrale d'Amiens, ancien Vicaire de la Paroisse de Saint-Michel de la même ville. Contre Jeanne Vaissier, veuve de Michel **Clément**, Cordonnier, demeurant au Village de Neuilly-le-Dien. — S. l. n. n., *vers 1745;* 36 p. in-folio.

Bibl. d'Abbeville.

10015. — Mémoire signifié pour Adrien **Thomas** Bourgeois d'Abbeville, et Consorts, héritiers quant aux propres maternels de défunte Damoiselle Geneviève Rohault, Appelans. Contre Françoise-Marguerite **Moisnel** et Consorts, se prétendans Donataires entre-vifs de la Damoiselle Rohault, Intimées. *Signé : de St Aubin.* — *Paris*, Paulus-du-Mesnil, 1732 ; 7 p. in-folio.

Bibl. H. Macqueron.

10016. — Mémoire signifié pour Demoiselle Anne-Catherine-Geneviève **Thomas**, fille majeure, coutumière émancipée d'âge, héritière d'Anne-Catherine Beauvarlet sa mère..., ayant repris au lieu et place d'Adrien Thomas, par acte du 30 Mars 1733, lequel Thomas étoit Apelant d'une Sentence renduë en la Senéchaussée de Ponthieu à Abbeville le 29 Novembre 1731, Demandeur et Deffendeur. Contre M° Jean-Baptiste **Douville**, Intimé, Deffendeur et Demandeur. *Signé : Poncinet.*— *Paris, Mesnier*, s. d. ; 10 p. in-folio.

Bibl. Soc. Ant. Pic.

10017. — Notice sur le Chef d'accusation intervenu à la charge de huit Citoyens d'Abbeville (**Thouin, Demortemer** *et autres*), prévenus de propos séditieux contre le Gouvernement. *Signé : Flippes.* — *Abbeville, Boulanger-Vion, 1817*; 4 p. in-4°.

Bibl. H. Macqueron.

*10018.** — Factum pour Mathieu **Tillette**, bourgeois à Abbeville contre M° **Desmarets**, aduocat en la Cour. — S. l. n. n., *XVII° s°* ; 4 p. in-4°.

10019. — *Arrêt rendu, le 29 août 1821, par la Cour d'Appel d'Amiens entre les héritiers de M*me *Hélène Demay, veuve* **Tillette de Bichecourt.** — *Amiens, Caron-Duquesne* ; 66 p. in-4°.

10020. — A Son Excellence Le Ministre Secrétaire d'Etat de l'Intérieur. *Pétition de* Jean Charles **Trancart**, Meûnier à la Bouvaque, banlieue d'Abbeville; Charles-Anne de Courty de Saint-Léger, Propriétaire à Abbeville ; Et Charles-Wlfran Briet, Boulanger aud. Abbeville.— *Abbeville*, Boulanger-Vion, *1814*; 48 p. in-4°.

Bibl. H. Macqueron.

10021. — Mémoire pour Pierre-Amable-Jean-Baptiste **Trannoy**, Docteur en Médecine, *à Amiens*, Appelant. Contre M. le Procureur Général près la Cour Criminelle. En présence du Sieur Germain **Beauvais**, Officier pensionné, aussi Appelant. Et de la Dame Bécot, intimée. — *Amiens, Maisnel, après 1807*; 55 p. in-4°.

10022. — Mémoire pour le Sieur **Tresca**, Chirurgien Major du Régiment de la Val, en garnison en cette ville d'Amiens. Contre le Sieur Charles-François **Manessier**, Clerc Minoré d'Abbeville. *Signé : Masson, Godquin.* — S. l. n. n., *vers 1717* ; 4 p. in-folio.

Bibl. H. Macqueron.

10023. — Mémoire justificatif pour M° Jean François **Turpin** Avocat en Parlement, Conseiller du Roy, Prévôt Royal de S. Riquier, Procureur du Roy au Bailliage de Cressy, Accusé ; Contre M° François Noël **Le Gendre**, Procureur au Présidial d'Abbeville, Accusateur. — *Abbeville, D. Artous, 1742*; 6 p. in-4°.

Ibid.

V

10024.— *Jugement rendu, le 24 mars 1772, entre Claude Louis* **Vacquette**, *Chevalier, Seigneur* **du Cardonnoy** *et ses créanciers.* — *Paris, Cellot, 1772*; 22 p. in-folio.

Bibl. H. Macqueron.

10025. — Requeste employée pour contredits, salvations... et servant de factum Pour Jean **Vacquette**, Ecuyer, Sieur **du Cardonnoy**, Conseiller du Roy, Veteran au Bailliage et Presidial d'Amiens, Heritier beneficiaire... de Monsieur Jacques Vacquette, IV°. du nom, Sieur de la Carnoye, Fricourt, Freschencourt, Millencourt et de la Mairie de Boulan,.... Contre Messire Jean-François **Le Boucher**, Chanoine de l'Eglise d'Amiens..... Nicolas Le Boucher, Ecuyer, Sieur du Mesnil, Trésorier de France au Bureau d'Amiens... Et encore contre Pierre Vacquette, Ecuyer, S° de Sericourt..... aussi pré-

tendu Heritier Beneficiaire du Sieur de la Carnoye... — S. l. n. n., *1731* ; in-4°.
Ibid.

10026. — Précis pour Dame Félicité Leblond, veuve de François-Joseph **Vaillant**, *d'Yaucourt;* contre Dame Marie-Louise Deroussel, épouse du citoyen Wilbrode **Poultier**, autorisée à la poursuite de ses droits.— Abbeville, L. Devérité, 1802 ; 38 p. in-4°.
Bibl. d'Abbeville.

10027. — Louis Victor **Valingot**, Cultivateur, demeurant à Toul, dépendance d'Offoy, arrondissement de Péronne, département de la Somme, à ses Concitoyens. — S. l. n. n., *1817;* 8 p. in-4°.
Défense à une accusation d'incendie.

10028. — Factum pour Claude de **Vallois**, Officier de feuë Madame la Duchesse de Berry, Appellant. Contre François **Galand**, Marchand à Amiens, ès noms qu'il procède, Intimé. Et contre les prétendus Syndics de ses Créanciers, aussi Intimez. *Signé : Pageau.* — Paris, D. Jollet, *vers 1721;* 9 p. in-folio.
Bibl. H. Macqueron.

10029. — Second factum signifié pour Claude de **Vallois**, Officier de feu Monsieur le Duc de Berry, Appellant. Contre François **Galland** l'aîné, ci-devant Marchand à Amiens, Intimé. *Signé : Pageau.*— Paris, Vᵛᵉ Jollet, *1723;* 14 p. in-folio.
Ibid.

10030. — Mémoire pour les Sieurs **Valz-Méjan** et Cⁱᵉ, Négocians de Montpellier ; Contre le Sieur **Doliger-Buteux**, Négociant à Abbeville. — Abbeville, Boulanger-Vion, 1817; 12 p. in-4°.

10031. — Factum pour dame Catherine de Thory, épouse de... René de **Vandeuil**... auparavant veuve d'André de Boistel... contre dame Geneviève de Cavoye, veuve en premières noces de Pierre de Boistel... et à présent du sieur de **Longuemore**, appelant d'une sentence rendue par le bailli de Montdidier... le 17 mai 1673. *Signé: Robert.* — S. l. n. n. n. d.; in-folio.
Bibl. Natˡᵉ, fᵒ Fm, 17796.

10032. — Précis pour Mᵉ **Vaquez**, Notaire Royal à Abbeville ; Contre le sieur **Douzenel**, ancien Cultivateur, demeurant à Buigny-l'Abbé. Et le sieur Choquet, ex-Caissier de M. Louchet, Receveur général du Département, ex-Notaire, etc. ; En l'instance devant le Tribunal civil d'Abbeville, entre eux et MM. Duval-Boidin, Dargnies, Leullier et Dassonville. — Abbeville, Devérité, *1822 ;* 29 p. in-4°.
Bibl. H. Macqueron.

10033. — Mémoire pour Dame Alexandrine-Caroline-Julie-Suzanne **Varlet de la Vallée**, ex-religieuse, demeurant à Nouvion, demanderesse ; contre Demoiselle Marie-Charlotte-Adélaïde **Varlet de la Vallée**, demeurant à Hesdin, défenderesse. — Abbeville, Boulanger-Vion, *1811* ; 88 p. in-4°.
Bibl. d'Abbeville.

10034. — Précis sommaire pour Dame Alexandrine-Julie-Suzanne **Varlet de la Vallée**, ex-Religieuse, demeurant à Nouvion, Demanderesse ; contre la Demoiselle Marie-Charlotte-Adélaïde **Varlet de la Vallée**, demeurant à Hesdin, Défenderesse. — Abbeville, Boulanger-Vion, *1811 ;* 16 p. in-8°.
Ibid.

10035. — Mémoire pour le Sieur et Dame de **Vasservas** contre M. l'Evêque d'Amiens. *Signé : Charon de Saint-Charles.* — Paris, Ch. Est. Chesnault, 1766 ; 22 p. in-4°.
Au sujet de la succession de l'abbé Linard, d'Amiens, mort vers 1760.
Bibl. Soc. Ant. Pic.

10036. — Mémoire pour le Sieur Louis **Vautour**, Marchand à Amiens et sa femme, Appellants et Demandeurs ; Contre les Sieurs de **la Panneterie**, père et fils, Marchands à Chaulny, Intimés et Défendeurs. — *Paris*, Desprez, 1778 ; 28 p. in-4°.

Bibl. d'Amiens, Jurisp , n° 841, t. IV.

10037. — Développements à l'appui des conclusions pour M. **Vaison**, ancien négociant à Pont-Remy ; contre M. Alcide **Leroy**, meunier au même lieu. — Amiens, Yvert, 1853 ; 28 p. in-4°.

Question de moulin.

10038. — A MM. les Juges composant le Tribunal Civil de Première Instance d'Abbeville *Précis pour M.* **Vayson** *contre M. de* **Vésian** ; *1834*. — Abbeville, Devérité ; 17 p. in-4° et 1 plan.

10039. — Mémoire pour M. de **Vésian**, Chef de Bataillon au Corps Royal du Génie, demeurant à Abbeville ; contre M. **Vayson**, Manufacturier, Conservateur des Tapis de la Couronne, demeurant à Paris. — Abbeville, Devérité, *1834* ; 16 p. in-4°.

10040. — Mémoire signifié pour Messire Gabriel-Pierre-André-Christophe **Vincent**, Chevalier, Seigneur d'**Hantecourt**, Ramecourt, Tournon, Lannoy, Coulonvillers, Offinicourt, la Pairie, d'Yzeux ; Seigneur et Patron de Longvillers et autres lieux ; Mousquetaire de la seconde Compagnie de la Garde du Roi ; Capitaine de Cavalerie ; et Dame Marie-Catherine-Elisabeth Tillette, son Épouse. Contre François **Boucher**, et Noël Gondenet, sa femme, anciens Domestiques de feue Demoiselle Françoise Lebel de Lamotte. — Abbeville, Devérité, 1776 ; 48 p. in-4°.

Bibl. d'Abbeville.

10041. — Mémoire pour François **Vizy**, François **Hertault** et Marie Visy, sa femme, Vignerons, demeurans à Ressons en Picardie, Appellans. Contre Marianne Pernelle, veuve de Jean **Bondu**, compagnon baracanier d'Abbeville, Intimée. Et encore Contre le Sieur Charles **Duval**, Marchand à Abbeville, aussi Intimé. — Paris, Prault, *vers 1760* ; 22 p. in-4°.

Bibl. d'Abbeville.

Voir aussi Mém. et Plaid. de Linguet. — Amsterdam, Simon Joly, 1773, t. I. p. 432 à 462 ; in-12.

10042. — Mémoire sur délibéré pour François **Visy** et François **Hertaut**, et Marie Visy, sa Femme, tous deux Vignerons, demeurans au Bourg de Ressons, Demandeurs et Défendeurs. Contre le Sieur Charles **Duval**, Bourgeois d'Abbeville, Défendeur. Et encore contre Marie-Anne Pernelle, veuve de Jean **Bondu**, Compagnon Baracanier en cette Ville, Intervenante et Demanderesse. — S. l. n. n., *vers 1760* ; 8 p. in-folio.

Bibl. H. Macqueron.

10043. — Factum signifié pour Messire Alexandre **Fontaine**, Chevalier, Comte de **Vuiry**, premier Capitaine au Régiment d'Aunis, Chevalier de l'Ordre de S. Loüis, et Dame Marie de Tronville, son épouse, Appellans d'une Sentence renduë au Bailliage d'Amiens, le 26 Juin 1715. Contre Messire Pierre **Marguerie**, Chevalier, Seigneur de la Motte, et dame Charlotte de Tronville, son épouse, Intimez. — *Paris*, Lambin, 1716 ; 12 p. in-folio.

Ibid.

W

10044. — Requête au Roi, et pièce justificative pour le Marquis de Wargemont ; Contre le Comte de **Wargemont** ; En présence de Monsieur le Comte d'Artois ; Sur la question de sçavoir : En quels cas les Mineurs lésés, doivent être restitués, contre les ventes de leurs immeubles faites avec l'autorisation de la justice... — Paris, P. G. Simon et N. H. Nyon, 1785 ; 59 p. in-4°.

Bibl. d'Abbeville.

10045. — Mémoire pour le Marquis de **Wargemont**, Mineur émancipé, et son Curateur. Contre le Comte de **Verton**, et les Créanciers du Marquis de Wargemont son père. Et contre les Maire et Echevins d'Abbeville. *Signé : Delambon, Doutremont, Baille, Clément, Charon-de-Saint-Charles, Carré.—Paris*, L. Cellot, 1777 ; 66 p. in-4°.

Bibl. H. Macqueron.

10046. — Mémoire pour M⁰ Alexandre Raymond **Wattebled**. Notaire Royal à Abbeville, A Messieurs les Président et Conseillers composant la Chambre d'Accusation de la Cour Royale d'Amiens.—Abbeville, Boulanger-Vion, *vers 1816* ; 11 p. in-4°.

10047. — Arrêt, du 2 septembre 1774, qui condamne Pierre **Wattelier** à être pendu et étranglé à une potence dressée sur la place publique de Montdidier, pour vols avec effraction. — Paris, 1774 ; 3 p. in-4°.

Cat. Libr. Voisin.

10048. — Mémoire sur délibéré pour Jean **Wattelin**, Cocher du Marquis de Mailly, au nom et comme Tuteur de son fils mineur, Appellant et Demandeur. Contre Jacques **Bailleux**, Chirurgien à Mailly et Louis Archelin, Laboureur à Villermont, Intimé. *Signé : Le Lurez.* — Paris, Prault, 1753 ; 14 p. in-folio.

Bibl. H. Macqueron.

10049. — Arrest contradictoire de la Cour des Aydes, qui en infirmant la Sentence des Juges des Traittes d'Abbeville, portant main-levée de la saisie faite le 29 Janvier 1743, sur le nommé Firmin **Wilbert**, du Village de Toutencourt, situé dans les quatre lieues de Picardie, frontière d'Artois, d'un cheval chargé de 220 livres de Lin, sans Expédition du Bureau, ni Certificat, déclare les Marchandises et le Cheval acquis et confisqués, à la représentation, Wilbert et sa caution contraints par corps, sinon à en payer la valeur, avec amende et dépens. Du 21 Janvier 1744. — S. l. n. n. ; 3 p. in-4°.

Bibl. d'Abbeville.

LIVRE HUITIÈME

BIOGRAPHIES

CHAPITRE I

HAGIOGRAPHIE

10050. — Solatium camœnæ Ambianensis pia varietate delinitum Studio Magistri Lvdovici Cavstier, Sacerdotis Ambiani. — Ambiani, apud Viduam Roberti Hubault, MDCXCV; 120 p. in-8°.

Pièces de vers latins sur les différents **Saints** du Diocèse.

Bibl. d'Amiens, B.-Lettres, n° 1368.

10051. — **Calendrier** picard pour 1852, *par Ch. Dufour*. — Amiens, Duval et Herment; 21 p. in-8°.

Extr. Mém. Soc. Ant. Pic.

10052. — Projet d'une **Hagiographie** diocésaine. Discours d'installation prononcé à la séance du 8 janvier 1856 par M. l'Abbé J. Corblet.—Amiens, Duval et Herment, 1856; 4 p. in-8°.

Ext. Bull. Soc. Ant. Pic.

10053. — **Hagiographie** du Diocèse d'Amiens, par l'Abbé J. Corblet.— Paris, Dumoulin, 1868-1875; 5 vol. in-8° de LXII-612 p., 604 p., 592 p., 711 p. et VIII-360 p.

10054. — Notes historiques sur le **Culte du Saint-Sacrement** dans le Diocèse d'Amiens.

Le Dimanche, 1872, t. I, p. 619 à 624; in-8°.

10055. — Quelques faits diocésains relatifs au culte de la **Sainte-Vierge**.

Le Dimanche, 1874, t. I, p. 374 à 378 et p. 399 et s.; in-8°.

10056. — Vie des **Saints** du Diocèse d'Amiens, par l'Abbé Jules Corblet. —Amiens, Delattre-Lenoel, 1880; XXIII-433 p. in-12.

10057. — Les Sanctuaires de la **Sainte-Vierge** dans le Diocèse d'A-

47

miens. — Amiens, Piteux frères. 1891 ; 497 p. in-8°.

<small>Réunion d'articles de divers auteurs qui ont paru d'abord dans le Dimanche.</small>

10058. — **Fontaines** consacrées aux **Saints** dans le Diocèse d'Amiens, par M. l'Abbé A. Le Sueur. — Amiens, Langlois, 1900 ; 55 p. in-8°.

10059. — Les **Saints de Picardie** à Notre-Dame de Brebières, par l'Abbé J. Gosselin. — Albert, 1900 ; 565 p. in-8°.

10060. — De SS. **Acio** et **Aciolo** [1] martyrensis Ambiani in Galliâ.

<small>Bollandus, Acta Sanct., 1643, mai, t. I, p. 45 et s ; in-folio.</small>

10061. — Courte notice sur les deux glorieux martyrs St **Ache** et St **Acheul**.

<small>Le Dimanche, n° du 11 mai 1879, p. 369 à 372; in 8°.</small>

10062. — Saint **Ache** et Saint **Acheul**, par Charles Salmon.

<small>Le Dimanche, 24 avril 1887, p 321 à 324 ; in-8°.</small>

10063. — Saint **Ache** et Saint **Acheul**.

<small>Les petits Bolland., t. V, p. 233 et 234 ; in-8°.</small>

10064. — Vita S. **Adelhardi** abbatis Corbeiensis, avthore Paschasio Ratberto, qvi sextus ei fuit in Gallica Corbeia successor.

<small>De prob. Sanct. Vitis… Laur. Surium. — Coloniæ Agrippinæ, 1578, t. I, p. 72 à 96 ; in-folio.</small>

10065. — De S. Adelardo abbate Corbeiensi. Vita S. **Adelardi** avctore S. Paschasio Radberto. Alia vita S. Adelardi avctore S. Gerardo Abbate Silvæmaioris. Miracula S. Adelardi Abbatis. Alia S. Adelardi miracula.

<small>Bollandus, Acta Sanct., janvier, t. I, p. 95 à 124 ; in-folio.</small>

---

[1] Nous ne mentionnons pour les Biographies des Saints publiées dans les ouvrages hagiographiques, que les articles de quelque importance omettant tous ceux qui n'ont qu'une ou deux pages. On les trouvera au surplus indiqués soit dans l'Hagiographie de l'abbé Corblet, soit dans la Bio-Bibliographie de l'abbé Ulysse Chevalier.

10066. — Ex Libro II Miraculorum S. **Adalhardi** Abb. Corbeiensis, auctore anonymo sæculi XII. Inter Acta SS. Ord. S. Bened. Part. I. Sæc. IV. pag. 366.

<small>Rec. des Histor. des Gaules, t. I, p. 480 et s. ; in-folio.</small>

10067. — Vita S. **Adalhardi** abbatis Corbejensis in Galliâ Auctore S. Paschasio Radberto ejus discipulo.

<small>D'Achery, Acta Sanct. — Lutetiæ, 1668, t. V, p. 289 à 355 ; in-folio.</small>

10068. — La vie de S. **Adélard** Petit fils de Charles-Martel, Abbé de Corbie.

<small>La Monarchie sainte, par le P. M. de St Amable. — Paris, 1677, t. II, p. 332 à 343 ; in-folio.</small>

10069. — La Vie de Saint **Adélard** Abbé de Corbie et Confess. L'an 832.

<small>L'Année bénédictine. — Paris, 1679, p. 24 à 34 ; in-8°.</small>

10070. — *Vie* de saint **Adélard**, Abbé de Corbie et Confesseur.

<small>Vies des Saints…, par le P. Giry. — Paris, 1683, t. I, col, 140 à 144 ; in-folio.</small>

10071. — De saint **Adalard** et du vénérable Vala Abbez de Corbie.

<small>Abr. de l'Hist. de l'Ordre de St Benoît, par Dom Bulteau. — Paris, 1684, t. II, p. 481 à 501 ; in 4°.</small>

10072. — S. **Adélard**, abbé de Corbie en Picardie, vulgairement S. Allard.

<small>Baillet, Vies des Saints. — Paris, Roulland, 1704, janvier, col. 34 à 37 ; in-folio.</small>

10073. — Saint **Adhélard**, abbé de Corbie. Histoire de sa vie. Ses écrits.

<small>Hist. litt. de la France, t. IV, 1738, p. 484 à 490 ; in-folio.</small>

10074. — *Vie de S^t* **Adhélard.**

<small>Hist. gén. des Aut. sacr…, par Ceillier. — Paris; 1752, t. XVIII, p. 461 à 466 ; in-4°.</small>

* **10075.** — S. **Adalard**, abbé de Corbie.

<small>Biogr. de la Moselle, par Bégin, 1829, t. I, p. 2 à 6.</small>

* **10076.** — S. **Adélard.**
Rev. cathol. -- Louvain, 1856, t. II, p. 69 à 79; in-8°.

10077. — Saint **Adélard**, *par P. F. X. de Ram.*
Bibliog. nat. de Belgique. 1866, col. 38 à 50; in-8°.

10078. — Saint **Adalard** ou Allard, abbé de Corbie, *par le Vte Ponton d'Amécourt.*
Mém. de la Soc. de Numism., 1870, p. 28 à 42; in-8°.

* **10079.** — Enck Aug. De s. **Adalhardo** abbate Corbeiæ antiquæ et novæ dissertationes historicæ. — Munster, 1873; 63 p. gr. in-8°.

10080. — Saint **Adhélard**, par l'abbé Douillet.
Le Dimanche, n°s du 19 août au 21 octobre 1888; in-8°.

10081. — Saint **Adélard**, neuvième Abbé de Corbie et Confesseur.
Les petits Bolland., t. I, p. 83 à 88; in-8°.

10082. — De S. **Angilberto** abbate Centvlensi in Belgica II Vita, auctore, vt dicitur, Hariulpho auctore. Miracvla S. Angilberti auctore Anschero Abb. Scriptvm Angilberti de ædificiis, reliquis, vasis, etc., cœnobij Centulensis.
Bollandus, Acta Sanct., février, t. III, p. 88 à 105; in-folio.

* **10083.** — S. **Angilbertus.**
Bulæus, Hist. Universit. — Paris, 1665, t. I, p. 556 à 558: in-folio.

10084. — La Vie de S. **Engilbert**, Abbé de Centule.
L'Année bénédict. — Paris, 1667-1673, février, p. 239 à 247; in-4°.

10085. — Sancti **Angilberti** Abbatis Centulensis in Gallia Elogium historicum. Alia vita Auctore (ut videtur) Anschero Abbate Centulensi anno 1110. De miraculis ejusdem libri tres Auctore Anschero Centulensi Abbate anno 1110.
D'Achery, Acta Sanct., t. V, p. 87 à 118; in-folio.

10086. — La Vie de S. **Angilbert**, Gendre de Charlemagne, et Abbé de Centule.
La Monarchie sainte, par le P. M. de St Amable. — Paris, 1677, t. II, p. 450 à 462; in-folio.

10087. — Chapitre XVIII. De saint **Angilbert**, et d'autres Abbez de Saint Riquier.
Abr. de l'Hist. de l'Ordre de S. Ben., par D. Bulteau. — Paris, 1684, t. III. p. 474 à 480; in-4

10088 — St **Angilbert**, septième abbé de St Riquier en Ponthieu.
Baillet, Vies des Saints. — Paris, Roulland, 1704, février, col. 248-251; in-folio.

10089. -/- St **Angilbert**, abbé de Centule. Histoire de sa vie. Ses écrits.
Hist. litt. de la France, t. IV, 1738, p. 414 à 418; in-folio.

* **10090.** — *Notice sur S^t* **Angilbert.**
Pertz. Monum. german. historica, 1829, t. II, p. 391 à 393; in-8°.

* **10091.** — Notice sur St **Angilbert.**
Baehr, Geschichte der Rœmischen Literatur. — Carlsruhe, 1844, t. III, p. 87 à 89; in-8°.

10092. — Notice sur la vie de St **Angilbert**, VIIe Abbé de Saint-Riquier, d'après une Chronique du Monastère, par M. l'abbé Hénocque.
Bull. Soc. Ant. Pic., t. IX, p. 146 à 182; in-8°.

10093. — Etude sur la vie de Saint-**Angilbert**, VIIe abbé de Saint-Riquier. Mariage de Saint-Angilbert avec la princesse Berthe. Réponse à M. Dufour par M. l'abbé Hénocque. — Amiens, Lemer aîné, 1866; 22 p. in-8°.
Ext. Bull. Soc. Ant. Pic.

10094. — Etude sur Saint **Angilbert**, par M. l'abbé Carlet. — Noyon, D. Andrieux, 1869; 43 p. in-8°.
Ext. Bull. Com. archéol. Noyon.

10095. — Etude sur Nithard *à propos de l'histoire de S^t* **Angilbert.** Réponse à M. Carlet, curé de Manicamps (Aisne), par M. l'abbé Hénocque.
Bull. Soc. Ant. Pic., t. X, p. 404 à 437; in-8°.

10096. — Etude sur Nithard. Réplique à M. Hénocque par M. l'abbé Th. Carlet. — Chauny, Jules Moreau, 1872; 47 p. in-8°.
Extr. Mém. Com. archéol. Noyon.

10097. — Observations de M. l'abbé Hénocque à propos de l'Etude sur Nithard de M. l'abbé Carlet, Curé de Manicamps.
Bull. Soc. Ant. Pic , t. XI, p. 335 à 351 ; in-8°.

*__10098.__ — *Notice sur S^t* **Angilbert**.
Wattenbach, Deutschland Geschichtsquellen. — Berlin, 1873, t. I, p. 131 à 137 et t. II, p. 370 à 371 ; in-8°.

10099. — Saint **Angilbert**, septième abbé de Saint-Riquier par l'abbé Hénocque.
Le Dimanche, année 1889, n°° 927 à 935 ; in-8°.

10100. — Saint-Angilbert, abbé de Saint-Riquier.
Les petits Bolland , t. II, p. 578 à 584 ; in-8°.

10101. — De S. **Anschario**, archiepiscopo Hamburgensi, Danorum Svecorumque apostolo, Bremæ in Saxonia inferiore. Vita auctore S. Remberto Archiepisc. Alia vita metrica auctore Gualdone monacho Corbejæ Veteris.
Bollandus, Acta Sanct., février, t. I, p. 391 à 445 ; in-folio.

10102. — La Vie de Saint **Anschaire** Apostre dv Nort et Archevesque d'Hambourg.
L'année bénédictine. — Paris, 1667-1673, février, p. 18 à 43 ; in-4°.

10103. — Chapitre XLIX. De saint **Anschaire**, Archevesque de Hambourg et de Brême et Apostre des Païs Septrionnaux
Abr. de l'Hist. de l'Ord. de S. Benoît, par Dom Bulteau — Paris, 1684, t. II, p. 665 à 677 ; in-4°.

10104. — St **Anschaire**, premier Archevêque de Hambourg, evêque de Brême, apôtre de Suède et de Danemark.
Baillet, Vies des Saints,—Paris, Boulland, 1704, février, col. 47 à 53 ; in-folio.

*__10105.__ — *Vie de Saint* **Anschaire**.
Mollerus, Cimbria litterata. — Hayniæ, 1744, t. II, p. 39 à 40 et t. III, p. 8 à 35 ; in-folio.

10106. — Vita S. **Anscharii** harchiepiscopi Hamburgensis et Bremensis septentrionalium regionum apostol.
D'Achery, Acta Sanctorum, 1750, t. VI, p. 78 à 126 ; in-folio.

*__10107.__ — Buchenroder. Leben und Thaten des grossen **Anscharius**... nordischen apostels, nebst dessen akuraten Abbildung. — Hamburg, 1783 ; in-8°.

*__10108.__ — Kruse (Er. Christ.). St **Anschar**. — Altona, 1823 ; gr. in-8°.

*__10109.__ — Krummacher (Fr. Ad.) St **Ansgar**, oder die alter und die neue Zeit. — Bremen, 1828 ; in-8°.

*__10110.__ — Bexell C. E. **Ansgarius** eller christna Religionens inforande a Sverige. — Jonkoping, 1830 ; in-8°.

*__10111.__ — Reuterdahl (H.). **Ansgarius** oder der Anfangspunkt des Christenthums in Schweden , aus d. schwead. ubers. v. E. Th. Mayerdorff.— Berlin, 1837 ; in-8°.

*__10112.__ — Krummacher (Fr. Ad.). St **Ansgar**, Beitrag zur Geschichte der christ. Kirche, der Hierarchie, der Wunder und Reliquiem. — Bremen, 1838 ; in-8°.

*__10113.__ — Kraft (F. C.). Narratio de **Ansgario**, Aquilonarium gentium apostolo. — Hamburgi, 1840 ; in-4°.

*__10114.__ — Daniel. Der heil. **Ansgar**, das Ideal eines Glaubensboten. — Halle, 1842 ; in-8°.

*__10115.__ — Muller (Lud Chr.) **Ansgars** Levnet.—Kjobenhavn, 1842 ; in-8°.

*__10116.__ — **Ansgarius** , Nordens Apostel, Idealet for et Troessendebud. — Christiania, 1843 ; in-8°.

* **10117.** — *Vie de S^t* **Anschaire**.
Bohringer, Die Kirchengeschichte in Biographien. — Zurich, 1843-1858, t. II, 1re p^{ie}, p. 170 à 228 ; in-8°.

* **10118.** — Klippel G. H. Lebenbeschreibung der Erbischofs **Ansgar**. — Bremen, 1845 ; in-8°.

* **10119.** — Werhan (O. F.). Lebenbeschreibung Set **Ansgars**, der Apostel des Norden. — Hamburg, 1848 ; in-12 av. portr.

* **10120.** — Volkening (B.). Leben des **Ansgarius**, des Apostels des Nordens. — Bielefeld, 1852 ; in-8°.

* **10121.** — Tappehorn (A.). Leben des heil. **Ansgar**, Apostels von Danemarck und Schweden, und die Geschichte der Verbreitung der Christentumps in skandinavischen Norden. — Munster, 1863 ; gr. in-8° de XII-290 p.

* **10122.** — Drewes. Leben des heil. **Ansgar**. — Paderborn, 1864.

* **10123.** — Fahlchrantz (Chr. Er.). **Ansgarius**, Bilder ur Nord Aposteln lif. — Oerebro, 1864 ; 219 p. in-8°.

* **10124.** — St **Anschaire**.
Hagiog. Belge, par X. de Ram, 1864, t. II, p. 64 à 99.

* **10125.** — Lille (En.). Bog om den heil. **Ansgar** Danmarks Apostel. — Kjóbenhavn, 1865 ; 60 p. in-8°.

* **10126.** — **Ansgarius** Sveriges apostel, skildrad for svenska folket tusen är efter hans död. — Stockholm, 1865 ; 76 p. in-16.

* **10127.** — St **Anschaire** et St Rembert, archevêques de Hambourg et de Brême, apôtres du christianisme dans le Nord au 9e siècle, par F. F. X. de Ram. — Louvain, 1865 ; in-8°.

* **10128.** — *Vie de S^t* **Anschaire**.
Ann. hist. et eccl. de Belg., 1865, t. II, p. 53 à 96.

* **10129.** — Lentz (C. G. H.). Sanct. **Ansgar**, der Apostel d. Nordens. — Hamburg, 1865 ; 60 p. in-8°, fig.

* **10130.** — Foss (R.). Die Anfange der nordischen Mission, mit besonderer Berücksichtigung **Ansgar**. — Berlin, 1882-1883 ; 2 vol. in-4° de 22 et 26 p.

10131. — Saint **Anschaire** de Fouilloy, par l'abbé Douillet.
Le Dimanche, 1888. n°s 907 à 912 ; in-8°.

10132. — Saint **Anschaire**, premier archevêque de Hambourg, évêque de Brême, apôtre de Suède et de Danemarck.
Les petits Bolland., t. II, p. 230 à 236 ; in-8°.

10133. — Vita S. **Avstreberthæ** Virginis, primæ abbatissæ Pavliacensis, graviter et religiose conscripta ab eius fere æquali.
De probatis Sanct. Hist... per Surium. — Coloniæ Agrippinæ, 1578, t. 1, p. 949 à 955 ; in-folio.

10134. — La Vie parfaicte et Immacvlée de Saincte **Avstreberte** Princesse du sang de la première Race des Roys de France Et première Abbesse du célèbre Monastère de Pouilly Composée par le R. P. S. Martin, Religieux Minime Parisien. — Paris, Sébastien Huré, 1635 ; in-8° de 14 p. n. n. et 550 p. av. 1 front. et 4 grav. par Matheus.
Bibl. d'Amiens, Hist. des Relig., n° 1863.

10135. — De S. **Avstreberta** Virgine in Belgia et Normannia Vita ex Svrio. Miracvla S. Avstrebertæ. Alia miracvla avctore monacho anonymio.
Bollandus, Acta Sanct., février, t. II, p. 417 à 429 ; in-folio.

10136. — La Vie de Sainte **Avstreberthe** Vierge, Première Abbesse de l'Abbaye de Pavilly, près de Roüen. Tirée de l'ancien Manuscrit de la Royale Abbaye de Sainte Austreberthe de Montreüil sur Mer. Par le R. Père Iean Baptiste du Tertre, de l'Ordre des Freres Prescheurs. — Paris, Gvillaume

Sassier, M. D. C. LIX; in-18 de 22 p. n. n. et 167 p.
Bibl. H. Macqueron.

10137. — Eloge de Ste **Avstreberte** Vierge.
Les Eloges sacrez... par M. de Cerisiers. — Paris, Angot, 1661; in-12.

10138. — La Vie de Ste **Avstreberte** Vierge.
La Monarchie Sainte, par le P. M. de St Amable. — Paris, 1670, t. I, p. 156 à 167; in-folio.

10139. — Ste **Austreberthe**, vierge, Abbesse au païs de Caux en Normandie.
Baillet, Vies des Saints. — Paris, Roulland, 1704, février, col. 146 à 148; in-folio.

* **10140.** — *Notice sur S^{te}* **Austreberthe**.
Ghesquière, Acta SS. Belgii, 1789, t. V. p. 422 à 431 et 444 à 447; in-4°.

* **10141.** — *La Vie de sainte* **Austreberthe**, *par E. L.* — Boulogne, Berger frères, 1852; in-32.

* **10142.** — Vie de sainte **Austreberthe**.. et notice sur son monastère et la basilique de Saint-Pierre, où fut son tombeau..., par l'abbé Baudet. — Bar-le-Duc, Laguerre, 1861; in-18.

10143. — *Notice sur S^{te}* **Austreberthe**, *par l'abbé Corblet*.
Rev. de Normandie, 1868, t. VIII, p 585 à 596; in-8°.

10144. — Marconne. Sainte-**Austreberthe**. N. D. des Affligés. Notice historique par l'abbé P. Meunier — Abbeville, Retaux, 1885; 238 p. in-16 av. 2 pl.
La Vie de Ste Austreberthe occupe les p. 26 à 50.

10145. — Sainte **Austreberthe** | de Marconne | Abbesse de Pavilly | Ordre de S. Benoît |. Sa vie, ses miracles, son culte [par | l'abbé P. Meunier. — Arras, Sueur-Charruez, 1888; XXIII-314 p. pet. in-8° av. 10 pl. et nombr. fig. dans le texte.

10146. — Sainte **Austreberthe**, abbesse de Pavilly.
Les petits Bolland., t. II, p. 421 à 425; in-8°.

10147. — Vie illustrée de **Sainte Austreberthe**. Texte et Tableaux. — Montreuil-sur-Mer, Impr. de Notre Dame des Prés, 1897; in-4° obl. de 60 p. n. n. et 25 pl.

S. **Berchund** (Voir aux Evêques d'Amiens).

10148. — Beati **Bernardi** Fvndatoris et I. Abbatis SS. Trinitatis **de Tironio**, Ordinis S. Benedicti, Vita avctore Coætaeno Gavfrido Grosso, Nunc primùm prodit in lucem, Opera et Stvdio Ioan. Bap. Sovcheti S. T. Doctoris, et Carnotensis Canonici. — Lutetiæ Parisiorum, Sumptibus Ioannis Billaine, M. DC. XLIX; in-4° de 14 p. n. n., 363 p. et 34 p. n. n. d'index.
Bibl. Nat^{le}.

* **10149.** — La Vie dv B. **Bernard**, Abbé **de Tyron**.
L'Année bénédictine. — Paris, 1667, t. I, p. 99 à 128; in-4°.

10150. — De beato **Bernardo** fvndatore Congregationis **de Tirono** in Gallia.
Bollandus, Acta Sanct., 1675, april, t. II, p. 220 à 222; in-folio.

10151. — *Vie* Du bien-heureux **Bernard** d'Abbeville, premier abbé de Tyron.
Vies des Saints, par le P. Giry. — Paris, 1683, t. I, col. 965 à 969; in-folio.

10152. — Le V. **Bernard**, premier abbé **de Tiron** et fondateur d'une nouvelle congrégation de Bénédictins.
Baillet, Vies des Saints. — Paris, Roulland, 1704, avril, col. 194 à 197; in-folio.

10153. — Carta ecclesiæ Carnotensis pro **Bernardo** abbate **Tironiensi**; 1110.
Ann. Ord. S. Ben..., Mabillon.... — Lutetiæ..., 1713, t. V, p. 680 et 681; in-folio.

N° 10064

GRANDEUR RÉELLE

10154. — *Notice sur S.* **Bernard d'Abbeville.**
Singul. hist. de Liron. — Paris, 1738, t. I, p. 45 à 48.

10155. — **Bernard** Abbé **de Tyron**; Histoire de sa vie. Ses écrits.
Hist. litt. de la France, t. X, 1756, p. 210 à 216; in-4°.

10156. — *Notice sur S.* **Bernard d'Abbeville.**
Abrégé de l'Hist.... ecclés. — Cologne, 1765, t. IV, p. 395 à 398, in-4°.

10157. — Saint **Bernard d'Abbeville**, abbé **de Tiron**, par l'abbé Corblet.
Le Dimanche, 1890, n°˚ 997 à 999; in-8°.

10158. — Saint **Bernard d'Abbeville**, fondateur de la congrégation **de Tiron**.
Les petits Bolland., t. IV, p 382 à 394; in-8°.

---

*10159.** — *Vie de S¹* **Blimond.**
Observ. sur le Martyr. bénéd., par H. Ménard. — Paris, 1629, p. 171 et s.; in-8°.

10160. — De S. **Blitmundo**, sive Gogo, abbate in Gallia.
Bollandus, Acta Sanct., janvier, t. I, p. 154 et s.; in-folio.

10161. — *Vie de* Saint-**Blimond**, Abbé de S. Valeri.
Vies des Saints, du P. Giry. — Paris, 1683, t. I, col. 153 à 156; in-folio.

10162. — Saint-**Blimond**, deuxième abbé de Saint-Valery, par l'abbé Henri Simon.
Le Dimanche, 1888, n°˚ 870 à 873; in-8°.

10163. — Saint-**Blimond**, deuxième abbé de Saint-Valery.
Les petits Bolland., t. I, p. 105 à 108; in-8°.

10164. — Breuis legeda Bte virginis sororis. **Colete** reformatricis ordinis sancte Clare. *A la fin :* Finem capit legenda sancte Colete. Impressa Parrhisiis e regione Collegij Italoy per Thomam Kees wesalien. — *1510;* in-12 gothique de 23 p. à 2 col
Bibl. Nat¹ᵉ, n° 4537.

10165. — Vita sanctæ memoriæ **Coletæ** virginis, per qvam reformatvs est Ordo S. Claræ : avthore Stephano Iuliaco, eius cotemporaneo. Eam veró ob nimia prolixitatem F. Laur Surius mutato stylo in compendium redegit, sed absque historiæ detrimento.
De prob. Sanct. Histor... per Surium. — Coloniæ Agrippinæ, 1578, t. II, p. 69 à 107; in-folio.

10166. — La Vie de Saincte **Colete**, Vierge de tres digne memoire, et reformatrice de l'Ordre de Sainct François, et de Saincte Clare, Tirée et traduite nouuellement de Laurent Surius par D. Michel Notel Religieux de Femy. — Mons, Charles Michel, 1594; in-8° de 12 ff. n. n., 99 ff. et 4 ff. n. n.
Bibl. d'Amiens, Hist. des Rel , n° 1870.

*10167.** — Histoire chronologique de la bienheureuse **Colette**, par le V. P. S. (*Claude Silvère, d'Abbeville*). — Paris, Buon, 1619; in-8°.
Bibl. Nat¹ᵉ, n° 4539.

Autre édition : Paris, Buon, 1628; in-8°.

10168. — Vita B. **Coletæ** Virginis Inclusæ. Ex Stephano Iuliaco.
Vit. et Sent. Patr. Occid. — Lugduni, Durand, 1625, p. 383 à 385; in-folio.

10169. — La vie de Saincte **Colette**, réformatrice de l'Ordre de Saincte Claire.
Vies des très ill. Saintes..., par Fodéré. — Lyon, Obert, 1638, p. 181 à 211; in-8°.

10170. — De B. **Coleta** Virgine reformatrice Ordinis S. Claræ Gandavi in Flandria. Vita ex Gallico Petro a Vallibus, Confessario ipsius Beatæ. Miracula in vita patrata. Miracula post mortem. Summarium virtutum et miraculorum ex Gallico Sor. Petrinæ de Balma. Historia elevationis corporis.
Bollandus, Acta Sanct., t. I, mars, p. 532 à 626 in-folio.

10171. — Eloge de Sainte **Colete** Reformatrice de l'Ordre de saincte Claire.
Eloges sacrez..., par M. de Cerisiers. — Paris, Angot, 1661, t. III, p. 51 à 60; in-12.

10172. — Vie De la Bien-heureuse **Colete**, ou Nicole, Vierge, Réformatrice de l'Ordre de sainte Claire.
Vies des Saints, du P. Giry.— Paris, 1683, t. I, col. 647 à 652; in-folio.

10173. — La B. **Colette** Boillet, réformatrice de l'Ordre de Sainte Claire.
Baillet, Vies des Saints. — Paris, Roulland, 1704, mars, col. 67 à 70; in-folio.

10174. — Vita della gran serva di Dio beata **Coleta** della villa di Corvia Nel Ducato di Borgogna, Monaca della Religione di Santa Chiara d'Assisi, illustre in Virtù, e prodigii : Fasta Ristampare dalla Divota Serva Soror Colletta Raes di Brusselles, Monaca Conversa in Santa Catterina di Fuligno del detl'-Ordine. — In Fuligno, Per Francesco e Giovanni Antonelli, M DCC III; in-12 de 14 p. n. n. et 224 p
Bibl. Nat^{le}, n° 4540.

10175. — La Bien-heureuse **Colete**, vierge.
Vies des Saints..., par le P. Croizet. — Lyon, 1723, t. I, p. 243 à 246; in-folio.

10176. — Sacra rituum congreg. Emo, et Rmo D. Cardinali Ruspoli Gandaven, seu Ambianen Canonizationis B. **Coletæ** Virginis Ordinis S. Claræ Positio Super Signatura Commissionis in statu et terminis. — Romæ, Typis Reverendæ Cameræ Apostolicæ, 1739; in-4° de 27, 6 et 15 p.
Bibl. Nat^{le}, n° 4541.

10177. — Sacra Congregatione Rituum Emo, et Rmo Dno Card. Ruspoli Ponente Ambianen. seu Gandauen. Canonizationis B. **Coletæ** Virginis Reformatricis Ordinis Sanctæ Claræ. Positio super dvbio an constat de cultu ab immemorabili tempore dictæ Beatæ præstita, seu casu excepto à Decretis san.

mem. Vrbani Papæ VIII. ex Indultis Apostolicis. — Romæ, Typis Reverendæ Cameræ Apostolicæ, 1740; 29 et 7 p. in-4°.
Bibl. Nat^{le}, n° 4542.

10178. — Histoire abrégée de la Bien-heureuse **Colette** Bœllet, Réformatrice de l'Ordre de sainte Claire ; avec l'Histoire de la vertueuse Philippe, Duchesse de Gueldres; Décédée dans l'Ordre de Ste Claire. Ouvrage posthume de M... Pierre Collet. Revu, corrigé et mis au jour par M. l'Abbé de Montis, Docteur en Théologie et Censeur Royal. — Paris, A. M. Lottin l'ainé, 1771; XXIV-424 p. in-8°.
Bibl. H. Macqueron.

10179. — Histoire de l'Emigration des Religieuses Supprimées dans les Pays-Bas, et conduites en France par M. l'Abbé de Saint-Sulpice, envoyé de Madame Louise de France et du Prince-Evêque de Gand, pour la translation des Reliques de Sainte **Colette** à Poligny en Franche-Comté. — A Bruxelles ... et à Paris, chez Guillot... et à Verdun, chez Guillot... M. DCC. LXXIV; in-12 de 153 p. av. 4 vign.
C'est le récit de la translation des reliques de Gand à Poligny.
Bibl. H. Macqueron.

***10180.** — Compendium vitæ et miraculorum nec non actorum in cerussa Canonizationis beatæ **Coletæ** Boilet virginis Corbejensis. — Romæ, 1807; in-4°.

***10181.** — Latera (Flam. Mar. Annib. da). Vita delle virgine. S. **Coleta**, reformatrice dell'ordine di S. Chiara. — Roma, 1807; in-4°.

10182. — Vie de Sainte **Colette**, réformatrice de l'Ordre de Sainte-Claire, faite sur les manuscrits de l'abbé de Saint-Laurent, suivie de la relation de la translation des reliques de la sainte, en 1783. — Lyon, M. P. Rusand, 1835; XLVIII-355 p. in-12.

10183. — Sœur **Colette** et Jacques de Bourbon, *par Louis Demaison*.
Cab. hist., t. X, 1re pie, p. 288 à 298 ; in-8°.

10184. — Vie de Sainte **Colette**, Réformatrice de l'Ordre de Sainte-Claire l'an 1447 par Hubert Lebon. — Tours, Mame, 1846; 63 p. in-4° av. portr.

10185. — Translation des Reliques de Sainte **Colette**, à Corbie (Somme), *par l'Abbé Corblet*.
Rev. de l'Art Chrétien. t. I, p. 270 à 273 ; in-8°.

10186. — Vie de Sainte **Colette** Réformatrice des trois Ordres de Saint-François, en particulier des pauvres Filles de Ste Claire. Rédigée d'après des Mémoires authentiques et les historiens les plus dignes de foi, Pierre de Vaux, Surius, le P. Séraphin d'Abbeville, et les Bollandistes. Par le R. P. Sellier, de la Compagnie de Jésus. — Amiens, Alfred Caron, 1853-1855; 2 vol. in-12 de X-489 p. et 485 p. av. qq. pl. lith.

* **10187.** — Vie de Sainte **Colette**.
Vie des Saints de Franche-Comté. — Besançon, 1854-1856, t. IV, p. 341 à 400 ; in-8°.

10188. — Neuvaine à Sainte **Colette**, précédée d'un abrégé de sa vie. — Amiens, Alfred Caron, 1855 ; 32 p. in-16.

10189. — Vie de Sainte **Collette** de Corbie, vierge, réformatrice de l'Ordre de Sainte-Claire, par l'abbé Noailles.— Avignon, 1857; XIV-212 p. in-12.

10190. — Panégyrique de Sainte **Colette**, patronne de la ville de Corbie, par M. l'abbé Jumel. — Lagny, Varingault, 1864; 16 p. in-8°.

10191. — Vie de Sainte **Colette**, réformatrice du Tiers-Ordre de St François et patronne de la ville de Corbie, par l'Abbé Ed. Jumel. — Tournay, 1868; 232 p. in-12.
Autre édition : Paris, Laroche, s. d.; VIII-232 p. in-12.

10192. — Sainte **Colette**, sa Vie, ses Œuvres, son Culte, son Influence, par l'abbé Douillet. — Paris, Bray et Retaux, 1869; XXXIII-465 p. in-12.

* **10193.** — *Sainte* **Colette**, *par H. F.*
Rev. Suisse cathol., 1871, t. III, p. 296 à 307.

* **10194.** — *Sainte* **Colette**.
Biog. Belgique, par Em. Varenbergh, t. IV, 1873, p. 276 à 281 ; in-8°.

10195. — Couvent de l'Ave Maria. Ste **Colette** à Auxonne (1412-1417), par J. Th. Bizouard. — Lyon, 1879 ; 112 p. in-8°.

10196. — Petit abrégé de la vie de Ste **Colette**, réformatrice de l'ordre de sainte Claire, composé en latin en 1510, par Josse Clithon, Docteur de Sorbonne. Traduit et augmenté de plusieurs Chapitres, par M. Douillet. — Amiens, Lambert-Caron, s. d. ; 36 p. in-16.
Autre édition : Corbie, Dubois et Bleux ; s. d.

10197. — *Sainte* **Colette** *et Jeanne d'Arc*, dans Jeanne d'Arc et les Ordres mendiants, par Siméon Luce.
Rev. des Deux-Mondes, t. XLV, 1881, p. 85 à 98 ; in-8°.

10198. — Sainte **Colette** (d'après un article de M. Siméon Luce dans la Revue des 2 Mondes du 1er mai 1881), par I.
Le Dimanche, 1881, nos 534 à 543; in-8°.

10199. — Sainte **Colette** et les Clarisses vengées, par Tellioud (*l'abbé Douillet*). — Amiens, 1881 ; 24 p. in-12.

10200. — Sainte **Colette**, fondatrice des couvents de Clarisses à Vevey et à Orbe. 1381-1447.
Saints de la Suisse franç., par l'abbé Genoud, 1882, t. II, p. 240 à 287 ; in-8°.

10201. — Sainte **Colette**, sa Vie, ses Œuvres, son Culte, son Influence. Ouvrage composé sur les documents primitifs les plus authentiques imprimés et manuscrits, quelques-uns inconnus jusqu'à ce jour, enrichi de plusieurs Lettres de la Sainte encore inédites, mis en rapport avec les événements du xvᵉ siècle, par l'abbé Douillet. — Paris, G. Téqui, 1884; XLIII-599 p. in-8°.

10202. — Louis XI et Sainte **Colette**.
La Picardie, t. VIII, 2ᵉ série, 1884, p. 337 à 341; in-8°.

10203. — La parfaite vie de Sainte **Colette** la petite ancelle de N. S. d'après le manuscrit inédit de Pierre de Vaux par le Comte de Chamberet. — Paris, Jouaust, 1887; 88 p. in-12.

10204. — Sainte **Colette**, Réformatrice des Ordres de Saint-François d'Assise et de Sainte Claire, par l'abbé Douillet.
Le Dimanche, 1890, nᵒˢ 988 à 997; in-8°.

10205. — Les Gloires de Corbie, par l'abbé Douillet. — Amiens, Langlois, 1890; 306 p. in-8°.
Réunion d'articles parus dans le Dimanche concernant principalement Sᵗᵉ **Colette** et les personnages célèbres de l'abbaye.

10206. — Histoire de Sainte **Colette** et des Clarisses en Bourgogne (Auxonne et Seurre), d'après des documents inédits et des traditions locales, par l'abbé J. Th. Bizouard. — Paris, Haton, 1881; 296 p. in-8° avec 3 pl.
Autre édition: Besançon, Jacquin, 1890; XIX-252 p. in-12 et 1 pl.

10207. — Histoire de Sainte **Colette** et des Clarisses en Franche-Comté, par M. l'abbé J. Th. Bizouard. — Besançon, Jacquin, s. d.; 570 p. gr. in-8° av. 15 fig.

10208. — Sainte **Colette** ou Nicole, vierge réformatrice des trois ordres de Saint-François.
Les petits Bolland., t. III, p. 202 à 215; in-8°.

10209. — Sainte **Colette** et la Balme de Sillingy, par F. J. Gonthier.
Rev. savoisienne, 1894, p. 99 à 105; in-8°.

* **10210.** — Sainte **Colette** à Vevey, par J. Gremaud. — 14 p.

10211. — Saint **Domice**, diacre et chanoine d'Amiens, par Charles Salmon.
Le Dimanche, nᵒˢ 938 et 939; in-8°.

S. **Euloge**. (Voir aux Evêques d'Amiens.)

10212 et 10213. — Saint **Evrols**, abbé de Saint-Fuscien, par Charles Salmon.
Le Dimanche, nᵒˢ 851 à 853; in-8°.

* **10214.** — Avila (Gil Gonzalez de). Compendio historico de las vidas de los gloriosos S. Juan de Mata y S. **Felix de Valois**, fundatores de la orden de la S. Trinidad de la redempcion de los captivos. — Madrid, 1630; in-4°.
Autre édition: Salamanca, 1638; in-4°
Trad. franç. av. correct. et augm. par Jean François Alocs. — Avignon, 1634; in-8°.

* **10215.** — Fasciculus trium florum ordinis SS. Trinitatis seu vita abbreviata SS. Joannis de Matha et **Felicis de Valesii**. — Romæ, 1651; in-12.

* **10216.** — Macedo (Francisco de Santo Agostinho). Vitæ SS. Joannis de Matha et **Felicis de Valois**. — Romæ, 1660; in-8°.

* **10217.** — Carruesco y Sessé. Compendio de las vitas de los santos padres y patriarcas san Juan de Matha y san **Felix de Valois**. — Zaragoza, 1663; in-4°.

* **10218.** — Jennyn. Vera confraternitas SS. Trinitatis de redemptione captivorum..... nec non vitæ SS. patriarcharum Joannis et **Felicis** idœa. — Bruxelles, 1666; 279 p. in-12.

* **10219.** — Andrade (Alonzo de). Vidas de los gloriosissimos patriarcas san Juan de Matha y san **Felix de Valois**, fundadores de la inclita religion de la Santissima Trinidad redencion de captivos con un breve compendio de las vitas de algunos varones esclarcidos en santidad y milagres que en dicta

descalcez han florecido. — Madrid, 1668; 287 ff. in-4°.

* **10220**. — Mallea (Salvator). Las vidas de Sⁿ Juan de Matha,y de Sⁿ **Felix de Valois**. — Granada, 1682.

* **10221**. — Francesco Tarezzo. Vita di san **Felice di Valois**. — Turin, 1686.

* **10222**. — Vie de saint **Félix de Valois**, par le P. Ignace Dilloud, Provincial des Trinitaires réformés de France. — Paris, 1695; in-8°.

10223. — Saint **Félix de Valois**, Collègue de Saint Jean de Matha dans l'Institution de l'ordre de la Sainte-Trinité pour la rédemption des Captifs.
- Vies des Saints..., par Baillet. — Paris, Roulland, 1704, novembre, col. 338 à 340; in-folio.

10224. — Saint **Félix de Valois**.
Les Vies des Saints, par le P. Croiset. — Lyon, 1723, t. II, p. 674 à 676; in-folio.

* **10225**. — Vita de S. **Felix de Valois**, patriarca y fundador del Ordine de la Santissima Trinidad, redencion de captivos, trad. del frances, ilustrada con notas y adiciones, *par Juan Diego Ortega*.—Madrid, 1776; XII-278 p. in-8°.

* **10226**. — Mätzler. Lebensgeschichte der heil. Johannes von Matta un der heil. **Felix von Valois**. — Augsburg, 1831; in-8°.

10227. — Histoire de saint Jean de Matha et de saint **Félix de Valois**, fondateurs de l'ordre de la très-sainte Trinité pour la rédemption des captifs, par le R. P. Prat, de la Société de Jésus. — Paris, Poussielgue, 1846; in-12.

10228. — Vie de S. **Félix de Valois** prince du sang royal de France, fondateur de l'ordre de la Très-Sainte-Trinité pour la rédemption des captifs, par le R. P. Calixte de la Providence. — Paris, Bray, 1868; 360 p. in-8° et 1 pl.
Autre édition : Paris-Leipzig-Tournai, 1878; 357 p. in-8° avec 14 grav. et 4 plans.

Sᵗ **Firmin le Confesseur**. (Voir aux Evêques d'Amiens).

Sᵗ **Firmin le Martyr**. (Voir aux Evêques d'Amiens).

10229. — Sainct **Florent** honoré en la ville de Roye en Picardie. De la feste et retour de la Chasse de sainct Florent en la ville de Roye.
Vie de Sᵗ Florent... par Ant. de la Vacquerie. — Paris, Dehon, 1637, p. 171 à 236; in-12.
Bibl. Natˡᵉ, Ln²⁷, n° 7650.

10230. — Translation des reliques de Saint **Florent** de Roye à Saumur, *par M. Paul Marchegay*.
Bibl. de l'Ec. des Chart., t. III, 1841-42, p. 475 à 498; in-8°.

10231. — De sancto **Forseo**.
Aurea legenda... p. Jacobu de Voragine, 1493, fᵒ CLXXII; in-4° goth.
Bibl. d'Amiens, Hist. des Relig., n° 1463.

10232. — Vita S. **Fursei**, cvivs præclare et prolixe meminit Beda venerabilis Lib. 3. Cap. 19 Historiæ Ecclesiasticæ gentis Anglorum : Vbi etiam multa ad verbum ex hac recitat vita. Extat in egregijs MS. codicibus.
De prob. Sanct. Hist... per Surium.— Coloniæ Agrippinæ, 1578, t. I, p. 381 à 388; in-folio.

10233. — La vie miracvlevse de S. **Fvrsy** religievx de l'Ordre de S. Benoist Co-Euesque en France, et les Reuelations à luy faictes sur la vie humaine. Recueillies de plusieurs anciens Autheurs par Iacques Desmay Bachelier en Theologie, et Chanoine de Peronne.—Paris, Evstache Fovcavlt, 1607; 184 p. in-12.
Bibl. de M. l'abbé Gosselin.
Seconde édition : Paris, Evstache Fovcavlt, 1623; 180 p. in-12.
Bibl. d'Amiens, Hist. des Relig., n° 1728.

* **10234**. — *Notice sur S.* **Fursy**.
Messingham, Florilegium SS. Hiberniæ. — Parisiis, 1624, p. 393 à 398; in-folio.

*10235. — Père (Maur. le). Hymne de M' S' **Fursy**, contenant sa vie et ses miracles en bref. 1631.

10236. — De S. **Fvrseo** confessore Peronæ in Gallia. Miracvla S. Fvrsei. Alia vita avctore anonymo. Liber II. Miracvla S. Fvrsei. Alia vita ex Beda.
Bolland., Acta Sanct., janvier, t II, p. 35 à 55 ; in-folio.

10237. — Vita S. **Fvrsæi** confessoris ex membranis Monasterij Cygniacensis Gallia.
Acta Sanct. Scot. et Hib , per Colganum. — Lovanii, 1645, t. I, p. 75 à 98 ; in-folio.

10238. — Vita S. **Fursei**, episcopi et confessoris.
Ibid., t. I, p. 282 à 301; in-folio.

10239. — Eloge de Saint **Fvrsi**, patron de Péronne.
Les Eloges sacrez.... par M de Ceriziers. — Paris, Angot, 1661, t. I, p. 151 à 160; in-12.

10240. — Vita S. **Fursei** Abbatis Latiniacensis primi Auctore anonymo fere coævo.
D'Achery, Acta Sanct. — Lutetiæ, 1668, t. II, p. 286 à 301 ; in-folio.

10241. — La Vie de Saint **Fvrcy** Abbé et Confessevr.
L'Année bénédictine. — Paris, 1679, janvier, p. 188 à 195; in-4°.

10242. — *Vie* De Saint **Foursy**, Abbé, Patron de Péronne.
Vies des Saints...., par le P. Giry. — Paris, 1683, t. I, col. 266 à 272 ; in-folio.

*10243. — Davila (Thomas). Historia y vida del admirabile y extatico san **Furseo**, principe heredero de Irlanda. — Madrid, 1699 ; 12-360 p. in-4°.

10244. — S. **Fursy**, abbé de Lagny, patron de Péronne.
Vies des Saints..., par Baillet. — Paris, Roulland, 1704, janvier, col. 208 à 210 ; in-folio.

10245. — La vie de S. **Fursy**, Patron de la Ville de Péronne, recueillie de plusieurs anciens Auteurs, par M. Jacques Desmay, Docteur de Sorbonne, Chanoine dans l'Eglise de S. Fursy. Nouvelle Edition, revüe, corrigée, augmentée et mise en meilleur François par Monsieur.... — Péronne, Honoré Le Beau, MDCCXV; in-8° de 16 p. n. n., 240 p. et 8 p. n. n.
Bibl. d'Amiens, Hist. des Relig , n° 1729.

10246. — Histoire de la Vie de S. **Fursy** Patron de Péronne avec les vies de S. **Foillan**, et de S. **Ultain** ses frères par Monsieur Mignon, Docteur de Sorbonne. — Péronne, Honoré Le Beau, MDCCXV; in-16 de 8 p. n. n.. et 10 p.
Bibl. d'Amiens, Hist. des Relig., n° 1729.

10247. — S' **Fursy**.
Hist. litt. de la France, t. III, 1735, p. 613 à 615 ; in-4°.

*10248. — Hymni de S. **Fursæo**. Cecinit Carolus Ludovicus Maria François, rhetoricus candidatus, anno 1753. — Ambiani, ex typis viduæ Godart.

*10249. — Abrégé de la vie de S' **Fursy**. — Paris, 1828 ; in-12.

10250. — Quelques Chapitres de la Légende de Saint-**Furcy**. Traduction de Jehan Miélot, xv° siècle, *publiée par de la Fons-Mélicocq*.
La Picardie, t. I, p. 423 à 427 ; in-8°.

*10250 bis. — *Notes sur Saint-Fursy*.
Descript. catal. of mat... to the hist. of Great-Britain and Ireland, by Hardy. — London, 1862-1871, t. I, p. 239 à 246 et t. II, p. 794 et 795 ; in-8°.

10251. — Saint **Fursy**, Abbé de Lagny, Patron de Péronne, par Ch. Salmon.
Le Dimanche, n° 238, 16 janv. 1876, p. 43 à 51 ; in-8°.

10252. — Saint **Fursy**, Abbé de Lagny, patron de Péronne.
Le Dimanche, 1888, n°⁸ 874 à 876 ; in-8°.

10253. — S. **Fursy**, abbé de Lagny, patron de Péronne..
Les petits Bolland., t. I, p. 400 à 409 ; in-8°.

HISTOIRE OV VIE
De Monsieur sainct
GAVLTIER PREMIER
Abbé du Monastere sainct Martin
sur Viosne les Pontoise, tiree des
archiues de ladicte Abbaye.
Dediee
A Reuerendissime Seigneur Messire RENE'
BENOIST, *Doyen de la Faculté de Theologie
a Paris, Confesseur du Roy, son Conseiller
d'Estat & nommé par sa Majesté à
l'Euesché de Troyes.*

A PARIS,
Chez FRANÇOIS IACQVIN,
Imprimeur demeurant ruë des Poirees,
vis à vis de la ruë de Sorbonne.

M. D. IC.

N° 10261
GRANDEUR RÉELLE

10254. — St **Fuscien**.
Bosquet, Eccl. Gallic. Hist., 1636, t. I. p. 156 à 161; in-8°.

10255. — *Vies* de Saint **Fuscien**, Saint **Victoric** et Saint **Gentien**, Martyrs.
Vies des Saints, par le P. Giry. — Paris, 1685, t. II, col. 1847 à 1850 ; in-folio.

10256. — Saint **Fuscien** et ses Compagnons, S. **Victoric** et S. **Gentien**, martyrs près d'Amiens.
Vies des Saints..., par Baillet. — Paris, Roulland, 1704, décembre, col. 187 et 188 ; in-folio.

*10257. — De ss. mart. **Fusciano** et **Victorico**, Morinorum apostolis, apud Ambianos in Belgica 2da commentaria prævia.
Ghesquierus, Acta SS. Belgii, 1783, t. I, p. 153 à 166 ; in-4°.

10257 bis. — Actes inédits des Saints Martyrs **Fuscien**, **Victoric** et **Gentien**, publiés par Charles Salmon. — Amiens, Lemer aîné, 1861 ; 46 p. in-8°.
Extr. Mém. Soc. Ant. Pic.

10258. — Vies des Saints **Fuscien** et **Victoric**, Apôtres de la Morinie et de la Picardie, Et **Gentien**, leur hôte, Martyrs, et de Saint **Evrols**, premier Abbé du monastère de St-Fuscien-au-Bois (diocèse d'Amiens), par Charles Salmon. — Amiens, 1853 ; 176 p. in-12.

10259. — Sains et ses Martyrs. Actes des Saints **Fuscien**, **Victoric** et **Gentien**, publiés par A. Messio, Curé-Doyen de Sains. — Amiens, Lambert-Caron, 1869 ; 136 p. in-16.

10260. — Saint **Fuscien** et Saint **Victoric**, apôtres de la Morinie et de la Picardie et Saint **Gratien**, leur hôte, martyrs, par Charles Salmon.
Le Dimanche, 1887, n°s 837 et 838.

10261. — Histoire ov Vie de Monsievr sainct **Gavltier** premier Abbe du Monastere Sainct Martin sur Viosne les Pontoise, tiree des archiues de ladicte Abbaye. — Paris, Chez François Iacqvin, M. D. IƆ ; 16 ff. in-8°.
La dédicace est signée par Jacques Gautier.
Bibl. Nat^{le}, Ln ^{27}, 8364.

10262. — Vita sancti **Galterii**, Abbatis Sancti Martini, prope Pontisaram in Galliâ. Alia vita, auctore Monacho Pontisarense ejus discipulo. Historia miraculorum, eodem auctore.
Bollandus, Acta Sanct., au 8 avril ; in-folio.

10263. — Eloge de S. **Gavtier**, Abbé.
Eloges sacrez..., par M. de Cerisiers. — Paris, Angot, 1661, t. V, p. 291 à 300 ; in-12.

10264. — Vita sancti **Galterii**, Abbatis Sancti Martini, prope Pontisaram in Gallia. Alia vita, auctore Monacho Pontisarense, ejus discipulo.
Acta Sanct..., par d'Achery. — Lutetiæ, 1668, t. I, p. 811 et suiv. ; in-folio.

10265. — La Vie de Saint **Gavtier**, Abbé et Confesseur.
L'année bénédictine... — Paris, 1668, mai et juin, p. 349 à 354 ; in-4°

10266. — *Vie* De Saint **Gautier**, Abbé.
Vies des Saints, par le P. Giry. — Paris, 1683, t. I, col. 929 à 934 ; in-folio.

10267. — S. **Gautier**, premier abbé de Pontoise.
Vies des Saints, par Baillet. — Paris, Roulland, 1704, avril, col. 120 à 123 ; in-folio.

10268. — Notice sur trois crosses historiées *des S^{ts}* **Gautier**, *Aubin et Gibrien*, du XIIe siècle accompagnée d'études iconographiques sur la vie du Christ et de la description du tombeau de Saint-Gautier, par M. Eugène Grésy.
Mém. Soc. Hist. Fr., 3e série, t. I, 1852, p. 136 à 220 av. 2 pl. ; in-8°.

10269. — Vie de Saint **Gautier**.
Bull. relig. du Dioc de Versailles, 1888, n°s 45 à 49 ; in-8°.

10270. — Saint **Gauthier**, Abbé de Saint Martin de Pontoise, par Demiannay.
Le Dimanche, 1890, n°s 986 et 987 ; in-8°.

S. **Geoffroy** (Voir aux Evêques d'Amiens).

10271. — De S. **Geraldo** Abbate fvndatore Silvæ maioris in Aqvitania.
Bollandus, Acta Sanct., avril, t. I, p. 409 à 433 ; in-folio.

10272. — Vita S. **Geraldi** Silvæ Majoris primi Abbatis et fundatoris, auctore monacho Anonymo subæquali.
D'Achery, Acta Sanct. — Lutetiæ, 1701, t. IX, p. 841 à 863 ; in-folio.

10273. — S. **Géraud**, Abbé de la Sauve-Majour. Histoire de sa vie. Ses écrits.
Hist. litt. de la Fr., t. VIII, 1747, p. 407 à 413 ; in-4°.

10274. — *Notice sur S* **Gérard**.
Hist. des Aut. Sacr. et Ecclés., par Dom Ceillier. — Paris, 1757, t. XXI, p. 80 à 82 ; in-4°.

10275. — Saint **Gérard**, né à Corbie, Moine et Restaurateur de l'Abbaye, puis Abbé fondateur de la Grande Sauve ou Sauve-Majeure, par l'abbé Douillet.
Le Dimanche, 1890, n°s 968 à 982 ; in-8°.

10276. — Saint **Géraud** ou Gérard, abbé fondateur du monastère de la Grande Sauve.
Les petits Bolland., t. IV, p. 204 à 211 ; in-8°.

10277. — De S. **Germano** Episcopo Mart. apvd Ambianos in Galliâ.
Bollandus, Acta Sanct., mai, t. I, p. 259 à 270 ; in-folio.

10278.— Vita sancti **Germani** Scoti, Episcopi et Martyris, Patroni Ecclesiæ Parochialis S. Germani Ambianensis cum annotationibus et Officio Ecclesiastico, illius diei festi et octauæ. Cum approbatione Illustrissimi D. D. Antistitis Ambianensis. — Ambiani, apud R. Hubault, M.DC.XLVI ; in-16 de 20 p. n. n. et 180 p.
Bibl. d'Amiens, Hist. des Religions, n° 1734.

L'abbé Ul. Chevalier donne, comme auteur de cet ouvrage, M. Jean Cauchie, curé de S. Germain d'Amiens auquel sont adressés des vers d'Adrien Perdu, avocat fiscal de la ville d'Amiens, placés en tête du volume.

10279. — Vita S. **Germani** Scoti Episcopi et Martyris, Patroni Ecclesiæ Parœcialis S. Germani Ambianensis ; Cum annotationibus et Officio Ecclesiastico illius diei festi et octauæ. Editio secunda emendata et aucta. — San Qvintini, apud Clavdivm Le Qveux, M.DC.LXV ; in-12 de 28 p. n. n. et 154 p.
Bibl. d'Abbeville,

10280. — *Vie* De Saint-**Germain** d'Ecosse, Evêque et Martyr.
Vies des Saints.... par le P. Giry.— Paris, 1683, t. I, col. 1107 à 1112 ; in-folio.

10281. — Vie de St **Germain** l'Ecossais ou de Senarpont, Evêque Régionnaire et Martyr, patron de Saint-Germain d'Amiens, de Saint-Germain-sur-Bresle, du Mesnil-David et autres lieux... par E. A. Pape. — Amiens, Caron et Lambert, s. d.; 12 p. in-12.

10282.— De S. **Gervino** abbate Centulensi in Pontivo. Vita ex MSS. Chronicis Centulensis Auctore Joanne Capella.
Bolland., Acta Sanct., mars, t. I, p. 282 à 288 ; in-folio.

10283. — Vita S. **Gervini**, Abbatis Centulensis in Pontivo auctore Hariulfo, Chronici Centulensis scriptore subæquali
D'Achery, Acta Sanct., t. IX, p. 323 à 341 ; in-folio.

10284. — Saint **Gervin**, abbé de Saint-Riquier (1045-1075), par l'abbé Hénocque.
Le Dimanche, 1889, n°s 954 à 957 ; in-8°.

10285. — S. **Gervin**, abbé de Saint-Riquier.
Les petits Bolland., t. III, p. 93 et 94 ; in-8°.

10286. — Vita S. **Godebertæ** Virginis, per F. Lavr. Svrivm ex ms. codice stylo suo descripta. Authoris nomen nescitur, sed est fide dignus.
De prob. Sanct. Hist... per Surium. — Coloniæ Agripp., 1576-1581, t. II, p. 692 à 695 ; in-folio.

10287. — La vie de la bienheureuse vierge sainte **Godeberthe**, patrone et tutélaire de la ville de Noyon, extraicte d'un ancien manuscript latin, estant en la bibliothèque de l'église cathédrale dudict Noyon, et traduitte en françois par Louys de Montigny, licencié en droits, prestre, chanoine et archidiacre en ladicte église. — Paris, Pierre de Bresche, 1633; in-8° av. 2 portr.

Bibl. Nat^{le}, Ln 27, n° 8847.

10288. — De Saincte **Godeberte**, fille spirituelle de Sainct Eloy.

Ann. de l'Eglise de Noyon, par J. Le Vasseur.— Paris, Sara, 1633-51, t. I, p. 527 à 541 ; in-4°.

10289. — De la Fierte ou Chasse de saincte **Godeberte** bastie du temps de Marasin.

Ibid., p. 1081 à 1088 ; in-4°.

10290. — De S. **Godeberta** Virgine Novioduni in Belgica secunda Vita, auctore, ut videtur, Ratbodo Episc.

Bollandus, Acta Sanct, avril, t. II, p. 31 à 36 ; in-folio.

10291. — Ex vita S. **Godebertæ** virginis, a Ratbodo Episcopo scripta. Apud Bollandum XI. Aprilis.

Rec. des Hist. des Gaules, t. III, p. 578 et s.; in-folio.

10292. — La Vie de Ste **Godeberte**, Vierge.

L'Année Bénédict. — Paris, 1667-1673, avril, p. 74 à 77 ; in-4°.

10293. — *Vie* De Sainte **Godeberte**, Vierge.

Vies des Saints..., par le P. Giry.— Paris, 1683, t. I, col. 945 et 946; in-folio.

10294. — Sainte **Godeberte**, vierge, à Noyon.

Vies des Saints..., par Baillet. — Paris, Roulland, 1704, avril, col. 162 à 163 ; in-folio.

10295.— Vie de sainte **Godeberthe**, vierge et patronne de Noyon, avec réflexions pieuses, notes, etc., par l'abbé Laffineur. — Noyon, 1856 ; 124 p. in-12 av. 2 fig.

10296.—Sainte **Godeberthe**, vierge.

Les petits Bollandistes, t. IV, p. 339 à 343 ; in-8°.

10297.—Sainte **Godeberthe**, vierge, par Charles Salmon.

Le Dimauche, 1888, n° 863, p. 21 à 25 ; in-8°.

10298. — Saint **Gratien**, *martyr en Picardie*, par l'abbé Trouvé.

Le Dimanche, 1887, n°^s 831 à 833 ; in-8°.

* **10299.** — La légende de S. **Hyldevert**, evesque de Meaux en Brie, par Duverdier de Vauprivas. — Rouen, s. d., pet. in-8°.

* **10300.** — Ensuyt la légende de monseigneur sainct Hildevert evesque de Meaulx en Brie. — On les vend à Rouen par Richard Lallemand, s. d.; 16 ff. pet. in-8° av. fig.

* **10301.** — Oudin (Louis). Vie de St **Hildevert**, en rithmes français. — Rouen, 1615; in-8° [1].

10302. — De Sancto **Hildeverto** episcopo Meldensi in Gallia.

Bollandus, Acta Sanct., mai, t. VI, p. 57 à 61 ; in-folio.

10303. — St **Hildevert**, evesque de Meaux, Patron de la ville de Gournay en Picardie.

Vies des Saints, par Baillet.— Paris, Roulland, 1704, mai, col. 433 à 437; in-folio.

10304 et **10305.** — Officium S. **Hildeverti**, Meldensium pontificis, Gornacensium patroni et protectoris.— Gournay, 1804 ; 60 p. in-12.

* **10306.** — Office solennel de S. **Hildevert**, évêque de Meaux, patron de l'église et de la ville de Gournay, par

---

[1] Je n'ai pu trouver ces trois ouvrages : je les indique d'après l'abbé Ulysse Chevalier, dans sa Bio-Bibliographie.

Mars et Le Boullenger. — Gournay, 1821 ; 76 p. in-12.

Autre édition en 1849.

10307. — Saint-**Hildevert**, évêque.
Le Dimanche, n° du 1er juillet 1888, p. 3 à 5 ; in-8°.

10308. — S. **Hildevert**, évêque de Meaux, patron de Gournay.
Les petits Bolland.; t. VI, p. 259 à 261 ; in-8°.

S¹ **Honoré**. (Voir aux Evêques d'Amiens).

10309. — Culte et Iconographie de saint **Jean-Baptiste**, dans le diocèse d'Amiens, par l'abbé Corblet. — Arras, 1864 ; 24 p. in-8°.

Extr. de la Rev. de l'Art Chrétien.

* **10310.** — Vie des SS. **Lugle et Luglien**, éditée d'après un manuscrit de Lillers, par André Herby. — Arras, Gilles Bauduin, 1597.

Voir Hist. de Montdidier, par de Beauvillé. 1ʳᵉ édⁿ, t. III, p. 334.

L'abbé Ulysse Chevalier indique : Herby (Andr.). Vita SS. **Luglii et Lugliani**. — Atrebati, 1597.

Y aurait-il deux éditions, l'une française, l'autre latine de ce livre rarissime que je n'ai pu trouver dans aucune bibliothèque ?

* **10311.** — Vie des SS. **Lugle et Luglien**, par le Père Guilbert de la Haye. — 1673.

Voir de Beauvillé, Hist de Montdidier. 1ʳᵉ édⁿ, t. III, p. 334.

10312. — La Vie des Bienheureux Frères et Glorieux Martyrs Saint **Lugle** Archevesque et Saint **Luglien** Roy d'Hibernie, Patrons de la Ville de Montdidier, en Picardie, et de celle de Lillers en Artois, par un Religieux Bénédictin Réformé de l'Ordre de Cluny (*Dom Pognon, prieur claustral de Montdidier*). — *Paris*, s. n., M.DCCXVIII ; 171 p. in-8°.

Bibl. d'Abbeville.

Autre édition : Amiens, 1784.

* **10313.** — La Vie des Saints Freres Martyrs **Lugle**, archevêque et **Luglien**, roi d'Irlande, patrons de la ville de Lillers en Artois et de celle de Montdidier en Picardie, par un religieux de l'ordre de Saint-Dominique. — S. l. n. n. n. d. ; 22 p. in-24.

Bibl. de Beauvillé.

* **10314.** — La Vie des bienheureux frères martyrs **Lugle**, archevêque et **Luglien**, roi d'Irlande, patrons de la ville de Montdidier en Picardie et de celle de Lillers en Artois, par un religieux bénédictin réformé de l'ordre de Cluny. — Amiens, Caron père ; Montdidier, Le Roux, 1784 ; 82 p. in-12.

* **10315.** — Litanies des Saints **Lugle et Luglien**. — Montdidier, Radenez, *1850* ; 3 p. in-12.

* **10316.** — La Vie des Saints frères martyrs **Lugle et Luglien** patrons de la ville de Montdidier en Picardie et de Lillers en Artois par l'Abbé L. Dangez. — Montdidier, Mérot, 1862 ; 439 p. in-12.

10317. — Examen de quelques passages d'une dissertation de M. l'abbé Dangez sur la vérité du fait de la translation des reliques des Saints **Lugle et Luglien**, à Montdidier, par V. de Beauvillé.—Amiens, Jeunet, 1862 ; 28 p. in-8°.

10318. — Bibliographie. La Vie des Saints frères Martyrs **Lugle et Luglien**, *par l'abbé Dangez : Compte-rendu par Galoppe d'Onquaire*. Extrait du Propagateur Picard, Dimanche 24 Octobre 1862. — *Montdidier*, s. n. n. d. ; in-12.

10319. — De SS. **Luglio et Lugliano**, fratribus martyribus Lillerii in Artesia et Montdiderii in Picardiâ commentaria prœvia.

Acta Sanct. — Paris, Palmé, 1869, octob., t. X, p. 108 à 122 ; in-folio.

10320. — Notice sur les SS. **Lugle et Luglien**, patrons de la Ville de Montdidier, par Hourdequin de Beau-

pré. — Amiens, Langlois, 1887 ; 16 p. in-8°.
Extr. du Dimanche.

10321. — De S. **Madelgisilio** Eremita Centulæ in Picardia. Vita Auctore Hariulfo Centulensi.
Bollandus, Acta Sanct., mai, t. V, p. 616 à 621 ; in-folio.

10322. — Saint **Martin** et le Diocèse d'Amiens.
Le Dimanche, 1874, t. II, p. 3 à 7 et 21 à 25 ; in-8°.

10323. — S. **Mauguille**, solitaire en Picardie.
Vies des Saints..., par Baillet. — Paris, Roulland, 1704, mai, col. 470 et 471 ; in-folio.

10324. — Saint **Mauguille**, Moine de Saint-Riquier, puis Ermite à Monstrelet, par l'abbé Hénocque.
Le Dimanche, 1888, n°s 880 et 881 ; in-8°.

10325. — Recherches sur Saint **Millefort** *et sur son culte en Picardie*, par *l'abbé Corblet*.
La Picardie, 1866, p. 529 à 536 ; in-8°.

10326. — Saint **Millefort**, martyr, par H. V.
Le Dimanche, n° 1008, p. 301 à 303 ; in-8°.

10327. — Le bienheureux **Milon** de Selincourt, Evêque de Thérouanne (XIIe siècle), par l'abbé Corblet.
Le Dimanche, 1850, n° 995, p. 43 à 46 ; in-8°.

10328. — De S. **Paschasio** Ratberto Abbate Corbeiensi in Gallia.
Bollandus, Acta Sanct., avril, t. III, p. 462 à 464 ; in-folio.

10329. — La Vie de Saint **Ratbert**, Abbé de Corbie.
L'Année bénédict., 1667-1673, avril, p. 315 à 319 ; in-4°.

10330. — S. **Paschasii Radberti**, abbatis Corbeiensis in Gallia elogium historicum.
D'Achery, Acta Sanctor., t. VI, p. 126 à 142 ; in-folio.

10331. — Vita brevis sancti **Paschasii Radberti** abbatis Corbejensis auctore Monacho Corbejensi anonymo, sub finem sæculi XI, aut initium XII.
Ibid., p. 577 à 579 ; in-folio.

10332. — De saint **Paschase Radbert**, abbé de Corbie, et de ses successeurs.
Abrégé de l'Hist. de l'Ord. de St Ben. par D. Bulteau. — Paris, 1684, t. II, p. 501 à 515 ; in-4°.

10333. — Saint **Pascase Radbert**, abbé de Corbie.
Vies des Saints, par Baillet. — Paris, Roulland, 1704, avril, col. 349 à 353 ; in-folio.

10334. — St **Pascase Ratbert**.
Leyser, Hist. poët. medii ævi. — Magdebourg, 1721, p. 240 à 243 ; in-8°.

10335. — S. **Pascase Radbert**, Abbé de Corbie. Histoire de sa Vie. Ses Ecrits.
Hist. litt. de la France, 1730, t. V, p. 287 à 314 ; in-folio.

10336. — St **Paschase Ratbert**.
D. Martène, Vet. script. coll., 1733, t. IX, p. 367 à 374 et 469 à 472.

10337. — St **Paschase Radbert**.
Fabricius, Bibl. med. et infim latin. — Hamburgi, 1736, t V, p. 586 à 591 ; in-8°.

10338. — Saint **Paschase Radbert**, Abbé de Corbie.
Hist. gén. des aut. sac. et eccl., par Dom Ceillier. — Paris, 1754, t. XIX, p. 87 à 125 ; in-4°.

10339. — St **Paschase Ratbert**.
Ziegelbauer, Hist. litt. Bened. — Aug. Vindelic., 1754, t. III, p. 72 à 83 ; in-folio.

10340. — St **Paschase Ratbert**.
Alex. Natalis, Hist. ecclesiast., 1778, t. VI, p. 409 à 417 ; in-folio.

10341. — St **Paschase Ratbert**.
Baehr, Geschichte des Rœmischen Literatur. — Carlsruhe, 1841, t. III, p. 233 à 234 et 462 à 471 ; in-8°.

10342. — **Radbert (Paschase)**, par L'Écuy.
Biogr. univ. (Michaut), t. XXXVI, p. 521 à 524; in-8°.

***10343.** — S¹ **Paschase Radbert**.
Ritter. Geschichte der Christl. Phil.—Hamburg, 1843, t. III, p. 196 à 205; in-8°.

***10344.** — Hausher (Melch.). Der heil. **Paschasius Radbertus**, eine Stimme über die Eucharistie vor tausend Jahren. — Mainz, 1862; in-8°.

10345. — Saint **Pascase Radbert**, Abbé de Corbie, par l'abbé Douillet.
Le Dimanche, 1888, n°⁸ 905 et 906; in-8°.

10346. — Saint **Paschase Radbert**, Abbé de Corbie.
Les petits Bollandistes, t. V, p. 36 à 39; in-8°.

10347. — Vita beatissimi **Richarii** Presbyteri et almi patris, Avthore Albino Flacco Alcuino Abbate.
De prob. Sanct. Hist... per Surium. — Coloniæ Agrippinæ, 1578, t. II, p. 981 à 987; in-folio.

10348. — Suorum Diuorum corpora a Bertinensibus repetunt **Walericenses** et **Richariani** exemplo Gandensium. Utrumque redhibet Arnulphus, sed Hugone ex diuo mandato armis eum premente. Hugo ob strenuam et regiam corporum restitutionem miraculis ac regni pollicitatione donatur.
Malbrancq, de Morinis, t. II, p. 599 à 607; in-4°.

10349. — Vita S. **Richarii** Abbatis Centulensis primi Auctore Albino Alcuino Flacco, qui tempore Caroli Magni floruit.
Bollandus, Acta Sanct., avril, t. II, p. 176 à 214; in-folio.

10350. — La Vie de Saint **Richer**, Abbé et Confesseur.
L'année bénédictine. — Paris, 1667-1673, avril, p. 307 à 313; in-4°.

10351. — Relatio S. **Richarii** Abbatis ex Sithiensi monasterio in Centulense. Auctore Ingelramo Abbate Centulensi. Libellus de miraculis S. Richarii factis post eius relationem auctore Hariulfo Monacho Centulensi.
D'Achery, Acta Sanct., t VII, p. 553 à 562; in-folio.

10352. — La Vie de S¹ **Riquier**, Nevev du B. Clovis le Grand Roy de France et Abbé de Centule.
La Monarchie Sainte, par le P. M. de S¹ Amable. — Paris, 1670, t. I, p. 168 à 169; in-folio.

10353. — Ex vita S. **Richarii** Abb. Centulensis, scripta ab Albino Alcuino Flacco, qui tempore Caroli Magni floruit.
Rec. des Hist. des Gaules, t. III, p. 514 et 515; in-folio.

10354. — Ex historia relationis S. **Richarii** Abbatis ex Sithiensi monasterio in Centulense Auctore Ingelrammo Abbate Centulensi, teste oculario.
Rec. des Histor. des Gaules, t. IX, p. 146; in-folio.

10355. — *Vie* De Saint **Riquier**, Abbé.
Vies des Saints.... par le P. Giry. — Paris, 1863, t. I, col. 1033 à 1036; in-folio.

10356. — Saint **Riquier**, Abbé dans le Ponthieu.
Vies des Saints..., par Baillet. — Paris, Roulland, 1704, avril, col. 347 à 349; in-folio.

***10357.** — S¹ **Riquier**.
Reiffenberg, Ann. de la Bibl. R¹ᵉ de Bruxelles, t. IV, p. 103 à 122.

10358. — Saint-**Riquier**, par l'abbé Hénocque.
Le Dimanche, 1888, n°ˢ 864 à 867; in-8°.

10359. — Saint-**Riquier**, abbé.
Les petits Bollandistes, t. V, p. 33 à 36; in-8°.

S¹ **Salve**. (Voir aux Evêques d'Amiens.)

S. **Théofroy** (Voir aux Evêques d'Amiens.)

10360 — Historique de la découverte des reliques de Sainte **Theudosie**

— 387 —

et de sa translation à Amiens, sa patrie, suivi d'une dissertation sur l'authenticité de ces reliques et des discours prononcés à cette occasion, *par A. Bonnetty.*
Ann. de Philos. chrét., t. VIII, IV° série, 1853, p. 245 à 324; in-8°.

10361. — Note sur Ste **Theudosie**. — Amiens, Duval et Herment, *1853;* 12 p. in-8°.

10362. — Petite notice sur Sainte-**Theudosie**, *par M. de Ladoue, vicaire général d'Amiens*. — Amiens, Lenoel-Herouart; 12 p. in-18.

10363. — Neuvaine à Sainte **Theudosie**, martyre née à Amiens avec une notice, un cantique et des litanies en son honneur, par le P. Vitse.—Amiens, Caron et Lambert, *1853;* 34 p. in-24.

10364. — Neuvaine à Ste **Theudosie** par l'abbé Ph. G *(Gerbet).* — Amiens, Lenoel-Herouart; 20 p. in-24.

10365. — Chants pour la translation des reliques de Sainte **Theudosie**. — Amiens, Duval et Herment; 15 p. in-16.

10366. — Ordre de la cérémonie de la translation du corps de Sainte **Theudosie** dans la Cathédrale d'Amiens. — Amiens, Alfred Caron, 1853; 4 p. in-4° av. grav.

10367. — Ordre de la cérémonie de la translation du corps de Sainte **Theudosie** dans la cathédrale d'Amiens. — Amiens, Lenoel-Herouart, *1853;* 10 p. in-8°.

10368. — Album de Sainte-**Theudosie**. Recueil complet des Documents publiés sur cette Sainte. Avec une Introduction et un Epilogue Par Monseigneur Gerbet, Evêque de Perpignan. Publié sous la direction de M. Violet-Leduc et dédié A Sa Majesté l'Impératrice. — Paris, Auguste Vaton, 1854; gr. in-8° de 131 p. av. 6 pl. h. t. et 11 fig.

10369. — Le Livre de Sainte **Theudosie**. Recueil complet des Documents publiés sur cette Sainte, Cérémonies et Processions qui ont eu lieu pour la translation de ses Reliques de Rome à Amiens. Avec une Introduction et un Epilogue par Mgr Gerbet. — Amiens, Alfred Caron, 1854; 223 p. gr. in-8° av. 3 pl. h. t.

10370. — *Compte-rendu de l'ouvrage précédent, par François Lenormant.*
Le Correspondant, t. XXXIII, 1854, p. 895 à 903; in-8°.

10371. — Sainte **Theudosie**. Amiens, 8 Septembre 1853, *par l'abbé Gerbet*. — Amiens, Lenoel-Herouart; 46 p. in-8°.
Autres éditions : Louvain, 1853, in-8°; Bruxelles, 1854, in-8°.

10372. — Les Catacombes. Sainte **Theudosie**. La Cathédrale. Amiens, 25 septembre 1853. *Poèsies*. — Amiens, Lenoel-Herouart; 20 p. in-8°.

10373. — Translation à Amiens des Reliques de Sainte **Theudosie** le 12 octobre 1853. Dithyrambe, *par Félix Rembault*. — Amiens, Alfred Caron, 1853; 12 p. in-8°.

10374. — Cérémonie de la Translation des précieuses Reliques de Sainte **Theudosie** dans la Cathédrale d'Amiens. — Amiens, Alfred Caron, 1853; 4 p. in-4°.

10375. — Translation des Reliques de Sainte **Theudosie** dans la Ville d'Amiens, *par Charles Salmon*. — Amiens, Yvert, 1853; 71 p. in-8°.

10376. — Eloge de Sainte **Theudosie**, Martyre, prononcé dans l'Eglise Cathédrale d'Amiens le 13 Octobre 1853 par Mgr l'Evêque de Poitiers.— Poitiers, Henri Oudin, 1853; 23 p. in-8°.

** **10377.** — La Festa di san **Teudosia** et lo spirito religioso in Francia, dal prof. Giaccomo Arrighi.
Ann. del Scienze religiose di Roma, 1853.

10378. — Cérémonie de la Translation des précieuses Reliques de Sainte

Theudosie dans la Cathédrale d'Amiens. — Montreuil, Duval, 1854; in-4°.

* **10379.** — Analyse de l'allocution prononcée par Mgr l'Évêque vicaire apostolique d'Edimbourg, dans la cathédrale d'Amiens, le jeudi 12 octobre 1854, à la messe anniversaire de la translation des reliques de sainte **Theudosie**, *par Ch. Berton*. — Amiens, Lenoel-Hérouart; in-8°.

10380. — Inscription d'Aurelia **Theodosia** à Amiens, *par A. de Longpérier*.

Athæneum français, 1854, p. 379 et 380 ; in-4°.

* **10381.** — Observations sur l'épitaphe d'Aurelia **Theodosia**, *par Fr. Lenormant*. — Paris, 1854 ; gr. in-8°.

10382. — Sainte **Theudosie**, martyre, par Charles Salmon.

Le Dimanche, 1887, n°s 827 à 829 ; in-8°.

* **10383.** — Vie de Sainte **Ulphe**, par Maurice Dupré. — Amiens, 1637; in-8°.

10384. — La Vie de Sainte **Vlphe** vierge Patrone de la celebre Abbaïe de Nôtre Dame du Paraclet, au Diocèse d'Amiens. — Paris, Sebastien Huré, M.DC.XLVIII; in-12 de 8 p. n. n., 98 p. et 2 p. n. n.

Bibl. Nat^{le}.

La dédicace est signée S. Suzanne de Brasseuse, Abbesse ; c'est d'après une note mise sur l'exemplaire le pseudonyme du P. Simon Martin.

10385. — Eloge de Sainte **Vlphe**, Vierge.

Les Eloges sacrez..., par M. de Cerisiers. — Paris, Angot, 1661, t. I, p. 303 à 312; in-12.

10386. — Saint **Domice** et Ste **Vlphe**, devx merveilles des siècles passez decouuertes au monde par le R. P. Pierre de St Quentin Prédicateur Capucin. — Amiens, I. Mvsnier, 1664; in-12 de 24 p. n. n. et 280 p.

Bibl. d'Amiens, Hist. des Rel , n° 1679.

10387. — La Vie de Sainte **Vlphe** Vierge Patrone de l'Abbaye de Nostre-Dame du Paraclit, dans le Diocèse d'Amiens, *par François Dobeilh*. — Amiens, veuve Robert Hvbavlt, M.DCC.LXXII; in-12 de 12 p. n. n., 211 p. et 4 p. n. n.

Bibl. d'Amiens, Hist. des Rel., n° 1924.

L'abbé Ul. Chevalier cite deux autres éditions, une en 1684 et une à Lyon, en 1702.

10388. — *Vie* De Sainte **Vlphe**, Vierge.

Vies des Saints, par le P. Giry. — Paris, 1683, t. I, col. 441 à 446 ; in-folio.

10389. — Nouvelle Vie de Sainte **Vlphe**, Vierge, Patronne de l'Eglise d'Amiens, suivie de diverses (*sic*) exercices de dévotion en son honneur, Par A. M. D. G. (*le P. Sellier*). — Amiens, Ledien fils, 1841 ; 260 p. in-24 av. carte.

10390. — La Légende de Sainte **Ulphe**, fragment d'une histoire inédite de Boves par A^{te} Janvier. — Amiens, Lemer aîné, 1863; 81 p. in-4°.

10391. — Sainte **Ulphe**, vierge et solitaire au vIII^e siècle, Patronne de la ville d'Amiens et de ses Environs. La renaissance de son culte, à Bussy les Daours, au milieu du xIx^e siècle. Mémoires en forme d'appendice, de 1830 à 1869, dédiés à Mademoiselle Delucheux, vénérable institutrice, à Bussy les Daours, d'une petite congrégation, canoniquement consacrée à sainte Ulphe, selon les prescriptions antiques :

Sainte Ulphe, vierge et solitaire au vIII^e siècle ; 2° La renaissance de son culte, à Bussy les Daours, au milieu du xIx^e siècle; 3° Pièces à l'appui de l'appendice. Dédié à la vénérable demoiselle Delucheux, 16 mai 1869.—Paris, Renouet Maulde, 1869; 73 p. en 4 livr. in-8°.

Pamphlets relatifs à l'interdiction par l'évêque d'Amiens de la chapelle où était établie une congrégation libre dite des Filles de Ste Ulphe.

Bibl. Pinsard.

LA VIE
DE
SAINTE VLPHE
VIERGE,

Patrone de la celebre Abbaïe de NÔTRE-
DAME du PARACLIT, au
Diocese d'Amiens.

A PARIS,
Chez SEBASTIEN HVRE', ruë
S. Iacques, au Cœur-bon.

M. DC. XLVIII.
Auec Priuilege & Approbation.

N° 10384
Grandeur réelle

ELOGE
A LA GLOIRE IMMORTELLE
DE
S. VVALERY

Avec les Oraisons communes, & des trois Festes de l'année.

Traduit en Vers François, au desir des bonnes Ames,
Par Dom Gabriel Brosse Religieux Benedictin.

A PARIS,
De l'Imprimerie de MILLE DE BEAVJEV. 1669.

N° 10406
GRANDEUR RÉELLE

10392. — Sainte **Ulphe**, vierge, par Charles Salmon.

Le Dimanche, 1889, nos 944 à 948; in-8°.

10393. — De S. **Vltano** Abbate Fossis et Peronæ.

Bollandus, Acta Sanct., t. I, mai, p. 118 à 119; in-folio.

10394. — S. **Ultani** Abb. Peronensis elogium historicum.

D'Achery, Acta Sanct., p. 752 à 755; in-folio.

* **10395.** — St **Ultan**.

Ant. Pagi. Critica in Annales Baronii. — Antuerpiæ, 1689, p. 654 à 658; in-folio.

10396. — Saint **Ultan**. Abbé de Fosses et du Mont-Saint-Quentin, par l'Abbé Henri Simon.

Le Dimanche, 1888, n° 877, p. 301 à 306; in-8°.

* **10397.** — Blondin (Adr.). Versus panegyrici in laudem et gloriam S^{rum} **Walarici**, Blitmundi, Vulgarii, Sevoldi et Rithberti. — Rothomagi, 1554; in-4°.

Cité par Ulysse Chevalier.

10398. — Vita S. **Walerici** abbatis, scripta fideliter a qvodam eivs prope æqvali, sed rudi stylo, atque ea causa mutato per F. Laur. Surium.

De prob. Sanct. Vitis... per Surium. — Coloniæ Agrippinæ, t. II, p. 477 à 484; in-folio.

* **10399.** — Salino (Greg.). Vita di S. **Valerico**, abbate, descritta in latino da don Lorenzo Surio. — Torino, 1601; in-8°.

10400. — Gvido eminentissimo S. R. E. Cardinali Bentivolo Monasterii Sancti Vvalerici Abbati dignissimo. Beneficivm a rege christiano Ludovico XIII collatvm grato recolit animo ac posteritati imperpetuum commendat totus Sancti **Vvalarici** Conuentus. Carmen ad Divum Vualaricum ob corporis sui è locis Flandrensibus relationem factam per Hugonem Magnum..; par *Adrien Blondin*. — S. l. n. n., *1642*; 14 p. in-4°.

Bibl. Nat^{le}, Lk7, n° 9072.

10401. — De Sancto Walarico, abbate Levconaensi primo, in pago Picardiæ Vimacensi. Vita a Ragimberto Abbate prope coævo primum scripta. Relatio corporis et miracula.

Bollandus, Acta Sanct., avril, t. I, p. 14 à 30; in-folio.

10402. — Ex vita S. **Walarici** abbatis Leuconaensis, ab Anonymo scripta, qui Sæculo VIII vixit.

Rec. des Hist. des Gaules, t. III, p. 496 et s.; in-folio.

10403. — Ex historia relationis corporis S. **Walarici** abbatis in Monasterium Leuconaense, Auctore Anonymo, sæculo XI.

Rec. des Hist. des Gaules, t. IX, p. 147 à 149; in-folio.

10404. — Eloge de Saint **Valeri** Abbé.

Eloges sacrez... par M. de Cerisiers. — Paris, Angot, 1661, t. XII, p. 111 à 120; in-12.

10405. — Historia relationis corporis S. **Walarici** Abbatis in Monasterium Leuconaense Auctore Anonymo qui sæculo XI vixit.

D'Achery, Acta Sanct., t. VII, p. 546 à 552; in-folio.

10406. — Eloge à la gloire immortelle de S. **Walery**, Avec les Oraisons communes, et ses trois Festes de l'année. Traduit en Vers François, au désir des bonnes Ames, Par Dom Gabriel Brosse, Religieux Bénédictin. — Paris, Mille de Beavjeu, 1669; in-4° de 6 p. n. n. et 28 p. avec portrait gravé par Boudon.

C'est la traduction de la pièce suivante en vers latins qui se trouve aussi dans le volume : Immortali gloriæ tuæ S. Walerice hos versus panegyricos dicat, consecratque tvi regalis monasterii Prior hvmillimvs Domnvs Adrianvs Blondin.

Bibl. Soc. Ant. Pic.

10407. — S. **Valery**, Abbé au pays de Vimeu en Picardie.
Vies des Saints..., par Baillet. — Paris, Roulland, 1704, décembre, col. 194 à 198; in-folio.

10408. — Vita sancti **Walarici** Abbatis Leuconaensis primi, auctore gravi anonymo qui sæculo 8 vixit.
Acta Sanct. Ord. S. Bened. — Venetiis, 1733, t. II, p. 70 à 83; in-folio.

10409. — La vie de Saint **Valery** telle qu'elle a été écrite dans le septième siècle et rapportée dans les Actes de l'Ordre de St Benoist, publiés en 1733, traduite du latin et augmentée de notes, *par le docteur Ravin*. — Abbeville, Boulanger-Vion, 1821; 40 p. in-16.

10410. — Saint **Valery**, par l'abbé P. Hareux.
Le Dimanche, 1887, nos 859 à 861; in-8°.

10411. — Saint **Valery**, moine de Luxeuil et premier abbé de Leuconaus.
Les petits Bolland., t. IV, p. 101 à 111; in-8°.

10412. — Saint **Valery**, abbé.
Les Saints d'Auvergne, par l'abbé Mossier. — Paris, Lethielleux, 1899, t. I, p. 350 à 369; in-8°.

10413. — Société libre d'Agriculture... de l'Eure. Concours de Poésie Lucien Fouché. Pièce de Vers couronnée. Le Miracle de Saint-**Valery**, par Edmond Porcher. — Evreux, Hérissey, 1895; 15 p. in-8°.

10414. — La Vie de St **Vaneng**, Confesseur fondateur de l'Abbaye de Fécan, et Patron de la Ville de Ham en Picardie, *par le P. Ch. Labbé*. — Paris, Delaulne, M.DCC; in-8° de 58 p. n. n. et 298 p.
Bibl. H. Macqueron.

10415. — La Vie de Saint **Vaneng**, Fondateur de l'Abbaye de Fécamp par le P. Christophe Labbé. Précédée d'une Notice historique par Michel Hardy. — Fécamp, Marinier, 1873; XXXVI-36 p. n. n. et 208 p. in-12 av. 2 fig.

10416. — Saint **Waneng**, fondateur de l'Abbaye de Fécamp et patron de Ham en Picardie.
Les petits Bolland., t. II, p. 533 à 536; in-8°.

10417. — Les reliques de Saint-**Vaneng**, patron de Ham, *par l'abbé Corblet*.
Le Vermandois, t. II, 1874, p. 354 à 359; in-8°.

10418. — Saint **Vincent de Paul** et le Diocèse d'Amiens.
Le Dimanche, 1874, t. II, p. 48 à 52 et 65 à 68; in-8°.

10419. — Note sur un manuscrit d'Abbeville attribué au ixe siècle, par A. Van Robais.
Il s'agit du manuscrit de Jonas sur la vie et les miracles de St **Vulfran**.
Cab. hist. Pic. et Art., t. IV, p. 172 à 174 av. 1 pl., in-8° et Bull. Soc. Emul. Abb., 1888-1890, p. 122 à 125.

10420. — Vita S. **Vulfranni** Senonens Archiepiscopi avthore Iona monacho Fontanellensi eius contemporaneo.
De prob Sanct. Vitæ... Laur. Surium. — Col. Agripp., 1578, t. ..., p. 210 à 214; in-folio.

10421. — De S. **Wlfranno** Ep. Senonensi Fontanellæ et Abbavillæ in Gallia. Vita auctore Ionâ monacho Fontanellensi. Historia inventionis cum miraculis Fontanellæ factis. Miracvla varia. Translatio corporis Fontanellâ Abbauillam. Miracvla patrata Abbavillæ.
Bollandus, Acta Sanct., mars, t. III, p. 143 à 164, in-folio.

10422. — Copie dv procez verbal fait par Monseigneur l'Evesque d'Amiens, touchant l'ouverture par luy faite de la chasse où s'est trouué le corps et suaire du grand S. **Wlfran**; *du 21 mai 1662*. — S. l. n. n.; 5 p. in-8°.
Bibl. d'Abbeville.

10423. — La vie de Saint **Wlfran**, Archevesque de Sens, Confesseur.
L'année bénédictine... — Paris, 1667-1673, mars, p. 252 à 265 ; in-4°.

10424. — Vita S. **Wlfranni**, Episcopi Senonensium in Gallia scripta primum a Jona Fontanellensi Monacho, dein ab aliquo alio interpolata.
D'Achery, Acta Sanct., t. III, p. 340 à 364 ; in-folio.

10425. — Ex vita S. **Vulfranni** Episcopi Senonensis, à Jona Monacho Fontanellensi scripta, et ab alio interpolata.
Rec. des Hist. des Gaules, t. III, p. 637 ; in-folio.

10426. — Ex miraculis S. **Vulfranni** Episc. Senon.
Rec. des Hist. des Gaules, t. XI, p. 476 et 477 ; in-folio.

10427. — *Vie* De Saint **Wulfran**, Archevêque de Sens.
Vies des Saints..., par le P. Giry — Paris, 1683, t. I, col. 756 à 760 ; in-folio.

10428. — De saint **Vulfran**, Archevesque de Sens
Abr. de l'Hist. de l'Ord. de S. Benoit, par Dom Bulteau — Paris, 1684, t. II, p. 214 à 220 ; in-4°.

10429. — De Sancto **Vulfrano** Senonensium Archiepiscopo, Frisonum Apostolo, inclytæ et fidelis Urbis Abbavillæ, totiusque Ponthiviensis Comitatus, Patrono meritissimo, Carmen asclepiadeum. *A la fin :* Canelat Claudius Prestau Acolythus Abbavillæus, Quinti ordinis Professor in Grassinæo. — *Paris*, Sevestre, *1688;* 13 p. in-4°.
Bibl. H. Macqueron.

10430. — Saint **Vulfran**, evesque de Sens, patron d'Abbeville
Vies des Saints..., par Baillet. — Paris, Boulland, 1704, mars, col. 262 à 267 ; in-folio.

*** 10431.** — St **Vulfran**.
Kluit. Hist. crit. com. Holland et Zeeland. — Medioburga, 1779, t. I, p. 7 à 18 ; in-4°.

10432. — Eloge de Saint-**Wulfran**, archevêque de Sens, patron de la ville d'Abbeville, prononcé dans l'église paroissiale de ce nom à Abbeville, le dimanche 19 octobre 1806, par F. G. D'Eletoile, prêtre. — *Paris, Hacquart;* 44 p. in-4°.
Bibl. H. Macqueron.

10433. — Panégyrique de Saint **Vulfran**, prêché le 28 mai 1781, dans l'église collégiale du même nom.
Œuv. de l'abbé Bertin. — Paris, Gaume, s. d, t. I, p. 231 à 285 ; in-12.

*** 10434.** — St **Vulfran**.
Duru, Bibl. hist. de l'Yonne, 1850, t. I, p. 171 à 183 ; in-8°.

10435. — Vie de Saint **Vulfran**, Evêque de Sens, traduite sur le manuscrit de Jonas, Moine de Fontenelle, par M. Michel, Curé de la paroisse de St Vulfran à Abbeville. — Abbeville, C. Paillart, *1853;* 173 p. in-18.

10436. — Cantique en l'honneur de saint **Vulfran**, patron d'Abbeville et du Ponthieu. — Abbeville, Paillart, *vers 1853;* 14 p. in-18.

10437. — Abrégé de la Vie et des Miracles de Saint-**Wulfran** Archevêque de Sens et Moine de Fontenelle par Dom Guillaume La Vieille religieux de Saint-Wandrille, extrait avec d'autres pièces normandes du Registre des Chartes et Escriptures du Prieuré de Marcoussis et publié pour la première fois avec une Introduction et des Notes historiques et bibliographiques par l'Abbé Sauvage. — Rouen, Ch. Métérie, 1876 ; LXI-35 p. in-4° av 2 pl.
Cet ouvrage a pour but de nier l'authenticité des reliques de St Vulfran.

*** 10438.** — Glaister (W.). Life and times of S. **Wulfram**, bishop and missionary. — Grantham, London, 1878 ; in-18.

10439. — L'Authenticité des Reliques de Saint **Wulfran** possédées à Abbeville niée par un ecclésiastique du diocèse de Rouen. Réponse à M. l'Abbé Sauvage par Eugène Lefranc. — Paris, Levé, 1890; 51 p. in-16.

10440. — Note sur Saint Vulfran et sur son apostolat en Frise, par Em. Delignières. — Abbeville, C. Paillart, 1890; 9 p. in-8°.

Extr. Bull. Soc. Em. Abb.

10441. — Saint **Wulfran**, archevêque de Sens, apôtre des Frisons, patron d'Abbeville.

Les petits Bolland., t. III, p. 542 à 546; in-8°.

10442. — La Vie de Sainct **Vvlphly**, Confessevr, Patron, Prestre et Cvré de Rve en Ponthiev au Diocese d'Amiens avec l'Histoire du Crucifix miraculeux de la mesme ville, par le P. Simon Martin, Parisien, Religieux de l'Ordre des Minimes. — Paris, Fiacre De hors, M.DC.XXXVI; in-12 de 20 p. n. n. et 208 p.

Bibl. d'Amiens, Hist. des Relig., n° 1860.

* **10443.** — Vie de St **Vlphly**, curé et patron de Ruè, diocèse d'Amiens, par Jacques Brousse. — Paris, 1644; in-12.

10444. — *Vie* De Saint **Vulphi**, confesseur.

Vies des Saints...., par le P. Giry. — Paris, 1683, t. I, col. 1391 à 1394; in-folio.

* **10445.** — Vie de S. **Wlphy**, curé et Patron de la Ville de Rue, par Nicolas François, curé d'Hérissart. — Amiens, veuve Charles Caron-Hubault, 1736; 38 p. in-8°.

Citée par le P. Daire, Hist. de Doullens, p. 164.

10446. — De S. **Wlphlagio** presbytero, Curione Ruensi in Pontivo, Galliæ regione, Commentarius historicus.

Bollandus, Acta Sanct. — Paris, Palmé, 1867, juin, t. V, p. 29 à 34; in-folio.

10447. — Saint **Vulphy**, confesseur, Curé de Rue, par l'abbé Henri Simon.

Le Dimanche, 1887, n°s 857 et 858; in-8°.

10448. — Saint **Vulphy**, patron de Rue, au diocèse d'Amiens.

Les petits Bolland., t. IV, p. 510 à 514; in-8°.

10449. — Le culte de Saint **Wulphy** à Montreuil-sur-Mer, par Aug. Braquehay. — Montreuil-sur-Mer, Imp. N. D. des Prés, 1896; 28 p. in-8°.

10450. — Epitaphium Arsenii, seu Vita venerabilis **Walæ** Abbatis Corbejensis in Gallia, a Paschasio Radperto duobus libris scripta dialogico modo.

D'Achery, Acta Sanct., t. V, p. 431 à 497; in-folio.

10451. — La vie du B. **Vvala**, Abbé de Corbie.

La Monarchie sainte, par le P. M. de St Amable. — Paris, 1707, t. II, p. 346 à 352; in-folio.

* **10452.** — Rodenberg (Carl.). Die vita **Walæ** abs historische Quelle, Inaugurati Dissertation. — Gottingen, 1877; 102 p. in-8°.

10453 — Le Vénérable **Wala**, Abbé de Corbie, par l'abbé Douillet.

Le Dimanche, 1888 et 1889, n°s 913 à 920; in-8°.

CHAPITRE II

ÉVÊQUES D'AMIENS

10454. — Catalogve des **Evesques d'Amiens**. A Monseigneur le Reuerendissime François Le Feure de Caumartin, Euesque d'Amiens. Par M. Adrian de la Morliere, Chanoine de l'Eglise Cathedrale. — Amiens, Iacqves Hvbavlt, M. DC. XXII; 106 p. in-12.

10455. — Ambianenses **Episcopi**.
Gallia Christiana, t. II, p. 90 à 110; in-folio.

10456. — Réponse à M. D. L. R. (de la Roque) sur un mémoire venu d'Amiens, au sujet de quelques cérémonies de la première entrée des **Evêques** de cette ville, par l'abbé Lebœuf.
Rec. de Dissert... par l'abbé Lebœuf. — Paris, 1743, t. III, p. 41 à 55; in-12.

10457. — Liste des **Evêques** d'Amiens.
Dict. des Sc. Ecclés., par le P. Richard. — Paris, Rollin, 1760, t. I, p. 181 à 185; in-folio.

10458. — Histoire des **Evesques** d'Amiens, par M' J. B M. D. S. (de Sachy). — Abbeville, Veuve de Vérité, M.DCC.LXX; in-12 de 6 p. n. n., XI et 280 p.

10459. — Les **Evêques** d'Amiens depuis Saint-Firmin jusqu'à nos jours, 303-1850, par F.-C. Louandre. — Abbeville, T. Jeunet, 1850; 48 p. in-16.

10460. — Armorial des **Evêques** d'Amiens par Arthur Demarsy. — Paris, J. B. Dumoulin, 1865; 16 p. in-8°.
Extr. de la Revue nobiliaire.

10461. — Notices sur les **Evêques** d'Amiens, par Edmond Soyez. — Amiens, Langlois, 1878; XLIX-480 p. in-8°.

* **10462**. — Goni de Peralta (Juan). Vida de S. **Fermin**, obispo y patron de Pamplona. — Megico, 15...

10463. — Panegyricvs de beato **Firmino** habitvs Avreliis in sede sacra D. Petri Pvellarvm idibvs ianvarii anno MDXCVIII ab Andrea Lallemant, Cathol. Iuris studioso. — Avreliis, ex Typographia Saturnini Hotot, 1598; 19 p. in-4°.
Bibl. Nat^le, Ln 27, n° 7588.

* **10464**. — St **Firmin**.
Bosquet, Eccles. Gallic. hist. lib. I. — Parisiis, 1633, p. 146 à 156; in-8°.

* **10465**. — Translatio corporis Sancti **Firmini** Dagoberto I Francorum Rege præcipiente, facta e Piquiniensi Castro in Sandyonisiam Ecclesiam.
Œuv. de Guibert de Nogent, Appendice. — Paris, 1651, p. 567; in-folio.

10466. — Vie De **Saint Firmin**, premier evesque d'Amiens et Martir.
Vies des Saints..., par le P. Giry. — Paris, 1683, t. II, col. 1055 à 1060; in-folio.

10467. — De sancto **Firmino** Belgarum Apostolo, Ambianensium primo Episcopo, et Martyre, Urbis, Diœcesisque totius Patrono meritissimo Carmen, par Claude Prestau. — Ambiani, Ex typ. Viduæ Roberti Hubault, 1668; 27 p. in-4°.
Bibl. d'Abbeville.

10467 bis — Sacerrimæ nobilissimi martyris **Firmini** memoriæ. Vigilantissimo Episcopo Henrico Feydeau de Brou sanctissimi præsulis successori dignissimo. Hymnus. *Signé* : *M. L. C. S. A.* — S. l. n. n. n. d.; 6 p. in-4°.

Bibl. d'Amiens, Théol., n° 1860.

10468. — Integerrimo clarissimo que viro D. D. Firmino Ducrocquet Præsidialis curiæ Ambianensi senatori nec non illustrissimi et nobilissimi præfecti regii in ditionibus Picardiæ, Artesiensi, &c., Subdelegato Ambianorum primario inter ipsa beatissimi Firmini martyris primi Ambianensium Episcopi et diœcesis patroni solemnia, maximo omnium ordinum plausu electo, Epigramma. Trentaniensium odes in laudem S. **Firmini** mart. primi Ambianorum Episcopi et patroni. Offerebat et canebat per ferias Forenses obsequentissimus et addictissimus servus Joannes Baron procurator Ambianus e parochia sancti firmini martiris in castellione. Ann. D. 1698. — S. l. n. n.; 8 p. in-8°.

Bibl. R. de Guyencourt.

10469. — Officium **Sancti Firmini** Martyris et Primi Ambianensium Episcopi Die XXV Septembris. — Parisiis, apud Gregorium Dupuis, MDCC; 94 p. in-16.

Bibl. d'Abbeville.

10470. — S. **Firmin**, premier evesque d'Amiens et Martyr.

Vies des Saints..., par Baillet. — Paris, Roulland, 1704, septembre, col. 325 à 327; in-folio.

10471. — Saint **Firmin**, Evesque et Martyr.

Les Vies des Saints....., par le P. Croiset. — Lyon, 1723, t. II, p. 382 à 385; in-folio.

10472. — Cantique spirituel de la Vie et des Miracles de **Saint-Firmin**, Evesque et Martyr de la Ville d'Amiens, capitale de la Picardie, et fort honoré en la Paroisse d'Haisnes près La Bassée (Pas de Calais), composé en 1725 par Jacques-Joseph Duquesnoy, Curé de cette Commune, *publié par M. de La Fons Mélicocq.*

La Picardie, 1860, t. VI, p. 86 à 93; in-8°.

10473. — Pro sanctissimo Ecclesiæ Pampelonensis Navarreorum protho episcopo **Firmino** deffensorium, ex visceribus sacræ theologiæ tam scholasticæ quam moralis deductum. — S. l. n. n. n. d.; 12 ff. in-folio.

Arch. dép. de la Somme.

10474. — Actas sinceras nuevamente descubiertas de los santos Saturnino Honesto y **Fermin**, apostoles de la Antigua Vasconia (hoy Navarra y sus vecindados) por las cuales se pone en claro il tiempo en que florecieron, y el opisbado de san Fermin. Las da à luz, Las defiende, y las dirige à su patria Pamplona D. Miguel Joseph de Maceda. — Madrid, 1798; 315 p.

10475. — De celeri propagatione Evangelii in universo mundo libri tres, auctore Michaèlo Josepho Maceda presb. accessit Commentarius Bollandianus de **sancto Firmino** episcopo et martyre cum dissertatione ejusdem auctoris de Pampelonensi Episcopatu hujus sancti. — Bononiæ, ex typographia sancti Thomæ Aquinatis, MDCCIIƆ, XI-531 p. in-4°.

Bibl. des Bénéd. de Solesmes.

10476. — Histoire de **Saint-Firmin** Martyr, premier Evêque d'Amiens Patron de la Navarre et des Diocèses d'Amiens et de Pampelune, par Charles Salmon.— Amiens, Alfred Caron, 1861; gr. in-8° de 16 p. n. n., CXXVIII et 523 p. av. 2 pl.

10477. — *Compte-rendu de l'Histoire de St Firmin de Ch. Salmon, par M. Ch. de Linas.*

Rev. de l'Art Chrétien, t. VI, p. 158 à 164; in-8°.

10478. — L'Apostolat de **Saint-Firmin**, 1er Evêque d'Amiens rétabli au IIIe siècle. Discours prononcé à la séance publique du 7 décembre 1863, par M. Ch. Dufour. — Amiens, Lemer aîné, 1864; 28 p. in-8°.

Extr. Mém. Soc. Ant. Pic.

10479. — Recherches sur l'époque de la Prédication de l'Evangile dans les Gaules et en Picardie et sur le temps du Martyre de **Saint Firmin** premier Evêque d'Amiens et de Pampelune par Charles Salmon. — Amiens, Lemer aîné, 1865; 262 p. in-8°.

Extr. Mém. Soc. Ant. Pic.

* **10480.** — Origines chrétiennes de la Gaule et date de S**t** **Firmin** contre Tillemont, MM. Dufour, Tailliar, Salmon, Obanon, etc. Réfutation de M. Am. Thierry sur l'Eglise naissante, ses martyrs, leurs actes, par l'abbé Richard. — 1867; in-8°.

10481. — Origines de la foi chrétienne dans les Gaules et spécialement dans le diocèse d'Amiens, par l'abbé Corblet.

C'est l'étude de la question de l'apostolat de S**t** **Firmin**.

Rev. de l'Art Chrétien, t. XIII, p. 530 à 562 et 593 à 617 et t. XIV, p. 1 à 45.

10482. — **Saint Firmin** martyr, drame chrétien en 5 actes par l'abbé Houllier et Albert Cahon. — Paris, Mendel, 1879; 122 p. in-16.

10483. — Les souvenirs de **saint Firmin** à Pamplona. Lettres à M. J. Garnier par M. l'Abbé J. Corblet.

Mém. Soc. Ant. Pic., t. XXVI, p. 261 à 275; in-8°.

10484. — **Saint Firmin**, Martyr, Premier Evêque d'Amiens, Patron du Diocèse par Charles Salmon.

Le Dimanche, 1887, n°**s** 811 à 814; in-8°.

10485. — Dissertation sur les obscurités historiques relatives à **S. Euloge**, évêque d'Amiens, par M. l'abbé J. Corblet.

Congrès scientif. d'Amiens, p. 486 à 495; in-8°.

10486. — **Saint Euloge**, évêque d'Amiens, par Charles Salmon.

Le Dimanche, 1887, n° 817, p. 141 à 144; in-8°.

10487. — Lettre à un curieux sur des anciens tombeaux qu'on a découverts le 10 janvier 1697, sous le Grand-Autel d'une Eglise qui étoit autrefois l'Eglise Cathédrale d'Amiens, *par Pierre Ponssemothe de l'Etoile*. — S. l. n. n., *1697;* 44 p. in-4° avec 1 pl.

Au sujet de l'endroit où se trouvait le tombeau de S**t** **Firmin le Confesseur**.

Bibl. d'Amiens, Hist. des Relig., n° 2209.

10488. — Ordonnance de Monseigneur l'Evêque d'Amiens, *du 20 juillet 1697*, portant condamnation d'un Ecrit qui a pour titre, Lettre à un Curieux sur des anciens Tombeaux qu'on a découverts, etc. — S. l. n. n.; 4 p. in-4°.

Anc**ne** bibl. de Marsy.

10489. — Dissertation sur le lieu où repose présentement le Corps de **saint Firmin le Confès** troisième Evêque d'Amiens. Dans laquelle on fait voir, que c'est dans l'Eglise des Chanoines Reguliers de saint Acheul lez Amiens qu'il repose et non dans l'Eglise Cathédrale d'Amiens. Par M. Jean Baptiste Thiers. — Liège, Robert Eoppens. M.DC.XCIX; in-12 de 14 p. n. n. et 240 p.

Bibl. H. Macqueron.

Une première édition de cet ouvrage a été imprimée à Lyon, chez Plaignard, en 1695.

Un arrêt du Conseil du 27 avril 1699 a ordonné la suppression de cet écrit.

10490. — Dissertation sur le lieu où repose le corps de **S. Firmin le Confès III**. Evêque d'Amiens, par M**r** J. B. Thiers, Docteur en Théologie, Curé de Vibraye. — Paris, Cl. Thiboust, MDCXCIX; 270 p. in-12.

Bibl. d'Amiens, Hist. des Relig., n° 2208.

10491. — Mémoire sur les **Saints Firmin d'Amiens**.

Biblioth. volante par J. Q. J. D. M. — Amsterdam, 1700, p. 288 à 338; in-18.

10492. — S Firmin dit le Confès, Evêque d'Amiens.

Vies des Saints..., par Baillet. — Paris, Roulland, 1704, septembre, col. 17 à 19 ; in-folio.

10493. — Dissertation sur la translation du corps de St **Firmin le Confesseur**, troisième evêque d'Amiens, où l'on fait voir qu'il est dans l'église Cathédrale d'Amiens contre ce qu'ont écrit l'auteur de la Lettre à un Curieux, et feu M. Thiers. On y prouve aussi que le corps de S. Firmin le Martyr premier Evêque d'Amiens est dans la même église et non pas dans celle de l'abbaye de Saint Denis en France, par M. de Lestocq. — Amiens, C. Caron-Hubault, 1711; 264 p. in-12.

Bibl. d'Amiens, Hist. des Relig., n° 2210.

10494. — Compte rendu de l'ouvrage précédent.

Journal des Savants, année 1712, p. 42 à 46; in-4°.

10495. — L'Ombre de Mr Thiers ou Réponse à la Dissertation de M. Lestocq sur la Translation de **Saint-Firmin le Confesseur**, troisième Evêque d'Amiens. Avec une critique de la Vie de Saint Salve, aussi Evêque de la même Ville, par P. de Ponssemothe de l'Estoile. — Liège, François Bronckart, 1712; in-12 de 6 p. n. n., 170 et 57 p..

Bibl. d'Amiens, Hist. des Relig., n° 2212.

10496. — Compte-rendu de l'ouvrage précédent.

Journal des Savants, 1712, p. 170 à 173 et 193 à 196 ; in-4°.

10497. — Justification de la translation de **S. Firmin le Confesseur** troisième Evêque d'Amiens par Monsieur de Lestocq. — Amiens, Charles Caron-Hubault, MDCCXIV; in-12 de 17 p. n. n. et 243 p.

Bibl. d'Amiens, Hist. des Relig., n° 2210.

10498. — Remarques critiques sur le livre de M. Lestocq Chanoine et Theologal de l'Eglise d'Amiens, qui a pour titre Justification de la Translation de **Saint Firmin Confesseur**, Troisième Evêque d'Amiens. — S. l. n. n., MDCCXIV ; in-12 de 8 p. n. n. et 99 p.

Bibl. d'Amiens, Hist. des Relig., n° 2211.

10499. — Lettre à M*** sur les remarques critiques faites contre les justifications de la Translation de S. **Firmin le Confesseur**, troisième Evêque d'Amiens, par Le Caron, chanoine d'Amiens ; du 30 novembre 1714. — Amiens, Charles Caron-Hubault; 24 p. in-12.

Bibl. d'Amiens, Hist. des Relig., n° 2210.

10500. — Procès-verbal de l'ouverture de la chasse de **Saint Firmin le Confesseur**, faite dans l'Eglise Cathédrale d'Amiens, le 10 janvier 1715. — S. l. n. n. ; 11 p. in-4°.

Bibl. H. Macqueron.

10501. — Mandement de Monseigneur l'Illustrissime et Révérendissime Evêque d'Amiens, sur l'Ouverture de la Châsse de S. **Firmin le Confesseur**, troisième Evêque d'Amiens, faite dans l'Eglise Cathédrale, la vérification des Reliques de ce Saint, le rétablissement de l'Office de sa Translation au 10 de Janvier, et portant condamnation des Libelles qui ont esté publiez pour combatre la vérité de ses Reliques. Du 12 janvier 1715. — Amiens, Charles Caron-Hubault, MDCCXV ; 8 p. in-4°.

Bibl. d'Amiens, Théol., n° 1862.

10502. — Lettre du Chapitre d'Amiens, du 25 janvier 1717, indiquant les controverses auxquelles a donné lieu la question de l'emplacement du tombeau de St **Firmin le Confesseur**. — S. l. n. n.; 3 p. in-4°.

Anc^{ne} Bibl. de Marsy.

10503. — Mandement de Monseigneur l'Illustrissime et Reverendissime Evêque d'Amiens, qui Ordonne que le Caveau où est le prétendu Tombeau de **S. Firmin le Confesseur**, découvert depuis quelques années dans l'église de S. Acheul, soit incessamment fermé ; Et condamne la Vie de ce même S. Firmin écrite par M. Baillet, et en défend la lecture jusqu'à ce qu'elle soit corrigée; *du 2 avril 1715*.— Amiens, Charles Caron-Hubault, M.DCC.XV ; 8 p. in-8°.

Bibl. d'Amiens, Théol., n° 1862.

10504. — Journal des Sçavans de France. 8 Avril 1715. Nouvelles Littéraires d'Amiens. Réflexions sur un acte de 1279, trouvé dans la Chasse de S. **Firmin le Confesseur**. — 6 p. in-4°. pagin. de 17 à 22.

Bibl. d'Amiens, Hist. des Relig., n° 2209.

10505. — Lettre à M··· sur un article du Journal des Sçavans de Paris du Lundi 8 Avril 1715, où il est parlé des Reliques de S. **Firmin le Confesseur**, troisième Evèque d'Amiens, à l'occasion de l'ouverture de la Chasse de ce Saint, faite le 10 Janvier 1715. — Amiens, Charles Caron-Hubault; 12 p. in-4°.

Bibl. H. Macqueron.

10506. — Mandement de Monseigneur l'illustrissime et révérendissime Evèque d'Amiens sur les Reliques de S. **Firmin le Confesseur**; *du 8 août 1715*. — S. l. n n. ; 4 p. in-4°.

Bibl. d'Amiens, Théol., n° 1862.

10507. — Mémoire pour Messire Pierre de Ponssemothe de Lestoille, Prestre, Chanoine Régulier de l'Ordre de Saint-Augustin de la Congrégation de France, Abbé de l'Abbaye de Saint Acheul lès Amiens ; Et les Prestres Religieux Chanoines Réguliers de ladite Abbaye, Appellans comme d'abus. Contre Messire Pierre Sabathier, Evèque d'Amiens, et Maistre Maximilien Filleux, Prestre, Chanoine de l'Eglise d'Amiens, et Promoteur; *du 30 janvier 1716. Signé : Chevallier*. — Paris, Charles Huguier; 16 p. in-8°.

Au sujet des reliques de **St Firmin le Confesseur**.

Bibl. d'Amiens, Hist. des Relig., n° 2209.

10508. — Mémoire pour Mgr l'Evèque d'Amiens, Intimé; Contre Messire Pierre de Poussemothe de l'Etoille, Abbé de S. Acheul, et les Religieux de la même Abbaye, Appellans comme d'abus. Avec l'Arrest du Parlement du 4 Février 1716 qui declare n'y avoir abus, et condamne les appellans en l'amende et aux dépens. — S. l. n. n. n. d.; 11 p. in-4°.

Arch. dép. de la Somme, G, n° 586.

*****10509**. — Cassel (Johann Philipp.). Dissertatio historico-ecclesiastica, qua S. **Firminus** ex diplomate Bremensi illustratur. — Bremen, 1767; in-4°.

10510. — Saint **Firmin le Confesseur**, Evèque d'Amiens, par Charles Salmon.

Le Dimanche, 1887, n°s 815 et 816 ; in-8°.

10511. — De Sancto **Honorato**, episcopo Ambianensis in Gallia.

Bollandus, Acta Sanct., mai, t. III, p. 612 à 616; in-folio.

10512. — St **Honoré**, evesque d'Amiens.

Vies des Saints... par Baillet. — Paris, Roulland, 1704, mai, col. 273 à 274; in-folio.

10513. — Saint **Honoré**, Evèque d'Amiens.

Les Vies des Saints.... par le P. Croizet. — Lyon, 1723, t. I, p. 547 à 552; in-folio.

*****10514**. — St **Honoré**, évèque d'Amiens, patron des boulangers. — Paris, 1857; 11 p. in-16.

10515. — Saint **Honoré**. Légende.

Alm. ann. d'Abb., 1859, p. 46 à 50; in-16.

10516. — Vie de **Saint-Honoré**, Evèque d'Amiens. Publié d'après un manuscrit des Archives de Loir et Cher, par M. Dupré, Conservateur de la Bibliothèque de Blois. — Amiens, Lemer aîné, *vers 1864*; 12 p. in-8°.

Extr. Mém. Soc. Ant. Pic.

10517. — Origine du Patronage liturgique des Boulangers. **Saint-Honoré**. Mémoire lu au Congrès de la Sorbonne

(1869), par M. l'abbé J. Corblet. — Arras, Rousseau-Leroy, 1869 ; 16 p. in-8°.
Extr. Rev. Art. Chrétien.

10518. — La Légende de **Saint-Honoré**, Evêque d'Amiens d'après un manuscrit de la Bibliothèque de M. Victor de Beauvillé, traduit par Hector Josse. — Amiens, Douillet, 1879 ; XVII-76 p. in-12.

10519. — **Saint-Honoré**, Evêque d'Amiens, par Charles Salmon.
Le Dimanche, 1887, n° 820, p. 201 à 206 ; in-8°.

10520. — **Saint Honoré**, Evêque d'Amiens, patron des Boulangers.
Les petits Bollandistes, t. V, p. 575 à 579 ; in-8°.

10521. — Vie de **Saint Honoré**, Evêque d'Amiens Patron de Port, par M. l'Abbé J. Gosselin. — Abbeville, Paillart, s. d. ; 16 p. in-24.

10522. — De S **Salvio** confessore episcopo Ambianensi in Gallia.
Bollandus. Acta Sanct., janvier, t. I, p. 703 à 709 ; in-folio.

10523. — **S. Sauve**, evesque d'Amiens.
Vies des Saints... par Baillet. — Paris, Roulland, 1704, janvier, col. 141 à 142 ; in-folio.

10524. — Vie de St **Salve**.
Hist. litt. de la France, t. VIII, 1747, p. 449 à 451 ; in-4°.

10525. — St **Sauve**.
Ram, Hagiog. belge. — 1864, t. I, p. 138 à 141.

10526. — **Saint Salve**, évêque d'Amiens, par Charles Salmon.
Le Dimanche, 1887, n° 221 à 226 ; in-8°.

10527. — **Saint Berchund**, évêque d'Amiens, par Charles Salmon.
Le Dimanche, 1887, n° 822, p. 242 et s. ; in-8°.

10528. — De B. **Theofrido** Episcopo Ex abbate Corbeiensi primo.
Acta Sanct... d'Achery... — Lutetiæ, 1668, t. II, p. 1039 à 1042 ; in-folio.

10529. — St **Théofroy**.
Vies des Saints de la Franche-Comté. — 1854, t. II, p. 420 à 423.

10530. — **Saint Théofride**, fondateur et 1er abbé de Corbie, évêque d'Amiens, par l'abbé Douillet.
Le Dimanche, 1888, n° 894, p. 137 à 142 ; in-8°.

10531. — **Jessé** Evêque d'Amiens.
Hist. litt. de la France, t. IV, 1738, p. 527 à 529 ; gr. in-4°.

10532. — **Jessé**, *Evêque d'Amiens*.
Hist. des Aut. ecclés..., par Ceillier. — Paris, 1752, t. XVIII, p. 547 à 550 ; in-4°.

10533. — **Gui** Evêque d'Amiens. Histoire de sa vie. Ses écrits.
Hist. litt. de la France, t. VIII, 1747, p. 29 à 32 ; gr. in-4°.

10534. — Vita **S. Godefridi** Episcopi Ambianensis, avthore Nicolao Monacho Svessionensi, eius æquali : cuius tamen dictionem passim mutavit, plerùmque nonnihil contraxit F. Laur. Surius, sola Epistola nuncupatoria prorsùs nihil mutata.
De prob. sanct. hist... per Surium. — Coloniæ Agrippinæ, 1576-1581, t. VI, p. 190 à 225 ; in-folio.

10535. — Eloge de **S. Godefroi**, Evesque.
Eloges sacrez..., par M. de Cerisiers. — Paris, Angot, 1661, t. IX, p. 73 à 82 ; in-12.

10536. — La Vie de **S. Godefroy**, Evesque d'Amiens Ecrite par Nicolas Religieux de Soissons lequel vivoit de son temps, et rapportée par Surius au VIII. jour de Novembre.
Vies de plus. Saints ill.... par M. Arnaud d'Andilly. — Paris, Le Petit, MDCLXV, t. II, p. 266 à 280 ; in-8°.

10537. — La Vie de **S. Godefroy**, Evesque d'Amiens, Confesseur.
L'année bénédictine. — Paris, 1673, novembre, p. 122 à 158 ; in-4°.

10538. — *Vie* De **S. Godefroi**, Evêque d'Amiens.
Vies des Saints..., par le P. Giry. — Paris, 1685, t. II, col. 1509 à 1518 ; in-folio.

10539. — Saint Godefroy ou **Saint Geoffroy**, Evêque d'Amiens.
Vies des Saints..., par Baillet. — Paris, Roulland, 1704, novembre, col. 110 à 117 ; in-folio.

10540. — **S. Godefroy**, Evesque d'Amiens.
Les Vies des Saints..., par le P. Croiset. — Lyon, 1723, t. II, p. 604 à 609 ; in-folio.

10541. — Ex vita S. **Godefridi** Ambianensis Episcopi Auctore Nicolao monacho S. Crispini Suessionensis apud Surium, ad diem 8 novembris.
Rec. des Hist. des Gaules, t. XIV, p. 173 à 181 ; in-folio.

10542. — *Etude sur St Geoffroy.* Discours prononcé par M. Hardouin, Président de la Société des Antiquaires de Picardie, à l'ouverture de la séance publique du 11 juillet 1841.
Mém. Soc. Ant. Pic., t. V, p. 41 à 53 ; in-8°.

10543. — **San Gottofredo**, o Goffredo Vescovo di Amiens, *par Monsignor Emidio Gentilucci.*
Perfetto Legendario. — Roma, 1841, p. 57 à 66 ; in-4° av. 1 pl.

10544. — Essai sur St Geoffroy, Evêque d'Amiens, par M. Guérard. — Amiens, Duval et Herment, 1843; 58 p. in-8°.
Ce travail a paru d'abord dans le t. VI des Mém. de la Soc. des Antiq. de Picardie sous le titre : Notice sur quelques circonstances de la vie de Saint Geoffroy, et sur l'époque de sa mort.

10545. — **Saint Geoffroy**, Evêque d'Amiens, par M. Ch. Salmon.
Le Dimanche, 1887, nos 823 à 825 ; in-8°.

10546. — **Richard de Gerberoy**, Evêque d'Amiens mort en 1220, *par* P. *(Petit Radel).*
Hist. litt. de la France, t. XVII, 1832, p. 70 et 71 ; gr. in-4°.

10547. — **Geoffroy d'Eu**, Evêque d'Amiens. *Signe : P. R. (Petit Radel).*
Hist. litt. de la France, t. XVIII, 1835, p. 145 à 147 ; gr. in-4°.

10548. — Société des Antiquaires de Picardie. Voyage de l'Evêque d'Amiens **Robert de Fouilloy**, envoyé par Louis X en Périgord et en Quercy durant l'année 1316, pour la réformation du pays. Lecture faite par M. Soyez dans la séance du 14 mai 1895. — Amiens, Yvert, 1895 ; 15 p. in-8°.

10549. — Compte des dépenses de l'Evêque d'Amiens envoyé par le Roy en Périgord et Quercy pour la réformation du pays, publié par M. de Bosredon.
Bull. Soc. hist. Périgord, t. XX, p. 215 à 222 ; in-8°.

10550. — Le vrai nom d'un Evêque d'Amiens (**Simon de Gonsans**), par M. Georges Durand.
Bull. Soc. Ant. Pic., t. XVIII, 1891-94, p. 278 à 282 ; in-8°.

10551. — Ioannes **de la Grange** cardinalis Ambianensis Sancti Marcelli.
Gallia purpur...., par Frizon. — Lutetiæ, Le Moine, 1638, p. 406 et 407 ; in-folio.

10552. — Ian **de la Grange**.
Hist. des Cardin..., par Aubery. — Paris, Soly, 1642-1649, t. I, p. 569 à 574 ; in-4°.

10553. — Jean **de la Grange** surnommé de Bovchamage, Président des Aydes à Paris, Conseiller au Parlement, Abbé de Fescamp, Euesque d'Amiens, Cardinal Prestre du Tiltre de Sainct Marcel, puis Euesque de Tusculane.
Hist. des Cardin. Franç., par Duchesne, p. 645 à 649 av. portr. ; in-folio.

10554. — Jean **de Lagrange** dit le Cardinal d'Amiens.
Vies des Hommes illust., par d'Auvigny. — Paris, Le Gras, 1739, t. I, p. 196 à 204 ; in-12.

10555. — La sépulture du Cardinal **de La Grange**, par M. le Comte de Marsy.
Bull. Soc. Ant. Pic., t. XVIII, 1891-94, p. 121 à 125 ; in-8°.

10556. — Le tombeau du Cardinal

de la Grange à Avignon, par M. E. Soyez.

Ibid., p. 125 à 135 ; in-8°.

10557. — Iean **Rolland,** Docteur ès Loix, Euesque d'Amiens, Cardinal Prestre du Tiltre de...

Hist. des Card. Franc., par Duchesne, p. 698 et 699 av. portr. ; in-folio.

10558. — Ioannes le **Ievne** cardinalis Morinensis.

Gallia purpurata.... par Frizon. — Lutetiæ, Le Moine, 1638, p. 484 et 485 ; in-folio.

10559. — Ian **le Jevne**, cardinal.

Hist. gén. des Card. Franç., par Aubery. — Paris, Soly, 1643, t. II, p. 219 à 221 ; in-4°.

10560. — Charles de **Hémard** de Denonville.

Hist. gén. des Card., par Aubery. — Paris, Soly, 1642-1649, t. III, p. 527 à 530 ; in-4°.

10561. — L'argenterie du Cardinal **Hémart** de Denonville, Evêque d'Amiens, 1540, par M. le Baron A. de Calonne.

Bull. Soc. Ant. Pic., t. XII, p. 349 à 352 ; in-8°.

10562. — Nicolavs Cardinalis **de Pellevé.**

Gallia purpur., par Frizon. — Lutetiæ, Le Moine, 1638, p. 635 à 637 ; in-folio.

10563. — Nicolas **de Pellevé.**

Hist. des Cardin. franç., par Aubery. — Paris, Soly, 1642-1649, t. V, p. 416 à 443 ; in-4°.

* 10564. — Consultation de Paris pour la noblesse de Picardie sur le fait de la promotion de quelqu'un en l'evêché d'Amiens, sans le sceau, autorité, consentement ou élection des Estats, mesmement des nobles du pays, par Charles Du Moulin. — S. l., 1563 ; in-4°.

Cette consultation a été donnée contre la nomination du cardinal **de Créquy** qui n'avait point été élu par les trois ordres selon les canons et la pragmatique. Elle se trouve aussi dans les Œuv. de Ch. du Moulin. — Paris, 1631, t. V, p. XLIII et dans les Mémoires de Condé. — Paris, 1743, p. 66.

Bibliog. Dufour, n° 167.

* 10565. — Oraison funèbre prononcée aux obsèques et funérailles de Mgr Antoine, cardinal **de Créquy,** évesque d'Amiens, en l'abbaye de S. Waast de Moreul, par M. Jacques Saguier, Docteur en Theologie et Chanoine d'Amiens. — Paris, Bellot, 1575 ; pet. in-8°.

Catal. Gougy, février 1903 ; P. Lelong, n° 9725.

10566. — Antoine **de Creqvy,** cardinal et évêque d'Amiens.

Hist. des Cardin., par Aubery. — Paris, Soly, 1642-1659, t. V, p. 250 à 261 ; in-4°.

10567. — Odes svr l'hevrevx Advenement et Sacre de Reuerend Pere en Dieu Messire Godefroy **de la Martonie,** Euesque d'Amiens Par Iean des Caurres de Morœul, P D. College d'Amiens. — Paris, Guillaume Chaudière, 1577 ; 20 p. in-4°.

Bibl. d'Amiens, B.-Lett., n° 1347.

10568. — Arrest contre Messire Geoffroy **de la Martonnie,** Euesque d'Amiens. Extrait des Registres de Parlement. Du Samedy, neufième Iuillet 1594.

Lib. de l'Eglise gallicane. — Paris, Cramoisy, 1751, p. 329 et 330 ; in-folio.

Il a été fait un tirage à part en 3 p. in-4°.

10569. — Un portrait de l'Evêque d'Amiens Geoffroy **de la Martonie,** par H. Dusevel.

La Picardie, t. XVIII, 1893, p. 289 à 295 ; in-4°.

10570. — Ode à Monseigneur **Faure,** *evêque* d'Amiens sur son premier Synode General. *Signé* : Carneav, curé de Coullemelle. — S l. n. n. n. d.; 8 p. in-12.

Bibl. d'Amiens, B.-Lett., n° 1611.

* 10571. — Factum du procès pendant au Parlement de Rouen contre Messire François **Faure,** contre les héritiers de son prédécesseur. 1658.

Hist. de Mgr Faure, par Pouy, ch. VI, n° 12 *bis.*

* 10572. — Premier extraordinaire

ODES
SVR L'HEVREVX
ADVENEMENT ET SACRE DE
Reuerend Pere en Dieu Meſſire Godefroy
de la Martonie, Eueſque d'Amiens.

Par Iean des Caurres de Morœul, P. D. College d'Amiens.

Horat. 4. Od.
La Muſe aux bons ſaulue la vie,
La Muſe l'homme deifie.

A PARIS,
Chez Guillaume Chaudiere, rue ſainct Iaques, à l'enſeigne du
Temps, & de l'Homme ſauuage.
1 5 7 7.

Nº 10567

GRANDEUR RÉELLE

de l'evêque de cour, touchant la domination épiscopale exercée dans le diocèse d'Amiens. Mémoire des concussions simoniaques et autres excez et violences qui se commettent par M. l'Evêque d'Amiens (**Faure**), dans le gouvernement de son diocèse, où l'on voit jusqu'où les evesques de cour portent l'hérésie de la domination épiscopale, et l'abomination de la désolation séante dans le lieu saint, selon qu'elle a été publiée par le prophète Daniel, afin que celui qui en lit le récit avec intelligence la puisse reconnaître et la détester. Le tout envoyé à l'abbé Vérité par un ecclésiastique du diocèse d'Amiens. — S. l. n. n., 1674; in-4°.

Autre édition : Cologne, 1675 ; in-12.

Histoire de M⁹ʳ Faure, par Pouy, ch. III.

10573. — L'Evesque de Covr opposé à l'Evesque Apostolique. Premier entretien sur l'Ordonnance de Monsieur l'Evêque d'Amiens (**Faure**) contre la Traduction du Nouveau Testament en Français, Imprimée à Mons, *par M. Lenoir, archidiacre de Séez.* — A Cologne, M.DC.LXXIV. *A la suite :* Second entretien où l'on fait voir... M DC.LXXIV; 240 p. in-12.

Bibl d'Amiens, Théol., n° 7086.

10574. — Troisième entretien. — Cologne, MDCLXXV; 160 p. in-12.
Ibid.

10575. — Quatrième entretien. — Cologne, MDCLXXV; 156 p. in-12.
Ibid.

10576. — Cinquième entretien. — Cologne, MDCLXXV; 135 p. in-12.
Ibid.

10577. — Illvstrissimo Ambianensium Episcopo Francisco **Faure**, cum per adventum ipse in templo suo quotidie concionaretur Eucharisticon, *par J. D. S. J.* — Ambiani, Le Bel, M.DC.LXXXI; 8 p. in-4°.

Bibl. d'Amiens, Théol., n° 1858.

10578. — Memoire de la Vie de Messire François **Faure**, Evesque d'Amiens ecrite par luy même du 3 Aoust 1668. Autre Memoire de la Vie de Messire François Faure, Evesque d'Amiens écrite du 11 May 1687 jour de sa mort. — S. l. n n. n. d.; 20 p. in-4°.

Bibl. d'Abbeville.

10579. — *Epitaphe sur l'endroit où est placé le cœur de M⁹ʳ* **Faure**, *par F. P. le Franc, Docteur et Gardien de Paris.* — S. l. n. n. n. d. ; 1 p. in-folio.

Bibl. d'Abbeville.

10580. — Histoire de François **Faure**, Evêque d'Amiens, Prédicateur de la Reine Anne d'Autriche et des Cours de Louis XIII et de Louis XIV, Conseiller d'Etat, etc., d'après divers documents inédits, 1612-1687, par F. Pouy. — Amiens, Douillet, 1876; 173 p. in-8° av. portr.

Extr. Mém. Soc. Ant. Pic.

10581. — Insigni Ecclesiæ Ambianensi cum illustrissimus D. D. Henricus Josephus **Feydeau de Brou** regi ab Eleemosynis, in sacra facultate parisiensi doctor theologus, Ambianensium Episcopus designatus est Carmen Asclepiadeum. Canebat Claudius Prestau, Acolythus Abbavillæus, Quinti Ordinis Professor in Grassinæo. — Parisiis, Franc. le Cointe, 1687; 4 p. in-4°.

Bibl. d'Abbeville.

10582. — Illustrissimo Ecclesiæ Principi Henrico **Feydeau de Brou**, Ambianensium Episcopo designato, Regi ab omnibus consiliis, Carmen nuncupatorium — S. l. n. n., 1687; 4 p. in-4°.

Bibl. d'Abbeville.

10583. — Illustrissimo Ecclesiæ Principi Henrico **Feydeau de Brou** Ambianensium Episcopo in solemni ejus inauguratione, *par L. Debailly.* — S. l. n. n., *1687*; 8 p. in 4°

Bibl. de Beauvillé.

10584. — Illustrissimo Ecclesiæ Principi Henrico **Feydeau de Brou**, Ambianensium Episcopo designato, Regi ab omnibus consiliis, Carmen nuncupatorium. Canebat et offerebat Claudivs Prestav, Acolythus Abbavillæus, anno reparatæ salutis M.DC.LXXXVIII. — Ambiani, Ex typographiâ Viduæ Roberti Hubault; 27 p. in-4°.

Bibl. H. Macqueron.

10585. — Illustrissimo Ecclesiæ Principi Domino D. Henrico **Feydeau de Brou**, Ambianensium Episcopo, Poema. *Signé* : Vincentius Couture, Pastor de Cerisy. — Ambiani, G. le Bel; MDCXCII; 26 p. in-°4.

Bibl. d'Amiens, Théol., n° 1860.

10586. — *Epitaphe en vers latins pour M*^{gr} **Feydeau de Brou**. — S. l. n. n. n. d.; 1 p. in-4°.

Ibid., Théol., n° 1860.

10587. — Piæ memoriæ illustrissimi Ecclesiæ Principis D. Henrici **Feydeau de Brou** Ambianensis Episcopi, Regi a consiliis et eleemosynis. Ode. Canebat Petrus Pestel, Eloquentiæ Professor, in Cardinalitio. — Parisiis, apud Jacobum Quillau, MDCCVI ; 4 p. in-4°.

Ibid., Théol., n° 1860.

10588. — Epistre de l'Eglise d'Amiens à Monseigneur Pierre **Sabatier**, nommé par Sa Majesté à l'Eveché de cette Ville. — Paris, L. Sevestre, MDCCVII; in-4°.

Pièce en vers français par le P. Ch. Merlin et en vers latins par le P. de Longueval, tous deux de la compagnie de Jésus.

Ibid.

10589. — Lettre de l'Eglise d'Amiens à Monseigneur l'Illustrissime et Reverendissime Pierre **Sabatier** son Evesque nommé. Imitation des Vers Latins du R. P. de Longueval, Jésuite, *par le P. Firmin de S. Gabriel, Carme Déchaussé*. — Amiens, Charles Caron-Hubault, MDCCVII ; 15 p. petit in-4°.

Bibl. Soc. Ant. Pic.

10590. — Epitre de l'Eglise d'Amiens à Monseigneur l'Illustrissime et Reverendissime Pierre **Sabatier**, son Evesque nommé. Imitation des Vers Latins du R. P. de Longueval, Jésuite, *par le Père André, Célestin.* — Amiens, Charles Caron-Hubault, MDCCVII ; 15 p. pet. in-4°.

Ibid.

10591. — Les Réjouissances de la Ville et Diocèse d'Amiens, à l'arrivée de Monseigneur l'Illustrissime et Reverendissime Pierre **Sabatier**, Evêque d'Amiens, en vers latins et françois Composez par le P. Firmin de S. Gabriel, Carme Déchaussé du Convent d'Amiens. — Amiens, Charles Caron-Hubault, 1707; 23 p. petit in-4°.

Ibid.

10592. In laudem illustrissimi et reverendissimi Domini Petri **Sabatier** Episcopi Ecclesia Ambianensis respondit vicinis Ecclesiis quærentibus. Qualis est Dilectus tuus ? Canebat per Ferias Pentecostes Joannes Baron Procurator Ambianus. — S. l. n. n. n. d.; 3 p. in-8°.

Bibl. d'Amiens, Théol., n° 1862.

10593. — Illustrissimo Ecclesiæ Principi D. D. Petro **Sabatier** Ambianorum Episcopo Ode. Canebat Ludovicus Jante, S. Sulpitii Parochus in Vicoquem dicunt vernaculé Mesnil les Domqueur. — S. l. n. n. n. d.; 4 p. in-4°.

Ibid.

10594. — Lettre contenant un récit abrégé de la vie sainte et de la mort édifiante de Reverendissime Pere en Dieu Monseigneur de **Sabatier**, Evêque d'Amiens, Décédé à Amiens le 20 Janvier 1733. — Amiens, Charles Caron-Hubault, MDCCXXXIII ; 35 p. in-4°.

Bibl. van Robais.

10595. — Mort de M⁰ʳ **Sabatier**, évêque d'Amiens.
La Picardie, t. VII, 1861, p. 125 et 126 ; in-8°.

10596. — Lettres spirituelles de feu Messire Louis-François-Gabriel d'Orléans **de la Motte**, Evêque d'Amiens, *recueillies par M. l'abbé Dargnies.* — Paris, Ch. P. Berton, 1787; XII-394 p. in-12.

10597. — Lettres spirituelles..... *Compte-rendu de l'ouvrage précédent.*
L'Année Littéraire, 1777, t. II, p. 237 à 248.

10598. — *Correspondance relative aux Lettres spirituelles de M⁰ʳ de la Motte, éditées par l'abbé Dargnies.*
Nouv. Ecclés., 17 avril 1778 : 4 p. in-4°.

10599. — Mémoires en forme de lettres pour servir à l'histoire de la vie de feu Messire Louis-François-Gabriel d'Orléans **de la Motte**, Evêque d'Amiens, *par M. l'abbé Dargnies.* Seconde édition, revue et corrigée. — Malines, P. J. Hanicq, 1785; 2 vol. in-8° de XXIV-282 p. et 402 p. av. portr.
Nous n'avons pu retrouver la première édition parue la même année chez le même éditeur.

10600 — La vie de feu Messire Louis-François-Gabriel d'Orléans **de la Motte**, Evêque d'Amiens. Dédiée à M⁰ʳ l'Archevêque de Sens: par M. l'Abbé Proyart.— Amiens, Fr. Caron-Berquier, MDCCLXXXVIII ; in-12 de 4 p. n. n., 338 p. et 3 p. n. n.
Cet ouvrage a eu de très nombreuses éditions : la Bibliothèque nationale possède, en sus de celle ci-dessus indiquée, les suivantes :

Toulouse, Deladoure, 1821 ; in-12.
Paris, Société catholique des bons livres, 1828 ; in-12.
Lille, Lefort, 1830 ; in-12.
Paris, Saintin et Thomine, 1838 ; in-12.
Lille, Lefort, 1839 ; in-12.
Paris, Ardant, 1841 ; in-12.
Lyon, Perisse, 1844 ; in-12.
Paris, Ardant, 1846 ; in-12.
Lille, Lefort, 1849 ; in-12.
Lyon, Perisse, 1850 ; in-12.
Lille, Lefort, 1852 ; in-12.
Limoges, Ardant, 1855 ; in-12.
Lille, Lefort, 1859 ; in-12.
Limoges, Ardant, 1859, 1860 et 1862 ; in-18.
Lyon, Perisse, 1862 ; in-12.
Lille, Lefort, 1865 ; in-12.

10601. — Eloge de M. d'Orléans **de Lamotte**, Evêque d'Amiens suivi de notes historiques par M. N. S. Guillon, discours qui a remporté le prix à l'Académie des Sciences et Belles-Lettres d'Amiens, en 1809. — Paris, Arthur Bertrand, 1809 ; 54 p. in-12.
Bibl. d'Amiens, Hist. des Relig., n° 2013.

10602. — Mémoires en forme de lettres sur Monseigneur Louis-François-Gabriel d'Orléans **de la Motte**, Evêque d'Amiens, par M. l'abbé Dargnies, vicaire-général d'Amiens. — Paris, Debécourt, 1835 ; 3 vol. in-12 de IV-232, 223 et 243 p.
Il en a paru une autre édition en 2 vol. in-8° à Toulouse, chez G. M. Corne, 1837.

* **10603.** — Tableau d'une vraie religieuse, où l'on trouve les avis de M. D'Orléans **de Lamotte**, évêque d'Amiens. Ouvrage utile aux directeurs de religieuses, aux religieuses et à celles qui veulent l'être. — Lyon, Pélagaud, 1864 ; in-12.

10604. — Histoire de M. **de la Motte**, évêque d'Amiens par l'abbé Delgove.— Paris, Bray et Retaux, 1872 ; XI-631 p. in-8°.

10605. — Louis-François-Gabriel d'Orléans. **de la Motte**, Evêque d'Amiens (1683-1774), par Charles-Salmon. — Amiens, Hecquet-Décobert, 1884 ; 136 p. in-8°.

10606. — Compendio della vita di Monsignore Luigi d'Orléans **de la Motte** Vescovo d'Amiens, per l'ab. Bernardo Morsolin. — Vicenza, Tip S. Giuseppo, 1888 ; 112 p. in-8° av. port.

10607. — In inaugurationem illustrissimi ac reverendissimi D. D. de **Machault** Ecclesiæ Ambianensis Coadjutoris. Ode. *Signé : Franciscus Magniez, Rhetorices Alumnus.* — Ambiani, apud viduam Godart, MDCCLXXII ; 6 p. in-12.
Bibl. H. Macqueron.

10608. — Le nouveau Luther confondu ou Lettre à M. **Desbois de Rochefort**, Curé de Saint-André-des-Arcs, de Paris et Evêque intrus d'Amiens par un Curé du Diocèse d'Amiens. — Paris, Guerbart, 1791 ; 22 p. in-8°.
Bibl. de Bonnault.

10609. — Hommage rendu à la vérité sur la Tombe de feu Messire Eléonore-Marie **Desbois de Rochefort**, Docteur de la Maison et Société de Sorbonne, ancien Evêque d'Amiens, le Lundi 7 Septembre 1807, au moment même de l'Inhumation dans le Cimetière de Montmartre par M. G. Mauviel, ancien Evêque de Saint-Domingue. — Paris, Farge, 1807 ; 30 p. in-8°.
Ancne Bibl. de l'Abbé Roze.

10610. — Acte de prise de possession de l'Evêché d'Amiens, *par* Mgr **Villaret** ; *du 11 juillet 1802.* — Amiens, Maisnel fils ; 11 p. in-4°.

10611. — Cérémonie de l'installation de Mr l'Evêque d'Amiens, *le 20 messidor an X.* — Amiens, Maisnel fils ; plac. in-folio.
Ancne Bibl. de l'Abbé Roze.
Autre édition en 7 p. in-4°.

10612. — Précis de la vie de Mgr de **Bombelles**, Evêque d'Amiens, *par Alissan de Chazet*. Extrait du Journal des Débats. — Amiens, Caron-Vitet ; 2 p. in-8°.

10613. — Discours adressé à Mgr de **Bombelles**, Evêque d'Amiens au moment de son intronisation le 14 octobre 1819, par M. l'abbé Clausel de-Coussergues, Vicaire général du Diocèse. — Amiens, Caron-Duquenne ; 4 p. in-8°.

10614. — Mémoire sur Mgr **de Bombelles**, Evêque d'Amiens par M. l'abbé Duneufgermain, curé de Framerville de 1857 à 1875 (Ouvrage posthume). — Amiens, Delattre-Lenoel, 1877 ; VI-221 p. in-8°.

10615. — Réception solennelle et Installation de Monseigneur Jean-Pierre Gallien **de Chabons**, Evêque d'Amiens, Premier Aumônier de S. A. R. Madame Duchesse de Berry (Le 11 Décembre 1822). Discours adressé à Mgr l'Evêque par l'abbé Clausel de-Coussergues, Vicaire général d'Amiens. — Amiens, Caron-Duquenne ; 3 p. in-4°.

10616. — *Compliment fait par le chanoine Rose a* Mgr **de Chabons**, *lors de sa mise en possession personnelle, le 11 décembre 1822.* — Amiens, Caron-Vitet ; 3 p. in-4°.

10617. — Extrait du Glaneur du 3 Novembre 1838. Nécrologie. (Mgr **de Chabons**). — Amiens, Duval et Herment ; 4 p. in-8°.

10618. — Vie de Mgr **Mioland**, Archevêque de Toulouse Evêque d'Amiens, et premier Supérieur des Missionnaires de Lyon, par M. l'Abbé Desgeorge. — Lyon, Josserand, 1871 ; XIV-VIII-519 p. in-8° av. portr.

10619. — Mgr **de Salinis**, par G. Le Vavasseur.
La Picardie, 1861, t. VII, p. 76 à 88 ; in-8°.

10620. — Discours prononcé dans l'Eglise Cathédrale d'Amiens, par Mgr l'Evêque de Beauvais, Noyon et Senlis au service solennel célébré pour le repos de l'âme de Monseigneur Antoine **de Salinis**, Archevêque d'Auch, ancien

Evêque d'Amiens, le 28 février 1861.— Beauvais, Desjardins, 1861 ; 27 p. in-8°.

10621 — Vie de Monseigneur **de Salinis**, Evêque d'Amiens, Archevêque d'Auch, par M. l'Abbé de Ladoue. — Paris, Tolba et Haton, 1864 ; IV-532 p. in-8°.

10622. — Monseigneur **de Salinis**, Evêque d'Amiens, Archev. d'Auch. 1798-1861.
Les Grands Evêq. de France au XIX° siècle, par Mgr Ricard. — Lille, t. I, p. 211 à 237 ; in-8° av. portr.

10623. — Monseigneur **Boudinet** Evêque d'Amiens. Notes et documents publiés par les soins de Mr l'abbé Fallières, son vicaire général. — Amiens, Lenoel-Herouart, 1873 ; 148 p. in-12. av. portr.

10624. — Allocution sur la Tombe de Mgr **Boudinet**, Evêque d'Amiens, prononcée à ses Obsèques par Mgr l'Archevêque de Reims le 8 Avril 1873. — Reims, 1873 ; 8 p. in-8°.

10625. — Biographie de Mgr **Bataille**, évêque d'Amiens par l'abbé A. Houllier. — Amiens, Delattre-Lenoel, 1879 ; 11-152 p. in-12 av. portr.

10626. — Derniers moments de Mgr **Bataille**, par M Ch. Salmon.
Le Dimanche, n°s 415 et 416 ; in-8°.

10627. — Cathédrale d'Amiens. Ordre de la Cérémonie des Funérailles de Sa Grandeur Illustrissime et Révérendissime Mgr Louis-Désiré **Bataille**, Evêque d'Amiens. — Amiens, Delattre-Lenoel, 1879 ; 15 p. in-8°.

10628. — Oraison funèbre de Monseigneur **Bataille**, Evêque d'Amiens prononcée par Monseigneur l'Evêque d'Angers dans la Cathédrale d'Amiens le 22 juillet 1879. — Angers, Germain et Grassin, 1879 ; 34 p. in-8°.

10629. — Vie et écrits de Mgr **Jacquenet**, évêque d'Amiens par le F. Paul de Picquigny de l'Ordre des Minimes.—Amiens, s. n , 1884 ; 73 p. in-8°.

10630. — La Chronique diocésaine par un Rédacteur du Progrès de la Somme. Préface, par Francis François. M. **Jacquenet**, Evêque d'Amiens, sa politique, ses antécédents, son passé, ses actes. — Amiens, Société du Progrès de la Somme, 1886 ; 192 p. in-12 en 8 fascic

10631. — Notes pour servir à l'histoire ecclésiastique du diocèse d'Amiens par le Vidame de Picquigny. I.-*Pamphlet contre l'administration de Mgr **Jacquenet**.* — Amiens, Hecquet, *1890 ;* 33 p. in-18.

10632. — Eloge funèbre de Mgr **Jacquenet**, Evêque d'Amiens, prononcé dans la Cathédrale le jour de ses Funérailles le 8 Mars 1892, par Mgr Sourrieu, Evêque de Châlons.—Amiens, Piteux, 1892 ; 12 p. in-8°.

CHAPITRE III

GÉNÉALOGIES DES FAMILLES NOBLES. — BLASON

10633. — Recveil de plvsievrs **nobles et illvstres Maisons** vivantes et esteintes, en l'estendüe du Diocèse d'Amiens, et à l'enuiron, des Alliances et vertueux actes des Seigneurs, et des Abbayes, Prieurez et Eglises Collegiales par eux fondees. En suite des Antiquitez d'Amiens. Dédié à haut et genereux Seigneur M Monsieur Henry-Louys d'Ailly, Vidame d'Amiens, Par M. Adrian de la Morlière, Chanoine de l'Eglise Cathédrale d'Amiens. — A Amiens, chez Iacqves Hvbault, M.DC.XXX ; 293 p. in-4°.

Il y a eu une autre édition de cet ouvrage portant identiquement le même titre, mais sans la mention de suite des Antiquités d'Amiens, et sans la dédicace. — Paris, Sébastien Cramoisy, M.DCXLII ; in-folio de 4 p. n. n. et 442 p.
Cette édition quoiqu'ayant une pagination spéciale se trouve toujours à la suite de l'édition in-folio des Antiquités d'Amiens du même auteur. A la suite de la table sont un armorial et quelques pièces en vers et en prose sous le titre général : Bannissement volontaire et spirituel dv pechevr.

*10634.** — Les **Blasons généalogiques** de Picardie, par Nicolas Jouvet, chanoine de Laon. — 1680 ; in-4°.

Cité par Dufour au n° 169 de la Bibliogr. pic. ; au n° 2894 de la Bibl. hérald. de la France, Guignard ajoute : le P. Lelong dit que le plan seul de cet ouvrage a paru.

10635. — A Monseigneur Armand de Béthune duc de Charost, pair de France. *Prospectus du Nobiliaire d'***Haudicquier de Blancourt.** — S. l. n. n. n. d. ; 6 p. in-4°.

Anc^{ne} Bibl. de Marsy.

10636. — Nobiliaire de Picardie contenant les Generalitez d'Amiens, de Soissons, Pays Reconquis et partie de l'Election de Beauvais. Le tout justifié conformément aux Iugemens rendus en faveur des Nobles de la Province : tant par les Arrests du Conseil et de la Cour des Aydes, que par les Ordonnances de Mrs les Intendans. Ensemble l'Estat Ecclesiastique, Gouverneurs de Provinces, Païs, Villes et Citadelles, Lieutenans Generaux, et Lieutenans de Roy des mêmes lieux ; Intendans, et Officiers de Judicature de la Province. Dressé sur les mêmes Iugemens, et sur plusieurs Chartes d'Eglises, Histoires, Chroniques, Titres, Epitaphes, Registres et Memoriaux du Parlement, de la Chambre des Comptes, et de la Cour des Aydes. Par Mr **Haudicquer de Blancourt.** — Paris, Robert Jean Baptiste de la Caille, M.DC.XCIII ; in-4° de 8 p. n. n., 578 p. et 28 p. n n.

Il existe une autre édition portant identiquement le même titre sauf la variante suivante.....
Chroniques, Titres et autres Monuments publics. — Paris, Jean Jombert, M.DC.XCV. Le titre seul et le nom de l'éditeur varient : l'impression et le nombre de pages sont les mêmes.
Enfin nous avons trouvé mention dans un catalogue de librairie d'une autre édition Paris, Ch. Osmont, 1699 : in-4°
Ce célèbre ouvrage a été supprimé et son auteur condamné aux galères pour les faussetés insignes qui y sont contenues. Le P. Lelong dit qu'un exemplaire complet doit avoir après la généalogie de la famille Faquet, p. 185, les généalogies des familles Failly, Famechon, Favier et Fauvilliers. Les nombreux exemplaires qui nous ont passé sous les yeux contiennent tous ces quatre généalogies.

10637. — Note sur un Exemplaire du Nobiliaire de Picardie par **Haudicquer de Blancourt**, annoté par Pierre

RECVEIL DE PLVSIEVRS NOBLES ET ILLVSTRES MAISONS

VIVANTES ET ESTEINTES,

en l'estenduë du Diocese d'Amiens, & à l'enuiron, des Alliances & vertueux actes des Seigneurs, & des Abbayes, Prieurez & Eglises Collegiales par eux fondées.

En suite des Antiquitez d'Amiens.

DEDIE A HAUT ET GENEREUX

Seigneur M. Monsieur Henry-Louys d'Ailly,
Vidame d'Amiens.

Par M. ADRIAN DE LA MORLIERE, Chanoine de l'Eglise Cathedrale d'Amiens.

A AMIENS,

Chez IACQVES HVBAVLT, Imprimeur & Libraire, demeurant deuant le beau Puits.

M. DC. XXX.
Auec Permission.

N° 10633
GRANDEUR RÉELLE

d'Hozier, par M⁺ Léopold de Bracquemont.

Bull. Soc. Ant. Pic., t XI, p. 125 à 129; in-8°.

10638. — Nobiliaire de Picardie, Généralité d'Amiens, contenant l'extrait des titres et généalogies produits devant M. Bignon, intendant de cette généralité : avec les jugements rendus par lui et depuis par M. de Bernage, son successeur, jusqu'en 1716, en vertu de la déclaration du roi du 4 septembre 1696. Le tout recueilli par Nicolas de **Villiers,** sieur de **Rousseville,** procureur du roi en la commission pour la recherche de la noblesse en Picardie. — Grand in-folio

Cet ouvrage n'a pas de titre : celui que nous donnons plus haut est tiré du catalogue de la librairie Schlesinger, de février 1876 ; une mention que nous trouvons dans un autre catalogue de librairie porte qu'il aurait été imprimé à Amiens de 1708 à 1717, par Pierre Morgant-Warwillier.
Ce Nobiliaire se compose de feuilles détachées, et presque tous les exemplaires en contiennent un nombre différent. Les plus complets paraissent d'après Brunet avoir 453 feuillets. L'exemplaire de la Bibliothèque d'Amiens en compte 451; celui de la Bibliothèque d'Abbeville, 445, celui de ma Bibliothèque, 452.

10639. — Extraict des Registres du Conseil d'Estat. *Arrêt, du 5 avril 1707, maintenant le S⁺ de* **Rousseville,** *dans la recherche de la Noblesse de Picardie.* — S. l. n. n.; 2 p. in-4°.

Bibl. Cosserat.

10640. — Le Grand Dictionnaire historique... par Louis **Moreri** ; dix-huitième édition. — Amsterdam, 1740; in-folio.

Cet ouvrage renferme des **articles généalogiques** d'une certaine étendue sur les familles picardes suivantes : Ailly, Albert ducs de Chaulnes, Aumale seigneurs de Nesle, Belleforière, du Biez seigneurs de Bécourt et Ignaucourt, Boufflers, Bournel, Créquy-Canaples, Croy, Le Fèvre de Caumartin, Gamaches, Gouffier seigneurs de Thoix et Heilly, Hangest, Mailly, Monchy, Moreuil, Poix, Quieret, Raineval, Rambures, Roucy de Roye, Roye, Rubempré, Soyecourt.

10641. — Dictionnaire de la Noblesse par M. de **la Chesnaye des Bois.** — Paris, Duchesne, Boudot, 1770-1778 ; 12 vol. in-4°

Cet ouvrage renferme des notices sur les familles picardes suivantes : T. I. Ailly, Albert de Luynes, branche des Ducs de Chaulnes, Amerval, Bainast. — T. II. Bery, Bethisy de Mezières, Biencour, Blottefière, Boues, Boufflers. — T. III. Bournel, Caboche, Cambray, Carvoisin. — T. IV. Cayeu, Chaulnes. — T. V. Cottin, Creseques. — T. VI. Estourmel, Favières du Fay d'Athies, La Ferté, Feuquières, Le Fèvre de Caumartin, Flecelles, Folleville, Fontaines, Foucques, Fransure. — T. VII. Gaillard de Boencourt, du Gard, de Gomer, Goussencourt, Gribauval, Grouches, Hallencourt, Hallwin, Ham, Hamel, Hangest, Hannique, Hardenthun, Haucourt, Haudicquer, Haudoue. — T. VIII. Hennencourt, Hertes, Hervilly, de la Houssoie, Jambourg, Jumelles, Lameth, Lamiré, Lebel, Lesperon, Lespine, Lestocq. — T. IX. de Lisques, Louvel, Louvencourt, Mailly, Manessier, Mareuil, Massue, Matiffas. — T. X. Mérélessart, Mesnil, Mithon, Monchy, Mons, Monthomer, Morel, Morvilliers, Motte de Ville. — T. XI. Offoy, Picquigny, Péronne, Phelippes, Picquet, Pingré, Pisseleu, Poix-Créquy, Ponthieu, Querieu, du Quesnel, Le Quieu, Raineval. — T. XII. Remiencourt, Biencourt, Roye, Chocquart de St Etienne, Saisseval.

10642. — Recueil de Généalogies pour servir de suite au Dictionnaire de la Noblesse, *par* **La Chesnaye des Bois.** — Paris, Lamy et Badier, 1783 ; in-4°.

Ce volume renferme les généalogies des familles suivantes : Abancourt, Lebouch⁺r d'Ailly, Badiez, Grouches de Chepy, de Hangest, Quierret, Biencourt, Saoson.

10643. — Nobiliaires généraux des provinces de France ou Recueil des jugements souverains de Noblesse rendus par les intendants..... Picardie, Généralité d'Amiens. — Paris, Béthune, 1829; 6,90 et 4 p. in-8°

Annexe du T. II des Archiv. généal. de la Noblesse, par **Lainé.**

10644 — Familles illustres de Picardie, par A. **Goze.** — Amiens, Caron-Vitet, s. d.; 16 p. in-8°.

Extr. des Arch. de Picardie, 1842.

10645. — Noblesse et Chevalerie du Comté de Flandre, d'Artois et de Picardie, publié par P. **Roger.** — Amiens, Duval et Herment, 1843; gr. in-8° de 400 p. av. frontisp. et 11 pl. d'armoiries.

10646. — Notices sur quelques familles d'ancienne noblesse originaires de Picardie et d'Artois.
<small>Bibl. hist. Pic. et Art, par **Roger,** p. 249 et s.; gr. in-8°.</small>

10647. — Blason. Utilité de cette science pour l'étude de l'archéologie nationale *ou plutôt Notice sur les* **blasons picards,** *par M. Goze.*
<small>Annal. archéol., t. I, 1844, p. 222 à 227; in-8°.</small>

10648. — Princes et Chevaliers de Picardie et d'Artois dont les **blasons** sont placés dans la salle des Croisades au musée de Versailles.
<small>Bibl. hist. Pic. et Art., par Roger, p. 77 à 83; gr. in-8°.</small>

10649. — Dissertation sur les **Armoiries** attribuées à la Province de **Picardie**, par M. Ch. Dufour. — Amiens, E. Herment, 1857; 22 p. in-8° et 1 pl.
<small>Extr. Mém. Soc. Ant. Pic.</small>

10650. — Lettre à M. Ch. Dufour, membre de la Société des Antiquaires de Picardie, sur les **Armoiries** de la Province et de la Nation **de Picardie**, par M. Vallet de Viriville.
<small>Mém. Soc. Ant. Pic., t. XVII, p. 311 à 329; in-8°.</small>

10651. — Recherches généalogiques sur les Familles nobles de plusieurs villages des Environs de Nesle, Noyon, Ham et Roye, et Recherches historiques sur les mêmes localités, par Leroy-Morel.
<small>Cet ouvrage renferme des notices sur les communes suivantes : Billancourt, Moyencourt, Rethonvillers, Champien, Cressy-Omancourt, Liancourt-Fosse, Crémery, Potte, Herly, Rouy-le-Grand, Rouy-le-Petit, Voyennes, Courtemanche, Eppeville, Bacquencourt, Buverchy et Grécourt.
La Picardie, années 1858 à 1866.</small>

10652. — Palais de Versailles. Histoire généalogique du **Musée des Croisades**, par M. Amédée Boudin. — 1858, 4 vol. in-4°.
<small>Cet ouvrage comprend des notices sur les familles picardes suivantes : Roye, t. I, 1re pie p. 73 à 77; La Roche Fontenilles, t. I, 1re pie, p. 153 à 158; Mailly, t. I, 2e pie, p. 53 à 56; Lameth, t. I, 2e pie, p. 77 à 81; du Hamel, t. II, 2e pie, p. 75 à 80; Riencourt, t. III, 1re pie, p. 83 à 95; Longueval, t. III, 1re pie, p. 133 à 136; Anvin de Hardenthun, t. IV, 1re pie, p. 83 à 88.</small>

10653. — Trésor généalogique de la Picardie ou Recueil de Documents inédits sur la Noblesse de cette Province par un gentilhomme picard (*R. de Belleval*). Tome premier. — Amiens, veuve Herment, 1859; 79 p. in-4°.
<small>Cet ouvrage publié en 3 livraisons a été complété par les volumes suivants :
Notices historiques et généalogiques sur quelques familles nobles de Picardie par René **de Belleval.** Deuxième livraison. — Lemer aîné, 1863; in-8° de 171 p. av. 7 pl. et q. q. fig. dans le texte.
Cette seconde livraison ne contient que la généalogie de la famille de Belleval.</small>

Trésor généalogique de la Picardie ou Recueil de Documents inédits sur la Noblesse de cette Province par un gentilhomme picard. Tome deuxième. Montres et Quittances. — Amiens, v° Herment, 1860; IV-261 p. in-8°.

10654. — **Armorial** de Picardie.
<small>Mém. Soc. Ant. Pic., t. XVIII, 1861, p. 297 à 324; in-8°.</small>

10655. — Nobiliaire de Ponthieu et de Vimeu, par René **de Belleval.** — Amiens, Lemer aîné, 1861-1864, 2 vol. in-8° de VII-395 p. et de VI-456 p. av. 26 pl. d'armoiries.

10656 — *Compte rendu de l'ouvrage précédent, par A. de Marsy.*
<small>Rev. hist. et nobil., 1866, p. 92 à 95; in-8°.</small>

10657. — A. Dutilleux Notes et recherches pour servir à l'**histoire héraldique** de la province de Picardie (1re série). — Amiens, Lemer aîné, 1863; 36 p. in-8° av. 1 pl.
<small>Extr. Mém. Soc. Ant. Pic.</small>

10658. — Rapport sur les **Armoiries des Villes** d'Amiens, Abbeville, Péronne, Montdidier et Doullens, par M. Dutilleux.
<small>Mém. Soc. Ant. Pic., t. XIX, p. 57 à 82 av. 1 pl.; in-8°.</small>

10659. — Nobiliaire de Picardie et d'Artois. Recueil général des généalogies des maisons nobles de Picardie, Artois, Boulonais, Beauvoisis, etc., Publié par une société de généalogistes, sous la direction de E. **de Magny**. — Paris, 1863; in-4°. Prospectus.

Bibl. Nat^{le}, Lm², n° 101.

10660. — La Noblesse de Picardie aux **Etats de Bourgogne**, par M. Albert Albrier.

Bull. Soc. Ant. Pic., t. IX, p. 395 à 399; in-8.

10661. — Armorial d'Artois et de Picardie Généralité d'Amiens, recueil officiel dressé par les ordres de Louis XIV (1696-1710) publié d'après les manuscrits de la bibliothèque impériale et suivi d'un nobiliaire de Flandre et d'Artois par M. **Borel d'Hauterive**. Tome deuxième de l'Armorial général de la France. — Paris, Dumoulin, 1866; VIII-470 p. gr. in-8° av. 1 pl. d'arm.

10662. — Nobiliaire de Ponthieu et de Vimeu, par le Marquis **de Belleval**. Deuxième Edition revue, corrigée et augmentée. — Paris, Bachelin-Deflorenne, 1876; in-4° de 8 p. et 936 col.

10663. — Recherches généalogiques sur les Comtés de Ponthieu, de Boulogne, de Guines et pays circonvoisins par L. E. **de La Gorgue Rosny**. — Boulogne sur-Mer, Camille Le Roy, 1874-1877; 4 vol. in-8° paginés le 1er avec XXVII p. de 1 à 508; le 2° de 509 à 1080; le 3° de 1081 à 1579; le 4° de 1 à 382 p.

10664. — Armorial de la fin du xvi° Siècle. Ile-de-France, Ponthieu, Boulonnais et Champagne. Manuscrit de **Waignart** publié pour la première fois avec des notes et deux planches de fac-simile par le Comte Le Clerc de Bussy. — Amiens, Delattre-Lenoel, 1879; 105 p. in-4°.

10665. — Armorial de la fin du xvi° siècle... par le Cte Le Clerc de Bussy. Rapport par M. E. Prarond. — S. l. n. n., *1881;* 8 p. in-8°.

Extr. de la Picardie.

10666 — Recherches généalogiques sur les seigneurs de quelques localités du **Santerre**, par M. L. **de Caruelle**.

Cab. hist. Pic. et Art., t. II, p. 98 et s. et t. III, p. 20 et s. ; in-8°.

Ces recherches concernent : Arvillers, Aubercourt, Beaucourt-en-Santerre, Berteaucourt-lès-Thennes, Braches, Filescamps, Cayeux-en Santerre, Contoire, Domart-sur-la-Luce, Fresnoy-en-Chaussée, Haugard, Hangest-en-Santerre, Ignaucourt, Mézières-en Santerre, Morisel, Neuville-Sire-Bernard, Pierrepont, Plessier-Rosainvillers, le Quesnel, Saulchoix-sous-Davenescourt, Thennes, Villers-aux-Erables, Warsy, Wiencourt-l'Equipée et Demuin.

10667. — Notes généalogiques sur plus de douze cents familles des Comtés de Ponthieu et de Montreuil, par N. de X (**Georges de Lhomel**). — Abbeville, P. Prévost, 1887; in-8° de IX-188 p.

10668. — Quatre vingt dix gentilshommes picards. 1783.

Cab. hist. Pic. et Art., t. V, p. 22 et s.; in-8°.

10669 — Armorial du Département de la Somme par R. de Figuères et l'abbé A. Armand précédé d'une Lettre sur les Armoiries municipales par Léon Germain. — Abbeville, imp. du Cabinet historique, 1895; 63 p. in-8°.

10670. — Essai sur les anciennes familles nobles existant actuellement dans le département de la Somme. [Signé : X].

Cab. hist. Pic. et Art., années 1896, 1898 et 1899; blasons.

10671. — *Notes généalogiques sur la famille d'*Abbeville.

Trés. généal., par D. Caffiaux. — Paris, 1777, p. 3 à 7 ; in-4°.

10672. — Généalogie de la maison d'**Acary**, extraite du tome premier des Archives généalogiques et historiques de la noblesse de France par M. P. L. (*Lainé*). — Paris, 1828 ; in-8°.

10673. — *Généalogie de la famille* **Aclocque de St André** *et d'Hocquincourt.*

Nobil. univ..., par de St Allais. — Paris, 1814, t. XI, p. 186 à 189 ; in-8°.

10674. — Généalogie des Seigneurs d'**Acquest** et de Villeroyé.

Hist. généal. et chronol..., par le P. Anselme. — Paris, Clousier, 1712, t. III, p. 616 et 617 ; in-folio.

10675. — *Généalogie de* **Acquet de Férolles,** Comtes de Richemont et d'Oze, anciens Seigneurs de Romeneuil, Lavergne, Hauteporte, Férolles, etc., en Poitou et en Picardie.

Armorial général (d'Hozier). — Paris, Didot, 1868, reg. 7 ; 2 p. in-folio.

10676. — Alcius Ledieu. Livre de raison de deux Seigneurs picards (*d'***Aguesseau** *d'Happeglenne*). (1559-1692).— Paris, Alph Picard, 1894 ; 42 p. in-8°.

Extr. Cab. hist. Pic. et Art, t. VII.

10677. — *Notes généalogiques sur la famille d'***Ailly.**

Trés. généal., par D. Caffiaux. — Paris, 1777, p. 39 à 49 ; in-4°.

10678. — *Notes sur Marie-Charles-Louis d'***Albert** *de* **Luynes,** *duc de Chaulnes et ses descendants.*

Dict. hist. des génér. franç., par de Courcelles, t. I, p. 45 à 57 ; in-8°.

10679. — *Généalogie de Louis-Charles d'***Albert** *Duc* **de Luynes.**

Hist. gén. et chron..., par le P. Anselme. — Paris, Clousier, 1712, t. II, p. 1494 à 1496 ; in-folio.

* **10680.** — Substitution de mâles en mâles, graduelle, perpétuelle et à l'infini, dans les deux branches de la Maison d'**Albert,** du Duché-Pairie de Luynes en Touraine, du Duché de Chevreuse et Comté de Montfort y réuny, du Duché-Pairie de Chaulnes, de la Baronnie de Picquigny, terres et Châtellenies de Vignacourt et Flexicourt en Picardie. — Paris, 1734 ; in-4°.

Bibl. hérald. de la France, par Guigard, n° 3266.

* **10681.** — Documents sur l'origine de la maison d'**Albert,** par du Roure.

Rev. hist. de Prov., p. 161 à 165.

10682. — *Notice généalogique sur la maison d'***Amiens.**

Trés. généal. de la France, par D. Caffiaux. — Paris, 1777, p. 121 à 127 ; in-4°.

10683. — D'**Amiens,** Picardie et Artois. Historique et Généalogie des Chastelains Princes d'Amiens. — Paris, Warmont, 1882 ; 18 p. in-4° av. 2 fig.

10684. — Maison d'**Amiens.** Histoire généalogique par J. Noulens. — Paris, Alph. Picard, 1888 ; 529 p. in-8° avec 5 fig.

10685. — *Généalogie de la famille* d'**Aumale** en Picardie.

Armorial général (d'Hozier). — Paris, Prault, 1752, reg. 4 ; 18 p. in-folio.

10686. — *Notes généalogiques sur la famille d'***Aveluy.**

Trés. généal. de la France, par D. Caffiaux. — Paris, 1717, p. 436 à 438 ; in-4°.

10687. — *Notes généalogiques sur la famille de* **Bascouel** *ou Bascuel.*

Trés. généal. de la France, par D. Caffiaux. — Paris, 1717, p. 603 à 607 ; in-4°.

10688. — Abrégé généalogique des **Ballen**, seigneurs du Titre, *par le Cte Le Clerc de Bussy*.—Amiens, Lenoel-Herouart, 1873 ; 7 p. in-8°.

Extr. de la Picardie.

10689. — De **Baynast** Seigneurs des Mazures, d'Aubencheul, de Herleville, de Frelinghen, de Sept-Fontaines, marquis de Baynast, seigneurs de Senlèques, de Fafemont, de Pommera, de Thiepval, de Quevauvillers, etc., en Picardie.

Arch. généal. de la Nobl., par Lainé, t. II ; 14 p. in-8°.

10690. — *Généalogie de la famille de* **Biencourt.**
Nobil. univ..., par de St Allais. — Paris, 1814, t. XIV, p. 1 à 42 ; in-8°.

10691. — *Généalogie de* de **Billault,** Seigneurs de Saint-Martin, de la Mothe, de Fricamps, de Grancart, de Sauldrupt, de Préville, de Sainte-Livière, de Combles, etc. Famille originaire de Picardie et actuellement établie à Bar-le-Duc.
Armorial général (d'Hozier). — Paris, Prault, 1764, reg. 6 ; 10 p. in-folio.

10692. — *Généalogie de la famille* **Blin-de-Bourdon.**
Nobil. univ., par de St-Allais. — Paris, 1814, t. XIII, p. 455 à 466 ; in-8°.

10693. — **Blottefière.** *Généalogie de la famille*
Ann. de la Nobl. de France, 1889, p. 126 à 130 ; in-8°.

10694. — Histoire généalogique de la famille **Bosquillon** d'Aubercourt, de Bouchoir, de Fay, de Fontenay, de Frescheville, de Jarcy, de Jenlis, de Marigny, Picardie, Beauvaisis et Ile de France, 1464-1892, d'après les documents conservés dans les dépôts publics accompagnée de tables des noms de familles et de localités, par Théodore Courtaux. — Paris, Cabinet de l'Historiographe, 1894 ; 96 p. in-4° av. 21 blas. dans le texte.

10695. — Généalogie de la Maison de **Boubers-Abbeville-Tunc,** Extraite du Nobiliaire universel de France, t. 8, par M. de Saint-Allais — Paris, C. F. Patris, juin 1816 ; 24 p. in-4°.

10696. — Notice extraite de l'Armorial de la Noblesse de France et de plusieurs autres ouvrages héraldiques concernant la maison de **Boubers-Abbeville-Tunc,** Ponthieu. — Paris, Scheider et Langrand, s. d. ; 18 p. in-4° av. 1 pl.

10697. — Détails historiques-généalogiques et héraldiques sur Robert de **Bouberch** et sur la maison du même nom, par M. le Comte de Boubers-Abbeville, suivis de la description de la tombe du chevalier Robert de Bouberch, par M. Ch. Dufour. — Amiens, Duval et Herment, 1842 ; 42 p. in-8°.
Ext. Mém. Soc. Ant. Pic.

10698. — Lettre de l'abbé Buteux, *sur la famille de* **Boubers.**
Cab. hist. Pic. et Art., t. I, p. 233 à 238 ; in-8°.

10699. — **Boufflers.** Duché Pairie. Généalogie de la maison de Boufflers, Seigneurs de Rouverel, Seigneurs de Cuigy et du Plessier, Seigneurs de Remiencourt près Amiens, Seigneurs de Beaussart, Seigneurs de Harly, Seigneurs de l'Agnicourt.
Hist. généal. et chronol..., par le P. Anselme. — Paris, Clousier, 1712, t. V, p. 69 à 94 ; in-folio.

10700. — *Généalogie de Louis-François de* **Boufflers,** *maréchal de France.*
Ibid, t. I, p. 833 à 839 ; in-folio.

10701. — *Notices sur le Maréchal de* **Boufflers** *et sur les Généraux des Familles de Boufflers-Rouverel et de Boufflers-Remiencourt.*
Dict. hist. des génér. franç., par de Courcelles, t. II, p. 483 à 500 ; in-8°.

10702. — Le Maréchal Duc de Boufflers et sa Famille. La Duché-Pairie de **Boufflers.** Etude historique par Edmond Lecomte. — Amiens, Jeunet, 1892 ; 109 p. in-12 et 1 pl.

10703. — Généalogie de la maison de **Bournel,** seigneurs de Namps.
Hist. généal. et chronol..., par le P. Anselme. — Paris, Clousier, 1712, t. VIII, p. 151 à 157 ; in-folio.

10704. — *Généalogie de Guillaume* **Bournel,** *sieur de Lambercourt, grand-maître de l'artillerie.*
Ibid., t. II, p. 1070 à 1073 ; in-folio.

10705. — *Généalogie de* **Bournonville,** branche des seigneurs de La Haye en Picardie
Armorial général (d'Hozier). — Paris, Didot, 1868, reg. 6 ; 4 p. in-folio.

10706. — Notes généalogiques sur la famille **Bourrée**, par Le Clerc de Bussy.

La Picardie, t. XIV, 1868, p. 145 à 148 ; in-8°.

10707. — Notice sur la Maison de **Boutery**, par un Gentilhomme picard auteur du Trésor généalogique de la Picardie (*René de Belleval*). — Amiens, v° Herment, 1860 ; 40 p. in-8°.

10708. — Notice généalogique sur la famille de **Bouteville**[1] d'après les manuscrits de M. le Chevalier Amédée de Ternas, publiée par sa famille, suivie des Généalogies des Masse de Combles, Ghesquière de Stradin, Linart d'Aveluy, Vaillant de Bovent, de Brusle et de Pieffort. — Douai, Déchristé, 1884 ; 176 p. in-8° et 5 pl.

10709. — Aubé de **Bracquemont**, Seigneurs de Bracquemont, d'Étalon, de Dambry, de Verpillières, d'Hédencourt, de Parvillers, de Neufmaison, de la Mairie, de Mégremont, de Fay-lès-Bonneuil, de la Chavatte, du Saultoy, de Méharicourt, etc., en Picardie.

Arch. général. de la Nobl., par Lainé, t. II ; 12 p. in-8°.

10710. — Lettres de Michel de **Buigny**, Seigneur de Bellefontaine et de Claude de Buigny, Seigneur de Cornehotte son frère, par M. le comte de Brandt de Galametz. — Abbeville, C. Paillart, 1893 ; 8 p. in-8°.

Extr. Bull. Soc. Emul. Abbev.

10711. — *Généalogie de la famille de Buissy.*

Armorial général (d'Hozier). — Paris, Prault, 1764, reg. 5, 1re pie ; 7 p. in-folio.

10712. — Généalogie de la famille de **Cacheleu**, Originaire du Ponthieu. — Amiens, Delâttre-Lenoel, 1875 ; 44 p. in-8°.

10713. — Vicomte de Caix de Saint-Aymour. Notes et Documents pour servir à l'histoire d'une Famille picarde au Moyen-Age (XI-XVI° siècles). La Maison de **Caix**, Rameau mâle des Boves-Coucy. — Paris, Champion, 1895 ; in-8° de VIII-252-VI-CCXXXVIII et 85 p. av. 1 tabl. généal. et nombr. vign. dans le texte.

10714. — *Généalogie de* de **Calonne**, Seigneurs de Avesne, de Pommereuil, de Chaussoy, du Mesnil-Heudin, de Boisrault, de Condé-Folie en partie, de Saint-Jean-lez-Brocourt, de Fresneville en partie, etc., en Picardie ; de Fontaine-lez-Blangy, de Grimontmesnil, de Esneval, de l'Isle-Saint-Ouen, etc., en Normandie.

Armorial général (d'Hozier). — Paris, Didot, 1868, reg. 6 ; 14 p. in-folio.

10715. — Documents sur la province du Perche, 2e série, n° 3. Généalogie de la famille de Carpentin, rédigée par le Vte de Souancé. *Le titre de départ porte* : de **Carpentin**, Seigneurs de Barlettes, Augencourt, Berneul, Cumont, Hanchies, etc., en Ponthieu. — Mortagne, Pichard-Hayes, 1893 ; 28 p. in-8° av. 1 pl. et 1 fig.

10716. — Notes sur les Sieurs de **Cauvigny**, de la famille Le Vasseur de Neuilly (1597-1733), *par le Cte Le Clerc de Bussy.*

La Picardie, t. XIX, 1874, p. 26 à 33 et 65 à 72 ; in-8°.

10717. — Carte généalogique de très-illvstres maisons d'Albert et de Chavlne. Origine de très havte et très pvissante dame Madame Anne d'Albert de **Chavlne**, Cy-devant Abbesse du Royal Monastère de S. Pierre de Lyon. — 23 p. in-4° av. front.

Cette pièce se trouve à la suite de : Eloge fvnebre de Tres Havte et tres pvissante Dame Madame Anne d'Albert de Chavlne, Abbesse du Royal Monastère de S. Pierre de Lyon, Prononcé en Carême le XXXI de Mars MDCLXXII dans l'Eglise Abbatiale et-Paroissiale de S. Pierre..... par R. P. Antoine

---

[1] Bouteville, fief à Suzanne-en-Santerre.

N° 10724
Grandeur réelle : 0,392 × 0,270

LA GENEALO=
GIE ET DES=
CENTE, DE LA TRES-ILLVS-
TRE MAISON DE CROY.

PAR M. IEAN SCOHIER
BEAVMONTOIS.

De l'Imprimerie de la Vefue Iacques Bofcard.
A l'Efcu de Bourgongne.

L'An cIɔ Iɔ LXXXIX.

AVEC PRIVILEGE DV ROY.

Beavchamps. — Lyon, Mathiev Liberal; in-4° de 10 p. n. n. et 60 p.

Bibl. Nat^{le}, Ln²⁷, n° 4119.

10718. — *Généalogie de la* Seconde branche des Ducs de **Chaulnes**, Pairs de France, sortis de la maison d'Albert.

Hist. généal. et chronol..., par le P. Anselme. — Paris, Clousier, 1712, t. IV, p. 270 à 273; in-folio.

10718 *bis*. — Les **Clabault**, famille municipale amiénoise, 1349-1539, par A. Janvier. — Amiens, Hecquet. 1889; in-4° de 418 p. av. 5 pl.

10719. — *Généalogie d*'Arnaud de **Corbie**, Chancelier de France.

Hist. généal. et chronol..., par le P. Anselme. — Paris, Clousier, 1712, t. I, p. 392 à 395; in-folio.

10720. — *Généalogie de* **Cottin**, Seigneurs de Fontaine-Notre-Dame, de Fieulaine et du fief Suzerain de Méraulieu. Famille originaire de Péronne et établie aujourd'hui à St Quentin et à Paris.

Armorial général (d'Hozier). — Paris, Prault, 1764, reg. 6 ; 3 p. in-folio.

10721. — Généalogie de la famille **Crépy**, *originaire d'Amiens, par Th. Bommart*. — Lille, Danel, 1883 ; 317 p. in-8°.

Extr. Répert. Trav. hist.

10722. — Généalogie de la maison de **Créquy**, Seigneurs de Bernieulles, Seigneurs de Hermont et d'Auffeu, Seigneurs de Ricey, Seigneurs de Heilly, Seigneurs de Raimboval, Seigneurs de Rouverel et de Vrolant, Seigneurs de Langle, Seigneurs de Saucourt, Seigneurs de Frohans, Seigneurs de Tillencourt, Seigneurs de Torchy, et de Royon, Seigneurs de Bierbak.

Hist. généal. et chronol..., par le P. Anselme. — Paris, Clousier, 1712, t. VI, p. 776 à 806; in-8°.

10723. — *Généalogie de la maison de* **Créquy-Canaples**.

Ibid., t. I, p. 716 à 732 ; in-folio

10724. — Livre contenant la Genealogie. et. Descente de cevx. de. la. Maison de **Croy** tant . de . la . Ligne. Principale : estant . Chef . dv . nom . et armes d'Icelle. qve . des . Branches . et Ligne. Collaterale. de. ladicte. Maison. — In-folio gravé s. l. n. n. n. d. comprenant un titre, 3 frontispices, 6 feuilles de généalogie, 7 feuilles de vues de châteaux et 46 portraits en pied, gravés par Jacques de Bye.

Bib. Nat^{le}, Lm³, n° 287.

* **10725.** — Traité ou brief Discours de l'origine et descente de la grandeur, vaillance et splendeur des princes, ducs, marquis, comtes, chevaliers et seigneurs de la maison de **Croi**, tant habitans en Epire, partie de la Grèce, qu'en la Gaulle Belgique, par Isaac S. de Malmédy. — Paris, 1566 ; in-8°.

Cité par le P. Lelong, n° 42060.

10726. — La Genealogie et Descente de la Tres-illvstre Maison de **Croy** par M. Iean Scohier, Beavmontois. — Dovay, De l'Imprimerie de la Vefue Iacques Boscard, L'an CIƆ IƆ LXXXIX ; pet. in-folio de 8 p. n. n., 74 p. et 20 p. n. n. av. 1 grand tabl. généal. et nomb. blasons dans le texte.

Bibl. Nat^{le}, Lm³, n° 286.

10727. — Chronologie historique des ducs de **Croy** contenant les preuves sur l'origine royale, la filiation de toutes les branches et les grandes illustrations de cette maison, le tout dressé sur les titres originaux... — Grenoble, J. M. Cuchet, 1790 ; in-4° de 307 p. et 2 tables de 19 et 40 p. plus 4 p. d'errata, av. 2 tableaux et 1 frontispice gravé.

Bibl. Nat^{le}, n° 288.

10728. — Généalogie critique et littéraire des maisons de Croy-Chanel de Hongrie et de **Croy-d'Havré de Santerre**, par Alexandre Barginet. — Paris, Ladvocat, 1820 ; 49 p. in-8°.

Bibl. Nat^{le}, Lm³, n° 289.

10729. — Eclaircissements sur l'é-

tablissement en Picardie des descendants de la famille royale de Hongrie, *par Fl. Lefils.*
La Picardie, t. VI, 1860, p. 310 à 317; in-8°.

10730. — *Généalogie de la famille* **Doria-Desfriches.**
Nobil. univ., par de S¹ Allais.— Paris, 1814, t. II, p. 197 à 200; in-8°.

10731. — L. H. Labande. Les **Doria** de France. Provence, Avignon et Comté Venaissin, Bretagne, Ile de France et Picardie. Etudes historiques et généalogiques. — Paris, Picard, 1899; XVI-360 p. in-8° av. 3 tabl. généal.

10732. — Notice généalogique sur la famille **Dournel** de Péronne, par Jules Dournel. — Douai, Albert Duramon, 1878; III-69 p. in-8° et 1 pl.

10733. — Généalogie de la famille **Eudel** dressée par Paul Eudel. — Abbeville, Fourdrinier, 1895; 36 p. in-4°.

10734. — Généalogie de la maison de **Fay** en Santerre. — S. l. n. n., 1700; 16 et 4 p. in-4°.
Bibl. d'Amiens, Hist., n° 4361.

10735. — *Notes sur la Famille de* **Folleville**, *d'après les Archives departementales du Cher, par M. Vallois.*
Bull. Soc. Ant. Pic., t. XV, p. 399 à 402; in-8°.

10736. — Armorial général de France de d'Hozier (Complément). Notice généalogique sur la Famille de **Forceville** (Extrait du vii° Registre, complémentaire). — Paris, Didot, 1869; 12 p. in-folio av. 2 écussons.

10737. — Généalogie de la famille **Foucques de Wagnonville**, originaire d'Abbeville, par Am. de Ternas.
Souv. Flandre Wallonne, 1881.

10738. — Notice généalogique sur la famille du **Fresne** avec pièces justificatives, *par du Fresne de Beaucourt.*

— Paris, Cabinet historique, 1865; 27 p. in-8°.

10739. — *Généalogie de* **Gaillard,** Seigneurs de Boencourt, de Gapennes, de Courcelle en Picardie.
Armorial général (d'Hozier). — Paris, Prault, 1752, reg. 3, 1ʳᵉ pⁱᵉ; 10 p. in-folio.

10740. — — Généalogie de la maison de **Gamaches**, Seigneurs de Jussy et de Quinquenpoix, vicomtes de Chateaumelian
Hist. généal. et chron..., par le P. Anselme. — Paris, Clousier, 1712, t. VIII, p. 690 à 694; in-folio.

10741. — *Généalogie de la famille de* **Gamaches.**
Ibid., t. I, p. 595 à 598 et t. II, p. 1434 à 1436; in-folio.

10742. — Notes généalogiques sur les **Gargan** et les d'Aboval, par M. Ledieu.
Bull. Soc. Em. Abb., 1888-90, p. 34 à 44; in-8°.

10743. — *Généalogie de la famille de* **Gomer.**
Nobil. univ. par de S¹ Allais. — Paris, 1814, t. XIII, p. 453 à 476; in-4°.

10744. — *Généalogie de la famille* **Gorguette d'Argœuves.**
Ibid., t. III, p. 40 et 41; in-8°.

10745. — *Notice genéalogique sur la famille de* **Goussencourt.**
Ibid., t. II, p. 414 à 425; in-8°.

10746. — Généalogie historique de la Maison de **Grouches-de-Chepy**, en Picardie; Rédigée sur les Titres originaux et autres monumens et documens, Par M. Clabault, Auteur, en 1764, du Tableau Généalogique de la Maison Royale de France. — Paris, Augustin-Martin Lottin l'ainé, M DCC LXXVIII; in-4° de 72 p. av. 6 tabl. généal. et blasons dans le texte.
Bibl. H. Macqueron.

10747. — Généalogie de la Maison de **Guillebon**, Originaire du Beauvaisis. — Amiens, Piteux, 1893; in-4° de 226 p. av. 227 blasons et 7 fig. dans le texte.

10748. — *Généalogie des* **Hallwin**, Seigneurs de Piennes, Seigneurs d'Esclebecq et de Wailly.
Hist. généal. et chron..., par le P. Anselme. — Paris, Clousier, 1712, t. III, p. 911 à 915; in-folio.

10749. — Anciens seigneurs de **Ham**.
Ibid., t. I, p. 37 et 38; in-folio.

10750. — Documents concernant les seigneurs de **Ham** (connétables de Tripoli (1227-1228), *par A. de Marsy*. — Gênes, imp. des Sourds-Muets, s. d.; 6 p, gr. in-8°.

10751. — Généalogie de la maison du **Hamel** dressée sur titres originaux et monuments historiques, d'après les recherches de dom Caffiaux, dom Malause, dom Quinsert, dom Villevieille, religieux bénédictins de la Congrégation de Saint-Maur; par M. de Saint-Pons, achevée et rédigée par M. Lainé. — Paris, Béthune, Belin et Plon, 1834; in-8° de II-101 p. et 1 tabl. généal.

10752. — Pièces principales, additions et corrections, pour faire suite à l'histoire généalogique de la maison du **Hamel**, dressée sur les titres originaux..... Seconde partie. — Paris, Béthune et Plon, 1838; III-115 et 4 p. in-8°.

10753. — Tableau généalogique des différentes branches et rameaux de la maison Du **Hamel**, en Picardie, Champagne et Guyenne. — Paris, Decourchant, s. d.; in-folio plano.
Bibl. Nat¹ᵉ, Lm³, n° 329.

10754. — Généalogie de la maison de **Hangest** Seigneurs d'Arzillières, Seigneurs de Montmor et de Moyencourt, Seigneurs de la Tourbe, de Villers et de Hugueville.
Hist. généal. et chronol..., par le P. Anselme. — Paris, Clousier, 1712, t. VI, p. 737 à 750; in-folio.

10755 — *Généalogie de la famille de* **Hangest** *et Davenescourt.*
Ibid., t. I, p. 532 à 535 et t. II, p. 1037 à 1040; in-folio.

10756. — *Note sur la famille de* **Hangest,** *par de Baye.*
Mém. Soc. Ant. Fr., 1885, p. 206 à 213; in-8°.

10757. — *Généalogie de la famille d'*Heilly.
Hist. généal. et chronol..., par le P. Anselme. — Paris, Clousier, 1712, t. I, p. 552 et 553; in-folio.

10758. — Election et Généralité d'Amiens. Notice généalogique de la noble famille de **Herte** (1550-1877). — Paris, Jules Le Clerc, 1878; 45 p. in-4° et 1 pl.

10759. — Généalogie de la famille de **La Gorgue-Rosny**, *originaire d'Abbeville*. — Paris, Bachelin-Deflorenne, 1868; 131 p. in-8°.

10760. — Généalogie de la maison de **Lameth**. Généalogie de la maison de Créquy. — S. l. n. n. n. d.; in-folio.
Bibl. Natᶫᵉ, f° Fm, 17660.

10761. — *Généalogie de* de **La Myre**, Seigneurs de la Mothe-Séguier et de Douazac, Barons et Châtelains d'Hangest, d'Avenescourt, etc., en Languedoc, en Guienne et en Picardie.
Armorial général (d'Hozier). — Paris, Prault, 1764, reg. 5, 2ᵉ pⁱᵉ; 7 p. in-folio.

10762. — Quelques renseignements sur l'habillement d'une dame noble au XVIᵉ siècle *et documents généalogiques sur la famille* **Leclerc de Bussy**, *par M. Ch. Leclerc de Bussy.* — Amiens, Lenoel-Herouart, s. d.; 5 p. in-8°.

10763. — Généalogie de **Le Fèvre de Caumartin**.
Hist. généal. et chron..., par le Père Anselme. — Paris, Clousier, 1712, t. VI, p. 543 à 549; in-folio.

10764. — *Généalogie de Louis* **Le Fèvre de Caumartin**, chancelier de France.
Ibid., t. I, p. 465 à 468; in-folio.

10765. — L'origine de la famille **Le Fèvre de Caumartin** par Fernand du Grosriez.
Cab. hist. Pic. et Art., t. I, p. 153 à 159; in-8°.

10766. — Généalogie de MM. **Lefebvre** ou Lefebure des Amourettes, de Cerisy, du Bus. — Abbeville, Winckler-Hiver, 1894; 63 p. in-8°.

10767. — Les armes des **Le Febvre de Villers**, par M. le Cte Le Clerc de Bussy. — S. l. n. n. n. d.; 1 p. in-8°.

10768 — *Généalogie de Le Febvre du Grosriez*, anciens Seigneurs de Wadicourt, des Groiseilliers, du Grosriez, des Fontaines, de Cormont, de Vercourt, etc.; Ponthieu en Picardie.
Armorial général (d'Hozier). — Paris, Didot, 1872, reg. 7, 2e p^{ie}; 4 p. in-folio.

10769. — Notice généalogique sur la famille **Lefebvre du Grosriez** en Picardie, *par Fernand du Grosriez*. — Paris, au bureau de l'Annuaire de la Noblesse, 1888; 23 p. in-8°.

10770. — *Généalogie de la famille Le Roy de Barde*.
Nobil. univ..., par de St Allais, 1814, t. XV. p. 329 à 340; in-8°.

10771. — Généalogie de la maison **Leroy**, marquis **de Valanglart** et comtes de Barde en Picardie. Extraite du tome premier des Archives généalogiques et historiques de la Noblesse de France, publiées par M. Lainé. — Paris, Béthune, 1828; 20 p. in-8°.

10772. — Généalogie de la maison **Levert**, extraite du tome X de l'Histoire généalogique et héraldique des Pairs de France... par M. le Ch^{er} de Courcelles.—Paris, Plassan et Ce, 1829; 34 p. in-4°.

*10773. — Tableau généalogique des **Lottin** originaires de Picardie, établis à Paris depuis 1700, et y existans le 6 décembre 1791, présenté à M. Lottin de S. Germain par Lottin l'ainé. 1791. — In-4°.

10774. — *Généalogie de la famille de* **Louvencourt**.
Nobil. univ..., par de St Allais. — Paris, 1814, t. VII, p. 403 à 408; in-8°.

10775. — Jugement de maintenue de noblesse de la famille de **Louvencourt**, *par Le Clerc de Bussy*.
La Picardie, t. XV, 1869; p. 470 et 471; in-8°.

10776. — *Généalogie de de* **Louvencourt**, anciens Seigneurs de Hancourt, de Pierrecleuée, de Bréthencourt, de Pissy, de Ville, de Gournay, d'Inval, du Saulchoy, de Cléry, de Vaulx, de la Cour-de-fief, du Rilleux, de Flixecourt, de Bettencourt, de Courchon, de Longpré-les-Corps-Saints, etc.
Armorial général (d'Hozier). — Paris, Didot, 1872, reg. 7, 2e p^{ie}; 8 p. in-folio.

10777. — Notice généalogique sur la famille de **Maillefeu**, par le Cte Ch. Le Clerc de Bussy. — Amiens, Lenoel-Herouart, 1866; 12 p. in-8°.
Extr. de la Picardie.

*10778. — Donation et substitution masculine à l'infini; en faveur des ainés de la maison de **Mailly de Néelle**, avec les lettres patentes du roi et l'arret d'enregistrement pour la perpétuité de la substitution. — Paris, v^e F^{ois} Muguet, 1704; in-4°.
Bibl. Nat^{le}, Lm³, n° 629.

10779 — *Généalogie de la maison de* **Mailly** *jusqu'à Robert de Mailly, grand pannetier de France*.
Hist. généal. et chronol..., par le P. Anselme. — Paris, Clousier, 1712, t. II p. 1397 à 1412; in-folio.

10780. — Généalogie de la maison **de Mailly**.
Ibid., t. VIII, p. 624 à 664; in-folio.

*10781. — Erection du Comté de **Mailly** et substitution graduelle, perpétuelle et à l'infini dudit Comté en faveur des Comtes de Mailly, marquis d'Haucourt, ou tels autres, qu'il leur

EXTRAIT
De la Généalogie
de la Maison de Mailly
Suivi
de l'Histoire de la Branche
des Comtes de Mailly Marquis d'Haucourt
&
de celle des Marquis du Quesnoy.
Dressé sur les Titres Originaux sous les yeux
de M. de Clairambault Généalogiste des Ordres du Roy.
Et pour l'Histoire par M ***

Imprimé
D'après le Manuscrit présenté AU ROY et déposé par son Ordre
à la Bibliothèque de Sa Majesté.
Ex Libris Abbatiæ sancti Acheoli prope Ambianum

DE L'IMPRIMERIE
De Ballard seul Imprimeur du Roy pour
la Musique et Noteur de la Chapelle de Sa Majesté.
Rue St Jean de Beauvais

Avec Approbation et Privilège du Roy. 1757

Le Parmentier Scripsit

ISRAËL ARMORIÉ
Armoiries des tribus d'Israël issues des enfans de Jacob.
Dédié à Messire François Manesnier de Guibermesnil, Marquis dudit lieu &c.
En Janvier 1743.

XXXIX

tribu de Juda — *tribu de Ruben* — *tribu de Gad*

Juda, 4.e fils de Jacob et de Lia, né l'an du monde 2245. J.C. l'avant fait Or, dont il fait l'éloge il montre aux Jacob prophetisa en mourant que le sceptre ne sortiroit point d'Eli de Juda que le Messie ne fut venu.

Ruben, fils de Jacob et de Lia né vers 2246. l'an 2265. J.C. vendu 4. perdit son droit d'aisnesse, auquel est attaché le sacerdoce, par son incontinence avec Baala femme de son pere.

Gad, dont le nom signifie heureux, fils de Jacob et de Zelpha servante de Lia aisnée de Rachel fille de Laban, ai vers 2256. J.C. avant J.C. tribu estoit la 1.ere qui avoit des hommes braves qui fourni l'intredouent dans la terre promise.

tribu Dan — *Aser prophetisa* — *tribu Manasses*

Dan fils de Jacob et de Baala servante de Rachel, né l'an du monde 2265. J.C. avant J.C. les freres aucun Josué mourant que Céraïte ne nourice de Siméon qui fut de sa tribu.

Aser, fils de Jacob et de Zelpha né vers 2256. avant J.C. vers les Canan, la benediction de son pere marque combien sa terre ne seroit située ca tribu seroit fertile en toute sorte de biens.

Manasses se unit avec Ruben et Gad a la teste des tribus les autres tribus pour combattre leurs ennemis. Manasses qui se vouloit se separer de sa tribu aux royaumes fut la 33.e chef en 1.Cap. des Rois n'estoit comme cy devant il est ordène de la maison de Manasses nom qui veut dire qu'il signifie l'oublier de Manasses.

tribu Nephtali — *Simeon et Levi* — *tribu Issachar*

Nephtali fils de Jacob et de Baala servante de Rachel né vers l'an du monde 2247. J.C. avant J.C. sa tribu n'estoit pas considerable par le nombre des braves qui en sortirent. Josué nomme leurs peuple 30 ans avec Debora, femme de Lapidoth.

Siméon né en 2247.1767. avant J.C. fils de Jacob et de Lia, avant J.C. vers ses freres ni en 2262. J.C. fils d'escapés vers son frere ne servis pas à la tige de la maison de Levy sur laquelle fut grand pere du Moyse.

Issachar, 6.e fils de Jacob et de Lia né en 2254.1773. avant J.C. sa tribu s'estoit particulierement à l'agriculture. Issachar dit son pere le bon est venu cy devant les bonnes tables des autres partages sera obligé de servir les tributs du pays.

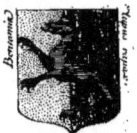

Zabulon prophetisa — *Joseph pluricornu* — *Benjamin*

Zabulon fils de Jacob et de Lia né vers l'an 2254. l'an 2265. J.C. vinrent ses deux freres il s'en donnera sans de Solomon, celebre par les tristes.

Joseph fils de Jacob et de Rachel né l'an du monde Ephraïm ou cet onzieme Joseph est seulement changer le nom de sa perce fils d'Ephraïm fut avec de la ligne et autant aux tribus separées des fils de Juda et de Benjamin après la mort du roy Solomon.

Benjamin, fils de Jacob et de Rachel né vers 2268. av J.C. le nom de Benjamin lui fut donné en sa personne parce qu'il estoit né dans sa vieillesse, il evint le fils de la droite sur ses derniers.

N.º 10793
Grandeur réelle : 0,402 × 0,255

plaira y appeler. — Paris, Paulus du Mesnil, 1744 ; in-4°.

Bibl. Nat¹ᵉ, Lm³, n° 630.

10782. — Extrait De la Généalogie de la Maison de **Mailly** Suivi de l'histoire de la Branche des Comtes de Mailly Marquis d'Haucourt Et de celle des Marquis du Quesnoy Dressé sur les Titres Originaux sous les yeux de M. de Clairambaut Généalogiste des Ordres du Roy Et pour l'Histoire par M... (le Père Simplicien). Imprimé D'après le Manuscrit présenté au Roy et déposé par son Ordre à la Bibliothèque de Sa Majesté. — Paris, Ballard, 1757 ; in-folio de 134, 215 et 28 p. av. 2 tabl. généal., 5. pl. h. t., 28 fig. de blasons dans le texte et 11 front. gravés.

Il existe des exemplaires in-folio en grand papier et in-4° en petit papier.

*10783. — Preuves de chevalier des ordres du roi du comte **de Mailly-Haucourt**.

Le titre de départ porte : Extrait des titres produits par... messire Augustin Jos. de Mailly,.... pour les preuves de sa noblesse devant M. le maréchal duc de Mouchy... et M. le Marquis d'Aubeterre. — Paris, Prault, 1776 ; in-4°.

Bibl. Nat¹ᵉ, Lm³, n° 633.

10784. — Requeste présentée au Roy en son conseil par Joseph-Augustin, comte de **Mailly**, *pour la vérification de ses titres généalogiques*. — S. l. n. n. n. d. ; in-4°.

Bibl. d'Amiens, Hist., n° 6370.

10785. — Extrait des titres originaux de la branche des comtes de **Mailly**, seigneurs d'Haucourt, et des marquis du Quesnoy en Flandre, qui en sont issus : pour servir aux preuves de ces deux branches, et être joint à la requête présentée au conseil du Roy.— S. l. n. n. n. d. ; in-4°.

Bibl. d'Amiens, Hist., n° 4370.

10786. — Recueil de différentes pièces concernant l'histoire généalogique de la branche des comtes de **Mailly**, marquis d'Haucourt et des marquis du Quesnoy en Flandres qui en sont issus. — S. l., 1763 ; in-4°.

Bibl. d'Amiens, Hist., n° 4370.

10787. — Notice abrégée sur la maison de **Mailly**. — Paris, Lacour, 1835 ; 1 feuille gr. in-folio.

*10788. — *Copie faite en 1856, sur le manuscrit de Girard de **Mailly**, avec la distribution par lui faite entre ses treize fils de ses terres et blasons, commençant par ces mots :* Girard de Mailly, qui vivait il y a environ six cents ans... — S. l. n. n. n. d. ; in-folio.

Bibl. Nat¹ᵉ, Lm³, n° 635.

10789. — Histoire de la Maison de **Mailly** par l'Abbé Ambroise Ledru. — Paris, Lechevallier, 1893 ; 2 vol. gr. in-8°, le 1ᵉʳ de XII-552 p. av. 23 pl. h. t. et 89 grav. sur bois dans le texte ; le 2ᵉ de 555 p.

10790. — Comte de Brandt de Galametz. L'Histoire de la Maison de **Mailly** par l'abbé Ambroise Ledru. — Abbeville, C. Paillart, 1895 ; 10 p. in-8°.

Extr. Bull. Soc. Emul. Abbev.

10791. — Histoire de la Maison de **Mailly** par l'abbé Ambroise Ledru. Rapport présenté à la Société des Antiquaires de Picardie par Duhamel-Decéjean. — Amiens, Yvert et Tellier, 1896 ; 20 p. in-8°.

Ext. Bull. Soc. Ant. Pic.

10792. — *Généalogie de la famille du **Maisniel**.*

Nobil. univ... de Sᵗ Allais. — Paris, 1814, t. ..., p. 332 à 334 ; in-8°.

10793. — Israël armorié ou Armoiries des tribus d'Israël sorties des enfans de Jacob. Dédié à Messire François

Manessier de Guibermaisnil, Marquis dudit lieu en janvier 1743. *Le titre de départ porte :* Histoire politique, héraldique et pérythologique des tribus d'Israël. Brachy-Chronologie des Seigneurs de la Maison de **Manessier de Guibermaisnil**, *par J. L. Chevillard.— Paris*, s. n., *1743;* 21 p. in-folio av. 2 tabl. généal. et 1 pl. de blasons.

Production singulière et des plus rares composée pour prouver la descendance de François Manessier de Guibermaisnil qui se prétendait issu de Jacob par Manassès.

Bibl. H. Macqueron.

10794. — Table généalogique de la Maison de **Manessier de Guibermaisnil**, sortie des Edhilinques des anciens Saxons, où l'on voit tous les degrez d'une filiation exactement suivie depuis l'an 829 jusqu'aujourd'hui, avec les XXXII quartiers de Haute et puissante Dame Catherine Eléonore Manessier, Comtesse de Bussy-Baralle, Baronne de Gavrelle en Flandres, sœur aînée de Madame la Comtesse de Gonnelieu, et tante de Mademoiselle de Guibermaisnil, seules relictes de ce nom et armes, leur frère puiné ayant pris le parti du cloître dès l'an 1699, vivoient tous en Décembre 1745, *par J. L. Chevillard.* — Paris, 1746; in-folio plano.

Bibl. Nat^{le}, Lm³, n° 638.

10795. — Les **Milly** de Vermandois *seigneurs de Villers aux Erables et de Plessier Rozainvillers.*

Les Milly, par M. Renet; Mém. Soc. Acad. Oise, t. XVI, p. 243 à 256; in-8°.

10796. — Généalogie de la maison de **Monchy**, Marquis d'**Hocquincourt**, Seigneurs d'Inquesen et de Caveron, Seigneurs de Senarpont, Seigneurs de Longueval, Seigneurs de Moismont, Seigneurs de Campeneuseville.

Hist. généal. et chronol..., par le P Anselme. — Paris, Clousier, 1702, t. VII, p. 553 à 566; in-folio.

10797. — *Généalogie de Charles de* **Monchy**, *maréchal* d'**Hocquincourt**.

Ibid., t. III, p. 780 à 785; in-folio.

10798. — *Généalogie des* Comtes de **Montdidier**, Suite des Comtes de Roucy, Seigneurs de Pierrepont, Suite des Comtes de Roucy.

Ibid., t. VIII, p. 862 à 869; in-folio.

10799. — Généalogie de la maison de **Moreuil**, Seigneurs de Rosmemel, de S. Cyr et de Moulins.

Ibid., t. VI, p. 714 à 723; in-folio.

10800. — *Généalogie de Bernard VI de* **Moreuil**, *maréchal de France.*

Ibid., t. I, p. 522 à 527; in-folio.

10801. — Généalogie des **Mourette** Sieurs de Cumont, Maison-Ponthieu, Rosni, Saint-Eloi, originaires d'Abbeville, *par le Cte Le Clerc de Bussy.* — Amiens, Lenoel-Herouart; 6 p. in-8°.

Extr. de la Picardie.

10802. — *Généalogie des* Anciens Comtes de Soissons, issus de la maison de **Nesle**, Seigneurs de Falvy du nom de Nesle.

Hist. généal. et chronol.... par le P. Anselme. — Paris, Clousier, 1712, t. II, p. 499 à 508; in-folio.

10803. — Histoire généalogique de la Maison du **Passage** en Soissonnais et Picardie, par le Comte de Brandt de Galametz. — Arras, Imp. du Pas de Calais, 1887; in-8° de 4 p. n. n. et 342 p. av. 7 pl., fig. d'arm. et tabl. généal.

10804. — Généalogie de la famille du **Passage**.

Bull. Soc. Acad. Chauny, t. II, 1888, p. 128 à 139; in-8°.

10804 *bis*. — Histoire d'une Famille picarde. *Les* **Pilastre**, *de Vauchelles-lès-Domart, par Edouard Pilastre.* — Paris, Lahure, 1894; 87 p. in-8°.

10805. — Généalogie de la maison de **Pisseleu**.

Hist. généal. et chronol..., par le P. Anselme. — Paris, Clousier, 1712, t. VIII, p. 745 à 748; in-folio.

10806. — Généalogie de la maison de Tyrel du surnom de **Poix** Seigneurs de Séchelles.
Ibid., t. VII, p 820 à 825 ; in-folio.

10807. — *Généalogie des Tyrel de* **Poix**.
Ibid., t. II, p. 928 à 931 ; in-folio.

10808. — *Généalogie de la famille de* **Poix**.
Nobil. univers..., par de S¹ Allais. — Paris, 1814, t. VII, p. 470 à 480 ; in-8°.

10809. — Notice historique et généalogique sur les premiers Sires de **Poix**, sur les Seigneurs et la Maison de Moyencourt (en Picardie), depuis l'an 1175 jusqu'en 1868 par M. Cuvillier-Morel-d'Acy. — Paris, 1868; 80 p. in-8° av. fig. d'arm.

10809 *bis*. — Histoire généalogique et héraldique sur la Maison des Tyrel Sires, puis Princes de **Poix** et sur les Familles de Moyencourt et de Poix (en Picardie, en Berry, en Poitou et en Touraine) depuis l'an 1030 jusqu'en 1869 avec tableaux généalogiques et preuves par M. Cuvillier Morel d'Acy.
Paris, chez l'Auteur, janvier 1869 ; 391 p in-8° av. 3 pl. h. t. et nombr. blasons dans le texte.

10810. — Mémoire sur les Comtes de **Ponthieu** de la deuxième Race, et sur les Familles qui sont issues d'eux, *par René de Belleval*. — Paris, 1868 ; 120 p. in-8° av. 2 pl. h. t. et fig. dans le texte.

10811. — Notice historique et généalogique sur la branche aînée des Ducs et Comtes de **Ponthieu** d'origine royale et sur celle des Princes et Comtes de Vismes de la maison de Ponthieu, *par A. G. B. Schayes.* — Bruxelles, Em. Devroye, 1843 ; 43 p. in-8° av. 1 pl.

10812. — Notice sur l'ancien Hôtel de **Ponthieu**, quartier du Louvre, à Paris, où fut tué l'amiral Gaspard de Coligny, le 24 août 1572, *par Troche*.
Revue archéol., 1851, p. 589 à 604 et 1 pl.

* 10813 — Notice historique et généalogique sur la maison **Prévost d'Arlincourt**, seigneurs de Luchuel, de Grouches, d'Authieule, de Montaubert..... Vicomtes et Comtes d'Arlincourt en Picardie et dans l'Ile de France, par Borel d'Hauterive. — Paris, 1878 ; 23 p. in-8°.

10814. — Généalogie de **Quiéret** Seigneurs de Tours et du Quesnoy.
Hist. généal. et chronol..., par le P. Anselme. — Paris, Clousier, 1712, t. VII, p. 744 à 749 ; in-folio.

10815. — *Généalogie de Hugues* **Quiéret** *et Enguerrand Quiéret, amiraux de France.*
Ibid., t. II, p. 907 à 910 ; in-folio.

10816. — Gauvain **Quiéret**, seigneur de Dreuil et sa famille, par René de Belleval. — Paris, Dumoulin, 1866 ; 95 p. in-8° et 2 pl.

10817. — *Généalogie de la famille de* **Raineval**.
Hist. généal. et chronol..., par le P. Anselme. — Paris, Clousier, 1712, t. II, p. 1386 à 1388 ; in-folio.

* 10818. — Généalogie de **Rambures**, originaires de Picardie, élection d'Abbeville, généralité d'Amiens. *Avec un jugement de Jérôme Bignon, Intendant de Picardie, du 6 mars 1700, maintenant à Daniel, dit François de Rambures, sieur de Branlicourt, la qualité d'écuyer.* — S. l. n. n. n. d. ; gr. in-4°.
Bibl. Nat¹ᵉ, Mss. Doss. blancs, 555, Rambures, f° 28.

* 10819. — Généalogie de **Rambures**, originaire de Picardie, élection et généralité d'Amiens. *Avec un jugement de Jérôme Bignon, Intendant de Picardie, du 21 mars 1699, maintenant* *à Philippe et à Jean de Rambures la qualité d'écuyers.* — S. l. n. n. n. d.; gr. in-4°.

Bibl. Nat^{le}, Mss. Doss. blancs, 555, Rambures, f° 27.

10820. — Généalogie de la maison de **Rambures**.

Hist. généal. et chronol..., par le P. Anselme. — Paris, Clousier, t. VIII, 1717, p. 65 à 69 ; in-folio.

10821. — *Généalogie de la famille de* **Rambures**.

Ibid., t. II, p. 1040 à 1042 ; in-folio.

10822. — Un cachet de la famille de **Rambures** au XVIII° siècle, *par A. Dufaitelle*. — Calais, Leleux, 1853; 4 p. in-8°.

10823. — Famille de Rambures. Branche de **Rambures de Poireauville**. Notice historique sur son origine, sa suite généalogique, ses alliances. — Amiens, Lenoel-Herouart, 1864 ; 60 p. in-8°.

Ext. de la Picardie.

10824. — Les anciennes armes des **Rambures-Poireauville**, *par Le Clerc de Bussy.*

La Picardie, 1880, p. 119 à 122 ; in-8°.

10825. — *Généalogie de de* **Riencourt**, Seigneurs de Riencourt, d'Orival, de Parfondru, de Drouay, de Tilloloy, de Villers, d'Andechy, de Lignières, de Boisgeoffroy, etc., en Picardie et en Normandie.

Armorial général (d'Hozier). — Paris, Prault, 1764, reg. 5, 2° p^{ie}; 22 p. in-folio.

10826. — Notice généalogique sur la maison de **Riencourt**, par Ch. Poplimont. — St Germain, Heutte, 1874 ; 20 p. in-8°.

** **10827.*** — Histoire généalogique de la Maison de Roucy et de **Roye**. par P. Moret de la Fayolle. — Paris, 1675 ; in-12.

Bibl. hérald. de la France, par Guigard, n° 4552.

** **10828.*** — Table généalogique de la Maison de **Roye** et Comtes de Roucy par David Blondel. — S. l. n. n. d.; 6 ff. in-folio.

Bibl. hérald. de la France, par Guigard, n° 4553.

10829. — Notice historique sur la commune de St Germain les Evreux. Chapitre II. Seigneurs de la maison de **Roye**, 1258-1460.

Trav. Soc. libre de l'Eure, 4° s^{ie}, t. I, 1869-72, p. 21 à 41; in-8°.

10830. — *Généalogie de la maison de* **Roye** *et de Barthélemy de Roye, chambrier de France.*

Hist. généal. et chronol..., par le P. Anselme, — Paris, Clousier, 1702, t. II, p. 1212 à 1222 ; in-folio.

10831. — Généalogie de la maison de **Roye**, Seigneurs du Plessier de Roye, Seigneurs de la Ferté en Ponthieu.

Ibid., t. VIII, p. 7 à 16 ; in-folio.

10832. — *Généalogie de la famille de* **Roye de Wichen**.

Nobil. univ..., par de St Allais. — Paris, 1814, t. V, p. 126 à 142 ; in-8°.

** **10833.*** — Généalogie de la famille de **Roye**, originaire de Picardie. Extrait du Dictionnaire généalogique et historique des familles nobles de Belgique. — Bruxelles, 1851 ; in-4°.

10834. — *Généalogie de la famille de* **Saint-de-Lys**.

Nobil. univ., par de St Allais, — Paris, 1814, t. VII, p. 408 à 412 ; in-8°.

10835. — **Saint Delis**, Marquis d'Heucourt, *par René de Belleval.*

Rev. nobil., t. IV, 1866, p. 433 à 447 ; in-8°.

10836. — Notice généalogique de MM. de **Sanson**, Rédigée à Paris, le 4 Février 1825. — Abbeville, Devérité, s. d. ; 13 p. in-12.

10837. — *Généalogie de la famille de* **Soyecourt.**
Hist. généal. et chronol..., par le P. Anselme. — Paris, Clousier, 1712, t. II, p. 1319 à 1323; in-folio.

10838. — Généalogie de la maison de **Soyecourt**, Seigneurs de Franconville, de Coutres et de Belleuse, Seigneurs de Mouy.
Ibid., t. VIII, p. 521 à 528; in-folio.

10839. — Livre généalogique et chronologique des Seigneurs et Marquis de **Soyecourt** : avec toutes les branches de leur Maison : et deux descendances du Roy Hugues-Capet, par lignes de consanguinité, l'une de haut et puissant Seigneur Messire Joachim-Adolphe de Seiglière, Marquis de Soyecourt : et l'autre de Pauline Corisante de Pas-Feuquière, son épouse. Dressé sur Titres et Pièces justificatifs, *par Joachim Adolphe de Seiglière, marquis de Soyecourt.* — S. l. n. n., *1723*; in-8°. de 78 et 4 p av. 3 pl. grav. hors texte.
Bibl. Nat^{le}, Lm³, n° 864.

10840. — Notice sur la maison de **Soyecourt.** — Paris, Plon, *1845*; 43 p in-8°.

10841. — Lettres du Comte de Soyecourt à Madame la Duchesse Decazes, *sur la famille de* **Soyecourt.** — Paris, 1853; 24 p. in-8°.
Bibl. Nat^{le}, Lm³, n° 866.

10842. — Arrêt d'adoption *d'Eugène* **Tillette de Mautort** *par Louis-françois-Marie, comte de Clermont-Tonnerre de Thoury et Marie-Françoise de Froger, son épouse.* — Paris, J. B. Imbert, 1818; 1 p. in-folio à 2 col.
Bibl. de Clermont-Tonnerre à Abbeville.

10843. — Généalogie de **Tillette,** Seigneurs de **Mautort,** Cambron, Hangest-sur-Somme, Eaucourt-sur-Somme, Comtes et Barons de Mautort, Comtes de Clermont-Tonnerre, Seigneurs de Belleville; du Mesnil; d'Offinicourt, Port, Longvillers; d'Achery, Acheux, Brancourt, Catigny, Courcelles; Ruigny, Hesdimeux, Yonval, Espagne; Buigny, le Mesge, Bichecourt; Woirel, le Bus, *par le Baron Louis Tillette de Clermont-Tonnerre.* — Abbeville, Briez, Paillart et Retaux, 1870; 121 p. in-8°.

10844. — Les **Trudaine,** par Ernest Choullier. — Arcis sur Aube, Frémont, 1884; in-8°.
Notice généalogique sur une famille originaire d'Amiens.

10845. — *Généalogie de* **Vaillant,** Seigneurs de Villers sous Ailly, de Caumondel, etc., en Picardie).
Armorial général. (d'Hozier). — Paris, Prault, 1764, reg. 5, 2° p^{ie}; 7 p. in-folio.

10846 et 10847. — Abrégé généalogique de la Maison de **Vincent d'Hantecourt** et des seigneurs de Tournon, originaires du Ponthieu. — S. l. n. n., *XVIIIe siècle*; 50 p. in-4°.
Bibl. A. de Caieu.

10848. — Généalogie de la famille **Wignier,** par Ch. Wignier de Warre. — Abbeville, Picard-Josse, 1894; 69 p in-8° av. 2 pl.

10849. — *Généalogie de la famille* **Witasse de Thésy.**
Ann. de la Nobl. de France, 1875, p. 198 à 201; in-12.

CHAPITRE IV

BIOGRAPHIES DIVERSES

10850. — Tableau historique des **Sciences**, des **Belles-Lettres** et des **Arts**, dans la Province de Picardie Depuis le commencement de la Monarchie jusqu'en 1752 Par le P. Daire, Religieux Célestin. — Paris, Hérissant fils, 1768 ; VIII-208 et 4 p. in-12.

10851. — **Biographie d'Abbeville** et de ses environs, *par F. C. Louandre*. — Abbeville, Devérité, 1829 ; 364 p. in-8°.

10852. — **Biographie** des Hommes célèbres, des Savans, des Artistes et des Littérateurs du Département **de la Somme**. — Amiens, R. Machart, 1835-1837 ; 2 vol. in-8°, le 1er de XVI-458 p. av. 7 portr. lith., le 2e de 422-75 p. av. 5 portr.

Publié sous la direction de M. Dusevel, cet ouvrage contient des articles signés de cet auteur et de MM. de Pongerville, V. Warmé, St A. Berville, etc.

10853. — Notice sur l'**Histoire littéraire d'Abbeville** ét de ses Environs, par M. Morgand. — Abbeville, Paillart, 1840 ; 47 p. in 8°.

Extr. Mém. Soc Em. Abb.

10854. — **Tablettes militaires**. *Notes sur quelques illustrations militaires peu connues de l'arrondissement d'Abbeville, Couaillet de Vaudricourt; Delondres, de Laviers; Demanelle, de S*^{t} *Blimont; Duval de Haut-Marest, d'Abbeville; Joly, de Brutelles; Perrée, de S*^{t} *Valery; Alexandre Traullé, d'Abbeville; Victorine Charlemagne, d'Epa-gne; Boyard, de Cayeux; Malingre, de S*^{t} *Valery et Warré, d'Abbeville.*

Alm. ann. d'Abb. 1849, p. 104 à 119 et 1852, p. 49 à 54 ; in-16.

10855. — **Notices biographiques**. *M. de Raismes, Raoult de Maintenay, Alexandre Robart, Jean de Bruges, seigneur de la Gruthuse.*

Alm. ann. d'Abbev., 1853, p. 29 à 39 ; in-16.

10856. — Les **Hommes utiles** de l'Arrondissement d'Abbeville, par E. Prarond. — Amiens, Lenoel-Herouart ; Abbeville, Grare, 1858 ; 253 p. in-8°.

10857. — Un Chapitre de l'Histoire de l'Art en Province *ou Etude sur les* **Artistes picards** *aux Salons de 1866 et 1867*, par M. Gustave Le Vavasseur. — Amiens, Caillaux, 1868 ; 16 p in-8°.

Extr. Mém. Congr. Scient. Amiens.

10858. — Les **Bibliographes** picards, par F. Pouy. — Paris, Baur et Detaille, 1869 ; 16 p. in-8°.

10859. — Notices biographiques des **Marins** célèbres **de Saint-Valery-sur-Somme**, par Alphonse Pierru. — Abbeville, Briez, C. Paillart et Retaux, 1871 ; 123 p. in-8°.

10860. — La Picardie au **Salon de 1874**, par M. A. Gabriel Rembault. Ext. du Journal d'Amiens du 12 juin 1874. — Amiens, Jeunet, 1874 ; 43 p. in-16.

10861. — Souvenirs du **Salon de 1875**. Quelques Artistes picards. — Amiens, Delattre-Lenoel; 14 p. in-8°.
Extr. de la Picardie.

10862. — **Biographie montdidérienne**, par Victor de Beauvillé. — Paris, Claye, 1875; XVIII-252 p. in-8°.

10863. — Les **Illustrations d'Abbeville** et de l'Arrondissement. Conférence par M. Ch. Louandre faite au Cirque le mardi 28 Mars 1882.
Bull. Conf. scient. Abbev., t. I, p. 5 à 27; in-8°.

10864. — Essai sur les **Trouvères Picards**, par le Bibliophile Ratoux (*Alcius Ledieu*). — Abbeville, Caudron, 1883; 27 p. in-12.

10865. — Recherches sur les **Graveurs d'Abbeville** par Emile Delignières. — Paris, Plon, Nourrit et Cie, 1886; 45 p. in-8°.

10866. — Société des Antiquaires de Picardie. Les **Graveurs Abbevillois** par Emile Delignières. Lecture faite à la première séance du Congrès archéologique et historique d'Amiens. 8 Juin 1886. — Amiens, Douillet, 1888; 18 p. in-8°.
Extr. Mém. Soc. Ant. Pic.

10867. — **Notices biographiques** sur la Picardie par le Cte de Marsy.
Cab. hist. Pic. et Art., t. I, p. 264 à 270; in-8°.

10868. — **Notes pour** servir à **une biographie** picarde, par M. L. de Caruelle.
Cab. hist. Pic. et Art., p. 87 à 92; in-8°.

10869. — **Types abbevillois.** Notices biographiques, esquisses à la plume de quelques personnalités excentriques d'Abbeville, anecdotes et historiettes locales par E. G. (*Edouard Grare*), ancien libraire. — Abbeville, Imp. du Pilote de la Somme, 1887; III-143 p. in-12

10870. — Le Comte de Marsy. **La Picardie** et les Picards **au Parlement** de Paris de 1410 à 1417, d'après le journal de Nicolas de Baye. — Abbeville, 1889; 26 p. in-8°.
Extr. Cab. hist. Pic. et Art.

10871. — Note sur quelques **Sculpteurs en bois** dans le Vimeu au xve siècle, par M. Em. Delignières.
Bull. Soc. Em. Abbev., t. II, p. 134 à 136; in-8°.

10872. — Notices sur les **Membres** résidants **de la Société d'Emulation** d'Abbeville par Armand Boucher de Crèvecœur. 1re et 2e parties. — Abbeville, C. Paillart, 1892; 239 p. in-8°.
Extr. Mém Soc. Em. Abbev.

10873. — Conférence sur les **Graveurs abbevillois** au Musée d'Abbeville et du Ponthieu le 30 juin 1893, par M. Emile Delignières.
Cong. archéol. de France, 1893, p. 375 à 388; in-8°.

10874. — **Dictionnaire biographique** comprenant la liste et les biographies des notabilités.... du département de la Somme. — Paris, Henri Jouve, 1893; 374 p. in-8° av. 34 portr.

10875. — Une belle page dans l'histoire du Diocèse d'Amiens. Les premiers **Compagnons de St Vincent de Paul**, Originaires du Diocèse d'Amiens par l'abbé J. B. Roze — Amiens, Yvert et Tellier, 1893; 6 p in-8°.

10876. — Les **Artistes picards** par Fernand Bertaux. Etudes sur MM. Hippolyte Bertaux, Louis Debras, Jules Lefebvre, Francis Tattegrain, peintres; Emmanuel Fontaine, statuaire. — Paris, Lechevalier, 1894; X-33 p. in-12.

10877. — **Dictionnaire biographique** des Hommes du Nord. Nord, Ardennes, Aisne, Somme, Pas de Calais et Oise. I. Les Contemporains. Publié sous la direction de M. Henry Carnoy. — Paris, *vers 1885;* 272 p. in-4° à 2 col. av. nombr. portr.

10878 — Maurice Thiéry. **Silhouettes Picardes.** *Léon Duvauchel, A. Fossé,*

C. H. Michel, Cealis, A. Grébauval, A. Cabusel, Alcius Lediou, Emm. Fontaine, Ern. Prarond. — Amiens, Duchatel, 1900; 93 p. in-12 av. 8 portr.

10879. — Emile Delignières. Les **Artistes du Ponthieu** à Paris en 1900. — Saint-Valery-sur-Somme, Lefebvre, 1900; 11 p. in-12 av. 1 portr.

A

10880. — **Gérard d'Abbeville**[1], théologien, *par F. L.*
Hist. litt. de la France, t. IX, p. 215 à 219; in-4°.

10881. — Guillaume de St Amour et **Gérard d'Abbeville**, *par V. L. C.*
Ibid., add. au t. XIX, 1838, p 197 à 219 et t. XXI, 1847, p. 468 à 499; gr. in-4°.

10882. — Notice sur Guillaume Arrode et **Gilbin d'Abbeville**, clerc de la chambre aux joyaux du roi Charles VI, par M. Victor Advielle.
Réunion des Soc. des B.-Arts des Dép., 1890, p. 271 à 328; in-4°.

10883. — Paul **Aclocque**[2], par J. Domergue.
La Réforme économique, n° du 30 Mars 1892.

10884. — **Adam**, peintre de la ville d'Amiens (1416); note communiquée par M. Henri Havart.
Rev. de l'Art franc., mai 1885.

10885. — Louis d'**Ailly**, vidame d'Amiens.
Mém. de Michau de Castelnau. — Bruxelles, 1731, t. II, p. 498 à 500; in-folio.

10886.—Notice sur M. **Alexandre**[3], Membre de l'Institut, Inspecteur géné-

[1] Mort en 1271.
[2] Né à Montdidier, en 1834.
[3] Né à Amiens, en 1797.

ral de l'Université, par M. Henri Dauphin.
Mém. Acad. Amiens, t. XIX, p. 37 à 45; in-8°.

10887. — Charles **Alexandre**, par Jean Larocque.
Rev. de l'Instr. publ., n° du 30 juin 1870; 3 p. in folio.

10888. — Hommage public à la mémoire de Charles **Alexandre** Bienfaiteur des Hospices de la Ville d'Amiens. Délibération du Conseil municipal du 9 Décembre 1871. Décret du Président de la République du 30 Avril 1872.—Amiens, Lenoel-Herouart, 1872; 18 p. in-8°.

10889. — Notice historique sur la vie et les travaux de M. Charles **Alexandre**, membre de l'Académie des Inscriptions et Belles-Lettres, par M. Guigniaut, Secrétaire perpétuel.
Mém. Inst. Nat. de France, Ac. Insc. et B.-L., t. XXIX, p. 225 à 243; in-4°.

10890. — Nécrologie. Le docteur **Alexandre**. 1881. — Amiens, T. Jeunet; 26 p. in-8° carré.

10891.—Funérailles de M. le Docteur **Alexandre**.
Mém. Acad. Amiens, t. XXXVIII, p. 33 à 38; in-8°.

10892. — Notice sur Jacques **Aliamet**[1], par M. de Grattier.
Mém. Soc. Ant Pic., t. XVI, p. 705 à 716; in-8°.

10893. — Les **Aliamet**, 1726-1790.
Les Grav. franç. du xviii° siècle, par Portalis et Béraldi, t. 1, p. 5 à 16; in-8°.

10894. — Emile Delignières. Catalogue raisonné de l'Œuvre gravé de Jacques **Aliamet** d'Abbeville. Précédé d'une Notice sur sa Vie et son Œuvre. Ouvrage orné de planches en phototypie, par M. A. Lormier. — Paris, Rapilly, 1896; in-4° de VII-275 p. av.

[1] Né à Abbeville le 30 novembre 1726.

2 portr., 9 pl. h. t. et 4 vign. dans le texte
Extr. Mém. Soc. Em. Abbeville.

10895. — Girard d'**Amiens**, *par* G. P.
Hist. litt. de la France, t. XXXI, 1893, p. 151 à 205 ; in-4°.

10896. — Notice bibliographique et historique sur le Charlemagne de Girard d'**Amiens**.
Les Epopées françaises, par Léon Gautier. — Paris, Palmé, t. III, 1889, p. 30 à 37 ; in-8°.

* **10897.** — Hugues d'**Amiens**[1].
D'Achery, Guiberti de Novig. opp., 1651, p. 687 à 690.

10898. — Eloge de Hvgves III d'**Amiens**.
Hist. des Archev. de Rouen. — Paris, Maurry, 1667, p. 313 à 344 ; in-folio.

* **10899.** — Hugues d'**Amiens**.
Oudin, de Scriptor. eccles. antiq. — Lipsiæ, 1722, t. II, p. 1470 à 1474 ; in-folio.

10900. — Hugues d'**Amiens**, archevêque de Rouen. Histoire de sa vie. Ses écrits. Sa doctrine, son érudition, son génie, sa manière d'écrire.
Hist. litt. de la France, t. XII, 1830, p. 647 à 667 ; gr. in-4°.

* **10901.** — Hugues d'**Amiens**.
Wright, Biograph. Britannic. litterar., 1846, t. II, p 198 à 200 ; in-8°.

* **10902.** — Hugues d'**Amiens**.
Sevestre, Dict. de Patrol. — Paris, 1851-1855, t. II, p. 451 à 468 ; gr. in-8°.

10903. — Hugues d'**Amiens**, *par* M. B. Hauréau.
Nouv. biogr. génér. (Didot), t. XXV, col. 439 à 442 ; in-8°.

10904. — Un Archevêque de Rouen au XIIᵉ siècle. Hugues III d'**Amiens**. 1130-1164.
Rev. des Quest. histor., 128ᵉ Livr., 1898, p. 323 à 371 ; in-8°.

[1] Né à Amiens, au XIᵉ siècle.

10905. — Jacques d'**Amiens**.
Hist. litt. de la France, t. XXIII, 1856, p. 636 ; in-4°.

10905 *bis*. — Jacques d'**Amiens**. L'art d'aimer. Vergleickung des Pariser und Dresdener. Textes von Robert Reinsch.
Arch. fur das Studium der neueren Sprachen, 1881, p. 411 à 435 ; in-8°.

10906. — Nicolas, chanoine d'**Amiens**, mort vers 1204, *par Petit-Radel*.
Hist. litt. de la France, t. XVII, 1832, p. 1 à 5 ; in-4°.

10907. — *Note sur la chronique universelle de* Nicolas d'**Amiens**.
Ibid., t. XXI, 1847, p. 659 à 661 ; in-4°.

10908. — Nicolas d'**Amiens**, *par* B. Hauréau.
Nouv. Biog. génér. (Didot), t. XXVII, col. 983 à 986 ; in-8°.

10909. — Eloge de Thibavt d'**Amiens**.
Hist des Archev. de Rouen. — Rouen, Maurry, 1667, p. 445 à 453 ; in-folio.

10910. — Vie du V. P. **André de Iesus Maria**[1]. Son novitiat.
Ann. des Carm. déchaussés, par le P. L. de Sᵗᵉ Thérèse. — Paris, 1665, p. 203 à 205 ; in folio.

10911. — **Angilbert**, Abbé de Corbie.
Hist. litt. de la France, t. V, 1740, p. 648-649 ; in-4°.

10912. — **Anscheri** abbatis centulensis elogium auctore, ut videtur, Hariulfo.
Ann. Ord. S. Ben.... Mabillon. — Lutetiæ.... 1713, t. V, p. 664 et 665 ; in-folio.

10913. — **Anscher**, Abbé de Saint-Riquier. Histoire de sa vie. Ses écrits.
Hist. litt. de la France, t. XI, 1759, p. 611 à 618 ; in-4°.

[1] Né à Abbeville le 7 février 1598.

10914. — Notice nécrologique. Joseph **Antoine**[1], *architecte à Amiens*, par M. Guerlin.

Bull. Soc. Ant. Pic., 1896, p. 279 à 282 ; in-8°.

10915. — Panthéon de la Légion d'Honneur. Notice sur les chevaliers d'**Anvin de Hardenthun**, officier et chevalier de la Légion d'Honneur. — Paris, 1864 ; 2 p. in-8°.

10916. — Jean Lambert d'**Arras**[2], Officier de la Marine Royale. Chevalier de la Légion d'Honneur. — S. l. n. n. n. d. ; 5 p. in-4°.

Extr. des Arch. hist.

10917. — Gvy d'**Aties**, garde des sceaux de France.

Hist. des Chancel., par Duchesne. — Paris, 1680, p. 206 et 207 ; in-folio.

10918. — **Aubrelicque** (Jean Louis). Sénateur de l'Oise. Né[3] en 1814. Mort en 1879. Extrait des Tablettes biographiques ; 1881-1882. — 4 p. in-8°.

10919. — Histoire de nos grands pères. **Aubrelicque**, *par E. Ballu*.

Ann. de l'Enregist., oct. 1893, p. 430 à 438 ; in-8°.

10920. — Baudouin des **Auteux**.

Hist. litt. de la France, 1856, t. XXIII, p. 531 et 532 ; in-4°.

10921. — Symon d'**Autie**[4].

Les trouvères artésiens, par Dinaux. — Paris, Techener, 1843, p. 446 à 458 ; in-8°.

10922. — Lambert **Aux Cousteaux**[5]. 1606-1653.

Not. sur les prêtres de la Congr. de la Mission, t. II, p. 1 à 28 ; in-8°.

[1] Né à Amiens.
[2] Né à Saint-Valery, le 2 octobre 1786.
[3] A Roye.
[4] Chanoine d'Amiens au xiii° siècle.
[5] Né à Fossemanant en 1606, mort le 31 janvier 1653.

B.

10923. — **Bagneux**[1] (Louis-Charles-Alfred) Frotier, (Comte de).

Galerie hist. par Lauzac, 1870-72, p. 522 et 523 ; in-8°.

10924. — **Bailleul** ou Baliol (Jean de). Bailleul (Edouard de), *par Lally-Tollendal*.

Biogr. univers. (Michaut), t. III, p. 229 à 233 ; in-8°.

10925. — Jean Baliol ou **Bailleul**, roi d'Ecosse et sire de Bailleul-en-Vimeu, par Em. Gaillard.

Rev. anglo-franç., t. III, 1836, p. 205 à 208 ; in-8°.

10926. — Sur Jean **Bailleul**, roi d'Ecosse. Lettre au Directeur de la Revue Anglo-Française, par le M¹ˢ Le Ver.

Ibid., t. III, 1836, p. 444 à 449 ; in-8°.

10927. — Notice sommaire sur quelques difficultés historiques relatives à Jean **Bailleul**, roi d'Ecosse (Extraite du 3ᵉ volume de la Revue Anglo-Française), par M. le Marquis Le Ver. — Poitiers, Saurin, 1836 ; 8 p. in-8°.

* **10928.** — Léon de Durainville. Notice sur une pierre tumulaire de Bailleul-sur-Eaulne (arr. de Neufchâtel), désignée par une tradition locale comme recouvrant les cendres de Jean de **Bailleul** (John Baliol) et de la reine son épouse. — Rouen, 1846 ; 11 p. in-8°.

10929. — Jean de **Bailleul** Roi d'Ecosse et Sire de Bailleul-en-Vimeu, par René de Belleval. — Paris, Dumoulin, 1866 ; 104 p. in-8° av. 1 tabl.

* **10930.** — V¹ᵉ d'Estaintot. La tombe de Jehan de **Bailleul** à Bailleul-sur-Eaulne. — Rouen, 1879 ; 24 p. in-8° av. fig.

[1] Né à Amiens, le 10 novembre 1816.

10931. — Deux seigneurs picards. (*Jean et Edouard de* **Bailleul**,) Rois d'Ecosse (1292-1356), par M. Ferdinand Mallet. — Abbeville, Paillart, 1890 ; 22 p. in-8°.

10932. — Eloge de M. J. B. G. **Barbier**[1], décédé Directeur honoraire de l'Ecole préparatoire de Médecine et de Pharmacie d'Amiens... par M. Tavernier, prononcé à la séance publique de l'Académie d'Amiens, le 31 août 1856. — Amiens, Lenoel-Herouart ; 30 p. in-8°.

Ext. Mém. Acad. Amiens.

10933. — **Barbou**[2] de Courrières.
Dict. hist. des génér. franç., par de Courcelles, t. I, p. 328 à 331 ; in-8°.

10934. — **Barbou**.
Galerie militaire, par Babié et Beaumont, an XIII, t. VII, p. 315 à 319 ; in-16.

10935. — Désiré Lacroix. Le général **Barbou** (1761-1827). — Limoges, Marc Barbou, *vers 1900* ; 110 p. in-8° avec portr.

10936. — Jules **Barni**[3], sa Vie et ses Œuvres par Auguste Dide, Sénateur. — Paris, Alcan, 1891 ; 255 p. in-12 av. portr.

* **10937.** — La Vie du R. P. **Barré**[4], Minime et Instituteur des Ecoles charitables du Saint-Enfant Jésus, par le R. P. François Giry. — Paris, 1687.

10938. — Préface où l'on donne un abrégé de la vie de l'autheur pour l'intelligence des lettres. — 29 p.
Recueil des Lettr. spirit. du R. P. **Barré**.. avec un abrégé de sa vie. — Rouen, le Boucher, 1697 ; in-12.
Cette vie a été reimprimée à Poulo-Pinang (Malaisie) ; 45 p. in-18.

[1] Né à Poix en 1776.
[2] Né à Abbeville en 1761.
[3] Né à Lille le 30 mai 1818, député de la Somme de 1872 à 1878, mort à Mers le 4 juillet 1878.
[4] Né à Amiens, le 21 octobre 1621.

10939. — *Vie du P.* **Barré**.
Journal des Pères... de l'Ord. des Minimes, par le R. P. Thuillier. — Paris, Giffart, 1709, p. 222 à 251 ; in-4°.

* **10940.** — Vie du P. **Barré**, en tête des Lettres spirituelles et des Maximes réunies, suivies de la lettre du P. Thuillier sur la mort du P. Barré. — Toulouse, 1876 ; 34 p. in-12.

10941. — Vie du R. P **Barré**, religieux minime, fondateur de l'Institut des Ecoles charitables du Saint-Enfant Jésus dit de Saint-Maur. Origines et Progrès de cet Institut (1662-1700) par le R. P. Henri de Grézes des FF. MM. Capucins. — Paris, Poussielgue, *1892* ; 428 p. in-8° av. portr.

10942. — Eloge de **Baudelocque**[1] (*César-Auguste*).
Eloges lus à l'Ac. de Médec., par Dubois d'Amiens. — Paris, Didier, 1864, t. I, p. 447 à 465 ; in-8°.

10943. — M. **Baudelocque**. — Imp. de Cosson, à Paris ; 8 p. gr. in-8°.
Ext. Biogr. Méd. Céléb.

10944. — Plaidoyers pour le sieur **Baudelocque**[2], Membre des ci-devant Collège et Académie de Chirurgie... Contre Alexandre Tardieu, Graveur de la Marine ; Jean-François Sacombe, se disant Médecin-Accoucheur ; la femme Bridif ; et le sieur Lefebvre, Imprimeur ; prononcés par M° Delamalle, aux Audiences des 28, 30 Messidor et 7 Thermidor an XII. — Paris, Delance et Lesueur, an XII, 1804 ; 167 p. in-4°.
Bibl. d'Amiens, Médec., n° 2526.
Au sujet d'une plainte en dénonciation calomnieuse faite par Sacombe contre Baudelocque au sujet du rôle de ce dernier dans un accouchement.

[1] Né à Hailles le 9 décembre 1795.
[2] Baudelocque (Jean-Louis), né à Heilly en 1746.

10945. — Plaidoyer du Docteur Sacombe, défendeur, en réponse à celui de M. Delamalle, défenseur de M Baudelocque, demandeur. — Paris, Lefebvre, an XIII, 1804 ; 176 p. in-4°.

Ibid., n° 1901.

10946. — Réplique pour le sieur **Baudelocque**... prononcée par M. Delamalle à l'Audience du 5 Fructidor an XII. — Paris, Delance et Lesueur, an XIII, 1804 ; 99 p. in-4°.

Ibid., n° 2526.

* **10947.** — Discours prononcé sur la tombe de M. **Baudelocque**, le 3 mai 1810, par M. J. J. Leroux. — Paris, Migneret ; in-4°.

Bibl. Nat^{le}, Ln27, n° 1136.

10948. — Principes sur l'Art des Accouchemens par demandes et réponses en faveur des élèves Sages-Femmes ; quatrième édition... précédée de l'Eloge de l'Auteur par M Leroux, doyen de la Faculté de Médecine et d'une Notice sur sa vie et ses ouvrages par M. Chaussier, médecin en chef de l'hospice de la Maternité... par feu J. L. **Baudelocque**. — Paris, Méquignon, 1812 ; 312 p. in-12.

Autre édition avec le titre : L'Art des Accouchemens par feu J. L. **Baudelocque**... — Paris, Méquignon, 1815 ; 2 vol. in-8°.

* **10949.** — M. **Baudelocque**. — Paris, Bureau de l'Encyclopédie biographique, s. d. ; 8 p. gr. in-8°.

Bibl. Nat^{le}, Ln27, n° 1137.

10950. — *Notice sur J. L.* **Baudelocque**.

Accoucheurs célèbres... par Wikkowski. — Paris, Stenheil, 1891, p. 172 à 176 av. portr.; in-8°.

— **10951.** — Jean **Bauhin**[1].

Dict. hist. de la Méd., par Eloy. — Liège, Bassompierre, 1755, t. I, p. 141 à 143 ; in-12.

[1] Né à Amiens en 1506.

10952. — Au Service du Pays. Souvenirs de Sainte-Geneviève, par le R.P. Chauveau. Emmanuel de **Beaurepaire**[1]. — Paris, Palmé, 1879 ; 26 p. in-8° av. 3 fig.

10953. — Catalogue de Tableaux... Dessins et Estampes montés et en feuilles, Figures et Bustes... Fonds de planches gravées, etc. Après le décès du C^{en} **Beauvarlet**[2], Graveur, par F. L. Regnault. Dont la vente se fera en sa maison, rue de l'Egalité, le 23 Ventôse (mardi 13 mars 1798 Vieux style), an VI de la République Française. — *Paris*, Quillau ; 42 p. in-8°.

En tête de ce catalogue est une notice biographique.

Bibl. d'Abbeville.

10954. — Notice historique sur la vie de J. **Beauvarlet**, par le citoyen Collenot.

Bull. Soc. Emul. Abb., an IX, p. 3 à 7 ; in-8°.

10955. — Catalogue de l'Œuvre de Jacques-Firmin **Beauvarlet** d'Abbeville précédé d'une notice sur sa vie et ses ouvrages, par l'abbé Dairaine. — Abbeville, P. Briez, 1860 ; 17 p. in-8°.

Ext. Mém. Soc. Em. Abbeville.

10956. — Quatre estampes du graveur Jacques **Beauvarlet** d'Abbeville, *par H. Dusevel*.

La Picardie, t XVIII, 1873, p. 49 à 51 ; in-8°.

10957. — **Beauvarlet** (Jacques-Firmin), 1731-1797.

Les Graveurs du xviiie siècle, par Portalis et Béraldi, t. I, p. 136 à 149 ; in 8°.

10958. — Le Graveur **Beauvarlet** et l'Ecole abbevilloise au xviiie Siècle, par Emile Delignières. — Abbeville, 1891 ; 35 p. in-8° av. portr.

[1] Né à Filescamps, commune de Braches, le 27 juillet 1843.
[2] Né à Abbeville le 5 septembre 1731.

10959 — Biographie. Victor de **Beauvillé**[1]. Sa Vie et ses Œuvres, *par Emile Coët*. — Compiègne, Mennecier, 1893 ; 16 p. in 8°.
<small>Extr. Tablett. d'Hist. locale.</small>

10960. — Jean **Bécu**[2], 1592-1667.
<small>Not. sur les Prêtres de la Congr. de la Mission. — Paris, 1861, t. I, p. 125 à 133 ; in-8°.</small>

10961. — Eloge de **Bèjot**[3], par Dacier.
<small>Mém. Acad. Insc. et B.-Lett., t. XLVII.</small>

10962. — Notice sur Ch. Fr. Dumaisniel de **Belleval**[4], Naturaliste, par le Cit. Boucher.
<small>Bull. Soc. Emul. Abbev., an VI, p. 29 à 32 ; in-8°.</small>

10963. — M. Louis-Charles de **Belleval**[5], *par E. Prarond*.
<small>Mém. Soc. Emul. Abbev., 3ᵉ série, t. II, p. 433 à 436 ; in-8°.</small>

10964. — Etude sur la Vie et les Œuvres de Louis-Charles de **Belleval**, Marquis de Belleval, *par René de Belleval*. — Paris, J.-B. Dumoulin, 1875 ; 32 p. in-8°.

10965. — Souvenirs d'un chevau-léger de la garde du Roi par Louis-René de **Belleval**[6], publiés par René de Belleval, son arrière-petit-fils. — Paris, Aubry, 1866 ; VII-323 p. in-8° av. portr.

10966. — *Louis-René de* **Belleval**, *lieutenant des Maréchaux de France à Abbeville*.
<small>Les Lieut. des Maréch. de Fr., par René de Belleval, p. 7 à 20. Ext. de la Rev. Nobil. ; in-8°.</small>

10967. — Souvenirs de ma Jeunesse, par le Marquis de **Belleval**[1]. — Paris, Lechevalier, 1895 ; 433 p. in-8°.

10968. — Notice biographique sur le frère **Berain**[2], mort à Paris le 11 novembre 1872, par Auguste Carion. — Paris, Poussielgue, 1875 ; 136 p. in-12.

10969. — **Bertin** (*L'Abbé Pierre-Joseph*)[3].
<small>Ann. biogr., par Henrion, 1834, p 83 à 85 ; in-8°.</small>

10970. — Notice sur M. l'Abbé **Bertin**.
<small>Serm. de M. l'Abbé Bertin. — Paris, Gaume, s d., t. I, p. I à IX ; in-12.</small>

10971. — Notice nécrologique sur l'Abbé Ch. **Berton**[4], Chanoine honoraire, Supérieur de l'Ecole Saint-Martin, par l'abbé J. Corblet. — Amiens, Challier, 1866 : 15 p. in-8°.

10972. — Saint-Albin **Berville**[5]. Extrait de la Biographie du Département de la Somme. — Amiens, R. Machart ; 8 p. in-8°.

10973. — **Berville** (Saint-Albin).
<small>Biogr. des Hommes du jour, par Sarrut, 1835, t. I, p. 307 à 313 ; gr. in-8°.</small>

* **10974.** — Notice sur M. **Berville**... publiée dans les "Archives des hommes du jour". *Signé : Tisseron de Quincy.* — Paris, de Lacombe, s. d. ; in-8°.

10975. — Notice sur M. **Berville**. (Extrait des Annales du Barreau français), *par L.-H. Moulin* — S.l.n.n.n.d.; 35 p. in-12.

---

[1] Né à Montdidier le 18 juillet 1817.
[2] Né à Braches le 24 avril 1592, mort en 1667.
[3] Né à Montdidier le 24 septembre 1718.
[4] Né à Abbeville en 1733.
[5] Né à Abbeville le 16 mars 1814.
[6] Né au Bois-Robin, près Aumale (Seine-Inf.), le 4 mars 1741, d'une vieille famille picarde.

[1] de Belleval (Marie-René), né à Abbeville le 27 juin 1837.
[2] Né au Mesnil-Bruntel le 29 janvier 1841.
[3] Né à Amiens.
[4] Né à Abbeville le 1 octobre 1825.
[5] Né à Amiens le 22 octobre 1788.

10976. — Société philotechnique. Un hommage à M. **Berville**, *par Alph. François* ; 28 novembre 1858. — Paris, Malteste ; in-8°.

10977. — Discours improvisé sur la tombe de M. **Berville** (28 septembre 1868), *par M. Maugis.*
Annuaire Soc. philotech., 1868, p. 18 à 26 ; in-8°.

10978. — J. Poisle Desgranges. M. **Berville**. Notice biographique. — Paris, Dentu, 1868 ; 19 p. in-12.

10979. — Notice biographique sur M. Saint-Albin **Berville**.
Mél. extr. de la Gaz. des Trib., par de Pistoye. — Paris, Chaix, 1869, p 25 à 51 ; in-8°.

10980. — Fragment d'une notice biographique sur M. **Berville**, par L. Wiesener.
Ann. de la Soc. philotech., t. XXXII, 1871, p. 40 à 50 ; in-8°.

10981. — Notice biographique sur M. Saint-Albin **Berville**, ancien Député, ancien Magistrat, par Louis Wiesener, son gendre. — Paris, E. Maillet, 1872 ; 312 p. in-12.

10982. — *Etude sur M.* **Berville**. Discours de réception de M. Gustave Dubois.
Mém. Acad. Amiens, t. XXII, 1875, p. 75 à 112 ; in-8°.

10983. — Nécrologie. *Notice sur* **Béthisy de Maizières**[1].
Le Moniteur, n° du 18 juin 1823, p. 746.

10984 — **Béthisy de Mézières**[2] (Henri-Benoit-Jules de), *par Vinzon.*
Biogr. univers. (Michaut), t. LVIII, p. 198 à 202 ; in-8°.

10985. — **Bienaimé**[3] (Pierre-Théodose), architecte, *par H. Audiffret.*
— Biogr. univ. (Michaut), t. LVIII, p. 240 à 242 ; in-8°.

10986. — Notice nécrologique sur **Bienaimé**, architecte, membre de l'Athénée des Arts, par M. Mirault.
L'Athénée des Arts, 1833, p. 123 à 134 ; in-12.

10987. — Jean-Baptiste-Honoré **Binet**[1], Chef de Bataillon d'Infanterie en retraite, Membre du Conseil général de la Seine-Inférieure... — S. l. n. n. n. d. ; 3 p. in-8°.
Ext. des Archives historiques.

10988. — Entrée solennelle de Mgr l'Evêque de la Guadeloupe (**Blanger**[2]) dans son diocèse. — Basse-Terre, Imp. du Gouvernement, s. d. ; 6 p. in-8°.

10989. — Oraison funèbre de Mgr François-Benjamin-Joseph **Blanger**, Evêque de Limoges, prononcée dans l'Eglise Cathédrale de Limoges le 25 janvier 1888, par S. G. Mgr Amand-Joseph Fava, Evêque de Grenoble. — Limoges, Barbou, 1888 ; 48 p. in-8°.
Voir aussi dans "Le Dimanche" n°s 871 et s.

10990. — Notions sur le sculpteur **Blasset**[3]. (Extrait des Manuscrits de Dom Grenier à la Bibliothèque Royale).
Bibl. hist. Pic. et Art., par Roger, p. 110 à 113 ; in-8°.

10991. — L'Œuvre de **Blasset** ou plutôt Blassel, célèbre sculpteur amiénois (1600 à 1659), par A. Dubois. — Amiens, Caron et Lambert, 1862 ; 112 p. in-8° avec 3 pl.

10992. — Note sur un dessin de **Blasset**, par M. J. Garnier.
Bull. Soc. Ant. Pic., t. X, p. 374 à 378 ; in-8°.

10993. — Nicolas **Blasset**, Architecte amiénois, Sculpteur du Roy, 1600-1659. Cinquante dessins autographiés de Louis Duthoit. Publiés par les soins

---

[1] Né à Mézières (Somme), le 4 janvier 1739.
[2] Né à Mézières (Somme), le 28 juillet 1744.
[3] Né à Amiens, le 11 janvier 1765.

[1] Né à Amiens, le 31 août 1784.
[2] Né à Abbeville, le 19 mars 1821.
[3] Né à Amiens, en 1600.

et aux frais de MM. A. Bazot et A. Janvier. — T. Jeunet, Amiens, 1873 : gr. in-8° de II-17 p. av. XL pl.

10994. — Notice sur Pierre **Blassel**[1], par M A. Dubois.
Bull. Soc. Ant. Pic., t. XV, p. 107 à 111 ; in-8°.

* **10995.** — Extrait de la Biographie des Hommes du Jour, par MM. Germain Sarrut et B. Saint-Edme. Biographie de Marie-Louis-Alexandre Vte **Blin de Bourdon**[2]. — Paris, Krabbe, 1840 ; in-8°.

10996. — **Blin de Bourdon** (Marie-Louis-Alexandre, vicomte de), Membre de la Chambre des Députés.
Lacaine et Laurent, Biographies, 1844, p. 211 à 213 ; in-8°.

* **10997.** — Notice biographique et généalogique de M. le Vicomte **Blin de Bourdon** (Extrait de la Biographie des membres de la Chambre des Députés, par M. de Lauzac, p. 124-146.) — Paris, Cosson, 1847 ; gr. in-8°.

* **10998.** — Notice biographique sur M. **Blin de Bourdon**. Extrait de la Revue des Contemporains. — Paris, Dumas, 1848 ; in-8°.

10999. — M. **Blin de Bourdon** (Marie-Louis-Alexandre), Représentant du Peuple, *par J. B. Vaucher*. — *Paris*, Lacombe, *1848* ; 10 p in-8°.
Ext. des Arch. des Hommes du Jour.

11000. — **Blin de Bourdon** (Marie-Louis-Alexandre).
Rev. des Représ. du Peuple, 1848-49, p. 7 à 11 ; in-4°.

* **11001.** — Notice biographique sur M. **Blin de Bourdon**... Extrait de la Physiologie de l'Assemblée nationale, publiée par Raincelin de Sergy. — Paris, s. n., *1849* ; in-16.

[1] Né à Amiens, le 21 janvier 1610.
[2] Né à Amiens, le 27 avril 1782.

11002. — Notice nécrologique sur M. le Vicomte **Blin de Bourdon**, par M. Thellier de Sars.
Mém. Acad. Arras, t. XXV, 1851, p. 70 à 74 ; in-8°.

11003. — Notice biographique sur M. le Vicomte **Blin de Bourdon**, ancien Député de l'arrondissement de Doullens, *par Morel*. — Amiens, Jeunet, s. d. ; 14 p. in-8°.

11004. — Le Vicomte **Blin de Bourdon**[1] (Marie-Alexandre-Raoul), Député de la Somme à l'Assemblée Nationale de 1871.
Gal. hist et crit. du xix° siècle, par Henry Lauzac, 1877, p. 37 à 40 ; in-8°.

11005. — Eloge de M. **Blondin**[2], *par Fontenelle.*
Mém. Acad. Sciences, 1713, p. 78 à 80 ; in-4° et Œuv. div. de Fontenelle, 1742, t. III, p. 265 à 267 ; in-12.

11006. — **Blondin** (Pierre).
Dict. hist. de la Méd., par Eloy.— Liège, Bassompierre, t. I, p. 156 et 157 ; in-12.

11007. — D'Arras. *Récit des poursuites faites pour cause de jansénisme contre M.* **Blondin**, *chanoine d'Arras, né à Vaudricourt et décédé en exil au même lieu le 24 septembre 1738.*
Nouv. ecclés., 1739, p. 35-36 et 102-103 ; in-4°.

11008. — Onze Ans d'Emigration. Mémoires du Chevalier **Blondin d'Abancourt**[3], adjudant-major des Cent-Suisses, Chevalier de Saint-Louis, 1791-1830. Publiés par son Petit-Neveu Blondin de Saint-Hilaire... et suivis d'un historique de la compagnie des Cent-Suisses depuis Charles VIII. — Paris, Alph. Picard, 1897 ; IV-136 p. in-8° av. portr.

[1] Né à Abbeville, le 26 mars 1837.
[2] Né à Vaudricourt, le 18 décembre 1682.
[3] Né à Abbeville, le 7 mars 1764.

11009. — Notice nécrologique sur M. **Blondin de Brutelette**[1], lue à la Société d'Emulation d'Abbeville le 9 janvier 1879, *par E. de Vicq*.

Mém. Soc. Em. Abbev., t. XV, p. 376 à 380 ; in-8°.

11010. — Allocution prononcée par M. le Curé de Drucat à l'issue de la messe, dans la cérémonie des obsèques de Monsieur Henri-Léopold de **Brutelette**, célébrées en l'église de cette paroisse, le 28 décembre 1878. — Abbeville, C. Paillart, 1879 ; 16 p. in-8°.

11011. — Nicolas **Boivin** de Corbie, entailleur d'ymages. *Marché, du 23 avril 1594, relatif à une pierre tombale à fournir pour le chapitre St-Fursy de Péronne*.

Cabin. histor., t. III, p. 294 à 296 ; in-8°.

11012. — Notice historique sur M. Alexandre **Bonvallet**[2], *par M. Narcisse Ponche*.

Bull. Soc. Ind. Amiens, t. XIII, 1875, p. 129 à 143 ; in-8°.

11013 — Le Général du **Bos**[3].

Revue picarde, n° 7, 13 fév. 1860, p. 5 et 6 ; gr. in-8°.

11014. — Notice sur les écrits et la vie du Dr **Bosquillon**[4], *par Ph. Dubois*. — Paris, Crapelet, *1815* ; 9 p. in-8°.

* **11015.** — Discours prononcé sur la tombe du docteur **Bosquillon**... par M. Philibert Dubois. — Paris, Morenval, 1816 ; in-4°.

Bibl. Nat^{le}, Ln²⁷, n° 2458.

11016. — **Bosquillon** (Edouard-François-Marie). *par Renauldin*.

Biogr. univers. (Michaut), t. LIX, p. 37 à 41 ; in-8°.

---

[1] Né à Abbeville, le 10 juin 1806.
[2] Né à Amiens, le 31 mars 1822.
[3] Né à Flers-sur-Noye.
[4] Né à Montdidier, le 20 mars 1744.

* **11017.** — Eloge du citoyen **Bosquillon de Bouchoir**, *par le citoyen Boucher, de Montdidier*. — S. l. n. n. *1800* ; 11 p. in-4°.

Bibl. Nat^{le}, Ln²⁷, n° 2460.

11018. — Edouard-Louis-Marie **Bosquillon de Jenlis**[1], ancien Ingénieur en chef, Directeur des Ponts-et-Chaussées.

Gal. des notab. contemp., par St-Maurice Cabany, t. II, p. 213 à 215 ; in-8°.

* **11019** — Notice nécrologique sur la vie et les services de M. **Bosquillon**, *par G. Lamarle*. — Douai, d'Aubers, 1854 ; 18 p. in-8°.

11020. — Notice nécrologique sur M. le Comte Amédée-Charles-Marie de **Boubers-Abbeville**[2], Chevalier de Saint-Louis, mort au château de Long, près Abbeville, le 31 janvier 1846, par le Comte Prosper de la Faye. Extrait du Nécrologe universel du XIXe siècle. — Paris, 1846 ; 13 p. in 8° av. arm.

11021. — de **Boubers-Mazinghem**[3] (Alexandre-François-Joseph), Comte, Maréchal de camp.

Dict. hist. des Gén. franç., par de Courcelles, t. II, p. 449 à 450 ; in-8°.

11022. — Souvenir de jeunesse d'un picard sur le clocher de son village. Notice biographique sur M. le Docteur **Boucher**[4]. — Versailles, Brunox, 1865 ; 13 p. in-8°.

11023. — Biographie de M. **Boucher de Crévecœur de Perthes**[5]. Extrait

---

[1] Né à Montdidier, le 19 juin 1782.
[2] Né à Abbeville, le 15 avril 1765.
[3] Né à Lihons en Santerre, le 5 janvier 1744.
[4] Né à Fontaine-sur-Maye, le 4 septembre 1783.
[b] Né à Rethel, en 1788. Sa vie presqu'entièrement passée à Abbeville peut le faire considérer comme picard.

des Sauveteurs célèbres. par Turpin de Sansay. — Paris, Dentu, 1868 ; 23 p. in-12.

11024. — Extrait du Journal général de l'Instruction publique. Mercredi 4 septembre 1861. Bibliographie Œuvres de M. **Boucher de Perthes**, par *F. Ducros.* — Abbeville, P. Briez ; 6 p. in-8°.
Deux éditions différentes.

11025. — Santiago **Boucher de Perthes.**
Estudias préhistoricas, por D. Francisco M. Tubino. — Madrid, 1868, p. 61 à 95 ; in-8°.
Bibl. H. Macqueron.

11026. — Notice sur Jacques **Boucher de Crévecœur de Perthes**, par M. Buteux. — Amiens, Lenoel-Herouart, s. d. ; 12 p. in-8°.
Ext. Mém. Soc. Linn. Nord Fr.

11027. — Inauguration du monument élevé à la mémoire de M. **Boucher de Perthes** au cimetière de Notre-Dame de la Chapelle. — Abbeville, Briez, Paillart et Retaux, 1873 ; 32 p. in-8°.
Ext. Mém. Soc. Em. Abbev.

11028. — Une gloire française (**Boucher de Perthes**), par Victor Meunier.
Le Rappel, n°s des 17 mars, 31 mars et 3 avril 1874.

11029. — Alcius Ledieu. **Boucher de Perthes**, sa Vie, ses Œuvres, sa Correspondance. — Abbeville, Caudron, 1885 ; 290 p. in-8°.

11030. — La Vie d'un Douanier (**Boucher de Perthes**), par A. Ledieu. — Lille et Paris, J. Lefort, 1885 ; 143 p. in-8°.
Abrégé de l'ouvrage précédent.

11031. — **Boucher de Crévecœur de Perthes.** *Compte rendu de l'ouvrage de M. Alcius Ledieu.*
Tabl. d'Hist. loc. par Coet. — Compiègne, 1887, 1re partie, p. 65 à 68 ; in-8°.

11032. — La Maison natale de **Boucher de Perthes** à Rethel, son Musée et sa Tombe à Abbeville, par H. Jadart. — Rethel, Beauvarlet, 1893 ; 23 p. in-8°.

11033. — L'Œuvre de **Boucher de Perthes.** Conséquences de l'Œuvre de Boucher de Perthes
Hist. sainte de l'humanité, par Leblois. — Paris, Levasseur, 1897, p. 34 à 44 ; in-8°.

11034. — Notice sur J.-B. **Bouffet**[1], professeur de chant et compositeur, par M. Jules Lardin. — Paris, Cosson, s. d. ; 16 p. in-12.

11035. — *Notice sur M. François* **Bouilli**, Chanoine d'Abbeville.
Nécrol. de Port-Royal. — Amsterdam, 1723, p. 144 et 146 et Suppl. au Nécrol. — 1735, p. 541 et 542 ; in 4°.

11036. — Monsieur l'abbé **Boulenger**, curé de Saint-Jacques d'Amiens[2], par M. l'abbé Morelle. — Amiens, Yvert, 1882 ; 27 p. in-8°.
Ext. du Dimanche.

*** 11037.** — Catalogue des Livres de la Bibliothèque de feu M. **Boullanger**[3] d'Amiens. — 1741, in-12.

11038. — Le Peintre ordinaire de Gaspard Deburau, (*Auguste* **Bouquet**)[4], par Champfleury. — Paris, Imprim. de l'Art, 1889 ; 47 p. in-8° av. 1 pl. et 7 fig.

11039. — Notice sur Auguste **Bouquet**, Peintre et Graveur Abbevillois, 1810-1846, par Em. Delignières. — Abbeville, C. Paillart, 1894 ; 27 p. in-8° av. portr.
Ext. Bull. Soc. Emul. Abbev.

11040. — Le Peintre ordinaire de Gaspard Deburau, par Champfleury. *Compte-rendu* par M. Henri Macqueron. — Abbeville, Paillart, 1900 ; 11 p. in-8°.
Ext. Bull. Soc. Emul. Abbev.

---

[1] Né à Amiens, le 3 octobre 1770.
[2] Né à Béalcourt, le 17 mars 1813.
[3] Boullanger de Rivery, né à Amiens, le 12 juillet 1725.
[4] Né à Abbeville, le 13 novembre 1810.

11041. — *Vie de* Dom **Bouquet**[1], *par Dom Haudicquer.*
Rec. des Hist. des Gaules, t. IX, 1757, p. I à IX; in-folio.

11042. — **Bourgeois** (Charles-Guillaume-Alexandre)[2], *par Gence.*
Biogr. univers. (Michaut), t. LIX, p. 121 à 124; in-8°.

11043. — J.-B. Henri **Bourgeois**[3], Graveur amiénois, par A. Janvier.
Mém. Acad. Amiens, t. XXXII, 1885, p. 112 à 125; in-8°.

11044. — M. Joseph **Boury**[4], Prêtre de la Congrégation de la Mission, 1803-1858.
Relat. abrégée de la vie... des prêtres... de la Mission. — Paris, 1890, t. V, p. 257 à 263; in-8°.

11045. — Relation du naufrage d'un vaisseau français à peu de distance des jetées du port de Dieppe, en 1777. Traits d'héroïsme du pilote **Bousard**[5], surnommé le Brave Homme, par Louis XVI.
Hist. des Naufrages, par Deperthes. — Paris, Ledoux, 1815, t. II, p. 459 à 471; in-8°.

*****11046.** — Inauguration du buste de **Bouzard** sur la jetée de Dieppe, le 15 août 1846, par l'abbé Cochet. — 16 p. in-8°.

11047. — *Note sur* Charles de **Bovelles**[6], *chanoine de Noyon.*
Ann. de l'Egl. de Noyon, par Levasseur. — Paris, Sara, 1633, p. 1340 à 1342; in-4°.

11048. — Charles de **Bovelles**.
Mém. pour servir à l'Hist..., par le P. Nicéron, t. XXXIX, p. 158 à 171; in-12.

*****11049.** — Charles de **Bovelles**.
Fabricius, Bibl. lat. med et inf. æt. — Patavis, 1754, t. I, p. 334 à 338; in-4°.

---

[1] Né à Amiens, le 6 juin 1685.
[2] Né à Amiens, le 14 décembre 1759.
[3] Né à Amiens, le 15 juillet 1770.
[4] Né à St-Gratien, le 29 décembre 1803.
[5] Né à Ault, en 1733.
[6] Né à Soyecourt, vers 1520.

11050. — Jean de **Boves**.
Les poëtes franç. du xii° siècle à Malherbe. — Paris, Crapelet, 1824, t. I, p. 358 à 378; in-8°.

11051. — Jehan de **Boves**.
Les Trouvères artésiens, par Dinaux. — Paris, Techener, 1843, p. 293 à 299; in-8°.

11052. — Rapport sur une communication relative à un musicien nommé Joachim **Boyeldieu** *d'Amiens, par M. Gustave Bertrand.* Envoi de M. Pouy.
Rev. Stés Sav. Dép., t. II, 7° série, 1880; in-8°.

11053. — A. Janvier. Le Général de Division Baron **Boyeldieu**[1]. Notice biographique lue à la séance de l'Académie d'Amiens, le 13 Août 1880. — Amiens, Piteux frères, 1880; 20 p. in-8°.

11054. — Lettre de Monseigneur l'Evêque d'Amiens, aux Prêtres de son Diocèse, sur la mort de M. l'Abbé de **Brantes**, l'un de ses Vicaires Généraux. *Du 25 mai 1757.* — S. l. n. n.; 4 p. in-4°.
Bibl. d'Amiens, Théol., n° 1863.

11055. — D'Amiens. *Correspondance relative à la lettre qui précède.*
Nouv. ecclés. du 13 févr. 1758, p. 31 et 32; in-4°.

11056. — M. Louis de **Bras**[2], 1747-1761.
Rec. des Circ. des Sup. de la Mission. — Paris, Chamerot, 1879, t. I, p. 517 à 647; in-4°.

11057. — Notice sur M. **Bresseau**[3], par M. le baron de Septenville.
Bull. Soc. Ant. Pic., t. V, p. 74 à 78; in-8°.

11058. — Notice sur M. G.-J.-A. **Breuil**, par M. Garnier. — Amiens, Lemer aîné, 1866; in-8°.
Ext. Bull. Soc. Ant. Pic.

---

[1] Né à Monsures, en 1774.
[2] Né à Montdidier, le 18 août 1678.
[3] Né à Poix, le 8 octobre 1778.

11059. — Emile Delignières. Etude sur la vie et l'œuvre de **Bridoux**[1], graveur d'Abbeville. — Abbeville, C. Paillart, 1893 ; 23 p. in-8° av. portr.
Ext. Mém. Soc. Emul. Abbev.

11060. — Société des Antiquaires de Picardie. Deux Prévôts des Maréchaux de France en Picardie, (Oudard **Briet** et Nicolas **Briet**) au xviii° Siècle. Lecture faite à la Société des Antiquaires de Picardie le 27 avril 1893, par G. de Witasse. — Amiens, Yvert et Tellier, 1893 ; 17 p. in-8°.

11061. — Philippe **Briet**[2].
Mém. pour serv. à l'hist..., par le P. Nicéron. — Paris, Briasson, 1736, t. XXXIV, p. 79 à 82 ; in-12.

11062. — Notice sur le P. Pascase **Broët**[3] de la Compagnie de Jésus, l'un des dix premiers compagnons de Saint-Ignace, par le P. Antoine Bonucci, de la même Compagnie, suivie d'une note sur le lieu de la naissance et sur la famille du P. Broët, par le même P. A. Bonucci. Traduction de l'italien. — Metz, Nouvian, 1868 ; 56 p. in-8°.

11063. — Vie du serviteur de Dieu le P. Pascase **Broet**, de la Compagnie de Jésus, un des premiers compagnons de saint Ignace de Loyola, par le Père Joseph Boëro, de la même Compagnie (traduit de l'italien). — Lille et Bruges, Société de St-Augustin, 1878 ; 119 p. pet. in-8° av. portr.

11064. — Georges **Brunel**[4], 1856-1900, par P. Duhem. — Bordeaux, Delmas, 1900 ; 30 p. in-8° av. portr.

11065. — Discours funèbre sur la Mort de Madame **Brunel-Pingré**, adressé aux Fidèles de la Paroisse de St-Remi de la Ville d'Amiens, pour recommander à leurs prières cette pieuse Dame, leur Bienfaitrice, décédée le 20 janvier 1814, dont le Corps repose au Cimetière de St-Honoré. — Amiens, Caron l'aîné ; 4 p. in-4°.

11066. — Le Camarade **Bucquet**, maître des cochés de Montdidier, mort en 1660.
Tabl. d'Hist loc., par Coët. — Compiègne, 1893, 6° pie, p. 178 à 181 ; in-8°.

11067. — Jacobi Francisci **Buquet**, regalis sancti Wlfranni Ecclesiæ Canonici opera quæ supersunt, edidit cum notis E. Prarond abbavillæi Athenæi præses ex honore, Major Urbis, avec notice biographique. — Ambiani, Delattre-Lenoël, 1884 ; VI-44 p. pet. in-4°.

11068. — Notice sur Charles-Joseph **Buteux**[1]. par M. Garnier. — Abbeville, Paillart, 1883 ; 28 p. in-8°.

11069. — Notice sur **Buteux** de la Farelle, de Fransart ; sa vie, ses œuvres, par Emile Coët. — Péronne, Quentin, 1888 ; 15 p. in-8°.

C

11070. — Notice anecdotique sur M. F. **Caille**, Fondateur des Patronages à Amiens, par un de ses anciens. (A. Eluin). — Boulogne-sur-Mer, veuve Aigre, 1887 ; 36 p. in-18.

11071. — Notice sur M. **Calluaud**, Membre résidant de la Société d'Emulation, Ancien Sous-Préfet d'Abbeville, Député à l'Assemblée Nationale, par E. Prarond.
Mém. Soc. Emul. Abb., 1869-1872, p. 660 à 668 ; in 8°.

Autre édition ; M. Calluaud, Député à l'Assemblée Nationale. — 14 p. in-8°.

---

[1] Né à Abbeville, le 26 juillet 1813.
[2] Né à Abbeville, le 6 mars 1600.
[3] Né à Bertrancourt, en 1500.
[4] Né à Abbeville, le 17 septembre 1856.

[1] Né à Abbeville, le 21 janvier 1795.

11072. — François de **Calonne d'Avesne**[1], Bailli de l'Ordre de Malte, Commandeur de Villedieu-la-Montagne, de Maupas et Soissons, *par Albéric de Calonne*. — Amiens, Delattre-Lenoel, 1887 ; 78 p. in-4° av. portr.

11073. — Les Picards à l'Etranger. Les **Cambray d'Igny**[2] en Italie, par Alcius Ledieu. — Abbeville, Fourdrinier, 1895 ; 15 p. in-8° av. portr.

11074 — Eloge historique de Martin **Camus**, Maître d'école de Hallu, au Diocèse d'Amiens. — S. l. n. n., 1778 ; 47 p. in-12.

Bibl. H. Macqueron.

11075. — Biographie. *Etude sur l'ouvrage précédent.*

La Picardie, t. XIV, 1868, p. 36 à 48 ; in-12.

11076. — Notice nécrologique sur l'Abbé **Canaple**[3], *par l'Abbé Delplanque*. — Amiens, Yvert, s. d. ; 4 p. in-8°.

11077. — Eloge de M. **Capperonnier**[4], *par C.-H. Le Febvre de Saint-Marc*. — S. l. n. n. n. d. ; 16 p. in-12.

Bibl. d'Amiens, B.-Lett., n° 994, t. V.

11078. — Eloge de M. **Capperonnier**[5]. Lu a l'Assemblée publique de la St-Martin 1775, *par Dupuy*.

Hist. Ac. Ins. et B.-Lett., 1780, t. XL, p. 243 à 254 ; in-4°.

11079. — Eloge de Monsieur **Capperonnier**, de l'Académie des Inscriptions et Belles-Lettres, Garde des Livres imprimés de la Bibliothèque du Roi et Censeur Royal.

Nécrol. des Homm. célèb., 1776, p. 81 à 109 ; in-12.

[1] Né à Avesnes-Chaussoy, le 15 octobre 1744.
[2] Louis Guillaume de Cambray d'Igny, né à Roye le 16 décembre 1723.
[3] Né à Doudelainville.
[4] Claude Capperonnier, né à Montdidier, le 1 Juin 1671.
[5] Jean Capperonnier, né à Montdidier, le 19 mars 1716.

11080. — L'Art et les Artistes en Béarn. Les **Caron**. Une famille de Sculpteurs abbevillois en Béarn aux XVIIe et XVIIIe Siècles, par André Gorse. — Pau, Vᵉ Léon Ribaut, 1888 ; 18 p. pet. in-4° av. 1 pl.

11081. — Une Œuvre d'un Sculpteur abbevillois, (*Martin* **Caron**), à l'Eglise de Bétharram, par E. Delignières. — Paris, Plon, 1896 ; 12 p. in 8° av. 1 pl.

11082. — Marché entre les paroissiens de St-Laurent d'Eu et Martin **Caron**, Maître Sculpteur, demeurant à Abbeville, *pour un autel à exécuter dans lad. église ; du 12 août 1649.*

Bull. Comm. Antiq. S.-Infér., t. X, 1895, p. 89 et 90 ; in-8°.

11083. — **Cauchy**[1] (François-Philippe). *Signé : G. Dewalque.*

Bibliog. Nat. de Belg., t. III, col. 380 à 383 ; in-8°.

11084. — Notice sur Antoine de **Caulincourt**, Official de Corbie (1521-1540), par J. Garnier. — Amiens, Duval et Herment, 1856 ; 15 p. in-8°.

Ext. Bull. Soc. Ant. Pic.

11085. — Notice sur M. **Caumartin**[2], lue dans la séance publique de l'Académie du Département de la Somme, le 4 septembre 1842, par M. Creton. — Amiens, Duval et Herment, 1843 ; 24 p. in-8°.

Extr. Mém. Acad. Amiens.

11086. — **Caumartin**.

Biog. des Homm. du Jour, par Sarrut, t. III, 2ᵉ pⁱᵉ, p. 377 à 379 ; gr. in-8°.

11087. — J.-Bᵗᵉ **Caumartin** (1775-1842), par M. Maxime Lecomte.

Mém. Acad. Amiens, 1880, p. 39 à 68 ; in-8°.

***11088.** — Institut Royal de France. Funérailles de M. **Caussin de Perce**-

[1] Né à Abbeville le 18 janvier 1795, mort à Namur le 6 juin 1842.
[2] Né à Amiens, le 15 octobre 1775.

val[1]. Discours de M. Daunou... prononcé le 31 juillet 1835. — Paris, Didot ; in-4°.

11089. — Notice historique sur la vie et les ouvrages de M. **Caussin de Perceval**, par *Daunou*.

Mém. Acad. Insc. et B-Lett., t. XIV, 1845, p. 165 à 177 ; in-4°.

11090. — Guillaume de **Cayeu**[2], Dominicain, Théologien et Canoniste, par *F. L.*

Hist. litt. de la France, t. XXVI, 1873, p. 564 à 567 ; in-4°.

11091. — Notice biographique sur M. **Chabaille**, né à Abbeville en 1796, mort à Vincennes le 16 octobre 1863..., par M. C.-A. de Caïeu. — Abbeville, P. Briez, 1865 ; 15 p. in-8°.

Ext. Mém. Soc. Em. Abbéville.

11092. — Notice sur M. **Charault**[3], professeur de physique, par M. Gentil.

Bull. Soc. Agric. de la Sarthe, t. XXIV, 1876, p. 193 à 200 ; in-8°.

11093. — L'Abbé **Charpentier**, curé de Fignières, 1698-1772, par Elie Moyen.

Rev. du Nord de la Fr., 1890, p. 116 à 118 ; in-8°.

11094. — *Note sur Honoré d'Albert, Duc de* **Chaulnes**, *Maréchal de France en 1619.*

Hist. généal. et chron., par le P. Anselme. — Paris, Clousier, 1712, t. I, p. 713 à 715 ; in-folio.

11095. — Harangve fvnebre svr la mort de tres-havt et tres-pvissant Seignevr, Messire Honnoré d'Albert, Dvc de **Chavlnes**, Chevalier des Ordres dv Roy, Pair, et premier Mareschal de France, Vidasme, Bailly et Gouuerneur de la Ville et Citadelle d'Amiens, Gouuerneur et Lieutenant pour le Roy de la Haute et Basse-Auuergne.

Prononcée dans l'Eglise Cathedrale d'Amiens le vingt-neufiesme Octobre 1650. Par le R. P. Thomas le Paige, Docteur en Theologie, Predicateur de l'Ordre de Saint-Dominique. — Paris, Pierre Rocolet, M. DC. LI ; in-4° de 8 p. n. n. et 43 p.

Bibl. Nat[le], Ln27, n° 4120.

11096. — Eloge funèbre de... Anne d'Albert de **Chaulne**, Abbesse du royal Monastère de S. Pierre de Lyon, prononcé... le XXXI de mars MDCLXXII dans l'église... de S. Pierre, par le R. P. Antoine Beauchamps. — Lyon, Libéral ; in-4°.

Bibl. Nat[le], Ln27, n° 4119.

11097. — Notice biographique sur M. **Cherest**[1], par M. Lebrunt. Discours prononcé sur la tombe de M. Cherest, au nom de l'Association des anciens élèves des écoles industrielles de Mulhouse et d'Epinal, par M. Chatel. Discours prononcé sur la tombe de M. Cherest au nom de la Société d'Emulation, par M. G. Gley.

Ann. Soc. Emul. des Vosges, 1881, p. 238 à 245 ; in-8°.

11098. — *Discours prononcé, le 22 avril 1854, sur la tombe de M. Jules* **Cherest**[2], *par le D' P. Faivre.* — Abbeville, T. Jeunet ; 4 p. in-8°.

11099. — Notice sur le docteur Jules **Cherest**, Chevalier de la Légion d'Honneur, secrétaire général de la Société Médicale d'Emulation, Inspecteur adjoint des eaux de Bourbon l'Archambault, etc. Lue à la Société Médicale d'Emulation, le 3 juin 1854, par M. Ludger Lallemand. — Paris, Félix Malteste et Cie ; 8 p. in-8°.

11100. — Eloge funèbre de Monsieur Marie-Antoine **Chivot**[3], Professeur

---

[1] Né à Montdidier, le 24 juin 1759.
[2] Né à Cayeux, au xiii° siècle.
[3] Né à Amiens, en 1828.

[1] Edouard Cherest, né à Abbeville.
[2] Né à Abbeville.
[3] Né à Roye, le 9 octobre 1752.

d'Humanités au Collège de Montaigu, prononcé le jour de la rentrée des classes 1786, devant MM. les Principal, Procureur, Professeurs et Boursiers du même Collège, par M. l'Abbé Crouzet, Professeur d'Humanités, et son Successeur. — Paris, V`ve` Thiboust, 1787 ; 19 p. in-4°.

Bibl. H. Macqueron.

11101. — Souvenirs d'émigration. L'abbé Chopart[1], chanoine curé de Longpré-les-Corps-Saints (Diocèse d'Amiens) d'après ses mémoires inédits, par Hector Josse. — Amiens, Yvert, 1878 ; 19 p. in 8°.

Ext. du Dimanche.

11102. — Notice sur Adrien Choquet[2], peintre abbevillois, par Elie Petit. Extrait du Pilote de la Somme, du 17 juillet 1852. — Abbeville, T. Jeunet ; 8 p. in-8°.

11103. — Un Apôtre des Hommes de la Grand'Route. L'Abbé Hippolyte Clabaut[3] (1847-1893). Discours prononcé en l'Eglise Saint-Germain d'Amiens le dimanche 9 Avril 1893 par le Père Henri Chéret S. J. — Amiens, Rousseau-Leroy ; 32 p. in-16.

*****11104.** — Robert de Clari, par le C`te` Riant. — Paris, Jouaust, 1869-70 ; 87 p. in-4°.

11105. — Robert de Clari, guerrier et historien de la quatrième croisade, par M. Alfred Rambaut.

Mém. Acad. Caen, 1873, p. 110 à 144 ; in-8°.

11106. — Robert de Clari en Aminois, Chevalier Auteur d'une chronique de la IV° Croisade (1200-1216), par M. Georges Boudon. — Amiens, Yvert et Tellier, 1898 ; 35 p. in-8°.

Ext. Bull. Soc. Ant. Pic.

[1] Né à Bray-sur-Somme, en mai 1740.
[2] Né à Abbeville, le 13 mai 1743.
[3] Né à Rumigny, le 9 mars 1847.

11107. — Documents nouveaux sur la famille de Robert de Clari. Lecture faite par M. G. Boudon.

Bull. Soc. Ant. Pic., t. XX, p. 372 à 379 ; in-8°.

11108. — Firmin de Cocquerel, natif d'Amiens... Chancelier de France.

Hist. généal... par le P. Anselme. — Paris, Clousier, 1712, t. I, p. 781 ; in-folio.

11109. — Notice sur M. Cocquerel[1], par M. Rigollot.

Mém. Acad. Amiens, 1841, p. 41 à 49 ; in-8°.

11110. — Notice d'un ancien manuscrit (de Gautier de Coinsi[2]) en vers françois, conservé à Notre-Dame de Soissons.

Hist. Ac. Insc. et B.-Lett., t. XVIII, 1753, p. 357 à 368 ; in-4°.

11111. — Gautier de Coinsi.

Les poètes franç. depuis le xii° S°. — Paris, Crapelet, 1824, t. I, p. 297 à 305 ; in-8°.

11112. — Poésies de Gautier de Coinsi, par Am. Duval.

Hist. litt. de la Fr., t. XXX, 1838, p. 843 à 857 ; in-4°.

11113. — Gautier de Coinsi, par M. L. Delisle.

C`tes` rendus Ac. Insc. et B.-Lett., 1867, p. 262 à 266 ; in-4°.

11114. — Un nouveau compositeur picard (le Père Abel Collin[3]), par M. A. Gabriel-Rembault.

Le Dimanche, 1872, t. I, p. 402 à 406 ; in-8°.

11115. — Etienne de Conty, moine bénédictin et Official de Corbie ✝ 1413 Oct. 5.

Le Cab. des Man. de la Bibl. N`le`, par L. Delisle, t. II, p. 127 à 130 ; in-4°.

[1] Cocquerel, Firmin, ingénieur en chef des mines, né à Amiens, en 1784.
[2] Né à Amiens, en 1177.
[3] Né à Roye.

11116. — Le Parfum d'une Violette, ou Vie de Mme Henriette **Corbie**, décédée religieuse du Sacré-Cœur, par Mlle A. Herbert. — Amiens, Caron et Lambert, 1853-1856 ; 2 vol. in-18.

*11117. — Hugues de **Corbie**.
Rouleaux des Morts, par Léopold Delisle, p. 134 à 136 ; in-8°.

11118. — *Notice sur le Trouvère Pierre de* **Corbie**.
Hist. litt. de la France, t. XXIII, 1856, p. 680 à 682 ; in-4°.

*11119. — Robert de **Corbie**.
Bulæus, Hist. univ., Paris, t. IV, p. 947, 948 et 989 ; in-folio.

11120. — Rapport fait à la Société d'Emulation de Cambrai par Ad. Bruyelle, l'un de ses Membres, sur divers travaux historiques de M. l'abbé **Corblet**[1].
Mém. Soc. Emul. Cambrai, 1845, p. 375 à 400 ; in-8°.

11121. — Obsèques de M. l'abbé **Corblet**.
Bull. Soc. Ant. Pic., t. XVI, p. 61 à 66 ; in-8°.

11122. — Discours prononcé par M. l'Abbé Franqueville sur la tombe de M. l'Abbé Jules **Corblet**, décédé à Versailles le 30 avril 1886.
Mém. Acad. Amiens, t. XXXIII, 1886, p. 7 à 15 ; in-8°.

11123. — M. le Chanoine **Corblet**, par Jules Helbig.
Rev. Art Chrét., t. IV, 1886, p. 348 à 350 ; in-4°.

11124. — M. l'abbé Jules **Corblet**, par H. Vitasse.
Le Dimanche, n° 776, p. 375 à 385 ; in-8°.

11125. — Notice sur M. l'Abbé Jules **Corblet**, chanoine honoraire d'Amiens et fondateur de la Revue de l'Art Chrétien, par le R. P. Dom François Chamard. — Poitiers, Oudin, 1887 ; 35 p. in-8°.

[1] Né à Roye, le 16 Juin 1819.

11126. — Monsieur Narcisse **Corby**[1], prêtre de la Mission, ancien supérieur du Petit-Séminaire de Montpellier.
Relat. abrégées de la vie... des prêtres... de la Mission. — Paris, 1890, t. V, p. 1 à 24 ; in-8°.

11127. — Biographie de Napoléon **Cordier** (de Moreuil), artisan, artiste, industriel, *par Anthime Lejeune, maître de pension*. — Amiens, Jeunet, 1868 ; 30 p. in-8°.
Pièce curieuse par son style et par les sentiments ultra-napoléoniens de l'auteur.

11128. — Notice sur les travaux scientifiques de M. **Cordier**[2], professeur de géologie au muséum d'histoire naturelle de Paris, membre de l'Académie des sciences, lue à la Société géologique de France, le 4 Novembre 1861 : par V. Raulin. — Bordeaux, L. Coderc, 1862 ; 32 p. in-8°.
Ext. Actes Soc. Linn. Bordeaux.

11129. — Catalogue de livres et d'une belle collection de cartes géologiques provenant de la bibliothèque de feu M. P.-L.-A. **Cordier**, membre de l'Institut, précédé d'une notice sur la vie et les travaux de M. Cordier et d'une liste chronologique et raisonnée de ses ouvrages. La vente aura lieu le lundi 17 mars 1862... par le ministère de M° Fournel. — Paris, Duprat, 1861 ; 171 p. in-8°.

11130. — Notice sur la vie et les travaux de M. **Cordier**, par M. le comte Jaubert — Paris, L. Martinet, 1862 ; 28 p. in-8°.
Ext. Bull. Soc. géol. France, t. XIX.

11131. — Notice sur la vie et les travaux de P.-L.-A. **Cordier**, suivie d'une liste chronologique et raisonnée de ses ouvrages. 2° édition, revue et augmentée de son mémoire posthume

[1] Né à Raincheval, le 29 mai 1813.
[2] Né à Abbeville, le 31 mars 1777.

sur l'origine des roches calcaires et des dolomies, *par Charles Read*. — Paris, Duprat, 1862 ; 83 p. in-8°.

La 1re édition a paru en tête du catalogue de la vente de ses livres.

11132. — Notice historique sur M. Pierre-Louis-Antoine **Cordier**, membre de la section de géologie et minéralogie, par M. J. Bertrand, lue dans la séance publique annuelle du 17 décembre 1894. — Paris, Firmin-Didot, 1894 ; 25 p. in-4°.

11133. — Oraison funèbre de Mr Nicolas **Cornet**[1], Grand Maître du Collège de Navarre. Prononcée dans la Chapelle du Collège où il est inhumé, le 27 Juin 1663, par Messire Jacques-Bénigne Bossuet, Evêque de Meaux, Conseiller du Roi en ses Conseils, cy-devant Précepteur de Monseigneur le Dauphin. — Amsterdam, Henry Wetstein, MDCXCVIII ; 96 p. in-12.

L'oraison funèbre va jusqu'à la page 41. Le volume renferme ensuite divers documents relatifs à Nicolas Cornet, tels que : Epitaphe à Nicolas Cornet, gravée sur le marbre devant sa tombe dans la nef de l'Eglise du Collège de Navarre ; diverses pièces de vers latins ; éloge de M. Nicolas Cornet, grand maître de Navarre, par Mr Charles-François Cornet, Seigneur de Coupel, S. Marc, Graville et autres lieux, Conseiller, Avocat du Roi au Bailliage et Siège présidial d'Amiens, son Neveu ; extrait d'un libelle contre Me Nicolas Cornet, etc.

Bibl. Edm. Soyez, à Amiens.

11134. — Nicolas **Cornet** et Bossuet.
Hist. de Port-Royal, par Ste-Beuve, t. II, p. 149 à 154 ; in-8°.

11135. — Esquisse biographique. Nicolas **Cornet**, Grand Maître du Collège de Navarre, par E. Soyez. — Amiens, Delattre-Lenoel, 1880 ; 190 p. in-4° av. portr.

11136. — M. **Cornet** d'Incourt[2].
Guide électoral, par Brissot-Thivard, 1819, p. 100 à 105 ; in-8°.

---

[1] Né à Amiens, le 12 octobre 1592.
[2] Né à Amiens, en 1773.

11137. — Eloge funèbre de M. Charles **Cornet-d'Yseux**, prononcé en l'Eglise d'Yseux par M. l'Abbé Savary, le 28 juin 1864. — Amiens, Lenoel-Herouart ; 24 p. in-8°.

11138. — François du **Coudray**[1], 1586-1649.
Not. sur les prêtres... de la Congr. de la Mission. — Paris, 1881, t. I, p. 95 à 116 ; in-8°.

11139. — Discours prononcé sur la tombe de M. l'abbé **Coupé**[2], lors de ses obsèques, le 18 mai 1818, par M. L. Caille, avocat. — Paris, Renaudière ; 4 p. in-8°.

* **11140.** — *Notice sur l'Abbé* **Coupé** (*Jean-Marie-Louis*).
Journ. de l'Impr. et de la Libr., 1818, p. 338 et 339.

11141. — **Coupé** (Jean-Marie-Louis), *par Weiss*.
Biogr. univ. (Michaud), t. LXI, p. 464 à 468 ; in-8°.

11142. — Notice nécrologique sur le chevalier Alexandre-Auguste-Donat-Magloire **Coupé de St-Donat**[3], ancien chef d'escadron de l'Etat-Major général... poëte, fabuliste, littérateur..., par E Saint-Maurice Cabany. — Paris, 1846 ; 40 p. in-8°.

Extr. du Nécrologe Universel.

11143. — La maladie et la mort de l'Amiral **Courbet**[4] ; observation recueillie par le Dr Doué, médecin en chef de la marine. — 5 p. in-8°.

Ext. des Arch. de Médec. Navale, t. XLIV, septembre 1885.

11144. — La Conquête du Tonkin d'après des documents inédits. III. M. Harmand et l'Amiral **Courbet**, *par A. Gervais*.
Rev. Scientif., 1885, p. 449 à 458 ; in-4°.

---

[1] Né à Amiens, en 1586.
[2] Né à Péronne, en 1732.
[3] Né à Péronne, le 5 septembre 1775.
[4] Né à Abbeville, le 26 juin 1827.

11145. — L'Amiral **Courbet**, par un ami de la famille. — Abbeville, A. Retaux, 1885 ; 110 p. in-12 av. portr.

11146. — L'Amiral **Courbet** d'après les papiers de la marine et de la famille, par Émile Ganneron. — Paris, Léopold Cerf, 1885 ; 372 p. in-12.

11147. — Lettres de l'Amiral **Courbet**. — Château-Gontier, Leclerc, 1885 ; 23 p. in-16.

11148. — Lettres de l'Amiral **Courbet**. — Orléans, Michau, 1885 ; 23 p. in-16 av. portr.

11149. — La Vérité sur l'Expédition du Tonkin, révélée par la correspondance intime de l'amiral **Courbet**. — Rouen, Leprêtre, 1885 ; 32 p. in-18 av. portr.

11150. — L'Amiral **Courbet**. Sa vie, sa mort, sa correspondance. — Paris, Lebas, 1885 ; 58 p. in-24.

11151. — Les Victimes de la République, par Louis d'Estampes. La Guerre. Les Lettres de l'Amiral **Courbet**. — Paris, C. Dillet, 1885 ; 107 p. in-16 av. portr.

11152. — Les Héros du Tonkin. L'Amiral A. **Courbet**, par A. Gervais. — Paris, Charavay frères, 1885 ; 165 p. in-16 av. portr.

11153. — L'Amiral **Courbet**. Détails biographiques *par Georges Bastard*.
Rev. polit. et litt., 1885, 2ᵉ sem , p. 275 à 281 ; in 4°.

11154. — Lettre pastorale de Monseigneur l'Evêque d'Amiens à l'occasion des funérailles solennelles de Monsieur le Contre-Amiral **Courbet**. — Amiens, Delattre-Lenoel, 1885 ; 12 p. in-4°.

11155. — Les Funérailles de l'Amiral **Courbet** à Abbeville, par Henri Vitasse.
Le Dimanche, n° 741, p. 185 à 195 ; in-8°.

11156. — Oraison funèbre de l'Amiral **Courbet**, prononcée par Mgr Freppel, Evêque d'Angers, le 1ᵉʳ Septembre 1885, dans l'église d'Abbeville. — Angers, Germain et Grassin, 1885 ; 31 p. in-8°.

11157. — Oraison funèbre de l'Amiral **Courbet**, prononcée le 1ᵉʳ août 1885, à Poitiers, dans l'église de Montierneuf, devant les Représentants et les Délégués du département de la Vienne, par l'abbé Frémont. — Paris, Berche et Tralin, 1886 ; 62 p. in-8°.

11158. — Ballade d'Avril à la Mémoire de l'Amiral **Courbet**, par M. Emile Turpin.
Bull Soc. hist. Cher, 1885-1886, p. 351 à 361 ; in-8°.

11159. — François Coppée. L'Amiral **Courbet**. Strophes dites par M. Paul Mounet, de l'Odéon, à l'Assemblée générale de la Société centrale de Sauvetage des Naufragés, le 12 Mai 1886. — Paris, Lemerre, 1886 ; 7 p. in-12.

11160. — L'Amiral **Courbet**, par A. Ledieu. — Lille et Paris, Lefort, 1886 ; VIII-167 p. in-8° av. portr.
Autre édition en 247 p. in-12.

11161. — L'Escadre de l'Amiral **Courbet**. Notes et Souvenirs, par Maurice Loir. — Paris, Berger-Levrault, 1886 ; X-371 p. in-12 avec 1 portr. et 10 cartes.

11162. — L'Amiral **Courbet** (Amédée-Anatole-Prosper), grand officier de la Légion d'Honneur. 1827-1885. — Chez l'auteur, A. du Saussois, à Paris, 1886 ; 96 p. in-16 av. portr.

11163. — Dick de Lonlay. L'Amiral **Courbet** et le Bayard. Récits. Souvenirs historiques ; illustré de 40 Dessins par l'auteur. — Paris, Garnier frères, 1886 ; VIII-165 p. in-12.

11164. — L'Amiral **Courbet** au Tonkin. Souvenirs historiques, par P.-L. Michelle. — Tours, Alfred Cattier, 1886 ; 160 p. in-8°.

11165. — La Souscription pour le Monument de l'Amiral **Courbet**. — Paris, Chaix, 1886 ; 287 p. in-16.

11166. — Rapport sur le Concours de Poésie. *Pièce de vers sur l'Amiral* **Courbet**, *par Aug. Cizel*.
Mém. Soc. Acad. St-Quentin, t. VIII, 4ᵉ sér., p. 24 et 25 ; in-8°.

11167. — L'Epée de l'Amiral **Courbet** pour la Chapelle de la Marine *à l'église du Sacré-Cœur de Montmartre*.
Le Dimanche, n° 866, p. 85 à 88 ; in-8°.

11168. — Félix Julien. L'Amiral **Courbet** d'après ses lettres. — Paris, Victor Palmé, 1889 ; II-314 p. in-12.

11169. — Académie... d'Amiens. L'Amiral **Courbet**. Discours de réception de M. Macque. Réponse de M. l'abbé Francqueville. — Amiens, Yvert et Tellier, 1889 ; 71 p. in-8°.
Extr. Mém. Acad. Amiens.

11170. — La Carrière maritime et les Opérations militaires de l'Amiral **Courbet** Conférence faite au Théâtre d'Abbeville le 29 mars 1890, par M. Degouy, Lieutenant de vaisseau. *Compte-rendu*.
Bull. Conf. Scient. du Ponthieu, t. III, p. 28 à 32 ; in-8°.

11171. — Montjove. L'Amiral **Courbet** en Orient. Strophes en forme de chant royal composées à l'occasion de l'inauguration de la statue de l'amiral Courbet à Abbeville, le 17 août 1890. — Abbeville, Duclercq, 1890 ; 12 p. in-16.

11171bis.—Arthur Comandré. L'Amiral **Courbet** en Orient. Poëme en Sonnets... — Paris, May et Motteroz, 1890 ; 78 p. in-8°.

11172. — Poésie sur **Courbet** à l'Inauguration du Monument d'Abbeville, 17 Août 1890, *par Georges de Villiers de l'Isle Adam*. — Paris, Noirot, 1890 ; 8 p. in-12.

11172bis.—Ville d'Abbeville. L'Amiral **Courbet**, ses Obsèques et l'inauguration de son Monument, documents officiels recueillis et publiés par Alcius Ledieu. — Abbeville, Fourdrinier, 1891 ; VII 101 p. in-8°.

11173. — Histoire de l'Amiral **Courbet**, par J. de la Faye. — Paris, Bloud et Barral, *1891* ; 413 p. in-8° av. 8 portr.

11174. — L'Amiral **Courbet**, par le Comte de Lionval. — C. Paillart, Abbeville, *1893* ; 32 p. in-16 av. 20 grav.

11174bis. — La Croix et l'Epée. Vie illustrée de l'Amiral **Courbet**, 1827-1885, par le Comte de Lionval. — Abbeville, C. Paillart, s. d. ; 239 p. in-8° av. 24 vign.

11175. — L'Escadre de l'Amiral **Courbet**, par Maurice Loir. Illustrations de M. Brossard de Corbigny. — Paris et Nancy, Berger-Levrault, 1894 ; VIII-324 p. gr. in-8° av. 133 grav. et cartes.

11176. — L'Amiral **Courbet** (1827-1885), par Alfred de Besancenet ; 16 p. gr. in-8°.
Les Contemporains, Rev. hebd., 1892, t. I.

11176bis. — L'Amiral **Courbet** en Extrême-Orient. Notes et Correspondance. Préface et mise en ordre par Théodore Cahu. — Paris, Chailley, 1896 ; XI-346 p. in-8°.

11177. — Sur la mort de l'amiral **Courbet**, par Pierre Loti.
Le Petit Soleil (supplément du Soleil), nᵒˢ des 11 mars 1899 et suiv.

11178. — M. **Courbet-Poulard**[1] (Alexandre-Augustin), décédé à Abbeville, le 11 décembre 1883. — Abbeville, C. Paillart, 1884 ; 20 p. in-8°.

11179. — Antoine de **Cousu**[2] et les singulières destinées de son livre raris-

[1] Né à Abbeville, le 12 mars 1815.
[2] Né à Amiens, à la fin du XVIᵉ siècle.

sime " la Musique universelle ", *par M. Ern. Thoinan*.— Paris, Claudin, 1866; 23 p. in-12.

11180. — Notice sur M. **Cozette**[1]. S. l. n. n. n. d.; 7 p. in-8° paginées de V à XI et 1 pl. autogr.

11181. — M. le Chanoine **Crampon**[2]. par l'Abbé E. Francqueville.
Mém. Acad. Amiens, t. XI, 1894, p. 373 à 399 ; in-8°.

11182. — François **Cressent**[3], sculpteur amiénois. Notes sur sa vie et ses ouvrages, par M. R. Guerlin.
Réunion Soc. B.-Arts Dép.; 1892, p. 276 à 312 av. 2 pl. ; in-8°.

11183. — André de **Cressy**, dit le Moine, Picard de nation, *évêque de Noyon*.
Ann. de l'Eglise de Noyon, par Levasseur. — Paris, Sara, 1633, p. 969 à 977 ; in-4°.

11184. — **Creton**[4], Représentant de la Somme à l'Assemblée législative, ancien Constituant, ancien Député.
Gal. des notab. contemp., par St-M. Cabany, t. II, p. 153 à 155 ; in-8°.

11185. — M. **Creton**, Représentant du Peuple, (Somme). — 2 p. in-8°.
Arch. des Hommes du Jour, 1848.

11186. — Paroles prononcées sur la tombe de M. **Creton** par M. A. Dauphin, le 5 novembre 1864. — Amiens, T. Jeunet ; 15 p. in-8°.

11187. — Notice sur M. **Creton**, par M. Henri Hardouin. — Amiens, E. Yvert, 1866 ; 23 p. in-8°.

11188. — Hector **Crinon**[5] et ses

[1] Né à Amiens, le 17 août 1766.
[2] Né à Franvillers, en 1826.
[3] Né à Amiens, le 9 novembre 1663.
[4] Né à Amiens, le 5 mars 1798.
[5] Né à Vraignes, en 1810.

poésies picardes. Lu dans la séance du 8 Avril 1859, par M. A. Breuil.
Mém. Acad. Amiens, t. XI, p. 311 à 337 ; in-8°.

11189. — Hector **Crinon**, par Maurice Thiéry.
Rev. du Nord de la Fr., 1890, p. 65 à 68 ; in-8°.

11190. — Maurice Thiéry. Hector **Crinon**. — Paris, Lechevalier, 1892 ; 15 p. in-16.

11191. — Le Monument de **Crinon**.
Revue du Nord, 1892, p. 427 à 439 av. portr. ; in-8°.

D

11192. — L'Abbé **Dairaine** (Dominique-Isidore-Remi)[1], par l'Abbé Dergny.
Mém. Soc. Emul. Abb., 1861-1866, 2e pie, p. 683 à 687 ; in-8°.

11193. — Essai sur la Vie et les Ouvrages du P. **Daire**[2], ancien bibliothécaire des Célestins : par M. de Cayrol, avec les Epîtres farcies telles qu'on les chantait dans les églises d'Amiens au XIIIe siècle ; publiées pour la première fois d'après le manuscrit original, par M. J.-R *(Rigollot)*. — Amiens, Caron-Vitet, 1838 ; 120 p. in-8°.

11194. — L'Hélice appliquée aux Bâteaux et aux Voitures à Vapeur. Mémoire explicatif et historique sur le Brevet d'Invention **Dallery**[3], obtenu le 23 mars 1803, présenté à l'Académie des Sciences dans sa séance du 25 mars 1844. — Paris, H. Fournier, 1844 ; 20 p. in-8° et 2 pl.

11195. — Mars 1803 ; Mars 1845 ; Juillet 1855. Charles **Dallery**, d'Amiens, reconnu inventeur de l'Hélice immergée comme propulseur des Bâtiments à vapeur et de la Chaudière tubulaire appliquée à la locomotion. — Amiens, Alfred Caron, 1855 ; 14 p. in-8°.

[1] Né à Millencourt, en 1802.
[2] Né à Amiens, le 6 juillet 1713.
[3] Né à Amiens, le 4 septembre 1754.

11196. — Brevet Dallery, 20 mars 1853. Origine de l'hélice propulsodirecteur et de la chaudière tubulaire, exposée par Chopin-Dallery. Historique précédé d'une notice sur Ch. **Dallery** et suivi de pièces justificatives. — Paris, Firmin-Didot, 1855 ; 115 p. in-8° et 1 pl.

11197. — Extrait du procès-verbal de la séance du 14 juillet 1855. (Demande de M. **Chopin-Dallery**).

Mém. Acad. Amiens, t. X, p. 163 à 167 ; in-4°.

11198. — Biographie de Charles **Dallery** d'Amiens, *par Gabriel Rembault*. — Amiens, Alfred Caron, s. d. ; 36 p. pet. in-4°.

11199. — **Dallery** (Thomas-Charles-Auguste), *par Guyot de Fère*.

Nouv. Biog. génér. (Didot), t. XII, col. 816 à 819 ; in-8°.

11200 — 1796-1871. Notice biographique sur M. Chopin-Dallery, membre de l'Académie d'Amiens, par M. A. Gabriel Rembault. — Amiens, Jeunet, 1874 ; 45 p. in-8° carré.

Nombreux renseignements sur les découvertes de **Dallery**.

11201. — Sic vos non vobis. *Réclamation en faveur de* **Dallery** *contre Frédéric Sauvage. Signé : Chorophile Picard.* Extrait du Journal de Montdidier. 1876. — 4 p in-8°.

11202. — Notice sur Charles **Dallery**, par M. Guérard.

Bull. Soc. Ind. Amiens, t. XIV, p. 170 à 176 ; in-8°.

11203. — Petite notice sur M. l'Abbé Ch. **Danicourt**[1], curé d'Ennemain. — Ham, Carpentier, 1882 ; 8 p. in-18.

11204. — Notice biographique sur Mgr **Danicourt**[2], Vicaire apostolique au Kiang-Si (Chine).

Ann. de la Ste-Enfance, t. XII, 1860, p. 206 à 216 ; in-12.

[1] Né à Authie, le 11 novembre 1824.
[2] Né à Authie, le 18 mars 1806.

11205. — Oraison funèbre de Monseigneur François-Xavier-Timothée **Danicourt**, Évêque d'Antiphelles, Vicaire apostolique du Kiang-Si, par M. l'abbé Duquesnay, curé de Saint-Laurent, à Paris. — Paris, Bénard, 1861 ; 36 p. in-8°.

11206. — Vie de Mgr **Danicourt**, de la Congrégation de la Mission, Évêque d'Antiphelles, vicaire apostolique du Tché-Kiang et du Kiang-Sy (Chine), par M. E.-J. Danicourt. — Paris, Poussielgue, 1889 ; in-8° de XIII-535 p. av. portr. et 1 pl.

11207. — Notice biographique sur M. **Darsy**[1], par M. Duhamel-Decéjean.

Bull. Soc. Ant. Pic., t. XX, p. 748 à 769 ; in-8°.

11208. — **Daullé** (Jean)[2].

Abécéd. de Mariette, par MM. de Chennev. et de Montaiglon, t. II, p. 62 à 64 ; in-8°.

11209. — **Daullé** (Jean), 1703-1763.

Les Grav. du XVIIIe siècle... par Portalis et Béraldi, t. I, p. 652 à 678 ; in-8°.

11210 — Catalogue raisonné de l'Œuvre gravé de Jean Daullé d'Abbeville, précédé d'une Notice sur sa Vie et ses Ouvrages. par Em. Delignières. — Paris, Rapilly, 1873 ; XXVIII-138 p. in-8°.

Ext. Mém. Soc. Em. Abbev.

11211. — 20 Mars 1892. Manifestation en l'honneur de M. A. **Dauphin**[3], Sénateur. — Amiens, 1892 ; 34 p. in-8°.

11211 bis. — H. **Daussy**[4]. Souvenir. — Albert, Oger-Pascal, 1897 ; 88 p. in-12.

11212. — Solennité religieuse en l'honneur de Mgr **Daveluy**[5]. — Amiens, Yvert ; 4 p. gr. in-8°.

[1] Darsy (François-Irénée), né à Gamaches, le 3 mai 1811.
[2] Né à Abbeville, en 1706.
[3] Né à Amiens.
[4] Né à Amiens, le 17 novembre 1823.
[5] Né à Amiens, le 16 mars 1818.

11213. — Eloge de Mgr M -N.-A. **Daveluy**, Evêque d'Acone, Coadjuteur de Corée, Martyrisé en Corée le vendredi saint 1866, prononcé dans la Cathédrale d'Amiens par Mgr Mermillod, évêque d'Hébron. — Lyon, Bauchu et Cie, 1867 ; 40 p in-8°.

11214. — Vie de Monseigneur **Daveluy**, Evêque d'Acones, vicaire apostolique de Corée, mort pour la foi le 30 mars 1866, par Charles Salmon. — Paris, Bray et Retaux, 1883 ; 2 vol. in-12 av. portr de XX 323 p. et 325 p.

Il a été fait une autre édition en 1 vol. in-8°.

11215. — Oraison-funèbre de feu M. M.-P.-J.-N. **Daveluy**[1], par *Hémart*. *Poésie*. — Amiens, Yvert, 1870 ; 2 p. in-8°.

11216. — Albert **Deberly**[2]. Notice de M. Gustave Dubois.

Mém. Acad. Amiens, t. XXXV, 1888, p. 121 à 132 ; in-8°.

11217. — Obsèques de M. **Deberly**[3]. Discours de M. Dauphin. 30 Août 1866. — Amiens, Jeunet, 1866 ; 13 p. in-8°.

11218. — Institut de France. Académie des Sciences. Extrait des Comptes rendus... t. CVII ; séance du 23 juillet 1888. Allocution prononcée à l'occasion de la mort de M. **Debray**[4], Membre de la Section de Chimie, par M. J. Janssen. — Paris, Gauthier-Villars ; 5 p. in-4°.

11219. — Notice biographique sur M. Henri **Debray**[5], lue dans la séance du 8 Mai 1894, par R. de Guyencourt.

Bull. Soc. Ant. Pic., 1894, p. 525 à 529 ; in-8°.

---

[1] Ancien maire d'Amiens.
[2] Né à Amiens, le 31 mai 1844.
[3] Avocat à Amiens.
[4] Né à Amiens, le 26 juillet 1827.
[5] Né à Corbie, en 1820.

11220. — Notice sur un Laïque d'une haute piété. *Marie-Stanislas-François* **Debussi**[1].

L'Ami de la Religion, n° 2505, 22 et 23 juin 1835 ; in 8°.

11221. — Notice sur M. Louis **Debussi**[2], mort au petit séminaire de St-A., (St-Acheul), le 9 février 1822. — S. l. n. d. n. d.; 12 p in-16.

11222. — Notice sur le P. Louis **Debussi**.

En tête du : Nouveau Mois de Marie par le P. Debussi. — Amiens, Caron-Vitet, 1827 ; in-18.

11223. — Le P. Louis **Debussi**.

Vie du R. P. Varin, par le P. Guidée. — Paris, 1854, p. 395 à 412 ; in 12.

11224. — Le P. Louis **Debussi**.

Not. hist. sur qq. membr. de la Soc. de Jésus, par le P. Guidée. — Paris, Douniol, 1860, t. II, p. 234 à 264 ; in-12.

11225. — Notice biographique sur le R. P. Maxime **de Bussy**[3], de la Compagnie de Jésus. — Au Puy, J.-B. Gaudelet, 1853 ; 15 p. in-8°.

11226. — Ode au P. **de Bussy**.

La Haute-Loire, journal du Puy, 18 avril 1852.

11227. — Le P. Maxime **Debussi**.

Not. hist. sur qq. membr. de la Soc. de Jésus, par le P. Guidée. — Paris, Douniol, 1860, t. II, p. 299 à 335 ; in-12.

11228. — Une famille d'autrefois. *Les P.P. Louis et Maxime* **Debussi**, par le R. P. Cros — Toulouse, Regnault, 1873 ; X-624 p. in-12.

11229. — Funérailles de M. le Chanoine **De Cagny**[4].

Bull. Soc. Ant. Pic., t. XVIII, 1892-1894, p. 291 à 297 ; in-8°.

---

[1] Né à Rouvrel, le 16 mars 1786.
[2] Né à Rouvrel, en 1789.
[3] Né à Rouvrel, le 28 mars 1791.
[4] Né à Nesle, le 25 mai 1804.

11230. — Notice biographique sur M. le Chanoine Paul **De Cagny**, par M. Duhamel-Decéjean.
Ibid., p. 251 à 270 ; in-8°.

11231. — Notice sur M. Auguste **de Caïeu**[1], par M. Em. Delignières. — Abbeville, Paillart, 1887 ; 14 p. in-8°.
Extr. Mém. Soc. Emul. Abb.

11232. — Obsèques de M. le Président **Decaïeu**[2].
Mém. Acad. Amiens, t XXII, p 229 à 234 ; in-8°.

11233. — L'Ecolier vertueux ou Vie édifiante d'un Ecolier de l'Université de Paris[3], par M. l'Abbé Proyart. — Avignon, J.-J. Niel, 1783 ; 287 p. in-18.
Autres éditions : Toulouse, Deladoure, 1811 ; Avignon, Joly, 1818.

11234. — M. l'Abbé **Decroix**[4], Chanoine honoraire, Curé Doyen de Roye. — Roye, Varlet, 1890 ; 14 p. in-12.

11235. — **Dehaussy de Robécourt** (Jean-Baptiste-Fursy)[5], Conseiller à la Cour de Cassation.
Lacaine et Laurent, Biographies, 1844, p. 262 et 263 ; in-8°.

*** 11236.** — Chambre des Pairs. Séance du 18 avril 1845. Discours prononcé par M. le Comte Philippe de Ségur, à l'occasion du décès de M. le Comte **Dejean**[6]. — Paris, Crapelet ; in-8°.

11237. — M. le Comte **Dejean**, Pair de France.
Arch. de la France contemp., t. I, 1844, p. 348 à 400 ; in-8°.

[1] Né à Abbeville, le 5 octobre 1827.
[2] Né à Oisemont, le 3 février 1791.
[3] Jean Décalogue de la Perrie, né à Albert, le 2 juillet 1752.
[4] Né à Péronne.
[5] Né à Péronne, le 16 juin 1781.
[6] Dejean, Pierre-François-Marie-Auguste, né à Amiens, le 10 août 1780.

11238. — La Vie de la Vénérable Mère Sébastienne **de la Fosse**[1]. Professe et l'une des premières Réformatrices du Monastère d'Abbeville.
L'année dominicaine. — Amiens, Le Bel, 1678-1702, t. II, p. 170 à 179 ; in-4°.

11239. — Institut Royal de France. Académie Royale des Sciences. Funérailles de M. le chevalier **Delambre**[2]. — S. l n. n , 1822 ; 13 p. in-4°.

11240. — Notice nécrologique sur M. **Delambre**, Secrétaire perpétuel, pour les sciences mathématiques, dans l'Académie des Sciences, de l'Institut de France... par Charles Dupin. — Paris, Abel Lance, 1822 ; 24 p. in-8°.
Extr. de la Revue Encycl.

11241. — **Delambre** (Jean-Baptiste-Joseph).
Annuaire nécrolog, par Mahul, 1822, p. 72 à 78 ; in-8°.

11242. — Eloge de M. **Delambre**, prononcé dans la séance de l'Académie Royale des Sciences, le 2 juillet 1823, par M. le baron Fourier, secrétaire perpétuel. A la suite : Notice chronologique des ouvrages de Mr Delambre.
Mém. Acad. Roy. des Sc., 1819-1820, p. CCIV à CCXXVII ; in-4°.

11243. — Biographical Notice of M. le Chevalier **Delambre**.
The Edinburg philosoph. journal, 1823, p. 209 à 218 ; in-8°.

11244. — Eloge historique de M. **Delambre**, qui a obtenu l'accessit et une médaille d'or au concours de l'Académie d'Amiens, par Vulfran Warmé. — Amiens, Caron-Duquenne, 1824 ; 42 p. in-8°.
Extr. Mém. Acad. Amiens.

11245. — **Delambre** (Jean-Baptiste-Joseph), par Mathieu.
Biogr. univ. (Michaut), t. LXII, p. 249 à 257 ; in-8°.

[1] Née à Ochancourt, morte le 4 juillet 1641.
[2] Né à Amiens, le 19 septembre 1749.

11246. — **Delambre** (Jean-Baptiste-Joseph).
Nouv. biog. génér. (Didot), t. XII, col. 409 à 412 ; in-8°.

11247. — Académie des Sciences.. d'Amiens. **Delambre** et Ampère. Discours de réception suivi de notes et pièces justificatives et de plusieurs lettres inédites de Delambre, par M Desboves. —Amiens, Hecquet, 1881 ; 33 p. in-8°.
Ext. Mém. Acad. Amiens.

11248. — Eloge de M. Natalis **Delamorlière**[1], lu dans la séance publique de l'Académie d'Amiens le 3 septembre 1843, par M. St-A. Berville. — Amiens, Duval et Herment, 1843 ; 16 p. in-8°.
Ext. Mém. Acad. Amiens.

11249. — Allocution prononcée le Mardi 13 Décembre 1853, dans l'Eglise de Gamaches, au service funèbre de M. **Delannoy**, Doyen de Gamaches, par M. Deboubert, curé de Vismes. — Abbeville, P. Briez, 1854 ; 16 p. in-8°.

11250. — **Delarothière**[2], inventeur mécanicien à Troyes. Etude ses travaux, ses inventions et son influence sur l'industrie troyenne pendant sa vie et après sa mort, par M. Julien Gréau. — Troyes, Dufour-Bouquet, 1867 ; 18 p. in-8°.
Ext. Mém. Soc. Acad. Aube.

11251. — L'Abbé **Delasorne**[3] (Firmin-Philothée). 1814-1874. *par M. l'abbé Guérin*. — Abbeville, P. Briez, 1874 ; 9 p. in-8°.

11252. — **Delattre**[4] (Jean-Marie).
Les Graveurs du xviiie Siècle, par Portalis et Béraldi, t. I, p. 708 ; in-8°.

[1] Né à Amiens, en décembre 1769.
[2] Né à Amiens le 1 mars 1783.
[3] Né à Bernaville, le 9 décembre 1814.
[4] Né à Abbeville, en 1746.

11253. — La Sœur Marie-Antoinette **Deleau**[1], Restauratrice et vingtième Supérieure des Filles de la Charité (1728-1804), par Hector Josse.
Le Dimanche, 1878, t. II, p. 344 à 349 ; in-8°.

11254. — Nécrologie. Notice sur Louis François **Delebarre**[2], par Jamin.
Le Moniteur du 16 Mai 1805.

11255. — M. Bony. Un missionnaire aveugle, M. **Deléens**[3], Lazariste. Notes et Souvenirs. — Argenteuil, Impr. de N.-D du Bon Conseil, 1896; 120 p. in 18.

11256. — Ernoul **Delf**, Entailleur à Abbeville au xv° siècle, par Alcius Ledieu. Extrait de la Revue de l'Art chrétien. Tome VII, 2me livraison 1897 ; — 8 p. in-4° av. 1 fig.
Voir aussi Bull. Soc. Em. Abbev., 1897, p. 163 à 176.

11257. — M. l'abbé **Delgove**, curé-doyen de Poix, *par l'abbé Normand*.
Le Dimanche, n° 546, p. 473 à 478 ; in-8°.

11258 — M. Emile **Delignières**[4], Chevalier de la Légion d'Honneur, 1898. — Abbeville, Fourdrinier, 1899 ; 41 p. in-12.

11259. — Paroisse de Villers-Bretonneux. Noces d'Or de M. l'abbé **Delplanque**, Chanoine honoraire, Curé de Villers-Bretonneux. — Amiens, Langlois, 1890 ; 32 p. in-8°.

* **11260.** — Exposé sommaire des titres et travaux scientifiques de M. **Demarquay**[5]... — Paris, Hennuyer, 1863 ; in-4°.

[1] Née à Bray-sur-Somme, le 14 juillet 1728.
[2] Né à Abbeville, en 1726.
[3] Né à Hangest-en Santerre, le 31 mai 1832.
[4] Né à Abbeville, le 1 juillet 1836.
[5] Né à Longueval, en 1815.

11261. — Eloge de **Demarquay**, prononcé à la Société de Chirurgie par M. de Saint-Germain, Secrétaire Général. — Montdidier, Mérot, s d.; 8 p. in-8°.

11262. — Extrait du Dictionnaire biographique des Hommes du Nord. Comte Arthur **de Marsy**[1], par Henry Carnoy. — Paris, 1895; 8 p. in-16 av. portr.

11263. — Mort du Comte **de Marsy**, par E. Travers
Congr. arch. de Fr., t. LXV. Caen, 1900, p. 312 à 319; in-8°.

11264. — Obsèques du Comte de **Marsy**. 2 juin 1900. — Compiègne, Levéziel, 1900; 16 p. in-8°.

11265. — Obsèques de M. **Demarsy**[2], procureur impérial à Compiègne. — Compiègne, Vol de Conantray, 1862; 8 p. in-8°.

11266. — Obsèques de M. **Demarsy**. Discours de M. Garnier. — S. l. n. n. n. d.; 6 p. in-8°.
Ext. Bull. Soc. Ant. Pic.

11267. — Notice biographique sur M. **de Marsy**, Procureur Impérial de Compiègne, lue à la séance du Comité archéologique du 5 août 1862, par M. l'Abbé Lecot. — Noyon, Andrieux, 1863; 16 p. in-8°.
Ext. Bull. Archéol. Noyon.

11268. — Notice biographique sur M. **de Marsy** — Abbeville, P. Briez, 1863; 9 p. in-8°.

11269. — Notice nécrologique sur M **Demarsy**, ancien membre de la Société d'Emulation, par J. Lefebvre. — Abbeville, P. Briez, 1867; 10 p. in-8°.

11270. — Relation de la Vie et de la Mort du F. Colomban, Religieux

[1] Né à Doullens, le 4 septembre 1843.
[2] Né à Amiens, le 30 octobre 1814.

Profés de l'Abbaïe de Buonsollazo, près Florence. De l'etroite observance de l'Ordre de Citeaux. Appellé dans le monde Adrien **Demiannay**[1], mort le 16 du mois de May 1714. — Paris, Florentin Delaulne, 1718; in-12 de 4 p. n. n., 174 p. et 2 p. n. n.
Bibl. H. Macqueron.

11271. — Société des Antiquaires de Picardie. Claude **De Mons**[2], Seigneur d'Hédicourt, littérateur amiénois. Lecture faite en séance publique le 3 Décembre 1893 par Robert de Guyencourt. — Amiens, Yvert et Tellier, 1894; 30 p. pet. in-4° av. portr.

11272. — Eloge de **Deneux**[3].
Eloges lus à l'Ac. de Méd., par Dubois d'Amiens. — Paris, Didier, 1864, t. I, p. 435 à 447; in-8°.
Voir aussi Gaz. médic., 1854.

__11273.__ — Exposé des droits du professeur **Deneux** à la chaire de clinique d'accouchement, et protestation contre la violation commise à son préjudice de la loi qui régit l'Université. — Paris, Migneret, 1884; in-8°.
Bibl. Nat^{le}, Ln³⁷, n° 5763.

__11274.__ — Réponse du professeur **Deneux** à M. Guizot, ministre de l'instruction publique (1er mai 1834). — Paris, Migneret; in-8°.
Bibl. Nat^{le}, Ln²⁷, n° 5764.

11275. — Notice biographique sur M. André **de Poilly**[4]. — Abbeville, Jeunet; 35 p. in-8°.
Ext. Mém. Soc. Em. Abbeville.

11276. — Catalogue de l'Œuvre de F. **de Poilly**[5], Graveur ordinaire du

[1] Né à Abbeville, le 8 novembre 1676.
[2] Né en 1591.
[3] Deneux (Louis-Charles), né à Heilly, le 25 août 1767.
[4] Né à Abbeville, le 30 novembre 1777.
[5] Né à Abbeville, en 1622.

RELATION
DE LA VIE ET DE LA MORT
DU F COLOMBAN
RELIGIEUX PROFÉS
de l'Abbaïe de Buonſollazzo près
Florence : De l'étroite obſervan-
ce de l'Ordre de Citeaux.

Appellé dans le monde
ADRIEN DEMIANNAY,
mort le 16 du mois de May 1714.

A PARIS,
Chez FLORENTIN DELAULNE, rue
Saint Jacques, à l'Empereur.

M. DCCXVIII.
Avec Privilège du Roi, & Approbation.

N° 11270

GRANDEUR RÉELLE

Roi, avec un extrait de sa Vie, Où l'on a joint un Catalogue des Estampes gravées par Jean Wisscher et autres Graveurs, d'après les tableaux de Wauvermans, Avec un Secret pour décoller les Desseins à l'Encre de la Chine, et au Bistre, etc. Le tout recueilli par R. Hecquet, graveur. — Paris, Duchesne, 1752 ; in-12 de 137 p. et 4 p. n. n. av. une vign. par Aliamet.

Une réimpression de cet ouvrage a été faite, en 1865, par P. Briez, à Abbeville, en 140 p. in-12.

11277. — Eloge de François **Poilly**, par l'abbé Lambert.
Hist. Littér., t III, 2ᵉ pⁱᵉ, p. 307 et s.

11278. — **Poilly** (François de).
Abecedario de Mariette.. par MM. de Chennevières et de Montaiglon, t. IV, p. 167 à 194 ; in-8°.

11279. — F. de **Poilly**, graveur ordinaire du Roi.
Rev. univ. des Arts, par Paul Lacroix, t. XX, 1864, p. 399 à 401 ; in-8°.

11280. — M. l'abbé Martial **Dergny**[1], par H. Blandin.
Le Dimanche, n° 475, p. 91 à 95 ; in-8°.

11281. — Notice sur la Vie et les Œuvres de M. l'abbé **Dergny**, vicaire de Saint-Gilles, par Em. Delignières. — Abbeville, C. Paillart, 1883 ; 37 p. in-8°.
Ext. Mém. Soc. Emul. Abbev.

11282. — Recveil d'epitaphes en diverses langves composez par plusieurs doctes hommes de France & autres, sur le trespas de Iean Edoard du Monin, et de Iean **des Caurres**[2], Principal du Collège d'Amiens, tous deux intimes amis et sçauans personnages — Paris, Estienne Preuosteau, MDLXXXVII ; 24-94 p. in-12.
Bibl. Natˡᵉ, Ln²⁷, n° 6670.

11283. — Jean **des Caurres**.
Dict. hist. et crit. de Bayle, 1734, t. II, p. 374 et 375 ; in-folio.

[1] Né à Cayeux-sur-Mer, le 11 avril 1809.
[2] Né à Moreuil, au xvıᵉ siècle.

11284. — Jean **des Caurres**, Principal du Collège d'Amiens, 1540-1587, par l'abbé Cardon.
Bull. Soc. Ant. Pic., t. XX, 1898-1900, p. 23 à 44 ; in-8°.

11285. — 1579. Le R. P. Pierre **Deschamps**, d'Amiens.
Les P. Gard. des Cap de la rue Sᵗ-Honoré. — Bull. de l'Hist. de Paris, 1893, p. 141 ; in-8°.

11286. — Vita Samuelis **Maresii**[1].
Vita et Effig. Prof. Gron. — Groninga, 1654, p. 134 et s. ; in-folio.

11287. — Samuel **des Marets**.
Dict. hist. et crit. de Bayle, t. IV, p. 115 à 121 ; in-folio.

11288. — Samuel **Des-Marests**.
Mém. pour serv. à l'Hist. des Hom... illust., par le P. Nicéron, t. XXVIII, p. 46 à 91 ; in-12.

11289. — Samuel **Des-Marêts**, ou Sam. Maresius.
Mém. pour serv... à l'hist. des Pays-Bas. — Louvain, 1764, t. III, p. 216 à 251 ; in-12.

11290. — Lettre sur la mort de Madame **Desmarquest**[2], décédée à Méaulte, le 21 juillet 1836, par F. T. — Amiens, Ledien ; 19 p. in 12.

11291. — Mademoiselle Zoé **Desmarquest**[3]. (Extrait du Dimanche), par l'abbé Godin. — Langlois, Amiens, 1875 ; 16 p. in-8°.

11292. — 1815-1875. Notice biographique sur Mˡˡᵉ Z. **Desmarquest**, maîtresse de pension à Amiens. — Amiens, Jeunet, 1875 ; in-8° carré de IV-87 et 18 p. av. 2 pl.

11293. — M **Desmery**[4].
Mém. Soc. Roy. Méd., 1782-83, p. 203 à 205 in-4°.

[1] Né à Oisemont, le 9 août 1599.
[2] Née à Méaulte, vers 1776.
[3] Née à Méaulte, le 16 novembre 1815.
[4] Desmery (Denis-Isidore), né à Amiens, en 1705.

11294. — Société de Médecine d'Amiens. Le docteur **Desprez** (1750-1829). Etude par le docteur Courtillier. — Amiens, Vᵛᵉ Hermant, 1858; in-8°.

11295. — L.-A. **Devérité**[1], Représentant du Peuple, Député par le Département de la Somme, à ses commettants Sur les événemens des 10 Mars, 31 Mai et 2 Juin. — Abbeville, Devérité, 1793; 31 p. in-8°.

Bibl d'Abbeville.

11296. — L.-A. **Devérité**, Député de la Somme à la Convention Nationale, aux Citoyens Officiers Municipaux de la Commune d'Abbeville. 9 juillet 1793. — S. l. n. n. ; 3 p in-4°.

Au sujet d'un exemplaire des observations de Condorcet sur la nouvelle Constitution que Devérité avait envoyé à Abbeville, ce qui le fit décréter d'accusation.

11297. — Réclamation d'un Député du Département de la Somme (**Devérité**), Patriote opprimé : Et compte moral de sa conduite pendant la Révolution. — S. l. n. n. n. d. ; 30 p. in-8°.

11298. — **Devérité** (Louis-Alexandre), par Weiss.

Biogr. univers. (Michaut), t. LXII, p. 442 à 444 ; in-8°.

11299. — Notice sur M. l'abbé **Devillers**[2], Curé-Doyen de Saint-Jacques d'Amiens, par l'abbé Voclin. — Amiens, Lenoel-Herouart ; 20 p. in-8°.

11300. — Alfred **Dijon**[3] d'Amiens, et son œuvre, par Eusèbe Feys, de Rambervillers. — Bruges, Plancke, 1891 ; 46 p. in-8°.

11301.—**Dinouart**(Joseph-Antoine-Toussaint)[4].

Nouv. Biog. génér., (Didot), t. XIV, col. 215 à 217 ; in-8°.

11302.—**Dinouart**(Joseph-Antoine-Toussaint).

Biogr. univers. (Michaut), t. XI, p. 376 ; in-8°.

11303. — Observations sur le Mémoire justificatif publié au nom de Marchandise (de Péronne), condamné comme calomniateur, à l'adresse du général **Domon**[1]. — Péronne, Laisney, s. d , vers 1815 ; 12 p. in-4°.

Bibl. E. Quentin.

11304. — **Domon** (Jean-Siméon, baron), lieutenant-général.

Dict. hist. des Génér. franç., par de Courcelles, t. V, p. 298 à 300 ; in-8°.

11305. — Vie militaire et privée du Général **Domon**, par le Docteur Mouronval. — Paris, Librairie parisienne, 1831 ; 198 p in-24

11306. — Illustrations picardes. Le Général **Domon**, sa Vie, ses Campagnes, par R. Morel. — Péronne, Trépant, 1879 ; IV-111 p. in-8°.

11307. — **Dompierre d'Hornoy**[2] (Charles-Marius-Albert), de.

Gal. histor., par de Lauzac, 1870-72. p. 129 à 132 ; in-8°.

11308. — Le Vice-Amiral de **Dompierre-d'Hornoy**, Candidat au Sénat. Sa famille, sa biographie. ses circulaires (Extraits de l'Abbevillois). — Abbeville, Briez, C. Paillart et Retaux, 1876 ; 16 p. in-8°.

11309. — Le Vice-Amiral de **Dompierre d'Hornoy** (Charles-Marius-Albert).

Nos Marins, par Et. Tréfeu, 1888, p. 87 à 100 av. vign. ; in-12.

11310. — Vie du frère **Dorothée de Jésus Maria**[3].

Ann. des Carm. déch., par Lovis de Sᵗᵉ-Thérèse. — Paris, Angot, 1645, p. 543 et 544 ; in-folio.

---

[1] Né à Abbeville, en 1743.
[2] Né à Harbonnières, le 22 juillet 1797.
[3] Professeur, né à Amiens en 1800, mort à Huy (Belgique), le 5 avril 1872.
[4] Né à Amiens, le 1ᵉʳ novembre 1716.

[1] Né à Maurepas, le 2 mars 1774.
[2] Né à Hornoy, le 24 février 1816.
[3] Né à Abbeville, le 25 juillet 1626.

11311. — **Dourneau** (Démophile), poëte à Roye, en 1793, par F^d Pouy. — Amiens, Lemer, 1866; 31 p. in-16.

11312. — Un Radical **(Douville de Maillefeu**[1]), par Pierre Robbe. — Paris, Charavay, 1889; 371 p. in-12.

11313. — Notice sur M. **Drouère**[2], ancien curé d'Onvillers, ancien principal du Collège de Roye, etc. (1760-1834), par M. l'abbé Martinval. — Imp. du Journal de Montdidier, s. d.; 11 p. in-8°.

11314. — Notice sur M. l'Abbé **Dubas**[3], Curé de Notre-Dame d'Amiens, Archiprêtre, Vicaire Général du Diocèse, Décédé le 28 Août 1859, à l'âge de 84 ans (Extrait de l'Ami de l'Ordre, du 29 Août 1859). — Amiens, E. Yvert; 8 p. in-8°.

*\ **11315.** — Notice sur les titres et sur les travaux de M. Fréd. **Dubois**[4] (d'Amiens).... candidat à la place d'académicien libre vacante à l'Académie des Sciences. — Paris, Martinet, 1852; in-4°.
Bibl. Nat^le, Ln^27, n° 6326.

11316. — Discours de réception de M. Guillaumet. Le Docteur Frédéric **Dubois** d'Amiens, Secrétaire perpétuel de l'Académie de Médecine. Réponse par le Docteur Lenoël.
Mém. Acad. Amiens, t. XXXVIII, 1891, p. 325 à 362; in-8°.

11317. — La Vie de la vertueuse Sœur Marguerite du **Bourguier**[5], Professe du Monastère de S. Dominique d'Abbeville.
L'Année dominic. — Amiens, Le Bel, 1678-1702, t. VII, p. 798 à 803; in-4°.

---

[1] Député de la 2e circonscription d'Abbeville, né à Paris, le 7 août 1835.
[2] Né à Montdidier, le 12 juin 1760.
[3] Né à Amiens, en 1775.
[4] Né à Amiens, en 1797.
[5] Née à Abbeville, en 1645.

11318. — Hommage rendu à la mémoire de M. **Ducancel**, Membre du Conseil des Prudhommes de cette Ville (d'Amiens), par ses Collègues, au moment de son inhumation au Cimetière de la Madeleine le 15 décembre 1828. — Amiens, J. Boudon-Caron; 8 p. in-8°.

*\ **11319.** — Epitaphe de **Du Cange**[1], en latin. Signé : Franciscus Pinssonius de Rialles, advocatus parisiensis. — S. l. n. n., vers 1688; in-folio plano.
Bibl. Nat^le, Ln^27, n° 6392.

*\ **11320.** — Epistola Stephani Baluzii ad virum clarissimum Eusebium Renaudotum de vita et morte Caroli **Dufresnii Cangii** (Kal. novembr. 1688). — S. l. n. n. d.; in-8°.
Ibid., Ln^27, n° 6393.

11321. — Eloge de M. Ducange.
Mél. d'Hist. et de Litt., par de Vigneul-Marville. — Paris, 1725, t. I, p. 167 et s.; in-12.

11322. — Charles Du Fresne, sieur du Cange.
Mém. pour serv. à l'Hist. des Homm. illust..., par le P. Nicéron, t... p. 69 à 79; in-12.

*\ **11323.** — Notice des ouvrages manuscrits de M. **Du Cange**, par l'abbé Belley. — Paris, Quillau, 1750; in-4°.
Bibl. Nat^le, Ln^27, n° 6395.

11324. — Notice des Ouvrages de Monsieur **du Cange**, par Dufresne d'Aubigny. — Paris, Quillau, M DCC L; 23 p. in-4° à 2 col.
Bibl. H. Macqueron.

11325. — Mémoire sur les manuscrits de **Du Cange**, par Dufresne d'Aubigny. MDCCLII. — S. l. n. n.; 30 p. in-4° et 1 pl.
Ext. des Mém. pour serv. à l'Hist. des Sc., mai 1752.

11326. — Eloge de Charles Dufresne, Seigneur **du Cange**, Avec une Notice de ses Ouvrages. Discours qui a remporté le Prix de l'Académie d'Amiens en 1764 Par M Lesage de Samine (Jean

---

[1] Né à Amiens, le 18 décembre 1610.

Léonore : Baron). — Amiens, veuve Godart, M. DCC. LXXIV ; 58 p. in-12.
Bibl. H. Macqueron.

11327. — Mémoire historique pour servir à l'éloge de Charles du Fresne sieur du Cange et à l'intelligence du plan général de ses études sur l'histoire de France, par Jean-Charles du Fresne d'Aubigny. — Paris, Delatour, 1766 ; 40 p. in-4°.
Ibid.

11328. — Particularités sur Charles Ducange, mort en 1688.
Anecd. litt., par l'abbé Raynal. — La Haye, Gosse, 1766, t. II, p. 111 à 114 ; in-12.

11329. — Charles Dufresne du Cange, né à Amiens en 1610, mort à Paris en 1688.
Tabl. hist. des Littér., 1785, t. XX, p. 100 à 103 ; in-12.

11330. — Notice sur la Vie et les principaux Ouvrages publiés ou inédits de Dufresne du Cange. — Amiens, Ledien fils, 1839 ; 54 p. in-8° et 1 tabl.
Ext. Mém. Soc. Ant. Pic.

11331. — Historique du Glossaire de la Basse latinité de Ducange, par H. Géraud.
Bibl. de l'Ec. des Ch., t. I, 1840, p. 498 à 510 ; in-8°.

11332. — Relation de la mort de Charles du Fresne du Cange.
Bull. des Com. hist., t. I, 1849, p. 76 à 79 ; in-8°.

11333. — Discours (sur Ducange) prononcé par M. Rigollot, Président, dans la séance publique du 19 août 1849.
Mém. Soc. Ant. Pic., t. XI, p. 1 à 15 ; in-8°.

11334. — Notice sur la vie et les travaux de Charles du Cange, par M. Cotelle. — Amiens, Alfred Caron, 1849 ; 15 p. in-8°.

11335. — Essai sur la Vie et les Ouvrages de Charles Dufresne du Cange, par Henri Hardouin. — Amiens, Lenoel-Herouart, 1849 ; 48 p. in-8°.

11336. — Du Cange. Pièce de vers par Dubois de Forestelle, datée du 19 août 1849.
Extr. probablement d'un almanach de 1850, p. 234 à 236 ; in-16.

11337. — Du Cange et Gresset aux Champs-Elysées, Dialogue en vers, par E. Yvert. — Amiens, E. Yvert, 1849 ; 16 p. in-8°.

11338. — Etude sur la vie et les ouvrages de Du Cange, par Léon Feugère. — Paris, Paul Dupont, 1852 ; 103 p. in-8°.

11339. — Du Cange et ses biographes, par Ch. Louandre.
Rev. des Deux-Mondes t. XXIII, 1853, p. 1237 à 1247 ; in-8°.

11340. — Du Cange (Charles du Fresne, sieur).
Nouv. biogr. gén. (Didot), t. XIV, col. 911 à 914 ; in-8°.

11341. — Correspondance de Du Cange, par H. Dusevel.
La Picardie, t. VII, 1861, p. 374 à 380 ; in-8°.

11342. — Cour Impériale d'Amiens. Présidence de M. de Thorigny. Discours prononcé à l'audience solennelle de rentrée le 3 Novembre 1865, par M. Gesbert de la Noë-Seiche. Etude sur du Cange, sa vie et ses œuvres. — Amiens, Lemer aîné, 1865 ; 38 p in-8°.

11343. — Notice sur Ducange, par Charles Louandre. — Amiens, Jeunet, 1873 ; 30 p. in-16.

11344. — Lettres de Du Cange à Maurice David, de Dijon (1679). Communication de M. H. Omont.
Bull. Soc. Ant. Pic., t. XVI, p. 527 à 574 ; in-8°.

11345. — Note sur la donation des manuscrits de Ducange a la Bibliothèque Nationale.
Cab. des Manusc. de la Bibl. Nat¹ᵉ, par M. L. Delisle, p. 425 et 426 ; gr. in-4°.

11346. — Le Glossaire Grec de du Cange. Lettres d'Anisson à du Cange

— 453 —

relatives à l'impression du Glossaire Grec (1682-1688), publiées par H. Omont. — Paris, Leroux, 1892; 38 p. in-8°.

11347. — M. **Du Chemin**[1], prêtre.
Nécrol. de Port-Royal. — Amsterdam, 1723, p. 140 à 143 et Supplém., 1735, p. 538 à 539; in-4°.

11348. — M. **Duchesne de Lamotte**[2], par P.-L. (*Labulle*), d'Abbeville.
Journ. des Chasseurs, 1860, p. 139 à 141; in-8°.

11349. — Sacrilège commis dans la Sainte-Chapelle du Palais à Paris, par un Ecolier Picard. (*Hémon* **Dufossé**, *d'Abbeville*). (25 août 1503).
Bull. Soc. Em. Abb., 1888-90, p. 31 à 33; in-8°.

11350. — Obsèques de M. **Dufour**[3], Ancien Avoué à la Cour Impériale, Avocat, Ancien premier Adjoint au Maire de la ville d'Amiens... 27 mars 1862. — Amiens, Jeunet, 1862; 8 p. in-8°.

11351. — **Dumaige**, peintre abbevillois (1733-1758), par M. Em. Delignières.
Bull. Soc. Em. Abbev., 1894-96, p. 218 à 224; in-8°.

***11352**. — Réclamation par C. **Duméril**[4]. — Paris, Pain, 1838; in-8°.
Demande de permutation de la chaire de pathologie interne contre celle de matière médicale et thérapeutique.
Bibl. Nat^{le}, Ln²⁷, n° 6648.

11353. — Réponse à la " Réclamation " de M. **Duméril**, *par M. Orfila*. Paris, ce 21 décembre 1838. — Paris, Rignoux; in-4°.
Bibl. Nat^{le}, Ln²⁷, n° 6649.

11354. — Discours prononcé au nom de la Faculté de Médecine de Paris, le 16 août 1860, sur la tombe de M. **Duméril**, l'un des professeurs de cette Faculté, par M^r le professeur Cruveilhier. — Paris, Rignoux; 8 p. in-4°.

11355.—Institut Impérial de France. Académie des Sciences. Funérailles de M. **Duméril**. Discours de M. Milne-Edwards prononcé aux funérailles de M. Duméril le jeudi 16 août 1860 *et Discours de M. Valenciennes*. — Paris, Firmin-Didot; 19 p. in-4°.

***11356**. — Institut Impérial de France... Funérailles de M. **Duméril**. Discours de M. Geoffroy Saint-Hilaire... au nom du Muséum. — Paris, Didot, 1860; in-4°.

11357. — Discours sur l'organicisme... suivi d'allocutions faites sur la tombe de M. **Duméril**... par M. P.-A Piorry. — Paris, Baillière, 1860; 48 p. in-8°.

11358. — Notice sur la vie et les œuvres de M. **Duméril**, par M. Ch. Dunoyer, membre de l'Institut. Extrait du Journal des Débats du 17 octobre 1860. — Paris, de Soye et Bouchet; 4 p. in-4° à 2 col.

11359. — Eloge de **Duméril** prononcé à la séance de rentrée de la Faculté de Médecine de Paris, le 15 novembre 1861 par M. Moquin-Tandon — Paris, Rignoux, 1861; 43 p. in-4°.

11360.—Institut Impérial de France. Eloge historique d'André-Marie-Constant **Duméril**, par M. Flourens, lu dans la séance publique du 28 décembre 1863. — Paris, Didot, 1863; 24 p. in-4°.

11361. — Duméril (André-Marie-Constant). *Signé D. L. B.*
Nouv. biogr. génér. (Didot), t. XV, col. 179 à 181; in-8°.

11362. — Notice sur la vie de M. Alexandre-Victor Duminy, chanoine titulaire de la Cathédrale d'Amiens,

---

[1] Charles Duchemin, du diocèse d'Amiens.
[2] Né à Abbeville, le 5 décembre 1786.
[3] Né à Ercheu.
[4] Né à Amiens, le 1 janvier 1774.

— 454 —

ancien curé de Saint-Michel et de la Cathédrale... — Amiens, Caron-Vitet, 1838 ; 8 p. in-12.

11363. — Dispositif de l'Arrêt rendu en la Tournelle Criminelle du Parlement de Paris, le 27 Juin 1789, *entre André* **Dumont**[1] *de Bois-Roi et autres habitants d'Oisemont et le Procureur fiscal de la Commanderie d'Oisemont.* — Paris, Demonville, 1789 ; 3 p. in-4°.
Bibl. H. Macqueron.

* **11364**. — Justification adressée au peuple, par Pierre Choudieu *contre André* **Dumont**. — S. l. n. n., *1793* ; 12 p. in-8°.

11365. — André Dumont Député du Département de la Somme à la Convention Nationale A ses Commettants. *Du 18 Juin 1793.* — S. l. n. n. ; plac. in-folio.
Bibl. H. Macqueron.

11366. — Société des Amis de la Liberté et de l'Egalité, Séante aux ci-devant Jacobins Saint-Honoré à Paris. *Lettre du 30 mai 1794 contenant l'éloge d'André* **Dumont**. — S. l. n. n. ; 2 p. in-4°.
Bibl. A. de Caïeu.

11367. — Compte-rendu par André **Dumont**, Député par le département de la Somme à la Convention Nationale, membre du Conseil des Cinq-Cents, à ses Commettans. — Paris, Bridel, l'an V, le 18 Pluviôse ; 439 p. in-8°.

11368. — Pièces justificatives oubliées dans le compte-rendu d'André **Dumont**, Dédiées au Corps Electoral de France. — *Paris*, Louvet, *vers l'an V*; 24 p. in-4°.
Violent libelle de Louis-Sauveur Chénier.
Bibl. Pinsard.

11369. — Réponse de Barbier-Jenty à André **Dumont** sur son Compte Rendu à ses Commettans. — Amiens, Caron-Berquier, 10 ventôse an 5ᵉ ; 123 p. in-8°.
Bibl. H. Macqueron.

[1] Né à Oisemont, en 1764.

11370. — Louis-Sauveur Chénier à André **Dumont**, Membre du Conseil des Cinq-Cents. — S. l. n n. n. d. ; 4 p. in-8°.
Ibid.

11371. — Seconde lettre de Louis-Sauveur Chénier au marâtiste A **Dumont**. — S. l. n. n. n. d. ; 4 p. in-8°.
Ibid.

11372. — Dialogue entre deux électeurs du département de la Somme, sur le Compte-rendu à ses commettans, par André **Dumont**, ex-conventionnel, membre sortant du conseil des Cinq-Cents. — S. l. n. n. n. d. ; 22 p. in-8°.
Ibid.

11373. — Second dialogue entre Alceste et Philinte sur André **Dumont**. — De l'imprimerie rue Cassette, s. d. ; 24 p. in-8°.
Ibid.

11374. — Blanchard Changy, citoyen de Beauvais à André **Dumont**, ex-Conventionnel, Membre du Conseil des Cinq Cents ; *du 30 pluviôse an V*. — Paris, chez les Marchands de Nouveautés ; 12 p. in-8°.
Relatif à la mission de Dumont à Beauvais.
Ibid.

11375. — Démenti formel donné à André **Dumont**, Membre du Conseil des Cinq-Cents. — S. l., Vatar, *vers l'an V* ; 19 p in-8°.
Bibl. d'Abbeville.

11376. — André **Dumont**, sous-préfet suspendu par M. de La Tour-du-Pin, à ses concitoyens. — S. l. n. n., *1814* ; 108 p. in-8°.

11377. — Contre Deux Bonapartistes. L'un (**André Dumont**) Conventionnel, ex-Préfet, aujourd'hui exilé, et l'autre *(M. de la Tour du Pin)* Monarchien, ex Préfet, Marquis, Baron, Comte et aujourd'hui Membre de la Chambre des Pairs. Demande en réparation qui torts, en vertu de la loi d'amnistie qui en excepte les " Délits contre particuliers " à telle époque qu'ils aient été commis, *par le Cie de Boubers-Abbeville.* — S. l. n. n., *1816* ; 52 p. in-4°.

11378. — Mission dans les départements de la Somme, du Pas de Calais et de l'Oise. André **Dumont** et ses collègues.
Les Missionnaires de 1793. — Paris. Lenormant, 1820, p. 5 à 37 ; in-8°.

11379. — Le Représentant André **Dumont**, à Compiègne.
Tabl. d'Hist. loc., par Coet. — Compiègne, 1887, 1re p[ie], p. 73 à 76 ; in-8°.

11380. — Notice biographique. M. **Duparc**[1] (Louis-Alphonse). — Amiens, Jeunet, 1876 ; 13 p. in-8° carré.

11381. — **Duparque**[2] (*Le docteur*).
Callisen, Méd. Schr. Lexicon. — Copenhague, 1830, p. 368 à 370 ; in-12.

11382. — A. Janvier. Le Docteur **Duparcque**, notice lue à l'Académie d'Amiens. Séance du 9 Janvier 1880. — Amiens, A. Douillet, 1880 ; 20 p. in-8°.
Ext. Mém. Acad. Amiens.

11383. — Société de Médecine de Paris Eloge de M. le Docteur Frédéric **Duparcque**, par M. le Docteur G. de Beauvais. — Paris, Alcan Lévy, 1884 ; 16 p. in-8°.

11384. — **Duponchel**[3] (Charles-Eugène).
Les Grav du XVIIIe Siècle, par Portalis et Béraldi, t. II, p. 90 ; in-8°.

11385. — Notes sur la Vie et les Œuvres de Jean-Baptiste-Michel **Dupuis**[4] sculpteur amiénois et de Pierre-Joseph **Christophe**, architecte, son gendre, par Robert Guerlin. — Paris, Plon, 1895 ; 48 p. in-8° et 2 pl.

[1] Ancien notaire à Amiens.
[2] Né à Amiens, le 30 décembre 1788.
[3] Né à Abbeville, en 1748.
[4] Né à Amiens, le 16 septembre 1698.

11386. — Notice biographique sur M. l'abbé **Dupuis**, Doyen du Chapitre Cathédral d'Amiens, *par l'abbé Clabault.* — Amiens, Yvert, s. d ; 2 p. in-8°.

11387. — Notice biographique sur M. H. **Dusevel**[1], par Dr Letellier. — Paris, Moquet, 1856 ; 12 p. in-8°.

11388. — Etude sur les œuvres inédites et sur la correspondance de H. **Dusevel**, archéologue et historien, par F. Pouy. — Amiens, Delattre-Lenoël, 1882 ; 128 p. in-8°.

11389. — *Compte-rendu de l'ouvrage précédent, par T. de L.*
Rev. crit. d'Hist. et de Littér., t. XIV, 1882, p. 76 à 78, in-8°.

11390. — Deux grands Artistes chrétiens. Les Frères **Duthoit**[2], par M. l'abbé J. Corblet.
Rev. de l'Art Chrétien, 1875, p. 52 à 60 ; in-4°.

11391. — Edmond **Duthoit**[3], architecte. 1837-1889. — Amiens, Yvert et Tellier, 1890 ; 47 p. in-8° carré av. portr.

11392. — L'Architecte de Notre Dame de Brebieres. Monsieur Edmond Duthoit, *par l'abbé Godin.* — S. l. n. n. n. d. ; 8 p in-8°.
Ext. du Mess. de N. D. de Breb.

E

11393. — *Notice biographique sur le P. **Elluin**[4], par Ern. Prarond.*
Mém. Soc. Em. Abb., t. I, 3e S[ie], p. 706 à 710 ; in-8°.

11394. — M. **Elluin**. *Notice nécrologique reproduite de " l'Indépendant de Smyrne".*
Le Dimanche, n° 1084, p. 287 à 289 ; in 8°.

[1] Né à Doullens, le 12 septembre 1796.
[2] Nés à Amiens, Aimé Duthoit en 1803, Louis Duthoit en 1807.
[3] Né à Amiens.
[4] Né à Lamotte-Buleux.

11395.—**Elluin** (François-Rolland)[1], 1745-1810.
Les Grav. du xviii⁰ Siècle, par Portalis et Béraldi, t. II, p. 118 à 124 ; in-8°.

11396. — Notice nécrologique sur M. Léon **Eloy de Vicq**[2]. Lue à la séance de la Société d'Émulation du 5 mai 1887, *par M. de Villers*.
Mém. Soc. Em. Abb, t. XVI, p. 591 à 593 ; in-8°.

11397. — Notice nécrologique sur M. **Eloy de Vicq**, par M. E. Gonse.
Bull. Soc. Linn. Nord Fr., t. VIII, 1886, p. 85 à 89 ; in-8°.

11398. — **Enguerran**, *abbé de S* *Riquier*.
D'Achery, Acta Sanct. — Lutetiæ, 1668-1701, VI, p. 494 et 495 ; in-folio.

11399. — **Enguerran** Abbé de S. Riquier. Histoire de sa Vie. Ses Écrits.
Hist. litt. de la Fr., t. VII, p. 351 à 355 ; in-4°.

11400. — **Enguerran**, *abbé de Saint-Riquier*.
Hist. gén. des aut. sacr. et eccl., par Dom Ceillier. — Paris, 1757, t. XX, p. 187 à 190 ; in-4°.

* **11401.** — **Enguerran**, *abbé de S* *Riquier*.
Briecker, Hist. crit. phil. — Leipsig, 1766-1767, t. III, p. 658 et 659 ; in-4°.

11402.—Le Bienheureux **Angelran**, abbé de Saint-Riquier (1020-1045), par l'abbé Hénocque.
Le Dimanche, nᵒˢ 950 à 952 ; in-8°.

* **11403.** — Notice sur M. de l'**Escalopier**[3], par M. Anatole de Montaiglon. — Paris, Lahure, 1864 ; 13 p. in-8°.
Extr. Bull. Soc. Ant. Fr, 1862.

11404. — Notice biographique sur le Comte Charles de l'**Escalopier**. — Paris, Lainé et J. Havard, 1866 ; XXXI p. gr. in-8° av. portr.

[1] Né à Abbeville.
[2] Né à Abbeville, le 24 octobre 1810.
[3] Né à Liancourt-Fosse, le 9 avril 1812.

11405. — Catalogue de la Bibliothèque de M. le Cᵗᵉ Charles de l'**Escalopier**, avec une notice sur sa vie, des notes historiques, littéraires, biographiques et bibliographiques... publié par les soins de J. F. Delion. — Paris, Delion, 1866 ; 3 vol. in-8° de XXXI-473 p., 512 p. et 269 p. av. portr.

11406. — Notice biographique sur M. **Estancelin**, Député de la Somme, *par Louis Rosand*. Extrait de la Revue générale (Livraison de Mars 1844. — Paris, 1844 ; 24 p. in-8°.

F

11407.—Notice sur M. **Fabignon**[1], Bibliothécaire-Archiviste de la Société *Académique de l'Oise*, par Ch. Delacour.
Mém. Soc. Acad. Oise, t. II, p. 615 à 620 ; in-8°.

11408. — Notice sur la vie de Pierre **Faroux**[2], prêtre de la Congrégation de la Mission, Vicaire apostolique d'Alger et de Tunis, par l'abbé Haclin. — Amiens, Lambert-Caron, s. d., 1872 ; 124 p. in-16.

11409. — M. **Faroux**, Pierre, Vicaire apostolique, de 1737 au 15 juillet 1740.
Not. sur les prêtres de la Congr. de la Mission. — Paris, 1865, t. III, p. 1 à 62 ; in-8°.

11410. — *Note sur Etienne de* **Fay**[3], *par M. Claveau*.
Rev. franc. de l'Educ. des Sourds-Muets, 1887, p. 244 à 249 ; in-8°.

11411. — Jean **Fernel**[4].
Elog. des Homm. illust., par de Sᵗᵉ Marthe. — Paris, 1644, p. 104 à 106 ; in 4°.

[1] Né à Montdidier, le 2 avril 1797.
[2] Né à Morcourt, le 1 janvier 1705.
[3] Constructeur de l'abbaye Sᵗ Jean d'Amiens.
[4] Né, suivant divers auteurs, à Amiens, à Montdidier ou à Clermont-en-Beauvaisis.

11412. — **Fernel** (Jean).
Dict. hist. et crit. de Bayle, t. II, p. 357 à 362 ; in-folio.

11413. — Jean **Fernel**
Elog. des Hom ill. par Teissier. — Genève, 1683, t. I, p. 134 à 136 et t. II, p. 398, in-12.

11414. — Jean **Fernel.**
Acad. des Sc et des Arts... par Bullart. — Brusselle, Foppens, MDCXCV, t. II, p. 83 et 85 av. portr. ; pet. in-folio.

11415. — **Fernel** (Jean).
Dict. hist. de la Médec., par Eloy. — Liège, Bassompierre, 1755, t. I, p. 354 à 357 ; in-12.

11416. — Vie de Jean **Fernel** Docteur de la faculté de Paris et premier médecin de Henri IJ avec une notice de ses ouvrages.
Mém. litt., crit. et phil. pour servir à l'Hist. de la Médec. — Paris, Bastien, 1777, p. 286 à 413 ; in-4°.

11417. — Jean **Fernel.**
Not. des Homm. céléb de la Fac. de Méd. de Paris, par Hazon, 1778, p. 30 à 36 ; in-4°.

11418. — **Fernel** (Jean).
Biogr. univers.(Michaud), t XIV, p. 386 à 390 ; in-8°.

11419. — Recherches historiques sur la Ville de Clermont (Oise). Un mot sur **Fernel** et sur le lieu de sa naissance, par P. S. E. Feret. — Clermont. Huet, 1851 ; 7 p. in-8°.

11420. — **Fernel** (Jean), *par le D*^{r} *Saucerotte.*
Nouv. biogr. génér. (Didot), t. XVII, col. 477 à 483 ; in-8°.

11421. — **Fernel** et son Temps. Discours prononcé dans la séance solennelle de rentrée de l'Ecole préparatoire de médecine et de pharmacie d'Amiens le 7 novembre 1864, par J Lenoël. — Amiens, Lenoel-Herouart ; 20 p. in-8°.

11422. — M. **Filleau de Saint-Hilaire**[1], Conseiller d'Etat, Directeur de l'Administration des Colonies, *par Van Ténac.*
La France administ., t. I, 1841, p. 4 à 11 av. portr. ; in-8°.

[1] Né à St-Valery-sur-Somme, en 1779.

11423. — **Fillœul** (Pierre)[1].
Les Grav. du xviii° Siècle, par Portalis et Béraldi, t. II, p. 181 et 182 ; in-8°.

11424. — M. l'abbé **Fliche**[2], chanoine d'Amiens.
Le Dimanche, 1877, t. I, p. 141 à 149 ; in-8°.

11425. — Jean de **Flixecourt**, Moine de Corbie, *par B. Hauréau.*
Hist. litt. de la France, t. XXVI, 1873, p 468 à 471 ; gr. in-4°.

* **11426.** — Eloge de Gabrielle **Foucart**[3], par le P. Louis Jacob de Saint-Charles.
Biblioth. des Dames Illustres.
Cité par Louandre, Biogr. d'Abb., p. 117.

* **11427.** — Hugues de **Fouilloy.**
Oudin, de Script. Eccles. Antiq. — Lipsiæ, 1722, t. II, p. 1107 à 1111 ; in-folio.

11428. — Hugues de **Fouilloi**, prieur de Saint Laurent de Heilli, *par M. Brial.*
Hist. litt. de la France, t. XIII, 1814, p. 492 à 507 ; in-4°.

* **11429.** — Hugues de **Fouilloy.**
Sevestre, Dictionn. pa'rol., 1854, t. II, p. 469 à 471 ; gr in-8°.

11430. — Hugues de **Fouilloi**, *par M. B. Hauréau.*
Nouv. biogr. génér. (Didot). t. XXV, col. 442 à 445 ; in-8°.

11431. — Une héroïne. *Marie* **Fouré**, *de Péronne, par Furetières.*
Journal Le Soleil, n° du 28 avril 1897.

11432. — Notice biographique sur M. de **Fourment de Roye**[4], Représentant de la Somme. Extrait du II° volume de la Véritable Physiologie de l'Assemblée nationale, par Raincelin de Sergy. — Paris, Janvier 1849 ; 21 p. pet. in-4°.

[1] Né à Abbeville.
[2] Né à Montdidier, le 26 novembre 1803.
[3] Née à Abbeville, le 15 avril 1568.
[4] Né à Roye, le 18 janvier 1788.

11433. — M. de **Fourment de Roye**, Représentant du Peuple... *par Vaucher et de Quincy*. — Paris, Lacombe ; 8 p. in-8°.
Ext. des Arch. des Hommes du Jour.

11434. — De **Fourment de Roye**, Représentant du Peuple pour le département de la Somme. — Montmartre, Pilloy, 1849 ; 3 p. in-8° av. portr.

11435. — Le Baron de **Fourment**.
Galer. biogr. du Sénat, 1852, p. 143 à 150 ; in-8°.

11436. — Richard de **Fournival**[1].
Hist. litt. de la France, t. XXIII, 1856, p. 708 à 733 ; in-4°.

11437. — Notice sur la vie et les ouvrages de Richard de **Fournival**, par M. Paulin Paris.
Bibl. Ecole des Chartes, t. II, 1840-41, p. 32 à 56 ; in-8°.

11438. — La Biblionomie de Richard de **Fournival**. Milieu du XIIIᵉ Siècle.
Cab. des Man. de la Bibl. Nat¹ᵉ, par L. Delisle, t. II, p. 518 à 535 ; gr. in-4°.

* **11439.** — Stoeber (Ehrenfried). Festlichkeiten, dem General **Foy**[2] zu Ehren, wahrend seines Aufenthaler in Strasburg. — Strasburg, 1811 ; in-8°.
Edition française de la même année.
Bibliog. univ. d'Oettinger, t. I, col. 550.

11440. — **Foy** (Maximilien-Sébastien, Comte).
Dict. hist. des Génér. franç, par de Courcelles, t. VI, p. 129 à 135 ; in-8°.

* **11441.** — Pensées du Général **Foy**, membre de la Chambre des Députés, tirées de ses discours prononcés à la tribune législative pendant les sessions de 1819 et 1820, précédées d'une Notice sur la vie militaire de ce général. — Paris, Painparré, 1821 ; in-32.
Bibl. Nat¹ᵉ.

11442. — Réflexions soumises à la Cour de Cassation par M. le général **Foy**, membre de la Chambre des Députés, *à propos d'un rôle qu'on lui aurait fait jouer dans la conspiration de Saumur*. — Paris, Hacquart, 1822 ; 7 p. in-8°.

* **11443.** — Vérités historiques et politiques sur M. le général comte **Foy**, par le chevalier Kikiki, son ancien condisciple. — Paris, 1824 ; in-8°.
Bibliogr. univ. d'Oettinger, t. I, col. 550.

11444. — Nécrologie. *Le Général Foy*, par M. A. Jullien. Extrait de la *Revue encyclopédique*. — Paris, Rignoux, novembre 1825 ; 2 p. in-8°.
Bibl. Nat¹ᵉ, Ln²⁷, n° 7933.

11445. — Eloge historique du lieutenant-général **Foy**, par M. P. Lacroix. — Paris, Jehenne, 1825 ; 106 p. in-18.
Bibl. Nat¹ᵉ, Ln²⁷, n° 7934.

11446. — Vie du lieutenant-général comte **Foy**, grand cordon de la Légion d'honneur, mort à Paris le 28 novembre 1825, par un ancien capitaine au 4ᵉ régiment d'artillerie à cheval. — Paris, chez les marchands de nouveautés, 1825 ; 48 p in-18 av. portr.
Bibl. H. Macqueron.

11447. — Vie du Général **Foy**, suivie de la collection des discours et des vers qui ont été prononcés sur sa tombe, par Ch. Duez. — Paris, chez tous les marchands de nouveautés, 1825 ; 54 p. in 8°.
Bibl. H. Macqueron.

11448. — Vie militaire, politique et anecdotique du Général **Foy**, par P. C. — Paris, Chassaignon, 1825 ; 143 p. in-12 et 1 pl.
Bibl. H. Macqueron.

* **11449.** — Précis historique sur la vie civile et militaire du lieutenant-général **Foy**. — Paris, Béraud, 1825 ; in-12.
Bibl. Nat¹ᵉ, Ln²⁷, n° 7935.

11450. — Journée du 30 novembre 1825 ou Récit des derniers momens

---
[1] Chancelier de l'Eglise d'Amiens.
[2] Né à Ham, le 3 février 1775.

et des funérailles du Général **Foy**. — Paris, Mongié aîné, 1825; 111 p. in-8° et 1 pl.
<small>Bibl. H. Macqueron.</small>

11451 — Oraison funèbre du lieutenant-général **Foy**, membre de la Chambre des Députés, décédé le 28 novembre 1825, par M. A. Bucher. — Paris, Jehenne, 1825; 15 p. in-8°.
<small>Bibl. H. Macqueron.</small>

11452. — Discours funèbre du F∴ de Chenier, orat∴ tit∴ de la R∴ L∴ écoss∴ des amis constants de la V∴ L∴ O∴ de Paris, prononcé dans cette L∴ le 3° jour du 10° mois, l'an de la V∴ L∴ 5825, avant sa réquisition de la batterie de deuil sur la perte irréparable du T∴ Ill∴ F∴ le général **Foy**, décédé à Paris le 28 du mois dernier. — Paris, Dondey-Dupré, 1825; 4 p. in-8°.
<small>Journ. de l'Impr. et de la Libr., 1825, n° 7450.</small>

11453. — Quelques mots sur les événemens actuels, procès du Constitutionnel, mort du général **Foy**, par F. L. Bourgeois, professeur de philosophie au collège de Villeneuve-sur-Lot. — Agen, Noubel, 1825 ; 16 p. in-8°.
<small>Journ. de l'Impr. et de la Libr., 1826, n° 463.</small>

11454. — Pensées du général **Foy**, membre de la chambre des Députés, tirées de ses discours, etc, précédées d'une notice sur la vie militaire de ce général. — Paris, Leroy, 1825 ; 132 p. in-18 av 1 pl.
<small>Journ. de l'Impr. et de la Libr., 1825, n° 7322.</small>

11455. — Souvenirs de la Sorbonne en 1825. Démosthène et le Général **Foy**. *Signé : Villemain*. — Paris, Claye, s. d.; in-8°.
<small>Extr. de la Rev. des 2 Mondes, du 15 janvier 1853.
Bibl. Nat^{le}, Ln²⁷, n° 7942.</small>

11456. — Chant dithyrambique sur la mort du général **Foy**, par S. D — Paris, chez les marchands de nouveautés, 1825 ; 4 p. in-8°.
<small>Journ. de l'Impr. et de la Libr., 1825, n° 7385.</small>

11457. — **Foy**. Stances Elégiaques par A. P.-B. — Paris, chez les Marchands de Nouveautés, 1825 ; 11 p. in-8°.
<small>Anc^{ne} Bibl. de Marsy.</small>

11458. — Hommage au général **Foy** par un élève en droit. — Paris, chez les marchands de nouveautés, 1825 ; 4 p. in-8°.
<small>Journ. de l'Impr. et de la Libr., 1825, n° 6941.</small>

11459. — Sur la mort du Général **Foy**, Député Français. Ode par M. Jules Lefebvre. — Paris, Urbain Canel, 1825 ; 15 p. in-8°.
<small>Anc^{ne} Bibl. de Marsy.</small>

11460. — Aux Mânes du Général **Foy**, chant funèbre, par Théophile Feburier. — Paris, chez les marchands de nouveautés, 1825 ; 8 p. in-8°.
<small>Journ. de l'Impr. et de la Libr., 1825, n° 7180.</small>

11461. — La France en deuil, stances élégiaques sur la mort du général **Foy**, par E.-C. Piton, de Coutances. — Paris, Ponthieu, 1825 ; 4 p. in-8°.
<small>Journ. de l'Impr. et de la Libr., 1825, n° 6940.</small>

11462. — Les Funérailles du Général **Foy**, Député Ode par Louis Belmontet. — Paris, Ponthieu, 1825 ; 16 p. in-8°.
<small>Bibl. H. Macqueron.</small>

11463. — Une larme sur la tombe du général **Foy**. — Bruxelles, 1825 ; in-8°, portr.
<small>Bibliog. univ. d'Oettinger, t. II, col. 2115.</small>

11464. — Cantate nationale sur la mort du général **Foy**, *par Boullet*. — Paris, Lebègue, 1825 ; 2 p. in-8°.
<small>Journ. de l'Impr. et de la Libr., 1825, n° 7025.</small>

11465 — Pensées d'un Français sur la mort du Général **Foy**, par Alexandre Chavantré ; 30 novembre 1825. — Paris, Bouquin de la Souche ; 7 p. in-8°.
<small>Anc^{ne} Bibl. de Marsy.</small>

11466. — Elégie sur la Mort du Général **Foy**, par Alex. Dumas. — Paris, Sétier, 1825 ; 15 p. in-8°.
<small>Bibl. H. Macqueron.</small>

* **11467**. — La Mort du Général Foy, Ode par H. de Clemar. — Paris, chez les marchands de nouveautés, 1825 ; 8 p. in-8°.

Journ. de l'Impr. et de la Libr., 1825, n° 6942.

* **11468**. — Ode à M. le comte **Foy**, député, par Théodore-Hippolyte-Désiré C.. — Lyon, Durand et Perrin, 1825 ; 4 p. in-8°.

Journ. de l'Impr et de la Libr., 1825, n° 3475.

* **11469**. — Strophes sur la Mort du Général **Foy**, par M. J. J. P. — Paris, Duverger, 1825 ; 4 p. in-8°.

Journ. de l'Impr. et de la Libr., 1825, n° 7002.

11470. — La France au Tombeau du Général **Foy**, Messénienne par M. Emile Debraux précédée d'une notice historique sur la vie et les derniers momens de cet illustre citoyen, dédiée aux Députés français. — Paris, chez MM. Casimir Périer et Lafitte, 1825 ; 20 p. in-8°.

Ancne Bibl. de Marsy.

* **11471**. — La Souscription, ou les Enrôlemens révolutionnaires — Paris, chez les marchands de nouveautés, 1825 ; 12 p. in 8°.

Il s'agit de la souscription ouverte à l'occasion de la mort du général **Foy**.

Journ. de l'Impr. et de la Libr., 1825, n° 7214.

* **11472**. — Le Général **Foy** en Alsace, par D. E Stœber l'aîné, Avocat. — Paris, Sautelet, 1825 ; 8 p. in-8°.

Bibl. Nat¹ᵉ, Ln²⁷, n° 7931.

* **11473**. — General **Foy** in Elsasse von Ehrenfried Stoeber. — Strassburg, Silbermann, 1826 ; 8 p. in-8°.

Bibl. Nat¹ᵉ, Ln²⁷, n° 7932.

* **11474**. — Vie militaire et politique du Général **Foy**, avec des extraits de tous ses discours, ornée d'un portrait et d'un fac-simile, par L. V. — Paris, Thoisnier-Desplaces, 1826 ; 198 p. in-18.

Journ. de l'Impr. et de la Libr., 1825, n° 451.

* **11475**. — Notice sur le Général **Foy**, par F.-P. Tissot. Extrait de la Revue encyclopédique. — Paris, Rignoux, 1826 ; 8 p. in-8°.

Journ. de l'Impr. et de la Libr., 1826, n° 1094.

* **11476**. — Vie militaire et politique du Général **Foy**, par Félix Vidal. — Paris, 1826 ; in-18, portr.

Edition allemande : Stuttgart, 1826 ; in-8.
Bibliogr. univ. d'Oettinger, t. I, col. 550.

* **11477**. — Zevensschefts van den generaal **Foy**, met eene beschouwing van zijne hoedanigheden als redenaar. — Delft, 1826 ; in-8° av. portr.

Bibliogr. univ. d'Oettinger, t. I, col. 550.

11478. — Vie, Exploits, Triomphes oratoires et derniers momens du Comte **Foy**, Grand-Officier de la Légion d'Honneur, Chevalier de Saint-Louis, Député de l'Aisne, et avant tout, citoyen français ; suivis du Tableau de la Journée du 30 novembre 1825 et des funérailles du général, Avec les discours prononcés sur sa tombe, les plus beaux fleurons de sa couronne poétique, son éloge extrait des journaux de tous les partis, etc. Ouvrage publié par deux de ses anciens compagnons d'armes, Orné d'un beau portrait. — Paris, Librairie française et étrangère, 1826 ; 323 p. in-18.

* **11479**. — Sur le Général **Foy**, par Al. Lequien. — Lyon, Boursy, 1826 ; 2 p. in-8°.

Journ. de l'Impr. et de la Libr., 1826, n° 1095.

* **11480**. — Tableau historique destiné à consacrer les noms des personnes qui ont pris part à la souscription ouverte en faveur des enfans du général **Foy**, et pour élever un monument à la mémoire de ce grand citoyen. Département de la Somme. — Paris, Decourchant ; in-folio plano.

Journ. de l'Impr. et de la Libr., 1826, n° 7515.

Il a été fait d'autres feuilles pour les départements suivants : Eure. — Seine-Intérieure. — Jura, Doubs, Haute-Saône, Vosges. — Côte-d'Or, Haute-Marne, Nièvre.

11481. — Couronne poëtique du Général **Foy**, publiée par J. D. Magalon. — Paris, Chamerot, 1826 ; 268 p. in-8° av. portr.
Bibl. H. Macqueron.

* **11482.** — A la mémoire du Général **Foy**, élégie. — Paris, Guiraudet, 1826 ; 4 p. in-8°.
Journ de l'Impr. et de la Libr., 1826, n° 2149.

* **11483.** — Stances sur la mort du Général **Foy** par un Lyonnais. — Lyon, Brunet, 1826 ; 2 p. in-8°.
Journ. de l'Impr. et de la Libr., 1826, n° 1556.

11484. — Imprécations de la Gloire, à l'occasion de la mort du Général **Foy**, Dithyrambe par Gustave de Lartigue. — Paris, Au Dieu Mars, Palais-Royal, 1826 ; 12 p. in 8°.

* **11485.** — Dithyrambe aux Mânes du Général **Foy**. — Nimes, Durand-Belle, 1826 ; 1 p. in-4°.
Journ. de l'Impr. et de la Libr., 1826, n° 1374.

* **11486.** — A la Mémoire du Général **Foy**. Almanach pour 1826. — Paris, rue des Boulangers, n° 34 ; 1 p. in-folio.
Journ. de l'Impr. et de la Libr., 1825, n° 7212.

* **11487.** — Sur la mort du général **Foy**. *Poésie* par J. P. C., son neveu. — Paris, Coniam, 1826 ; 4 p. in-8°.
Journ. de l'Impr. et de la Libr., 1826, n° 432.

11488. — L'homme à la cravatte noire, où un trait de la vie du général **Foy**.
Merc. du XIXᵉ Siècle, 1826, p 360 à 368 ; in-8°.

11489. — Aux Mânes du Général **Foy**. Anniversaire du 28 Novembre. Elégie *par Emile Roulland*.
Mercure du XIXᵉ Siècle, 1826, p. 481 à 483 ; in-12.

* **11490.** — Aux Mânes du Général **Foy**. Ode par Roudet de Grenoble, 1826. — Paris, Setier ; 4 p. in-8°.
Journ. de l'Impr. et de la Libr. 1829, n° 547.

* **11491.** — A la Mémoire du Général **Foy**. — Paris, Barthélemy, 1826 ; 4 p in-8°.
Journ. de l'Impr. et de la Libr., 1826, n° 81.

* **11492.** — Hymne à la mémoire du Général **Foy**, par Amédée Pommier. — Paris, Verdière, 1826 ; 8 p. in-8°.
Journ. de l'Impr. et de la Libr., 1826, n° 13.

* **11493.** — Le Droit d'ainesse, nouvelle imitée de Schiller, et suivie d'un hommage au général **Foy**, par J. Commerson. — Paris, boulevart des Italiens, 1826 ; 16 p. in-8°.
Journ. de l'Impr. et de la Libr., 1826, n° 1322.

* **11494.** — Deuil éternel ou Reproches à la mort ; aux Mânes du Général **Foy**, par M. Léger le Nivernois, ancien officier. — Paris, Samson, 1826 ; 6 p. in-8°.
Journ. de l'Impr. et de la Libr., 1826, n° 981.

* **11495.** — Quelques vers sur la mort du Général **Foy**, par un des cent mille Français qui ont accompagné son convoi. — Paris, Brière, 1825 ; 4 p. in-8°.
Journ. de l'Impr et de la Libr., 1825, n° 7004.

* **11496.** — Messéniennes, dont une aux Mânes du Général **Foy**, suivies de notes historiques et d'une allégorie, par A. Dupias. — Paris, chez les marchands de nouveautés, 1826 ; 38 p. in-8°.
Journ. de l'Impr. et de la Libr., 1826, n° 6339.

* **11497.** — Les Rêves aux Mânes du Général **Foy**, suivis d'églogues et de poésies élégiaques, par Hipp. Morvonnais. — Sᵗ-Malo, Rottier, 1826 ; 146 p. in-18.
Journ. de l'Impr. et de la Libr., 1826, n° 4847.

11498. — Aux Mânes du Général **Foy**. Stances libres suivies de notes explicatives, et de l'analyse des anciennes chartes du Dauphiné, par M....., ancien officier supérieur d'Etat-Major. — Lyon, Baron, 1826 ; 40 p. in-12 av. portr.
Bibl. H. Macqueron.

* **11499.** — Sur la Mort du Général **Foy**. — Clermont, Veysset, 1826 ; 4 p. in-8°.
Journ. de l'Impr. et de la Libr., 1826, n° 2848.

* **11500**. — Hommage poëtique et lyonnais aux Mânes du Général **Foy**, par le chevalier Th. P. — Lyon, Ayné frères, 1826 ; 8 p. in-8° av. pl.

Journ. de l'Impr. et de la Libr., 1826, n° 690.

11501. — L'Apothéose du Général **Foy**, poëme élégiaque par A. D. de Bussy, le 30 janvier 1826. — Paris, Jehenne, 1826 ; 8 p. in-8°.

* **11502**. — Oraison funèbre du lieutenant-général **Foy**, député du département de l'Aisne, suivie d'un discours sur les Grecs, par M. le Comte de B. L. — Bordeaux, Leletingeas, 1827 ; 4 p. in-8°.

Journ. de l'Impr. et de la Libr., 1827, n° 1320.

11503. — Tableau historique destiné à consacrer les noms des personnes qui ont pris part à la souscription ouverte en faveur des enfans du général **Foy**. — Paris, Delaunay, 1827 ; in-4° de 43 p. av. 1 pl.

11504. — La Statue et les Bas-Reliefs du Monument érigé à la mémoire du Gal **Foy**, par P. J. David d'Angers ....gravées par J. M Leroux, *avec notice biographique*. — Paris, Leroux, 1831 ; gr. in-folio.

Bibl. Nat^{le}, Ln²⁷, n° 7939.

11505. — Le Général **Foy**.

Mélang. histor., par M. de Barante, 1835, t. I, p. 314 à 327 ; in-8°.

11505bis. — L'Ecolier fugitif. Le Général **Foy**.

Les petits Guerriers, par Eugénie Foa. — Paris, s. d., p 177 à 200 av. 1 pl. ; in-12.

* **11506**. — Larme d'un Français sur la tombe du Général **Foy**, par M. Ch. Pauffin. — Paris, Carpentier-Méricourt, 1845 ; 6 p. in-8°.

Journ. de l'Impr. et de la Libr., 1825, n° 6984.

11507. — Général **Foy**.

Liv. des Orateurs, par Timon. — Paris, 1847, t. II. p. 42 à 56 ; in-8°.

11508. — Biographie du Général **Foy**, *par l'abbé Lecot*. (Extrait de l'Ami de l'Ordre, journal de Chauny et de Noyon). — Noyon, Cottu-Harlay, 1852 ; 24 p. in-8°.

11509. — Le Général **Foy** Etudes parlementaires, par Evariste Colombel. — Paris et Nantes, 1852 ; 73 p. in-8°.

Bibl. Nat^{le}, Ln²⁷, n° 7941.

11510. — **Foy** (Maximilien Sébastien), *par Guyot de Fère*.

Nouv. biog. génér. (Didot), t. XVIII, col. 407 à 414 ; in-8°.

11511. — **Foy** (Maximilien Sébastien), *par M. de Barante*.

Biogr. univ. (Michaut), t. LXIV, p. 388 à 394 ; in-8°.

11512. — *Le Général* **Foy**. Discours de réception de M. Ernest Obry. Séance du 12 Février 1875.

Mém. Acad. Amiens, t. XXII, p. 167 à 208 ; in-8°.

11513. — Le Général S. M. **Foy**. Notice biographique publiée à l'occasion de l'érection de la statue du général Foy sur la grande Place de Ham le 20 juillet 1879, par M. Elie Fleury. — Ham, Quentin, 1879 ; 56 p. in-12.

11514. — La Vie militaire du Général **Foy**, *par le général Thoumas*.

La Vie contemporaine, 1895, p. 105 et s. ; in-4°.

11515. — Maximilien Sébastien **Foy**, Général, Historien, Orateur parlementaire. Lecture faite par M. Pinson.

Mém. Acad. Amiens, t. XLVII, p. 261 à 314 ; in-8°.

11516. — Vie militaire du Général **Foy**, par Maurice Girod de l'Ain. — Paris, Plon, 1900 ; in-8° de 431 p. et 11 pl.

* **11517**. — Eloge de **Francheville**[1], par Formey.

11518. — **Friant**[2].

Galer. milit., par Bubié de Beaumont. — Paris, an XIII, t. IV, p. 58 à 130 ; in-24.

[1] Joseph du Fresne de Francheville, littérateur, né à Doullens en 1704.

[2] Né à Villers-le-Vert, commune de Morlancourt, le 18 septembre 1758.

11519. — **Friant** (Louis, Comte).
Dict. hist. des Génér. franç., par de Courcelles, t. VI, p. 195 à 201 ; in-8°.

11520. — **Friant**, *par I. L. Belin.* — Paris, Ducessois, av. 1848; 16 p. in-8° av. portr.

* **11521.** — Etudes critiques et bibliographiques. Notice sur le Cte **Friant**... lieutenant général, *par Amédée Boudin.* — Paris, au bureau de la publication, 1855 ; in-8°.
Bibl. Nat^{le}, Ln27, n° 8031.

11522. — Vie militaire du Lieutenant Général Comte **Friant**, par le Comte Friant son fils — Paris, Dentu, 1857 ; IV-472 p. in-8° av. portr et 2 pl.

11523. — Vie militaire du Général Cte **Friant**, par le Cte Friant. *Etude critique par Sainte-Beuve.*
Causeries du Lundi, t. XIV, p. 56 à 68 ; in-12.

* **11524.** — *Epitaphe du général* **Friant**.
Bibl. Nat^{le}, Ln27, n° 8032.

11525. — Le Général **Friant**.
Dern. homm. de M. Vulf. Warmé, p. 515 à 525 ; in-8°.

11526.—**Friant**(Louis),*par L. Louvet.*
Nouv. biogr. génér. (Didot), t. XVIII, col. 865 à 867 ; in-8°.

11527. — Le Général **Friant**, par E. L. Théodule. — Roisel, Lejeune fils, *1869;* 40 p. in-8°.

* **11528.** — Biographie du général **Friant**, par le général Thoumas. — Paris, 1887; in-8°.
Ext. du Spectateur militaire, n°s 172 à 175.

11529. — Le Général **Friant**.
Etud. hist., par Théodule. — Compiègne, Lefebvre, 1893, p. 3 à 84 ; in-12.

* **11530.** — Ant. **Froissartii**[1] summam theologiæ lauream adepti 9 junii 1614 elogium, authore Johanne de Hollandre Mondiderino, familia Cardinal, baccalaureo theologo.—Parisiis, Joann. Libert, MDCXIIII ; 20 p. et 4 ff. n. n. in-12.
Bibl. de Beauvillé.

G

11531. — Antoine **Galland**[1].
Mém. pour serv. à l'Hist..., par le P. Nicéron, 1750, t. VI, p. 243 à 258 ; in-12.

11532. — Eloge de M. **Galland**, *par de Boze.*
Hist. Acad. Insc. et B.-Lett., t. III, p. 325 à 330 ; in-4°.

11533. — Antoine **Galland**, Professeur en Arabe, 1709-1715.
Mém. sur le Coll. Royal, par l'abbé Goujet, 1758, t. III, p. 319 à 327 ; in 12.

* **11534.** — Notice sur **Galland**.
Les Mille et Une Nuits..., publiées par Ch. Nodier. — Paris, Crapelet, 1823-1825 ; in-8°.

11535. — **Galland** (Antoine).
Biogr. univers. (Michaud), t. XVI, p. 346 à 352 ; in-8°.

11536 — Inauguration du Monument d'Antoine **Galland**, simple notice publiée au nom de la Commission par M. Galoppe d'Onquaire. — Montdidier, Radenez, 1851 ; 48 p. in-12.

11537. — Inauguration du buste en bronze de **Galland** à Rollot. Vers lus à l'occasion de cette solennité, le 29 Juin 1851, par M. A. Breuil.—Amiens, Yvert, 1851 ; 7 p. in-4°

11538. — Antoine **Galland** ou le petit Picard.
Travail et célébrité, par Eug. Foa. — Paris, s. d., p. 33 à 61 av. 1 pl. ; in-12.

11539. — **Galland** (Antoine).
Nouv. biogr. génér. (Didot), t. XIX, col. 288 à 291 ; in-8°.

11540. — Journal d'Antoine **Galland** pendant son séjour à Constanti-

---
[1] Prieur de N.-D. de Montdidier, né à Fignières.

[1] Né à Rollot.

nople (1672-1673), publié et annoté par Charles Schefer. — Paris, Leroux, 1881; 2 vol. in-8° de XVIII-286 et 220 p.

11541. — Comte de Marsy. Deux années de la vie d'Antoine **Galland** (1672-1673). - Amiens, Delattre-Lenoël, 1882 ; 20 p. in-8°.

Ext. de la Picardie.

11542. — Contes arabes. Anecdotes sur **Galland**, de Rollot.

Tabl. d'Hist. loc., par Coet — Compiègne, 1892, p. 242 à 245 ; in-8°.

11543. — La Femme de quarante Ans. Biographie de **Galoppe d'Onquaire**[1].

Tabl. d'hist. loc., par Coet. — Compiègne, 1893, p. 319 à 322 ; in-8°.

11544. — Mémoires du P. Cyprien de **Gamaches**[2], publiés par le P. Apollinaire de Valence. — Paris, 1881.

11545. — Documents et Manuscrits Un Capucin (le P. Cyprien de **Gamaches**) à la Cour de Charles Ier Roi d'Angleterre, par A. F. Bibliothèque Mazarine, Ms 2929. — Paris, 1889 ; 30 p. in-8°.

11546. — Vie de Georges de **Gamaches**, comte de Gamaches, chevalier des ordres du Roy, premier écuyer de Sa Majesté. — Paris, Prault, MDCCLXXXV; in-4° av. portr.

11547. — Vie de Guillaume de **Gamaches**, second du nom, Comte de Gamaches, premier grand veneur de France, gouverneur de Compiègne. — Paris, Prault, MDCCLXXXVI ; 119 p. in-4° av. portr. et 1 vign.

A la suite et par pagination séparée : Alliances de la maison de Gamaches ; 24 p. in-4°.

Bibl. H. Macqueron.

[1] Né à Montdidier, en 1810.
[2] Né à Gamaches.

11548. — Edouard **Gand**[1], Professeur de Tissage et de Dessin Industriel à la Société Industrielle d'Amiens. Notice biographique. — Amiens, T. Jeunet, 1878 ; 16 p. in-8° carré.

11549. — Obsèques de M. Edouard **Gand**.

Bull. Soc. Ind. Amiens, t. XXX, 1892, p. 45 à 59 ; in 8°.

11550. — Notice biographique et bibliographique sur Jacques **Garnier**[2], par René Vion. — Amiens, Delattre-Lenoël, 1888 ; 15 p. in-8°.

Ext. Mém. Soc. Linn. Nord Fr.

11551. — Funérailles de M. **Garnier**.

Bull. Soc. Ant. Pic., t. XVI, p. 429 à 436 ; in-8°.

11552. — M. **Gaulthier de Rumilly**[3], Député. — Paris, P. Cordier, 1848 ; in-4°.

Ext. des Arch. histor.

11553. — Etudes Contemporaines. Silhouettes et Portraits par Amédée Boudin. **Gaulthier de Rumilly**, Sénateur. — Paris, s. n., 1882 ; 13 p. in-12.

11553bis. — Monsieur **Gaulthier de Rumilly**, Sénateur. 1792-1884. — Amiens, Rousseau-Leroy, 1884 ; 72 p. pet. in-4°.

11554. — Notice sur M **Gaulthier de Rumilly**, lue à la séance solennelle de l'Académie d'Amiens le 28 décembre 1884, par M. René Goblet. — Amiens, 1885 ; 84 p. in-8°.

Extr. Mém. Acad. Amiens.

11555. — Biographie littéraire de Jean-Baptiste **Gence**[4], par lui-même. — Paris, Moquet, 1835 ; in-8°.

Bibl. Nat[le], Ln27, n° 8429.

[1] Né à Amiens, le 16 décembre 1815.
[2] Né à Amiens, le 28 février 1808.
[3] Né à Paris en 1792, député et sénateur de la Somme de 1831 à 1884.
[4] Né à Amiens, le 15 juin 1755.

* **11556**. — Eloge de M. **Gence**, prononcé le 4 mai 1840, par M. Villenave, à la Société de la morale chrétienne. Discours sur M. Gence, prononcé par Mme d'Eldir. — Paris, Bruneau, s. d. ; in-16.

Bibl. Nat{le}, Ln{27}, n° 8430.

11557. — **Gence** (Jean-Baptiste-Modeste).

Nouv. biogr. génér. (Didot), t. XIX, col. 857 à 862 ; in-8°.

* **11558**. — Notice sur François **Génin**[1], par Ed. Goepp. — Paris, Racon ; in-8°.

Ext. de la Revue franç. du 10 juin 1856.

* **11559**. — Les Professeurs français en Alsace. François **Génin**, par L. Spach. — Colmar, Decker, 1862-1863 ; in-8°.

Bibl. Nat{le}, Ln{20}, n° 10.

* **11560**. — Rapport fait par le représentant Delcloy, sur la conduite et les faits héroïques de Pierre **Godart**, natif d'Amiens, sergent-major du 2ème bataillon du département de la Somme. — Paris, an III ; 11 p. in-8°.

Cat. Libr. Voisin, avril 1905.

11561. — Notice biographique sur M. Charles **Gomart**[2], par l'abbé Danicourt. — Ham, Léon Carpentier, 1885 ; 19 p. in-18.

* **11562**. — Le comte Alexandre de **Gomer**, ancien capitaine au Régiment de Royal-Pologne, mort à Quevauvillers (Somme) le .. février 1846, par M... Extrait du Nécrologe universel du xixe siècle, mars 1846 ; in-8°.

11563. — Notice relative à plusieurs membres de la famille de Gomer, et notamment à M. Louis Gabriel de **Gomer**[3], par M. Hennebert. (Séance du 8 mai 1874).

Mém. Acad. Amiens, t. XXI, p. 215 à 249 ; in-8°.

[1] Né à Amiens, en 1803.
[2] Né à Ham, le 1 juillet 1805.
[3] Né à Quevauvillers, le 25 février 1718.

11564. — Louis-Gabriel de **Gomer**. — Paris, Firmin-Didot, 1874 ; 44 p. gr. in-8° av. portr.

11565. — L'Abbé **Gorin**[1], Principal du Collège et Proviseur du Lycée d'Amiens, sa correspondance pendant son émigration en Allemagne, par M. Darsy. — Amiens, Delattre-Lenoël, 1883 ; 33 p. in-8°.

Ext. de la Picardie.

11566. — M. le Docteur **Goze**[2].

Le Dimanche, 1874, t. II, p. 269 à 272 ; in-8°.

11567. — Notice sur la Vie et les Ouvrages de Dom **Grenier**[3], Bénédictin de la Congrégation de St-Maur, Historiographe de Picardie et Membre du Comité des Chartes : par P. Ch. Damiens. — S. l. n. n. n. d. ; 25 p. in-8°.

11568. — Rapport sur le Concours de 1847. (*Vie de Dom* **Grenier**), par M. J. Garnier.

Mém. Soc. Ant. Pic., t. IX. p. 399 à 408 ; in-8°.

* **11569**. — Apologie de M. **Gresset**[4], au sujet de sa Lettre sur la Comédie. — Genève, 1759 ; in-12.

Bibl. Nat{le}, Ln{27}, n° 9110.

11570. — Lettre de l'Arlequin de Berlin à Mr Fréron sur la retraite de Mr **Gresset**. — Berlin ; Et se trouve à Amsterdam chez J. H. Schneider. MDCCLX ; 54 p. in-12.

Bibl. H. Macqueron.

11571. — **Gresset**. Ses Comédies. Examen de l'utilité du Théâtre.

Les Grands Hommes vengés, par Des Sablons, 1769, t. I, p. 175 à 183 ; in-18.

11572. — Epitre à Monsieur **Gresset** de l'Académie Françoise. Neque me

[1] Né à Amiens, le 23 avril 1744.
[2] Né à Amiens, le 29 mai 1805.
[3] Né à Corbie, au xviiie siècle.
[4] Né à Amiens, en 1709.

Ambiacâ de gente negabo. — Saint-Quentin, Hautoy, MDCCLXXV ; 29 p. in-16.
A propos de son discours du 4 aout 1774 à l'Académie Française.
Bibl. d'Amiens, B.-Lett., n° 1011.

11573. — Observations sur Monsieur Gresset et sur ses Ouvrages.
Nécrol. des Homm. célèb., 1777, p. 183 à 197 ; in-12.

11574. —Eloge de Monsieur Gresset.
Nécrol. des Homm. célèb. — Paris, Knapen, t. XIII, 1778, p. 35 à 54 ; in-12.

*11575. — *Eloge de Gresset.* Discours prononcé dans la séance publique de l'Académie d'Amiens par M. l'abbé de.... — Paris, chez les marchands de nouveautés, 1788 ; in-8°.
Bibl. Nat^{le}, Ln²⁷, n° 9112.

11576. — Vie de M. **Gresset**, de l'Académie Françoise et de celle de Berlin, Ecuyer, Chevalier de l'Ordre du Roi, et Historiographe de l'Ordre Royal et Militaire de S. Lazare. Par L. D. (Daire), anc. Bibl. des C. — Paris, Berton, MDCCLXXIX ; 84 p. in-18.
Bibl. H. Macqueron.

11577. — *Notice sur* **Gresset**.
Essai sur la Musique, par de Laborde, 1780, t. III, p. 631 à 636 ; in-4°.

*11578. — Eloge de **Gresset** de l'Académie française et de celle de Berlin, par Antoine Diannyère. — Berlin et Paris, 1784 ; in-8°.
Bibliog. univ. d'Oettinger, t. I, col. 664.

11579. — Eloge de **Gresset**, *par Sylvain Bailly*. — Genève, Barde, Manget et Cie, MDCCLXXXV ; 32 p. in-8°.
Bibl. H. Macqueron.

11580. — Eloge de Jean-Baptiste-Louis **Gresset**, L'un des Quarante de l'Académie Française, Membre de celle d'Amiens, Chevalier de l'Ordre de S. Michel et Historiographe de l'Ordre de S. Lazare, *par Mérard de Saint-Just*. — A Londres, et à Paris, chez les Marchands de Nouveautés, M.DCC.LXXXV ; 70 p. in-16.
Bibl. A. de Caïeu.

11581. — Eloge de **Gresset** qui a concouru pour le prix proposé par l'Académie d'Amiens par M. Giroust, Avocat au Parlement. — Paris, Bailly, 1786 ; 42 p. in-8°.
Anc^{ne} Bibl. de Marsy.

11582. — Eloge de **Gresset**, de l'Académie Françoise, et de celle de Berlin, Ecuyer, Chevalier de l'Ordre du Roi, et Historiographe de l'Ordre Royal et Militaire de Saint-Lazare, par M. l'Abbé Noël, Professeur de l'Université de Paris, au Collège de Louis-le-Grand. — Londres et Paris, chez Cailleau et chez les Marchands de Nouveautés, M.DCC.LXXXVI ; 54 p. in-12.
Bibl. Pinsard.

*11583. — Eloge de **Gresset**. Discours qui a concouru pour le prix proposé par l'Académie d'Amiens en l'année 1785 par M... *Robespierre*, Avocat en Parlement. — Londres et Paris, Royez, 1786 ; in-8°.

11584. — Eloge de **Gresset** par Robespierre, publié par D. Jouaust. — Paris, Académie des Bibliophiles, 1868 ; IX-52 p. in-8°.
Réimpression de l'ouvrage précédent.

*11585. — Eloge de **Gresset**. Abbeville, Devérité, 1786 ; 19 p. in-8°.
D'après M. Pouy, Rech. sur l'Impr. et la Libr., n° 43, cet éloge serait l'œuvre de M. de Wailly.

11586. — **Gresset**. *Biographie*, par La Harpe.
Œuv. chois. de Gresset. — Paris, Garnier, p. I à XXXII ; in-8°.

11587. —Epitre à Monsieur **Gresset** Trois mois après qu'il eut quitté les Jésuites.
Œuv. posth. du Cte de Tressan, 1791, p. 217 à 223 ; in-8°.

11588. — *Notice sur* **Gresset.**
Les Siècles litt. de la Fr., par Desessart. — Paris, an 8, t. III, p. 334 à 340 ; in-8°.

11589. — Notice sur **Gresset,** par P. Fayolle.
Œuv. de Gresset. — Paris, Bleuet, an XI, t. I, p. I à XLI ; in-16.

11590. — Académie d'Amiens. Translation des Cendres de **Gresset.** Du 20 Août 1811. — *Amiens,* Maisnel fils ; 4 p. in-8°.

11591. — Notice sur **Gresset.**
Œuv. compl. de Gresset. — Paris, Ménard et Desenne, 1812, t. I, p. I à XIX ; in-12.

11592. — Epitre à **Gresset** au sujet de la reprise du Méchant par les Comédiens français, qui a eu lieu en novembre 1811 ; suivie de deux ouvrages de ce poëte célèbre qui ne sont dans aucune édition de ses œuvres : et d'une Epitre à un jeune provincial intitulée : l'Art de travailler aux journaux, par l'ex Révérend Père Ignace de Castelvadra. — Paris, Moronval, 1812 ; 93 p. in-12.
Bibl. H. Macqueron.

11593. — **Gresset** (Jean-Baptiste Louis), *par Hippolyte de Laporte.*
Biogr. univers. (Michaut), t. XVIII, p. 450 à 455 ; in-8°.

11594. — Notice sur **Gresset.**
Œuv. de Gresset. — Paris, de Bure, 1826, t. I, p. I à VII.

*11595. — Quatre lettres relatives à **Gresset,** par le P. de Lynières, du 23 nov. 1735 ; le cardinal de Fleury, du 23 nov. 1735 ; le P. J. Lavaud, des 26 novembre et 17 décembre 1735, imprimées pour la Société des Bibliophiles français. Publié par L. J. H. Monmerqué, 1826.
Bibl. Nat¹ᵉ, Ln²⁷, n° 9117.

11595ᵇⁱˢ. — Essai sur la Vie et les Ouvrages de **Gresset,** par P. Hédouin.
Œuv. de Gresset. — Paris, Boulland, 1828, p. 1 à 24 ; in-12.

11596. — Notice sur **Gresset.**
Œuv. de Gresset. — Paris, Furne, 1830, t. I, p. I à XII ; in-8°.

11597. — Notice sur **Gresset,** avec quelques considérations sur les Révolutions de la Poésie en France.
Ver-Vert. — Paris, 1832, p. 1 à 16 ; in-8°.

11598. — Notice sur les travaux biographiques dont **Gresset** a été l'objet jusqu'à ce jour, et sur les différentes éditions des Œuvres de ce poëte, *par de Cayrol.*
Mém. Acad. Amiens, t. I, p. 343 à 367 ; in-8°.

11599. — La Translation des Cendres de **Gresset.** Poëme par M. N. Delamorlière.
Ibid., t. I, p. 411 à 422 ; in-8°.

11600. — Notice sur la Vie et les Ouvrages de **Gresset,** par Sᵗ A. Berville.
Ibid., t. II, p. 261 à 285 ; in-8°.

11601. — Correspondance relative à **Gresset.** par Sᵗ A. Berville. — Amiens, Duval et Herment ; 6 p. in-8°.
Ext. Mém. Acad. Amiens, t. III.

11602. — Notice sur **Gresset.**
Œuv. de Gresset. — Paris, Houdaille, 1839, p. 1 à 8 ; in-8°.

11603. — Essai historique sur la Vie et les Ouvrages de **Gresset,** par L. N. J. J. de Cayrol. — Amiens, Caron-Vitet, 1844 ; 2 vol. in-8° de XXII-365 p. av. portr. et 320 p.

11604. — **Gresset** (Jean-Baptiste-Louis), *par Théodore Muret.* — 12 p. in-4°.
Ext. du Plutarque français.

11605. — **Gresset** (Jean Baptiste Louis).
Illustrat. littér. de la Fr., par Maigrot. — Paris, Lehuby, s. d., t. I, p. 221 à 227 ; in-12.

11606. — Académie des Sciences, Arts.... de la Somme. Notice biographique sur **Gresset,** suivie du Programme des Fêtes qui seront célébrées à Amiens les 20 et 21 Juillet 1851 pour l'Inauguration de sa **Statue.** — Amiens. Alfred Caron, 1851 ; 22 p. in-8° av. 1 pl.

11607. — Le Génie de la France et Gresset aux Champs-Elysées. Prologue en vers à l'occasion de l'inauguration de la **Statue de Gresset** à Amiens, le 21 Juillet 1851, par Eugène Yvert, représenté pour la première fois, sur le Théâtre d'Amiens, le 17 Juillet 1851. — Amiens, E. Yvert, 1851 ; 19 p. in-8°.

11608. — **Gresset** et ses Œuvres. *Signé : un Bibliophile picard.*
Bull. du Bibliophile, 1853, p. 474 à 480 ; in-8°.

11609. — **Gresset**. Extrait inédit de la "Nouvelle Biographie universelle" de Firmin Didot, *par M. de Pongerville.* — Amiens, Lenoël-Herouart, 15 p. in-8°.

11610. — **Gresset** (Jean, Baptiste Louis), *par de Pongerville.*
Nouv. biogr. gén. (Didot), t. XXI, col. 937 à 946 ; in-8°.

11611. — Pièces pour servir à la Biographie de **Gresset**.
Bull. Soc. Ant. Pic., t. VII, p. 194 à 199 ; in-8°.

11612. — **Gresset** et ses Œuvres, *par un bibliophile.*
La Picardie, t. IX, 1863, p. 376 à 382 ; in-8°.

11613. — Fragments d'une Histoire de **Gresset** par M. Berville. (Séance du 16 août 1863).
Mém. Acad. Amiens, t. XIV, p. 53 à 61 ; in-8°.

11614. — **Gresset**, sa Vie et ses Ouvrages ; Essai historique offert à la Ville et à l'Académie d'Amiens par S¹ A. Berville. — Amiens, Lenoel-Herouart, 1863 ; 79 p. in-8°.

11615. — Documents relatifs à **Gresset**, titres originaux communiqués par M. Gabriel Rembault. (Séance du 27 juillet 1866).
Mém. Acad. Amiens, t. XVI, p. 209 à 219 ; in-8°.

11616. — Rapport de M. de Beaussire sur le concours de poésie ouvert par l'Académie pour l'éloge de **Gresset**. Pièces couronnées.
Ibid., t. XXV, p. 23 à 55 ; in-8°.

11617. — Centenaire de Gresset (16 juin 1878). Seance publique, Discours de M. Gustave Dubois. Deux apologistes de **Gresset** en 1785.
Ibid., t. XXV, p. 1 et s. ; in-8°.

11618. — Le Théâtre de **Gresset**, *par F...*
La Picardie, 1878, p. 18 et suiv. ; in-8°.

11619. — Académie des Sciences... d'Amiens. Séance publique du 27 janvier 1889. Voltaire et **Gresset**, par M. Lenel. — Amiens, H. Yvert, 1889 ; 43 p. in-8°.
Ext. Mém. Acad. Amiens.

11620. — Le poëte **Gresset** dans l'Oise.
Tabl. d'Hist. loc., par Coct. — Compiègne, 1893, p. 247 à 250, 6° p¹⁰ ; in-8°.

11621. — Jules Wogue. J. B. L. **Gresset**. Sa Vie, Ses Œuvres. — Paris, Lecène, Oudin, 1894 ; 349 p. in-8°.

11622. — **Gresset**, l'Homme, le Poète, par le Père V. Delaporte.
Etud. relig. et phil., livr. du 15 fév. 1896.

11623. — Edmond **Gressier**[1], par M. J. B. Josseau. Notice lue à l'assemblée générale de l'Association des Secrétaires et anciens Secrétaires de la Conférence des Avocats de Paris, le 18 décembre 1893. — Nancy, Berger-Levrault, 1894 ; 17 p. in-8°.

11624. — Collection des mémoires autentiques, *(sic)*, qui ont été présentés à Messieurs les Maréchaux de France, Assemblés en Comité, pour donner leur avis sur les opinions différentes de MM. de **Gribeauval**[2] et de S¹ Auban, au sujet de l'Artillerie. — A Alethopolis, Isaac Neumann, MDCCLXXIV ; in-8° de XXIV-153 p av. pl.
Bibl. H. Macqueron.

11625. — Supplément au n° 189 du Journal de Paris. Mercredi 8 juillet 1789. Nécrologie. Vaquette de **Gribeauval**. — P. 851 à 853 ; in-4°.

11626. — Précis sur M. de **Gribeauval**, premier inspecteur de l'artillerie de France, par M. le chevalier de Pas...

[1] Né à Corbie.
[2] Né à Amiens, le 4 décembre 1715.

(*Passac*). — Paris, chez les marchands de nouveautés, 1816 ; 8 p. in-8°.
Bibl. H. Macqueron.

11627. — **Gribeauval** (Jean-Baptiste Vaquette de), *par L. Louvet*.
Nouv. Biog. génér. (Didot), t. XXII, col. 20 à 24 ; in-8°.

11628. — Académie d'Amiens Discours de réception. **Gribeauval**, *par le L! Colonel Hennebert*. — Paris, Firmin Didot, 1874 ; 29 p. in-8°.
Ext. Mém. Acad. Amiens.

11629. — Frédéric II et **Gribeauval** (*passage de "La Querelle de l'Artillerie au XVIII° siècle"*), par M. Guichen de Grammont.
Bull. Soc. Acad. Brest, t. XX, 2° s!°, p. 18 à 29 ; in-8°.

11630. — **Gribeauval** (15 septembre 1715-9 mai 1789) par P. Veyrines. Extrait de la Revue d'Artillerie.—Paris, Berger-Levrault, 1889 ; 26 p. in-8° et 3 pl.

11631. — **Gribeauval**, Lieutenant Général des Armées du Roi, premier Inspecteur Général du Corps Royal de l'Artillerie (1715-1789), par le L!-Colonel Hennebert. — Paris, Berger-Levrault, 1896 ; 127 p. in-8°.

11632. — Stances à **Grisel**, sculpteur abbevillois. — 1779 ; in-24.
Pouy, Rech. sur l'Impr. et la Libr., n° 37.

11633. — M. Théodore **Groiselle** [1], Vicaire Apostolique *d'Alger*. 30 novembre 1757-5 septembre 1763.
Notices sur les prêtres de la Congr. de la Mission. — Paris, 1863. t. III, p. 276 à 314 ; in-8°.

11634. — Obsèques de M. **Guérard** [2] décédé Conseiller à la Cour Impériale d'Amiens et Membre de la Société des Antiquaires de Picardie. — Amiens, Alfred Caron, 1857 ; 10 p. in-8°.

[1] Né à Amiens, le 5 octobre 1721.
[2] Né à Amiens, le 29 octobre 1795.

11635. — Notice sur la Vie et les Ouvrages de M. François **Guérard**, Conseiller à la Cour Impériale d'Amiens... par M. Henri Hardouin Lue en séance publique le 12 Juillet 1857. — Amiens, E. Herment, 1857 ; 20 p. in-8°.
Ext. Mém. Soc. Ant. Pic.

11636. — Le Révérend Père Etienne Achille **Guidée** [1], de la Compagnie de Jésus. *par l'abbé Vallet*. — Abbeville, Paillart, 1866 ; 61 p. in-8°.

11637. — Vie du Révérend Père Achille **Guidée**, de la Compagnie de Jésus, par le P. F. Grandidier. — Amiens, Lambert-Caron, 1867 ; 420 p. in-8° av. portr.

11638 — Notice biographique sur M. l'abbé **Guidet** [2], curé-doyen de Nesle. — Péronne, Quentin, 1890 ; 38 p in-8°.

11639. — Jean **Guiencourt**, confesseur du Roi de France Henri II.
Homm. ill. de l'Ord. de S. Domin., par le P. Touron, t. IV, p. 155 à 161 ; in-4°.

11640. — Discours admirable de la conversion de Jean **Guillebert** natif de Péronne religievx de Saint Dominique qui s'estoit faict hvgvenot, puis voulut mourir en sa première religion de vray Catholique. — Paris svr l'imprimé de MDCXVII ; 55 p. in-12.
Réimpression faite en 1876 par Techener à Paris.

11641. — M. l'Abbé de **Guillebon** [3], Chanoine honoraire, Curé de Saint-Martin d'Amiens. — Amiens, Langlois, 1890 ; 8 p. in-8°.
Extr. du Dimanche.

11642. — Le Docteur **Guyon** [4], Médecin-Inspecteur des Armées, Méde-

[1] Né à Amiens, le 18 août 1792.
[2] Né à Combles, le 9 janvier 1834.
[3] Né à Esserteaux, en 1828.
[4] Né à Albert, le 5 avril 1794.

cin en chef de l'Armée d'Afrique... par *G. S. Laplumarde*. — Paris, de Lacombe, *1835* ; 24 p. in-8°.
Ext. des Arch. des Hommes du Jour.

11643. — **Guyon** (Louis-Jean-Geneviève, le docteur).
Biogr. des Homm. du Jour, par Sarrut, t. V, p. 80 à 93 ; gr. in-8°.

11644. — M. **Guyon**, Jean-Louis-Geneviève... ...chirurgien en chef de l'armée d'Afrique... — *Paris*, Cordier, s. d. ; 7 p. gr. in-8°.
Extr. des Arch. histor.

H

11645. — Document inédit sur le sculpteur amiénois Jacques **Hacq**(1481).
Chronique des Arts, 1892, 1er sem., p. 174 ; gr. in-8°.

11646. — Ioannes **Halgrin**[1] dictvs de Abbatisvilla, Cardinalis Episcopvs Sabinvs.
Gallia purpur.... par Frizon. — Lutetiæ, Le Moine, 1638, p. 212 à 214 ; in-folio.

11647. — **Algrin**, secretaire dv Roy, puis Chancelier de France.
Hist. des Chancel... par Du Chesne. — Paris, 1680, p. 186 à 188 et 220 à 223 ; in-folio.

*11648.—Note sur **Alegrin**, *cardinal*.
Suppl. de Script. eccles., par Oudin. — Paris, 1686, p. 43 à 45 ; in-8°.

11649. — Jean **Halgrin**.
Hist. gén. des Card. franç., par Aubery. — Paris, Soly, 1742, t. I, p. 257 et 258 ; in-4°.

11650. — Iean Alegrin, dit d'Abeville, Archeuesque de Besançon, Cardinal Euesque de Sabine.
Hist. des Card. tranç., par Duchesne, p. 200 et 201 ; in-folio av. arm.

11651.—Jean **Halgrin** d'Abbeville, Doyen de l'Eglise d'Amiens, puis Archevêque de Besançon et depuis Cardinal, Évêque de Sabine, *par Petit-Radel*.
Hist. litt. de la France, t. XVIII, p. 162 à 177 ; gr. in-4°.

[1] Né à Abbeville.

11652. — Jeanne de **Halluin**, demoiselle **de Piennes**, *fille d'honneur de Catherine de Médicis*.
Dict. hist. et crit. de Bayle, 1734, t. IV, p. 646 à 652 ; in-folio.

11653. — Les funérailles de Louis d'**Halluin** à Maignelay en 1519-1520.
Cab. hist. Pic. et Art., t. VII, p. 48 à 54 et 74 à 86 ; in-8°.

11654. — Charles de **Hangest**, *evêque de Noyon*.
Ann. de l'Egl. de Noyon, par Levasseur. — Paris, Sara, 1633, p. 1089 à 1115 ; in-4°.

11655. — Jean de **Hangest**, *evêque de Noyon*.
Ibid., p. 1116 à 1145 ; in-4°.

11656.—L'Abbé Paul **Hareux**[1], Premier Vicaire de Saint-Jacques d'Amiens, 1843-1892, par M. l'abbé Odon. — Abbeville, Paillart, 1896 ; 292 p. in-8° av. portr.

11657. — Le Bâtard de Saint Pol, *Jean de* **Hautbourdin**, *seigneur d'Ailly-sur-Noye*, par M. A. Janvier. — Amiens, Douillet, 1880 ; 50 p. in-8°.
Ext. Mém. Soc. Ant. Pic.

11658. — Notice sur la vie et la mort de Victor et de Léon de **Hauteclocque**[2], Elèves de l'Ecole libre de la Providence d'Amiens. Pieux souvenirs écrits pour une famille affligée. — Abbeville, C. Paillart, 1877 ; 63 p. in-8°.

11659. — Obsèques de M. **Havart**[3], avocat, ancien bâtonnier de l'ordre, juge suppléant au tribunal civil d'Amiens les 10 et 11 janvier 1890. — Amiens, Delattre-Lenoel, 1890 ; in-8°.

11660. — Clément **Hecquet**[4], *par Vicq d'Azir*.
Mém. Soc. Roy. Méd., 1784-1785, p. 50 à 54 ; in-4°.

[1] Né à Amiens, le 6 novembre 1843.
[2] Nés à Abbeville, les 21 juillet 1858 et 8 août 1859.
[3] Né à Amiens, en 1831.
[4] Né à Abbeville, le 1er avril 1704.

11661. — Quæstio medica, cardinalitiis disputationibus, mané discutienda, in Scholis Medicorum, die Jovis decimâtertiâ Octobris. M. Claudio Puylon, Doctore Medico, Præside. An Chronicorum morborum medicina, in alimento. *A la fin*. Ergo Chronicorum morborum medicina, in alimento Proponebat Parisiis Philippus **Hecquet**[1] Abbavillæus, Baccalaureus Medicus. A. R. S. H. 1695. — Apud Franciscum Muguet ; 8 p. in-4°.
Bibl. H. Macqueron.

11662. — Catalogue des Livres de feu M. **Hecquet**, médecin Dont la vente se fera en détail Lundy 9 Septembre 1737 et jours suivants, depuis deux heures de relevée jusqu'au soir, en la Maison où il est décédé, Faubourg S. Jacques, Cour des Carmélites. — Paris, Gabriel Martin, 1737 ; II-51 p. in-12.
Bibl. H. Macqueron.

* **11663.** — La Vie de M. **Hecquet**, Docteur Régent et ancien Doyen de la Faculté de Médecine de Paris contenant un Catalogue raisonné de ses ouvrages. — Paris, veuve Alix, MDCCXL ; in-12.

11664. — Vie de M. **Hecquet** Docteur Régent, et ancien Doïen de la Faculté de Médecine de Paris : Avec un Catalogue raisoné de ses Ouvrages. Par M. de Saint-Marc. Seconde Edition, augmentée et corrigée. — Paris, Clousier, MDCCXLII ; 142 p. in-12.
Bibl. d'Abbeville.

11665. — Réception du docteur **Hequet** aux Enfers. — A La Haye, M. DCC. XLVIII ; 94 p. in-12.
Bibl. d'Abbeville.

11666. — Philippe **Hecquet**.
Mém. pour serv. à l'Hist. des Hom... par le P. Nicéron, t. XLI, p. 83 à 111 ; in-16.

11667. — **Hecquet** (Philippe).
Dict. hist. de la Médec., par Eloy. — Liège, Bassompierre, 1755, t. II, p. 13 à 20 ; in-12.

[1] Né à Abbeville, le 11 février 1661.

* **11668.** — Eloge de Philippe **Hecquet**, par Cl. Goujet.
Bibl. franç. de du Sauzet. — Amsterdam, t. XXVIII. Le P. Lelong, n° 46169.

11669. — **Hecquet** (1661-1737).
Les Médecins célèbres. — Lille, 1852, p. 95 à 104 ; in-12.

11670. — **Hecquet** (Philippe), *par le Dr Saucerotte*.
Nouv. biogr. génér. (Didot), t. XXIII, col. 711 à 714 ; in-8°.

11671. — **Hecquet**, Docteur Régent et ancien Doyen de la Faculté de Médecine de Paris. Sa Vie, ses Œuvres, par le Dr Jules Roger. — Paris, Retaux-Bray, 1889 ; 80 p. in-8° av. portr.

11672. — *Philippe* **Hecquet**.
Accouch. et Sages femmes célèbres, par Witkowki. — Paris, Stenheil, 1890, p. 139 à 142 ; in-8° av. port.

11672bis. — Notice nécrologique sur M. Pierre-Emile **Hecquet d'Orval**.... décédé le 6 mars 1887 par Ch. Lefebvre de Villers et A. Van Robais. — Abbeville, Paillart, 1887 ; 9 p. in-8°.
Extr. Mém. Soc. Emul. Abb.

11673. — Notice historique sur le F. Firmin **Heigny**[1], de la Compagnie de Jésus, par le P. Achille Guidée. — Paris, Douniol, 1860 ; 36 p. in-12.

11674. — Découverte d'un littérateur amiénois. Notice biographique de l'abbé Louis-François-Victor **Hennequin**, né à Amiens, paroisse Saint-Jacques, le 7 octobre 1731, par l'Abbé Paul de Cagny. — Amiens, Lenoel-Herouart, 1873 ; 15 p. in-8°.
Ext. de la Picardie.

11675. — Adélaïde **Herbert**[2], par M. A. de Gentelles. — Lille, Desclée, 1895 ; 239 p. in-8° av. 16 fig.

[1] Né au Plessier-Rosainvillers, le 7 mars 1793.
[2] Maîtresse de pension à Amiens, née à Amiens le 19 avril 1794.

11676. — Discours prononcé sur la Tombe de M᷍ le Comte A. d'**Héricourt**[1] au nom de l'Académie à Souchez le 24 janvier 1871, par M. le chanoine Van Drival.

Mém. Acad. Arras, II° série, t. IV, p. 205 à 207.

11677. — Notice biographique de M. le Comte A. d'**Héricourt**, ancien Secrétaire perpétuel de l'Académie d'Arras, par M. le Chanoine E. Van Drival.

Ibid., p. 276 à 307 ; in-8°.

11678. — Discours sur l'entrevue du cardinal Mazarin et de M. d'**Hocquincour**, gouverneur de Péronne. — S. l., 1649 ; in-4°.

Bibl. Nat¹ᵉ, Lb³⁷, n° 1296.

11679. — Conversation du Mᵃˡ d'**Hoquincourt** avec le Père Canaye par Saint-Evremond, Edition augmentée d'une Préface et de Notes par Louis Lacour. — Paris, Jouaust, mil huit cent soixante cinq ; 64 p. in-16.

11680. — de Monchy (Charles), marquis d'**Hocquincourt**.

Dict. hist. des Génér. franç., par de Courcelles, t. VII, p. 445 à 449 ; in-8°.

11681. — Charles de Monchy Marquis d'**Hocquincourt**, maréchal de France 1599-1658 par M. l'abbé Le Sueur. — Amiens, Yvert et Tellier, 1891 ; 165 p. in-8° carré av. portr.

* **11682.** — Lettre d'un ami à un autre sur le trépas de Jean de **Hollandre**[2], curé de Saint-Sauveur à Paris. — Paris, 1628 ; in-8°.

Bibl. histor. de la France, n° 11201.

11683. — Souvenir 1847-1873. *Mᵉˡˡᵉ Aline d'***Hornoy**[3]. — Amiens, Delattre-Lenoel ; 86 p. in-8° carré av. portr.

---

[1] Né à Vers-Hebecourt, le 19 août 1819.
[2] Né à Montdidier, le 7 octobre 1584.
[3] Née à Amiens, le 13 mars 1847.

11684. — Ueber Raoul de **Houdenc** und seine Werke, *par M. Volfram Zingerbe.* — Erlangen, 1880 ; 44 p. in-8°.

11685. — Nouvelles recherches sur le lieu d'origine de Raoul de **Houdenc.** Trouvère du xɪɪɪ° Siècle, précédées d'un aperçu sommaire sur le mouvement littéraire en France à partir du x° siècle. Etude présentée à l'Académie d'Amiens dans la Séance du 9 Février 1900, par M. Emile Delignières. — Amiens, Yvert et Tellier ; 38 p in-8°.

11686. — M. Jean **Hourdel**[1].

Not. sur les Prêtres de la Congr. de la Mission. — Paris, 1865, t. I,I, p 588 à 595 ; in-8°.

11687 — François **Hubert**[2]. 1740.

Les Grav. du xvɪɪɪ° Siècle, par Portalis et Béraldi, t. II, p. 438 à 440 ; in-8°.

11688. — Décret de la Convention Nationale du 2 Février 1793, l'an second de la République Françoise. Relatif à l'attentat commis sur la personne du citoyen **Bassville**[3], Secrétaire de légation, chargé des affaires de la République Françoise à Rome. — Paris, De l'Imprimerie nationale exécutive du Louvre, 1793 ; 3 p. in-4°.

Bibl. H. Macqueron.

* **11689.** — Relation de la mort de **Bassville.** — Rome, 1793, à l'Imprimerie de la vénérable Chambre apostolique.

Cité par Louandre, Biogr. d'Abbeville, p. 38.

11690. — La Mort de **Bassville** ou la Conspiration de Pie VI dévoilée. Suivie d'un précis historique sur Amédée VIII, et d'un poëme intitulé : le Pape malgré lui, par Dorat Cubières (*Michel Cubières de Palmezeaux*).—Paris, Girod et Taissier, 1793 ; XVI-100 p. in-8°.

Bibl. H Macqueron.

---

[1] Né à Sᵗ-Riquier, en juin 1655.
[2] Né à Abbeville, le 2 février 1744.
[3] **Hugou de Basseville**, né à Abbeville, le 7 février 1753.

11691. — La Mort de **Basseville**, ou la conspiration de Pie VI découverte, par Dorat-Cubières. — Paris, C. F. Patris, 1793 ; 71 p. in-8°.

11692. — Le 21 Janvier 1793, poëme en quatre chants par Monti ; traduit de l'italien par Joseph Martin. Avec le texte en regard. — Paris, Rey et Gravier, 1817 ; XV-159 p. in-8°.

Sur la mort d'**Hugou de Basseville**.
Bibl. H. Macqueron.

11693. — In morte di **Ugo Bassville** cantica del Cav. Vincenzo Monti. Editione riveduta dall' auctore. — Milano, Della Societa typographica... 1821 ; 96 p. in-8°.

Bibl. H. Macqueron.

11694. — Les Diplomates de la Révolution. **Hugou de Bassville** à Rome, Bernadotte à Vienne par Frédéric Masson. — Paris, Charavay, 1882 ; 295 p. in-8° av. 2 pl.

11695. — Notice biographique sur Charles d'**Humières**, gouverneur de Compiègne, et lieutenant général de Picardie, par J. du Lac.

Bull. Soc. histor. Compiègne, t. III, p. 119 à 140 ; in-8°.

J

11696. — Auguste **Janvier**[1]. Notice biographique par M. le Baron de Calonne. — *Amiens, Yvert, 1900* ; 9 p. in-8°.

Ext. Bull. Soc. Ant. Pic.

11697. — Notice sur Louis-François-**Janvier**[2], secrétaire en chef de la mairie d'Amiens, 1735-1807, *par Auguste Janvier.* — Amiens, Piteux frères, 1891 ; 44 p. pet. in-4° av. portr.

11698. — Un Secrétaire-Greffier de l'Hôtel de Ville d'Amiens. Louis François **Janvier** (1735-1807), par le Cte de Marsy.

Cah. hist. Pic. et Art., t. VI, p. 145 à 151 ; in-8°.

[1] Historien d'Amiens, né à Paris le 9 septembre 1827, mort à Amiens le 23 juillet 1900.

[2] Né à Bray-sur-Somme, le 15 septembre 1735.

11699. — Notice sur **Jourdain**, jardinier du Jardin des Plantes d'Amiens, par le Cit. Deu.

Bull. Soc. Emul. Abb., vendém. an VIII, p. 13 à 15 ; in-8°.

11700. — Notice sur M. Léonor **Jourdain**[1], par M. J. Garnier.

Mém. Acad. Amiens, 1867-1868, p. 205 à 277 ; in-8°.

L

11701. — Henri Porphyre **Labitte**[2], Sénateur de la Somme, *par E. Prarond.* — Amiens, Delattre-Lenoel, 1888 ; 33 p. pet. in-4°.

11701 bis. — Notice nécrologique sur M. Henri Porphyre **Labitte**, par E. Prarond. — Abbeville, Paillart, 1887 ; 14 p. in-8°.

Ext. Mém. Soc. Emul. Abbeville.

11702. — Un Apôtre des Enfants et des Ouvriers Le R. P. Pierre **Labonde**[3], de la Compagnie de Jésus, par le P. Charruau. — Nantes, Libaros, 1884 ; 378 p. in-12 av. portr.

11703. — Ecole secondaire de Médecine d'Amiens. Discours prononcé aux Obsèques de M. **Ladent**[4], Chirurgien en chef de l'Hôtel Dieu d'Amiens, Professeur à l'Ecole de Médecine d'Amiens, etc, le 2 Juin 1825, à quatre heures après midi, par Mr Barbier, Directeur de cette Ecole. — Amiens, Fr. Caron-Berquier ; 8 p. in-4°.

11704. — Archives de la Comédie Française. Registre de **La Grange**[5] (1658-1685), précédé d'une Notice biographique. — Paris, Claye, 1876 ; gr. in-4° de XLIX (*Notice*) et 357 p.

[1] Professeur, né à Amiens le 11 janvier 1779.
[2] Né à Abbeville, le 19 février 1823.
[3] Né à Amiens, le 1er août 1795.
[4] Né à Amiens, le 18 février 1757...
[5] Né à Amiens.

* **11705.** — Notice biographique sur la vie et les travaux politiques de M. T. de **Lagrenée**[1], ancien ambassadeur, pair de France, représentant du département de la Somme. — Paris, 1850; in-8°.

Bibliog. univ. d'Oettinger, t. I, col. 923.

11706. — **Lagrené** (Théodore-Marie-Melchior-Joseph de). *Signé : L. L. T.*

Nouv. Biog. génér. (Didot), t. XXVIII, col. 857 à 862 ; in-8°.

11707. — Eloge de Messire Joseph **Lalau** Prêtre Docteur de Sorbonne, Chanoine Théologal de l'Eglise Cathédrale, Official du Diocèse et ancien Curé de la Paroisse Saint-Firmin le Confesseur d'Amiens, *prononcé le 11 janvier 1784 par M. Brandicourt.* — Amiens, Wallon, 1784 ; 8 p. in-8°.

Bibl. Cosserat.

* **11708.** — Considérations en faveur du chevalier de **La Marck**[2]. — Paris, Gueffier, 1789 ; in-8°.

Bibl. Nat^{le}, Ln²⁷, n° 11156.

11709. — Funérailles de M. le Chevalier de **Lamarck**. Discours prononcé le 20 décembre 1829 sur la tombe de M. de Lamarck... par M. le Chevalier Geoffroy Saint-Hilaire. — *Paris*, Firmin Didot ; 8 p. in-4°.

11710. — **Lamarck**.

Callisen, Med. Sch. Lexicon. — Copenhague, 1830, p. 418 à 422 ; in-12.

11711. — Eloge de M. de **Lamarck** par M. le Baron Cuvier, lu à l'Académie des Sciences, le 26 novembre 1832.

Mém. Acad. Sc., 1835, t. XIII, p. I à XXXII ; in-4°.

11712. — **Lamarck**. 1744.

Médec. et Naturalistes, par Bourdon, 1844, p. 335 à 354 ; in-12.

11713. — Section VII. Ecole française. De **Lamarck** (Jean-Baptiste-Pierre-Antoine de Monet, chevalier) 1741-1829.

Hist. des Sciences... par de Blainville. — Paris, Perisse, 1845, t. III, p. 335 à 466 ; in-8°.

11714. — Etude sur **Lamarck**, par L. A. Bourguin. — Angers, Cosnier et Lachêne, 1864 ; 37 p. in-8°.

Extr. Ann. Soc. Linn. Maine-et-Loire.

11715. — **Lamarck** (Jean-Baptiste-Pierre-Antoine de Monet de), *par C. Dareste.*

Nouv. Biogr. génér. (Didot), t. XXIX, col. 55 à 62 ; in-8°.

11716. — Un Naturaliste philosophe. **Lamarck**, sa vie et ses œuvres, par Ch. Martins. — Paris, 1873 ; 40 p. in-8°.

Extr. de la Rev. des Deux-Mondes.

11717. — Le Chevalier de **Lamarck** par R. Morel. Ouvrage couronné par l'Académie d'Amiens. — Nesle, Capelle, 1884 ; 78 p. in-18.

11718. — **Lamarck** (J. B. P. A. de Monnet de).

Rev. biog. de la Soc. Malacol. — Paris, 1886, p. 62 à 85 av. 2 portr. ; in-8°.

11719. — 498e séance. 20 juin 1889. Septième conférence transformiste. Présidence de M. Laborde, vice-président. Le transformiste français **Lamarck** par M. Mathias Duval.

Bull. Soc. Anthrop., t. XII, 3e série, p. 336 à 374 ; in-8°.

11720. — La Formation des Espèces : **Lamarck** et Darvin, par Felix le Dantec.

Rev. Encycl. Larousse, n° 291, 1er avril 1899, p. 249 à 255 ; in-4°.

11721. — Notice biographique sur **Lamarck**, sa Vie et ses Œuvres, par F. J. F. Hermanville. — Beauvais, 1898 ; 45 p. in-8° av. portr.

11722. — Adrien de la **Morlière**.

Biblioth. franç., par l'abbé Goujet, 1756, t. I, p. 11 à 14 ; in-18.

---

[1] Né à Amiens, en 1800.
[2] Né à Bazentin-le-Grand, le 1er août 1744.

[1] Né à Montdidier, vers 1560.

11723. — Société des Antiquaires de Picardie. Adrien de **la Morlière**, historien d'Amiens. Lecture faite en Séance publique le 4 Décembre 1892 par Edmond Soyez, Président.—Amiens, Yvert et Tellier, 1893 ; 41 p. pet. in-4° av. 1 pl.

11724. — Notice nécrologique sur M. **Langevin**[1], vicaire général de Troyes.
Le Dimanche, 1871, p. 42 à 45 ; in-8°.

11725. — Société de Médecine d'Amiens. **Lapostolle**[2] (1749-1831), par le Docteur Courtillier.—Amiens, veuve Herment, 1859 ; 48 p. in-8°.

11726. — Discours prononcé le 22 décembre 1831 par M. Barbier, Directeur de l'Ecole secondaire de Médecine d'Amiens lors de l'inhumation de M. **Lapostolle**.—Amiens, R. Machart; 6 p. in-12.

11727. — **Larabit**[3] (Marie-Denis).
Biogr. des Homm. du Jour, par Sarrut, t. II, 1836, p. 196 à 205 ; gr. in-8°, portr.

11728. — M. **Larabit**, ancien représentant du département de l'Yonne.
Le Sénat, par Tisseron, 1860, p. 241 à 251 ; in-8°.

11728 bis. — Notice sur M. D. **Larabit**, ancien député de l'Yonne, par Emile Duché. — Auxerre, Perriquet, 1877 ; 47 p. in-8° av. portr.

11729. — Le Livre de Raison d'un Magistrat Picard (*Philippe de* **Lavernot Paschal**[4]) (1601-1602), par Alcius Ledieu. — Abbeville, C. Paillart, 1889 ; 51 p. in-8° av. portr.
Ext. Bull. Soc. Em. Abb., 1888-1890.

---

[1] Né à Amiens, mort à Troyes en 1871.
[2] Né à Maubeuge, vécut à Amiens depuis 1774 jusqu'au 19 décembre 1831, époque de sa mort.
[3] Né à Roye, le 15 août 1792.
[4] Né à Abbeville, entre 1567 et 1576.

11730. — Le premier Imprimeur d'Amiens (**Le Caron**), par M. Léopold Delisle.
Cab. hist. Pic. et Art., t. I, p. 3 à 5 ; in-8°.

11731. — M. le Comte **Leclerc de Bussy** de Vauchelles[1]. Notice lue à la Société des Etudes historiques en Séance publique annuelle du 23 Avril 1882 par M. Louis Lucas. — Amiens, Delattre-Lenoël, 1882 ; 19 p. in-8°.

11732. — Acte d'accusation contre Robert **Le Coq**[2], Evêque de Laon, *par Douet d'Arcq*.
Bibl. Ecole des Chartes, 1840-1841, p. 350 à 387 ; in-8°.

11733. — Alcius **Ledieu**[3], par Henry Carnoy. — Paris, Lechevalier, 1894 ; 79 p. in-16 av. 2 portr.

11734. — Michelis di Rienzi. Extrait des Profils Contemporains... Alcius **Ledieu**. — Troyes, Caffé, 1897 ; 7 p. in-8° av. 2 portr.

11735. — Maurice Thiéry. Alcius **Ledieu**. — Amiens, Duchâtel, 1900 ; 14 p. in-8° av. 2 portr.

11736. — **Ledieu** (François[4]), *par L. Louvet*.
Nouv. Biogr. génér. (Didot), t. XXX, col. 262 à 266 ; in-8°.

11737. — Mémoires et Journal de l'Abbé **Le Dieu** sur la Vie et les Ouvrages de Bossuet.
Causeries du Lundi, par Sainte-Beuve, t. XII, p. 248 à 279 et t. XIII, p. 283 à 302 ; in-12.
Voir aussi Moniteur des 31 mars, 14 avril 1856 et 30 mars 1857.

11738. — L'abbé **Ledieu**, historien de Bossuet. Notes critiques sur le texte de ses mémoires et de son journal, par l'abbé Ch. Urbain. — Paris, 1898 ; 78 p. gr. in-8°.

---

[1] Né à Abbeville, le 27 janvier 1837.
[2] Né à Montdidier.
[3] Né à Demuin.
[4] Né à Péronne.

11739. — **Lefebure de Cerisy** (Louis-Charles[1]), Ingénieur de la Marine, Officier de la Légion d'Honneur — Paris, Vert frères ; 3 p. in-8°.
Ext. des Ann. Nécrol.

11740. — Notice biographique sur M. **Lefebvre de Cerisy** par A. de Caïeu. — Abbeville, P. Briez, 1867 ; 18 p. in-8°.
Ext. Mém. Soc. Em. Abbev.

11741. — Abbé (commandataire) de *St Quentin en l'Isle*. François **Le Febvre de Caumartin** (1614+1652).
Etudes St-Quentinoises, par Ch. Gomart, t. IV, p. 319 à 330 ; in-8°.

11742. — Messire Iean **Le Févre**, Cheualier, Conseiller du Roy et Président de la Cour de Parlement de Paris transférée à Poictiers.
Les Prés. au Parl. de Paris... par Blanchard.— Paris, Cardin, 1647, p. 79 et 80 ; in-folio.

11743.—Lovis le **Févre**, Chevalier, Seignevr **de Caumartin**.... Garde des Sceaux de France *et Généalogie de la famille.*
Hist. des Chanc. de France, par Duchesne, p. 739 à 760 av. armoiries ; in-folio.

11744.— Messire Pierre **Le Fevre**, Cheualier Conseiller du Roy et Président de la Cour de Parlement de Paris.
Les Prés... du Parl. de Paris... par Blanchard. — Paris, Cardin, 1647, p. 43 et 44 av. arm.; in-folio.

11745. — Nécrologie. *Discours prononcé par M. Gillet de Laumont aux obsèques de M.* **Lefebvre d'Hellencourt**[2], *inspecteur général des Ponts et Chaussées.*
Le Moniteur du 28 janvier 1813.

11746.— Notice tirée du Moniteur relative à M^r **d Hellencourt**. — Paris, de Maulde et Renou, 1855 ; in-4°.
Bibl. Nat^{le}, Ln²⁷, n° 9666.

[1] Né à Abbeville, le 15 septembre 1789.
[2] Né à Abbeville.

11747. — Notices tirées de la Biographie et du Moniteur relatives à M. **d'Hellencourt**. — Paris, Pinard, 1856 ; in-4°.
Bibl. Nat^{le}, Ln²⁷, n° 9667.

11748. — Notice nécrologique sur la Vie et les Ouvrages de **Lefebvre d'Hellencourt**, par Gillet de Laumont.
Journal des Mines, t. XXXVIII.

11749. — Notice sur **Lefebvre de Saint-Remy**[1], chroniqueur du xve siècle, par L. M. E. Dupont.
Bull. Soc. Hist. France, janv. 1835, p. 1 à 26 ; in-8°.

11750.—**Lefévre de Saint-Remy** (Jean). *par M. Vallet de Viriville.*
Nouv. Biogr. génér. (Didot), t. XXX, col. 330 à 333 ; in-8°.

11751.—Notice sur Jean **Le Févre** Seigneur **de Saint Remy**, *par François Morand.*
Chron. de Jean Lefèvre.... — Paris, Renouard, 1881, t. II, p. IX à LXIII ; in-8°.

11752. — Documents inédits sur **Toison d'Or** (1436-1461) par M. A. de Rosny.
Cab. hist. Pic. et Art., t. XI, p. 106 à 112 ; in-8°.

11753. — M. l'Abbé Théodose **Lefévre**[2], Aumônier de la Solitude de Doullens, décédé à Doullens le 27 Décembre 1892. — Doullens, 1893 ; 20 p. in-12.

11754. — Discours prononcés sur la tombe de M. **Lefrançois**, Ancien Batonnier de l'Ordre des Avocats à la Cour royale d'Amiens, Juge au Tribunal civil de la même ville, par M. le Président Labordère et par M. Anselin, Avocat. — Amiens, Duval et Herment, s. d. ; 8 p. in-8°.

11755. — Notice historique sur **Legrand d'Aussy**[3] par le Citoyen

[1] Né à Abbeville, à la fin du xve siècle.
[2] Né à Amiens.
[3] Né à Amiens, le 3 juin 1737.

Pierre Charles Levesque, Lue à la Séance publique du 15 messidor an 10.
Mém. Ac. Sc. moral. et polit., t. IV, p. 84 à 95; in-4°.

11756. — Note pour servir à l'histoire du Diocèse d'Amiens ou plutôt Notice biographique sur le chanoine **Lejeune**[1] par M. Lefèvre-Marchand.
Bull. Soc. Ant. Pic., t. IX, p. 314 à 319; in-8°.

11757. — Le contre-amiral **Lejeune**[2] (Laurent-Joseph).
Nos Marins, par Et. Tréfeu, 1888, p. 343 à 350; in-12.

11758. — Elections du 9 juin 1872. Circulaire aux Electeurs de la Somme pour leur faire connaître la biographie du Commandant **Lejeune** Candidat à la Députation. — Amiens, Jeunet; 13 p. in-16.

11759. — **Lejoille** (Louis-Jean-Nicolas[3]), chef de division.
Biogr. marit., par Hennequin, 1837, t. III, p. 289 à 296 av. portr.; in-8°.

11760. — Le P. Louis **Leleu**[4].
Not. hist. sur qq. memb. de la Société de Jésus, par le P. Guidée. — Paris, Douniol, 1860, t. II, p. 183 à 234; in-12.

11761. — Eloge de M. le Docteur **Le Merchier**....[5] ancien Maire d'Amiens.... Prononcé en Séance publique de la Société des Antiquaires de Picardie, le 10 juillet 1853, par M. J. E. Billoré. — Amiens, Duval et Herment, 1853; 18 p. in-8°.
Ext. Mém. Soc. Ant. Pic.

11762. — Jean le **Moine**[6], Prestre Cardinal du Tiltre des Saints Pierre et Marcelin.
Hist. des Card. franç., par Duchesne, p. 325 à 328; in-folio.

[1] Né à Barleux, le 20 septembre 1750.
[2] Né à Amiens, le 25 août 1817.
[3] Né à St-Valery, le 11 novembre 1759.
[4] Né à Chepy, le 17 décembre 1773.
[5] Né à Péronne, le 13 août 1769.
[6] Né à Crécy-en-Ponthieu.

11763. — Le Collège du Cardinal **Lemoine** et Notes biographiques sur ce Cardinal.
Mém. Soc. Hist. Paris, 1876, t. III, p. 42 à 81; in-8°.

11764. — Jean **Le Moine**, Cardinal, Canoniste. Sa Vie Ses Ecrits, par F. Lajard.
Hist. litt. de la France, t. XXVII, 1877, p. 201 à 224; gr. in-4°.

11765. — Notice biographique sur M. le D. **Lerminier**[1], ancien médecin de l'Empereur, médecin de l'Hopital de la Charité... par A. M. Gaudet. — Paris, Moessard et Jousset, 1836; 28 p. in-8°.

11766. — Notice sur M. **Lerminier**, par M. Pariset.
Mém. Ac. R¹ᵉ de Méd., t. V, 1836, p. 80 à 82; in-4°.

11767. — Lettre, de décembre 1716, sur la mort d'Alexandre **Le Scellier de Riencourt**, chanoine et grand vicaire d'Amiens et abbé de Forestmontiers. — S. l. n. n.; 4 p. in-4°.
Bibl. d'Amiens, Hist. des Relig., n° 1077.

11768. — Lettre en réponse à Guillard sur l'Opéra de la Mort-d'Adam, dont le tour de mise arrive pour la troisième fois au Théâtre des Arts et sur plusieurs points d'utilité relatifs aux arts et aux lettres, par **Lesueur**[2]. — Paris, Baudouin, Brumaire an X; 111 p. in-8°.

11769. — Mémoire pour J. F. Lesueur, L'un des Inspecteurs de l'Enseignement, au Conservatoire de Musique, au Conseiller d'Etat chargé de la direction et de la surveillance de l'Instruction publique : En réponse à la partie d'un prétendu Recueil de Pièces imprimé, soi-disant au nom du Conservatoire, et aux calomnies dirigées contre le citoyen Lesueur par le citoyen Sarrette, Direc-

[1] Né à St-Valery, en 1770.
[2] Né au Plessiel, le 15 février 1760.

teur de cet établissement, et autres, ses adhérens : par le citoyen C. P. Ducancel, Défenseur Officieux et Ami de Lesueur. — Paris, Goujon fils, An XI, 1802; 208 p. in-8°.
Bibl. H. Macqueron.

* **11770.**— Institut Royal de France. Funérailles de M. le chevalier **Lesueur**. Discours de M. Garnier..... prononcé... le 10 Octobre 1837. — Paris, Didot; in-4°.
Bibl. Nat¹ᵉ, Ln²⁷, n° 12489.

11771. — Rapport sur la Musique de **Lesueur**, par M. Marotte. Séance du 25 mars 1837.
Mém. Acad. Amiens, t. II, p. 137 à 154 ; in-8°.

11772. — Notice historique sur la Vie et les Ouvrages de M. **Lesueur**, par M. Raoul Rochette, Secrétaire perpétuel *de l'Académie des Beaux-Arts*. — S. l. n. n. n. d. ; 21 p. in-4° pagin. de 21 à 42.
Bibl. H. Macqueron.

11773. — Nécrologie et Beaux-Arts. M. **Lesueur**, Directeur général de la musique de l'empereur Napoléon Iᵉʳ.... par *Ch. Villagre*.
Arch. générales, p. 17 à 32 ; in-8°.

11774. — La Vérité sur **Le Sueur** ou Lettre à M. Raoul Rochette au sujet de la notice qu'il a lue à l'Institut en octobre 1839 sur ce célèbre compositeur, par un de ses anciens compagnons d'enfance, *l'abbé Tiron*.
La France musicale, 19 avril 1840, 9 col. environ.

11775. — Biographie de Jean-François **Le Sueur**, par M. Stephen de la Madelaine. — Paris, aux Bureaux de la Renommée, 1841 ; 36 p. in-8°.

11776. — **Lesueur**, par de Pongerville.
Alman. d'Abbeville, 1843, p. 79 à 85 ; in-16.

* **11777.** — Notice biographique sur la Vie et les Travaux de **Le Sueur**, publiée dans le tome Iᵉʳ des " Notabilités contemporaines ".— Paris, bureau de la Revue, 1844 ; gr. in-8°.
Bibl. Nat¹ᵉ, Ln²⁷, n° 12492.

11778. — M. **Le Sueur**, Compositeur dramatique et religieux, *par Ch. Villagre*.
Arch. des Homm. du Jour, p. 1 à 6 ; in-8°.

11779. — **Lesueur** (Jean François), compositeur, membre de l'Institut, *par M. Pannier*.
Mém. Soc. Emul. Abbev., 1849-1852, p. 1025 à 1029 ; in-8°.

11780. — Lesueur. Anecdotes biographiques. Liste des ouvrages de **Lesueur**. — Abbeville, Jeunet, 1852 ; 2 p. in-folio.

11781. — A propos de la Statue de **Lesueur** à Abbeville. *Etude sur la Musique de Lesueur, par M. A. de Rambures*. Extrait du Pilote de la Somme du 21 août 1852. — 8 p. in-12.

11782. — Anecdote sur **Lesueur** par M. Marotte.
Mém. Acad. Amiens, t. X, p. 233 à 237 ; in-8°.

11783. — **Lesueur**.
Mosaïque, par P. Hédouin. — Valenciennes, Prignet, 1856, p. 367 à 379 ; in-8°.

11784. — **Lesueur** (Jean François), *par Dieudonné Denne-Baron*.
Nouv. Biogr. génér. (Didot), t. XXX, col. 989 à 995 ; in-8°.

11785. — **Lesueur** né en 1763, mort en 1837.
Les Musiciens célèbres, par F. Clément, 1868, p. 261 à 267, portr. ; in-8°.

11786. — Traits de la vie de **Lesueur**.
Scènes de la vie d'hommes célèbres, par Ch. Malo, p. 115 à 122 ; in-8°.
Nombreuses erreurs.

11787. — Notice historique sur **Le Sueur** Jean François Professeur de haute composition au Conservatoire de Musique de Paris, Membre de l'Institut... Né au Plessiel-lès-Abbeville (Somme) par L. Petit. — Abbeville, C. Paillart, 1883 ; 24 p. in-12.

11788. — *Vers adressés à Jacques* **Levasseur**[1] *au sujet des Annales de l'Eglise de Noyon.*

Ann. de l'Eglise de Noyon. — Paris, Sara, 1633, p. 1 à 13 ; in-4°.

11789. — De Jacobo **Vasseurio**.

Joannis Launœi... Navarræ gymnasii historia. — Paris, 1677, t. II, p. 818 à 825 ; in-4°.

On trouve dans le même volume de courtes notices sur les picards suivants : Denis de Hangard, p. 773 ; Louis Rumet d'Abbeville, p. 816 ; Jean Hennuyer, picard, p. 944 ; Jean Levasseur, d'Amiens, p. 1000 et André Barthelemy, d'Abbeville, p. 1031.

11790. — Jacques **Le Vasseur**.

Bibl. française... par l'abbé Goujet, t. XV, p. 303 à 318 ; in-12.

11791. — Jacques **Le Vasseur**, *par A. Chrétien.*

Mém. Com. Archéol. Noyon, t. VIII, p. 98 à 107 ; in-8°.

11792. — Jacques **Le Vasseur**.

Tabl. d'Hist. loc., par E. Coët. — Compiègne, 1893, 6ᵉ part., p. 148 à 153 ; in-8°.

11793. — Discours prononcé *le 1ᵉʳ décembre 1816* sur la tombe de Jean-Charles **Levasseur**[2], doyen des Graveurs du Roi, membre de l'Académie de Vienne, par Charles François Bidou. — *Paris*, Didot ; 12 p. in-8°.

Bibl. H. Macqueron.

11794 — Catalogue des planches gravées par différens maîtres et des estampes et dessins composant le cabinet de Jean-Charles **Levasseur**, graveur du Roi : Dont la vente se fera dans sa maison où il est décédé, rue des Maçons-Sorbonne, n° 16, les jeudi 24 et vendredi 25 avril 1817, six heures de relevée. — A Paris, chez Benard, 1817 ; 15 p. in-8°.

Ibid.

[1] Né à Vismes-au-Val, en 1571.
[2] Né à Abbeville, le 21 octobre 1734.

11795. — Notice sur Jean Charles **Levasseur**, graveur du Roi, membre de l'ancienne Académie de peinture et et de l'Académie de Vienne, par Pellissier.

Mémor. Universel... — Paris, Didot, 1822, t. VI. I, p. 32 à 35 av. portr. ; in-8°.

11796. — M. J. C. **Levasseur**, Graveur du Roi, Membre de l'ancienne Académie de peinture de France et de l'Académie de Saint-Luc, à Rome et M. B. L. Levasseur fils, Avocat. *Signé : de Quincy et de Vaucher.*

Arch. générales, t. XII, p. 249 à 260 ; in-8°.

11797. — Catalogue raisonné de l'Œuvre gravé de Jean-Charles **Le Vasseur**, d'Abbeville, précédé d'une notice sur sa vie et ses ouvrages, par Em. Delignières. — Abbeville, P. Briez, 1865 ; XIV-73 p. in-8° av. portr.

Ext. Mém. Soc. Em. Abbev.

11798. — **Le Vasseur** (Jean Charles), 1734-1816.

Les Grav. du XVIIIᵉ Siècle, par Portalis et Béraldi. — Paris, 1880, t. II, p. 687 à 696 ; in-8°.

11799. — Edmond **Levêque**[1] sculpteur d'Abbeville. Notice nécrologique avec la suite de ses travaux, par Em. Delignières. — Abbeville, C. Paillart, 1877 ; 13 p. in-8°.

Ext. Mém. Soc. Em. Abbeville.

11800. — Lhomond[2], *par M. Tivier.*

La Picardie, t. I, 1855, p. 35 à 46 ; in-8°.

11801. — Notice sur Lhomond, né à Chaulnes en 1728.

Heures de Loisir, par J. P. Faber. — Paris, 1857 ; in-8°.

11802. — Lhomond et sa statue, par Ernest Hamel. — Paris, Dentu, 1860 ; 36 p. in-16.

11803. — Discours de M. Ernest Hamel pour l'inauguration de la statue

[1] Né à Abbeville, le 2 juillet 1814.
[2] Né à Chaulnes, en 1727.

de **Lhomond** à Chaulnes (Somme) le 29 mai 1860. — Paris, Tinterlin ; in-8°.

11804 — In honorem Caroli Francisci **Lhomond** cui statua in oppido Calnis ære conlato posita est anno domini MDCCCLX, IIII Kal. Jun., *par D. Laurent, élève de rhétorique, à Ste Barbe*. — Paris, Remquet ; 3 p. in-4°.

11805. — Inauguration de la double statue de **Lhomond**, Poëme *satyrique* en style de complainte. — Amiens, Challier, 1860 ; 7 p. in-12.

11806. — Etude sur **Lhomond**, par Eugène Magne. — Amiens, Jeunet, 1860 ; 14 p. in-8°.

11807. — Notice biographique sur **Lhomond** publiée au profit du monument qui lui est élevé sur la place de Chaulnes, *par l'abbé De Cagny*. — Péronne, Quentin, 1860 ; 4 p. in-8°.

11808. — Eloge public de l'abbé **Lhomond**, prononcé le jour de l'inauguration de sa statue (29 mai 1860), sur la place de Chaulnes, son pays natal, par l'abbé Paul De Cagny. — Péronne, Quentin, 1860 ; 14 p. in-8°.

11809. — **Lhomond** et Haüy, professeurs au Collège du Cardinal Lemoine et amis intimes, par M. H. Moulin. — Caen, Leblanc-Hardel, 1884 ; 17 p in-8°.

11810. — *Etude sur* **Lhomond**. Discours de M. Grenier.
Mém. Acad. Amiens, t. XXXVIII, 1891, p. 363 à 397 ; in-8°.

11811. — *Eloge du P.* **Longueval**[1].
Hist. de l'Eglise gallicane, t. IX, p. III à XIII, préface ; in-4°.

11812. — Notice sur la Vie et les Ouvrages de M. Antoine Prosper **Lottin**[2], ancien libraire à Paris, par A. M. H. Boulland. *A la suite : Eloge de M. Lottin père*. — Paris, Sajou, 1813 ; 13 p. in-12.
Bibl. H. Macqueron.

11813. — Discours prononcé le 1 août 1882 sur la tombe de M. Charles **Louandre**[1], membre du Comité des Travaux historiques, Chevalier de la Legion d'honneur *et Notice bibliographique*, par M. E. Prarond. — Abbeville, Caudron, 1882 ; 28 p. in-12.
Ext. Mém. Soc. Emul. Abbeville.

11814. — Nécrologie. *M. César* **Louandre**[2]. *Discours de M. Froissart*. — Abbeville, Housse, 1862 ; 3 p. in-12.

11815. — Biographie de M. François-César **Louandre**, par E. Prarond. — Amiens, Jeunet, vers 1862 ; 31 p. in-8°.

11816. — M. F. C. **Louandre** ; 3 p. in-8°.
Rev. des Soc. Savantes, novembre 1862.

11817. — Abrégé de la Vie et des Vertus de Mademoiselle Marie-Joachim-Elisabeth de **Louvencourt**[3], Décédée à Amiens, en odeur de Sainteté, le 14 Octobre 1778. — Amiens, J. B. Caron fils, MDCCLXXIX ; 100 p. in-12.
Autre édition :
Malines, P. J. Hanicq : MDCCLXXXI ; 92 p. in-12.

11818. — La Vie de Mademoiselle de **Louvencourt**. Décédée à Amiens en Odeur de Sainteté Le 14 Octobre 1778, âge (sic) de 31 ans. Dans laquelle se trouvent toutes les Lettres qu'elle a reçut de Mgr d'Orléans de la Motte Evêque d'Amiens et où l'on a soigneusement ménagé tous ses précieux rapports avec ce St Prélat, etc., par M. l'Abbé... Dargnies, Chanoine de... Amiens. — Amiens, Fr. Caron-Berquier, MDCCLXXXVIII ; 246 p. in-12.
Bibl. H. Macqueron.

---

[1] Né près de Péronne, en 1680.
[2] Originaire de Gamaches.
[1] Né à Abbeville, le 15 mai 1812.
[2] Né à Abbeville, le 10 janvier 1787.
[3] Née à Amiens, le 1 juin 1747.

11819. — Vie édifiante de Mademoiselle de **Louvencourt** décédée à Amiens, en odeur de sainteté, le 14 Octobre 1778, agée de 31 ans. Dans laquelle se trouvent toutes les lettres qu'elle reçut de Mgr d'Orléans de la Motte, Evêque dudit Amiens, et où l'on a soigneusement ménagé tous ses rapports avec ce vénérable prélat. — Bruxelles, Aug. Wahlen, 1821 ; X-168 p. in-8°.

11820. — Vie de Mademoiselle de **Louvencourt** Fondatrice des Religieuses des Sacrés-Cœurs de Jésus et de Marie, par M. l'Abbé Fallières.—Amiens, Langlois, 1874 ; 229 p. in-12 av. portr.

11821. — Lettres inédites de M**elle** de **Louvencourt**, par F. Poujol de Fréchencourt.

Le Dimanche, 1874, t. I, p. 393 à 398 et 417 à 420 ; in-8°.

11822. — La Vie de Mademoiselle de **Louvencourt** fondatrice des Religieuses des Sacrés Cœurs de Jésus et de Marie. — Amiens, Rossignol, s. d. ; 4-198 p. in-8° autog.

11823.—Une Ame religieuse. Marie-Elisabeth de **Louvencourt**. Sa vie, son œuvre, par l'abbé Monteuuis — Paris, Rétaux, 1899 ; XVI-302 p. in-8° av. portr.

11824. — Note sur le frère **Luc**[1].

Rech. sur les peintr. provin. de l'anc. France, par de Chennevières, 1854, t. III, p. 220 à 224 et 305 à 307 ; in-8°.

11825. — Vie du V. P. **Lucian de Sainte Marie**[2].

Ann. des Carm. Déch., par Lovis de Sᵗᵉ Thérèse. — Paris, Angot, 1645, p. 651 à 654 ; in-folio.

11826. — Robert de **Luzarches**.

Hist. litt. de la France, t. XX, 1842, p. 18 à 22 ; gr. in-4°.

11827. — Robert de **Luzarches**.

Archit. franç., par Lance, 1872, t. II, p. 95 à 97.

[1] Né à Amiens, en 1615.
[2] Né à Amiens.

M

11828. — Auguste **Machart**[1]. Notice biographique, *par Sᵗ Albin Berville*.

La Picardie, t I, 1855, p. 260 à 267 ; in-8°.

11829. — Eloge de M. Auguste **Machart**, par M. Sᵗ A. Berville. — Amiens, Duval et Herment, 1855 ; 14 p. in-8°.

Ext. Mém. Acad. Amiens.

11830. — Les **Macret**[2]. 1751-18...

Les Grav. du xviiiᵉ Siècle, par Portalis et Beraldi, t. II, p. 757 à 759 ; in-8°.

11831. — Un Pastel du Graveur C. **Macret**, par M. Emile Delignières.

Bull. Soc. Em. Abb., 1894-96, p. 123 et 124 ; in-8°.

11832. — Adrien-Augustin-Amalric Comte de **Mailly** Marquis de Nesle et d'Haucourt, ancien pair de France. Extrait de la Galerie des Notabilités contemporaines par Sᵗ Maurice Cabany ; 26 p. in-8°.

11833. — Création d'une première Chanoinie d'honneur héréditaire, pour Monseigneur le Comte de **Mailly**, Marquis d'Haucourt, ses Hoirs et Successeurs Chefs de sa Maison, dans l'Eglise Cathédrale de Perpignan, à perpétuité ; *du 12 août 1758*. — Perpignan, Guillaume Simon le Comte, 1758 ; 11 p. in-4°.

Bibl. H. Macqueron.

** **11834.** — L'Expression du sentiment ; couplets à l'occasion du mariage de M. le comte de **Mailly** d'Haucourt avec mademoiselle de Narbonne Pelet, suivis de notes historiques et mythologiques par M. l'abbé Delouette, instituteur de M. le comte de Narbonne-Pelet. — Nimes, Castor Belle, 1780 ; 39 p. in-12.

11835. — Assemblée générale de l'Université de Perpignan *relative à*

[1] Né à Amiens, le 2 septembre 1776.
[2] Nés à Abbeville.

l'érection d'un buste du maréchal de **Mailly** Tenue le 17 Novembre 1784. — Perpignan, Reynier, 1785; 9 p. in-4°.
Anc^{ne} Bibl. abbé Gosselin.

11836. — Procès verbal de l'Assemblée générale et publique de l'Université de Perpignan, tenue le 2 Juillet 1786, pour l'Inauguration du Buste de Monseigneur le Maréchal Comte de **Mailly**, Chevalier des Ordres du Roi, Lieutenant Général de la Province de Roussillon, et y commandant en Chef. — Perpignan, Reynier, 1786 ; 21 p. in-4°.
Ibid.

* **11837**. — **Mailly**, Bienfaiteur du Roussillon, ode dédiée à Madame la maréchale de Mailly, née Narbonne-Pelet, par l'abbé Antoine Jaubert, 1786.

11838. — Eloge de M. le Maréchal de **Mailly**, précédé d'un coup d'œil historique sur les principaux événements militaires du règne de Louis XV, par J. Lacroix — Perpignan, P. Tastu, 1821 ; 56 p. in-8°.
Bibl. H. Macqueron.

* **11839** — Eloge de Joseph-Augustin de **Mailly**, ouvrage couronné par la Société..... des Pyrénées Orientales, au concours de 1820, par M. Jaubert-Campagne. — Perpignan, J. Alzine, 1821 ; in-8°.
Bibl. Nat^{le}, Ln^{27}, n° 13209.

* **11840**. — **Mailly** ou le Tribut de la Reconnaissance. Ode par M. J Carbonel.
Bibl. Nat^{le}, Ln^{27}, n° 13208.

* **11841**. — Eloge de S. A. R. Mgr le Duc d'Enghien et de M. le maréchal de **Mailly**, par M. Joseph de Dulcat. — Perpignan, Melle Tastu, 1828 ; in-8°.
Bibl. Nat^{le}, Ln^{27}, n° 7120.

* **11842**. — Eloge du Maréchal de **Mailly**... par J. Mercadier... Ouvrage couronné par la Société... des Pyrénées Orientales, au concours régional de 1862.

11843. — Le Roussillon avant la Révolution et le Maréchal de **Mailly**, Gouverneur de cette Province de 1753 à 1789, *par M. Delpech*.
Mém. Acad. Amiens, t. XL, 1883, p. 345 à 377 ; in-8°.

11844. — Souvenirs du Maréchal de **Mailly**. — Le Mans, Leguicheux, 1895 ; VIII 110 p. in 8°.

11845. — Le Maréchal de **Mailly** Dernier Commandant pour le Roi à Abbeville, par Alcius Ledieu. — Paris, Picard, 1895 ; XIV-153 p. in-8° av. 7 pl. h. texte.

11846. — Thibaud de **Mailli**, Romancier du XIIe S, *par A. D.*
Hist. litt. de la France, t. XVIII, 1835, p. 824 à 826 ; in-4°.

11847. — Supplément aux Affiches de Picardie. N° 41. Du Samedi 10 Octobre 1778. *Biographie de d^e Marie Michelle de Séricourt d'Esclainvillers, comtesse de* **Mailly**, *décédée le 28 Septembre 1778* ; 2 p. in-4°.

11848. — Le Comte du **Maisniel** de Liercourt[1], ancien Député.
Archiv. histor. ; 2 p. in-4°.

11849. — Charles-Joseph du **Maisniel**[2], par M. H. Macqueron.
Bull. Soc. Em. Abbev., 1888-90, p. 89 à 91 ; in-8°.

* **11850**. — Philippe de **Maizières**[3].
Mongitore, Bibliotheca Sicula. — Panormi, 1708, t. II, p. 171 à 173 ; in-folio.

11851 — Notice des Ouvrages de Philippe de **Maizières**, Conseiller du Roi Charles V et Chancelier du Royaume de Chypre, *par l'abbé Lebeuf*.
Mém. Acad. Insc. et B. Lett., t. XVI, 1751, p 219 à 236 ; in-4°.

[1] Né à Abbeville, en 1771.
[2] Né à Abbeville, le 17 décembre 1767.
[3] Né à Maizières-en-Santerre, en 1327.

11852. — Mémoire sur la Vie de Philippe de **Maizières**, Conseiller du roi Charles V et Chancelier du royaume de Chypre, par l'abbé Lebeuf.
Ibid., t. XVII, p. 491 à 514 ; in-4°.

11853. — Nouvelles recherches sur le véritable auteur du Songe du Vergier, par M. P. Paris.
Mém. Ac. Insc. et B. Lett., 1842, p. 336 à 398 ; in-4°.

11854. — **Maizières** (Philippe de).
Biogr. univers. (Michaud), t. XXVI, p. 304 à 307 ; in-8°.

11855. — Titre de citoyen de Venise accordé à Philippe de **Maizières**, chancelier de Chypre (22 juin 1365). Lettre de Philippe de Maizières, Chancelier de Chypre, au doge de Venise, au sujet de la mission que Jean Contarini, ambassadeur de la République, avait rendue en France (1 mars 1376 ou 1377), *publiés par M. de Mas-Latrie*.
Bibl. Ecole des Chartes, t XXXIV, p. 74 à 77 et 84 à 86 ; in-8°.

11856. — Analyse du Songe du Vergier, suivie d'une dissertation sur l'auteur de cet ouvrage célèbre avec conclusion en faveur de Charles de Louviers, par Léopold Marcel (de Louviers). — Paris, Cotillon, 1863 ; VIII-103 p. in-8°.
Ext. Rev. crit. Législ. et Jurisp.

11857. — D'L. Salembier. Philippe de **Maizières** et le Songe du Vergier. (Extrait de la Revue des Sciences ecclésiastiques). — Amiens, Rousseau-Leroy, 1887 ; 105 p. in-8°.

11858. — Une collection de lettres de Philippe de **Maizières**. Notice sur le ms. 499 de la bibl. de l'Arsenal, *par M. N. Jorga*.
Revue histor., t. XLIX, 1892, p. 306 à 322 ; in-8°.

11859. — *Notice sur Philippe de Maizières*.
La France pendant la Guerre de Cent-Ans, par Siméon Luce. La mort de Charles V. — Paris, Hachette, 1893, p. 75 à 87 ; in-12.

11860. — Philippe de **Maizières** (1327-1405) et la Croisade au XVIᵉ siècle, par N. Jorga. — Paris, Bouillon, 1896 ; XXXIV-555 p. in-8°
Extr. Bibl. Ecole des Chartes.

11861. — Philippe de **Maizières**, par M. l'Abbé Cardon.
Bull. Soc. Ant. Pic., 1895-97, p. 659 à 678 ; in-8°.

11862 — Notice sur le R. P. Alexandre **Mallet**[1], de la Compagnie de Jésus, par le P. Achille Guidée. — Paris, de Soye et Bouchet, 1856 ; 15 p. in-8°.

11863. — M. **Mallet de Chilly**[2], propriétaire, sylviculteur, agronome, horticulteur et écrivain, à Orléans (Loiret), *par N. M. Le Senne*.
Arch. génér., XIIIᵉ année, p. 129 à 134 ; in-8°.

11864. — Un Sculpteur abbevillois du XVIIᵉ Siècle. Fr. L. **Malœuvre**, par M. le Comte de Marsy.
Bull. Soc. Emul. Abbeville, 1894-96, p. 65 à 67 ; in-8°.

11865. — Notice biographique sur M. **Malot**[3]. Extraite du XI Volume de la Biographie des Hommes marquants du XIXᵉ siècle, par V. Lacaine et Ch. Laurent, 1858. — *Paris*, Barrière ; 7 p. in-8°.

11866. — Notice biographique. M. **Malot** (Extraits du Journal d'Amiens). — Amiens, Jeunet, 1864 ; 14 p. in-8°.

11867. — M. *Nicolas* **Manessier**[4], Docteur de Sorbonne.
Suppl. au Nécrol. de Port Royal — S.l. n. n., 1725, p. 313 ; in-4°.

11868. — Le Général de Brigade **Mangon de la Lande**[5] (Amédée Charles Louis). — Paris, J. Dumaine, 1879 ; 8 p. in-12.

[1] Né à Amiens, le 22 septembre 1799.
[2] Né à Amiens, le 13 mai 1775.
[3] Né à Coquerel, en octobre 1807.
[4] Né à Abbeville.
[5] Né à Roye, le 2 juillet 1793.

11869. — Etude scientifique sur M. **Mangon-Delalande**[1], Lue à la Société d'Archéologie d'Avranches dans la séance de décembre 1847 — Avranches, Tostain ; 15 p. in-12.

11870. — **Mangon de la Lande**. Sa Vie et ses Œuvres par Emile Coët. — Saint-Quentin, Poette, 1875 ; 23 p. in-8°.

11871. — Elégie de **Marchant de Gomicourt** ex-garde du roi et ci-devant représentant du peuple du Département de la Somme Célèbre par sa motion des Loups à l'Assemblée Législative, *par Adrien Lescouvé, d'Amiens*. — Paris, de l'Impr. rue de Varennes, *vers 1797* ; 8 p. in-8°.
Pièce satirique.
Bibl. d'Amiens, Hist., n° 3668.

11872 — Notice sur Charles des **Marets**[2]...., par Ad. de Grattier. — Amiens, Hermant, 1857 ; 26 p. in-8°.
Ext. Mém. Soc. Ant. Pic.

11873. — La Vie de la Vénérable Mère **Marie des Anges**[3] du Tiers-Ordre du Monastère d'Aumale.
L'Année dominicaine. — Amiens, Le Bel, 1678-1702, t. III, p. 70 à 75 ; in-4°.

11874. — Simon **Marmion** Peintre Amiénois du XVe Siècle. Lecture par M. R. Guerlin. — Amiens, Yvert et Tellier, 1895 ; 14 p. in-8°.
Ext. Bull. Soc. Ant. Pic.

11875. — Recherches sur le Retable de Saint-Bertin et sur Simon **Marmion**, par Mgr Dehaisnes. — Lille, L. Quarré, 1892 ; 157 p. gr. in-8° av. 5 pl.

11876 — Eloge de M. Henry **Marotte**[4], prononcé par M. Berville, le 21 Août 1859 dans la séance publique de l'Académie d'Amiens.
Loisirs poétiques, par Marotte, p. 9 à 22 ; in-12.

11877. — Les Marguerites historiales par Jean **Massue**[1] et Notes biographiques sur cet auteur.
Manusc. franç., par P. Paris, 1848, t. VII. p. 316 à 334 ; in-8°.

11878. — M. **Mathieu**[2]. Notice lue à l'Académie d'Amiens, le 28 Mars 1873, par M. de Beaussire, Directeur. — Amiens, Yvert, 1873 ; 12 p. in-8°.
Ext. Mém. Acad. Amiens.

11879. — La Vie, l'Esprit, les Sentiments de Piété, du vray serviteur de Dieu M François **Mathon**, Prestre, Chapelain des RR. Mères Carmélites de la Ville d'Amiens. Recüeillis par le Père Postel, Chanoine Régulier de S. Jean d'Amiens, Ordre de Prémonstré, et Docteur en Théologie. — Amiens, Guislain Le Bel, M.DCC.X ; in-8°, de 8 p. n. n., XX-468 p. et 8 p. n. n.
Bibl. d'Abbeville.

11880. — Mémoires du Chevalier de **Mautort**[3], capitaine au régiment d'Austrasie, chevalier de l'ordre royal et militaire de St Louis (1752-1802), publiés par son petit-neveu le Bon Tilette de Clermont-Tonnerre. — Paris, Plon, 1895 ; 4-512 p. in-8° av. portr.

11881. — Claude **Melan**[4].
Les Homm. Illust.. par Perrault. — Paris, Dezallier, 1700, t. II, p. 97 et 98, portr. ; in-folio

11882. — Œuvre de Claude **Mellan**, peintre et graveur du Roi.
Cab. des singul. d'Architect... par Fl. le Comte. — Bruxelles, 1702, t II, p. 301 à 334 ; in-12.

11883. — Claude **Mellan** (d'Abbeville). *Acte de naissance* Communiqué

---
[1] Charles-Florent-Jacques, né à Roye le 1 février 1770.
[2] Guerrier picard du XVe siècle.
[3] Née à Abbeville, en 1592.
[4] Né à Amiens, le 28 mai 1788.

[1] Né à Aizecourt, au XVe siècle.
[2] Né à Amiens.
[3] Né à Abbeville, le 3 avril 1752.
[4] Né à Abbeville, le 23 mai 1598.

par M. Hauréau et commenté par M. Anatole de Montaiglon.
Arch. de l'Art franç — Paris, Dumoulin, 1852, t. I, p. 261 à 266 ; in-8°.

11884. — **Mellan** (Claude).
Abecedario de Mariette... par M. de Chennevières, t. III, p. 321 à 377 ; in-8°.

11885. — Catalogue raisonné de l'Œuvre de Claude **Mellan** d'Abbeville, par M. Anatole de Montaiglon, précédé d'une notice sur la vie et les ouvrages de Mellan par P. J. Mariette. — Abbeville, Briez, 1856 ; 276 p. in-8°.
Ext. Mém. Soc. Em. Abbeville.

11886 — **Mellan** (Claude). *Signé : H. H.*
Nouv. Biogr. génér. (Didot), t. XXXIV, col. 845 à 848 ; in-8°.

11887. — Claude **Mellan**, au musée de Stockholm *par M. E. Prarond.*
Bull. Soc. Emul. Abbeville, 1881, p. 51 à 55 ; in-8°.

11888. — Claude **Mellan**, *par Louis Gonse.*
Gaz. des B.-Arts, 1888, t. XXXVI et XXXVII ; 39 p. av. 16 fig.

11889. — L'Abbé Requin. Philippe **Mellan**[1], graveur d'Avignon. 1657-1674. — Caen, Delesques, 1896 ; 14 p. in-8°.
Ext. Congr. archéol. France.

11890. — **Michon**, moine de St Riquier.
Hist. litt. de la Fr., t. V, 1747, p. 319 à 321 ; in-4°.

11891 — Un Magistrat. Le Premier Président **Millevoye**[2], par Jacques Millevoye. — Lyon, Rougin-Rusand ; *vers 1892* ; 126 p. in-8° av. portr.

11892. — Société Royale d'Emulation. Mémorial, 1816. N° XVII. Notice

[1] Paraît être un frère de Claude Mellan.
[2] Né à Abbeville, le 9 octobre 1813.

sur M. **Millevoye**[1], par M. André De Poilly. — Abbeville, Devérité fils ; 8 p. in-8°.

* **11893**. — **Millevoye**.
Journ. de l'Impr. et de la Libr., 1817, p. 78 et 79.

11894. — Poésies diverses ; par Charles **Millevoye**. *Etude critique.*
Mél. de Littér., par Ch. Nodier, 1820, t. I, p. 335 à 344 ; in-12.

11895. — Notice sur **Millevoye**, *par J Dumas.*
Œuv. de Millevoye. — Paris. Ladvocat, 1822. t. I, p. I à XXXI ; in-8° et 1833, t. I, p. 1 à 52 ; in-18.

11896. — **Millevoye**, sa Vie et ses Ouvrages, par de Pongerville.
Œuv. de Millevoye. — Paris, Furne, 1833, t. I, p. I à XXIV ; in-8°.

11897. — **Millevoye**.
Crit. et Portr. litt., par Ste Beuve. — Paris, 1841, p. 1 à 23 ; in-8°.

11898. — **Millevoye**. *Poésie.*
Amours françaises, par Fréd. Soulié. — Paris, 1842, p. 127 à 135 ; in-8°.

11899. — **Millevoye**.
Le Portefeuille de la Jeunesse... — Paris, Desforges, s. d., p. 1 à 18 ; in-18.

11900. — **Millevoye** ou l'Amour maternel.
Alm. Ann. du Dép. de la Somme, 1846, p. 146 à 162 ; in-16.

11901. — Un dizain de **Millevoye**, *par Eugène de Mirecourt.*
Le Livre des 400 Auteurs. — Paris, 1850, p. 72 à 78 av. 6 grav. sur bois ; in-8°.

11902. — **Millevoye**, étude littéraire par Valmont Bourrey. — Paris, Saintin, 1852 ; 8 p. in-8°.

11903. — **Millevoye** (Charles Hubert), *par de Pongerville.*
Nouv. Biogr. génér. (Didot), t. XXXV, col. 531 à 537 ; in-8°.

[1] Né à Abbeville, en 1782.

11904. — Notice sur **Millevoye**, par de *Pongerville*.
La Picardie, t. VI, 1860, p. 144 à 156 ; in-8°.

11905. — Un Point de Rapprochement entre les Poëtes Victor Hugo et **Millevoye**.
Effusions poétiques, par Montalant.— Versailles, 1870, p. 294 à 308 ; in-16.

11906. — **Millevoye**. Discours prononcé à la Distribution des Prix du Collège d'Abbeville, le 7 Août 1875 par M. Eugène Blanchet, Professeur de Seconde. — Abbeville, J. Gamain ; 25 p. in-8°.

11907. — Notice sur **Millevoye**, par P. L. Jacob. — Paris, 1880 ; 60 p. in 8°.

11908. — Notice sur **Millevoye**, par Ch. Louandre. — Paris, Quantin, 1880 ; XX p. in-8°.
En tête des Œuv. de Millevoye éd. par Quantin en 3 vol. in-8°.

11909. — Le Portrait de **Millevoye** par Prudhon, *par Louis Gonse*.
Gaz. des Beaux-Arts, livr. du 1 mars 1880, in-8°.

11910. — **Millevoye**. Notice biographique et récits tirés de ses poëmes par A. E. de l'Etoile. — Lille, Lefort, 1883 ; 72 p. in-12 av. portr.

11911. — Académie d'Amiens. Concours de 1883. Biographie de **Millevoye**. Lauréat : M. Alcius Ledieu. *Rapport de M. Maxime Lecomte*. — Abbeville, Caudron, 1884 ; 8 p. in-12.
Ext. Mém. Acad. Amiens.

11912. — Panthéon Abbevillois. **Millevoye**, sa Vie et ses Œuvres par Alcius Ledieu. — Paris, Alphonse Picard, 1886 ; VII-141 p. in-8° av. portr.

11913. — Edouard Bizet. Panthéon picard. I. Le poëte **Millevoye**. 1782-1816. — Amiens, Jeunet, 1890 ; 31 p. in-12.

11914. — **Millevoye**.
L'Elégie en France.... par Henri Potez. — Paris, 1898, p. 423 à 471 ; in-12.

11915. — Tablettes biographiques... **Mollien** (Charles Eudoxe) Député.... Né en 1835[1] Mort en 1879 — Paris (Neuilly), 1878-1879 ; 3 p. in-8°.

11916. — Enquête sur Léonor du **Mollin**[2], *candidat pour l'ordre de Saint Jean de Jérusalem* 13 Octobre 1659. Communication de M. Dubois.
Bull. Soc. Ant. Pic., t. XX, p. 275 à 297 ; in-8°.

11917. — L'Abbé **Moranvillé**[3], curé de Saint Patrick à Baltimore.
Les Prêtres français émigrés aux Etats Unis, par Moreau.— Paris, Douniol, 1856, p. 200 à 245 ; in-12.

11918. — Notice biographique. M. Victor **Morel**[4]. Extrait du journal l'Abbevillois.—Abbeville, Briez, 1868 ; 15 p. in-8°.

11919. — Paroles prononcées sur la tombe de M. **Morel-Cornet**, par M. A. Duflos, le 10 juin 1874. — Amiens, Jeunet ; 8 p. in-4°.

11920. — Notice sur M. **Morel de Campennelle**[5] (Marie-Mathieu), par M. E. Prarond —Abbeville, Briez, 1857 ; 12 p. in-8°.
Ext. Mém Soc. Em. Abbeville.

11921.—Monsieur l'abbé **Morgand**[6], Curé-Doyen de Conty, par l'abbé Roze. — Amiens, Delattre-Lenoel, s. d. ; 8 p. in-8°.

---
[1] A Boves.
[2] Né à Amiens, le 1 janvier 1638.
[3] Né à Caguy, le 19 juillet 1760.
[4] Né à Abbeville, le 2 février 1800.
[5] Né à Abbeville, le 28 avril 1768.
[6] Né à Naours, en 1813.

11922.— Le Père Pierre de **Mouchy**. 1610-1686.
Biblioth. oratorienne par le R. P. Ingold. — Paris, Poussielgue, 1883, t III, p. 75 à 93 ; in-12.

11923.— Le Graveur P. M. S. (*Pierre Moullart Sanson*) d'Abbeville, par V. Advielle.
Cab. hist. Pic. et Art., t. VI, p. 121 et s.; in-8°.

N

11924.— Notice biographique sur M. l'abbé **Naillon**[1], curé doyen de Nouvion, Chanoine honoraire de la Guadeloupe Décedé le 21 Septembre 1880, *par l'abbé Guidet*. — Amiens, Guillaume, 1880 ; 37 p. in-8°.

11925.— Allocution prononcée à la bénédiction des deux monuments élevés à la mémoire de M. **Naillon** dans le cimetière et dans l'église de Nouvion en Ponthieu le 19 mars 1882, par M. l'abbé J. Gosselin. — Nouvion ; 23 p. in-8°.

11926.— Les Reines de la Main gauche. Mesdemoiselles de **Nesle** et la Jeunesse de Louis XV. La Comtesse de Mailly, la Comtesse de Vintimille, la Duchesse de Lauraguais, la Duchesse de Châteauroux par M. Capefigue. — Paris, Amyot, 1864 ; VII-216 p. in-12 av. 1 portr.

11926bis.— La Duchesse de Châteauroux et ses Sœurs, par Edmond et Jules de Goncourt. — Paris, Charpentier, 1892 ; XIV-432 p. in-12

11927.— Perrot de **Nesle** *par Louis Passy*.
Bibl. Ecole des Chart., t. XX, p. 327 à 330 ; in-8°.

11928.— Radvlphvs de **Nesle** Cardinalis Diaconvs Sancti Georgii in Velabro.
Gallia purpur... Petri Frizon — Lutetiæ, 1638, p. 188 et 189 ; in-folio.

11929. — Simon de **Nesle**, *évêque de Noyon*.
Ann. de l'Egl. de Noyon, par Levasseur. — Paris, Sara, 1633, p. 967 à 969 ; in-4°.

11930. — Notice biographique **Nicolson**[1], (*Jean Barthélemy Maximilien*) par E. Prarond..
Alm. ann. d'Abbeville, 1849, p. 135 à 139 ; in-16.

11931. — **Nithart** Historien. Histoire de sa vie. Ses écrits.
Hist. litt. de la France t. V, 1740, p. 204 à 208 ; in-4°.

11932. — **Nithard**.
Vies des Hommes céléb., par Walckenaer, 1830, t. I, p. 158 à 162 ; in 8°.

11933. — Etude sur **Nithard**. Réplique à M. Hénocque par M. l'abbé Th. Carlet. — Chauny, Moreau, 1872 ; 47 p. in-8°.

11934. — La Vie de la Vénérable Mère Marie **Noël**[2] Professe, et l'une des premières Réformatrices du Monastère d'Abbeville.
L'Année Dominic.— Amiens, Le Bel, 1678-1702, t. II, p. 465 à 471 ; in-4°.

11935.— C. P. J. **Normand**[3], Architecte, Dessinateur et Graveur, *par C. S.*
La Curiosité universelle, n°s des 25 avril et 2 mai 1892 ; in-4°.

11936. — Notice sur la Vie et les Ouvrages de C. P. J. **Normand**, architecte, dessinateur et graveur, ancien pensionnaire de l'Académie de France à Rome, *par M. Normand, son fils aîné*. — S. l. n. n. n. d.; 16 p. in-8° av. portr.
Extr. Annal. Soc. Libre B.-Arts, 1841.

11937. — M. **Nozo**[4], 1835-1842.
Rec. des Circul. des Sup. de la Mission. — Paris, Chamerot, 1879, t. II, p. 462 à 518 av. portr.; in 4°.

---

[1] Né à Hangest-sur-Somme, le 10 mai 1810.
[1] Né à Abbeville, le 20 avril 1734.
[2] Née à Abbeville, morte en 1653.
[3] Né à Goyencourt, en 1764.
[4] Né à Ablaincourt, le 4 janvier 1796.

O

11938. — Un Serviteur de Marie, M. l'abbé Emile-Ernest **Outrequin**[1], vicaire du Petit-Saint-Jean et de Saint-Roch, à Amiens, *par l'abbé Fréchon*. — Amiens, Rousseau-Leroy, 1886; VIII-235 p. in-12, portr.

11939. — M. Charles **Ozenne**[2].
Notic. sùr les Prêtres de la Congr. de la Mission. — Paris, 1865, t. III, p. 147 à 154; in-8°.

P

11940. — M. l'abbé **Padé**[3]. Discours de M. l'abbé Hénocque, Doyen du Chapitre.
Le Dimanche, 1886 et 1887, n°s 808 et s.; in-8°.

11941. — Vie de Monsieur l'Abbé **Padé**. Restauration des Grandes Ecoles dans le diocèse d'Amiens après la Révolution. Collèges de l'Oratoire et de Montdidier. Le Lycée d'Amiens et le Collège d'Abbeville. Maîtrise Notre Dame. Saint Acheul. Collège de Roye. Pensionnat et Petit Séminaire de Saint-Riquier. 1797-1838, *par l'abbé Dubourguier*. — Lille, Impr. Salésienne, 1894; VIII-436 p. in-8° av. portr.

11942. — *Compte rendu de l'ouvrage précédent*, par M. *Alcius Ledieu*.
Bull. Soc. Em. Abb.. 1894-96, p. 85 à 88; in-8°.

11943. — Notice sur Jean **Pagès**, marchand et historien d'Amiens (1655-1723), par M. J. Garnier.
Mém. Soc. Ant. Pic., t. XV, p. 103 à 128; in-8°.

11944 — L'abbé Achille **Paillart**[4], curé de Saint-Jacques *d'Abbeville*, Chanoine honoraire de la cathédrale d'Amiens. Sa Vie et ses Œuvres. 1806-1874. — Abbeville, Briez, Paillart et Retaux; 40 p. in-8°.

[1] Né à Villers-Bretonneux, le 15 février 1850.
[2] Né à Nibas, le 13 avril 1613.
[3] Né à Amiens, en 1787.
[4] Né à Hallencourt, le 6 décembre 1806.

11945. — Notice biographique sur M. **Pannier**[1], par Em. Delignières. — Abbeville, P. Briez, 1867; 16 p. in-8°.
Ext. Mém. Soc. Em. Abbeville.

11946. — Notice sur M. **Pannier**, par M. J. Garnier.
Bull. Soc. Ant. Pic., t. IX, p. 38 à 42; in-8°.

11947. — Rapport sur les Travaux d'Antoine-Augustin **Parmentier**[2], fait au Lycée des Arts, par le citoyen Silvestre, le 7 Juillet 1793, et communiqué à la Société Philomathique. — Paris, Ballard; 16 p. in-12.
Ext. des Trav. de la Soc. philom.

11948. — Dilectissimo ac doctissimo **Parmentier**, Instituti Galliæ socio, Legioni Honoris adscripto qui, de arte extrahendi saccharum ex uvâ, utilissimum scriptum nuperrime edidit., *par Le Preux*. — Paris, Plassan, 1808; 4 p. in-4°.
Pièce en vers latins.
Bibl. Soc. Ant. Pic.

* **11949** — Paris, 20 décembre 1813. Le président de la Société d'agriculture... de la Seine aux membres de cette Société. — S. l. n. n.; in-4°.
Au sujet de la mort de **Parmentier**.
Bibl. Nat¹º, Ln27, n° 15776.

11950. — Institut Impérial de France. Funérailles de M. **Parmentier** le 21 décembre 1813. Discours prononcé par M Thouin. — Paris, Didot; 6 p. in-4°.

* **11951.** — Discours prononcé au nom de la Société d'agriculture du département de la Seine, le 21 décembre 1813, par M. Silvestre, secrétaire perpétuel de la Société, sur la tombe d'Antoine-Augustin **Parmentier**, membre de la Société et son ancien président, mort le 17 décembre 1813. — Paris, Huzard; 4 p. in-8°.

[1] Né à Abbeville, le 1er décembre 1805.
[2] Né à Montdidier, le 17 août 1737.

11952. — De la Vie et des Ouvrages d'Antoine-Augustin **Parmentier**, par J. J. Virey. — Paris, D. Colas, Janvier 1814 ; 21 p. in-8°.
Bibl. H. Macqueron.

* **11953.** — Notice sur **Parmentier**, membre de la Société philanthropique, décédé en 1813, lue à l'Assemblée générale le 21 mars 1814, par M. Huzard. — Paris, Everat ; 14 p. in-8°.

11954. — Eloge d'A. A. **Parmentier**, Membre de l'Institut, Officier de la Légion d'Honneur, premier Pharmacien des Armées, Inspecteur général du Service de Santé, etc., lu à la séance publique de la Société de Pharmacie de Paris le 16 mai 1814, par C. L. Cadet de Gassicourt. — Paris, Fain, 1814 ; 48 p. in-8°.
Bibl. H. Macqueron.

11955. — Eloge de **Parmentier**, lu à la Séance publique de l'Institut, le 9 janvier 1815, par Cuvier.
Magasin encyclop., 1815, t. I, p. 323 à 353.

11956. — Notice biographique sur M. Antoine-Augustin **Parmentier**, membre de l'Institut et de la Société d'Agriculture de Paris, par A. F Silvestre, Membre de l'Institut, et Secrétaire perpétuel de la Société d'Agriculture, Lue à la Séance publique de la Société d'Agriculture, le 9 avril 1815. — Paris, Huzard, juillet 1815 ; 22 p. in-8°.

* **11957.** — Hommage rendu par M. Bouriat, président de la Société de pharmacie aux mânes d'Antoine-Augustin **Parmentier**, près du monument élevé à sa mémoire, dans l'enclos du Père-la-Chaise, par ses neveux, la Société de pharmacie, les pharmaciens des hospices civils et militaires, et plusieurs autres admirateurs de ses talents et de ses vertus, le 8 aout 1816. — Paris, Huzard ; 7 p. in-8°.

11958. — Vie d'Antoine-Augustin **Parmentier**, par D. Ph. Mutel. — Paris, Huzard, 1819 ; IV-136 p. in-8°.

11959. — Notice sur la Vie et les Ouvrages d'Antoine-Augustin **Parmentier**, membre de l'Institut, Officier de la Légion d'Honneur, etc., par *Pellissier*.
Mémorial universel, t. IV, 1820, p. 5 à 26 ; in-8°.

11960. — Eloge de **Parmentier**, Discours qui a remporté le double prix proposé par l'Académie d'Amiens, pour l'année 1819, par Antoine Miquel. — Paris, 1823 ; 60 p. in-8°.

11961. — Eloge de **Parmentier**, par L. F. Grognier. — Paris, Huzard, 1823 ; 44 p. in-12.

11962. — **Parmentier**, par *A. J.*
Journ. des Conn. utiles, 1834, p. 85 à 87, portr. ; in-8°.

* **11963.** — Notice sur **Parmentier**, par Bénédict Gallet.
Rev. du Progr. de Paris. — Blondeau, 1839, t. II, p. 24 à 32 ; in-8°.

11964. — Notice sur **Parmentier**, par *J. Ottavi*.
L'Assureur des Récoltes, journal des Engrais, 1840-1841, p. 189 à 197 ; in-8°.

11964bis. — Notice sur **Parmentier**. *Signé*: A. Despréaux. Extrait du Journal de la Somme, 21 et 23 Aout 1842. — Amiens, Yvert ; 7 p. in-12.

11965. — Un mot sur le projet de la ville de Mondidier (Somme) d'élever une statue en l'honneur de **Parmentier**, pour l'introduction qu'il fit en France de la culture de la Pomme de terre, *par Rendu*.
Ann. d'Hortic., 1843, p. 219 à 222 ; in-12.

11966. — Augustin **Parmentier**, par Cléon G. D. *(Galoppe d'Onquaire)*.
Alman. d'Abbeville, 1843, p. 91 à 98 ; in-16.

* **11967.** — Notice historique sur Antoine **Parmentier**, par Emile Mouchon. — Lyon, Marle aîné, 1843 ; 15 p. in-8°.
Bibl. Nat^{le}, Ln²⁷, n° 15785.

* **11968.** — Souscription pour l'érection d'une statue à **Parmentier**. — Lyon, Marle, 1843 ; in-8°.
Bibl. Nat^{le}, Ln²⁷, n° 15784.

11969. — Statue de **Parmentier**, par M. Molchneht.
Journ. des Artist., 1846, p. 22 à 24 ; in-4°.

11970. — Notice sur Antoine **Parmentier**, *par Alfred de Falloux*. — Angers, Cosnier et Lachèze, 1845 ; 22 p. in-8°.
Ext. Mém. Soc. Agr., Sc. et Arts d'Angers.

* **11971.** — Histoire de la Pomme de Terre, son Origine.... par P. Godart, précédée d'une Notice biographique de **Parmentier**, par Pierre Vinçard. — Paris, Appert, 1847 ; 111 p. in-12.

11972. — L'Inventeur de la Pomme de terre.
Alman. d'Abbeville, 1848, p. 78 à 87 ; in-16.

11973. — **Parmentier**. "Tiré des hommes illustres". — Lille, Lefort, s. d. ; 14 p. in-8° av. portr.

11974. — **Parmentier**, *par Bénédict Gallet*.
Rev. de l'Oise... t. III, p. 210 à 218 et 259 à 266 ; in-8°.

11975. — **Parmentier** ou la propagation de la pomme de terre, anecdote en vers par M. Héré.
Ann. agric. de l'Aisne, 1852, p. 205 à 207 ; in-8°.

11976. — Eloge historique de **Parmentier**, par A. T. Dumont (de Brioude). — Paris, Dusacq, 1855 ; 31 p. in-8°.

11977. — **Parmentier**, *par A. Jarry de Mancy, traduit en italien par F. Berti*.
Pag. 247 à 254 d'un ouvr. italien, av. portr., s. d. ; gr. in-8°.

11978. — Rapport au nom du conseil d'administration sur une demande de souscription pour l'érection d'une statue à **Parmentier**, par M. Aug. Duméril. (Séance du 4 mai 1860).
Bull. Soc. Acclim., 1860, p. 237 à 239 ; in-8°.

11979. — Notice biographique sur **Parmentier** par M. Grellois, médecin principal de 2° classe.
Rec. de Mém. de Médec. milit., 1861, p. 349 à 352 ; in-8°.

11980. — **Parmentier** et le professeur Renou, par M. Ch. Ménière. — Angers, Cosnier et Lachèze, 1862 ; 40 p. in-8°.
Ext. Mém. Soc. Acad. Maine-et-Loire.

11981. — Biographies scientifiques. **Parmentier**, *par M. Balland*.
Rev. scientif., 1886, p. 197 à 200 ; in-4°.

11982. — Ode à **Parmentier** par Mme Zaïre Quillart. Comice agricole de Montdidier. 17 Septembre 1876. — Montdidier, Mérot ; 2 p. gr. in-8°.

11983. — **Parmentier**, *par Jarry de Nancy*.
Journ. des Bibl. popul., 1878, p. 251 à 262.

11984. — Bibliothèque des Ecoles et des Familles. **Parmentier** et la Pomme de Terre, par C. Delon. — Paris, Hachette, 1882 ; 128 p. in-16 av. gr. sur bois.

11985. — Eugène Soulier. Mémoire sur **Parmentier**. — Paris, Libr. de la Maison rustique, 1884 ; 26 p. in-12 av. portr.

11986. — Les Hommes Utiles. **Parmentier**. Conférence faite à la Société pour l'Instruction élémentaire. — Paris, Wattier, 1884 ; 22 p. in-8°.

11987. — Centenaire de **Parmentier**. Discours prononcé à Montdidier le 26 avril 1886 par M. P. Coulier. Extrait du Journal de Pharmacie et de Chimie. — Paris, Marpon et Flammarion, 1886 ; 5 p. in-8°.

11988. — Le Centenaire de la Propagation de la Pomme de Terre. **Parmentier** et la Pomme de Terre par Jules Mollet. — Montdidier, Hourdequin, 1886 ; 20 p. in-8°.

11989. — **Parmentier**, Drame en trois actes.
L'Ami des Campagnes, n°^{s} du 26 septembre 1886 et suiv.

11990. — Académie des Sciences. Inauguration de la statue de **Parmen-**

— 491 —

tier à Neuilly le dimanche 11 mars 1888. Discours de M. P. Dehérain. — Paris, Firmin Didot, 1888 ; 8 p. in-4°.

11991. — Pélerinage d'un picard au Mont-Carmel en 1652 *et notice biographique sur son auteur, Adrien de* **Parvillers**, par Alcius Lediéu.
Bull. Soc. Emul. Abbeville, 1894-96, p. 230 à 244 et 251 à 265 ; in-8°.

11992. — Testament et Funérailles de Charles **Paschal**, Vicomte de la Queute, ancien ambassadeur de S.M.T.C. et Conseiller d'Etat, par le comte de Brandt de Galametz. — Abbeville, Paillart, 1889 ; 12 p. in-8°.
Extr. Bull. Soc. Emul. Abbev.

11993. — Notice nécrologique sur Jeanc-Harles (sic) - Athanase **Peltier**, Né à Ham (Somme) le 22 février 1785, Mort à Paris le 27 octobre 1845. Discours de MM. H. Milne-Edwards et F. C. Gérard, Lus à ses Obsèques, le 29 octobre 1845 au cimetière de l'Est. — Paris, Fain et Thunot, 1846 ; 16 p. in-8°.

11994. — Notice sur la Vie et les Travaux scientifiques de J C. A. **Peltier**. — Paris, Edouard Bautruche, 1847 ; 472 p. in-8° av. portr.

11995. — Œs dix derniers jours et les funérailles suivis de Maximes de M Jean-Baptiste-Adrien **Perdu**[1], Chanoine honoraire d'Amiens, curé d'Airaines, décédé en odeur de sainteté, le 6 octobre 1863. — Amiens, Lambert-Caron, s. d.; XVI-209 p. in-18.

11996. — La Vie du bienheureux Geoffroi de **Péronne** cinquième Prieur de Clairvaux.
Essai sur l'Hist. de l'Ord. de Citeaux... — Paris, Muguet, 1697, p. 132 à 147 ; in-8°.

11997. — Geofroi de **Péronne**, Prieur de Clairvaux. Sa vie. Ses écrits.
Hist. litt. de la France, t. XIV, 1817, p. 426 à 430 ; gr. in-4°.

[1] Né à Amiens, le 29 novembre 1797.

11998. — **Perrée**[1] (Jean Baptiste Emmanuel), contre amiral.
Hennequin, Biogr. marit., 1837, t. III, p. 275 à 280, portr.; in-8°.

11999. — Lettres du Sieur de **Pertain**[2] Capitaine en second au régiment de cavalerie Duc d'Orléans.
Ces lettres ont un certain caractère d'autobiographie.
Carnet de la Sabretache, 1901, p. 23 à 47 av. armoir.; in-8°.

12000. — Notice sur la vie de **Petit**, voleur[3], écrite par lui-même : Dans laquelle il raconte les ruses dont il s'est servi pour voler... — Amiens, Caron-Vitet, 1827; 8 p. in-8°.

12001. — **Petit** le Voleur ressuscité, sa vie, écrite par lui-même dans laquelle il raconte... — Amiens, Caron-Vitet, s. d.; 8 p. in-8°.
Ce n'est guère qu'une autre édition de la pièce précédente.

12002. — Notice nécrologique sur M. le Chanoine **Petit**[4] par M. l'abbé Jules Corblet. — Amiens, Langlois, 1874; 7 p. in-8°.
Ext. du Dimanche.

12003. — Notice sur la vie et les œuvres du sculpteur **Pfaff**, par Ch. Wignier de Warre. — Abbeville, C. Paillart, 1894; 58 p. in-8° av. 10 pl.
Extr. Mém. Soc. Emul. Abbeville.

12004. — Généalogie du Sculpteur **Pfaff**. Sa Vie, ses Œuvres, par Ch. Wignier de Warre. — Abbeville, Fourdrinier, 1898 ; in-8° de VII-194 p. av. 3 tabl. généal. et 26 pl. h. t.

[1] Né à St-Valery-sur-Somme, le 19 décembre 1761.
[2] Charles Picard d'Aubercourt, sieur de Pertain.
[3] Célèbre par ses méfaits dans le département de la Somme.
[4] Né à Vron, le 14 janvier 1797.
[5] Gentilhomme autrichien, réfugié à Abbeville ; a laissé dans la région de nombreux ouvrages de sculpture.

12005. — Extrait de la Notice biographique de M. Casimir **Picard**[1], Médecin, Archiviste de la Société Royale d'Emulation d'Abbeville, etc., lue à la même Société, dans sa séance du 8 Juillet 1842, par M. T. Morgand.
Mém. Soc. Emul. Abbev., 1841-1843, p. 449 à 456 ; in-8°.

12006. — Notice sur le général **Picot**[2], par M. E. Prarond. — Abbeville, Briez, 1857 ; 15 p in-8°.
Ext. Mém. Soc. Emul. Abbeville.

12007. — Note sur un portrait du graveur **Picot**[3], par Em. Delignières.
Bull. Soc. Emul. Abbeville, 1881, p. 49 à 51 ; in-8°.

12008. — **Picot** (Victor-Marie), 1744-1802.
Les Grav. du xviii° Siècle, par Portalis et Béraldi, 1880, t. III, p. 306 et 307 ; in-8°.

12009. — Eloge du R. P. Bernardin de **Pequigny**[4], Capucin.
Mém. de Trévoux, 1710, t. II, p. 705 à 707 ; in-12.

12010. — Les Pères Gardiens des Capucins du Couvent de la rue S¹ Honoré, par le P. Emmanuel, de Lanmodez. *Bernardin de* **Picquigny**.
Bull. Soc. Hist. Paris, 1893, p. 175 à 179 ; in-8°.

* **12011.** — **Pierre l'Ermite**.
Gossonus, Vit. Patr. Occid. — Lugduni, 1625, p. 325 à 327 ; in-folio.

12012. — La Vie dv Venerable **Pierre l'Hermite**, Autheur de la premiere Croisade et conqueste de Ierusalem Pere et Fondateur de l'Abbaye de Nevf-Movstier, et de la Maison des l'Hermites. Auec vn Brief Recueil des Croisades suiuantes, qui contient vn abrege de l'Histoire de Ierusalem iusques à la perte de ce Royaume par le R. P. Pierre d'Ovltreman. — Paris, Lovis Bovlanger, M. DC. XLV ; in-24 de 11 p. n. n. et 168 p. av. portr.
Bibl. d'Abbeville.
Une première édition avait paru en 1637.

* **12013.** — Lettre de M. Morand le fils, Docteur en Médecine, de la Faculté de Paris, sur **Pierre l'Hermite**.
L'Année littéraire, 1761, t IV, p. 277 et s.
Le P. Lelong. n° 13375.

* **12014** — Défense des Picards. Lettre de M. de Graincourt auteur des Hommes illustres de la marine française à M. le comte de la Platière, auteur des Fastes de l'ordre de Malthe. — Paris, Lefebvre, 1814 ; 14 p. in-8°.
L'auteur s'attache à défendre les Picards en général et **Pierre l'Hermite** en particulier du reproche qui leur était fait de n'avoir que de la chaleur de tête.
Bibl. de Beauvillé.

* **12015.** — Schachert (Johann Friedrich). **Peter von Amiens** und Gottfried von Bouillon, oder Geschichte der Eroberung des heiligen Grabes. — Berlin, 1819 ; in-8°.
Bibl. univ. d'Oettinger, t. II, col. 1435.

12016. — Histoire nationale. Sur la patrie et les descendans de **Pierre l'Hermite** (Notice par le baron De Reiffenberg).
Bull. Acad. Roy. Belgique, 1837, p. 474 à 477 ; in-8°.

12017. — **Pierre l'Ermite** et la première Croisade, par Henri Prat. — Paris, Librairie de la Reine, 1840 ; 416 p. in-8°.

12018. — **Pierre Lhermite**, religieux de l'Abbaye du Mont-Saint-Quentin, *par H. Dusevel*.
Arch. de Pic., t. I, 1841, p. 51 à 55 ; in-8°.

12019. — Fragments d'un Essai sur la Vie de **Pierre l'Hermite**, par M. Henri Hardouin.
Bull. Soc. Ant. Pic., t. IV, p. 337 à 342 ; in-8°.

---

[1] Né à Amiens, le 16 décembre 1806.
[2] Né à Abbeville, le 8 octobre 1788.
[3] Né à Abbeville, en 1744.
[4] Né à Picquigny.

12020. — **Pierre l'Ermite**, *par Lorédan Larchey.*
L'Abeille impériale, 30 mai 1853, p. 1 à 7; in-4°.

12021. — **Pierre l'Hermite** et les Croisades ou la Civilisation chrétienne au Moyen-Age, par Michel Vion. — Amiens, Lenoel-Herouart, 1853; 528 p. in-12.

12022. — Vie de **Pierre l'Ermite** par M. E. d'Ault Dumesnil. — Abbeville, Briez, 1854; 26 p. in-12.

12023. — Notice sur **Pierre l'Hermite** et sur les Croisades. — Amiens, Alfred Caron, 1854; 8 p. in-12.

12024. — Dissertation sur la naissance de **Pierre l'Hermite**, par Léon Paulet. — Namur, Rouvroy, 1854; 26 p. in-8°.

12025. — Recherches sur **Pierre l'Ermite** par Léon Paulet. — Bruxelles, A. Decq, 1854; XV-288 p. in-8°.

12026. — Lettre sur **Pierre l'Hermite** et sa patrie, à M. Léon Paulet, de Mons en Hainaut *par M. Henri Hardouin.* — Amiens, Duval et Herment, 1854; 13 p. in-8°.
Ext. Bull. Soc. Ant. Pic.

12027. — **Pierre l'Hermite**: Deuxième lettre à la Société des Antiquaires de Picardie par M. Léon Paulet, de Mons. — Amiens, Duval et Herment, 1854; 19 p. in-8°.
Ibid.

*12028. — **Pierre l'Ermite** est-il picard ?
Rev. cathol. de Louvain, 1854, p. 681 à 685.

*12029. — J. Grandgagnage. Un ancien manuscrit, **Pierre l'Hermite**. — Bruxelles, s. d.; in-8°.

12030. — Extrait de la Revue catholique, N° du 15 juin 1854. **Pierre l'Hermite** et M. Grandgagnage, *par M. du Mortier.* — 10 p. in-8°.

12031. — Un dernier mot sur le lieu de naissance de **Pierre l'Hermite** adressé à MM. J. Grandgagnage, B. du Mortier et Ch. du Thier, par Michel Vion. — Lille, Lefebvre-Ducrocq, 1854; 15 p. in-8°.
Extr. Revue Nord France.

12032. — Note sur les lettres de M. Léon Paulet (de Mons en Hainaut), relatives à **Pierre l'Hermite** et aux Croisades, *par M. Henri Hardouin.*
L'Investigateur, t. VI, III° série, p. 213 à 215; in-8°.

12033. — **Pierre l'Hermite**, Liégeois ou Picard.
Bull. de l'Inst. archéol. liégeois, 1856, t. II, p. 13 à 24; in-8°.

12034. — **Pierre l'Hermite**, Picard ou Liégeois, par M. L. Polain. — S. l. n. n. n. d.; 18 p. in-8°.
Extr. Bull. Acad. Roy. Belg.

*12035. — A. Ingerslev. **Peter fra Amiens** Og det forste Kortog. — Kjobenhavn, 1859; 24 p. in-8°.

12036. — Extrait de la Colonne et l'Observateur *de Boulogne sur Mer.* Parallèle historique entre Godefroy de Bouillon et **Pierre l'Hermite** (xi° siècle) Tiré des rapprochements historiques entre Boulogne-sur-Mer et quelques villes importantes de la Picardie, telles que Amiens, Abbeville, Beauvais et autres par Alph. Lefebvre. — Boulogne, Delahodde, 1859; 24 p. in-18.

12037. — Notice sur **Pierre l'Hermite** par un Membre de la Société des Antiquaires de Picardie (*A. Dutilleux*). — Amiens, Lenoël-Herouart, s. d.; 24 p. in-12.

12038. — Biografia de **Pedro el Eremitano**. — Madrid, Luis Beltran, 1862; 7 p. in-8°.

12039. — La Naissance de **Pierre l'Hermite** revendiquée par les Chartrains.
Le Dimanche, 1873, t. II, p. 101 à 105; in-8°.

12040. — Guillon. Etude sur **Pierre l'Hermite.** — Orléans, 1874 ; 33 p. in-12.

12041. — **Pierre l'Hermite.** Etude historique, *par M' Jules Fréson.*
Ann. du cercle hutois des Sc. et B. A., 1877-78, p 134 à 159 ; in-8°.

* **12042.** — **Peter der Eremite** und Albert von Achen.
Sybel, Historische Zeitschrift. — München, 1877-86, t. IV, p. 22 à 46 ; in-8°.

* **12043.** — Hagenmeyer. **Peter der Eremite** ein Krit. Beitrag zur Geschichte d. s. Kreusugger.—Leipzig, 1879 ; XII-411 p. gr. in-8°.

12044. — Le vrai et le faux sur **Pierre l'Hermite**, analyse critique des témoignages historiques relatifs à ce personnage et des légendes auxquelles il a donné lieu par Henri Hagenmayer, traduit par Furcy Raynaud. — Paris, Société bibliographique, 1883 ; 362 p. in-8°.

12045. — Comte de Marsy. **Pierre l'Hermite**, son histoire et sa légende. — Amiens, Delattre-Lenoel, 1884 ; 35 p. in-8° av. fig.
Ext. de la Picardie.

* **12046.** — **Pierre l'Hermite**, *par J. Demarteau.*
Bull. Inst. archéol. liégeois, t. XVIII, 1885, p. 467 à 473 ; in-8°.

12047. — **Pierre l'Hermite** et la famille Lhermite d'Anvers, par Fernand Donnet. — Anvers, de Backer, 1893 ; 102 p. in 8°.
Ext. Ann. Acad. Arch. Belgique.

12048. — **Pierre l'Ermite**, moine ermite au monastère Forezien de Saint-Rigaud, près de Charlieu. Communication de M. E. Jeannoz.
Bull. de la Diana, 1895, p. 191 à 223 ; in-8°.

12049. — La Vie du Vénérable **Pierre l'Hermite**, avthevr de la première Croisade et Conqveste de Jerusalem, Père et Fondateur de l'Abbaye de Nevf Movstier et de la Maison des L'Hermites Avec un Brief Recueil des Croisades suivantes.... par le P. Pierre d'Ovltreman de la Compagnie de Jésus. Réédité du xvii° siècle à l'occasion du VIII° centenaire des Croisades. — Clermont-Ferrand, Malleval, 1895 ; in-8° de XXIII, 161, VII et 89 p. av. 8 tabl. et 2 grav.

12050. — Jacmart **Pilavaine**[1], miniaturiste du xv° siècle, par Léon Paulet. — Amiens, Lenoel-Herouart, 1858 ; 55 p. in-8°.
Ext. de la Picardie.

12051. — Le Révérend Père **Pillon**[2], de la Compagnie de Jésus, et les Collèges de Brugelette, Vanves, Sainte-Geneviève, Amiens, Lille par le R. P. Orhand. — Lille, Ducoulombier, 1888 ; VIII-404 p. in-8°.

12052. — Notice biographique sur M. l'abbé **Pinart**[3], par l'Abbé Félix Maillard.
Mém. Soc. Acad. Oise, 1854, p. 402 à 409 ; in-8".

12053. — L'astronome **Pingré** (Alexandre Guy), par Victor Advielle.
L'auteur rattache ce personnage à la famille Pingré, de Picardie.
La Curiosité universelle, n°° des 8 janv., 27 août et 3 déc. 1894 ; in-4°.

12054. — M' le Marquis de **Pissy**[4]. 1805-1891. — Amiens, Yvert et Tellier, 1891 ; 32 p. pet. in-4°.

12055. — *Notice sur la Vénérable Mère Françoise* **Plantart**, *décédée au Couvent des Sœurs Blanches d'Abbeville en 1622.*
L'année dominicaine. — Amiens, 1678-1702, t. III, p. 901 et 902 ; in-4°.

[1] Né à Péronne.
[2] Né à Estrées, le 25 avril 1804.
[3] Né à Esmery-Hallon, le 26 juillet 1806.
[4] Né à Amiens, le 12 avril 1805.

12056. — Thibaut **Poissant**[1], *par Guillet de Saint Georges.*
Mém. inéd sur les... Memb. de l'Acad. de Peint. et de Sculpt — Paris, Dumoulin, 1854, t. I, p. 318 à 329 ; in-8°.

12057. — Thibaut **Poissant**, sculpteur picard (1605-1668), par Henri Macqueron. — Abbeville, C. Paillart, 1893 ; 13 p. in-8° av. 2 fig.
Ext. Bull. Soc. Emul. Abbeville.

12058. — **Poix** (Louis de)[2], *par Labouderie.*
Biogr. univers. (Michaut), t. XXXV, p. 164 à 167 ; in-8°.

12059. — **Pongerville**[3]. *Signé : L.*
Arch. de Picardie, t. I, p. 23 à 26 ; in-8°.

12060. — **Pongerville** (Jean-Baptiste-Antoine-Aimé Sanson de).
Biogr. des Homm. du Jour. t. I, 2ᵉ pᵗᵉ, p. 391 à 394, portr.; gr. in-8°.

12061. — M. de **Pongerville**. 1830.
Tarlet, Hist. des 40 fauteuils, 1855, p. 509 à 516 ; in-8°.

12062. — M. de **Pongerville**, *par Edouard Fournier.*
Le Figaro, n° du 26 Oct. 1856, p. 6 ; in-folio.

* **12063.** — **Pongerville** (Jean-Baptiste-Aimé Sanson de), par M. Léon Halévy. Extrait de la Nouvelle biographie générale. — Paris, Didot, 1862 ; in-8°.
Voir dans la Nouv. Biogr. gén., t. XL, col. 744 à 747.

12064. — Notice sur M. de **Pongerville** par Jules Barbier Conseiller à la Cour de Cassation. Extrait de l'Investigateur. — Saint-Germain, L. Toinon et Cⁱᵉ, 1870 ; 20 p. in-8°.

12065. — Figures contemporaines. M. de **Pongerville** de l'Académie Française, Vice-président de la Commission du colportage, *par Auguste Descauriet.*
Revue de France, 1872, p. 256 à 269 ; in-8°.

12066. — Institut de France. Académie Française. Discours prononcés dans la séance publique tenue par l'Académie Française pour la réception de M. X. Marmier le 7 décembre 1871. — Paris, Firmin Didot, 1871 ; 68 p. in-4°.
Eloge de M. de **Pongerville** que remplaçait M. Marmier.

12067. — Séance de l'Académie Française du 7 Décembre 1871. Discours de réception de M. X. Marmier. Réponse de M. Cuvillier-Fleury. — Paris, Didier, 1871 ; 80 p. in-8°.

12068. — Oraison funèbre de Monseigneur l'Illustrissime et Révérendissime Père en Dieu Louis-Martin **Porchez**[1], Evêque de Saint-Pierre et de Fort-de-France, prononcée le 5 juillet 1860 dans l'Eglise Cathédrale de Saint-Pierre et le 11 juillet dans l'Eglise Cathédrale de Fort-de-France, par le R. P. Emonet. — La Martinique, Gandelat jeune ; 18 p in-8°.

12069. — Mort de Monseigneur **Porchez**, Evêque de la Martinique. *Extraits des journaux le Propagateur des Antilles, la France d'Outremer, etc.*
Revue picarde, n° du 23 juillet 1860.

12070. — Eloge funèbre de Mgʳ **Porchez** Evêque de la Martinique, prononcé dans l'église de Saint Sépulcre d'Abbeville le 26 juillet 1860, par l'abbé Dergny. — Abbeville, Vitoux, 1860 ; 11 p. in-8°.

12071. — Notice sur M. **Porion**[2], *par M. Malot.* Extrait de l'Ami de l'Ordre du 13 Janvier 1858. — Amiens, Yvert ; 7 p. in-8°.

---

[1] Né à Estrées-les-Crécy, en 1605.
[2] Né à Croixrault, en 1714.
[3] Né à Abbeville, le 3 mars 1792.

[1] Né à Abbeville, le 11 novembre 1805.
[2] Né à Amiens, le 1ᵉʳ août 1805.

— 496 —

12072. — **Poultier**[1] (Jean-Baptiste), sculpteur picard 1653-1719, par M. Emile Delignières. — Paris, Plon, 1897 ; in-8° de 47 p. av. 3 pl. h. t.

12073. — Notice sur M. *Alexandre* **Poultier**[2], lue à la Société d'Emulation, le 8 Novembre 1846, par M. le Docteur Bouvaist.
Mém. Soc. Emul. Abbeville, 1844-1848, p. 667 à 674 ; in-8°.

12074. — Ernest **Prarond**[3], historien et poëte, par Albert Carette.
Rev. du Nord de la Fr., 1890, p. 231 à 234 et 242 à 245 ; in-8°.

12075. — L'Œuvre littéraire de M. Ernest **Prarond**. Etude critique et bibliographique, par M. Emile Delignières. — Amiens, Jeunet, 1876 ; 54 p. in-8° carré.

12076. — L'Œuvre historique et archéologique de M. Ernest **Prarond**. Etude critique et bibliographique, par Alcius Ledieu. — Amiens, Jeunet, 1881 ; 94 p. in-8° carré.

12077. — La Poésie de M. **Prarond**, par M. Gustave Le Vavasseur.
Revue de la Poésie, 1892.

12078. — Les Poésies de M. Ernest **Prarond**. Notice par M. Alexandre Blanchard. — Amiens, Yvert et Tellier, 1893 ; 35 p. in-8°.
Ext. Mém. Acad. Amiens.

12079. — Ernest **Prarond**. Conférence donnée à l'Institut Rudy le 31 mars 1898, par M. Alfred Poizat. — Paris, Lemerre, 1898 ; 36 p. in-8°.

R

12080. — Jean de **Rabache**, sire de Hangest, par M. Dusevel.
Rev. anglo-franç., t. II, p. 220 et s. ; in-8°.

---

[1] Né à Huppy.
[2] Né à Abbeville en 1784.
[3] Né à Abbeville, le 14 mai 1821.

12081. — L'Abbé **Rabouille**[1], par l'abbé Duez.
Le Dimanche, 1873, t. II, p. 181 à 186 ; in-8°.

12082. — M. de **Raismes**[2], Curé de Saint-Gilles. Extrait du Pilote de la Somme du 8 août 1852. — Abbeville, Jeunet ; 3 p. in-8°.

12083. — Société des Antiquaires de Picardie. Biographie de Mademoiselle **Rallu**, fondatrice de l'Hôpital de Montdidier 1677-1741. Discours prononcé en séance publique annuelle le 23 juillet 1883 par M. Hector Josse. — Amiens, Douillet, 1884 ; 18 p. in-8°.
Ext. Mém. Soc. Ant. Pic.

12084. — La Prise de la Ville et Chasteav de Bohain sur les Trouppes de l'Armée Espagnolle Par Monsieur le Marquis de la Milleray.... avec la Deffaicte et Deroutte de Cinq cēs Espagnols et la prise de vingt et quatre Chariots de bagages Par le Camp volant de l'Armee du Roy, Conduict par Messieurs de **Rambure** et Colonel Gassion. — Paris, P. Mettayer, M.DC.XXXVII ; 13 p. in-8°.
Bibl. Nat^{le}, Lb³⁶, n° 3127.

12085 — La Prise et Redvction dv Puissant et Fort Chasteau de Buzigny, sur les Frontieres des Pays-Bas Auec la deffaicte de quatre Cornettes de Cauallerie des troupes de l'armée Espagnolle, et prise de leur bagage Par le Colonel Gassion et de **Rambure**, Conducteurs (soubs les commandemens du Cardinal de la Valette) du Camp volant de l'armée du Roy. — Paris, P. Mettayer, M.DC.XXXVII ; 15 p. in-8°.
Bibl. Nat^{le}, Lb³⁶, n° 3128.

12086. — Deffaicte de qvatre Cornettes de Cauallerie de l'Armée Espagnolle Auec la Prise du Chasteau et Fort de Bussy, dans les Frontieres du

---

[1] Né à Bouillancourt-en-Sery, le 18 mai 1761.
[2] Né à St-Riquier, le 12 janvier 1800.

LE TABLEAV
DE LA VIE ET DE LA MORT,
DE MONSIEVR DE
RAMBVRES.

fait en l'Eglife des Religieux Minimes du Convent
d'Abbeville, le cinquiéme Iuin 1671

PRESENTE' A MONSIEVR

LE COMTE DE COVRTENAY
SON FILS,

*Pour luy monftrer la Gloire de fa
Naiffance, & pour donner de
l'émulation à fa Vertu.*

Par le R. P. ROBERT DE S. GILLES, Religieux du
mefme Ordre des Minimes.

A ABBEVILLE,
Chez IEAN MVSNIER le jeune, Imprimeur & Libraire, pres
des Sœurs grifes, à la Placette.
M. DC. LXXI.

Nº 12087

GRANDEUR RÉELLE

Pays-Bas Par Messieurs le Colonel Gassion et de **Rambure**, soubs les comandemens de Monseigneur le Cardinal de la Vallette, General de l'armée du Roy. — Paris, P. Mettayer, M.DC.XXXVII ; 16 p. in-8°.

Bibl. Nat¹ᵉ, Lb³⁶, n° 3129.

12087. — Le Tableav de la vie et de la mort de Monsievr de **Rambvres** fait en l'Eglise des Religieux Minimes du Convent d'Abbeville, le cinquième Iuin 1671. Présenté à Monsievr le Comte de Covrtenay son fils Pour luy monstrer la Gloire de sa Naissance, et pour donner de l'émulation à sa Vertu. Par le R. P. Robert de S. Gilles, Religieux du mesme Ordre des Minimes. — Abbeville, Iean Mvsnier le jeune, M.DC.LXXI ; 23 p. in-4°.

Bibl. d'Abbeville.

12088. — Conjuration des **Rambures** contre la Ville d'Ardres en Picardie.

Pièces intér. pour serv. à l'hist., par M. D. L. P. — Maestricht, 1788, t. VI, p. 1 à 15 ; in-18.

12089. — **Rambures**[1] (Adalbert-Alexandre-Roger de) député de la Somme à l'Assemblée nationale de 1871.

Galer. histor. de H. Lauzac, 1870-1872, p. 617 et 618 ; in-8°.

12090. — Librairie musicale de Blanchet. Catalogue des ouvrages de Aᵗ de **Rambures** sur les Procédés faciles et variés qu'il a découverts pour l'enseignement populaire de la musique chorale et instrumentale et du plainchant. — Abbeville, Jeunet, 1852 ; 16 p. in-8°.

12091. — M. **Randoing**, Manufacturier, Représentant du Peuple (Somme), par *J. B. Maconnais*. — *Paris*, Lacombe, 1848 ; 16 p. in-8°. portr.

Extr. des Arch. des Hommes du Jour.

12091ᵇⁱˢ. — Notice biographique sur M. **Randoing**, Manufacturier, Député...... publiée par M. Raincelin de Sergy.

Extr. Rev. hist. des Notab. contemp., 12ᵉ année, p. 193 à 210 ; in-8°.

* **12092.** — **Ratramme**[1].

Oudin, de Scriptor. Eccles. antiq. — Lipsiæ, 1732, t. II, p. 108 à 137 ; in-folio.

* **12093.** — **Ratramme**.

Fabricius, Bibl. med. et infim. ætatis. — Hamburgi, 1734-46, t. I, p. 660 à 667 ; in-8°.

12094. — **Ratramme**, Moine de Corbie. Histoire de sa Vie. Ecrits qui nous restent de lui. Ecrits perdus.

Hist. litt. de la France, t. V, p. 332 à 351 ; in-4°.

12095. — **Ratramme**, moine de Corbie.

Hist. gén. des Aut..., par Dom Ceillier. — Paris, 1754, t. XIX, p. 136 à 159 ; in-4°.

* **12096.** — **Ratramme**.

Alexander, Hist. eccles. — Venetiis, 1778, t. VI, p. 421 à 425 ; in-folio.

* **12097.** — **Ratramme**.

Baehr, Geschichte der Roemischen Literatur. — Carlsruhe, 1844, t. III Supp. p. 471 à 479 ; in-8°.

* **12098.** — **Ratramme**.

Ebert, Geschichte der Literatur des Mistelalter in Abendlande. — Leipzig, 1874-80, t. II, p. 244 à 247 ; in-8°.

12099. — Le Docteur **Ravin**[2], membre correspondant de la Société d'Emulation d'Abbeville, par *Ch. Louandre*.

Mém. Soc. Emul. Abbev., 1844-48, p. 687 à 691 ; in-8°.

12100. — Nécrologie. M. François Prosper **Ravin**.

Bull. Soc. Ant. Pic., t. III, p. 400 à 404 ; in-8°.

12101. — Notice biographique sur M. **Renard-Dorville**[3], négociant-manufacturier, ancien colonel de la garde

---

[1] Né à Abbeville, le 26 mai 1815.

[1] Moine de Corbie.
[2] Né à S¹-Valery-sur-Somme, le 22 décembre 1795.
[3] Né à Contay, en 1788.

nationale, ancien membre du tribunal et de la chambre de commerce d'Amiens. — 4 p. in-8°.

<small>Ext. de la Rev. gén. biogr. de Pascallet et Latour, 1854.</small>

12102. — Monseigneur **Renouard**[1] Evêque de Limoges par Charles Salmon. — Amiens, Rousseau-Leroy, 1888; 43 p. in-8°.

12103. — *Notice nécrologique sur l'Abbé* **Reynard**, *chanoine d'Amiens et membre de l'Académie. 4 février 1740-9 mai 1818, par Mgr Demandolx.* — Amiens, Caron-Vitet; 4 p. in-8°.

<small>Bibl. d'Amiens, Méd., n° 2531.</small>

12104. — Notice biographique sur M. **Reynard**[2], par M. N. Delamorlière.

<small>Mém. Acad. Amiens, 1839, p. 687 à 693; in-8°.</small>

12105. — Précis historique au sujet des déclarations faites par Félix **Ricard**[3] et des accusations qui en résultent.

<small>Pièces.... du procès fait à Robert François Damiens. — Paris, Simon, 1757, t. IV, p. 217 à 552; in-12.</small>

12106. — Marie-Victor-Ferdinand-Casimir **Ridoux**, Officier de l'Instruction publique, Inspecteur d'Académie honoraire. Né à Amiens le 9 Septembre 1841, décédé le 28 Septembre 1893. Notice lue à la XVIIe Assemblée générale de la Caisse des Ecoles d'Amiens du Dimanche 3 Juin 1894. *Signé: F. P.* — Amiens, Piteux; 16 p. in-8°.

12107. — Nécrologie. M. le Comte de **Riencourt**[4] (Extrait du Journal l'Abbevillois). — Abbeville, Briez, 1865; 9 p. in-8°.

12108. — Lettre de Monseigneur l'Illustrissime et Reverendissime Evêque d'Amiens, aux Doyens de Chrétienté de son Diocèse, sur la mort de M. l'Abbé de **Riencourt**, Doyen de la Cathédrale et Vicaire Général. *Du 6 décembre 1716.* — S. l. n. n.; 6 p. in-4°.

<small>Bibl. d'Amiens, Théol., n° 1862.</small>

12109. — Le Comte de **Riencourt**[1] (Anne-Honoré-Olivier), ancien Secrétaire de Légation, Membre du Conseil de la Société de Secours aux Blessés des Armées de Terre et de Mer.

<small>Gal. hist. et crit. du xixe siècle, par Henry Lauzac, 1877, p. 69 à 79; in-8°.</small>

12110. — Obsèques du docteur **Rigollot**[2], décédé à Amiens le 29 décembre 1854 (Extrait du Mémorial d'Amiens du 3 janvier 1855) par M. Gabriel Rembault. — Amiens, Challier; 16 p. in-12.

12111. — Obsèques de M. le Docteur **Rigollot**. Notice nécrologique sur M. le Docteur Rigollot, par M. G. Rembault.

<small>Bull. Soc. Ant. Pic., t. V, p. 249 à 256; in-8°.</small>

12112. — Notice sur M. le docteur **Rigollot**. (Extrait de la Revue de numismatique belge, t. V, 2e série) par J. Garnier. — S. l. n. n. n. d.; 11 p. in-8°.

12113. — Eloge de M. **Rigollot**, par M. Anselin.

<small>Mém. Acad. Amiens, 1854-1857, p. 197 à 204; in-8°.</small>

12114. — Notice sur M. **Rigollot** Décédé Directeur de l'Ecole préparatoire de Médecine et de Pharmacie d'Amiens, Lue à la Séance solennelle de rentrée de l'Ecole, le 5 novembre 1855, par M. Tavernier. — Amiens, Alfred Caron, 1855; 15 p. in-8°.

12115. — M^r le Docteur **Rigollot**, par Michel Vion.

<small>La Picardie, t. I, 1855, p. 17 à 19; in-8°.</small>

---

[1] Né à Longpré-les-Corps-Saints.
[2] Né à Amiens, en 1773.
[3] Né à Fresnoy-en-Chaussée, accusé de complicité dans l'attentat de Damiens.
[4] Né à Cambron, le 29 octobre 1782.

[1] Né le 23 février 1826.
[2] Né à Doullens, le 30 septembre 1786.

12116. — Note sur les ouvrages relatifs à l'Archéologie, la Numismatique et l'Histoire publiés par M. le D. **Rigollot**, *par M. A. Dutilleux*.
La Picardie, t. I, 1855, p. 277 à 285 et 552 à 559 ; in-8°.

12117. — **Ringois**, ou le Citoyen d'Abbeville. Tragédie en trois Actes, représentée pour la première fois, sur le Théâtre d'Abbeville, le 27 Décembre 1777. — A Abbeville, chez Devérité, 1778 ; 43 p. pet. in-8°.
Bibl. H. Macqueron.

*****12118.** — **Ringois** ou le Citoyen d'Abbeville, tragédie. — Abbeville, 1787 ; in 8°.
Rech. hist. sur l'Impr., par Pouy, n° 46.

12119. — Souscription pour l'érection d'une Statue en l'honneur du Patriote **Ringois**. — Abbeville, C. Paillart, *vers 1876* ; 30 p. in-12.

12120. — V. Oscar de Poli. Un Martyr de la Patrie. Recherches sur **Ringois** d'Abbeville. — Paris, Dentu, 1879 ; 229 p. in-16.

12121. — **Riolan**[1] (Jean).
Dict. hist. de la Méd., par Eloy. — Liège, Bassompierre, 1755, t. II, p. 328 et 329 ; in-12.

12122. — Jean **Riolan**.
Not. des Homm. célèb. de la Fac. de Méd. de Paris, par Hazon, 1778, p. 80 à 82 ; in-4°.

12123. — **Riolan** (Jean), *par Nauche*.
Biogr. univers. (Michaut), t. XXXVIII, p. 121 à 124 ; in-8°.

12124. — Jean **Riolan**, Professeur en Anatomie et Pharmacie. 1604-1657.
Mém. sur le Coll. Royal, par l'abbé Goujet, 1758, t. III, p. 89 à 105 ; in-12.

12125. — Eloge de M. **Riquier**[2], par M. Anselin.
Mém. Acad. Amiens, 1843, p. 405 à 411 ; in-8°.

12126. — Deux Recteurs picards à l'Université de Paris au XVIII° Siècle. Jacques **Robbe**[1], 10 Octobre 1710-9 Octobre 1711. François Michel **Le Bel**[2], 16 Décembre 1755-9 Octobre 1757 ; 25 Juin 1764-9 Octobre 1766, par l'Abbé Le Sueur. — Amiens, Yvert et Tellier, 1892 ; 46 p. in-8°.

12127.—*Eloge de Jacques* **Rohaut**[3].
Œuv. posth. de M. Rohaut. — Paris, Deprez, 1682, préface, 29 p. n. n.; in-4°.

*****12128.**—*Notice sur Jacques* **Rohaut**.
Philosophes modernes, par Ant. Saverdin, t. VI, p. 1 à 62.

12129. — Inscription faite par M. Liénard, Médecin de la Faculté de Paris, pour être mise sur le cœur de M. **Rohault**, enterré à Sainte-Geneviève avec les os de M. Descartes.
Journ. des Savants, 1695, p. 176 et 177 ; in-4°.

12130.—Note sur Jacques **Rohault**, par M. Bazot.
Bull. Soc. Ant. Pic., t. IX, p. 372 à 378 ; in-8°.

12131.—Note sur Jacques **Rohault**, par M. Arthur Demarsy.
Ibid., t. IX, p. 21 à 23 ; in-8°.

12132.—Nouveaux renseignements sur Jacques **Rohault**, par M. Bazot.
Ibid., t. X, p. 369 à 374 ; in-8°.

12133. — Le Physicien Jacques **Rohault** (1620-1672). Discours de réception par M. Pacaut.
Mém. Acad. Amiens, t. XXXVIII, 1881, p. 1 à 26 ; in-8°.

12134. — Expérience de Jacques **Rohault** à Notre-Dame de Paris, *par H. Duchaussoy*.
Bull. Soc. Linn. Nord France, t. IX, 1889, p. 372 à 374 ; in-8°.

---

[1] Né à Villers Campsart, en 1678.
[2] Né au même lieu, en 1716.
[3] Né à Amiens, en 1620.

---

[1] Né à Amiens, en 1539.
[2] Né à Amiens, le 12 mars 1768.

12135. — Notice nécrologique sur M. le Président de **Roquemont**[1], par M. E. Soyez.
Bull. Soc. Ant. Pic., t. XVIII, 1892-94, p 263 à 272 ; in-8°.

12136. — Notice sur le Docteur Adrien **Roubaud** Chevalier de la Légion d'Honneur, médecin en chef de l'Hôpital de Gap. Né à Amiens (Somme) le 2 janvier 1812, décédé à Gap (Hautes-Alpes) le 11 avril 1870, par J. E. Minjollat de la Poste. — Roanne, E. Ferlay, 1870 ; 12 p. in-8°.

12137. — Obsèques de M. de **Roucy**[2], Négociant, licencié en droit, Président du Tribunal de Commerce d'*Amiens*, Membre du Conseil municipal, du Conseil d'arrondissement.... 28 juin 1862. — Amiens, Yvert, 1862 ; 7 p. in-12.

12138. - Notice nécrologique sur M. de **Roucy**, Président du Tribunal de Commerce d'Amiens, par M. Petit.
Bull. Soc. Ind. Amiens, t. II, 1863, p. 108 à 112 ; in-8°.

12139. — Emile **Rousseaux**[3]. Biographie et Catalogue de son Œuvre, par Em. Delignières. — Abbeville, Paillart, 1877 ; 34 p. in-8°.
Ext. Mém. Soc. Emul. Abb.

12140. — Notice sur M. **Routier**[4], par M. Amable Dubois.
Mém. Acad. Amiens, 1841, p. 477 à 483 ; in-8°.

12141. — Eloge de Barthelemi de **Roie**, grand chambrier de France mort vers l'année 1237.
Instruct. adress... aux Corresp. du Minist..., par L. Delisle. — Paris, Leroux, 1890, p. 65 à 67 ; in-8°.

12142. — Eléonore de **Roye**, princesse de Condé, 1535-1564, par le Cte Jules Delaborde. — Paris, Sandoz, 1876 ; 340 p. in-8° av. portr.

[1] Né à Abbeville, le 13 octobre 1813.
[2] Né à Douilly, en 1815.
[3] Né à Abbeville, le 1er novembre 1831.
[4] Né à Picquigny, en 1777.

12143. — Guido de **Roya** LXIX Archiepiscopus Remensis Schisma post Clementis obitum perseverat.
Metrop. Remens. Hist... labore D. Guil. Marlot. — Reims, 1679, p. 676 à 696 ; pet. in-folio.

* **12144.** — Remarques sur Guy de **Roye**, archevêque de Reims.
Dict. hist. du P. Marchant, t. II, p. 162 et 163.

12145. — Nicolas de **Roye**, *évêque de Noyon*.
Ann. de l'Eglise de Noyon, par Levasseur. — Paris, Sara, 1633, p. 941 à 950 ; in-4°.

12146. — Une correspondance littéraire au XVIIIe siècle entre Dom de la **Rue**[1], Bénédictin de la Congrégation de St Maur et Mgr d'Inguimbert, Evêque de Carpentras. — Avignon, Seguin, 1888 ; 77 p. in-8°.

12147. — M. l'Abbé **Rumault**, ancien curé de Forestmontiers et chapelain d'Oneux, par l'abbé Gosselin. — Amiens, Langlois, 1894 ; 12 p. in-8°.
Ext. du Dimanche.

S

12148. — Notice sur un autel élevé par un amiénois (**Sabineius**, *censor Ambianus*) en Suisse, par M. J. de Wal. — Amiens, Duval et Herment, 1845 ; 12 p. in-8°.
Ext. Bull. Soc. Ant. Pic.

* **12149.** — **Saladin**, député.... de la Somme... sur le décret.... qui le met en état d'arrestation (26 août 1793). — S. l. n. n. ; in-8°.
Bibl. Nat^{le}, Ln²⁷, n° 18366.

12150. — **Saladin** (Jⁿ B^{te} Michel), *par Beaulieu*.
Biogr. univers. (Michaut), t. XL, p. 135 à 138 ; in-8°.

12151. — Jean de la **Salle**[2], 1598-1639.
Not. sur les Prêtres de la Congr. de la Mission. — Paris, 1861, t. I, p. 116 à 124 ; in-8°.

[1] Né à Corbie, en 1684.
[2] Né à Seux, le 10 septembre 1598.

12152. — *Brevet d'un logement au Louvre en faveur de Guillaume* **Sanson**[1]; *17 décembre 1667.*

Arch. de l'Art franç., par M. de Chennevières. —Paris, Dumoulin, 1853, t. I, p. 217 à 220 ; in-8°.

12153. — Jacques **Sanson**[2]. (*Le Père Ignace*).

Dict. hist. et crit. de Bayle, 1734, t. V, p. 42 et 43 ; in-folio.

12154. — La vie de Nicolas **Sanson**[3] extraite des Mémoires pour servir à l'Hist. des Hommes Illustres dans la République des Lettres, impr. à Paris chez Brianon, tome 13 page 210. — 24 p. in-12.

12155. — Lettre de M***, de l'Académie des Inscriptions et Belles-Lettres à l'Auteur des Mémoires pour servir à l'Histoire des Hommes Illustres et pour la défense de M. Guillaume Delisle contre ce qui a été dit dans ces Mémoires. Extrait du dixième Tome, partie II page IX des mêmes Mémoires. — Paris, Brianon, MDCCXXXI ; 46 p. in-12.

C'est une réponse aux allégations faites contre G. Delisle dans la vie de Sanson et en même temps une critique des œuvres de **Sanson**.

Bibl. A. de Caïeu.

* **12156.** — Catalogue des livres et traités des sieurs Nicolas **Sanson**, géographe du Roy, Nicolas, Guillaume et Adrien Sanson, géographes, ses fils, mis au jour par les soins de Pierre Moullart Sanson, petit-fils de Nicolas Sanson le géographe. — Aux galeries du Louvre, vis-à-vis S¹ Nicolas, 1696 ; 47 p. in-12.

12157. — La Vie de Messire Charles de **Saveuses**[4] Prestre, Conseiller du Roy en la Grand'Chambre de Paris, Supérieur et Restaurateur des Ursulines de Magny. Par le R. P. Jean-Marie de Vernon, Religieux du tiers Ordre de S. François. — Paris, Gaspar Metvras, MDCLXXXVIII ; in-8 de 46 p. n. n. et 334 p. av. portr.

Bibl. H. Macqueron.

12158. — Françoise-Madeleine de Forceville[1] Maréchale de **Schulemberg** et Comtesse de Montdejeux 1620-1675, *par Albéric de Calonne* — Arras, Courtin, 1876 ; 20 p. in-8°.

12159. — *Biographie de M.* **Scribe**, *prêtre du diocèse d'Amiens, décédé à Paris le 19 juin 1748 et récit des poursuites intentées contre lui pour cause de Jansénisme.*

Nouv. ecclés., du 10 avril 1749, p. 58 à 60 ; in-4°.

12160. — Esquisse biographique sur Jacques **Sellier**[2], par A. Janvier. — Amiens, Douillet, 1876 ; 19 p. in-8°.

Ext. Bull. Soc. Ant. Pic.

12161. — Vie du R. P. Louis **Sellier**[3], de la Compagnie de Jésus, par le R. P. A. Guidée. — Paris, Poussielgue, 1856 ; 426 p in-8°.

A la suite, p. 402 à 421 : Notice sur la vie du F. François **Hallu**[4].

12162. — Notice biographique sur M. Firmin **Sénéchal**[5], par M. Sénéchal son fils, Ingénieur au Corps Royal des Ponts et Chaussées, à Rouen.

Trav. Acad. Rouen, 1817, p. 54 à 57 ; in-8°.

12163. — Notice nécrologique sur M. le Baron Léon Langlois de **Septenville**[6], ancien lieutenant-colonel de dragons, membre du Corps législatif et maire de la ville de Montdidier

---

[1] Née à Bezencourt, en 1620.
[2] Architecte, né à Limeux en 1724.
[3] Né à Hangest-sur-Somme, le 20 juillet 1772.
[4] Né à Cerisy-Gailly, le 28 mars 1794.
[5] Né à Montdidier, le 11 octobre 1756.
[6] Né à Amiens, le 10 janvier 1754.

---

[1] Né à Abbeville.
[2] Né à Abbeville, le 10 février 1596.
[3] Né à Abbeville, le 20 décembre 1600.
[4] Né à Amiens, en 1595.

(Somme).... Mort à son château de Lignières-Châtelain (arrondissement d'Amiens) le 28 août 1844, par A. Berville. Extrait du Nécrologe universel du XIXᵉ siècle. 1846. — 7. p. in-8° av. arm.

12164. — Etude biographique sur **Simon**, comte **d'Amiens** et de Crépy, par M. l'Abbé J. Corblet.
Mém. Acad. Amiens, t. XX, p. 197 à 217 ; in-8°.

12165.— Les relations de S. **Simon** *Comte d'Amiens et* de Crépy et du pape S. Grégoire VII, par l'abbé Laffineur.
Mém. Com. archéol. Senlis, 1867, p. 67 à 85 ; in-8°.

12166. — Un Picard en Normandie. P. M. **Simon**[1] **de Clais**, Député du Tiers-Etat du bailliage de Caux aux Etats-Généraux de 1789 par Felix Clérembray.
Cab. hist. Pic. et Art., t. VIII, p. 29 à 36, 45 à 49 et 69 à 77 ; in-8°.

12167. — Notice sur M. l'abbé **Solente**[2], curé de Saint Germain *d'Amiens*, par M. l'abbé J. Corblet (Extrait du Dimanche). — Amiens, Langlois, 1871 ; 16 p. in-8°.

12168. — Notice nécrologique sur M du **Souich**[3], inspecteur général des Mines, par M. E. Castel. Extrait des Annales des Mines, janvier-février 1891. — Paris, Vᵛᵉ Dunod, 1891 ; 40 p. in-8°.

12169. — Testament d'un grand Seigneur (*François de* **Soyecourt**) à la fin du seizième siècle, par M. F. du Grosriez.
Bull. Soc. Emul. Abb., t. II, 1891-93, p. 115 à 134 et 154 à 157 ; in-8°.

12170. — Un grand Seigneur picard (*François de* **Soyecourt**), au XVIᵉ siècle. Documents annotés par Alcius Ledieu. — Paris, Alph. Picard, 1892 ; 52 p. in-8°.
Ext. Bull. Conf. Ponthieu, t. III.

[1] Né à Monsboubers, le 11 février 1757.
[2] Né à Mametz, le 29 janvier 1802.
[3] Né à Amiens, le 6 avril 1812.

12171. — François de **Soyecourt**.
Tabl. d'Hist. loc., par Coet.—Compiègne, 1893, 6ᵉ pⁱᵉ, p. 65 à 68 ; in-8°.

12172. — Vie de la Révérende Mère Marie-Thérèse-Camille de **Soyecourt**, Carmélite, précédée d'une notice sur le monastère, dit de Grenelle, fondation royale de Marie-Thérèse, en 1664, par l'auteur du mois du Sacré-Cœur. — Paris, Libr. catholique, 1879 ; in-12.

12173. — **Sylvius** (François)[1].
Dict. hist. et crit. de Bayle, 1734, t. V, p. 134 et 135 ; in-folio.

12174. — Peinture de la Saint Barthélemy par un artiste contemporain comparée avec les documents historiques par Henri Bordier. François Dubois dit **Sylvius**, peintre de la Saint Barthélemy. — 36 p. in-4° et 2 pl.
Cahier des Mém. et Docum. pub. par la Soc. d'hist. et d'arch. de Genève, t. I.

12175. — Vita Jacobi **Sylvii**[2].
Jac. Sylvii Amb. Opera. — Genevæ, Chouet, 1630, 35 p. n. n. ; pet. in-folio ; portr.

12176. — Jacques **Silvius**
Elog. des Homm. Ill., par de Sᵗᵉ Marthe.—Paris, 1643, p. 91 à 94 ; in-4°.

12177. — **Sylvius** (Jacques).
Dict. hist. et crit. de Bayle, 1734, t. V, p. 135 à 137 ; in-folio.

12178.—Bois ou **Silvius** (Jacques du).
Dict. hist. de la Médec., par Eloy. — Liège, Bassompierre, 1755, t. I, p. 177 à 179 ; in-12.

12179. — Jacques du Bois, dit **Sylvius**, Professeur en Médecine. 1550-1555.
Mém. sur le Coll. Royal, par l'abbé Goujet, 1758, t. III, p. 9 à 19 ; in-12.

12180. — Jacques **Sylvius**.
Not. des Homm.... célèb. de la Fac. de Méd. de Paris, par Hazon, 1778, p. 42-47 ; in-4°.

[1] Né à Amiens.
[2] Né à Amiens, en 1478.

12181. — Séance publique du 28 Décembre 1879. **Sylvius**, par M..J. Lenoël, Directeur.
<small>Mém. Acad. Amiens, t. XXXVI, 1880, p. 347 à 368 ; in-8°.</small>

T

12182. — Jean **Tagaut**[1].
<small>Not. des Homm. célèb. de la Fac. de Méd. de Paris, par Hazon, 1778, p. 28-30 ; in-4°.</small>

12183. — Académie des Sciences, des Lettres et des Arts d'Amiens. Maître Pierre **Tarisel**, Maître Maçon du Roi, de la Ville et de la Cathédrale d'Amiens (1472-1510). Discours de réception prononcé le 12 Mars 1897, par M. Georges Durand. Réponse par M Maxime Lecomte. — Amiens, Yvert et Tellier, 1897 ; 72 p. in-8°.
<small>Ext. Mém. Acad. Amiens.</small>

12184. — Francis **Tattegrain**[2], par Fernand Bertaux.
<small>Rev. du Nord, 1892, p. 324 à 328 av. portr. ; in-8°.</small>

12185. — Georges **Tattegrain**[3], par C. de Warloy.
<small>Rev. du Nord de la France, 1892, p. 51 à 53 av. portr.; in-8°.</small>

12186. — Un Maître farceur. (**Tilloloy**), le **Magister de Pernois**, par Alcius Ledieu. — Abbeville, 1899 ; 24 p. in-12.

12187. — Les Trois Fleurs de Lys spirituelles de la ville de Peronne, ou la Vie de Mr **Thuet**, de Mr **Ovbrel** et de M^{le} **eynart**, Trois Vierges considerables, le tout composé par Mlle Catherine Levesqve de Peronne, veuve de Mr Vaillant, Capitaine de l'Artillerie de ladite Ville. — Paris, Jean Cvsson, 1685 ; in-8° de 36 p. n. n. et 221 p. av. front. et 3 portr.
<small>Bibl. H. Macqueron.</small>

[1] Né à Cerisy-Buleux, au xvie siècle.
[2] Né à Péronne.
[3] Né à Péronne, en 1847.

12188. — Louis **Thuillier**[1], par Paul Dupuy. Notice lue devant l'Association amicale des Anciens Elèves de l'Ecole Normale, dans la séance du 13 Janvier 1884. — Versailles, Cerf et fils ; 15 p. in-8° av. portr.
<small>Voir aussi la Rev. Scientif., 10 janv. 1884, p. 73 à 76 ; in-4°.</small>

12189. — Mathieu **Thuillier**[2].
<small>Not. des Homm. célèb. de la Fac. de Méd. de Paris, par Hazon, 1778, p. 148 et 149 ; in-4°.</small>

12190. — Notice sur M. **Tillette de Clermont-Tonnerre**[3] — Abbeville, Briez, 1861 ; 8 p. in-8°.
<small>Ext. Mém. Soc. Emul. Abbev.</small>

12191. — Lettre à M. de Schænfeld sur la vie et les travaux de M. **Tillette de Clermont-Tonnerre**, par M. Eloy de Vicq.
<small>Bull. Soc. Bot. France, t. VI, 1859, p. 785 ; in-8°.</small>

12192. — Un Chanoine de Rollot (Gilles **Trespaigne**) au xviie siècle, par l'abbé O. Godart.
<small>Cab. hist. Pic. et Art., t. IV, p. 312 à 318 ; in-8°.</small>

12193. — **Trouvain** (Antoine)[4], 1656-1708.
<small>Les Grav. du xviiie Siècle, par Portalis et Béraldi, t. III, p. 602 à 604 ; in-8°.</small>

12194. — Mémoires et Aventures d'un Prolétaire à travers la Révolution. — L'Algérie, La République Argentine et le Paraguay par Norbert **Truquin**[5]. — Paris, Bouriand, 1888 ; 457 p. in-12 av. portr.

12194bis. — Victor Advielle. Le socialiste picard Norbert **Truquin**. — Paris, Lechevalier, 1895 ; 22 p. in-18.

[1] Né à Amiens, le 4 mai 1856.
[2] Né à Amiens, vers 1635.
[3] Né à Abbeville, le 4 décembre 1789.
[4] Né à Montdidier.
[5] Né à Rosières, le 7 juin 1833.

V

*12195. — Eloge de **Vadé**[1], par Fréron. — Paris, 1757; in-12.
Extr. de l'Année littéraire.

12196. — Avertissement sur la Vie et les Œuvres posthumes de M. **Vadé**.
Œuv. de Vadé. — Paris, 1775, t. I, p. III à VII; in-8°.

12197. — Vie de **Vadé**.
18 p. en tête des Œuvres de Vadé. — Paris, 1785; in-24.

12198. — **Vadé** chez lui, comédie en un acte et en vaudeville, mélée de scènes du genre grivois, représentée sur le théâtre de l'Opéra Comique, par le citoyen Demautort. — Paris, an VIII; 62 p. in-8°.

12199. — **Vadé** (Jean Joseph), par Fabien Pillet.
Biogr. univers. (Michaut), t. XLVII, p. 247 à 250; in-8°.

12200. — Le Réalisme dans l'Opéra-Comique au xviii° siècle. **Vadé**, 1720-1757, par Ch. Barthélémy.
Chronique musicale, t. IV, 1874, p. 5 à 11, 152 à 160, 172 à 179 et 204 à 208; in-4°.

12201. — **Vadé**. Chanson, par L. Jullien.
Les Chansonniers français, 1877, p. 135 à 137; in-18.

12201 bis. — Notice biographique sur **Vadé**, par Julien Lemer.
Œuv. de Vadé. — Paris, Garnier, 1875, p. 1 à 16; in-12.

12202. — La Littérature française au xviii° Siècle. Joseph **Vadé**, par Arthur Heullard.
Revue de France, n° du 1 août 1879; in-8°.

12203. — Académie des Sciences, des Lettres et des Arts d'Amiens. Séance du 6 Novembre 1886. Etude sur **Vadé**. Discours de réception prononcé par M. Lenel. Réponse de M. Dubois. — Amiens, Yvert, 1888; 62 p. in-8°.
Ext. Mém. Acad. Amiens.

12204. — Notice sur la vie et les œuvres de Jean-Baptiste Henri de **Valincour**[1] Membre de l'Académie française par Paul Demailly. — Ham, Léon Carpentier, 1884; 44 p. in-8°.

12205. — Marie Emile **Vallet**[2], Mort à Amiens, le 27 décembre 1862 à l'Ecole Libre de la Providence tenue par les Pères de la Compagnie de Jésus. — Paris, Douniol, 1866; 121 p. in-12.

12206. — Notice biographique sur M. Armand **Van Robais**[3], lue le 5 Mars 1891, à la Société d'Emulation par Alcius Ledieu. — Abbeville, Paillart, 1892; 18 p. in-8°.
Ext Mém. Soc. Em. Abbev.

12207. — Quintin **Warin**[4], peintre amiénois, par Elie Petit.
Rev. Art Chrétien, t. XV, 1872, p. 550 à 559; in-8°.

12208. — Quintin **Varin**.
Rech. sur les Peintres prov. de l'anc. France, par de Chennevières, t. I, p. 217 à 236; in-8°.

12209. — Quintin **Varin**.
Abécéd. de Mariette, publ. par M. de Chennevières, t. VI, p. 38 et 39; in-8°.

12210. — **Varin** et sa fille, peintres picards, par Jules Romain Boulenger.
Mém. Soc Ant. Pic., t. XXVIII, p. 103 à 141; in-8°.

12211. — Franciscvs **Vatablus**[5], Ambianensis.
Gallia orientalis... Pauli Colomensi. — Hagæ Comitis, 1665, p. 8 à 11; in-4°.

---

[1] Né à Ham, en 1720.
[1] Né à Ham, le 1 mars 1653.
[2] Né à Amiens.
[3] Né à Abbeville, le 22 novembre 1830.
[4] Quintin Warin ou Varin était né à Beauvais: mais il a résidé et beaucoup travaillé à Amiens; son nom appartient à l'histoire de l'art en Picardie.
[5] Né à Gamaches, au xvi° siècle.

12212. — François **Vatable**.

Elog. des Homm. sav., par Ant. Teissier. — Genève, 1683, t. I, p. 1 à 4 et t. II, p. 391 et 392 ; in-12.

12213. — Notice historique de François **Vatable**.

Mém. sur le Coll. Royal, par l'abbé Goujet, t. I, p. 255 à 266 ; in-12.

12214. — Notice sur M. Ernest **Vicart**[1], Prêtre de la Mission, Ancien Supérieur du collège de Montdidier. — Paris, Mersch, 1881 ; 43 p. in-8°.

Extr. de Relat. abrégée de la Vie... des Prêtres... de la Mission. — Paris, 1881, t. IV.

12215. — Notice sur M. Eugène **Vicart**[2], Prêtre, décédé à Paris le 6 Octobre 1873.

Ibid, t. III, p. 363 à 467 ; in-8°.

12216. — Fernand Halley. Notice sur M. l'Abbé E. **Villepoix**[3], Aumônier militaire du 2° Corps d'Armée, Aumônier de l'Hospice Saint Victor d'Amiens. — Amiens, Jeunet ; 24 p. in-8° av. portr.

12217. — Sur le mariage de Monsieur de la **Villette**[4], Avocat en Parlement et de Mademoiselle Cauvel de Bonviller. *Ode, par Capperonnier.* — S. l. n. n., *1695* ; 8 p. in-4°.

Réimpression : Paris, Didot, 1857.

12218. — Notice biographique sur le Sculpteur Jacques-Firmin **Vimeux**[5] d'Amiens, par Robert Guerlin. — Paris, Plon, 1894 ; 15 p. in-8° av. 2 pl.

---

[1] Né à Doullens, le 7 juillet 1808.
[2] Né à Doullens, le 29 avril 1811.
[3] Né à Francières, le 26 novembre 1839.
[4] Jean Edouard de la Villette, seigneur de la Tour-Mory, Lieutenant Criminel au Bailliage de Montdidier.
[5] Né à Amiens, le 12 janvier 1740.

12219 — Notice biographique sur M. Michel **Vion**[1], par M. Ernest Auricoste de Lazarque.

Mém. Acad. Metz, 1893-94, p. 43 à 57 ; in-8°.

12220. — René **Vion**[2].

Bull. Soc. Linn. Nord Fr., t. XI, p. 97 à 103.

12221. — La Vie de la Venerable Mere Catherine de **Vis**[3], Vne des premières Religieuses de l'Ordre des Minimes en France. Par F. Simon Martin Parisien, Religieux du mesme Ordre. — Paris, Sebastien Huré, M.DC.XXXXX ; in-12 de 14 p. n. n. et 178 p. av. portr.

Bibl. d'Abbeville.

12222. — Robert **Viseur**, Grand vicaire et chanoine de l'église cathédrale d'Amiens. 1555-1618. Notice par M. l'abbé Edouard Boucher.

Bull. Soc. Ant. Pic., 1895-1897, p. 642 à 659 ; in-8°.

12223. — Lettre circulaire de Monseigneur l'Evêque d'Amiens à MM. les Chanoines, Curés-Desservants, Vicaires et autres Prêtres de son Diocèse à l'occasion de la mort de M. l'abbé **Voclin**, Vicaire-général d'Amiens. *Du 20 Août 1838.* — Amiens, Caron-Vitet ; 3 p. in-4°.

Bibl. d'Amiens, Théol., n° 1872.

12224. — M. **Voclin**, Prêtre, *par Mgr De Chabons.* — Amiens, Caron-Vitet, *1838* ; 8 p. in-8°.

12225. — La Pompe fvnebre de **Voitvre** avec la Clef, *par Jean François Sarrasin.* — S. l. n. n., MDCXLIX ; 26 p. in-4°.

Bibl. H. Macqueron.

---

[1] Né à Noisseville (Lorraine), le 8 mai 1811, mort à Amiens le 19 décembre 1892, a passé la plus grande partie de sa vie à Abbeville, Doullens et Amiens.
[2] Né à Abbeville, le 11 janvier 1843.
[3] Correctrice des Religieuses Minimes d'Abbeville.

* **12226**. — Coq à l'asne ou Lettre de **Voiture**[1] au maréchal de Grammont. — 1649 ; 4 p. in-8°.

Cat. Libr. Menu, févr. 1884, n° 1869.

12227. — Les Entretiens de Monsievr de **Voitvre** et de Monsievr Costar. 2ᵉ Edition. — Paris, Covrbé, MDLV ; in-4° de 26 p. n. n. et 568 p.; frontisp.

Bibl. H. Macqueron.

12228. — Defense des Ovvrages de Monsievr de **Voitvre**, à Monsievr de Balzac. Conseiller du Roy en ses Conseils. Novvelle Edition Reueuë, corrigée, et augmentée de la Dissertation latine de Monsieur de Girac. — Paris, Thomas Iolly, MDCLXIIII ; in-4° de 22 p. n. n. et 157 p.

Bibl. d'Amiens, B. Lett., h° 3278.

12229. — Svite de la Defense des Oevvres de Mʳ de **Voitvre**, à Monsievr Ménage, *par Costar*. — Paris, Avgvstin Covrbé, M.DCLXIV; in-4° de 14 p. n. n., 425 p. et 36 p. n. n. in fine.

Ibid.

12230. — Répliqve de Monsievr de Girac à Monsievr Costar ov sont examinées les Beveves et les Inuectiues du Liure intitulé, Suite de la Defense de M. de **Voitvre**, etc. — Paris, Thomas Iolly, M.DC.LXIIII ; in-4° de 16 p. n. n. et 681 p.

Bibl. d'Amiens, B. Lett, n° 3279.

12231. — La Relation veritable De tout ce qui s'est passé en l'autre Monde, au combat des Parques et des Poëtes, Sur la Mort de **Voitvre**. *Poésie*. — Paris, Gvillavme de Lvyne, MDCLXIII.

Œuv. de Scarron, 1663, t. I, p. 419 à 441 av. 1 gr.; in-18.

12232. — Vincent **Voiture**, de l'Académie Françoise.

Les Hommes illust..., par Perrault. — Paris, Dezallier, 1696, t. I, p. 73 et 74 ; in-folio av. portr.

12233. — LXJ. Vincent **Voiture**.

Le Parnasse franç..., par Titon du Tillet. — Paris, Coignard, 1732, p. 225 à 229 ; in-folio.

[1] Né à Amiens, en 1598.

12234. — Vincent **Voiture**.

Bibl. franç., par M. l'abbé Goujet, t. XVI, p. 86 à 104 ; in-12.

12235. — Vincent **Voiture**, né à Amiens l'an 1598, mort en 1648.

Anecd. littér., par l'abbé Raynal. — Paris, 1766, t. I, p. 132 à 140 ; in-12.

12235ᵇⁱˢ. — **Voiture**. Si ses Lettres ne méritent que le mépris.

Les Grands Hommes vengés, par des Sablons, 1769, t. I, p. 329 à 334 ; in-18.

12236. — Vincent **Voiture**, né à Amiens l'an 1598, mort à Paris en 1648.

Tabl. des Littér., 1785, t. XX, p. 166 à 175 ; in-12.

12237. — **Voiture**, *par Campenon*.

Galer. Franç., 1821, p. 129 à 131 av. portr.; in-4°.

12238. — **Voiture**, *par Sᵗ A. Berville*.

La France littéraire, 1838, p. 171 à 199 ; in-8°.

12239. — Discours sur **Voiture**, par Alexandre Gresse. Ce discours a remporté le prix décerné par l'Académie d'Amiens, dans sa séance du 30 août 1846. — Amiens, Yvert, 1846 ; 31 p. in-8°.

12240. — Rapport sur le Concours d'Eloquence de 1845-1846 (Discours sur **Voiture**), par M. Machart père.

Mém. Acad. Amiens, t. VII, p. 449 à 475 ; in-8°.

12241. — Discours sur **Voiture**, par A. Dauphin. — Amiens, Yvert, 1846 ; 31 p. in-8°.

12242. — Notice sur Vincent **Voiture**, par Eugène d'Auriac (Extrait de la Revue Française). — 14 p. in-8°.

12243. — Notice sur Vincent **Voiture**, par Sᵗ A. Berville. — Amiens, R. Machart, s. d. ; 51 p. in-8°.

* **12244**. — Messieurs de **Voiture** et Balzac. 1622.

Hist. de la Vie privée d'autrefois par M. Honoré. — Paris, Giraud, 1853 ; in-12.

12245. — Etude sur **Voiture** et la Société de son Temps, Lettres et

Poésies inédites de cet Ecrivain, par M. Halphen. — Versailles, Montalant, 1853 ; 40 p. in 8°.
Extr. Mém. Soc. Sc. mor. de Seine-et-Oise.

12246. — **Voiture.**
Les 40 Fauteuils, par Tastet. — Paris, 1855, p. 257 à 267; in-8°.

12247. — **Voiture,** par M. Tivier.
La Picardie, t. II, 1856, p. 1 à 12, 61 à 69 et 104 à 110 ; in-8°.

12248. — Histoire de la Vie et des Ouvrages de **Voiture,** par Amédée Roux.
Œuv. de Voiture... par Amédée Roux. — Paris, Didot, 1858, p. 5 à 64 ; in-8°.

12249. — *Examen des Œuvres de* **Voiture.**
Causeries du Lundi, par Sainte-Beuve, t. XII, p. 192 à 230 ; in-12.

12250. — **Voiture** (Vincent), *par* V. Fournel.
Nouv. Biogr. génér. (Didot), t. XLVI, col. 341 à 346 ; in-8°.

12251. — Recherches sur Vincent **Voiture.** Lu en Séance publique au Congrès scientifique de 1867, par M. A. Dubois. — Amiens, Caillaux ; 4 p. in-8°.

12252. — **Voiture** (Vincent), *par* Durosoir.
Biogr. univers. (Michaut), t. XLIX, p. 416 à 432 ; in-8°.

12253. — Académie d'Amiens. Séance du 11 février 1876. Rapport présenté au nom d'une commission par M. de Beaussire, sur le buste de **Voiture** par M. G. de Forceville. — Amiens, Challier ; 8 p. in-12.
Ext. Mém. Acad. Amiens.

12254 — **Voiture** et l'Hôtel de Rambouillet, lecture faite à la Société des Antiquaires de Picardie dans la Séance publique du 26 novembre 1877, par Georges Lecocq. — Paris, Libr. des Bibliophiles, 1877 ; 16 p. in-16.

12255. — L'Hôtel de Rambouillet et **Voiture,** par M. A. Debauge. — Amiens, Jeunet, 1883 ; 42 p. in-8° carré.
Extr. Mém. Acad. Amiens.

12256 — Vincent **Voiture.** Etude biographique et littéraire, par Eugène d'Auriac. — Amiens, Delattre-Lenoel, 1885 ; 24 p. in-8°.
Ext Rev. Soc. Etud. hist.

12257. — *Note sur les deux* **Voyez**[1].
Hist. de l'Art pend. la Révol., par Renouvier, t. II, p. 296 à 298 ; in-8°.

12258. — Les **Voyez** 1742-...
Les Grav du xviiie Siècle, par Portalis et Beraldi, t. III, p. 630 et 631 ; in-8°.

12259. — Notice sur Emile **Vuignier**[2], ingénieur civil, par M. A. Perdonnet. Extrait des Mémoires de la Société des Ingénieurs civils. — Paris, Lacroix, 1866 ; 8 p. in-8°.

W

12260. — Les Manuscrits héraldiques de Pierre **Waignart,** d'Abbeville, par M. Victor Advielle. — S. l. n. n., 1877 ; 22 p. in-8°.

12261. — Institut National. Funérailles du Citoyen **Dewailly**[3]. — Paris, Baudouin, an IX ; 3 p. in-4°.

12262. — Notice historique sur la Vie et les Ouvrages de Noël-François de **Wailly,** Membre de l'Institut national, et de la Société libre d'Institution, Lue à la Séance publique de cette Société le 26 Nivôse an X, par Auguste Savinien Leblond, Président. — Paris, Huzard, s. d. ; 16 p. in-12.
Bibl. H. Macqueron.

12263. — Notice sur la vie et les ouvrages de Noël-François de **Wailly,**

---
[1] Nés à Abbeville.
[2] Né à St-Valery-sur-Somme, en 1798.
[3] Né à Amiens, le 31 juillet 1724.

membre de l'Institut national et de plusieurs autres Sociétés savantes et littéraires par le citoyen Sicard Lue le 20 vendémiaire an XI.

Mém. de l'Institut, t. V, p. 119 à 131 ; in-4°.
Il a été fait un tirage à part : Paris, 1804 ; in-8°.

12264.—**Wailly** (Noël François de), *par Philbert.*

Biogr. univers. (Michaut), t. I, p. 39 à 42 ; in-8°.

12265. — Discours prononcé le 13 mars 1835 sur la Tombe de M. Warmé par M. Creton, au nom du Conseil municipal. Paroles prononcées sur la Tombe de M. **Warmé**[1], par M. Martin, recteur de l'Académie d'Amiens. *Notice biographique par M. H. Dauphin.*

Dern. hommage de M. V. Warmé..., p. I à XXXI ; in-8°.

12266.—Un Artiste picard à l'Etranger. Jehan **Wauquelin**, traducteur, historien et littérateur, mort à Mons en 1452, par M. Ernest Matthieu.

Mém. Soc. Ant Pic , t. XXX, p. 333 à 356 ; in-8°.

[1] Né à Amiens, le 13 juillet 1797.

TABLES ANALYTIQUES

TABLE DES NOMS DE CHOSES

A

AÉROSTATION, 725.
AGRICULTURE, 12, 2376 à 2488, 5538, 6001, 8637, 9301.
AGRICULTURE (SOCIÉTÉ ET CONCOURS D'), 2403, 2418, 2431 à 2447, 3090, 4832, 4833, 8187, 8188.
ALMANACHS, 246, 2625 à 2647, 2910, 4550, 5187 à 5192, 7165 à 7173, 7359, 7946, 7947, 8187, 8232 à 8234, 8531, 8821 à 8824.
ANTIQUITÉS ROMAINES, GAULOISES ET MÉROVINGIENNES, 6, 315, 338, 356, 361, 362, 4285, 4325, 7285, 7286, 7554, 7555, 7747, 7859, 8115, 8614, 8902, 8903, 9064, 9068, 9074, 9075, 9114, 12148.
ARCHÉOLOGIE, 6, 7, 313 à 375, 2648 à 2676, 3914, 4169, 4717, 4777 à 4780, 4783, 4786 à 4788, 5274, 5283, 5288, 5295, 5312, 5363, 5520, 5521, 5541, 5605, 5673, 5697, 5731, 5733, 5751, 5830, 5846, 5864, 5883, 5884, 5888, 5901, 6007, 6082 à 6096, 6804, 7191, 7285, 7294, 7295, 7297, 7358, 7559, 7560, 7647 à 7650, 7872, 7874, 8115, 8117, 8403, 8585, 8598, 8599, 9268.
ARCHÉOLOGIE PRÉHISTORIQUE, 247 à 312, 5833, 5939, 5952, 7516, 8192, 8436, 9119.
ARCHERS ET ARQUEBUSIERS, 615, 616, 4812, 4850, 8168, 8184, 8284, 8469, 8526, 8527, 8739
ARCHIVES (INVENTAIRES D'), 413, 421, 422, 424, 426, 427, 429, 439 à 441, 446, 636, 2729, 2795, 3176 à 3180, 5434, 5587, 5956, 7388, 7745, 8013.
ARMEMENTS MARITIMES, 2499, 5081.
ASSEMBLÉES PROVINCIALES ET PAROISSIALES, 726, 727, 819 à 822, 2745, 2753, 2913 à 2915.
ASSIGNATS, 750, 767, 988, 992, 1285, 1287, 1288, 1315, 1319, 2920, 3282, 3283, 5702, 6363.
ASSISTANCE PUBLIQUE, 841, 842, 1422, 1439, 1623, 1734, 3510, 4638 à 4656, 6813 à 6825, 8659.
ASSURANCES, 851, 852, 854.
AVOCATS, 3135, 4498 à 4500, 4516, 4540 à 4543, 6788, 6789, 9924.

B

BACS, 967, 975, 5548, 5551, 5885, 7692.
BARACANS, VOIR SERGES.
BAUX ET FERMAGES, 2379, 2380, 2467 à 2476, 4402.
BEAUX-ARTS, 326, 334, 2512, 3656, 3657, 3659, 3667 à 3672, 3682 à 3691, 3706 à 3713, 3954, 4129, 4279, 4335, 4721 à 4724, 4760 à 4763, 4765 à 4769, 4772, 4775 à 4783, 4786 à 4790, 4804, 4807 à 4811, 4892, 4970, 4990, 5065, 5353, 6130, 6131, 6133, 6645, 6662, 6692, 6723, 6896, 7276, 7365, 7612, 7825, 7826, 8014, 8365, 8367.
BEFFROIS. VOIR HOTELS-DE-VILLE.
BESTIAUX, 958, 1060, 2436, 2438, 2458, 2460 à 2463, 2498, 6191. VOIR EPIZOOTIES.
BIENS COMMUNAUX, 826, 837 à 839, 3145, 3231 à 3242, 5327, 6117, 7357, 7511, 7581 à 7590, 7672, 8109.
BIÈRES ET CIDRES, 889, 898, 915, 916, 920, 924, 933, 943, 944, 946, 968 à 973, 2428, 2430, 3262, 3264, 3266, 3267, 3270, 3275, 3468, 3471, 3476, 3477, 5729, 7008, 7410, 7553, 8800, 9318, 9319, 9860, 9944.
BIBLIOGRAPHIE, 421 à 429, 431, 432, 434, 438 à 443, 446 à 448, 4172, 4268, 4269, 4271, 4272, 5522 à 5527, 6726, 6727, 6739, 6741 à 6743, 6877, 10858.
BIBLIOTHÈQUES PUBLIQUES, 4264 à 4272, 6674, 6724 à 6743, 6877, 6907, 6908, 8469, 8525, 8787, 9166.
BIOGRAPHIES, 602, 644, 645, 2685, 2706, 2728, 3634, 3947 à 3949, 4151, 4152, 4157, 4165, 4194, 4195, 4201 à 4255, 4492, 4672, 4678, 5763, 5999, 6126, 6667, 7743, 7878, 8718, 8949, 8950, 9195, 9196, 10850 à 12266.
BLASON, 1020, 6012, 6141, 6239, 6309, 9056, 10460, 10647 à 10650, 10651, 10657, 10658, 10669, 10767, 10788, 10824.
BOHÉMIENS, 2754.
BONNETERIE, BAS, ETC., 2494, 2514, 2519, 2548, 4929, 6126, 8463, 8493.
BOTANIQUE, 143 à 193, 4586 à 4589.
BOUCHERIE ET CHARCUTERIE, 2498, 3517, 3555, 3556, 4973, 4979, 5012, 5013, 5035, 5036, 5047, 5018, 5058, 6128, 6512, 6516, 7002, 7042 à 7044, 8256, 8803, 8805 à 8808.
BOULANGERIE, 3204 à 3206, 3535 à 3539, 3546, 4745, 5034, 5045, 6450, 6456, 7016, 7031, 7034, 7037, 7040, 7060, 7083, 10517.
BOURSES DE COMMERCE, 3414, 5049, 5098.

C

CACHETS D'OCULISTES, 2654, 2663, 2670, 2671.
CAISSES D'ÉPARGNE, 4837 à 4840, 6909 à 6917.
CAMELOTS, 2492, 4901, 4902, 4917 à 4919, 4921, 4932.

A.

CAMPS ROMAINS, 316, 320, 329, 352, 355, 358, 367, 5733, 5879 à 5882, 5884, 5935, 7353, 7366 à 7368, 7516, 7746, 8481.
CANAL DE LA BASSE-SOMME, 2126, 2150 à 2210, 5085, 7773.
CANAL DE LA HAUTE-SOMME, 2113 à 2149, 2513, 5085.
CANTONNIERS, 1077, 1079.
CARÊME, 1601, 1613, 1615, 1622, 1627, 1632, 1638, 1648, 1650, 1666, 1668, 1677, 1678, 1687, 1740 à 1742, 1745 à 1749, 1756, 1760, 1765, 1770, 1776, 1784, 1799, 1800, 1802, 1803, 1805, 1808, 1809, 1812, 1815, 1818, 1822, 1825, 1827, 1828, 1832, 1836, 1837, 1839, 1841 à 1844, 1849, 1854, 1856, 1859, 1862, 1865, 1867, 1869, 1874 à 1876, 1883, 2886, 4618, 5035, 5036.
CARRIÈRES. VOIR SOUTERRAINS-REFUGES.
CÉRAMIQUE, 2562, 2564, 2656, 7720.
CERCLES, 4842 à 4848, 6882, 6918 à 6922, 9162.
CHAMBRES DE COMMERCE, 780, 2052 à 2056, 2073, 2091, 2092, 2204, 2206, 2265, 2266, 2271, 2272, 2302, 2303, 2354, 2355, 2357, 2365, 2553, 5076 à 5104 7054, 7055, 7084 à 7111.
CHAMBRE ÉTOFFÉE, 1229, 1230.
CHARBON DE TERRE, 87, 92, 900, 2300, 6970, 7998.
CHARCUTERIE. VOIR BOUCHERIE.
CHARTES ET CARTULAIRES, 429, 434, 610, 611, 627, 655, 3117, 3118, 4265, 5053, 5670, 5676, 5683, 5686, 5761, 5904, 5974, 5988, 6027, 6033, 6035, 6049, 6131, 6134, 6604, 6620, 6754 6877, 7240, 7296, 7327, 7436, 7577, 7639, 7801, 8015, 8261, 8262, 8322, 8683, 8684, 8924, 8925, 8929 à 8931, 8933, 9012, 9014, 9036, 9061, 9107, 9122, 9182 à 9184, 9273.
CHASSE, 620, 1455, 2109 à 2112, 2908, 3527, 4849, 5219, 5265 à 5269, 5591, 6514, 6534, 7785, 7806 à 7809, 7816, 7817, 8943, 8944, 9024, 9125.
CHATEAUX, 331, 5258, 5259, 5323, 5380, 5586 à 5589, 5909, 5922, 5954 à 5956, 5982, 6001, 6008, 7206, 7320, 7485 à 7489, 7645, 8011 à 8013, 8084, 8310, 8312 à 8314, 8330, 8362, 8365, 8367, 8626, 8627, 9048, 9049, 9057, 9129, 9133, 9169 à 9181.
CHEMINS DE FER, 58, 64, 65, 2062, 2063, 2209, 2246 à 2375, 7097, 7099, 8776, 8777.
CHEVALIERS DE SAINT LOUIS, 6923, 6924.
CIMETIÈRES FRANCS ET MÉROVINGIENS, 338, 353, 368, 5708, 7559, 7560, 7563, 8086, 8465, 8922, 8923, 8995, 9073, 9305.
CIMETIÈRES ET INHUMATIONS, 1059, 3233, 3236 à 3241, 5604, 6125, 6532, 6547, 8181.
CLERGÉ, 627, 728, 866, 884, 899, 1352 à 1358, 1360, 1361, 1370, 1375 à 1377, 1379 à 1395, 1399, 1401, 1405 à 1410, 1417, 1421, 1422, 1427, 1434 à 1437, 1447, 1450 à 1462, 1465, 1468, 1470 à 1473, 1475, 1476, 1478, 1479, 1482, 1484, 1486, 1489, 1499, 1628, 2759, 3246 à 3248, 3456, 3462, 3842, 3962, 3964 à 3970, 4607, 4713, 5256, 5318, 5331, 5332, 5555, 6070, 6334, 8650, 8652, 8653, 8990, 8991.
CLOCHES, 5910, 7362, 8568, 8592, 8593, 8879, 8880, 9219.
COMMANDERIES, 637, 648, 5716 à 5719, 5724, 5725, 5742, 5744, 5745, 8098, 8249, 8258, 8259, 8275, 8336, 8337, 8917, 8918.
COMMERÇANTS, 906, 920, 952, 973, 2493, 2507 à 2509, 2917, 2918, 3135, 3186, 3424, 3426 à 3447, 7045, 7117, 8220, 8222. VOIR COMMERCE ET MARCHÉS ET FOIRES.
COMMERCE, 2489 à 2511, 2549, 2877, 2917, 2918, 3188, 3522, 4674, 4676, 4677, 4854 à 4857, 4971 à 5051, 6256, 6971, 7053 à 7072, 7607, 8225, 8226.
CONFÉRENCES ECCLÉSIASTIQUES, 1557 à 1588.
CONFRÉRIES PAROISSIALES ET DE COUVENTS, 3845, 3846, 3885, 3891, 3917, 3920, 3966, 4012, 4083, 4086, 4091, 4094, 4108, 4167, 4168, 4171, 4196, 4197, 4234, 4257, 5298, 6881, 6883 à 6898, 7417, 7974, 7975, 8247, 8960, 9260.
CONGRÈS SCIENTIFIQUES, 3018, 3050, 3051, 3060, 3062, 3071 à 3073, 6292 à 6298, 8106.
CONSTITUTION CIVILE DU CLERGÉ, 1388 à 1395, 1487 à 1490, 1750 à 1757, 3839, 6237, 8765, 9189.
CORDONNIERS ET CUIRS, 4980, 4981, 7020, 7021, 7026, 8222.
CORPORATIONS (STATUTS DES), 611, 4955, 4988, 5052 à 5075, 7019, 7073 à 7083, 7771, 8222, 8802 à 8804, 8809.
CÔTES DE PICARDIE, 2039 à 2048, 4673, 6007, 7715.
CÔTES (DÉFENSE DES), 1156, 1159, 1161 à 1163, 1190.
COUTUMES, 611, 627, 1203 à 1271, 4606, 5677.
CRAIE, 110, 115, 126, 127, 134, 7509.
CROUPES DE LA SOMME, 123, 124.

D

DENTELLES ET BRODERIES, 2492, 4198 à 4200, 8801.
DISTANCES, 5, 13, 1052, 8654.
DRAPS ET DRAPIERS, 4898, 4949, 4985, 4989, 4997, 4998, 5008, 5011, 5053, 5067, 6944, 6978 à 6998, 7080, 7755, 7757.
DROITS D'ENTRÉE ET DE SORTIE, 869 à 874, 878,

882 à 885, 890 à 893, 900, 909, 914, 925, 926, 937, 965, 966, 979, 983, 2490 à 2492, 2494, 2496, 7018, 7755 à 7757, 7759, 7768, 7769, 8801, 9126.
DROITS HONORIFIQUES DANS LES ÉGLISES, 1428, 3759 à 3788, 3792 à 3796, 5213 à 5215, 5248 à 5253, 5726, 5742, 5993, 5994, 7363, 7433, 7479, 9069, 9070.
DUNES, 2046, 2048, 2108.

E

EAUX ET FONTAINES PUBLIQUES ET MINÉRALES, 3307 à 3318, 4595, 7135 à 7137, 7141 à 7146, 8468, 8622, 8624, 8625, 9274, 9279.
EAUX ET FORÊTS, 627, 859 à 864, 2221, 7409, 7411, 7413 à 7416, 7677, 8661 à 8667, 8895, 8896, 8926, 9115, 9382.
ECLAIRAGE PUBLIC, 3243 à 3253, 6561 à 6564.
ECOLE CENTRALE, 1026 à 1030, 3380.
EGLISES, 322, 323, 325, 327, 328, 330, 331, 333, 342 à 346, 348, 351, 363, 369, 370, 371, 1059, 1378 à 1383, 1398, 1416, 1418, 3497, 3499, 3579 à 3928, 5247 à 5253, 5313, 5323, 5331, 5372, 5373, 5381, 5528 à 5530, 5553, 5681, 5688, 5690, 5731, 5732, 5743, 5757, 5820, 5830, 5841, 5909, 5936, 5967, 5991, 6001, 6084, 6086, 6580 à 6674, 7271 à 7276, 7281, 7320, 7325, 7365, 7455, 7456, 7505, 7512, 7627, 7628, 7950 à 7953, 7960, 7961, 7994 à 7996, 8026, 8050, 8084, 8095 à 8097, 8235, 8270, 8276, 8280, 8311 à 8314, 8362, 8435, 8454, 8458, 8532, 8533, 8575, 8603, 8610, 8626, 8630, 8631, 8873, 8874, 8975, 9022, 9067, 9190 à 9193, 9206, 9216, 9255 à 9259.
ELECTIONS, 1093 à 1152, 1877, 2983, 3121, 6065 à 6069, 6258, 6330, 7791, 8170, 8660. VOIR ETATS GÉNÉRAUX.
EMIGRÉS ET SUSPECTS, 751, 756, 759, 1200, 2971, 6253, 7707, 7710, 9582, 11101, 11565.
ENTREPRENEURS, 5074, 5075.
ENSEIGNES, 4338, 4342, 4366, 4369, 6540.
ENSEIGNEMENT MUTUEL, 1031 à 1034.
ENTRÉES SOLENNELLES ET VOYAGES PRINCIERS, 772, 775, 777, 780, 2747, 2748, 2771, 2773, 2774, 2778, 2854 à 2857, 2893, 2903, 3005 à 3007, 3013 à 3016, 3057, 3059, 3061, 3066, 3074, 3075, 6155, 6157, 6159 à 6167, 6267, 6273, 6277, 8747.
EPIDÉMIES, 1421, 1509, 1838, 2567 à 2571, 2580 à 2582, 2588, 2597, 2844, 2845, 2858, 2860, 2878 à 2883, 2892, 3065 à 3069, 4679, 5672, 6190, 6191, 7126, 7128 à 7134, 7860, 8150, 8341, 8472, 8492, 8510, 8569, 8570, 8723, 9154.
EPIGRAPHIE, EPITAPHES, EPITAPHIERS, 344, 3690, 6090, 6094, 6712, 8489, 10450, 10579, 10586, 11319, 11524, 12129. VOIR INSCRIPTIONS.
EPIZOOTIES, 2381, 2382, 2385, 2388, 2390 à 2392, 2395, 2398, 2416, 6515, 6516.
ETATS-GÉNÉRAUX, 674, 679, 728 à 730, 2767, 2787, 2788, 2911, 6065 à 6071, 6230, 7116, 8514, 8649 à 8653.
ETYMOLOGIES, 20 à 30, 5901, 7478, 7745, 9237.
EVÊCHÉ, 1350, 1356, 1368 à 1406, 3423 à 3454, 3509, 4713, 5197 à 5200, 5725, 5769, 5770, 5773 à 5794, 5797 à 5801, 5804 à 5809, 5811 à 5815, 5869.
EVÊQUES D'AMIENS (GÉNÉRALITÉS SUR LES), 1239, 1409, 1415, 2679, 3723 à 3727, 3730, 3731, 3911, 5246, 10154, 10461.
EXPOSITIONS ARCHÉOLOGIQUES ET INDUSTRIELLES, 2555, 2557, 2565, 4312, 4321, 4323, 4324, 4760 à 4790, 6844 à 6848, 6967 à 6969.

F

FABRIQUES DES EGLISES, 1402, 1403, 1498, 7305 à 7310.
FERS (ET MARCHANDS DE), 914, 2547, 4937. VOIR SERRURIERS.
FÊTES CIVIQUES ET PUBLIQUES, 736, 2888, 2892, 2921 à 2925, 2931, 2939, 2947, 2950, 2954, 2956, 2965 à 2969, 2979 à 2982, 2985, 2991 à 2996, 2998 à 3000, 3006, 5090, 5435, 6233, 6234, 6241, 6242, 6249 à 6252, 6265, 6272, 6278, 6279, 6299, 6305, 6371 à 6374, 7773, 7935 à 7937, 8172, 8516, 8521, 8645, 8646, 8760, 8761, 8766, 8768, 8772, 11170, 11171.
FÊTES RELIGIEUSES, 1595, 1597, 1598, 1731, 1761, 1777, 1852, 2932, 3070, 3727, 4097, 4113, 4202, 4203, 5895, 5896, 6260, 6264, 6701, 7279, 8180, 8363, 8429, 8634, 8968, 10365 à 10369, 10374, 10378, 10627, 11212, 11213, 11259.
FINANCES ET IMPOTS, 655 à 657, 750, 767, 843 à 845, 865 à 1006, 2096, 2860, 3147, 3148, 3182 à 3185, 3244, 3254 à 3306, 3932, 5014, 5033, 5077, 5098, 5100, 5195, 5756, 6054, 6055, 6072, 6137, 6142 à 6144, 6332 à 6363, 6684, 6685, 6946, 7000, 7001, 7004, 7193, 7194, 7369, 7454, 7612, 7617, 7655, 7662, 7750, 7753 à 7756, 7763, 7900, 7901, 8147, 8483, 8484, 8685, 8722, 8762, 8763, 9015, 9026, 9200.
FOLK-LORE, 514 à 523, 526 à 533, 539 à 541, 547 à 550, 555 à 565, 569 à 573, 575 à 578, 580 à 583, 588, 5588, 5618 à 5620, 6007, 6597, 7596, 8122, 8678, 9176, 9177, 10515, 10518.
FORTIFICATIONS, 1157, 1158, 2709, 2762, 2849, 2850, 2853, 2862, 3093, 3272, 4341, 6139, 6186, 6188, 6238, 6532, 7891, 8778, 9238.

65

FRANCS-MAÇONS, 4858, 4859, 6931 à 6936, 8469, 8518.
FRONDE, 712 à 718, 2871 à 2874, 7899, 8156, 8490, 8731 à 8733.

G

GABELLE. VOIR SELS.
GARANCE, 2414.
GARDE NATIONALE, POMPIERS, 733, 742, 744, 1177, 1179, 1180, 1187, 1188, 3026 à 3030, 3319 à 3371, 4076, 5932, 6335, 6364 à 6394, 7572, 7784, 8171, 8520, 8521, 8735, 8741 à 8743, 8771, 8957, 9159.
GENDARMERIE, 1155, 3508, 6766 à 6768, 7025, 7304.
GÉNÉALOGIES. VOIR NOBLESSE.
GÉOGRAPHIE, 2 à 4, 9, 10, 11, 15, 18, 19, 31 à 83, 5538, 6014, 6024, 8114, 8638.
GÉOLOGIE, 84 à 142, 254, 257, 275, 7509, 7743, 7869, 7988 à 7993, 8288, 8417, 8952 à 8954, 9034, 9035.
GLANAGE, 2393, 2394, 9685.
GRAINS, 660, 721, 974, 976, 1055, 1062 à 1066, 2490, 2491, 2495 à 2497, 2500, 2503, 2505, 2506, 2511, 2752, 2917, 2918, 2961, 3182 à 3188, 3191 à 3194, 3197, 3200, 3391, 3460, 3470, 3472, 3541, 4277, 6342, 6437, 6440, 6450, 6452, 6457 à 6463, 6465, 6476, 7091, 7769, 8131. VOIR MARCHÉS.
GRÊLE, 244, 245, 2401, 2445.
GRIBANIERS, 981, 2211 à 2243, 3187, 3524.
GUERRE DE CENT ANS, 662, 663, 6133, 6136, 6140, 6148, 6149, 7390 à 7408, 7595, 8687, 8688.
GUERRE DE 1870, 781 à 798, 3076 à 3086, 5279, 5280, 5315, 5610, 5611, 5970 à 5973, 6081, 6283 à 6288, 6363, 7519, 7792, 7793, 8524, 8642, 8778 à 8785, 9072, 9234.

H

HAGIOGRAPHIE, 627, 10050 à 10453.
HISTOIRE NATURELLE, 84 à 246, 4290, 4328 à 4330, 4553, 4598 à 4601.
HOMME FOSSILE, 260, 261, 263, 279 à 293, 303, 309, 310.
HORTICULTURE, 143, 2465, 4727 à 4732, 4762, 4764 à 4766, 5917, 6274, 6298, 6752, 6753, 6927, 7540.
HORTILLONNAGES, 512, 586, 3513, 3732, 3733, 5203, 5204, 5209, 5210.
HOSPICES ET HÔPITAUX, 830, 843 à 845, 946, 957, 2525, 3910, 4059 à 4062, 4101, 4573, 4602 à 4638, 5272, 5628, 5670, 5691, 5720, 5921, 6319, 6598, 6798 à 6812, 7203, 7204, 7277, 7419, 7619, 7973, 7988, 8019, 8415, 8523, 8885 à 8889, 9001, 9002, 9245, 9252.
HÔTELS DE VILLE, 331, 4260 à 4263, 4279 à 4284, 6723, 8189, 8190, 8786.
HÔTELIERS ET CABARETIERS, 3508, 3511, 3549, 4983, 4984, 5002, 5003, 5012, 5013, 6507, 6537, 7005, 7022, 7617, 8805 à 8807.
HUISSIERS ET SERGENTS, 940, 4381, 4382, 4385, 4516, 4530 à 4534, 6796, 6797, 7939, 8211, 8654, 9156.
HYGIÈNE ET MÉDECINE, 2566, 2573, 2576, 2579, 2593, 3532, 4594 à 4597, 7126 à 7146, 8141, 8472, 8476. VOIR ÉPIDÉMIES.

I

ICONOGRAPHIE, 430, 433, 435 à 437, 444, 445, 2718, 3620, 3621, 6122 à 6124, 8617, 8882.
IMPRIMEURS ET LIBRAIRES, 431 à 433, 804, 1743, 4889, 4923, 4933, 6520, 6965, 7012, 9404 à 9407, 9529 à 9532, 9549, 9742, 9773, 9914, 11730.
INCENDIES, 846 à 857, 1198, 3324, 3515, 4262, 4402, 4687, 4688, 5654, 5696, 5713 à 5715, 6513, 6528, 6529, 6538, 7262, 7263, 7573, 7619, 7621, 8163, 8164, 8293, 8508, 8509, 8748, 8749, 9082, 9109, 9368.
INDUSTRIE, USINES, 2350, 2355, 2512 à 2565, 3522, 4733 à 4750, 4762 à 4767, 4770, 4771, 4773, 4774, 4784, 4785, 4890 à 4970, 5608, 5609, 5632 à 5638, 5870 à 5872, 6944 à 6977, 7322, 7323, 7459, 7720, 7758, 7854, 8221, 8223, 8332, 8503, 8667, 9164.
INONDATIONS, 769, 860, 861, 2876, 6074.
INSCRIPTIONS ANTIQUES ET DU MOYEN-AGE, 2666, 2667, 2672, 2674, 4170, 4325, 4326, 5466, 8298, 9023, 10380, 10381, 12148.
INSTRUCTION PRIMAIRE, 830, 1022, 1024 à 1042, 3372 à 3390, 3677, 4744, 4828 à 4830, 5237, 5308 à 5311, 5692, 6395, 6421 à 6428, 6928 à 6930, 7207, 7336, 7541, 8218, 8219, 8504, 8505, 8519, 8522, 8656 à 8658, 8956.
INTENDANTS, 813 à 818.
INVASIONS ESPAGNOLES, 697 à 707, 718, 719, 2790 à 2841, 5396 à 5414, 6126, 6181, 6182, 6186, 6188, 7892 à 7896, 7898, 8154, 8448, 8490, 8729, 8948, 9141 à 9144.
INVASION DE 1815, 776, 8179.

J

JANSÉNISME, 1440, 1590, 1591, 1608, 1631, 1994, à 2022, 2899, 2900, 2902, 2905, 2906, 3821, 4116 à 4119, 4186, 4189, 4190, 4205, 6194 à

6197, 6199 à 6201, 6204, 6224, 6609. 6610, 6613, 6615, 6616, 6687, 6696, 6697, 6699, 7264, 7265, 7267, 7341, 7371, 7422, 7503, 7504 7972, 8248, 8935, 9101, 11007, 12153.
JÉSUITES, 1726, 1727, 2841, 2895, 2906, 3955 à 4034, 6198, 6202.
JEUX DIVERS, 3530, 3933, 6126, 6522, 6530.
JOURNAUX, 714, 2464 à 2466, 2598, 2600, 2615 à 2624, 5116 à 5186, 5832, 7150 à 7164, 7675, 7712, 7713, 7828 à 7831, 7857, 7858, 7940 à 7945, 8227 à 8231, 8369, 8528 à 8530, 8815 à 8820, 8979 à 8982, 9167, 9168, 9283.
JUBILÉS, 1594, 1596, 1599, 1600, 1602, 1604, 1606, 1610, 1611, 1614, 1617, 1618, 1625, 1629, 1633, à 1636, 1655 à 1657, 1659, 1660, 1663 à 1665, 1698 à 1701, 1704, 1705, 1721, 1735, 1736, 1767, 1768, 1823, 1824, 1829, 1830, 6192.
JUGEMENTS CRIMINELS, 1315 à 1342, 2470 à 2476, 3508, 5539, 5919, 6185, 6207, 6209, 6214, 6758, 6759, 7384, 7427, 7428, 8163, 8167, 8459, 8466, 8506, 8511, 8693, 8757, 8987, 9243, 9261, 9347, 9588, 9645, 9697, 9736, 9788, 9855, 9935, 10047.
JURY, 1143 à 1147, 1149, 1150, 1272 à 1314.

L

LAINES, 2389, 2541, 2542, 4675, 6948, 6954, 7756, 7757. VOIR SAYETIERS-HAUTELISSEURS.
LIGUE, 672 à 684, 2779 à 2789, 6172 à 6174, 6177 à 6180, 8719 à 8721.
LIN, 2386, 2501, 6439, 6442.
LITTÉRATURE PICARDE, 471 à 513.
LITURGIE, 1351, 1420, 1424, 1426, 1469, 1477, 1514, 1778, 1866, 1868, 1872, 1873, 1886 à 1993, 3845, 3846, 3862, 3863, 3874 à 3878, 3890, 3891, 3897, 3912, 3916 à 3920, 4057, 4168, 4172, 4191, 4196, 4197, 5063, 5212, 5364, 5365, 5443, 5453, 5454, 5518, 5689, 5878, 5931, 6621 à 6625, 6634 à 6638, 6649 à 6651, 6672, 6673, 6799, 7249, 7370, 7418, 7463, 7569, 7631, 7815, 8089, 8241, 8242, 8245, 8246, 8323, 8380, 8421, 8430, 8567, 8574, 8576, 8698, 8711, 8833, 8864, 8872, 8893, 8969, 8976, 9044, 9267, 10235, 10248, 10305, 10306, 10363, 10364, 10436, 10469.
LOGEMENT DE TROUPES, 1153, 1154, 2984, 6128, 6182, 6566, 6577 à 6579, 6763, 6764, 8448.
LOTERIES, 3397, 4302, 4307, 4308, 4311, 4315.
LYCÉES ET COLLÈGES, 780, 1022, 1026 à 1029, 4537 à 4571, 6396 à 6420, 8213 à 8217, 8578, 8579, 8797, 8798.

M

MAIEURS ET ECHEVINS, 3120 à 3143, 3146, 3149, 3150, 3153, 3154, 3157 à 3159, 3162, 3164, 3165, 3169, 3175, 6308 à 6331, 6502, 6567 à 6569, 6572 à 6574, 6761, 6763, 6766, 7609, 8146, 8165, 8507, 8670, 8681.
MALADRERIES. VOIR HOSPICES ET HÔPITAUX.
MANDEMENTS ET ORDONNANCES ÉPISCOPALES, 4, 846, 1036, 1348, 1349, 1388 à 1390, 1393, 1400, 1406, 1407, 1413 à 1514, 1589 à 1885, 1994 à 2022, 2878, 2880, 2881, 2884, 2887, 2891, 2894, 3373, 3633, 3636, 3788, 3946, 4089, 4130, 4167, 4610 à 4615, 5308, 5416, 5694, 6195, 6196, 6694, 7502, 7619, 8491, 8543, 8749, 8963, 10488, 10501, 10503.
MARAIS (DESSÉCHEMENT DES), 2141, 2402, 2409, 2457, 7705, 7708, 7709, 7714, 7721 à 7735, 7848, 7851.
MARCHÉS ET FOIRES, 974, 1062 à 1070, 2503, 2504, 3194, 3273, 3391 à 3422, 4258, 4274 à 4278, 4996, 5749, 5908, 6126, 6435 à 6465, 6478, 7091, 7107, 7327, 7425, 7457, 7919, 8263, 8379, 8764.
MARINE MILITAIRE, 1186, 6565.
MAZARINADES, 715, 717, 2871 à 2873, 7899, 8731, 8732, 11678, 11679.
MÉDECINS ET PHARMACIENS, 2572, 2577, 2578, 2592, 2594, 2861, 4590 à 4593, 6524, 7147 à 7149, 8501, 8502, 9327, 9612, 9883, 9887, 9888.
MÉDECINE. VOIR HYGIÈNE ET EPIDÉMIES.
MÉDECINE (ECOLE DE) ET SOCIÉTÉS MÉDICALES, 2585 à 2587, 2589 à 2591, 2593, 2595, 2596, 2598 à 2600, 4574 à 4585, 4628.
MÉGALITHES, 364, 374, 8069, 8915, 8916, 8920, 8921, 9060.
MENDICITÉ, 1056, 1061, 3510, 3521, 8659.
MENUISIERS, 5059, 8804.
MERCIERS ET EPICIERS, 3395, 4989, 4991, 4992, 4997, 5000, 5001, 5007, 5009, 5016, 5022, 5023, 5057, 5059 bis, 5061 à 5063, 5067, 5070, 7006, 7007, 7009, 7022 à 7024, 7027, 7079, 7771, 8802.
MÉTÉOROLOGIE, 235 à 246, 4598 à 4601, 6263, 7138, 7140, 7583.
MILITAIRE (ADMINISTRATION), 627, 659 à 661, 667, 670 à 672, 688, 697, 709 à 711, 723, 757, 876, 877, 908, 917, 919, 931, 1153 à 1195, 2797, 2889, 2908, 2953, 2989, 4637, 4831, 5906, 6059, 6244 à 6247, 6565 à 6579, 8735, 8736, 8741 à 8743, 8753, 9039.
MISSIONS, 1651, 1683, 1684, 1697, 1703, 1714, 1737, 1819, 2884, 2885, 2887, 2894, 2895, 2906, 3008 à 3011, 4090, 6198, 6202, 6224, 6225, 6881, 7340, 7385, 8180, 8410.
MOBILIER DES EGLISES, 339 à 341, 366, 3677 à 3684, 5281, 5967, 6599, 6662, 7191, 7430, 7474, 7533, 7535, 7553, 7626, 7642, 7803, 7825 à 7827, 8273, 10268. VOIR TOMBEAUX.

MŒURS ET USAGES, 565, 574, 585, 586, 592, 594, 799 à 812, 1208, 1209, 1271, 3095 à 3115, 3563, 5933, 6012, 6300 à 6306, 7524, 8469, 8645, 8646, 8679, 8984.

MONNAIES, 901, 989, 2890, 4399. VOIR NUMISMATIQUE.

MOULINS ET MEUNIERS, 862, 864, 1065, 3186, 3188, 3207 à 3222, 3230, 3533, 4908, 4960, 4961, 5034, 5293, 5296, 5379, 5570, 5573, 5698 à 5700, 6548, 7040, 7175 à 7179. 7316, 7618, 7637, 7866, 7867, 8061, 8249, 8423 à 8427, 8606, 8607, 8750 à 8752, 8949, 8950, 9045, 9290, 9456, 9537 à 9547, 9693, 9694.

MURIER, 2410 à 2412.

MUSÉES, 4285 à 4330, 6728, 6732, 6744 à 6748, 8191 à 8193, 8788 à 8790.

MUSIQUE, 3343, 3344, 3354, 3365, 3677 à 3681, 3822, 3823, 3915, 4891, 4862, 4867 à 4869, 4873 à 4877, 4879 à 4881, 6271, 6383, 6388, 6392, 6430, 6431, 6839 à 6942, 7077, 8812, 11768, 1171, 11781.

MUTUALITÉS, 4882 à 4885, 4889, 6902 à 6906, 7458.

N

NAVIGATION (DROITS DE), SUR LA SOMME, 913, 918, 881, 982, 2123, 2166, 2211 à 2243, 3524, 3558, 4677, 5771, 5772, 6535.

NOBLESSE ET GÉNÉALOGIES, 659, 661, 669, 671, 672, 674, 679, 683, 697, 729, 759, 898, 910, 1379 à 1383, 2797, 2913, 4396, 6069, 8649, 8651, 9048, 10633 à 10849.

NOTAIRES, 2729, 4504 à 4506, 4509, 4517 à 4529, 6792 à 6795, 7115, 7680, 7751, 7760, 7761, 8438 à 8446, 8498 à 8500, 8512, 8513, 8629, 8793, 8795, 9156.

NUMISMATIQUE, 376 à 412, 5284 à 5287, 5314, 5665, 5667, 5668, 6091, 6092, 6095, 6096, 8331, 8419, 8568, 8830, 8914, 9004, 9266, 9291, 10078.

O

OBLATIONS ECCLÉSIASTIQUES, 1411, 1464, 1467, 1485, 1494, 1495, 1500, 1516.

OCTROIS MUNICIPAUX, 3455 à 3489, 6466 à 6498, 8183, 8507, 8773, 8775.

OFFICES CIVILS ET FINANCIERS, 879 à 881, 932, 936, 945, 949, 952, 3126, 3135, 4378, 4379, 4381 à 4385, 4392, 4394, 5931, 7412, 7413, 8155.

OFFICES COMMERCIAUX, 902, 906, 3135, 3410, 5030, 5037, 5039, 7026, 7028.

OFFICES MUNICIPAUX, 3151, 3152, 3495, 3512, 3528, 5816 à 5818, 6326, 6536.

OFFICES SPÉCIAUX DES SAINTS PATRONS ET CONFRÉRIES, 3862, 3863, 3874 à 3878, 3890, 3891, 3897, 3916 à 3920, 5063, 5364, 5365, 5518,

5689, 5878, 6621 à 6624, 6626, 6635 à 6638, 6649 à 6651, 6672, 6673, 6799, 7249, 7370, 7418, 7463, 7569, 7632, 7815, 8089, 8241, 8242, 8245, 8246, 8323, 8380, 8421, 8430, 8567, 8574, 8833, 8864, 8872, 9044, 9269, 10305, 10306, 10363, 10364, 10462.

ORAISONS FUNÈBRES, 2927, 3632, 4104, 4105, 4177, 4183, 6260, 6264, 6667, 8590, 10376, 10379, 10565, 10620, 10624, 10628, 10632, 10717, 10989, 11010, 11065, 11095, 11096, 11103, 11133, 11137, 11156, 11157, 11205, 11213, 12068, 12070.

ORDO, 1362 à 1367, 5519.

ORFÈVRES, 7019, 7024, 7027, 7081, 7082.

OUVRIERS D'INDUSTRIE, 2515, 2531, 2556 à 2561, 3522, 6953, 6980, 6992.

P

PALÉONTOLOGIE, 109, 111 à 113, 257, 273, 274, 276.

PATISSIERS ET CUISINIERS, 4982 à 4984, 5010, 5051, 6443, 6450, 7005, 7017.

PATOIS PICARD, 22, 449 à 513.

PAYSANS, 696, 702, 757, 811.

PÉAGES, 868, 967, 2238, 3450, 3451, 3466, 5223 à 5231, 5241, 5243, 5271, 5325, 5427, 5549, 5551, 5718, 5750, 5771, 5772, 5834, 6469, 6472, 6473, 7229, 7303, 7314, 7315, 7321, 7450, 7599, 7620, 7911, 8162, 8267, 8416, 8418, 8455, 8486, 8494 à 8497, 8584, 8740, 8745, 9027, 9028, 9154, 9187, 9205, 9211 à 9213, 9224, 9233, 9275, 9285, 9290. VOIR TRAVERS.

PÊCHE DE MER ET D'EAU DOUCE, 947, 2096 à 2108, 2489, 3519, 4977, 4978, 5737, 5738, 6436, 6441, 7095, 7102, 7106, 7316, 7328, 7332, 7754, 8355, 8665, 8799, 9050, 9185, 9186, 9276 à 9278.

PÈLERINAGES, 397, 405, 805, 809, 1652, 4080 à 4087, 5247, 5300, 5641 à 5643, 5656, 5659, 5660, 5662 à 5666, 6002, 7187, 7189, 7681, 7682, 8364, 8963 à 8978, 9214, 9296 à 9300.

PELUCHES, 4909, 4920, 4931.

PÉPINIÈRES ROYALES, 927.

PHOSPHATES, 131 à 133, 137, 7989 à 7993.

PILOTAGE, 2051, 2059 à 2061, 2069, 7664.

PISCICULTURE, 215, 218, 222, 226, 227, 230 à 232, 9164.

PLANTATIONS, 826, 2131, 2383, 2384, 2426, 2475, 3242, 4365, 8591.

POÉSIES, 668, 690, 2109, 2702, 2775, 2817, 2818, 2826 à 2828, 2987, 3002, 3006, 3026, 3028, 3029, 3040, 3041, 3054, 3059, 3063, 3067 à 3069, 3074, 3112, 3342, 3959, 3554, 3646 à 3652, 3918, 3919, 4179, 4678, 4805, 5211 bis, 5713, 6227, 6266, 6271, 6274, 6374, 6384, 6697, 6890, 7278, 7335, 7394, 7406, 7776,

— 517 —

8025, 8051, 8182, 8186, 8516, 8518, 8521, 8695, 8702, 8744, 8784, 9125, 9144, 9309, 10050, 10235, 10301, 10365, 10372, 10373, 10397, 10400, 10406, 10413, 10429, 10467, 10467 bis, 10468, 10472, 10482, 10567, 10570, 10577, 10581 à 10589, 10590 à 10593, 10607, 11112, 11158, 11159, 11166, 11171, 11172, 11215, 11319, 11336, 11337, 11456 à 11464, 11466 à 11470, 11481 à 11485, 11487, 11489 11492, 11494 à 11501, 11506, 11537, 11599, 11607, 11633, 11692, 11788, 11804, 11805, 11834, 11837, 11844, 11871, 11898, 11948, 11975, 11982, 12201, 12217.
Poids et Mesures, 5, 8, 12, 13, 59, 1043, 1044, 3523, 3545, 5007, 7014, 7033, 7039.
Police, 863, 1056 à 1061, 1084, 1085, 2943, 3124, 3125, 3243, 3310, 3311, 3490 à 3568, 4975, 6443 à 6449, 6451, 6453, 6456, 6463, 6499 à 6513, 7015 à 7017, 7029, 7031, 7033 à 7035, 7038, 7039, 7041 à 7044, 7621, 7777, 8166, 8755, 9097, 9246.
Pommes de terre, 2387, 2403.
Pommiers, 2428, 2430.
Portefaix, 3500, 6543, 6544, 7101.
Ports de la Somme (généralités sur les), 649, 891, 2050 à 2053, 2057, 2070, 2071, 2081, 2083, à 2085, 2087, 2089, 7053, 7056, 7057, 7063, 7064, 7664, 7670, 7671.
Prairies, 2399.
Préséance (Questions de), 3123, 3126, 3128, 3734 à 3756, 3815, 4374, 4378, 4379, 4381, 4498 à 4500, 5484, 6315, 6317 à 6322, 6325, 6327, 6608, 6762, 6768, 6771, 6788, 7024, 7027, 7115, 7765.
Prières publiques, 1605, 1607, 1609, 1612, 1616, 1619 à 1621, 1626, 1637, 1640, 1641, 1644, 1645, 1649, 1654, 1658, 1661, 1662, 1667 à 1671, 1674, 1688, 1689, 1692 à 1696, 1702, 1706 à 1711, 1713, 1715 à 1720, 1722 à 1725, 1728, 1729, 1732, 1733, 1738, 1739, 1744, 1759, 1762, 1763, 1766, 1769, 1771 à 1775, 1779 à 1783, 1785 à 1798, 1804, 1807, 1816, 1817, 1820, 1833, 1834, 1847, 1857, 1860, 1861, 1870, 1879, 1880, 2878, 2881.
Prisons, 830, 1201, 1202, 1298, 2997, 3269, 6785, 7931 à 7934.
Processions, 1409, 1456, 1466, 1685, 3010, 3111, 3501, 3502, 3633, 3725, 3726, 3731, 6176, 6531, 6639, 7569, 8698, 8711.
Procureurs et Avoués, 4501 à 4516, 6790, 6791, 8204, 8211, 8793, 9400, 9442.
Protestantisme, 1505, 1619, 2023 à 2038, 3923 à 3928, 5282, 5614, 5617, 5723, 8279.
Prud'hommes, 780, 5095, 5113 à 5116, 7125, 8796.
Puits artésiens, 105.

Q

Quêtes, 1643, 1673, 1675, 1680 à 1682, 1686, 1690, 1712, 1730, 1850, 1855, 1863, 1870, 4615, 7619, 8749.

R

Régiments, 708, 1171, 1172, 1179, 1192 à 1195, 7344.
Reliques et Reliquaires, 3692 à 3704, 3708, 4089, 5486, 5656, 5659, 5660, 5663 à 5666, 7430, 7525 à 7530, 7534, 7535, 7623, 8429, 8789, 8937, 10179, 10181, 10185, 10230, 10360, 10417, 10422, 10437, 10439, 10465, 10500, 10501, 10503, 10505, 10506.
Remorquage a vapeur, 2076, 2089, 7780.
Retraites ecclésiastiques, 1460, 1468, 1501, 1503 à 1505, 1512, 1513, 1628.
Révolution, 728 à 772, 984 à 992, 1026 à 1029, 1058, 1059, 1077 à 1085, 1093 à 1107, 1176 à 1189, 1199 à 1201, 1272 à 1342, 1388 à 1402, 1486 à 1490, 1750 à 1757, 2911 à 2997, 3153 à 3166, 3189 à 3203, 3278 à 3286, 3325 à 3341, 3378 à 3380, 3409 à 3411, 3527 à 3542, 3839, 3843, 4404 à 4421, 4623 à 4626, 5039 à 5043, 5256, 5318, 5702, 5705, 5706, 5720, 5858, 5859, 6065 à 6073, 6230 à 6282, 6328 à 6330, 6346, 6347, 6369 à 6382, 6457 à 6462, 6782 à 6785, 6821, 6966, 7046 à 7048, 7304, 7539, 7666, 7923 à 7937, 8123 à 8131, 8169 à 8178, 8225, 8226, 8268, 8269, 8514 à 8517, 8649 à 8653, 8758 à 8771, 9158, 9159, 9244, 9394, 10008.
Revues de toutes sortes, 235, 829, 1040, 2446, 2450, 2451, 2454 à 2456, 2459, 2601 à 2614, 4429, 4430.
Rideaux, 135, 136.
Romans, 514 à 518, 522 à 525, 534 à 538,542 à 546, 551 à 554, 566 à 568, 574, 579, 584 à 587.
Routes, 1071 à 1092, 5626, 6555, 6556.

S

Savonniers, 7041.
Sayetiers et Hautelisseurs, 4894 à 4897, 4903, 4906, 4907, 4913, 4922, 4924, 4928, 4935, 4937 à 4939, 4941, 4942, 4949, 4962, 5054, 5060.
Selliers, 5052.
Sels, 923, 928 à 930, 934, 977, 981, 982, 2097, 2098, 2239, 2240, 3372, 3393, 5876, 6055, 7051 à 7055, 7329 à 7331, 7764, 7770, 7774, 7775, 7868 bis, 8488, 8746, 8792.

Serges, Droguets et Baracans, 2516 à 2518, 2525, 2528, 2529, 2536, 2537, 4911, 4925, 4927, 4994, 5609, 5632 à 5638, 6947, 6949 à 6952, 6954, 6955, 6957, 6959 à 6961, 6964, 7466, 8221, 8287.
Services funèbres, 2770, 2875, 2927, 2944, 3017, 3087, 3098, 3632, 5611, 7937.
Serruriers, 2544, 2546, 2547, 5064, 7148, 7338, 7339.
Sigillographie, 413 à 420, 6087, 6088, 7297, 7597, 7622, 10822.
Silex taillés, 111, 247 à 259, 261, 265, 270, 271, 273, 276 à 278, 294 à 297, 300 à 302, 304 à 308.
Sorcellerie, 2741, 6185, 8113, 8992.
Souterrains-Refuges, 105, 313, 324, 5207, 5602, 5612, 5703, 5867, 8102 à 8108, 8412 à 8414, 8911, 9076, 9292, 9293.
Sports, 4870 à 4872, 4878, 6925, 6926, 6937, 6938, 7779, 7781, 7782, 8813, 8814.
Statues antiques, 2648, 2652, 2668, 2669, 4285.
Statues de personnages célèbres, 3033 à 3041, 3043 à 3047, 3049, 3052 à 3056, 3063, 4368, 7673, 11172 bis, 11191, 11536, 11537, 11606, 11607, 11802 à 11805, 11965, 11968, 11969, 11978, 11990.
Subsistances, 841, 842, 2946, 2970, 3181 à 3205. Voir Grains et Marchés.
Sucre et Sucreries, 2554, 5081, 5083, 5084, 6974 à 6976, 7768.
Synodes, 1425, 1502, 1518 à 1556, 1593, 1630, 1758, 2008.

T

Tabac, 938, 954, 3457, 9261, 9455, 9974.
Tailleurs et Fripiers, 5011, 5017 à 5019, 5050, 5066, 5068, 5071, 7036.
Tanneurs et Corroyeurs, 4914, 5020, 5021, 8220.
Tapis et Tapisseries, 2492, 4893, 4964, 4969, 5069, 6594, 6963, 6917.
Teinturiers, 4904, 4916, 4925, 4927, 6542, 6945, 6956.
Terre pyriteuse, 88.
Théâtres et Mystères, 3985 à 4034, 4331 à 4335, 5254, 6167, 6216, 6221, 6228, 6229, 6282, 8699, 8700, 8701, 8715, 10482, 11607, 11989, 12117, 12118, 12198.
Timbres fiscaux, 894, 939.
Toiles, Batistes et Linons, 2514, 2520 à 2522, 2524, 2530 à 2533, 2543, 4975, 5027, 5028, 6464, 6958, 8810.
Tombeaux et Pierrres tombales, 3685 à 3689, 3691, 4072, 4106, 4293, 4294, 4298, 5274, 5288, 5363, 5605, 5751, 6593, 6647, 6748, 8296, 8313, 8635, 9040, 9208, 9258, 10555, 10556, 10697, 10930, 11027.

Tombes et Sépultures antiques, 314, 318, 338, 2650, 2651, 2655, 2657, 2659, 4169, 5864, 7445, 7446, 7563, 7570, 7591 à 7594, 8405, 9058, 9059.
Topographie, 1 à 19, 650, 651, 5997, 6003 à 6005, 6007.
Tourbe et Tourbage, 84 à 86, 117, 119, 120, 208, 317, 574, 2224, 2523, 2527, 2534, 2535, 2539, 2540, 2550 à 2552, 2563, 3272, 3469, 3820, 5026, 5271, 5838, 5839, 5876, 7030, 7300, 7301, 7311, 8908, 8985, 8986.
Tournois, 529, 628.
Travers, 627, 3423 à 3454, 5513, 5890, 6342, 7303, 7315, 7450, 8277, 8278, 8292, 8407, 9027, 9028. Voir Péages.
Tribunaux civils, 780, 1196 à 1198, 3135, 4372 à 4496, 5105 à 5112, 6317, 6318, 6320 à 6322, 6327, 6758 à 6787, 7228, 7765, 7897, 8194 à 8212, 8791, 8794.
Tribunaux criminels, 1199, 1200, 1315 à 1342, 4409, 4419.
Tribunaux de commerce, 780, 5105 à 5112, 7084, 7112 à 7124, 7790.

V

Vaccine, 2574, 2575, 2583 à 2588, 4594.
Vaisselle d'argent, 964, 2907, 3514.
Vertu (Prix de) et Récompenses ouvrières, 4856, 6824, 6825.
Vétérinaires, 2599, 2600.
Vigne, 2417.
Vins et Eaux-de-Vie, 869 à 874, 878, 882 à 886, 889 à 893, 897, 902, 906, 907, 909, 911 à 913, 921, 925, 926, 937, 942, 951, 952, 966, 969 à 972, 974, 978 à 980, 2122, 2220, 2493, 2507 à 2509, 3265, 3269, 3273, 3391, 3394, 3457, 3464, 3464, 3469, 3476, 4976, 4996, 5003, 5014, 5025, 5613, 5918, 6336, 6467, 6474, 7004, 7010, 7022, 7023, 7059, 7062, 7193, 7194, 7750, 7901, 8067, 8577, 8890, 9454, 9549, 9691.
Vinaigriers, 4991, 5023, 5055, 7006, 7007, 7073.
Vitraux, 345, 3709 à 3713, 4128, 5690, 5912, 6652, 7515, 8632, 8633.
Voies romaines, 316, 347, 359, 449, 650, 651, 7292, 9284.
Voierie, 1071 à 1092, 3547, 3560, 3566 à 3577, 6554 à 6564, 8647, 8648.
Voitures publiques, 1007, 1008, 1012, 1014, 1075, 2219, 3520.
Volailles, 3406, 3407.

Z

Zoologie, 194 à 234.

TABLE DES NOMS DE LIEUX

A

ABANCOURT (Oise), 968.
ABANCOURT (Somme), 5558.

ABBEVILLE

ABBEVILLE, 49, 57, 58, 65, 87, 141, 145, 148, 153, 155, 161, 195, 203, 205, 209, 254, 256, 258, 268, 272, 293, 294, 296, 299, 339, 352, 520, 521, 550, 579, 611, 680 à 682, 720, 775, 896, 909, 1331, 1332, 1683, 1703, 2247, 2259, 2287, 2288, 2349, 2351 à 2354, 2356 à 2365, 2369, 2438, 2446, 2447, 2566, 2582, 2593, 2783, 3271, 5999, 6010, 6012, 6026, 6028, 6030, 6053, 6058, 6097 à 6791, 7242, 7301, 7302, 7409, 7411, 7835, 7837 à 7839.

ABBEVILLE, *Administration militaire, Fortification, Garde nationale*, 6139, 6186, 6188, 6238, 6324, 6335, 6364 à 6394, 6532, 6565 à 6579.

ABBEVILLE, *Archéologie*, 254, 256, 261, 279 à 289, 291, 292, 314, 315, 318, 319, 332, 340, 6087, 6089, 6092 à 6096.

ABBEVILLE, *Biographies*, 10851, 10853, 10854, 10856, 10863, 10869, 10880 à 10882, 10910, 10933 à 10935, 10962, 10971, 10988, 10989, 11004, 11008 à 11010, 11035, 11038 à 11040, 11059, 11061, 11064, 11067 à 11069, 11080 à 11084, 11091, 11097 à 11099, 11002, 11128 à 11132, 11143 à 11178, 11208 à 11210, 11231, 11270, 11275, 11295 à 11298, 11310, 11317, 11348, 11395, 11423, 11426, 11632, 11642 à 11644, 11646 à 11651, 11658, 11660 à 11672, 11687 à 11694, 11701, 11729, 11731, 11739, 11740, 11745 à 11752, 11789, 11793 à 11799, 11813 à 11816, 11830, 11831, 11864, 11867, 11878, 11880 à 11889, 11914, 11918, 11930, 11934, 11945, 11946, 12007, 12008, 12059 à 12070, 12073 à 12079, 12089, 12090, 12117 à 12120, 12135, 12139, 12152 à 12156, 12190, 12191, 12206, 12219, 12220, 12257, 12258, 12260.

ABBEVILLE, *Chambre et Tribunal de Commerce*, 2055, 2056, 2059, 2060, 2073, 2076, 2091, 2092, 2204, 2206, 2303, 2334, 2354, 2355, 2357, 2365, 4427, 7084 à 7124.

ABBEVILLE, *Commerce*, 906, 944, 983, 2241, 2242, 4971, 4972, 6256, 6334, 6971, 6999 à 7083, 7780.

ABBEVILLE, COUVENTS D'HOMMES.
— *Capucins*, 4088.
— *Carmes*, 6677, 6678.
— *Chartreux*, 922, 6252, 6682 à 6692.
— *Commanderie*, 637, 6693.
— *Cordeliers*, 6694, 6695.
— *Jacobins*, 4119, 6698 à 6702.
— *Minimes*, 6187, 6705 à 6710, 12087.
— *Prieuré de Saint-Pierre*, 6128, 6320, 6325, 6711 à 6717.

ABBEVILLE, COUVENTS DE FEMMES.
— *Berteaucourt*, 6675, 6676.
— *Carmélites*, 627, 6679 à 6681.
— *Madeleine*, 6704.
— *Minimesses*, 6708.
— *Saint-Joseph*, 6710.
— *Sœurs blanches*, 6703, 11238, 11317, 12055.
— *Sœurs grises*, 6696, 6697.
— *Ursulines*, 6718.
— *Villancourt*, 6370, 6719, 6720.
— *Visitation*, 6721, 6722.

ABBEVILLE, EGLISES.
— *St-Vulfran et son Chapitre*, 389, 4101, 6086, 6264, 6320, 6325, 6396, 6398, 6581 à 6625, 6629 à 6634, 6641 à 6644, 6653, 6654, 6661, 7211 à 7217, 7426.
— *St-André*, 6625, 6626, 6725, 6894, 6895.
— *St-Eloy*, 6627.
— *St-Georges*, 6065 à 6068, 6247, 6628 à 6638, 6881, 6883 à 6885.
— *St-Gilles*, 6421, 6611, 6639 à 6651, 6898, 12082.
— *St-Jacques*, 6652, 6887 à 6890, 11944.
— *St-Nicolas*, 6653, 6654.
— *St-Paul*, 6652, 6662.
— *St-Sépulcre*, 6422, 6627, 6663 à 6674.
— *Ste-Catherine*, 6224.
— *N.-D. de la Chapelle*, 6655 à 6660, 6897, 9478, 9479, 9507 à 9510.
— *N.-D. du Châtel*, 6661.

ABBEVILLE, *Faubourgs*, 262, 269, 6655 à 6660, 6682 à 6692, 7146, 7174 à 7186, 9537 à 9547.

ABBEVILLE, *Hagiographie*, 10148 à 10158, 10420 à 10441.

ABBEVILLE, *Hospices et Bureau de Bienfaisance*, 6319, 6327, 6421, 6598, 6798 à 6825.

ABBEVILLE, *Industrie*, 2188, 2529, 2532, 2542, 6944 à 6998.

ABBEVILLE, *Instruction publique*, 780, 1028, 6247, 6271, 6316, 6319, 6395 à 6414, 6421 à 6434, 6643, 6928 à 6930, 7012, 11906.
ABBEVILLE, *Maisons*, 6750 à 6757, 9598, 9834, 9937.
ABBEVILLE, *Marchés et Foires*, 6435 à 6465, 7107.
ABBEVILLE, *Navigation*, 2050, 2083. 2151 à 2154, 2158, 2172, 2173, 2184, 2185, 2187, 2188, 2190, 2192, 2193, 2198, 2200, 2201, 2206, 2208, 2211, 2213 à 2217, 2222, 2223, 2226, 2229, 2230, 2242 à 2244, 7056, 7057, 7063, 7064.
ABBEVILLE, *Numismatique*, 384, 387, 389, 395, 406, 411.
ABBEVILLE, *Police*, 6443 à 6449, 6451, 6453, 6456, 6463.
ABBEVILLE, *Société d'Emulation*, 249, 251, 6826 à 6879, 8002, 8101, 10872.
ABBEVILLE, *Sociétés diverses*, 2446, 2447, 2458, 2459, 6248, 6418 à 6420, 6881 à 6943.

ABLAINCOURT, 9058, 9059, 11937.
ACHEUX, (Doullens), 1271, 8026, 8027.
ACHEUX, (Moyenneville), 7477, 7547 à 7551, 7868.
ACHIET, 2311, 2312, 2314, 2315.
ACQUET, 10674, 10675.
ACON, (le pré d'), 5881.
AGNIÈRES, 348, 5912.
AIGNEVILLE, 636, 1976, 2430.
AILLY-LE-HAUT-CLOCHER, 5240, 6010, 7218, 7281.
AILLY-SUR-NOYE, 417, 8291 à 8296, 8369, 11657.
AILLY-SUR-SOMME, 123, 5833, 5834.
AIRAINES, 611, 987, 2333, 2338 à 2340, 2342, 5628, 5682 à 5692, 6094, 7652, 11995.
AISNE (Dépt de l'), 270, 368, 416, 598, 1040, 2429, 2607, 4719.
AIX-EN-PROVENCE, 410.
AIZECOURT-LE-HAUT, 8895, 8896, 11877.
ALBERT, 57, 402, 411, 420, 928, 1684, 5971, 8055, 8938 à 8978, 8993, 9002, 11233, 11392.
ALLAINES, 8897 à 8901.
ALLENAY, 7373, 9366.
ALLERY, 6086, 7502 à 7505, 7515.
ALLONVILLE, 378, 2420, 5211 bis, 5212, 5543, 5545, 5547.
AMBLENY, 5935.
AMBLETEUSE, 67. —
AMIÉNOIS, 625, 653.

AMIENS

AMIENS, 39, 44, 46, 47, 57, 58, 64, 65, 80, 93, 101, 103, 118, 139, 142, 170, 175, 195, 207, 210, 240, 254 à 256, 258, 268, 293, 316, 337, 340, 347, 359, 369, 370, 433, 487, 499, 525, 534, 535, 550, 611, 627, 636, 656, 658, 659, 661, 680 à 682, 714, 770, 772, 775, 780, 786, 909, 951, 952, 979 à 981, 987, 1386, 1387, 1651, 2117, 2142, 2158, 2172, 2186, 2198, 2213, 2216, 2217, 2246 à 2279, 2289 à 2310, 2331 à 2337, 2366 à 2368, 2431 à 2433, 2436, 2437, 2439 à 2441, 2443, 2444, 2448, 2566, 2574, 2581, 2583, 2587, 2589, 2590, 2648 à 5211, 4720, 5412, 5470, 6181, 7301, 7302, 7751.

AMIENS ABBAYES.
— *St-Acheul*, 627, 3674, 3790 à 3795, 3801, 3929 à 3954, 4064 à 4067, 4713, 5216, 5217, 5366, 5976, 7564 à 7567, 8303 à 8309, 8381 à 8389, 10489, 10507, 10508.
— *St-Jean*, 724, 953, 1027, 1415, 3848, 3852, 3883, 3884, 3911, 4120 à 4128, 5216, 5240, 5596, 5597, 5600, 5960, 5961, 8022 à 8024, 8110, 8111, 11410.
— *St-Martin-aux-Jumeaux*, 376, 393, 3790 à 3795, 3801, 4035 à 4072, 4099, 5218, 5709 à 5711, 8072 à 8076.

AMIENS, *Académie*, 3, 84, 85, 100, 316, 449, 461, 471, 780, 812, 2088, 2136, 2137, 2253, 2269, 2415, 2731, 2900, 3043, 3044, 3359, 4104, 4105, 4657, 4703, 7392, 10601.
AMIENS, *Archéologie*, 102, 106, 179, 252, 254 à 256, 262, 265 à 268, 276, 300, 302, 304, 310, 337, 2648 à 2676, 3914, 4778 à 4780, 4783, 4786 à 4788, 5206, 5207.
AMIENS, *Bibliothèque*, 724, 2712, 2715, 4264 à 4272, 7397, 7398.
AMIENS, *Biographies*, 10884, 10886 à 10891, 10895 à 10909, 10914, 10923, 10937 à 10941, 10969, 10970, 10985 à 10987, 10990 à 11003, 11012, 11034, 11037, 11041, 11043, 11052, 11085 à 11087, 11092, 11108 à 11113, 11136, 11138, 11179, 11180, 11184 à 11187, 11193 à 11202, 11211, 11215, 11216, 11218, 11236, 11237, 11239 à 11248, 11250, 11254, 11265, à 11269, 11271, 11285, 11293, 11294, 11300 à 11302, 11314 à 11316, 11319 à 11346, 11352 à 11361, 11381 à 11383, 11385, 11390 à 11392, 11548 à 11551, 11555 à 11560, 11566, 11569 à 11622, 11624 à 11631, 11633 à 11637, 11645, 11656, 11659, 11674, 11677, 11683, 11700, 11702 à 11706, 11724, 11753, 11755, 11757, 11758, 11761, 11817 à 11825, 11828, 11829, 11862, 11863, 11874 à 11876, 11878, 11916, 11940 à 11942, 11995, 12005, 12011 à 12049, 12054, 12071, 12104, 12106, 12121 à 12125, 12127 à 12134, 12136, 12148, 12168, 12173 à 12181, 12188, 12189, 12205 12218 à 12256, 12261 à 12264.

AMIENS, *Chambre et Tribunal de Commerce*, 780, 2072, 2163 à 2166, 2197, 2200, 2302, 2553, 2555, 5076 à 5112, 7054, 7055.
AMIENS, *Commerce*, 906, 914, 2151 à 2154, 2222, 2223, 2227, 2228, 2234, 2235, 2492, 3207, 4854 à 4857, 4971 à 5051, 7019, 7780.
AMIENS, *Coutumes*, 1203 à 1206, 1211 à 1242, 1251, 4606.
AMIENS, COUVENTS D'HOMMES :
— *Augustins*, 3931 à 3940, 4058 à 4070, 4074 à 4086, 4182.
— *Capucins*, 4088 à 4091.
— *Carmes*, 4092 à 4098.
— *Célestins*, 627, 4099 à 4103, 4614, 5226 à 5228, 7657, 8300.
— *Cordeliers*, 3914, 4104 à 4107.
— *Jacobins*, 4108 à 4119.
— *Jésuites*, 3941 à 4034, 4114, 4115, 5254, 8983.
— *Lazaristes*, 3902, 4130 à 4145.
— *Minimes*, 4129.
AMIENS, COUVENTS DE FEMMES :
— *Carmélites*, 4146 à 4165.
— *Clarisses*, 4166 à 4172.
— *Filles pénitentes*, 2525.
— *Franciscaines*, 3887. 4191.
— *Louvencourt*, 4173, 4174.
— *Moreaucourt*, 8022 à 8024.
— *Paraclet*, 4175 à 4185, 5593, 7533.
— *Providence*, 953, 3910, 4187, 4188.
— *St-Julien*, 4189, 4190.
— *Sœurs grises*, 4192.
— *Ursulines*, 4193 à 4200.
— *Visitation*, 4201 à 4257, 9101.
AMIENS, EGLISES :
— *Cathédrale*, 64, 2927, 2930, 2950, 3579 à 3713, 3829, 3830, 3955, 4084, 4087, 4101, 6592, 11095, 12183.
— *Chapitre de la Cathédrale*, 1110, 1321, 2000 à 2002, 3135, 3207 à 3230, 3714 à 3842, 3897, 3900, 4036 à 4038, 4055, 4614, 4617, 4713. 5220 à 5286, 5241, 5313, 5377, 5378, 5476, 5477, 5695, 5767, 5768, 5862, 5863, 5974, 5988 à 5995, 7431, 8033, 8381 à 8385, 8387, 8438 à 8446, 8069, 9111, 12222.
— *St-Firmin à la Porte*, 3884, 3848, 4121, à 4123.
— *St-Firmin en Castillon*, 3824 à 3828, 3845 à 3848.
— *St Firmin le Confesseur*, 3819 à 3855, 4101, 7482, 7483, 8983, 11707.
— *St-Germain*, 3103, 3856 à 3863, 4058, 4121 à 4123, 10278, 10279, 11103, 12167.
— *St-Honoré*, 3864, 3865, 3889, 3904, 3905.
— *St-Jacques*, 3866 à 3879, 11036, 11299.

AMIENS, EGLISES :
— *St-Laurent*, 3880 à 3882.
— *St-Leu*, 2944, 3860, 3883 à 3890, 3955, 4046, 4055, 4799.
— *St-Martin*, 3891 à 3895, 4072, 11641.
— *St-Maurice*, 3897.
— *St-Michel*, 3898, 3899, 4639.
— *St-Nicolas*, 3898 bis à 3903, 3955, 4101, 5496, 7441.
— *St-Pierre*, 3904 à 3907.
— *St-Remy*, 953, 3835, 3860, 3908 à 3920, 4609, 4616, 6680, 9963.
— *St-Sulpice*, 3921, 3922.
AMIENS, *Faubourgs*, 3478 à 3482, 3933, 3934.
AMIENS, *Hospices et Bureau de Bienfaisance*, 2525, 3910, 4059 à 4062, 4101, 4573, 4602 à 4655, 7558, 10888.
AMIENS, *Industrie*, 2515, 2519, 2532, 2542, 2556, 2558 à 2561, 4890 à 4970, 6961, 6963.
AMIENS, *Jardin botanique*, 143, 4586, 4587, 11699.
AMIENS, *Lycée et Collège*, 780, 2722, 4537 à 4570, 5213, 5868, 5957, 11284, 11565.
AMIENS, *Musée*, 2559 à 2561, 2648, 3651, 4285 à 4330.
AMIENS, *Notre-Dame du Puy*, 627, 3601, 3663, 4801 à 4811.
AMIENS, *Numismatique*, 376, 381, 383, 388, 390, 391, 396, 398 à 400, 402, 403, 407, 409 à 411.
AMIENS, *Rues, Places, Maisons*, 3525, 3566 à 3578, 4107, 4258, 4336 à 4371.
AMIENS, *Siège d'Amiens*, 525, 534, 535, 627, 2796 à 2841.
AMIENS, *Société des Antiquaires de Picardie*, 372, 414, 415, 453, 540, 573, 2644, 3035, 3053, 4704 à 4719, 4776 à 4788.
AMIENS, *Société linnéenne*, 189 à 191, 4751 à 4757.
AMIENS, *Sociétés diverses*, 2448 à 2453, 2461 à 2463, 4720 à 4759, 4768, 4775, 4784, 4785, 4789 à 4891, 11070.
AMIENS, *Théâtre*, 568, 3006, 3012, 3094 à 3097, 3104, 3105, 3107, 3109, 3531, 4258, 4331 à 4335, 11607.
AMIENS, *Tribunaux*, 780, 1196, 1197, 2478, 4372 à 4440, 5328, 5329, 6784, 11342.
ANCHIN, *Abbaye*, 5507 à 5512, 5514, 5515, 7963 à 7970.
ANCONNAY, 7420.
ANDAINVILLE, 5621.
ANDECHY, 8253 à 8257, 10825.
ANDELYS (Les), 6060.
ANGUILLAUCOURT, 8453.
ANSENNES, 7166, 7472.
ANTHEUIL, 5499.

ANVERS, 12047.
APPLAINCOURT, *fief*, 7576.
ARDRES, 914, 959, 3464, 12088.
ARGIE, 5649 à 5651.
ARGŒUVES, 1322, 5213 à 5217, 5241, 10744.
ARGOULES, 925, 950, 7632 à 7642, 7728.
ARGUEL, 611, 5621, 5627, 5628.
ARMANCOURT, 8120, 8284.
ARRAS, 14, 17, 48, 2247, 2248, 2252, 2338, 2339, 2348, 2368, 5061, 5968, 6333, 7956, 7958, 8322, 8904, 8924, 8925, 8988, 9036, 9061, 9107, 9122, 9123, 9276 à 9278, 11007.
ARREST, 7581, 7832.
ARROUAISE, 8064, 9209.
ARRY, 7643, 7694, 7695, 7699, 9388.
ARTOIS, 2, 18, 38, 44, 329 à 331, 365, 452, 600, 607, 608, 635, 653, 721, 806, 815, 891, 904, 944, 1154, 1206, 1223, 1251, 2135, 2376, 2377, 2495, 2497, 2500, 2501, 2512, 2514, 2520 a 2522, 2524, 2530, 2534, 2602, 2604, 2614, 5613, 6142, 10645, 10646, 10648, 10659, 10661.
ARVILLERS, 7247, 7248, 8370, 10666.
ASSEVILLERS, 9060, 9067.
ATHIES, 550, 656, 2373, 8643, 9198 à 9206, 10917.
ATTIN, 6032.
AUBERCOURT, 8122, 8395 à 8400, 10666, 10694.
AUBIGNY, 5492, 5497, 5498, 5534 à 5538.
AUCHONVILLERS, 8983, 8984.
AULT, 611, 2098, 2105, 6010, 6028, 6094, 6460, 7326 à 7337, 7373, 7753, 7770, 11046.
AULT (LE HALLE D'), 169, 217, 2074, 2155, 7373 à 7380.
AUMALE, 15, 2570, 4994, 5634, 5635.
AUMATRE, 5721, 6703.
AUMONT, 1303, 5621, 5629.
AUNIS, 1161, 1162.
AUTHEUX (LES), 2886, 10920.
AUTHIE, 8028 à 8030, 10921, 11203 à 11206.
AUTHIE, *rivière*, 87, 100, 165, 711, 2077, 2079, 2090, 2332, 7638, 7670, 7686, 7692, 7721 a 7735.
AUFHIEULLE, 10813.
AUXERRE, 8258, 8259.
AUXI-LE-CHATEAU, 1089, 1293, 2349, 2351 à 2353.
AUXONNE, 10195, 10206.
AVELUY, 5606, 5607, 8985, 8986, 10686, 10708.
AVESNES, *fief*, 8428.
AVESNES-CHAUSSOY, 5680, 5722, 10714, 11072.
AVIGNON, 10556, 11889.
AVRE, *rivière*, 3314, 3577.
AZINCOURT, 67, 7407.

B

BACHIMONT, 7181, 7182.
BACOUEL, 5366, 10687.

BACQUENCOURT, 10651.
BAGNEUX, 8022 à 8024.
BAILLEUL, 7506, 9854, 10924 à 10931.
BAILLEUL-SUR-EAULNE, 10928.
BAINAST, 10641.
BAISIEUX, 5539, 5540.
BAPAUME, 48, 796, 797, 868, 2314, 8934.
BAR-LE-DUC, 10691.
BARLEUX, 8902, 8903, 9039, 11756.
BARLY, 7978 à 7980.
BAS-OZERAIN,, *ferme*, 8301.
BAS-RHIN (Dép^t du), 53.
BAYENCOURT, 8031.
BAZANCOURT, 8934.
BAZENTIN-LE-GRAND, 11708 à 11721.
BAZINCOURT, 9276 à 9278.
BÉALCOURT, 8069, 11036.
BEAUCAMPS-LE-JEUNE, 348, 5630 à 5632.
BEAUCAMPS-LE-VIEUX, 5621, 5633 à 5638, 5734, 7484.
BEAUCHAMPS, 7460.
BEAUCOURT-ED-SANTERRE, 10666.
BEAUCOURT-HAMEL, 1316, 8987.
BEAUFORT-EN-SANTERRE, 627, 8431, 8432.
BEAUGENCY, 1018.
BEAUMONT-SUR-OISE, 4713.
BEAUPRÉ, *fief*, 5856.
BEAUQUESNE, 324, 656, 1197, 1211 à 1215, 1218, 1220, 1226, 1227, 1231, 2679, 4498, 7981, 7982.
BEAUVAIS, 58, 2142, 2247, 2306 à 2310, 2605, 2748, 2752, 2790, 3586, 3617, 3831, 3832, 7799, 8152, 8200, 12207 à 12210.
BEAUVAISIS, 625, 1197, 1211 à1215, 1226, 1231.
BEAU VAL, 627, 7916, 7983 à 7996, 9116.
BEAUVOIR, 87.
BEAUVOIR, *fief*, 5983 à 5985.
BEAUVOIR-RIVIÈRE, 8070.
BEAUVOIS, 5305, 9233.
BÉCOURT, 10640.
BECQUEREL-LÈS-RUE, 7694, 7700.
BECQUIACOURT, 9023.
BEHEN, 7552, 7553.
BEHENCOURT, 5952.
BELGIUM, 3.
BELIANCOURT, 7229.
BELLEUSE, 1301, 10838.
BLLIIFONTAINE, 6096, 10710.
BELLOY-SAINT-LÉONARD, 5639.
BELLOY-SUR-SOMME, 611, 1340, 5835 à 5842, 7472.
BERCK, 925, 950.
BERGICOURT, 5914,
BERNAPRÉ, 968, 5621, 5723.
BERNAVILLE, 611, 1089, 1090, 6013, 8066 à 8068, 11251.
BERNEUIL, 8090.

BERNIEULLES, 5945, 10722.
BERNY-EN-SANTERRE, 9061.
BERNY-SUR-NOYE, 3824 à 3828.
BERRY, 6062, 6064.
BERSY, 477, 478.
BERTANGLES, 5244, 5953 à 5956.
BERTEAUCOURT-LES-DAMES, 922, 4063, 5709 à 5711, 8091 à 8097.
BERTEAUCOURT-LES-THENNES, 10666.
BERTRANCOURT (Acheux), 11062, --063.
BERTRANCOURT (Oise), 968.
BÉTHARRAM, 11081.
BÉTHENCOURT-SAINT-OUEN, 5867, 8109.
BÉTHENCOURT-SUR-SOMME, 8666, 8667.
BÉTHENCOURT-SUR-MER, 7340.
BÉTHUNE, 2341, 2349 à 2351, 2353, 2356, 2360, 2361, 2365, 2926, 8580.
BETTENCOURT-RIVIÈRE, 5693, 5856, 10776.
BEUVRAIGNES, 8120, 8511, 8583 à 8585.
BEZANCOURT, 12158.
BEZIEUX, fief, 8401.
BIACHES, 8663, 8904 à 8907.
BIARRE, 8586.
BICHECOURT, 5875, 5876.
BIENCOURT (Aisne), 9233.
BIENCOURT (Somme), 5739 à 5742, 10641, 10642, 10690.
BILLANCOURT, 8587 à 8590, 10651.
BLANCHEMAISON, 5624, 5625.
BLANGY-SUR-BRESLE, 7028.
BLANGY-SOUS-POIX, 5913.
BLANGY-TRONVILLE, 2138.
BLERGIES, 968.
BLICOURT, 5634, 4635.
BLINGUES, 7355.
BLOIS, 679.
BOCASELIN, 7381 à 7383.
BOENCOURT (ou BANCOURT), 1327, 5379, 6771, 6776, 6778, 10641, 10739.
BOHAIN, 12084.
BOISBERGUES, 5491.
BOISLE (LE), 7419, 7727, 7728.
BOISMONT, 611, 7833 à 7839.
BOISRAULT (LE), 5621, 5680, 10714.
BOITEAU, 8261.
BONNAY, 5570, 5572 à 5575.
BONNEUIL, 5020.
BONNEVILLE, 8068.
BORDEAUX, 7063, 7064.
BOUCHOIR, 8432 à 8434, 10094, 11017.
BOUFFLERS, 7420, 7421, 10640, 10641, 10699 à 10702.
BOUGAINVILLE, 6094, 7502.
BOUILLANCOURT (Montdidier), 5563, 8122.
BOOUILLANCOURT-EN-SERY, 7461 à 7463, 12081.

BOUILLANCOURT-SOUS-MIANNAY, 7542 à 7546, 7618.
BOULOGNE-LA-GRASSE, 8274.
BOULOGNE-SUR-MER, 58, 61, 316, 347, 359, 369, 370, 627, 649, 775, 944, 1203, 1206, 2246, 2247, 2250, 2263 à 2279, 3464, 6037, 7678, 8093, 10663.
BOULONNAIS, 44, 625, 727, 844, 1203, 2100 à 2104, 6142, 10659, 10664.
BOUQUEMAISON, 2348, 7997, 7998.
BOURBONNAIS, 2397.
BOURDON, 5844, 5845, 10692.
BOURGES, 4076 à 4078, 4392.
BOURGOGNE, 376, 2128, 2130, 2131, 2134, 3273, 5408, 6592, 10660.
BOURSEVILLE, 7341 à 7343.
BOUTAVANT, 968.
BOUTILLERIE-LES-AMIENS, 5195.
BOUTTENCOURT-LES-BLANGY, 6795, 7461 à 7474.
BOUVRESSE, 968.
BOUZINCOURT, 8988.
BOVELLES, 5694, 5695.
BOVES, 627, 2289, 4720, 5255, 5257 à 5273, 5298, 10390, 10641, 11050, 11651. 11915.
BRACHES, 10666, 10960.
BRAILLY-CORNEHOTTE, 1337, 6750, 7422, 7719, 10710.
BRATUSPANTIUM, 320.
BRAY-LES-MAREUIL, 7191, 7192, 9848.
BRAY-SUR-SOMME, 656, 2117, 2143, 2698, 8662, 8666, 8667, 8946, 9008 à 9022, 11101, 11258, 11697, 11698.
BREILLY, 123, 5846, 5847.
BRÊME, 10101, 10103, 10104, 10106, 10127, 10132.
BRESLE, rivière, 11, 19, 126, 127, 160, 2533, 7444.
BRESLE, 5532.
BRETEL, 7833 à 7839.
BRETEUIL, 928, 2311 à 2315, 5020, 5021, 5307, 8333 à 8335.
BREUIL, 8591, 8618.
BRIE, 8644.
BRIMEUX, 925.
BROCOURT, 5621, 5680, 10714.
BROUCHY, 9207, 9208.
BRUTELLES, 10854.
BUCAILLE (LA), 8068.
BUIGNY-SAINT-MACLOU, 6750, 10710.
BUIRE-COURCELLES, 8908 à 8910.
BUS (Acheux), 1337, 8032.
BUS (Montdidier), 8274.
BUSIGNY, 12085.
BUSSUS-BUSSUEL, 7282 à 7284, 7581.
BUSSY-LÈS-DAOURS, 5542 à 5547, 5550, 10391.
BUVERCHY, 10651.

C

CACHY, 169, 5274 à 5279.
CAEN, 7764.
CAGNY, 5218, 5219, 11917.
CAHON, 6092, 7554, 7555.
CAIX-EN-SANTERRE, 8435, 8436, 8455, 10713.
CALAIS, 42, 49, 54, 58, 649, 775, 944, 953, 959, 2247, 2250, 2266, 2494, 2495, 3464, 6133, 7755 à 7758.
CALAISIS, 625.
CAMBRAI, 2311 à 2313, 2315, 2321 à 2324, 2365, 2698.
CAMBRÉSIS, 2521, 2522, 2524, 2530.
CAMBRON, 7193, 7194, 12107.
CAMON, 1136, 5220 à 5222.
CAMPMARTEL, *fief*, 5625.
CAMPNEUSEVILLE, 10796.
CAMPS-L'AMIÉNOIS, 5680, 8391.
CANCHE, 627, 711, 2077, 2079.
CANDAS (LE), 2345, 2346, 8071.
CANNESSIÈRES, 2027, 2028, 5724, 5734, 7484.
CANTIERS, 7467.
CANTIGNY, 8258, 8259.
CAPPY, 656, 8665, 9024 à 9033, 9050, 9069.
CARDONNETTE, 5957.
CAROY, 968.
CARREPUITS, 8592 à 8594.
CASTEL, 8297, 8298.
CASTILLE, 6999.
CATELET (LE), 9141.
CATIGNY, 7832.
CAUBERT, 7207 à 7209.
CAULAINCOURT, 9233.
CAUREL (LE), *fief*, 7434, 7435.
CAUROY-LES-TOURS, 7570.
CAUX (PAYS DE), 81.
CAUX-LHEURE, 7195 à 7197, 7252, 7253.
CAVRON, 10796.
CAYEUX-EN-SANTERRE, 8455, 10666.
CAYEUX-SUR-MER, 212, 585, 2097, 2606, 6028, 6039, 7374, 7378, 7379, 7760 à 7762, 7772, 7840 à 7853, 10854, 11090, 11280, 11281.
CERCAMP, 7997.
CERISY-BULEUX, 12182.
CERISY-GAILLY, 12161.
CERTEMONT, 8450, 8451.
CHAISES (LES), 5366.
CHALONS-SUR-MARNE, 878, 901, 1204, 4392, 4402.
CHAMPAGNE, 31, 670, 712, 713, 716, 721, 841, 842, 873, 875, 876, 882, 883, 888, 892, 893, 900, 1021, 1153, 2490, 2491, 2547, 10664.
CHAMPIEN, 644, 8594, 8596, 10651.
CHARENTE, 2132, 2134.
CHARLEVILLE, 944.
CHARTRES, 2783.

CHATEAU-LANDON, 5392.
CHATEAUNEUF-LES-QUEND, 7706, 7707.
CHATELAIN, *fief*, 5678.
CHAULNES, 644, 2314, 2321, 2325, 5240, 5243, 5248 à 5253, 9051 à 9057, 10680, 11800 à 11810.
CHELLES, 304.
CHEPY, 5713, 5762, 9310, 10641, 10642, 10746, 11760.
CHER, 187.
CHEVREUSE, 10680.
CHILLY, 8437.
CHINON, 6041.
CHIPILLY, 7965, 7968, 7969.
CHIRMONT, 8329.
CITERNE, 7507, 7508.
CLAIRY-SAULCHOY, 5320.
CLERFAY, *abbaye*, 8061, 8065.
CLERMONT, 58, 11419.
CLÉRY-SUR-SOMME, 8911 à 8914, 8934, 9276 à 9278.
COCQUEREL, 7285 à 7291, 11865, 11866.
COISY, 5244, 5958, 8020.
COLINCAMPS, 8033, 8049.
COLLINE-BEAUMONT, 7728.
COLOGNE, *rivière*, 2313.
COMBLES, 644, 8796, 9112 à 9114, 9121, 10691, 11638.
COMPIÈGNE, 714, 868, 1888, 3837, 5890, 6032, 6037, 6041, 8190, 8261, 8271, 9024, 9025, 9183, 11379, 11695.
CONCHIL-LE-TEMPLE, 925, 950.
CONDÉ-FOLIE, 184, 5680, 5856, 5886, 5887, 10714.
CONDOM, 7842, 7844.
CONTALMAISON, 2398, 8989.
CONTAY, 348, 5959, 12101.
CONTEVILLE, 6060.
CONTOIRE, 10666.
CONTY, 611, 2297, 2298, 2300, 2301, 2304, 5317 à 5365, 5384, 5688, 11115, 11921.
CORBIE.
 — *Abbaye*, 595, 1531, 1538, 5275 à 5278, 5305, 5376, 5402, 5415, 5417 à 5527, 5534 à 5537, 5558, 5602, 5606, 5607, 5766, 5774, 5776 à 5778, 5780 à 5783, 5787, 5788, 5790 à 5792, 5794, 5799, 5800, 5806, 5809, 5810, 5968, 5983 à 5985, 7963 à 7969, 9209.
 — *Biographies*, 10911, 11011, 11117 à 11119, 11219, 11567, 11568, 11623, 12092 à 12098, 12146.
 — *Hagiographie*, 10064 à 10075, 10078 à 10081, 10164 à 10210, 10271 à 10276, 10328 à 10345, 10450 à 10453, 10528 à 10530.

CORBIE.
— *Eglises*, 5528 à 5532, 5556, 5557, 8022 à 8024, 8034, 8099, 8274, 8299 à 8301, 9016, 11115, 11425.
— *Hôtel-Dieu*, 627, 5533, 5437.
— *Numismatique*, 392, 401, 402, 411, 412, 417.
— *Ville*, 474, 611, 644, 656, 987, 1271, 2117, 5385 à 5438, 5570, 5572, 5573, 5575, 5578 à 5580.
CÔTE D'OR, 2795.
COTTENCHY, 348, 3706, 5269, 7533.
COUCY, 627.
COULLEMELLE, 8299 à 8301, 10570.
COURCELLES-SOUS-MOYENCOURT, 5915 à 5917.
COURSE, *fief*, 8420.
COURTEMANCHE, 10651.
CRAMONT, 636.
CRÉCY, 67, 190, 550, 609, 611, 636, 6010, 6458, 6460, 7386 à 7418, 7695, 7699, 11183, 11762 à 11764.
CRÉMERY, 8595, 10651.
CRÉPY-EN-VALOIS, 8428, 12164, 12165.
CRESSY-OMANCOURT, 8596, 9249, 10651.
CRÉVECŒUR (Oise), 2301, 2542, 5634, 5635.
CROIXRAULT, 2470, 5918, 12058.
CROQUOISON, 5739.
CROTOY (LE), 193, 611, 983, 2050, 2057, 2083, 2156, 2161, 2172, 2201, 6028, 6086, 6142, 6662, 6806, 6999, 7000, 7586, 7587, 7617, 7644 à 7676, 7694, 7699 à 7701, 7746.
CROUY, 5848 à 5861, 10724 à 10729.
CUMONT, 5727, 10801.
CURCHY, 8597 à 8599, 8606, 8607, 8643.

D

DAMERY, 8255, 8511.
DANCOURT, 8120.
DAOURS, 2138, 5534 à 5537, 5541 à 5553.
DAUPHINÉ, 6168, 6169.
DAVENESCOURT, 8260 à 8270, 8393, 8394, 10755, 10761.
DEMUIN, 577, 581, 8371 à 8380, 10666, 11733 à 11735.
DERNANCOURT, 8990, 8991.
DEVISE, 373.
DIF, 7261.
DIEPPE, 2341, 2349, 2353, 2357, 6590, 11045, 11046.
DIEPPEDALLE, 7764.
DIJON, 55, 2366, 2367.
DOINGT, 2322, 8915, 8916.
DOMART-EN-PONTHIEU, 324, 353, 553, 609, 611, 637, 2343, 5844, 6083, 7269, 7432, 7988, 8084 à 8089.
DOMART-SUR-LA-LUCE, 8381 à 8390, 10666.
DOMINOIS, 925, 950, 1317, 7423, 7424, 7727, 7728.
DOMMARTIN, *abbaye*, 925, 6037, 6040, 6609, 7679, 8083.
DOMPIERRE-EN-SANTERRE, 9062, 9063.
DOMPIERRE-SUR-AUTHIE, 925, 7425, 7727, 7728.
DOMQUEUR, 324, 7292, 7293, 7295.
DOMVAST, 7573.
DOUAI, 2247, 2365, 2692, 2693.
DOUDELAINVILLE, 5197, 11076.
DOUILLY, 9209 à 9213, 12137, 12138.
DOULAINCOURT, 8261.
DOULLENS, 536, 611, 636, 637, 656, 915, 973, 987, 1196, 1211 à 1215, 1218, 1220, 1226, 1227, 1231, 1243, 1291, 2331 à 2340, 2342 à 2344, 2347, 2348, 2454, 2532, 4713, 7870 à 7937, 8002, 8381 à 8385, 8387, 11263, 11264, 11517, 12110 à 12116, 12214, 12215.
DOURIER, 7728.
DOUVIEUX, 9217.
DRANCOURT, 7810.
DREUIL-HAMEL, 5683, 7509, 10816.
DREUIL-LÈS-MOLLIENS, 5696.
DROMESNIL, 5621.
DRUCAT-PLESSIEL, 6056, 7198, 11010, 11768 à 11787.
DUNKERQUE, 42, 2250, 2266, 2495.
DURY, 5280, 5320.

E

EAUCOURT-SUR-SOMME, 163.
ECLUSIER-VAUX, 9034 à 9036, 9038, 9050, 9276 à 9278.
ELINCOURT, 5498.
EMBREVILLE, 5924, 9371.
ENGLEBELMER, 8997.
ENNEMAIN, 538, 9214, 11203.
EPAGNE, 627, 2474, 7199 à 7202, 10854.
EPAGNETTE, 7202, 7211.
EPAUMESNIL, 5725.
EPECAMPS, 8072 à 8077.
EPEHY, 2313, 2329, 9284 à 9286.
EPLESSIER, 5919.
EPPEVILLE, 10651.
ERCHEU, 368, 8600, 9201, 11350.
ERGNIES, 611, 7294 à 7297.
ERONDELLE, 7516.
ERVELOY, 7478.
ESCARBOTIN, 7348 à 7352.
ESCLAINVILLERS, 8302 à 8310, 8329.
ESLENCOURT, 968.
ESMERY-HALLON, 9215, 12052.
ESSERTAUX, 644, 5375, 8990, 8991, 11641.
ESTOUILLY, 9164, 9186, 9188.

ESTOUTEVILLE, 8007, 8009.
ESTOUVY, 5025, 5894.
ESTREBŒUF, 6093, 7859, 7860.
ESTRÉES-DENIÉCOURT, 9064.
ESTRÉES-EN-CHAUSSÉE, 5293, 9109.
ESTRÉES-LES-CRÉCY, 7426, 12056, 12057.
ESTRUVAL, 7437.
ETALON, 8601, 8606, 10709.
ETAPLES, 2368.
ETELFAY, 8120.
ETERPIGNY, 8917, 8918.
ETINEHEM, 644.
ETRICOURT, 9120.
EU, 2349, 2358 à 2365, 2538, 2546, 6153, 6962, 7334, 7379, 11082.
EURE, 773.
EVOISSONS, *rivière,* 5322.

F

FALVY, 9261 à 9266, 10802.
FAMECHON, 2304, 5239, 5648, 5920 à 5922.
FAUVI, *fief,* 5625.
FAVEROLLES, 8120, 8122, 8271 à 8273.
FAVIÈRES, 7663, 7665, 7695, 10641.
FAY-EN-SANTERRE, 9065 à 9068, 10734.
FAY-FRETTECUISSE, 5734, 9484.
FAY, *fief,* 8112.
FAY, à THIEULLOY-L'ABBAYE, 5661.
FÉCAMP, 10414 à 10416.
FERRIÈRES, 5320, 5862, 5863.
FERVACQUES, *abbaye,* 9659.
FESCAMPS, 8120, 8274.
FERTEL (LE), 5727.
FEUILLAUCOURT, 644.
FEUILLIÈRES, 8919.
FEUQUIÈRES-EN-VIMEU, 611, 7556, 7557.
FEUQUIÈRES (Oise), 2518, 5634, 5635.
FIEFFES, 8068 à 8098.
FIENNES, 7363, 7364.
FIENVILLERS, 2343.
FIEULAINES, 10720.
FIGNIÈRES, 11093, 11530.
FILESCAMPS, 10666, 10952.
FINS, 2315, 9287, 9288.
FLAMICOURT, 368.
FLANDRE, 38, 600, 635, 721, 868, 891, 900. 914, 976, 1154, 2099 à 2104, 2135, 2424, 2495, 2497, 2501, 2512, 2514, 2520 à 2522, 2524, 2530, 2547, 2604, 2614.
FLANDRE-LÈS-RUE, 7694, 7700.
FLAUCOURT, 8644.
FLERS (Combles), 1306.
FLERS-SUR-NOYE, 5320, 11013.
FLESSELLES, 348, 5960 à 5962, 10641.
FLESSEROLLES, 5951.
FLEURON, *fief,* 7184.

FLEZ, 9217.
FLIXECOURT, 348, 611, 5536, 5864 à 5871, 10680, 10776, 11425.
FLUY, 4390, 5697, 6094.
FOLIES, 2471, 8438 à 8446.
FOLLEVILLE, 627, 4720, 8310 à 8317, 8329, 10641, 10735.
FONCHETTE, 8450, 8597, 8606.
FONTAINE-LES-CAPPY, 9069, 9070.
FONTAINE-LE-SEC, 5726.
FONTAINE-NOTRE-DAME, 10720.
FONTAINE-SOUS-CATHEUX, 3836.
FONTAINE-SOUS-MONTDIDIER, 5563, 5717, 8249, 8275, 8336, 8337.
FONTAINE-SUR-MAYE, 7426 à 7429, 11022.
FONTAINE-SUR-SOMME, 177, 345, 611, 6086. 7510 à 7512, 7515, 10641.
FORCEVILLE (Acheux), 2380.
FORCEVILLE (Oisemont), 10736.
FORESTMONTIERS, 928, 6400, 7574, 11767, 12147.
FORGES, 2297.
FORMERIE, 783.
FORTEL, 925.
FORT-MAHON, 7712, 7713.
FOSSEBLEUET, 5916.
FOSSEMANANT, 10922.
FOUCAUCOURT-EN-SANTERRE, 9071, 9072.
FOUENCAMPS, 5281.
FOUILLOY, 1211 à 1215, 1218, 1220, 1226, 1227, 1231, 5385, 5390, 5415, 5502 à 5505, 5537, 5554 à 5559, 6604, 8020, 10101 à 10132, 10548, 10549, 11427 à 11430.
FOUQUESCOURT, 8452.
FOURCIGNY, 5923.
FOURDRINOY, 5872, 7438, 7439.
FRAMERVILLE, 644, 9073, 9111, 10614.
FRAMICOURT, 7475.
FRAMICOURT, *fief,* 8602.
FRANCHE-COMTÉ, 10187, 10207.
FRANCIÈRES, 1334. 12216.
FRANLEU, 7861.
FRANQUEVILLE, 324, 8068.
FRANSART, 8447 à 8452.
FRANSURES, 5320, 10641.
FRANVILLERS, 11181.
FRÉCHENCOURT, 5963.
FRÉMONTIERS, 5367, 5920.
FRESNE-MAZANCOURT, 9074, 9075.
FRESNEVILLE, 5621, 5680, 5727. 5728, 10714.
FRESNOY-ANDAINVILLE, 5621.
FRESNOY-EN-CHAUSSÉE, 8391, 10666, 12105.
FRESNOY-LES-ROYE, 8602, 8603.
FRESSENNEVILLE, 5669, 7344 à 7346.
FRETTECUISSE, 5722, 5729.
FRETTEMEULE, 636.

FRETTEMOLLE, 968.
FRÉVENT, 2331 à 2333, 2337, 2349, 2352.
FRICAMPS-LE-VIAGE, 3835, 5239, 5924 à 5927, 7558, 9005, 9006, 10691.
FRICOURT, 8992, 8993.
FRISE, 8665, 9036, 9050, 9276, 9277.
FRIVILLE-ESCARBOTIN, 7346 à 7352.
FROCOURT, 5935 à 5939.
FROIDEVILLE, 7355.
FROISSY, 2145, 2146.
FRUCOURT, 5197.

G

GAMACHES, 611, 636, 2340 à 2347, 2352, 2593, 6010, 6086, 6460, 7293, 7371 à 7377, 7442, 7445 à 7459, 7542, 7543, 7515, 7760, 7761, 7765, 10640, 10740, 10741, 11207, 11219, 11544 à 11547, 11812, 12211 à 12213.
GAND, 10170, 10179.
GANNES, 2321 à 2324.
GAPENNES, 324, 10739.
GARD (LE), abbaye, 5849 à 5851.
GAUDECHART, 5563.
GENERMONT, 9074, 9075.
GENTELLES, 5276, 5282.
GERBEROY, 2779, 8152.
GISORS, 6060.
GLISY, 4605, 5283 à 5288.
GOLLENCOURT, 9146.
GONNET, fief, 5593.
GORENFLOS, 7293.
GOURNAY-EN-BRAY, 10303, 10305, 10306.
GOUY L'HOPITAL, 5621, 5640 à 5643.
GOYAVAL, 8068.
GOYENCOURT, 8460, 8004, 8622, 11935, 11936.
GRANDCOURT, 1307, 8994.
GRAND RULLECOURT, 1321.
GRANDVILLIERS, 2300, 2301, 2304, 2518, 2542, 5634, 5635.
GRANVILLE, 6171.
GRATIBUS, 5563.
GRATTEPANCHE, 324, 5289, 5320.
GRAVAL, 5547.
GREBAULT, 6803, 7558.
GRÉCOURT, 9267, 10651.
GRIVESNES, 8318, 8319, 9062.
GRIVILLERS, 8120, 8276, 8283.
GROFFLIERS, 925, 950.
GROUCHES, 10641, 10642, 10746, 10813.
GRUNY, 8605.
GUERBIGNY, 8277, 8278, 8497.
GUESCHART, 7430.
GUEUDECOURT, 1306, 9126.
GUIBERMESNIL, 5621, 5644.
GUILLAUCOURT, 8453.

GUIGNEMICOURT, 5320.
GUINES, 10663.
GUISCARD, 2374.
GUISE, 5501.
GUISY, 5376.
GUYENCOURT, 1341, 5290, 5291.
GUYENNE, 1161, 1162.

H

HAILLES, 10942.
HAINAUT, 721, 900, 914, 976, 1154, 2497, 2501, 2521, 2522, 2524, 2530, 2547.
HAINEVILLE, 5707.
HAISNES, 10472.
HALLENCOURT, 6010, 7496 à 6501, 10641, 11944.
HALLEUE, 968.
HALLIVILLERS, 5640, 5648.
HALLU, 9108, 11074, 11075.
HALLUE (L'), 797, 2332, 2335, 2336.
HAM, 67, 529, 547, 548, 550, 609, 644, 796, 987, 2117, 2289, 2292 à 2295, 2373, 2913, 2914, 8643, 9127 à 9197, 9226 à 9230, 10414 à 10417, 10641, 10749, 10750, 11439 à 11516, 11561, 11993, 11994, 12195 à 12204.
HAMBOURG, 10101 à 10104, 10106, 10127, 10132.
HAMEL-LÈS-CORBIE, 247, 5326, 5536, 5537, 5558, 5559, 10641, 10652, 10751 à 10753.
HANGARD, 7691, 8382 à 8387, 10666.
HANGEST-EN-SANTERRE, 8264, 8392 à 8394, 9079, 10640 à 10642, 10666, 10761, 11255, 11654, 11655, 12080.
HANGEST-SUR-SOMME, 1307, 2310, 2342, 5845, 5873 à 5878, 11924, 11925, 12161.
HANTECOURT, 6803.
HAPPEGLENNE, 8396 à 8400, 10676.
HARAVESNE, 925.
HARBONNIÈRES, 8454 à 8458, 9079, 11299.
HARCELAINE, 7477.
HARDECOURT-AUX-BOIS, 9116 à 9118.
HARDINVAL, 7916.
HARDIVILLERS, 2542.
HARFLEUR, 6999, 7003.
HARGICOURT, 8279, 8280.
HARPONVILLE, 8054.
HATTENCOURT, 8450, 8452.
HAUTEBUT, 169.
HAUTVILLERS, 1320.
HAVRE (LE), 2334, 2341, 2349, 2351, 2353 à 2355, 2357, 2365, 7780.
HÉBÉCOURT, 5315, 5316, 5320.
HÉBUTERNE, 8032.
HÉDAUVILLE, 1322, 8034.
HEILLY, 530, 569, 5491, 5560 à 5588, 10610, 10722, 10757, 10943 à 10951, 11272 à 11274, 11428.

HÉLICOURT, 7490.
HEM-LES-DOULLENS, 7916, 7999.
HEM-MONACU, 547, 9119.
HEMIMONT, 7282 à 7284.
HENENCOURT, 5589, 5590, 7208, 7834, 7837, 10641.
HERBECOURT, 9039.
HÉRISSART, 8036 à 8038.
HERLEVILLE, 9076, 10689.
HERLY, 8597, 8606, 8607, 10651.
HERMITAGE, *rivière*, 6548.
HERRE-LÈS-RUE, 7694, 7700.
HERVELOIS, 5658.
HERVILLY, 10641.
HESCAMPS-SAINT-CLAIR, 968, 5928, 5929.
HESDIN, 8899, 8900.
HEUDICOURT, 9289 à 9293.
HEUZECOURT, 8080.
HIERMONT, 324, 611, 1293, 6060, 7431.
HOCHECOQ, *fief*, 5606, 5607.
HOCQUINCOURT, 7513.
HONFLEUR, 7764.
HORNOY, 611, 2299, 5621 à 5626, 5669, 6013, 11307 à 11309.
HOUDAN, 8056 à 8060, 11684, 11685.
HOURDEL (LE), 2057, 2072, 2073, 2083, 2190.
HOXNE, 268, 293.
HUMBERCOURT, 8000.
HUPPY, 7514, 7515, 12072.
HURT, 7863.
HURTAUTS (LES), *fief*, 5625.
HYENCOURT-LE-GRAND, 9107.

I

IGNAUCOURT, 8395 à 8400, 10640, 10666.
ILE DE FRANCE, 1153, 2389.
IMBLEVAL, 7381 à 7383.
INGRANDE, 7759.
INNEVILLE, 5534.
INVAL-BOIRON, 5621, 5730, 5731.
INXENT, 10796.
IRLES, 8995.

J

JEAUCOURT, 9302.
JUMEL, 5374, 5375.
JUSSY, 10740.

L

LABOISSIÈRE-LÈS-ROYE, 8120, 8261.
LA BOUVAQUE, 7146, 7174.
LABROYE, 925, 7419, 7728.
LA CABOTIÈRE, *fief*, 5625.
LA CHAUSSÉE-TIRANCOURT, 123, 247, 352, 5879 à 5881, 8461.
LA CHAVATTE, 8459, 8460, 10709.
LA FALOISE, 64, 8320, 8321.
LA FÈRE, 2216, 2289, 9156.
LA FERTÉ-SUR-AUBE, 6717.
LA FOLIE GUÉRARD, 8319.
LA FRESNOYE, 5645 à 5647.
LAGNY, 10244, 10251 à 10253.
LA GRANDE SAUVE, 10271 à 10276.
LA HAYE, 5936, 5937.
LA HOUSSOYE, 5649.
LALEU-POUTRINCOURT, 7373, 7374, 7376, 7377.
LAMARONDE, 5659 à 5661.
LAMBERCOURT, 7561, 10704.
LA MOTTE, *fief*, 5836.
LA MOTTE-BREBIÈRE, 2138, 5591, 11393, 11394.
LAMOTTE-EN-SANTERRE, 324, 5592 à 5595.
LANCHÈRES, 636, 5492, 5498, 7851, 7862, 7863, 7866.
LA NEUVILLE-LÈS-BRAY, 9021.
LA NEUVILE (Amiens), 3933.
LA NEUVILLEROY, 8483.
LA NEUVILLE-SIRE-BERNARD, 8403, 10666. VOIR NEUVILLE.
LANGUEDOC, 2497.
LANNOY-LÈS-RUE, 7694 à 7700.
LAON, 253, 2793, 9887, 11732.
LAONNAIS, 625.
LA ROCHELLE, 7063, 7064.
LA TRIQUERIE, *fief*, 7576.
LAUCOURT, 8120, 8608 à 8610.
LA VICOGNE, 87.
LAVIERS, 7203, 7204, 10854.
LAVARDE-MAUGER, 8322 à 8324.
LÉCHELLE-SAINT-TAURIN, 8611 à 8613, 8622, 9693, 9694.
LE FOREST, 9115.
LÉPINOY, 925.
LESBŒUFS, 1306.
L'ETOILE, 352, 5882 à 5888, 6093.
LEUCONAUS, 7745.
LHORTOY, 8324.
LIANCOURT-FOSSE, 644, 2391, 8595, 10651, 11403 à 11405.
LICOURT, 8644.
LICQUES, 8015.
LIÉRAMONT, 9294, 9295.
LIERCOURT, 352, 7317, 7318, 7515, 7516.
LIESSE, 2858.
LIEU-DIEU (LE), 627, 7460.
LIGER, *rivière*, 5621.
LIGESCOURT, 6056.
LIGNIÈRES-CHATELAIN, 968, 5930 à 5932, 7288 à 7292.
LIGNIÈRES-HORS-FOUCAUCOURT, 5621.
LIGNIÈRES-LÈS-ROYE, 8120.
LIGNY-SUR-CANCHE, 925.
LIHONS-EN-SANTERRE, 644, 5986, 8424 à 8427, 9077 à 9102, 11021.

LILLE, 2246 à 2263, 2334, 2349, 2353, 2355, 2357, 2365, 2750, 6872, 10936.
LIMEUX, 12160.
LINCHEUX, 5621, 5640, 5642, 5648, 5725.
LIOMER, 5621.
LIVRY, 7255, 7256.
LONG, 184, 611, 2505, 7285, 7298 à 7312, 7531, 7632, 7633, 9630, 9631, 11020.
LONGAVESNE, 9262 à 9265.
LONGPRÉ-LES-AMIENS, 179, 2655, 3904, 3905, 5193, 5208.
LONGPRÉ-LES-CORPS-SAINTS, 184, 4720, 5856, 6086, 6801, 7298, 7517 à 7535, 7632, 7633, 9782, 10776, 11101, 12102.
LONGUEAU, 2263, 3820, 5223 à 5238, 5890.
LONGUEMORT, 7571.
LONGUEVAL, 11260, 11261.
LONGVILLERS, 7432.
LOUVENCOURT, 8039, 10641, 10774 à 10776.
LOUVRECHY, 627, 8325, 8329.
LUCHEUX, 189, 3508, 8001 à 8025.
LUZIÈRES-LES-CONTY, 5326.
LYON, 316, 682, 2671, 2769, 2783, 2793, 10717, 11096.

M

MACHIEL, 7677.
MAGNY, 12157.
MAIGNELAY, 11653.
MAILLY-MAILLET, 565, 644, 8040 à 8051, 10640, 10641, 10652, 10779 à 10791, 11832 à 11847.
MAILLY-RAINEVAL, 627, 8326 à 8330.
MAINTENAY, 7728.
MAISNIÈRES, 353, 611, 636, 7476, 7477.
MAISON, fief, 5625.
MAISON-PONTHIEU, 324, 7229, 7433 à 7435, 10801.
MAISON-ROLLAND, 324.
MAIRIE (LA), fief, 8029.
MAIZICOURT, 7229, 8077 à 8079.
MAIZIÉRES-EN-SANTERRE, 3813, 8401, 8402, 10641, 10666, 10983, 10984, 11850 à 11861.
MALPART, 5563, 8281.
MAMETZ, 12167.
MANANCOURT, 8936, 9065, 9117, 9120.
MANS (LE), 682, 2783.
MARCELCAVE, 5596 à 5600.
MARCELLET (LE), 8396 à 8400.
MARCHÉ-ALLOUARDE, 8469, 8614.
MARCHÉ-LE-POT, 362, 373, 9108, 9268, 9269.
MARCONNE, 10145.
MARESTMONTIERS, 8150, 8282.
MAREUIL, 7205 à 7210, 7834, 7837, 10641.
MARGÈRES, 9209.
MARLE, 9156.
MARLERS, 968.

MARNE, 784.
MARQUAIX, 9296 à 9300.
MARQUENTERRE, 173, 611, 1250, 2047, 7601, 7683 à 7686, 7690, 7693 à 7712.
MARQUIVILLERS, 8120, 8283, 8284.
MARSEILLE, 7650.
MARTAINNEVILLE-LES-BUTZ, 353, 7478, 8069.
MASNIÈRES, 2324.
MATHONVILLE, 2369.
MAUBEUGE, 11725, 11726.
MAUCOURT, 8461, 8462.
MAUREPAS, 9121, 11303 à 11306.
MAUREPAS, fief, 8029.
MAUTORT, 6038, 7180.
MAYOC. 611, 7653, 7654, 7676.
MAZIS (LE), 5621.
MÉAULTE, 8996, 11290 à 11292.
MEAUX, 4971, 10299, 10300, 10302 à 10305.
MÉHARICOURT, 1301, 8463, 10709.
MEIGNEUX, 5933.
MEILLARD (LE), 8080.
MÉLICOQ, 7244.
MELUN, 2435, 5395.
MÉRANCOURT, 9217.
MERCK-ARBOREA, 611.
MÉREAUCOURT, 968.
MÉREAUMONT, 968.
MÉRÉLESSART, 7536 à 7540, 10641.
MÉRICOURT L'ABBÉ, 5570, 5572, 5573, 5575
MÉRICOURT-SUR-SOMME, 9040.
MÉRIVAL, 6803.
MERLIMONT, 925, 950.
MERS, 6028, 7353 à 7359.
MÉRU, 2247.
MERVILLE-AU-BOIS, 8331.
MESNIL-BRUNTEL, 8920, 8921, 10968.
MESNIL-DOMQUEUR, 6060, 10593.
MESNIL-EN-ARROUAISE, 9122 à 9124.
MESNIL-EUDIN, 5621, 5732, 5733, 10714.
MESNIL-MARTINSART, 8997.
MERVILLERS, 8271.
MÉTIGNY, 5698 à 5700.
METZ, 888, 2497.
METZ, fief, 7382 à 8385.
MÉZEROLLES, 1333, 8081.
MÉZIÈRES, 944.
MIANNAY, 6092, 6096, 7559 à 7561.
MILLENCOURT (Albert), 8998.
MILLENCOURT (Nouvion), 7575, 11192.
MINAUCOURT LA POTERIE, fief, 8068.
MIRAUMONT, 64, 8999 à 9003.
MIRVAUX, 5964.
MISERY, 338, 9108, 9270.
MOISLAINS, 8922 à 8926.
MOLLIENS (Oise), 968.
MOLLIENS-AU-BOIS, 5965, 5966.

— 530 —

Molliens-Vidame, 348, 2299, 5671 à 5681.
Monchy-Lagache, 9216 à 9219.
Monflières, 7187 à 7190.
Mons, *fief*, 8383.
Monsboubers, 7813, 7814, 7864, 7865, 12166.
Mons-en-Hainaut, 2888, 5016, 12266.
Monsures, 5368 à 5371, 11053.
Montagne-Fayel, 4101, 5709 à 5711.
Montdidier.
— *Histoire*, 556, 627, 656, 987, 1196, 1263 à 1265, 1308, 2311, 2312, 2324, 2374, 2393, 2455, 2519, 2532, 2593, 2682, 4101, 4393, 8114 à 8252, 8392, 8438 à 8446, 8183, 8649 à 8653, 9400, 10798, 12083, 12214, 12217.
— *Biographies*, 10862, 10883, 10959, 10961, 11014 à 11016, 11018, 11019, 11056, 11066, 11088, 11089, 11313, 11407, 11424, 11543, 11682, 11722, 11723, 11732, 11947 à 11990, 12083, 12162, 12193.
— *Hagiographie*, 10310 à 10320.
Montecourt, 9217.
Montescourt, 2292, 2294.
Montières (Amiens), 175, 307, 5201, 5202, 5320.
Monthières (Bouttencourt), 1328, 7464, 7465, 7474.
Montigny-les-Jongleurs, 1089, 1090, 8082.
Montigny-lès-Nampont, 7679, 7681, 7682.
Montirelle, 9209.
Montivilliers, 7003.
Montonvillers, 5967.
Montrelet, 8068, 10324.
Montreuil-sur-Mer, 611, 922, 944, 973, 974, 1203, 1211 à 1215, 1218, 1220, 1226, 1227, 1231, 1438, 2569, 5999, 6023, 6095, 7623, 7638, 7716, 7922, 10136, 10449, 10667.
Mont-Saint-Quentin, 8891, 8896, 8901, 8924, 8927 à 8937, 10396.
Morcourt, 2473, 9041, 11408.
Moreaucourt, 5888.
Morée, 5337, 5341, 5343.
Moreuil, 301, 627, 637, 2289, 2296, 7293, 8338 à 8369, 8415, 10565, 10640, 10799, 10800, 11127, 11282 à 11284.
Morinie, 2044.
Morisel, 8356, 8357, 8360, 8361, 10666.
Morival, 7495.
Morlancourt, 644, 2472, 9042.
Morlay, 7585, 7587 à 7590, 7695, 7699.
Mortagne, 6153.
Moselle, 10075.
Moufflers, 7313.
Mouflières, 5734, 7484.
Moyencourt (Poix), 5934, 10809.

Moyencourt (Roye), 8591, 8615 à 8619, 9201, 10651, 10754.
Moyenneville, 1302, 1303, 6010, 7541 à 7546.

N

Nampont-Saint-Firmin, 925, 950, 7728.
Nampont-Saint-Martin, 925, 928, 950, 2392, 7678 à 7682, 7695, 7699, 7728.
Namps-au-Mont, 8432, 10703.
Namps-au-Val, 5372, 5373.
Nantes, 2926.
Naours, 1321, 1341, 4720, 8099 à 8107, 11921.
Nauroy, 9302.
Nesle, 382, 402, 527, 644, 2289, 2320, 2325, 2326, 5394, 8474, 8643, 8855, 9235 à 9260, 10802, 11229, 11230, 11638, 11926 à 11929.
Nesle-l'Hôpital, 5734, 6056, 7481, 7484.
Neslette, 5734, 7484.
Neufchatel-en-Bray, 2369.
Neuilly-le-Dien, 7493.
Neuilly-l'Hôpital, 7576.
Neuilly-sur-Seine, 11990.
Neuville-Coppegueule, 5621, 5637, 5638.
Neuville-lès-Corbie, 5491.
Neuville-les-Lœuilly, 368. Voir La Neuville.
Neuvillette, 7978, 7997, 8020, 8021, 8079.
Nibas, 6096, 7342, 7360, 11939.
Nœux, 925.
Noirville, *fief*, 7346.
Noiseville, 12219.
Nolette, 7581, 7582, 7663.
Nord (Dépt du), 53, 64, 213, 324, 429, 635, 756, 830, 4719.
Normandie, 11, 15, 19, 308, 452, 1161, 1162, 2040, 2041, 2096, 2099 à 2102, 2104, 2389, 2400, 5763.
Noroy, 5283.
Nouvion-en-Ponthieu, 611, 6010, 11924, 11925.
Novion, *rivière*, 6548.
Noye, *rivière*, 180, 2258.
Noyelles-en-Chaussée, 6060, 7269.
Noyelles-sur-Mer, 190, 611, 1339, 2062 à 2065, 2285 à 2288, 6032, 6096, 6709, 7438, 7439, 7577 à 7585, 7591, 7663.
Noyon, 316, 1359, 2372, 2373. 5654, 8037, 8586, 8591, 8596, 8643, 8855 à 8859, 8936, 9217, 9281, 9282, 10287 à 10290, 10294, 10295, 11047, 11183, 11654, 11655, 11929, 12145.

O

Obigny, *fief*, 5965, 5993, 5995.
Ochancourt, 7363 à 7365, 11238.
Offemont, *fief*, 644, 9020.

Offoy, 6617, 6618, 9220 à 9225, 10641.
Ognolles, 8596.
Oise, 213, 324, 416, 598, 709 à 711, 760, 1040, 2113, 2133, 2135, 2141, 2147, 2301, 2423, 2429, 2607, 4719.
Oisemont, 348, 611, 637, 2299, 2340, 5712 à 5720, 6013, 7926, 11232, 11286 à 11289, 11363 a 11379.
Oissy, 5701, 6094.
Omignon, 9280.
Oneux, 7269.
Onival, 7372, 7378, 7379.
Onvillers, 8285, 8286, 11313.
Orbe, 10200.
Oresmeaux, 5374, 5375.
Orival, 5649 à 5651, 10825.
Orléans, 680, 681, 1019 à 1021, 2783, 4392.
Ossonville, *fief*, 5949 à 5951.
Oudeuil, 5563.
Ourscamps, 4713.
Oust-Marest, 7366 à 7368.
Outrebois, 8018, 8022 à 8024.
Ovillers-la-Boisselle, 401.
Oye, 953.

P

Paillart, 5483.
Pampelune, 10483.
Pargny, 9271.
Paris, 42, 46, 48, 49, 54, 55, 58, 64, 80, 680, 681, 798, 947, 2522, 2524, 2752, 2783, 4971, 6016, 6048, 6981 à 6983, 10812.
Parquets, *rivière*, 5322.
Parvillers, 8256, 10709, 11991.
Pas-de-Calais, 53, 122, 151, 213, 324, 598, 635, 830, 2607, 4719, 6013.
Pavilly, 10133, 10134, 10136, 10145, 10146.
Pays-Reconquis, 44, 625, 2100 à 2104.
Pendé, 7851, 7867, 9312.
Périgord, 10548, 10549.
Pernois, 12186.
Péronne.
— *Histoire civile*, 48, 134, 402, 542 à 544, 546, 550, 627, 644, 655, 797, 862, 868, 915, 934, 936, 944, 973, 974, 987, 1196, 1203, 1223, 1260 à 1271, 1325, 1326, 2117, 2148, 2290, 2291, 2311 à 2313, 2315 à 2317, 2320, 2321, 2324 à 2326, 2372, 2373, 2456, 2467, 2468, 2492, 2515, 2519, 2588, 3262, 6784, 8469, 8637 à 8894, 9198, 10641, 10720, 10732.
— *Histoire religieuse*, 8826 à 8844, 8873 à 8882, 8962, 9105, 9106, 9121, 9276 à 9278, 11011.
— *Biographies*, 11139 à 11142, 11234, 11235, 11640, 11736 à 11738, 11811,
11996, 11997, 12050, 12184, 12185, 12187.
Péronne.
— *Hagiographie*, 10231 à 10253, 10393 à 10396.
Perpignan, 11833, 11835 à 11837.
Pertain, 644, 9272, 11999.
Petit-Chemin, 925, 950, 7632 à 7634.
Petit Saint-Jean, 5194, 5320.
Picquigny, 329, 411, 611, 627, 2213, 2238, 5240, 4720, 5536, 5680. 5753 à 5832, 5869, 5957, 6013, 6094, 7753, 9051, 10641, 10680, 12009, 12010, 12140.
Piennes, 8287, 10748, 11652.
Pierrepont, 627, 8404 à 8408, 10666, 10798.
Pisseleu, *terre*, 5563.
Pissy, 5320, 6045, 10776.
Pithon, 9187.
Plachy-Buyon, 5377 à 5379.
Plessier-Rozainvillers, 8409 à 8411, 10666, 10795, 11673.
Plouy-Domqueur, 7293.
Plouy-lès-Vismes, 7493, 7494.
Pœuilly, 2481, 9234, 9301.
Poitou, 1161, 1162, 6064, 11157.
Poix, 533, 611, 2299, 5322, 5639, 5648, 5897 à 5911, 10806, 10807, 10932, 11057, 11257.
Poligny, 10179.
Pomponne, *prieuré*, 3973 à 3978.
Ponchel, 8054.
Ponches-Estruval, 6043, 6056, 7436 à 7439, 7727, 7728.
Pont-de-Metz, 356, 2627, 2648, 3318, 5239 à 5242, 5320.
Ponthermé, 5686.
Ponthieu, 18, 384, 387, 389, 395, 402, 406, 411, 419, 450, 459, 625 627, 674, 1194, 1195, 1203, 1206, 1223, 1244 à 1259, 5996 à 6096, 6119, 6149, 6877, 7608, 7772, 10655, 10662 à 10664, 10667.
Ponthoile, 611, 7584 à 7590, 7695, 7699.
Pontoise, 2247, 4397, 10261, 10262, 10264, 10267, 10270.
Pont-Noyelles, 783, 786, 796, 5601, 5968 à 5974, 5977 à 5981.
Pont-Remy, 2143, 2474, 6086, 6115, 7314 à 7323, 7425.
Popincourt, 5500, 8120.
Port-le-Grand, 611, 7591 à 7598, 10521.
Port-Royal, 4186, 4189, 4190, 4205.
Potonville, *fief*, 5593.
Potte, 10651.
Poulainville, 5243, 5244.
Poutrincourt, 5739, 5742.
Pozières, 9001.
Praaz, 9012.
Pré-lès-Caux, 7229.

Préaux-lès-Maintenay, 87.
Prieuré (Le), *fief*, 5625.
Pronastre, 8271.
Prouville, 2023, 8083.
Prouzel, 4720, 5379 à 5382, 6776.
Proyart, 9016, 9103 à 9106.
Punchy, 8606.
Puzeaux, 9107, 9108.

Q

Quend, 636, 7663, 7683 à 7714, 9599.
Quentowic, 6095.
Quercy, 10548, 10549.
Querrieux, 507, 5495, 5974 à 5982.
Quesne (Le), 5621, 5628, 5652, 5729, 5734, 7484.
Quesnel-en-Santerre (Le), 324, 8412 à 8414, 8432, 10666.
Quesnoy-sous-Airaines (Le), 5702.
Quevauvillers, 5703 à 5706, 5934, 10689, 11563, 11564.
Quinquempoix, 10740.
Quiquery, 8596.
Quiry, 2542, 8329, 8332.

R

Raincheval, 340, 8053, 8054, 11126.
Rainneville, 4101, 5983 à 5985.
Ramburelles, 7479, 7480.
Rambures, 4720, 5734, 6086, 7481 à 7489, 10640, 10818 à 10824.
Ramecourt, 8591.
Rapechy, 925.
Ravenelles, 8332.
Raye, 925, 7436, 7728.
Rebais, 393.
Reims, 2890, 7754, 9202, 9203, 9287, 9288, 12143, 12144.
Remiencourt, 5292 à 5294, 10641, 10699, 10701.
Renancourt, 2665, 2673, 5196, 5211, 5320.
Ressons, 8512, 8513.
Rethel, 11023 à 11033.
Réthonvillers, 644, 8620, 10651.
Revelles, 5320, 5707.
Ribeaucourt, 8108.
Ribemont, 5564, 5566, 5601, 8988.
Ricquemesnil, 7916, 7922.
Riencourt, 10641, 10652, 10825.
Rigauville, *fief*, 7916.
Rilleux, *fief*, 5856.
Rivery-lès-Amiens, 5245, 5246.
Rocroy, 944.
Rocquemont, 5495.
Rogeant, 7563.
Rogy, 5320.

Roiglise, 8497, 8596.
Roisel, 2324, 2329, 8796, 9283.
Rollot, 8288 à 8290, 11531 à 11542, 12192.
Rompval, 7355.
Ronquerolles, *fief*, 9020.
Ronsoy (Le), 9302.
Rosières, 1271, 2321, 8422 à 8430, 12194.
Rosoy (Le), 8320, 8321.
Rost, *rivière*, 5920.
Rotis (Les), fief, 5625.
Rouen, 797, 2290, 2291, 2294, 2295, 2297 à 2305, 2349, 2751, 2764, 2783, 7759, 7764, 10898, 10900, 10904, 10909.
Roussent, 7695, 7699, 7728.
Rouvrel, 4219, 10699, 10701, 10722, 11220 à 11228.
Rouvroy-en-Santerre, 644, 8464.
Rouy-le-Grand, 10651.
Rouy-le-Petit, 10651.
Roye.
— *Histoire civile*, 18, 627, 644, 656, 868, 974, 987. 1120, 1196, 1271, 1330, 2289, 2292 à 2296, 2311, 2312, 2314, 2320, 2321, 2324 à 2326, 2391, 2467, 2468, 2519, 5398, 8120, 8123 à 8129, 8221, 8459, 8467 à 8531.
— *Histoire ecclésiastique*, 345, 8504, 8505, 8532 à 8582, 8596, 8649 à 8653, 9690, 9699, 11311, 11313.
— *Biographies*, 10918, 10919, 11073, 11100, 11114, 11120 à 11125, 11234, 11432 à 11435, 11727, 11728, 11868 à 11870, 12141 à 12145.
— *Famille*, 10640, 10641, 10652, 10827 à 10833.
— *Hagiographie*, 10229, 10230.
Rubempré, 5986, 10640.
Rue, 64, 611, 636, 637, 909, 928, 1318, 6010, 6028, 6086, 6142, 6460, 6592, 6759, 6760, 7208, 7600 à 7631, 7652, 7663, 7679, 7694, 7695, 7699 à 7701, 10442 à 10449.
Rumigny, 5255, 5295, 5296, 5320, 11103.

S

Saigneville, 7868, 7868 bis.
Sailly-Bray, 169, 7581, 7695, 7699.
Sailly-le-Sec (Bray), 9045 à 9047.
Sailly-Lorette, 862, 9043, 9044.
Sailly-Saillisel, 9125.
Sains, 4720, 5256, 5291 à 5300, 5304.
Saint-Accart, 5864.
Saint-Aubin, 925, 950.
Saint-Aubin-Montenoy, 5708.
Saint-Aubin-Rivière, 5621, 5637, 5638, 5729.
Saint-Blimont, 1324, 7869, 10854.

— 533 —

Saint-Christ-Briost, 8644, 9273 à 9280.
Saint-Dizier, 4397.
Saint-Firmin-lès-Crotoy, 7694, 7699 à 7701.
Saint-Fuscien, 170, 339, 4257, 5193, 5301 à 5311, 8381 à 8387, 8608, 8609, 10212, 10258.
Saint-Germain-en-Laye, 6044.
Saint-Germain-sur-Bresle, 10281.
Saint-Gobain, 9156.
Saint-Gratien, 11044.
Saint-Jean-les-Rue, 7615, 7616, 7694, 7700.
Saint-Josse-sur-Mer, 611.
Saint-Just-en-Chaussée, 2311 à 2315.
Saint-Lau, 7434, 7435.
Saint-Léger-le-Pauvre, 5621, 5735 à 5738.
Saint-Léger-lès-Authie, 8028, 8055 à 8061.
Saint-Léger-lès-Domart, 2344.
Saint-Marc-en-Chaussée, fief, 8391.
Saint-Mard-lès-Roye, 8120, 8455, 8497, 8621 à 8625.
Saint-Maulvis, 5722, 5739 à 5745.
Saint-Maxent, 7562.
Saint-Omer, 58, 2368, 4698, 10351, 10354.
Saint-Ouen. 8109.
Saint-Pierre-a-Gouy, 5488.
Saint-Pierre-Divion, 9007.
Saint-Pol, 58, 923, 2349, 6142.
Saint-Quentin (Aisne), 338, 390, 906, 944, 1196, 2142, 2247, 2248, 2254, 2266, 2290 à 2295, 2329, 2330, 2469, 2492, 2691, 2698, 2776, 4153 à 4156, 4158 à 4164, 6171, 7780, 8065, 8393, 8394, 8564, 8644, 8857, 9141, 9186, 10720, 11741.
Saint-Quentin-en-Tourmont, 2108, 7700, 7715.
Saint - Quentin - Lamotte - Croix-au-Bailly, 7369, 7370.
Saint-Riquier.
— *Histoire civile*, 609, 611, 656, 1211 à 1215, 1218, 1220, 1226, 1227, 1231, 1339, 2736, 4713, 5552, 6010, 6028, 6035, 6096, 7221 à 7229, 7242, 7277 à 7280.
— *Histoire ecclésiastique*, 340, 6086, 6725, 6877, 7195, 7230 à 7276, 7282 à 7284, 7441, 9104, 10082 à 10100, 10321, 10323, 10324, 10347 à 10359, 398 à 11401, 11940 à 11942.
— *Biographies*, 10912, 10913, 11686, 11890, 12082.
Saint-Romain, 5935 à 5939.
Saint-Sauflieu, 5320.
Saint-Sauveur, 5247 à 5253.
Saint-Simon, 2117.
Saint-Sulpice, 9226 à 9227.
Saint-Thibaut, 968.
Saint-Vaast, 637.

Saint-Valery-sur-Somme.
— *Histoire civile*, 159, 611, 944, 965, 987, 1324, 2285 à 2288, 2349, 2361, 2533, 6010, 6028, 6034, 6036, 6038, 6039, 6458, 6460, 7374, 7378, 7736 à 7796, 7828 à 7831, 7866, 7868 bis.
— *Histoire ecclésiastique*, 922, 7342, 7343, 7683, 7690, 7744, 7797 à 7827.
— *Port, Commerce et Navigation*, 981, 983, 2049, 2054 à 2056, 2058, 2061 à 2063, 2072, 2073, 2076, 2083, 2091, 2092, 2094, 2097, 2098, 2162 à 2164, 2172, 2180 à 2183, 2198, 2200 à 2205, 2208, 2211, 2215, 2216, 2218, 2219, 2223, 2228, 2231, 2232, 2234, 2235, 2494, 2496, 2502, 7054, 7055, 7755 à 7757, 7759, 7763, 7767, 7768, 7771, 7774 à 7775, 7780.
— *Biographies*, 10161 à 10163, 10397 à 10413, 10854, 10859, 10916, 11422, 11759, 11765, 11766, 11998, 12099, 12100, 12259.
Sainte-Radegonde, 8666.
Sainte-Segrée, 2305, 5940 à 5942.
Saintonge, 1161, 1162.
Saisseval, 10641.
Saleux, 5312, 5313, 5320, 8039.
Sallenelle, 7866, 7867.
Salouel, 2028, 5313.
Samarobriva, 320, 2684, 2689 à 2698, 2733.
Sambre, 2141.
Sancourt, 9228 à 9232.
Santerre, 26, 30, 537, 576, 625, 811, 2407, 2548, 8121, 8122, 10666.
Sarcus, 5928.
Sarton, 7984 à 7986.
Saucourt, 7360 à 7362, 10722.
Saulchoy (Le), fief, 7728.
Saulchoy (Le), 7467, 7468, 7471.
Saulchoy-sous-Davenescourt (Le), 8265, 8266, 10666.
Saumur, 10230.
Sautine, *rivière*, 7175 à 7179.
Sauvillers-Mongival, 8329.
Saveuse, 5254, 5320, 5534, 5536, 5537, 8020.
Savières, 5960 à 5962.
Scardon, *rivière*, 6548, 7141, 7174 à 7179, 7196.
Séez, 10573.
Seine-Inférieure, 352, 367, 773, 2301, 2423, 4719, 7444.
Selincourt, 627, 644, 4063, 5653 à 5666, 5709 à 5711, 5735 à 5738, 5856, 10327.
Selle, *rivière*, 176, 864, 2142, 2258, 2300, 2301, 2306 à 2309, 5197 à 5200, 5205, 5240, 5321, 5322.

SENARPONT, 5621, 5746 à 5751, 10281, 10796.
SENLIS (Oise), 48, 708.
SENLIS-LES-ANCRE, 8062.
SENS, 1327, 6621, 6623, 6624.
SENTELIE, 348.
SEPTENVILLE, 5915, 5916.
SERY, 7462, 7467 à 7471, 7473.
SEURRE, 10206.
SEUX, 4390, 12151.
SOISSONNAIS, 88, 625, 882, 883, 2389, 10803.
SOISSONS, 44, 316, 873, 878, 901, 951, 952, 960, 961, 987, 1198, 1204, 2522, 2524, 2605, 4392, 4402, 5488, 5853, 5854, 7842, 7844, 7845, 10802.
SOMME (BAIE DE), 100, 1190, 2049 à 2095, 7667.
SOMME (RIVIÈRE DE), 89, 128, 222, 226, 230, 231, 709 à 711, 862, 1191, 2113 à 2158, 2210, 2489, 3207 à 3230, 7141, 8661 à 8666.
SOREL-LE-GRAND, 9303, 9304.
SOUES, 6094, 9558.
SOUPLICOURT, 968.
SOURDON, 7558, 8329, 8333 à 8335.
SOUTTEAUVILLE, *fief*, 7643.
SOYECOURT, 9109, 9110, 10610, 11047, 11048.
SURCAMPS, 6632.
SUZANNE, 9048 à 9050, 10708.

T

TALMAS, 8110 à 8113.
TEMPLEUX-LA-FOSSE, 362, 9305.
TEMPLEUX-LE-GUÉRARD, 8279, 8844.
TERGNIER, 2289, 2296.
TERRAMESNIL, 8025.
TERTRY, 9233, 9234.
THENNES, 8415 à 8417, 10666.
THÉRAIN, 2142, 2306 à 2309.
THÉROUANNE, 7239. 10827.
THÉZY-GLIMONT, 5314, 10849.
THIEPVAL, 9005 à 9007, 10689.
THIÉRACHE, 625.
THIEULLOY-L'ABBAYE, 5661, 5856.
THOIX, 5383, 10640.
THORY, 627, 8329.
TIGNY-NOYELLE, 925, 950, 7728.
TILLOLOY, 345, 8120, 8511, 8626 à 8635, 10825.
TILLOY-FLORIVILLE, 7490.
TILLOY-LES-PENDÉ, 7342.
TILLOY-LÈS-CONTY, 5384.
TINCOURT-BOUCLY, 9306 à 9308.
TITRE (Le), 7599, 10688.
TŒUFFLES, 3936, 7553 à 7657.
TOMBES, 9233.
TORTEFONTAINE, 7728.
TORTILLE (LA), 2315.
TOUL, 2497.

TOULOUSE, 2783.
TOURNAI, 668.
TOURS, (Indre-et-Loire), 393.
TOURS-EN-VIMEU, 7568 à 7571, 10814.
TOUTENCOURT, 8063.
TRANSLAY (LE), 611, 6056, 7491, 7492.
TREFCON, 9233.
TRÉPORT (LE), 80, 2359, 2360, 2362, 2365, 7354, 7356, 7357.
TRICOT, 2542, 5634, 5635, 8221, 8287.
TRONCHOY (LE), 5621, 5667 à 5669.
TROYES, 2890.
TULLY, 7371.

U

USCIAS, 5159.
UZÈS, 793.

V

VADENCOURT, 5987.
VADICOURT, 10768.
VALCAYEUX, *fief*, 7856.
VAL DES MAISONS, 8110.
VALENCIENNES, 2248 à 2250, 6252.
VALLADOLID, 6047.
VALLOIRES, *abbaye*, 7635 à 7642.
VALOIS, 625, 653, 9156.
VARENNES, 2380, 8064, 8065, 8264.
VATTEVILLE, 5644.
VAUCHELLES-LÈS-DOMART, 6632, 10804 bis.
VAUCHELLES-LÈS-QUESNOY, 7211 à 7217.
VAUCOURT, 8594.
VAUDRICOURT, 2028, 7373, 7374, 7376, 7377, 10854, 11005 à 11007.
VAULX, 925.
VAUSSOIRE, 3837.
VAUVILLERS, 9111.
VAUX-EN-AMIÉNOIS, 5988 à 5995.
VAUX-SUR-SOMME, 9036 à 9038.
VAUX-SOUS-CORBIE, 5517, 5602 à 5605.
VECQUEMONT, 5542, 5545, 5547, 5550, 5552.
VÉLU-BERTINCOURT, 2329, 2330.
VERCOURT, 10768.
VERDUN, 2197.
VERGIES, 5734, 5752, 7484.
VERMAND, 490, 491, 2694, 2698.
VERMANDOIS, 408, 625, 653, 2684.
VERNON, 6060.
VERPILLIÈRES, 8583, 10709.
VERS, 5315, 5320, 11626, 11677.
VERTON, 611, 925, 950, 7496 à 7499.
VERVINS, 2842.
VEVEY, 10200, 10210.
VÈVRE-SOUS-PRANGER, 1327.
VEXIN, 81.
VIAMMEVILLE, 6776.

VICUS-HELENA, 8897 à 8900.
VIÉVILLE, 9231, 9232.
VIGNACOURT, 611, 1338, 5536, 5889 à 5896, 5988, 10680.
VILLANCOURT, 925.
VILLE-SOUS-CORBIE, 5606, 5607.
VILLEFRANCHE, 410.
VILLEROY (Oisemont), 5734, 7293, 7481.
VILLEROY-SUR-AUTHIE, 611, 10674.
VILLERS-AUX-ERABLES, 10666, 10795.
VILLERS-BOCAGE, 5943 à 5951.
VILLERS-BRETONNEUX, 611, 627, 783, 796, 2387, 5608 à 5611, 11259, 11938.
VILLERS-CAMPSART, 5621, 5670, 12126.
VILLERS-CARBONNEL, 8452.
VILLERS-LÈS-ROYE, 8256, 8622, 8636, 10825.
VILLERS-LE-VERT, 644, 3540, 9042, 11518 à 11529.
VILLERS-SOUS-AILLY, 7324, 7325, 10845.
VILLERS-SUR-AUTHIE, 6093, 7695, 7699, 7728, 8057.
VILLERS-SUR-MAREUIL, 1327.
VILLERS-TOURNELLES, 8336, 8337.
VIMEU, 625, 671, 1218, 1220, 1227, 1231, 2350, 2355, 2546, 6015, 6024.
VIMEUSE, *rivière*, 7443.
VIRONCHAUX, 7716 à 7718.
VISMES-AU-VAL, 611, 7493 à 7495, 10811, 11788 à 11792.
VITZ-SUR-AUTHIE, 8054.
VOYENNES, 9281, 9282, 9920, 10651.
VRAIGNES (Hornoy), 5621, 5661.
VRAIGNES (Roisel), 9309, 11188 à 11191.
VRELY, 2391, 8465 à 8467.

VRON, 925, 950, 2392, 6092, 7719, 7720, 7728, 12002.

W

WABEN, 353, 611, 925, 950.
WAILLY, 925, 950, 10748.
WARCHEVILLE, 5197.
WARFUSÉE, 5558.
WARGNIES, 182.
WARLOY-BAILLON, 565, 5612 à 5620, 7834, 7837.
WARLUS, 5639, 5709 à 5711.
WARLUZEL, 87.
WARSY, 8418, 8419, 10666.
WATHIÉHURT, 7862.
WATTEBLÉRY, 1306.
WAVANS, 611, 8070.
WIENCOURT-L'EQUIPÉE, 8420, 8421, 10666.
WIRY-AU-MONT, 7536.
WITAINÉGLISE, 5734, 7484.
WOIGNARUE, 7372 à 7380.
WOINCOURT, 2350, 7381 à 7384, 7833 à 7835, 7838.
WOIREL, 7182, 7183.
WOUTHULST, 5465.

Y

YAUCOURT-BUSSUS, 7581.
YONVILLE, 7507, 7508.
YTRES, 9126.
YVRENCH, 7440.
YVRENCHEUX, 7229, 7441.
YZENGREMER, 7385.
YZEUX, 11137.

TABLE DES NOMS D'AUTEURS

A

ABBEVILLE (le P. Séraphin d'), 10186.
ABSALON (John), 7407.
ACHER, 4662.
ACHEUX (d'), 3932, 4039, 5441, 5455, 7231, 9078, 9079, 10067, 10085, 10106, 10240, 10264, 10272, 10283, 10330, 10331, 10351, 10405, 10424, 10528, 10897, 11398.
ACHET DE MORTONVAL, 9853.
ACY (E. Cadeau d'), 300, 301, 304, 306 à 308, 8417.
ADAM, 6791.
ADVIELLE, 5261, 10882, 11923, 12053, 12194, 12260.
ADVYNÉ, 2142.
AGAY (d'), 2137.
AGUESSEAU (d'), 7432.
ALBRIER, 10660.
ALCUIN, 10347, 10349, 10353.
ALEXANDER, 12096.
ALEXANDRE (docteur), 4582.
ALEYN, 7390.
ALIAMET, 7210.
ALIAMET DE MARTEL, 6964.
ALISSAN DE CHAZET, 10612.
ALLART, 4305.
ALLCHIN, 6731.
ALLÉON-DULAC, 8952.
ALLIAUME, 8815.
ALLONVILLE (le comte d'), 320, 329, 608.
AMAND, 9436.
AMBERT, 7400, 7402.
ANDRADE (Alonzo de), 10219.
ANDRÉ (le P.), 10590.
ANDRIEU (docteur), 2590.
ANSART (Paul), 2646.
ANSART (Pierre), 512.
ANSCHER, 10082, 10085.
ANSELIN, 9369, 11754, 12113, 12125.
ANSELME (le P.), 10674, 10679, 10699, 10700, 10703, 10704, 10718, 10719, 10722, 10723, 10740, 10741, 10748, 10749, 10754, 10755, 10757, 10763, 10764, 10779, 10780, 10796 à 10800, 10802, 10805 à 10807, 10814, 10815, 10817, 10820, 10821, 10830, 10831, 10837, 10838, 11094, 11108.
ANSQUER, 6860.
ANTOINE, 7961.
APOLLINAIRE DE VALENCE (le P.), 11544.
APPERT, 830.
ARCHIAC (d'), 95, 97, 290.

ARDOUIN-DUMAZET, 81.
ARMAND (l'abbé), 1377, 5632, 10669.
ARMAND, avocat, 5357.
ARMELIN, 795.
ARNAUD D'ANDILLY, 10536.
ARRAS (Ed. d'), 7795.
ARRIGHI, 10377.
AUBERY, 10552, 10559, 10560, 10563, 10566, 11649.
AUBRELICQUE, 4125, 5240, 9468, 9469.
AUBRY, 5709.
AUDIFFRET, 10985.
AUDOUIN, 546.
AUGEARD, 5736, 7195, 9201, 9924.
AULT-DUMESNIL (E. d'), 7360, 12022.
AULT-DUMESNIL (G. d'), 141.
AURIAC (Eug. d'), 12242, 12256.
AURICOSTE DE LAZARQUE, 12219.
AUTIER, 2583.
AUVIGNY (d'), 10554.
AUVRAY, 3820, 7550, 7913, 8370.
AVILA (Gil d'), 10214.
AVOYNE DE CHANTEREINE, 4434.

B

BABEL, 9795.
BABIER ET BEAUMONT, 10934.
BABILLE, 7833, 7839.
BABINET (le Colonel), 7408.
BABŒUF, 2618.
BADTS DE CUGNAC (de), 2841.
BAECKER (Louis de), 8140.
BAEHR, 10091, 10341, 12097.
BAILLE, 10045.
BAILLET (Aug.), 618.
BAILLET, avocat, 5965.
BAILLET, hagiographe, 10072, 10088, 10104, 10139, 10152, 10173, 10223, 10244, 10256, 10267, 10294, 10303, 10323, 10333, 10356, 10407, 10430, 10470, 10492, 10512, 10523, 10539.
BAILLON, 195.
BAILLY, 11579.
BAIZE, 4917.
BALLAND, 11981.
BALLU, 10919.
BALSAN, 1209.
BALUZE, 11320.
BARANGUE, 9671.
BARANTE (de), 11505, 11511.
BARBIER (docteur), 11703, 11726.

BARBIER (Jules), 12604.
BARBIER (de St-Valery), 7796.
BARBIER-JENTY, 2974, 2977, 11369.
BARD, 5211 bis.
BARDELIN, 9099.
BARDET, 3722, 4608, 5975, 8834, 8909, 9626.
BARGINET, 10728.
BARIL (Gédéon), 500, 502, 509, 512.
BARNI, 3088, 3089, 3091.
BARON, avocat, 7363.
BARON (Jean), 10468.
BARON (Jean-Léonore), 2901, 3582, 4679, 10592, 11326.
BARTHÉLÉMY (Anatole de), 384.
BARTHÉLÉMY (Charles), 12200.
BARTHÉLÉMY (Edouard de), 729.
BASTARD, 11153.
BAUDE (le baron), 2041.
BAUDELOCQUE, 3640.
BAUDET (l'abbé), 10142.
BAUDRILLART, 2425.
BAULAIRE, 5880.
BAYE (de), 10756, 10870.
BAYLE, 6102, 11283, 11287, 11412, 12153, 12173, 12177.
BAZAINE, ingénieur, 2277, 3024, 3025.
BAZIN, 8311, 8312, 8314, 8317.
BAZOT, 399, 750, 3093, 3669, 5283, 5284, 5714, 8831, 9073, 10993, 12130, 12132.
BEAUBOIS (de), 3870, 3871.
BEAUCHAMPS (le P.), 10717, 11096.
BEAUCOUSIN, 9125.
BEAUDOUIN, 331.
BEAUFORT, 2177.
BEAULIEU, 12150.
BEAULIEU, ingénieur, 2054.
BEAUMONT (Elie de), avocat, 7834, 7837, 9961.
BEAUMONT (Elie de), géologue, 254, 275, 283.
BEAURAIN, 5923.
BEAUREPAIRE (Ch. de), 7280.
BEAUREPAIRE DE LOUVAGNY (de), 2367.
BEAUSSIER (Dom), 1345.
BEAUSSIRE (de), 4365, 11616, 11878, 12253.
BEAUVILLÉ (Victor de), 627 à 634, 1886 à 1888, 5659, 8134 à 8140, 8142, 10317, 10862.
BEAUVOIR (Roger de), 530.
BECKER, 5526.
BÉCOT, 4482, 4490.
BÉDA, 10232, 10236.
BÉGIN, 10075.
BÉGON, 7496.
BELGRAND, 3317.
BELIN, 11520.
BELIN DE LAUNAY, 1239 à 1241.
BELLANGER, 9324.
BELLART, 7574.

BELLEGUEULE (l'abbé), 2927, 2934.
BELLERY, 84.
BELLEVAL (de), avocat, 7022.
BELLEVAL (L. C. de), 2619, 6084, 6108, 6727, 6804.
BELLEVAL (René de), 419, 659, 6011, 6012, 6015, 6030, 6050, 7235, 7864, 10653, 10655, 10656, 10662, 10707, 10810, 10816, 10835, 10929, 10964 à 10967.
BELLEY (l'abbé), 11323.
BELLOT, 2567, 6856, 6858, 6859, 6861.
BELMONTET, 11462.
BELTZ, 7396.
BÉMONT, 6132.
BENECH DE CANTENAC, 4179.
BENOIST (le baron de), 2428.
BENOIST, évêque de Troyes, 2807.
BENOIT (François), 3691.
BÉNOT, 9158.
BÉRAUD, 2046.
BERDEL, 7517.
BÉRENGER, 3029.
BERGE (de), 9155.
BERNARD, 4491.
BERNARD DE BEAUVOIR, 9735.
BERNAULT, 9945 à 9947.
BERNAUX FILS, 2982.
BERROYER, 9787.
BERRYER, 7491.
BERTAUX (Fernand), 587, 10876, 12184.
BERTHE (l'abbé), 7474.
BERTHELÉ, 8592.
BERTHON aîné, 2291.
BERTHOUD, 68.
BERTI, 11977.
BERTIN (l'abbé), 10433.
BERTON (l'abbé), 3644, 10379.
BERTRAND (Gustave), 11052.
BERTRAND (Joseph), 11132.
BERTRAND (Léon), 2110.
BERTY, 8631.
BERVILLE (Saint Albin), 827, 2702, 3045, 3242, 4695, 4701, 11248, 11600, 11601, 11613, 11614, 11828, 11829, 11876, 12163, 12238, 12243.
BESANCENET (de), 11176.
BESSEY (de), 8039.
BETZ (de), 3672.
BEXELL, 10110.
BÈZE DE LYS, 7291.
BIDOU, 11793.
BIENAIMÉ, 7998.
BIGNON, 589, 6022, 8825.
BILLARDON DE SAUVIGNY, 8715.
BILLORÉ, 11761.
BIMBENET, 1019, 1021.

68

Binet, 2632, 2633.
Bizet, 85.
Bizet (Edouard), 216, 11913.
Bizouard (l'abbé), 10195, 10206, 10207.
Blainville (de), 11713.
Blaize, 7840, 7850.
Blanchard (Alexandre), 12078.
Blanchard, avocat, 4063, 5348, 9095.
Blanchard (François), 11742, 11744.
Blanchard-Changy, 11374.
Blanchet, 11906.
Blancheville (de), 4676.
Blandin (l'abbé), 11280.
Blémont, 2610.
Blier, 7624, 7625, 7631.
Blondat, 9658, 9783.
Blondel, avocat, 9435, 9436.
Blondel (David), 10828.
Blondin (Adrien), 10397, 10400, 10406.
Blondin, avocat, 8401.
Blondin (Charles), 7741.
Blondin de Saint-Hilaire, 11008.
Boca, 439.
Bocquet de Chanterenne, 5508.
Boera (le P.), 10063.
Bohringer, 10117.
Boignard (Camille), 512.
Boilleau, 393.
Bois de Jancigny (du), 7578.
Boiville (René de), 798.
Bollandus, 10150, 10160, 10170, 10236, 10262, 10271, 10277, 10290, 10304, 10321, 10328, 10349, 10394, 10401, 10446, 10511, 10522.
Bommart, 10721.
Bonnard, 5762.
Bonnault (Léon de), 2511, 6345, 6765, 7221, 7539, 7641.
Bonnault (Xavier de), 4127, 8159, 8297, 8298.
Bonnefons, 5486.
Bonnetty, 10360.
Bonnier, 8054.
Bonnot, 2544.
Bonucci, 11062.
Bony, 11255.
Boquet (Jules), 510 à 512, 2731.
Bor, 7989, 7990.
Borderie, 9766.
Bordier, 12174.
Borel d'Hauterive, 10661, 10813.
Borelli de Serres, 653.
Borély, 4322.
Bosquet, 10254, 10464.
Bosquillon de Frescheville, 2144
Bosredon (de), 10549.
Bossuet, 11133, 11134.
Bottin, 2696.

Boubers (le comte de), 24, 3952, 4293, 7305 à 7309, 10697, 11877.
Boucher (l'abbé), 12222.
Boucher (le docteur), 7401.
Boucher et Joly, 4606.
Boucher d'Argis, 8936, 9087.
Boucher de Crévecœur (Armand), 310, 6183, 10872.
Boucher de Crévecœur (J. A. G.), 144, 145, 148, 6850, 6852, 6853, 10962.
Boucher, de Montdidier, 11017.
Boucher de Perthes, 248 à 253, 257, 260 à 262, 273 à 275, 292, 296, 297, 309, 311, 6968.
Boucherie, 456.
Bouchevret (de), 7498, 7499, 9771.
Boudier (le P.), 591.
Boudin, 11521, 11553.
Boudon (Georges), 3121, 3715, 3718, 4604, 4974, 8945, 11106, 11107.
Boulainvilliers (de), 589, 1344.
Boulanger (Clodomir), 310, 374, 8405, 8911, 8916, 8921, 9293.
Boulenger (Jules-Romain), 12210.
Boulland, 11812.
Boullanger, avocat, 9151.
Boulie, 9119.
Boullenger de Rivery, 5246, 9450.
Boullet, 11464.
Boullon, 7127.
Boulogne (Nicolas de), 1221.
Bouquet, 7420.
Bourassé (l'abbé), 3599.
Bourdon, 11712.
Bourdon (le P.), 4080.
Bourdot de Richebourg, 1226, 1227, 1248 à 1250, 1261.
Bourelly, 1191.
Bourgeois, 11453.
Bourgin, 11714.
Bouriat, 11957.
Bourquelot, 2777.
Boutaric, 616, 2770.
Bouthors, 247, 324, 1208, 1209, 1231 à 1241, 2742, 3042, 4696, 4698, 4713, 5388, 7639, 8138.
Bouvaist, 12073.
Boyer de Sainte-Suzanne, 413, 313 à 817, 4817, 4965.
Boze (de), 11532.
Bracquemont (de), 8281, 8319, 10637.
Brandicourt (l'abbé), 2947, 11707.
Brandicourt (Virgile), 222, 875.
Brandt de Galametz (le comte de), 18, 660, 667, 6129, 6175, 6176, 6333, 6639, 6814, 6815, 6946, 7656, 7657, 7800, 7802, 7933, 9307, 10710, 10790, 10803, 11992.
Braquehay, 7931, 7934, 10449.

— 539 —

Brasier, 524.
Brayer, 3526, 3561, 3562.
Bréard, 4120, 5380, 5381, 7752, 8085.
Bréda (le comte de), 9007.
Bréquigny (de), 5445, 5446, 5450, 5451.
Bresseau, 23, 5901, 5902.
Breton, 9657.
Breuil (A.), 454, 3040, 3044, 3054, 3055, 3649, 4803, 11188, 11537.
Breuil (l'abbé), 312.
Breuil (du), 153.
Brial, 11428.
Briecker, 11401.
Brière, 2485.
Brière de Mondétour, 2174.
Briez, 7338.
Brion, 1053, 6972.
Brissot-Thivard, 11136.
Brossard, 82.
Brosse (dom G.), 10406.
Brousse, avocat, 7453, 7545, 7819, 7820.
Brousse (Jacques), 10443.
Brulé, avocat, 7723.
Brulé (J.), 2089, 2094, 2207, 7791.
Bruneau, 2693.
Brunet, 8392, 9088.
Brutelette (L. de), 152, 154, 159.
Bruyelle, 11120.
Bubié de Beaumont, 11518.
Buchenroder, 10107.
Bucher, 11451.
Buchot, 7727.
Bulaeus, 10083, 11119.
Bullart, 11414.
Bulteau (dom), 10071, 10087, 10103, 10322, 10428.
Bunot, 9639.
Buron, 3606.
Buron, avocat, 8088.
Bussy (A. D. de), 11501.
Buteux, 90, 91, 94, 96, 99, 104, 111, 114, 256, 277, 363, 2407, 8115, 8413, 11026.
Buteux (l'abbé), 10698.
Butler (de), 2344.

C

Cacheleux (A. et E.), 172, 185.
Cadet, avocat, 7818, 8772, 9722.
Cadet (Ernest), 7737.
Cadet de Gassicourt, 11954.
Caffiaux (dom), 595, 10671, 10682, 10686, 10686, 10687, 10751.
Caffiot, 9777.
Cahon, 588, 10482.
Cahu, 11176 bis.

Caieu (Auguste de), 11091, 11740.
Caieu (Paul de), 6221.
Caillard, 8207, 8208.
Caillau, 7700.
Caille, 11139.
Cailleux (Alph. de), 601.
Caix de Saint-Aymour (de), 5435, 10713.
Calandini, 8770.
Calixte de la Providence (le P.), 10228.
Calland, 2710, 3652.
Callisen, 11381, 11710.
Calonne (Albéric de), 664, 665, 674, 818, 2376 à 2378, 2732, 2761, 2795, 3107, 3181, 6992, 10561, 11072, 11696, 12158.
Calonne (de), avocat et coutumier, 1205, 1206, 2158, 3826, 5669, 7020, 7021, 7573, 7835, 9641 à 9643, 9823, 9954.
Cambon (baron de), 4445.
Cambuzat, 2208.
Campenon, 12237.
Camus (A. G.), 53.
Camus, avocat, 7282.
Cannet, 2430.
Cantrel-Boute, 7340.
Capefigue, 11726.
Capon, 3977, 5339.
Capperonnier (Claude), 12217.
Caraby, 8671, 8778, 8780.
Carbonel, 11840.
Cardevacque (de), 5592, 8026, 8027.
Cardon (l'abbé), 11284, 11861.
Carette, 12074.
Carion, 10968.
Carlet (l'abbé), 10094, 10096, 11933.
Carlier (l'abbé), 3, 4674.
Carneau, 10570.
Carnoy, 560 à 565, 569, 570, 578, 2611, 2647, 5618 à 5620, 10877, 11262, 11733.
Caron (l'abbé), 1506 à 1508.
Caron (l'abbé Elyséc), 7744.
Caron (l'abbé), de Versailles, 7401.
Caron, avocat, 5657, 5658, 8382 à 8385, 9570.
Caron (C. A. N.), 2700, 2703.
Caron (Emile), 398, 401, 402.
Caron (L.), 505.
Caron-Berquier, 3579.
Carpentier (Léon), 165, 213, 220, 223, 224, 228.
Carré jeune, 5276, 9834, 10045.
Carron (l'abbé), 2964.
Carsillier, 8856, 8858.
Cartault, 2722.
Cartier, 380.
Carruesco, 10217.
Caruelle (de), 4377, 8623, 10666, 10868.
Cassagnaux, 3625.

— 540 —

Cassel (J. Ph.), 10509.
Cassel, 3006.
Casteja (le vicomte de), 1138.
Castel, avocat, 6983, 6984.
Castel (E.), 12168.
Castelet, 9571.
Castellane (le comte de), 409.
Castelvadra (le P. de), 11592.
Cattiaux, 8660.
Cauchie, 10278, 10279.
Caumartin, 1139, 1140, 1142, 5079.
Caumont, 72.
Caurier, 7451, 7452.
Caussin de Perceval, 4458, 4462.
Caustier, 10050.
Cauvain, 554.
Cayeux, 134, 139, 142.
Cayrol (de), 2697, 2698, 4266, 7386, 11193, 11598, 11603.
Ceillier (dom), 10074, 10274, 10338, 10532, 11400, 12095.
Cellier, 6252.
Cerisiers (de), 10137, 10171, 10239, 10263, 10385, 10404, 10535.
Chabaille, 528, 6106.
Chabouillet, 7555.
Chalamel, 78.
Challaye, 4505, 4524.
Chamart (dom), 11125.
Chambellant, 7278.
Chamberet (le comte de), 10208.
Champfleury, 11038, 11040.
Champolleon-Figeac, 2756 à 2758, 2767, 2769, 3259, 4265, 5468 à 5470, 6133, 6153, 6154.
Chancourt (de), 5936.
Chanlaire, 4421.
Chanteloup, 8975.
Chantreau, 3936, 5005.
Chapelle (de la), 20.
Chappuys, 832.
Chapuy, 3583.
Charault (le P.), 4082.
Charlier (l'abbé), 5702.
Charon de Saint-Charles, 10045.
Charruau (le P.), 11702.
Charvet, 5286.
Chas, 9299.
Chaslard (du), 5544.
Chastelain, 4520, 9438, 9193, 9837.
Chastillon, 7842, 7843, 9586, 9587.
Chateaubriand, 7595.
Chatel, 11097.
Chatel (Victor), 297.
Chaussier, 10947.
Chauveau (le P.), 10952.
Chavantré, 11465.

Chénier (de), 11452.
Chénier (Louis-Sauveur), 11368, 11370, 11371.
Chennevières (le marquis de), 11208, 11278, 11824, 11884, 12152, 12208, 12209.
Chenu, 3129, 4374, 7751, 8832.
Chenuet, 9730.
Chérot (le P.), 11103.
Chevillard, 10793, 10794.
Chevillé (de), 7674.
Chevrel, 6708.
Chivot-Naudé, 5049.
Chopin-Dallery, 11196, 11197.
Choquart, 4328.
Choudieu, 11364.
Choullier, 10844.
Chrétien (A.), 11791.
Chrestien, avocat, 9453, 9817.
Christophe, 9097.
Chuppe, 8848.
Cizel, 11166.
Clabaut (l'abbé), 4797, 11386.
Clabaut, généalogiste, 10746.
Clausel de Coussergues (l'abbé), 10613, 10615.
Claveau, 11410.
Clavyer, 3976.
Clémar (de), 11467.
Clémenceau de la Gautraye, 5713, 6066 à 6068, 6227, 6655.
Clément, avocat, 8013, 8044, 8046, 10045.
Clément (F.), 11785.
Clément (H.), 1209.
Clément, juge de paix, 3565.
Clérembault (de), 5733.
Clérembray, 12166.
Clicquot-Blervache, 4676.
Clithou (Josse), 10196.
Coætaneus, 10148.
Coarville, 9332.
Cocheris, 426, 427, 3719, 6161, 7885.
Cochet (l'abbé), 259, 266, 267, 7366, 7460, 11016.
Cochin, 8110, 8111.
Cocquelin (don), 5440.
Cocquerel, 92, 4291.
Cointe, 6282.
Coët (Emile), 466, 575, 644, 1888, 7241, 8168, 8173, 8190, 8192, 8193, 8203, 8286, 8290, 8315, 8469, 8476 à 8480, 8490, 8502, 8510, 8517, 8524, 8527, 8593, 8601, 8625, 8626, 8643 bis, 9098, 10959, 11031, 11066, 11069, 11379, 11542, 11620, 11792, 11870, 12171.
Colart, 2563.
Colganus, 10237.
Colin, avocat, 7435, 9517.
Colin (E.), 220, 229.

— 541 —

Colle, 3074.
Collenot, 10954.
Colles, 7407.
Collet, 10178.
Colliette, 2684.
Collombier, 2675, 5295.
Colombel, 11509.
Comandre, 11171 bis.
Comines de Marsilly, 105, 4598.
Commersont, 11493.
Commont, 190.
Comte, 420.
Condorcet, 2140, 2506.
Conyngham, 337.
Coppée, 11159.
Coquebert de Montbret, 488.
Coquereau, 9719.
Corblet (l'abbé), 25, 453, 454, 474, 480, 481, 540, 567, 571, 630, 633, 805, 816, 2603, 3419, 3687, 3856, 3857, 3859, 3879, 4170, 4186, 4307, 4314, 4316, 4783, 5466, 5663, 5708, 8363, 8532 à 8534, 8581, 8582, 8585, 8828, 9198, 10052, 10053, 10056, 10143, 10157, 10185, 10325, 10327, 10417, 10481, 10483, 10485, 10517, 10971, 11390, 12002, 12164, 12167.
Cordova (de), 36.
Cornet-Dincourt, 994, 1118, 1125, 1133.
Cornet d'Yzeux, 5756.
Corriez, 3065.
Costar, 12227, 12229, 12230.
Cotelle, 11334.
Cottel, 8995.
Couet de Montbayeux, 3816.
Coulier, 11987.
Coulon, 2039.
Coulon (Dr), 4585.
Coupey (le P.), 4183.
Courbet-Pollard, 2209, 2356, 7072.
Courcelies (de), 10678, 10701, 10772, 11021, 11304, 11440, 11519, 11680.
Courtaux, 10694.
Courtillier, 2589, 2596, 11294, 11725.
Courtin, 6715.
Couture, 10585.
Coyecque, 4272.
Coyette (l'abbe), 6671, 6672.
Crampon (l'abbé), 3627, 3984.
Cresne, 9576.
Creton, 2036, 4141, 4144, 11085, 12265.
Creully, 9338.
Crimet (l'abbé), 6693.
Crinon, 496.
Croizet (le P.), 10175, 10224, 10471, 10513, 10540.
Cros (le P.), 11228.

Crosnier (l'abbé), 3616.
Croutelle de Lignemare, 7380.
Crouzet (l'abbé), 11100.
Cruveilhier, 11354.
Cubières de Palmezeaux, 11690, 11691.
Cuvier, 11711, 11955.
Cuvillier-Fleury, 12067.
Cuvilllier-Morel d'Acy, 5315, 10809.

D

Dabot, 8680.
Dacier, 10961.
Dairaine (l'abbé), 10955.
Daire (le P.), 593, 2625, 2626, 2681, 2682, 2685, 2726, 2901, 5317, 5320, 5385, 5753, 5899, 7870, 8132, 8839, 10850, 11576.
Damay, 4464, 4472.
Damay fils, 2968.
Damiens (D. J.), 9001 à 9003.
Damiens (P. Ch.), 613, 2074, 11567.
Damiens de Gomicourt, 2834.
Damis, 1054.
Dangez (l'abbé), 4197, 10316 à 10318.
Danicourt (Alfred), 361, 404, 405, 2148, 2670, 2671, 8714, 8715, 8728, 8789, 8790, 8874, 9266.
Danicourt (l'abbé Ernest), 8028, 8102 à 8105, 9135, 9136, 9192, 11206, 11561.
Daniel, 10114.
Danjan, 9695.
Danse, 335.
Daramond, 4178.
Darcel, 4780.
Dareste, 11715.
Dargnies (l'abbé), 10596 à 10599, 10602, 11818.
Dargnies, avocat, 7494, 9555, 9628, 9843.
Darras, 9628.
Darsy, 17, 30, 636, 770, 771, 807, 1022, 1023, 1202, 1352, 1353, 1358, 1360, 1361, 2961, 3678, 3681, 5242, 4713, 5390, 5758, 5760, 7387, 7442, 7445, 7446, 7448, 7449, 7456, 7457, 7461, 7473, 7490, 7570, 7975, 11565.
Dartois, 9560.
Dassonvillers, 8747.
Daubrée, 129.
Daullé, architecte, 4283, 4333, 4358, 4359.
Daullé (le citoyen), 6246.
Daunou, 11088, 11089.
Dauphin (Albert), 11186, 11217, 12241.
Dauphin (Henri), 10886, 12265.
Daussy, 461, 464, 790, 812, 2477, 3079 à 3085, 5970 à 5972, 8938, 8941 à 8944, 8947 à 8950, 8956, 8959, 8972, 8973, 8998.
Dautrevaux, 537, 539, 542, 545, 556.
Daveluy-Bellencourt, 1132, 1137, 2258.

Davesne, 2037.
David (Edouard), 471, 503, 504, 507, 508, 510 à 512.
David-Riquier, 510.
Davila, 10243.
Debacq, 9120.
Debailly (L.), 10583.
Debailly, de Maizières, 8214.
Debauge, 12255.
Debaussaux, 4278.
Debeauvais, 11383.
Deberly, 7175, 7178.
Deboileau, 7582, 8079.
Deboubert (l'abbé), 11249.
Debraux, 11470.
Debray, 119, 8985, 8986.
Decagny (l'abbé), 349, 355, 527, 538, 1359, 8050, 8639 à 8641, 8675, 8677, 9009, 9048, 9074, 9214, 9237, 9239, 11674, 11807, 11808.
Decaieu (A.), 802, 2253.
Decamps, 8666.
Decaux, 212.
Decharmes, 4599, 7138.
Decrept, 5913.
Decroos, 635.
Deflers ou de Flers, 7214, 9104.
De Fresne, 5428.
Degand, 3158.
Degouy, 11170.
Dehaisnes (Mgr), 3607, 4808, 4809, 7361, 11875.
Dehaussy de Robécourt, 8705, 8716.
Dehérain, 11990.
Dejean, avocat, 8110, 8111.
Dejean, général, 2552.
Delabarre, 9777.
Delaborde (le comte), 12142.
Delaby, 220, 225.
Delacour, 11407.
Delahaye, 488.
Delalande, 2135, 8518.
Delamalle, 2135, 10945.
Delamarre, 2421.
Delambon, 10045.
Delambre dessinateur, 509, 510.
Delamorlière (Natalis), 2408, 11599, 12104.
Delaporte (l'abbé), 52.
Delaporte (François-Marie), 5858.
Delaporte (le P.), 11622.
De la Rue, 7415, 8926.
Delassus, 510.
Delattre, aumônier, 6371.
Delattre (G.), 7367.
Delecloy, 8453, 11560,
Delegorgue, avocat, 7176.
Delegorgue, coutumier, 1251.
Delegorgue (Jacques), 6250.

Delegorgue-Cordier, 492.
Delesse, 288.
Delétoile (l'abbé), 6264, 6860, 10432.
Delétoile, curé de Long, 7310.
Delfaut, 1916.
Delgove (l'abbé), 4713, 5849, 5903, 7298, 7882 à 7885, 10604.
Delgove, 7196.
Delignières (Emile), 4790, 5911, 6499, 6500, 6586, 6587, 6589, 6599, 6601, 6603, 6662, 6692, 6723, 6739, 6747, 6748, 6756, 6838, 6843, 6845, 6846, 6876, 6896, 7294, 7295, 7297, 7642, 7825 à 7827, 7855, 8367, 10440, 10865, 10866, 10871, 10873, 10894, 10958, 11039, 11059, 11081, 11210, 11231, 11258, 11281, 11351, 11685, 11797, 11799, 11831, 11945, 12007, 12072, 12075, 12139.
Deligny, 8032, 9006, 9660.
Delimal-Sury, 7055.
Delion, 11405.
Delisle (Léopold), 1887, 5523 à 5524 bis, 9080, 11113, 11115, 11117, 11345, 11438, 11730, 12141.
De Lisle du Gast, 4017.
Deloche, 8903.
Delon, 11984.
Delpech, 11843.
Delplanque (l'abbé), 11076.
Delouette (l'abbé), 11834.
Delvau, 555.
Demailly, 12204.
Demaison, 2753.
Demandolx (Mgr), 12103.
De Marsy (Arthur), 37, 365, 418, 433, 442, 443, 642, 671, 678, 1195, 2748, 3620, 4205, 5745, 6115, 6294, 6848, 6874, 7895, 7954, 8053, 8152, 9101, 10460, 10555, 10656, 10750, 10867, 10870, 11541, 11698, 11864, 12045, 12131.
De Marsy (Eugène), 251, 387, 6088, 6591, 7622, 7878, 7974.
Demarteau, 12016.
Dematigny, 1230.
Demautort, 12198.
Demaux, 4684.
Demay, 416, 2669.
Demiannay, 10270.
Demolins, 2429.
Denamps, 5050.
Deneffe, 373.
Deneux-Michaut, 7501.
Denis, 46 à 49.
Denne-Baron, 11784.
Denoyelle, 7137.
Denyau, 9358, 9360, 10003.
Depère (le comte), 2404.
Deperthes, 11045.

De Poilly (André), 450, 7650, 11892.
De Poilly, avocat, 7257.
Dequevauvillers (l'abbé), 178, 180 à 182.
Dergny (l'abbé), 11192, 12070.
Dermigny, 2317 à 2319.
Derosne, 408.
Deroussen (l'abbé), 6890.
Deroussen, avocat, 6629.
Derouvroy, 9727.
Deru, 6303.
Dervaux, 3026.
Desbois, 9661 à 9665.
Desboves, 11247.
Descauriet, 12065.
Descaurres, 3692, 10567.
Deschamps de Pas (L.), 389, 390.
Desclosiaux, 685.
Desessart, 11588.
Desgeorge (l'abbé), 10618.
Desjardins, 4325.
Desmarest, 4673.
Desmay, 10233, 10245.
Desmaze, 1193, 2883.
Desmazières, 146.
Desmery, 4122, 4123, 5658, 5893, 5966, 7364, 7863, 9328.
Desnos, 44.
Desnoyers, avocat, 9430.
Desnoyers (J.), 14, 4715, 4716.
Desombre, 8984.
Despaux, 6690.
Despinelle, 2827, 2828.
Desplanque, 817.
Despréaux, 2448, 10964 bis.
Detranchant, 5310.
Deu, 11699.
Devauchelle, 465, 8943.
Devérité, 86, 480, 482, 483, 519, 592 à 594, 642, 619, 733, 1390, 2682, 5668, 5999, 6213, 6229, 6258, 7158, 7191, 7926 à 7928.
Devermont l'aîné, 2686.
Deville, 5859.
Dewalque, 11083.
Diannyère, 11578.
Dick de Lonlay, 11163.
Dide, 10936.
Didron, 3639.
Dieppe, 7321.
Digeon, 9971.
Dilloud (le P.), 10222.
Dinaux, 10921, 11051.
Dion (de), 5259.
Dobeilh, 10387.
Dobart, 9710, 9862.
Dodeuil, 9165, 9193.
Domaizon, 10163.

Domergue, 10883.
Domesmont (de), 2342, 2343, 2346.
Domyné du Verzet, 8855, 8857, 9228, 9230.
Donnet, 12047.
Dorbis, 610.
Dorieux, 2038.
Dorion, 468.
Dottin, 2387.
Douceur, 9513.
Douchet, 103, 2712, 2714, 2733, 5207.
Doudemont, 3648.
Doudieux (le P.), 4081.
Doué, 11143.
Douet d'Arcq, avocat, 7174.
Douet d'Arcq (L.), 631, 4713, 8139, 11732.
Douillet (l'abbé), 10080, 10131, 10192, 10196, 10199, 10201, 10204, 10205, 10275, 10345, 10530.
Doulcet, 9847.
Doulet, 9244.
Dourneau, 8516.
Dournel, 8674, 8675, 9681, 10732.
Dours, 206.
Doutremont, 10045.
Douville (Jean-Nicolas), 6213.
Douville de Maillefeu, 2089.
Dreue, 9745.
Drewer, 10122.
Drouers, 8279.
Dubois (Amable), 2416, 4886, 12140.
Dubois (Auguste), 573, 675, 803, 2729, 2772, 2845, 2858, 2912, 2929, 3105, 3110, 3114, 3263, 3491, 3677, 3681, 4107, 4128, 4284, 4361, 4362, 4366, 4367, 4369, 4376, 4893, 5191, 10902, 10991, 10994, 11916, 12251.
Dubois le capitaine, 7748.
Dubois (Frédéric), 10942, 11272.
Dubois (Gustave), 11216, 11617, 12203.
Dubois (Michel), 214, 218, 219, 227, 230, 233, 5210.
Dubois (Philibert), 11014, 11015.
Dubois (Pierre), 173, 183, 1210, 4334.
Dubois de Forestel, 11336.
Dubost, 2424.
Dubourguier (l'abbé), 11941, 11942.
Dubours, 1203.
Dubuc, 4681.
Dubus de Boislisle, 7260.
Ducancel, 11769.
Ducange, 590, 2705 à 2707, 3695, 3710, 6115.
Ducasse, 7487.
Duchallais, 393, 1018.
Duchartre, 5917, 6753.
Duchaussoy (H.), 138, 187, 193, 236 à 246, 4329, 4330, 4601, 4731, 5210, 12134.
Duchaussoy (J.), 7981.

— 544 —

Duché, 11728 bis.
Duchemin, 9801.
Duchesne, 33, 5996, 6396, 8196, 8535, 8563, 10553, 10557, 10917, 11647, 11650, 11743, 11762.
Duchesne, coutumier, 1251, 4176, 4498, 5629.
Duclos, 7723, 7726.
Ducroquet, 2105, 7854.
Ducros (E.), 8783.
Ducros (F.), 11024.
Duet (l'abbé), 12081.
Dufaitelle, 10822.
Duflos (Alexandre), 4831, 11919.
Duflos, avocat, 9348.
Dufossé, 7198.
Dufour, avocat, 7585.
Dufour (Charles), 396, 423, 425, 427, 617, 618, 657, 2301, 2653, 2654, 3004, 3488, 3629, 3669, 3702, 4292, 4294 à 4296, 4309, 4320, 5628, 8902, 10051, 10478, 10649, 10650, 10697.
Dufour (Jean-François), 6783.
Dufour, magistrat, 4481, 4483, 4488.
Dufourmantelle (l'abbé), 8579, 8590.
Dufresne, coutumier, 1203, 1223, 3725, 4398, 4607, 8834, 9083, 9889.
Dufresne (Simon), 2861.
Dufresne d'Aubigny, 11324, 11325, 11327.
Dufresne de Beaucourt, 10738.
Duhamel, 9244.
Duhamel, avocat, 5916.
Duhamel-Decéjean, 358, 2378, 9235, 9236, 9238, 9257, 9268, 10791, 11207, 11230.
Duhem, 11064.
Dujardin, 207.
Dulaurens, 6210.
Dulcat, (J. de), 11841.
Dumas (Alexandre), 11466.
Dumas (Ch.), 8179.
Dumas (F.), 11895.
Duméril, 11978.
Dumetz, 9464.
Du Molin ou Du Moulin, 1215, 1218, 1220, 1222, 1224, 1225, 1244, 1245, 1261, 10564.
Dumont, 11976.
Dumortier, 12030, 12031.
Dumoulin, 8020.
Duneufgermain (l'abbé), 10614.
Dunoyer, 11358.
Duparc, 4528.
Dupias, 11496.
Dupin, 1237, 3944.
Dupin (Charles), 11240.
Dupleix, 7391, 8696.
Duplessis, 9106.
Dupont, avocat, 9456.
Dupont (L. M. E.), 11749.

Duponty, 9252.
Dupré, 10516.
Dupré (Maurice), 4120, 10383.
Dupuget, 8288.
Dupuis (l'abbé), 3009.
Dupuis (Pierre), 506.
Dupuy, avocat, 9724.
Dupuy, 11078.
Dupuy (Paul), 12188.
Duquesnay (l'abbé), 11205.
Duquesnoy, 10471.
Durainville (Léon de), 10928.
Durand, avocat, 7761, 8792, 9084.
Durand (Charles), 7780.
Durand (Georges), 440, 446, 2674, 3180, 3611, 3612, 3623, 3626, 3684, 3706, 3707, 3713, 3860, 4106, 4327, 4604, 4965, 5873, 7388, 7389, 7430, 7553, 7889, 7961, 7995, 8316, 10550, 12183.
Durand, 2168, 2169.
Du Roselle, 221, 9301.
Durosoir, 12252.
Duru, 10434.
Dusevel (Eugène), 351, 614, 3589, 6083, 6086, 7354, 7872, 7873, 7951.
Dusevel (Hyacinthe), 322, 327, 330, 331, 333, 339, 340, 342, 343, 421, 430, 436, 437, 458, 599, 602 à 605, 608, 622, 624, 2417, 2601, 2660, 2688, 2699, 2701, 2708, 2713, 2718, 2726, 2754, 2755, 2766, 2767, 2769, 2770, 2772, 2774, 2777, 2780, 2782, 2837, 2843, 2862, 3095, 3097, 3099, 3104, 3177, 3490, 3584, 3587, 3593, 3594, 3597, 3598, 3631, 3660, 3705, 4260, 4261, 4265, 4280, 4288, 4340, 4341, 4779, 4892, 5412, 5444, 5521, 5528, 5688, 5884, 5911, 5956, 6083, 6086, 6113, 6116, 6583, 6584, 6593, 6744, 7219, 7272, 7273, 7320, 7365, 7486, 7533, 7556, 7602, 7626, 7627, 7645, 7736, 7803, 7874, 7878, 7879, 7886, 7891, 7903, 7948, 7952, 7953, 7960, 7983, 7994, 8000, 8011, 8013, 8014, 8040, 8084, 8094 à 8097, 8116 à 8118, 8137, 8270, 8475, 8575, 8630, 8641, 8703, 8704, 9057, 9066, 9130, 10569, 10852, 10956, 11341, 12018, 12080.
Dutens, 6075 à 6077.
Du Tertre (Le P.), 10136.
Duthoit, 65, 331, 340, 2701, 2719, 5884, 7533, 10993.
Dutilleux, 414, 415, 1020, 3058, 3658, 9281, 10657, 12037, 12116.
Duval (l'abbé), 1356, 3615, 3617, 3617 bis, 3638, 3659, 3668, 3682, 3683, 3688, 3709, 3712, 5529.
Duval (Am.), 11112.
Duval (le citoyen), 6246.
Duval (Louis-Antoine), 6637, 6638.

— 545 —

DUVAL (Mathias), 11719.
DUVAL, magistrat, 1107.
DUVAL (du Havre), 4677.
DUVAUCHEL (Léon), 574, 586.
DUVERDIER DE VAUPRIVAS, 10299.

E

EBERT, 12098.
ECK, 368, 8922, 8923, 9305.
ERCKMANN, 38.
ELDIR (Mme d'), 11556.
ELOY, 10951, 11006, 11415, 11667, 12121, 12178.
ELOY DE VICQ, 151, 152, 154, 155, 158, 160 à 162, 164, 209, 6939, 11009, 12191.
ELUIN, 11070.
EMONET (le P.), 12068.
ENCK, 10079.
ENGELRAN, 10351, 10354.
ENLART (Camille), 366, 369, 370.
ESCALOPIER (le comte de l'), 8273.
ESMERY (d'), VOIR DESMERY.
ESNAULT, 7283, 7284.
ESTAINTOT (le vicomte d'), 10930.
ESTAMPES (Louis d'), 11151.
ESTANCELIN, 2106, 2195, 2197, 2198, 2200, 2201.
ESTREVAUX DE GRANDMONT, 9767.
ETOILE (A. E. de l'), 11910.
EUDEL, 10733.
EVANS (John), 262, 269, 295.
EVRARD, 2950.
EXPILLY (l'abbé), 45, 2127, 2683, 5387, 6000, 6103, 7875, 8133, 8471, 8668.
EYRIÈS, 7489.

F

FABART, 582.
FABER, 550, 552, 11801.
FABRE D'EGLANTINE, 6216.
FABRE D'OLIVET, 600.
FABRICIUS, 10337, 11049, 12093.
FAHLCHRANTZ, 10123.
FAIDHERBE, 781, 789.
FAIVRE, 11098.
FALLIÈRES (l'abbé), 10623, 11820.
FALLOUX (de), 11970.
FAMECHON (de), 5894.
FAUCON, 4596.
FAUX, 7924.
FAVA, (Mgr), 10989.
FAVRE, 2721.
FAYE, 1216, 1217, 1219, 1220, 1227, 1260, 1261.
FAYOLLE, 11589.
FEBURIER, 11460.
FEBVRIER, 6629.
FÉE, 3864, 4344.

FENEL DE DARGNY, 8093, 9711 à 9713.
FÉNIER (le P.), 8697, 8706, 8707, 8709.
FÉRET, 11419.
FERGUSON FILS, 258, 295, 3594.
FERNEL PÈRE, 11.
FÉRY (le P.), 3308,
FEUGÈRE, 11338.
FEUILLIDE (de), 9170.
FEVEZ, 2651.
FÉVRIER, 9775.
FEYDEAU (Mme), 6370.
FEYS, 11300.
FIGUÈRES (de), 10669.
FIQUET, 5316.
FIRMIN DE SAINT-GABRIEL (le P.), 10588, 10591.
FLEURY (Edouard), 628.
FLEURY (Elie), 3174, 3690, 8974, 9135, 9136, 11513.
FLEURY D'ASSIGNY, 3838, 7700.
FLIPPES, avocat, 10017.
FLIPPES, poète, 3032.
FLORIVAL (A. de), 6600, 6780.
FLOURENS, 11360.
FLOWER, 265.
FOA, 11505 bis, 11538.
FODÉRÉ, 10169.
FOISY, 7467.
FOLLET, 4581.
FONTENELLE, 11005.
FONTENELLE (de la), 605.
FONTENU (l'abbé de), 5879, 5882.
FORCEVILLE (de), 3669.
FORMENTIN, 1254, 9841, 9861.
FORMEY, 11517.
FORTELLE (de la), 8439.
FOSS, 10130.
FOUART (l'abbé), 7681.
FOUCART, 2588.
FOUQUIER, 8522.
FOURIER (le baron), 11242.
FOURNEL, 12250.
FOURNIÉ, 4637.
FOURNIER (Edouard), 673, 12062.
FOURNIER (L.), 2909, 3260.
FOURRIÈRE (l'abbé), 29.
FRANÇOIS (Alph.), 10976.
FRANÇOIS (C. L. M.), 10248.
FRANÇOIS (Francis), 7673, 10630.
FRANÇOIS (Nicolas), 10445.
FRANÇOIS-LESPINE, 8600.
FRANQUEVILLE (l'abbé), 4961, 11122, 11169.
FRANQUEVILLE (Jean de), 509, 510.
FRÉCHON (l'abbé), 11938.
FRÉMONT (l'abbé), 11157.
FREPPEL (Mgr), 11156.
FRÉRON, 11570, 12195.

Fresne (du), Voir Dufresne.
Fréson, 12045.
Fresson, 8663.
Fréteau, 9659, 9882.
Friant (l'abbé), 5586.
Friant (le comte), 11522, 11523.
Fricot (l'abbé), 9059.
Fricourt (dom), 8213.
Frion de Méry, 8033.
Frizon, 10551, 10558, 10562, 11646, 11928.
Froideval, 7940, 8018.
Froissart, d'Abbeville, 11814.
Froissart, avocat général, 4494.
Froissart (Jean), 7397, 7398.
Fromentin (l'abbé), 8899, 8900.
Fruleux, 5672.
Fuet, 6612, 9085.
Fuix, 2280.
Fuzelier, 6247, 6413.

Gaulthier de Rumilly, 1006, 1070, 2297, 2298, 3089, 3091.
Gaultier, avocat, 2868, 7812 à 7814, 7821, 8250, 8406.
Gautier (Jacques), 10261.
Gautier (Léon), 10896.
Gavet, 3059.
Gayvernon, 2985.
Gellé, 2095.
Geneau de Lamarlière, 186.
Gence, 72, 11042.
Gevin, 3038.
Genoud (l'abbé), 10200.
Gensoul, 798.
Gentelles (de), 11675.
Gentil, 11092.
Gentilucci, 10543.
Geoffroy, 2083, 2084, 2086, 2087.
Geoffroy Saint-Hilaire, 11356, 11709.
Gérard (F. C.), 11993.
Gérard (J.), 2047.
Gérard (St), 10065.
Géraud, 2707, 11331.
Gerbet (Mgr), 10364, 10368, 10371.
Germain, avocat, 9605.
Germain (Léon), 10669.
Gervais (A.), 11144, 11152.
Gervais, avocat, 9755.
Gervaise de la Touche, 5230, 5231, 5235, 8356.
Gesbert de la Noë Seiche, 1495, 11342.
Ghesquière, 10140, 10257.
Gibb. 2265.
Gilbert (A. P. M.), 3585, 6581, 7271.
Gilbert (F. H.), 2399.
Gillet, avocat, 6716, 6717, 7910, 9117, 9118, 9671.
Gillet, de Péronne, 2479.
Gillet de Laumont, 11745, 11748.
Gillon, 4452 à 4456.
Gin, 8358.
Girac (de), 12228, 12230.
Girard, 89.
Girard (Alfred), 789.
Girard, avocat, 9351.
Girard (J.), 7455, 7852.
Girardin, 7179.
Giraud, 2724.
Girod de l'Ain, 11516.
Girodet, 6770.
Giroust, 11581.
Giry, 656, 3118, 10937.
Giry (le P.), 10070, 10151, 10161, 10172, 10242, 10255, 10266, 10280, 10293, 10355, 10388, 10427, 10441, 10466, 10538.
Gissey, 4061.

G

Gaignard, 5245.
Gaillard, 10925.
Galland, 8616.
Gallet (Alfred), 7520, 7522, 7523.
Gallet (Bénédict), 11963, 11974.
Gallet (Emile), 7517, 7518.
Gallet (Eugène), 5100.
Gallien de Charbons (Mgr), 12224.
Gallois, 11979.
Galoppe d'Onquaire, 3646, 8186, 8189, 8191, 10318, 11966.
Gand (Edouard), 100, 4940, 4962.
Ganneron, 11146.
Garanger, 9720.
Gariel, 5285, 5287.
Garnerin, 8767.
Garnier, de l'Institut, 11770.
Garnier (Jacques), 16, 196 à 198, 278, 321, 325, 397, 417, 498, 617, 618, 650, 651, 1350, 2655, 2658, 2663, 2715, 3178, 3689, 3705, 3709, 4267 à 4269, 4308, 4668, 4710, 4756, 5317, 5373, 5440, 5540, 5541, 5587, 5753, 5830, 5864, 7883, 8436, 10483, 10992, 11058, 11068, 11084, 11266, 11568, 11700, 11943, 11946, 12112.
Garnier de la Chevrie, 9466, 9915.
Garovaglio, 6293.
Garrigou, 285.
Gastambide, 4473.
Gaudechon, 8914, 9291.
Gaudet, 11765.
Gaudin, 7437.
Gaudry (Albert), 98, 101, 102.
Gaudry, avocat, 4142.

GLAISTER, 10438.
GLANVILLE (B. DE), 4271.
GLEY, 11097.
GOARD DE ST-GOWARD, 3588.
GOBLET, 3088, 3089, 3091, 3160, 4496, 11554.
GODART (l'abbé), 1603, 8289, 12192.
GODART (P.), 11971.
GODART DE BEAULIEU, 5997.
GODART DE SERGY, 8361.
GODBERT, 4011.
GODEFROY, avocat, 9867.
GODEFROY, notaire, 6795.
GODEFROY (O.), 3951.
GODEFROY (Robert), 4414.
GODEFROY MÉNILGLAISE, 2859. 5465.
GODEMEL, 5250, 5252, 9270.
GODIN (l'abbé), 11291, 11392.
GODQUIN, 5891, 6630, 7513, 9335, 9816. 10022.
GOEPP, 11558.
GOMART (Ch.), 2857, 8092, 9132, 9133, 9142, 9172, 9173, 9176, 9178, 9190, 9241, 11741.
GONCOURT (de), 11926 bis.
GONDOUIN, 5649.
GONI DE PERALTA, 10462.
GONNET (Gontran), 8777.
GONSE (Ernest), 166 à 171, 174, 176, 177, 179, 184, 191, 192, 5210, 11397.
GONSE (Louis), 3605, 11888, 11909.
GONSE (R.), 157.
GONTHIER, 10209.
GONTIER, 239.
GORET, 191.
GORIN (l'abbé), 3579.
GORSE, 11080.
GOSSELET, 128, 139, 142.
GOSSELIN (l'abbé), 3634, 5752, 7630, 8040, 8051, 8277, 8283, 8284, 8419, 8673, 8689, 8712, 8713, 8721, 8826. 8829, 8830, 8873, 8882, 8885, 8894, 9014, 9022, 9038, 9272, 10059, 10521, 11925, 12147.
GOSSET, 1203.
GOSSEU, 490, 491.
GOSSONUS, 12011.
GOUDALIER, d'Abbeville, 6244.
GOUDALIER, (Léon), 513.
GOUI, 8279.
GOUJET (l'abbé), 11533, 11668, 11722, 11790, 12124, 12179, 12213, 12234.
GOURNAY, 7339.
GOUSSET (Mgr), 1526, 1529, 3716, 4035, 4603, 5302, 5463, 5653, 7779, 8091, 8931, 8933, 9183.
GOUSSIN (le P.), 1914.
GOYRE DE LA PLANCHE, 5937, 7686, 7687, 7690.
GOZE, 65, 331, 341, 346, 2601, 2709, 3586, 3589, 3592, 3628, 3643, 3671, 4337, 5373, 5589, 5757, 5909, 5910, 5955, 5958, 5982, 7191, 7281,
7287, 7485, 8235, 8280, 8310, 8313, 8362, 8454, 9049, 10644, 10647.
GRAINCOURT, 774.
GRAINCOURT (de), 12014.
GRAINVILLE, 2944.
GRANDIDIER (le P.), 11637.
GRANDGAGNAGE, 12029 à 12031.
GRANDPIERRE, 2033.
GRANGER, 5403.
GRARE, 10869.
GRAS, 276.
GRASSY (de), 2123, 2232.
GRATTIER (de), 10892, 11872.
GRAUX, 331.
GRÉAU, 11250.
GRÉBEAUVAL, 5119.
GRÉGOIRE D'ESSIGNY, 316, 449, 8473.
GREMAUD, 10210.
GRENEST, 796.
GRENIER, avocat, 8304, 8305.
GRENIER, avocat général, 11810.
GRENIER (dom), 591, 596, 617, 618, 4713, 10990.
GRESSE, 12239.
GRESSIER, 2423.
GRÉSY, 10268.
GREUX, 579, 6127, 6977.
GRÉZES (le P. de), 10941.
GRIOIS, 2579.
GRIVAUD DE LA VINCELLE, 2648, 7286.
GROGNIER, 11961.
GROSRIEZ (Albéric du), 6280, 6281.
GROSRIEZ (Fernand du), 6125, 10765, 10769, 12169.
GUALDON, 10101.
GUÉNEBAULT, 8598.
GUÉNOIS, 2792.
GUÉRARD, 3103, 3642, 3858, 3859, 4074, 4354, 10544, 11202.
GUERCHY (DE), 2400.
GUÉRIN (l'abbé), 11251.
GUÉRIN (P.), 8151.
GUERLIN, 810, 3112, 3113, 3844, 4172, 4199, 4200, 4335, 4811, 4812, 7517, 8373, 9208, 10914, 11182, 11385, 11874, 12218.
GUÉROULT DE BOISROBERT, 1931.
GUIARD, 6714, 6715, 9954.
GUIBERT DE NOGENT, 10465, 10897.
GUICHARD, 175.
GUICHEN DE GRAMMONT, 11629.
GUIDÉE (le P.), 11223, 11224, 11227, 11673, 11760, 11862, 12161.
GUIDET (l'abbé), 11924.
GUIGARD, 10680.
GUIGNET, 2426.
GUIGNAUT, 10889.
GUILBERT (Aristide), 625.
GUILBERT, botaniste, 188.

GUILBERT (R.), 4634.
GUILLAIN, 6282.
GUILLEBERT DE LA HAYE, 10311.
GUILLET DE BLARU, 5337, 5338, 5341.
GUILLET DE SAINT-GEORGES, 12056.
GUILLIN, 786.
GUILLON, 12040.
GUILLON (N. S.), 10601.
GUILMETH, 8291.
GUINAUD, 6268.
GUYENCOURT (Robert de), 509, 808, 1921, 3914, 5319, 5671, 5833, 5933, 5943, 6304, 8330, 11219, 11271.
GUYENET, 9150.
GUYHO, 4478, 4479.
GUYOT DE CHESNE, 9355, 9356.
GUYOT DE FÈRE, 11199, 11510.
GUYOT DE SAINTE-HÉLÈNE, 8251, 8252.

H

HACLIN (l'abbé), 9041, 11408.
HAGENMEYER, 12043, 12044.
HAIGNERÉ (l'abbé), 7239, 7559, 7801.
HAJJI, 7403.
HALÉVY (Léon), 12063.
HALPHEN, 12245.
HAMEL (le comte du), 5559.
HAMEL (Ernest), 11802, 11803.
HAMET, 1041, 1151, 8530.
HAMY, 806, 4326.
HANEL, 5522.
HARDOUIN (Henri), 10, 422, 590, 2705 à 2707, 3049, 5759, 7749, 10542, 11187, 11335, 11635, 12019, 12026, 12032.
HARDY, 10250 bis.
HARDY (l'abbé), 5860.
HARDY (Michel), 7353, 10415.
HAREUX (l'abbé), 4198, 10410.
HARIULFE, 7231 à 7234, 10082, 10283, 10321, 10351, 10912.
HASSENFRATZ, 2397.
HAUDICQUER (dom), 11041.
HAUDICQUER DE BLANCOURT, 10635 à 10637.
HAURÉAU, 10903, 10908, 11425, 11430.
HAUSHER, 10344.
HAUTECLOCQUE (le baron de), 608.
HAVART, 10884.
HAZON, 11417, 12122, 12180, 12182, 12189.
HÉBERT, 108, 112.
HECQUET (Anatole), 7133, 7139 à 7144.
HECQUET (Nicolas), 6700.
HECQUET (Robert), 11276.
HECQUET DE BEAUFORT, 6532, 9695.
HECQUET D'ORVAL, 2427, 5888, 7563, 7592 à 7594.

HÉDOUIN, 11595 bis, 11783.
HELBIG, 11123.
HÉLO DE SOUCANYE, 9361.
HÉMART, 11215.
HÉNARD, 6602.
HENNEBERT (Le Lt-Cl), 11563, 11628, 11631.
HENNEQUIN, 11757, 11998.
HENNEQUIN DE BLISY, 6717.
HÉNOCQUE (l'abbé), 4713, 5274, 7220, 7274, 10092, 10093, 10095, 10097, 10099, 10284, 10324, 10358, 11402, 11940.
HENRION, 10969.
HENRIOT (le P.), 7337.
HENRY, 3592.
HÉRAUD, 2093.
HERBAULT, 2274, 2275, 3619, 4277, 4283, 4358, 4359.
HERBERT (Mlle), 11116.
HERBET (l'abbé), 3653.
HERBET (Henry), 4583.
HERBY, 10310.
HÉRÉ, 11975.
HÉRICART DE THURY, 5203, 5204.
HÉRICAULT (D'), 549.
HÉRICHARD, 7792, 7793.
HÉRICOURT (de), 7261.
HERMAND (d'), 6724.
HERMANVILLE, 11721.
HERMIER, 5641, 5643.
HESSE, 819.
HEU (de), 1203, 1221.
HEULLARD, 12202.
HEUVRARD, 7650, 7701.
HIÉLARD, 4890.
HODENT, 5940 à 5942, 5944, 5953, 5959, 5962.
HOIN (l'abbé), 7571, 7856, 8431.
HOLLANDRE (Jean DE), 11530.
HONORÉ, 12244.
HORRÉARD, 7172.
HOSSARD, 9731.
HOUEL, 3739.
HOULETTE, 3936.
HOULLIER (l'abbé), 566, 567, 10482, 10625.
HOURDEQUIN DE BEAUPRÉ, 8143, 8144, 8150, 8164, 8172, 8282, 10320.
HOZIER (d'), 10637, 10676, 10685, 10691, 10705, 10711, 10714, 10720, 10736, 10739, 10761, 10768, 10776, 10825, 10845.
HUART, avocat, 9051.
HUART (Lucien), 77.
HUE (l'abbé), 6652.
HUGO, 60.
HUGOT, 331.
HUGUENIN, 7557.
HUGUES DE RAGNAU (Mgr), 8366.
HUILLARD-BRÉHOLLES, 4703.

HURÉ, 4471.
HUSSON, 9709.
HUZARD, 11953.
HYVER père, 8637, 8638, 8704.

I

IGNACE (le P.), 6100, 6101.
INGERSLEV, 12035.
INGOLD (le P.), 11922.
ISABEAU, 9718.

J

JACQUIN (l'abbé), 8952.
JADART, 11032.
JALLON, 4467, 4470.
JAMARD, 8237.
JAMES, 4584, 4586.
JAMET DE LA GUESSIÈRE, 1374, 3756, 4046, 5740, 7805, 8197, 8255, 8539, 8570, 8837, 8983.
JAMIN, 11254.
JANCIGNY (de), 7745.
JANSSEN, 11219.
JANTE, 10593.
JANVIER (Auguste), 74, 344, 615, 623, 639, 643, 708, 724, 725, 2664, 2725, 2726, 2747, 2852, 2868, 2896, 3002, 3175, 3179, 3236, 3319, 3390, 3630, 3642, 4071, 4073, 4120, 4258, 4271, 4332, 4338, 4550, 4635, 4744, 4787, 4810, 4970, 5255, 5260, 5288, 5324, 5622, 5684, 5712, 5846, 7355, 8085, 10390, 10718 bis, 10993, 11043, 11053, 11382, 11657, 11697, 12160.
JARDIN, 9994.
JARRY DE MANCY, 11977, 11983.
JAUBERT-LECOMTE, 11130.
JAUBERT-CAMPAGNE, 11839.
JEANNOT, 12048.
JEANSEN, 8528.
JEANSSEN (Georges), 583.
JÉDÉ, 9138.
JENNYN, 10218.
JÉROSME, 5326.
JOANNE, 69, 71.
JOIIBOIS, 4471, 4472.
JOLIMONT (de), 3583.
JOLIVOT, 619.
JONAS, 10419 à 10421, 10424, 10425, 10435.
JOREL, 9707.
JORGA, 11858, 11860.
JOSSE (docteur), 4580.
JOSSE (Hector), 1886 à 1888, 5315, 5386, 5391, 5442, 5530, 5553, 9008 à 9011, 9040, 9209, 9210, 9292, 9300, 9306, 10518, 11101, 11253, 12083.
JOSSE (N.), 2090.
JOSSEAU, 11623.
JOUANCOUX, 457, 458, 462 à 465, 652, 3950, 5274, 5279, 5411, 7222.
JOURDAIN (Amédée), 557, 558.
JOURDAIN (le chanoine), 3615, 3617, 3659, 3668, 3669, 3682, 3683, 3709, 3712, 4301, 4318.
JOURDAIN-LECOCQ, 2258, 2464, 5156.
JOUSSELIN, 7734.
JOUVENOT, 6299.
JOUVET, 10634.
JOYNE, 9363.
JUBINAL, 6594.
JUIF, 9754.
JULIA, 6297, 6743, 8106.
JULIACUS, 10165, 10168.
JULIEN, 11168.
JULLIEN (A.), 11444.
JULLIEN (L.), 12201.
JULLIEN DE PRUNAY, 5340.
JUMEL (l'abbé), 5560, 5704, 5844, 5848, 5855, 5866, 8260, 10190, 10191.
JUMEL-RIQUIER, 2160.

K

KERVYN DE LETTENHOVE, 2971
KLAIRWALL, 4331.
KLIPPEL, 10118.
KLUIT, 10431.
KOENIGSWARTER, 1234.
KOLB, 117.
KRAFT, 10113.
KRUMACHER, 10109, 10112.
KRUSE, 10108.

L

LABANDE, 10731.
LABBAT, 2048.
LABBE (dom), 9128.
LABBE (le P.), 10414, 10415.
LABBE (Philippe), 6099.
LABBÉ (Charles), 4597, 4865.
LABBÉ (Félix), 5081, 5083.
LABILLE, 204.
LABITTE (Charles), 6033.
LABITTE (P.), 2081, 2085, 2111, 2112, 6728, 11348.
LABORDE, 1027.
LABORDE (de), 50.
LA BORDE (de), 517, 11577.
LA BOUDERIE, 12058.
LABOURET, 7760.
LABOURT, 21, 532, 4886, 7648, 7649, 8012.
LAC (Jules du), 11695.

Lacaine et Laurent, 10996, 11235, 11865.
La Chapelle (Jean de), 7236, 7237.
La Chesnaye des Bois (de), 10641, 10642.
Lacolley, 4425.
Lacour, 11679.
Lacroix (Désiré), 10935.
Lacroix (G.), 11838.
Lacroix (Paul), 11279, 11445, 11907.
Ladoue (l'abbé de), 10362, 10621.
Ladrière, 140.
La Faye (J. de), 11173.
La Faye (Prosper de), 11020.
Laffineur (l'abbé), 10295, 12164.
La Fons Mélicocq (de), 331, 685, 2601, 2744, 2750, 2765, 5696, 6592, 7245, 7661, 8568, 8575, 8580, 8687, 8688, 8722 à 8724, 8730, 8786, 9129, 9139, 9171, 10250, 10472.
Laget, 9099.
La Gorgue-Rosny (L. A. de), 8061, 10663, 11752.
La Grange (le baron de), 2335.
Lagrenée (de), 5213, 9729.
La Harpe, 11586.
Lainé, 10643, 10672, 10689, 10709, 10751, 10771.
Lair (Jules), 5763.
Lajard, 11764.
Lallemand (Ludger), 11099.
Lallemant, 10463.
Lallouette, 2320.
Lally-Tollendal, 10924.
Lalouacé, 7683.
La Madelaine (S. de), 11775.
Lamar, 8217.
Lamarle, 11019.
La Marlière (de), 5917, 9147, 9148.
Lambert (l'abbé), 11277.
Lambin, 3610, 3622.
Lamblardie, 2040, 2074, 2171.
Lami (P.), 598.
La Monnoye (de), 7544.
La Morlière (Adrian de), 2677 à 2680, 2726, 10454, 10633.
Lamy (Edouard), 3609.
Lamy (Jules), 2555, 5086.
Lance, 11827.
Lancesseur, 5645, 5646.
Langlois, 3657.
Langlois, de Pont-de-l'Arche, 7276.
Lanmodez (le P.), 12010.
Lansac, 10923, 10997, 11004, 11307.
La Pilaye (le baron de), 7196.
La Place (de), 9671.
La Place (de), 515, 516.
Laplumarde, 11642.
Laporte (H. de), 11593.
Lapparent (de), 136.

Larchey (Lorédan), 612, 12020.
Lardin, 11034.
Larocque, 10887.
La Rocque (Louis de), 729.
Lartigue (G. de), 11484.
Lartigue (H.), 7583.
Lasne, 135, 7992, 7993.
Lasteyrie (de), 3711.
Lasteyrie (Robert de), 3626.
Latera (de), 10181.
Launaeus, 11789.
Laurendeau, 2972, 2975, 3333. 9852, 9936.
Laurent, 11804.
Laurent de Lionne, 2136.
Laurière (de), 9344.
La Vacquerie (A. de), 10229.
Lavallée, 51.
La Vallée (P. de), 10170.
Laverdy (de), 3800, 3982, 9090.
Lavernier, 2751, 2787, 3098, 3117, 4373.
La Vieille (dom), 10437.
La Villette, 1203.
Laviron, 4769.
Laye, 9839.
Lebel, 331, 3670.
Leber, 377.
Lebeuf (l'abbé), 313, 8412, 10456, 11851, 11852.
Leblanc, 6662.
Le Blant (Edmond), 7650.
Leblois, 11033.
Leblond, 12262.
Lebon, 10184.
Le Boucher (Jean), 9297.
Le Boucher d'Ailly ou de Richemont, 6233, 6234.
Le Boulenger, 10306.
Le Boulanger (l'abbé), 1987.
Lebreton, 1088, 9274.
Lebreton, avocat, 9106.
Lebrunt, 11097.
Le Caron, chanoine, 10499.
Le Caron (Claude), 1203, 1263 à 1266.
Lecat, 6854.
Lecesne, 2870.
Le Clerc de Bussy, 672, 6059, 6090, 6094, 6189, 6309, 7228, 7327, 7546, 7561, 10664, 10665, 10688, 10706, 10716, 10762, 10767, 10775, 10777, 10801, 10824.
Le Clercq, 9470.
Lecocq (Georges), 303, 2661, 2863, 2864, 9128, 9159, 12254.
Lecocq (Jules), 9218.
Le Cœur, 9514, 9955.
Lecomte (Edmond), 10702.
Le Comte (Florent), 11882.

LECOMTE (Maxime), 783, 789, 11087, 11911. 12183.
LECOT (l'abbé), 2605, 11267, 11508.
LECOUVREUR, 3817, 3818, 5680, 9440, 9854.
LE DANTEC, 11720.
LEDIEU (Alcius),576, 577, 580, 581, 645, 647, 662, 663, 705, 706, 719, 811, 2548, 2602, 2611, 2840, 5320, 5385, 5621, 5624, 5640, 5652, 5681, 5683, 5730, 5747, 5748, 5751, 5755, 5872, 5899, 6016, 6018 à 6021, 6026, 6056, 6057, 6059, 6126, 6151, 6155, 6157, 6158, 6162 à 6164, 6166, 6170, 6305, 6435, 6561, 6565, 6597, 6732 à 6738, 6740 à 6742, 6757, 6779, 6847, 6964, 6965, 7126, 7204, 7205, 7514, 7741, 7742, 8119, 8121, 8122, 8253, 8254, 8338 à 8340, 8371 à 8378, 8390, 8395, 8414, 8447, 8479, 8525, 8622, 8635, 8787, 9072, 9166, 10676, 10742, 10864, 11029 à 11031, 11073, 11160, 11172 bis, 11256, 11729, 11845,)11911, 11912, 11942, 11991, 12076, 12170, 12186, 12206.
LEDIEU, botaniste, 189.
LEDIEU (Florent), 27.
LEDIEU (Léon), 1242.
LEDIEU PÈRE, 6, 7, 12.
LE DROICT, 9671.
LEDRU (l'abbé), 10789 à 10791.
LE FAURE, 792.
LEFEBVRE (A.), avocat, 9312.
LEFEBVRE (Alphonse), 226, 231, 232, 12036.
LEFEBVRE (l'abbé F. A.), 6682.
LEFEBVRE (Honoré), 8240.
LEFEBVRE (Jules), 11459.
LEFEBVRE (Jules), 395, 6009, 11269.
LEFEBVRE DE DAMPIERRE, 3822, 3823, 5229, 5232, 5234.
LEFEBVRE DE VILLERS, 2447, 6746, 11396, 11672 bis.
LEFÈVRE (A.), 4600.
LEFÈVRE (l'abbé Théodose), 5746, 6669, 7962, 7971, 7973, 7976, 7977, 8004, 8066.
LEFÈVRE-MARCHAND, 26, 2149, 8599, 8747, 9056, 9060, 9067, 9075, 11756.
LEFILS (Florentin), 551, 553, 2042 à 2044, 2057, 2066 à 2068, 2107, 5046, 5413, 6004, 6007, 6014, 6114, 7201, 7601 à 7604, 7640, 7645, 7646, 7651, 7660, 7669, 7736, 10729.
LEFORT, 2482 à 2484, 2488,
LEFRANC (Eugène), 7189, 10439.
LE FRANC (F.-P.), 10579.
LEGAGNEUR, 4050.
LEGANGNEUR, 1008.
LEGÉE, 7134.
LEGENDRE (Ferdinand), 4649.
LEGENDRE (le P.), 4182.
LÉGER LE NIVERNOIS, 11494.

LE GLAY, 429, 8898.
LEGOUVÉ, 7483.
LEGRAIN, 8790.
LEGRAND, 7668.
LEGRAS, 9144.
LE GUERN, 3647.
LE GUET, 4010.
LEHAUCOURT, 794.
LEJEUNE, 3068, 11127.
LE JEY, 3006.
LELEU, 641.
LELEU, proviseur, 4672.
LE LUREZ-DELIGNY, 5219, 7552, 9322, 10048.
LEMAIRE, 7135.
LE MAISTRE, 9825.
LE MARCHANT DE GOMICOURT, 1119.
LE MARESCHAL, 335.
LEMER, 12201 bis.
LE MERCIER (le P.), 5659, 5660, 5663.
LEMOINE, 6986.
LEMPEREUR, 9064, 9284, 9286.
LENEL, 11619, 12203.
LENOEL, 2597, 11316, 11421, 12181.
LENOIR (Albert), 400, 8097.
LENOIR, archidiacre, 10573.
LENORMANT (François), 10370, 10381.
LENTZ, 10129.
LÉON, 524.
LEPAIGNE, avocat, 9069, 9836.
LE PAIGE (le P. Thomas), 2875, 11095.
LEPELLETIER DE SAINT-FARGEAU, 9853.
LE PÈRE, 10235.
L'EPERON (de), 6002.
LE POITEVIN, 7589.
LEPRESTRE, avocat, 6628, 9314.
LEPRESTRE (Pierre), 7235.
LE PREUX, 11948.
LEPRINCE, 2701, 4632.
LEQUEUX, 8393.
LEQUEUX (Martial), 572.
LEQUIEN, 11479.
LÉRAILLÉ (l'abbé), 4626.
LE RICHE, 120.
LEROI, 3069.
LERONDELLE DE FERANVILLE, 7301.
LEROUX (Florimond), 3158.
LEROUX (J.-J.), 10946, 10947.
LE ROY (l'abbé), 8994.
LE ROY, avocat, 5013, 6643, 8007, 8008.
LE ROY (O.), 584.
LE ROY DE FONTENELLE, 8021.
LE ROY DE LOZEMBRUNE, 1203.
LEROY-MORRL, 9215, 9240, 9258, 10651.
LESCOT, 501.
LE SÉNÉCHAL, 5233, 7314.
LE SENNE, 11863.

Le Serurier, 3709.
Lesquevin, 8578.
Lesseville (de), 5376.
Lestang (de), 1050.
Lestocq (de), 10493, 10495, 10497, 10498.
Lestocq (de), jésuite, 4002.
Lesueur (l'abbé), 7207, 7505, 7510, 7512, 7515, 10058, 11681, 12126.
Letellier, dessinateur, 331, 8603, 11387.
Letellier, numismate, 406, 407.
Lethierry, 213.
Lethinois, 6909.
Letierce (le P.), 8970, 8971.
Leullion de Thorigny, 4484.
Le Vaigneur, 6299.
Le Vaillant, 7254.
Levasseur, avocat, 9569, 9957.
Levasseur (Jacques), 9184, 9286, 10288, 10289, 11047, 11183, 11654, 11655, 11929, 12145.
Levasseur (?), 6964.
Levavasseur, 6286, 10619, 10857, 12077.
Levêque, 3115.
Le Ver (marquis), 5459, 7234, 10926, 10927.
Le Vert, 8423.
Levesque (Catherine), 12187.
Levesque (P. C.), 11755.
Lévis (le duc de), 1116.
Lévrier, 4404.
Lévrier (Antoine), 4169, 4694.
Leyri (de), 7634, 9310, 9608, 9832.
Leyser, 10334.
Lhéritier, 9513.
Lherminier, 9428.
Lhomel (le comte de), 7184, 10667.
Lhorente, 2838.
Liébron, 5273.
Liénard, 12129.
Liénart, député, 8127.
Lièvrel, 4521, 4525.
Lille, 10125.
Limichin, 19, 5627, 5630, 5633, 9251.
Limosin, 3314.
Linas (de), 10477.
Linguet, 2156, 2161, 2172, 5695, 6208, 6209, 6213, 9968, 9995, 10010, 1001, 10041.
Lion, 347, 7401, 7405, 7805.
Lionval (le comte de), 11174, 11174 bis.
Lioux (de), 9169.
Liron, 10154.
Livoire, 5193.
Logie, 469.
Loir, 11161, 11175.
Lombart, 323, 2704.
Longpérier (de), 386, 392, 10380.
Longuerue (l'abbé de), 40.
Longueval (le P.), 10589.

Lordelot, 6642, 9465.
Lorgnier, 3494.
Loriquet (Henri), 7419.
Lorry, 8082.
Lot, 7233.
Loti, 11177.
Louandre (Charles), 611, 785, 6016, 6019, 6033, 6729, 6730, 6759, 7554, 8136, 10863, 11339, 11343, 11908, 12099.
Louandre père, 6003, 6105 à 6109, 6121, 6307, 6308, 6704, 6726, 6798, 7227, 7395, 10459, 10851.
Louvencourt (A. de), 865, 6017.
Louvencourt (Ch. de), 5247.
Louvet, 11526, 11627, 11736.
Loyer, 2933.
Loyer, 3889.
Lubbock, 263, 298.
Lucas (Charles), 3619.
Lucas (Louis), 11731.
Luçay (le comte de), 9010.
Luce (Siméon), 10197, 10198, 11857.
Luton, 291.

M

Mabillon (dom), 5303, 5439, 7240, 7798, 8930, 8933, 10153, 10912.
Maceda (M. J. de), 10474, 10475.
Macedo (Francisco), 10216.
Machart, 525, 2688, 12240.
Machy, 5682.
Maconnais, 12091.
Macque, 11169.
Macqueron, 371, 444, 445, 447, 3860, 6022, 6025, 6124, 6128, 6186, 6188, 6295, 7535, 8002, 11040, 11849, 12057.
Magalon, 11481.
Magaud d'Aubusson, 234.
Magdelaine, 2656, 7658.
Magne, 11806.
Magnier (Edmond), 5181.
Magnier, de Nesle, 9244.
Magnier (Alphonse), 2319.
Magnier (François), 10607.
Magnier (Victor), 3091.
Magnin, 3037, 3038.
Magny (de), 10659.
Maignan (Albert), 2676.
Maignan de Savigny, 9589.
Maigrot, 11605.
Maillard (l'abbé), 12052.
Maillard, 2388.
Maillard, 9973.
Maillet, 7019.
Malbrancq, 10348.

Malézieux, 9191.
Malle, 10220.
Mallet, agriculteur, 2413.
Mallet (Ferdinand), 7192, 7199, 7344, 10931.
Mallet (Fernand), 379, 9004.
Malleville (de), 4436, 4440.
Malmédy (de), 10725.
Malo, 11786.
Malot, 7319, 12071.
Malte-Brun, 73, 74.
Mancel (Jules), 100, 2045, 2062 à 2065, 2082, 2087, 2108, 2282, 2960, 3173, 3301, 3306, 4364, 4632, 5045, 5414, 7711.
Manessier, 6078 à 6080.
Manet, 8354.
Mangon de la Londe, 2689, 2691, 2693, 2695, 2696.
Mangot, 8141.
Mannier, 637, 5719, 5744, 6693, 8098, 8275, 8918.
Marais, 5875, 9515.
Marbeau, 6815.
Marcel, 11856.
Marcère (de), 791.
Marchal, 536.
Marchand (l'abbé), 5685, 8409.
Marchant (le P.), 12144.
Marchegay, 10230.
Marcotte, 203, 205, 211.
Maréchal, 7964.
Marées (von), 8782.
Maret, 4680.
Mareuse, 200 à 202.
Mariette, 11208, 11278, 11884, 11885, 12209.
Marion, 8946.
Mariot, 4059, 4060.
Marlot (dom), 12143.
Marmier, 12066, 12067.
Marnier, 1207.
Marotte, 11771, 11782.
Mars, 10306.
Marsollier, 6216.
Marsy. Voir Demarsy.
Marteau, 2570.
Martel (E. A.), 8107.
Martel (le docteur), 8669.
Martène et Durand, 1518, 5452 à 5454, 5456 à 5468, 5460 à 5462, 8929, 10336.
Martin (l'abbé), 5897.
Martin (Alexis), 80, 2728.
Martin (F.), 3655.
Martin (Joseph), 11692.
Martin, recteur, 4564, 4565, 12265.
Martin (le P.), 10134, 10384, 10442, 12221.
Martineau, 8244, 9996 à 9998.
Martin, 11716.

Martinval (l'abbé), 11313.
Mary, 2043, 2068, 2146, 2191, 2194.
Masclef, 2005, 3979 à 3981.
Mas-Latrie (de), 6023, 11855.
Masson, avocat, 8605, 8883, 9467, 9580, 10022.
Masson (Frédéric), 11694.
Masson (P.), 1238.
Matharel, 9820.
Mathieu, 11245.
Matifas, 3467.
Matthieu, 12266.
Matzler, 10226.
Mauduyt, 9105.
Mauge du Bois des Entes, 6836.
Maugendre, 4682.
Maugez, 5883.
Maugis, 3255.
Maulvis (Albert de), 9237, 9247, 9255, 9259.
Maunoriy ou Manory, 7300, 7816, 7817, 8081, 9207.
Mauréal, 6417.
Mauret de Pourville, 8659.
Maurin, 568.
Maury, 6185.
Maurort (Mme de), 6370.
Mauviel, 10609.
Mazas, 9179.
Méhaye, 2370.
Melleville, 107, 108, 270.
Mellier, 6225.
Ménard, 10159.
Ménière, 11980.
Mennechet, 6752.
Menu, 578.
Mérard de Saint-Just, 11580.
Mercadier, 11842.
Mercator, 31, 32.
Mercey (de), 110, 112, 113, 115, 116, 118, 121 à 125, 129 à 133, 137, 142, 7509, 7869.
Mercier, 2345, 2346.
Merisse, 8467 bis, 8526.
Merlin, 10589.
Mermillod (Mgr), 11213.
Merville, 4475, 4477.
Meryans, 1.
Mesnart, 5248, 8321, 9905.
Messingham, 10234.
Messio (l'abbé), 5256, 5297, 10259.
Meunier (l'abbé), 10144, 10145.
Meunier (Stanislas), 7991.
Meunier (L. Victor), 309, 11028.
Meureq, 9726.
Meuriot, 4568.
Mézurolles, 2930.
Mey, 8877.

70

Michau de Castellane, 10885.
Michel (l'abbé), 10435.
Michel (André), 3612.
Michel, avocat, 7506, 8435, 9349.
Michel, (d'Angers), 414.
Michel (Francisque), 529.
Michelle, 11164.
Midou, 7935.
Miélot, 10250.
Migne (l'abbé), 4270.
Mignon, 10246.
Mille (l'abbé), 7190.
Millevoye (Jacques), 11891.
Millin, 3903.
Milne-Edwards, 261, 288, 11355, 11993.
Milvoy, 7995.
Mimerel, 5678, 5679.
Minet, 9572.
Minjollat de la Porte, 12136.
Mioland (Mgr), 1349.
Mirault, 10986.
Mirecourt (Eug. de), 11901.
Miquel, 11960.
Mitautier, 9961.
Molchneht, 11969.
Mol de Lurieux, 2155, 5419, 5424, 5425.
Moland, 549.
Mollerus, 10105.
Mollet (Jules), 8114, 11988.
Mollet (Vulfran), 5101, 4742, 4774.
Monchaux, 7068 à 7071.
Mondelot, 526.
Mongez, 315, 317, 319.
Mongis, 10977.
Mongitore, 11850.
Monnet, 88.
Monnier, 11595.
Montaiglon (de), 2659, 2775 6164, 11208, 11278, 11403, 11883, 11885.
Montalant, 11905.
Mont-Devis (Rivet de), 6098, 6122 à 6124, 6188.
Monteuwis (l'abbé), 11823.
Monti, 11692, 11693.
Montigny, 7723.
Montigny (Louis de), 10287.
Montigny, notaire, 5762.
Montès (l'abbé de), 10178.
Montjoye, 11171.
Monvoisin (le P.), 6646.
Moquin-Tandon, 11359.
Morand (François), 11751.
Morand fils, 12013.
More, 8859.
Moreau, 11917.
Moreau, avocat, 5004, 8201, 9574, 9577, 9810, 9811.

Moreau de Gorenflos, 7705.
Morel, avocat, 9679.
Morel (l'abbé), 6032, 8261, 8262, 9024, 9025, 9183.
Morel (R.), 640, 641, 11306, 11717.
Morel de Campenelle, 6855, 6857, 7285.
Morel, de Doullens, 11003.
Morelle (l'abbé), 11036.
Moreri, 10640.
Moret (Juan de), 35.
Moret de la Fayolle, 10827.
Morgan, avocat, 3819, 5326, 7482, 8068, 8100, 8381, 8386, 9663, 9664.
Morgan (le baron), 1110.
Morgan (J. de), 126, 127.
Morgan de Belloy, 1117, 1124.
Morgan de Béthune, 4432 à 4434.
Morgan-Frondeville (de), 4653.
Morgand, 10853, 12005.
Morin (l'Abbé), 8025.
Morsolin, 10606.
Mortier (le P.), 7325.
Mortillet (de), 109.
Morvonnais, 11497.
Moseley, 7406.
Mossier, 78.
Mossier (l'abbé), 10412.
Mouchon, 11967.
Moulin (H.), 6296, 11809.
Moulin (L. H.), 10975.
Moullart, 2909, 4745, 4746, 4974, 8942.
Mouronval, de Doingt, 2322.
Mowat, 2667, 2668, 3708.
Moyen, 11093.
Moynier de Villepoix, 215, 217, 6564.
Muller, 10115.
Muret, 11604.
Mursgrave, 67.
Mutel (Antoine), 1264, 1265.
Mutel (D. Ph.), 11958.
Mydi, 8472.

N

Nancey, 9933.
Natalis, 10340.
Nauche, 12123.
Nervo (le baron de), 1109.
Nesuet, 5838.
Nicéron (le P.), 11048, 11061, 11288, 11322, 11531, 11666.
Nicolas, moine, 10534, 10536, 10541.
Nicole (l'abbé), 7418.
Nicole (Pierre), 9195.
Nicolson, 6700.
Nisard, 3046, 3047.
Noailles (l'abbé), 10189.
Nodier, 601, 11534, 11894.

— 555 —

Noel (l'abbé), 11582.
Nomis, 38.
Normand (l'abbé), 5912, 11257.
Nortier, 493.
Notel (dom), 10166.
Noulens, 10084.
Noverre, 518.
Noyelle, 4372, 4497.
Nupied, 3789, 3851, 4994, 5332, 5853, 6640, 8851, 8051, 9952.

O

Obry (Ernest), 11512.
Obry (J. B. F.), 3614.
Obry, de Prouzel, 2300.
Odon (l'abbé), 646, 8632 à 8634, 11656.
Olivier, 294.
Omont, 5525, 11344, 11346.
Oms (d'), 4465 à 4467.
Orfila, 11353.
Urhand (Le P.), 12051.
Ortega, 10225.
Ottavi, 11964.
Oudin, 10301, 10899, 11427, 11648, 12092.
Oultreman (le P. d'), 12012, 12049.
Ozenfant, 467.

P

Pacaut, 12133.
Padé (l'abbé), 7238.
Pageau, 10028, 10029.
Pagès, 2711, 2712, 2714.
Pagi, 10395.
Paignon, 7212, 7213, 7217, 9372.
Paillart (Charles), 4427.
Paillart (Clément), 4729, 6972, 7150.
Paillet, 4144.
Paillet des Brunières, 5517.
Pajot, 7145, 7146, 7416.
Palustre, 354.
Palys (Le Comte de), 6171.
Pannier, 6089, 6354, 6465, 11779.
Pape, 10281.
Papillon, 6087.
Paporel, 8854.
Parc-Locmaria (Le Comte du), 2836.
Pardessus (Dom), 595.
Parent, 2808.
Paris (Edouard), 455, 497, 498, 4281.
Paris (Gaston), 460.
Paris (Paulin), 4805, 11437, 11853.
Pariset, 11766.
Pascalis, 4449, 4450.
Paschase Radbert, 10064, 10065, 10067, 10450.
Pasquier, 5347.
Passac (de), 11626.

Passy, 11927.
Patin, 4957.
Patte (Jehan), 2715.
Pauffin, 11506.
Paulet (Léon), 8617, 9127, 9131, 9134, 12024 à 12027, 12032, 12050.
Pauquy, 147, 181, 2414, 4290.
Pavart, 5854.
Péchon, 8531.
Pécourt, 5610.
Pecquet, 9653.
Peigné-Delacourt, 547, 4713, 8643.
Pelletan, 3092.
Pelletier, 3376, 3797, 5499, 5501, 7426, 9578.
Pellissier, 11795, 11959.
Perdonnet, 12259.
Péré, 4625.
Périn, 7356, 8001.
Perrault, 11881, 12232.
Perraux, 9441.
Perrinel, 9320.
Perrot, 3027.
Pertz, 10090.
Péru-Lorel, 5093.
Pestel, 10587.
Petit, d'Amiens, 4431.
Petit, d'Amiens, 12138.
Petit, avocat, 4121.
Petit, docteur, 2581.
Petit (Elie), 11102, 12207.
Petit (L.), 7275, 11787.
Petit-Radel, 10546, 10547, 10906, 11651.
Peuchet, 2549, 4958, 7049.
Peugniez, 2731, 4371.
Peyronnet (de), 9180.
Philbert, 12264.
Picard, avocat, 5829.
Picard (Casimir), 149, 150, 199, 451, 6085.
Piccini, 523.
Picot, 6259.
Pie (Mgr), 10376.
Pierre-Constant (dom), 5315.
Pierru, 10859.
Piganiol de la Force, 41.
Pigné, 4079, 6644, 9625, 9715.
Pilastre, 5762.
Pilastre (Edouard), 10804 bis.
Pillet, 12199.
Pillon, 9908.
Pilion de Thusy (l'abbé), 5662.
Pilloy, 305, 362, 9114.
Pingré, 4019.
Pinguet, 490, 491.
Pinkney, 2687.
Pinsard, 331, 360, 2662, 2665, 2673, 2723, 5312, 5697, 5833, 5881, 5952, 8108, 8465, 8481, 9058.

Pinson, 11515.
Pinsonnius de Rialle, 11319.
Pioger (de), 6862.
Piorry, 11357.
Pipault, 9896.
Piot, 388, 391.
Pironneau, 4428.
Pistoye (de), 827, 10979.
Piton, 11461.
Planchon, 4679.
Plougoulm, 4459.
Poey d'Avant, 394.
Pognon (dom), 10312.
Poilly. Voir De Poilly.
Poiré (Emile), 9102.
Poiré (Paul), 4595.
Poiste-Desgranges, 10978.
Poizat, 12079.
Polain, 12034.
Poli (Oscar de), 5590, 12120.
Pommier, 11492.
Ponche, 4963, 11012.
Ponchon, 364, 9076.
Poncinet, 10016.
Pongerville (de), 6001, 6107, 11609, 11610, 11771, 11896, 11903, 11904.
Ponssemothe de l'Etoile (le P.), 3118, 3632, 4177, 10487, 10495.
Ponthieu (Alex. de), 2861.
Ponthieu (Alfred), 9146, 9152.
Ponton d'Amécourt, 10078.
Pontreué (de), 9821.
Popelin, 6688, 6689.
Poplimont, 10826.
Porcher, 10413.
Poriquet, 9370.
Portalis et Béraldi, 10893, 10957, 11209, 11252, 11384, 11395, 11423, 11687, 11798, 11830, 12008, 12193, 12238.
Portault (du), 4393, 9887.
Postel (le P.), 11879.
Potez, 7932, 7934, 11914.
Pothouin, 5916.
Pottier, (l'Abbé), 6883.
Pouchet, 106.
Pouillet (l'abbé), 5898, 5908.
Poujol de Fréchencourt, 148, 2565, 2839, 3106, 3108, 3912, 4086, 4193, 5963, 5967, 11821.
Poullain, 2939, 3158.
Pouliard, 8917.
Poulle, 3150.
Poultier, 2141.
Pouy, 356, 431, 432, 438, 676, 677, 686, 622, 804, 809, 2562, 2672, 3122, 3492, 3674, 3855, 3954, 4072, 4559, 4667, 4758, 1807, 4967, 4968, 5051, 5208, 5281, 5363, 5434, 5664, 5665,
5850, 6218, 8422, 10580, 10858, 11052, 11311, 11388, 11389.
Prache, 2487.
Praromd, 299, 435, 620, 4342, 6008, 6010, 6013, 6027, 6031, 6110, 6118, 6119, 6122, 6123, 6130, 6149, 6157, 6167, 6172 à 6174, 6185, 6191, 6219, 6231, 6285 à 6288, 6300 à 6302, 6306, 6312, 6395, 6585, 6607, 6670, 6749, 6781, 6794, 6839, 6842, 6868, 6877, 7188, 7218, 7234, 7236, 7237, 7245, 7478, 7488, 7575, 7598, 7602 à 7605, 7666, 7738, 10665, 10856, 10963, 11067, 11071, 11393, 11701, 11701 bis, 11813, 11815, 11887, 11920, 11930, 12006.
Prat (Henri), 12017.
Prat (le P.), 10227.
Pressac (de), 4789.
Prestau, 10429, 10467, 10581, 10584.
Prestwich, 254, 268, 287, 293.
Preux, 4468.
Prévost, avocat, 9840.
Prévost, député, 765.
Prévost (Eugène), 6934, 6936.
Prévost de Saint-Lucien, 9064.
Prévost-Lebas, 7729.
Prieur, 9034.
Pringuet, 66.
Prioux, 9678.
Proa, 9655.
Prou, 412.
Proyart (l'abbé), 10600, 11233.
Pruner-Bey, 283.
Puy de Rosny, 6771, 9635.
Puyraimond (de), 2088.

Q

Quatrefages (de), 208, 279 à 283.
Quatremère (Robert), 7804.
Quatremère-Disjonval, 3342.
Quenardel, 75.
Quentin, avocat, 8090.
Quentin (Ch.), 2698.
Quentin (E.), 8708, 8716, 8818.
Quevauvillers (l'abbé), 1976.
Quicherat (Jules), 6871, 6872.
Quignon, 470.
Quillart (Mlle), 11982.
Quinette, 2999.
Quinsac, 3650.
Quinsert (dom), 10751.

R

Raes de Bruxelles (Sœur), 10174.
Raffelin, 3872, 8080.
Ragimbert, 10401.

— 557 —

Ragon, 600.
Raincelin de Sergy, 11001, 11432, 12091 bis.
Rainneville (de), 2419, 2420, 2449.
Rainvillers (de), 2386.
Ram (de), 10077, 10124, 10127, 10525.
Rambaut, 11105.
Rambert (St), 10101.
Rambures (A. de), 11781.
Ramon (Gustave), 8642, 8678, 8679, 8729, 8758, 8781, 8891.
Ramonnot, 8258, 8259.
Rançon, 5691.
Randoing, 6356, 6357.
Raoul, 7724, 7725, 7728.
Ratbod, 10290, 10291.
Ratier (de), 3048.
Rattel, 5209, 5210.
Raulin, 11128.
Ravin, 93, 248, 7676, 7743, 7746, 7859, 7860, 10409.
Raynal (l'abbé), 11328, 12235.
Raynaud (Furcy), 12014.
Raynaud (Gaston), 459, 460, 463, 6049.
Read, 11131.
Recoupé, 8816.
Regley (l'abbé), 4685.
Régnard, 9799.
Regnault, avocat, 8805, 9475.
Regnault (F.-L.), 10953.
Régnier, 370.
Reiffenberg (de), 10357, 12016.
Reisch, 10905 bis.
Rembault (Gabriel), 331, 5274, 5323, 5383, 6177, 9273, 10373, 10860, 11114, 11198, 11200, 11615, 12110, 12111.
Renard, 5674, 5675.
Renauldin, 11016.
Rendu (Armand), 439, 5938, 11965.
Rendu (Zacharie), 8610.
Renet, 10795.
Renot, 2739.
Renouard, 3994.
Renouvier, 12257.
Requin (l'abbé), 11889.
Reuterdahl, 10111.
Reymond, 6082.
Reynard, 2649.
Reynaud, 2075.
Riant (le comte), 3702, 3703, 5486, 7525 à 7527, 8937, 11104.
Ricard (Jean-Marie), 1203, 1222, 1224, 1225, 1228.
Ricard (Mgr), 10662.
Richard (l'abbé), 10180.
Richard, archiviste, 2764.
Richard (le P.), 10457.

Richelet, 2826.
Richer, avocat, 9703.
Richer, docteur, 4387 à 4589.
Richery (de), 4104, 4105.
Ricouart, 8322, 8904, 8924, 9036, 9061, 9107, 9122.
Ridoult, 7717.
Rienzi (Michel de), 11734.
Rigollot, 2978.
Rigollot (le docteur), 9, 252, 326, 338, 376 à 379, 381, 383, 385, 393, 421, 2649, 2652, 2657, 2690, 2691, 2694, 2844, 3669, 3686, 3711, 4265, 4266, 4286, 4577, 4578, 4802, 4804, 7397, 7398, 11109, 11193, 11333.
Riquier, 8, 2410 à 2412, 3415.
Ris (Clément de), 5665.
Ris-Paquot, 894, 4788, 6715, 6755, 7720
Ritter, 10343.
Rivière de Largentaie, 5079.
Rivoire, 2629, 2835, 3580, 3581, 4691.
Robbe (dom), 143.
Robbe (Pierre), 11312.
Robert, 274, 275.
Robert, 2635.
Robert (Adrien), 554.
Robespierre, 11583, 11584.
Robin, 7699.
Robitaille (le chanoine), 1515.
Rochette (Raoul), 11772.
Rodenberg, 10452.
Rodière, 6620, 7682.
Roger (docteur), 11671.
Roger (P.), 330, 424, 607, 608, 2773, 3001, 3729, 6187, 6583, 7595, 9042, 10645, 10646, 10648.
Roisin (le baron de), 3591.
Rolland (le président), 4686, 6399.
Rolland de Dessus, 28.
Rome, 5710.
Romieu, 9868.
Roquemont (le président de), 3912, 7324, 8466
Rosand, 11406.
Rose, 510.
Roser le jeune, 9921.
Rosny (Eug. de), 669.
Rossi, 5527.
Rossier, 2034 à 2038.
Roucy (A. de), 572.
Roucy (Ed. de), 5088.
Roudet, 11490.
Rouillard, 9077.
Rougé (Adrien de), 1112, 1122, 1123
Rougé (Hervé de), 5291.
Roulland, 11489.
Roure (du), 10681.
Rousseau, d'Amiens, 4284.

Rousseau, avocat, 9869, 9870.
Rousseau, (G.), 7324.
Rousseau de la Combe (de), 7549.
Roussel (de), 1192.
Roussel, avocat, 9087.
Roussel (César), 2196, 7647.
Roussel (Martial), 3926 à 3928, 4263.
Roussel de la Tour, 6399.
Rousselet, 9732, 9759.
Rousset (le colonel), 797.
Rousset (le P.), 6702.
Routier, 4576.
Roux (Amédée), 12248.
Roux (Joseph), 2743, 3929, 4129, 4713. 5255, 5605, 5754, 5900,.
Roze (l'abbé), 1351, 1354, 1355, 1357, 1358, 3603, 3842, 5318, 10875, 11921.
Rosier (l'abbé), 4681.
Rupin (de), 8220.

S

Sabatier, 8368.
Sablons (des), 11571, 12235 bis.
Sachy (de), 3990.
Sachy (Eustache de), 8672.
Sachy (J.-B. M. de), 10458.
Sachy de Carouges (de), 3307, 4539.
Sacy (de), 8806.
Saint-Allais (de), 10673, 10690, 10692, 10695, 10730, 10743 à 10745, 10770, 10774, 10792, 10808, 10832, 10834.
Saint-Amable (le P. de), 10068, 10086, 10138, 10352, 10451.
Saint-Aubin (de), 5867, 5876, 5877, 7434, 7632, 7633, 9629, 9793, 9796, 9797, 10015.
Saint-Charles (le P. de), 11426.
Saint-Evremond, 11679.
Saint-Germain (M. de), 11261.
Saint-Gilles (le P. Robert de), 12087.
Saint-Laurent (l'abbé de), 10182.
Saint-Marc (de). 517, 522, 11077, 11664.
Saint-Maurice Cabany, 11018, 11142, 11184.
Saint-Pons (de), 10751.
Saint-Quentin (le P. Pierre de), 10386.
Sainte-Beuve, 11134, 11523, 11737, 11897, 12249.
Sainte-Marthe (Scévole de), 11411, 12176.
Sainte-Thérèse (le P. Louis de), 4093, 6677, 10910, 11310, 11825.
Sagnier, 10565.
Salembier, 11857.
Salino, 10399.
Salmon (Ch.)) 1355, 2035, 2434, 3055, 3602, 3618, 3699, 3700, 3911, 3952, 4084, 4085, 4148, 4150, 4171, 5258, 5300, 5301, 8478,

10062, 10211, 10212, 10251, 10257 bis, 10260, 10297, 10375, 10382, 10392, 10476, 10477, 10479, 10484, 10486, 10510, 10519, 10526, 10527, 10545, 10605, 10626, 11214, 12102.
Salveton ,4460, 4461; 4463.
Sanson (A.), 208.
Sanson (Jacques). Voir le P. Ignace.
Sanson (Jean-Baptiste). 6249, 6250.
Sanson (Nicolas), 6097.
Sarasin, 529, 547.
Sarrasin, 12231.
Sarrut, 10973, 10995, 11086, 11643, 11727.
Saucerotte, 11420, 11670.
Saudbreuil, 2478, 2480, 4489, 4493.
Saugrain, 8747.
Saussois (A. du), 11162.
Sauvage (l'abbé), 7368, 10437, 10439.
Sauvage, de Cayeux, 7841.
Sauvage (Ernest), 452.
Sauvage (G.-E.), 7667.
Sauvan d'Araman, 9357, 9637.
Sauzet, 11668.
Savary, 2526, 4274.
Savary (l'abbé), 11137.
Saverdin, 12128.
Savin du Mony, 7377, 9419.
Scarron, 12225.
Scellier, 4624.
Schachert, 12015.
Schaenfeld (de), 12191.
Schayes, 10811.
Schoch, 8782.
Schoffer, 11540.
Scohier, 10726.
Scribe, 602.
Sedaine, 7185.
Ségur (le comte de). 11236.
Sellier (le P.). 10166, 10389.
Sémichon, 15.
Sénéchal, 12162.
Septenville (le baron de). 11057.
Seriny, 4062, 5012.
Séraphin (le P.). Voir Abbeville.
Sérionne (de), 8042, 8045.
Serrure, 403, 411.
Servois, 6163.
Sevaille, 4100.
Sevestre, 10902, 11429.
Seymour de Constant, 7399, 7402.
Sicard, 12263.
Sikel, 8691.
Silvère (le P.), 10167.
Silvestre, 11947, 11951, 11956.
Simon (l'abbé), 10162, 10396, 10447.
Simon (V.), 264, 272.
Simplicien (le P.), 10782.

— 559 —

Siraudin, 4474, 4476, 4480, 4485.
Soefve, 1371, 8570, 8837.
Solente (l'abbé), 2650.
Sonnois, 8571.
Sorel, 7065.
Souaillard (le P.), 6701.
Souchet, 10148.
Souef, 4451, 4457.
Soulié, 11898.
Soulier, 11985.
Sourrieu (Mgr), 10632.
Soyecourt (le marquis de), 10839.
Soyer, 8110, 8111.
Soyez (Edmond), 2842, 3111, 3582, 3608, 3609, 3661 à 3663, 3665, 3667, 3676, 3698, 3860, 4087, 4718, 4806, 5712, 7977, 10461, 10548, 10556, 11135, 11723, 12135.
Spach, 11559.
Spineux, 2415.
Stoeber, 11439, 11472, 11473.
Sueur, 6921 bis.
Suleau, 743.
Surgis, 8249, 8840, 8846.
Surius (Laur.), 10064, 10133, 10135, 10165, 10166, 10186, 10232, 10286, 10347, 10398, 10420, 10534, 10536, 10541.
Sussanæus, 8695.
Sybel, 12042.

T

Taboué, 4394. 7468 à7470, 9093.
Taillandier, 2147.
Tailliar, 654.
Talandier, 4493.
Tamizey de Larroque, 677.
Tappehorn, 10121.
Tardif, 9839.
Tardy, 302.
Tarezzo, 10221.
Target, 7299, 9556, 9620, 9675, 9859.
Tarlet, 12061.
Tartarin, 8006, 9647.
Tartas de Romainville, 597.
Tastet, 12246.
Tattegrain, 512, 9309.
Tausin, 8718.
Tauxier, 9839.
Tavernier, 4579, 10932, 12114.
Taylor (baron), 601.
Teissier, 11413, 12212.
Ternas, 10708, 10737.
Tessé (de), 9386.
Théault, 8876.
Thellier de Sars, 11002.
Théodule, 11527, 11529.

Théry (Edmond)) 2375.
Théry (Jules), 9124.
Thévenin, 9035.
Thiéry (Maurice), 10878, 11189, 11190, 11735.
Thierry (l'Abbé), 7534.
Thierry (Amédée), 10480.
Thierry (Augustin), 611,612, 3116.
Thierry, de Doullens, 7936.
Thiers (l'abbé), 10489, 10490.
Thoinan, 11179.
Thomé de Gamond, 2369.
Thorel, avocat, 4914.
Thorel (Octave), 471, 512, 7355.
Thou (de), 1216, 1217, 1219, 1220, 1227, 1260, 1261.
Thouin, 11950.
Thoumas (le général), 11514, 11528.
Thuillier (l'abbé), 8968.
Thuillier (le P.), 10939, 10940.
Thurbet, 3030.
Ticquet, 9903, 9904, 9925.
Tillette de Clermont Tonnerre (le baron), 6120, 6184, 6225, 7073, 7597, 10843, 11880.
Tilloy (l'abbé), 8969.
Timon, 11507.
Tiron (l'abbé), 3634, 3635, 11774.
Tisseron de Quincy, 10974, 11728.
Tissot, 11475.
Titon du Tillet, 12233.
Tivier, 4566, 11800, 12247.
Tourne, 3989.
Tournel, 5467.
Tournière-Blondeau, 8682.
Tournyer, 1051.
Tournyer (l'abbé), 4693.
Touron (le P.), 11639.
Trannoy, avocat, 8857.
Trannoy, docteur, 2579.
Traullé (les), 314, 315, 317, 318, 769, 5667, 5668, 6074, 6270, 6792, 6866, 7050, 7056, 7590, 7591.
Travers, 11263.
Tréfeu, 11309, 11757.
Trélat, 8613.
Trépant, 8817.
Trépagne, 3881, 3882, 8238.
Tressan (le comte de), 11587.
Tribard, 7376, 9103, 9217, 9253.
Tribolet, 8353.
Tricot, 7776.
Tripier (le général), 2078, 2079.
Tripier (Jules), 163.
Troche, 10812.
Tronson du Coudray, 9999.
Trouvé (l'abbé), 10298.
Trudon des Ormes, 648.

TRULAT, 290.
TUBINO, 11025.
TULLON, 9385.
TURPIN (Emile) 11158.
TURPIN DE SANSAY, 11023.
TURQUET, 8243.

U

URBAIN (l'abbé), 11738.
URRE (le général d'), 6246.

V

VAILLANT, 7747.
VAISSETTE (dom), 43.
VALDOR, 5409.
VALENCIENNES, 11355.
VALETTE, juriste, 2484.
VALETTE, pasteur, 2033.
VALLENTIN (Florian), 2666.
VALLENTIN (Roger), 410.
VALLET, 4355, 4356.
VALLET (l'abbé), 11636.
VALLET DE VIRIVILLE, 10650, 11750.
VALTIER, 4678.
VALLOIS, 2323, 8676, 8798, 8879, 8915, 8920, 9068, 10735.
VALMONT-BOURET, 11902.
VAN DRIVAL, 3604, 11676, 11677.
VANIOT (le P.), 210.
VAN LOCHOM, 5407.
VAN ROBAIS, 353, 359, 6091 à 6093, 6095, 6096, 6147, 6756, 7186, 7292, 7431, 7559, 7560, 8086, 10419, 11672 bis.
VAN TÉNAC, 11422.
VAQUETTE, 800.
VARENBERGH, 10194.
VARLET, 7997, 9579, 9844.
VAST, 2637.
VATIMESNIL (de), 7318.
VAUCHELLES, 2855.
VAUCHER, 11433, 11796.
VAUCHER (J.-B.), 10999.
VAULT (général de), 1156.
VAUTRIN, 8360.
VAUVILLÉ, 352, 367, 5939, 7516.
VAUX (Pierre de), 10186, 10203.
VERNE (Jules), 70.
VERNON (le P. de), 12157.
VÉSIGNIÉ, 2582, 7131.
VEYRINES, 11630.
VICQ D'AZIR, 2392, 11660
VIDAL, 11476.
VIÉE, 4347.
VIEL, 8444.

VIELLARD, 5881.
VIGNEUL-MARVILLE (de), 11321.
VILLAGRE, 11773, 11778.
VILLART, 3094.
VILLE (de), ingénieur, 5407.
VILLE (de), trésorier de France, 2935
VILLEMAIN, 11455.
VILLEMANT, 2318, 8670.
VILLENAVE, 11556.
VILLERS (de), 7317.
VILLERY, 9196, 9197.
VILLEVIEILLE (dom), 10751.
VILLIERS (de), avocat, 7997.
VILLIERS (V. de), 54.
VILLIERS DE L'ISLE-ADAM, 11172.
VILLIERS DE ROUSSEVILLE, 3690, 10638, 10639.
VINÇARD, 11971.
VINCENT, 8897.
VINZON, 10984.
VIOLE, 1216, 1217, 1219, 1220, 1227, 1260, 1261.
VIOLLET-LE-DUC, 3596, 6595, 10368.
VION (Em.), 2481.
VION (Michel), 4571, 7884, 12021, 12031, 12115.
VION (René), 2441, 11550.
VIREY, 11952.
VISEUR (Robert), 3693, 3694.
VISINIER, 5916, 7536.
VITASSE (l'abbé), 3680, 10326, 11124, 11155
VITRY (de), 2886.
VITRÉ (le P.), 10363.
VIVIEN, 4448.
VIVIEN, 3292, 3382.
VOCLIN (les abbés), 1971, 3878, 11299.
VOITURE, 5410.
VOLKENING, 10120.
VOLTAIRE, 6210, 6211.
VORAGINE (I. de), 10231.
VULPIAN, avocat, 4068.
VULPIAN (Paul), 585.

W

WAIGNART, 10664, 10665.
WAILLY (Paul de), 3109.
WAL (de), 12148.
WALCKENAER, 11932.
WARLOY (de), 3922, 5588, 12185.
WARMÉ (A.), 7880.
WARMÉ (Vulfran), 1038, 4761, 11244, 1-525.
WATTEAU, 4487, 4492.
WATTENBACH, 10098.
WATTIER, 5707.
WAUBERT, 9354, 10000.
WEISS, 11141, 11298
WELBY PUGIN, 6751.

WERHAN, 10119.
WEY (Francis), 606, 4702.
WIESENER, 10980, 10981.
WIGNIER, avocat, 7023.
WIGNIER (Ch.), 161, 2564, 6226, 6647, 6940, 7077, 7720, 10818, 12003, 12004.
WISSOCQ, 2265.
WITASSE (G. de), 79, 357, 441, 5292, 5294, 5612, 5701, 5761, 6024. 8489, 8996, 11060.
WITTKOWSKI, 10950, 11672.
WOGUE, 11621.
WOILLEZ (Emmanuel), 328, 4297.
WOILLEZ (Eugène), 334, 336.
WRIGHT, 10901.

Y

YONGE, 337.
YVERT (Eugène), 3102, 3651, 11337, 1,607.

Z

ZIEGELBAUER, 10339.
ZINGERBE, 11684.

TABLE DES NOMS DE PERSONNES

A

ABANCOURT, famille, 10642.
ABBEVILLE, famille, 10671, 10695 à 10699, 10737, 10759, 10801.
ABBEVILLE (Gérard d'),10880, 10881.
ABBEVILLE (Gilbin d'), 10882.
ABOVAL, famille, 10742.
ABOVAL (C., J. et J. d'), 9310, 9311.
ACARY, famille, 10672.
ACCESSAT (Dom), 8251.
ACCOULON, 6664 à 6666.
ACHE et ACHEUL (Sts), 10060 à 10063.
ACHERY (Dom d'), 4682.
ACLOCQUE (P.), 10883.
ACLOCQUE (P. C.), 7269, 7270.
ACLOCQUE DE SAINT ANDRÉ, famille, 10673.
ACLOQUE, 8068.
ACQUET DE FÉROLLES, famille, 10674, 10675.
ADAM, 10884.
ADÉLARD (St), 5455, 5456, 10064 à 10081.
AGAY (d'), 861, 1074, 1170, 1173 à 1175, 2168, 2169, 6959.
AGRIPPA, 316.
AGUESSEAU (d'), 8396 à 8400, 10676.
AILLY DE PICQUIGNY (Ch. d'), 627, 5770.
AILLY (L. d'), 10885.
AILLY. VOIR CHAULNES ET LE BOUCHER.
ALAVOINE, 2398.
ALBERT, card. d'Autriche, 2801, 2803, 2804, 2808, 2824, 2833, 2838.
ALBERT DE LUYNES, famille, 10640, 10641, 10678 à 10681, 10717. VOIR CHAULNES ET CHEVREUSE.
ALEGRIN. VOIR HALGRIN.
ALEXANDRE VII, 6707.
ALEXANDRE (CH.), 10886 à 10889.
ALEXANDRE (Dr), 10890, 10891.
ALIAMET (A.), 9612.
ALIAMET (F.), 7495.
ALIAMET (J. C.), 6877, 10892 à 10894, 11276.
ALIAMET (M. F.), 7181. 7183.
ALIAMET DE CONDÉ (A. et J.), 7076, 9864.
ALIAMET DE MÉTIGNY, 9864.
ALIGRE (d'), abbé, 7252 à 7254.
ALIGRE (d'), intendant, 2231.
ALLEUX (DU BÉGUIN, Sr des), 3493.
ALLOT, 7504.
ALLOU, 3296, 3300.
ALLOU (F.), 9526.
AMBLEVILLE (d.), 2868.

AMERVAL, famille, 10641.
AMERVAL (C. d'), 9312, 9632.
AMIENS, famille, 10682 à 10685, 10721, 10844.
AMIENS (Adelelme d'), 5890.
AMIENS (Girard d'), 10895, 10896.
AMIENS (Hugues d'), 10897 à 10904.
AMIENS (Jacques d'), 10905, 10905 bis.
AMIENS (Nicolas d'), 10906 à 10908.
AMIENS (Pierre d'), 5988.
AMIENS (Thibaut d'), 10909.
AMPÈRE, 11247.
AMPLEMENT, 9313.
AMYOT, 3364.
ANCELIN, 8034.
ANCRE (A. d'), 5462.
ANDRÉ DE JÉSUS-MARIA (le P.), 10910.
ANDRÉ (St), 6626.
ANGIER, 5475.
ANGILBERT DE CORBIE, 10911.
ANGILBERT (St), 10082 à 10100.
ANGOULÊME (le duc d'), 777, 3007.
ANGRAND, 9594.
ANNE D'AUTRICHE, 2857.
ANSCHAIRE (St), 10101 à 10132.
ANSCHER, 7240, 10912, 10913.
ANSELLE, 8862.
ANTOINE (J.), 10914.
ANTOINE (St), 5364, 5365.
ANVIN DE HARDENTHUN, famille, 10641, 10652, 10915.
ARCHELIN, 10048.
ARGENT (d), 5033.
ARMANVILLE (Mme d'), 8173.
ARNAULT, 8055.
ARNAULT DE LA PORTE, 8042 à 8046, 8048
ARNAULT DE POMPONNE, 9953.
ARRAS (J. L. d'), 10916.
ARREST (d'), 7581.
ARRODE, 10882.
ARTOIS (C. P., Cte d'), 5797 à 5815, 5869, 6062 à 6064, 6226 à 6228, 7589, 7590, 7613, 7693 à 7705, 7772, 7921.
ARTUS (A.), 4394, 5005.
ARTUS (T.H.), 4253.
ASSEGOND, 9314, 9971.
ASSELIN (J.-B.), 8606.
ASSELIN (J.-B.), 3817 à 3819, 3835.
ASTOIN (J.), 3815.
ASTOIN, de Péronne, 8866, 8869, 8870.
ATHIES (Guy d'), 10917.
AUBÉ (veuve), 9553.

AUBERT, 7328.
AUBERT (P. L. F.), 9315.
AUBERY, 8434.
AUBIN LE JEUNE, 2138.
AUBIN (St), 10268.
AUBRELICQUE, 8866, 8868.
AUBRELICQUE (J. L.), 10918, 10919.
AUDIQUET, 6448.
AUDOUL, 9087.
AUGUSTIN (St), 4198.
AULT DU MESNIL (G. d'), 9402, 9403.
AUMALE, famille, 10640, 10685.
AUMALE (les ducs d'), 681, 682, 5647.
AUMALE D'HAUCOURT, (Mlle d'), 5599.
AURIBEAU (D'), 4319, 5097.
AUSTREBERTHE (Ste), 10133 à 10147.
AUTHEUX (Baudoin des), 10920.
AUTHIE (Simon d'), 10921.
AUTRICHE (Eléonore d'), 6166, 6167.
AUVRAY, 8272.
AUX COUSTEAUX (L.), 10922.
AUX COUSTEAUX (M.), 9889.
AVANTAGE, 1518, 3707.
AVELUY, famille, 10686, 10708.
AVESNES (E. B. d'), 8249, 8336, 8337.
AVESNES (Jean d'), 528.
AVISSE, 3867.
AVRANT, 3868, 3869.

B

BABEUF, 8517.
BABUTY, 9615.
BACHELIER, 9627.
BACOUEL, famille, 10687.
BACOUEL (A. de), 9316.
BACQ (de), 6612.
BACQUET, 1306.
BADIEZ, famille, 10642.
BADILIER, 8491.
BAGNEUX (de), 10923.
BAGNOLE, 9940.
BAILLET (J.), 8605.
BAILLEUL (J. et E. de), 10924 à 10931.
BAILLEUX, 10048.
BAILLI, 5816.
BAILLY (l'abbé), 4139 à 4145.
BAINAST, famille, 10645, 10689.
BAINAST (M. J. A. de), 9844, 9845.
BAINS (de), 5492, 5497, 5498, 5537, 5538.
BAJOUX, 4256.
BALAGNY, 8792.
BALDÉRIC, 8931, 9079, 9182, 9184.
BALESDEN, 8112.
BALLEN, famille, 10688.
BALLUE, 764.

BALZAC, 12228, 12244.
BAR (de), 3759 à 3788, 3985, 4897.
BARBAUT, 9436.
BARBETTE, 9413, 9628.
BARBIER (Al.), 9887.
BARBIER (Ant.), 1308.
BARBIER (Ch.), 943.
BARBIER (J. B.), 9317.
BARBIER (J. B. G.), 10932.
BARBIER (P.), 9624.
BARBIER D'OUVILLE, 9528.
BARBOU, général, 10933 à 10935.
BARDOU, 6412.
BARDOUX, 8459.
BARILLON D'AMANCOURT, 3989, 8737.
BARNI, 10936.
BARON (Ch.), 9318, 9319.
BARON (M.), 4391.
BARON (N.), 7547.
BARON, off. mun., 3222.
BARON DE LA MARONDE, 9320, 9963.
BARRÉ (le P.), 10937 à 10941.
BARRENGUE, 9447.
BARTHÉLÉMY (A.), 11789.
BARTHÉLÉMY (St.), 5931.
BASCHELÉ, 8272.
BASCHY, 9225, 9231, 9232.
BASSET, 8606.
BATAILLE (Mgr.), 10625 à 10628.
BAUBOS (E. et N. de), 8070.
BAUCHARD, 9126.
BAUCHER, 5368 à 5371, 9934.
BAUDELOCQUE (C. A.), 10942.
BAUDELOCQUE (C. J.), 4209.
BAUDELOCQUE (J.-L.), 10943 à 10950.
BAUDOIN, abbé, 7801.
BAUDOIN (Cl.), 882.
BAUDOIN (L.), 1017.
BAUDOUX, 9321.
BAUDRY, 9647.
BAUGRAND, 9322.
BAUHIN, 10951.
BAULDRY (A. C. L. de), 9323.
BAULDRY (l'abbé E.), 5334, 5336 à 5347, 5352 à 5357, 5361, 5362.
BAULDRY (P. B. de), 8381 à 8387.
BAURAIN (J.), 9659.
BAUVARLET (F.), 6632.
BAY, 9084.
BAZIRE, 740.
BEAUCLET, 8722.
BEAUDAN DE PARABÈRE, 8424 à 8426.
BEAUDOIN (E. S.), 7381 à 7383.
BEAUDOUX (F. A.) 9646.
BEAUDRAIS, 7760.

BEAUFORT (M. de), 5398.
BEAUMANOIR (Ph. de), 4490.
BEAUMONT, 4935.
BEAUMONT (de), 4306.
BEAUMONT (Mlle de), 9055.
BEAUMY (J. de), 7282, 7283.
BEAURAIN, 9368.
BEAUREPAIRE (de), 10952.
BEAUSSART, 5870, 5871.
BEAUSSEAU, 7475.
BEAUVAIS (G.), 10021.
BEAUVAIS (de), 8243, 8244.
BEAUVARLET (A. C.), 10016.
BEAUVARLET (J. F.), 10953 à 10958.
BEAUVARLET (P. F.), 9325.
BEAUVARLET DE BOMICOURT, 9323, 9324, 9838.
BEAUVARLET DE MOISMONT, 9324.
BEAUVARLET DE VACONSIN, 9838.
BEAUVILLÉ (V. de), 448, 4636, 10959.
BECCARIA, 6211.
BÉCHAMEL DE NOINTEL, 7586.
BÉCOT, 9882.
BECQUEREL, 5326.
BECQUESTOILE, 7227.
BECQUEY, 2179.
BECQUIN, 7021, 7679.
BECQUINCOURT (de), 8590.
BÉCU, 10960.
BÉGARD, 9327, 9889.
BÉJOT, 10961.
BÉLIN, 898.
BELLAI, 9168.
BELLAY (du), 764, 766.
BELLAY (L.), 3540.
BELLAY (M. F. A. N. du), 9482, 9483, 9485, 9487, 9489, 9564, 9565.
BELLEBRUNE, 708.
BELLEFORIÈRE. VOIR SOYECOURT.
BELLEGUEULE, 4545.
BELLENCOURT, 5914.
BELLENGREVILLE (C. H. et M. M. de), 9402, 9403.
BELLENGREVILLE (J. C. et G. de), 7552.
BELLENGREVILLE (V. de), 9328, 9854.
BELLEVAL (L. R. de), 10965, 10966.
BELLOT, 9329.
BELLOY (F. de), 7513, 9835.
BELLOY (J. de), 8489.
BELLOY (V. et L. V. de), 9332.
BELLOY D'AMY (de), 9333, 9334.
BELLOY DE FRANCIÈRES (de), 9330 à 9332.
BELOY, 8612.
BÉNARD (F.), 9899.
BÉNARD (le P.), 6699.
BENNEVILLE (de), 9344, 9647.
BENOIST (J.), 2471.

BENOIST (P.), 4385.
BENOÎT, 5201, 5202.
BENTIVOGLIO (de), 7809.
BÉQUET, 7863.
BÉRAIN, 10968.
BÉRARD, 5645, 5646.
BERCHUND (St), 10527.
BERGE, 7251.
BERGER, 3883.
BERGHES (la pr^{sse} de), 9336, 9337, 9458 à 9463
BERNAGE (de), 911, 6779.
BERNARD, 5241.
BERNARD (F. et M.), 9338.
BERNARD (G.), 5080.
BERNARD (le P.), 7340, 7385.
BERNARD (S. C.), 9276 à 9278.
BERNARD DE TIRON (St), 10148 à 10158.
BERNATRE (de), 9577.
BERNAULT, 7727, 7728, 7733.
BERNAULT (M. M.), 8090.
BERNAULT (F.), 9339, 9907.
BERNE (de), 9311.
BERNEVILLE, 6448.
BERRY (le duc et la duchesse de), 3006, 3013, 3014, 6271, 6272.
BERTAUX, 10876.
BERTHE (A.) 9270.
BERTHE (P.), 9340.
BERTHE DE COURSEBONNE, 9963.
BERTHE DE VILLERS, 5947, 5949 à 5951.
BERTHE D'OSSONVILLE, 5949 à 5951.
BERTHEFREDUS, 5447, 5448.
BERTIN (l'abbé), 6416, 10969, 10970.
BERTIN (l'abbé Ch. de), 5531.
BERTIN, instituteur, 3377.
BERTIN (M. Y. de), 9732.
BERTIN (P. et A. de), 8195.
BERTIN, vic. gén., 1490.
BERTON, 10971.
BERTRAND (C.), 9101.
BERTRAND (J.-B.), 1306.
BERTRAND (M. M.), 4205.
BERVILLE (St Albin), 10972 à 10982.
BERY, famille, 10641.
BERY (Ph. de), 5375, 8990, 8991.
BESSE, 8878.
BÉTHISY DE MAIZIÈRES, famille, 10641, 10983, 10984.
BÉTHISY DE MAIZIÈRES (Ch. de), 9341.
BÉTHISY DE MAIZIÈRES (E. de), 9600, 9601, 9693, 9694.
BÉTHOULAT DE LA GRANGE, 9624.
BÉTHUNE (le duc de), 7506, 9328, 9854.
BÉTHUNE (P.), 6122, 10112.
BEZANÇON, 9342.
BIARD, 748.

— 565 —

BIBEREL, 3792.
BICHECOURT (E. de), 558.
BIENAIMÉ, 10985, 10986.
BIENCOURT (Ch. et Ch. Ph. de), 5739 à 5742.
BIENCOURT (Ch., L. Ch. et J. S. de), 9343, 9344, 9647.
BIENCOURT, famille, 10641, 10642, 10690.
BIEZ (du), famille, 10640.
BIGANT, 2779.
BIGART, 4213.
BIGORNE, 7494.
BIGNON, 5020.
BIHET, 5658.
BILAIN, 9640.
BILLARD, 6691.
BILLAULT, famille, 10691.
BILLECOCQ, 9392.
BILLET, 8875.
BILLOT, 9745.
BINET (A). 8591, 8618, 8619.
BINET (Ant.), 3796 à 3799.
BINET (J. B. H.), 10987.
BINET (R.), 8195.
BIZEUX, 5020.
BLAIZEL (du), 9795.
BLANCHARD, 8883.
BLANCHEMAIN, 8866, 8869, 8870.
BLANGER (Mgr), 10988, 10989.
BLANQUET (G.), 9362, 9875.
BLANQUET (H.), 8167.
BLASSEL, (P.), 10994.
BLASSET, 3667, 10990 à 10993.
BLAUX, 762, 2973, 3203.
BLIMONT (St), 10159 à 10163, 10397.
BLIN, 3932.
BLIN DE BOURDON, famille, 1148, 10692.
BLIN DE BOURDON (M. L. A.), 10995 à 11003.
BLIN DE BOURDON (P. L.), 5845.
BLIN DE BOURDON (R.), 11004.
BLOCQUEL, 9594.
BLONDEL (A.), 1339.
BLONDEL (J.), 3936, 7564 à 7567, 9345, 9681.
BLONDEL (veuve), 9646.
BLONDIN, chanoine, 11007.
BLONDIN (Jean), 9925.
BLONDIN (F. N. et R. R.), 7705.
BLONDIN (P.), 11005, 11006.
BLONDIN D'ABANCOURT, 11008.
BLONDIN DE BRUTELETTE, 11009, 11010.
BLOTTEFIÈRE, famille, 10641, 10693.
BOCQUET (J. B.), 1298.
BOCQUET (de P.), 4102.
BOHAIN, 8591.
BOIDIN, 9346.
BOILEAU, 1696.
BOILEAU (A.), 9317.

BOINAT, 9495, 9496.
BOINET, 6447.
BOISARD, 8370.
BOISELER, 9348.
BOISFRANT (de Seiglière de), 8434, 9349 à 9360.
BOISTEL (A. et L.), 7579.
BOISTEL, boulanger, 7031.
BOISTEL (R. et L. de). 8887.
BOISTEL DE BELLOY, 5839, 5840, 7472.
BOISTEL DE MARTINSART, 8997.
BOISTEL DU CARDONNO'S, 9361.
BOISTEL-DUROYER, 3550 à 3553.
BOITEL (A.), 9362, 9875.
BOITEL (L. et A.), 9363.
BOIVIN, 11011.
BOIZARD, 9364, 9365.
BOMBELLES (Mgr de), 1804 à 1810, 10612 à 10614.
BON (P. de), 5647.
BONAPARTE. VOIR NAPOLÉON.
BONCOURT, 1341.
BONDU (J. F.), 10041, 10042.
BONDU (P. F.), 3837.
BONIFACE (St), 8937.
BONNARD, 7174.
BONNEFOY, 9588.
BONNET, 6986.
BONNIN, 9346.
BONTRON, 9459 à 9462.
BONVALET (A.), 4945 à 4947, 4952 à 4954.
BONVALET (A. et N.), 5722.
BONVALLET (A.), 11012.
BORGNE, 9879 à 9881.
Bos (G.), 9366, 9852.
Bos (le général du), 11013.
BOSQUILLON, famille, 10694.
BOSQUILLON (D.), 9942.
BOSQUILLON (L.-F. M.), 11014 à 11016.
BOSQUILLON (L.-B.), 9322.
BOSQUILLON DE BLANGY, 8428.
BOSQUILLON DE BOUCHOIR, 8159, 11017.
BOSQUILLON DE JENLIS, 11018, 11019.
BOSSUET, 11737, 11738.
BOUAILLE, 8163, 8164.
BOUBERS (Ch. F. et C. C.), 9920.
BOUBERS-ABBEVILLE, famille, 10695 à 10699.
BOUBERS-ABBEVILLE (A. de), 9367, 11020.
BOUBERS-MAZINGHEM (de), 11021.
BOUBERT (E. de), 8070.
BOUBERT (N.), 1306.
BOUBERT (R. de), 4293, 4294, 4298, 10697.
BOUCHARD, 2170.
BOUCHEMEL, 884.
BOUCHER, chanoine, 3817 à 3819.
BOUCHER, curé, 2789.

Boucher (le dr), 11022.
Boucher (F.), 9368, 10040.
Boucher (P.), 8734.
Boucher (P. C.), 9369.
Boucher (P. et F.), 5680.
Boucher de Perthes, 279, 309, 311, 858, 6086, 6434, 6744, 6745, 6824, 6825, 11023 à 11033.
Bouchon (F.), 9370, 9735.
Bouchon (J.-B.), 9769, 9770.
Boucquel de Sarton, 7984 à 7987, 9117, 9118.
Bouderuelle, 1299.
Boudinet (Mgr), 1554 à 1556, 1992, 1993, 3061, 10623, 10624.
Boudoult d'Hautefeuille, 9831.
Bouffet, 11034.
Boufflers, famille, 10640, 10641, 10699 à 10702.
Boufflers (le Maréchal de), 10700 à 10702.
Boufflers de Remiencourt, 7420, 7421.
Boufflers de Rouvrel, 4219.
Bouilli, 11035.
Bouillon (G. de), 12015, 12036.
Boujonnier, 9561.
Boulainviller (Ch. de), 9371.
Boulainvilliers (H. de), 7683, 7686, 7690.
Boulanger (F.), 5500.
Boulanger (M. F.), 9945 à 9947.
Boulanger (P.), 9372.
Boulanger, de St-Valery, 2062 à 2065.
Boulard (F.), 7842, 7843.
Boulart (N.), 3732.
Boulenger (l'abbé), 11036.
Boulenger (P. M. et T.), 9594.
Boullanger, de Péronne, 8751, 8752.
Boullanger de Berneuil, 9054, 9055.
Boullanger du Hamel, 5326.
Boullenger (N.' V.), 9374.
Boullenger de la Mothe, 4542.
Boullenger de Rivery, 5247, 5867, 8420, 9373, 9869, 9870, 11037.
Boullet de la Mothe, 9375.
Boullet de Villemont, 9375.
Boullen, 7507, 7508.
Boulnois, 9892.
Boulogne (A.), 9943.
Boulogne (Ctes de), 627.
Bouly, 6691.
Bouquet (A.), 11038 à 11040.
Bouquet (dom), 11041.
Bouquet (P. F.), 9376, 9584.
Bour, 4217.
Bourbon (Fr. II de), 8006, 8007.
Bourbon (J. de), 10183.
Bourbon-Rubempré (A. de), 674.
Bourdin de Brosse, 5369 à 5371.
Bourdon, 8750 à 8752.

Bouret, 9069.
Bourgeois (C. G. A.), 11042.
Bourgeois (P. A.), 9700.
Bourgeois, 11043.
Bourgogne (ducs de), 388, 390, 627, 666, 6149.
Bourlon (Ch. de), 7842 à 7845.
Bournel, famille, 10640, 10641, 10703.
Bournel (L. et G. de), 7293, 10704.
Bournonville, famille, 10705.
Bourrée, famille, 10706.
Bourse (C.), 3868.
Bourse (J.), 5602.
Boury, 11044.
Bout des Bois (du), 5984.
Bouteille, 9120.
Bouteiller (A.), 9377 à 9379.
Bouteiller, juge, 4409.
Boutery, famille, 10707.
Bouteville (de), 8962, 10708.
Boutord, 8411.
Boutteville du Metz, 8651.
Bouttin, 5816.
Bouzard, 11045, 11046.
Bouzier, 8840, 9185, 9186.
Bovelles (Ch. de), 11047 à 11049.
Boves, famille, 10641.
Boves (A. de), 5265.
Boves (J. de), 11050, 11051.
Boyard, 10854.
Boyart, 3732.
Boyaval, 5658.
Boyeldieu, général, 11053.
Boyeldieu (J.), 11052.
Boyer (J.F.), 5423 à 5426, 5571, 5574, 5576, 5577, 5581, 8024.
Boyer de Gardiole, 8042 à 8046, 8048.
Bracquemont, famille, 10789.
Brailly, 7305.
Braisedouilre (de), 7092.
Brancourt, 8591.
Brandicourt (l'abbé), 3854.
Brandicourt (N.), 5831.
Brantes (A. de), 3940.
Brantes (l'abbé de), 11054, 11055.
Bras (de), 11056.
Brasseuse (de), 4177.
Brazier, 3020, 3021.
Breil de Bretagne, 6171.
Brennes (de), 8258, 8259.
Bresseau, 11057.
Breuil, 11058.
Bréval, 8865, 8866, 8869, 8870.
Breton, 9724.
Briais, 4126.
Briatte, 8179.
Bridif, 10943.

BRIDOUX, 11059.
BRIE (de), 9348.
BRIET, meunier, 9510, 9547, 10020.
BRIET (N.), 11061.
BRIET (O. et N.), 11060.
BRIET DE BERNAPRÉ, 5790.
BRIET DE FORTMANOIR, 7496 à 7499, 9651.
BRIET DE LA CHAUSSÉE, 9651.
BRIET DE RAINVILLERS, 7500, 9380, 9580, 9861.
BRIET DE SAINT-ELIER, 7833 à 7839, 9381, 9757, 9758.
BRIQUET, 1321.
BRISSET, 9973.
BROCOT, 7413, 9382.
BROET, 11062, 11063.
BROSSART (A.), 9083 à 9091, 9383.
BROSSART (DE), 2023.
BROSSART (L. de), 8083.
BROSSAY (du), 9358 à 9360, 10003.
BROSSE, 8866, 8869.
BROSSE (Mme de), 5363.
BROUILLY (de), 7543.
BROUTELLE (L. P.), 6773, 6774.
BROUTELLES (E. de), 9384.
BROUTELLES (P. et S.), 7507, 7508.
BROYARD, 6963.
BROYE (de), 8564.
BRUCAMP (de), 9628.
BRUGES (J. de), 10855.
BRULÉ (P. et T.), 1316, 8987.
BRUNEL (A. E.), 5596, 5597.
BRUNEL (G.), 11064.
BRUNEL-PINGRÉ, 11065.
BRUNET DE RANCY, 895.
BRUSLARD DE SILLERY, 5854.
BRUSLE, famille, 10708.
BRUSLÉ (C. et A.), 2235, 9385, 9386.
BRUSLÉ (J.), 9313.
BRUSTET, 9801.
BRUSSELLE, 7384.
BUCKINGHAM, 2857.
BUCQUET, 11066.
BUCQUET (F.), 8536, 8537.
BUCQUET (J. F.), 6632 à 6634, 6642.
BUÉ, 9387.
BUFFON, 8516.
BUIGNY, famille, 10710. VOIR TILLETTE.
BUIGNY (F. de), 6750.
BUIGNY, (P. de), 9940.
BUISSART, 9388.
BUISSY, famille, 10711.
BUISSY (C. de), 7300, 7301, 7303, 7531, 7632 à 7634, 9389.
BUISSY (J. et C. de), 9390, 9652.
BUISSY (J. de), 6770, 6771.
BUISSY (P. de), 9630, 9631.

BUISSY DE BOURGEAUVILLE (de), 7537.
BULLION, 7808.
BLQUET (A.), 8202.
BUQUET (J. F.), 10067.
BUREAU DES CHARMOIS, 9695.
BUREL, 9243.
BUREUIL (de), 5842.
BURRY, 3690.
BUSSILLAT, 5038.
BUTEUX (C.), 644, 11068, 11069.
BUTEUX (S.), 9391, 9865, 9866.
BUTLER (de), 9271.
BUTTIN, 9150, 9151.

C

CABAILLE, 9363.
CABOCHART, 7005.
CABOCHE, famille, 10641.
CABOCHE (C. A. D. de), 7181, 7182.
— CABOCHE DE MONTVILLIER, 9392.
CABOUR, 8892.
CACHELEU, famille, 10712.
CACHELEU (B.), 9829.
CACHELEU (Ch. et C. F. de), 9393. 9577, 9579.
CACHELEU DE BUSSUEL (L. de), 7282 à 7284, 9731.
CACHELEU D'HOUDAN (V. C. et J.-B. de), 8056 à 8060, 9695.
CACHELEU DE MÈZEROILES (J. de), 8081.
CACHELEU DE VAUCHELLES (L. N. et N. J. de), 7212 à 7217, 7544, 7545, 7618.
CADEAU, 9569.
CAHUZEL, 10878.
CAILLE (J.), 9446.
CAILLE (M. F.), 11070.
CAILLY, 6410.
CAIX, famille, 10713.
CAIX (de), 854.
CAIX (les Sr et de de), 5569.
CAIX DE RAMBURES (C. A. de), 8055.
CALAIS, 9574.
CALLÉ, 1291, 9394.
CALLUAUD, 11071.
CALMER, 5773 à 5796, 5822, 5823, 5825 à 5829, 5869.
CALONNE, famille, 10714.
CALONNE (F. de), 6628 à 6650.
CALONNE (F. C. de), 9679.
CALONNE (L. et M. L. de), 9413, 9628.
CALONNE D'AVESNES (F. de), 11072.
— CALONNE DE COCQUEREL (de), 7288, 7289.
CAMBRAY, famille, 10641.
CAMBRAY D'IGNY, 11073.
CAMPULEY (DE), 9807, 9808, 9395, 9996.
CAMUS (Martin), 11074, 11075.

Canaple (l'abbé), 11076.
Canaples (J. B.), 9397.
Candillon, 9574.
Candriller, 8215.
Cannesson (de), 9826.
Cannet, 8428.
Cantillon, 1321, 1341.
Canu, 5330.
Capperonnier (Cl.), 11077.
Capperonnier (J.), 11078, 11079.
Capron, 5965, 5966.
Carbonnel (H. de), 9775.
Carbonnel (N. A. de), 9498.
Carbonnel de Vergy, (F. de), 8892.
Cardevacque (de), 8268, 8269, 8394.
Cardel, 9605.
Cardon (A. et F.), 5333.
Cardon (Ch.), 9720.
Cardon (G.), 5930.
Cardon (M.), 9376, 9584.
Cardot, 5596, 5597, 9570.
Caresme, 2253.
Carette (A.), 9399.
Carette (M.), 9339.
Carle, 9709.
Carlier, 8204, 9400.
Caron, 2385.
Caron, 9401.
Caron (l'abbé), 9522.
Caron (A. F.), 9402, 9403.
Caron (Ad.), 7426.
Caron (Ant.), 8605.
Caron (Aug.), 1287.
Caron (Ch.), 9376, 9584.
Caron (El.), 4240.
Caron (Et.), 3888.
Caron (F.), 5736.
Caron (Fr.), 9765.
Caron (Fr.), 5500.
Caron (J.-F.), 5327.
Caron (J.-F.), 6709.
Caron (J. M.), 4208.
Caron (L.-J.), 9893.
Caron (M.), 11080 à 11082.
Caron (Veuve), 9404 à 9407.
Caron-Berquier, 9405 à 9407.
Caron-Vitet, 9773.
Carpentier, 9899.
Carpentier (A.), 1307.
Carpentier (dom), 7964, 7965, 7969.
Carpentier (F.), 7263.
Carpentier (J.), 7573.
Carpentier (J. et P. B.), 9783, 9943.
Carpentier, notaire, 9408.
Carpentier (P.), 7147.
Carpentier, sculpteur, 4335.

Carpentin, famille, 10715.
Carpentin (C. de), 9679.
Carpentin (M. A. A. de), 5727, 5728.
Carré, 9409.
Carrel-Mercey (de), 5716.
Carrette, 9410.
Carron (A.), 9468.
Carron (L.), 9967.
Carton, 9411.
Carvoisin, famille, 10641.
Carvoisin (A. de), 9333.
Castel, 9641.
Castelet, 8073 à 8076.
Castellas (de), 8865, 8866, 8869, 8870.
Castille (Ferdinand de), 6047.
Cateigne (Ch. M. et J. L.), 4934, 4945 à 4947.
Cateigne (J. M.), 9340.
Cauchetier (L.), 3732.
Cauchetier (L. A.), 5203.
Cauchie, 8962.
Cauchy, 3545.
Cauchy (F. P.), 11083.
Cauchy (J.), 7148.
Caudel Dezalleux, 9412, 9862.
Caudron (C.), 7427, 7428.
Caudron (J. F.), 9460.
Caudron (P.), 8989.
Caudron, sculpteur, 3638, 3639.
Caulaincourt (de), 9233.
Caulaincourt (A. de), 11084.
Caulaincourt (L. et M. de), 9730.
Caulier (A.), 9413.
Caullier (A.), 9628.
Caullier (J. B. G.), 3545.
Caumartin (A.), 9414.
Caumartin (J. B.), 11085 à 11087.
Caumartin (Mme de), 8196.
Calmont (de), 5983, 5985.
Caurel (de), 5649.
Caussin de Perceval, 11088, 11089.
Cauvel (J. F.), 8214.
Cauvel (P.), 8299.
Cauvigny, famille, 10716.
Cauvry, 5107.
Cauvry (R. B.), 9150, 9151.
Caux (le Marquis de), 9415.
Cavillon (C.), 4256.
Cavillon (F.), 5989.
Cavoye (G. de), 10031.
Cavoye (O. de), 644, 5492, 8434, 8560, 8609.
Cayeu, famille, 10641.
Cayeu (Guillaume de), 6039, 11090.
Cazier, 2138.
Céalis, 10878.
César, 649.

CHABAILLE, 11091.
CHABANS (Mme de), 2868.
CHAMBOSSE, 749, 2937, 2938.
CHAMONT, 3165.
CHAMPION, 9416.
CHAPDELEINE, 9437.
CHAPELLIER, 1285.
CHAPELLIER D'ORBENDAS, 9571.
CHARAULT, 11092.
CHARLEMAGNE, 5452.
CHARLEMAGNE (V.), 10854.
CHARLES II, 5458.
CHARLES V, 4971, 4972, 7409.
CHARLES VI, 661, 868, 2747, 2752, 3257, 3258, 5052, 5053, 6147.
CHARLES VII, 6149.
CHARLES VIII, 2770, 6157, 7410.
CHARLES X, 1820, 3012, 3015, 3016.
CHARLES LE MAUVAIS, 2743.
CHARLES LE TÉMÉRAIRE, 666, 2756 à 2758, 2760, 5468 à 5470, 6155, 9248.
CHARLET, 7663, 7665.
CHARLOT, 2030 à 2032.
CHARNEIÈRE, 9270.
CHARPENTIER (l'abbé), 582, 11093.
CHARTIER, 1293.
CHARTRES (le duc de), 8955.
CHARVET, 418.
CHASSEPOT (de), 3296, 3298.
CHASTELAIN, 895.
CHASTENET (du), 8036, 9037.
CHASTILLON (le maréchal de), 696.
CHATEAUROUX (la d^{sse} de), 11926, 11926 bis.
CHATELAIN (A.), 8887.
CHATELAIN (L.), 2231.
CHATELET (du), 7229.
CHATILLON (M. de), 7293.
CHAUDRON DE GRASSY, 2151, 2229.
CHAUFOURNEAU DE VILLEDIEU, 9270.
CHAULNES (les ducs de), 143, 1379 à 1383, 2864, 2875, 2903, 4125, 4178, 5678, 5679, 5886, 5891, 5988, 9417 à 9422, 9646, 10640, 10641, 10678, 10717, 10718.
CHAULNES (Anne d'Albert de), 10717, 11095.
CHAULNES (Ant. de), 8016.
CHAULNES (Ch. d'Ailly, duc de), 9270, 9276 à 9278.
CHAULNES (Henri d'Albert, duc de), 11094, 11095.
CHAULNES (L^s Aug^{te} d'Albert d'Ailly, duc de), 5240, 5248 à 5253, 8437, 9051, 9052, 9099, 9100.
CHAUVELIN, 1057, 1160, 2217 à 2220, 2224, 2381, 2384, 2470 à 2474, 2500, 2533, 4024, 4987, 5568, 5637, 5969, 6471, 6951, 6953, 6956, 6957, 7013, 7466, 7511, 7663, 8029, 8810.

CHAUVIN, 9261.
CHEDARY, 1976.
CHEPY (les m^{is} de), 5713, 7562. VOIR GROUCHES.
CHEREST (E.), 11097.
CHEREST (J.), 11098, 11099.
CHÉRIEZ, 1301.
CHÉRON, 8037.
CHERRIER, 5348 à 5350.
CHESNEL, 7846, 7847.
CHEVALIER, 9194.
CHEVERT (de), 4678.
CHEVREUSE (Ch. H. d'Albert, duc de), 5534, 5536, 5537, 5820.
CHEVY, 5485.
CHILPÉRIC II, 5451.
CHIVÉ, 7076.
CHIVOT (M. A.), 11100.
CHIVOT (N.), 5816.
CHOCQUART DE SAINTE-ETIENNE, famille, 10641.
CHOLET (Collège des), 3831, 3832.
CHOPART (l'abbé), 11101.
CHOPIN-DALIERY, 11200.
CHOPPIN DE NOLLEVAL, 9579.
CHOQUART, 7724.
CHOQUEL (F.-B.), 9423 à 9427.
CHOQUEL (J.), 8852.
CHOQUEL DE COURCELETTE, 9423 à 9427.
CHOQUET (A.), 11102.
CHOQUET, anc. notaire, 9428, 9429, 9477, 9562, 9563, 10032.
CHOQUET, 5002.
CHOQUEUSE (R. de), 8573.
CHRÉTIEN, 6979.
CHRISTOPHE, 11385.
CIRBEAU, 9430.
CIZANCOURT (les s^r et d^e de), 9431 à 9433.
CLABAUT, famille, 10718 bis.
CLABAUT (Ant.), 2766.
CLABAUT (l'abbé H.), 11103.
CLARAMONS (le P.), 7340.
CLARY (Robert de), 5486, 11104 à 11107.
CLAUDE Pierre, 5366.
CLÉMENT, 8737.
CLÉMENT, 3212, 3217.
CLÉMENT (G.), 1293.
CLÉMENT (M.), 10014.
CLÉMENT (P.), 5614 à 5617.
CLÉRENTIN, 1287.
CLERMONT (F. de), 8037, 8839, 8887, 8906, 8907.
CLERMONT (L. de), 7808.
CLERMONT (le m^{is} de), 1379 à 1383.
CLERMONT TONNERRE DE THOURY (de), 5960, 8110. VOIR TILLETTE.
CLOTAIRE III, 5445, 5446.
CLOVIS, 4286.

72

Cochemin, 5107.
Cochepin, 5698 à 5700.
Cochet, 9831.
Cochin, 3936.
Cocquerel (F. de), 11108, 11109.
Cocquerel (F. et J. P.), 1325.
Cocu, 9434, 9435, 9768 à 9770.
Coetanfao (de), 8370.
Coffin (C.), 5485.
Coffin (E. J. F.), 8176.
Coffin (J. L. et N.), 2471.
Cohorn (de), 4518.
Coinsi (Gautier de), 11110 à 11113.
Colart, 3892 à 3895.
Colbert, 2513, 7093.
Colette (Ste), 7463, 10164 à 10210.
Coligny, 2777, 8719.
Colincamp, 7760.
Collache, 3196, 8764.
Collet, 5616, 5617.
Collignon, 4592.
Collin (le P. A.), 11114.
Collin (M. A.), 4210.
Colliveaux (de), 7719.
Colombier, 4591.
Commun, 8591.
Compoint, 9576.
Concini, 686, 687, 690, 691, 693, 2846, 2847, 2852, 2853, 8728.
Condé (Louis I, prince de), 2778.
Condé (L. J. de Bourbon, prince de), 5296.
Condé (Louise de Sales de), 4256.
Condé (le prince de), 6923.
Contes (de), 8555, 8558.
Contes (J. B. de), 5330.
Conty, 3377.
Conty (Etienne de), 11115.
Conty (François de), 9718.
Conty d'Argicourt (J.), 9910.
Copin (l'abbé), 8112.
Coppequesne (J. de), 5669, 7345, 7346.
Coquel, 2741.
Coquelle, 9935.
Coquerel, 2253.
Coquerel (D.), 9339, 9907.
Coquerel, (de l'Etoile), 5885.
Coquillart, 9103.
Coquin, 8807.
Corbelet, 4517.
Corbie (Arnaud de), 10719.
Corbie (Hugues de), 11117.
Corbie (Pierre de), 11118.
Corbie (Robert de), 11119.
Corbie (Mlle), 11116.
Corbillon de la Zizonnière. 9703.
Corbinières, 9452.

Corblet (l'abbé), 11120 à 11125.
Corby, 11126.
Cordelle, 9153.
Cordier, 1327.
Cordier, 748.
Cordier (A. L.), 8807.
Cordier (Ch.), 913, 925.
Cordier, juge, 9564.
Cordier (N.), 11127.
Cordier (P. L. A.), 11128 à 11132.
Corial (dom), 8428.
Cormont, 3624 à 3626.
Cornet (Adr.), 9436, 9437, 9655.
Cornet (Anne), 4226.
Cornet (C.), 4193.
Cornet (J.), 3106.
Cornet (J. B. R.), 4068, 4070.
Cornet (L.), 4204.
Cornet (M. C.), 4231.
Cornet (N.), 11133 à 11135.
Cornet d'Incourt, 11136.
Cornet de Lisleroy, 9438, 9660.
Cornet de Warlus, 5639.
Cornet d'Yzeux, 11137.
Cornette, 9907.
Cornu, 9826.
Cornuau, 2559 à 2561, 4310.
Corroyer, 3546.
Cosnac (G. de), 7257, 7261.
Coupelon, 3377.
Couplet (le P.), 3983.
Coste (L. de), 5649.
Costel, 9439.
Cothereau (J. de), 7842, 7844, 7845.
Cotte, 9440.
Cottel, 9417.
Cottin, famille, 10641, 10720.
Cottin (dom C.), 9093, 9094.
Couaillet, 10854.
Coudray (F. du), 11138.
Couette (dom), 8251.
Coulet de Bussy, 9574.
Coulon de Hanchy, 9441, 9465 à 9467.
Coupé (l'abbé), 11139, à 11141.
Coupé de St Donat, 11142.
Courageux, 7035.
Courbet (l'amiral), 11143 à 11177.
Courbet-Poulard, 6921 bis, 11178.
Court (de), 5648.
Courtin, 2024 à 2027.
Courtin (Anne), 9874.
Courtin (P.), 7332.
Courty, 9540, 9542, 9547, 10020.
Cousin (l'abbé), 5494.
Cousin de Beaumesnil, 9518.
Cousin de la Morlière, 4549.

— 571 —

Cousu (Ant. de), 11179.
Coutant, 644.
Coutte, 764, 766.
Couvreur, 9442.
Cozette, 4268, 4654, 4655.
Cozette, (l'abbé Ch.), 7687, 7691.
Cozette (M.), 11180.
Crampon, chanoine, 11181.
Crépin, 9443, 9444.
Crépot, 9151.
Crépy, famille, 10721.
Créquy, famille, 9445, 10760.
Créquy (le C^{al} de), 4040, 4041, 10564 à 10566.
Créquy (Ch. Ant de), 9447, 9448.
Créquy (Ch. Aug. de), 9634.
Créquy (la maréchale de), 7432, 8346 à 8352, 9116, 9201, 9445.
Créquy de Bernieulles, 5945 à 5947.
Créquy-Canaples, famille, 10640, 10722, 10723.
Crésecques, famille, 10641.
Cressent (F.), 11182.
Cressent (G.), 8959.
Cressy (A. de), 11183.
Créteil, 3550 à 3554.
Creton, avocat, 11184 à 11187.
Creton (Cl.), 7465.
Cretot (J. de-, 2741.
Crignon (J.), 4125, 5240.
Crignon (M. A.), 9448, 9449, 9972.
Crignon (P. H.), 6327, 7372, 7375, 9886.
Crignon de Beauvaire, 9447 à 9449.
Crillon, 4685.
Crinon, 11188 à 11191.
Crochet, 8348, 8353.
Crocquoison, 9450.
Croédur (Jacques), 493, 494, 584.
Croix (A. de), 9147, 9148.
Croy, famille, 10640, 10724 à 10729.
Croy (F. de), 5657, 5658.
Croy (M. J. de), 4251.
Crozat, 2118, 2122, 2124.
Crussol (le m^{is} de), 9117.
Cuvelier, d'Amiens, 3538.
Cuvelier, de Vron, 7719.
Cuvillier, 8628.
Cyvart, 7371.

D

Dabillon, 3955.
Daboval, 5934.
Dacquet (A.), 9884.
Dacquet (J.), 9653.
Dacquet (J.-B.), 7427.
Daguesseau, 4216.
Daigneville, 9451.
Dailly, 1323.

Dairaine (l'abbé), 11192.
Daire (J.), 5863.
Daire (J. et L.), 9452, 9453.
Daire (le P.), 11193.
Dallery, 11194 à 11202.
Dallon, 2474.
Dallongeville, 2471.
Damade, 9454.
Damagnès, 9455.
Damay, 9456.
Damerval, 1338.
Damien ou Damiens (J.-B.), 9457.
Damien (P. A.), 5005.
Damotte, 6995, 6996.
Damyens, 4233.
Dampierre (F^{oise} de), 9312, 9632.
Dancourt (de), 9336, 9337, 9458 à 9463.
Dangest, 3377.
Dangest (F.), 9935.
Danglas, 3328.
Danicourt, 3377.
Danicourt (l'abbé Ch.), 11203.
Danicourt (Cl.), 9464.
Danicourt (Mgr F. X. T.), 11204, 11206.
Daniel, 7730.
Danzel (Adr.), 9449, 9465 à 9467.
Danzel (Cl.), 6326, 9573.
Danzel (F.), 9468, 9469.
Danzel (J. N. F.), 9470, 9629.
Danzel (J.), 7506.
Danzel (L. N. J.), 9471.
Danzel (N.), 7076, 7174.
Danzel (P.), 9864.
Danzel de Boffle, 9475, 9476.
Danzel-Boimont, 9471 à 9474.
Danzel de Grandval, 7475.
Dappougny, 3973 à 3978.
Darcourt, 4235.
Dardre, 7557, 9967.
Dargnies, abbé, 4407.
Dargnies, cons. des hypoth., 9477, 9562, 9563, 10032.
Dargnies (C. et F.), 7437.
Dargnies (F.), 7147.
Darlot, 2790.
Darras (l'abbé), 9939.
Darras, dit Juste, 5539.
Darras, dit Camus, 1297.
Darras (M.), 5543.
Darras (Mich.), 9935.
Darrest, 9839.
Darsy, 11207.
Dartois, 6517.
Darwin, 11720.
Dassonval, 9940.
Dassonville, 9477, 9562, 9563, 10032.

DAT, 7506, 9328, 9854.
DAUCHEZ, 9526.
DAULÉ (J. F.), 8308, 8309.
DAULLÉ (J.), 11208 à 11210.
DAULLÉ (P. F.), 6655 à 6659, 6688 à 6690, 9478, 9479, 9507 à 9510.
DAUPHIN (A.), 3299, 11211.
DAUSSY (B.), 9718.
DAUSSY (H.), 11211 bis.
DAUVILLIERS, famille. 5485.
DAVELUY, 2948.
DAVELUY (Mgr), 3070, 11212 à 11214.
DAVELUY-BELLENCOURT, 3169, 11215.
DAVERGNE, 9368.
DAVERTON, 9480.
DAVERTON (Ch.), 1438.
DAVID, 9481.
DAVID (L.), 2507 à 2509, 5033.
DAVID (Ls), 8367.
DAVION, 3377.
DEBACQ, 3812 à 3814.
DEBAYE, 5033.
DEBERLY (A.), 11216.
DEBERLY père, 11217.
DEBOILEAU, 9482 à 9490, 9565, 9746.
DEBONNAIRE (J.-L., J.-B. et M.), 3836, 3852, 5005, 9491.
DEBONNAIRE (M. H.), 8432.
DEBOULOGNE, 2391.
DEBRAILLY, 1302.
DEBRAS, 10876.
DEBRAY, d'Amiens, 2918.
DEBRAY (Alex.), 9438, 9660, 9661.
DEBRAY (F.), 9492, 9493.
DEBRAY (H.), 11218.
DEBRAY (H.), 11219.
DEBRAY (J.), 7579.
DEBRAY (J. F.), 9495, 9496.
DEBRAY (J. F.), 9494.
DEBRAY (M.), 9493.
DEBRAY DE FLESSELLES, 9898.
DEBRECQ, 3824 à 3828.
DEBULLEMONT, 9648, 9959, 9960.
DEBUREAU, 11038, 11040.
DEBUSSI (L.), 11221 à 11224, 11228.
DEBUSSI (M.), 11225 à 11228.
DEBUSSI (M. J. F.), 11220.
DECAGNY (l'abbé), 11229, 11230.
DECAÏEU (A.), 11231.
DECAIEU (le président), 11232.
DE CAISNE, 9497.
DECAIX, 2385.
DÉCALOGNE, 8055, 8949, 8950, 11233
DECENS, 3817 à 3819.
DE COTTE, 5602.
DECOURT, 9761.

DECOURT DE BONVILLERS ET DE RAINEVAL, 9600, 9910.
DECREISSIN, 5602.
DECREPT, 5911.
DECRESSIN, 9065.
DECROIX, 11234.
DEFLESSELLES, 3328.
DEGOUY, 1281.
DE GRIEU, 5499.
DEHAUSSY DE ROBÉCOURT, 11235.
DEJEAN, général, 9499, 11236, 11237.
DEHUPPY, 9702.
DELABARRE, 5722.
DE LA BORDE, 9385.
DELACOTTE DU MOTEL, 9500.
DE LA COUR (A.), 8406.
DE LA COUR (J.), 9755.
DE LA COURT (A.), 3870 à 3872, 3886.
DELACOURT, vicaire, 3889.
DELACOURT (M. V.), 4239.
DELAFOSSE (l'abbé), 7504.
DE LA FOSSE (la mère), 11238.
DE LA GORGUE, 7806, 7807, 7809.
DELAHAYE, 9500.
DELAHAYE (C. N.), 9501 à 9504, 9978 à 9980.
DELAHAYE (P. J.), 7477.
DE LA HAYE (P. M.), 5812, 5819.
DELAHAYE ET GODDE, 9533.
DELAHOUSSOYE, 9505.
DELAMARRE, 5928, 5929.
DELAMARRE (Ch.), 3212.
DELAMBRE (J. B. J.), 11239 à 11247.
DELAMÉTHERIE, 6074.
DELAMORLIÈRE (N.), 11248.
DELANNOY, 11249.
DELAPALME, 1148.
DELAPORTE, 5680, 9370.
DELAROSIÈRE, 5680.
DELAROTHIÈRE, 11250.
DE LA RUE, 9968.
DELARUELLE, 5680.
DE LA SALLE, 9954.
DELASORNE (l'abbé), 11251.
DE LASTRE, 9955.
DELATTRE (C. A. et F.), 7760.
DELATTRE (J.), 9478, 9479, 9507 à 9509.
DELATTRE (J. M.), 11252.
DELATTRE (M. C.), 9942.
DELATTRE (P.), 5816, 7435.
DELATTRE DE COLIVILLE, 7863.
DELATTRE D'HARCELAINES, 9506.
DELATTRE-DUMONTVILLE, 9510.
DELAVAL, 2472.
DELBOUL, 4935.
DELEAU, 11253.
DELABARRE, 11254.

— 573 —

DELÉENS, 11255.
DELEGORGUE, 6653, 6654.
DELEGORGUE (A.), 7178, 9511.
DELEHODE, 9555, 9841.
DE L'ESPINE, 8292.
DELESSAU, 3493.
DE LE VACQUE, 9065.
DELF, 11256.
DELGOVE (l'abbé), 11257.
DELHOMEL, 9831.
DELIGNIÈRES, 3888.
DELIGNIÈRES DE BOMNY, 9512, 9774.
DE LIGNIÈRES, de Viéville, 9231, 9232.
DELILLE, 4695.
DE LILY, 9767.
DELIMANGE, 6268.
DE LISLE (R.), 896.
DELMOTTE, 1306.
DELONDRE, 10854.
DELORME, 2253.
DELPECH, 895.
DELPLANQUE, 11259.
DELZAN, 7730.
DEMACHI, 9472.
DEMAI, 10119.
DEMANDOLX (Mgr), 1770 à 1803, 1958, 1959, 1969.
DEMANELLE, 10854.
DEMARQUAY (le dr), 11260, 11261.
DEMARQUET, 9043.
DE MARSY (Arth.), 11262 à 11264.
DE MARSY (Eug.), 11265 à 11269.
DEMAY DE BONNELLES, 9939.
DEMBREVILLE, 3377.
DÉMERY, 9783.
DE METZ, 3883, 3884.
DEMIANNAY (F. Colomban), 11270.
DEMIANNAY (J. F., A. et J.), 6617, 6618.
DE MONS, famille, 10641.
DEMONS D'HÉDICOURT (Cl.), 9516, 9517, 11271.
DE MONS D'HÉDICOURT (Cl. F. et J.), 5248 à 5253, 7266, 9513 à 9515.
DEMONS (J.), 1196.
DE MONS D'HÉDICOURT (M. S.), 4225.
DE MONT, 8591.
DEMORY, 9935.
DEMORTEMER, 10017.
DENAMPS, 3377, 4553.
DENCLE, 4102.
DENEUX (la femme), 3545.
DENEUX (L. C.), 11272 à 11274.
DENIS, 1370.
DENISART, 9518.
DENNEL, 9593, 9929, 9930.
DE PARIS, 7680.
DE POILLY (A.), 11275.

DE POILLY (E. W.), 7211.
DE POILLY (Fr.), 11276 à 11279.
DE POILLY (L. W.), 7081.
DEQUEN, 8866, 8869.
DEQUESNE, 1298.
DEQUEUX, 9413, 9485, 9487, 9519, 9628.
DE RAI (J. F.), 9740, 9741.
DE RAI (M. C.), 9937.
DERAIN, 2385.
DERCHEU, 8602.
DERGNY (l'abbé), 6645. 11280, 11281.
DE RIBEAUCOURT (Cl. et P. P.), 7024, 7081.
DERIBEAUCOURT (P. A. M.), 9376, 9510, 9584.
DERNANCHÉ, 3377.
DE ROUSSEN (la famille), 9520, 9521, 9561, 9798, 9894.
DE ROUSSEN DE BESANCOURT, 9849.
DEROLVEROY, 5965, 5966, 9523.
DERVELOY, 764, 766.
DE SAVOYE (A.), 5707.
DE SAVOYE (F. F.), 5816.
DESBOIS DE ROCHEFORT, 1752 à 1758, 10608, 10609.
DESCAMPS, 3849, 3850.
DESCAMEAUX, 8068.
DES CAURRES (J.), 11282 à 11284.
DESCHAMPS (J. B. A.), 9524, 9525, 9872.
DESCHAMPS (le P.), 11285.
DESEAU, 9456.
DESELLE, 5816 à 5818.
DESESSART DE LIGNIÈRES, 8913.
DESFOSSES, 8866, 8869.
DESFRICHES-DORIA, 9111, 10730, 10731.
DESGABETS DE SUAME, 9412.
DESGARDINS, du Crotoy, 7672.
DES GARDINS (F.), 9965.
DESJARDINS (E.), 7300.
DESJARDINS (M. L.), 9648, 9959, 9960.
DESMARETS (J. B.), 9374.
DES MARETS (S.), 11286 à 11289.
DESMARQUEST (Mlle), 11270, 11291, 11292.
DESMERI (N.), 9387.
DESMERY (D. I.), 11293.
DESMOTTIES (le P., 3968, 3970.
DESMOULINS, 3328.
DESONS, 9211.
DESPORTES, 4254.
DESPRÉAUX (F. et M.), 9429, 9918.
DESPRÉAUX (M. M.), 4241.
DESPRÉAUX, substitut, 3215, 3224.
DESPREZ (le docteur), 11294.
DESPREZ (J.), 5503, 5505.
DESSAY, 3377.
DESSELLES, 8033.
DESTOURNELLES, 7469, 7470.
DES TUILLES, 4207.

— 574 —

Desvaux, 7010.
Des Vignes, 9526.
Detalminy, 6473.
Detuncq, 9621, 9622.
Deuil, 5475.
Devaux, 9527.
Devaux (G.), 4592.
Devaux (J.), 7149.
Dévérité (C. A.), 9528.
Dévérité (H.), 9548.
Dévérité (L. A.), 9529 à 9547, 9914, 9988, 11295 à 11298.
Devienne, 9549.
Deville, 3212, 3215.
Devillers (l'abbé), 11299.
De Villers (M. E.), 4221.
De Vismes (L. W.), 9550.
Devismes (P. J. B.), 9374.
Devos, 6993, 6994.
Dewailly (F.), 9551.
Dewailly (la veuve), 9891.
Dhangest (F.), 9111.
Dhangest (L.-F.), 9552.
Dhérissart, 9703.
Dhervillez, 4552.
Dhollande, 9493.
D'Hupy, 9966.
Didier, 8690.
Dieu, 9261.
Dieudonné (G), 5715.
Dieux, 9553.
Dieuxivoye, 8621.
Diéval, 1306.
Digeon, 5846.
Dignouart, 8993.
Dijon, 11300.
Dimpre, 954.
Dincourt (M. S.), 4249.
Dincourt (P. F.), 7691, 8382 à 8387.
Dingeon, 9387.
Dinger, 8070.
Dinocourt, 9554.
Dinouart (J. A.), 3918, 3919.
Dinouart (J. A. T.), 11301, 11302.
Dinouart, instituteur, 3377.
Divincourt, 1293.
Docoche, 8032.
Dodé, 4244.
Dohin, 7332.
Doliger-Buteux, 10030.
Dollé, 8605.
Domergue, 9386.
Domice (St), 10211, 10386.
Domon (le général), 11303 à 11306.
Domont (A. et J.), 5543.
Domont (P.), 5957.

Dompierre (F. de), 7260.
Dompierre (N. de), 9555, 9556, 9641 à 9643, 9841.
Dompierre d'Hornoy (A. M. de), 5625.
Dompierre d'Hornoy (l'amiral de), 11507 à 11309.
Donop, 6429.
Doresmieulx, 9472, 9557.
Doresmieulx (N. J.), 1304.
Dorge, 8067.
Dorion, 9558.
Dorlé, 5500.
Dorothée de J. M., 11310.
Douai, 9764.
Douay, 9559.
Douay, instituteur, 3377.
Doublet-Persant, (Mme), 9158.
Dourlens (L. de), 7868.
Dourlens (M. A. de), 7552.
Dourneau, 11311.
Dournel, famille, 10732.
Dournel (C. F.), 8082.
Dournel (F.), 9560.
Douville (J. B.), 10016.
Douville (sœur), 4256.
Douville de Belleval, 6622.
Douville de Maillefeu, 6208.
Douville de Maillefeu (G.), 6220, 11312.
Douvillé, 8439.
Douvry, 4617.
Douzenel, 9428, 9477, 9561 à 9563, 10032.
Dragon (M. C. C.), 7916.
Dragon-Gomicourt, 9045 à 9047.
Dreux, 7037.
Dreville, 3377.
Driancourt, 9839.
Drouére, 11313.
Drouvillain, 8606.
Droville, 9249.
Dubas (l'abbé), 11314.
Dubellay. Voir Bellay (du).
Dubois (A. et L.), 1296.
Dubois (E. H.), 9474.
Dubois (F.), 9450.
Dubois (G.), 7251.
Dubois (J.), 7182, 7183.
Dubois (M.), 8336, 8337.
Dubois d'Amiens, 11315, 11316.
Duboisle, 5894.
Dubos (H.), 7810.
Dubos de Drancourt, 9566 à 9568.
Dubos de Tasserville, 9566 à 9568.
Dubourguier (M.), 9141.
Dubourguier (Sœur), 11317.
Dubreuil, 9526.
Dubrulle, 7735.

— 575 —

DUBRUN, 7378, 7379, 7760.
DUBUC, 7727, 7728, 7730, 7733.
DUBUISSON, 7495.
DUCANCEL, 11318.
DUCANDA, 9439.
DUCANDA (J. C.), 9569, 9570, 9972.
DUCANDAS, 3833, 3834.
DUCANGE, 622, 3033 à 3042, 4361, 11319 à 11346.
DU CASTEL (F.), 8854.
DU CASTEL (L.), 3892.
DU CASTEL (M.), 9725, 9726.
DUCASTEL (P. C.), 9572.
DUCASTEL, 4504.
DU CASTEL DE BAVELINCOURT, 9571.
DUCAUROI, 7719.
DUCERF, 5040.
DUCHEMIN (Ch.), 11347.
DUCHEMIN, instituteur, 3377.
DUCHFSNE, 6788, 9573.
DUCHESNE DE LA MOTTE, 11348.
DUCOIN, 8989.
DU CROCQ (J.), 7663.
DU CROCQ (M. C.), 4215.
DUCROCQ (P.), 1328.
DUCROQUET (A.), 9574.
DU CROQUET (E.), 5816.
DUCROQUET (F.), 9950 à 9952, 10468.
DUCROQUET (V.), 1298.
DUFAY, 9867.
DUFESTEL, 7378, 7379.
DUFLOS (F.), 8605.
DUFLOS (J.), 7665.
DUFLOS (M. F.), 9443, 9444.
DUFOSSÉ (B.), 6200, 6201.
DUFOSSÉ (Ch.), 7437.
DU FOSSÉ (E.), 7007.
DUFOSSÉ (H.), 11349.
DUFOSSÉ (P.), 6516.
DUFOSSÉ DE VATTEVILLE, 9111.
DUFOUR (A. J.), 9893.
DUFOUR (M. M. S.), 11350.
DUFOUR (V. V. H.), 9198.
DUFRAYER, 8862.
DU FRESNE, famille, 10738.
DUFRESNE (F.), 3820.
DUFRESNE (J. J.), 3897.
DUFRESNE (M.), 5934.
DUFRESNE (M. A.), 4248.
DUFRESNE (N.), 8605.
DUFRESNE (P.), 9726.
DU FRESNE D'EPAGNY, 9575.
DU FRESNE DE FONTAINE, 9763.
DU FRESNE DE FRANCHEVILLE, 11517.
DU FRESNE DE FROIDEVAL, 2679, 9763.
DU FRESNE DU CANGE. VOIR DUCANGE.
DUFRESNOY (M.), 8800, 9576.

DUFRESNOY (P. N.), 9576.
DUGARDIN DE BERNAPRÉ, 9380, 9577 à 9580, 9796, 9797, 9861.
DUHAMEL, 9581.
DUMAIGE, 11351.
DUMAS, 1331.
DUMÉE, 8866, 8869, 8870.
DUMÉRIL, médecin, 11352 à 11361.
DUMÉRIL, procureur, 7558.
DU MESNIL, 3849, 3850.
DUMETZ, 4570.
DUMINIL, 7363, 7364.
DUMINY (l'abbé), 3841, 11362.
DU MOLLIN, 9582.
DU MONIN, 11282.
DUMONT (And.), 754, 755, 757, 759, 760, 2955, 2957, 8175 à 8177, 11363 à 11379.
DUMONT, boulanger, 3539.
DUMONT (Ch.), 9583.
DUMONT (Ch. F.), 9769, 9770.
DUMONT (G. A.), 6808.
DUMONT (L.), 8381.
DUMONT (M.), 9612.
DUMONT (P.), 7866.
DUMOULIN (J. A.), 10013.
DUMOULIN (la femme), 7013.
DUMOUTIER, 7005.
DUPARC (L. A.), 11380.
DUPARCQUE (le docteur), 11382, 11383.
DUPLAQUET, 9110.
DUPLEIX, 1169, 2387, 8753, 9039.
DUPLESSIER, 9693, 9694.
DUPLESSIS (le cap^{ne}), 9867.
DUPLESSIS (le P.), 6198.
DUPONCHEL (Ch.), 11384.
DUPONCHEL (M. A. F.), 9376, 9584.
DUPONT, 7719.
DUPONT (A.), 9858.
DUPONT (C.), 7470.
DUPONT (F.), 8391.
DUPONT (J.), 9621.
DUPONT (J. M. L.), 7438, 7439.
DUPONT (M. F.), 9585.
DU PRAT DE BARBANÇON, 7247, 7248, 8031, 8264.
DUPRÉ, 4592.
DUPUIS (l'abbé), 11386.
DUPUIS (Ant.), 7513, 9335.
DUPUIS (J.), 7435.
DUPUIS (J. B. M.), 11385.
DUPUTEL, 7005.
DUQUESNOY, 5556, 5557.
DUR, 2950.
DURANT, 5262, 5263.
DURIEUX (F.), 5657, 5658.
DURIEUX (J.), 8862, 9329.
DURIEZ, 7637.

Du Roisel (A.), 8591, 8618, 8619.
Duroisel (J.), 9021.
Duroyer, 2253.
Dury, 4557, 9б...
Dusevel (H.), 11387 à 11389.
Dusevel (J.), 9586, 9587.
Dutemple, 1298.
Dutertre, 9519.
Duthoit (A. et L.), 11390.
Duthoit (E.), 11391, 11392.
Du Tilloeul, 3789.
Dutilloy, 3824 à 3828, 3817.
Dutremblay, 9588.
Duval (Ant.), 7440.
Duval (Aug.), 7558.
Duval (Bl.), 9619.
Duval (Ch.), 10041, 10042.
Du Val (Cl.), 5655.
Duval (Cᵉ), 9815.
Duval (F.), 9605.
Duval (H.), 7255, 7257.
Duval (J.), 9972.
Duval (J. B.), 9915.
Duval (J. F. E.), 9593, 9929.
Duval (J. L.), 9591.
Duval (L.), 7076.
Duval (L. A.), 6632 à 6634.
Duval (M.), 7020.
Duval (N.), 7684, 9594.
Duval-Boidin, 9428, 9477, 9562, 9563, 9581, 10032.
Duval de Bomy, 7181, 7182.
Duval de Haut-Marest, 10854.
Duval des Aleux, 9592.
Duval de Soicourt, 9686, 9688.
Duval du Quesnel, 7558.
Duvauchel (L.), 10878.
Duvault, 7465.
Duverger (E.), 9554.
Duverger (N. B.), 9785.
Duwalk, 9595.
Du Wanel de la Bouillarderie, 9596, 9597.
Du Wanel de Verneuil, 9596, 9597.
Du Wanel du Tarteron, 9596 à 9598.

E

Elbeuf (les ducs d'), 3765, 3766, 3770, 3771, 3787, 8370.
Elie, 3273.
Elluin (A.), 9599.
Elluin (F. R.), 11395.
Elluin (M.), 9528.
Elluin (le P.), 11393, 11394.
Elluin (R.), 7573.
Elmor, 2170.

Eloy de Vicq, 11396, 11397.
Engelran, 8933.
Enguerran, 11395 à 11401.
Enlard, 3817 à 3819.
Enrichemont (le Cᵗᵉ d'), 5325.
Erembert, 5449, 5450.
Escalopier (de l'). Voir L'Escalopier.
Esclainvillers (d'). Voir Sericourt.
Espollier-Duplan, 9604.
Essarts (Ch. des), 9605.
Essarts (F. des), 9606.
Essarts (L. des), 7585 à 7588, 9505.
Estampes (d'), 4935.
Estampes ou Etampes (L. d'), 9666, 9667.
Estampes de Valençay (D. J. H. d'), 9430.
Estampes de Valençay (la dᵉˢˢᵉ d'), 9671, 9705, 9706, 9709, 9710.
Estancelin, 11406.
Estéve, 9527.
Estissac (le duc d'), 8207, 8208.
Estourmel, (famille(, 10641.
Estourmel (F. L. et M. d'), 8020, 9027, 9029 à 9033, 9276, 9277.
Estourmel (les Mⁱˢ d'),1379 à 1383,8794, 9049.
Estourneau (d'), 9153.
Estournelle (d'), 5536.
Estrades (L. G. d'), 9221 à 9223.
Estrades (M. C. d'), 9221 à 9223.
Estrées (le Cᵃˡ d'), 7963 à 7969.
Estrées (Gabrielle d'), 685.
Estrées de Goussancourt, 9957.
Ethéart (E. R.), 9607.
Ethéart (J.), 9700.
Eudel, famille, 10733.
Eudel (Cl. et P. H.), 5484, 5502 à 5505.
Eudel (F. F.) 9051.
Eudel (F.), 5213 à 5215.
Eudel (J.), 8846.
Eudin (Eng. d'), 7656, 7657.
Euloge (Sᵗ), 10485, 10486.
Euvemond, 9332.
Evrard, 3934.
Evrols (Sᵗ), 10212, 10258.
Evrotte, 1317.

F

Fabignon, 11407.
Falempin, 1490.
Famechon (F. de), 5239.
Farcy (L. J. et N.), 7269, 7270.
Farcy (N.), 1340.
Faré, 8737.
Fargues (B. de), 708, 720.
Fargues (P.), 9608.
Faroux (M.), 8606.

Faroux (P.), 11408, 11409.
Fatras, 8869.
Fauchart, 1318.
Fauconnet, 959.
Fauquet, 4621.
Faure (Mgr), 1363, 1520, 1522, 1524, 1907, 1907 bis, 1909, 1912, 2886, 3423 à 3447, 3997, 3998, 4043 à 4045, 4047 à 4054, 4056, 8073, 8318, 8536, 8538 à 8559, 10570 à 10580.
Fauvel (A.), 8065.
Fauvel (N.), 2769.
Favier, 4204.
Favières, famille, 10641.
Fay, famille, 10734.
Fay (A. de), 8464.
Fay (Ant. de), 9414.
Fay (E. de), 11410.
Fay (L. de), 8612.
Fay (L. F. de), 9609, 9610.
Fay d'Athies, famille, 10641.
Faye, 9081.
Félix (St), 4089.
Félix de Valois (St), 10214 à 10228.
Femin de Moras, 9569.
Fercourt (de), 9744.
Fermanel (de), 6803.
Fernel, 11411 à 11421.
Féron, 8024.
Ferrand, 8326.
Ferret, 3376.
Ferrière, 1297.
Fertel, 3841.
Feuilloy, 3087.
Feuquel, 4124.
Feuquières (Ant.), 3960, 3961.
Feuquières, famille, 10641.
Feuquières (la Mise de), 9611.
Feydeau de Brou (Mgr), 1364, 1560, 1565, 1566, 1568, 3999, 10581 à 10587.
Feydeau de Vaugien, 5742.
Fieubet (de), 8555, 8558.
Filleau de St Hilaire, 11422.
Filleux (M. F.), 5326.
Filleux (Max.), 10507.
Filleux de Roncière, 5822, 5823.
Filloeul (F.), 9612.
Filloeul (P.), 11423.
Firmin de la Nativité (le P.), 2964.
Firmin le Confesseur (St), 3849 à 3855, 10487 à 10510.
Firmin le Martyr (St), 3096, 3672, 3674, 3824 à 3828, 3844 à 3848, 3954, 8789, 10462 à 10484.
Flaman, 9613, 9614, 9806.
Flandre (les Ctes de), 5464, 8925, 9078.
Fleury (Les), 663.

Flers (C. de), 8299.
Flesselles, famille, 10641.
Flesselles, 748, 749, 2937, 2938.
Fleur, 9692.
Fleuriau d'Armenonville, 5960.
Fleurton, 9718.
Fliche, 11424.
Flicot, 7020, 7021.
Flipart, 9615.
Flippes, 9616.
Flixecourt (J. de), 11425.
Flocq (de), 7369.
Flocques (de), 4238.
Florence (le Cal de), 2842.
Florent (St), 8576, 8578, 10229, 10230.
Floury, 9619.
Flutte, 9524, 9525, 9872.
Foillan (St), 10246.
Foissard, 7263.
Follet, 9617.
Follet (C. F.), 5327.
Folleville, famille, 10641, 10735.
Folleville (C. C. S. de), 9618.
Folleville (C. G. de), 8854, 8936, 9117, 9118, 9618.
Fontaine (C.), 9195, 9196.
Fontaine (Emm.), 10876, 10878.
Fontaine, 3935, 3937.
Fontaine (J. et N.), 9619.
Fontaine (P.), 5000.
Fontaine ou Fontaines, famille, 10641.
Fontaine (Adr. de), 7615, 7616.
Fontaines (A. et N. de), 7479.
Fontaines (Aym. de), 7381 à 7383.
Fontaine (Ch. de), 9311.
Fontaines (le Cte de), 6574.
Fontaine (H. de), 655, 7525.
Fontaines (M. A. de), 9620.
Fontaine (M. C. de), 9609, 9610.
Fontaine de Pellevert, 9619.
Fontaine de Vuiry, 7536, 10043.
Fontenilles (de). Voir La Roche.
Forbin-Janson (le Cal de), 550, 5501, 7963 à 7969.
Forcasse, 7898.
Forcebras, 9621, 9622.
Forcedebras, 4227, 4252.
Forceville, famille, 10736.
Forceville (E.), 9623.
Forceville (G. de), 7955, 7957 à 7959.
Forceville (J. de), 5644.
Forceville (R. de), 1013.
Fossé (A.), 10878.
Fossé (C. et A.), 5594, 5595.
Fossé (N.), 9624.
Fossés (des), 8450.

FOUACHE, 1324.
FOUACHE (J. B.), 9962.
FOUACHE D'HALLOY, 5870 à 5872.
FOUCART (G.), 9625.
FOUCART (G^{lle}), 9226, 11426.
FOUCQUES, famille, 10641.
FOUCQUES DE BONVAL, 7716, 9413, 9627, 9628.
FOUCQUES D'EMONVILLE, 6753.
FOUCQUES DE WAGNONVILLE, 10737.
FOUET, 9470, 9629.
FOUILLOY (Hugues de), 8898, 11427 à 11430.
FOUILLOY (Robert de), 10548, 10549.
FOUQUEREL, 3908.
FOURDRIN, 7663.
FOURÉ (Marie), 11431.
FOURMENT DE ROYE (de), 11432 à 11435.
FOURNIER, 4214.
FOURNIER (C. et M.), 9726.
FOURNIER (G.), 3135.
FOURNIER (H.), 9803.
FOURNIER (J.), 1327.
FOURNIER (M.), 7863.
FOURNIER (N.), 7378.
FOURNIER (P. C.), 9368.
FOURNIVAL (Richard de), 11436 à 11438.
FOY (le général), 9161, 11439 à 11516.
FOYELLE, 9465, 9466.
FRANCE (l'abbé), 9784.
FRANCE (le b^{on} de), 7724, 7725.
FRANCHETTE, 1301.
FRANCIÈRE, 3868, 3869.
FRANCINE, 3792.
FRANCKLIN, 8516.
FRANCLIEU (le Cte de), 1127.
FRANÇOIS I, 669, 2773, 2774.
FRANÇOIS (C. F.), 9598.
FRANÇOIS (F. P. et M. J.), 8032.
FRANÇOIS (Ig.), 7984 à 7986.
FRANÇOIS (M.), 9654.
FRANÇOIS (N.), 7663.
FRANÇOIS (P.), 8065.
FRANÇOIS (P.), 3792.
FRANÇOIS DE SALES (St.), 1597, 4202, 4203.
FRANSURES, famille, 10641.
FRASIER, 8865, 8866, 8869, 8870.
FRÉCHON, 1331.
FRÈRE (A.), 1293.
FRÈRE (F.), 5293.
FRESNE, 4220.
FRESNEY, 3817 3819.
FRESNOY (P. A.), 9630, 9631.
FRESSON, 9151.
FRETIN (de), 9312, 9632.
FRIANT (le g^l), 644, 11518 à 11529.
FRIAUCOURT (de), 9718.
FRICOURT, 7330.

FRIÈRES (de), 7568.
FRIN, 3377.
FRION, 9083 à 9091, 9383.
FRIVILLE, 2170.
FROIDURE, 1297.
FROISSART, 6147.
FROISSART (A.), 11530.
FROISSART (N.), 4990.
FROISSART (P.), 7813, 7814.
FROISSART (P. J.), 9633, 9856, 9857.
FROMENTEL, 8302.
FROMENT, 8606.
FRONSAC (le duc de), 2679.
FRUITIER (J. B.), 7863.
FRUITIER (N.), 7346.
FRUY (de), 2473.
FURSY (S^t), 7430, 10231 à 10253.
FUSCIEN (S^t), 5298, 5300, 10254 à 10258.
FUZELIER, 9634.
FUZELIER (M. E.), 9920.
FUZELIER (R.), 7552.

G

GABRY, 4063, 5709 à 5711.
GADIFFET, 9082.
GAFFÉ, 9635, 9810, 9811.
GAIDE, 9636, 9879, 9881.
GAILLARD (F.), 9801.
GAILLARD (P. et J.), 7480, 9638, 9948, 9949.
GAILLARD (R. et A.), 9639.
GAILLARD DE BOENCOURT, 5379, 6771, 6776, 6778, 9637, 10641, 10739.
GAILLARD D'ETALONDE, 6217, 6218.
GAILLARDBOIS (de), 9807.
GAILLART, 644.
GALAND (F.), 5326, 10028, 10029.
GALHAUT, 8452.
GALLIMARD, 9430.
GALLAND (Ant.), 11531 à 11542.
GALLAND (F.), 9468.
GALLAND, instituteur, 3377.
GALLAND (P.), 8195.
GALLET (Ad.), 9556, 9619, 9640 à 9643.
GALLET (Aug.), 5614 à 5617.
GALLET (C.), 9390.
GALLET DE SOMBRIN, 9644, 9743.
GALLEZ (Dom), 8348, 8349, 8351.
GALLIEN DE CHABONS (Mgr), 1405, 1550, 1551, 1845, 1848, 1975, 1978, 3381, 7238, 10615 à 10617.
GALLOIS (R.), 9645.
GALLOIS DE L'EPÉE, 9287, 9288, 9650.
GALLOT, 3546.
GALLOT (N.), 7495.
GALOPPE D'ONQUAIRE, 11543.

— 579 —

GAMACHES, famille, 10640, 10740, 10741.
GAMACHES (Cyprien de), 11544, 11545.
GAMACHES (Ch. J. de), 7374 à 7377, 7806.
GAMACHES (Cl. J. B. H. de), 7464, 7465, 7817, 7818, 7822.
GAMACHES (C. de), 9953.
GAMACHES (G^a de), 11546.
GAMACHES (G^{me} de), 11547.
GAMACHES (H. J. de), 7806.
GAMACHES (J. J. de), 7451 à 7453, 7545, 7760, 7761, 7765, 7817 à 7822, 9953.
GAMACHES (J. E. J. de), 7807 à 7809.
GAMACHES (N. J. de), 7293, 7542, 7543, 7808.
GAMARD, 5680.
GAMBETTA, 6289.
GAMBIER, 7469, 7470.
GAND, 11548, 11549.
GANDON, 9607.
GANELON, 569.
GARBADOT, 7263.
GARÇON, 1013.
GARD, famille, 5208, 10641.
GARD (Ch. du), 8320, 8321.
GARD (J. et R. du), 9040.
GARENNES (de), 8917.
GARGAN, famille, 10742.
GARGAN (M.), 9311.
GARGUILLE, 6667.
GARIN, 3931.
GARNIER, abbé, 5782.
GARNIER (J.), 11550, 11551.
GARNIER (M. P.), 7381 à 7383
GASSELIN, 9037, 9321.
GASSELIN (N.), 9646.
GASSION, 12084 à 12086.
GAUDE (J. F. A. L. de), 8068.
GAUDE (M.), 5492.
GAUDECHART DE QUERRIEUX, 5495, 5977 à 5981, 9344, 9647.
GAUDISSART (l'abbé), 3889.
GAULLIÈRE, 8498.
GAULTHIER DE RUMILLY, 11552 à 11554.
GAULTIER (St), 10261 à 10270.
GAVELLE, 9648, 9649, 9959, 9960.
GAVOIS, 9440.
GAYVERNON, 485, 486, 6259, 6261, 6262.
GÉDOIN, 7542, 7543.
GENCE, 11555 à 11557.
GENDRON, 9453.
GÉNIN, 11558, 11559.
GENTIEN (St), 10255, 10256, 10258 à 10260.
GEOFFROY (St), 9078, 9079, 10534 à 10545.
GEOFFROY, év. de Beauvais, 7799.
GEOFFROY D'EU, 4602, 4603, 5554, 10547.
GEORGES (St), 6635 à 6638.
GÉRARD D'EQUANCOURT, 8924.

GÉRARD (F.), 8569.
GÉRAUD (St), 10271 à 10276.
GERBEROY (Richard de), 2735, 3702, 10546.
GERBET (Mgr), 3055.
GERMAIN (St), 3103, 3856 à 3863, 10277 à 10281.
GERVAIS, 3508.
GERVAISE, 4914.
GERVAISOT, 5487 à 5489.
GERVIN, 8091.
GERVIN (St), 10282 à 10285.
GHESQUIÈRE DE STRADIN, famille, 10708.
GIBERT, 9606.
GIBRIEN (St), 10268.
GILLES (St), 6649 à 6651, 8567.
GILLY, 6979.
GIRARD (E.), 6740.
GIRARD (M.), 924.
GIRARDIN, 4102.
GLACHANT, 3868, 3869.
GLISY (Ant. de), 4605.
GNEIGNE, 6523.
GOBILLARD, 9020, 9021.
GOBINET-DEVILLECHOLLES, 9650.
GODARD (Barbe), 9380.
GODART (Barbe), 9578, 9580, 9861.
GODARD (E. et M. F.), 9795 à 9797.
GODARD (J. et M.), 5031, 5032, 5201, 5202.
GODARD (J.), 5820.
GODARD (L. C. et P.), 9651.
GODARD (P.), 11560.
GODARD (R.), 5000.
GODARD (R^l), 9402, 9403.
GODARD (la veuve), 9404.
GODARD D'ARGOULES, 7423, 7424, 7637.
GODARD DE BEAULIEU, 6317, 6322, 7423, 7424, 7632, 7633, 7637, 9516, 9517, 9652.
GODARD D'HOUDANCOURT, 9578.
GODARD-DUBUC, 5895.
GODDE, 9653.
GODDEBERT, 9340.
GODEBERTHE (Ste), 10286 à 10297.
GODEFROY, chanoine, 3817 à 3819, 3837.
GODEFROY (J.), 5428, 8020.
GODEFROY, de Montdidier, 8198.
GODEHEU, 6979.
GOEUDON, 3135.
GOGUET, 9654.
GOIMPY (de), 8587 à 8589.
GOMART, 11561.
GOMEL, 7462.
GOMER, famille, 10641, 10743.
GOMER (A. de), 5917, 11562.
GOMER (Ch. F. de), 5934.
GOMER (Ch. G. de), 7558.
GOMER (L. G. de), 11563, 11564.
GOMER D'INNEVILLE (L. de), 5534 à 5537.

Gon, 4230.
Gondar, 9655.
Gondenet, 10040.
Gonnelieu, 7542, 7543.
Gonnet (J.), 627, 644, 8791, 8947.
Gonnet (J. J.), 9656.
Gonnet de Fiéville, 9657, 9658, 9783.
Goret (C. H.), 9937.
Goret (L.), 2471.
Gorguette (El.), 9493.
Gorguette (J.), 9659.
Gorguette d'Argoeuves, 5213 à 5215, 5241, 10744.
Gorguette du Bus, 9608.
Gorillon, 3899 à 3901.
Gorin (l'abbé), 11565.
Gorin (J. B.), 9438, 9660 à 9665.
Gorjon de Verville, 7925.
Gossart, 3222.
Gossart (la veuve), 9231, 9232.
Gosselin (J), 9715.
Gosselin (J.), 5816.
Gosset, 6775.
Goth de Rouillac d'Epernon, 9666.
Goubet, 8034.
Gouffier, famille, 10640, 10757.
Gouffier (Ant.), 9666, 9667.
Gouffier (H. L., C. A. et L. C.), 5561 à 5565, 5569 à 5585, 8416.
Gouffier (R.), 5471.
Gougier, 4390.
Goussaincourt (A. de), 9062.
Goussencourt, famille, 10641, 10745.
Goussencourt (A. de), 8612.
Goussencourt (Q. de), 8718.
Gouyer, 9668.
Goze, 11566.
Graillet, 5492, 5494, 5498.
Grambeaume, 4204.
Grancé (de Rouxel de Médavy, Cte de), 9669 à 9673, 9707, 9708.
Grandin, 6993 à 6997.
Grasse (le marquis de), 5928, 5929.
Gratien (St), 10298.
Gravel, 8070.
Grébeauval, 10878.
Grené, 9511.
Grenet, 5989.
Grenier (dom), 423, 428, 11567, 11568.
Grenu, 9468, 9469.
Gresolier (de), 5658.
Gresset, 3043 à 3047, 11337, 11569 à 11622.
Gresset (J. B.), 4390.
Gressier (A.), 5531, 5556, 5557.
Gressier (E.), 11623.
Greuze, 9615.

Grewembrack (de), 5508, 5510.
Gribeauval, famille, 10641.
Gribeauval (Vacquette de), 4367, 11624 à 11631.
Gricourt (F.), 9837.
Gricourt (P. et J.), 1281.
Griffon (J. N.), 9802.
Griffon (N.), 9675.
Griffon de Banne, 9475.
Griffon de Longuerue, 9475.
Griffon de Vaux, 6750, 7443, 7537, 7538.
Griffon d'Offoy, 6750, 7443, 7537, 7538.
Grigault, 7482, 7483.
Grilly (de), 7422.
Gris, 9968.
Grisel, 11632.
Grisel (P.), 2170.
Groiselle, 11633.
Grouches, famille, 10641, 10642, 10746.
Grouches de Chepy (J. A. et A. de), 9676 à 9678.
Groult, 2769.
Guédé, 8243, 8244.
Guérard (F.), 11634, 11635.
Guérard (F. B.), 3824 à 3828, 3848.
Guérard (L. G.), 8381 à 8385, 8387.
Guérard (R.), 8320, 8321.
Guérin, 8582.
Guérin, 7328.
Guérin (A. et G.), 5327.
Guerle, 9679.
Gueroult, 9680.
Guerre, 5601, 8988.
Guerrier (F. et M.), 9345.
Guerrier de Hautenots, 9681.
Guerrier de Lormoy, 7693, 7696 à 7698, 7702 à 7704, 7706, 7707.
Guerville, 9682 à 9684.
Gui, évêque, 5463, 10533. Voir Ponthieu.
Guibert (de), 7724.
Guichard, 8737.
Guidé, 1490, 3817 à 3819, 3837, 3838.
Guidée (le P.), 11636, 11637.
Guidet (l'abbé), 11638.
Guidon, 9837.
Guiencourt, 11639.
Guilbert, 9685.
Guillard, 11768.
Guillaume le Conquérant, 7749.
Guillaume Longue-Epée, 5763.
Guillebert, 644, 11640.
Guillebon, famille, 10747.
Guillebon (l'abbé de), 3896, 11641.
Guillebon (le chanoine de), 8866, 8869.
Guillet, 9468.
Guinet, 9681.

— 581 —

Guise (le C^{al} de), 5471, 5475.
Guise (les ducs de), 689, 7373.
Guitard, 9341.
Guiselin ou Guizelin (J. et M. J. de), 7965, 7968, 7969, 9955.
Guy, 6411.
Guyencourt (J. B. F. de), 5293.
Guynet, 9345.
Guyon, 11642 à 11644.

H

Habart, 9936.
Hachin, 9867.
Hacq, 11645.
Haincelin, 3817 à 3819.
Haizecourt (Jean de), 644.
Halgrin, 11646 à 11651.
Halléncort, famille, 10645.
Hallu, 12161.
Halluin ou Hallwin, famille, 10641, 10748.
Halluin (J. d'), 11652.
Halluin (L. d'), 11653.
Ham, famille, 10641, 10749, 10750.
Ham ou Han (Gilles de), 9686 à 9688.
Ham (Odon de), 9138.
Hamel, famille, 10641, 10652, 10751 à 10753.
Hamel (le Comte du), 836, 838.
Hamel (G. du), 9693, 9694.
Hangard (D. de), 11789.
Hangest, famille, 10640 à 10642, 10754 à 10756.
Hangest (Ch. et J. de), 11654, 11655.
Hangest (J. de), 9254.
Hangre (de), 8989.
Hanin, 5330.
Hanique, 5366.
Hanmer-Claireroke (de), 9294, 9295, 9303.
Hannart, 4592.
Hannicque, famille, 10641.
Hannicque, 9689, 9690.
Hanocq, 8175 à 8177.
Harcouet (Ch.), 5333.
Harcourt (la d^{esse} d'), 9154.
Hardencourt (Ph. de), 8924.
Hardy, 9692.
Hareux, 10006.
Hareux (l'abbé), 11656.
Hareux (S.), 1330.
Haucourt, famille, 10641.
Haudicquer, famille, 10641.
Haudicquer (M. M., P. C. et N.), 9491.
Haudicquer du Quesnoy, 9692.
Haudoue, famille, 10641.
Haudouin, 9727.
Hault (Brice de), 9051.

Hautbourdin ou Hubodin, 8296, 11657.
Hauteclocque (de), 11658.
Hautefeuille, 1278.
Hautefort (les m^{ts} d'), 8407, 8594, 8620, 9693, 9694.
Hautoy (du), 9994, 9996 à 9998.
Hauy, 11809.
Havart, 11659.
Hébert (Ant.), 9330, 9331.
Hébert (J.), 5415, 5484.
Hecquet (Aug.), 7263.
Hecquet (Cl.), 9695, 11660.
Hecquet (J.), 9696.
Hecquet (J.), 7503.
Hecquet (J.), 6963.
Hecquet (N.), 7269, 7270, 9697.
Hecquet (Ph.), 11661 à 11672.
Hecquet (P. J.), 5824 à 5829.
Hecquet de Beaufort, 6778.
Hecquet de Roquemont, 6778, 12135.
Hecquet d'Orval, 11672 bis.
Heghes (N. de), 9846.
Heigny, 11673.
Hem (M. de), 9150, 9151.
Hémart (Fl.), 9570.
Hémart (Fr.), 3868, 3869.
Hémart (M.), 9793.
Hémart de Denonville, 10560, 10561.
Hémart de Brévillier, 4224.
Hénault (de), 8865, 8866, 8869, 8870.
Hénaut, 4102.
Hénique, 1306.
Hennebert (Fr.), 3868, 3869.
Hennebert (M. G.), 9063.
Hennecart, 9699.
Hennencourt, famille, 10641.
Hennequin, 11674.
Hennique (Ant.), 8536.
Hennique (P.), 9572.
Hennuyer, 11789.
Hénocque (G.), 5727, 5728.
Hénocque (J.), 9954.
Hénocque (M.), 9413, 9628.
Hénocque (P. N. F.), 9700.
Hénon, 9120.
Henri II, 409, 410.
Henri III, 2782, 6813.
Henri IV, 627, 2679, 2790, 2807, 2826, 2836, 6179 à 6182, 6314.
Henri VI, 6148.
Henry, 8406.
Hérault, 4250, 9377, 9737, 9738.
Herbert, 11675.
Herbet (E.), 9701.
Herbet (sœur), 4256.
Hercelin, 2170.

HÉRICOTTE, 7663.
HÉRICOURT (A. d'), 11676, 11677.
HÉRICOURT DE CAUBERT (d'), 8056 à 8060.
HÉRISSIER, 4617.
HERMANT, 9702.
HERNAN-TELLO, 2828, 2833.
HERNAS, 7020.
HÉRON, 3792.
HERTAULT, 10041, 10042.
HERTE, famille, 10641, 10758.
HERTOU, 9703.
HERVILLY, famille, 10641.
HERVILLY DE CANISY (d'), 5834, 8292, 8294, 8295, 9071.
HÉRY, 8272.
HESSELIN (d'), 9355.
HEURTEUR, 9220.
HEUZET, 9659.
HIBON (J.), 5670.
HIBON (N.), 7663.
HIBON DE MERVOY, 6275.
HILDEVERT (St), 10299 à 10308.
HIRONDART, 9574.
HOCHE, 2979.
HOCQUET, 9704, 9976, 9977.
HOCQUINCOURT. VOIR MONCHY.
HOCQUINCOURT (l'abbé d'), 9611.
HODENC (F. de), 3734 à 3756.
HODICQ (le Cte d'), 7643, 7699, 9388.
HOIN, 9537, 9538.
HOLLANDRE (J. de), 11682.
HOLLEVILLE, 7378, 7379.
HOMASSEL (J.), 6963.
HOMASSEL DU TRONQUOY, 5669.
HONNECOURT (le baron d'), 9285.
HONORÉ (St), 627, 3864, 3865, 3889, 7596, 10511 à 10521.
HORDÉ, 1285.
HORNOY (Mlle A. d'), 11683.
HOSSARD, 9678.
HOUBRON, 6427.
HOUDAN (le Cte), 7420.
HOUDANC (Raoul de), 11684, 11685.
HOUIN, 1329.
HOURDEL, 11686.
HUBAULT (la veuve), 9742.
HUBERT (F.), 11687.
HUBERT (L. A et P. F.), 9714.
HUCHON, 9625.
HUDEIN DES TURNELLES, 8565, 8566.
HUET, 9887.
HUGO (Victor), 11905.
HUGONNET, 2756, 5469.
HUGOT, 5366.
HUGOU DE BASSEVILLE, 11688 à 11694.

HUGUES-CAPET, 5460.
HUITMIL, 9594.
HUMBERT, 7459.
HUMIÈRES (Ch. d'), 11625.
HUMIÈRES (J. d'), 644.
HURACHE, 9715.
HURAULT, 9377, 9378, 9737, 9738, 9897.
HURAULT DE L'HOPITAL, 9123.
HURÉ (A.), 9470.
HURÉ (N.), 9716.
HURTREL, 7862.
HUTELIER, 8862, 8863.
HYTIER, 904.

I

IGNACE (le P.). VOIR SANSON.
INCOURT (M. d'), 7313.
INGLEBERT (d'), 8358.
INGRES, 8367.
INGUEMBERT (d'), 3821.
INGUEMBERT (Mgr d'), 12146.
INNOCENT III, 9080.
INNOCENT XI, 7187.
INVAL (L. d'), 3883.
IVRIGNY (P. d'), 6153.

J

JABLIER (P.), 8612.
JACQUENET (Mgr), 10629 à 10632.
JACQUES (St), 3866 à 3879.
JACQUES (Ph.), 4520.
JAMBOURG, famille, 10641.
JANNYOT, 7715.
JANSON, 6713 à 6715.
JANVIER (A. et L.), 11696 à 11698.
JAUME, 8031.
JEAN II, 867, 2745, 3256, 6136, 6999.
JEAN-BAPTISTE (St), 2880, 3670, 3692 à 3703, 5212, 7431, 10309.
JEAN, Cte de Dreux, 8087.
JEAN DE LA CROIX (St), 4097.
JEAN DE MATHA (St), 10214 à 10220, 10223, 10226, 10227.
JEANNE D'ARC, 7660, 7673, 10197.
JÉROME, 9717.
JESSÉ, 10531, 10532.
JOBART, 8500, 8504.
JOLIBOIS, 4591.
JOLLIER, 3822, 3823.
JOLY, 5296.
JOLY, 10854.
JOLY (A.), 8099.
JOLY (E.), 9338.

— 583 —

Joly (J.), 5415, 5484.
Joly, de Long, 7304.
Joly (L.), 5816.
Joly (L. et P.), 9459 à 9462.
Joly (P. F.), 9746.
Joly (Ph.), 9718.
Joly, de Pont-Noyelles, 5969.
Joly (W), 9943.
Jonglet, 5988, 5989.
Jonquet, 7013.
Jorom, 3812.
Jorron, 9719.
Josse (C.), 9704, 9976, 9977.
Josse (D.), 6516.
Jossy, 5875.
Jouan, 9720.
Jourdain, 11699.
Jourdain (L.), 11700.
Jourdain (P.), 4125, 5240, 5241.
Jourdain de l'Eloge, 2948, 3190, 3277, 3472 à 3475, 5887.
Jourdain de l'Etoile, 7724.
Jourdain de Prouville, 7724.
Jourdain de Thieulloy, 2900.
Joyeuse (A. G. de), 5934.
Joyeux, 3964.
Juge, 8022 à 8024.
Jumel, 9006.
Jumel-Riquier, 7704, 7707.
Jumelles, famille, 10641.

K

Kalandrin, 9858.

L

Labadie (de), 3955.
La Barre (le chevalier de), 6126, 6206 à 6221.
Labitte (P.), 11701, 11701 bis.
La Boissière (de), 7551.
Labonde (le P.), 11702.
Laboulais, 9778.
Labre (le Bx), 9272.
Labrousse, 1326.
La Chaussée (de), 9827.
La Chenet (de), 8034.
La Chesnelaye (le Mis de), 9353, 9356, 9358 à 9360.
La Combe (de), 9323, 9721.
La Cour de Fiefs (de), 5869.
La Courrette (de), 8866, 8869, 8870.
La Couture (de), 3911.
Ladent, 11703.
La Fayette (le général de), 6376.
La Ferté, famille, 10641.

Laffillé (I), 5600.
Laffillé (L.), 9656.
Laffillé (L.), 8853.
Lafleur, 461.
Lafleur (E.), 1298, 1329.
La Folie (de la), 9628.
La Fontaine-Solart, 7496 à 7499.
La Force (Mis de), 5397, 5399.
La Fosse (Jean de), 6612.
Lagache, 3837.
La Galissonnière (l'abbé de), 7847.
L'Agneau, 8876.
La Gorgue Rosny, famille, 10759.
La Grange, acteur, 11704.
La Grange (le Cal de), 10551 à 10556.
Lagrené (N. de), 3911.
Lagrené de Valancourt (de), 9722.
Lagrenée (T. de), 11705, 11706.
La Guèze (J. de), 9724.
La Hire, 662.
La Houssaie, 8079.
La Houssoie, famille, 10641.
Laignel, 9725, 9726.
Laisné, 9579.
Lalau (J.), 11707.
Lalau (M. A. A.), 9956.
Lalaue, 9329.
Lallemant (M.), 7806, 7807, 7809.
Lallement (P.), 7329, 7330.
Lallier, 9211.
Lallier (la veuve), 9221, 9222.
Lallot, 2474.
Lallouette, 8512.
Lamarck (le chev. de), 11708 à 11721.
La Marck (le Maréchal de), 8694.
La Marthonie (Geoffroy de), 1904, 1906, 3692, 7804, 10567 à 10569.
Lambert (J.), 9928.
Lambert d'Herbigny, 2211.
Lambert Dubois, 9043.
Lameth, famille, 915, 10641, 10652, -0760.
Lameth (A. de), 8651.
Lameth (Cl. de), 8031, 9727.
Lameth (L. H. de), 7724, 7725, 7833 à 7839, 9728 à 9730.
Lameth (M. F. de), 4237.
Lametz, 8032.
Lami Martin, 3545.
Lamiré, famille, 10641, 10761.
La Myre ou La Mire (G. M. de), 8267 à 8269.
La Miré de la Retz, 7690.
Lamollet, 3541, 3545.
Lamon, 3328.
Lamoral de Lannoys, 9361.
La Morlière (Ad. de), 11722, 11723.
La Morlière (Fr. de), 8157, 8158.

— 584 —

Lamory, 2470.
La Mothe (G. de), 9721.
La Motte (Mgr de), 1739, 1920, 1922, 1923, 1925, 1927, 1930, 1931, 1934, 1937, 1988, 2893, 3919, 4052 à 4062, 5616, 6613, 6881, 7119, 10596 à 10606.
Lamy, 8112.
Lancry (de), 5517.
Landas (de), 8056 à 8060.
Lando, 9731.
Landru, 9732.
Lanef, 3545.
Lanery (de), 5602.
Langault (de), 8057.
Lange de Beaujour, 4409.
Langehac (de), 7573.
Langelé, 5222.
Langevin (l'abbé), 11724.
Langlet, 9733.
Langlet (la femme), 7013.
Langlet (Fr.), 5222.
Langlet (J. A.), 9769, 9770.
Langlet (N.), 1306.
Langlet (P. F.), 1298.
Langlois (C. C.), 9734.
Langlois (L.), 4044, 4045.
Langlois de Beaufresne, 9505.
Langlois de Septenville (L.), 12163.
Langlois de Septenville (P.), 5915, 5916, 7313.
Lannoise, 8512.
La Panneterie (de), 10036.
La Planche, 5539.
Laporte (de), 9735.
Lapostolle, 4552, 11725, 11726.
La Simonne (de), 5534, 5537.
Larabit, 11727, 11728, 11728 bis.
La Radde (C. de), 9731.
Larchier de Courcelles, 8021.
Lardeur, 5311.
La Rivière (G. de), 9371.
La Rivière (L. de), 8016.
La Rivière (P.), 9736.
La Roche Fontenilles, famille, 8029, 8039, 10652.
La Rochefoucauld-Liancourt, 7666.
La Rochette (l'abbé de), 9377, 9378, 9737, 9738, 9897.
La Rodde (de), 6128.
Larrard, 9436.
Lartésien, 7267.
La Rue (V. de), 911.
La Salle (de), 8033.
La Saudraie (de), 5516.
Latify, 8997.
La Touche (de), 2162, 2167.

La Tour d'Auvergne (E.-T. de), 8249.
Laubépin (de), 7723 à 7728, 7733.
Lauraguais (la d^{esse} de), 11926.
Lauray (la M^{ise} de), 8449.
Laurendeau, 2943.
Laurendeau (Ch.), 9735.
Laurent (St.), 3880 à 3882.
Laurent (A.), 1013.
Laurent (P.-H.), 5694, 5695.
Laurent de Lionne, 2129.
Laval (de), 5270.
La Valette (le Cardinal de), 5400.
Lavalle, 8511.
La Vaux (J.-J. de), 911.
La Vergne (de), 9341.
Lavernier (l'abbé), 6653, 6654.
Lavernier (J.-F.), 6775 à 6778, 9739 à 9741, 9878.
Lavernot-Paschal, 11729.
La Villette (J. de), 8195.
La Villette (J.-E. de), 8250.
La Villette (M. de), 12217.
Lebel, famille, 10641.
Lebel (A.), 5831.
Le Bel (J.), 5629.
Le Bel (G.), 9742.
Le Bel, lieut.-gén., 6317, 6322.
Le Bel (M.), 12126.
Le Bel (M.-F.), 3826, 3827.
Lebel (N.), 9449.
Lebel d'Huchenneville, 9644, 9743.
Leblanc (C.), 8569, 8570.
Le Blanc (F.), 9744.
Leblanc (H.), 1334.
Le Blanc (J.), 8080.
Leblanc (M.-M.), 9745.
Leblond (A. et A.), 9746.
Leblond (l'abbé), 5721.
Le Blond (D.), 8250, 8392.
Leblond (F.), 9926, 10026.
Le Blond (P.-C.), 7467, 7468, 7471.
Le Blond du Plouy, 7550, 9476, 9747 à 9749.
Lebon (J.), 755, 1335, 1336.
Le Bon (U.), 4195.
Le Bon de Guisy, 5376, 5473.
Le Boucher (F.), 9750.
Leboucher (J.-B.-P.), 9328.
Le Boucher (J.-F.), 10025.
Le Boucher d'Accarville, 9756.
Le Boucher d'Ailly, famille, 10640 à 10642.
Le Boucher d'Ailly (J.-N., L. et N.), 9381, 9753, 9754, 9805, 10642.
Le Boucher de Famechon, 9751.
Le Boucher de Richemont, 9757, 9758.
Le Boucher d'Huval, 9751, 9753, 9754, 9854.
Le Boucher du Catelet, 7257, 9751, 9755.

Le Boucher du Mesnil, 5920, 9752, 9758, 9853, 10025.
Le Bourguignon, 3855.
Lebrethon (J. F.), 8860, 8861, 9759, 9760.
Lebrethon (J.-C.), 9423 à 9427.
Lebreton. (F.), 7329.
Lebrun (L.), d'Argœuves, 5214, 5217.
Lebrun (L.), de Neuvillette, 8020.
Lebrun (L.-P.), 9798.
Lebrun (P.), 1299.
Le Buteux, 5305.
Le Carlier, 8597, 8606, 8607.
Le Caron (A.), 9761.
Le Caron (Ch.), 8039, 9761.
Le Caron (Cl.), 9945 à 9947.
Le Caron (F.), 9907.
Le Caron, imprimeur, 11730.
Le Caron (J.), 9761, 9762.
Le Caron (M.-A.), 9656.
Le Caron de Hauteville, 9763.
Le Caron de Marieux, 4243.
Le Caron de Varennes, 7288 à 7290.
Lecas, 7440.
Lecat, 9764.
Leclerc (A), 9759.
Leclerc (Ant.), 7299.
Leclerc (Fl.), 8540 à 8559.
Leclerc (J.-B.), 5680.
Leclerc (J.-F.), 9689, 9690.
Leclerc (Jos.), 3814, 3820.
Le Clerc (N.), 9765.
Leclerc (R.), 9815.
Leclerc (U.), 1320.
Le Clerc de Bertoval, 9062, 9766, 9767.
Le Clerc de Bussy, famille, 10762.
Le Clerc de Bussy (C.-J.-E.), 11731.
Le Clerc de la Prairie, 8910.
Leclercq (J.-A.), 5715.
Leclercq (J. B.), 1299.
Leclercq (N.), 1305.
Le Cointe (C.), 9872.
Le Cointe (H. et M.), 2861.
Lecomte, 764.
Lecomte (J.), 9434, 9435, 9733, 9768 à 9770.
Leconte (F.), 9340.
Le Coq, 11732.
Le Coreur (A.-P. et M.-A.), 5867.
Le Correur (O.), 9372.
Le Couvreur, 9771.
Lecreux, 1326.
Lecus, 9772, 9879 à 9881.
Leczinska, 4104.
Ledien fils, 9773.
Ledieu (A.), 10878, 11733 à 11735.
Ledieu (F.), 11736 à 11738.
Le Doux, 7691.

Le Duc, 3377.
Lefebure (C.), 9622.
Lefebure (L.), 9267.
Lefebure de Cerisy, 11739, 11740.
Lefebvre (Ad.), 7263.
Lefebvre aîné, 5201.
Lefebvre (Ch. et Fr.), 9916.
Lefebvre (F.-R.), 9512.
Lefebvre (J.-B.), 9452.
Lefebvre (J.), 1298.
Lefebvre (J.), 10876.
Lefebvre (L.-F.-S.), 9774.
Lefebvre (M.-A.), 9804.
Lefebvre (M.-J.), 4236.
Lefebvre (M.-M.), 5275.
Lefebvre (N.-F.), 7149.
Lefebvre (Ph.), 9379.
Lefebvre (P.), 9775.
Lefebvre (P.), 5891.
Lefebvre (S.-L.-F.), 8461.
Lefebvre (la veuve), 3545.
Lefebvre d'Amnécourt, 1258, 1259.
Lefebvre de Caubert, 7209.
Lefebvre ou Le Fèvre de Caumartin, famille, 10640, 10641, 10763 à 10765.
Lefebvre de Caumartin (El.), 9330 à 9332.
Lefebvre de Caumartin (Mgr), 2679, 3727, 3731, 4043, 11741.
Lefebvre de Caumartin (J.), 4043.
Le Febvre de Caumartin (Jean), 11742.
Le Febvre de Caumartin (L.), 4043, 10764 11743.
Le Febvre de Caumartin (P.), 11744.
Le Febvre de Caumartin de Cailly, 8917.
Lefebvre d'Hellencourt, 11745 à 11748.
Lefebvre de la Houplière, 7707, 7710.
Lefebvre des Amourettes, famille, 10766.
Lefebvre de St-Remy, 11749 à 11752.
Lefebvre de Villers, 10767.
Lefebvre de Woirel, 7181, 7183.
Lefebvre du Grosriez, 6778, 10768, 10769.
Lefèvre, 2138.
Lefèvre, 3377.
Lefèvre, 6640.
Le Fèvre (J.), 4088.
Lefèvre (l'abbé Th.), 11753.
Le Flamant, 9363.
Lefort (Cl.), 9935.
Le Fort (F.), 9605.
Lefort (M.-M.). 7288 à 7290.
Le Fort (N.), 9006.
Le Fort de Villière, 7345.
Le Fort du Quesnel, 8432.
Le Fournier (B.-C.-F.), 9958.
Lefournier-Wargemont, 9776.
Lefrançois, 11754.

Le Fricque d'Aguillecourt, 5346, 5347.
Legault, 7997.
Legendre (F.), 8220.
Legendre (F.-N.), 10024.
Léger (St), 8003, 8004.
Le Gillon, 9777.
Legrand (A.), 4390.
Legrand (F.), 5471.
Le Grand (H.), 8744.
Le Grand (N.-M.), 9778.
Legrand d'Aussy, 11755.
Legris, 9468, 9469.
Leguai, 7558.
Le Hault, 9363.
Le Héron, 7853.
Lejeune, 1285.
Lejeune, chanoine, 644, 1756.
Lejeune (F.), 9779, 9780, 9801.
Lejeune (J.), 10558, 10559.
Lejeune (L.-J.), 11757, 11758.
Lejoille, 11759.
Le Juge (N.), 4058.
Le Juge (le P.), 3955 à 3961.
Leleu, 3222.
Leleu (la femme), 9782.
Leleu fils (J.-B.-Al.), 2917, 9781.
Leleu (J.-B.-Aug.), 5816.
Leleu (le P.), 11760.
Lemaire (la de), 5987.
Le Maire (F.), 1009.
Lemaire (J.-A.), 6995 à 6997.
Lemaire (J.-M. et P.), 5680.
Lemaire, de Vrély, 8466, 8467.
Lemaire-Muller, 9657, 9658, 9783
Lemaistre, 7846, 7862.
Le Maistre de Bellejamme, 814.
Le Marchant, 5532.
Le Maréchal, 7652.
Le Marié d'Aubigny, 5950.
Lemattre, 5816.
Lemée, 7312.
Lemerchier, 11761.
Le Mercier (Ant.), 9777.
Le Mercier (P.), 9329.
Lemercier, de Péronne, 9784.
Le Moictier de Bichecourt, 5874 à 5877, 9558.
Lemoine, chanoine, 3705.
Lemoine (Jean, Cal) 7330, 11762 à 11764.
Lemoine (J.-B.), 8293.
Lemoyne (dom), 8251, 8252.
Le Moyne de Blangermont, 7495.
Le Moyne des Essarts, 7495.
Lempereur (J.), de Davenescourt, 8265, 8266.
Lempereur (J.), de Montdidier, 4393, 8201 à 8203.
Lenain, 8029.

Lenfant, 764, 766.
Lenglet, 7269, 7270.
Lenoir, 8618.
Lenoir (P.), 3545.
Le Normand, 895.
Le Normand (J.), 9348.
Lenormand (L.), 8605.
Lenormant, 2766.
Léon XIII, 8368.
Léon Duval, 7735.
Le Paige de Rouvroy, 8595, 9392.
Lepairre, 1306.
Lepage, 8408.
Le Page (N.), 5475.
Lepelletier St Fargeau, 2947, 6250, 8516.
Le Picart, 9785.
Leporc, 9907.
Le Prestre, 6012.
Le Prevost, 9081.
Le Prevost de St Julien, 9276, 9277.
Le Prevot, 6610, 6615.
Leprince, 5197 à 5200.
Le Quieu, 10641.
Léraillé, 3909.
Le Regrattier, 9343.
Lerminier, (le Dr), 11765, 11766.
Lerminier (N.), 9447, 9448.
Leroi, 1296.
Le Roi (Et.), 8439.
Leroi (J.-B. et J.), 5614 à 5617.
Le Rond (J.), 7332.
Lerond (M.-A.-S.), 7715.
Leroux, 6398.
Leroux (A.), 5737, 5738.
Le Roux (Aug.), 8993.
Leroux (J.), 4978.
Leroux (Fl.), 3333, 9956.
Leroy (Al.), 10037.
Le Roy (Bl.), 9310.
Leroy, chanoine, 3817 à 3819.
Le Roy (H.), 7842 à 7845.
Leroy (J.), 8021.
Le Roy de Barde, 10770, 10771.
Le Roy de Chartrouville, 9939.
Le Roy de Jumellec, 4218, 5374, 5375.
Le Roy de Saint-Lau, 7435.
Le Roy de Valanglart, 9787, 10771.
Le Roy de Valines, 6012, 9788 à 9790, 9936
Le Roy du Quesnel, 9955.
Lesage, 9126.
L'Escalopier (de), 8595, 11403 à 11405
Lescardé, 8573.
Le Scellier, 8391.
Le Scellier de Riencourt, 11767.
Leschaudé, 6524.
L'Escourcheut, 8064.

Lescureur, 9791, 9792.
Lescuyer, 9815.
Lesdiguières (de), 3848 à 3850.
Le Seigne, 9793.
Le Seine, 9438, 9660.
Le Sénéchal, 9794, 9850.
Le Seneschal, 3274, 9939.
Lesens de Folleville, 1032.
Le Sergeant (J. et A.), 7117.
Le Sergeant (L. N.), 9798.
Le Sergeant de Fresne, 7300 à 7302.
Le Sergeant du Montant, 9795 à 9797.
Lesieur-Yot, 9803.
Le Sot (M.), 3938, 3939.
Le Sot (N.), 4908, 9799, 9868.
Le Souef, 7537, 7538, 9800.
Lesperon, famille, 10641.
Lesperon de Belloy, 6763.
Lesperon de Villle, 9359, 9779, 9780, 9801 bis.
Lesperon d'Ochancourt, 9801.
Lespicier, 3817 à 3819.
Lespine, famille, 10641.
L'Espine (S. Ch. A. de), 9802.
L'Espinoy (J. de), 5366.
Lessau, 3962.
Lessopier, 6593.
Lestocq, famille, 10641.
Lestocq (A), 3135.
Lestocq (Ant.), 9506.
Lestocq (Ant. de), 6748.
Lestocq (Ch. de), 8039.
Lestocq (Fl. de), 8157, 8158.
Lestocq (N. de), 3897 bis, 3938, 3939.
Lesueur (Ch. et L.), 6422.
Lesueur (J. Fr.), 6278, 11768 à 11787.
Le Sure, 5334, 5336, 5337, 5341 à 5345, 5348 à 5351, 5353 à 5362.
Le Tellier (Cl. N.), 9267.
Le Tellier (J.), 3463.
Letellier (P. P.), 9804.
Letierce, 8989.
Letocart, 3570.
Le Tonnelier de Breteuil, 2212, 2513, 3991.
Le Tourneur, 3813.
Le Toussier, 9808.
Le Turcq, 8591.
Leu (Sᵗ), 2944, 3860, 3883 à 3890.
Leuillier, 9428, 9477, 9562, 9563, 9993, 10032.
Le Vacher, 9953.
Le Vaillant de Villers, 6370, 6394.
Levasseur (Ant.), 7493.
Levasseur, chan. d'Amiens, 3817 à 3819.
Levasseur, chan. de Péronne, 8866, 8868, 8869.
Le Vasseur (Fr. et J.-B.), 7618.
Levasseur (J.), 11788 à 11792.

Levasseur (Jean), 6593, 11789.
Levasseur (J.-C.), 11793 à 11798.
Levasseur (J.-J.), 8387.
Levasseur (la veuve), 9613, 9614, 9723, 9806.
Levasseur de Neuilly, 9732, 9805, 10716.
Levé, 7209.
Levêque, 11799.
Le Ver, famille, 10772.
Le Ver (A.-C.-H. et J.), 9395, 9396, 9807, 9808.
Le Ver (J.), 7252, 7253.
Levert (J.-F.), 9109.
Levert (N.), 9809.
Levesque (L.), 1007, 1008.
Levesque (Mme), 6194, 6195, 6197.
Levesque de Flixicourt, 6775, 9635, 9810, 9811.
Le Virloys, 4545.
Levoir, 7491, 7492.
Lhomond, 3063, 11800 à 11810.
Lhottoy, 9823.
Liault, 9447, 9448.
Licques (de), 7040.
Liège (Ambr.), 7717, 7718.
Liège (J. B. A. du), 2899, 2905.
Liège d'Aunis (du), 2192, 7794.
Liembrune (de), 5599.
Ligne (le prince de), 5507 à 5512, 5514, 5515.
Lignières (J.), 4592.
Lignières Chatelain (le Mˡˢ de), 7288 à 7292, 9812.
Ligny (la Cᵉˢˢᵉ de), 8061.
Lina (le Cᵃˡ de), 6147.
Linard (l'abbé), 10035.
Linart d'Aveluy (de), 5606, 5607, 8396 à 8400.
Lisques, famille, 10641.
Lobjeois, 9553.
Locquet (A. et M. R.), 9813.
Locquet (F.), 8068.
Locquet de Grandville, 9814.
Lœuilliart, 9836.
Loiseau, 8737.
Loiseau, 8131.
Lombart, 9645.
Longavesne (de), 8737.
Longuecamp, 764, 766.
Longueil (M.-R. de), 9356, 9359, 9360, 10000.
Longuemore (de), 10031.
Longuet (le P.), 3962.
Longueval (le P.), 11811.
Longueval (J. de), 5543, 5544, 5547.
Longueval-Crécy (de), 8005.
Longueville (de la), 8354.
Longueville (les ducs de), 693, 2679, 2786, 2847, 5396.
Loquet (la veuve), 8300.
Loride Desgallières, 2025, 2030 à 2032.

— 588 —

Lothaire, 5455 à 5457.
Lottin, famille, 10773, 11812.
Lottin (J.-F.), 7477.
Louandre (Ch. et F.-C.), 11813 à 11816.
Louchart (J.), 7031, 7034.
Louchart (J.-M.), 7269, 7270.
Louchart (P.-M.), 9815.
Louchet, 5693.
Louchet (le D^r), 9927.
Louis VI, 5393, 7223.
Louis VII, 4694, 5394.
Louis VIII, 2737.
Louis IX, 657, 5063, 5395.
Louis X, 658, 10548.
Louis XI, 546, 666, 2762, 2763, 3717, 4850, 4973, 6149, 6150, 7612 à 7614, 8578, 8691, 8692, 10202.
Louis XII, 6159 à 6164.
Louis XIII, 719, 6187, 8580, 8736.
Louis XIV, 719, 3729, 4092, 8736.
Louis XV, 2899, 4105, 8747.
Louis XVI, 6218.
Louis XVIII, 775, 1795, 1796, 1816, 1817, 3005, 6267, 7311, 8469, 8521.
Louis-Phillippe, 780, 8173.
Lourdel, 7299.
Lourier, 9804.
Louvel, famille, 10641.
Louvel (Ant.), 4609.
Louvel de Fresnes, 4609.
Louvencourt, famille, 10641, 10774 à 10776.
Louvencourt (F., A. et M. de), 9816, 9817.
Louvencourt (J. de), 9393.
Louvencourt (J. F. de), 5856, 5857.
Louvencourt (M. J. A. de),11817 à 11823.
Louvencourt (N. B. de) 9493.
Louviers (Ch. d'e), 11856.
Louvigny (J. de), 9818.
Loyac (de), 7842 à 7844.
Loysel, 4192.
Lozé, 8387.
Luc (le frère), 11824.
Lucas (Ant.), 9250.
Lucas (C. et J.-M.), 9550.
Lucas (F.), 4948.
Lucas (G.), 3899, 3901.
Lucas (J.), 9820.
Lucas (J.), 9874.
Lucas (N.), 1296.
Luce, 3934.
Lucet (d^{lle} de), 9939.
Lucet (J.), 9586, 9587, 9821.
Lucet (N.), 3880 à 3882.
Lucian de Ste-Marie (le P.), 11825.
Lugle et Luglien (S^{ts}), 8213, 8241, 8242, 10310 à 10320.
Luillier, 895.

Luquet, 7020.
Luxembourg (A. de Béon de), 8916.
Luynes (le C^{al} de), 5431, 5432, 5581, 5583 à 5585, 5776 à 5778, 5780 à 5783, 5787, 5788, 5790 à 5792, 5806, 8034.
Luynes (les ducs de), 342, 343, 693, 694, 8006, 9016.
Luzarches (Robert de), 541, 3624, 3625, 11826, 11827.
Lyonnois (dom), 8251.

M

Machart (D. et O.), 9823, 9925.
Machart (N.), 7147.
Machault (de), 720, 1950.
Machault (Mgr de), 6888, 7719, 10607.
Machemont (G. de), 7241.
Machet (F.), 9366, 9852.
Machet (J.), 9700.
Machoire, 1307.
Machy (H. de), 5193.
Machy (J. de), 7511.
Macon (Guillaume de), 5782.
Macqueron (O.), 435, 7175, 7176, 7179.
Macquot, 7719.
Macragh, 7663.
Macre, 5020.
Macrel, 9755.
Macret (C.), 11830, 11831.
Macret (J. P., E. et F.), 7469, 7470, 9774.
Macret (P. F.), 7020, 7021.
Macron, 4745.
Madelgisile (S^t), 10321.
Madurel, 8150, 8282.
Mafille, 9553.
Magnier, 9798.
Magnier (C. A.), 5930.
Magnier (M. M. R.), 9369.
Magny, 8895, 8896.
Maguet, 7531.
Maillard (J.), 5196.
Maillard (J. A.), 9110.
Maillard, procureur, 5107.
Maillefeu, famille, 10777. Voir Douville.
Maillet, instituteur, 3377.
Maillet (N. C. et M.), 7269, 7270.
Mailloc (de), 8912, 8913.
Mailly (G. G.), 8032.
Mailly, famille, 10640, 10641, 10652, 10778 à 10791.
Mailly (A. A. A., Cte de), 11832.
Mailly (Ant. de), 9475, 9826.
Mailly (la C^{esse} de), 11926.
Mailly (le Duc de), 8651.
Mailly-Nesle (L. et L. J. de), 7683, 7690, 8017, 8048, 8589, 9252, 9354, 9709, 9710, 9828.

MAILLY (R. de), 8036 à 8038.
MAILLY (T. de), 11846.
MAILLY D'HAUCOURT (J. A., M.ᵃˡ de), 8326 à 8328, 9827, 9837, 11833 à 11845.
MAINE (le Duc du), 7812.
MAINTENAY (Raoult de), 10855.
MAISNIEL (A.), 9492.
MAISNIEL, famille, 10792.
MAISNIEL (Ch. J. du), 11849.
MAISNIEL (F. et Cl. du), 9829.
MAISNIEL (P. du), 9619.
MAISNIEL DE BEAUFORT (M. A. du), 8432.
MAISNIEL DE BELLEVAL (Ch., Ch. Fr. et Lˢ Ch. du), 7174, 7724, 10962 à 10964.
MAISNIEL DE LIERCOURT (du), 7317 à 7319, 11848.
MAISNIEL DE SAVEUSE (du), 6208.
MAIZIÈRES (Philippe de), 11850 à 11861.
MALAFOSSE, 764.
MALFROID, 9830, 9850.
MALIN, 9195 à 9197.
MALINGRE, 10854.
MALLART, 4204.
MALLET (le P. A.), 11862.
MALLET (Q.), 956.
MALLET, de Montdidier, 8155.
MALLET DE CHILLY, 11863.
MALŒUVRE, 11864.
MALOT, avocat, 835, 11865, 11866.
MALOT (Fl.), 1315.
MANCHION, 5727, 5728.
MANENCOURT (Ade de), 9107.
MANESSIER, famille, 10461, 10793, 10794.
MANESSIER (Ant.), 7531.
MANESSIER (Ch.), 9555, 9841, 10022.
MANESSIER (Ch. et At.), 6326, 9831.
MANESSIER (J.), 9832.
MANESSIER (J. B.), 9833 à 9837.
MANESSIER (M.), 9801.
MANESSIER (M. U.), 9555, 9556, 9641 à 9643, 9841.
MANESSIER (N.), 9832, 9838, 9839, 11867.
MANESSIER, Sʳ D'AUMATRE, 6703.
MANESSIER DE COLOMBEAUVILLE, 9555, 9841, 9842.
MANESSIER DE SELINCOURT, 5657, 9841.
MANESSIER DE WACOURT, 9831.
MANGON DE LA LANDE (A. C. L.), 11868.
MANGON DE LA LANDE (C. F. J.), 11869, 11870.
MANNAY (de), 9844 à 9846.
MANNIER, 7665.
MANTEAU, 9847.
MANTEL, 5669.
MAQUENNEHEN, 9401.
MAQUEREL, 8054.
MAQUET, 3537.
MARAFIN, 5654.

MARAIS, 5265.
MARANGÉ, 1332.
MARANT DE BAILLEUL, 6396.
MARAT, 6250, 6257, 8516.
MARCHAL DE SANSAY, 6324, 6573.
MARCHAND, 5658.
MARCHANT DE GOMICOURT, 11871.
MARCILLAC (L. F. G. de), 9848.
MARCILLAC (M. de), 6679.
MARCLAND (Dom), 6713 à 6717.
MARCOTTE (J.), 7437.
MARCOTTE (J. B. S.), 9879, 9881.
MARCOTTE (Th.), 6452.
MARCOURT, 9815.
MARESCHAL, 3883.
MARESSAL (C. L.), 9849.
MARESSAL (J.-B.), 5821.
MARESSAL DE LA HOUSSOYE, 7537, 7538.
MARESSAL DE MIRAUMONT, 9849.
MARESSEL, 5593.
MAREST, 7730.
MARETS (Ch. des), 11872.
MAREUIL, famille, 10641.
MARGUERIE, 7536, 10043.
MARGUERITE (Sᵗᵉ), 5878.
MARGUERY, 7299.
MARIE DES ANGES (Sʳ), 11873.
MARIÉ, 9794, 9830, 9850.
MARISSAL, 4902.
MARLE (Ch. de), 9647.
MARLIÉ, 1288.
MARMINIA, 8324.
MARMION, 11874, 11875.
MAROTTE, 11876.
MARTEAU, 4593.
MARTEL, 7663.
MARTIN (Sᵗ), 3891 à 3895, 4072, 10322.
MARTIN (l'abbé), 6648.
MARTIN (A. et P.), 5647.
MARTIN (G.), 9851.
MARTIN (J.), 9366, 9852.
MARTIN (J. L.), 9474.
MARTIN (Jʰ), 5024.
MARTIN (M), 9919.
MARTIN (le P.), 3964, 3966.
MARTIN (V. H.), 9340.
MARTINE, 9560.
MARTINEAU, 5561 à 5563.
MASSE, 3377.
MASSE de Combles, 10708.
MASSENET, 3906, 3907.
MASSET (F.), 2235, 7769, 9893.
MASSET (N.), 9853.
MASSEY, 3550 à 3554.
MASSON, 3837, 4046.
MASSON DE MAISONROUGE, 9416.
MASSUE, famille, 10641.

Massue (J.), 11877.
Mathieu, 11878.
Mathon, 11879.
Matiffas, famille, 10641.
Matiffas (J. F. de), 9859.
Matignon (El. de), 4179, 4180, 4182.
Matignon (J. de), 8006, 8008, 8009.
Mauconduit, 9918.
Mauduit, 9882.
Mauguille (S^t), 10323, 10324.
Maurice (S^t), 3897.
Mauroy, 8866, 8869, 8870.
Mautort. Voir Tillette.
Mauvoisin (A.), 7112.
Mauvoisin (A. et M.), 9612.
Mauvoisin (dom de), 6713 à 6715.
Mayenne (le duc de), 678, 681, 682, 2783, 5396.
Maynon d'Invau, 965, 1072, 1164, 1165, 1168, 2233, 4932, 5906, 6576, 8030.
Mazarin, 2871, 5480, 5484, 7899, 8731, 11678.
Mazure (G.), 9975.
Mazure (P.), 9696.
Meaux (J. de), 8342, 8343.
Médard (S^t), 8089, 8598, 8599.
Mége, 4110 à 4112.
Mélange, 5845.
Mellan (Cl.), 11881 à 11888.
Mellan (Ph.), 11889.
Melun (les d^{elles} de), 7506, 9328, 9454.
Melun (M. T. F. de), 9581.
Melun (le Cte de), 6128.
Melun d'Epinois (de), 6676, 7573, 9328.
Ménager ou Mesnager, 9320, 9373, 9889, 9870.
Menguay, 3500.
Menjot, 8265, 8266.
Mercher, 8461.
Mercier, d'Amiens, 3333.
Mercier, instituteur, 3377.
Mercier (MM.), 9524, 9525, 9872.
Merdieux, 7299.
Mérélessart, famille, 10641.
Mérélessart (A. de), 9825.
Mesnier, 9082, 9083, 9087.
Mesnil, famille, 10641.
Meunier, 4125, 5240.
Meunier (H.), 9855.
Meurice, 6653, 6654.
Meurice (Cl.), 7024.
Meurice (F., A. et M.), 7299.
Meurice de Cormont, 9443, 9444.
Mézières (de), 3142, 8401.
Mézières (N.), 7543.
Miannay (de), 2024 à 2027.
Michault (C.), 9612.
Michault (F.), 5687, 9924.
Michault (M. T. M.), 7300 à 7302.
Michault (N. et J.), 9468, 9633.

Michault (N. C. et P. F.), 6243, 9856, 9857.
Michault-Aliamet, 6993, 6994.
Michel (C. H.), 10878.
Michel (S^t), 3897, 3898, 8323.
Michon, 11890.
Micquignon, 3817 à 3819.
Midy (B.), 4394.
Midy (le d^r), 8510.
Miger, 5816.
Mignon, 8875.
Mille, 4942.
Millefort (S^t), 10325, 10326.
Milleville (de), 9858.
Millevoye (A.), 11891.
Millevoye (Ch.), 6126, 11892 à 11914.
Millin, 5667, 5668.
Millot, 1327.
Milly, famille, 10795.
Milly (G. de), 2739.
Milon, 8737, 10327.
Mimerel, 3895.
Minotte, 5088.
Mioland (Mgr), 1982, 1984, 1988, 10618.
Modène (le prince de), 5508 à 5513.
Moinet, 3377.
Moisnel, 6207.
Moisnel (les d^{lles}), 9859, 10015.
Moisnel (J.), 6326.
Molé, 9710, 9862.
Molinet, 9553.
Mollien, 11915.
Mollin (du), 11916.
Monchaton (de), 9897.
Monchaux (A.), 9860.
Monchaux (P.), 9410.
Monchy, famille, 10640, 10641, 10796, 10797.
Monchy (An'd. de), 9628.
Monchy (A. R. de), 8258, 8259.
Monchy (B. A. de), 6770, 6771.
Monchy (H. et A. N. de), 9505.
Monnchy (J. de), 9218.
Monnchy (J. de), 9709, 9710.
Monchy (M. et G. de), 9671 à 9673, 9707, 9709, 9710, 9862.
Monchy (M. F. A. de), 9861.
Monchy (O. de), 9216.
Monchy de Cavron (Ch. de), 8036, 8037.
Monchy-Hocquincourt (Ch. de), 644, 718, 8731 à 8733, 9669 à 9673, 9705 à 9711, 9828, 10797, 11678 à 11681.
Monchy-Hocquincourt (L.-E. de), 9711 à 9713.
Monchy-Hocquincourt (M. T. de), 9711 à 9713.
Mondejux (de), 7955.
Monestay-Chazeron (de), 9225, 9231, 9232.
Monmert, 3551.

Monnet de Bazentin (du), 9609, 9610.
Mons d'Hédicourt (de). Voir Demons.
Monstrelet (Eng. de), 6593.
Montagnac (de), 9717.
Montaigle (de), 9228 à 9230.
Montalembert (de), 3639.
Montaut (de), 8866, 8869.
Montbazon (de), 5408.
Montbise (de), 1017.
Montdidier (les C^{tes} de), 10798.
Montebenne (de), 8036 à 8038.
Montebise (de), 6612.
Montgomery (de), 8912.
Monthomer, famille, 10641.
Montmignon (de), 7363, 7364.
Montmorency (les), 4619, 5957, 6012, 7293, 8946.
Morand, 9863.
Morangis (de), 8552.
Morainville (l'abbé), 11917.
Moreau (C.), 3376.
Moreau (Ch.), 5265 à 5269.
Moreau (Et.), 7956.
Moreau, de Long, 2505, 7304.
Moreaux, 5194.
Morel, famille, 10641.
Morel (An.), 5919.
Morel (Ant.), 1316.
Morel (G.), 9859.
Morel (H.), 2170.
Morel (L.), 9105, 9106.
Morel (M.), 9320, 9869, 9870, 9963.
Morel (M. J.), 9963.
Morel (M. V.), 9962.
Morel (Mlle), 9391, 9864 à 9866, 9884.
Morel (P. A.), 8987.
Morel, tanneur, 5020.
Morel (T. M.), 9864.
Morel (V.), 11918.
Morel-Cornet, 11919.
Morel de Bécordel, 9753.
Morel de Campanelle, 11920.
Morel de Foucaucourt, 9071, 9320, 9373, 9575, 9799, 9869, 9870.
Morel d'Hébécourt, 9575.
Morel d'Hérival, 9961, 9962.
Morel de Quennezy, 9320, 9373, 9869, 9870.
Morel du Tronquoy, 9869, 9870.
Moreuil, famille, 10640, 10799, 10800.
Moreuil (B. de), 5666, 10800.
Moreuil de Caumesnil, 9931.
Morgan, 2948, 3222.
Morgan J.-B.), 4538 à 4544.
Morgan (M.), 9763.
Morgan (M. J.), 9956.
Morgan de Belloy, 1128.
Morgan de Frucourt, 5197, 5200, 6204.

Morgan de Maricourt, 9524, 9525, 9872.
Morgand (l'abbé), 11921.
Morillon, 1298.
Morlet, 8569.
Morlière, 8877.
Morin (L. J. P.), 1338.
Morin (S.), 9873.
Mornay de Montchevreuil, 5934.
Mortagne, 1321.
Mortier, 1297.
Morviller, 3377.
Morvillers, 1303.
Morvilliers, famille, 10641.
Morvilliers (P. de), 2758.
Mory (Cte de), 8394.
Motte de Ville, famille, 10641.
Mouchard, 5236.
Mouchard, 6614.
Mouchy (Fr. de), 8909.
Mouchy (P. de), 11922.
Moucquet, 9919.
Moullart-Sanson, 11923.
Mouret (G.), 9729.
Mouret (H.), 4989.
Mouret, tanneur, 5020.
Mouret d'Armancourt, 10013.
Mourette, 10801.
Moy (Ch. de), 5263.
Moy (A. N. de), 9874.
Moyenneville (de), 5552.
Moyenneville (M. H. et F. E.), 4229, 4247.
Muraine, 9362, 9875.
Murat, 2996.
Muret (du), 9925.
— Mus (de), 9876, 9877.
Musnier, 9618.
Mussard, 8615 à 8617.
Mutino 4935.

N

Nacart, 9636, 9739, 9740, 9772, 9878 à 9881.
Naillon, 11924, 11925.
Nantouillet (de), 7248.
Napoléon I, 649, 772, 1759, 1762, 1763, 1766, 1769, 1771 à 1775, 1779 à 1783, 1785 à 1791, 1793, 1794, 3001 à 3003, 7311.
Napoléon III, 3057, 3066 à 3068, 3074, 3075.
Nassau-Saarbruck, 9999.
Natin (dom), 7250, 7251.
Navier, 8862, 8863.
Nemours (la d^{esse} de), 8005, 8008, 8010.
Nerlande, 3758.
Nerville (de), 9882.
Nesle, famille, 10802.
Nesle (J. de), 527.
Nesle (J. de), 9240.

NESLE (Jean de), 384.
NESLE (les marquis de), 1379 à 1383, 9205.
NESLE (Perrot de), 11927.
NESLE (Raoul de), 11928.
NESLE (Simon de), 11929.
NEU, 5645.
NEUFLIEU (de), 9147 à 9149.
NEUVILLE (le baron de), 8070.
NEUVILLE (L^s de), 7984 à 7986.
NICOLAS (S^t), 3898 bis à 3903, 8421.
NICOLSON, 11930.
NIQUET, 2385.
NIQUET (l'abbé), 5706.
NITHART, 10095 à 10097, 11931 à 11933.
NOAILLES (le Cte de), 5196.
NOBESCOURT, 8866, 8867, 8870.
NOEL (Fr.), 7454, 7919.
NOEL (la Mère), 11934.
NORBERT (S^t), 4301.
NORMAND, 11935, 11936.
NOSTRY, 1284.
NOUETTE, 8887, 8888.
NOUVEAU (de), 1007, 1008.
NOYEL, 4608.
NOZO, 4140 à 4145, 9699, 11937.
NYON, 5556, 5557.

O

OBISSAC, 5816.
OBJOIS, 9883.
OBRÉ, 1301.
OBRY (J.-B.), 7372, 7378, 7380.
OBRY (J.), 9925.
OBRY (L.), 5382.
OBRY (Nicole), 3692, 3696.
OBRY, la veuve, 9613, 9614, 9806.
ODON, 5458, 5459.
ODOYER, 9497.
OEULLIOT, 9865, 9866, 9884.
OFFOY, famille, 10641.
OGER (Ch.), 3803, 3804.
OGER (veuve), 1307.
OGERDIAS (d'), 3848 à 3851.
OGIER, 3222.
OLER, 9884.
OLIVIER, 958.
OMER (S^t), 8429, 8430.
ORLÉANS (les ducs d'), 698, 699, 703, 6147, 7373, 7374, 7376, 7377.
ORVAL (le Cte d'), 5325.
OSENNE, 9965.
OSMONT, 8866, 8869.
OTTISIER, 7439.
OUBREL, 12187.
OUEN (S^t), 8380.
OUIN (Aug.), 7866.

OUTREQUIN, 11938.
OZENNE, cons. d'état, 5096, 6973.
OZENNE (Ch.), 11939.
OZENNE (J.), 8424 à 8427, 9084 à 9097.

P

PADÉ (l'abbé), 11940 à 11942.
PAGÈS, 11943.
PAILLART (l'abé), 11944.
PAILLET, 8536.
PAILLYART, 9526.
PALYART (H.), 3893 à 3895.
PALYART (J.), 4914.
PALYART D'AUBIGNY, 5534 à 5537.
PANNE DE VILLEVIELLE, 5602.
PANNEQUIN, 8595.
PANNIER, 11945, 11946.
PAPELART, 8536, 8537.
PAPILLON DE LA GRANGE, 9704.
PAPIN (la veuve), 5599.
PAPIN (W.), 9441.
PAPIN DE CAUMESNIL, 7378, 7379.
PARENT, 9659.
PARIS (Ch.), 9018, 9019.
PARIS (le diacre), 6194, 6196.
PARIS (U. J. de), 4125, 5240, 5961, 8110, 8111.
PARIS (le président), 8005.
PARISOT, 9624.
PARMENTIER (d'Amiens), 3077.
PARMENTIER (Ant. Aug.), 8188, 11947 à 11990
PARMENTIER (F.), 9933.
PARS (de-, 9820.
PARTHENAY (de), 8887.
PARVILLERS (Adr. de), 11991.
PAS DE FEUQUIÈRES, 9711 à 9713.
PASCHAL (Ch.), 11992.
PASCHASE RADBERT. VOIR RADBERT.
PASQUIER, 1258, 1259.
PASSAGE, famille, 10803, 10804.
PASSAGE (J. du), 9417.
PATIN, 4515.
PATROCLE DE THOISY, 9624.
PATTE (F.), 5816.
PATTE (Fl.), 8511.
PATTE (P.), 8602.
PATU DE HAUTCHAMPS, 9886.
PATY, 9887.
PAUBON, 8878.
PAVIE (de), 3883, 3884.
PAYEN (A. M.), 9888.
PAYEN (M.), 9927.
PAZZY, 9343.
PÉCOUL (Cl., F. et L.), 9889, 9890.
PÉCOUL (L.), 3959, 3960.

— 593 —

Pecquerel, 9585.
Pecquet, 4204.
Pécry, 9551, 9891.
Pelletier, 7672.
Pellevé (le C^{al} de), 10562, 10563.
Pelsé, 1305.
Peltier, 11993, 11994.
Peltier, 5532.
Perache, 9639.
Perdereau, 8876.
Perdrier, 9341.
Perdu (l'abbé), 11995.
Perdu (C. et L.), 9725, 9726.
Perdu (P.), 9847.
Pernelle, 10041, 10042.
Péronne, famille, 10641.
Péronne (Gauthier de), 9012.
Péronne (Geoffroy de), 11996, 11997.
Péronne (Robert de), 9078.
Pérot, 1327.
Perrée, 10854, 11998.
Pertain (de), 11999.
Pesnel, 7330.
Petit (Ant.), 3135, 3269.
Petit (Aub.), 9892.
Petit (Cl.), 4977.
Petit, chanoine, 12002.
Petit (J.), 4409, 8032, 9893, 9894, 9943.
Petit (Jean), 3722.
Petit (Joseph), 6664 à 6666.
Petit (F.), 3174, 4635.
Petit (L.), 4978.
Petit (L. J.), 5816.
Petit (P.), 5539.
Petit (P. F.), 9520, 9521.
Petit, voleur, 12000, 12001.
Pétré, 9693, 9694.
Pezé (C.), 8792.
Pezé (M. et L.), 9895.
Pfaffenhofen, 7642, 12003, 12004.
Phélippes (de), 10641.
Philippe, 3377.
Philippe-Auguste, 542, 653 à 655, 2734, 2736, 5392, 5393, 7887, 8145, 8146, 8482, 8683, 8684, 8686, 8999, 9013, 9199.
Philippe le Bel, 866, 2740, 5670.
Philippe de Valois, 1369, 2741, 6133, 7750.
Philippe le Bon, 388, 390, 6592. Voir Bourgogne.
Piauchelles, 2170.
Picard (A. et L.), 3758.
Picard (C.), 12005.
Picard (N.), 8320, 8321.
Picault, 1325.
Picavet, 9896, 9990, 9991.

Pichon (le P.), 2015.
Picot (le général), 12006.
Picot, graveur, 12007, 12008.
Picot (L. J.), 7036.
Picot (les s^r et d^e), 9737, 9897.
Picquet (Adr.), 1196.
Picquet (Adr.), 9771.
Picquet (Ant.), 3720.
Picquet (Ant.), 7495.
Picquet de Belloy, (Cl. et J.), 3274, 5835 à 5840.
Picquet de Belloy (J.), 9592, 9915.
Picquet d'Esgument, 9839.
Picquet de Noyaucourt, 3800.
Picquigny, famille, 10641.
Picquigny (Bernardin de), 12009, 12010.
Picquigny (Jean de), 5782.
Pie VI, 6260, 6888.
Pieffort, famille, 10708.
Pieffort (F. F.), 9898.
Piennes (J. de), 9967.
Piérard, 87.
Pierre, moine, 8928.
Pierre (St), 3904 à 3907.
Pierre l'Ermite, 3049, 3052 à 3057, 12011 à 12049.
Pierresson (de), 3720.
Pignatelly, 8081.
Pigny, 9408, 9899.
Pigou, 5022.
Pilastre, famille, 10804 bis.
Pilastre, 7732.
Pilavaine, 644, 12050.
Piles, 7719.
Pillain, 9000.
Pillavoine, 916.
Pillart, 2227, 2228.
Pillé, 4245.
Pillon, 12051.
Pilon, 5248 à 5253.
Pinard, 12052.
Pincepré de Buire, 8651, 8910.
Pingré, famille, 10641.
Pingré (Ad.), 9921.
Pingré (A. G.), 12053.
Pingré (Ant.), 8265, 8266.
Pingré (Aug.), 9962.
Pingré (J. B.), 3918.
Pingré (L. P. J.), 9864.
Pingré (L. A., A. et J.), 9903 à 9905.
Pingré (L. C.), 5239, 5924 à 5927, 7558.
Pingré (M. G.), 4211.
Pingré (N.), 9868.
Pingré (V. P.), 8068, 9900 à 9904.
Pingré d'Ambreville, 9900 à 9906.

75

— 594 —

PINGRÉ DE FOUCAUCOURT, 9722.
PINGRÉ DE FRICAMPS, 9005, 9006, 9905, 9906.
PINGRÉ DE FRICOURT, 9339, 9907 à 9909.
PINGRÉ DE GUIMICOURT, 9908, 9909.
PINGRÉ DE SOURDON, 7558, 9602, 9603, 9910 à 9913.
PINGUET (Ch.), 9472, 9474.
PINGUET (Louis), 9895.
PINON (dom), 8251, 8252.
PINTIAU, 9529, 9530, 9914.
PIOLENC (de), 5843.
PIQUET, 8391.
PIRON, 1306.
PISSELEU, famille, 10641, 10805.
PISSELEU (A. de), 5630.
PISSELEU (Fr. de), 1519.
PISSELEU (Fr. de), 5561, 5563.
PISSON, 8321.
PISSY (le marquis de), 12054.
PISSY (R. de), 6045.
PITT (Mlle), 6721.
PLANCHON, 4635.
PLANTARD (F.), 12055.
PLANTARD (O.), 9916.
PLANTARD-FLIBEAUCOURT, 9917.
PLANTARD-LAUCOURT, 9917.
PLÉ (M. et J.), 8032.
PLÉ (P.), 3545.
PLÉARD, 3845.
PLESSARD, 6979, 7075.
PLESSIER DE CERTEMONT (du), 8450, 8451.
PLESSIER DE FONCHETTE (du), 8450.
PLESSIER DE FRANSART (du), 8450 à 8452.
PLESSIER D'HATTENCOURT (du), 8450.
PLESSIS-BELLIÈRE (J. C. du), 8370, 8437.
PLESSIS-BELLIÈRE, (le Marquis du), 718.
PLESSIS-BELLIÈRE (la M^{ise} du), 8368.
PLEYART, 5821.
PLUNKETT, 8866, 8869, 8870.
POCHONNET, 9261.
POETES, 1333.
POIGNANT, 3962.
POILLY (J et G.), 9668, 9918. VOIR DEPOILLY.
POIRÉ (A. et J.), 5543.
POIRÉ (C. L.), 9650.
POISSANT (Th.), 12056, 12057.
POISSY (de), 3208.
POIX, famille. VOIR TYREL.
POIX (L. de), 12058.
POIX-CRÉQUY, famille, 10640, 10641, 10806 à 10809.
POLIGNAC (le C^{al} d'e), 5419, 5421, 5422, 5533.
POLINIER, 9220.
POLLARD, 8092.
POLLEUX, 5693.
POMPONNE (l'abbé de), 5020.

PONCEAU (de), 9188.
PONCET, 8852, 8555.
PONCHART, 9120.
PONCHENEUX, 9919.
PONCHES (Gui de), 6043.
PONGERVILLE (de), 12059 à 12067.
PONS (la M^{ise} de), 5836, 5837.
PONSSEMOTHE DE L'ETOILE, 10507, 10508.
PONTHIEU, (les comtes de), 627, 6006, 6009, 6031, 6032, 6034 à 6048, 10810, 10812.
PONTHIEU (Adèle de), 514 à 518, 522, 523, 526, 549, 555, 588, 6034.
PONTHIEU (Guy I, Cte d'e), 6031, 6032.
PONTHIEU (Guillaume, Cte de), 6035, 6036, 6040, 6041, 7887.
PONTHIEU (Jean, Cte de), 6131. VOIR NESLE.
PONTHIEU (Jeanne, Ctesse de), 5686, 7652.
PONTHIEU (Marie, Comtesse de), 6037, 6040 à 6042, 6044.
PONTHIEU, famille, 10641.
PONTHIEU (P. F. de), 7550, 7551, 9747.
PONTHIEU (R.), 8299.
PONTHIEU DE POPINCOURT, 7342, 7343, 9920.
PONTOIS, 8202.
PONTREUÉ (de), 8024, 9921.
PORCHER, 3537.
PORCHEZ (Mgr), 12068 à 12070.
PORION, député, 12071.
PORION, général, 782.
PORTELANCE (de), 9922, 9923.
PORTIER, 3812.
POSTEL (A. N.), 5816.
POSTEL (F.), 9104 à 9106.
POSTEL (M. M.), 9592, 9915.
POTEL, 5924.
POUJOL, 3277, 3328, 3473.
POULAIN, 7663.
POULET, 5822 à 5824.
POULLET, 8564.
POULTIER (Al.), 12073.
POULTIER (Fr.), 9924.
POULTIER (J.-B.), 12073.
POULTIER (P.), 9925.
POULTIER (W.), 9926, 10026.
POURCHEL, 8388, 8389.
POURFOUR, 9927.
PRAROND (Er.), 10878, 12074 à 12079.
PRESTO (J.), 8615 à 8617.
PREVOST (G. F.), 9253.
PRÉVOST (J. H.), 7438, 7439.
PREVOST (J. J.), 5029, 7040.
PRÉVOST (P.), 6473.
PRÉVOST D'ARLINCOURT, 10813.
PREVOST DE MIRONCOURT, 7906, 7907, 7910, 7911, 7913, 7914.
PRÉVOST DE MONTAUBERT, 9928.
PRÉVOST DE RICARVILLE, 7911.

— 595 —

Prévot, 9835.
Prez, 2470.
Priez, 7491, 7492.
Priez d'Hattenville, 9593, 9929.
Pringuet, 5600.
Prosnier, 9261.
Prouillet, 8606.
Proulle, 8606.
Prouville (de), 2851, 2852.
Pruvost, 9570.
Puaux, 3926 à 3928.
Pucelle, 740, 9411.
Puille (de), 3837.
Puginier, 8460, 8621.

Q

Qaurré-Devillers, 9714.
Quenescourt, 8618, 9321.
Quenescourt (Ch. A.), 9646.
Quesnier, 9625.
Quentin (N.), 5816.
Quentin (St), 7370, 9044.
Querrieux, 10641. Voir Gaudechart.
Quesnel, famille, 10641.
Quesnoy (du), 9931.
Quevauvillers, 9606.
Quiéret, famille, 10640, 10642, 10814 à 10816.
Quignon (I. et A.), 7040.
Quignon (J.), 3212, 3217.
Quignon (Joseph), 9526.
Quillet, 490.

R

Rabache (F.), 8862, 8863.
Rabache (J. de), 12080.
Rabouille, 12081.
Racine, 4696.
Racine (V.), 1324.
Radbert (Paschase), 5274, 10328 à 10346.
Radde (de), 9619.
Radegonde (Ste), 9198.
Rafeneau de l'Isle, 8866, 8869, 8870.
Raincheval, 8054.
Raineval, famille, 10640, 10641, 10817.
Raismes (l'abbé de), 10855, 12082.
Rallu (Mlle), 12083.
Rambure, 9679.
Rambures, famille, 10640, 10818 à 10824.
Rambures (les sires de), 6012, 7898, 9932, 12084 à 12088.
Rambures (Ad. de), 12089, 12090.
Rampolla (le C^{al}) 8368.
Randoing, 6331, 12091, 12091 bis.
Randin, 9873.

Randon, 4176.
Ratel, 415.
Ratramme, 12092 à 12098.
Raucourt (le S^r de), 8092.
Raure (A. de), 4175.
Ravin, d'Amiens, 3537.
Ravin (le D^r), 12099, 12100.
Ray (Oct. de), 6421, 9933.
Ray ou Rey de Soupat (de), 5369 à 5371, 5934.
Rayès, 5379.
Rebillard, 5816.
Rédé, 4923.
Régnier, 3539.
Rembert (St), 10127.
Remiencourt, famille, 10640.
Remy (St), 953, 3835, 3860, 3908 à 3920.
Renard (Ch.), 9837.
Renard (J.), 5543.
Renard (Ph.), 4908.
Renard d'Orville, 12101.
Renaud, d'Amiens, 2736.
Renaud (M. T. et F.), 7427.
Renauld, Cte de Boulogne, 6037.
Renou, 11980.
Renouard (J. J. H.), 3870 à 3872.
Renouard (Mgr), 12102.
Renouard de la Chaussée, 4255.
Retel, 9954.
Reveillois, 4223.
Reynard (l'abbé), 12103.
Reynard (Ch.), 12187.
Reynard (P.-F.), 12104.
Rethel le Jeune, 5658.
Ribault, 7580.
Riberac (Mme de), 4100.
Ricard (F.), 9935, 12105.
Ricard (M.-A.), 5245.
Ricard (P.), 1009.
Richard (L.), 9937.
Richard d'Aubigny, 9936.
Richelieu (d^{esse} de), 5639, 5648.
Ricot, 9414.
Ricouart, 6691.
Ricquebourg, 9938.
Ricquier, 7034.
Ridoux (M.-J.), 9520, 9521, 9894.
Ridoux (M.-V.-F.-C.), 12106.
Riencourt, famille, 10641, 10652, 10825, 10826.
Riencourt (A.-H.-O. de), 12109.
Riencourt (l'abbé de), 12108.
Riencourt (le c^{te} d'e), 12107.
Riencourt (J.-R.-A. de), 9929.
Riencourt d'Orival (B.-Y. de), 4194.
Riencourt d'Orival (J.-A. de), 5649 à 5651.
Riencourt de Vaux (F.), 5716.
Rieux (M.-A. de), 9524, 9525, 9872.

RIFLARD, 1296.
RIGAUD, 8606.
RIGEL, 9686.
RIGOLLOT (le Dr), 12110 à 12116.
RINCHEVAL (J. de), 4990.
RINGARD (J.), 9940.
RINGARD (J.-C. et A.), 7427, 7429.
RINGARD (P.-F.), 9941.
RINGOIS, 6290, 12117 à 12120.
RINGOT, 9942.
RIOLAN, 12121 à 12124.
RIOU, 5219.
RIQUEBOURG, 8439.
RIQUIER (J.-B.-G.), 12125.
RIQUIER (L.), 5816.
RIQUIER (St), 10347 à 10359.
RITHBERT (St), 10397.
RIVERY (J. de), 9769, 9770.
RIVET, 9943.
RIVILLON, 6321.
ROBART (Alex.), 10855.
ROBART (Amb.), 9062.
ROBART (El.), 9449.
ROBBE, 12126.
ROBELIN, 9876.
ROBERT, roi, 5462.
ROBERT (M.-E), 4189.
ROBERT DE BEAUMETZ, 8934.
ROBILLARD, 9944.
ROBIOU (de), 9814.
ROBLOT, 3893 à 3895.
ROCH (St), 5690, 5878, 7417.
ROCHE DE FRANSSU, 9945 à 9947.
ROCHON, 5599.
ROCOURT, 3546.
ROGEAU, 3867.
ROGER (F.), 5245.
ROGER (Fer.), 9475.
ROGER (J.), 7174.
ROGER (M.-C.-C.), 9692.
ROGER (M.-F.), 5934.
ROGER (M.-M.), 4212.
ROGERIE, 9151.
ROHART, 8294, 8295.
ROHAULT, l'abbé, 6224.
ROHAULT (Ant.), 6170.
ROHAULT (Ch.), 7483, 9638, 9948, 9949.
ROHAULT (G.), 10015.
ROHAULT (H.), 9702.
ROHAULT ou ROHAUT (J.), 9950 à 9952, 12127 à 12134.
ROLAND, 7363, 7364.
ROLLAND (le Cal) 10557.
ROLLET, 3546.
RONCHEROLLES (de), 7293.
RONJARD, 5000.

RONTY, 9620.
RORIC, 3930.
ROTHELIN (de), 9647.
ROTTENBOURG (de), 8424 à 8426.
ROUAULT. VOIR GAMACHES.
ROUBAULT, 12136.
ROUCY, famille, 10798, 10827, 10828.
ROUCY (de), 12137, 12138.
ROUCY (C.-F.), 8031.
ROUGEAT (de), 7724.
ROUGEMAS, 9954.
ROUILLARD, 9289.
ROUILLÉ, 8602.
ROUILLÉ (la desse de), 5905.
ROUJAULT, 5669.
ROULÉ, 8535.
ROUSSÈ (de), 8887.
ROUSSEAU (J.-B.), 4684.
ROUSSEAU (J.-J.), 8516.
ROUSSEAU (M.), 9653.
ROUSSEAUX (E.), 12139.
ROUSSEL (Ad.), 8080.
ROUSSEL (Amb. de), 9955.
ROUSSEL (Ant.), 1302, 1303.
ROUSSEL, conseiller, 7544, 7545.
ROUSSEL (Fr.), 7868.
ROUSSEL (J.-B.), 1322.
ROUSSEL (J.-C. et L.), 9957.
ROUSSEL (L.), 8564.
ROUSSEL (L.-R.), 5213 à 5215.
ROUSSEL (M.-L. de), 10026.
ROUSSEL (N.-L.), 3848.
ROUSSEL (P.-A.), 9958, 9976.
ROUSSEL (P.-J.), 1337.
ROUSSEL DE BELLOY, 5639, 9956, 9964.
ROUTIER, 12140.
ROUTIER (A.), 8090.
ROUTIER (C.), 9939.
ROUTIER (F.), 9310.
ROUTIER (M.-C.), 7558.
ROUTIER DE BERNAPRÉ, 5723.
ROUVILLAIN, 812, 9998.
ROUX, 7500.
ROUZÉ, 8587, 8588.
ROYE, famille, 10640, 10641, 10652, 10827 à 10833.
ROYE (Barthelemy de), 10830, 12141.
ROYE (Eléonore de), 12142.
ROYE (Guy de), 12143, 12144.
ROYE (Nicolas de), 12145.
ROYE DE WICHEN, famille, 10832, 10833.
ROYON (du), 8299.
RUE, (D. de la), 12146.
RUIN, 8034.
RULLOT, 3377.
RUMAULT (l'abbé), 12147.

RUMAULT (N.-J.-F.), 9961, 9962.
RUMET (A.-C.), 9471 à 9474.
RUMET (L.), 11789.
RUVIGNY (de), 8326 à 8328.

S

SABATIER (Mgr), 3685, 3806 à 3811, 6898, 8064, 8354, 10507, 10508, 10588 à 10595.
SABINEIUS, 12148.
SABINET, 8866, 8869, 8870.
SABLÉ (le m^{is} de), 7484.
SACHY (A. de), 4614.
SACHY (F. de), 8396 à 8400.
SACHY (G. de), 3135, 5005.
SACHY (J. de), 3803, 3804.
SACHY (J.-B. de), 9963.
SACHY (J.-B. et P. de), 9320.
SACHY (P.-F.-M. de), 9964.
SACHY DE BELLIVEUX (de), 5275.
SACOMBE, 10943, 10944.
SACQUESPÉE (Ch. de), 7293, 9787.
SACQUESPÉE (F. de), 8258, 8259.
SACQUESPÉE (M. de), 9668.
SACQUESPÉE (L. de), 7293.
SACQUESPÉE (P.-D. de), 5543, 5544.
SAGNIER (F.), 5698 à 5700.
SAGNIER (Fer.), 6641 à 6644.
SAILLY (le m^{is} de), 4079.
SAINT-AMOUR (G. de), 10881.
SAINT-BLIMONT (Cl. de), 9734.
SAINT-BLIMONT (F. et A. de), 7615, 7616.
SAINT-BLIMONT (H. de), 7479.
SAINT-BLIMONT (le m^{is} de), 9965.
SAINT-DELYZ, famille, 10834, 10835.
SAINT-DELYZ (J.), 8016.
SAINT-DELYZ (J. et C. de), 2767, 5988, 5990, 5993, 5995.
SAINT-ÉTIENNE (J. de), 10012.
SAINT-ETIENNE (P.), 6422.
SAINT-FARGEAU (Mme de), 7316.
SAINT-GELAIS (U. de), 2788.
SAINT-GERMAIN (de), 7369.
SAINT-JEAN (L. de), 8163, 8164.
SAINT-JULIEN (Ch. de), 9966.
SAINT-POL (les c^{tes} de), 2786.
SAINT-POL (Th. de), 5543, 5544.
SAINT-PREUIL, 568, 708, 2865 à 2870.
SAINT-SIMON (de), 1379 à 1383, 9185, 9186.
SAINT-SOUPLET (de), 4183.
SAINT-SULPICE-CROCQUOISON (de), 5739.
SAINT-VAAST (de), 9290.
SAINT-VAAST (Fr.-M. de), 4243.
SAINT-VALERY (Bernard de), 6034.
SAINT-VALERY (Renaud de), 6034.
SAINT-VALERY (Thomas de), 6036, 6038, 6039.

SAINTOT (do), 4518.
SAISSAC (de), 3452.
SAISSEVAL, famille, 10641.
SAISSEVAL (Cl. de), 7557, 9967.
SAISSEVAL (L.-F.-M. de), 9968.
SAISSEVAL (N. de), 7916, 7922.
SALADIN, 3331, 12149, 12150.
SALINIS (Mgr de), 1552, 1991, 10619 à 10622.
SALLE (Jean de la), 12151.
SALLE, 9969.
SALLENGROS, 2141.
SALVE (S^t), 3660, 3672, 10495, 10522 à 10526.
SALVE D'AGUILLERI (de), 8866, 8867, 8869, 8870.
SANNIER, 6661.
SANSON, famille, 10642, 10836.
SANSON, 764.
SANSON (Fr.), 9970.
SANSON (G.), 12152.
SANSON (J., dit le P. Ignace), 12153.
SANSON (J.-L. et M.-L.), 9748, 9749.
SANSON (N.), géographe, 12154 à 12156.
SANSON (N.), conseiller, 9971.
SANSON (R.), 7557.
SARCUS (L.-M. de), 5934.
SARRETTE, 11769.
SARTORIS, 2175, 2176, 2179, 2182 à 2185, 2189 à 2191.
SAULMONT, 7866.
SAUTEREAU, 5706.
SAUVAGE (Fl.-S.), 9831, 9843.
SAUVAGE (Fr.), 11201.
SAUVAGE (M.), 4614.
SAUVAGEON, 9448, 9449, 9589, 9590, 9972.
SAUVALLE, 5088.
SAVEUSE (Ch. de), 12157.
SAVEUSE (la d^e de), 5984.
SAVEUSE (Fr. de), 8020.
SAVEUSE (P. et M. de), 9701.
SAVEUSE (Ph., M. et F. de), 4166, 5534, 5536, 5537.
SAVOIE (le p^{ce} Ph. de), 5418, 5490, 8099.
SAVOIE-CARIGNAN (les princes de), 8390.
SCELLIER, 8257.
SCELLIER (J.-B.-H.), 9813.
SCHULLEMBERG (la m^{ais} de), 12158.
SCHULLEMBERG (le m^{ai} de), 7955, 7958, 7959.
SCRIBE (l'abbé), 12159.
SCRIBE (L.), 9973.
SCRIBE (M.), 8034.
SÉGARD, 9892.
SÉGUR (le c^{te} de), 1109.
SEILLIER, 1319.
SÉJOURNÉ, 4976.
SELLIER (J.), 12160.
SELLIER (J.-C.), 3212, 3217.
SELLIER (le P. L.), 12161.

Sellier, repr. du peuple, 3165.
Sellier (la veuve), 7031.
Selot, 7381.
Sempy, 9858.
Senarpont (le m⁹ de), 5750.
Sené, 9974.
Sénéca, 2356.
Sénéchal, 12162.
Sénonville (de), 7255.
Seraigne (la d⁹ de), 3423 à 3447.
Serant ou Serrant, 951, 952, 9876, 9877.
Seret, 9975.
Séricourt d'Esclainvillers (Ch.-T. de), 8304, 8305, 8308, 8309, 8325, 8401, 9600 à 9608, 9840, 9910 à 9913.
Séricourt d'Esclainvillers (M.-M. de), 8326 à 8328, 9837, 11847.
Serpette, 8866, 8869.
Sevault l'ainé, 7007, 9501 à 9504, 9704, 9776 à 9780.
Séverin (Sᵗ), 7418.
Sevold (Sᵗ), 10397.
Siffait, 9668.
Sillingy (la baronne de), 10209.
Silly de Louvigny, 6119, 6609, 6613, 6616.
Simon, év. de Noyon, 9061.
Simon (le monétaire), 391.
Simon (P.), 7494.
Simon, Cᵗᵉ d'Amiens, 12164, 12165.
Simon de Clais, 12166.
Simon de Dommartin, 6037, 6040, 6044 à 6047.
Simon de Gonsans, 10550.
Simon I de Vermandois, 8596.
Simonet, 7550, 7551, 9947.
Sohier, 4509.
Solente (l'abbé), 12167.
Solente (sœur), 4256.
Solignac, 8866, 8868.
Solimont, 3568.
Sombret-Guillebert, 9564, 9896, 9981 à 9993.
Souard, 7414.
Souich (du), 12168.
Souillart, 1316, 8987.
Soulas (A. de), 9316.
Soulas (J.), 5722.
Souscany, 8737.
Soyecourt (les Sgrs de), 3837, 5530, 8437, 8455, 10001 à 10005, 10640, 10837, 10841.
Soyecourt (L.-A. de Belleforière de), 9994 à 9999.
Soyecourt (la mère C. de), 12172.
Soyecourt (Fr. de), 12169 à 12171.
Soyecourt (M.-A. de Belleforière de), 9356, 9359, 9360.
Soyecourt (M.-R. et E.-G. de Belleforière de), 8277, 8278, 8418, 8434, 8495, 8496, 8584, 9349 à 9360, 10000, 10005.

Soyer (Ant.), 9227.
Soyer (Chr.), 8606.
Soyer (P.-J.), 4944.
Specht, 10006.
Spuller, 2210.
Stiévenard, 5016.
Sublet, 2860.
Sublet d'Heudicourt, 5306, 8608.
Sueur (Ant.), 7263.
Sueur (B.), 7443.
Sueur (Ch.), 10007.
Sulpice (St), 3921, 3922.
Supplie, 8370.
Sylvius (Fr.), 12173, 12174.
Sylvius (J.), 12175 à 12181.

T

Tabart, 10008.
Tagaut (J.), 12182.
Tagaux, 10009.
Talaman, 8092.
Tandeau de Marsac, 1259.
Tanlay (de), 4708.
Tardieu, 10943.
Tarisel, 12183.
Tartarin, 1301.
Tascher de la Pagerie, 5661, 5856, 5857, 6713 à 6716.
Tassart, 8333 à 8335.
Tattegrain (A.), 7208.
Tattegrain (C.-L.), 8744.
Tattegrain (Fr.), 10876, 12184.
Tattegrain (G.), 12185.
Tattegrain (J.-B.), 9262 à 9265.
Taverne, 9876, 9877.
Tavernier, 3817 à 3819.
Tayot, 10010, 10011.
Tellier (B.), 1339.
Tellier (J.), 10012.
Tellier (J.-B.), 8032.
Ternisien (M.-A.-A. de), 9498.
Ternisien d'Ouville, 10009.
Testar (J.-B.), 7341.
Testard, 8456.
Thélu, de Doullens, 7883, 7884.
Thélu (P.-F.), 8100.
Théofroy (St), 10528 à 10530.
Thérouanne, 5516.
Theudosie (Ste), 3658, 10360 à 10382.
Thibault (Aug.), 8034.
Thibault (P.-N.), 5694, 5695, 10013, 10014.
Thibaut, évêque, 5988, 6034.
Thibert, 9332.
Thierry II, 5449, 5450.
Thierry, évêque, 4035, 4039, 5974.

THIERRY (J.-B.), 8420.
THIERRY DE GENONVILLE, 3135, 4180, 4390, 5218, 5219.
THIMÈCOURT (de), 9355.
THOMAS (Ad.), 9859, 10015, 10016.
THOMAS (A.-C.-G.), 10016.
THOMAS (G.), 5367.
THOMAS DE CANTORBÉRY (St), 7971.
THORY (C. de), 10016.
THORY (Cl.), 8238.
THOUIN, 10017.
THUET, 12187.
THUILLIER, 1334.
THUILLIER (Fr), 5222.
THUILLIER (J.), 5892, 5893.
THUILLIER (J.-B.), 1277.
THUILLIER (L.), 12188.
THUILLIER (M.), 7573.
THUILLIER (M.), 12189.
TIERCE, 8032
TILLETTE (M. C. E.), 10040.
TILLETTE (Matt.), 9619, 10018.
TILLETTE D'ACHEU OU D'ACHÉRI (les), 7547 à 7550, 9474, 9637, 9718.
TILLETTE-BICHECOURT, 9472, 9474, 10019.
TILLETTE DE BUIGNY, 9748, 9749.
TILLETTE DE CLERMONT-TONNERRE, 12190, 12191.
TILLETTE DE LA BOISSIÈRE, 9747.
TILLETTE DE MAUTORT, 10842, 10843, 11880.
TILLOLOY, 12186.
TILLOLOY (C.), 7263.
TILLOLOY (J.-B.), 3212, 3217.
TILLOT, 4135.
TIMBRIEUX (le P. des), 3971, 3972.
TISSIER, 6422.
TOFFIN, 9261.
TONDU, 9936.
TORCHON DE LIHU, 9723.
TOULLET, 9581.
TOURNE, 6713 à 6715.
TOURNELLES (des), 915.
TOURNEMINE (de), 6268.
TOURVILLE (de), 5733.
TRANCART, 9537 à 9542, 9547, 10020.
TRANEL (A.), 1303.
TRANEL (J. P.), 9922, 9923.
TRANNOY, 10021.
TRAULLÉ (Alex.), 10854.
TRAULLÉ, substitut, 9534, 9535, 9564.
TREILLE, 7264.
TREMELET (de), 9343.
TRESCA, 10022.
TRESPAGNE, 12192.
TRIPIER, 6398.
TRONVILLE, 7536, 10043.
TROUVAIN, 12193.

TROUVÉ, 3837.
TRUDAINE, famille, 10844.
TRUDAINE (J. L.), 9701.
TRUMEAU DE LA FOREST, 8865, 8866, 8869, 8870.
TRUQUIN, 12194. —
TUNCQ, 1189.
TURMENYES (de), 5265 à 5268, 5270.
TURPIN (J. F.), 10023.
TURPIN (M. E.), 4201.
TUPIGNY, 9604.
TYREL, famille, 10806, 10807, 10809. VOIR POIX.
TYREL (Gautier), 533.

U

ULLY (d'), 7965, 7968, 7969.
ULPHE (Ste), 4181, 10383 à 10392.
ULTAN (St), 10246, 10393 à 10396.

V

VAAST (St), 8366.
VACOGNE, 7663.
VACONSSIN, 3837.
VACQUETTE, 5483.
VACQUETTE DE FRÉCHENCOURT, 5548 à 5550.
VACQUETTE DE GRIBAUVAL. VOIR GRIBAUVAL.
VACQUETTE DE L'ENCHÈRES, 4187, 4188.
VACQUETTE DE SÉRICOURT, 10025.
VACQUETTE DU CARDONNOY, 7181, 7182, 7866, 9898, 10024, 10025.
VADÉ, 12195 à 12203.
VAGNIEZ-FIQUET, 4656.
VAILLANT (l'abbé), 8248.
VAILLANT (M.-G.), 7040.
VAILLANT, de Péronne, 9604.
VAILLANT DE BOVENT, 10708.
VAILLANT DE CAUMONDEL, 9675, 10845.
VAILLANT DE ROMAINVILLE, 7282 à 7284.
VAILLANT D'YAUCOURT, 7581, 9926, 10026.
VAISSIER, 10014.
VALERY (St), 7744, 10348, 10397 à 10413.
VALINCOURT (de), 12204.
VALINGOT, 10027.
VALLET, 12205.
VALLOIS (Cl. de), 10028, 10029.
VALMALETTE, 5516.
VALPERGUE (de), 8020.
VALZ-MÉJAN, 10030.
VANDEUIL, 10031.
VANENG (St), 10414 à 10417.
VAN ROBAIS (les), 6978 à 6992, 7185, 9833, 9834.
VAN ROBAIS (Arm.), 12206.
VAQUEZ, 9428, 9477, 9562, 9563, 10032.

VARCOLIER, 8088.
VARENNES DE CHAMPFLEURY, 5581, 5583.
VARIN (A. F.), 7379.
VARIN (Q.), 12207 à 12210.
VARLET (A.), 3544.
VARLET DE LA VALLÉE, 10033, 10034.
VASSERVAS ou WASSERVAS (de), 4246, 10035.
VASSEUR, 764.
VASSEUR (Aug.), 1306.
VASSEUR (C.), 644.
VASSEUR (P.), 5593.
VATABLE, 12211 à 12213.
VAUCHELLE (J.-B. de), 5222.
VAUCHELLES (L. de), 5891.
VAUDRICOURT (de), 7373, 7374, 7376, 7377.
VAULT (du), 7472.
VAUQUET, 9916.
VAUTOUR, 10036.
VAYON (J.-A.), 6652, 7175, 7176, 7179.
VAYSON (M.), 6276, 10037 à 10039.
VEISSIER, 5915, 5916.
VENANT, 8606.
VENIER, 1337.
VERDET, 1293.
VERDUN (Fr.), 7208.
VERDUN (N.), 7269, 7270.
VERDUN (N. de), 5330.
VÉRET, 8460.
VERMONT, 9654.
VERRIER, 748.
VERRIER (T.), 8506.
VERRUE (la C^{esse} de), 6469.
VERT (D. Cl. de), 6712.
VESCHE, 9384.
VÉSIAN (de), 10038, 10039.
VÉSIGNIÉ, 6933, 6934.
VESTIER, 8842, 8844, 8846, 8847, 8849.
VIALET, 8005.
VICART (Ch.), 4390.
VICART (les abbés), 12214, 12215.
VICTOR (S^t), 4089.
VICTORIX (S^t), 10255 à 10260.
VIEFVILLE, 9604.
VIELMAISON, 8080.
VIERGE (la S^{te}), 5641 à 5643, 10055, 10057.
VIGNERON, 5562.
VIGNON (J. P.), 6785.
VIGNON (J.), 8034.
VIGNON (J.-B. et F.), 5816.
VIGNON (L.), 8606.
VIGNON (P.), 4184, 4185.
VILBROD (S^t), 6624.
VILLARET (Mgr), 10610, 10611.
VILLEMAND, 8062.
VILLEPAUX (de), 7208.
VILLEPOIX (l'abbé), 12216.
VILLERET (F.), 9858.

VILLERET (J. A.), 9397.
VILLERS (L. de), 3135.
VILLERS AU TERTRE (de), 5987.
VILLERS DE ROUSSEVILLE, 5648, 5650, 5651, 5920, 5934.
VILLET (F.), 2391.
VILLET, de Vrely, 8466.
VILLEVIELLE (de), 5517.
VILMAN, 3806 à 3811.
VILMARET, 7724.
VIMEUX, architecte, 7312.
VIMEUX (J. F.), 12218.
VINCENT DE PAUL (S^t), 10418, 10875.
VINCENT D'HANTECOURT, 6803, 10040, 10846.
VINCHON, 9280.
VINTIMILLE (de), 11926.
VION, 12219, 12220.
VIOT, 9314.
VIRGILE, 4124.
VIS (la V. M. de), 12221.
VISEUR, 12222.
VISSE, 9540.
VISY, 10041.
VITASSE (de), 8887.
VOCLIN (l'abbé), 12223, 12224.
VOITURE, 4362, 12225 à 12256.
VOLANT, 9716.
VOLANT (C. A.), 4228.
VOLTAIRE, 8516, 11619.
VOYEZ, 12257, 12258.
VRAYET (Ch.), 9338.
VRAYET (Ph.), 5484.
VREVIN (de), 5655.
VUATBLED, 9725.
VUIGNIER, 12259.
VULGARIUS (S^t), 10397.

W

WABLE, 8989.
WAGNIER, 2471.
WAIGNARD DE VIRONCHAUX, 9513 à 9515.
WAIGNART (P.), 12260.
WAILLY, 2385.
WAILLY (N. F. de), 12261 à 12264.
WALA, 10071, 10450 à 10452.
WALLET, 3377.
WAMIN (de), 8112.
WARÉ, 9465 à 9467.
WARGEMONT (de), 7432, 10044, 10045.
WARGEMONT (M. A. de), 4232.
WARIN, 5653.
WARMÉ, 12265.
WARRÉ, 10854.
WARRÉ (M. M.), 9449, 9465 à 9467.
WARSY (de), 4982.
WASSEL, 1301.

— 601 —

WASSIGNI (de), 7413, 9382.
WATEL, 3817 à 3819.
WATRÉ, 10012.
WATTEBLÉ, 6422.
WATTEBLED (A.), 6422.
WATTEBLED (Fr.), 6691.
WATTEBLED (J.), 7195.
WATTEBLED (R.), 10046.
WATTEBLED D'HÉRISSART, 10013.
WATTELIER, 10047.
WATTELIN, 10048.
WAUQUELIN, 12266.
WIELICZKO, 3017.
WIGNIER, famille, 10848.
WILBERT, 10049.
WITASSE (C. F. E.), 9069, 9070.

WITASSE DE THÉZY, famille, 10849.
WOINCOURT (de), 9577.
WULFRAN (S^t), 6621 à 6624, 10420 à 10441
WULPHI (S^t), 7623, 76J1, 10442 à 10449.

X

XAINTRAILLES, 662.

Y

YORCK (le C^{al} d'), 6165.

Z

ZILGENS, 8751, 8752.

TABLE DES PLANCHES

TOME I

Planches.		Pages.
I.	Le Tocsain et la Trompete des Paysans de Picardie (n° 702)	46
II.	Coustumes generalles du bailliage damiès (n° 1212)	94
	Coustumes generalles du bailliage Damyes (n° 1214)	
III.	Covstvmes.... dv Bailliage d'Amiens (n° 1217)	95
IV.	Covstvmes.. de la Senéchaussée et Comté de Ponthieu (n° 1246)	98
V.	Covstvmes dv Govvernement de Peronne, Montdidier et Roye (n° 1260)	99
VI.	Statuts synodaux .... de Corbie (n° 1531)	123
VII.	Ad vsum insignis ecclesie Ambianen Missale (n° 1890)	146
VIII.	Les psentes heures a lusaige de Amies (n° 1891)	146
IX.	Missale ad vsum insignis ecclesie Ambianen (n° 1892)	146
X.	Ces presentes heures a lusage De amiens (n° 1894)	146
XI.	Ces presentes heures a lusaige de Amiens (n° 1895)	147
XII.	Breuiarium.... ad vsum insignis ecclesie Ambianensis (n° 1896)	147
XIII.	Missale ad vsum.... insignis ecclesie Ambian. (n° 1897)	147
XIV.	Petit catéchisme (après le n° 1908)	148
XV.	Edict et Declaration dv Roy (n° 2791)	222
XVI.	Discovrs veritable de la rovte et Deffaicte (n° 2799)	223
	Discovrs veritable dv succez de l'entreprise (n° 2803)	
XVII.	Relation de ce qui s'est passé a Amiens (n° 2903)	230
XVIII.	Recueil des dernières et principales ordonnances (n° 3493). Frontispice.	279
XIX.	Obsidio Corbeiensis (n° 5407)	438
XX.	Mandement de Monsievr l'Evesqve d'Amiens (n° 5964)	488

TOME II

XXI.	Lentree de la Royne de france faicte a Abeuille (n° 6159)	13
	Lentree de la Royne a Ableuille (n° 6160)	
XXII.	Officivm S Ægidii (n° 6649)	52
XXIII.	Translation... de l'Abbaye de Nostre Dame de Berthaucourt (n° 6675)	54
XXIV.	Statuts et Reglemens des Marchands Drapiers (n° 7080)	91
XXV.	Règle.... de l'Hostel-Dieu de S. Riqvier (n° 7277)	108
XXVI.	Récit de la fondation de l'Eglise de nostre Dame de Longpré (n° 7528)	130
XXVII.	Histoire tragiqve de la constance d'vne dame (n° 8615)	230
XXVIII.	Li-hvns en Sang-ters (n° 9077)	268
XXIX.	Discovrs pitoyable de la ruine (n° 9145)	275

Planches.		Pages.
XXX.	Breuis legeda Bte virginis sororis Colete (n° 10164)	375
XXXI.	Histoire ov vie de Monsieur sainct Gavltier (n° 10261)	381
XXXII.	La Vie de Sainte Vlphe (n° 10384)	388
XXXIII.	Eloge a la gloire immortelle de S. Walery (n° 10406)	389
XXXIV.	Odes sur l'hevrevx advenement de.. Godefroy de la Martonie (n° 10567)	400
XXXV.	Recveil de plvsievrs nobles et illvstres Maisons (n° 10633)	406
XXXVI.	Livre contenant la Généalogie.... de la maison de Croy (n° 10724)	413
XXXVII.	La Genealogie.... de la... maison de Croy (n° 10726)	413
XXXVIII.	Extrait de la Genealogie de la Maison de Mailly (n° 10782)	417
XXXIX.	Israël armorié (n° 10793)	417
XL.	Relation de la Vie et de la Mort du F. Colomban (n° 11270)	448
XLI.	Le Tableav de la vie et de la mort de Monsievr de Rambvres (n° 12087)	497

TABLE DES MATIÈRES

LIVRE TROISIÈME

ARRONDISSEMENT D'ABBEVILLE

CHAPITRE PREMIER.

Généralités sur le Ponthieu et l'arrondissement d'Abbeville.

Pages.

- I. Ouvrages généraux, n°s 5996 à 6030 1
- II. Ouvrages sur les différentes époques de l'histoire. Histoire des Comtes de Ponthieu, n°s 6031 à 6081. 4
- III. Archéologie, n°s 6082 à 6096. 7

CHAPITRE II.

Histoire d'Abbeville.

- I. Ouvrages généraux, n°s 6097 à 6129 9
- II. Ouvrages sur les différentes époques de l'histoire d'Abbeville, n°s 6130 à 6299. 11
- III. Mœurs et Usages, n°s 6300 à 6306. 23

CHAPITRE III.

Administration municipale d'Abbeville.

- I. Généralités, Constitution de la Commune, n°s 6307 à 6331. 24
- II. Finances et Impots, n°s 6332 à 6363 26
- III. Garde nationale, n°s 6364 à 6394 29
- IV. Instruction publique, n°s 6395 à 6434. 31
- V. Marchés et Foires, n°s 6435 à 6465. 34
- VI. Octroi, n°s 6466 à 6498 37
- VII. Police, n°s 6499 à 6553 39
- VIII. Voirie, n°s 6554 à 6564. 44

CHAPITRE IV.

	Pages.
Administration militaire, n°ˢ 6565 à 6579	45

CHAPITRE V.

Eglises et Couvents d'Abbeville.

I. Eglises, n°ˢ 6580 à 6674.	47
II. Couvents, n°ˢ 6675 à 6722.	54

CHAPITRE VI.

Edifices municipaux, Rues, Maisons, n°ˢ 6723 à 6757.	59

CHAPITRE VII.

Organisation judiciaire.

I. Tribunaux, n°ˢ 6758 à 6787.	61
II. Officiers ministériels, n°ˢ 6788 à 6797.	64

CHAPITRE VIII.

Hospices et Bureau de Bienfaisance, n°ˢ 6798 à 6825	65

CHAPITRE IX.

Société d'Emulation d'Abbeville, n°ˢ 6826 à 6880.	68

CHAPITRE X.

Sociétés diverses.

I. Sociétés religieuses, n°ˢ 6881 à 6904.	72
II. Sociétés diverses, n°ˢ 6905 à 6943	75

CHAPITRE XI.

Industrie et Commerce.

I. Industrie, n°ˢ 6944 à 6977.	78
II. Manufacture des Rames, n°ˢ 6978 à 6998.	80

	Pages.
III. Commerce. nos 6999 à 7072.	83
IV. Statuts des Corporations, nos 7073 à 7083.	90
V. Chambre de Commerce, nos 7084 à 7111.	91
VI. Tribunal de Commerce, nos 7112 à 7125.	93

CHAPITRE XII.

Epidémie, Hygiène, Météorologie, Médecins, nos 7126 à 7149. 94

CHAPITRE XIII.

Journaux et Almanachs.

I. Journaux, nos 7150 à 7164.	96
II. Almanachs, nos 7165 à 7173.	98

CHAPITRE XIV.

Faubourgs d'Abbeville, nos 7174 à 7186. 99

CHAPITRE XV.

Communes rurales des deux cantons d'Abbeville, nos 7187 à 7217. . . . 100

CHAPITRE XVI.

Canton d'Ailly-le-haut-Clocher.

I. Saint-Riquier, nos 7218 à 7280.	103
II. Autres communes du canton d'Ailly-le-haut-Clocher, nos 7281 à 7325	108

CHAPITRE XVII.

Canton d'Ault, nos 7326 à 7385 113

CHAPITRE XVIII.

Canton de Crécy-en-Ponthieu, nos 7386 à 7441. 118

CHAPITRE XIX.

Canton de Gamaches, n°s 7442 à 7495 123

CHAPITRE XX.

Canton d'Hallencourt, n°s 7496 à 7540. 128

CHAPITRE XXI.

Canton de Moyenneville, n°s 7541 à 7571 132

CHAPITRE XXII.

Canton de Nouvion-en-Ponthieu, n°s 7572 à 7599. 135

CHAPITRE XXIII.

Canton de Rue, n°s 7600 à 7735 138

CHAPITRE XXIV.

Canton de Saint-Valery-sur-Somme.

I Ville de Saint-Valery, n°s 7736 à 7831. 150
II. Autres communes du canton de Saint-Valery, n°s 7832 à 7869 158

LIVRE QUATRIÈME

ARRONDISSEMENT DE DOULLENS

CHAPITRE PREMIER.

Canton de Doullens.

	Pages.
I. Ville de Doullens.	
§ 1. Histoire civile, n°ˢ 7870 à 7947.	163
§ 2. Histoire ecclésiastique, n°ˢ 7948 à 7975	169
II. Communes rurales du canton de Doullens, n°ˢ 7976 à 8025.	172

CHAPITRE II.

Canton d'Acheux, n°ˢ 8026 à 8065. 177

CHAPITRE III.

Canton de Bernaville, n°ˢ 8066 à 8083 181

CHAPITRE IV.

Canton de Domart en Ponthieu, n°ˢ 8084 à 8113. 183

LIVRE CINQUIÈME

ARRONDISSEMENT DE MONTDIDIER

CHAPITRE PREMIER.

Pages.

Généralités sur l'arrondissement de Montdidier, n°ˢ 8114 à 8131. . . . 187

CHAPITRE II.

Canton de Montdidier.

I. Ville de Montdidier.
  § 1. Histoire civile, n°ˢ 8132 à 8234. 189
  § 2. Histoire ecclésiastique, n°ˢ 8235 à 8252 196
II. Communes rurales du canton de Montdidier, n°ˢ 8253 à 8290 198

CHAPITRE III.

Canton d'Ailly-sur-Noye, n°ˢ 8291 à 8337 201

CHAPITRE IV.

Canton de Moreuil, n°ˢ 8338 à 8421. 205

CHAPITRE V.

Canton de Rosières, n°ˢ 8422 à 8467. 214

CHAPITRE VI.

Canton de Roye.

I. Ville de Roye.
  § 1. Histoire civile, n°ˢ 8467bis à 8531 218
  § 2. Histoire ecclésiastique, n°ˢ 8532 à 8582 223
II. Communes rurales du canton de Roye, n°ˢ 8583 à 8636 227

LIVRE SIXIÈME

ARRONDISSEMENT DE PÉRONNE

CHAPITRE PREMIER.

	Pages.
Généralités sur l'arrondissement de Péronne, n°s 8637 à 8667.	233

CHAPITRE II.

Canton de Péronne.

I. Ville de Péronne.
    § 1. Histoire civile, n°s 8668 à 8824. 236
    § 2. Histoire ecclésiastique, n°s 8825 à 8894 247
II. Communes rurales du canton de Péronne, n°s 8895 à 8937. 254

CHAPITRE III.

Canton d'Albert, n°s 8938 à 9007. 257

CHAPITRE IV.

Canton de Bray-sur-Somme, n°s 9008 à 9050 263

CHAPITRE V.

Canton de Chaulnes, n°s 9051 à 9111 266

CHAPITRE VI.

Canton de Combles, n°s 9112 à 9126. 272

CHAPITRE VII.

Canton de Ham.

I. Ville de Ham.	Pages.
§ 1. Histoire civile, n⁰ˢ 9127 à 9168.	274
§ 2. Château, n⁰ˢ 9169 à 9181.	277
§ 3. Histoire ecclésiastique, n⁰ˢ 9182 à 9197	277
II. Communes rurales du canton de Ham, n⁰ˢ 9198 à 9234.	278

CHAPITRE VIII.

Canton de Nesle, n⁰ˢ 9235 à 9282. 282

CHAPITRE IX.

Canton de Roisel, n⁰ˢ 9283 à 9309. 286

LIVRE SEPTIÈME

MÉMOIRES JUDICIAIRES

		Pages.
A.	Nos 9310 à 9315	289
B.	Nos 9316 à 9391	289
C.	Nos 9392 à 9450	297
D.	Nos 9451 à 9598	303
E.	Nos 9599 à 9607	318
F.	Nos 9608 à 9634	320
G.	Nos 9635 à 9685	323
H.	Nos 9686 à 9716	328
J.	Nos 9717 à 9720	332
L.	Nos 9721 à 9822	332
M	Nos 9823 à 9877	343
N.	Nos 9878 à 9882	349
O.	Nos 9883 à 9885	350
P.	Nos 9886 à 9930	350
Q.	N° 9931	355
R.	Nos 9932 à 9962	355
S.	Nos 9963 à 10007	359
T.	Nos 10008 à 10023	363
V.	Nos 10024 à 10043	364
W.	Nos 10044 à 10049	367

LIVRE HUITIÈME

BIOGRAPHIES

CHAPITRE PREMIER.

	Pages.
Hagiographie, n°s 10050 à 10453.	369

CHAPITRE II.

Évêques d'Amiens, n°s 10454 à 10632	393

CHAPITRE III.

Généalogies des Familles nobles, Blason, n°s 10633 à 10849.	406

CHAPITRE IV.

Biographies diverses.

Généralités, n°s 10850 à 10879.	422
A. N°s 10880 à 10922.	424
B. N°s 10923 à 11069.	426
C. N°s 11070 à 11191.	435
D. N°s 11192 à 11392.	443
E. N°s 11393 à 11406.	455
F. N°s 11407 à 11530	456
G. N°s 11531 à 11644.	463
H. N°s 11645 à 11695.	470
J. N°s 11696 à 11700.	473
L. N°s 11701 à 11827	473
M. N°s 11828 à 11923.	481
N. N°s 11924 à 11937.	487
O. N°s 11938 à 11939.	488
P. N°s 11940 à 12079.	488
R. N°s 12080 à 12147.	496

		Pages.
S.	Nos 12148 à 12181	500
T.	Nos 12182 à 12194 bis	503
V.	Nos 12195 à 12259	504
W.	Nos 12260 à 12266	507

TABLES ANALYTIQUES

Table des Noms de Choses	511
Table des Noms de Lieux	519
Table des Noms d'Auteurs	536
Table des Noms de Personnes	562
Table des Planches	603
Table des Matières	605

www.ingramcontent.com/pod-product-compliance
Lightning Source LLC
Chambersburg PA
CBHW071156230426
43668CB00009B/977